LA RÉVO
SURRÉ

ISBN : 2-84426-105-1
N° d'éditeur : 1178
Dépôt légal : mars 2002

En couverture :
René Magritte
La Lectrice soumise, 1928
Huile sur toile
92,00 x 73,00 cm
Collection particulière, courtesy Evor Braka Ltd, Londres

et détails de manuscrits originaux, Bibliothèque Paul Destribats, Paris

LA RÉVOLUTION SURRÉALISTE

sous la direction de Werner Spies

Exposition présentée au Centre Pompidou, Galerie 1
6 mars - 24 juin 2002

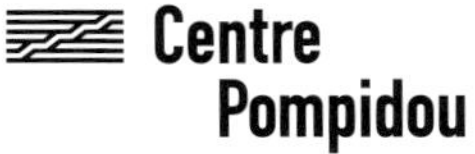

Placée sous le haut patronage de M. Jacques Chirac, président de la République française, et de M. Johannes Rau, président de la République fédérale d'Allemagne, l'exposition « La Révolution surréaliste » a été organisée par le Centre Pompidou en partenariat avec le Kunstsammlung Nordrhein-Westfalen, Düsseldorf.

Commissariat de l'exposition

Werner Spies
Commissaire général

Isabelle Merly
Commissaire adjoint

Remerciements

Que les musées, institutions, galeries et collectionneurs privés qui ont contribué par leurs prêts à la réalisation de cette exposition soient ici vivement remerciés

Acquavella Contemporary Art, Inc., New York
Albright-Knox Art Gallery, Buffalo
Horacio Amigorena
Timothy Baum
Bayerische Staatsgemäldesammlungen, Munich, Pinakotek der Moderne
BFAS Blondeau Fine Art Services, Genève
Bibliothèque Paul Destribats, Paris
Dallas Museum of Art, Dallas
Isidore Ducasse Fine Art, New York
Richard L. Feigen, New York
Lola Fernandez-Jimenez
Fondation Beyeler, Riehen/Bâle
Fondation Marguerite et Aimé Maeght, Saint-Paul
Fundació Gala-Salvador Dalí, Figueras
Fundació Joan Miró, Barcelone
Fundación ICO, Madrid
Galeria Guillermo de Osma, Madrid
Galerie 1900-2000, Paris
Galerie Cazeau-Béraudière, Paris
Galerie Daniel Malingue, Paris
Galerie Jan Krugier, Ditesheim & Cie, Genève
Galerie Natalie Seroussi, Paris
Galerie Patrick Derom, Bruxelles
Galerie Ratton-Ladrière, Paris
GAM-Galleria Civica d'Arte Moderna e Contemporanea, Turin
Richard et Mary L. Gray, Chicago
Herbert Lust Gallery, Greenwich
Hirshhorn Museum and Sculpture Garden, Smithsonian Institution, Washington
Collection particulière, courtesy Ivor Braka Ltd., Londres
M. et Mme Gilbert Kaplan, New York
Stiftung Max Ernst, Brühl
Kunsthaus Zürich, Zurich
Kunstmuseum Basel, Bâle
Kunstmuseum Bern, Berne
Kunstsammlung Nordrhein-Westfalen, Düsseldorf
Virginie et Herbert Lust
Moderna Museet, Stockholm
The Museum of Modern Art, New York
Mugrabi Collection
Musée Cantini, Marseille
Musée d'art moderne et contemporain, Strasbourg
Musée d'art moderne de Lille Métropole, Villeneuve-d'Ascq
Musée des Beaux-Arts, Nantes
Musée des Beaux-Arts du Canada, Ottawa
Musée Picasso, Paris
Musées royaux des Beaux-Arts de Belgique, Bruxelles
Museo Thyssen-Bornemisza, Madrid
Museo Nacional Centro de Arte Reina Sofia, Madrid
Museu Perrot-Moore, Cadaquès
Museum Boijmans Van Beuningen, Rotterdam
Museum für Kommunikation, Francfort-sur-le-Main
Museum national d'histoire naturelle, Paris
Museum of Contemporary Art, Chicago
National Gallery of Art, Washington
Morton G. Neumann Family Collection
Alfred Neven DuMont, Cologne
New Orleans Museum of Art, New Orleans
Peggy Guggenheim Collection, The Solomon R. Guggenheim Foundation, Venise
Sylvio Perlstein, Anvers
Philadelphia Museum of Art, Philadelphie
Ulla et Heiner Pietzsch, Berlin
Salvador Dalí Museum, Saint Petersburg, Floride
Stiftung Sammlung Dieter Scharf zur Erinnerung an Otto Gerstenberg, Kupferstichkabinett, Berlin
Staatliche Graphische Sammlung, Munich
Staatliche Kunsthalle Karlsruhe, Karlsruhe
Staatliche Museen Preussischer Kulturbesitz, Nationalgalerie, Berlin
Staatsgalerie Stuttgart, Stuttgart
Staatsgalerie Stuttgart, Graphische Sammlung, Stuttgart
Stedelijk Museum, Amsterdam
Stiftung Hans Arp und Sophie Taeuber-Arp e. V., Rolandseck
Tate, Londres
Teheran Museum of Contemporary Art, Teheran
Tel Aviv Museum of Art, Tel Aviv
The Art Institute of Chicago, Chicago
The Cleveland Museum of Art, Cleveland
The Detroit Institute of Arts, Detroit
The Menil Collection, Houston
The Metropolitan Museum of Art, New York
The Museum of Modern Art Library, New York
The Saint Louis Art Museum, Saint Louis
Patrice Trigano, Paris
Union centrale des arts décoratifs, Paris
Wadsworth Atheneum Museum of Art, Hartford
Wilhelm Hack Museum, Ludwigshafen
Wilhelm Lehmbruck Museum, Duisbourg
Richard S. Zeisler, New York
Zwirner & Wirth, New York

ainsi que tous les prêteurs qui ont souhaité garder l'anonymat.

Sommaire

JEAN-JACQUES AILLAGON

Président du Centre Pompidou

Placée sous le haut patronage du président de la République française, M. Jacques Chirac, et du président de la République fédérale d'Allemagne, M. Johannes Rau, l'exposition « La Révolution surréaliste » a été organisée par le Centre Pompidou, en partenariat avec le Kunstsammlung Nordrhein-Westfalen, qui la présentera à Düsseldorf, après Paris.

Avec Alfred Pacquement, directeur du Musée national d'art moderne, Werner Spies, ancien directeur du Musée, commissaire de l'exposition – dont je tiens à saluer le magnifique travail –, et Armin Zweite, directeur du Musée de Düsseldorf, nous avons en effet voulu donner une dimension européenne à cette manifestation, dédiée à un mouvement qui s'imposa, sur notre continent, dans l'entre-deux-guerres, comme un des plus importants courants artistiques, littéraires et même philosophiques du XXe siècle. Le mot « surréaliste » est entré dans le langage courant, et chacun l'emploie aujourd'hui, hors même l'ordre esthétique, pour désigner une situation, un fait, une attitude échappant à la logique commune ou la dépassant, jusqu'à confiner à l'absurde. Cet emploi évoque bien l'ambition surréaliste de donner, par la peinture, le cinéma ou la poésie, à voir et entendre au-delà des apparences. Mais il n'enveloppe souvent qu'une connaissance très confuse ou très faible de ce que représente un héritage qui a – pour parler comme les surréalistes – révolutionné notre culture.

Avec « La Révolution surréaliste », nous proposons au public de lui restituer cette part vivante de sa culture, à travers un rassemblement unique de chefs-d'œuvre : peintures, sculptures, photographies, films, mais aussi manuscrits et livres illustrés. À tous ceux, institutions et particuliers, qui, par leurs prêts, ont permis ce rassemblement, je tiens naturellement à dire ma très grande gratitude, et celle de toutes les équipes du Centre Pompidou.

À travers l'exploration de l'inconscient, sous l'influence de Freud et de Jung, à travers l'exaltation du désir, à travers leur affinité pour le mythe, si présent dans l'œuvre de Max Ernst ou dans le questionnement d'un André Breton, les surréalistes n'ont cessé d'interroger la complexité et la profondeur de l'âme et de l'existence humaines, de mettre au jour ses espoirs et ses tourments, renouant ainsi avec les plus pures et les plus anciennes fins de l'art. Les détails proliférants de Dalí redonnent vie à ceux de Jérôme Bosch. La peinture de Giorgio De Chirico n'est pas sans évoquer les aspirations de la Renaissance. Max Ernst aimait à méditer sur les poupées Hopi, et l'atelier d'André Breton est rempli de sculptures océaniennes. Je veux ici rappeler que mon ami, le regretté Jacques Kerchache, qui fit tant pour la création, enfin, d'un musée des « arts premiers » en France, avait, très jeune, connu Breton, et le considérait comme son maître spirituel. Au « réalisme socialiste » comme aux modèles qui s'imposent en Allemagne et en Italie, c'est-à-dire en somme à l'uniforme lourdeur de la force brute, le surréalisme, qui pressent l'écrasement totalitaire, oppose le foisonnement du fantasme, la polyphonie de l'intelligence et de la beauté. Prémonitoires jusqu'à la violence et la cruauté parfois, ses visions donnent corps à l'imaginaire d'« une foule – selon les mots d'Antonin Artaud – que les catastrophes de chemins de fer font trembler, qui connaît les tremblements de terre, la peste, la révolution, la guerre, qui est sensible aux affres désordonnés de l'amour ».
S'il y a dans le surréalisme comme une poésie des temps de catastrophe, du « Temps menaçant » – pour reprendre le titre du célèbre tableau peint par Magritte en 1929 – ne demeure-t-il pas alors un art de notre temps, un art pour notre temps ?

ALFRED PACQUEMENT
Directeur du Musée national d'art moderne

Il pourra sembler ambitieux de traiter aujourd'hui, en une seule exposition, d'un mouvement comme le surréalisme, l'un de ceux qui bouleversent le contexte d'apparition de l'œuvre d'art et qui en renouvellent profondément la dimension d'imaginaire. Le surréalisme marque une étape essentielle dans le siècle, en affirmant une libération esthétique qui oppose aux systèmes et aux règles les principes de l'écriture automatique et de la représentation du merveilleux, du désir et du rêve. Le champ ainsi ouvert est immense, et l'art d'aujourd'hui s'en nourrit encore pour une large part. Mais le mouvement n'aurait certainement pas acquis une telle importance dans l'histoire sans les personnalités qui le constituent : le surréalisme est aussi un exceptionnel rassemblement d'artistes, de cinéastes, de poètes et d'écrivains autour d'André Breton, qui les accompagne dans cette révolution du regard, dans cette plongée aux sources de l'inconscient, jusqu'ici à peine exploré par les artistes. Chacune de ces grandes figures mérite assurément que l'on s'attarde sur son œuvre, comme s'y est d'ailleurs employé le Musée national d'art moderne depuis plus de vingt ans, avec une remarquable constance. Parmi les grandes phases fondatrices de l'art moderne, le surréalisme est sûrement celle à laquelle le Centre Pompidou a accordé depuis son ouverture la plus large place.
La plupart des fondateurs du mouvement ont fait l'objet de rétrospectives, que ce soient De Chirico, Dalí, Ernst, Giacometti, Magritte, Matta, Tanguy...
Miró, l'un de ceux qui manquent à cette liste, doit bientôt voir son œuvre rassemblée dans nos espaces.
André Breton, à lui seul, a été l'objet, il y a précisément dix ans, d'une exposition rendant hommage à la place essentielle qu'il occupe au XXe siècle. Précédée de tant d'événements marquants, « La Révolution surréaliste » rassemble ainsi, dans une sorte de bouquet final, les œuvres majeures qui expriment, à leur meilleur, la force expressive de ces artistes. Plus encore que d'autres mouvements de l'art moderne, le surréalisme apparaît comme une libération vis-à-vis des contraintes esthétiques précédentes. Le pouvoir de l'imaginaire y est à son zénith. Des mots tels que « révolution » ou « révolte » prennent ici tout leur sens : le surréalisme brise les tabous, religieux et sexuels en particulier, trouvant l'un de ses fondements dans la psychanalyse. Il revendique, selon l'expression de Breton, « la beauté convulsive », quelle qu'en soit la formulation visuelle, et aspire également à une révolution sociale qui renverse la société bourgeoise.

Son champ d'investigation dépasse largement la seule littérature ou les arts plastiques : il étend son mode de pensée sur le politique, alors que montent en Europe des régimes totalitaires, et se veut « au service de la révolution ». La diversité de ses propositions esthétiques l'entraîne sur des continents éloignés les uns des autres. Le surréalisme n'agit pas selon un dogme unique. La force du mouvement réside précisément dans cette dialectique entre une pensée théorique résolue et structurée et la force individuelle de ceux qui ont fait l'art surréaliste. Que l'on songe au monde poétique de Miró, aux rencontres énigmatiques que Magritte inscrit sur la toile, à la puissance onirique et symbolique du Dalí de la grande époque, aux collages de Max Ernst qui construisent un monde nouveau « au-delà de la peinture », et à tant d'autres.

Cette exposition n'épuise pas bien entendu l'exploration du mouvement surréaliste. Elle s'achève avec la fin de la Seconde Guerre mondiale, lorsque les circonstances historiques ont provoqué la dispersion des artistes, en particulier vers l'Amérique. Le surréalisme connaîtra par la suite une dernière phase qui mérite encore d'être explorée, et à laquelle il conviendra le moment venu de s'attaquer en profondeur. C'est la période majeure du mouvement, située entre la fin de deux guerres mondiales, qui, en l'occurrence, est l'objet de ce rassemblement.

Il me faut saluer le travail de Werner Spies, mon prédécesseur à la tête du Musée, dont chacun sait la très grande compétence en tant qu'historien du surréalisme.

Avec le précieux soutien d'Isabelle Merly et la collaboration des équipes du Musée et du Centre, il a mené à bien les recherches nécessaires, et a su convaincre les propriétaires de ces œuvres si précieuses de nous les confier pour le temps de cette exposition. Puisque l'occasion m'en est ainsi donnée, qu'il me soit permis de saluer le travail accompli par Werner Spies, et de me réjouir que cette exposition vienne, en quelque sorte, couronner son passage à la tête de notre institution. Une exposition d'une telle ampleur exige une forte solidarité de la part de tous ceux qui détiennent les chefs-d'œuvre du surréalisme aujourd'hui dispersés. Les collections publiques et privées sollicitées ont largement répondu à nos demandes, acceptant de se séparer d'œuvres d'une immense importance historique et esthétique. Il faudrait citer ici tous ceux qui ont bien voulu s'associer à notre entreprise, ainsi qu'on en trouvera la liste au début de l'ouvrage. Qu'il me soit seulement permis de distinguer la grande contribution du Museum of Modern art de New York, qui s'est montré une nouvelle fois un partenaire exceptionnel.

Que son directeur Glenn Lowry, et les conservateurs en chef des différents départements du Musée en soient vivement remerciés. Je voudrais également saluer l'importante participation du Museo Nacional Centro de Arte Reina Sofia de Madrid, et remercier spécialement son directeur, Juan Manuel Bonet.

Je suis en outre particulièrement heureux que cette exposition puisse trouver en la Kunstsammlung Nordrhein-Westfalen de Düsseldorf un autre musée d'accueil, et je veux dire ici à son directeur Armin Zweite tous les espoirs que je fonde dans cette nouvelle coopération entre nos deux institutions.

Je remercie enfin chaleureusement Aube Elléouët, qui veille avec tant d'exigence sur l'héritage d'André Breton, d'avoir soutenu ce projet avec beaucoup de générosité, puisque le mur de la rue Fontaine – déjà présent depuis quelque temps et, nous l'espérons, pour longtemps encore dans les collections permanentes du Musée – y sera reconstitué.

À tous les autres, prêteurs des œuvres exposées, collaborateurs du projet, auteurs du catalogue, équipes du Musée et du Centre, j'adresse ma plus vive reconnaissance pour la qualité du travail accompli.

WERNER SPIES
Commissaire de l'exposition

L'exposition « La Révolution surréaliste » s'ouvre sur le début des années vingt et s'achève, au début des années quarante, par l'exil qui conduisit d'éminents acteurs du mouvement aux États-Unis. Le surréalisme, et singulièrement sa peinture, déroute par l'étendue et la multiplicité des sujets traités. Tout se joue dans l'épiphanie et le choc. Les motifs et les sujets des tableaux s'imposent brutalement, et le spectateur, toujours pris de court, se voit assailli de questions. Il comprend rapidement qu'il s'agit là d'énigmes sans réponse, d'images qui, dans l'histoire de la peinture, fonctionnent comme des nombres premiers. À une vision du monde régie par le principe de causalité les surréalistes opposent le principe du « peu de réalité ». Naturellement, les œuvres ont aujourd'hui quelque peu perdu de leur étrangeté, puisque les postulats surréalistes ont eux aussi contribué à fonder notre mode de perception et d'argumentation. En effet, les installations, les vidéo-clips, les films, la publicité et autres jongleries interactives d'aujourd'hui seraient impensables sans la contamination de sens et d'image pratiquée naguère par les surréalistes.

L'influence du dadaïsme s'insurgeant contre le monde de l'art et contre la société reste dans un premier temps – l'accrochage chronologique le montrera – sensible. Dada apparaît comme une période d'incubation qui rendra possible une redéfinition de la poésie et de la peinture. Bientôt, *Les Champs magnétiques* de Breton et Soupault introduisent une pratique poétique qui saura transcender l'idée d'un art subjectif et individualiste, tandis que les premiers travaux de Max Ernst et d'André Masson fondent la légitimité de leur démarche artistique sur de nouvelles techniques. Ainsi voit-on émerger très vite deux pratiques qui vont durablement déterminer le surréalisme visuel : « l'écriture automatique » et le « collage ».

Les surréalistes rejoignent alors rapidement les principes herméneutiques qui définissent l'œuvre de Freud, l'exégèse du rêve et celle de l'inconscient. Le libre cours d'un inconscient non censuré autorise la remise en question de l'évidence du monde dans son immédiateté, les images et les représentations se superposent et se diluent. La spontanéité, la vitesse, combinées aux images qui se heurtent, produisent des résultats totalement nouveaux.

Il ne faut pas perdre de vue, en outre, que le mouvement surréaliste entendait prendre une part active à l'organisation de la société. Ce projet anthropologique se définit notamment à travers des revues telles que *La Révolution surréaliste, Le Surréalisme au service de la révolution,* mais aussi *Documents* ou *Minotaure*. C'est pourquoi, outre les œuvres majeures de la peinture, des arts graphiques, de la photographie, du film, de la sculpture, et à côté des œuvres témoignant de la fascination des surréalistes pour l'objet qui marque le début des années vingt, l'exposition présente une large sélection de manuscrits et de livres illustrés représentatifs de la porosité qu'instaure le surréalisme entre peinture, poésie et littérature. C'est cette proximité qui fonde, aujourd'hui encore, le reproche fait à l'art surréaliste de n'être rien d'autre que de la littérature en peinture.

Les artistes les plus importants du mouvement sont présentés à travers des ensembles monographiques, auxquels répondent des « cabinets de curiosités » où s'expriment la richesse de la vision matérialisée surréaliste et l'exigence de pluridisciplinarité du mouvement. Les activités et les jeux pratiqués par les artistes et les écrivains, à travers lesquels s'est cristallisée la cohésion du groupe, y tiennent une place importante. C'est le cas par exemple des « cadavres exquis », des bricolages d'objets et des décalcomanies – autant d'exemples d'une créativité intersubjective qui, dans la revendication surréaliste, fait se rejoindre artistes et écrivains. Le célèbre « mur » de l'atelier d'André Breton, qui a trouvé sa place au Musée depuis la réouverture du Centre Pompidou, devient, dans l'exposition, le manifeste de l'anoblissement du monde des objets et du regard non hiérarchique porté sur des œuvres issues d'autres cultures ou d'autres champs de la réalité, auxquelles répondent les études plastiques de Picasso et toute une série de sculptures et d'objets présentés en 1936 à Paris, à la galerie Charles Ratton.

Pendant la Seconde Guerre mondiale, un certain nombre d'artistes et d'écrivains surréalistes quittèrent l'Europe pour s'installer aux États-Unis. Leur rencontre avec le paysage américain et la culture des Indiens aura des répercussions sur leur pensée et sur leur travail. Cette présence des artistes français en Amérique est évoquée à travers la référence à l'exposition historique « First Papers of Surrealism » (1942) et les œuvres réalisées pour la revue *VVV*.

« La Révolution surréaliste » a bénéficié d'un enthousiasme exceptionnel de la part des institutions et des prêteurs. L'engagement du Museum of Modern Art de New York, qui nous a confié un grand nombre de chefs-d'œuvre, a été décisif. Nous tenons à saluer la participation de François Chapon, dont la compétence nous a permis de définir le volet littéraire de cette manifestation. Grâce à son engagement, Paul Destribats nous a donné accès avec générosité à ce qui mérite d'être considéré comme une véritable institution au service du livre et du document surréalistes.

À tous ceux qui, à des titres divers, ont participé à l'élaboration de l'exposition et du catalogue, nous tenons à exprimer notre plus vive reconnaissance :
William Acquavella, Horacio Amigorena, Paul Auster, Felix Baumann, Graham W. J. Beal, Frances Beatty, Christoph Becker, Sylvain Bellanger, Neal Benezra, Brent R. Benjamin, Jacques de la Beraudière, Robert Bergman, Ernst Beyeler, Ivor Braka, Christoph Brockhaus, E. John Bullard, Frieder Burda, José Capa, Pier Giovanni Castagnoli, Philippe Cazeau, Olivier Cousinou, Susan Davidson, James T. Demetrion, Chris Dercon, Patrick Derom, Daniela Deuss, Ulla Dreyfus-Best, Matthew Drutt, Bernd Dütting, David Elliott, Marc Fehlmann, Richard Feigen, Daniel Filipacchi, Christian Fischer, Robert Fitzpatrick, David Fleiss, Garry Garells, Richard W. Gassen, Jay Gates, Ulrike Gauss, Nanette Gehrig, Andres Giedion, Diane de Gracia, Emmanuel Guigon, Mary et Richard Gray, José Guirao, Mania et Bernhard Hahnloser, Anne d'Harnoncourt, Pierre Hebey, Elda Henry, Fabrice Hergott, John Herring, Paul Herring, W.S. van Heusden, Ann Hindry, Jerome Hirschmann, Conny Hoffmann, Christian von Holst, Gilbert E. Kaplan, Christian Klemm, Thomas Krens, Jan Krugier, Walburga Krupp, Diana Kunkel, Leonard Lauder, Ronald Lauder, Katharine Lee-Reid, Simone Leiser, William S. Lieberman, Tomàs Llorens, Virginia et Herbert Lust, Rosa Maria Malet, Loïc Malle, Marguerite Masson, Hans Mayer, Jacqueline Matisse Monnier, Karin v. Maur, James Mayor, Adelaide de Menil, Philippe de Montebello, John Peter Moore, José Mugrabi, Maria Müller-Scharek, Jennifer Mundy, Helly Nahmad, Hubert Neuman, Lars Nittve, David Norman, Morchedai Omer, Guillermo de Osma, Lluis Peñuelas Reixach, Sylvio Perlstein, Joëlle Pijaudier-Cabot, François Poli, Earl A. Powell III, Jean-Louis Prat, Ned Rifkin, Henning Ritter, Cora Rosevaer, T. Marshall Rousseau, Phyllis Rozenzweig, Jennifer Russell, Philip Rylands, Isabel Sagüés Ibero, Béatrice Salmon, A.R. Sami Azar, Verena Tatiana Schindler, Angela Schneider, Peter Schneppenheim, Henri-Jean Schubnel, Kate M. Sellers, Michael Semff, Klaus Schrenk, Douglas G. Schultz, Carla Schulz-Hoffmann, Nicolas Senolo, Nicolas Serota, Adriane Siempelkamp, Jean-Michel Skira, Elisabeth Smith, Esperanza Sobrino, Philippe Sollers, Beate von Starck, Monika Steinhauser, Toni Stooss, Alain Tarica, Michael R. Taylor, Ann Temkin, Pierre Théberge, Guy Tossato, Lucien Treillard, François Treves, Patrice Trigano, Anne Tronche, Evelyn Weiss, Eliane de Wilde, James Wood, David Zwirner

Une mention spéciale doit être faite au soutien sans faille que nous ont apporté :
Timothy Baum, Reinhold Baumstark, Juan Manuel Bonet, Nicolas Castin, Dominique Dupuis-Labbé, Gérard Durozoi, Aube Elléouët, Serge Faucherau, Marcel Fleiss, Jacqueline Chénieux-Gendron, Evangeline Hersaint, Françoise Hersaint, Werner Hofmann, Jean-Paul Kahn, Kasper König, Jean-Jacques Lebel, Glenn Lowry, Carlo Perrone, Heiner et Ulla Pietzsch, Gérard Régnier, Pascal Rousseau, Sylvie et Marc Sator, Peter-Klaus Schuster, Sophie et Jérôme Seydoux, Hilde Scharf, Julietta Scharf, Kirk Varnedoe, Armin Zweite.

Nous exprimons toute notre gratitude à Jean-Michel Goutier, dont la disponibilité, les conseils et l'amicale assistance nous ont accompagnés durant toute la préparation de l'exposition et du catalogue.
Nous remercions également Laurence Madeline, conservateur au Musée Picasso, dont les recherches nous ont permis de proposer une reconstitution de l'« Exposition surréaliste d'objets » présentée à la galerie Ratton en 1936.

Nous sommes aussi très reconnaissants à nos collègues qui nous ont soutenus :
Agnès Angliviel de la Beaumelle, Jean-Michel Bouhours, Laurent Lebon, Isabelle Monod-Fontaine, Didier Ottinger, Alain Sayag.
Nous adressons nos remerciements les plus chaleureux aux généreux donateurs qui ont rendu possible la venue de quelques œuvres capitales :
Marc Blondeau, Dieter Brusberg, Pierpaolo Cimatti, Terry et Jean de Guinzbourg, Hubertus Langen, Daniel Malingue, Erwin Möller et HDI Haftpflichtverband der deutschen Industrie, Françoise et Wolfgang Müller-Claessen, Rebecca et Horst Niehus-Paas, Maria-Theresia et Hartwig Piepenbrock, Jürgen Pierburg, Gabriele Quandt-Langenscheidt, Almine et Bernard Ruiz-Picasso, Natalie et Léon Seroussi.
La réalisation de cet ouvrage n'aurait pu être menée à son terme sans le dévouement constant dont ont fait preuve Caroline Edde, Marie-Claire Llopès, Françoise Marquet, Patrice Henry.

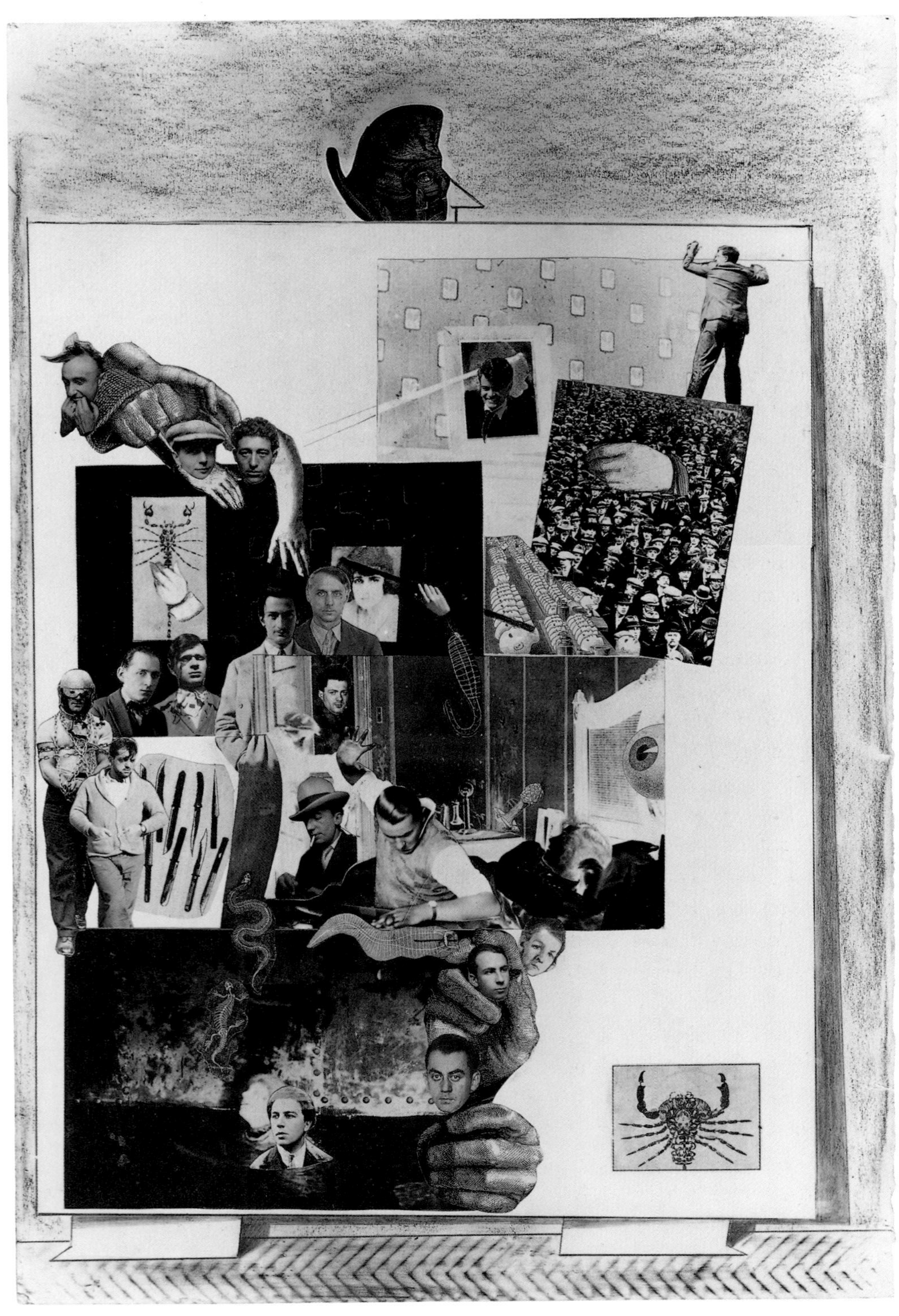

MAX ERNST
Loplop présente les membres du groupe surréaliste, 1931
Collage avec fragments de photographies, frottage, crayon sur papier
50,00 x 30,20 cm
The Museum of Modern Art, New York

Introduction

WERNER SPIES

« ...*Des incidents brillants de clarté formelle et au contenu impénétrable*[1]. »
Samuel Beckett

C'est avec un recul sans doute suffisant que nous revenons sur l'un des mouvements les plus considérables et les plus riches en incidences du xxe siècle, et dont les principaux acteurs sont désormais bien connus. Intitulée « La Révolution surréaliste », par référence à la revue à travers laquelle le groupe fit entendre publiquement, dès 1924-1925, ses engagements, notre exposition ne saurait prétendre refléter la richesse thématique et technique de la « période héroïque » de ce mouvement. Quelle année fallait-il assigner comme terme à pareil aperçu ? Adorno considère la Seconde Guerre mondiale comme une césure. Son bilan est sévère : « Après la catastrophe européenne, les chocs surréalistes se sont vidés de leur force[2]. » Le scepticisme du philosophe quant à la perpétuation de l'art surréaliste se fonde sur les derniers événements historiques, dans lesquels la réalité s'était appliquée elle-même à se nier. Une première étude générale, l'*Histoire du surréalisme* de Nadeau, parue en 1945, procède tout aussi radicalement. L'auteur pointe un « état d'esprit surréaliste » dont il est possible, selon lui, de relever la présence sans cesse renouvelée au cours de l'histoire. Et il note : « L'état d'esprit surréaliste, il vaudrait mieux dire : le comportement surréaliste, est éternel. Entendu comme une certaine disposition, non pas à transcender le réel, mais à l'approfondir. [...] En ce sens Breton a pu dire qu'"Héraclite est surréaliste dans la dialectique... Lulle dans la définition... Baudelaire dans la morale... Rimbaud dans la pratique de la vie, et ailleurs[3]..." » À cette vision globale Nadeau oppose cependant un intervalle de temps historiquement circonscrit. C'est dans ces limites qu'il y a eu, « à proprement parler, *un mouvement surréaliste*, dont la naissance coïncide, en gros, avec la fin de la Première Guerre mondiale, la fin avec le déclenchement de la Deuxième. Vécu par des hommes s'exprimant par la poésie, la peinture, l'essai ou la conduite particulière de leur vie, en tant que succession de faits, il appartient à l'histoire, il est une suite de manifestations dans le *temps*[4]. » Après le début de la Seconde Guerre mondiale, certains membres éminents du groupe trouvent refuge aux États-Unis. Là-bas, l'entente collective se relâche, tandis que disparaît aussi, et on ne saurait suffisamment l'apprécier, le lien effectif et indispensable avec Paris, qui fut le théâtre principal du surréalisme. Lévi-Strauss a signalé la perte d'une certaine pertinence sociologique chez les intellectuels

[1] Samuel Beckett, *Watt*, Paris, Les Éditions de Minuit, 1968, p. 75.
[2] Theodor W. Adorno, « Rückblickend auf den Surrealismus », dans *Noten zur Literatur I*, Francfort-sur-le-Main, Suhrkamp, 1958, p. 158.
[3] Maurice Nadeau, *Histoire du surréalisme* suivie de *Documents surréalistes*, Paris, Le Seuil, 1964, p. 9.
[4] *Ibid.*

qui débarquèrent aux États-Unis[5]. En terre d'exil, la nécessité contraint Masson, Max Ernst, Lam, Matta, Breton à se tourner vers d'autres repères. La découverte d'un paysage inaccoutumé et d'une société inconnue modifie la morphologie des travaux surréalistes. C'est ce constat que la dernière section de notre exposition tente au moins d'esquisser. Le nouveau chapitre du surréalisme qui commence dans les années quarante mériterait sans doute un bilan plus développé.

Et quand faire débuter le surréalisme ? Considérer l'apport des dadaïstes comme point de départ s'impose comme une évidence. Cela, d'autant plus que leur mouvement, qui affirmait : « Dada ne se donne pas pour moderne[6] », a délibérément pris ses distances avec la dialectique de l'avant-garde. Cependant, les positions anti-artistiques de Dada, qui jouent avant tout leur rôle paradigmatique en se soustrayant à la répétition et donc à l'élaboration d'un style, ne tardent pas à devenir obsolètes. Avec sa nouvelle série, qui paraît entre mars 1922 et juin 1924, la revue *Littérature* abandonne définitivement le terrain du dadaïsme. Dans sa conférence de novembre 1922, à Barcelone, Breton porte un jugement global assassin sur l'insuffisance de Dada. Il affirme que ce mouvement n'a pas compris qu'une seule chose permettrait de « sortir, momentanément au moins, de cette affreuse cage dans laquelle nous nous débattons[7] ». Cette chose, « c'est la révolution, une révolution quelconque, aussi sanglante qu'on voudra, que j'appelle aujourd'hui encore de toutes mes forces[8] ». Les principaux témoins qu'il convoque à la barre se nomment Picasso, Picabia, Duchamp, De Chirico, Max Ernst et Man Ray. « Ces six hommes vivants » auxquels Breton accorde sa faveur « ne possèdent aucun antécédent », car ce sont « quelques individus pour qui l'art [...] a cessé d'être une fin[9] ». À rebours du nihilisme esthétique prôné par Tzara et les siens, les surréalistes se préoccupent d'une nouvelle définition de la peinture, non de proscription, mais de transgression. Ils cherchent l'effet, peignent assez vite de grands tableaux emblématiques. Évidemment, cela n'exclut pas que leur utilisation de la matière, leur technique et la liberté choquante dont ils font preuve dans leur rapport au métier remontent à Dada. Le fait que Max Ernst ou Arp aient apporté à ce dernier une contribution déterminante garantit une certaine continuité des moyens d'expression picturaux.

En matière de littérature, les choses n'évoluent pas autrement. Là aussi, ce qui tient le premier rang, c'est le marginal, ou ce qui ne répond pas au goût du plus grand nombre, et les revues surréalistes ne cessent d'en informer leurs lecteurs. On y traite systématiquement des sujets ou des domaines que l'élite culturelle considère avec dédain ou mépris. Les découvertes les plus riches de conséquences se font sur le terrain du romantisme. Le « roman noir » du XVIIIe siècle a la vedette, un genre où dominent l'horreur et les ténèbres. Parmi les livres et les auteurs auxquels le surréalisme voue un véritable culte, citons Walpole et son « château d'Otrante », Ann Radcliffe, von Arnim, Maturin, Lewis. La branche française du romantisme est représentée par Borel, Bertrand et Nerval – mais aussi par Lautréamont, Rimbaud et le marquis de Sade. Dans cet univers règnent le rêve, l'irrationnel, la mélancolie, la laideur étrange ; partout, l'on s'y heurte aux limites de la réalité. Tzara, qui se rapproche du surréalisme dans les années trente, relève dans son « Essai sur la situation de la poésie », publié en 1931 par la revue *Le Surréalisme au service de la Révolution*, que le roman noir a une prédilection pour « l'amour des fantômes, des sorcelleries, de l'occultisme, de la magie, etc., du vice (en tant que facteur dissolvant de l'image conventionnelle du monde ou du point de vue de la liberté appliquée au domaine sexuel), du rêve, des folies, des passions, du folklore véritable ou inventé,

[5] Claude Lévi-Strauss, « New York post et préfiguratif », dans *Paris-New York, 1908-1968*, cat. d'exposition, Paris, Centre Georges Pompidou, 1977 ; rééd. Éditions du Centre Pompidou/Gallimard, 1991, p. 123-129.
[6] André Breton, « Max Ernst » [1921], dans *Les Pas perdus* [1924], Paris, Gallimard, 1969, p. 87.
[7] Id., « Caractères de l'évolution moderne et de ce qui en participe », dans *Les Pas perdus*, Paris, Gallimard, 1969.
[8] *Ibid.*, p. 170.
[9] *Ibid.*, p. 163.

de la mythologie (voire des mystifications), des utopies sociales ou autres, des voyages réels ou imaginaires, de ce bric-à-brac, des merveilles, aventures et mœurs des peuples sauvages, et généralement tout ce qui sortait des cadres rigides où l'on avait placé la beauté pour qu'elle s'identifiât avec l'esprit[10] ». Les surréalistes reconnaissent dans ces zones une insoumission à la psychologie normative, à l'usage établi et à la rationalité. Ce qui se joue dans les deux domaines de la littérature et de l'art participe de la destruction du principe de causalité et du positivisme. Car, se référant à ce qu'ils ont eux-mêmes vécu, les surréalistes estiment que c'est le rationalisme qui a conduit à la catastrophe de la Guerre mondiale.

[10] Tristan Tzara, « Essai sur la situation de la poésie », *Le Surréalisme au service de la Révolution*, n° 4, décembre 1931, p. 16.

DU MOT À L'IMAGE Deux dates décisives – 1919 et 1921 – marquent les premières années du mouvement. Il n'existe guère de moment plus important, dans l'histoire de l'indépendance intellectuelle revendiquée, que celui qui permet la naissance des *Champs magnétiques*. L'expérience à laquelle se livrent Breton et Soupault en 1919 en rédigeant en commun cet ouvrage peut être considérée comme le point de départ vers une spontanéité calculée, contrôlée. Comme l'a noté Breton : « Incontestablement, il s'agit là du premier ouvrage *surréaliste* (et nullement Dada) puisqu'il est le fruit des premières applications systématiques de l'écriture automatique[11]. » À Dada on oppose une méthode, dont Breton formulera par ailleurs ultérieurement les lois poétiques. Le texte des *Champs magnétiques* demeure en effet assujetti à une composition reconnaissable et à des règles. Le texte des deux auteurs se transforme en un rituel qui implique différents degrés de la conscience, et les différentes vitesses d'écriture qu'il suscite se traduisent par des changements de rythme nettement perceptibles dans l'ouvrage. Le degré de rapidité de l'expression dépend de l'automatisme, accomplit la suture de la rédaction directe et des retouches. La versatilité qui caractérise le couplage des images mentales est sans doute frappante, mais la liaison syntaxique n'est pas remise en question, comme dans un monologue intérieur continu, par le staccato d'une prose hachée, le flottement et la recherche imperturbable du flux intermittent des pensées. À propos de sa collaboration avec Breton, Soupault écrira : « Au cours de nos recherches, nous avions constaté en effet que l'esprit, dégagé de toutes les pressions critiques et des habitudes scolaires, offrait des images et non des propositions logiques[12]. » Ce qui est significatif, c'est la référence aux images : il est clair que Breton et Soupault ont opéré à partir de représentations visuelles. Le rapprochement de ces images, sans aucun lien de causalité entre elles, les a conduits à une sorte d'exaltation.

[11] A. Breton, *Entretiens* (1913-1952) avec André Parinaud, Paris, Gallimard, coll. « Point du Jour », 1952, p. 56.
[12] Philippe Soupault, *Profils perdus*, Paris, Mercure de France, 1963, p. 166.

Le premier indice attestant l'émergence d'une expression à laquelle puissent s'appliquer, comme aux *Champs magnétiques*, les options des surréalistes en matière de technique et d'iconographie apparaît dans l'exposition des collages de Max Ernst que Breton, Tzara, Eluard et Aragon organisent à Paris en 1921, à la librairie Au Sans Pareil, sous le titre-manifeste « Au-delà de la peinture ». Ces collages sont d'une qualité technique si aboutie que le matériel de départ, intelligible en tant que tel dans ses détails, voit son identité primitive se dissoudre pour constituer un nouveau tout. Ce qui se donne à voir est bien autre chose que la simple addition d'éléments constitutifs isolés : à regarder ces œuvres, on constate l'unité du style, mais on est contraint de rendre les armes devant l'anarchie du sens. Jusqu'alors, aucune autre démonstration n'avait su opposer de façon aussi éclatante une richesse visuelle à la destruction sémantique de Dada. Tout en livrant un stupéfiant inventaire des techniques du collage, les sujets présentés font d'emblée voler en éclats la souveraineté absolue de Picabia. Ce qui se révèle également lourd de conséquences, c'est que l'artiste surréaliste travaille avec l'idée de mystifier, de se jouer des processus techniques. Contrairement au démontage dadaïste, qui met toujours en avant les procédés d'une esthétique de production négative, les créations surréalistes procèdent selon des modes d'élaboration dont les ingrédients n'apparaissent pas premier regard. Même le concept de collage est encore impropre à définir ces créations, puisqu'on ne saurait distinguer clairement les divers degrés de simulation et d'utilisation des éléments intervenant dans les œuvres. Ce n'est que bien des années plus tard qu'Aragon entreprendra d'explorer systématiquement la diversité des procédures qui avaient été mobilisées si tôt dans le domaine du collage[13].

[13] Louis Aragon, « La peinture au défi » [1930], dans *Les Collages*, Paris, Hermann, 1965.

PROCÉDÉS INTERSUBJECTIFS Lors de l'exposition « Au-delà de la peinture », certaines œuvres apparaissent pour la première fois avec de longs intitulés poétiques – et, de ce point de vue, la manifestation se révèle comme un laboratoire des techniques et des contenus surréalistes. Ainsi titrées, les œuvres que les organisateurs s'emploient à faire connaître peuvent évoquer pour le visiteur des analogies avec le domaine littéraire et poétique. Quelques mois après l'exposition organisée au Sans Pareil, cette parenté avec l'extraordinaire richesse d'images que propose la littérature surréaliste se manifeste dans le recueil poétique *Les Malheurs des immortels*, réalisé conjointement par Paul Eluard et Max Ernst, dont les tableaux-collages accompagnent le texte. L'expérience poétique de l'automatisme, qui est au cœur des *Champs magnétiques*, se poursuit ici à travers le dialogue du texte et de l'image. L'action commune s'inscrit, comme naguère la collaboration entre Soupault et Breton, sous le précepte de Lautréamont : « La poésie doit être faite par tous, non par un. » Ce qui relève de l'individu est proscrit, au motif de n'être qu'une réduction de l'expression surréaliste. Le caractère « ouvert » de ces collages exercera une influence sur la poétique d'Eluard, de Breton et d'Aragon. De fait, la rupture entre les plans sémantiques qui s'affirme dans les pages de poèmes est encore bien plus affirmée que la langue illuminée de Rimbaud ou que celle de Lautréamont, au point d'atteindre un point de non-retour : ce qui s'offre, c'est une rupture visible du monde objectif, matérialisée par les images. Le *topos* du « monde à l'envers », les formules qui dépassent les conventions rhétoriques (métonymies, métaphores faibles) de la littérature et de la composition picturale sont mis en jeu de façon rationnelle et systématique pour faire voler en éclats la « médiocrité de notre univers[14] ».

[14] A. Breton, « Introduction au discours sur le peu de réalité » [1924], dans *Point du jour*, Paris, Gallimard, 1934, p. 22.

Le processus pour ainsi dire « à quatre mains » qui aboutit à la production du texte des *Malheurs des immortels* conduit, comme dans le cas des *Champs magnétiques*, à une prise en charge contrôlée et dialectiquement gouvernée de la spontanéité. La réciprocité, la conscience bicéphale que l'on voit se manifester ici sont au cœur même de la créativité surréaliste. Dans *Les Malheurs des immortels*, la façon dont le texte réagit à l'image est constamment perceptible. Textes et collages, collisions entre langue et document visuel : autant de relations qui donnent également au *Paysan de Paris*, à *Nadja*, à *La Femme 100 têtes* ou à *L'Amour fou* une tonalité très particulière, indéfinissable. La gymnastique subtile à laquelle se livre le surréalisme en manipulant la phrase atteint dans ces ouvrages un degré extrême. L'immanent surgit avec la force de la transcendance, et ce que les surréalistes nomment « image-collision » se réalise ici hardiment : la signification première d'un terme est annihilée, le rapport causal entre les mots est si bousculé qu'il déraille littéralement. Rivalisant d'audace, les textes dépassent les images, et les images dépassent les textes, sans que jamais les uns soient assujettis aux autres. Cette réussite sans précédent que constituent les livres « illustrés » que l'on voit éclore dans le cercle du surréalisme n'est en aucun cas la traduction de la littérature dans le langage des images, et inversement.

LA LÉGITIMATION DE L'ART SURRÉALISTE La question du statut et de la légitimité de l'art surréaliste ne surgit que tardivement au sein du groupe. Elle est en effet soulevée à une époque où les collages, les photographies de Man Ray et les dessins automatiques de Masson dominent depuis longtemps l'iconographie des publications surréalistes. C'est avec véhémence que Pierre Naville formule dans la rubrique « Beaux-Arts » du troisième numéro de la revue *La Révolution surréaliste*, en avril 1925, sa négation d'un art surréaliste : « Plus personne n'ignore qu'il n'y a pas de *peinture surréaliste*. Ni les traits du crayon livré au hasard des gestes, ni l'image retraçant les figures de rêve, ni les fantaisies imaginatives, c'est bien entendu, ne peuvent être ainsi qualifiés [15]. » Sur quoi se fonde ce déni ? Max Morise, qui compte avec Naville parmi les critiques les plus acerbes, considère qu'une « plastique surréaliste » devrait accomplir en matière de peinture, de photographie, de visuel, ce que l'« écriture surréaliste » peut d'ores et déjà prétendre réaliser dans le domaine de la littérature. Au regard de l'« écriture automatique », considérée à l'époque comme la véritable technique du surréalisme littéraire, la « peinture » (au sens conventionnel du terme) exclut la notion d'immédiateté, puisqu'elle implique un temps de réflexion technique. Obéissant à ses propres lois, elle s'oppose à la « plastique » surréaliste, c'est-à-dire à l'équivalent pictural de ce dont la langue est capable. En effet, lors de la composition d'un tableau, la spontanéité est freinée par les recettes d'atelier et altérée par l'intervention de la « mémoire ». Et, selon l'optique surréaliste, cette « mémoire », qui conduit inévitablement à une censure du représenté, prend une importance qui n'a pas lieu d'être. Apparemment, la transposition de l'écriture automatique dans la peinture ne s'est pas encore accomplie. Comme l'écrit Morise : « Il ne semble pas qu'un peintre soit encore parvenu à rendre compte d'une suite d'images, car nous ne pouvons pas nous arrêter au procédé des peintres primitifs qui représentaient sur divers endroits de leur toile les scènes successives qu'ils imaginaient [16]. » Sur fond de la querelle d'opinion qui, dans *La Révolution surréaliste*, dénie aux artistes la légitimité d'un langage surréaliste, Breton constatera après coup que le surréalisme existait bien avant la publication du *Manifeste du surréalisme*. En 1941, il écrira : « Au début de 1925, plusieurs mois après la publication du *Manifeste du surréalisme* et plusieurs années après celle des premiers textes surréalistes (*Les Champs magnétiques* ont commencé à paraître dans *Littérature* en 1919), on discutait encore de la possibilité pour la peinture de répondre aux exigences surréalistes. [...] Indépendamment de ce qu'elle peut devoir, à ce moment, dans la direction du rêve à Chirico, dans celle de l'acceptation du hasard à Duchamp, à Arp et au Man Ray des rayogrammes photographiques, dans celle de l'automatisme (partiel) à Klee, il est aisé de reconnaître à distance qu'elle est alors en plein essor dans l'œuvre de Max Ernst. En effet, le surréalisme a d'emblée trouvé son compte dans les *collages* de 1920, dans lesquels se traduit une proposition d'organisation visuelle absolument vierge [17]. »

LA RÉVOLUTION SURRÉALISTE Chemin faisant, nous découvrons des textes, des tableaux, des objets, un jaillissement d'idées et une densité émotionnelle bouleversants. L'expérience que connaît un Walter Benjamin en découvrant ce mélange stimulant d'événements exceptionnels et fortuits que

[15] Pierre Naville, « Beaux-Arts », *La Révolution surréaliste*, nº 3, avril 1925, p. 27.
[16] Max Morise, « Les Beaux-Arts : Les yeux enchantés », *La Révolution surréaliste*, nº 1, décembre 1924, p. 26.
[17] A. Breton, « Genèse et perspective artistique du surréalisme » [1941], dans *Le Surréalisme et la Peinture*, Paris, Gallimard, 1965, p. 64.

les surréalistes utilisent dans leur liturgie avec une inspiration toute profane et pour transgresser le banal, tout lecteur pourra l'éprouver à son tour : « Il y a au commencement Aragon, *Le Paysan de Paris*, dont le soir au lit, je ne pouvais jamais lire plus de deux ou trois pages, mon cœur battant si fort qu'il me fallait poser le livre [18]. » Il apparaît ainsi clairement que les écrivains et les artistes qui comptent parmi les surréalistes se situent résolument en marge d'une avant-garde dont les préoccupations sont clairement établies. Il suffit de consulter les articles de presse qui nous renseignent sur les programmes d'exposition et l'activité des ateliers pour voir aussitôt l'apport des surréalistes – comme, ensuite, celui du *Guernica* de Picasso – se soustraire à l'idée d'un « art libre », qui n'engagerait à rien. Dans son essai « Qu'est-ce que le surréalisme ? » rédigé en 1934, Breton écrit : « Je dis que ce que l'attitude surréaliste, au départ, a eu de commun avec celle de Lautréamont et de Rimbaud et ce qui, une fois pour toutes, a enchaîné notre sort au leur, c'est le *défaitisme* de guerre. [...] À nos yeux, le champ n'était libre que pour une Révolution étendue vraiment à tous les domaines, invraisemblablement radicale, extrêmement répressive, impraticable au plus haut point et s'abolissant douloureusement sans cesse dans le sentiment de ce qu'elle comporte à la fois de désirable et d'absurde. » Quelques lignes plus haut, il a déclaré : « Dans l'ignorance où l'on serait de cette attitude, j'estime qu'on ne pourrait parvenir aucunement à se faire une idée de la démarche surréaliste. Cette attitude seule répond, et cela très suffisamment, de toutes les outrances qui peuvent nous être attribuées mais qui ne peuvent être déplorées que dans la mesure où l'on suppose gratuitement que nous pourrions être partis d'un autre point [19]. »
Breton se trouve confronté à l'épineuse question de savoir comment justifier le concept de révolution surréaliste : sans le soutien de l'action, le renvoi à une conduite révolutionnaire risque de se transformer peu à peu en simple métaphore. Car le surréalisme, qui s'est défini à travers ses publications – *La Révolution surréaliste*, puis *Le Surréalisme au service de la Révolution* –, n'entend pas se satisfaire de la rhétorique de l'art révolutionnaire. Dès l'origine, il veut être plus qu'une orientation stylistique : il cherche à s'allier avec des groupements actifs sur le plan socio-politique, afin d'intégrer dans une action concrète le comportement anti-bourgeois et anti-artistique de Dada. C'est sur ce point que les membres du groupe constitué autour de Breton fondent leur concept de « révolution ». Leurs premiers écrits disent sans ambages leur volonté de dépasser la société et la culture bourgeoises. « Le surréalisme est-il le communisme du génie ? » demande – ou feint de demander – l'un des « papillons » que les amis de Breton distribuent en 1925 [20]. Mais, en s'imposant la tâche de se porter au cœur de l'actualité et de la polémique, les surréalistes ne font qu'exacerber la méfiance qu'ils ont suscitée dès l'origine. Dans divers milieux, on souhaite marginaliser leur apport en le ravalant au rang de perturbation psychologico-littéraire, et l'exclure du champ artistique. L'avant-garde elle-même se sent compromise et entravée dans son monologue par l'exigence socio-politique que revendique le cercle assemblé autour de Breton. L'attaque de ce dernier est virulente. Il s'élève contre la banalisation de l'art que l'attentisme d'une pratique artistique sans engagement est susceptible d'imposer, et la fermeté de cette prise de position caractérise les écrits et les déclarations du groupe. Le commentaire que Breton place en exergue au premier numéro de *La Révolution surréaliste* qui paraît sous sa direction en témoigne de manière éclatante : « Artiste, ce mot qui trouve son homme au ministère des Affaires étrangères tout comme au bas de l'affiche par laquelle s'annonce une tournée de province, ce mot qui ne signifie rien : "Vous êtes artiste !"

[18] Walter Benjamin, Lettre à Theodor W. Adorno (31 mai 1935), trad. française par G. Petitdemange, dans *Correspondance 1929-1940*, Paris, Aubier-Montaigne, 1979, p. 163.
[19] A. Breton, « Qu'est-ce que le surréalisme ? », dans *Œuvres complètes*, t. II, Paris, Gallimard, coll. « Bibl. de La Pléiade », 1988, p. 227.
[20] Papillon surréaliste, 1925 ; voir M. Nadeau, *Histoire du surréalisme*, *op. cit.*, p. 203-204.

Dès lors, quoi que je fasse, quelque refus que j'oppose à mainte invitation grossière – d'un de mes amis le plaisir public attend exclusivement des contes, d'un autre des poèmes en alexandrins, d'un autre des tableaux où il y ait encore des oiseaux qui s'envolent – et quelque certitude intérieure qu'il me reste de déjouer finalement les calculs en apparence les plus flatteurs qu'on aura faits sur moi, je suis, moi aussi, l'objet d'une tolérance spéciale, dont je connais assez bien les limites et contre laquelle, pourtant, je n'ai pas fini de m'élever[21]. » Breton poursuit en distinguant le surréalisme des activités littéraires et artistiques de son temps : « En ce qui me concerne, j'éprouve, devant une certaine manière conventionnelle de s'exprimer, où l'on ménage exagérément l'interlocuteur ou le lecteur, le sentiment d'une telle dégradation d'énergie que je ne puis manquer de tenir celui qui parle pour un lâche. »
L'adhésion des peintres surréalistes à des groupements qui se refusent à dissocier les questions sociales et politiques de la légitimation d'une production esthétique va jouer un rôle déterminant et contribuer à la propagation des idées du mouvement : les surréalistes s'immiscent partout. C'est de leur affinité avec une communauté exerçant une critique sociale et culturelle que les œuvres de ces peintres tiennent à la fois leur provocante insubordination iconographique et leur autonomie formelle. Elles sont d'ailleurs si empreintes des contenus des débats portant sur la « situation politique » qu'elles contribueront largement à faire reconnaître au surréalisme sa capacité à être une peinture d'époque, dans ses paradoxes et ses contradictions. Avec le recul, l'irritante diversité thématique que nous rencontrons partout dans ces livres et ces tableaux produit un commentaire aussi vaste que précis des passions et des peurs de l'époque. Et ce ne sont pas seulement les nombreuses proclamations que les surréalistes font paraître dans des manifestes, leurs démêlés avec le fascisme ou leur engagement pour la République espagnole que l'on peut considérer sous ce jour. Il faut également mettre au compte de la peinture d'histoire une thématique qui se rattache, en tant que vision pessimiste de la civilisation, à l'idée d'apocalypse et de déclin. On peut déceler, dans ces productions, des thèmes socio-politiques essentiels, fussent-ils chiffrés. En partant du constat que le surréalisme, contrairement à l'avant-garde, accorde une réelle importance aux contenus, on verra se ranimer dans ces tableaux l'histoire et les débats des années vingt et trente, comme ceux des premières années de la décennie suivante.

La chronologie des événements l'atteste : en France, aucun autre groupement intellectuel ne s'est employé à rattacher aussi concrètement son action au parti communiste. Les surréalistes se chargent d'explorer les conséquences d'un engagement politique. Le psychodrame auquel cette relation est forcée d'aboutir jalonne l'histoire avec ses moments forts. C'est très tôt que débute le chapitre d'une référence permanente à la révolution d'Octobre, mais les rapports avec l'Union soviétique et le Parti restent tendus. Les surréalistes sont constamment en butte à la suspicion, et ne semblent d'ailleurs aucunement disposés à renoncer à leurs positions au profit d'une action politique commune. Un texte comme « La Révolution d'abord et toujours ![22] », qu'ils signent avec les groupes réunis autour des revues *Clarté, Philosophies* et *Correspondance*, implique un fondement socio-politique de la devise « La Révolution surréaliste » : « Nous ne sommes pas des utopistes : cette Révolution, nous ne la concevons que sous la forme sociale. S'il existe quelque part des hommes qui aient vu se dresser contre eux une coalition telle qu'il n'y ait personne qui ne les réprouve (traîtres à tout ce qui n'est pas la Liberté, insoumis de toutes sortes, prisonniers de droit commun), qu'ils n'oublient pas que l'idée de Révolution est la

[21] A. Breton, « Pourquoi je prends la direction de la Révolution surréaliste », *La Révolution surréaliste*, 1re année, no 4, 15 juillet 1925, p. 1-2 ; voir M. Nadeau, *Histoire du surréalisme, op. cit.*, p. 232 et suiv.
[22] « La Révolution d'abord et toujours ! », *La Révolution surréaliste*, n° 5, 1925, p. 31-32.

sauvegarde la meilleure et la plus efficace de l'individu[23]. » En un certain sens, cette déclaration commune constitue le plus haut degré de consensus auquel les surréalistes et le parti communiste pouvaient parvenir. Pourtant, leurs relations ne vont pas tarder à se dégrader. Les discussions et les attaques qui accompagnent les tentatives de rapprochement sont le signe de l'incapacité totale des communistes à comprendre la révolution surréaliste. Considéré à plus d'un demi-siècle de distance, le texte « Position politique de l'art d'aujourd'hui », publié dans *Position politique du surréalisme*, fait manifestement référence à cette incompréhension. Qu'on en juge par cet extrait d'une conférence tenue par Breton à Prague, en 1935 : « Devant les difficultés qu'a rencontrées, par exemple en France, l'adhésion des surréalistes à diverses organisations révolutionnaires, difficultés qui se sont révélées, pour un certain nombre d'entre nous, insurmontables, il n'y a aucune exagération à dire, si l'on peut encore parler de drame intellectuel dans un monde tout entier secoué par un drame d'une autre nature, que la situation de ces écrivains et artistes novateurs est dramatique. Ils se trouvent, en effet, en présence d'un dilemme : ou il leur faut renoncer à interpréter et à traduire le monde selon les moyens dont chacun d'eux trouve en lui-même et en lui seul le secret – c'est sa chance même de durer qui est en jeu – ou renoncer à collaborer sur le plan de l'action pratique à la transformation de ce monde. Bien que des symptômes d'une tolérance plus large commencent depuis quelques mois à se faire jour, il semble bien que longtemps ils n'aient eu le choix qu'entre deux abdications. » C'est l'histoire d'une aporie. Sartre a proposé un modèle dialectique de cette situation : « [...] or la révolution sociale exige un conservatisme esthétique, tandis que la révolution esthétique exige, en dépit de l'artiste lui-même, un conservatisme social[24]. » Les surréalistes ne sauraient tirer le moindre avantage de l'« idolâtrie patrimoniale » prescrite par Moscou, ni de l'art prolétarien, puisqu'ils entendent déployer leur action dans une démarche dialectique en rapport avec la situation culturelle dont ils sont issus. La position surréaliste s'établit donc entre les antinomies de l'époque, à savoir entre sa propre exigence d'une esthétique complexe, en tant qu'expression d'une réflexion historique, et le style qui caractérise les années vingt, c'est-à-dire le retour à un art objectif et au classicisme.

« L'ŒIL À L'ÉTAT SAUVAGE » D'un côté, Breton et les siens réclament une victoire sur les mécanismes économiques du capitalisme : « Depuis plus d'un siècle, la dignité humaine est ravalée au rang de valeur d'échange. Il est déjà injuste, il est monstrueux que qui ne possède pas soit asservi par qui possède, mais lorsque cette oppression dépasse le cadre d'un simple salaire à payer, et prend par exemple la forme de l'esclavage que la haute finance internationale fait peser sur les peuples, c'est une iniquité qu'aucun massacre ne parviendra à expier. Nous n'acceptons pas les lois de l'Économie ou de l'Échange, nous n'acceptons pas l'esclavage du Travail, et dans un domaine encore plus large nous nous déclarons en insurrection contre l'Histoire[25]. » De l'autre, analysant la situation culturelle, ils lui opposent leur concept de révolution : « Nous sommes certainement des Barbares puisqu'une certaine forme de civilisation nous écœure. [...] C'est notre rejet de toute loi consentie, notre espoir en des forces neuves, souterraines et capables de bousculer l'Histoire, de rompre l'enchaînement dérisoire des faits, qui nous fait tourner les yeux vers l'Asie. [...] La stéréotypie des gestes, des actes, des mensonges de l'Europe a accompli le cycle du dégoût. C'est au tour des Mongols de camper sur nos places[26]. » Il est significatif que, lors de sa première rencontre avec les surréalistes, Anatoli Lounatcharski ait insisté

[23] *Ibid.*, p. 32.
[24] Jean-Paul Sartre, « L'artiste et sa conscience », dans *Situations IV*, Paris, Gallimard, 1964, p. 26.

[25] « La Révolution d'abord et toujours », art. cité, p. 31.
[26] *Ibid.*

sur le thème des «envahisseurs venus de l'Est[27] », dont le poète Alexandre Blok avait fait le sujet central de son poème «Les Scythes», qui débordait de haine contre la bourgeoisie. Lounatcharski (dans *La Révolution et l'Art*) évoquera plus tard une discussion avec Aragon et Breton, qui lui auraient confié : «Nous estimons et vénérons l'Asie comme une contrée qui a vécu jusqu'à présent en se nourrissant aux sources véritables de l'énergie vitale et qui n'est pas contaminée par la raison européenne. Alors venez donc, Moscovites, en entraînant derrière vous d'innombrables troupes d'Asiates pour fouler au pied la civilisation anale européenne. Et même s'il nous fallait périr sous les sabots des hordes accourues de la steppe, qu'il en soit ainsi : la raison puisse-t-elle seulement disparaître avec nous, le calcul, le principe mortifère et réducteur de la bourgeoisie.» Rappelons que les surréalistes opposent positivement, sur leur atlas affectif, les zones de la «barbarie» à un monde occidental «civilisé». Le caractère de révolution culturelle qui est à l'origine du mouvement apparaît sans équivoque dans un texte du 2 avril 1925 : «1° Qu'avant toute préoccupation surréaliste ou révolutionnaire, ce qui domine dans leur esprit est un certain état de fureur; 2° Ils pensent que c'est sur le chemin de cette fureur qu'ils sont le plus susceptibles d'atteindre ce qu'on pourrait appeler l'illumination surréaliste [...].» [28]
La référence au monde barbare et à cet Orient qu'Artaud, dans ses appels publiés par *La Révolution surréaliste*, oppose terme à terme à l'eurocentrisme se rattache chez Breton à ce qu'il croit pouvoir retenir de sa lecture de Freud, à savoir l'hostilité envers une civilisation qu'il voit menacée par un sur-moi imposant sa censure. L'extravagance qui s'exprime dans le concept de barbarie, et qui se manifeste symboliquement à travers le langage formel incisif de l'écriture automatique, fait chorus avec le rejet de l'art régi par les canons esthétiques classiques. Dans «La morale sexuelle "culturelle" et la nervosité moderne», Freud a désigné la victime que la faculté de sublimation est tenue de sacrifier à chaque fois qu'elle entend bâtir la civilisation : «De façon très générale, notre civilisation est construite sur la répression des pulsions. Chacun a soustrait une part de ce qu'il possède, de son omnipotence, aux penchants agressifs et vindicatifs de sa personnalité.» En s'employant à annuler en partie ce renoncement aux pulsions, l'automatisme de l'écriture représente l'un des deux modes d'expression dont disposent les premiers cercles surréalistes. Parallèlement aux «tableaux de rêve», qui jouent avec des assonances d'images identifiables en tant que telles, les œuvres issues de techniques privilégiant les processus spontanés font une entrée en scène remarquable avec les dessins automatiques d'André Masson. Fondant sa technique graphique sur la rapidité d'exécution, Masson en vient, pour ainsi dire, à s'emporter et à donner à son trait un caractère furieux. Dans les sujets agressifs qui se multiplient ainsi à l'envi, on ne peut s'empêcher de relever les références à Lautréamont, au théâtre élisabéthain et au «théâtre de la cruauté» d'Antonin Artaud. C'est à cette constellation qu'appartiennent également les représentations d'abattoirs que l'artiste réunira ultérieurement pour constituer un cycle. À propos du développement de la thématique, Masson a écrit : «Nous étions tous possédés du désir de dépasser l'intégrité plastique du cubisme. Il fallait se saisir enfin du couteau qui gisait immobile sur la table cubique. Je me souviens que Miró m'avait dit à l'époque : "Je briserai leur guitare".» La rapidité devient si grande que le sujet clairement identifiable du tableau finit par se déformer en figures anamorphiques. Le titre d'une des œuvres, *Il n'y a pas de monde achevé*, résume à lui seul la substance fluide des tableaux. Il y a là tout un programme, qui joue avec le *non finito*, l'achèvement impossible. C'est un univers empreint de la pensée d'Héraclite, d'une

[27] Cf. les titres de différents tableaux de Max Ernst : *La Horde* (Spies/Metken 1118), *Barbares marchant vers l'Ouest* (Spies/Metken 2226), *La Horde de barbares* (Spies/Metken 2228), *Barbares sortant de la ville* (Spies/Metken 2234), *Barbares regardant vers l'Ouest* (Spies/Metken 2238).
[28] Voir *La Révolution surréaliste* n° 3, p. 20-21.

vision du monde qu'on ne saurait fixer dans sa fluidité : « Si notre œil était seulement plus précis, nous verrions tout en mouvement », a déclaré Masson. Si la référence à Héraclite apparaît d'ailleurs aussi dans le *Manifeste du surréalisme* de Breton, c'est sans doute en raison de cette assertion du philosophe : « Ce qui s'oppose s'accorde ; de ce qui diffère résulte la plus belle harmonie [29]. » Chez Masson, quelque chose de saccadé, de frénétique, caractérise le tracé du dessin, et l'on s'en convainc encore davantage en comparant ses feuillets aux dessins et tableaux nettement plus ondoyants, dans leur sensualité, que Miró réalise à la même époque. La rapidité sert d'abord à évacuer les inhibitions, à minimiser le processus de travail conscient, pour amener ensuite les dispositions inconscientes à s'exprimer : prenant de vitesse le travail conscient, elle fait barrage à la correction. D'où, formellement, des effets déterminants : quelque chose de nouveau se fait jour, où l'on ne voit plus apparaître aucun objet singulier, aucun geste, aucun moment que l'on puisse situer psychiquement. Tout élément visuel est enchaîné à un autre élément visuel, à l'instar des textes à quatre mains de Breton et Soupault.

L'« écriture automatique » à laquelle Breton fait allusion dans l'avant-propos qui accompagne une exposition de Masson est un concept que le psychologue Pierre Janet avait mis en lumière dans les dernières années du XIXe siècle, tout en le considérant de façon négative [30]. Quelques années plus tard, en 1916, c'est une étude américaine qui, à l'inverse, s'efforce de montrer tout le bénéfice que l'artiste peut tirer du concept d'« *automatic drawing* », apprécié alors comme élément positif. On y trouve des observations que les surréalistes allaient mettre en pratique : « Encore au-delà, il y a une région bien plus vaste à explorer. Comme nous le voyons, les modes d'intellection objective doivent être dénigrés par l'artiste, qui utilisera une méthode inconsciente pour corriger la précision visuelle consciente [31]. » Et, plus loin : « Il faut accoutumer la main à travailler librement et sans contrôle, en l'entraînant à tracer des formes simples au moyen d'une ligne continue sans arrière-pensée, c'est-à-dire que son intention doit simplement échapper à la conscience [32]. » La primauté de l'automatisme et de la spontanéité, revendiquée par le premier *Manifeste du surréalisme*, s'illustre de façon éloquente dans les appels à l'Asie et à l'invasion de barbares libérateurs. Pour Breton, la capacité de mettre l'œil à « l'état sauvage [33] » (son fameux incipit : « L'œil existe à l'état sauvage ») est un préalable pour se libérer du style et de l'imitation. Rien d'étonnant, dès lors, à ce que sa définition du tableau surréaliste, qui se fonde sur le principe de la surprise et de l'énigme insoluble, s'abstienne de prendre en considération quelque critère ou protocole formel que ce soit. Il estime en effet que c'est l'étrangeté de chacune des œuvres, augmentée de l'étrangeté qu'elles instaurent les unes par rapport aux autres, qui exprime la vitalité et la cohésion du groupe. Œuvres et procédures doivent être à l'enseigne de la singularité, se présenter comme une frontière aussi tranchée que possible avec tout ce que l'on a vu jusque-là : la satisfaction du principe de plaisir surréaliste, du jeu avec la surprise et la commotion, est à ce prix. La brutalité de certaines techniques qui affranchissent le geste de peindre des préférences et des jugements de goût tire sa force de cette idée. Et le choix de contenus exprimant le rejet de la civilisation, pour finir, n'agit pas autrement. Cela s'exprime par la quête du retour au stade de l'enfance, et à travers des jeux de rôles toujours nouveaux, qui simulent les défaillances psychiques et les états d'exception. Les tentatives de faire voler en éclats les conventions sont légion, à commencer par le blasphème, l'anticléricalisme, les positions anti-autoritaires, la liberté sexuelle…

[29] *Les Fragments d'Héraclite*, traduits et commentés par Roger Munier, Fontfroide-le-Haut, Fata Morgana, 1991, p. 15.
[30] Pierre Janet, *L'Automatisme psychologique*, Paris, Félix Alcan, 1889.
[31] Austin O. Spare et Frederick Carter, « Automatic drawing », *Form*, n° 1, avril 1916, p. 27.
[32] *Ibid.*
[33] A. Breton, *Le Surréalisme et la Peinture*, Paris, Gallimard, coll. « NRF », 1928, p. 7

Parmi les noms que le surréalisme réhabilite et canonise, citons Nadja, Violette Nozières, Germaine Berton, le soldat Keller, les sœurs Papin, l'abbé Gengenbach, et la liste n'est pas close.

OBJETS MAGIQUES ET CABINETS DE CURIOSITÉS Aujourd'hui, nous avons la possibilité d'inscrire plus précisément le surréalisme dans le cours du siècle, mais à condition d'en finir avec l'idée d'une évolution de l'art qui aurait trouvé sa finalité dans l'abstraction et le goût effréné du concept – ce qui autorise à jouer plus librement de la notion de modernité. Dans l'horizon du surréalisme, on voit décroître l'importance accordée à une avant-garde autonome, sûre de son fait et de l'objectif qu'elle s'est fixé.

Cela dit, le surréalisme est bien plus qu'une orientation artistique, comme en témoignent les revues qu'il dirige et fait paraître. *La Révolution surréaliste, Le Surréalisme au service de la Révolution, Minotaure* n'ont rien à voir avec des revues artistiques ordinaires. Les textes poétiques, politiques, polémiques y jouent un rôle prépondérant. Au programme que le surréalisme formule et cherche à transposer dans la vie réelle nous devons également des livres, des tableaux, des films, des photographies, des objets et des sculptures de tout premier plan. Partout s'affirme la volonté de renverser les habitudes et de parvenir à une forme d'expression dont la concision fait mouche dans l'instant. Aragon a résumé dans une formule tout aussi concise, encore qu'elle n'omette pas de faire référence au réel, cette intention de surprendre : « Le vice appelé *surréalisme* est l'emploi déréglé et passionnel du stupéfiant *image* [34] », propos dont l'arrière-fond éthique et politique ne saurait échapper à personne. Dans le *Second manifeste du surréalisme* (1930) Breton exprime ainsi son point de vue sur la question : « Rappelons que l'idée de surréalisme tend simplement à la récupération totale de notre force psychique par un moyen qui n'est autre que la descente vertigineuse en nous, l'illumination systématique des lieux cachés et l'obscurcissement progressif des autres lieux, la promenade perpétuelle en pleine zone interdite et que son activité ne court aucune chance sérieuse de prendre fin tant que l'homme parviendra à distinguer un animal d'une flamme ou d'une pierre [35]. »

Au sein du mouvement surréaliste, expérimentations et débats portant sur les techniques et les programmes sont autrement plus significatifs que chez les artistes de la première moitié du XXe siècle, à quelque « isme » qu'ils appartiennent. En s'intéressant aux objets, magiques ou seulement étranges dans leur banalité, en portant une attention nouvelle aux cabinets de curiosités, en recourant à des symboles personnels, en érotisant la technique, les surréalistes ont considérablement modifié la pratique des ateliers. Il faut également porter à leur actif une phénoménologie de l'inutile et du rebut, qui atteint son point culminant aussi bien dans l'atelier de sculpture de Picasso à Boisgeloup que dans l'exposition des « objets » chez Ratton ou dans le « mur » monumental que Breton s'employa sa vie durant à modifier dans son atelier. Sans cette célébration du monde des objets, liée à des textes et à des rencontres, ni le principe du ready-made de Duchamp ni les innombrables floraisons de mythologies individuelles ne se seraient inscrits avec autant de vigueur dans nos esprits. Les effets de cette célébration sont visibles jusque dans l'existentialisme, qui accomplit une manière d'emphase négative de l'obsession surréaliste de l'objet, et, pour finir, dans l'accumulation mélancolique qui caractérise les nouveaux réalistes. Mais, privée d'interprétation, que serait une simple phénoménologie des objets ? Que serait, sans cette interprétation, un art qui, justement, a besoin d'elle pour mettre

[34] L. Aragon, *Le Paysan de Paris* [1926], Paris, Gallimard, coll. « Folio », 1972, p. 82.
[35] A. Breton, *Second manifeste du surréalisme* [1930], dans *Manifestes du surréalisme*, Paris, Gallimard, coll. « Idées », 1963, p. 92.

en valeur ses objets et ses trouvailles ? La réponse du surréalisme se situe à l'opposé d'un minimalisme formel, à l'opposé d'une esthétisation individuelle de la réalité : elle est dans le discours que produit le groupe, dans un propos commun qui, non content d'arracher les choses à leur signification concrète originelle, les entoure, par le commentaire, d'une aura toute particulière. À cet égard, l'ouvrage de Breton, *Nadja*, est exemplaire : la fétichisation y atteint ce degré de profondeur parce qu'elle trouve son fondement dans l'inattendu des rencontres que décrit le texte, dans les structures qui, invisiblement, relient le texte aux images – objets ou tableaux. À la fois autonomes et complémentaires, récit et image produisent le « surtexte » surréaliste, et cette forme d'expression totalement inédite, empreinte d'un souffle nouveau, donne corps au concept esthétique de Breton : la « beauté convulsive ». Quelque chose d'inchoatif, d'immédiat, vient à nous : le mot cherche sa transgression dans l'image, et l'image dans le mot. Ils procèdent vers nous à la manière de deux asymptotes parallèles.
Avec le temps, ce que le surréalisme semblait avoir d'incompréhensible, de grotesque et d'impudent s'est transformé en expression claire et sensée de notre vision du monde. Une large part de ce qu'il est parvenu à faire passer de manière provocatrice dans les domaines de l'art, en cherchant à dérouter et à étonner – choc produit par l'étrangeté, moments d'épiphanie –, a été assimilée en l'espace de deux générations. Par contre, le concept optimiste de progrès sur lequel misait la fraction de l'avant-garde qui s'employait à l'épuration du monde matériel a échoué face à l'avenir dont elle entendait s'emparer. Autrement dit, ceux que l'on considérait à la fois comme des trublions et des provocateurs se trouvent être aujourd'hui ceux dont l'héritage nous permet de saisir le xxe siècle. Dans cette perspective, le mouvement n'apparaît plus comme une voie d'exception, incompréhensible et hermétique. Un âge pour lequel le nom de Kafka apparaît comme le dénominateur le plus productif trouve dans les idées du surréalisme son évidence angoissante et logique.

LA MACHINERIE DE L'AMITIÉ Autre caractéristique des œuvres des surréalistes : la nouveauté de leur iconographie, souvent inventée de toutes pièces. Pour en donner une idée, imaginons qu'au sortir d'une exposition présentant quelques grands noms de l'avant-garde – Braque, Kandinsky, Malevitch, Mondrian –, un visiteur vienne voir celle que nous consacrons à la Révolution surréaliste. La première lui aura assurément laissé le sentiment d'une unité de style, d'une parenté si grande que, pour peu qu'il ne soit pas très averti, il aura pu attribuer à l'un ce qui est de la main de l'autre. Dans la seconde, la diversité des sujets et leur traitement lui sautera immédiatement aux yeux, et il identifiera sans peine les œuvres de chacun – Max Ernst, Masson, Picasso, Man Ray, Buñuel, Miró, Arp, Giacometti, Magritte, Tanguy, Dalí… Aucun autre groupement artistique du xxe siècle n'a en effet joué aussi délibérément de l'opposition des styles. C'est un phénomène dont on n'a guère saisi jusqu'ici la fonction dialectique. L'objet occupe de manière agressive le devant de la scène. Il accapare l'attention aussi exclusivement que, jusqu'alors, la signature d'un style singulier, la variation ou la série avaient dominé l'activité artistique. Dans leur disparité, les œuvres renoncent à la logique d'un développement formel linéaire ; en mobilisant la mémoire et la faculté d'association, elles réclament une prise de conscience accrue. Le sentiment d'être confronté à des écritures aussi divergentes résulte principalement de ce que plusieurs de ces artistes font un usage polémique de certains modes de représentation que l'avant-garde avait rejetés avec mépris. À côté de l'écriture ouverte, subjective, on ne cesse de relever en effet la présence d'éléments véristes qui renvoient à l'art des musées, au maniérisme – ce qui est le cas, en particulier, de Dalí, Magritte et Tanguy. Ces trois artistes rompent avec la première grande conquête du surréalisme : l'automatisme. Le langage pictural se concentre sur le contour. Figures, paysages, scènes et narration sont les sujets de prédilection, et ne présentent plus la morphologie caractéristique de l'automatisme, le suggestif, le désordre et l'entrelacs des lignes, d'où il arrivait que surgisse parfois une figuration identifiable. L'utilisation du trompe-l'œil et de techniques picturales classiques, telle la peinture de salon du XIXe siècle, est une façon de s'inscrire contre le goût de l'époque. Et rien ne saurait être plus étranger à ce goût que les paysages sous-marins de Tanguy et les miniatures de Dalí, qui font songer à des fac-similés, et qui, pour créer une mythologie nouvelle, proposent des thèmes aussi inattendus que *Guillaume Tell* ou *L'Angélus* de Millet.

Une si grande diversité stylistique ne doit pourtant pas faire oublier que le groupe s'est montré soucieux, dès l'origine, d'affermir sa cohésion par l'intersubjectivité. Le travail collectif transcrit les caractères idiosyncrasiques et autistes dans une langue véhiculaire commune. Dans ces explorations, « l'autre » doit servir à la fois de partenaire et de témoin. Cette manière de procéder réduit la part de subjectivité, tandis que la suprématie de l'expérience partagée repousse les limites auxquelles pourrait conduire l'herméneutique individuelle. On fait de la poésie et de la peinture de la même manière que l'on pratique l'expérimentation scientifique. Afin de transformer le monde et de changer la vie, puisque c'est là un des objectifs premiers de leur révolution, les surréalistes vont être confrontés non seulement à la pensée de Marx, mais aussi à celle de Freud, et cela à travers une suite ininterrompue de jeux et d'expériences menés en commun. Car c'est avant tout par le jeu que fonctionne la machinerie de l'amitié. Au cours des liturgies collectives qu'ils organisent, ils racontent et commentent les rêves, jonglent avec les trouvailles verbales et les anagrammes, instaurent un principe de « notation », où le zéro exprime l'indifférence absolue, tandis que les chiffres positifs et négatifs sont utilisés tour à tour pour exprimer la fascination ou le dégoût, organisent des visites urbaines consistant à déambuler au gré du hasard, dans l'attente de rencontres fortuites. À quoi s'ajoutent le « jeu des hypothèses et des possibles », la technique du « dessin successif », qui mise sur la capacité de réaction de la « mémoire immédiate », le « jeu des questions et des réponses », où quelqu'un est sommé de répondre à une question qui ne lui a pas encore été posée. Ce qui s'exprime dans ce cérémonial multiforme, c'est le désir d'un renouvellement ininterrompu des formes et des contenus, le désir combinatoire. La préférence des surréalistes va ainsi à des jeux qui demeurent « ouverts ». À cet égard, remarquons que celui du « cadavre exquis » – le plus pratiqué et le plus spectaculaire de tous – reste morphologiquement apparenté aux figures du jeu de cartes. De même, tout ce qui voit le jour dans l'exercice du cadavre exquis présente une organisation anthropomorphe. Rien d'étonnant à cela, dans la mesure où Breton, à l'inverse de Duchamp, a une prédilection particulière pour le jeu de cartes, qui, à ses yeux, est empreint d'une sorte de magie secrète dont les effets semblent ne jamais s'éteindre, contrairement aux échecs, qui limitent le jeu à des considérations tactiques et au calcul prospectif du déplacement des pièces sur l'échiquier, sans autre prolongement poétique. Remarquons également que les motifs qui apparaissent le plus souvent dans les cadavres exquis sont justement ceux dont le caractère surréaliste est particulièrement marqué : flammes, serpents, sirènes, oiseaux, fleurs, chevelures, entre autres. Les surréalistes s'adonnent au jeu des pressentiments pour assurer le fonctionnement sans cesse renouvelé de leur système directeur : l'épiphanie. La quête de « poésie vécue » explique leur surprenant commerce avec la parapsychologie, leur passion pour le tarot, leur besoin de s'adresser à la boule de cristal, de fréquenter les médiums. Ces pratiques sont moins liées à une attente de possibles révélations qu'à la fascination pour l'instrument lui-même ou pour des personnages emblématiques. Le surréalisme n'a pas cessé de mélanger les cartes. En se faisant métaphore, « jouer » s'est transformé en véritable stratégie visant à provoquer des stimulations inconnues. Lorsque, quelques années plus tard, Breton lira l'essai de Johan Huizinga *Homo ludens*, il pourra y voir confirmée la signification des soirées et des séances qui réunissaient les amis dès 1921-1922 : « jouer » est assujetti à des règles. Or c'est bel et bien grâce à un protocole scrupuleusement observé de l'écriture ou du dessin que les surréalistes ont pu baliser leur cheminement vers l'inconnu.

UNE ESTHÉTIQUE DE LA DISTANCE L'écart considérable que l'on observe entre les œuvres, dans leur aspect extérieur, est le symbole éclatant de l'esthétique surréaliste de la distance, laquelle atteint son expression la plus forte dans le collage. La vie et l'œuvre des surréalistes se donnent en effet à voir comme reflet de l'axiome d'une beauté qui s'établit, selon la définition de Lautréamont, sur la « collision de l'hétéroclite ». Désormais, l'œuvre d'art fait siens des champs de réalité qui lui étaient déniés jusqu'alors, et cette appropriation s'effectue par un procédé aussi éminemment intellectuel que technique : le collage. Toutefois, abstraction faite de son effet percutant, ce procédé, qui consiste à réaliser une œuvre nouvelle à partir d'éléments choisis dans des créations existantes, exprime aussi une perte de confiance dans les moyens et les contenus traditionnels de l'art. Autrement dit, tout en intégrant avec force le monde extérieur dans l'œuvre, il traduit un certain scepticisme à l'égard de la peinture et du dessin, dès lors que l'artiste ne s'en remet pas totalement à ces techniques pour obtenir le résultat souhaité. C'est justement par leurs différences que les artistes surréalistes manifestent leur appartenance au mouvement : tous s'emploient à développer des modes de travail qui débouchent sur la singularité de chacun. Ils mettent ainsi en œuvre les grands principes et les expériences dont ils sont les promoteurs. Afin de susciter l'étonnement, voire la stupéfaction, chacun part d'une « incitation » propre, s'attache à retrouver dans un vécu antérieur tel ou tel événement déclenché par une rencontre non reproductible. Cette démarche ne laisse plus aucune place à l'esprit logique qui permettait aux procédures de l'avant-garde de se relayer les unes les autres. L'acceptation du hasard se substitue à une méthode qui opérait à la manière des protocoles de laboratoire. Des expériences d'éveil doivent œuvrer à rompre l'enchaînement causal qui régit le comportement social. Pour légitimer la disparité des chocs individuels, Breton, Max Ernst, Aragon, Magritte ou Dalí renvoient à une disponibilité personnelle. Voilà qui rappelle la conception romantique du génie et les instants précurseurs chez Joyce ou chez De Chirico, tout comme on pense, aussi, à cet intérêt jamais démenti pour les commencements que l'on observe dans les textes et les œuvres surréalistes. Tout se concentre sur la première phrase, la première idée, l'« incipit ». Dans *Le Paysan de Paris*, Aragon montre comment la passivité est activée par un mouvement de fascination qui échappe à toute volonté. Avec la « Préface à une mythologie moderne », l'expérience d'un « merveilleux quotidien » se pose en origine de la méthode esthétique : « C'était un soir, vers cinq heures, un samedi : tout à coup, c'en est fait,

chaque chose baigne dans une autre lumière et pourtant il fait encore assez froid, on ne pourrait dire ce qui vient de se passer. [...] Je ne suis plus mon maître tellement j'éprouve ma liberté [36]. » On ne saurait suffisamment apprécier, dans ce récit passionné, la fascination pour le « hasard objectif », qui était devenu à l'époque, à travers *Nadja*, une sorte de mythe collectif pour le groupe surréaliste. Breton, lui aussi, fait ce type de rencontre : il croise Nadja à l'instant précis d'une disponibilité absolue, à ce moment qui incline aux rencontres : « Le 4 octobre dernier, à la fin d'un de ces après-midi tout à fait désœuvrés et très mornes, comme j'ai le secret d'en passer, je me trouvais rue Lafayette : après m'être arrêté quelques minutes devant la vitrine de la librairie de *L'Humanité* et avoir fait l'acquisition du dernier ouvrage de Trotski, sans but je poursuivais ma route dans la direction de l'Opéra. [...] J'observais sans le vouloir des visages, des accoutrements, des allures. [...] Tout à coup, alors qu'elle est peut-être encore à dix pas de moi, venant en sens inverse, je vois une jeune femme, très pauvrement vêtue, qui, elle aussi, me voit ou m'a vu [37]. »
L'histoire du mouvement surréaliste est riche en expériences de cette nature qui entendent illustrer et démontrer le rôle objectif, législateur, du hasard. Celui-ci n'intervient pas seulement dans le cadre de la vie individuelle et des relations sociales, la méthode de travail en bénéficie également : le collage, par exemple, ne tient-il pas au concept de rencontre ? C'est dans cette optique que le mot « trouvaille » acquiert sa signification métaphysique. Un exposé de Breton montre que le caractère fortuit des rencontres trouve pleinement à s'inscrire dans l'horizon d'attente. Les origines biographiques individuelles ou la singularité d'un travail incitent à l'interprétation rationnelle et concrète de l'événement, car le rendez-vous avec le hasard doit abroger le hasard. L'interprétation se transforme en manie interprétative, qui vient immédiatement se greffer sur l'utilisation de structures extra-artistiques et sur l'histoire des « objets ». Ceux-ci – à la différence du ready-made, envers lequel Duchamp prescrit une indifférence aussi stricte que possible – se prévalent d'une nécessité dialectique. Car le regard porté sur la chose doit d'abord l'affranchir de sa nature factuelle et de sa valeur d'usage, afin de lui conférer une part de cette étrangeté confondante que Claude Cahun laisse entrevoir dans son avertissement : « Prenez garde aux objets domestiques [38] ». Breton fait remarquer à ce propos : « Il importe à tout prix de fortifier les moyens de défense qui peuvent être opposés à l'envahissement du monde sensible par les choses dont, plutôt par habitude que par nécessité, se servent les hommes. Ici comme ailleurs, traquer la bête folle de *l'usage* [39]. » Ce qui se montre, c'est l'antithèse, l'élément du texte ou de l'œuvre d'art resté jusque-là tache aveugle. On désigne le point où l'œuvre est défaillante, pour le livrer à l'interprétation. Lisons ce passage de Breton, qui évoque Giacometti et la promenade qu'ils firent dans un marché aux puces : « Mais le plus curieux – c'est de là que ma communication tire pour moi toute son importance – est que ces deux trouvailles que Giacometti et moi nous faisons ensemble répondent à un désir qui n'est pas un désir quelconque de l'un de nous mais bien un désir de l'un de nous auquel l'autre d'entre nous, en raison de circonstances particulières, se trouve associé. Je dis que ce désir plus ou moins conscient – dans le cas précédent la hâte de voir apparaître la statue tout entière telle qu'elle doit être – n'entraîne de trouvaille à deux, sans doute à davantage, qu'autant qu'il est axé sur des préoccupations communes typiques. Je serais tenté de dire que les deux individus qui marchent l'un près de l'autre constituent une seule machine à influence amorcée [40]. » C'est dans cette capacité de tout relier à tout,

[36] L. Aragon, *Le Paysan de Paris*, *op. cit.*, p. 11.
[37] A. Breton, *Nadja* [1928], édition entièrement revue par l'auteur, Paris, Gallimard, coll. « NRF », 1963, p. 57-58.
[38] Claude Cahun, « Prenez garde aux objets domestiques », *Cahiers d'Art*, « *L'Objet* », 1936, p. 45 et suiv.
[39] A. Breton, « Crise de l'objet », *ibid.*, p. 22.
[40] Id., « Équation de l'objet trouvé », *Documents 34*, Nouvelle série, n° 1, Bruxelles, juin 1934, p. 17-24, p. 20 et suiv.

et d'abolir ainsi l'aléatoire et l'étrange en tant que catégories, que résident l'essence et la finalité de la dialectique surréaliste. Plus les coordonnées de l'expérience s'écartent les unes des autres, plus elles sont éloignées, et plus les ressources imaginaires surréalistes fonctionnent intensément.

« LE PRÉCIPITÉ DE NOTRE DÉSIR » C'est dès l'origine du mouvement que voient le jour les deux principaux procédés sur lesquels les surréalistes fondent leur travail : « l'écriture automatique » et le couplage d'images ou de significations antithétiques – cette dernière technique constituant la base du collage. Ces deux modes d'expression distincts ne sont pas sans rapport avec deux données essentielles de la connaissance : le temps et l'espace. Dans l'un, c'est le facteur temps qui domine ; dans l'autre, celui d'espace.

L'automatisme implique et fortifie la rapidité, seule garante d'une authentique spontanéité. Sur le plan herméneutique, l'expression amorphe du flux manuscrit est enrichie par des fragments de conscience et des images mémorisées qui surgissent brusquement, hors de tout contrôle rationnel. L'automatisme réduit l'inhibition et, partant, la censure exercée par le surmoi. En faisant intervenir un élément anesthésiant, il minimise l'emprise mentale de la famille, de l'activité culturelle, de la tradition et de la société. Si l'on se souvient des deux orientations signalées par Nietzsche dans *La Naissance de la tragédie enfantée par l'esprit de la musique*, qui fait état des « deux mondes esthétiques distincts du rêve et de l'ivresse [41] », on constate que la dialectique qu'utilise le surréalisme pour renouveler la production d'images s'explique par cette « dualité de l'apollinien et du dyonisiaque ». Dans la conception de Lucrèce, le monde des rêves fait apparaître « les figures superbes des dieux à l'âme des hommes ». Ainsi « la belle apparence de ces mondes du rêve » ne préside-t-elle pas seulement à l'ensemble des arts plastiques, elle constitue même « une large part de la poésie ». Si le collage peut être considéré comme un précipité de « la belle apparence de ces mondes du rêve », l'écriture automatique, quant à elle, fait intervenir le dyonisiaque. Nietzsche rattache ce qui relève de l'ivresse à la « *prodigieuse horreur* qui s'empare de l'homme que désorientent soudain les formes conditionnant la connaissance des phénomènes », décrite par Schopenhauer.

Dans le collage, qui opère par rapprochement de significations divergentes, ce n'est pas la notion de temps qui prévaut, mais celle d'aliénation, d'espace franchi. L'idée d'aliénation provient de la combinaison d'images sorties de leur contexte primitif. Les matériaux manipulés par le montage visuel proviennent en effet de champs de signification aussi divers qu'éloignés les uns des autres. En rapprochant ces significations qui n'ont rien en commun, l'artiste en vient à oblitérer l'origine des divers éléments constituant le tableau, au profit de sa propre création. Le collage – ce nouvel inconnu – interdit donc que puisse être reconstruit ce qui était connu, car il abolit le sens concret du matériel ayant servi de fondement à l'élaboration de l'œuvre (et le spectateur, quant à lui, ignore généralement de quel contexte proviennent les images initiales). D'ailleurs, il se limite souvent, et de façon délibérée, à l'utilisation d'images « mineures », tirées du domaine scientifique et technique, ou appartenant à la sphère de l'illustration banale des « faits divers », et qu'il n'est pas rare de trouver dans des textes relevant de la littérature populaire. Il en va de même pour les « objets » et pour l'illustration des textes dans les publications surréalistes.

Ce qui frappe également, dans le collage, c'est que, se nourrissant plus volontiers d'une matière dépourvue d'existence artistique attestée, il ne se soucie guère de

[41] Friedrich Nietzsche, *La Naissance de la tragédie enfantée par l'esprit de la musique*, trad. française par P. Lacoue-Labarthe, dans *Œuvres*, Gallimard, coll. « Bibl. de la Pléiade », vol. 1, Paris 2000, p. 18.

références esthétiques. Il se suffit de la collision des significations contradictoires et du mélange inexplicable et véhément qui en résulte. Et c'est de là, précisément, que la magie visuelle surréaliste tire toute sa vigueur : elle proclame un état d'urgence interprétatif qu'aucun commentaire ne saurait abroger. Le discours poétique qui s'attache au collage a pour conséquence d'abolir la valeur d'usage. L'appropriation interprétative des éléments conduit à leur transsubstantiation, à ce que Breton nomme, dans une formule admirable, le « précipité de notre désir[42] ».

Ce n'est pas un hasard si l'écrivain renvoie au concept de « désir ». Car il a trouvé la référence contemporaine majeure, en matière de poétisation de l'obscur et du déviant, dans la lecture de Freud. C'est à l'auteur de *L'Interprétation des rêves* qu'il en appelle dans le *Manifeste du surréalisme*. À la réalité il oppose l'enfance et le rêve : il est donc fasciné par ce qu'en décrit Freud, par la richesse du matériau qui constitue le « contenu manifeste » du rêve – lequel, une fois transposé à l'état de veille, produit des images aussi troublantes que libérées de tout lien. Il fabrique cet éclat qui caractérise la « poésie courtoise » surréaliste, variante érotique d'un certain sublime. Toutefois, Breton ne retient apparemment de Freud que ce qui va dans le sens de sa propre recherche ; peu lui importe, au bout du compte, si ce dernier estime que le contenu manifeste du rêve n'a pas de fonction autonome, et que le rêve ne poétise pas la vie. Et comme le surréalisme mise néanmoins sur ce malentendu, Breton néglige dans sa lecture ce qui, selon Freud, ne trouve sa légitimité qu'après avoir été soumis aux mécanismes de l'interprétation des rêves. À un « désir » qui peut être assouvi du seul fait de sa révélation, Breton oppose le désir « ouvert » des surréalistes. C'est dans le rêve manifeste non interprété, déroulant des images mystérieuses, que l'écrivain trouve son mode de réalisation du désir. Il refuse qu'on puisse l'expliquer, et même qu'il soit nécessaire de l'interpréter : « Le désir de comprendre, que je n'ai pas l'intention de nier, a ceci de commun avec les autres désirs que pour durer il demande à être incomplètement satisfait. Or ce désir est traîtreusement combattu par ceux-la mêmes qui assument la charge de l'entretenir. Ils y pourvoient du moins à si peu de frais que l'intelligence se forme aux solutions criardes. En dehors du surréalisme, j'ai toujours trop bien compris les ouvrages des hommes, pour si peu les ouvrages de Dieu. » Dans la conception freudienne, au contraire, le contenu manifeste du rêve ne demeure qu'un matériel illisible et confus tant qu'il n'a pas fait l'objet d'une interprétation. Le traitement complexe auquel Freud soumet le contenu manifeste du rêve afin de le plier à une lecture rationnelle n'a absolument rien de commun avec ce que vise le surréalisme. Breton, pour sa part, accorde une plus-value au domaine précritique du récit de rêve, qui fixe le contenu manifeste de celui-ci. C'est ce champ qu'il entend soumettre à la pratique surréaliste. Car le surréalisme se soucie peu de la découverte de l'inconscient et du refoulé. Le matériel qui, chez Freud, ne vaut que comme point de départ à l'analyse, constitue aux yeux de Breton une véritable mine d'« images surréalistes ». Étrangeté et mystère proviennent non pas de l'exposition d'éléments exogènes, mais du mélange de réalités inexpliquées.

Derrière cette volonté constante d'opérer par le truchement de rapprochements étranges, on voit poindre une hostilité dirigée contre le positivisme et le principe de causalité. Aussi Breton prend-il soin d'insister d'emblée sur le fait que le surréalisme intègre à sa combinatoire des éléments concrets et des rencontres réelles. Car la transgression du « peu de réalité » qu'il s'est fixée comme but doit nécessairement s'accomplir « sans sortir du champ de notre expérience[43] ». Considéré sous cet angle, le surréalisme ne joue pas avec les catégories de l'art fantastique : il crée de

[42] A. Breton, Préface, dans *Exposition surréaliste d'objets*, Paris, galerie Charles Ratton, 1936.

[43] A. Breton dans sa préface au catalogue de l'exposition « Max Ernst » qui se tint à la librairie Au Sans Pareil du 3 mai au 3 juin 1921 (dans *Œuvres complètes*, Paris, Gallimard, coll. « Bibl. de la Pléiade », 1988, t. I, p. 245).

l'étrangeté avec des choses réelles, et c'est en cela que la quête de l'objet revêt une importance aussi significative dans son histoire. La matérialisation produite dans ces circonstances doit abolir les frontières entre imagination et réalité. Les objets ont valeur de preuves attestant l'existence d'un monde antirationnel où rêve et réalité se confondent. Cet univers des représentations surréalistes présente des affinités évidentes avec celui de Kafka, puisque la frontière entre état de veille et sommeil s'y trouve abolie, le principe de réalité assujettissant l'un et l'autre à la fiction. Comme dans le rêve, où rien n'apparaît qui ne nous soit connu, ce qui est sans explication conserve en effet chez Kafka sa cohérence incontestable et logique. Une expérience identique préside à notre rencontre avec les œuvres de Breton, Crevel, Eluard, Aragon, Péret, De Chirico, Max Ernst, Buñuel, Giacometti, Man Ray, Brassaï, Magritte ou Dalí. Notre commerce avec elles participe de ce commentaire d'Albert Camus suscité par la lecture de Kafka : « On ne s'étonnera jamais assez de ce manque d'étonnement[44]. »

[44] Albert Camus, cité par Tzvetan Todorov, *Introduction à la littérature fantastique*, Paris, Le Seuil, 1970, p. 177.

LA « DÉCISION » DE PICASSO Résumons la situation en France : peinture d'histoire, narration et scènes psychologiques ont disparu de la pratique des ateliers. Et c'est dans ce contexte, au début des années vingt, que le surréalisme fait deux rencontres majeures : l'une avec l'œuvre de Giorgio De Chirico, l'autre avec la démarche polymorphe de Picasso. Les tableaux fantastiques de la période métaphysique de De Chirico vont avoir sur les surréalistes une influence déterminante. Derrière le monde imaginaire du peintre se cache la conscience lucide d'une esthétique qui met en jeu le concept de rupture et la critique du principe de causalité. De Chirico a lui-même expliqué le point de départ de sa démarche : la rencontre avec le « moment privilégié ». Dans « Le Mystère de la création » – un texte rédigé entre 1911 et 1915 – l'artiste évoque des expériences qui vont se révéler fondamentales pour l'esthétique surréaliste. À propos de la possibilité d'identifier et de lire les contenus d'un tableau, il écrit notamment : « Pour qu'une œuvre d'art soit vraiment immortelle, elle doit faire exploser toutes les limites de l'humain : elle ne doit avoir ni raison ni logique. C'est alors qu'elle se rapprochera du rêve et de l'esprit d'enfance. [...] L'inspiration d'une œuvre, la conception d'un tableau devrait être quelque chose qui n'ait aucun sens en soi, voire aucun sujet, et qui ne veuille absolument plus rien dire du point de vue de la logique humaine[45]. » La familiarité du peintre avec les écrits de Nietzsche et de Schopenhauer a joué un rôle capital dans l'élaboration de cette vision mélancolique du monde, qui met en doute le principe de réalité. Or la contestation des principes de réalité et de causalité occupe la première place dans les manifestes surréalistes. Le choc visuel que De Chirico matérialise littéralement dans ses œuvres tire sa force d'une séparation clairement marquée entre des éléments qui se heurtent les uns aux autres, dans une peinture caractérisée par un usage très concret du contour. Ce jeu sur la ligne de partage entre les choses est également à l'origine du monde imaginaire des premières œuvres de Max Ernst et des premiers collages peints de Magritte. Il est, par ailleurs, spécifique de l'ensemble de la fraction vériste du surréalisme. Compte tenu de l'effet recherché, les éléments qui composent les tableaux doivent être tracés avec netteté afin de demeurer reconnaissables en tant que tels. La délimitation exacte, le contraste des clairs et des obscurs, l'âpreté des ombres portées, qui anticipent la promesse ou la menace du monde extérieur, sont donc les préalables nécessaires au fonctionnement de ces œuvres magiques. Les collages peints de Max Ernst – *Œdipe roi, L'Éléphant Célèbes, La Femme chancelante, Castor et Pollution, La Femme, le Vieillard et la Fleur* – rappellent ce procédé.

[45] Giorgo De Chirico, « Le Mystère de la création [1911-1915] », « Das Mysterium der Kreation », dans *De Chirico. Wir Metaphysiker. Gesammelte Scriften*, trad. allemande par A. Henze, Francfort-sur-le-Main/ Berlin/Vienne, Propyläen Verlag, 1973, p. 16.

De la même manière, Miró, avec ses premières œuvres comme *Carnaval d'Arlequin*, *Personnage lançant une pierre à un oiseau*, Magritte, avec son *Assassin menacé*, Dalí, avec *Le Jeu lugubre*, Brauner ou même Domínguez restent fidèles à ce principe de base : délimiter les éléments visuels aussi précisément que possible, exagérer les frontières entre les divers champs de signification, pour parvenir à cette confusion sémantique délibérée qui confère aux tableaux leur surprenante énergie centrifuge.

Mais ce qui se révélera déterminant pour la voie surréaliste et la fera sortir de la ligne directrice tracée par l'avant-garde, c'est l'intérêt qu'elle va porter à l'évolution du travail de Picasso. Dans les années du « retour à l'ordre », qui coïncident avec les débuts du surréalisme, l'artiste a brillamment rétabli dans ses droits le métier de peintre. Aussi, au moment où il renonce au cubisme, l'avant-garde, qui ne jure que par la réduction des thèmes et l'abstraction, se trouve face à un dilemme. En revenant au musée, Picasso brise le concept d'une évolution historique linéaire. Pourtant, ce n'est pas le « retour au musée » qui sera décisif en soi, mais la façon dont Picasso va en user, comme d'un jeu avec les possibilités. Car, si l'on considère le déploiement d'une œuvre dans sa totalité, ce « retour » ne représente en définitive qu'une des virtualités de cette œuvre. En optant pour cette démarche, l'artiste ne se contente pas de s'affranchir du concept d'évolution, il se donne aussi toute liberté de choisir des modes d'expression différents, qu'il convoque simultanément sans accorder sa préférence à aucun. Le choix d'un mode particulier – cubiste, classique réaliste, convulsif, biomorphe – jalonne désormais l'ensemble de l'œuvre. En instaurant une sorte d'historicisme de l'avant-garde – et plus généralement un historicisme correspondant à ses propres solutions formelles –, Picasso ouvre la voie à tous les paradigmes qui avaient été exclus jusque-là de l'évolution de l'art au xxe siècle.

Mais sa rencontre avec les surréalistes n'a pas seulement des incidences sur le groupe réuni autour de Breton : elle revêt pour l'artiste lui-même une importance fondamentale. À y regarder de près, on constate en effet qu'au milieu des années vingt son œuvre présente une extrême diversité sur le plan stylistique, sans donner lieu pour autant à une prolifération iconographique, à une multiplicité de sujets, que le côté polymorphe de son travail aurait pu susciter. C'est là que le rapprochement de Picasso avec le surréalisme prend tout son intérêt. En effet, avant même de se démarquer de l'idée d'évolution cubiste (à savoir le rejet catégorique des sujets narratifs), au cours de l'année 1906, Picasso avait abandonné les sujets littéraires et psychologiques, ce sacrifice étant un préalable aux variations formelles qui allaient conduire au cubisme. Il convient de rappeler ici l'interprétation surprenante du cubisme par Breton : dans le refus que Picasso oppose à la reproduction de la réalité, l'écrivain perçoit une expression du doute ontologique exercé à l'endroit du monde matériel. Ce doute peut se rattacher au grand principe surréaliste du « peu de réalité », qui prétend répudier toutes les certitudes fondées sur l'empirisme. Breton se saisit de cette ouverture, et lui donne corps dans une grande opulence d'images, qui, suite à l'adhésion passionnée du groupe à l'idée d'« hétéroclite » découverte dans les œuvres de Lautréamont et de De Chirico, a solidement ancré cette notion dans le subconscient du surréalisme : personne ne sait, écrit Breton, ce qu'il y a « au bout de cet angoissant voyage ».

Faire référence aux œuvres cubistes de Picasso est capital dans la mesure où, paradoxalement, cela revient à déstabiliser le projet positif de l'avant-garde. En effet, toute à ses expérimentations optimistes qui se propageaient comme un feu de broussailles, cette dernière ne s'était pas avisée qu'une radicalisation du cubisme, aussi logique qu'elle se prétendît, ne pouvait nullement exorciser l'expression magique et dissonante des *Demoiselles d'Avignon*. Ce n'est d'ailleurs pas un hasard si Breton reproduit ce tableau dans *La Révolution surréaliste*. Et nous serions tentés de mettre au compte de l'influence – tout au moins partielle – du surréalisme les modifications frappantes que l'on observe dans l'œuvre de Picasso au cours de la seconde moitié des années vingt. Il semble bien, en effet, que le concept de « surprise » mis en avant par Apollinaire ou celui de « beauté convulsive » cher à Breton aient progressivement trouvé dans les travaux du peintre une transposition dynamique. Outre un langage visuel fortement rythmé, apparaît le souci de restituer le mouvement, alors que les œuvres de la période précédente privilégiaient largement les sujets statiques et inanimés. Cet intérêt pour le corps agité, qu'un tableau comme *La Danse*, de 1925, exposera avec la force d'un manifeste, s'offre pour la première fois aux yeux du public en 1924, dans le ballet *Mercure*. Dans une lettre à Jacques Doucet, Breton rend compte de la forte impression que lui-même et ses amis ont éprouvée en assistant au spectacle : « En ce qui me concerne, je tiens la collaboration de Picasso à *Mercure* pour l'événement artistique le plus important de ces dernières années, et pour un acte de génie qui n'est surprenant de sa part que parce qu'il vient après tant d'autres et qu'il est plus merveilleusement affranchi que jamais de toutes les contraintes de la réputation et du goût [46]. » Et le tract « Hommage à Pablo Picasso » que les surréalistes font paraître le 18 juin 1924 traduit le même enthousiasme : « Voici qu'avec *Mercure* il provoque à nouveau l'incompréhension générale, en donnant toute la mesure de son audace et de son génie [47]. » Le caractère spectaculaire du décor, des accessoires et des costumes est pour beaucoup dans cet éloge sans réserve. Pourtant, l'étonnement ne s'arrête pas aux seules sculptures scéniques mobiles, qui, plus encore que dans *Parade*, combinent leurs mouvements à ceux des danseurs : on juge le rideau tout aussi spectaculaire. Il matérialise en effet à grande échelle l'idée d'« écriture automatique ». Dans sa continuité et ses pulsations, le tracé linéaire y exhorte l'œil à rester sans cesse en mouvement en l'incitant à passer rapidement d'un côté à l'autre de la toile, comme s'il glissait sur une sorte de rail invisible. Incontestablement, cette entrée en scène de Picasso donne aussitôt ses lettres de noblesse à l'idée d'automatisme graphique. Car elle rend soudain compréhensible et légitime le graphisme laconique de nombreux dessins d'André Masson et de certains de ses tableaux, comme *Les Quatre Éléments* [48], réalisés au même moment. Il ne nous paraît donc pas exagéré de dire qu'avec ce rideau pour *Mercure* le principe d'une « écriture automatique » atteint à une éclatante monumentalité.

Dans les œuvres de Picasso des années vingt apparaissent de plus en plus souvent des corps catapultés dans l'espace – trait véhément qui va en s'intensifiant dans les nombreux tableaux de « baigneuses » et de « scènes de plage » qu'il peint à l'époque. Et ce n'est pas seulement la fulgurance des corps projetés dans les airs qui évoque le « Cinquantenaire de l'hystérie » célébré par les surréalistes [49]. L'œuvre de Picasso se modifie aussi sur le plan de l'iconographie. Elle se fait plus narrative. Elle cherche des connexions hybrides. Elle se peuple de sculptures et de dessins dans lesquels des remaniements anatomiques, des variations sur la Crucifixion du *Retable d'Issenheim*, peint par Grünewald, se mêlent à des sujets tirés des *Métamorphoses* d'Ovide. C'est dans ce contexte que le recours à des formes biomorphes devient important. Si l'on retient que ce « langage des signes » trouve son fondement dans le vocabulaire du surréalisme, on constatera également que les contenus émotionnels véhiculés par ce biomorphisme viennent interrompre le cours de l'évolution formelle des avant-gardes.

[46] A. Breton, Lettre à Jacques Doucet du 18 juin 1924, citée dans *André Breton. La beauté convulsive* cat. d'exposition, Paris, Éditions du Centre Pompidou, 1991, p. 170.
[47] « Hommage à Pablo Picasso », 18 juin 1924, dans *Tracts surréalistes et déclarations collectives. 1922-1939*, commentés par José Pierre, Paris, Éric Losfeld, 1980, vol. 1, p. 16-17.
[48] En 1924, lors de la première exposition Masson à la galerie Simon, Breton acquiert *Les Quatre Éléments*.
[49] L. Aragon, A. Breton, « Le Cinquantenaire de l'hystérie [1878-1928] », *La Révolution surréaliste*, nº 11, 15 mars 1928, p. 21-22.

Car les formes amibiennes qui font brusquement irruption, au cours des années vingt, dans les œuvres de Picasso, Arp, Max Ernst, comme dans celles de Tanguy, Miró, Man Ray, Dalí et Buñuel, ne peuvent être appréhendées selon les critères de la gestuelle expressionniste, de la cristallisation cubiste ou de la dynamique futuriste. Dans ce langage plastique, la représentation d'une expansion de chair molle devient une expression psychique. Les corps évoquant la gélatine, la putréfaction, les préparations anatomiques, que l'on voit tout à coup surgir dans les tableaux, les dessins, les photographies et les films sont des expériences limites, des concrétisations de phobies à peine tolérables pour qui les regarde. Il suffit pour s'en convaincre de se pencher sur les photographies de Claude Cahun ou sur la proposition d'un monde invertébré dans lequel tout se met à couler, comme dans l'univers de Dalí. Du trait mélancolique des dessins et des tableaux de Masson on en est arrivé ici à la nausée concrète, évidente. Cette observation vaut pour ceux, parmi les surréalistes, qui se délectent à mettre en œuvre, avec *Gros Orteil, Le Jeu lugubre, Le Chien andalou, La Femme 100 têtes*, le principe anti-idéaliste célébré dans « Le bas matérialisme et la gnose [50] ». Des textes comme « Les écarts de la nature [51] » de Bataille légitiment et développent la notion d'« esthétique de la laideur [52] ». Et le fait que la pratique surréaliste de l'« objet désagréable » exposera toujours plus régulièrement sous nos yeux le bestiaire abject et menaçant qui surgit dans de nombreux collages de Max Ernst, dans les créations de Dalí et dans les productions cinématographiques de Buñuel relève également de ce caractère répugnant. La gravure *Minotauromachie* (1935) ou la gouache de Picasso, *Minotaure, cheval et oiseau* (1936) participent du monde indéchiffrable de pulsions où les scènes imaginaires d'*Une semaine de bonté* de Max Ernst ont également élu domicile. La transposition syncrétique et autobiographique réalisée par Picasso avec la figure du Minotaure présente une analogie frappante avec les thèmes surréalistes. En l'occurrence, il apparaît clairement que Picasso – Picasso dans son élément – prend sa part dans une orientation aussi nouvelle que fondamentale de l'art. Les tentatives de la critique visant, à la fin des années vingt et dans les années trente, à montrer qu'il n'a aucun lien avec le surréalisme relèvent de l'absurdité. Ce rejet du surréalisme entend s'exercer à l'encontre d'une peinture qu'elle considère comme exclusivement déterminée par ses contenus : le néo-platonisme qui, selon ces critiques, sous-tend le cubisme, ne saurait tolérer la moindre fascination pour ce qui relève du marginal ou du somatique – c'est-à-dire justement ce à quoi non seulement Breton mais aussi le groupe dissident réuni autour de Bataille, Masson et Leiris sont alors le plus attachés. Car, selon la conception idéaliste d'un Christian Zervos, une peinture soucieuse d'exprimer des contenus et des idéologies fait fausse route. Ainsi l'éditeur des *Cahiers d'Art* peut-il écrire, en 1930, dans un essai publié en plusieurs livraisons où il s'emploie à examiner la place de l'objet dans la peinture de son temps : « Picasso ne guette jamais les apparitions extravagantes qui viennent visiter les hommes pendant leurs veilles aussi bien que dans leurs rêves et dont l'ambiguïté ne saurait échapper qu'à ceux qui ont perdu la notion du caractère coordonné des choses. Sur les bords de l'inconnu même, Picasso se rend compte que nous n'avons en nous aucun pouvoir de nous représenter à nous-mêmes ce qui n'est pas dans les objets, ni de trouver dans les causes l'occasion de visions fantastiques. Il se distingue par là de tous ceux qui ont cherché à son exemple à puiser dans les ressources de l'imagination, mais qui se sont égarés dans l'incohérence de la rêverie, fixant sur la toile des images arbitraires : manière de peindre incontrôlable et par cela même plus commode, mais incontestablement puérile [53]. »

[50] Georges Bataille, « Le bas matérialisme et la gnose », *Documents*, 2e année, no 1, 1930, p. 1-8.
[51] Id., « Les écarts de la nature », *ibid.*, p. 79-83.
[52] S'il ne se réfère sans doute pas à l'ouvrage de Johann Karl Friedrich Rosenkranz qui porte le même titre (1853), Bataille fonde tout de même le refus d'une norme du beau en s'appuyant sur les observations de Georg Treu dans « Durchschnittsbild und Schönheit » [« L'image composite et la beauté »], dans *Zeitschrift für Ästhetik und allgemeine Kunstwissenschaft*, 1914, vol. IX, 3.
[53] Christian Zervos, « De l'importance de l'objet dans la peinture d'aujourd'hui (III) », *Cahiers d'Art*, 1930, p. 283.

Or, au cours de ces années, Picasso se met à ébaucher dans ses carnets de croquis une encyclopédie de formes et de créatures sans rapport avec le réel, qui dépassent même le « fantastique surréel ». C'est ainsi que voient le jour ces répertoires de formes où la fascination de l'époque pour la matière et pour l'objet saura puiser les modèles de ses propositions inédites et libidineuses.

LE SURRÉALISME DANS L'ÉVOLUTION HISTORIQUE L'automatisme et le collage s'appliquent à se démarquer le plus nettement possible de l'avant-garde. De façon aussi nette, ils déterminent la morphologie des œuvres et proclament la suprématie du choc et de l'étonnement. On ne saurait ni les séparer ni les mettre en situation de rivalité, puisque, selon les périodes, les travaux inclinent plus ou moins en faveur de l'un ou de l'autre. Globalement, les deux techniques restent imbriquées par une dialectique continue et sans cesse renouvelée à travers manifestes et programmes. Mais ce à quoi nous avons affaire ici dépasse de loin la simple question des techniques artistiques (s'il ne s'agissait que de cela, nous parlerions de procédures iconographiques). Car la manière dont opèrent Max Ernst, Arp, Miró, Masson, Dalí, Brauner ou Domínguez a ceci de particulier qu'elle s'appuie toujours sur des contenus. S'interroger sur la façon dont se présente aujourd'hui cet aspect de la révolution surréaliste, c'est aborder des questions plus essentielles. On ne saurait nier que le frottage ou le grattage, qui mettent en évidence des textures infimes, proposent comme ingrédients visuels tout autre chose que les aplats de couleur ou la restitution fidèle et narrative propre aux miniatures. Avec le recul, on peut donc replacer dans un contexte plus vaste cette résurgence imprévisible et singulière de l'art thématique apparue brusquement au cours des années vingt et trente, et que notre exposition donne à voir. Avec l'entrée en scène des artistes surréalistes, on assiste en effet à une réaction contre le style de l'époque. La situation historique reprend, en l'inversant, la courbe évolutive qui s'était révélée déterminante pour la seconde moitié du XIXe siècle. Si, par le caractère intime d'une thématique libre de ses choix (ce qui n'était pas le cas de la peinture officielle), l'impressionnisme apportait un démenti aux programmes surchargés et éculés de l'académisme et au goût de la peinture de salon, le surréalisme français des années vingt et trente s'oppose, quant à lui, au diktat d'une avant-garde qui, en rejetant la figuration, rejetait du même coup les objets. Cette avant-garde avait élevé l'acte de peindre, la matérialisation de la structure et du trait, au rang de métaphysique. Le traitement redondant des quelques thèmes auxquels elle se limitait, à la suite de l'impressionnisme, avait rendu le sujet de plus en plus accessoire, jusqu'à finir par le reléguer en deçà du seuil de perception. Confrontés à la disparition des contenus, les surréalistes répondent en les surdéterminant de façon déconcertante, ce en quoi leur affinité avec la littérature est très sensible. Le caractère anti-réaliste qui domine dans ces tableaux, ces objets, ces films, ces photographies et ces dessins contredit de façon spectaculaire la pratique du minimum iconographique qui avait conditionné pendant des lustres les choix thématiques de l'avant-garde. Les tableaux sériels de Monet avaient anticipé ce recul de l'objet, condition indispensable à la modification du regard, qui devient l'iconographie de la peinture.

Ce n'est pas un hasard si les raccourcis thématiques de Kandinsky font référence aux meules de foin de Monet : « Avant, je ne connaissais que l'art réaliste. [...] Mais ce qui m'était parfaitement clair, c'était la force inespérée de la palette, laquelle m'était restée cachée autrefois. Elle dépassait tout ce que j'avais rêvé. La peinture en reçut une force et un éclat féeriques. Mais, inconsciemment, l'objet en tant qu'élément incontournable du tableau s'en trouvait par ailleurs discrédité[54]. » Cette déclaration met en lumière le dilemme de l'avant-garde. Kandinsky découvre la libération de la palette. Mais il est le premier à signaler le *sacrificium intellectus* que l'artiste moderne est tenu d'accomplir : celui d'avoir à renoncer aux programmes iconographiques complexes. Les positions de Mondrian, de l'art concret et de leurs suiveurs de l'art informel tirent leur vigueur d'un idéalisme forcé, qui s'est détourné des questions réelles de l'époque. Seul Léger, en France, s'est soustrait à cette tendance, par la force et la nouveauté de ses thèmes. C'est ici qu'intervient la contre-réaction des surréalistes, qui représentent, en quelque sorte, l'équivalent irrationnel des peintres de la Nouvelle Objectivité en Allemagne. Ils proclament la suprématie de procédés qui favorisent à la fois le brouillage des objets et l'usage sensuel de la matière et des trouvailles. En fixant leur choix sur des techniques particulièrement accordées aux contenus, ils prennent à rebours une avant-garde qui ambitionnait la disparition du monde matériel. Dans le cadre des visées artistiques de l'époque, une telle hégémonie de l'iconographie ne pouvait que surprendre. Il n'empêche que les surréalistes s'inscrivent bel et bien en faux contre une peinture qui avait délaissé le monde extérieur pour se tourner vers une « iconographie d'atelier » ou vers de simples rudiments du monde extérieur. Dans la situation française, où le préalable à ce que nous nommons « l'impératif iconographique » du surréalisme avait disparu, c'est dans l'évolution de Masson que l'on peut distinguer, de façon exemplaire, cette antinomie entre forme et contenu. Elle se manifeste avec une telle évidence parce que, de tous les surréalistes, Masson est celui qui a les plus fortes attaches avec la tradition française – ses premières œuvres venant du cubisme, de Braque et de Gris. Ce bouleversement thématique et technique de Masson est décrit par Kahnweiler, marchand d'art et porte-parole du cubisme, en ces termes : « L'univers de Masson n'est pas un monde de formes, comme celui des cubistes, mais un monde de forces. [...] [Dans son art], c'est la pulsation – le « pneuma » – qui anime les formes de son souffle, elle les influence et les altère. Les cubistes vivaient dans un paradis d'où le malheur et la mort étaient proscrits. Le monde des forces de Masson est ébranlé par des passions fulgurantes. C'est un monde dans lequel des hommes naissent et meurent, souffrent la faim et la soif, aiment et tuent. [...] Cet art tragique, auquel rien d'humain n'est étranger, est vraiment l'art d'une génération qui [...] tremble d'un effroi universel trop puissant[55]. »

[54] Vassily Kandinsky, *Regards sur le passé et autres textes*. 1912-1922, édition établie et présentée par J.-P. Bouillon, Paris, Hermann, 1974.

[55] Daniel-Henry Kahnweiler, avant-propos au catalogue d'exposition *André Masson*, New York, Buchholz Gallery, 1942.

MYTHE ET HISTOIRE *« Il y a des gens qui prétendent que la guerre leur a appris quelque chose ; ils sont tout de même moins avancés que moi, qui sais ce que me réserve l'année 1939[56]. »*

André Breton, « Lettre aux voyantes », 1925

Il est incontestable que le surréalisme a renversé l'hégémonie de la tendance conceptuelle et constructiviste de l'art. Mais l'impératif iconographique qui accompagne son apparition va provoquer à son tour, dans les années quarante, une contre-réaction marquée – retour de balancier qui fait apparaître sous un jour plus net les grandeurs et les misères du surréalisme en exil aux États-Unis. Fort mal accueillie dans les cercles modernistes américains, la complexité des contenus dont sont porteurs les Européens suscite des ripostes véhémentes, notamment de la part des artistes abstraits réunis dès 1935 sous le label American Abstract Artists (AAA). Les membres du groupe – à propos duquel un historien a pu écrire : « Leur cible principale était les surréalistes, qui constituaient le groupe anti-abstraction le plus actif et le

[56] Breton cite cette phrase dans le texte « Situation du Surréalisme entre les deux guerres », publié dans *VVV*, 2-3, mars 1943, p. 49. Il en propose le commentaire suivant : « Est-ce à dire que les surréalistes ont eu l'intuition claire de ce nouveau glissement vers le gouffre, mieux, qu'ils ont été capables de dire à peu près *quand* l'abîme inévitable s'ouvrirait ? Je n'en veux qu'une preuve convaincante : cette phrase de ma « Lettre aux voyantes » de 1925, qu'on retrouvera dans la réédition de 1929 du *Manifeste du surréalisme*. »

mieux organisé de Paris[57] » – avaient fait front commun en s'opposant à la thématique surréaliste. Et lorsque plusieurs membres éminents du mouvement s'établissent aux États-Unis, la critique va s'intensifiant : de nombreuses déclarations stigmatisent l'étrangeté des sujets dont s'est emparé le surréalisme. Robert Motherwell tente de comprendre les raisons profondes de ce rejet et commente l'incapacité des Américains à entrer dans l'univers du surréalisme : « Son art [celui de Max Ernst] repose sur la conviction que le passé est bon à jeter. Rien n'est plus étranger à l'esprit américain qu'une telle condamnation. Des images de messes noires, de nonnes cruelles, d'envahisseurs venus de l'Est ne sauraient susciter aucune émotion chez la plupart d'entre nous. [...] Abandonner en toute conscience le passé, c'est l'essence même de l'acte américain de création[58]. » Malheureusement, Motherwell ne propose qu'un condensé très superficiel des thèmes surréalistes, et s'arrête à leur seule dimension narrative ; il se contente de cerner ce mouvement dans ses rapports avec le passé, sans aborder ni l'importance emblématique de ses techniques, ni le rôle éminent du collage. Harold Rosenberg explorera la question plus en profondeur dans son *Introduction to Six American Artists* (1947). À l'iconographie très complexe et exigeante des surréalistes il oppose le projet des jeunes artistes américains. Il s'agit pour eux de table rase, de distance historique. Le refus de l'histoire européenne qui a conduit au désastre et à la guerre est un élément de l'argumentation de Rosenberg, qui prétend élucider la répudiation d'un art gouverné par des contenus. Derrière cette conception, on voit poindre l'idée américaine de purification, ainsi que le désir de s'affranchir d'une Europe corrompue, dont l'art participe, somme toute, très étroitement – et jusque dans cet exil américain où il s'est réfugié – à l'imbroglio politique sans issue de l'époque.

Pour les refondateurs américains de l'esthétique, seul est concevable un art qui puisse se réclamer d'une nouvelle assise anthropologique. Aussi les positions idéalistes de Pollock et de l'expressionnisme abstrait se mettent-elles très vite à exercer une fascination si forte qu'elle prend même une tournure socio-politique. Quant au rejet historique du surréalisme, on peut le cerner assez précisément ; il finira d'ailleurs par s'épuiser presque exclusivement en débats mesquins, portant sur des questions de priorités techniques. Il ne s'agira plus, en effet, que de minimiser la signification des procédés automatiques que Masson et Max Ernst avaient fait connaître aux jeunes peintres américains. Car l'automatisme avait lui-même bénéficié d'une nouvelle actualité dans la seconde moitié des années trente, comme le souligne Breton dans son texte « Des tendances les plus récentes de la peinture surréaliste[59] », où il est question de « l'automatisme absolu », qui s'est beaucoup développé, en particulier grâce à des procédés astucieux : les « décalcomanies sans objet » de Domínguez et le « fumage » de Paalen, notamment. La réaction américaine ne constitue qu'un chapitre assez obscur et entaché de chauvinisme, sans utilité pour l'établissement de la vérité historique. À cet égard, on ne saurait comprendre les premières œuvres des Pollock, Newman ou Rothko sans le biomorphisme et le « dripping », auxquels le surréalisme de la fin des années trente avait donné le jour, et que l'on verra étalés de manière spectaculaire dans l'exposition « First Papers of Surrealism » en 1942. Ce processus, qui allait aboutir à la négation de l'importance du surréalisme, coïncide avec la mort du peintre d'origine arménienne Arshile Gorky. À ce propos, un témoin de l'époque, Robert Lebel, écrit : « En effet, dès la mort de Gorky, le vent tourna et le terme "surréaliste" redevint comme auparavant une injure. Les peintres américains qui avaient été marqués le plus profondément et parmi lesquels ne se trouvaient pas

[57] Irving Sandler, *The Triumph of American Painting. A History of Abstract Expressionism*, New York, Icon Editions/Harper & Row, 1970, p. 17.
[58] Robert Motherwell, *Max Ernst : Beyond Painting*, New York, Wittenborn, Schultz, Inc, 1948 (« Prefatory Note »).
[59] A. Breton, « Des tendances les plus récentes de la peinture surréaliste », *Minotaure*, nº 12-13, 1939, p. 16 et suiv.

seulement Jackson Pollock, Robert Motherwell, De Kooning ou Mark Rothko, mais aussi Clyfford Still et même Barnett Newman commencèrent à dissimuler leurs tableaux de l'époque surréalisante comme certains veulent faire oublier l'impureté de leur origine[60]. » Pour sa part, Rosenberg porte ce jugement sur les expressionnistes abstraits : « Aucun de ces peintres ne laisse poindre le moindre sentiment à l'égard de son propre passé. Et moins encore à l'égard de ce qui agit peut-être de manière encore plus impénétrable, à l'égard du passé de la peinture, à l'égard d'une tradition. » Les artistes américains cherchent à définir leur autonomie en se démarquant de façon catégorique et notable de l'Europe. Avec quelques décennies de retard, ils emboîtent à nouveau le pas à l'exigence d'exclusivité et à l'abstinence iconographique prônées par l'avant-garde. Le transfert du surréalisme aux États-Unis s'achève dans cette insurmontable confrontation. L'antinomie qui se dessine ici renvoie au passé. À cet égard, remarquons que les cercles surréalistes soulevaient alors la question de la tradition pour la toute première fois. Non seulement les surréalistes dévoilaient eux-mêmes leur arbre généalogique dans leurs publications, mais leur première exposition au Museum of Modern Art de New York, du 9 décembre 1936 au 17 janvier 1937, était appelée à inscrire le surréalisme dans un contexte plus large. En effet, leur démarche, en quête de modèles et d'affinités spirituelles, ne s'était pas engagée tout de suite. Ce n'est que petit à petit que le surréalisme conquiert le terrain où il trouve ses correspondances. Il y a bien, dès le départ, quelques références de premier plan – dans le domaine littéraire, Lautréamont, Jarry et Rimbaud, auxquels s'ajoutent bientôt Jean-Jacques Rousseau et le marquis de Sade – ces noms qui ont contribué à promouvoir le concept de révolution : celui de la Révolution française comme celui de la révolution sexuelle. Il en va de même pour l'arrière-fond psycho-philosophique. On ne peut se passer de la rencontre avec les tableaux cubistes de Picasso, avec les créations de la « *pittura metafisica* » de De Chirico et avec l'attitude de Duchamp. Mais peu à peu l'image s'affine. Les publications surréalistes y contribuent, en particulier, dans les années trente, avec la revue *Minotaure*, qui fournit les renseignements essentiels. Ainsi l'exposition new-yorkaise de 1936-1937, qui entend situer le surréalisme historiquement, peut-elle se référer à un matériel visuel vaste et divers. Son titre, « Fantastic Art Dada Surrealism », indique qu'il s'agit d'une rétrospective autour de la double origine du surréalisme : le champ de l'iconographie fantastique et l'esprit Dada. Dans une première partie de l'exposition et du catalogue, Barr présente des exemples de « l'art fantastique » des XVe et XVIe siècles. Figurent dans cette partie historique des œuvres d'Arcimboldo, de Baldung Grien, Dürer, Jérôme Bosch, Jamnitzer, Bracelli, Hogarth, Larmessin, Piranèse, Blake, Cole, Füssli, Goya, Victor Hugo et Granville. Sont présentés ensuite des travaux d'une époque plus récente, dont certaines visions d'Ensor, et des tableaux du Douanier Rousseau. Parmi les exemples les plus anciens, ce sont les excentricités iconographiques, mais aussi les procédures auxquelles on peut faire remonter le surréalisme qui sont frappantes. Qu'il nous suffise d'évoquer Arcimboldo, d'abord, avec ses compositions hétéroclites qui anticipent la « méthode paranoïa-critique » de Dalí, et la pratique de l'anamorphose. Comme Barr le signale dans sa brève introduction, « l'étude de l'art du passé à la lumière de l'esthétique surréaliste[61] » en était encore à ses premiers balbutiements. À ce propos, un élément de réflexion que propose Barr nous aide à repérer la ligne de partage entre le surréalisme et ceux que l'on déclare être ses précurseurs : sans doute existe-t-il de véritables analogies entre présent et passé, dit en substance Barr, mais tant que notre connaissance de l'univers intellectuel et spirituel d'un Bracelli

[60] Robert Lebel, « Paris-New York et retour avec Marcel Duchamp, Dada et le surréalisme », dans *Paris-New York*, *op. cit.*, p. 72.
[61] Alfred H. Barr Jr. (éd.), *Fantastic Art. Dada. Surrealism*, New York, The Museum of Modern Art, 1936, Préface, p. 7.

ou d'un Bosch ne sera pas plus précise, on fera bien de manipuler de telles analogies avec précaution. Car bon nombre de travaux fantastiques et prétendument surréalistes de l'époque baroque ou de la Renaissance peuvent être expliqués par des arguments rationnels. Le surréalisme, lui, en appelle à l'irrationnel et à l'inconscient.
L'insuffisance d'éléments de comparaison constitue un autre point déterminant pour la recherche historique des antécédents et la classification du surréalisme. Barr relève en effet que « la section consacrée à l'art du passé a été strictement limitée ». Seul l'art européen postérieur à la fin du Moyen Âge a été pris en compte. Ni l'art oriental, ni les sculptures si essentielles des primitifs n'ont eu la faveur des organisateurs. Ce qui est pour le moins étonnant. Mais reconnaissons que, jusque-là, la réévaluation de l'art primitif ne s'était guère effectuée ailleurs que dans les ateliers des artistes et des poètes. La découverte culturelle de l'apport des populations indigènes d'Amérique était encore à venir. Ce sont les surréalistes, Max Ernst, André Breton, Kurt Seligmann, ainsi que Claude Lévi-Strauss, qui en furent, somme toute, les agents. Ils s'y intéressèrent les premiers, et c'est au cours de leurs années d'exil que l'art des Indiens d'Amérique acquit ses lettres de noblesse. Cette découverte, comme celle du paysage américain, est liée à la rébellion contre le puritanisme et le pragmatisme, elle-même liée à la présence des surréalistes aux États-Unis[62]. Tout cela trouve son expression majeure dans la passion vouée au mythe. *First Papers of Surrealism*, la publication qui accompagne l'exposition éponyme à New York, le proclamait déjà. La « mise en scène d'André Breton » traite « de la survivance de certains mythes et de quelques autres mythes en croissance ou en formation »[63]. La quête des « Grands Transparents » – « un mythe nouveau » – apparaît comme l'idée centrale du texte de Breton intitulé « Prolégomènes à un troisième manifeste du surréalisme ou non », publié peu après son arrivée aux États-Unis dans le premier numéro de la revue *VVV*[64]. Jamais le surréalisme n'avait attiré aussi impitoyablement l'attention sur le caractère douteux des certitudes anthropocentristes. Ce scepticisme débouche sur le constat que « l'homme n'est peut-être pas le centre, *le point de mire* de l'univers ». Breton motive sa spéculation sur les mondes parallèles à l'aide de citations. L'une d'entre elles est empruntée à la réflexion d'un ancien directeur de l'Institut Pasteur : « Autour de nous circulent peut-être des êtres bâtis sur le même plan que nous, mais différents, des hommes, par exemple, dont les albumines seraient droites[65]. » Si la tentative à laquelle se livre Breton de se figurer concrètement le mythe des « Grands Transparents » – que Matta se met aussitôt à transposer en images – a sans doute quelques affinités avec le souvenir du « Grand Verre » de Duchamp, avec la découverte de l'architecture de verre de Manhattan et des écrits de Lovecraft, il n'en demeure pas moins que le relativisme qui s'exprime dans ce manifeste est fascinant. Il correspond à la situation dépressive, mélancolique, dans laquelle se trouve désormais un surréalisme coupé de sa propre histoire. Échoués parmi les Américains, les surréalistes évoluent en effet comme un groupuscule d'invisibles « Grands Transparents ». Contre l'assurance dont fait preuve une jeune nation, Breton mise sur ce mythe nouveau, qui pourrait illustrer un mot de Novalis placé en exergue au *Manifeste* : « Nous vivons en réalité dans un animal dont nous sommes les parasites[66]. »

[62] L'exposition « First Papers of Surrealism » prenait déjà en compte les travaux que Max Ernst, Claude Lévi-Strauss, André Breton avaient acquis à New York. Nous lisons dans l'introduction au catalogue : « Le surréalisme cherche simplement à rejoindre les traditions les plus durables de l'humanité. Parmi les peuples primitifs, l'art va toujours au-delà de ce qu'on nomme conventionnellement et arbitrairement "le réel". Les indigènes de la côte nord-ouest du Pacifique, des Pueblos, de Nouvelle Guinée, de Nouvelle Irlande, des îles Marquises, entre autres, ont fabriqué des objets que les surréalistes apprécient tout particulièrement. » Voir également C. Lévi-Strauss, « New York post et préfiguratif », art. cité, p. 79-83.
[63] *First Papers of Surrealism, cat.* d'exposition (14 oct.-7 nov. 1942), New York, Coordinating Council of French Relief Societis, Inc, 1942.
[64] A. Breton, « Prolegomena to a Third Manifesto of Surrealism or Else », *VVV*, n° 1, juin 1942, p. 18-26.
[65] *Ibid.*, p. 26.
[66] *Ibid.*

1919 / 1945 CHRONOLOGIE

Les documents réunis par Isabelle Merly sous la direction de Werner Spies et de Jean-Michel Goutier illustrent la chronologie rédigée par André Breton et publiée sous le titre *Éphémérides surréalistes* dans son ouvrage *Manifestes du surréalime* suivis de *Prolégomènes à un troisième manifeste du surréalisme ou non, Du Surréalisme en ses œuvres vives, Éphémérides surréalistes,* (Paris, Le Sagittaire, 1955). Les années 1919-1945 figurant dans les *Éphémérides* sont reproduites dans leur intégralité.

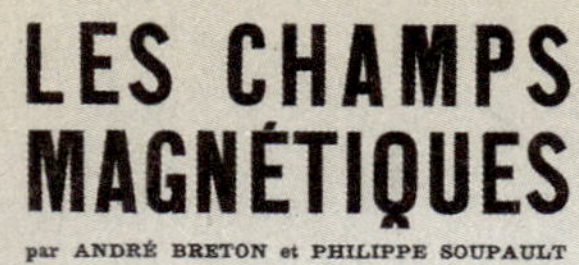

1

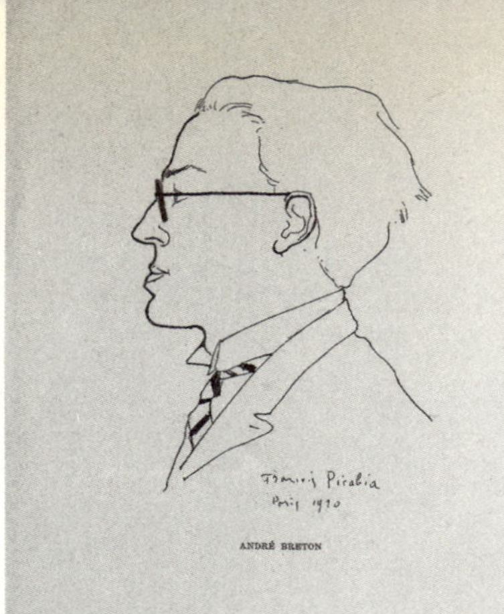

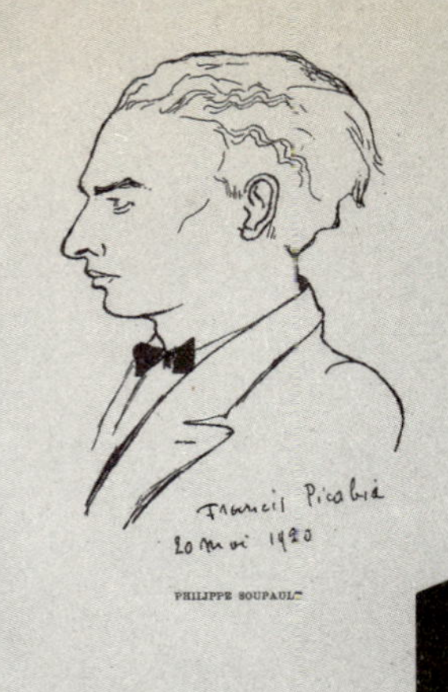

2

1919

NANTES

Suicide de Vaché.

PARIS

Fondation de la revue (intitulée par antiphrase) *Littérature*. – Dir. Aragon, Breton, Soupault.

Littérature publie « Poésies » d'Isidore Ducasse (comte de Lautréamont) dont n'existait qu'un exemplaire à la Bibliothèque Nationale.

Tzara à Paris.

Au cours d'une réunion à la Closerie des Lilas, les poètes et peintres « Dada » sont exclus de la « Section d'Or » par les cubistes.

Breton découvre les moyens et les ressources de l'écriture automatique. « L'écriture automatique, dira plus tard Blanchot, est une machine de guerre contre la réflexion et le langage. Elle est destinée à humilier l'orgueil humain, particulièrement sous la forme que lui a donnée la culture traditionnelle. Mais, en réalité, elle est elle-même une aspiration orgueilleuse à un mode de connaissance... En levant les contraintes de la réflexion, je permets à ma conscience immédiate de faire irruption dans le langage. »

Breton et Soupault écrivent en collaboration *Les Champs magnétiques*.

Publication des *Lettres de guerre* de Jacques Vaché.

Littérature ouvre une enquête auprès des écrivains : « Pourquoi écrivez-vous ? »

NEW YORK

DUCHAMP / *L.H.O.O.Q.* (adjonction de moustaches à la Joconde).

PICABIA / *Poèmes et dessins de la fille née sans mère.*

COLOGNE

ERNST ET BAARGELD / *Bulletin D.* – *Fatagaga* (collages).

HANOVRE

KURT SCHWITTERS / Livres et poèmes *Merz.*

MEXIQUE

Disparition de Cravan dans le golfe du Mexique où il s'est engagé de nuit sur une embarcation légère.

André Breton, Philippe Soupault
Les Champs magnétiques
« La glace sans tain »

Prisonniers des gouttes d'eau, nous ne sommes que des animaux perpétuels. Nous courons dans les villes sans bruits et les affiches enchantées ne nous touchent plus. À quoi bon ces grands enthousiasmes fragiles, ces sauts de joie desséchés ? Nous ne savons plus rien que les astres morts ; nous regardons les visages ; et nous soupirons de plaisir. Notre bouche est plus sèche que les plages perdues et nos yeux tournent sans but, sans espoir. Il n'y a plus que ces cafés où nous nous réunissons pour boire ces boissons fraîches, ces alcools délayés et les tables sont plus poisseuses que ces trottoirs où sont tombées nos ombres mortes de la veille. [...] Lorsque les grands oiseaux prennent leur vol pour toujours, ils partent sans un cri et le ciel strié ne résonne plus de leur appel. Ils passent au-dessus des lacs, des marais fertiles ; leurs ailes écartent les nuages trop langoureux. Il ne nous est même plus permis de nous asseoir : immédiatement, des rires s'élèvent et il nous faut crier bien haut tous nos péchés. [...]

✣ (André Breton, Philippe Soupault, fragment des *Champs magnétiques* publié dans *Littérature*, n° 8, octobre 1919, p. 4-5)

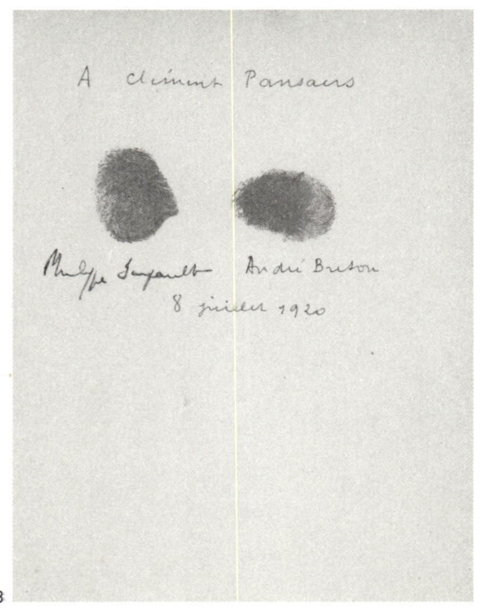

3

1 André Breton, Philippe Soupault *Les Champs magnétiques*, Paris, Au Sans Pareil, 1920.

2 Portraits d'André Breton et de Philippe Soupault par Francis Picabia dans *Les Champs magnétiques*.

3 Empreintes digitales de Philippe Soupault et d'André Breton dans *Les Champs magnétiques*.

1920

PARIS

Péret, démobilisé, arrive à Paris.
Premier vendredi de *Littérature*. Sous le titre de poème, Tzara lit un article de journal dans un vacarme de sonneries électriques.
1re manifestation Dada au Palais des Fêtes.
Manifestation Dada au théâtre de l'Œuvre.
Festival Dada à la salle Gaveau.
Littérature publie 23 manifestes Dada.
Picabia fait paraitre *Cannibale*.
Eluard dirige *Proverbe*.
Arp arrive à Paris.

BERLIN

HUELSENBECK / *Collective Dada Manifesto*. – *En avant Dada, eine Geschichte des Dadaismus.*

COLOGNE

Ernst et Baargeld éditent *Die Schammade*.
Une exposition d'œuvres de Arp, Baargeld et Ernst, à laquelle on accède par un urinoir, est fermée par la police.

N° 3 1er Avril 1920

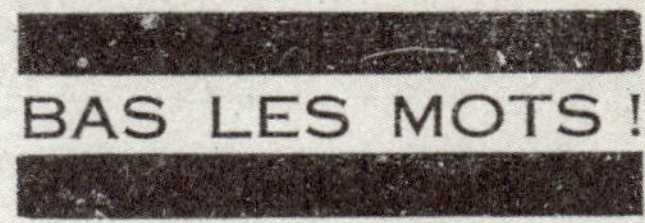

Prix du Numéro : 0 fr. 50

Adresser tout ce qui concerne PROVERBE à M. Paul Eluard, 3, rue Ordener, PARIS (XVIIIe).

FEUILLE MENSUELLE

Abonnements
Edition ordinaire : 5 fr. par an.
Edition de luxe : 15 fr. par an.
(Tirage à 15 exemplaires)
Exemplaire N°

BAS LES MOTS !

L'Application

« Plus fait douceur que violence » — Patience et longueur de temps font plus que force ni que rage » — On prend plus de mouches avec du miel qu'avec du vinaigre ». Ces diverses maximes, dont la pensée est identique, signifient qu'avec la douceur, la persuasion et la patience, nous arrivons plus facilement à nos fins qu'avec la force et la violence.

l'auto, la pratique des jalons et ces mots anglais qui sont peut-être des gros mots, j'ai toujours vu que tout se passait comme si.

Jean PAULHAN.

L'art n'est qu'une viande molle et froide, les cubistes se nourrissent de cette viande.

Francis PICABIA le Loustic.

RIRA BIEN QUI RIRA LE DERNIER

T. FRAENKEL.

4

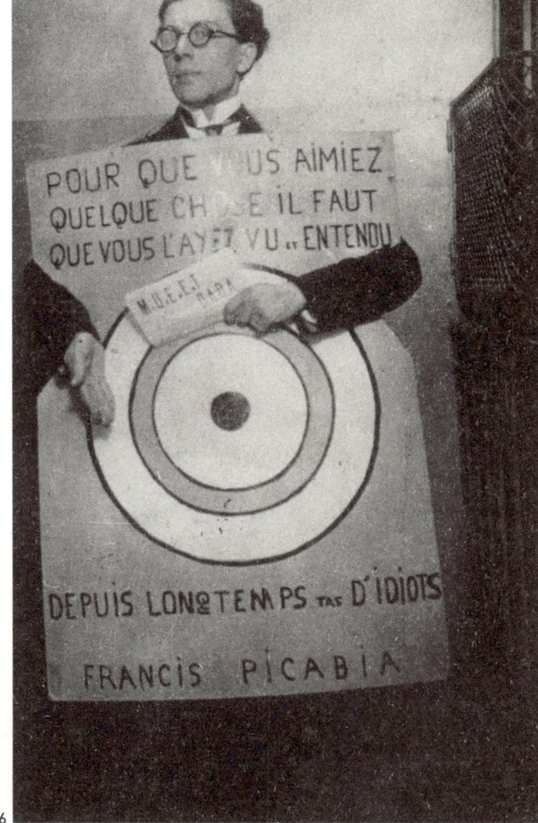

6

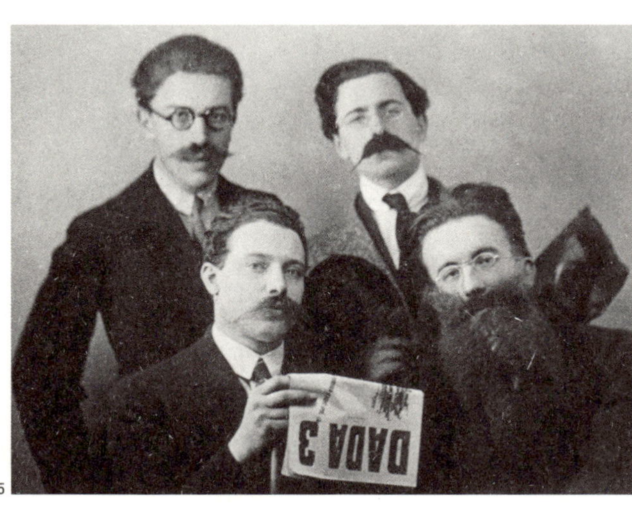

5

4 Couverture du numéro 3 de *Proverbe*, 1er avril 1920.

5 Festival Dada 3. De gauche à droite : André Breton, René Hilsum, Louis Aragon, Paul Eluard.

6 André Breton au festival Dada, mars 1920.

1921

1 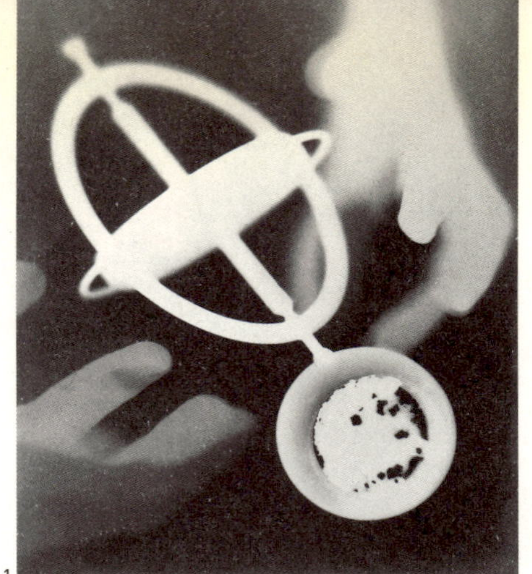

Rayogramme
« Photographie obtenue par simple interposition de l'objet entre le papier sensible et la source lumineuse. – Saisies aux moments d'un détachement visuel, pendant les périodes de contact émotionnel, ces images sont les oxydations de résidus, fixés par la lumière et la chimie, des organismes vivants. (Man Ray) »
✤ (André Breton, Paul Eluard, *Dictionnaire abrégé du surréalisme*, Paris, galerie des Beaux-Arts, 1938)

PARIS
ELUARD / ***Les Nécessités de la vie et les Conséquences des rêves.***
PÉRET / ***Le Passager du transatlantique*, poèmes.**
Salle des Sociétés savantes, Dada met en accusation Maurice Barrès inculpé de « crime contre la sûreté de l'esprit ». Parmi les témoins cités figure le soldat inconnu – interprété par Péret – qui, vêtu d'un uniforme français très fatigué, s'avance au pas de l'oie et répond en allemand. Le public réagit par la fureur.
Première exposition à Paris des *collages* de Max Ernst. Ceux-ci diffèrent fondamentalement des « papiers collés » cubistes aussi bien que des « montages » constructivistes et autres. « Le miracle de la transfiguration totale des êtres et objets avec ou sans modification de leur aspect physique ou anatomique » (Ernst).

NEW YORK
Man Ray invente le rayogramme (« photographie obtenue par simple interposition de l'objet entre le papier sensible et la source lumineuse »).
Duchamp et Man Ray éditent *New York Dada*.

TYROL
Arp, Breton et Tzara passent ensemble les vacances au Tyrol et publient *Dada au grand air*.

VIENNE (Autriche)
Breton rend visite à Freud.

Collage
« Si ce sont les plumes qui font le plumage ce n'est pas la colle qui fait le collage. (Max Ernst) »
✤ (André Breton, Paul Eluard, *Dictionnaire abrégé du surréalisme*, Paris, galerie des Beaux-Arts, 1938)

2 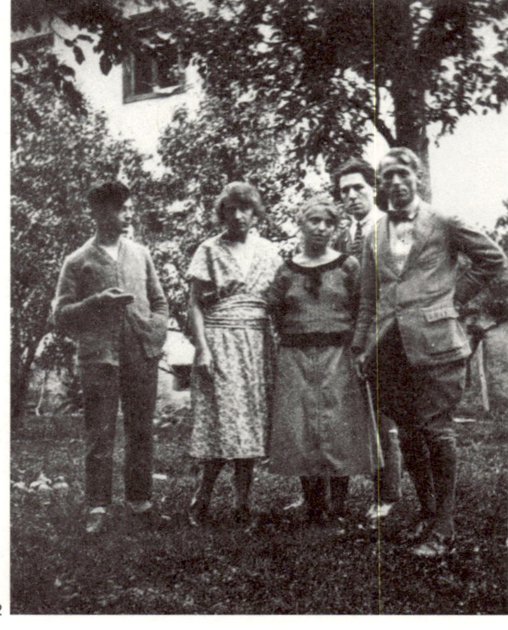

1 Man Ray, *Champs délicieux*, 4e rayogramme, 1922
Épreuve aux sels d'argent, 22,2 x 17,3 cm,
Centre Pompidou, Paris

2 Au Tyrol, 1921. De gauche à droite : Tristan Tzara, Maya K., Louise Strauss-Ernst, André Breton, Max Ernst.

Philippe Soupault
« Benjamin Péret : Le Passager du transatlantique »

[...] Il ne s'agit plus d'esthétique ou de versification, il ne s'agit plus de chronologie ou de mimétisme, de parenté ou de filiation. Il y a ce livre qui est sur ma table et que je vais ouvrir.

Je copie ce poème :

Pont aux cygnes
Quel âge quelle heure quel temps
quel âge Merci c'est un secret
quelle heure Elles sont toutes bonnes
meilleures que les prâlines du
docteur Docteur
quel temps celui des oreilles chaudes
des mains chaudes
du cœur chaud
ainsi que du reste

Je voudrais copier ainsi beaucoup de poèmes et répéter : c'est très bien. Je ne parle pas de notre cher Benjamin qui vit tranquillement à Nantes. Lui aussi est très sympathique et je lui envoie mon amitié avec un gentil signe de la main.

✣ (Philippe Soupault, « Benjamin Péret : *Le Passager du transatlantique* », *Littérature*, nouvelle série, n° 1, 1er mars 1922, p. 18)

LA MISE SOUS WHISKY MARIN
se fait en crême kaki & en 5 anatomies
VIVE LE SPORT
AU SANS PAREIL
37, AVENUE KLÉBER
PARIS 16e
VOUS N'ÊTES QUE DES ENFANTS
du 3 mai au 3 juin
EXPOSITION DADA
MAX ERNST
dessins mécanoplastiques plasto - plastiques peintopeintures anaplastiques anatomiques antizymiques aérographiques antiphonaires arrosables et républicains.
ENTRÉE LIBRE — mains dans les poches
SORTIE FACILE — tableau sous le bras
AU-DELA DE LA PEINTURE
les dames sont priées d'apporter tous leurs bijoux
comme un seul homme
blague dans le coin

3

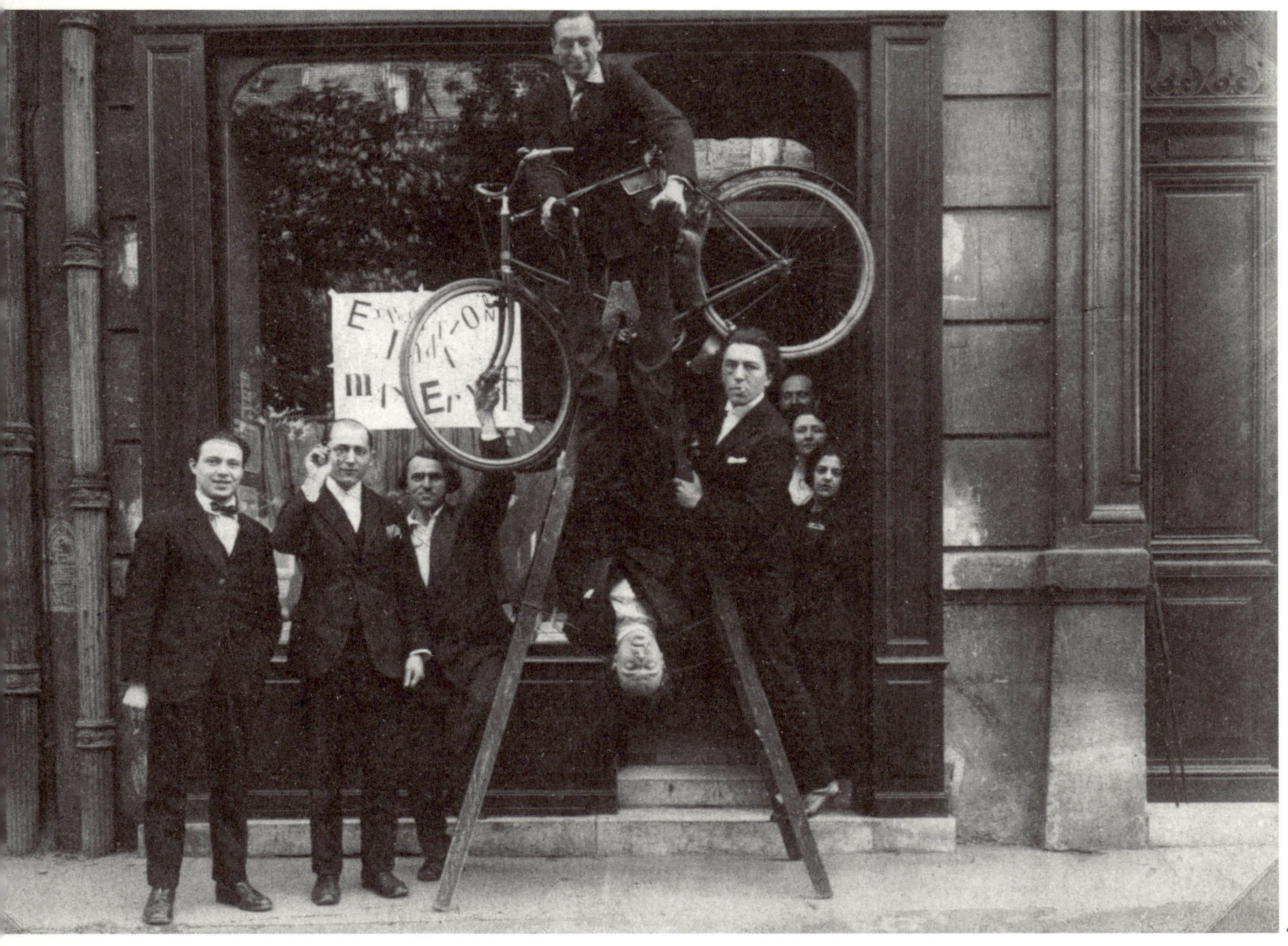

4

[3] Carton d'invitation de l'exposition « Dada Max Ernst » à la galerie Au Sans Pareil, Paris, 3 mai-2 juin 1921, publié dans *Littérature*, 3e année, n° 19, mai 1921, p. 19.

[4] Vernissage de l'exposition « Dada Max Ernst » à la galerie Au Sans Pareil, Paris, 2 mai 1921. De gauche à droite : René Hilsum, Benjamin Péret, Serge Charchoune, Philippe Soupault, Jacques Rigaut (la tête en bas), André Breton.

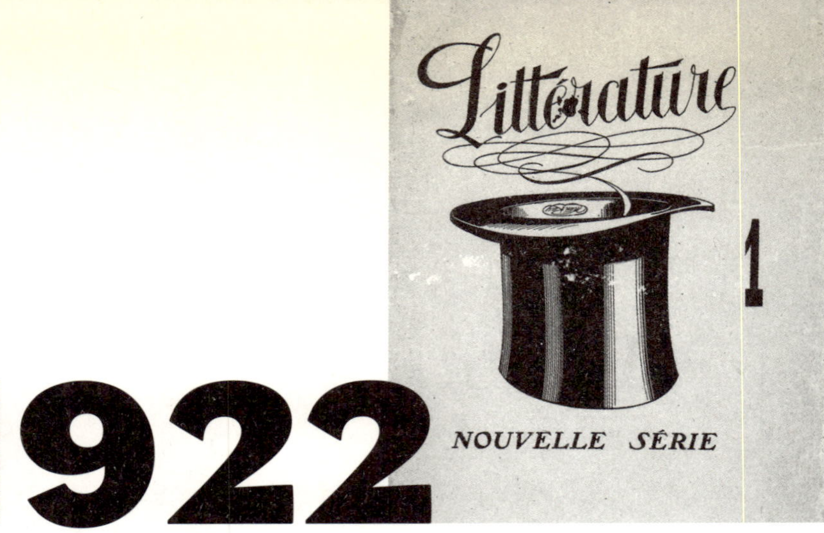

1922

Déclaration collective

« Littérature au tournant »

[...] *Littérature*, qui dédaigne les causes gagnées, abandonne définitivement Dada et entend passer à un autre ordre de révélations. Au sommaire du prochain numéro : Aragon, Baron, Breton, Desnos, Huelsenbeck, Picabia, Soupault. Une tribune entièrement libre est réservée, dans *Littérature*, à tous ceux qui jugent dérisoires les diverses expressions assignées jusqu'à ce jour à la conscience moderne, se déclarent ennemis de toute vulgarisation mais ne se refusent pas à concerter une action véritable dont les effets ne se fassent pas sentir seulement en littérature et en art. [...]

✤ (« Littérature au tournant », déclaration collective publiée dans *L'Ère nouvelle*, 4e année, nº 1005, 24 août 1922, p. 3)

André Breton

« Lâchez tout »

[...] Je ne puis que vous assurer que je me moque de tout cela et vous répéter :
Lâchez tout.
Lâchez Dada.
Lâchez votre femme, lâchez votre maîtresse.
Lâchez vos espérances et vos craintes.
Semez vos enfants au coin d'un bois.
Lâchez la proie pour l'ombre.
Lâchez au besoin une vie aisée, ce qu'on vous donne pour une situation d'avenir.
Partez sur les routes.

✤ (André Breton, « Lâchez tout », *Littérature*, nouvelle série, nº 2, 1er avril 1922, p. 8-10)

PARIS

Les principaux collaborateurs de la revue *Aventure* (Bacon, Crevel, Desnos, Limbour, Vitrac) se rallient à ce que l'on commence à appeler le surréalisme.
Breton tente de réunir un *Congrès international pour la détermination des directives et la défense de l'esprit moderne*, dont le comité directeur comprend Auric, Breton, Delaunay, Léger, Ozenfant, Paulhan et Vitrac. L'opposition de Tzara fait échouer ce projet.
***Littérature*, nouvelle série. Dir. Breton.**
Max Ernst arrive à Paris.
ELUARD ET ERNST / *Les Malheurs des Immortels*.
MAN RAY / *Champs délicieux*. Préface de Tzara.
BRETON / « Lâchez tout ».
Époque dite des « sommeils ». Plongés dans le sommeil hypnotique, Desnos, Crevel, Péret et quelques autres parlent, écrivent ou dessinent. Desnos, se disant en communication télépathique avec Duchamp (alors à New York), note ou dicte dans cet état la longue série des « jeux de mots » qui seront recueillis sous le titre « Rrose Sélavy ».

André Breton

« Entrée des Médiums »

[...] On sait, jusqu'à un certain point, ce que, mes amis et moi, nous entendons par *surréalisme*. Ce mot, qui n'est pas de notre invention et que nous aurions si bien pu abandonner au vocabulaire critique le plus vague, est employé par nous dans un sens précis. Par lui, nous avons convenu de désigner un certain automatisme psychique qui correspond assez bien à l'état de rêve, état qui est aujourd'hui fort difficile de délimiter. Je m'excuse de faire intervenir ici une observation personnelle. En 1919 mon attention s'était fixée sur les phrases plus ou moins partielles, qui, en pleine solitude, à l'approche du sommeil, deviennent perceptibles pour l'esprit sans qu'il soit possible de leur découvrir une détermination préalable. Ces phrases, remarquablement imagées et d'une syntaxe parfaitement correcte, m'étaient apparues comme des éléments poétiques de premier ordre. Je me bornai tout d'abord à les retenir. C'est plus tard que Soupault et moi nous songeâmes à reproduire volontairement en nous l'état où elles se formaient. Il suffisait pour cela de faire abstraction du monde extérieur et c'est ainsi qu'elles nous parvinrent deux mois durant, de plus en plus nombreuses, se succédant bientôt sans intervalle avec une rapidité telle que *nous dûmes recourir à des abréviations* pour les noter. « Les Champs magnétiques » ne sont que la première application de cette découverte : chaque chapitre n'avait d'autre raison de finir que la fin du jour où il était entrepris et, d'un chapitre à l'autre, seul le changement de vitesse ménageait des effets un peu différents. [...]

✤ (André Breton, « Entrée des Médiums », dans *Littérature*, nouvelle série, nº 6, 1er novembre 1922, p. 1-2)

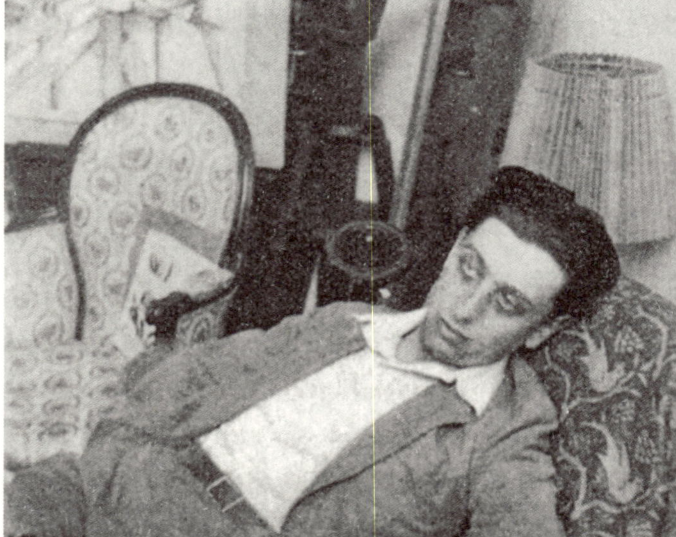

1 Couverture de *Littérature*, nouvelle série, nº 1, 1er mars 1922.

2 Les « sommeils ». Robert Desnos dans l'atelier d'André Breton, photographie de Man Ray, 1922.

TRISTAN TZARA
« J'ai vu *L'homme qui se dégonfle*, à l'Olympia »

[...] La mort est couleur de plomb, ses moustaches tombent comme les ailes des oiseaux mondains. Les bras tombent. La poitrine est lourde. Les muscles des jambes sont en gélatine. Tout est gonflé d'une haleine condamnée. Et cette masse d'étoffe et de chair habituée se visse en spirale dans le centre de gravitation qui l'appelle. Son camarade est fort. Il ne comprend pas. Il essaye de le placer sur une chaise. Pour ne plus être à côté d'un cadavre. Il ne comprend rien. L'autre tombe toujours. Il s'entête. Devient furieux. Ne voit que la tranquillité de l'équilibre. Cela dure comme le cours normal d'une maladie. Ils sont assis l'un à côté de l'autre sur des chaises et dorment. Le soleil. Ils se réveillent. L'homme qui se dégonfle le premier. Et se gratte la tête où fourmillent des nervosités animales.

✣ (Tristan Tzara, « J'ai vu *L'homme qui se dégonfle*, à l'Olympia », *Littérature*, nouvelle série, nº 1, 1er mars 1922, p. 15)

Le magnétiseur Bénévol provoque en duel Péret qui l'a accusé d'imposture.
Première représentation de *Locus Solus* de Raymond Roussel sous les acclamations des surréalistes et les huées du public.

BARCELONE

Exposition Picabia et conférence de Breton : « Caractères de l'évolution moderne et ce qui en participe ».

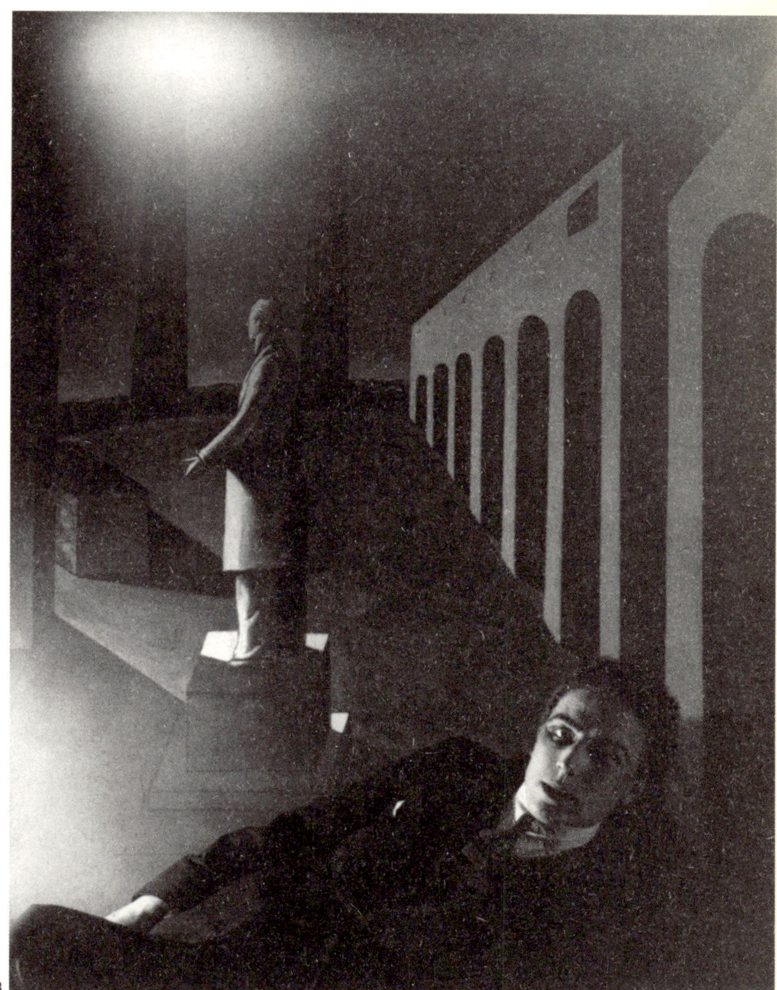

« Une lettre de Chirico »

[...] Ce magnifique romantisme que nous avons créé, mon cher ami, ces rêves et ces visions qui nous troublaient et que, sans contrôle, sans soupçons, nous avons jeté sur la toile ou sur le papier, tous ces mondes que nous avons peints, dessinés, écrits, chantés, et qui sont votre poésie, celle d'Apollinaire et de quelques autres, mes peintures, celles de Picasso, de Derain de quelques autres, ils sont toujours là, mon cher ami, et on n'a pas encore dit sur eux le dernier mot ; l'avenir les jugera bien mieux que ne font nos contemporains et nous pouvons dormir tranquilles. Mais une question, un problème me tourmente depuis bientôt trois ans : le problème du *métier*. [...]

✣ (« Une lettre de Chirico », *Littérature*, nouvelle série, nº 1, 1er mars 1922, p. 12)

ANDRÉ BRETON
« Marcel Duchamp »

[...] C'est autour de ce nom, véritable oasis pour ceux qui *cherchent* encore, que pourrait bien se livrer, avec une acuité particulière, l'assaut capable de libérer la conscience moderne de cette terrible manie de fixation que nous ne cessons de dénoncer ici. Le fameux mancenillier intellectuel qui a porté en un demi-siècle les fruits nommés symbolisme, impressionnisme, cubisme, futurisme, dadaïsme, ne demande qu'à être abattu. Le cas de Marcel Duchamp nous offre aujourd'hui une ligne de démarcation précieuse entre les deux esprits qui vont tendre à s'opposer de plus en plus au sein même de l'« esprit moderne », selon que ce dernier prétende ou non à la possession de la vérité qu'on représente à juste titre comme une femme idéale et nue, qui ne sort du puits que pour retourner se noyer dans un miroir. [...]

✣ (André Breton, « Marcel Duchamp », *Littérature*, nouvelle série, nº 5, 1er octobre 1922, p. 7)

3 André Breton posant devant *L'Énigme d'une journée* de Giorgio De Chirico, photographie de Man Ray, 1922.

1923

ERUTARETTIL

Hermès trismégiste Apulée
Lulle Flamel Corneille Agrippa Reiz
Leibnitz
Racine La religieuse portugaise Pascal
YOUNG Fichte
Radcliffe Keats de Saint Martin Byron HEGEL
LEWIS MATHURIN
Lermontov
Miçkiéwicz
Borel Nerval
HUGO Musset RABBE BERTRAND
BAUDELAIRE LAUTRÉAMONT
Gros RIMBAUD
Maeterlinck Ghil Saint-Pol-Roux
Louys

— 24 —

Erasme Mille et une nuits
Arétin
Perrault SWIFT
Leprince de Beaumont BAFFO
Diderot Rousseau Laclos SADE
Nerciat Restif Marat
Chateaubriand
Constant Sénancour
Desbordes-Valmore Grandville Lacenaire
Aymard Sue
Charcot
Poictevin
NOUVEAU Zola
Péladan JARRY Huysmans
Hamsun
VACHÉ Roussel Cravan

— 25 —

1

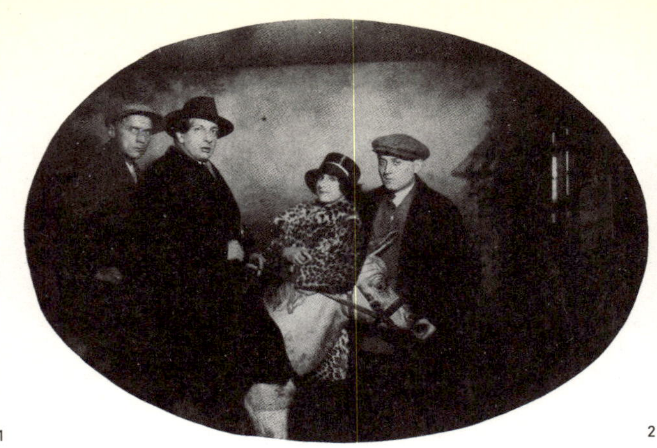

2

André Breton,
Robert Desnos,
Benjamin Péret

« Comme il fait beau ! »

À Max Ernst

Dans la forêt tropicale. À droite l'arbre généalogique laissant voir l'arbre à ressort qui monte et descend durant toute la scène. Un banyan occupe toute la gauche. Énormes pensées de toutes parts. Une glace tient lieu de fond.

Deux singes, un insecte-feuille. Au lever du rideau le premier singe complète à la craie l'arbre généalogique sur lequel figurent déjà un certain nombre de noms : Sade, Nouveau, Chirico, Cravan, Hegel, Vaché, Lebaudy. Sous la dictée du deuxième singe on le voit remplir les écussons vacants : Lautréamont, Henri Rousseau, Roussel, Néron, Apollinaire, Montgolfier, Freud, Rimbaud, Galilée, Jarry, Marat, Robespierre, Colomb, Fantômas, Deschanel, Rosa-Josepha et enfin Silexame. […]

✣ (André Breton, Robert Desnos, Benjamin Péret, « Comme il fait beau ! », *Littérature*, nouvelle série, n° 9, 1er février - 1er mars 1923, p. 6)

NEW YORK

Achèvement du verre de Duchamp, *La Mariée mise à nu par ses célibataires, même.*

DUCHAMP / *Why not sneeze ?*

PARIS

La représentation du *Cœur à gaz* de Tzara provoque des bagarres. Tzara requiert la police contre Eluard, Breton et Péret.

ERNST / *La Révolution et la nuit.*

MASSON / *Les Quatre Éléments.*

PÉRET / *Au 125 du Boulevard Saint-Germain*, conte.

BRETON / *Clair de terre*, poèmes.

3

Benjamin Péret

« Pulchérie veut une auto – Film »

Pulchérie est une bonne d'enfant. Elle admire les autos et sa grande joie est de se promener en taxi. Quand elle promène les enfants confiés à sa garde elle baille d'admiration devant les belles autos qui défilent dans l'avenue des Champs-Élysées.

Dans sa chambre, elle rêve d'un beau jeune homme qui aurait une superbe automobile. Un jour qu'elle promène les enfants de ses patrons, elle fait la connaissance d'un jeune homme, Glouglou, qui lui dit avoir une auto, et lui propose de l'emmener faire une promenade. Elle accepte. Glouglou revient peu après pour la prendre. Elle laisse les enfants à la garde d'une vieille dame qui lui paraît respectable. La voiture de Glouglou est une vieille guimbarde qui a des ratés continuels, et fait des bonds à chaque fois qu'elle avance de quelques mètres. Les occupants de la voiture sont terriblement secoués à chaque pas. Un coup de vent emporte le chapeau de Pulchérie, qui passe devant la voiture. Glouglou se précipite. Un coup de vent emporte le chapeau un peu plus loin. La voiture, capricieuse, part à toute vitesse, Pulchérie au volant, et écrase Glouglou. […]

✣ (Benjamin Péret, « Pulchérie veut une auto – Film », *Littérature*, nouvelle série, n° 10, 1er mai 1923)

1 « Erutarèttil » (anagramme de Littérature), déclaration collective publiée dans *Littérature*, nouvelle série, n° 11-12, octobre 1923, p. 24-25.

2 Max Ernst, Giorgio De Chirico, Gala Eluard, Benjamin Péret à la foire de Montmartre, 1923.

3 Marcel Duchamp, *La Mariée mise à nu par ses célibataires, même*, 1915-1923 ; œuvre reproduite dans *Le Surréalisme A.S.D.L.R.*, n° 5, mai 1933

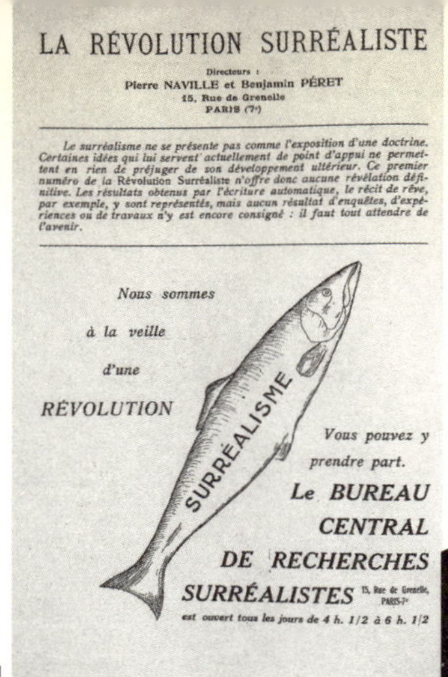

LA RÉVOLUTION SURRÉALISTE

Directeurs :
Pierre NAVILLE et Benjamin PÉRET
15, Rue de Grenelle
PARIS (7e)

Le surréalisme ne se présente pas comme l'exposition d'une doctrine. Certaines idées qui lui servent actuellement de point d'appui ne permettent en rien de préjuger de son développement ultérieur. Ce premier numéro de la Révolution Surréaliste n'offre donc aucune révélation définitive. Les résultats obtenus par l'écriture automatique, le récit de rêve, par exemple, y sont représentés, mais aucun résultat d'enquêtes, d'expériences ou de travaux n'y est encore consigné : il faut tout attendre de l'avenir.

1

1924

YOUGOSLAVIE

Début d'une grande activité surréaliste sous l'impulsion de Marco Ristitch.

FRANCE

Mort du Facteur Cheval, auteur et constructeur du « Palais idéal » (Hauterives, Drôme) en quoi le surréalisme n'a cessé de voir le chef-d'œuvre de l'architecture et de la sculpture médianimiques.

PARIS

BRETON / *Manifeste du surréalisme. – Poisson soluble.*
ERNST / *Deux enfants sont menacés par un rossignol.*
MIRÓ / *Terre labourée.*
Première exposition Masson.
Publication, par Aragon et Breton, d'un inédit de Rimbaud : *Un cœur sous une soutane*, destinée à faire « chavirer la légende de Rimbaud catholique ».
Un cadavre, pamphlet contre Anatole France à l'occasion de sa mort (par Aragon, Breton, Delteil, Drieu la Rochelle, Eluard et Soupault) : « Ce ne sont même plus mœurs d'arrivistes et d'apaches, mais de chacals» (les journaux).
Violents incidents au cours de la représentation du ballet *Mercure* (décors de Picasso, musique de Satie). Les surréalistes, auxquels se joignent les compositeurs Auric et Poulenc, se prononcent pour Picasso et contre Satie : « Picasso, bien au-delà de ceux qui l'entourent, apparaît aujourd'hui la personnification éternelle de la jeunesse et le maître incontestable de la situation. »
Fondation de *La Révolution surréaliste* (Dir. Pierre Naville et Benjamin Péret). « Il faut aboutir à une nouvelle déclaration des droits de l'homme. »
Ouverture d'un « Bureau de recherches surréalistes destiné à centraliser les communications relatives aux diverses formes qu'est susceptible de prendre l'activité inconsciente de l'esprit. »
Papillons surréalistes : « Parents, racontez vos rêves à vos enfants », etc.
ARAGON / *Une Vague de rêves.*
Le journaliste Vauxcelles provoque en duel Breton qui l'a insulté.

DÉCLARATION COLLECTIVE
« Hommage à Pablo Picasso »

Après un si grand nombre de manifestations anodines dans le domaine de l'art et de la pensée, qui allèrent ces dernières années jusqu'à faire perdre de vue leur objet même et le sens de l'évolution qui seul importe, alors que le public et la critique s'accordent à n'encourager que la médiocrité et les concessions de toute nature, nous tenons à témoigner de notre profonde et totale admiration pour Picasso qui, au mépris des consécrations, n'a jamais cessé de créer l'inquiétude moderne et d'en fournir toujours l'expression la plus haute. Voici qu'avec MERCURE, il provoque à nouveau l'incompréhension générale, en donnant toute la mesure de son audace et de son génie. À la lueur de cet événement, qui revêt un caractère exceptionnel, Picasso, bien au-delà de tous ceux qui l'entourent, apparaît aujourd'hui la personnification éternelle de la jeunesse et le maître incontestable de la situation.
Louis Aragon, Georges Auric, André Boiffard, André Breton, Joseph Delteil, Robert Desnos, Max Ernst, Francis Gérard, Max Morise, Pierre Naville, Benjamin Péret, Francis Poulenc, Philippe Soupault, Roger Vitrac.

✣ (Déclaration collective publiée, dans *Paris-Journal*, 20 juin 1924, *Le Journal littéraire*, 21 juin 1924, et dans la revue *391*, n° 18, juillet 1924, p. 3)

2

1 Verso de la page de couverture de *La Révolution surréaliste*, n° 1, 1er décembre 1924.

2 Une des façades du Palais idéal, élevé à Hauterives (Drôme) par le Facteur Cheval, reproduit dans *Cahiers d'art*, 11e année, 1936, p. 51.

PARENTS !

racontez vos rêves à vos enfants

15, rue de Grenelle, Paris-7e

LE SURRÉALISME

c'est l'écriture niée

Bureau de recherches, 15, rue de Grenelle, 15
de 4 h. ½ à 6 h. ½

1

Jacques-André Boiffard, Paul Eluard, Roger Vitrac
« Il faut aboutir à une nouvelle déclaration des Droits de l'homme »

Le procès de la connaissance n'étant plus à faire, l'intelligence n'entrant plus en ligne de compte, le rêve seul laisse à l'homme tous ses droits à la liberté. Grâce au rêve, la mort n'a plus de sens obscur et le sens de la vie devient indifférent.

Chaque matin, dans toutes les familles, les hommes, les femmes et les enfants, S'ILS N'ONT RIEN DE MIEUX A FAIRE, se racontent leurs rêves. Nous sommes tous à la merci du rêve et nous nous devons de subir son pouvoir à l'état de veille. C'est un tyran terrible habillé de miroirs et d'éclairs. Qu'est-ce que le papier et la plume, qu'est-ce qu'écrire, qu'est-ce que la poésie devant ce géant qui tient les muscles des nuages dans ses muscles ? [...] Le surréalisme ouvre les portes du rêve à tous ceux pour qui la nuit est avare. Le surréalisme est le carrefour des enchantements du sommeil, de l'alcool, du tabac, de l'éther, de l'opium, de la cocaïne, de la morphine ; mais il est aussi le briseur de chaînes, nous ne dormons pas, nous ne buvons pas, nous ne prisons pas, nous ne nous piquons pas et nous rêvons, et la rapidité des aiguilles des lampes introduit dans nos cerveaux la merveilleuse éponge défleurie de l'or ! [...] Déjà les automates se multiplient et rêvent. Dans les cafés, ils demandent vite de quoi écrire, les veines du marbre sont les graphiques de leur évasion et leurs voitures vont seules au Bois.

La Révolution... la Révolution... Le réalisme, c'est émonder les arbres, le surréalisme c'est émonder la vie. J.-A. Boiffard, P. Eluard, R. Vitrac.

✤ (Préface du numéro 1 de *La Révolution surréaliste*, 1er décembre 1924, p. 1-2)

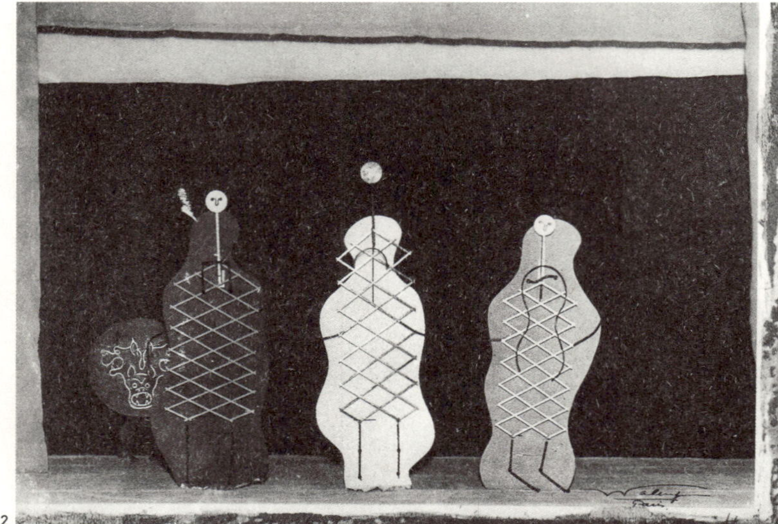

2

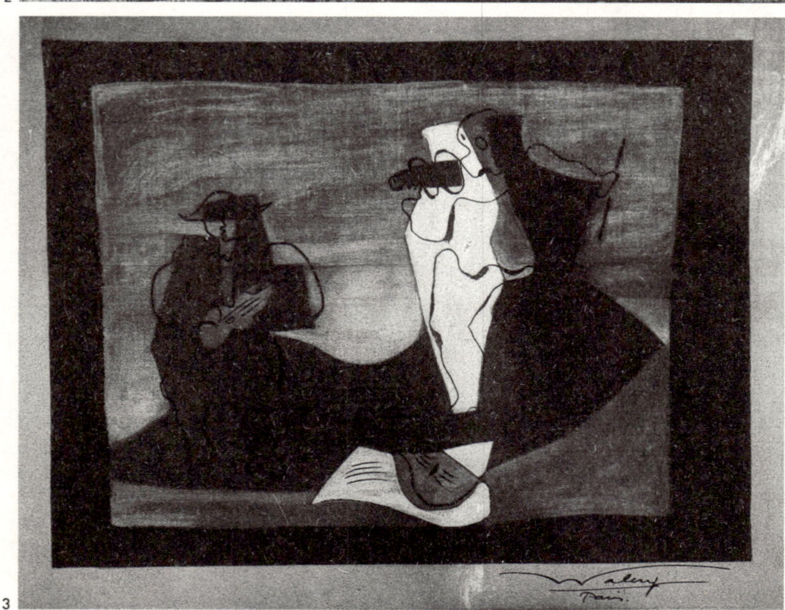

3

Annonce **« Le Bureau de Recherches surréalistes »**

[...] Le Bureau des Recherches surréalistes est ouvert depuis le 11 octobre 1924, 15, rue de Grenelle, Paris, tous les jours, sauf le dimanche, de 4h 1/2 à 6h 1/2. Deux personnes sont chargées chaque jour d'assurer la permanence. Plusieurs communiqués ont été envoyés à la presse à ce sujet, dont celui-ci, que nous reproduisons en partie et qui conserve toute son actualité : « Le Bureau de Recherches surréalistes s'emploie à recueillir par tous les moyens appropriés les communications relatives aux diverses formes qu'est susceptible de prendre l'activité inconsciente de l'esprit. Aucun domaine n'est spécifié à priori pour cette entreprise et le surréalisme se propose de rassembler le plus grand nombre possible de données expérimentales, à une fin qui ne peut encore apparaître. Toutes les personnes qui sont en mesure de contribuer, de quelque manière que ce soit, à la création de véritables archives surréalistes, sont instamment priées de se faire connaître : qu'elles nous éclairent sur la genèse d'une invention, qu'elles nous proposent un système d'investigation psychique inédit, qu'elles nous fassent juges de frappantes coïncidences, qu'elles nous exposent leurs idées les plus instinctives sur la mode aussi bien que sur la politique, etc. [...] »

✤ (Annonce publiée dans *La Révolution surréaliste*, no 2, première année, 15 janvier 1925, p. 31)

1 Papillons surréalistes.

2-3 Éléments de décors de Pablo Picasso pour le ballet *Mercure* d'Erik Satie, créé aux « Soirées de Paris » du comte Étienne de Beaumont, théâtre de la Cigale, 15 juin 1924 : *La Danse des Grâces, la colère de Cerbère* ; le rideau de scène.

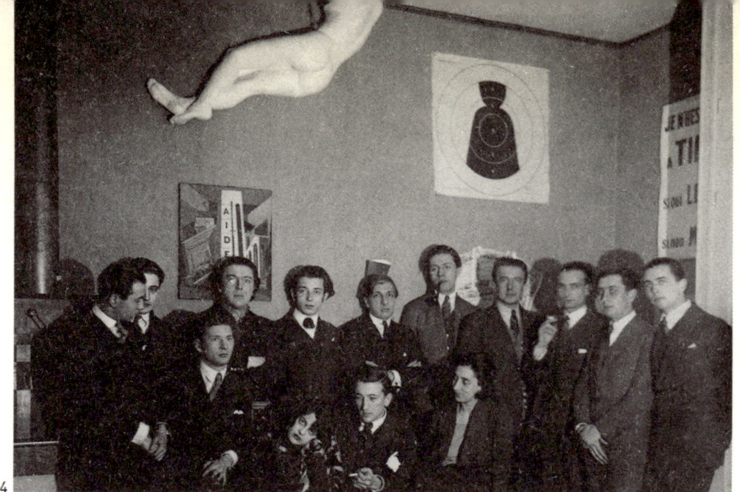

4

Louis Aragon

« Une vague de rêves »

[…] L'identité des troubles provoqués par le surréalisme, par la fatigue physique, par les stupéfiants, leur ressemblance avec le rêve, les visions mystiques, la séméiologie des maladies mentales, nous entraînèrent à une hypothèse qui, seule, pouvait répondre à cet ensemble de faits et les relier : l'existence d'une matière mentale, que la similitude des hallucinations et des sensations nous forçait à envisager différente de la pensée, dont la pensée même ne pouvait être, et aussi bien dans ses modalités sensibles, qu'un cas particulier. Cette matière mentale, nous l'éprouvions par son pouvoir concret, par son pouvoir de concrétion. […]

✣ (Louis Aragon, « Une vague de rêves », *Commerce*, n° 3, 1924)

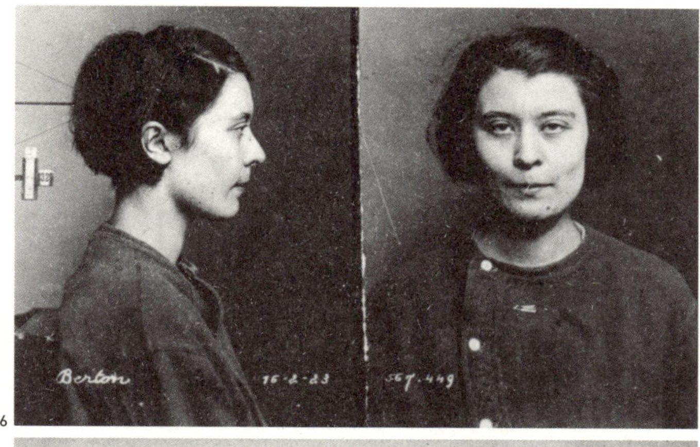

6

André Breton

« Introduction au discours sur le peu de réalité »

Tout occupé que j'étais encore de Freud à cette époque et familiarisé avec ses méthodes d'examen que j'avais eu quelque peu l'occasion de pratiquer sur des malades pendant la guerre, je résolus d'obtenir ce qu'on cherche à obtenir d'eux, soit un monologue de débit aussi rapide que possible, sur lequel l'esprit critique du sujet ne fasse porter aucun jugement, qui ne s'embarrasse par suite d'aucune réticence et qui soit, aussi exactement que possible la pensée parlée. Il m'avait paru, et il me paraît encore – la manière dont m'était parvenue la phrase de l'homme coupé en témoignait – que la vitesse de la pensée n'est pas supérieure à celle de la parole, et qu'elle ne défie pas forcément la langue, ni même la plume qui court. […]

✣ (André Breton, « Introduction au discours sur le peu de réalité », *Commerce*, n° 3, 1924, p. 24)

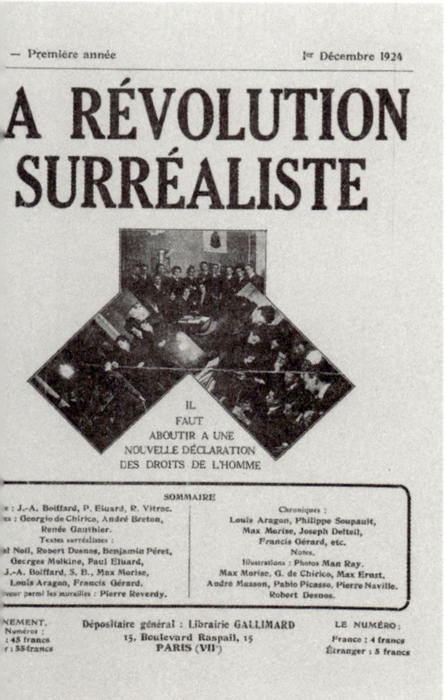

— Première année 1er Décembre 1924

A RÉVOLUTION
SURRÉALISTE

IL FAUT ABOUTIR A UNE NOUVELLE DÉCLARATION DES DROITS DE L'HOMME

SOMMAIRE

: J.-A. Boiffard, P. Eluard, R. Vitrac.
: Georgio de Chirico, André Breton, Renée Gauthier.
Textes surréalistes :
Noll, Robert Desnos, Benjamin Péret, Georges Molkine, Paul Eluard, J.-A. Boiffard, S. B., Max Morise, Louis Aragon, Francis Gérard.
parmi les murailles : Pierre Reverdy.

Chroniques :
Louis Aragon, Philippe Soupault, Max Morise, Joseph Delteil, Francis Gérard, etc.
Notes.
Illustrations : Photos Man Ray. Max Morise, G. de Chirico, Max Ernst, André Masson, Pablo Picasso, Pierre Naville, Robert Desnos.

NEMENT. Numéros : : 45 francs : 55 francs

Dépositaire général : Librairie GALLIMARD
15, Boulevard Raspail, 15
PARIS (VIIe)

LE NUMÉRO : France : 4 francs Étranger : 5 francs

5

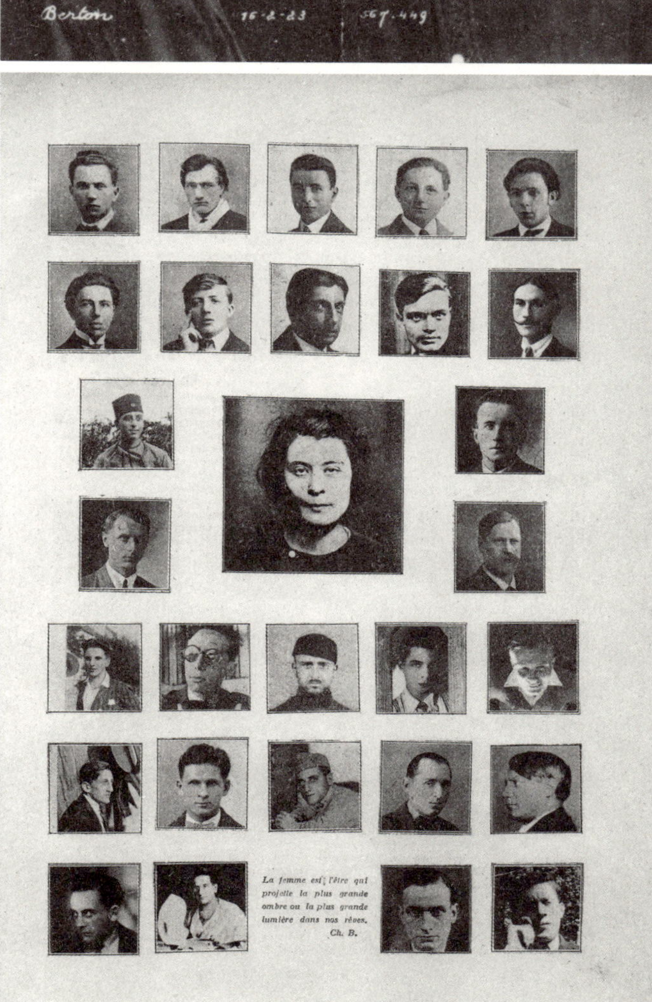

7

4 Les membres du Bureau de Recherches surréalistes, dans les locaux de la Centrale surréaliste, rue de Grenelle, Paris, décembre 1924. De gauche à droite : Charles Baron, Raymond Queneau, Pierre Naville, André Breton, Jacques-André Boiffard, Giorgio De Chirico, Paul Vitrac, Paul Eluard, Philippe Soupault, Robert Desnos, Louis Aragon. Au premier plan et de gauche à droite : Simone Breton, Max Morise, Marie-Louise Soupault. Photographie de Man Ray.

5 Couverture du numéro 1 de *La Révolution surréaliste*, 1er décembre 1924.

6 Photographie d'identité judiciaire de l'anarchiste Germaine Berton. Après avoir assassiné le 22 janvier 1923 Marius Plateau (secrétaire général de la Ligue d'Action française), elle est acquittée le 23 décembre 1923.

7 Portrait collectif des surréalistes en hommage à Germaine Berton, publié dans le numéro 1 de *La Révolution surréaliste*, 1er décembre 1924, p. 17. De haut en bas et de gauche à droite : Aragon, Artaud, Charles Baron, Jacques Baron, Boiffard, Breton, Carrive, De Chirico, Crevel, Delteil, Desnos, Eluard, Ernst, Freud, Gérard, Limbour, Lübeck, Malkine, Masson, Morise, Naville, Noll, Péret, Picasso, Man Ray, Savinio, Soupault, Vitrac.

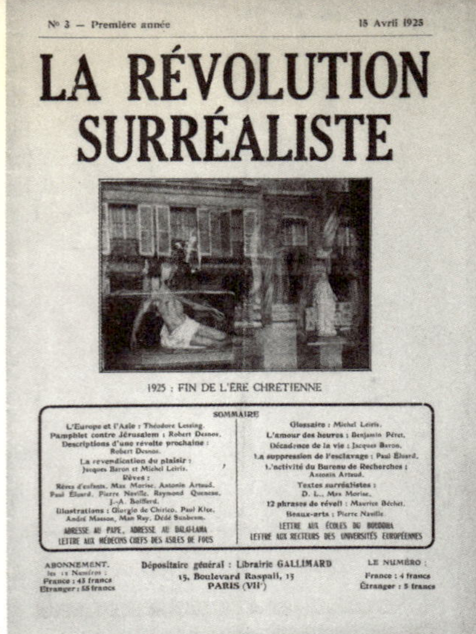

N° 3 — Première année 15 Avril 1925

LA RÉVOLUTION SURRÉALISTE

1925 : FIN DE L'ÈRE CHRÉTIENNE

SOMMAIRE

L'Europe et l'Asie : Théodore Lessing.
Pamphlet contre Jérusalem : Robert Desnos.
Descriptions d'une révolte prochaine : Robert Desnos.
La revendication du plaisir : Jacques Baron et Michel Leiris.
Rêves : Rêves d'enfants. Max Morise. Antonin Artaud. Paul Éluard. Pierre Naville. Raymond Queneau. J.-A. Boiffard.
Illustrations : Giorgio de Chirico. Paul Klee. André Masson. Man Ray. Dédé Sunbeam.
ADRESSE AU PAPE. ADRESSE AU DALAÏ-LAMA
LETTRE AUX MÉDECINS CHEFS DES ASILES DE FOUS

Glossaire : Michel Leiris.
L'amour des heures : Benjamin Péret.
Décadence de la vie : Jacques Baron.
La suppression de l'esclavage : Paul Éluard.
L'activité du Bureau de Recherches : Antonin Artaud.
Textes surréalistes : D. L.. Max Morise.
12 phrases de réveil : Maurice Béchet.
Beaux-arts : Pierre Naville
LETTRE AUX ÉCOLES DU BOUDDHA
LETTRE AUX RECTEURS DES UNIVERSITÉS EUROPÉENNES

ABONNEMENT, les 12 Numéros : France : 45 francs Étranger : 55 francs

Dépositaire général : Librairie GALLIMARD 15, Boulevard Raspail, 15 PARIS (VIIe)

LE NUMÉRO : France : 4 francs Étranger : 5 francs

1925

Henri Barbusse

« Appel aux travailleurs intellectuels Oui ou non, condamnez-vous la guerre ? »

[...] Émus et révoltés par les atrocités commises de part et d'autre sur le front de l'Ouergha, nous constatons qu'elles sont inhérentes à toutes les guerres, et que c'est la guerre qu'il faut déshonorer. Nous protestons contre le nouveau régime de censure établi depuis le commencement des hostilités dans l'intention de cacher des vérités que le pays a besoin de connaître. Nous proclamons une fois de plus le droit des peuples, de tous les peuples, à quelque race qu'ils appartiennent, à disposer d'eux-mêmes. Nous mettons ces clairs principes au-dessus des traités de spoliation imposés par la violence aux peuples faibles, et nous considérons que le fait que ces traités ont été promulgués il y a longtemps ne leur ôte rien de leur iniquité. Il ne peut y avoir de droit acquis contre la volonté des opprimés. On ne saurait invoquer aucune nécessité qui prime celle de la justice. [...]

✣ (Texte rédigé par Henri Barbusse et co-signé, entre autres, par les membres de *Clarté*, du groupe surréaliste et du groupe *Philosophies*. Publié dans *L'Humanité* du 2 juillet 1925, en page 1 sous la manchette : « Les travailleurs intellectuels aux côtés du prolétariat contre la guerre du Maroc »)

Déclaration collective

« Lettre aux Recteurs des Universités européennes »

Monsieur le Recteur,

Dans la citerne étroite que vous appelez « Pensée », les rayons spirituels pourrissent comme de la paille. [...]

✣ (Déclaration collective publiée dans *La Révolution surréaliste*, 1re année, n° 3, 15 avril 1925, p. 11)

Déclaration collective

« Lettre aux écoles du Bouddha »

Vous qui n'êtes pas dans la chair, et qui savez à quel point de sa trajectoire charnelle, de son va-et-vient insensé, l'âme trouve le verbe absolu, la parole nouvelle, la terre intérieure, vous qui savez comment on se retourne dans sa pensée, et comment l'esprit peut se sauver de lui-même, vous qui êtes intérieurs à vous-mêmes, vous dont l'esprit n'est plus sur le plan de la chair, il y a ici des mains pour qui prendre n'est pas tout, des cervelles qui voient plus loin qu'une forêt de toits, une floraison de façades, un peuple de roues, une activité de feu et de marbres. Avance ce peuple de fer, avancent les mots écrits avec la vitesse de la lumière, avancent l'un vers l'autre les sexes avec la force des boulets, qu'est-ce qui sera changé sans les routes de l'âme ? Dans les spasmes du cœur, dans l'insatisfaction de l'esprit.

C'est pourquoi jetez à l'eau tous ces Blancs qui arrivent avec leurs têtes petites, et leurs esprits si bien conduits. Il faut ici que ces chiens nous entendent, nous ne parlons pas du vieux mal humain. C'est d'autres besoins que notre esprit souffre que ceux inhérents à la vie. Nous souffrons d'une pourriture, de la pourriture de la Raison.

L'Europe logique écrase l'esprit sans fin entre les marteaux de deux termes, elle ouvre et referme l'esprit. Mais maintenant l'étranglement est à son comble, il y a trop longtemps que nous pâtissons sous le harnais. L'esprit est plus grand que l'esprit, les métamorphoses de la vie sont multiples. Comme vous, nous repoussons le progrès : venez jetez bas nos maisons. [...]

✣ (Déclaration collective publiée dans *La Révolution surréaliste*, 1re année, n° 3, 15 avril 1925, p. 22)

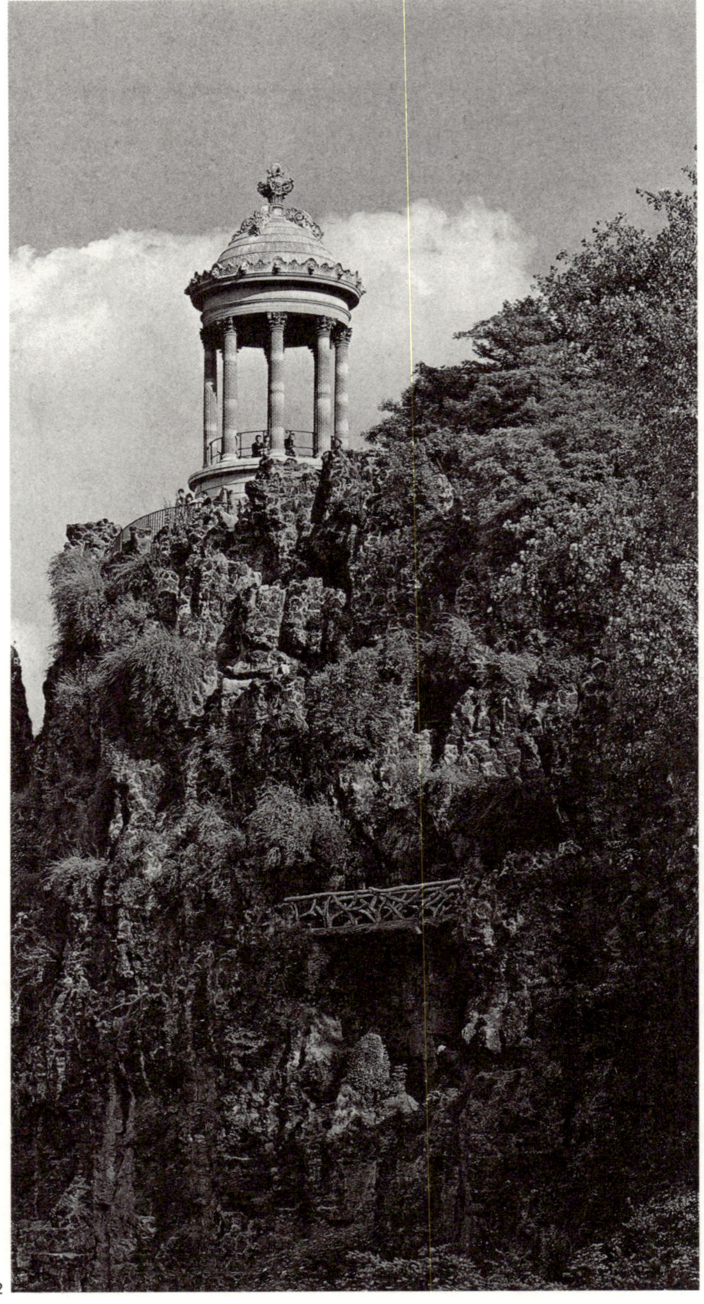

1 Couverture du numéro 3 de *La Révolution surréaliste*, 15 avril 1925.

2 Le parc des Buttes-Chaumont à Paris.

ENQUÊTE

La Révolution Surréaliste *s'adressant indistinctement à tous, ouvre l'enquête suivante :*

On vit, on meurt. Quelle est la part de la volonté en tout cela ? Il semble qu'on se tue comme on rêve. Ce n'est pas une question morale que nous posons :

LE SUICIDE EST-IL UNE SOLUTION?

Les réponses reçues au *Bureau de Recherches Surréalistes*, 15, rue de Grenelle, seront publiées à partir de Janvier dans la *Révolution surréaliste*.

3

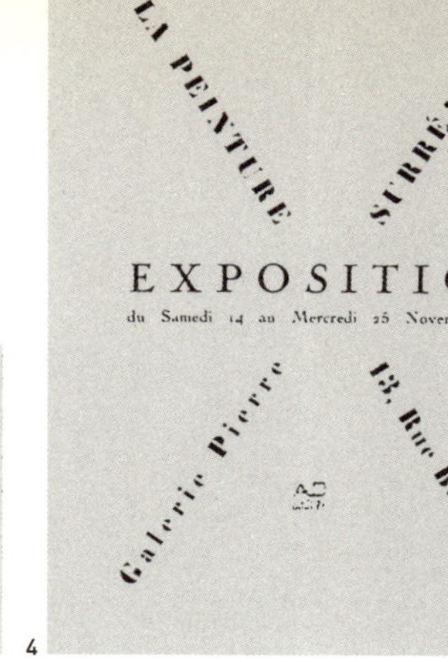
Pierre, 1925.

LA PEINTURE SURRÉALISTE

EXPOSITION

du Samedi 14 au Mercredi 25 Novembre 1925

Galerie Pierre 13, Rue Bonaparte

4

Vous êtes invité à assister au Vernissage de

L'EXPOSITION DE PEINTURE

SURRÉALISTE

le Vendredi soir 13 Novembre 1925, à MINUIT

à la GALERIE PIERRE, 13, Rue Bonaparte

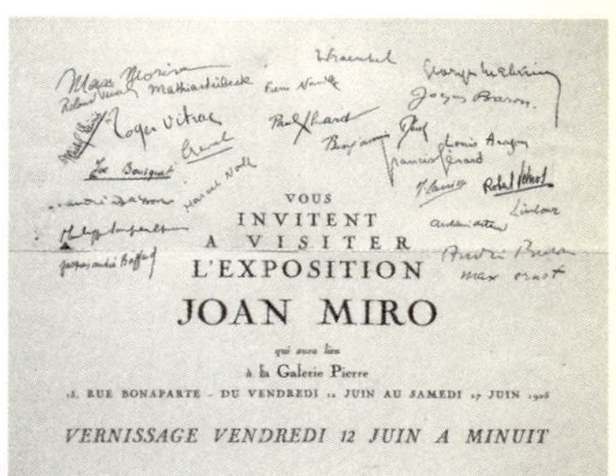
VOUS INVITENT A VISITER

L'EXPOSITION

JOAN MIRO

à la Galerie Pierre

VERNISSAGE VENDREDI 12 JUIN A MINUIT

5

PARIS

Déclaration du 27 janvier (26 signataires) : « Le surréalisme est un moyen de libération totale de l'esprit. »

***La Révolution surréaliste* ouvre une enquête : « Le suicide est-il une solution ? »**

Adresse collective au Pape : « Le confessionnal, ce n'est pas toi, ô Pape, c'est nous. »

Adresse au Dalaï-Lama : « Grand Lama, donne-nous, adresse-nous tes lumières. »

Lettre aux médecins-chefs des asiles de fous : « Ces hommes sur lesquels vous n'avez d'avantage que celui de la force... »

Un jeune prêtre, Jean Genbach, après avoir tenté de se suicider, renonce aux ordres pour se faire surréaliste.

Première exposition surréaliste collective à la galerie Pierre (Arp, Chirico, Ernst, Klee, Masson, Miró, Picasso, Man Ray, Roy).

ARAGON / *Le Paysan de Paris*

DESNOS / *Deuil pour Deuil.*

DUCHAMP / *Anemic cinéma*, film.

Prévert et Tanguy adhèrent au surréalisme.

Première exposition surréaliste de Miró. Préface de Péret.

MIRÓ / *Carnaval d'arlequin.*

Les surréalistes adressent une *lettre ouverte à M. Paul Claudel*, ambassadeur de France au Japon : « Il ne reste debout qu'une idée morale, à savoir par exemple qu'on ne peut être à la fois ambassadeur de France et poète. » Il est question « en haut lieu » d'expulser de France les surréalistes, mais la législation s'y oppose. Au banquet Saint-Pol-Roux, les tables sont renversées, la vaisselle piétinée, les surréalistes poussent des cris séditieux, des coups sont échangés, les vitres volent en éclats ; diverses arrestations s'ensuivent. Au lendemain de ces incidents, le Comité de la Société des Gens de Lettres flétrit la « conduite scandaleuse des surréalistes », le Comité de l'Association des écrivains combattants les « voue au mépris public » et la critique s'engage à ne plus écrire ni leurs noms ni « le nom en isme » de leur groupe.

U.R.S.S.

Suicide d'Essenine.

MADRID

Conférence d'Aragon à la Residencia de Estudiantes : « Nous ruinerons cette civilisation qui vous est chère. »

Louis Aragon

Le Paysan de Paris

[...] Le vice appelé *Surréalisme* est l'emploi déréglé et passionnel du stupéfiant *image*, ou plutôt de la provocation sans contrôle de l'image pour elle-même et pour ce qu'elle entraîne dans le domaine de la représentation de perturbations imprévisibles et de métamorphoses : car chaque image à chaque coup vous force à réviser tout l'Univers. Vous qui entrevoyez les lueurs oranges de ce gouffre, hâtez-vous, approchez vos lèvres de cette coupe fraîche et brûlante.

[...]

Certains mots entraînent avec eux des représentations qui dépassent la représentation physique. Les Buttes-Chaumont levaient en nous un mirage, avec le tangible de ces phénomènes, un mirage commun sur lequel nous nous sentions tous trois la même prise. Toute noirceur se dissipait, sous un espoir immense et naïf. Enfin, nous allions détruire l'ennui, devant nous s'ouvrait une chasse miraculeuse, un terrain d'expériences, où il n'était pas possible que nous n'eussions mille surprises, et qui sait ? une grande révélation qui transformerait la vie et le destin. C'est un signe de cette époque que ces trois jeunes gens tout d'abord imaginent, et rien d'autre, une telle figure d'un lieu. Le romanesque a pour eux le pas sur tout attrait de ce parc, qui pendant une demi-heure sera pour eux la Mésopotamie. Cette grande oasis dans un quartier populaire, une zone louche où règne un fameux jour d'assassinats, cette aire folle née dans la tête d'un architecte du conflit de Jean-Jacques Rousseau et des conditions économiques de l'existence parisienne, pour les promeneurs, c'est une éprouvette de la chimie humaine où les précipités ont la parole, et des yeux d'une étrange couleur. S'ils supposent avec exaltation que les Buttes peuvent rester ouvertes la nuit, ils n'y espèrent pas une retraite, la solitude, mais au moins la retraite de tout un monde aventureux, que le singulier désir de venir dans cette ombre a trié et groupé, selon une ressemblance cachée, à la pointe. [...]

✣ (Louis Aragon, *Le Paysan de Paris*, Paris, Gallimard, 1926, p. 80-81, 163, 164)

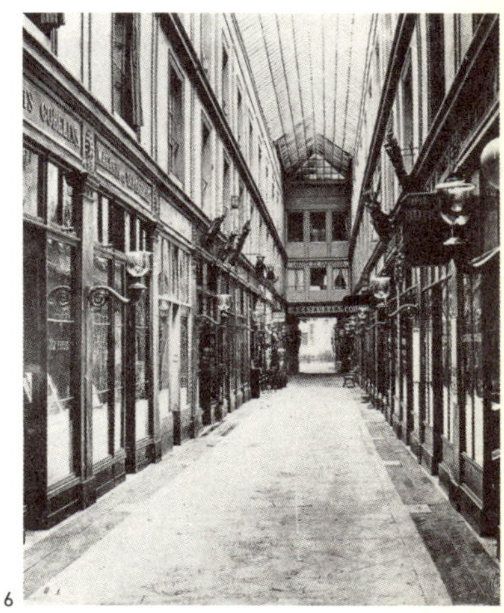
6

3 « Le suicide est-il une solution ? », enquête publiée dans *La Révolution surréaliste*, 1re année, nº 1, 1er décembre 1924, p. 2.

4 Catalogue et carton d'invitation pour la première exposition collective de peinture surréaliste, galerie Pierre, Paris, 14-25 novembre 1925.

5 Carton d'invitation pour la première exposition de Miró à la galerie Pierre, Paris, juin 1925.

6 Galerie du Baromètre dans le passage de l'Opéra, vers 1870.

André Breton
« Hommage à Saint-Pol-Roux »
La crise que subit aujourd'hui l'esprit poétique, crise essentiellement amorale, on oublie trop que Saint-Pol-Roux en a été l'un des principaux annonciateurs. De par son incessante clairvoyance et l'extrême pureté de son attitude, il demeure, de tous ceux de sa génération, le plus hautement, ou, pour mieux dire, le seul qualifié pour intervenir dans le débat qui nous passionne : ordre ou aventure, raison ou divination, Occident ou Orient, esclavage ou liberté, non-rêve ou rêve. Lui seul n'a jamais été pris en flagrand délit de concession personnelle, il ne peut à aucuns yeux être entaché d'erreur.

✣ (André Breton, « Le Maître de l'image », dans « Hommage à Saint-Pol-Roux », publié dans *Les Nouvelles littéraires*, 9 mai 1925)

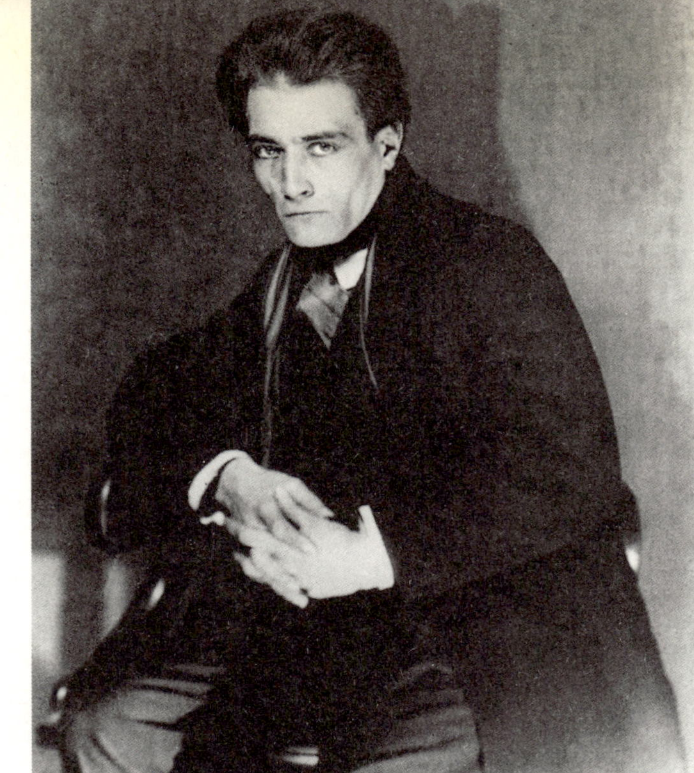

Louis Aragon
« Chroniques – Fragments d'une conférence »
[...] C'est dans l'amour, c'est dans la poésie, que la révolte éternellement prend naissance. Celui qui baigne déjà dans l'infini est prêt, hommes, à renverser vos châteaux de cartes. Et naturellement que s'il y a dans un coin du monde quarante hommes prêts à tout, à sacrifier leur vie pour le bouleversement du monde, vous allez rire et trouver dérisoire que des gens qui ne disposent d'aucun pouvoir, qui ne sont rien, sans argent, sans hypocrisie, parlent tout d'un coup de révolution, et prennent au premier pas le ton, et tout l'appareil mental de la Grande Terreur. C'est pourtant ce fait sans précédent dans l'histoire humaine qui vient d'unir ceux qui ne se croyaient que ce seul lien, la poésie, et un certain goût de l'insensé. [...]

✣ (Louis Aragon, « Chroniques – Fragment d'une conférence », *La Révolution surréaliste*, 1re année, nº 4, 15 juillet 1925, p. 25)

Tract **« La Révolution d'abord et toujours ! »**
Plaçant au-devant de toutes différences notre amour de la Révolution et notre décision d'efficace, dans le domaine encore tout restreint qui est pour l'instant le nôtre, nous : CLARTÉ, CORRESPONDANCE, PHILOSOPHIES, LA RÉVOLUTION SURREALISTE, etc., déclarons ce qui suit :
[...] Nous sommes la révolte de l'esprit ; nous considérons la Révolution sanglante comme la vengeance inéluctable de l'esprit humilié par vos œuvres. Nous ne sommes pas des utopistes : cette Révolution nous ne la concevons que sous sa forme sociale. S'il existe quelque part des hommes qui aient vu se dresser contre eux une coalition telle qu'il n'y ait personne qui ne les réprouve (traîtres à tout ce qui n'est pas la Liberté, insoumis de toutes sortes, prisonniers de droit commun), qu'ils n'oublient pas que l'idée de Révolution est la sauvegarde la meilleure et la plus efficace de l'individu. »

✣ (« La Révolution d'abord et toujours ! », tract publié le 21 septembre 1925 dans *L'Humanité*, puis simultanément, le 15 octobre 1925 dans le numéro 5 de *La Révolution surréaliste* et dans le numéro 77 de *Clarté*)

André Breton
« Le Surréalisme et la Peinture »
L'œil existe à l'état sauvage. Les Merveilles de la terre à trente mètres de hauteur, les Merveilles de la mer à trente mètres de profondeur n'ont guère pour témoin que l'œil hagard qui, pour les couleurs, rapporte tout à l'arc-en-ciel. Il préside à l'échange conventionnel de signaux qu'exige, paraît-il, la navigation de l'esprit. Mais qui dressera l'échelle de la vision ? Il y a ce que j'ai déjà vu maintes fois, et ce que d'autres pareillement m'ont dit voir, ce que je crois pouvoir reconnaître, soit que je n'y tienne pas, soit que j'y tienne, par exemple la façade de l'Opéra de Paris ou bien *un* cheval, ou bien l'horizon ; il y a ce que je n'ai vu que très rarement et que je n'ai pas toujours choisi d'oublier ou de ne pas oublier selon le cas ; il y a ce qu'ayant beau le regarder je n'ose jamais voir, qui est tout ce que j'aime (et je ne vois pas le reste non plus) ; il y a ce que d'autres ont vu, disent avoir vu, et que par suggestion ils parviennent ou ne parviennent pas à me faire voir ; il y a aussi ce que je vois différemment de ce que le voient tous les autres, et même ce que je commence à voir *qui n'est pas visible*. [...]

✣ (André Breton, « Le Surréalisme et la Peinture », *La Révolution surréaliste*, 1re année, nº 4, 15 juillet 1925, p. 26-27)

Déclaration d'Antonin Artaud, Jacques-André Boiffard, Michel Leiris, André Masson, Pierre Naville
Les membres soussignés de la Révolution surréaliste, réunis le 2 avril 1925, dans le but de déterminer lequel des deux principes, surréaliste ou révolutionnaire, était le plus susceptible de diriger leur action, sans arriver à une entente sur ce sujet, se sont mis d'accord sur les points suivants :
(1) Qu'avant toute préoccupation surréaliste ou révolutionnaire, ce qui domine dans leur esprit est un certain état de fureur.
(2) Ils pensent que c'est sur le chemin de cette fureur qu'ils sont le plus susceptibles d'atteindre ce qu'on pourrait appeler l'illumination surréaliste. [...]

✣ (Déclaration du 2 avril 1925)

1 Antonin Artaud photographié par Man Ray.

1926

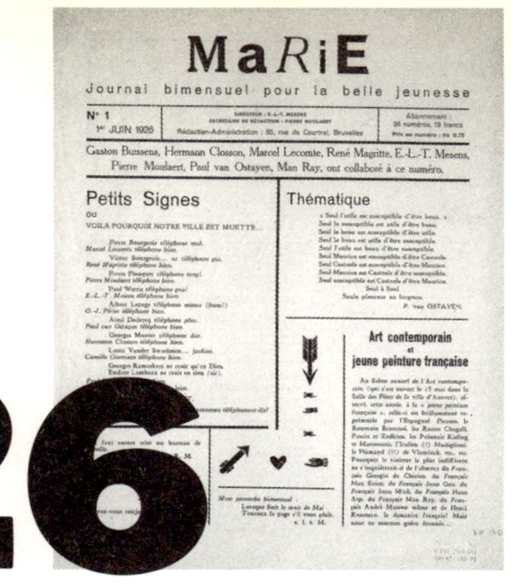
MaRiE
Journal bimensuel pour la belle jeunesse
N° 1
1er JUIN 1926
Gaston Burssens, Hermann Closson, Marcel Lecomte, René Magritte, E.-L.-T. Mesens, Pierre Moulaert, Paul van Ostayen, Man Ray, ont collaboré à ce numéro.
Petits Signes
Thématique
Art contemporain et jeune peinture française

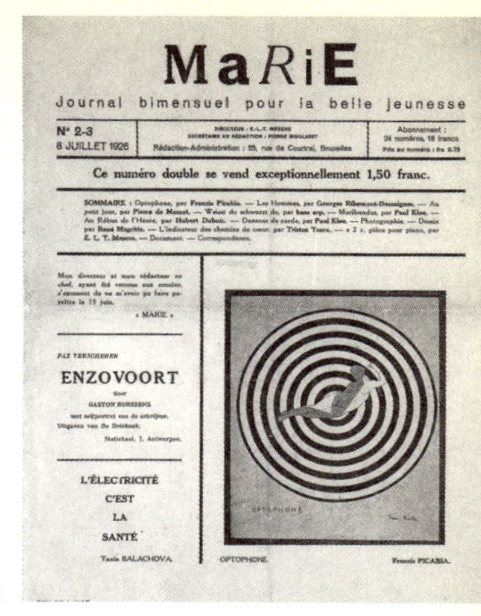
MaRiE
Journal bimensuel pour la belle jeunesse
N° 2-3
8 JUILLET 1926
Ce numéro double se vend exceptionnellement 1,50 franc.
ENZOVOORT
L'ÉLECTRICITÉ C'EST LA SANTÉ
OPTOPHONE

PARIS

Départ du « Cadavre exquis », jeu de papier plié qui consiste à faire composer une phrase ou un dessin par plusieurs personnes, sans qu'aucune d'elles puisse tenir compte des collaborations précédentes. L'exemple, devenu classique, qui a donné son nom au jeu, tient dans la première phrase obtenue de cette manière : Le – cadavre – exquis – boira – le vin – nouveau.

Ouverture de la Galerie surréaliste, rue Jacques Callot.

MAN RAY / *Emak Bakia*, film.

À la suite d'un article calomnieux de Maurice Martin du Gard, directeur des *Nouvelles littéraires*, sur Aragon, celui-ci, Breton et Péret font irruption à la rédaction du journal, corrigent le directeur et mettent les bureaux à sac. Martin du Gard dépose une plainte en un million de dommages et intérêts mais, au cours de l'instruction, son avocat, Me Campinchi, après étude du dossier, abandonne la cause et le procès n'a pas lieu.

ERNST / *Histoire naturelle*. Introduction par Arp.

ELUARD / *Capitale de la Douleur*, poèmes.

BRETON / *Légitime Défense*.

DESNOS / *C'est les bottes de sept lieux cette phrase : « Je me vois »*, poème.

Breton et Péret ayant adressé une série de lettres d'insultes à des écrivains et journalistes, plusieurs de ceux-ci ripostent par un envoi de témoins. Mais les témoins constitués par Breton et Péret provoquent à leur tour ceux de l'adversaire et ainsi de suite (institution de la progression géométrique dans les relations humaines). Les duels s'avèrent de ce fait impossibles.

Picasso s'oriente de plus en plus vers le surréalisme : *Guitare* découpée dans une chemise, dessins pour le *Chef-d'œuvre inconnu*, de Balzac.

BRUXELLES

Fondation du groupe surréaliste de Belgique : Magritte, Mesens, Nougé, Goemans, Lecomte.

ANDRÉ BRETON
« Légitime défense »

[…] Notre situation dans le monde moderne est cependant telle que notre adhésion à un programme comme le programme communiste, adhésion de principe enthousiaste bien qu'il s'agisse évidemment à nos yeux d'un programme minimum, n'a pas été accueillie sans les plus grandes réserves et tout se passe comme si, en fin de compte, elle avait été jugée irrecevable. Purs que nous étions de toute intention critique à l'égard du Parti français (le contraire, étant donné notre foi révolutionnaire, eût été peu conforme à nos méthodes de pensée), nous en appelons aujourd'hui d'une sentence aussi injuste. Je dis que depuis plus d'un an nous sommes en butte de ce côté à une hostilité sourde, qui n'a perdu aucune occasion de se manifester. Réflexion faite, je ne sais pourquoi je m'abstiendrais plus longtemps de dire que *L'Humanité* puérile, déclamatoire, inutilement *crétinisante*, est un journal illisible, tout à fait indigne du rôle d'éducation prolétarienne qu'il prétend assumer. […]

✣ (André Breton, « Légitime défense », *La Révolution surréaliste*, 2e année, no 8, 1er décembre 1926, p. 30-31)

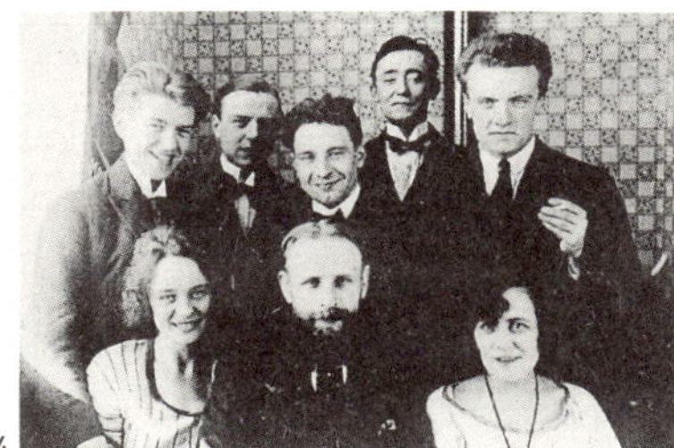

PAUL ELUARD
« D.A.F. de Sade, écrivain fantastique et révolutionnaire »

[…] Pour avoir voulu redonner à l'homme civilisé la force de ses instincts primitifs, pour avoir voulu délivrer l'imagination amoureuse et pour avoir lutté désespérément pour la justice et pour l'égalité absolues, le marquis de Sade a été enfermé presque toute sa vie à la Bastille, à Vincennes et à Charenton (1). […]

(1) Le marquis de Sade a passé vingt-sept ans dans onze prisons différentes.

✣ (Paul Eluard, « D.A.F. de Sade, écrivain fantastique et révolutionnaire », *La Révolution surréaliste*, 2e année, no 8, 1er décembre 1926, p. 9)

1 Couverture du numéro 8 de *La Révolution surréaliste*, 2e année, 1er décembre 1926.

2 Couverture du numéro 1 de *Marie*, Bruxelles, juin 1926.

3 Couverture du numéro 2-3 de *Marie*, Bruxelles, juillet 1926.

4 Le groupe surréaliste belge. De gauche à droite et de haut en bas : René Magritte, E.L.T. Mesens, Pierre Flouquet, Victor Servranckx, Pierre Bourgeois, Georgette Magritte, Broodcorens, Henriette Flouquet.

Louis Aragon

« Le Feuilleton change d'auteur »

[…] Notre peintre protesta récemment parce qu'une revue publiait en reproduction un de ses tableaux avec un titre apocryphe. Il y aurait à parler des titres. Et particulièrement des titres chiriquiens. Les uns dictés par Apollinaire, les autres, écrits par Paul Guillaume (ces derniers souvent remarquables). Fort bien d'ailleurs. Mais la question, comme les agents, se balade.

De la peinture ancienne de Chirico naît une mythologie et meurt Chirico même. C'est justice. Si ce Monsieur, car c'est un Monsieur, vient nous dire aujourd'hui que ce n'est pas de cela qu'il s'agissait, que voulez-vous, mon cher, que ça nous foute ? Impersonnalité du génie. Il n'y a qu'à voir les dernières productions d'un peintre qui fut le théâtre, et quel théâtre, de tout ce qui se passait de grand au monde, le reflet de l'inconnaissable d'une époque, pour apercevoir sainement le peu de droits du fabricant sur ses visions antérieures. […]

✣ (Louis Aragon, « Le Feuilleton change d'auteur », préface-pamphlet du catalogue d'exposition, *Œuvres anciennes de Georges de Chirico*, Galerie surréaliste, Paris, 1927)

Sigmund Freud

« La question de l'analyse par les non-médecins »

[…] Le « moi » traite le péril intérieur émané de l'instinct comme s'il était en péril extérieur ; il tente de prendre la fuite, il se retire de cette région du « soi » et l'abandonne à son sort après lui avoir supprimé tous les apports que d'ordinaire il met à la disposition des émois de l'instinct. Nous disons alors que le « moi » entreprend un *refoulement* de cette aspiration instinctive. Cela a pour résultat immédiat de parer au danger, mais on ne confond pas impunément ce qui est interne et ce qui est externe. On ne peut pas se fuir. En *refoulant*, le « moi » obéit au principe du plaisir, que sa tâche habituelle est de modifier : il doit donc en porter la peine. La peine en sera que le « moi » aura ainsi durablement restreint son royaume. […]

✣ (Sigmund Freud, « La question de l'analyse par les non-médecins », *La Révolution surréaliste*, 3e année, n° 9-10, 1er octobre 1927, p. 31)

1927

Lautréamont envers et contre tout, par Aragon, Breton et Eluard.

ARTAUD / *Le Pèse-nerfs.*

DESNOS / *La Liberté ou l'amour.*

PÉRET / *Dormir, dormir dans les pierres.* Illustrations de Tanguy.

Hands off Love : les surréalistes s'indignent des poursuites engagées contre Charlie Chaplin à la requête de sa femme.

Exposition Chirico. Préface par Aragon.

La Révolution surréaliste se proclame « la revue la plus scandaleuse du monde ».

Permettez. Protestation surréaliste contre un projet de célébration officielle de Rimbaud.

Au grand jour, par Aragon, Breton, Eluard, Péret, Unik.

ARTAUD / *À la grande Nuit ou le Bluff surréaliste*, brochure dirigée contre la précédente.

ARTAUD / *La Coquille et le Clergyman*, film.

Presque chaque soir et souvent pour la plus grande partie de la nuit, les surréalistes se retrouvent chez l'un d'eux. Le « jeu de la vérité » fait les principaux frais de ces réunions.

1 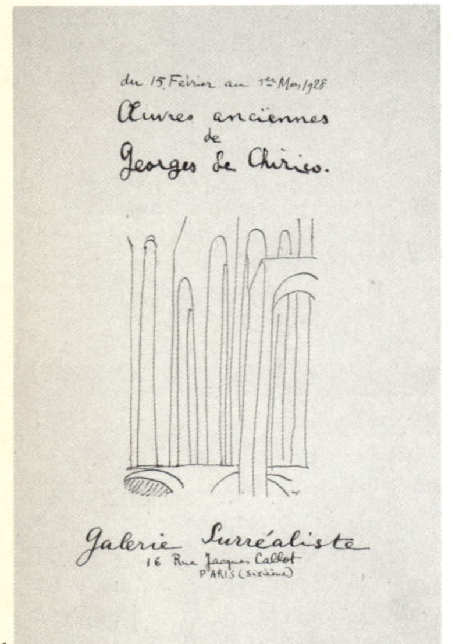

2 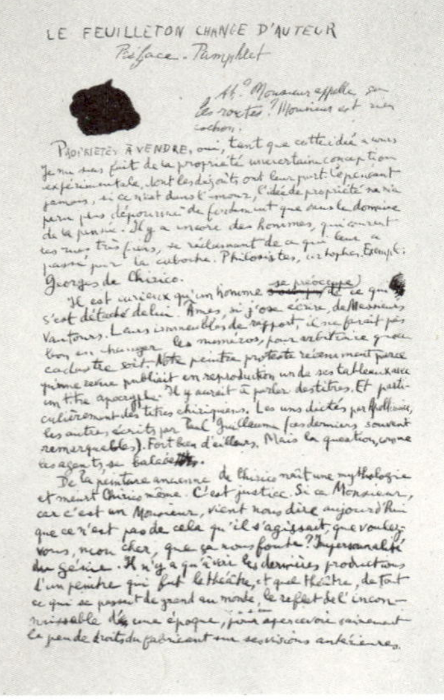

LE FEUILLETON CHANGE D'AUTEUR

Préface - Pamphlet

3

La Révolution Surréaliste

encore et toujours

la revue

la plus scandaleuse

du monde.

à paraître n° 11 (1er Mars 1928)

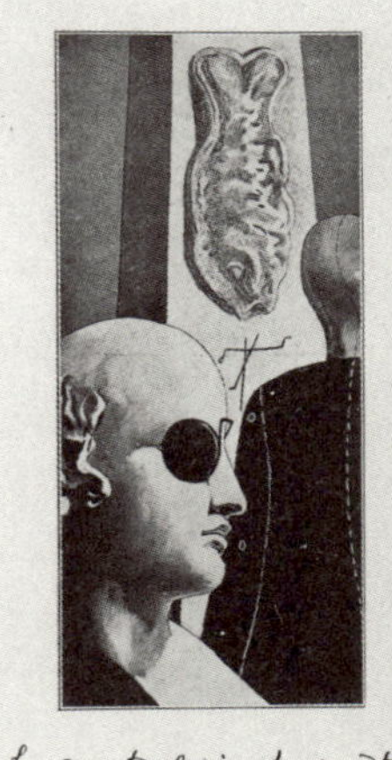

La nostalgie du poète

[1] Couverture du catalogue d'exposition, *Œuvres anciennes de Georges de Chirico*, Galerie surréaliste, Paris, 15 février-1er mars 1927.

[2] Louis Aragon, « Le feuilleton change d'auteur », préface-pamphlet du catalogue d'exposition *Œuvres anciennes de Georges de Chirico*, Galerie surréaliste, Paris 1927.

[3] Giorgio De Chirico, *La Nostalgie du poète*, œuvre reproduite dans le catalogue d'exposition *Œuvres anciennes de Georges de Chirico.*

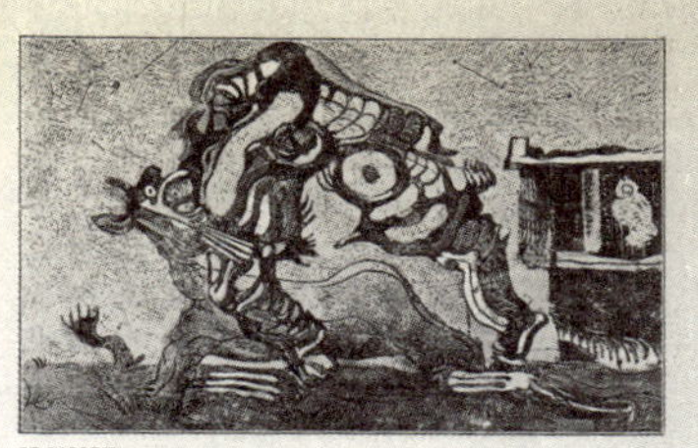

LE PARADIS — Max Ernst

HANDS OFF LOVE (*)

Ce qui peut être invoqué, ce qui a force dans le monde, ce qui est valable, avant tout défendu, aux dépens de tout, ce qui entraîne infailliblement contre un homme quel qu'il soit la conviction d'un juge, et songez un instant à ce que c'est qu'un juge, combien vous dépendez à chaque instant de votre vie d'un juge auquel soudain le moindre accident vous défère, bref ce qui met en échec toute chose, le génie par exemple, voilà ce qu'un récent procès met soudain dans une lumière éclatante. La qualité du défendeur et la nature des arguments qu'on lui oppose valent qu'on s'arrête à la plainte de Madame Charlie Chaplin, telle qu'on a pu la lire dans *Le Grand Guignol*. Il va sans dire que ce qui suit suppose le document authentique, et bien qu'il soit du droit de Charlie Chaplin de nier les faits allégués, le phrases rapportées, tiendra pour conformes à la vérité ces faits, ces phrases. Il s'agit de voir ce qu'on trouve à opposer à un tel homme, d'apprécier les moyens qu'on emploie pour le réduire. Ces moyens reflètent étrangement la moyenne opinion morale aux Etats-Unis en 1927, c'est-à-dire celle d'un des plus grands groupements humains, opinion qui tendra à se répandre et à prévaloir partout, dans la mesure où l'immense réservoir qui s'engorge de marchandises dans l'Amérique du Nord

(*) Contrairement à notre intention première, nous publions ci-dessous la version française du texte : « Hands off Love », paru en anglais dans la revue *Transition*, où les conditions de sa présentation n'ont pas été celles que nous avions envisagées.

4

Permettez !

J'AURAIS MOINS COMPRIS RIMBAUD SANS LE SURRÉALISME.

ERNEST DELAHAYE

Paris, le 23 Octobre 1927.

Messieurs les Représentants des Ardennes,
Monsieur le Maire de Charleville,
Messieurs les Notables,
Monsieur le Président de la Société des Poètes ardennais,

Vous prenez, paraît-il, la responsabilité d'inaugurer aujourd'hui, pour la seconde fois, un monument à la mémoire d'Arthur Rimbaud et d'organiser à ce propos une petite fête régionale. Il est regrettable que la consécration officielle manque encore à votre entreprise, mais ce n'est que partie remise, nous nous en portons garants. Que n'avez-vous réussi à déranger M. Louis Barthou, à le distraire, ne fût-ce qu'un instant, des soucis que lui donne le communisme, à réveiller en lui le bibliophile qui disparaît un peu ces derniers temps derrière le pourvoyeur de prisons !

Vous avouerez, Messieurs, que l'occasion est peut-être mal choisie de se laisser aller au délire patriotique, celui que vous célébrez n'ayant eu pour vous que des gestes de dégoût et des paroles de haine et ne pouvant jouir à jamais que d'une gloire toute contraire à celle des écrivains morts pour la France, ces « Chevaliers de l'esprit en qui se concentre ce que la France a défendu au cours de la dernière guerre » (*).

Il est vrai que vous ne savez pas qui est Rimbaud et de nouveau vous le lui faites bien voir :

— MA VILLE NATALE EST SUPÉRIEUREMENT IDIOTE ENTRE LES PETITES VILLES DE PROVINCE. SUR CELA, VOYEZ-VOUS, JE N'AI PLUS D'ILLUSIONS. PARCE QU'ELLE EST À CÔTÉ DE MÉZIÈRES — UNE VILLE QU'ON NE TROUVE PAS, — PARCE QU'ELLE VOIT PÉRÉGRINER DANS SES RUES DEUX OU TROIS CENTS DE PIOU-PIOUS, CETTE BENOÎTE POPULATION GESTICULE, PRUDHOMMES-

(*) Herriot.

5

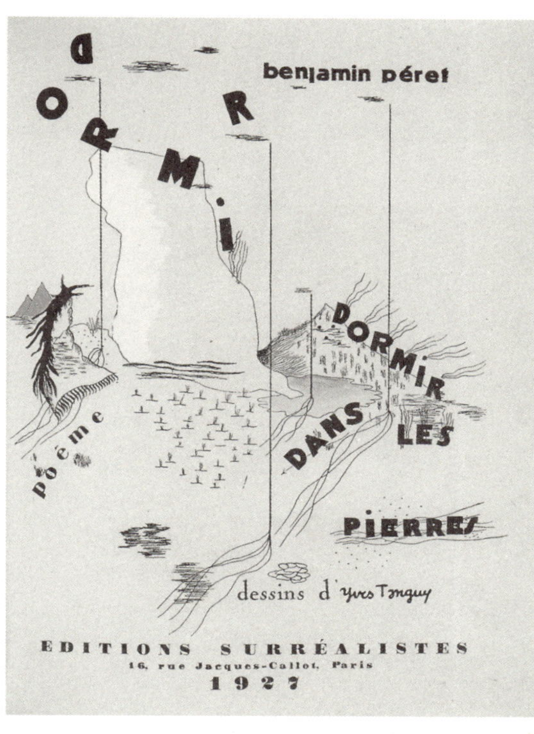

6

Max Ernst

« Visions de demi-sommeil »

De 5 à 7 ans.

Je vois en face de moi un panneau très grossièrement peint aux larges traits noirs sur fond rouge, représentant un faux acajou et provoquant des associations de formes organiques (œil menaçant, long nez, grosse tête d'oiseau à épaisse chevelure noire, etc.).

Devant le panneau, un homme noir et luisant fait des gestes lents, cocasses et, selon mes souvenirs d'une époque bien postérieure, joyeusement obscènes. Ce drôle de bonhomme porte les moustaches de mon père.

✣ (Max Ernst, « Visions de demi-sommeil », *La Révolution surréaliste*, 3e année, nº 9-10, 1er octobre 1927, p. 7)

Tract **« Au grand jour »**

[...] Au nom d'un certain principe d'honnêteté qui doit, selon nous, passer avant tout autre, en novembre 1926, nous avons rompu avec deux de nos anciens collaborateurs : Artaud, Soupault. Le manque remarquable de rigueur qu'ils apportaient parmi nous, l'évident contresens qu'implique, en ce qui concerne chacun d'eux, la poursuite *isolée* de la stupide aventure littéraire, l'abus de confiance dont chacun d'eux est à quelque titre le zélateur, n'avaient été que trop longtemps l'objet de notre tolérance. En un rien de temps, nous en avons fini, pour le second avec ce louvoiement incompréhensible, pour le premier... À l'heure où pour chacun de nous, il importait de conditionner, vraiment de conditionner, l'action surréaliste, conscience prise unanimement de son but révolutionnaire, et pour cela d'assigner à cette action les limites exactes qu'elle comporte, limites qui, révolutionnairement parlant, ne sont pas imaginaires mais réelles, nous n'avons eu à envisager que ces deux seules défections. Si, par ailleurs, et seulement en fonction de nos humeurs respectives, nous n'avons pas tous cru devoir adhérer au Parti Communiste, du moins nul d'entre nous n'a pris à sa charge de nier la grande concordance d'aspirations qui existe entre les communistes et lui. [...]

✣ (« Au grand jour », tract rédigé par Breton, Aragon, Eluard, Péret et Unik, publié en [mai] 1927, aux Éditions surréalistes, Paris.

Nos 9-10 — Troisième année — 1er Octobre 1927

LA RÉVOLUTION SURRÉALISTE

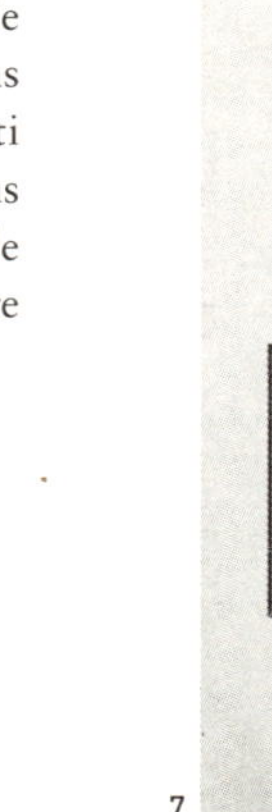

L'ECRITURE AUTOMATIQUE

SOMMAIRE

HANDS OFF LOVE.
Visions de demi-sommeil : Max Ernst.
RÊVES :
Aragon, Pierre Naville.
Journal d'une apparition : Robert Desnos.
Et la lune donnait, et la rosée tombait : Xavier Forneret.
J. Vaché : Paul Nougé.
POÈMES :
Paul Eluard, Raymond Queneau, Jacques Baron, Fanny Beznos, Pierre Unik.
La question de l'analyse par les non-médecins : Sigmund Freud.
Corps à corps : Benjamin Péret.
Le surréalisme et la peinture : André Breton.
Vie d'Héraclite : Fénelon.
Philosophie des paratonnerres : Aragon.
Mieux et moins bien : Pierre Naville.
CHRONIQUES :
Mouvements perpétuels : Aragon.
La Monade hiéroglyphique : Michel Leiris.
Revue de la Presse : P. Eluard et B. Péret.
ILLUSTRATIONS :
Arp, le Cadavre exquis, Giorgio de Chirico, Max Ernst, André Masson, Picasso, Man Ray, Yves Tanguy, Jacques Vaché, etc.

ADMINISTRATION : 16, Rue Jacques-Callot, PARIS (VIe)

ABONNEMENT, les 12 Numéros : France : 55 francs, Étranger : 100 francs
Dépositaire général : Librairie GALLIMARD, 15, Boulevard Raspail, 15, PARIS (VIIe)
CE NUMÉRO DOUBLE : France : 9 francs, Étranger : 12 francs

7

4 « Hands off Love » déclaration collective primitivement publiée en anglais dans le numéro 6 de la revue *Transition*, septembre 1927, dirigée à Paris par Eugène Jolas et Elliot Paul. La version française a été publiée dans *La Révolution surréaliste*, 3e année, nº 9-10, 1er octobre 1927.

5 « Permettez ! » tract, rédigé à Paris, en octobre 1927.

6 Couverture du livre de Benjamin Péret, illlustré par Yves Tanguy, *Dormir, dormir dans les pierres*, Paris, Éditions surréalistes, 1927.

7 Couverture du numéro 9-10 de *La Révolution surréaliste*, 3e année, 1er octobre 1927.

1928

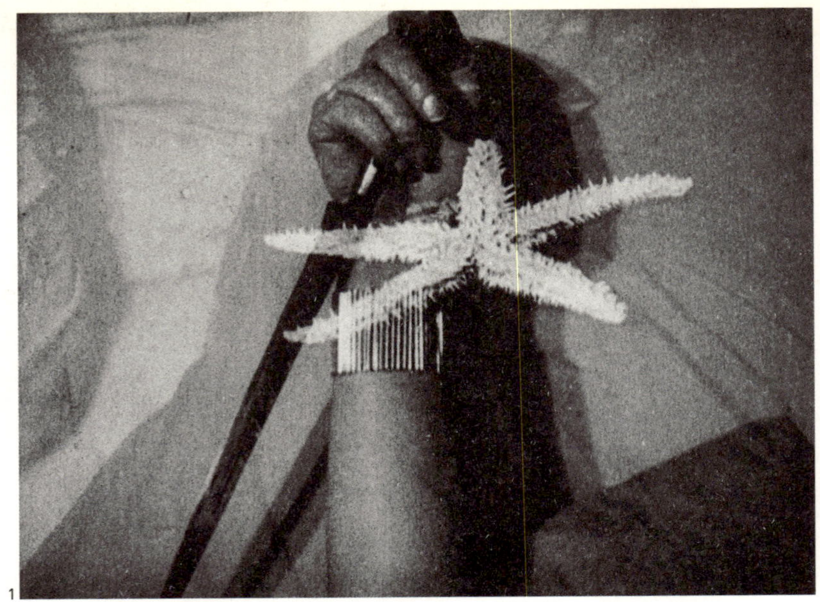

1

Louis Aragon
Traité du style

[…] Le surréalisme est l'inspiration reconnue, acceptée, et pratiquée. Non plus comme une visitation inexplicable, mais comme une faculté qui s'exerce. Normalement limitée par la fatigue. D'une ampleur variable suivant les forces individuelles. Et dont les résultats sont d'un intérêt inégal. Il ne manquera pas de fleuristes pour me faire remarquer que tout le monde sait ça, que ça tombe sous le sens. Par exemple, voilà qui est fort. Tout au contraire la légende règne qu'il suffit d'apprendre le truc, et qu'aussitôt des textes d'un grand intérêt poétique s'échappent de la plume de n'importe qui comme une diarrhée inépuisable. Sous prétexte qu'il s'agit de surréalisme, le premier chien venu se croit autorisé à égaler ses petites cochonneries à la poésie véritable, ce qui est d'une commodité merveilleuse pour l'amour-propre et la sottise. Seulement, le malheur, c'est que même, c'est que sutout quand la critique discursive ne sévit plus, la personnalité de celui qui écrit s'objective, et à cet égard, on peut dire en quelque sorte qu'un texte surréaliste, en fonction de son auteur, atteint à une objectivité analogue à celle du rêve, qui dépasse de beaucoup le degré d'objectivité relative des textes ordinaires, où les défaillances n'ont aucune valeur, alors que dans le texte surréaliste elles sont encore des faits *mentaux*, intéressants au même titre que leurs contraires. La valeur documentaire d'un tel texte est celle d'une photographie. […]

✤ (Louis Aragon, *Traité du style*, Paris, Gallimard, 1928, p. 187-189)

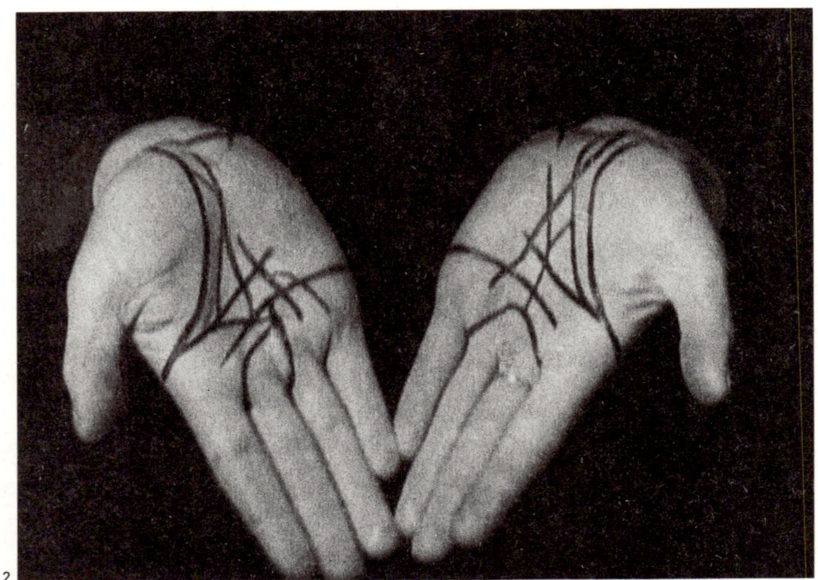

2

Louis Aragon, André Breton
« Le cinquantenaire de l'hystérie (1878-1928) »

[…] Nous vous proposons donc, en 1928, une définition nouvelle de l'hystérie : l'hystérie est un état mental plus ou moins irréductible se caractérisant par la subversion des rapports qui s'établissent entre le sujet et le monde moral duquel il croit pratiquement relever, en dehors de tout système délirant. Cet état mental est fondé sur le besoin d'une séduction réciproque, qui explique les miracles hâtivement acceptés de la suggestion (ou contre-suggestion) médicale. L'hystérie n'est pas un phénomène pathologique et peut, à tous égards, être considérée comme un moyen suprême d'expression.

✤ (« Le cinquantenaire de l'hystérie (1878-1928) », déclaration à caractère collectif publiée dans *La Révolution surréaliste*, 4ᵉ année, nº 11, 15 mars 1928, p. 22)

André Breton
Le Surréalisme et la Peinture

[…] Quand Max Ernst vint, ces différentes données étaient outrageusement simplifiées. Il apportait avec lui les morceaux irreconstituables du labyrinthe. C'était comme le jeu de patience de la création : toutes les pièces, invraisemblablement distraites les unes des autres, ne se connaissant plus aucune aimantation particulière les unes pour les autres, cherchaient à se découvrir de nouvelles affinités. Une pluie diluviale, douce et certaine comme le crépuscule, commençait à tomber […]

✤ (André Breton, *Le Surréalisme et la Peinture*, Paris, Gallimard, NRF, 1928)

1-2 Photogrammes du film *L'Étoile de mer* de Man Ray, 1928.

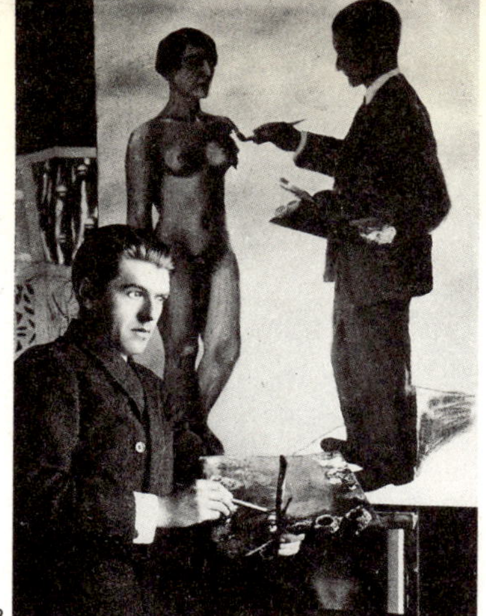

3

André Breton
Nadja

[...] Il s'agit de faits de valeur intrinsèque sans doute peu contrôlable mais qui, par leur caractère absolument inattendu, violemment incident, et le genre d'associations d'idées suspectes qu'ils éveillent, une façon de vous faire passer du fil de la Vierge à la toile d'araignée ; il s'agit de faits qui, fussent-ils de l'ordre de la constatation pure, présentent chaque fois toutes les apparences d'un signal, qui font qu'en pleine solitude, je me découvre d'invraisemblables complicités, qui me convainquent de mon illusion toutes les fois que je me crois seul à la barre du navire. [...]

✣ (André Breton, *Nadja*, Paris, Gallimard, 1928, p. 20)

PARIS

Dans *La Révolution surréaliste* : nº 11 « Recherches sur la sexualité. Part d'objectivité, déterminations individuelles, degré de conscience » (conversation libre à laquelle participent la plupart des surréalistes).

Autres jeux surréalistes : Jeu des définitions : réponse à des questions ignorées « Qu'est-ce-que... – C'est... »

Jeu des suppositions : « Si... » Jeu des prévisions : « Quand... »

MIRÓ / *Intérieur hollandais*.

ARAGON / *Traité du style*. Le seul ouvrage dont il interdira par la suite la réédition.

BRETON / *Le Surréalisme et la peinture*. – *Nadja*.

CREVEL / *L'Esprit contre la raison*.

PÉRET / *Le Grand Jeu*.

DESNOS ET MAN RAY / *L'Étoile de mer*, film.

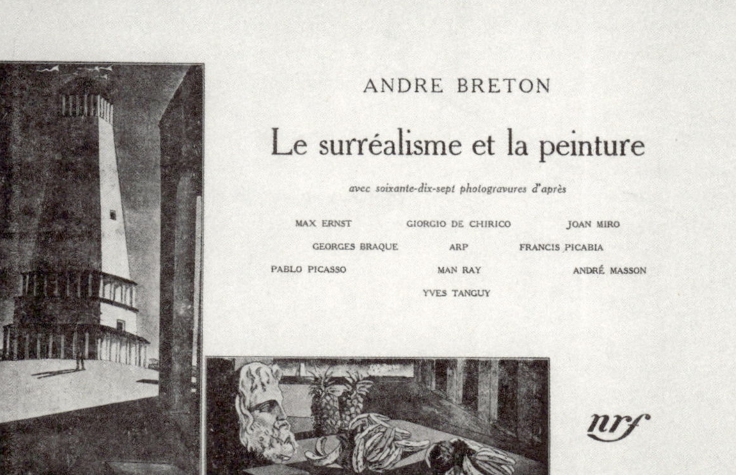

ANDRE BRETON

Le surréalisme et la peinture

avec soixante-dix-sept photogravures d'après

MAX ERNST GIORGIO DE CHIRICO JOAN MIRO
GEORGES BRAQUE ARP FRANCIS PICABIA
PABLO PICASSO MAN RAY ANDRÉ MASSON
YVES TANGUY

nrf

4

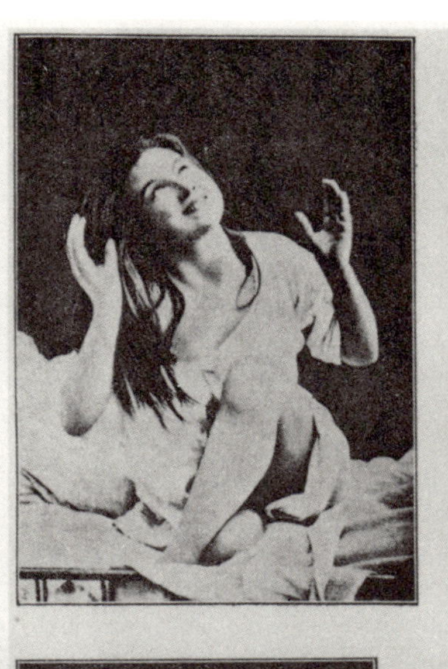

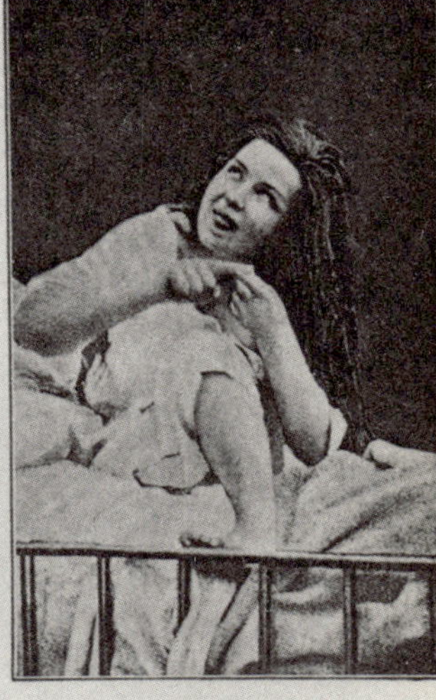

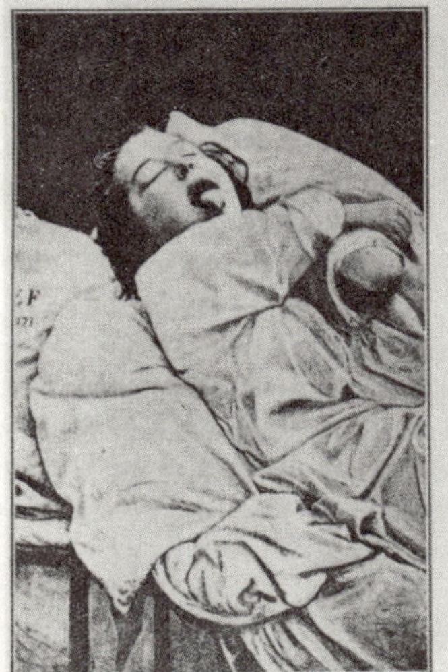

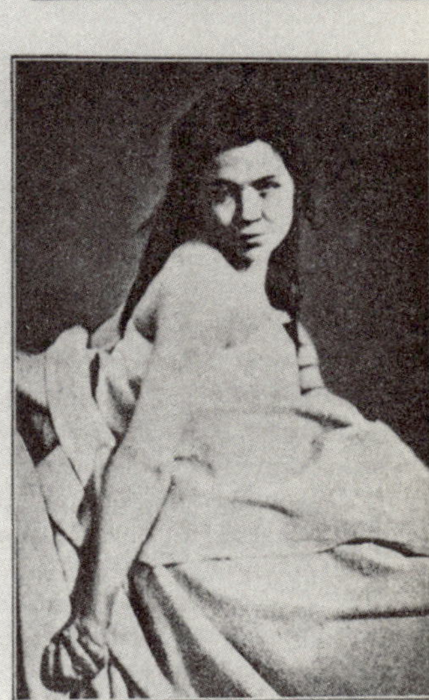

5

3 René Magritte photographié devant *Tentative de l'impossible*, 1928.

4 Annonce de la parution de l'ouvrage d'André Breton, *Le Surréalisme et la Peinture*, *La Révolution surréaliste*, 4e année, nº 11, 15 mars 1928, p. 4 de couverture.

5 « Les Attitudes passionnelles en 1878 », photographies concernant vraisemblablement « la délicieuse X.L. (Augustine) » entrée à la Salpêtrière dans le service du Dr Charcot le 21 octobre 1875, reproduites dans « Le cinquantenaire de l'hystérie (1878-1928) », *La Révolution surréaliste*, nº 11, 15 mars 1928, p. 21.

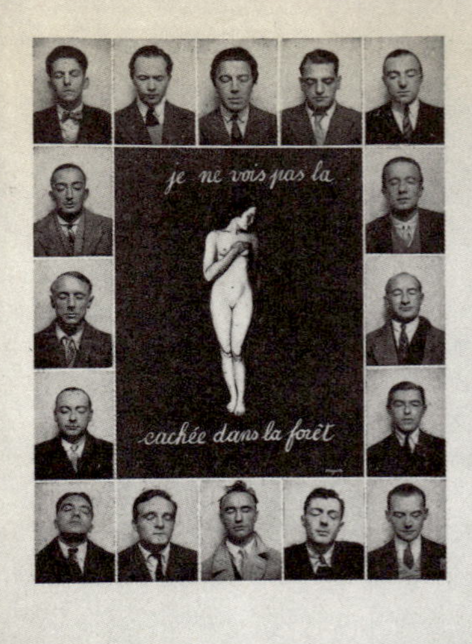

1

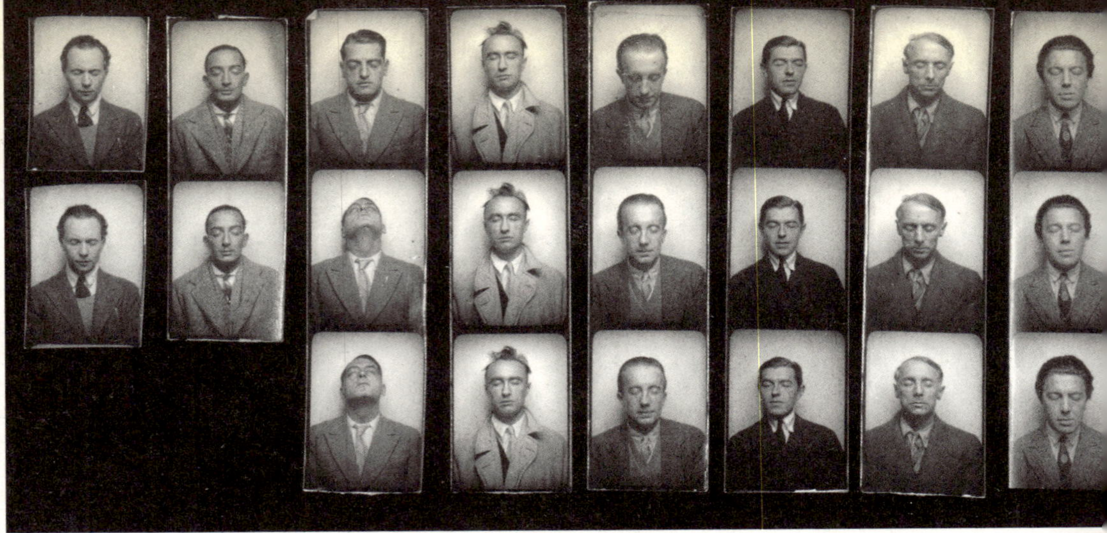

2

Louis Aragon

« Introduction à 1930 »

[...] Mais il est certain que le goût moderne de la réclame a été autre chose que pour un plus petit nombre d'esprits. Au-delà des considérations lyriques proprement dites, ceux-ci envisageaient l'efficacité de la réclame, et il est certain qu'à Paris, à la veille de Dada, qui reprendra et transformera cette croyance, il règne une croyance toute nouvelle dans la vertu de la réclame. Elle manifeste au premier chef une désaffection totale des formes poétiques connues, y comprises les plus récentes, et elle signifie une volonté de revitalisation de la poésie par les méthodes empruntant à la vie ses éléments, à la vie moderne comme on dit. Elle suppose un espoir qui ne s'est pas encore exprimé, de provoquer un réflexe, d'obtenir automatiquement l'attention du monde à des fins qui ne sont pas formulées, et tout d'abord indépendamment de ces fins. Elle suppose chez ceux qui se raccrochent à cet espoir le parti nouveau, chez les poètes, de traiter le monde comme un sujet d'expérience et de regarder au bénéfice d'une science inconnue se contracter et se détendre cette immense patte de lapin. [...]

✣ (Louis Aragon, « Introduction à 1930 », *La Révolution surréaliste*, 5e année, nº 12, 15 décembre 1929, p. 61)

PARIS

Dalí et Buñuel adhèrent au surréalisme.

ERNST / ***La Femme 100 têtes.***

BUÑUEL ET DALÍ / ***Un Chien andalou*, film.**

Première exposition Dalí à Paris (*Les Plaisirs illuminés, Les Accommodations du désir*). – Préface de Breton.

ELUARD / ***L'Amour la poésie.***

***La Révolution surréaliste* ouvre une enquête : « Quelle sorte d'espoir mettez-vous dans l'amour ? »**

CHIRICO / ***Hebdomeros.***

LÉON PIERRE-QUINT / ***Le Comte de Lautréamont et Dieu.***

Les médecins aliénistes réclament des poursuites contre Breton et l'éditeur de *Nadja*.

Suicide de Jacques Rigaut.

CREVEL / ***Êtes-vous fous ?***

Char adhère au surréalisme.

PRAGUE

Une vive activité surréaliste se manifeste sous l'impulsion de Teige, Nezval, Styrsky et Toyen.

Walter Benjamin

« Le Surréalisme »

[...] La dame, dans l'amour ésotérique, est l'inessentiel. De même chez Breton. Il est près, plus que de Nadja elle-même, des choses qui sont près d'elle. Or quels sont ces objets ? Leur liste canonique est on ne peut plus révélatrice de l'entreprise surréaliste. Par quoi commencer ? Le surréalisme peut se glorifier d'une surprenante découverte. Le premier, il a mis le doigt sur les énergies révolutionnaires qui se manifestent dans le « suranné », dans les premières constructions en fer, les premiers bâtiments industriels, les toutes premières photos, les objets qui commencent à disparaître, les pianos de salon, les vêtements d'il y a cinq ans, les lieux de réunion mondaine quand ils commencent à passer de mode. Le rapport de ces choses à la révolution, voilà ce que ces auteurs ont mieux compris que personne. Avant ces voyants et ces devins, personne n'a vu comment la misère, non seulement la misère sociale, mais tout autant la misère architecturale, la misère des intérieurs, les objets asservis et asservissants, basculent dans le nihilisme révolutionnaire. Pour ne rien dire du « Passage de l'Opéra » d'Aragon : Breton et Nadja sont le couple d'amoureux qui convertit, sinon en action révolutionnaire, du moins en expérience révolutionnaire tout ce que nous avons appris, au cours de tristes voyages en train (les chemins de fer commencent à vieillir), par de désespérants dimanches après-midi dans les quartiers ouvriers des grandes villes, dès le premier regard lancé à travers la fenêtre mouillée de pluie d'un appartement neuf. Ils font exploser la puissante charge d'« atmosphère » que recèlent ces objets. Que serait selon vous une vie qui, en un moment crucial, se laisserait guider par la dernière rengaine à la mode ? [...]

✣ (Walter Benjamin, « Le Surréalisme », dans *Œuvres II*, collection « Folio Essais », pour la traduction de Maurice de Gandillac revue par Pierre Rusch, p. 119-120, © Éditions Gallimard)

1 Déclaration collective sous forme d'un montage de seize photos d'identité encadrant l'œuvre de René Magritte, *Je ne vois pas la [femme] cachée dans la forêt*, publiée à la fin du numéro spécial de *Variétés* « Le Surréalisme en 1929 », Bruxelles, juin 1929, et dans *La Révolution surréaliste*, nº 12, 15 décembre 1929. De gauche à droite et de haut en bas : Alexandre, Aragon, Breton, Buñuel, Caupenne, Dalí, Eluard, Ernst, Fourrier, Goemans, Magritte, Nougé, Sadoul, Tanguy, Thirion, Valentin.

2 Planches de photomaton ayant servi au montage photographique de la déclaration collective « Je ne vois pas la [femme] cachée dans la forêt ». De gauche à droite : Aragon, Dalí, Buñuel, Tanguy, Eluard, Magritte, Ernst et Breton.

1929

BENJAMIN PÉRET
« Je ne mange pas de ce pain-là »

[…]
LA STABILISATION DU FRANC
Si les oreilles des vaches frémissent
c'est qu'on chante la Marseillaise
Allons enfants de la tinette
péter dans l'oreille de Poincaré
Les macaronis attardés dans sa barbe
ont beau murmurer
C'est moi le nouveau franc
À bas le vieillard qui m'a fait bouillir
comme un carton à la foire
L' œil dans le vase de nuit
Poincaré se répète
J'ai bien mérité de la tinette
Vive l'union des bourriques
Vive la vacherie nationale
[…]

✤ (Benjamin Péret, « Je ne mange pas de ce pain-là », dans *La Révolution surréaliste*, 5e année, nº 12, 15 décembre 1929, p. 51)

BRUXELLES
***Le Surréalisme en 1929*, numéro spécial de la revue *Variétés*, s'ouvre sur une importante déclaration d'Aragon et Breton : « À suivre, petite contribution au dossier de certains intellectuels à tendance révolutionnaire ».**

ZURICH
Abstrakte u. Surrealistische Malerei und Plastik.

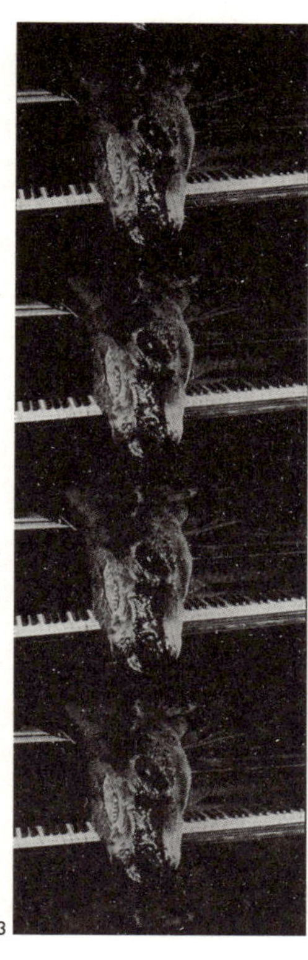
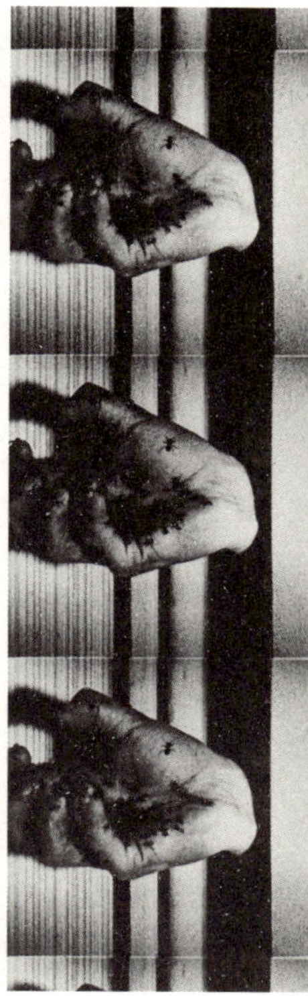
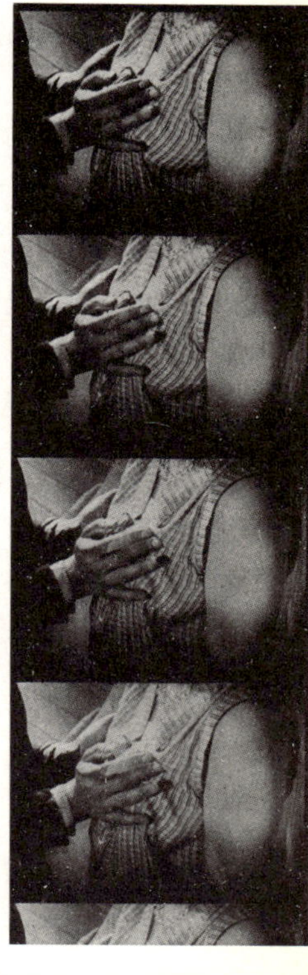

3

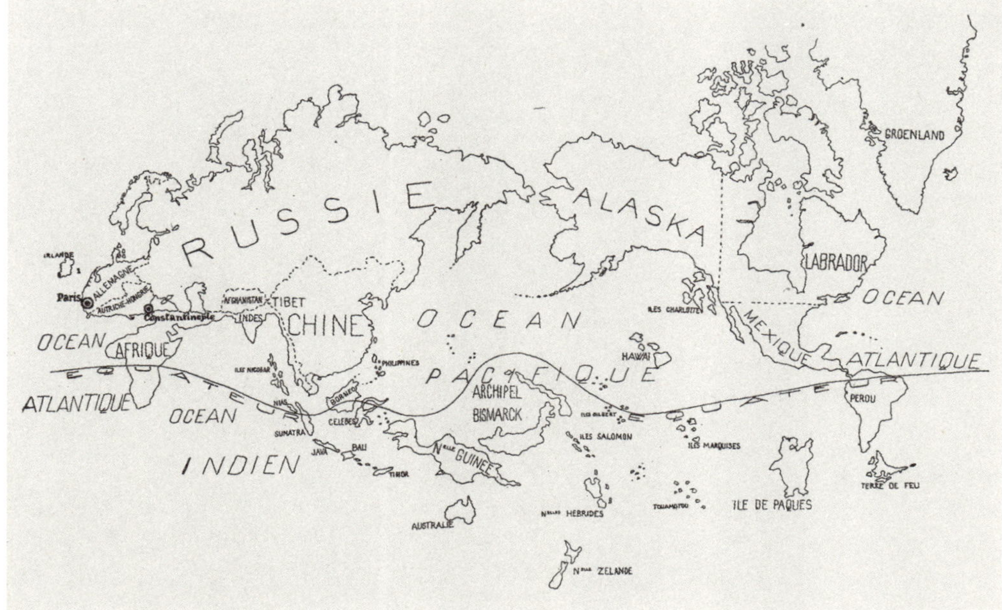

4

LUIS BUÑUEL, SALVADOR DALÍ
« Un chien andalou »

[…] On voit passer : d'abord un bouchon, puis un melon, deux frères des écoles chrétiennes et enfin deux magnifiques pianos à queue. Les pianos sont remplis par des charognes d'ânes dont les pattes, les queues, les croupes et les excréments débordent de la caisse d'harmonies. Quand un des pianos passe devant l'objectif, on voit une grande tête d'âne appuyée sur le clavier.

✤ (Luis Buñuel, Salvador Dalí, « Un chien andalou », *La Révolution surréaliste*, 5e année, nº 12, 15 décembre 1929, p. 36)

3 Photogrammes du film *Un chien andalou*, de Luis Buñuel et Salvador Dalí, sorti officiellement à Paris le 1er octobre au Studio 28.

4 « Le Monde au temps des surréalistes », carte géographique à signification collective publiée dans le numéro spécial de *Variétés*, « Le Surréalisme en 1929 », Bruxelles, juin 1929, p. 26-27.

1930

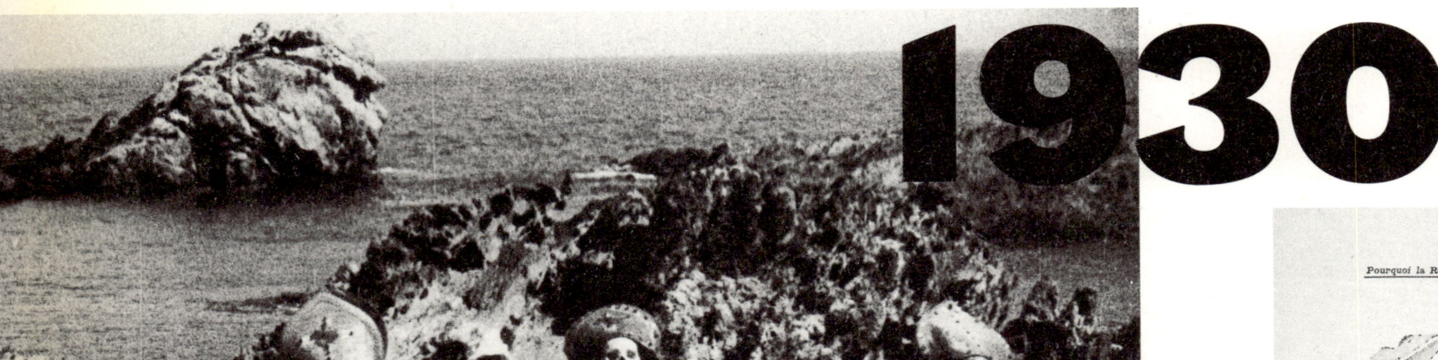

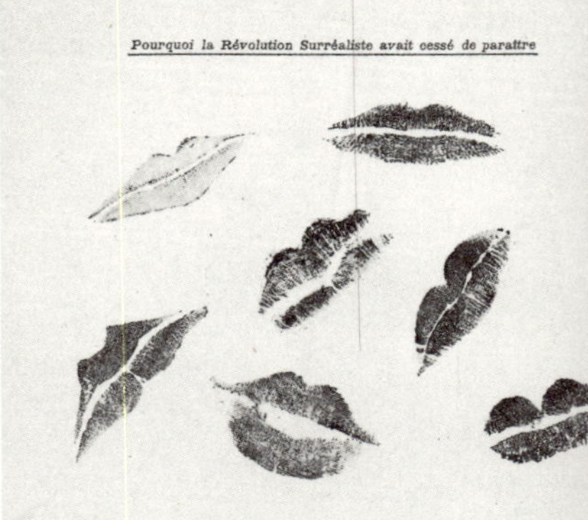

Pourquoi la Révolution Surréaliste avait cessé de paraître

SECOND MANIFESTE DU SURRÉALIS

En dépit des démarches particulières à chacun de ceux qui s'en sont réclamés ou s'en réclament, on finira bien par accorder que le surréalisme ne tendit à rien tant qu'à provoquer, au point de vue intellectuel et moral, une *crise de conscience* de l'espèce la plus générale et la plus grave et que l'obtention ou la non-obtention de ce résultat peut seule décider de sa réussite ou de son échec historique.

Au point de vue intellectuel il s'agissait, il s'agit encore d'éprouver par tous les moyens et de faire reconnaître à tout prix le caractère factice des vieilles antinomies destinées hypocritement à prévenir toute agitation insolite de la part de l'homme, ne serait-ce qu'en lui donnant une idée indigente de ses moyens, qu'en le défiant d'échapper dans une mesure valable à la contrainte universelle. L'épouvantail de la mort, les cafés-chantants de l'au-delà, le naufrage de la plus belle raison dans le sommeil, l'écrasant rideau de l'avenir, les tours de Babel, les miroirs d'inconsistance, l'infranchissable mur d'argent éclaboussé de cervelle, ces images trop saisissantes de la catastrophe humaine ne sont peut-être que des images. Tout porte à croire qu'il existe un certain point de l'esprit d'où la vie et la mort, le réel et l'imaginaire, le passé et le futur,
le communicable et l'incommunicable,
et le bas cessent d'être perçus contrad
ment. Or, c'est en vain qu'on cherch
l'activité surréaliste un autre mobi
l'espoir de détermination de ce point.
assez par là combien il serait absurde
prêter un sens uniquement destruct
constructeur : le point dont il est ques
a fortiori celui où la construction et la
tion cessent de pouvoir être brandie
contre l'autre. Il est clair, aussi, que
réalisme n'est pas intéressé à tenir
compte de ce qui se produit à côté de
prétexte d'art, voire d'anti-art, de phi
ou d'anti-philosophie, en un mot de
qui n'a pas pour fin l'anéantissement
en un brillant, intérieur et aveugle,
soit pas plus l'âme de la glace que
feu. Que pourraient bien attendre de
rience surréaliste ceux qui gardent
souci de la place qu'ils occuperont
monde? En ce lieu mental d'où l'on
plus entreprendre que pour soi-mê
périlleuse mais, pensons-nous, une
reconnaissance, il ne saurait être
non plus d'attacher la moindre im
aux pas de ceux qui arrivent ou aux
ceux qui sortent, ces pas se produisa

1

3

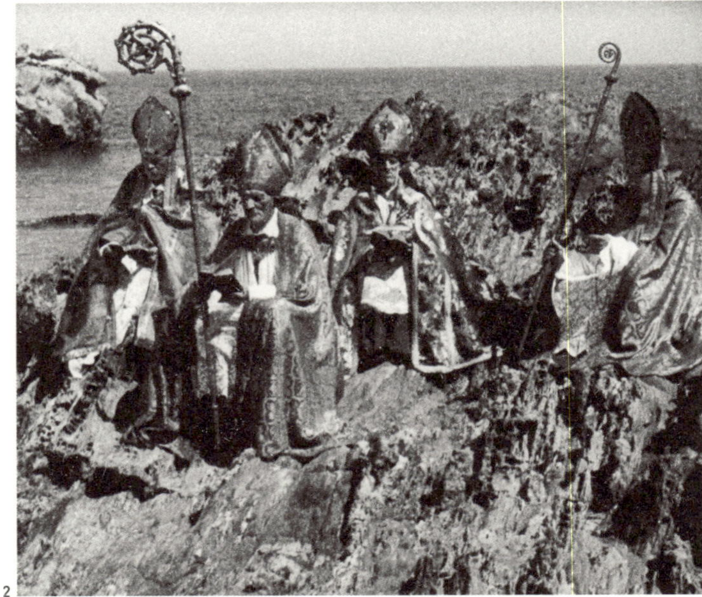

2

[1-2] Photogrammes du film *L'Âge d'or* de Luis Buñuel et Salvador Dalí, projeté pour la première fois au Studio 28, à Paris, le 28 novembre 1930.

[3] André Breton, « Second manifeste du surréalisme », *La Révolution surréaliste*, 5e année, nº 12, 15 décembre 1929, p. 1.

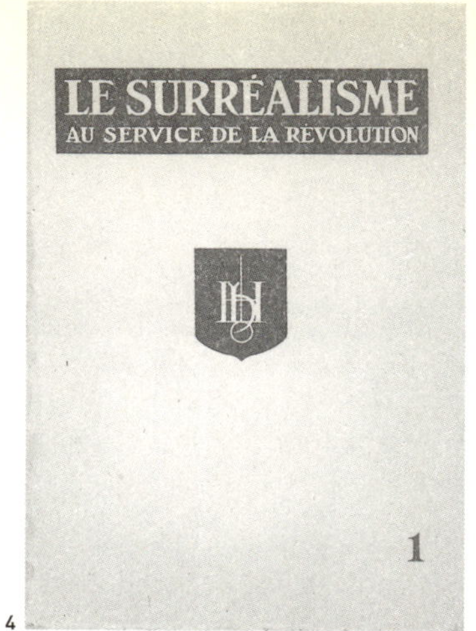

4

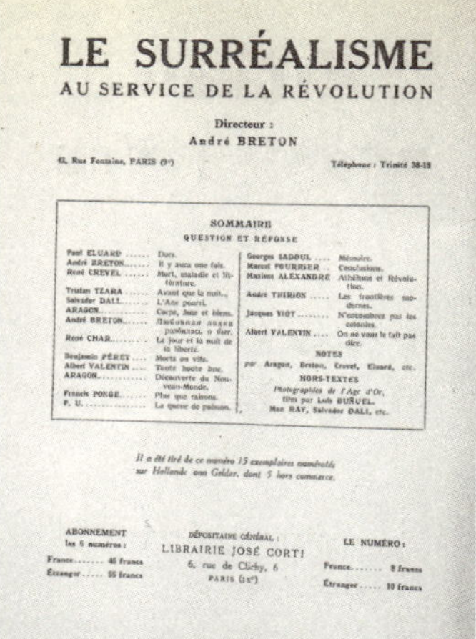

LE SURRÉALISME
AU SERVICE DE LA RÉVOLUTION

Directeur :
André BRETON

42, Rue Fontaine, PARIS (9e) — Téléphone : Trinité 38-18

SOMMAIRE
QUESTION ET RÉPONSE

Paul ELUARD ...... Dors.
André BRETON ...... Il y aura une fois.
René CREVEL ...... Mort, maladie et littérature.
Tristan TZARA ...... Avant que la nuit...
Salvador DALI ...... L'Âne pourri.
ARAGON ...... Corps, âme et biens.
André BRETON ...... Любовная лодка разбилась о быт.
René CHAR ...... Le jour et la nuit de la liberté.
Benjamin PÉRET ...... Morts ou vifs.
Albert VALENTIN ...... Toute honte bue.
ARAGON ...... Découverte du Nouveau-Monde.
Francis PONGE ...... Plus que raisons.
P. U. ...... La queue de poisson.
Georges SADOUL ...... Mémoire.
Marcel FOURRIER ...... Conclusions.
Maxime ALEXANDRE ...... Athéisme et Révolution.
André THIRION ...... Les frontières modernes.
Jacques VIOT ...... N'encombrez pas les colonies.
Albert VALENTIN ...... On ne vous le fait pas dire.

NOTES
par Aragon, Breton, Crevel, Eluard, etc.

HORS-TEXTES
Photographies de l'Age d'Or, film par Luis BUÑUEL.
Man RAY, Salvador DALI, etc.

Il a été tiré de ce numéro 15 exemplaires numérotés sur Hollande van Gelder, dont 5 hors commerce.

ABONNEMENT les 6 numéros : France ...... 45 francs — Étranger ...... 55 francs

DÉPOSITAIRE GÉNÉRAL : LIBRAIRIE JOSÉ CORTI, 6, rue de Clichy, 6, PARIS (IXe)

LE NUMÉRO : France ...... 8 francs — Étranger ...... 10 francs

5

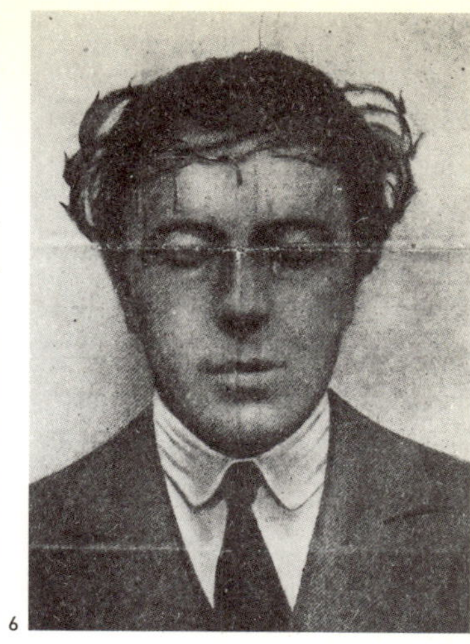

6

U.R.S.S.

Suicide de Maïakovski.

PARIS

DALÍ / *La Femme visible.*

MIRÓ / Collages et constructions en relief.

BRETON / *Second manifeste du surréalisme.*

Fondation de la revue *Le Surréalisme au service de la Révolution*. Dir. Breton.

Sous le titre « Un cadavre » (qui avait servi pour Anatole France) certains surréalistes devenus dissidents s'en prennent violemment à Breton.

ARAGON / *La Peinture au défi* (premier ouvrage d'ensemble sur les « collages »).

Un cabaret-dancing venant de s'ouvrir à Montparnasse sous l'enseigne « Bar Maldoror », Char et Breton y font irruption lors du dîner d'inauguration et renversent les tables. Une bagarre s'ensuit. Char est blessé d'un coup de stylet.

BRETON ET ELUARD / *L'Immaculée Conception* (les auteurs s'y livrent à des essais de simulation des principaux délires catalogués : manie aiguë, paralysie générale, démence précoce, etc.).

Dalí définit l'« activité paranoïaque-critique » : méthode spontanée de connaissance irrationnelle basée sur l'association interprétative-critique des phénomènes délirants.

Maurice Heine dédie à ses amis surréalistes l'édition originale des *Infortunes de la vertu*, première version de la *Justine* du marquis de Sade, qu'il présente au public.

Le film *L'Âge d'or*, de Buñuel et Dalí, projeté au Studio 28, provoque de violentes manifestations de la part de groupements de droite tels que la « Ligue des Patriotes » et la « Ligue anti-Juive » : jets d'encre sur l'écran, fauteuils brisés. Les tableaux surréalistes exposés dans le hall d'entrée (Arp, Dalí, Ernst, Miró, Man Ray, Tanguy) sont lacérés à coups de couteau. Interdiction du film par la police.

Thirion et Breton tentent de promouvoir une Association des Artistes et Écrivains révolutionnaires (A.A.E.R.).

U.R.S.S.

Aragon à la seconde Conférence des écrivains révolutionnaires à Kharkov. La résolution votée à l'issue de cette conférence définit le surréalisme comme « réaction de jeunes générations d'intellectuels provoquée par les contradictions du capitalisme dans la troisième phase de son développement ».

PÉRET / « Vie de l'assassin Foch », dans *Le Surréalisme A.S.D.L.R.* – Le critique littéraire de la *Liberté* demande que l'auteur du poème soit fusillé.

André Breton, Paul Éluard
« *La Femme visible* de Salvador Dalí »

[...] Il appartient en 1930, à Dalí plus qu'à tout autre, d'extraire l'homme de cette caverne de mensonges qu'avec la complicité d'innombrables pouvoirs publics il élève autour de lui, de le rendre à sa conscience première et dernière d'être venant du non-être et y retournant, mais y retournant sans bassesse inutile envers un état organique passager. [...] La pensée dialectique conjuguée à la pensée psychanalytique, l'une l'autre se couronnant de ce que Dalí appelle, d'une manière saisissante, la pensée paranoïa-critique, est le plus admirable instrument qui ait encore été proposé pour faire passer dans les ruines immortelles le fantôme-femme au visage vert-de-grisé, à l'œil riant, aux boucles dures qui n'est pas seulement l'esprit de notre naissance, c'est-à-dire le Modern Style, mais encore le fantôme toujours plus attirant du *devenir*.

✤ (Déclaration à portée collective [novembre] 1930)

Déclaration à propos du « Second manifeste du surréalisme »

[...] Le SECOND MANIFESTE donne toute sécurité pour apprécier ce qui est mort et ce qui est plus que jamais vivant dans le surréalisme. Subordonnant aux fins merveilleuses de la subversion toutes les commodités individuelles, rejetant sans appel, au moyen de l'asepsie morale la plus stricte, les spécialistes du faux témoignage, André Breton fait, dans ce livre, la somme des droits et des devoirs de l'esprit. »
Alexandre, Aragon, Buñuel, Char, Crevel, Dalí, Eluard, Ernst, Malkine, Péret, Sadoul, Tanguy, Thirion, Unik, Valentin.

✤ (Déclaration à caractère collectif [mars] 1930)

4-5 Couverture et sommaire du numéro 1 de *Le Surréalisme au service de la Révolution*, juillet 1930.

6 Photomontage de Jacques-André Boiffard représentant André Breton, publié à la « une » du tract « Un cadavre », 15 janvier 1930.

DÉCLARATION.

Décidés à user, voire à abuser en toute occasion de l'autorité que donne la pratique consciente et systématique de l'expression écrite ou autre, solidaires en tous points d'André Breton et résolus à faire passer *en application* les conclusions qui s'imposent à la lecture du SECOND MANIFESTE DU SURRÉALISME, les soussignés, qui ne se font aucune illusion sur la portée des revues « artistiques et littéraires », ont décidé d'apporter leur concours à une publication périodique qui, sous le titre :

LE SURRÉALISME
AU SERVICE DE LA RÉVOLUTION

non seulement leur permettra de répondre d'une façon actuelle à la canaille qui fait métier de penser, mais préparera le détournement définitif des forces intellectuelles aujourd'hui vivantes au profit de la fatalité révolutionnaire.

Maxime ALEXANDRE, ARAGON, Joë BOUSQUET, Luis BUNUEL, René CHAR, René CREVEL, Salvador DALI, Paul ELUARD, Max ERNST, Marcel FOURRIER, Camille GOEMANS, Georges MALKINE, Paul NOUGÉ, Benjamin PÉRET, Francis PONGE, Marco RISTITCH, Georges SADOUL, Yves TANGUY, André THIRION, Tristan TZARA, Albert VALENTIN.

GLOSSAIRE.

1

ANDRÉ BRETON, PAUL ELUARD
L'Immaculée Conception
« Essai de simulation de la débilité mentale »

[…] Ce n'est pas pour accepter un emploi sans rétribution dans une administration qui ne paie pas. En voici la preuve : quand on est capable comme mon frère aîné, qui a concouru plusieurs fois dans les journaux, de décrocher la timbale contre des bacheliers ès lettres, ès sciences, on peut dire qu'on a de qui tenir. Mais à chaque jour suffit sa peine, dit le proverbe. J'ai dans la poche intérieure de mon veston d'été le plan d'un sous-marin que je veux offrir à la Défense nationale. La cabine du commandant est dessinée en rouge et les canons lance-torpilles sont du dernier modèle hydraulique, à commande artésienne. [Les as de la route ne montrent pas une énergie plus grande que moi. Je ne suis pas gêné pour assurer que cette invention doit réussir.] Tous les hommes sont partisans de la Liberté, de l'Égalité, de la Fraternité et, j'ajoute, de la Solidarité mutuelle. Mais ce n'est pas une raison pour ne pas se défendre contre ceux qui nous attaquent par mer. J'ai écrit au Président de la République une lettre secrète sur papier ministre pour demander à le voir.

✣ (André Breton, Paul Eluard, *L'Immaculée Conception*, Paris, Éditions surréalistes, 1930)

SALVADOR DALÍ
« L'Âne pourri »

[…] C'est par un processus nettement paranoïaque qu'il a été possible d'obtenir une image double : c'est-à-dire la représentation d'un objet qui, sans la moindre modification figurative ou anatomique, soit en même temps la représentation d'un autre objet absolument différent, dénuée elle aussi de tout genre de déformation ou anormalité qui pourrait déceler quelque arrangement.

L'obtention d'une telle image double a été possible grâce à la violence de la pensée paranoïaque qui s'est servie, avec ruse et adresse, de la quantité nécessaire de prétextes, coïncidences, etc., en en profitant pour faire apparaître la deuxième image qui dans ce cas prend la place de l'idée obsédante.

L'image double (dont l'exemple peut être celui de l'image d'un cheval qui est en même temps l'image d'une femme) peut se prolonger, continuant le processus paranoïaque, l'existence d'une autre idée obsédante étant alors suffisante pour qu'une troisième image apparaisse (l'image d'un lion, par exemple) et ainsi de suite jusqu'à concurrence d'un nombre d'images limité uniquement par le degré de capacité paranoïaque de la pensée. […]

✣ (Salvador Dalí, « L'Âne pourri », *Le Surréalisme A.S.D.L.R.*, n° 1, juillet 1930, p. 10)

ANDRÉ BRETON,
« Second manifeste du surréalisme »

[…] L'homme, qui s'intimiderait à tort de quelques monstrueux échecs historiques, est encore libre de *croire* à sa liberté. Il est son maître, en dépit des vieux nuages qui passent et de ses forces aveugles qui butent. N'a-t-il pas le sens de la courte beauté dérobée et de l'accessible et longue beauté dérobable ? La clé de l'amour, que le poète disait avoir trouvée, lui aussi qu'il cherche bien : il l'a. Il ne tient qu'à lui de s'élever au-dessus du sentiment passager de vivre dangereusement et de mourir. Qu'il use, au mépris de toutes les prohibitions, de l'arme vengeresse de *l'idée* contre la bestialité de tous les êtres et de toutes les choses et qu'un jour, vaincu – mais vaincu seulement *si le monde est monde* – il accueille la décharge de ses tristes fusils comme un feu de salve.

✣ (André Breton, « Second manifeste du surréalisme », *La Révolution surréaliste*, 5e année, n° 12, 15 décembre 1929)

Tract **« Un cadavre »**

[…]

PAPOLOGIE D'ANDRÉ BRETON

Le deuxième manifeste du Surréalisme n'est pas une révélation, mais c'est une réussite.

On ne fait pas mieux dans le genre hypocrite, faux-frère, pelotard, sacristain, et pour tout dire : flic et curé. […]

G. Ribemont-Dessaignes

MORT D'UN MONSIEUR,

Hélas, je ne reverrai plus l'illustre Palotin du monde occidental, celui qui me faisait rire !

De son vivant il écrivait, pour abréger le temps, disait-il, pour trouver des hommes et, lorsque par hasard il en trouvait, il avait atrocement peur et, leur faisant le coup de l'amitié bouleversante, il guettait le moment où il pourrait les salir.

Un jour il crut voir passer en rêve un Vaisseau-Fantôme et sentit les galons du capitaine Bordure lui pousser sur la tête, il se regarda sérieusement dans la glace et se trouva beau.

Ce fut la fin, il devint bègue du cœur et confondit tout, le désespoir et le mal de foie, la Bible et les chants de Maldoror, Dieu et Dieu, l'encre et le foutre, les barricades et le divan de Mme Sabatier, le marquis de Sade et Jean Lorrain, la Révolution russe et la révolution surréaliste. […]

Jacques Prévert.

[…]

LE LION CHÂTRÉ

[…] Un homme qui a du respect plein la bouche n'est pas un homme mais un bœuf, un prêtre ou encore, un représentant d'une espèce innommable, animal à grande tignasse et tête à crachats, **le Lion châtré**. […]

Georges Bataille.

✣ (« Un cadavre », tract rédigé à Paris, le 15 janvier 1930)

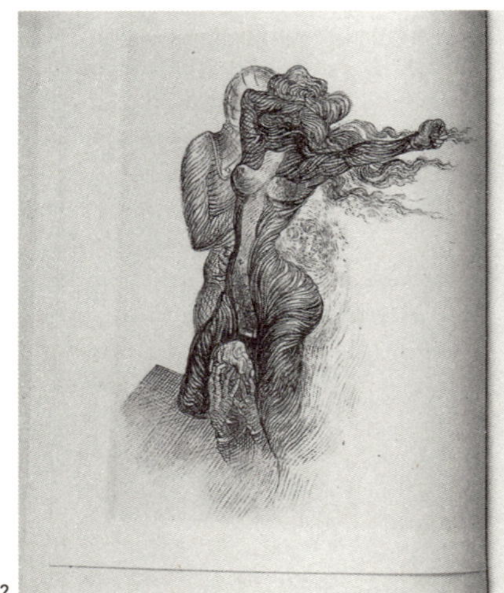

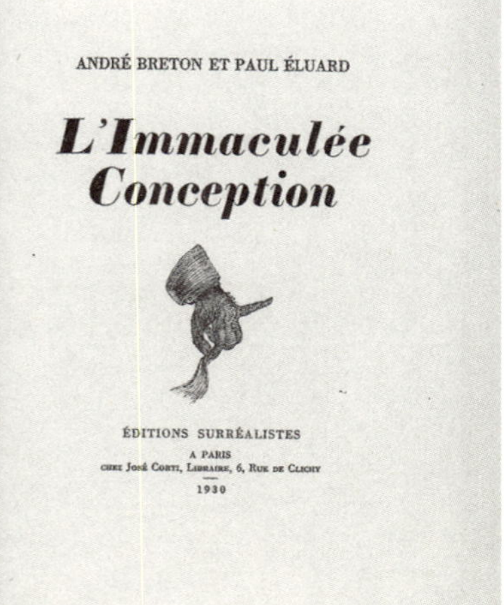

ANDRÉ BRETON ET PAUL ÉLUARD

L'Immaculée Conception

ÉDITIONS SURRÉALISTES
A PARIS
CHEZ JOSÉ CORTI, LIBRAIRE, 6, RUE DE CLICHY
1930

2

[1] Déclaration collective publiée dans *Le Surréalisme au service de la Révolution*, n° 1, juillet 1930.

[2] Frontispice et page de titre par Salvador Dalí de *L'Immaculée Conception* d'André Breton et Paul Eluard, Paris, Éditions surréalistes, 1930.

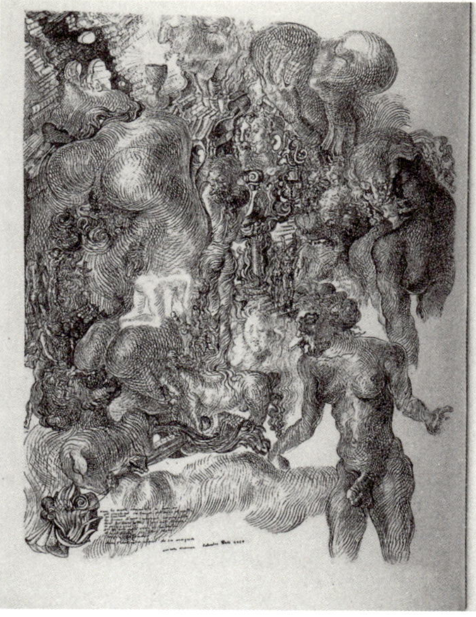

3

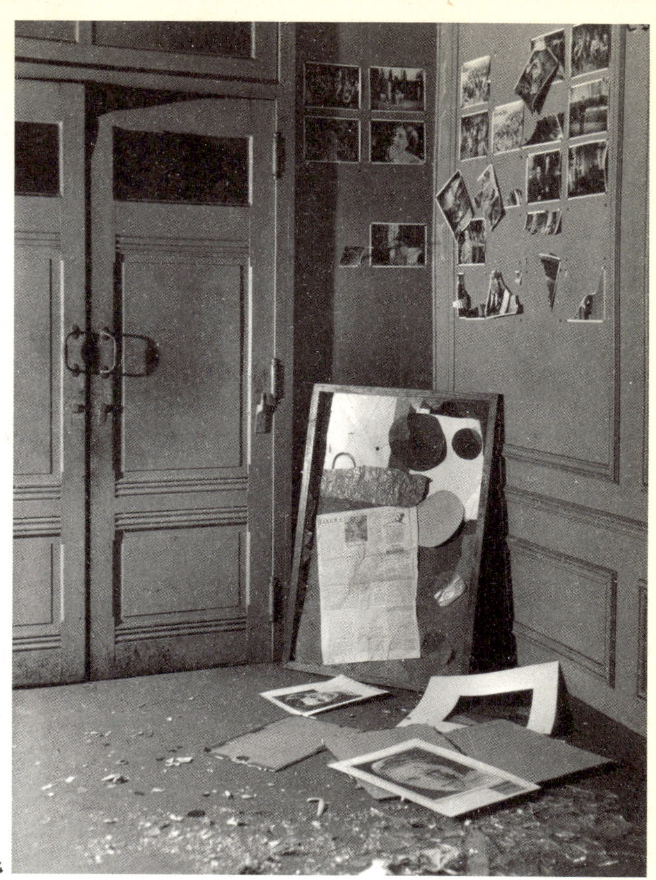

4

Déclaration collective à propos de L'Âge d'or

[...]

André Thirion : Aspect social – Éléments subversifs

[...] Le passage du pessimisme de l'état à l'action est déterminé par l'Amour, principe du mal dans la démonologie bourgeoise, qui demande qu'on lui sacrifie tout : situation, famille, honneur, mais dont l'échec dans l'organisation sociale introduit le sentiment de révolte. Un processus semblable peut s'observer dans la vie et l'œuvre du Marquis de Sade, contemporain de l'âge d'or de la monarchie absolue, interrompues par l'implacable répression physique et morale de la bourgeoisie triomphante. Ce n'est donc pas par hasard que le film sacrilège de Buñuel est un écho des blasphèmes hurlés par le divin marquis à travers les grilles de ses prisons. [...]

✜ (Déclaration collective contenue dans la revue-programme du cinéma le Studio 28, 10, rue Tholozé, Paris [18e], diffusée à partir du 28 novembre 1930)

Tract **« L'Affaire de *L'Âge d'or* »**

Exposé des faits

Du 28 novembre au 3 décembre 1930, *L'Âge d'or* qui avait reçu le visa de la censure a été représenté sans incidents au Studio 28, le mercredi 3, des « commissaires » de la Ligue des Patriotes et des représentants de la Ligue Anti-Juive, interrompent la représentation en jetant de l'encre violette sur l'écran aux cris de « *On va voir s'il y a encore des chrétiens en France* » et de « *Mort aux Juifs !* » au moment où, dans le film, un personnage dépose un ostensoir dans le ruisseau. Puis, les manifestants allument des bombes fumigènes et lancent des boules puantes pour forcer les spectateurs, sur lesquels ils se jettent avec des matraques, à quitter la salle. Ensuite, passant dans le hall d'exposition, ils y détruisent tout ce qui peut être détruit, mobilier, vitres, lacèrent les tableaux de Dalí, Max Ernst, Man Ray, Miró et Tanguy, déchirent des livres et des revues exposés, en volent une partie, coupent la ligne téléphonique. Les spectateurs assistent néanmoins à la fin du film, et, à la sortie, rédigent et signent une protestation contre les manifestants. Cinq d'entre eux s'étant, sur ces entrefaites, présentés avec « six spectateurs » au poste de police pour y dénoncer le film (?) y sont retenus pour vérification de domicile. Les dégâts sont évalués à 80 000 francs. Le 4 et le 5, les journaux de droite s'emparent de cet incident pour réclamer violemment le retrait du film. La Ligue des Patriotes communique une note protestant contre « l'immoralité de ce spectacle bolcheviste » qui attaque la religion, la patrie et la famille, revendiquant l'intervention de ses commissaires et prétendant que le saccage a été fait de la foule. [...]

✜ (« L'Affaire de L'Âge d'or », tract [Paris] n.d. [janvier 1931], publié avec un feuillet de reproductions photographiques. Y figurent ,
au recto :
- Le foyer, saccagé, au Studio 28
et les tableaux surréalistes détruits avec la légende : « Nous sommes de plus en plus nombreux décidés à réagir contre un empoisonnement qui devient systématique de la société et de la jeunesse françaises » (Le Provost de Launay, Lettre à Chiappe).
- L'écran maculé d'encre avec la légende : « L'analphabétisme chrétien »
- Le tableau de Salvador Dalí : *Lion, cheval, dormeuse invisibles*
- Le même tableau, détruit avec la légende : « Ce tableau, après le passage de jeunes bourgeois français respectueux de l'art et de la propriété » ;
au verso :
- Deux images du film montrant « un groupe d'archevêques qui chantent assis dans un paysage minéral », puis ces mêmes « archevêques » réduits « à l'état de squelettes disséminés entre les pierres » ; légendes respectives : « La critique du ciel se transforme en critique de la terre, la critique de la religion en critique du droit, la critique de la théologie en critique de la politique » (Karl Marx)
et : « Il n'y a pas de spectacle aussi doux que celui de l'agonie d'un prêtre » (Maurice de Guérin)

3 Frontispice et page de titre de *La Femme visible* de Salvador Dalí, Paris, Éditions surréalistes, 1930.

4 L'exposition surréaliste au Studio 28 saccagée par les membres de la Ligue des patriotes et de la Ligue antijuive, le 3 décembre 1930.

1931

Salvador Dalí
« Objets surréalistes »

[…]

Objet, par Giacometti

Une boule de bois marquée d'un creux féminin est suspendue, par une fine corde à violon, au dessus d'un croissant dont une arête effleure la cavité. Le spectateur se trouve instinctivement forcé de faire glisser la boule sur l'arête, ce que la longueur de la corde ne lui permet de réaliser que partiellement. […]

Objet, par André Breton

Le plus complexe et difficile à analyser. Sur une petite selle de bicyclette est placé un réceptacle en terre cuite rempli de tabac, à la surface duquel reposent deux longues dragées de couleur rose. Une sphère de bois poli, susceptible de tourner dans l'axe de la selle, fait entrer en contact au cours de ce mouvement la pointe de celle-ci avec deux antennes de celluloïd orangé. Cette sphère est reliée par deux bras de même substance à un sablier disposé horizontalement (de manière à empêcher l'écoulement du sable) et à un timbre de bicyclette qui est supposé entrer en action quand est projetée dans l'axe une dragée verte au moyen d'un lance-pierre placé derrière la selle. Le tout est monté sur une planche recouverte de végétations sylvestres laissant apparaître de place en place un pavage d'amorces et dont un des angles, plus touffu que les autres, est occupé par un petit livre sculpté en albâtre dont le plat est décoré d'une photographie sous verre de la tour de Pise, près de laquelle on découvre, en écartant le feuillage une amorce, la seule éclatée, sous un pied de biche. […]

✣ (Salvador Dalí, « Objets surréalistes », *Le Surréalisme A.S.D.L.R.*, n° 3, décembre 1931, p. 17)

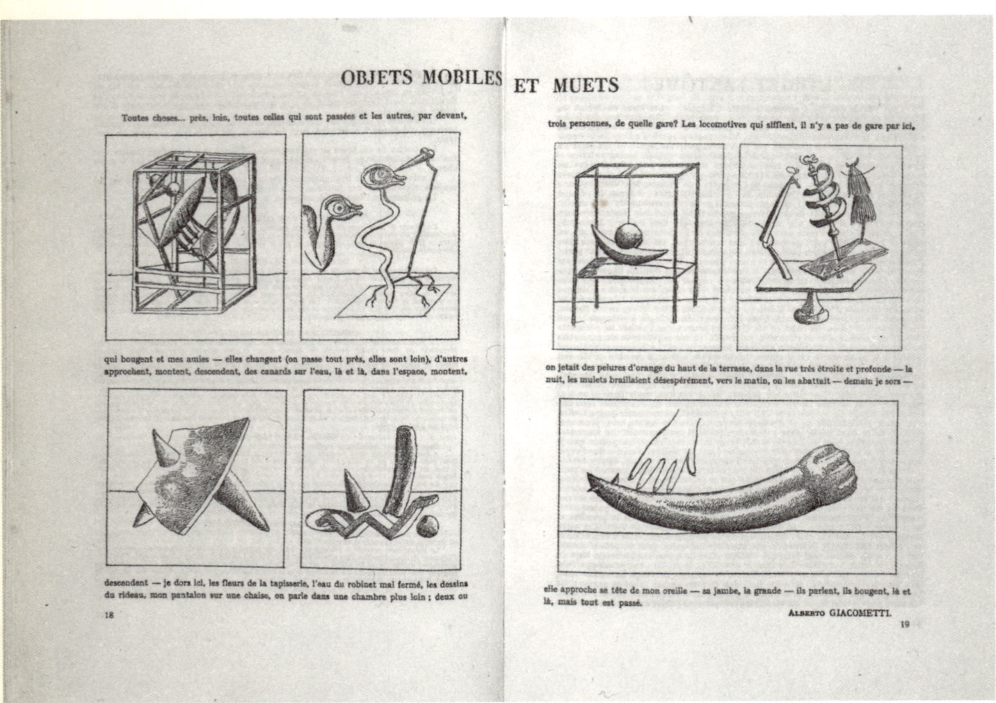

OBJETS MOBILES ET MUETS

Toutes choses... près, loin, toutes celles qui sont passées et les autres, par devant, qui bougent et mes amies — elles changent (on passe tout près, elles sont loin), d'autres approchent, montent, descendent, des canards sur l'eau, là et là, dans l'espace, montent, descendent — je dors ici, les fleurs de la tapisserie, l'eau du robinet mal fermé, les dessins du rideau, mon pantalon sur une chaise, on parle dans une chambre plus loin ; deux ou

18

trois personnes, de quelle gare? Les locomotives qui sifflent, il n'y a pas de gare par ici, on jetait des pelures d'orange du haut de la terrasse, dans la rue très étroite et profonde — la nuit, les mulets braillaient désespérément, vers le matin, on les abattait — demain je sors — elle approche sa tête de mon oreille — sa jambe, la grande — ils parlent, ils bougent, là et là, mais tout est passé.

Alberto Giacometti.

19

1

Tract **« Au Feu ! »**

[…] Détruire par tous les moyens la religion, effacer jusqu'aux vestiges de ces monuments de ténèbres où se sont prosternés les hommes, anéantir les symboles qu'un prétexte artistique chercherait vainement à sauver de la grande fureur populaire, disperser la prêtraille et la persécuter dans ses refuges derniers, voilà ce que, dans leur compréhension directe des tâches révolutionnaires, ont entrepris d'elles-mêmes les foules de Madrid, Séville, Alicante, etc. […]

Benjamin Péret, René Char, Yves Tanguy, Aragon, Georges Sadoul, Georges Malkine, André Breton, René Crevel, André Thirion, Paul Eluard, Pierre Unik, Maxime Alexandre.

✣ (« Au Feu ! », tract [Paris], n.d. [mai 1931])

Louis Aragon
« Le Surréalisme et le devenir révolutionnaire »

[…] Nous arrivons ainsi en 1930. Plus que jamais les surréalistes refusent de reconnaître l'art comme une fin. Le monde qui les entoure commence à se lasser de ce refus. Il n'y a pas de domaine où, avec une soudaineté sans précédent, les surréalistes ne se trouvent traqués. En 1930, André Breton dans la vie privée connaît toutes les persécutions que peut appuyer l'appareil légal. Georges Sadoul est condamné à trois mois de prison. Eluard se voit privé par la police du droit de sortir de France. L'œuvre admirable de Buñuel et Dalí, *L'Âge d'Or*, est l'objet des manœuvres et de l'interdiction que l'on sait. Tout cela, et pour chacun de nous on en trouverait la preuve (faut-il oublier Péret que quelques sous manquants retiennent stupidement au Brésil ?), sanctionné par des représailles financières dont on peut tenir tel ou tel coco personnellement responsable mais qui, après tout, traduit la répression par des moyens modernes contre une forme de pensée que l'on n'a pas besoin de mettre sur le papier hors-la-loi. Au XVIIe siècle on arrêtait les écrivains, la censure saisissait les livres, on devait se faire imprimer en Hollande. […]

✣ (Louis Aragon, « Le Surréalisme et le devenir révolutionnaire », *Le Surréalisme A.S.D.L.R.*, n° 3, décembre 1931, p. 3)

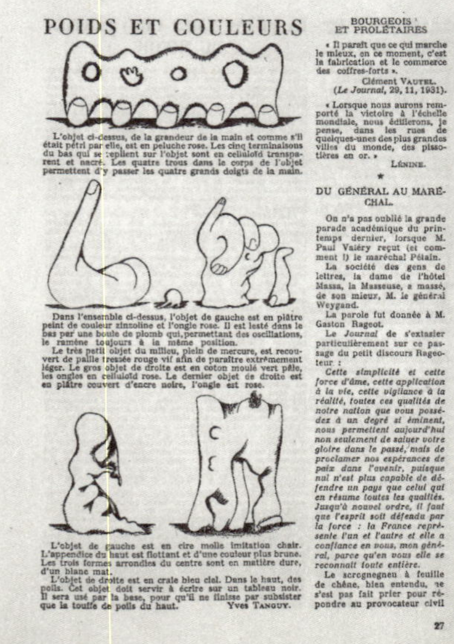

POIDS ET COULEURS

L'objet ci-dessus, de la grandeur de la main et comme s'il était pétri par elle, est en peluche rose. Les cinq terminaisons du bas qui se replient sur l'objet sont en celluloïd transparent et nacré. Les quatre trous dans le corps de l'objet permettent d'y passer les quatre grands doigts de la main.

Dans l'ensemble ci-dessus, l'objet de gauche est en plâtre peint de couleur zinzoline et l'ongle rose. Il est lesté dans le bas par une boule de plomb qui, permettant des oscillations, le ramène toujours à la même position.

Le très petit objet du milieu, plein de mercure, est recouvert de paille tressée rouge vif afin de paraître extrêmement léger. Le gros objet de droite est en coton moulé vert pâle, les ongles en celluloïd rose. Le dernier objet de droite est en plâtre couvert d'encre noire, l'ongle est rose.

L'objet de gauche est en cire molle imitation chair. L'appendice du haut est flottant et d'une couleur plus brune. Les trois formes arrondies du centre sont en matière dure, d'un blanc mat.

L'objet de droite est en craie bleu ciel. Dans le haut, des poils. Cet objet doit servir à écrire sur un tableau noir. Il sera usé par la base, pour qu'il ne finisse par subsister que la touffe de poils du haut.

Yves Tanguy.

BOURGEOIS ET PROLÉTAIRES

« Il paraît que ce qui marche le mieux, en ce moment, c'est la fabrication et le commerce des coffres-forts ».

Clément Vautel.
(*Le Journal*, 29, 11, 1931).

« Lorsque nous aurons remporté la victoire à l'échelle mondiale, nous édifierons, je pense, dans les rues de quelques-unes des plus grandes villes du monde, des pissotières en or. »

Lénine.

★

DU GÉNÉRAL AU MARÉCHAL.

On n'a pas oublié la grande parade académique du printemps dernier, lorsque M. Paul Valéry reçut (et comment !) le maréchal Pétain.

La société des gens de lettres, la dame de l'hôtel Massa, la Masseuse, a massé, de son mieux, M. le général Weygand.

La parole fut donnée à M. Gaston Rageot.

Le *Journal* de s'extasier particulièrement sur ce passage du petit discours Rageoteur :

Cette simplicité et cette force d'âme, cette application à la vie, cette vigilance à la réalité, toutes ces qualités de notre nation que vous possédez à un degré si éminent, nous permettent aujourd'hui non seulement de saluer votre gloire dans le passé, mais de proclamer nos espérances de paix dans l'avenir, puisque nul n'est plus capable de défendre un pays que celui qui en résume toutes les qualités. Jusqu'à nouvel ordre, il faut que l'esprit soit défendu par la force : la France représente l'un et l'autre et elle a confiance en vous, mon général, parce qu'en vous elle se reconnaît toute entière.

Le scrogneugneu à feuille de chêne, bien entendu, ne s'est pas fait prier pour répondre au provocateur civil

27

2

1 Alberto Giacometti, « Objets mobiles et muets », *Le Surréalisme A.S.D.L.R.*, n° 3, décembre 1931, p. 18-19.

2 Yves Tanguy, « Poids et couleurs », *Le Surréalisme A.S.D.L.R.*, n° 3, décembre 1931, p. 27.

Tract **« Ne visitez pas l'Exposition coloniale »**

[...] L'opinion mondiale s'est émue en vain du sort des deux condamnés à mort Sacco et Vanzetti. Tao [étudiant communiste indochinois], livré à l'arbitraire de la justice militaire et de la justice des mandarins, nous n'avons plus aucune garantie pour sa vie. Ce joli lever de rideau était bien celui qu'il fallait, en 1931, à l'Exposition de Vincennes.

[...]

N'en déplaise au scandaleux Parti Socialiste et à la jésuitique Ligue des Droits de l'Homme, il serait un peu fort que nous distinguions entre la bonne et la mauvaise façon de coloniser. Les pionniers de la défense nationale en régime capitaliste, l'immonde Boncour en tête, peuvent être fiers du Luna-Park de Vincennes. Tous ceux qui se refusent à être jamais les défenseurs des patries bourgeoises sauront opposer à leur goût des fêtes et de l'exploitation l'attitude de Lénine qui, le premier au début de ce siècle, a reconnu dans les peuples coloniaux les alliés du prolétariat mondial.

Aux discours et aux exécutions capitales, répondez en exigeant l'évacuation immédiate des colonies et la mise en accusation des généraux et des fonctionnaires responsables des massacres d'Annam, du Liban, du Maroc et de l'Afrique centrale. »

André Breton, Paul Eluard, Benjamin Péret, Georges Sadoul, Pierre Unik, André Thirion, René Crevel, Aragon, René Char, Maxime Alexandre, Yves Tanguy, Georges Malkine.

✣ (« Ne visitez pas l'Exposition coloniale », tract [Paris] n.d. [mai 1931])

PARIS

GIACOMETTI / ***Boule suspendue.*** **Elle sera pour beaucoup dans la naissance des objets surréalistes dits « à fonctionnement symbolique ».**

ARAGON / **« Le Surréalisme et le devenir révolutionnaire » dans *le Surréalisme A.S.D.L.R,* n° 3.**

Début d'une grande floraison d'objets surréalistes (Giacometti, Dalí, Miró, Valentine Hugo, Meret Oppenheim, Gala, Man Ray, Magritte, Tanguy, Dominguez, Breton, etc.).

CREVEL / ***Dalí ou l'antiobscurantisme.***

DALÍ / ***La Persistance de la mémoire*** **(montres molles). L'idée en vient d'un fragment de *La Brebis galante*, de Péret, publié en 1927 dans la revue *Commerce*.**

PRÉVERT / ***Tentative de description d'un diner de têtes à Paris-France.***

U.R.S.S.

Le poème d'Aragon : *Front rouge* parait dans la revue *Littérature de la révolution mondiale,* diffusée en plusieurs langues, dont le français.

Vaillant-Couturier fonde l'A.E.A.R. (Association des Écrivains et Artistes révolutionnaires) à laquelle la plupart des surréalistes adhèrent aussitôt.

U.S.A.

Le grand verre de Marcel Duchamp : *La Mariée mise à nu* est brisé accidentellement au cours d'un transport. Il sera restauré en 1936.

HARTFORD / **First exclusively Surrealist exhibition in America at Wadsworth Atheneum : Chirico, Dalí, Ernst, Masson, Miró, Picasso, Roy.**

BELGRADE

Nadrealizam danas i ovde **(Le Surréalisme aujourd'hui et ici). Premier numéro de cette revue en langue serbe.**

RENÉ CREVEL

Dalí ou l'antiobscurantisme

[...] Ce sylvestre personnage qui joue à l'arbalète avec une pomme sur la tête de son fils, et dont le sens paternel ne se révolte pas plus que celui d'Abraham sacrifiant Isaac ou Dieu le père Jésus-C(h)rist, ce Guillaume Tell ressuscité dans des tableaux ou des poèmes, couronné de roses, une poitrine de femme ballotant sur un torse contourné et la verge hors du caleçon, plus noueuse que ces branches, au long desquelles il grimpe, un pain entre les dents, parce qu'il mérite bien de donner son nom à quelque complexe, il aura le plus beau monument de simulacres au centre de la ville dialectique, que les doigts, la plume, les pinceaux, la parole, les rêves, l'amour de Dali, à toute minute, métamorphosent. [...]

✣ (René Crevel, *Dalí ou l'antiobscurantisme*, Paris, Éditions surréalistes, 1931)

MAX ERNST

« Danger de pollution »

La luxure naturelle consommée, la luxure naturelle non consommée, la fornication simple, la fornication qualifiée, le stupre, le rapt, la prostitution, le devoir conjugal demandé et rendu, l'empêchement par impuissance, les baisers sur les parties inusitées du corps, les baisers sur les parties honnêtes, les baisers à la mode des colombes, les baisers échangés sans arrière-pensée, les baisers en signe d'urbanité, l'écoulement de la matière séminale, la masturbation simple et qualifiée, la délectation morose, la chasteté, la pollution volontaire en soi ou dans sa cause, la pollution nocturne, le danger de pollution, la sodomie, la bestialité, les attouchements impudiques, les attouchements entre époux, le vase naturel de la femme, le vase de devant, le vase de derrière, les vases sacrés, les spectacles, les danses, les mouvements désordonnés, l'équitation, la distillation, la semence imparfaite, les esprits génitaux, le démon, l'incontinence, l'aiguillon de la chair, la procréation de l'espèce, l'embryologie sacrée – et tout le crottin des docteurs de l'Église.

La valeur des mots nous est connue et le danger de pollution nous est devenu une si vieille habitude, que nous nous y plaisons fièrement « en signe d'urbanité ». Il y a les soins des docteurs de l'Église, des frontières tracées avec une abominable précision sur les corps des femmes, les divisant en parties honteuses et parties honnêtes. Ces frontières peuvent disparaître quelquefois par l'effet d'une passion grandiose, pour réapparaître avec leur nauséabonde netteté, jusqu'au jour béni où un massacre merveilleux débarrassera la terre pour toujours de la crapule cléricale. [...]

✣ (Max Ernst, « Danger de pollution », *Le Surréalisme A.S.D.L.R.*, n° 3, décembre 1931, p. 22)

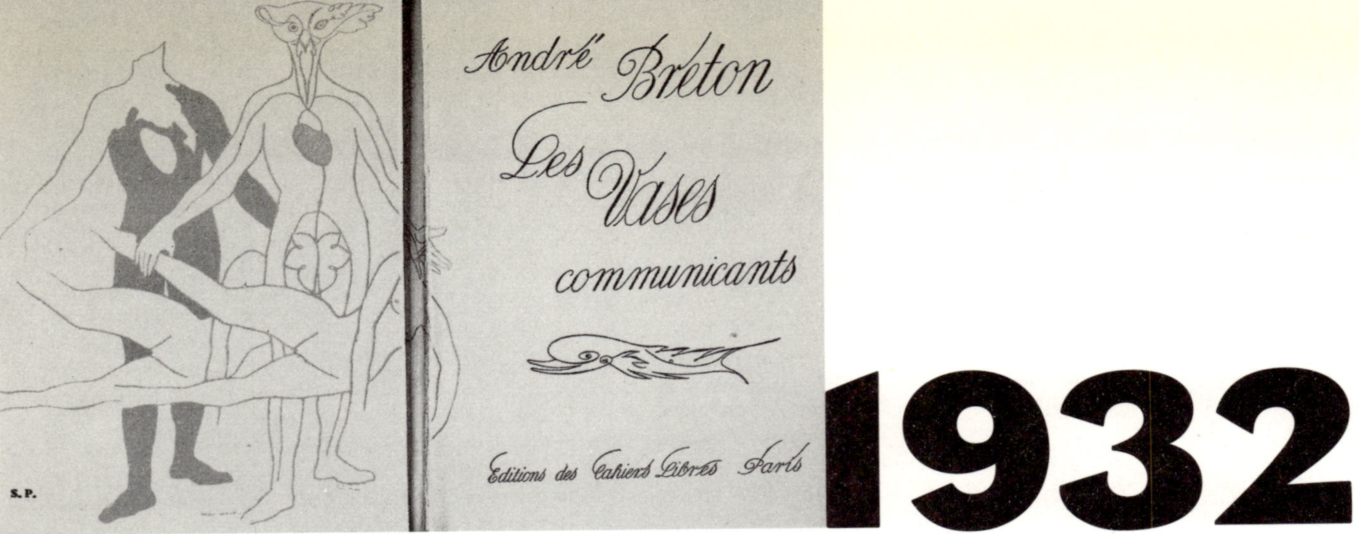

1

1932

PARIS

À la suite de la publication de son poème, *Front rouge*, Aragon est inculpé d'« excitation de militaires à la désobéissance » et de « provocation au meurtre ». En dépit des efforts de ses amis pour le défendre, il se décide à rompre avec eux, de manière à avoir les coudées libres dans le parti communiste.
Son attitude est dénoncée publiquement par Char, Crevel, Eluard, Ernst, Péret, Tzara, etc.
BRETON / *Les Vases communicants.*
CREVEL / *Le Clavecin de Diderot.*
GIACOMETTI / *On ne joue plus – Projet pour une place* : « Je voudrais qu'on puisse marcher sur la sculpture, s'y asseoir et s'y appuyer. » – *Table pour couloir.*
***This Quarter*, edited and published by Edward W. Titus : « Surrealist number » (Guest editor : Breton).**
DALÍ / *Babaouo*, précédé d'un Abrégé d'une histoire critique du cinéma et suivi de *Guillaume Tell*, ballet portugais.
***Légitime défense*, revue surréaliste groupant de jeunes écrivains antillais (Léro, Ménil, Monnerot, Yoyotte, etc.).**

Louis Aragon
« Front rouge »

[…]
Prolétariat connais ta force
Connais ta force et déchaîne-la
Il prépare son jour il attend son heure
sa minute la seconde
où le coup porté sera mortel
et la balle à ce point sûre que tous les médecins social-fascistes
penchés sur le corps de la victime
auront beau promener leurs doigts
chercheurs sur la chemise de dentelles
ausculter avec des appareils
de précision son cœur déjà pourrissant
ils ne trouveront pas le remède habituel
et tomberont aux mains des émeutiers
qui les colleront au mur
Feu sur Léon Blum
Feu sur Boncour Frossard Déat
Feu sur les ours savants de la social-démocratie
[…]

✣ (Louis Aragon, « Front rouge », 1932)

André Breton
Les Vases communicants

[…] Ainsi parvenons-nous à concevoir une attitude synthétique dans laquelle se trouvent conciliés le besoin de transformer radicalement le monde et celui de l'interpréter le plus complètement possible. Cette attitude, nous sommes quelques-uns à nous y tenir depuis plusieurs années et nous persistons à croire qu'elle est pleinement légitime. Nous n'avons pas désespéré, en dépit des attaques multiples qu'elle nous vaut, de faire comprendre qu'elle n'est aucunement opposable à celle des révolutionnaires professionnels, à laquelle, cela serait-il par impossible en notre pouvoir, nous nous en voudrions de faire subir la moindre dérivation. Notre ambition est, au contraire, d'unir, au moyen d'un nœud indestructible, dont nous aurons passionnément cherché le secret pour qu'il soit vraiment indestructible, cette activité de transformation à cette activité d'interprétation. Nous, nous ne sommes pas doubles, ce n'est pas vrai, non, il n'y a pas de bigamie grotesque dans notre cas. Nous voulons que ce nœud soit fait, et qu'il donne envie de défaire, et qu'on y parvienne pas. […]

✣ (André Breton, *Les Vases communicants*, Paris, Éditions des Cahiers libres, 1932)

Éditorial du premier numéro de la revue *Légitime Défense*

[…] Parmi les immondes conventions bourgeoises nous abominons très particulièrement l'hypocrisie humanitaire, cette émanation puante de la pourriture chrétienne. Nous haïssons la pitié. Nous nous foutons des sentiments. Nous entendons qu'on jette sur les concrétions psychiques humaines une lumière parente de celle qui éclaire la splendide, la convulsive œuvre plastique de Salvador Dalí où il semble soudain quelquefois que des oiseaux d'amour qui peuvent être des encriers, des chaussures ou des petits bouts de pain, s'envolent des conventions assassinées. […]

✣ (Déclaration collective publiée en pages 1 et 2 du premier numéro de la revue *Légitime Défense*, 1er juin 1932)

Tract **« Certificat »**

[…] L'incohérence devient calcul, l'habileté devient intrigue. Aragon devient *un autre* et son souvenir ne peut plus s'accrocher à moi. J'ai pour m'en défendre une phrase qui, entre lui et moi, n'a plus la valeur d'échange que je lui ai si longtemps prêtée, une phrase qui garde tout son sens et qui fait justice, pour lui comme pour tant d'autres, d'une pensée devenue indigne de s'exprimer :
« Toute l'eau de la mer ne suffirait pas à laver une tache de sang intellectuelle » (Lautréamont).

✣ (« Certificat », tract rédigé par Paul Eluard, Paris, 23 mars 1932)

Tract **« L'Affaire Aragon »**

[…] Le 16 janvier 1932, le juge d'instruction Benon inculpe notre ami Aragon d'excitation de militaires à la désobéissance et de provocation au meurtre dans un but de propagande anarchiste. Le motif donné à cette inculpation est la publication de son poème « Front Rouge » dans *Littérature de la Révolution mondiale*, revue saisie par la police en novembre dernier. […]

✣ (« L'Affaire Aragon », tract [Paris] n.d. [janvier 1932])

1 Couverture par Max Ernst du livre d'André Breton, *Les Vases communicants*, Paris, Éditions des Cahiers libres, 1932.

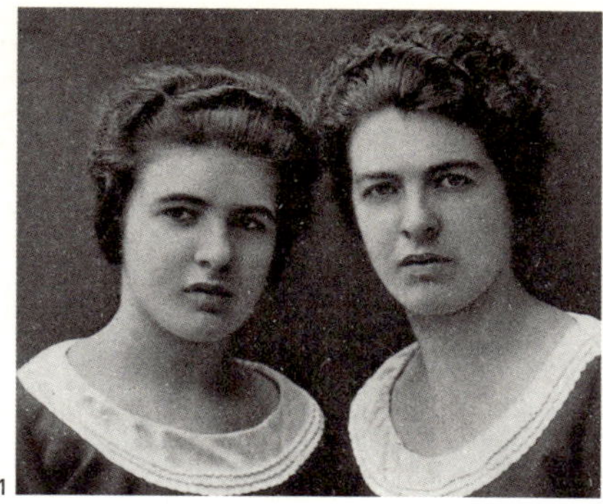
1

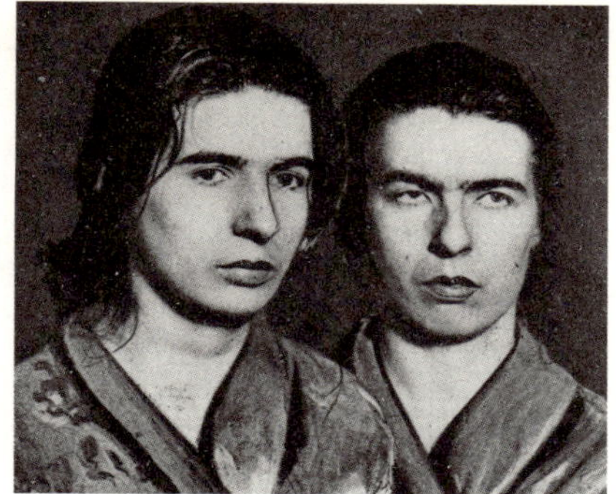

1933

PARIS

Pour avoir publié dans *Le Surréalisme A.S.D.L.R.* une lettre de Ferdinand Alquié contre le film russe « Le Chemin de la Vie » et refusé l'auto-critique qu'on lui demandait, Breton est exclu de l'A.E.A.R.

MARCEL RAYMOND / *De Baudelaire au Surréalisme* :
« Le surréalisme au sens large représente la plus récente tentative pour rompre avec *les choses qui sont* et pour leur en substituer d'autres, en pleine activité, en pleine genèse, dont les contours mouvants s'inscrivent en filigrane au fond de l'être. »
Fondation de *Minotaure* (dir. Skira et Tériade). – L'influence surréaliste y devient prépondérante à partir du n°3. Principaux collaborateurs : Breton, Dalí, Eluard, Heine, Mabille, Péret. – Breton et Eluard y ouvrent une enquête : « Pouvez-vous dire quelle a été la rencontre capitale de votre vie ? – Jusqu'à quel point cette rencontre vous-a-t-elle donné l'impression du fortuit, du nécessaire ? »
Jeux surréalistes : « Recherches expérimentales sur certaines possibilités d'embellissement irrationnel d'une ville. » À Paris, par exemple, doit-on conserver, déplacer, modifier, transformer ou supprimer l'Obélisque, la tour Saint-Jacques, l'Opéra, le Palais de Justice, etc. ? (*Le Surréalisme A.S.D.L.R.*, n° 6).
Suicide de Raymond Roussel dans des circonstances mal connues.
CREVEL / *Les Pieds dans le plat.*
GIACOMETTI / *Le Palais à 4 heures.*
Au Salon des Surindépendants, exposition d'ensemble des surréalistes (Arp, Brauner, Dalí, Ernst, Giacometti, Valentine Hugo, Magritte, Miró, Meret Oppenheim, Man Ray, Tanguy, Trouille).
Kandinsky, récemment arrivé à Paris, y est leur invité d'honneur.

STOCKHOLM

Spektrum / « Fransk Surrealism » (Anthologie surréaliste en langue suédoise)

VARSOVIE

STEPAN NAPIERSKY / *Od Baudelaire 'a do nadreaslistow.*

DÉCLARATION COLLECTIVE
« Protestez ! »

L'Association des Écrivains et des Artistes révolutionnaires élève la protestation la plus véhémente contre les provocations fascistes en Allemagne, l'incendie du Reichstag, organisé par les chemises brunes, la terreur qui a présidé aux élections du 5 mars. […]

✤ (« Protestez ! », déclaration collective « rédigée par l'Association des Écrivains et des Artistes révolutionnaires / contre la terreur en Allemagne / contre le traité de Versailles », publiée en page 2 de la *Feuille rouge*, n° 2, mars 1933)

JACQUES LACAN
« Motifs du crime paranoïaque – Le crime des sœurs Papin »

[…] Au soir fatidique, dans l'anxiété d'une punition imminente, les sœurs mêlent à l'image de leurs maîtresses le mirage de leur mal. C'est leur détresse qu'elles détestent dans le couple qu'elles entraînent dans un atroce quadrille. Elles arrachent les yeux comme châtraient les Bacchantes. La curiosité sacrilège qui fait l'angoisse de l'homme depuis le fonds des âges, c'est elle qui les anime quand elles déchirent leurs victimes, quand elles traquent dans leurs blessures béantes ce que Christine plus tard devant le juge devait appeler dans son innocence « le mystère de la vie ».

✤ (Jacques Lacan, « Motifs du crime paranoïaque. Le crime des sœurs Papin », *Le Surréalisme A.S.D.R.L*, n° 5, mai 1933, p. 28)

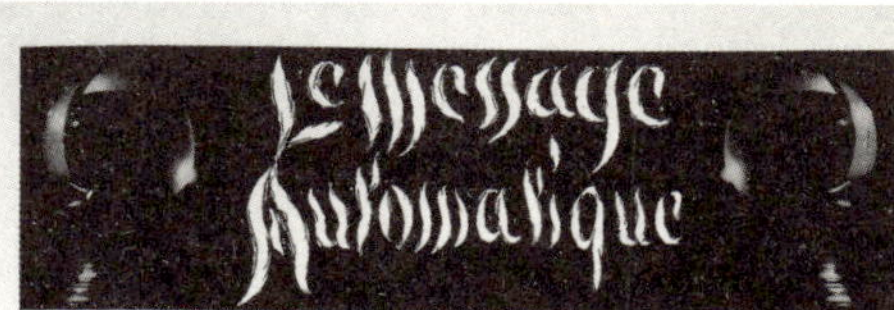

Le Message Automatique

PAR ANDRÉ BRETON

Oh, non non j' parie Bordeaux Saint-Augustin... C'est un cahier ça. » Le 27 septembre 1933, une fois de plus sans que rien de conscient en moi ne la provoque, alors que, plus tôt que de coutume, vers onze heures du soir je cherche à m'endormir, j'enregistre une de ces suites de mots comme prononcés à la cantonade, mais parfaitement nets, et constitués, à ce qu'il est convenu d'appeler l'oreille intérieure, en un groupement remarquablement autonome. A plusieurs reprises je me suis efforcé d'attirer l'attention sur ces formations verbales particulières qui, selon les cas, peuvent paraître très riches ou très pauvres de sens mais, du moins par la soudaineté de leur passage et le manque total, frappant, d'hésitation que révèle la manière dont elle s'ordonnent, apportent à l'esprit une certitude trop exceptionnelle pour qu'on n'en vienne pas à les considérer de très près. L'homme, pris le jour dans l'éboulement des idées reçues, est amené à concevoir toutes choses et à se concevoir lui-même à travers une série vertigineuse de glissades aussitôt dérobées, de faux pas rectifiés tant bien que mal. Le déséquilibre foncier du civilisé moderne tend vainement à s'absorber dans le souci tout artificiel d'équilibres minimes, transitoires : la rature odieuse afflige de plus en plus la page écrite, comme elle barre d'un trait de rouille la vie. Tous ces « sonnets » qui s'écrivent encore, toute cette horreur sénile de la spontanéité, tout ce raffinement rationaliste, toute cette morgue de moniteurs, toute cette impuissance d'aimer tendent à nous convaincre de l'impossibilité de fuir la vieille maison de correction... Corriger, *se* corriger, polir, reprendre, trouver à redire et non puiser aveuglément dans le trésor subjectif pour la seule tentation de jeter de-ci de-là sur le sable une poignée d'algues écumeuses et d'émeraudes, tel est l'ordre auquel une rigueur mal comprise et une prudence esclave, dans l'art comme ailleurs, nous engagent à obtempérer depuis des siècles. Tel est aussi l'ordre qui, historiquement, s'est trouvé enfreint dans des circonstances exceptionnelles, fondamentales. Le surréalisme part de là.

Herschel, en 1816, parvient en lui-même à la « production involontaire d'images visuelles dont la régularité constituait le caractère principal, et ceci dans des conditions qui rendaient absolument inutile toute explication tirée de la régularité possible dans la structure de la rétine et des nerfs optiques. S'il est vrai, dit-il, que la conception d'une figure géométrique régulière implique l'exercice de la pensée et de l'intelligence, il paraîtrait presque qu'on se trouve en présence d'une pensée, d'une intelligence fonctionnant en nous, mais distincte de notre personnalité. » De tous ses yeux, dans une chambre obscure, Watt contemple la future, la *prochaine* machine à vapeur. Ce qui n'est pas encore sera. A l'intérieur d'une simple boule de cristal, comme celle qu'utilisent les voyantes, un

55

2

[1] Photographies des sœurs Papin, « Avant », « Après – " Sorties tout armées d'un chant de Maldoror " », *Le Surréalisme A.S.D.L.R.*, n° 5, mai 1933.

[2] André Breton, « Le Message automatique », *Minotaure*, n° 3-4, décembre 1933, p.55.

Jacques Lacan

« Le Problème du Style et la conception psychiatrique des formes paranoïaques de l'expérience »

[...] On peut concevoir l'expérience vécue paranoïaque et la conception du monde qu'elle engendre, comme une syntaxe originale, qui contribue à affirmer, par les liens de compréhension qui lui sont propres, la communauté humaine. La connaissance de cette syntaxe nous semble une introduction indispensable à la compréhension des valeurs symboliques de l'art, et tout spécialement aux problèmes du style, – à savoir des vertus de conviction et de communion humaine qui lui sont propres, non moins qu'aux paradoxes de sa genèse, – problèmes toujours insolubles à toute anthropologie qui ne sera pas libérée du réalisme naïf de l'objet. [...]

✣ (Jacques Lacan, « Le Problème du Style et la conception psychiatrique des formes paranoïaques de l'expérience », *Minotaure*, n° 1, 15 février 1933, p. 69)

André Breton

« Picasso dans son élément »

[...] Le merveilleux, l'irrésistible courant ! À tous ceux qui ne veulent prêter à Picasso que le désir d'étonner, qui persistent, les uns pour lui en savoir gré, les autres pour lui en tenir rigueur, à ne considérer de l'extérieur que ses audaces, je ne manquerai pas d'opposer cet argument susceptible de faire valoir comme aucun autre la *mesure* admirable d'une pensée qui n'a jamais obéi qu'à sa propre, qu'à son extrême tension : c'est en 1933 pour la première fois qu'un papillon naturel a pu s'inscrire dans le champ d'un tableau, et qu'aussi il a pu le faire sans qu'aussitôt tout ce qui l'environne tombât en poussière, sans que les représentations bouleversantes que sa présence à cet endroit peut entraîner fissent en rien échec au système de représentations humaines dans lequel il est compris. [...]

✣ (André Breton, « Picasso dans son élément », *Minotaure*, 1re année, n° 1, 15 février 1933, p. 4)

Tristan Tzara

« D'un certain Automatisme du Goût »

[...] Les chapeaux que, récemment encore, les femmes portaient, les chapeaux à forme fendue qui, à leur début, devaient imiter ceux des hommes, les chapeaux dont, au cours de leur évolution, la ressemblance avec le sexe féminin est devenue non seulement frappante mais significative à plus d'un titre, ont enfin confirmé d'une façon éclatante ce que j'avance par l'exemple des deux spécimens ici reproduits : le chapeau exécuté en élastiques de tire-chaussettes et celui dont la calotte est entourée d'une garniture imitant un faux-col à coins cassés pourvu de sa cravate. Dans la manière même dont ces deux attributs, les plus marquants du costume masculin, le tire-chaussettes tendu faisant appel à une image de la virilité et la cravate dont le rôle symbolique est connu, dans la manière même dont ils entourent la reproduction de ce sexe féminin que les femmes portent sur la tête, il faut être aveugle pour ne pas voir, non pas uniquement un effet de la fantaisie qui, elle, ne joue que le rôle d'ingénieuse entremetteuse, mais une réelle force de justification que les créatrices de ces modèles ont donnée à leurs œuvres. [...]

✣ (Tristan Tzara, « D'un certain Automatisme du Goût », *Minotaure*, n° 3-4, décembre 1933, p. 81-84)

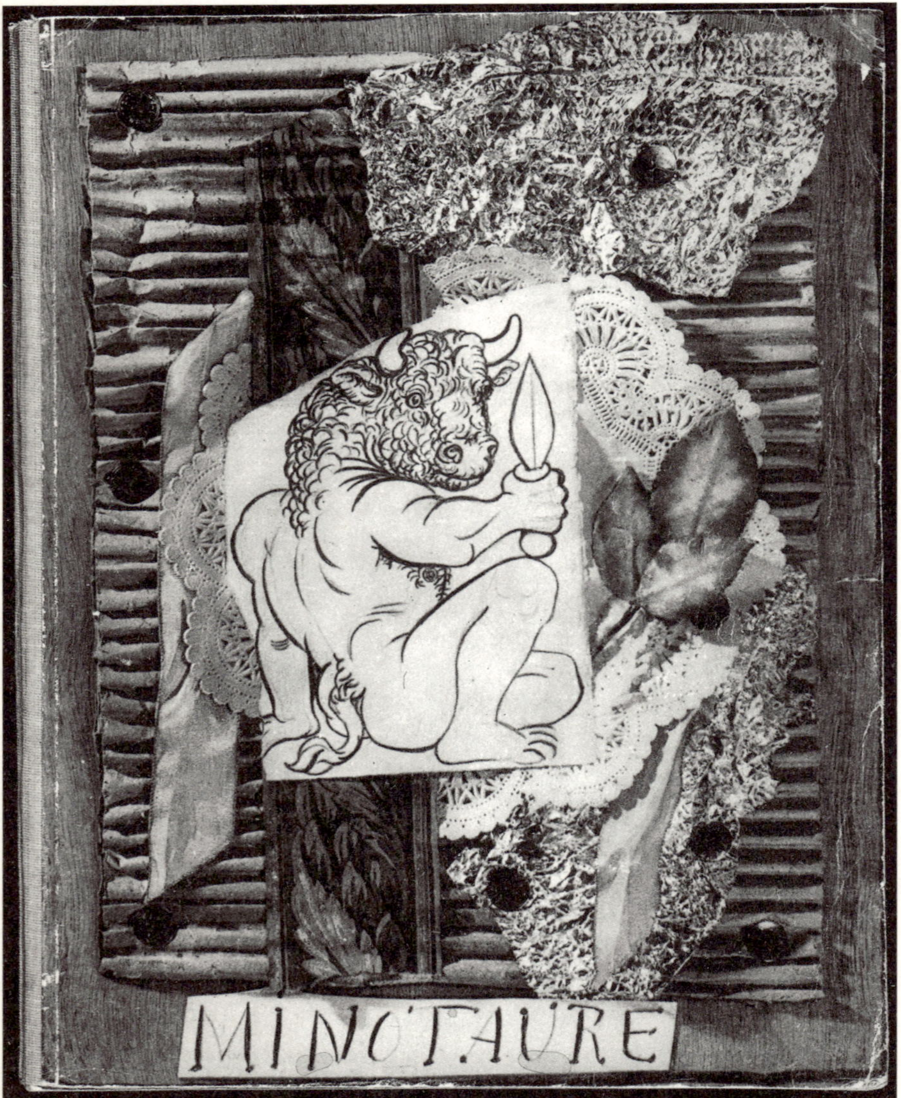

1

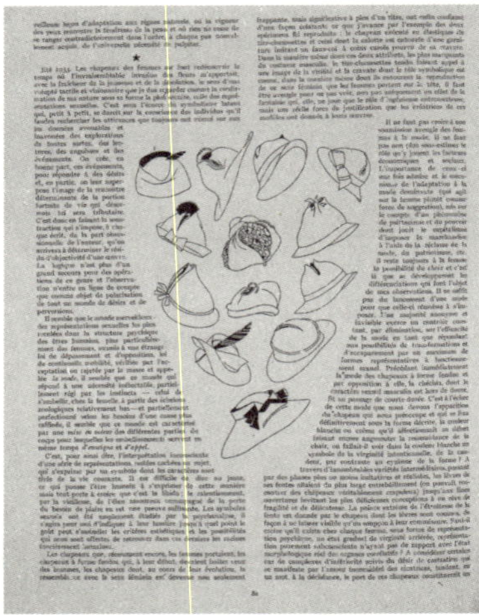

2

[1] Couverture par Pablo Picasso du numéro 1 de *Minotaure*, 15 février 1933.

[2] Illustration accompagnant le texte de Tristan Tzara, « D'un certain Automatisme du Goût », *Minotaure*, n° 3-4, décembre 1933, p. 82.

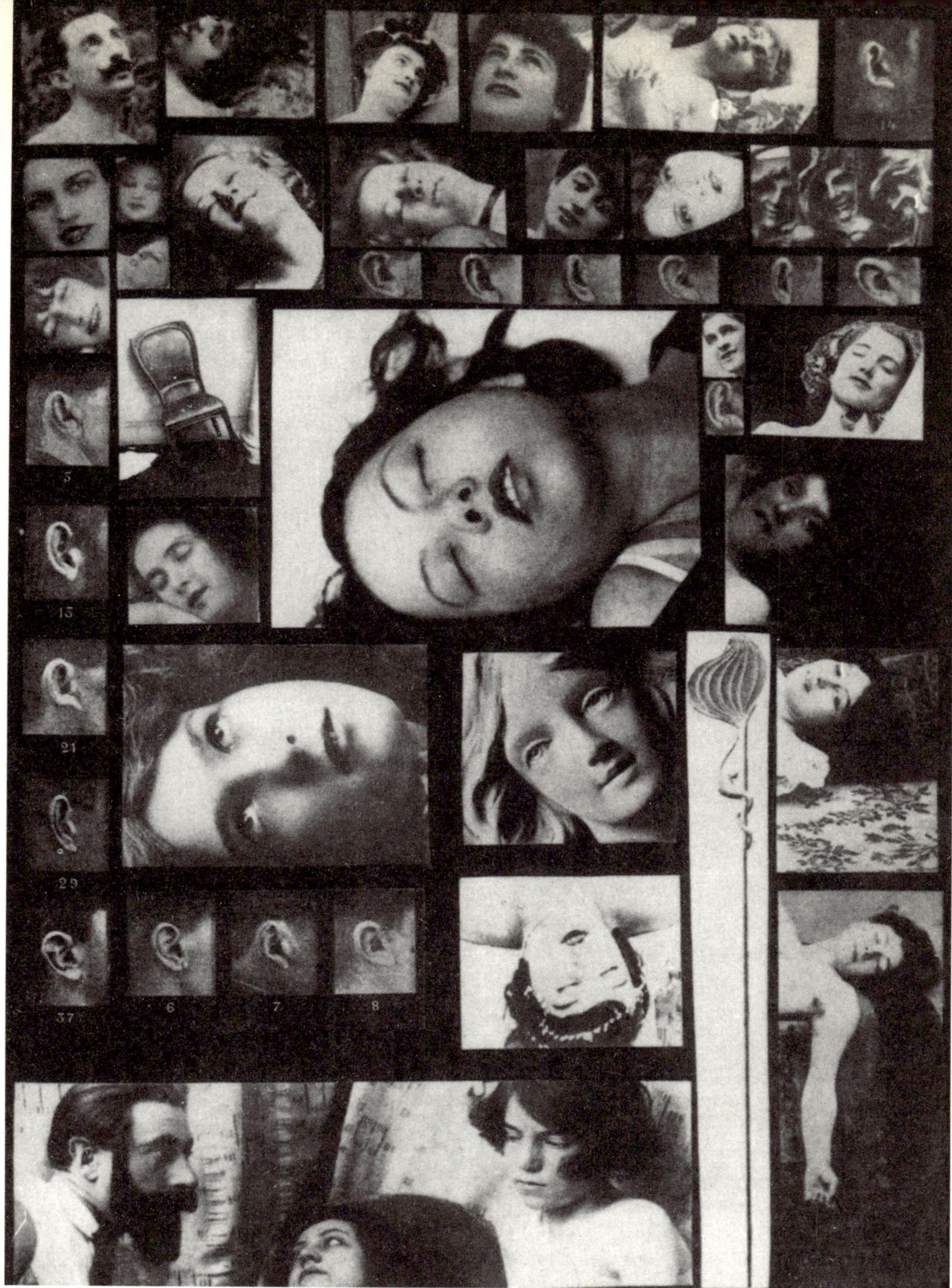

3 *Le Phénomène de l'extase* par Salvador Dalí, reproduit dans *Minotaure*, n° 3-4, décembre 1933.

Salvador Dalí
« De la beauté terrifiante et comestible, de l'architecture modern'style »
Le phénomène de l'extase
L'extase constitue l'« état vital » le plus phénoménalement bouleversant des fantômes et représentations psychiques. – Durant l'extase, aux approches du désir, du plaisir, de l'angoisse, toute opinion, tout jugement (moral, esthétique, etc.) change sensationnellement. – Toute image, de même, change sensationnellement. – On croirait que par l'extase nous avons accès à un monde aussi éloigné de la réalité que celui du rêve. – Le répugnant peut se transformer en désirable, l'affection en cruauté, le laid en beau, les défauts en qualités, les qualités en misères noires. – L'extase est la conséquence culminante des rêves, elle est la conséquence et la vérification mortelle des images de notre perversion. – Certaines images provoquent l'extase, qui provoque à son tour certaines images. – Il s'agit toujours d'images authentiquement et essentiellementsurréalistes. – L'extase constitue l'« état pur » d'exigeante et hyperesthétique lucidité vitale, lucidité aveugle du désir. – Le monde des images provoquées par l'extase est infini et inconnu. – Il s'agit d'images néologistiques, d'images extrarapides comparativement aux images hypnagogiques. – Toute méthodologie à ce sujet nous échappe encore. – Parfois, les images provoquées par l'extase répètent des images transfigurées d'extase, qu'il s'agisse de l'« apparente » stéréotypie des oreilles (celles-ci toujours en extase), ou de l'extase d'une certaine « chose atmosphérique », ou encore de l'extase fine d'une aiguille modern'style. – Je demande au critique d'art : que penseriez-vous de telle ou telle œuvre au moment de votre extase ? Et d'abord : mettez-vous en état d'extase pour me répondre. – L'extase est par excellence l'état mental critique que l'invraisemblable pensée actuelle, hystérique, moderne, surréaliste et phénoménale aspire à rendre « continue ». – À la recherche d'images susceptibles de *nous extasier.* S. D.
[…]

✤ (Salvador Dalí, « De la beauté terrifiante comestible, de l'architecture modern'style », *Minotaure*, n° 3-4, décembre 1933, p. 69-76)

« Il faut visiter l'Exposition surréaliste »
Objets désagréables, chaises, dessins, sexes, peintures, manuscrits, objets à flairer, objets automatiques et inavouables, bois, plâtres, phobies, souvenirs intra-utérins, éléments de rêves prophétiques, dématérialisation de désirs, lunettes, ongles, amitiés à fonctionnement symbolique, cadres, détérioration de cheminées, livres, objets usuels, conflits taciturnes, cartes géographiques, mains, buste de femme rétrospectif, saucisses, cadavres exquis, palais, marteaux, libertins, couples de papillons, perversions d'oreilles, merles, œufs sur le plat, cuillers atmosphériques, pharmacies, portraits manqués, pains, photos, langues.
Vous souvenez-vous encore de cette époque où la peinture était considérée comme « une fin en soi » ?
Nous avons dépassé la période des exercices individuels. […]

✤ (Texte du carton d'invitation pour l'Exposition surréaliste, galerie Pierre Colle, Paris, juin 1933, sur lequel figure la liste des participants : Arp, Salvador Dalí, André Breton, Marcel Duchamp, René Crevel , Paul Eluard, Marie-Berthe Ernst, René Char, Max Ernst, Alberto Giacometti, Arthur Harfaux, Maurice Henry, Georges Hugnet, René Magritte, Valentine Hugo, Joan Miró, Benjamin Péret, Pablo Picasso, Marcel Jean, Man Ray, Yves Tanguy, Tristan Tzara.)

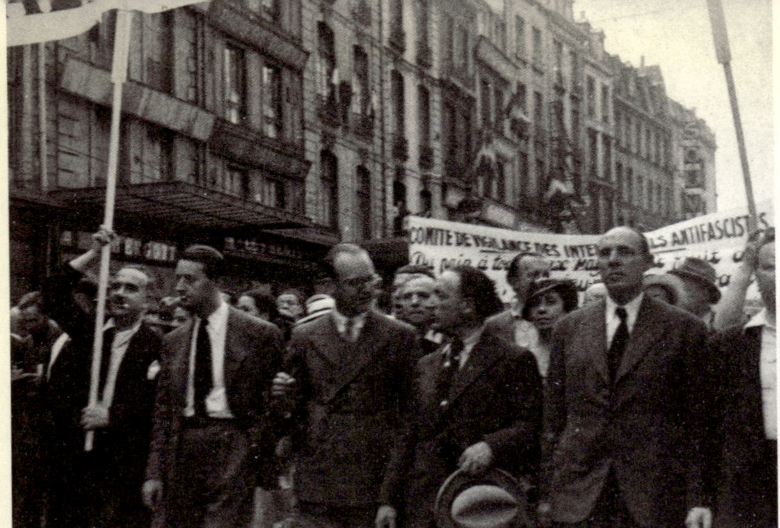

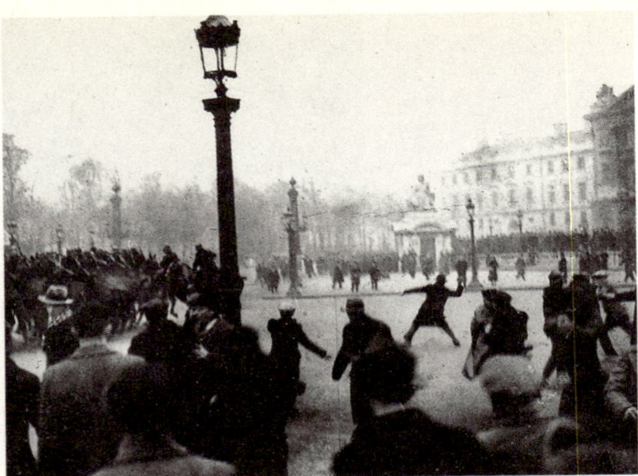

1 Tract **« La planète sans visa »**

[…] Nous déplorons que nos camarades de *L'Humanité* ne veuillent voir dans la série angoissante de ces persécutions contre un homme, que « publicité intéressée » destinée à tourner à son avantage. Ils soulignent par contre à très juste titre que l'expulsion de Trotsky marque le point de départ de mesures répressives contre les immigrés communistes et prépare la mise hors la loi des organisations révolutionnaires. Déjà l'on ressuscite une loi qui n'a pas été appliquée depuis 1848 pour pouvoir poursuivre les journaux révolutionnaires. […]

Nous saluons, à cette nouvelle étape de son chemin difficile, le vieux compagnon de Lénine, le signataire de la paix de Brest-Litovsk, acte exemplaire de science et d'intuition révolutionnaires, l'organisateur de l'Armée rouge qui a permis au prolétariat de conserver le pouvoir malgré le monde capitaliste coalisé contre lui, l'auteur – parmi tant d'autres non moins lucides, non moins nobles et moins éclatantes – de cette formule qui nous est une raison permanente de vivre et d'agir : « Le socialisme signifiera un saut du règne de la nécessité dans le règne de la liberté, aussi en ce sens que l'homme d'aujourd'hui plein de contradictions et sans harmonie, fraiera la voie à une nouvelle race plus heureuse. »

André Breton, Roger Caillois, René Char, René Crevel, Paul Eluard, Maurice Heine, Maurice Henry, Georges Hugnet, Valentine Hugo, Marcel Jean, Jean Lévy, Fernand Marc, J. et M.-L. Mayoux, J.-M. Monnerot, Henri Pastoureau, Benjamin Péret, Guy Rosey, Yves Tanguy, Robert Valançay, Pierre Yoyotte, et *un assez grand nombre* de camarades étrangers.

✣ (« La planète sans visa », tract [Paris], n.d. [24 avril 1934])

Claude Cahun

Les Paris sont ouverts

[…] La Poésie a été dans tout le cours de l'histoire l'expression des différents stades de l'aliénation humaine, et qu'au seuil de la révolution prolétarienne il ne soit question que de nouveaux moyens de prolonger cette aliénation, voilà qui peut en effet servir la poésie qui garde son secret, mais non pas la nôtre, celle qui délivre l'homme.

[…] Le langage étant un *agent de conflits*, autrement dit de *liaison*, dans les rapports de l'homme avec lui-même, des hommes entre eux et, par conséquent, des hommes avec la nature ; la science étant orientée vers la connaissance directe et la philosophie vers la connaissance indirecte de l'univers, la poésie intervient, là et là, et partout, provoquant dans cette prise de conscience humaine des courts-circuits – ces raccourcis « magiques » dont l'amour sexuel et la souffrance extrême ont aussi le « secret ».

Si jamais l'excédent de souffrance dans le monde venait à diminuer, il semble naturel de prévoir qu'une fonction compensatrice se trouverait dans la poésie, dans l'antagonisme surmonté de ces facteurs : l'extension et l'intensité de l'intervention poétique.

✣ (Claude Cahun, *Les Paris sont ouverts*, Paris, Éditions José Corti, 1934, p. 27, 32)

3

6 FEVRIER - 25 MAI

Le 10 février :

Appel à la lutte

Avec une violence et une rapidité inouïes, les événements de ces jours derniers nous mettent brutalement en présence du danger fasciste immédiat.

Hier :

Emeutes fascistes.

Défection du gouvernement républicain.

Prétentions ouvertes de *tous* les éléments de droite à la constitution d'un gouvernement antidémocratique et préfasciste.

Aujourd'hui :

Gouvernement d'Union sacrée.

Répression sanglante des manifestations ouvrières.

Demain :

Rappel du préfet de Coup d'Etat.

Dissolution des Chambres.

Il n'y a pas un instant à perdre

L'unité d'action de la classe ouvrière n'est pas encore réalisée.

Il faut qu'elle le soit *sur le champ*.

Nous faisons appel à tous les travailleurs organisés ou non, décidés à barrer la route au fascisme, sous le mot d'ordre

UNITÉ D'ACTION

Cette Unité d'action, que les ouvriers veulent et que les Partis mettent à l'ordre du jour, il est nécessaire, il est urgent, il est indispensable de la réaliser en y apportant le *très large esprit de conciliation* qu'exige la gravité de l'heure.

C'est pourquoi nous adressons un appel pressant à toutes les organisations ouvrières afin qu'elles constituent sans retard l'organisme capable — et seul capable — d'en faire une réalité et une arme.

5

PARIS

CLAUDE CAHUN / *Les Paris sont ouverts* (sur la participation surréaliste à l'A.E.A.R.).

Les surréalistes prennent fait et cause pour une jeune femme, Violette Nozières, condamnée à mort pour avoir empoisonné son père, qui abusait d'elle.

Ils lui consacrent un recueil de poèmes et d'images.

Marcel Duchamp publie le recueil en fac-similé des 94 documents se rapportant à *La Mariée mise à nu* (boîte verte).

Première exposition de Victor-Brauner. – Préface de Breton.

GIACOMETTI / *Mains tenant le vide.*

ERNST / Époque des *Jardins gobe-avions.*

DALÍ / Époque des Tiroirs et Béquilles.

RENÉ CHAR / *Le Marteau sans maître*, poèmes.

ERNST / *Une semaine de bonté ou les sept éléments capitaux*, collages.

PÉRET / *De derrière les fagots*, poèmes.

***Petite anthologie poétique du surréalisme.* – Introduction par Georges Hugnet.**

André Breton

« Phare de *La Mariée* »

[…] La situation unique de Marcel Duchamp à la pointe de tous les mouvements « modernes » qui se sont succédé depuis vingt-cinq ans était, jusqu'à ces derniers jours, pour faire déplorer que la partie la plus importante de son œuvre, de 1911 à 1918, gardât assez jalousement son secret. Si la « lame de fond », par la suite pleinement ébranlante, avait pu commencer à grandir, certes on en était bien venu à penser que Duchamp avait dû, d'emblée, en savoir long sur ses ressources, on le soupçonnait bien de lui avoir ouvert quelque mystérieuse soupape. Mais on n'espérait guère être un jour plus complètement édifié sur son rôle. Aussi la publication, en octobre 1934, de quatre-vingt-quatorze documents réunis par lui sous le titre : *La Mariée mise à nu par ses célibataires, même*, qui tout à coup retourne devant nous cette lame et nous fait entrevoir ce qu'il y a de plus complexe dans son énorme machinerie, ne peut-elle manquer de passer pour un événement capital aux yeux de tous ceux qui attachent quelque importance à la détermination des grands mobiles intellectuels d'aujourd'hui. […]

✣ (André Breton, « Phare de *La Mariée* », *Minotaure*, n° 6, 5 décembre 1934)

1 Manifestation du Comité de vigilance des intellectuels anti-fascistes, Paris, février 1934. Au premier plan : Gérard Walter, André Malraux, et, derrière, André Breton et Paul Eluard.

2 Manifestation du 6 février 1934, Paris, place de la Concorde, organisée par les ligues de droite.

3 « Appel à la lutte », tract publié le 10 février 1934, repris dans *Documents 34*, Bruxelles, 1934.

1934

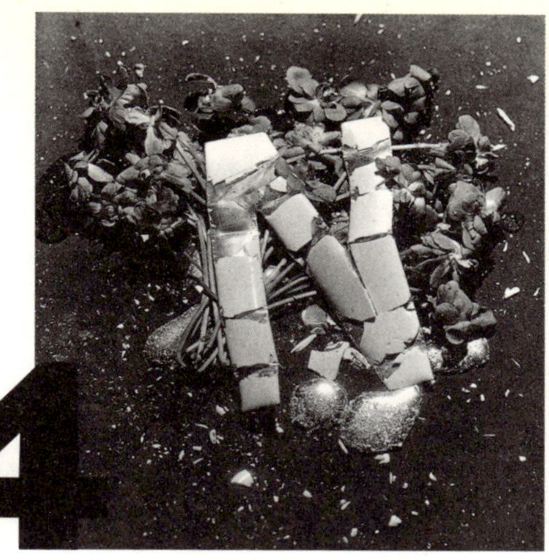
4

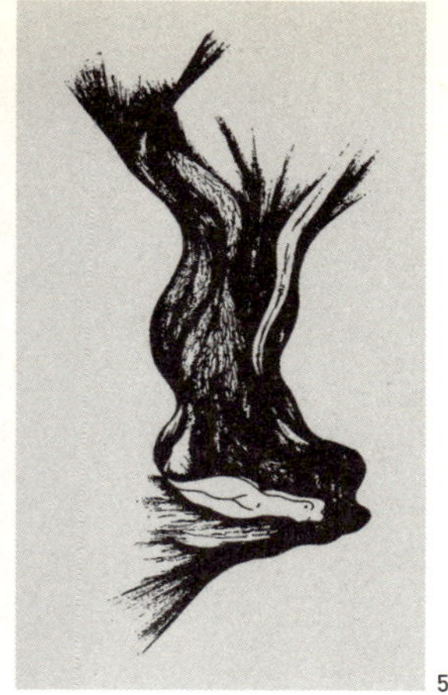
5

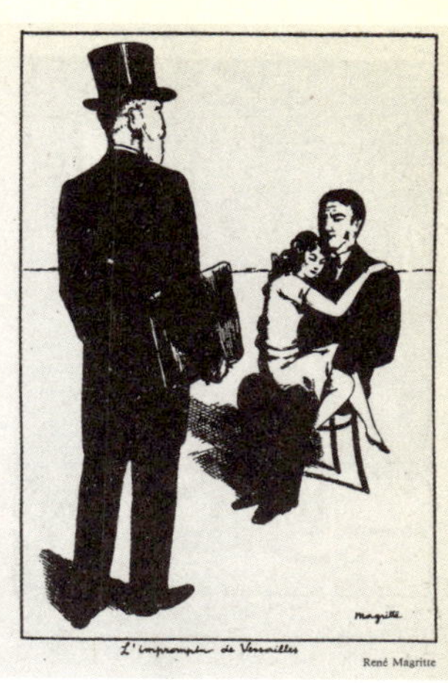

6

BRUXELLES

GUY MANGEOT / *Histoire du surréalisme.*
BRETON / *Qu'est-ce-que le surréalisme ?*
Intervention surréaliste, numéro spécial de *Documents 34.*

ÉGYPTE

Une activité surréaliste durable prend naissance au Caire sous l'impulsion de Georges Hénein.

HARTFORD

Photographs by Man Ray, 1920, Paris, 1934 (Picasso, Eluard, Breton, Rrose Sélavy, Tzara).

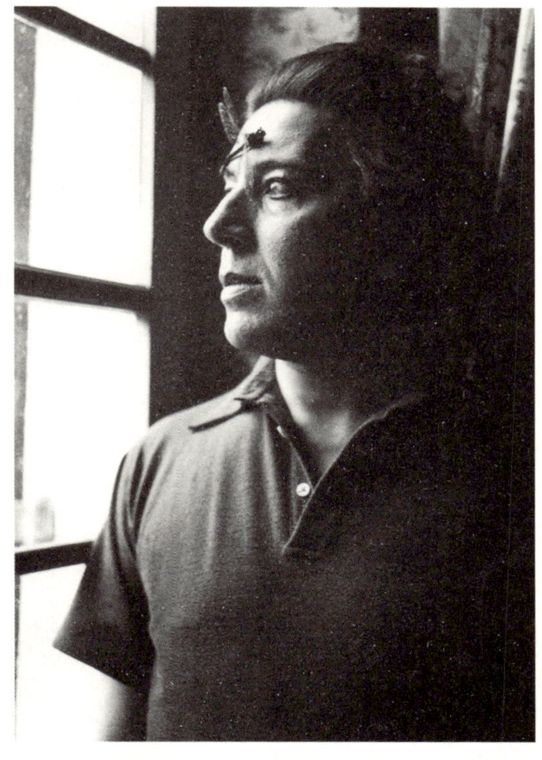
7

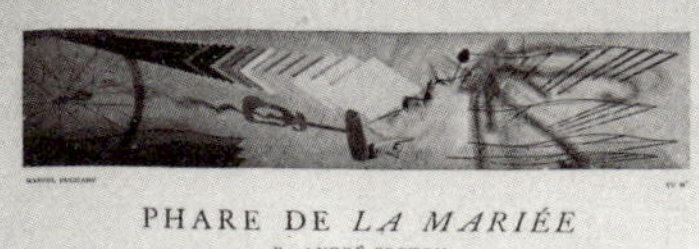

PHARE DE *LA MARIÉE*
Par ANDRÉ BRETON

8

Tract **« Violette Nozières »**

[...] Les hommes pour lesquels
on est toujours toute neuve
Et la première
Les hommes pour lesquels on échappe
à soi-même
Les hommes pour lesquels on n'est
la fille de personne

Violette a rêvé de défaire
À défait
L'affreux nœud de serpents des
liens du sang
Paul Eluard

[...] Et tous ceux qui font uriner
leur plume sur le papier de journal
les noirs flaireurs de cadavres
les assassins professionnels
à matraque blanche
tous les pères vêtus de rouge pour
condamner
ou de noir pour faire croire
qu'ils défendent
tous s'acharnent sur celle qui est comme
le premier marronnier en fleurs
le premier signal du printemps
qui balaiera leur boueux hiver
parce qu'ils sont les pères
ceux qui violent
à côté des mères
celles qui défendent leur mémoire
Benjamin Péret

✣ (« Violette Nozières », tract, n.d. [1er décembre 1933] avec les poèmes d'André Breton, René Char, Paul Eluard, Maurice Henry, E.L.T. Mesens, César Moro, Benjamin Péret et Guy Rosey, illustrés par Salvador Dalí, Yves Tanguy, Max Ernst, Victor Brauner, René Magritte, Marcel Jean, Hans Arp et Alberto Giacometti)

4 Man Ray, photographie originale pour l'illustration de couverture du tract « Violette Nozières », 1933. Bibliothèque Paul Destribats, Paris

5 Yves Tanguy, illustration pour le poème de Paul Eluard, figurant dans le tract « Violette Nozières », 1933. Collection particulière.

6 René Magritte, illustration pour le poème de Benjamin Péret, figurant dans le tract « Violette Nozières », 1933.

7 Man Ray, Portrait d'André Breton pour *Essai de simulation du délire cinématographique*, 1934. Collection particulière

8 « Phare de *La Mariée* », texte d'André Breton, illustration de Marcel Duchamp, *Minotaure*, nº 6, 5 décembre 1934.

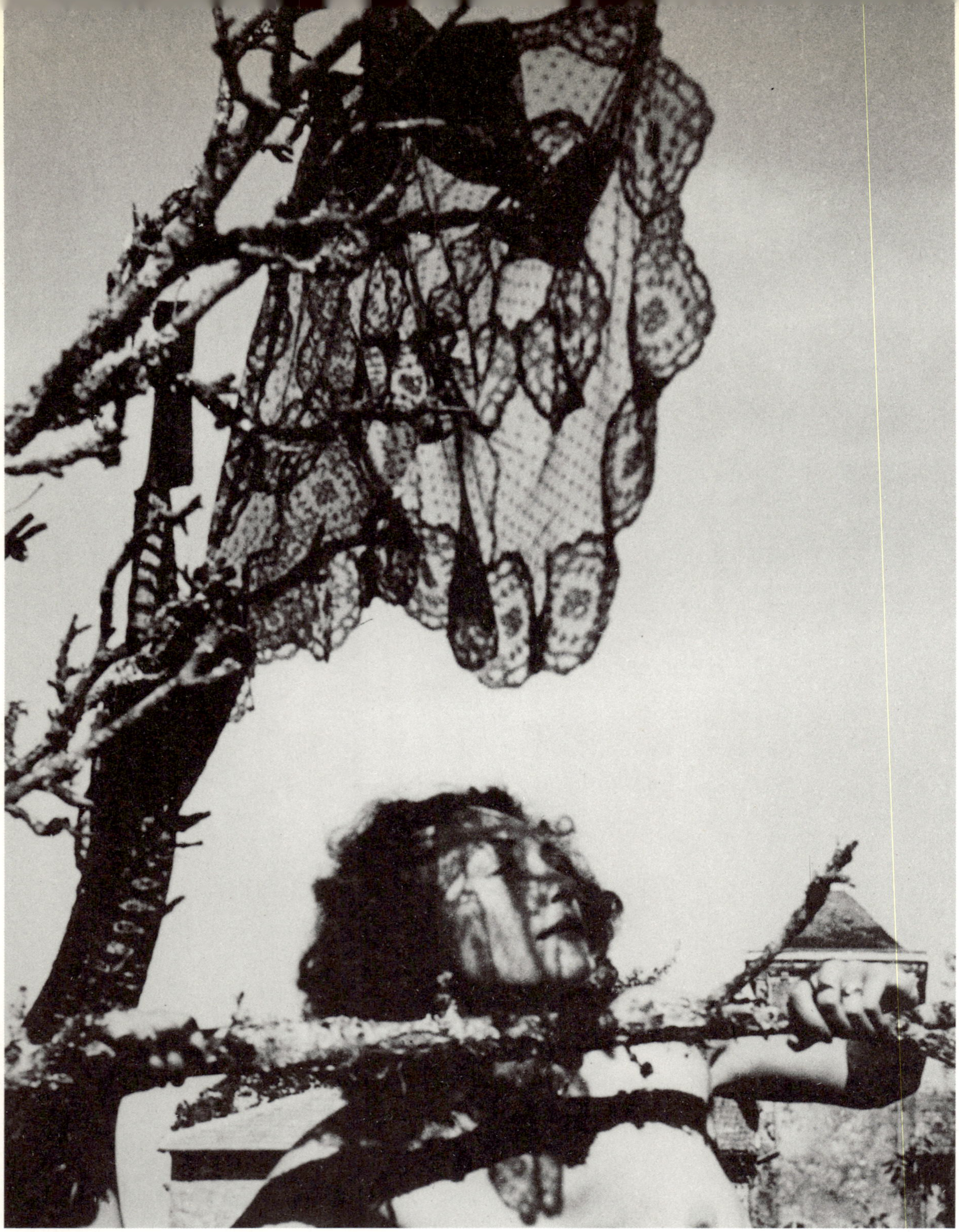

1

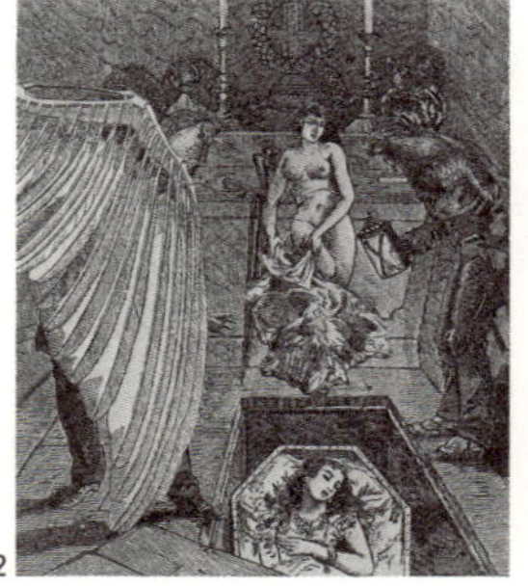

2

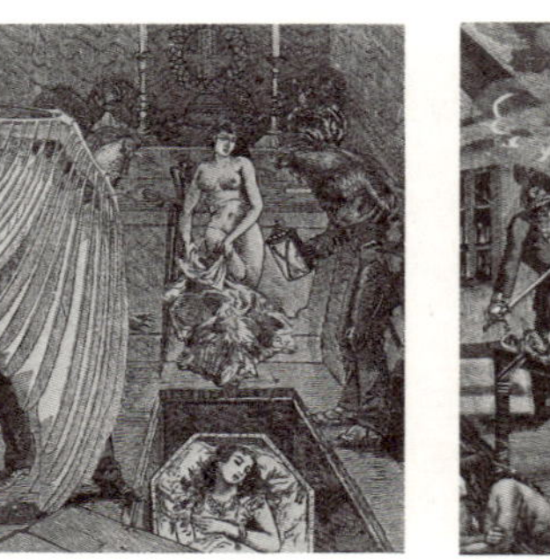

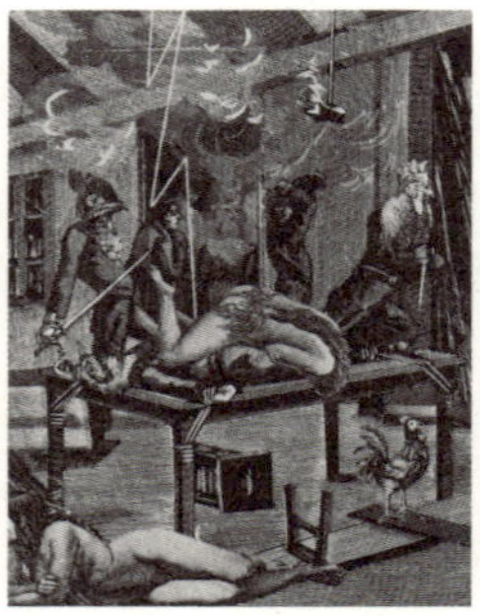

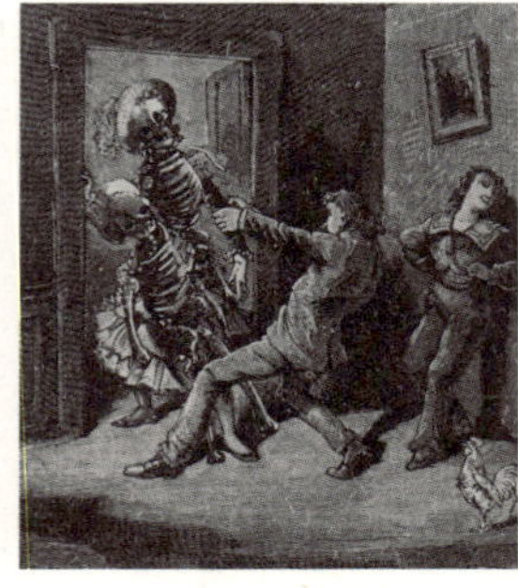

1 Man Ray, photographie de Nusch Eluard pour *Essai de simulation du délire cinématographique*, 1934. Collection particulière

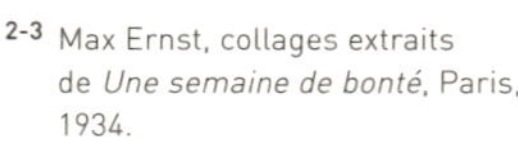

2-3 Max Ernst, collages extraits de *Une semaine de bonté*, Paris, 1934.

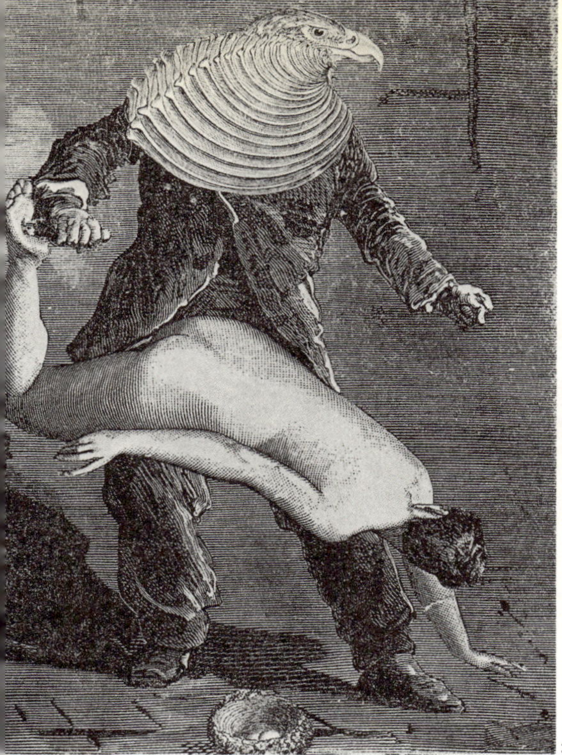

3

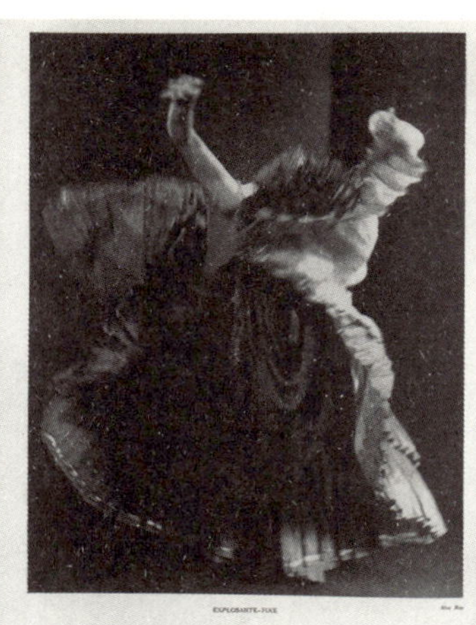

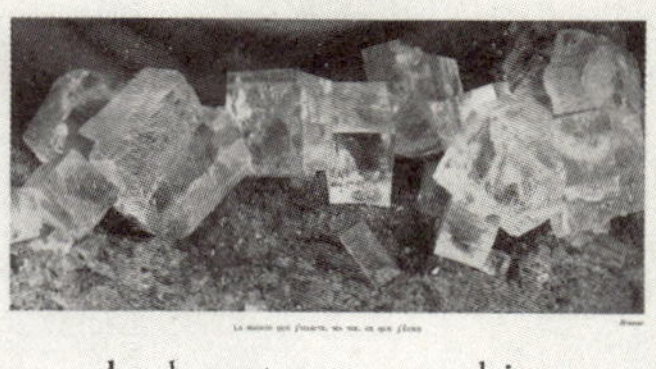

La beauté sera convulsive

par ANDRÉ BRETON

4

André Breton

Qu'est-ce que le Surréalisme ?

[…] Sans préjuger autrement de son cours ultérieur, car il [le surréalisme] fertilise en courant des terres qui sont la surprise même, j'observe et je vous prie de remarquer que sur son dernier passage est en train de se produire une crise fondamentale de l'«objet». C'est essentiellement sur l'objet que sont demeurés ouverts ces dernières années les yeux de plus en plus lucides du surréalisme. C'est l'examen très attentif des nombreuses spéculations récentes auxquelles cet objet a publiquement donné lieu (objet onirique, objet à fonctionnement symbolique, objet réel et virtuel, objet mobile et muet, objet fantôme, objet trouvé, etc.), c'est cet examen seul qui peut permettre de saisir dans toute sa portée la tentation actuelle du surréalisme. Il est indispensable, pour continuer à comprendre, de centrer sur ce point l'intérêt. […]

✣ (André Breton, *Qu'est-ce que le surréalisme ?*, Bruxelles, Henriquez, 1934, p. 27)

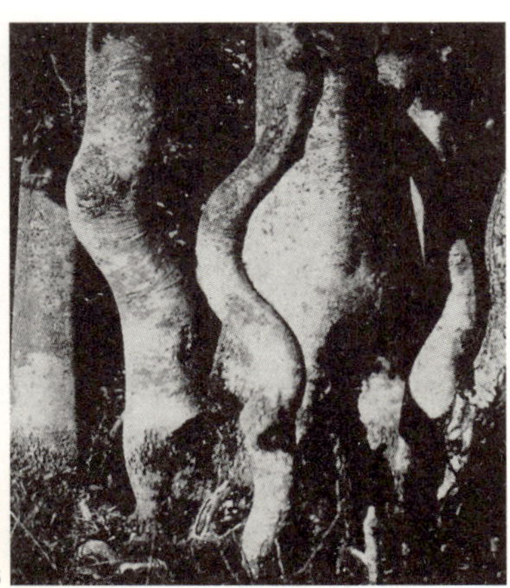

5

André Breton

Qu'est-ce-que le Surréalisme ?

[…] Toutefois aucune détermination politique ou sociale cohérente ne s'y manifeste jusqu'en 1925, c'est-à-dire (il est important de le souligner) jusqu'à ce qu'éclate la guerre du Maroc qui, ranimant en nous l'hostilité toute particulière à l'égard du sort fait à l'homme par les conflits armés, nous place brusquement devant la nécessité d'une protestation publique. Cette protestation, qui, sous le titre « La Révolution d'abord et toujours », réunit, en octobre 1925, aux noms des surréalistes proprement dits, ceux d'une trentaine d'intellectuels, est sans doute, idéologiquement assez confuse ; elle n'en marque pas moins la rupture avec toute manière de penser ; elle n'en crée pas moins un précédent caractéristique qui va décider de toute la conduite ultérieure du mouvement. L'activité surréaliste, en présence de ce fait brutal, révoltant, *impensable*, va être amenée à s'interroger sur ses ressources propres, à en déterminer les *limites* ; elle va nous forcer à adopter une attitude précise, extérieure à elle-même, pour continuer à faire face à ce qui excède ces limites. Cette activité est entrée à ce moment dans sa phase *résonnante*. Elle éprouve tout à coup le besoin de franchir le fossé qui sépare l'idéalisme absolu du matérialisme dialectique. […]

✣ (André Breton, *Qu'est-ce-que le surréalisme ?*, Bruxelles, Henriquez, 1934, p. 10)

Max Ernst

« Les Mystères de la forêt »

[…] Existe-t-il encore des forêts là-bas ? Elles sont, paraît-il, sauvages et impénétrables, noires et rousses, extravagantes, séculaires, fourmilières, diamétrales, négligentes, féroces, ferventes et aimables, sans hier ni lendemain. D'une île à l'autre, par dessus les volcans, elles jouent aux cartes avec des jeux dépareillés. Nues, elles ne se parent que de leur majesté et de leur mystère.

✣ (Max Ernst, « Les Mystères de la forêt », *Minotaure*, n° 5, 12 mai 1934, p. 6)

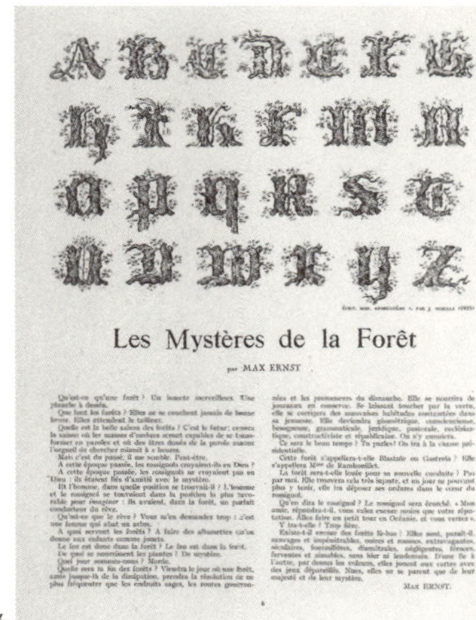

Les Mystères de la Forêt

par MAX ERNST

6

Gisèle Prassinos

« Tragique fanatisme »

[…] La vieille ouvre ses yeux scabreux…
Comme il fait beau, elle est contente
et elle chante :
« j'aime les croûtons
charmante amie
mon cœur à tâtons
chauve-souris ».
[…]

Lotion capillaire

[…] Dans un coin un vieillard imberbe et chauve la regarde faire. Ses yeux roses n'ont pas de prunelles et ses paupières sont cousues aux sourcils comme pour faire de la marche. Sur son crâne pointu, des petits clous dorés enfoncés à moitié. Les oreilles sont décollées et, derrière, il y a de longs poils ondulés. Il tient dans sa main noire une sorte de poupée en fil de fer entourée de papier jaune. L'autre main est absente. A la place il y a une frange faite de lacets de chaussures.

✣ (Gisèle Prassinos, « Tragique fanatisme », *Minotaure*, n° 6, 5 décembre 1934, p. 63-64)

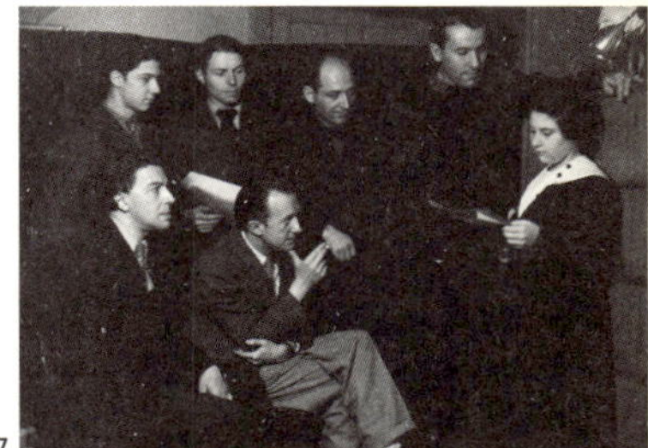

7

4 André Breton « La Beauté sera convulsive », *Minotaure*, n° 5, 12 mai 1934, p. 8-9. Illustré de photographies de Man Ray et de Brassaï, le texte s'achève ainsi : « La beauté convulsive sera érotique-voilée, explosante-fixe, magique-circonstancielle ou ne sera pas. »

5-6 Max Ernst, « Les Mystères de la forêt », *Minotaure*, n° 5, 12 mai 1934, p. 6.

7 Gisèle Prassinos lisant ses poèmes devant : André Breton, Paul Eluard, Benjamin Péret, René Char.

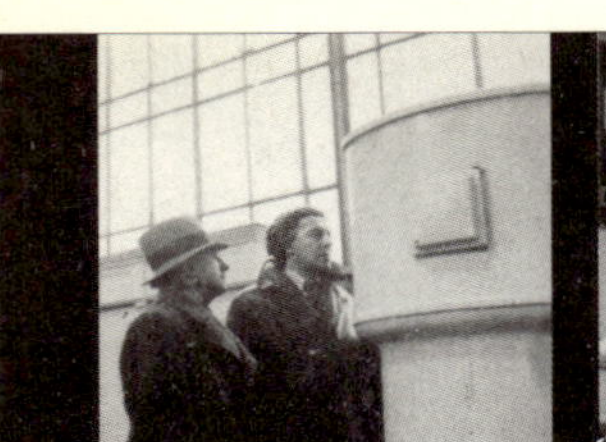
1

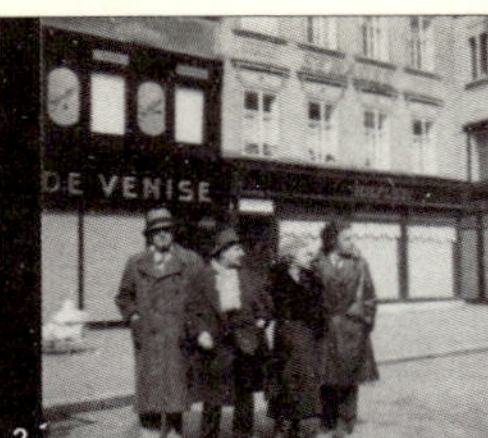

2

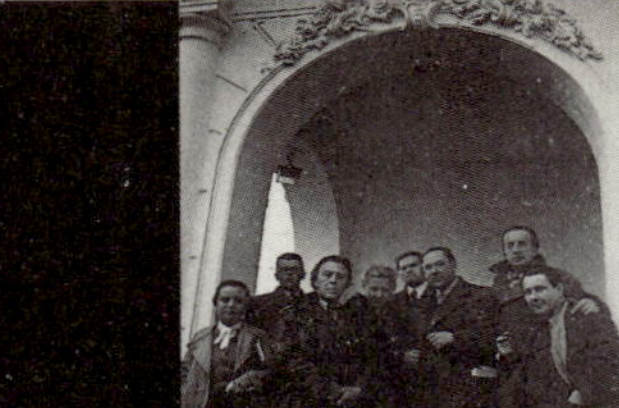
3

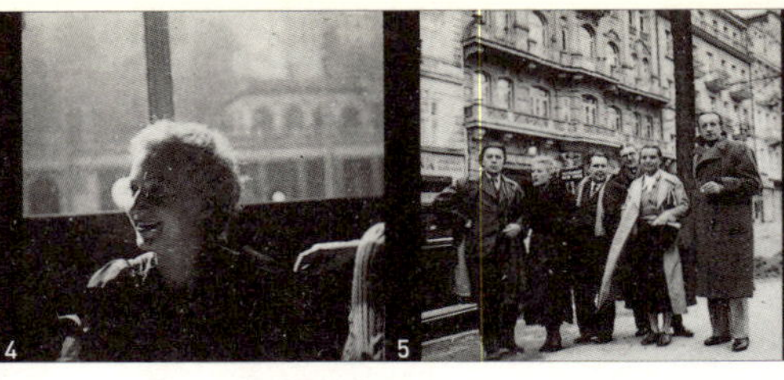
4
5

1935

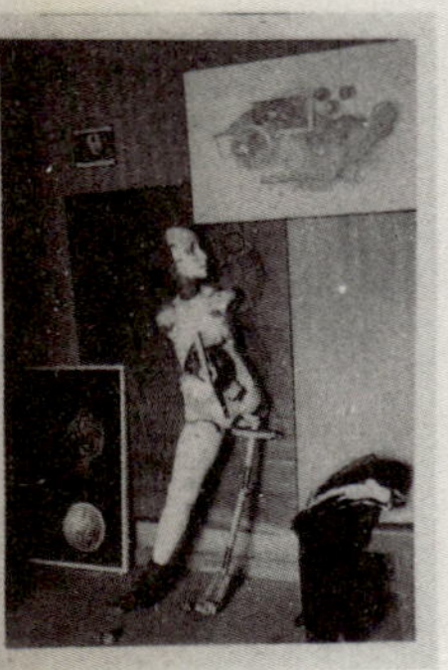
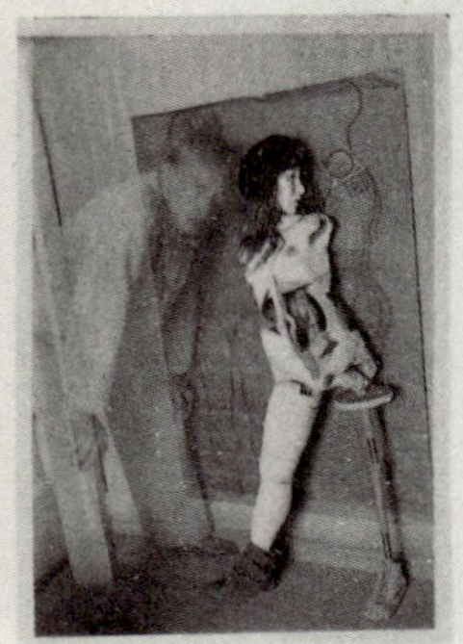
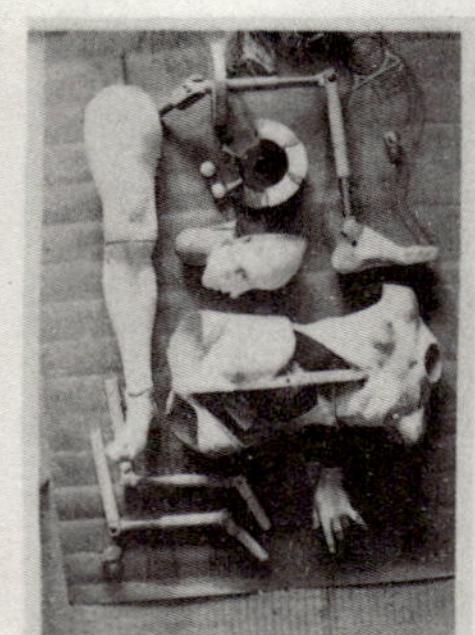
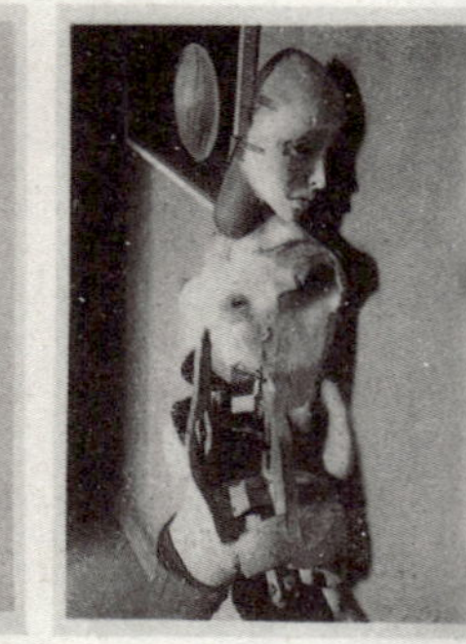
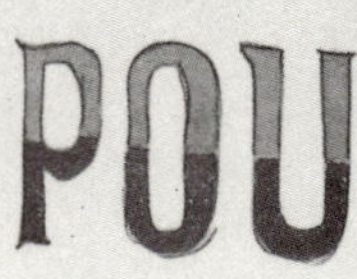
POU PÉE

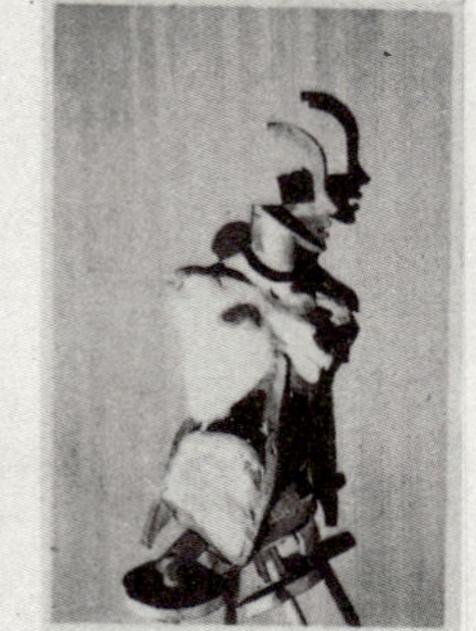
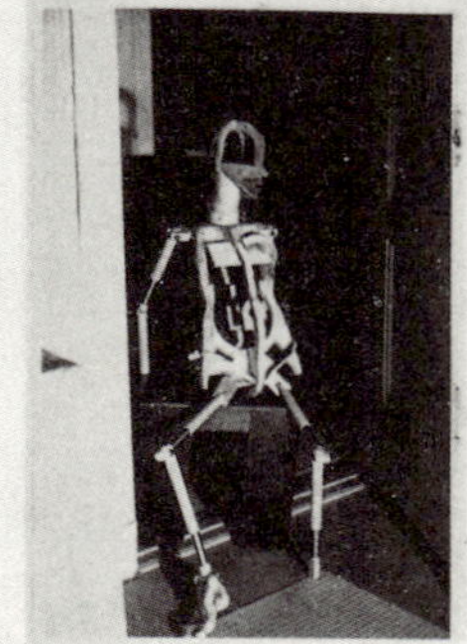
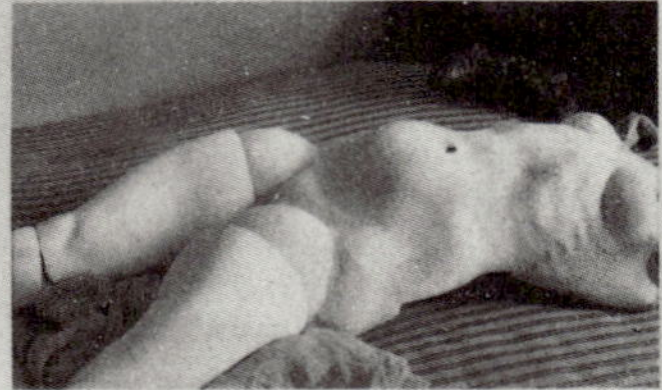
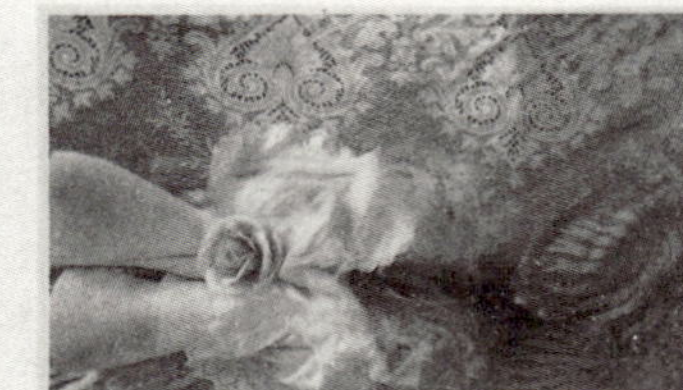

HANS BELLMER

VARIATIONS SUR LE MONTAGE D'UNE MINEURE ARTICULÉE

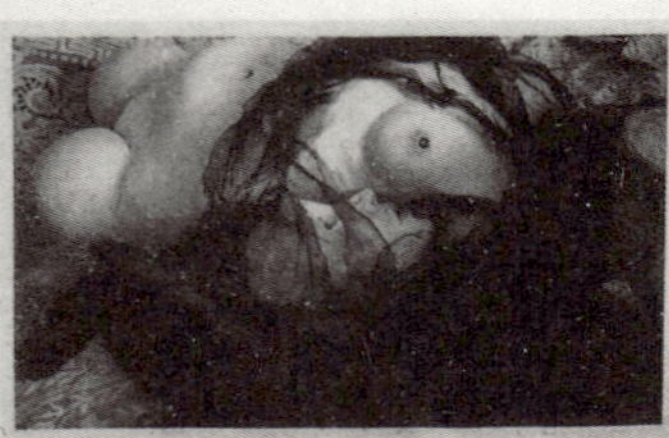
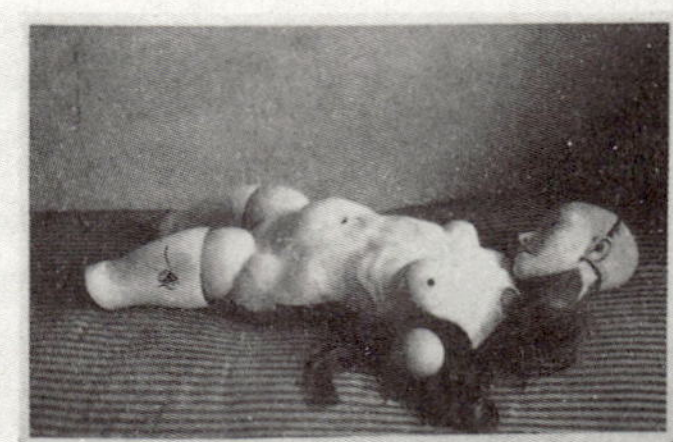
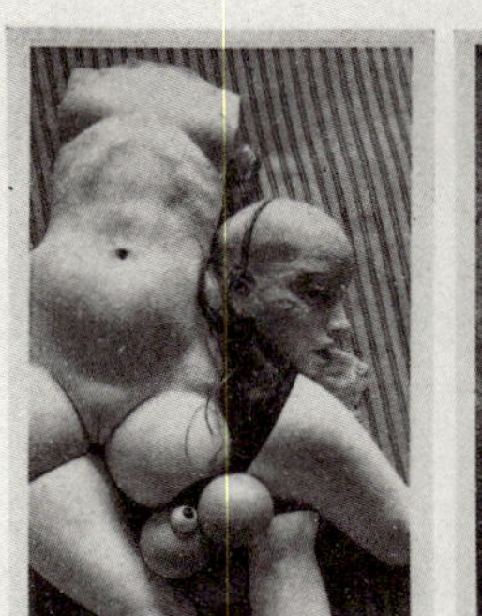
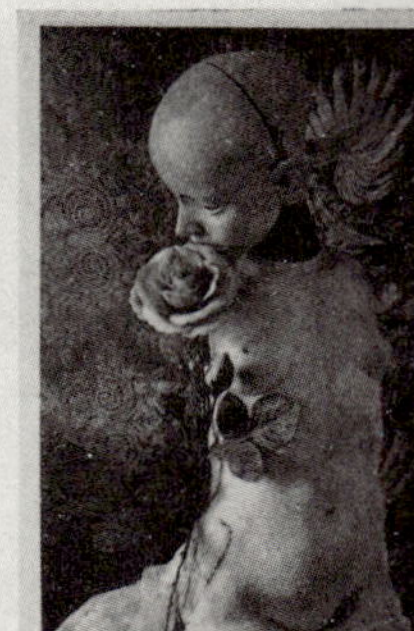
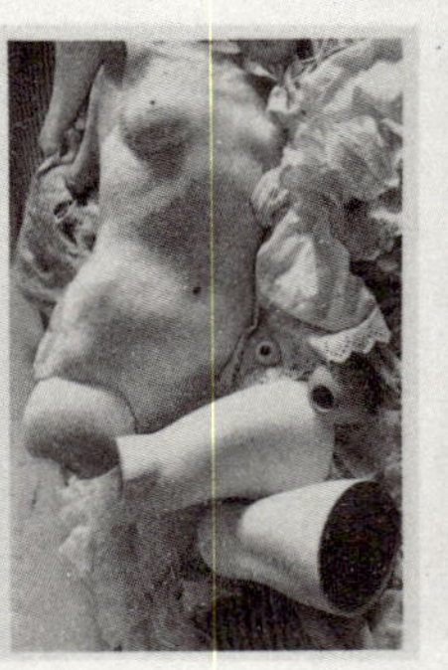
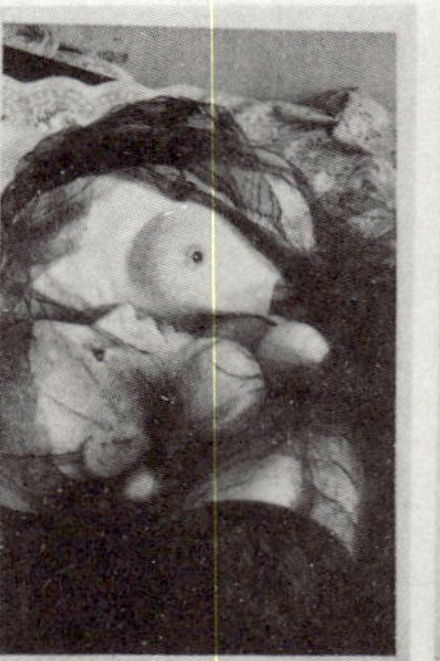
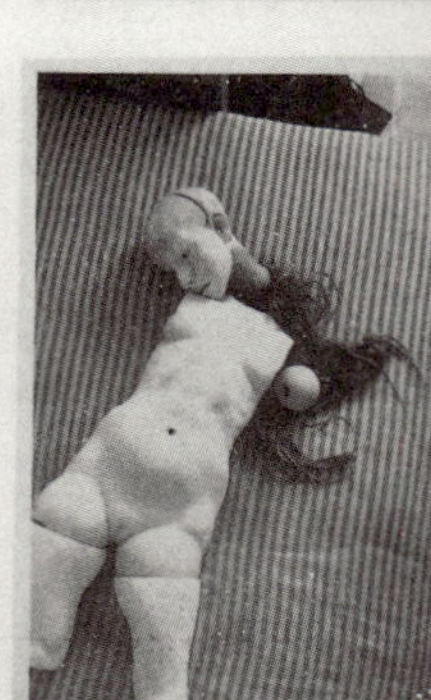

11

[1] Karlsbad, printemps 1935. Album de photographies ayant appartenu à André Breton. Collection particulière.

[2] Marienbad, mars-avril 1935. Album de photographies ayant appartenu à André Breton. Collection particulière.

[3-5] Prague, avril 1935. Album de photographies ayant appartenu à André Breton. Collection particulière.

[6] Tenerife, été 1935 : Exposition internationale du surréalisme organisée par André Breton et Eduardo Westerdahl. De gauche à droite : André Breton, Jacqueline Breton, Domingo Pérez Minik.

[7-10] Tenerife, mai 1935. Album de photographies ayant appartenu à André Breton. Collection particulière.

[11] Hans Bellmer, *La Poupée*, « Variations sur le montage d'une mineure articulée », *Minotaure*, 2e année, no 6, 1934, p. 30-31.

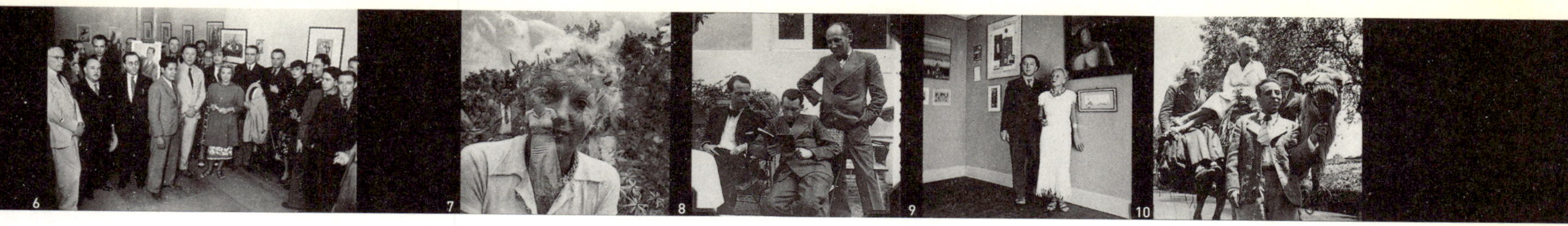

6 7 8 9 10

PARIS

Paalen adhère au surréalisme.

BRETON / Premiers *poèmes-objets* (compositions tendant à combiner les ressources de la poésie et de la plastique en spéculant sur leur pouvoir d'exaltation réciproque).

Bellmer, venant de Berlin, révèle à Paris sa *Poupée*, « variations sur le montage d'une mineure articulée ».

Picasso abandonne un moment la peinture pour la poésie. Ses poèmes (les premiers qu'il ait écrits) sont de structure toute surréaliste.

Breton gifle Ehrenbourg qui a insulté les surréalistes dans son livre *Vus par un écrivain de l'U.R.S.S.* – De ce fait, il n'est plus autorisé à se faire entendre au « Congrès des écrivains pour la défense de la culture » qui se réunit quelques jours plus tard.

Crevel tente en vain de lui faire rendre la parole et se suicide par absorption de somnifère et asphyxie au gaz dans la nuit qui précède l'ouverture du congrès. Epinglé sur son veston un papier portant le seul mot « Dégoûté ».

Du temps que les surréalistes avaient raison, publication consécutive à ces incidents.

RAYMOND ROUSSEL / *Comment j'ai écrit certains de mes livres.*

LONDRES

DAVID GASCOYNE / *A short survey of surrealism.*

COPENHAGUE

Exposition internationale du surréalisme. Publication des revues surréalistes *Linien* et *Konkretion*. Dir. Vilh. Bjerke-Petersen.

TENERIFE (Canaries)

Exposition internationale du surréalisme. – Organisateurs : Breton, Westerdahl. Conférences de Breton et Péret. – Numéro spécial surréaliste de *Gaceta de arte*.

PRAGUE

Conférences de Breton et Eluard. – Publication du *Bulletin international du surréalisme*, n° 1.

Au Théâtre nouveau, représentation du *Trésor des Jésuites*, d'Aragon et Breton (1929).

BRUXELLES

Bulletin international du surréalisme, n° 2.

Tract **« Du temps que les surréalistes avaient raison »**

[…] « Nous ne considérons nullement la théorie de Marx comme quelque chose de parfait et d'inattaquable; au contraire, nous sommes persuadés qu'elle a donné seulement les bases de la science que les socialistes doivent nécessairement parfaire dans tous les sens s'ils ne veulent pas rester en retard sur la vie. » Lénine, qui s'exprime ainsi en 1899, nous donne par là tout lieu de penser qu'à cet égard il en va aujourd'hui du léninisme comme du marxisme. À tout le moins cette assurance ne nous dispose pas à accepter sans contrôle les mots d'ordre actuels de l'Internationale communiste et à approuver *a priori* les modalités de leur application. Ces mots d'ordre, nous penserions faillir à notre devoir d'intellectuels révolutionnaires si nous les acceptions avant de les avoir admis. S'il en est que nous ne parvenons pas à admettre, nous faillirions aussi à ce devoir en ne signalant pas que tout notre être y achoppe, que nous avons besoin d'être convaincus pour pouvoir *suivre* du même cœur. […]

✣ (« Du temps que les surréalistes avaient raison », tract publié en août 1935)

« Le Jour est trop court (Première Nuit d'Young) »

Le jour est trop court pour ma détresse; et la Nuit, même au zénith de son domaine ténébreux, est soleil auprès de la couleur de mon sort. Nuit, déesse endeuillée sur son trône d'ébène, majesté sans rayons ! et voici que s'étend son sceptre de plomb sur un monde assoupi. Silence et si terrible ! Ténèbres, et si profondes ! L'œil, l'oreille à l'écoute ne trouvent pas d'objet; la création dort.[…]

✣ (« Le Jour est trop court (Première Nuit d'Young) », *Minotaure*, n° 7, juin 1935)

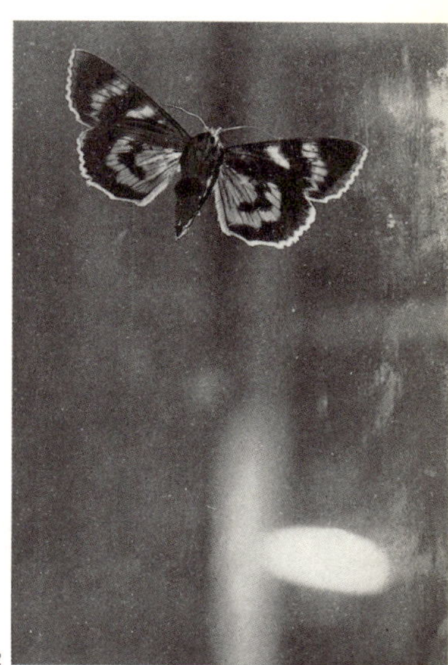

12

12 Photographie de Brassaï reproduite dans « Le Jour est trop court – [Première Nuit d'Young] », *Minotaure*, n° 7, juin 1935.

LE SURRÉALISME AUTOUR DU MONDE

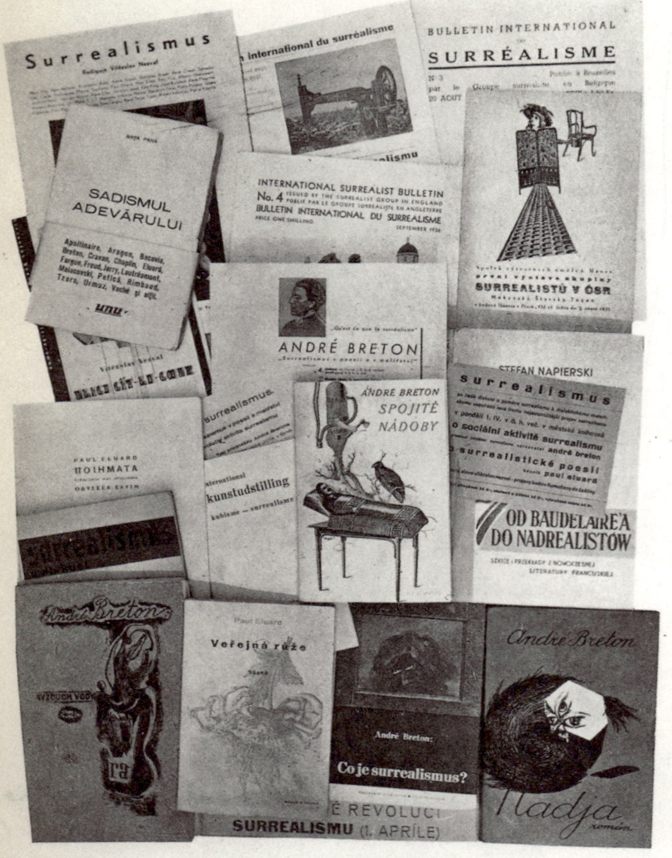

ANGLETERRE, BELGIQUE, DANEMARK, GRÈCE, POLOGNE, ROUMANIE, TCHÉCOSLOVAQUIE

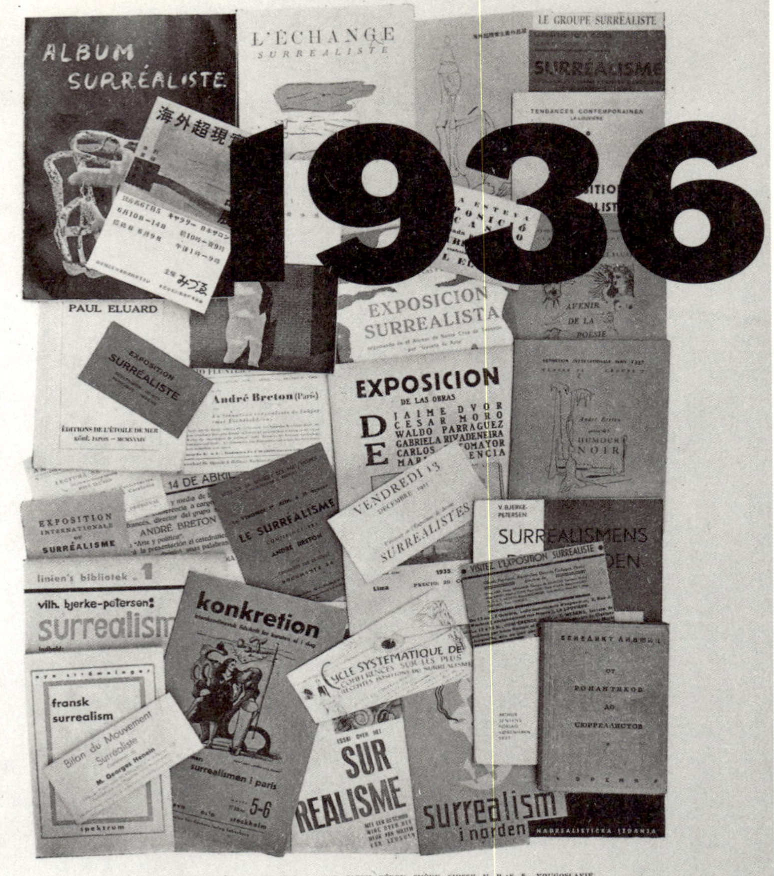

BELGIQUE, DANEMARK, ÉGYPTE, ESPAGNE, FRANCE, JAPON, PÉROU, SUÈDE, SUISSE, U. R.-S. S., YOUGOSLAVIE

1

2

1 « Le Surréalisme autour du monde », double page consacrée aux revues surréalistes, *Minotaure*, 3e série, nº 10, 15 octobre 1936.

2 Vue de l'« Exposition surréaliste d'objets », Galerie Charles Ratton, 14, rue de Marignan, Paris, 22-29 mai 1936.

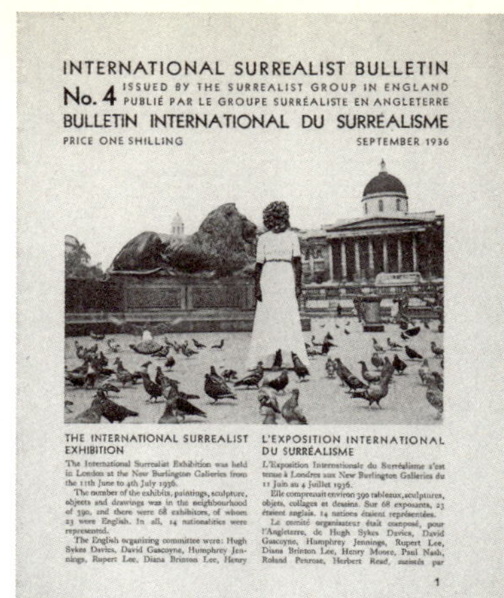
INTERNATIONAL SURREALIST BULLETIN
No. 4 ISSUED BY THE SURREALIST GROUP IN ENGLAND
PUBLIÉ PAR LE GROUPE SURRÉALISTE EN ANGLETERRE
BULLETIN INTERNATIONAL DU SURRÉALISME
PRICE ONE SHILLING SEPTEMBER 1936
THE INTERNATIONAL SURREALIST EXHIBITION
L'EXPOSITION INTERNATIONAL DU SURRÉALISME

3

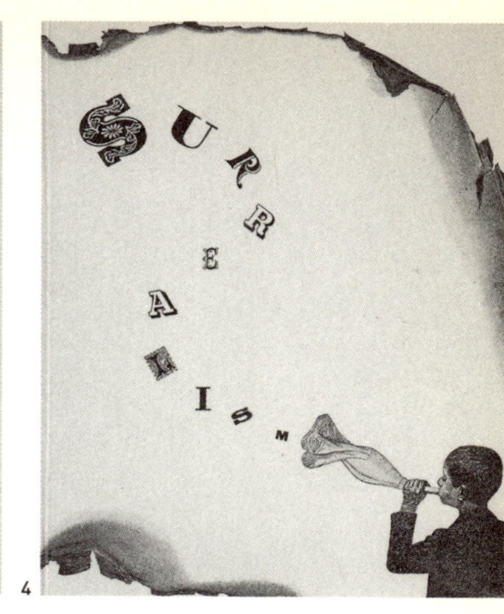

4

PARIS

Dans son ouvrage : *Le nouvel esprit scientifique*, le philosophe Gaston Bachelard promeut à l'existence le mot et la notion de « surrationalisme » ou rationalisme « ouvert » qui apporte au surréalisme une nouvelle justification.

HUGNET / *La septième face du dé* (poèmes-découpages). Couverture de Duchamp.

PÉRET / *Je ne mange pas de ce pain-là* (poèmes où le non-conformisme s'élève au paroxysme de la fureur). *Je sublime* (poèmes d'amour).

Oscar Dominguez invente ce qu'on appellera les « décalcomanies sans objet préconçu » : « Étendez au moyen d'un gros pinceau de la gouache noire, plus ou moins diluée par places, sur une feuille de papier blanc satiné que vous recouvrez aussitôt d'une feuille semblable sur laquelle vous exercez du revers de la main, une pression moyenne. Soulevez sans hâte cette seconde feuille... »

Exposition surréaliste d'objets chez Charles Ratton : indépendamment des objets surréalistes proprement dits sont présentés des objets naturels, des objets perturbés (par tremblement de terre ou incendie), des objets trouvés, des ready-made, des objets mathématiques, etc.

Numéro spécial de *Cahiers d'Art* sur l'Objet.

La vérité sur le procès de Moscou : « Nous tenons le verdict de Moscou et son exécution pour abominables et inexpiables. » (Breton, Hénein, Péret, Tanguy, etc.).

LONDRES

Exposition internationale du surréalisme.

Bulletin international du surréalisme, n° 4.

HERBERT READ / *Surrealism*. – Contributions by Breton, Sykes Davies, Eluard, Hugnet.

ESPAGNE

Federico García Lorca, auteur de *l'Ode à Salvador Dalí* et le meilleur ami de celui-ci, est fusillé par les franquistes.

NEW YORK

JULIEN LEVY / *Surrealism.*

ALFRED BARR / *Fantastic Art. Dada and Surrealism.*

TOKYO

L'Échange surréaliste. – Dir. Yamanaka.

Tract **« Le Procès de Moscou. Appel aux hommes »**

Du 19 au 24 août dernier, s'est déroulé soudain à Moscou, sur un rythme précipité, un procès politique qui laisse derrière lui, avec les cadavres des seize inculpés, une profonde stupeur. Les principaux accusés avaient été les compagnons et les collaborateurs immédiats de Lénine. Incarcérés depuis dix-huit mois après un premier procès déjà étrange, ces hommes, connus dans le monde entier comme artisans essentiels de la Révolution d'Octobre et fondateurs de la IIIe Internationale, ont pris soudain figure de contre-révolutionnaires et même de bandits de droit commun. Pêle-mêle avec de louches comparses, on les a, selon l'expression du ministère public, abattus « comme des chiens enragés. »

Nous nous adressons aux hommes de tous les partis qui se disent dévoués à la libération des travailleurs, à tous ceux, quelles que soient leurs idéologies particulières, qui ne reconnaissent de progrès humains que lorsque sont authentiquement accrues la justice sociale et la dignité de l'homme. Qui d'entre ceux-là refuserait de demander LA VÉRITÉ ?

✤ (« Le Procès de Moscou. Appel aux hommes », tract, n.d. [fin août-début septembre 1936])

« Déclaration lue par André Breton le 3 septembre 1936 au meeting : " la Vérité sur le Procès de Moscou " »

[...] Sous une forme concrète, nous nous proposons d'agir à l'intérieur du *Comité de Vigilance des Intellectuels* pour que soit menée en toute sévérité l'enquête réclamée par le P.O.I. sur les conditions dans lesquelles s'est déroulé, nous le savons déjà, sans le moindre égard, non seulement pour la personnalité des accusés, mais *pour la sauvegarde de la dignité humaine,* le procès de Moscou, et de contribuer à exiger si il y a lieu – il y a lieu sûrement – réparation au nom de la conscience internationale, seul élément de progrès, de la conscience internationale dont, Camarades, nous sommes ici un certain nombre à tenir les prescriptions pour sacrées.

Nous saluons à nouveau la personnalité, *de très loin au-dessus de tout soupçon*, de Léon Trotsky. Nous réclamons pour lui le droit de vivre en Norvège et en France. Nous saluons cet homme qui a été pour nous, abstraction faite des opinions occasionnelles *non infaillibles* qu'il a été amené à formuler, un guide intellectuel et moral de premier ordre et dont la vie, dès lors qu'elle est menacée, nous est aussi précieuse que la nôtre.

Adolphe Acker, André Breton, Georges Henein, Maurice Henein, Maurice Henry, Georges Hugnet, Marcel Jean, Léo Malet, Georges Mouton, Henri Pastoureau, Benjamin Péret, Guy Rosey, Yves Tanguy.

✤ (« Déclaration lue par André Breton le 3 septembre 1936 au meeting : " la Vérité sur le Procès de Moscou " », tract, n.d. [septembre 1936])

3 Couverture du numéro 4 du *Bulletin international du surréalisme*, septembre 1936.

4 Couverture du livre de Julien Levy, *Surréalism*, New York, The Black Sun Press, Arno Worldwide, 1936.

1 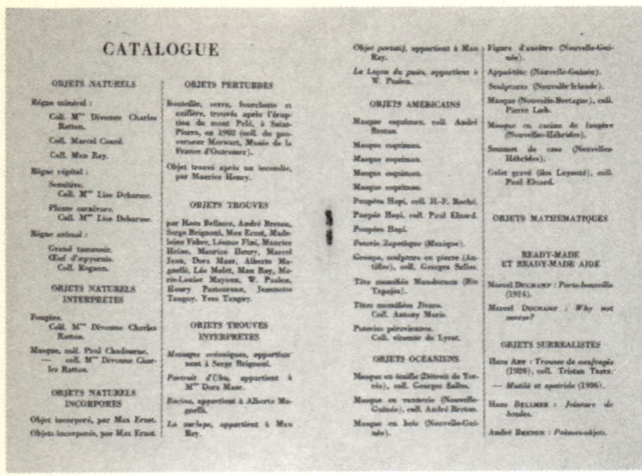

CATALOGUE

2 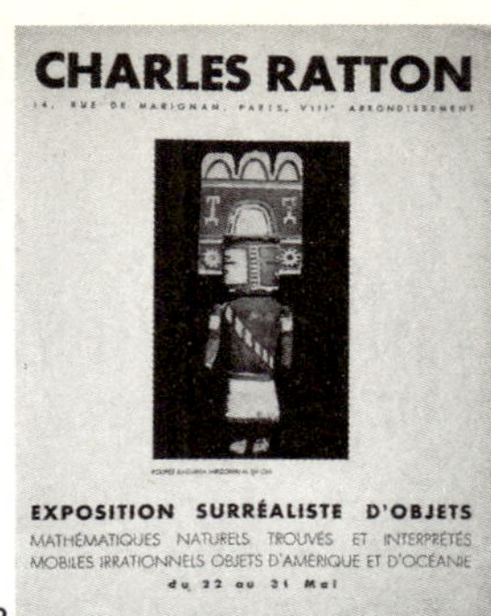

CHARLES RATTON

14, RUE DE MARIGNAN, PARIS, VIIIe ARRONDISSEMENT

EXPOSITION SURRÉALISTE D'OBJETS

MATHÉMATIQUES NATURELS TROUVÉS ET INTERPRÉTÉS MOBILES IRRATIONNELS OBJETS D'AMÉRIQUE ET D'OCÉANIE

du 22 au 31 Mai

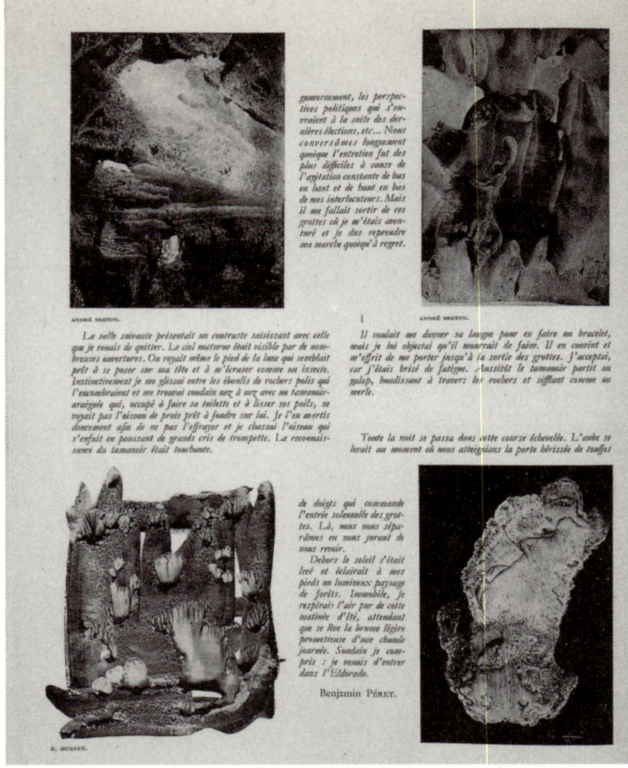

gouvernement, les perspectives politiques qui s'ouvraient à la suite des dernières élections, etc... Nous conversâmes longuement quoique l'entretien fut des plus difficiles à cause de l'agitation constante de bas en haut et de haut en bas de mes interlocuteurs. Mais il me fallait sortir de ces grottes où je m'étais aventuré et je dus reprendre ma marche quoiqu'à regret.

ANDRÉ BRETON.

La salle suivante présentait un contraste saisissant avec celle que je venais de quitter. Le ciel nocturne était visible par de nombreuses ouvertures. On voyait même le pied de la lune qui semblait prêt à se poser sur ma tête et à m'écraser comme un insecte. Instinctivement je me glissai entre les éboulis de rochers polis qui l'encombraient et me trouvai soudain nez à nez avec un tamanoir-araignée qui, occupé à faire sa toilette et à lisser ses poils, ne voyait pas l'oiseau de proie prêt à fondre sur lui. Je l'en avertis doucement afin de ne pas l'effrayer et je chassai l'oiseau qui s'enfuit en poussant de grands cris de trompette. La reconnaissance du tamanoir était touchante.

ANDRÉ BRETON.

Il voulait me donner sa langue pour en faire un bracelet, mais je lui objectai qu'il mourrait de faim. Il en convint et m'offrit de me porter jusqu'à la sortie des grottes. J'acceptai, car j'étais brisé de fatigue. Aussitôt le tamanoir partit au galop, bondissant à travers les rochers et sifflant comme un merle.

Toute la nuit se passa dans cette course échevelée. L'aube se levait au moment où nous atteignions la porte hérissée de touffes de doigts qui commande l'entrée solennelle des grottes. Là, nous nous séparâmes en nous jurant de nous revoir.

Dehors le soleil s'était levé et éclairait à mes pieds un lumineux paysage de forêts. Immobile, je respirais l'air pur de cette matinée d'été, attendant que se lève la brume légère prometteuse d'une chaude journée. Soudain je compris : je venais d'entrer dans l'Eldorado.

Benjamin PÉRET.

G. HUGNET.

3

ANDRÉ BRETON

« Crise de l'objet »

[...] De même que la physique contemporaine tend à se constituer sur des schèmes non-euclidiens, la création des « objets surréalistes » répond à la nécessité de fonder, selon l'expression décisive de Paul Eluard, une véritable « physique de la poésie ». De même que voisinent dès maintenant sur les tables des instituts mathématiques du monde entier des objets construits, les uns sur des données euclidiennes, les autres sur des données non-euclidiennes, d'aspect également troublant pour le profane, objets qui n'en entretiennent pas moins dans l'espace tel que nous le concevons généralement les relations les plus passionnantes, les plus équivoques, les objets qui prennent place dans le cadre de l'exposition surréaliste de mai sont avant tout de nature à *lever l'interdit* résultant de la répétition accablante de ceux qui tombent journellement sous nos sens et nous engagent à tenir tout ce qui pourrait *être* en dehors d'eux pour illusoire. Il importe à tout prix de fortifier les moyens de défense qui peuvent être opposés à l'envahissement du monde sensible par les choses dont, plutôt par habitude que par nécessité, se servent les hommes. Ici comme ailleurs traquer la bête folle de l'*usage*. [...]

✣ (André Breton, « Crise de l'objet », *Cahiers d'Art*, numéro spécial consacré à l'objet, 11e année, 1936, p. 22)

ANDRÉ BRETON

« D'une décalcomanie sans objet préconçu (décalcomanie du désir) »

[...] *Pour ouvrir à volonté sa fenêtre sur les plus beaux paysages du monde et d'ailleurs .*

Étendez au moyen d'un gros pinceau de la gouache noire, plus ou moins diluée par places, sur une feuille de papier blanc satiné que vous recouvrez aussitôt d'une feuille semblable sur laquelle vous exercez du revers de la main une pression moyenne. Soulevez sans hâte par son bord supérieur cette seconde feuille à la manière dont on procède pour la décalcomanie, quitte à la réappliquer et à la soulever de nouveau jusqu'à un séchage à peu près complet. Ce que vous avez devant vous n'est peut-être que le vieux mur paranoïaque de Vinci, mais c'est ce mur *porté à sa perfection*. Qu'il vous suffise, par exemple, d'intituler l'image obtenue en fonction de ce que vous y découvrez avec quelque recul pour être sûr de vous être exprimé de la manière la plus personnelle et la plus valable.

✣ (André Breton, « D'une décalcomanie sans objet préconçu (décalcomanie du désir) », *Minotaure*, n° 8, juin 1936, p. 18)

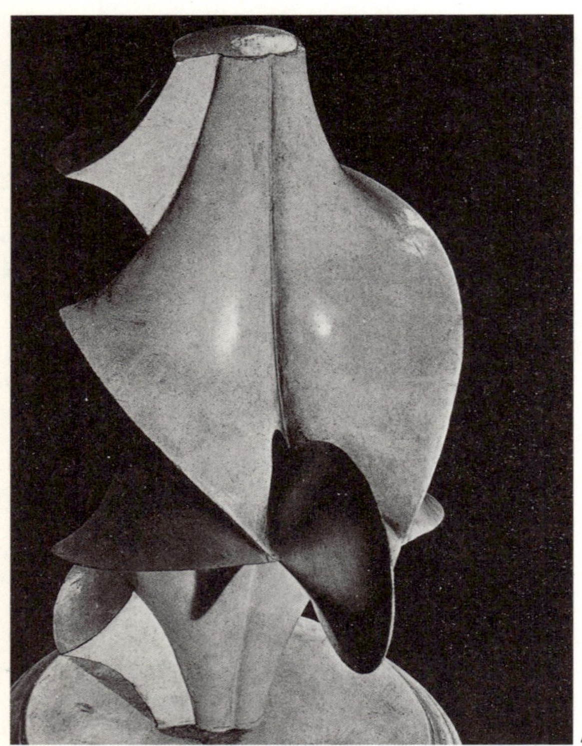

4

1-2 Sommaire et couverture du catalogue de l'« Exposition surréaliste d'objets », Galerie Charles Ratton, Paris, 22-29 mai 1936.

3 Décalcomanies originales de Jacqueline Breton, André Breton et Georges Hugnet reproduites dans l'article d'André Breton, « D'une décalcomanie sans objet préconçu (décalcomanie du désir) », *Minotaure*, n° 8, juin 1936.

4 *Objet mathématique*, « Surface à courbure constante négative d'Enneper, dérivée de la pseudo sphère », photographie de Man Ray reproduite dans le numéro spécial de *Cahiers d'Art* consacré à l'objet, 11e année, 1936, p. 18.

5 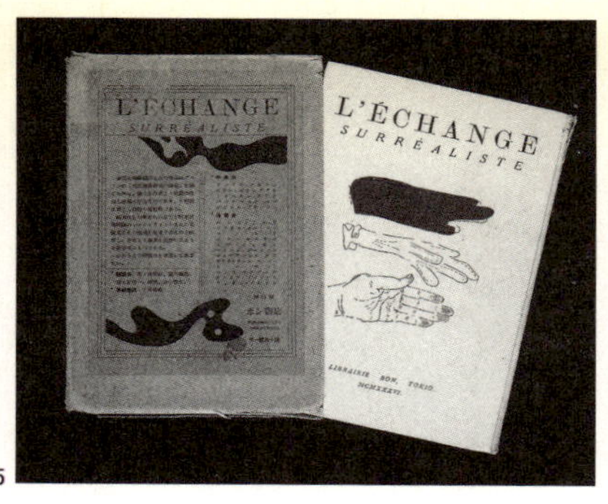

6 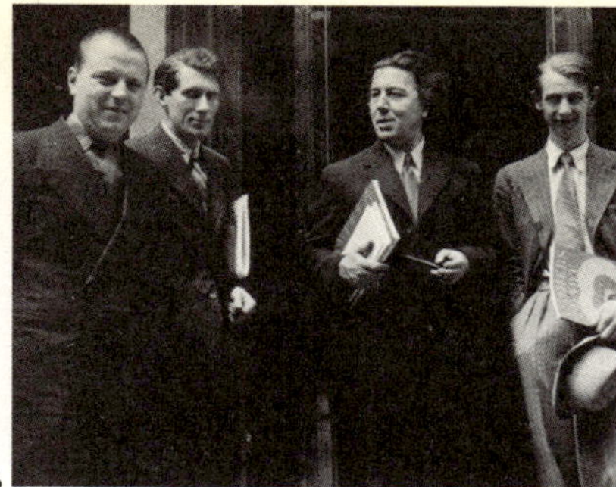

7 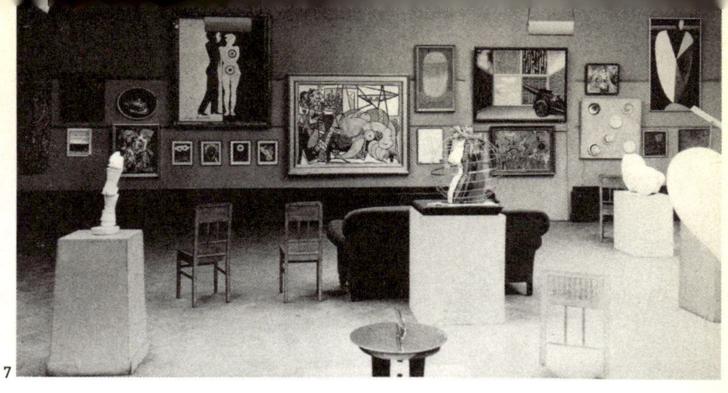

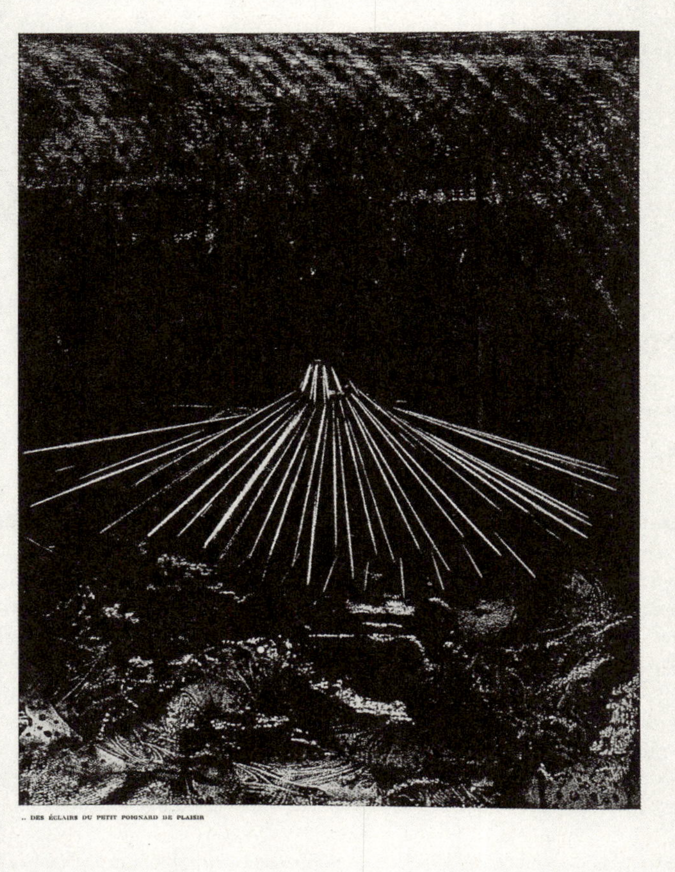

8

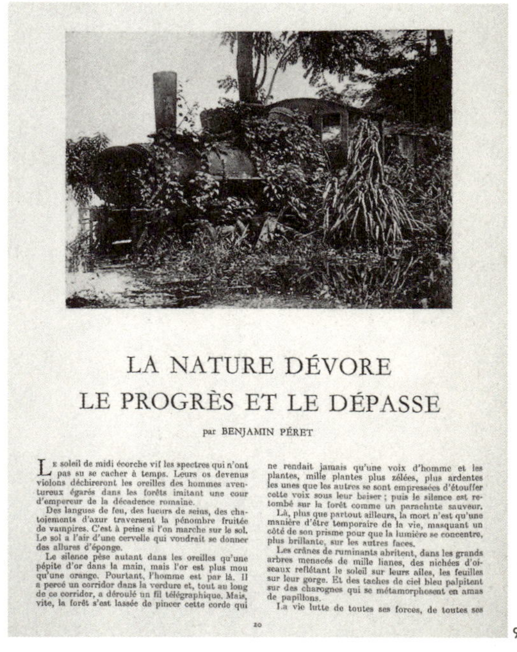

LA NATURE DÉVORE
LE PROGRÈS ET LE DÉPASSE

par BENJAMIN PÉRET

Le soleil de midi écorche vif les spectres qui n'ont pas su se cacher à temps. Leurs os devenus violons déchireront les oreilles des hommes aventureux égarés dans les forêts imitant une cour d'empereur de la décadence romaine.

Des langues de feu, des lueurs de seins, des chatoiements d'azur traversent la pénombre fruitée de vampires. C'est à peine si l'on marche sur le sol. Le sol a l'air d'une cervelle qui voudrait se donner des allures d'éponge.

Le silence pèse autant dans les oreilles qu'une pépite d'or dans la main, mais l'or est plus mou qu'une orange. Pourtant, l'homme est par là. Il a percé un corridor dans la verdure et, tout au long de ce corridor, a déroulé un fil télégraphique. Mais, vite, la forêt s'est lassée de pincer cette corde qui ne rendait jamais qu'une voix d'homme et les plantes, mille plantes plus zélées, plus ardentes les unes que les autres se sont empressées d'étouffer cette voix sous leur baiser ; puis le silence est retombé sur la forêt comme un parachute sauveur.

Là, plus que partout ailleurs, la mort n'est qu'une manière d'être temporaire de la vie, masquant un côté de son prisme pour que la lumière se concentre, plus brillante, sur les autres faces.

Les crânes de ruminants abritent, dans les grands arbres menacés de mille lianes, des nichées d'oiseaux reflétant le soleil sur leurs ailes, les feuilles sur leur gorge. Et des taches de ciel bleu palpitent sur des charognes qui se métamorphosent en amas de papillons.

La vie lutte de toutes ses forces, de toutes ses

20

9

André Breton
« Le Château étoilé »

[…] Autrement gênant est de s'arracher à la contemplation de cette espèce autochtone, je crois, de *sempervivum* qui jouit de la propriété effrayante de continuer à se développer en n'importe qu'elles conditions et cela aussi bien à partir d'un fragment de feuille que d'une feuille : froissée, piquée, déchirée, brûlée, serrée entre les pages d'un livre à tout jamais fermé, cette écaille glauque dont on ne sait s'il convient en fin de compte de la serrer contre son cœur ou de l'insulter, se porte bien. Elle tente, au prix de quelques révoltants efforts, de se reconstruire selon les probabilités détruites qui sont les siennes. Elle est belle et confondante comme la subjectivité humaine, telle qu'elle ressort plus ou moins hagarde des révolutions de type égalitaire. Elle est non moins belle, non moins inextirpable que cette volonté désespérée d'aujourd'hui, qui peut être qualifiée de *surréaliste* aussi bien dans le domaine des sciences particulières que dans le domaine de la poésie et des arts, d'opérer à chaque instant la synthèse du rationnel et du réel, sans crainte de faire entrer dans le mot « réel » tout ce qu'il peut contenir d'irrationnel *jusqu'à nouvel ordre*. Elle n'est pas plus belle, elle n'est pas plus pauvre de raisons d'être et plus riche de devenir que la séparation dans l'amour, si courte soit-elle, que cette plaie délicieuse qui s'ouvre et se ferme sur une suite phosphorescente, séculaire de tentations et de dangers.

J'oubliais que, pour parer à toute velléité d'envahissement de la terre par le *sempervivum*, les hommes n'ont rien trouvé de mieux – à vrai dire rien d'autre – que de le faire bouillir. […]

✜ (André Breton, « Le Château étoilé », dessins de Max Ernst, *Minotaure*, n° 8, 15 juin 1936, p. 26, 34)

5 Couverture de *L'Échange surréaliste*, Tokyo, Librairie Bon, 1936.

6 Seconde exposition internationale du surréalisme, Londres, juin 1936. De gauche à droite : L.T. Mesens, Roland Penrose, André Breton et Jennings.

7 Vue de la Seconde exposition internationale du surréalisme, Burlington Galleries, Londres, juin 1936.

8 Max Ernst, dessin pour « Le Château étoilé » d'André Breton, *Minotaure*, n° 8, 15 juin 1936.

9 Benjamin Péret, « La Nature dévore le progrès et le dépasse », *Minotaure*, 3e série, n° 10, 15 octobre 1936, p. 20.

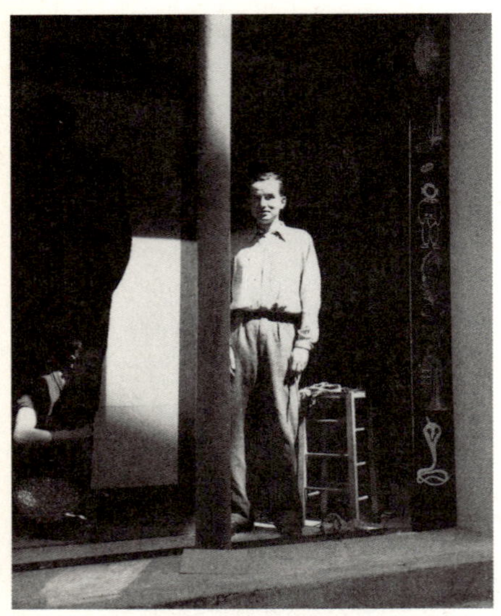

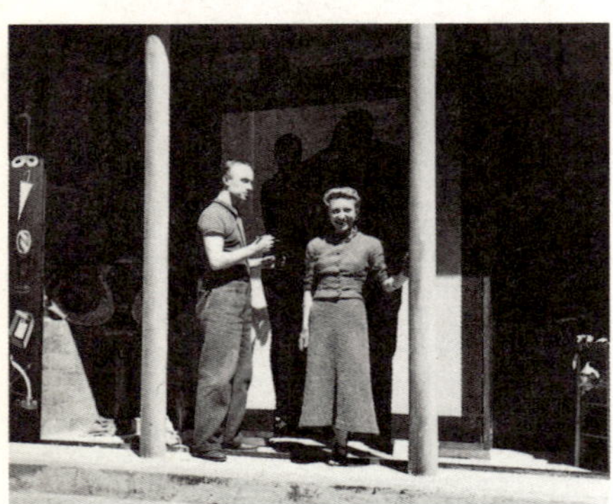

1
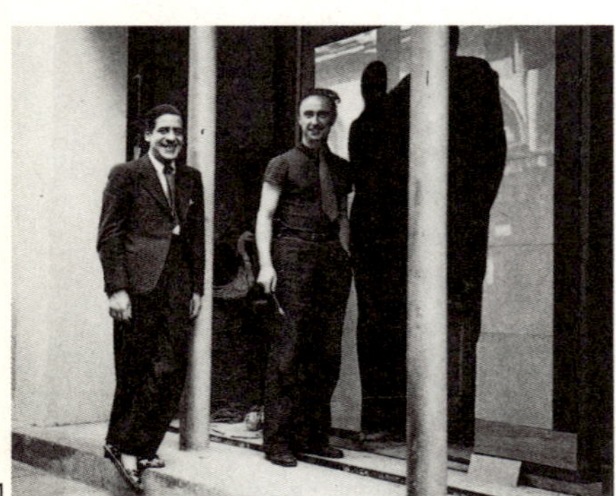

2
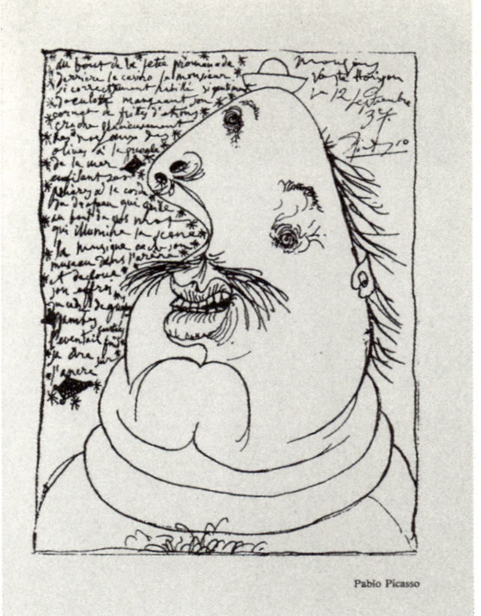

3
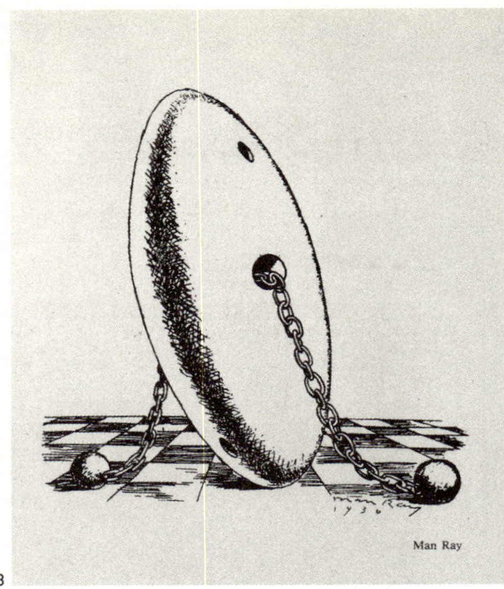

Tract **« Discours d'André Breton à propos du Second Procès de Moscou »**

CAMARADES,

Plus de lumière ! « Mehr Licht », tel a été le dernier cri de Goethe ; « plus de conscience ! » tel a été le grand mot d'ordre de Marx. En fait de lumière, avec Staline nous pouvons compter sur celle des procès en sorcellerie du Moyen Âge : il faut entrer dans le détail de ces procès – et le prolétariat n'en a pas le loisir – pour trouver un équivalent de l'atmosphère de celui qui s'est déroulé en août dernier, de celui qui se déroule actuellement à Moscou. Et on nous laisse bien entendre que ce n'est pas fini ! En fait de lumière, celle d'un escalier de prison qu'on vous fera descendre à quatre heures du matin, d'un escalier bordé de rigoles comme une table d'amphithéâtre, où, à telle marche, vous recevrez une balle dans la nuque. [...] Camarades, vous direz avec nous que les hommes qu'on produit méconnaissables sur les tréteaux branlants des tribunaux de Moscou ont gagné par leur passé le droit de continuer à vivre et que vous faites toute confiance à l'avant-garde révolutionnaire catalane et espagnole pour ne pas se déchirer elle-même et sauver, malgré Staline comme malgré Mussolini et Hitler, l'honneur et l'espoir de ce temps. André Breton

✤ (« Discours d'André Breton à propos du Second Procès de Moscou », tract, Paris, 16 janvier 1937)

Tract **« Ubu enchaîné »**

André Breton, « Éclosion et prolifération sociale d'Ubu »

Étant admis que l'humour représente une revanche du principe du plaisir attaché au surmoi sur le principe de réalité attaché au moi, on n'aura aucune peine à découvrir dans le personnage d'Ubu l'incarnation magistrale du soi nietzschéen-freudien qui désigne l'ensemble des puissances inconnues, inconscientes, refoulées dont le moi n'est que l'émanation permise toute subordonnée à la prudence : « Le *moi*, dit Freud, ne recouvre le *soi* que par sa surface formée par le système P (perception) par opposition à C (conscience) à peu près comme le disque germinal recouvre l'œuf. » En l'occurrence, l'œuf, c'est bien M. Ubu, triomphe de l'instinct et de l'impulsion instinctive, comme il le proclame lui-même : « Semblable à un œuf, une citrouille ou un fulgurant météore, je roule sur cette où je ferai ce qu'il me plaira. D'où naissent ces trois animaux (les palotins) aux oreilles imperturbablement dirigées vers le Nord et leurs nez vierges semblables à des trompes qui n'ont pas encore sonné. »

✤ (« Ubu enchaîné », tract de 24 pages, Paris, n.d. [septembre 1937] auquel ont collaboré : Roger Blin, André Breton, Coutaud, Jean Effel, Paul Eluard, Maurice Heine, Maurice Henry, Georges Hugnet, Sylvain Itkine, Marcel Jean, Gilbert Lély, Lord Loris, Pierre Mabille, Magritte, Léo Mallet, Miró, Paalen, Henry Pastoureau, Benjamin Péret, Picasso, Man Ray, Guy Rosey, Yves Tanguy)

1 Devant la porte de la galerie Gradiva, de haut en bas : Yves Tanguy, Yves Tanguy et Jacqueline Breton, Oscar Dominguez et Yves Tanguy.

2 Dessin de Picasso pour le tract « Ubu enchaîné », 1937.

3 Dessin de Man Ray pour le tract « Ubu enchaîné », 1937.

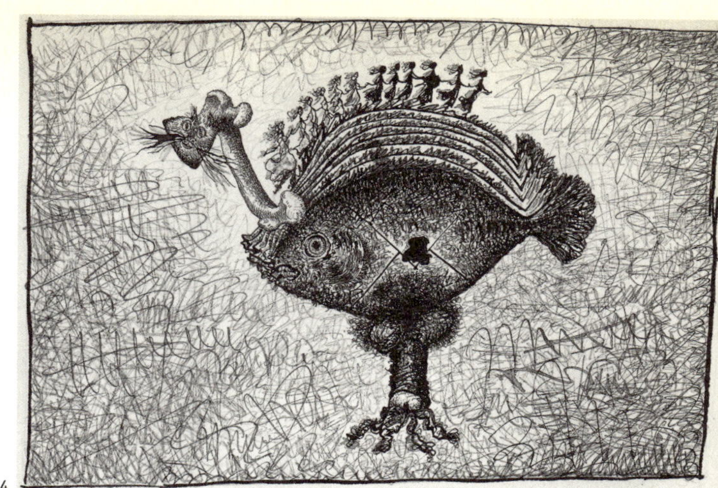

4

MUNICH

Exposition nazie « d'art dégénéré » (Chagall, Klee, Schwitters, Ernst, etc.).

PARIS

Breton ouvre une galerie surréaliste à l'enseigne de *Gradiva* (nom de l'héroïne d'un roman du Norvégien Jensen, analysé par Freud). Duchamp en dessine et construit la porte dont l'ouverture silhouette un homme et une femme côte à côte.
Cahiers d'Art : numéro spécial consacré à Max Ernst.
« La Carte surréaliste garantie » : 21 cartes postales par Duchamp, Breton, Ernst, Miró, Dalí, Bellmer, Man Ray, Tanguy, Dominguez, Arp, Hugnet, Meret Oppenheim, Magritte, Paalen, Picasso, etc.
Première représentation *d'Ubu enchaîné* d'Alfred Jarry. Décors et costumes de Max Ernst. Dans le programme imprimé de la pièce, les surréalistes tour à tour rendent hommage à Jarry.
BRETON / *L'Amour fou.*
PAALEN / Paysages totémiques. – « Fumages ».

IRLANDE

Durant un séjour en Irlande, Artaud croit découvrir qu'une canne qui, depuis des années, ne le quitte guère (il refuse de s'en séparer même au lit) n'est autre que le bâton de Saint-Patrick. Sur le bateau qui le ramène en France il donne des signes de grande exaltation et, notamment, jette tous ses papiers d'identité à la mer. Il est interné dès son débarquement au Havre.

STOCKHOLM

V. BJERKE-PETERSEN / *Surrealismens billedverden.*

TOKYO

TAKIGUCHI ET YAMANAKA / *Album surrealist.*

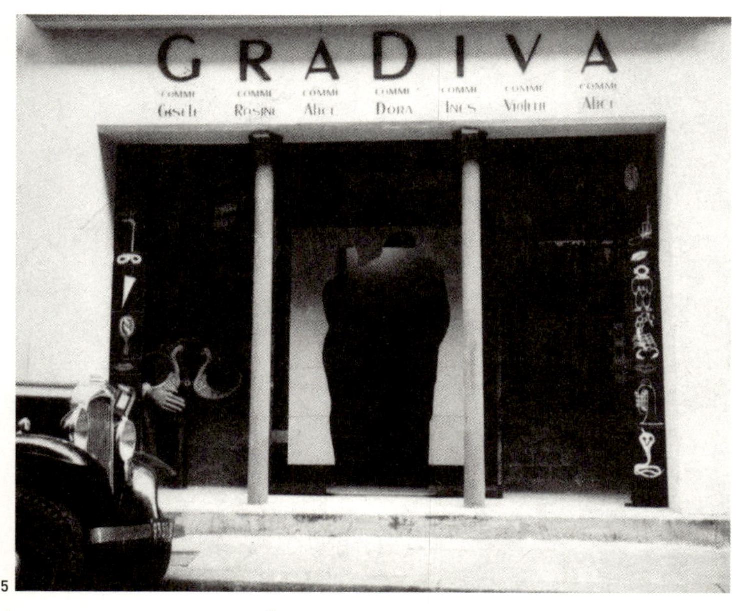

5

[4] « La carte postale surréaliste garantie » : carte postale « Poisson » de Pablo Picasso, 1937. Collection particulière.

[5] La galerie Gradiva ouverte par André Breton, au 31 rue de Seine à Paris, en mai 1937. Duchamp dessine et construit la porte d'entrée dont l'ouverture silhouette un homme et une femme côte à côte. Collection particulière.

André Breton
L'Amour fou

[…] Cette royauté sensible qui s'étend sur tous les domaines de mon esprit et qui tient ainsi dans une gerbe de rayons à portée de la main n'est, je crois, partagée pleinement de temps à autre que par les bouquets absolus offerts du fond des mers par les alcyonaires, les madrépores. L'inanimé touche ici de si près l'animé que l'imagination est libre de se jouer à l'infini sur ces formes d'apparence toute minérale, de reproduire à leur sujet la démarche qui consiste à reconnaître un nid, une grappe retirés d'une fontaine pétrifiante. Après les tours de châteaux aux trois quarts effondrés, les tours de cristal, le lieu où elle perd idéalement cette réalité toute-puissante est à mes yeux les coraux, pour peu que je les réintègre comme il se doit à la vie, dans l'éclatant miroitement de la mer. La vie, dans la constance de son processus de formation et de destruction, ne me semble pour l'œil humain pouvoir être concrètement mieux enclose qu'entre les haies de mésanges bleues de l'aragonite et le pont de trésors de la « grande barrière » australienne. […]

✣ (André Breton, *L'Amour fou*, Paris, Gallimard, 1937, p. 14-15)

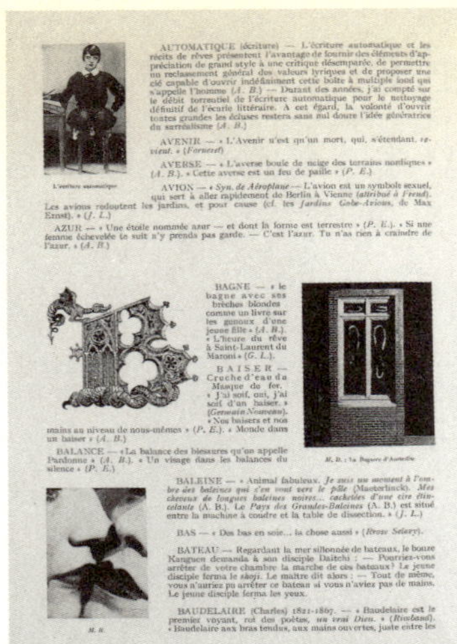

AUTOMATIQUE (écriture) — L'écriture automatique et les récits de rêves présentent l'avantage de fournir des éléments d'appréciation de grand style à une critique désemparée, de permettre un reclassement général des valeurs lyriques et de proposer une clé capable d'ouvrir indéfiniment cette boîte à multiple fond qui s'appelle l'homme (*A. B.*) — Durant des années, j'ai compté sur le débit torrentiel de l'écriture automatique pour le nettoyage définitif de l'écurie littéraire. A cet égard, la volonté d'ouvrir toutes grandes les écluses restera sans nul doute l'idée génératrice du surréalisme (*A. B.*)

AVENIR — « L'Avenir n'est qu'un mort, qui, s'étendant, *revient*. » (*Forneret*)

AVERSE — « L'averse boule de neige des terrains nordiques » (*A. B.*). « Cette averse est un feu de paille » (*P. E.*)

L'écriture automatique

AVION — « *Syn. de Aéroplane* — L'avion est un symbole sexuel, qui sert à aller rapidement de Berlin à Vienne (*attribué à Freud*). Les avions redoutent les jardins, et pour cause (cf. les *Jardins Gobe-Avions*, de Max Ernst). » (*J. L.*)

AZUR — « Une étoile nommée azur — et dont la forme est terrestre » (*P. E.*). « Si une femme échevelée te suit n'y prends pas garde. — C'est l'azur. Tu n'as rien à craindre de l'azur. » (*A. B.*)

BAGNE — « le bagne avec ses brèches blondes comme un livre sur les genoux d'une jeune fille » (*A. B.*). « L'heure du rêve à Saint-Laurent du Maroni » (*G. L.*).

BAISER — Cruche d'eau du Masque de fer. « J'ai soif, oui, j'ai soif d'un baiser. » (*Germain Nouveau*). « Nos baisers et nos mains au niveau de nous-mêmes » (*P. E.*). « Monde dans un baiser » (*A. B.*)

BALANCE — « La balance des blessures qu'on appelle Pardonne » (*A. B.*). « Un visage dans les balances du silence » (*P. E.*)

M. D. : La Bagarre d'Austerlitz

BALEINE — « Animal fabuleux. *Je suis un moment à l'ombre des baleines qui s'en vont vers le pôle* (Maeterlinck). *Mes cheveux de longues baleines noires... cachetées d'une cire étincelante* (A. B.). Le *Pays des Grandes-Baleines* (A. B.) est situé entre la machine à coudre et la table de dissection. » (*J. L.*)

BAS — « Des bas en soie... la chose aussi » (*Rrose Sélavy*).

BATEAU — Regardant la mer sillonnée de bateaux, le bonze Kanguen demanda à son disciple Daitchi : — Pourriez-vous arrêter de votre chambre la marche de ces bateaux ? Le jeune disciple ferma le *shoji*. Le maître dit alors : — Tout de même, vous n'auriez pu arrêter ce bateau si vous n'aviez pas de mains. Le jeune disciple ferma les yeux.

M. R.

BAUDELAIRE (Charles) 1821-1867. — « Baudelaire est le premier voyant, roi des poètes, *un vrai Dieu*. » (*Rimbaud*). « Baudelaire aux bras tendus, aux mains ouvertes, juste entre les

4

1938

PARIS

BRETON ET ELUARD / *Dictionnaire abrégé du surréalisme.*
Exposition internationale du surréalisme à la galerie Beaux-Arts.
– Organisateurs : Breton et Eluard. Générateur-arbitre : Duchamp. Conseillers spéciaux : Dalí et Ernst. Maître des lumières : Man Ray. Eaux et broussailles : Paalen. – Mannequins habillés par les principaux exposants. – Plafond chargé de 1.200 sacs de charbon. – Portes « revolvers ». – Lampes Mazda. – Échos. – Odeurs du Brésil et le reste à l'avenant. – Du vernissage de cette exposition on a pu dire que « jamais gens du monde ne s'étaient autant écrasés depuis l'incendie du Bazar de la Charité ».
JULIEN GRACQ / *Au Château d'Argol*, roman.
NICOLAS CALAS / *Foyers d'incendie.*
GEORGES SCHEHADÉ / *Poésies.*
Trajectoire du rêve, textes assemblés par Breton et précédés d'un appel en faveur de Freud persécuté par les nazis.
LAUTRÉAMONT / *Œuvres complètes*, illustrées par les peintres surréalistes.
Matta, Esteban Frances et Onslow-Ford adhèrent au surréalisme.

MEXIQUE

Breton, chargé de conférences à Mexico, rédige, en collaboration avec Trotsky, un manifeste « Pour un art révolutionnaire indépendant » qui doit servir de base à la F.I.A.R.I. (Fédération internationale de l'art révolutionnaire indépendant). Au retour de ce voyage, rupture de Breton avec Eluard, qui s'est rapproché des staliniens.

LONDRES

Fondation du *London Bulletin* (Ed. Mesens et Penrose) où l'influence surréaliste est prépondérante (20 numéros parus jusqu'à 1940).

PRAGUE

Styrsky à Toyen, par Nezval et Teige.

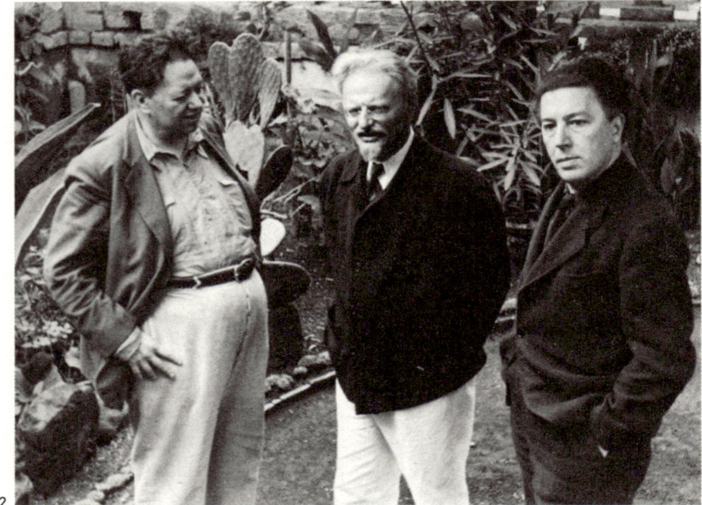

1 *Dictionnaire abrégé du surréalisme*, Paris, galerie des Beaux-Arts, 1938.

2 Mexique, mars-juin 1938. De gauche à droite : Diego Rivera, Léon Trotsky et André Breton, dans le jardin de la « Maison Bleue » de Rivera à Coyoacán.

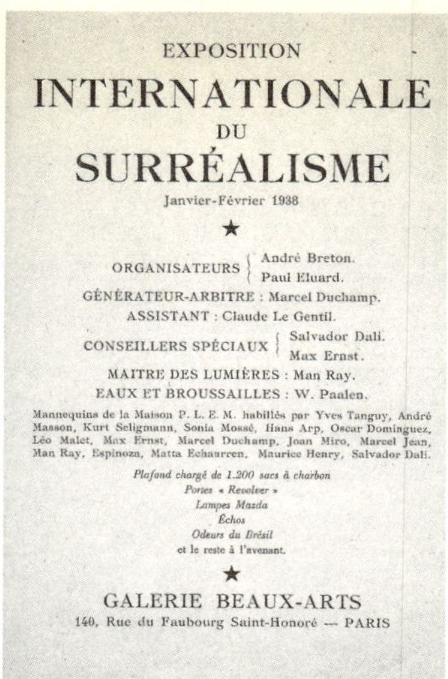
EXPOSITION
INTERNATIONALE
DU
SURRÉALISME
Janvier-Février 1938

★

ORGANISATEURS { André Breton. Paul Eluard.
GÉNÉRATEUR-ARBITRE : Marcel Duchamp.
ASSISTANT : Claude Le Gentil.
CONSEILLERS SPÉCIAUX { Salvador Dali. Max Ernst.
MAITRE DES LUMIÈRES : Man Ray.
EAUX ET BROUSSAILLES : W. Paalen.

Mannequins de la Maison P. L. E. M. habillés par Yves Tanguy, André Masson, Kurt Seligmann, Sonia Mossé, Hans Arp, Oscar Dominguez, Léo Malet, Max Ernst, Marcel Duchamp, Joan Miro, Marcel Jean, Man Ray, Espinoza, Matta Echaurren, Maurice Henry, Salvador Dali.

Plafond chargé de 1.200 sacs à charbon
Portes « Revolver »
Lampes Mazda
Échos
Odeurs du Brésil
et le reste à l'avenant.

★

GALERIE BEAUX-ARTS
140, Rue du Faubourg Saint-Honoré — PARIS

3

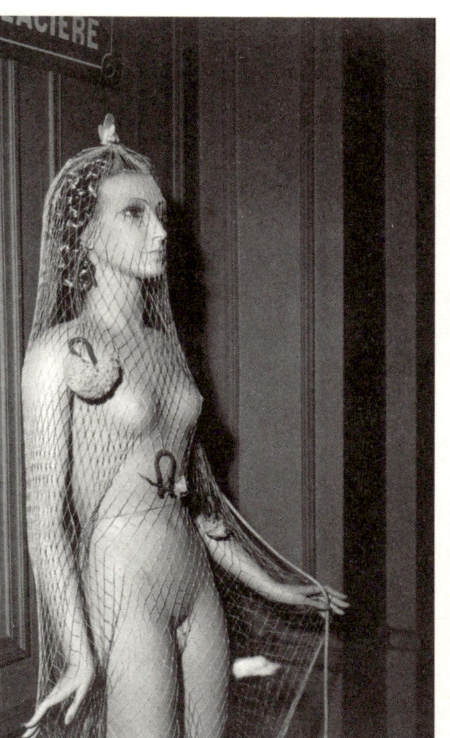
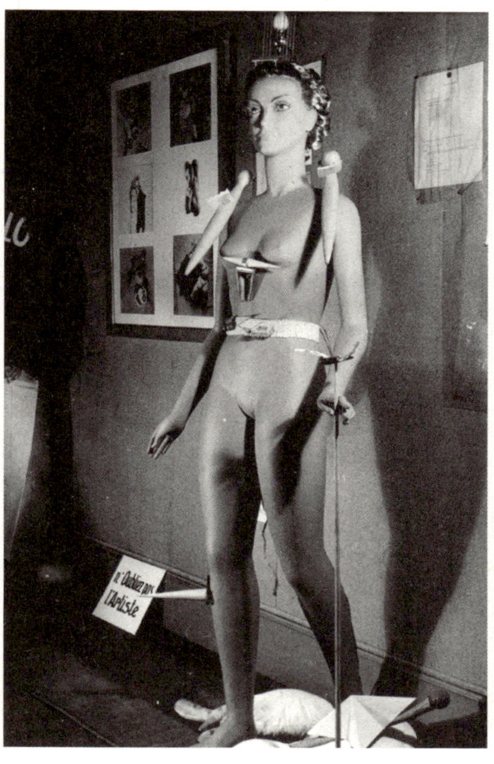

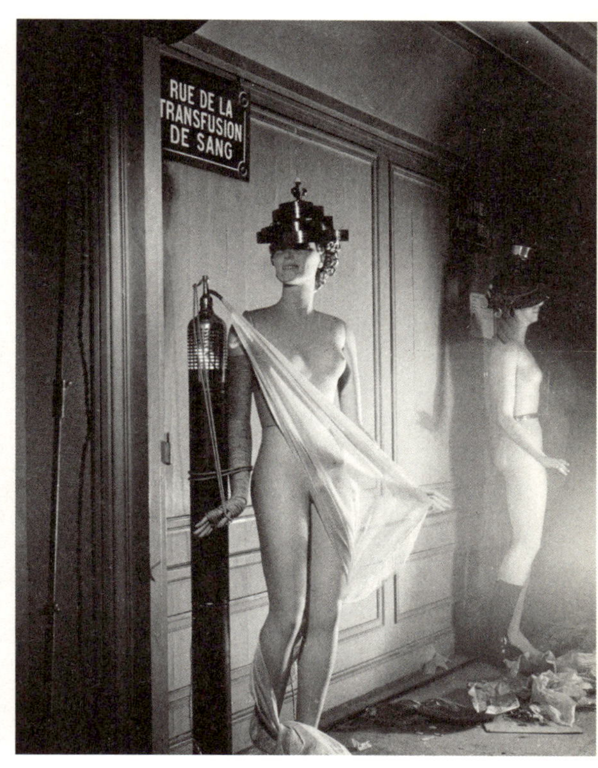

4

Tract **« Pour un art révolutionnaire indépendant »**

[…] Sous l'influence du régime totalitaire de l'U.R.S.S., et par l'intermédiaire des organismes dits « culturels » qu'elle contrôle dans les autres pays, s'est étendu sur le monde entier un profond crépuscule hostile à l'émergence de toute espèce de valeur spirituelle. Crépuscule de boue et de sang dans lequel, déguisés en intellectuels et en artistes, trempent des hommes qui se sont fait de la servilité un ressort, du reniement de leurs propres principes un jeu pervers, du faux témoignage vénal une habitude et de l'apologie du crime une jouissance. L'art officiel de l'époque stalinienne reflète avec une cruauté sans exemple dans l'histoire leurs efforts dérisoires pour donner le change et masquer leur véritable rôle mercenaire. […] À ceux qui nous presseraient, que ce soit pour aujourd'hui ou pour demain, de consentir à ce que l'art soit soumis à une discipline que nous tenons pour radicalement incompatible avec ses moyens, nous opposons un refus sans appel et notre volonté délibérée de nous en tenir à la formule : toute *licence en art*. […]

✤ (« Pour un art révolutionnaire indépendant », tract, Mexico, 25 juillet 1938)

André Breton
« Pour Freud »

À la veille de publier cet ouvrage, nous apprenons dans un grand serrement de cœur l'arrestation à Vienne de Sigmund Freud. […] L'illustre maître, l'esprit en lequel s'est véritablement incarné le « Plus de lumière » réclamé par Goethe, celui de qui nombreux dans le monde nous tenons nos meilleures raisons d'être et d'agir, Freud tombant à quatre-vingt-deux ans sous la poigne des soudards, se trouvant particulièrement désigné à la fureur des inconscients et des chiens ! »

✤ (André Breton, « Pour Freud », déclaration individuelle à caractère collectif, publiée dans le septième *Cahier GLM*, *Trajectoire du rêve*, mars 1938)

3 Catalogue de l'Exposition internationale du surréalisme, galerie des Beaux-Arts, 104 rue du Faubourg Saint-Honoré, Paris, janvier-février 1938.

4 Mannequins réalisés par les artistes présentés à l'Exposition internationale du surréalisme, Paris, 1938. Photographies de Raoul Ubac. Collection particulière.

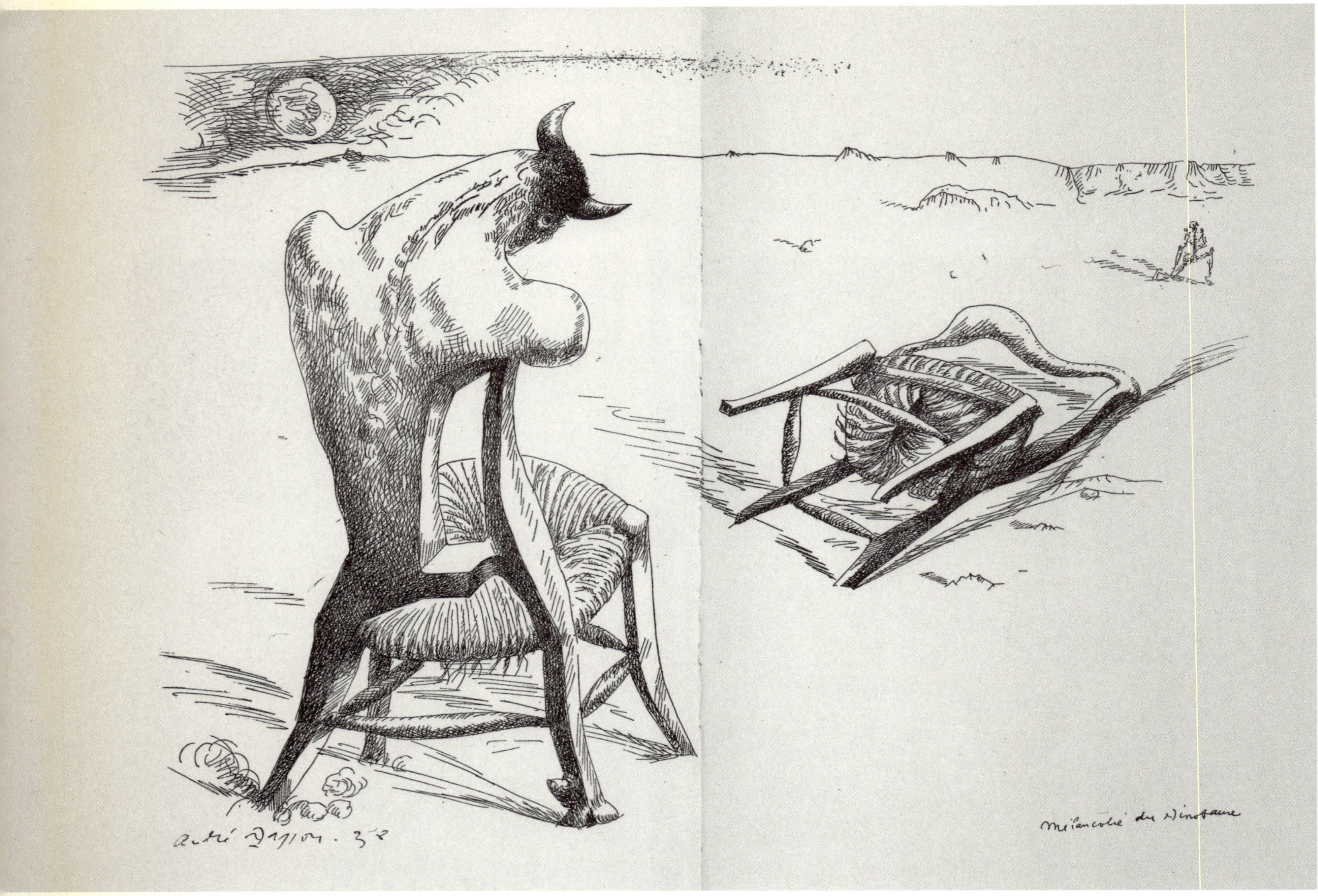

André Breton

« Souvenir du Mexique »

[…] Ce pouvoir de conciliation de la vie et de la mort est sans aucun doute le principal appât dont dispose le Mexique. À cet égard il tient ouvert un registre inépuisable de sensations, des plus bénignes aux plus insidieuses. Le très grand art de Manuel Alvarez Bravo nous permet au cours de ces pages d'en découvrir les pôles extrêmes. C'est un atelier de construction de cercueils pour enfants (la mortalité infantile atteint au Mexique la proportion de soixante-quinze pour cent) et je ne sais pas de construction plastique mieux équilibrée. Le rapport de la lumière à l'ombre, de la pile de boîtes à l'échelle et à la grille et l'image poétiquement éclatante obtenue par l'introduction du pavillon de phonographe dans le cercueil inférieur sont supérieusement évocateurs de l'atmosphère sensible dans laquelle baigne tout le pays.

[…]

✜ (« André Breton, « Souvenir du Mexique », *Minotaure*, nº 12-13, 12 mai 1939, p. 32)

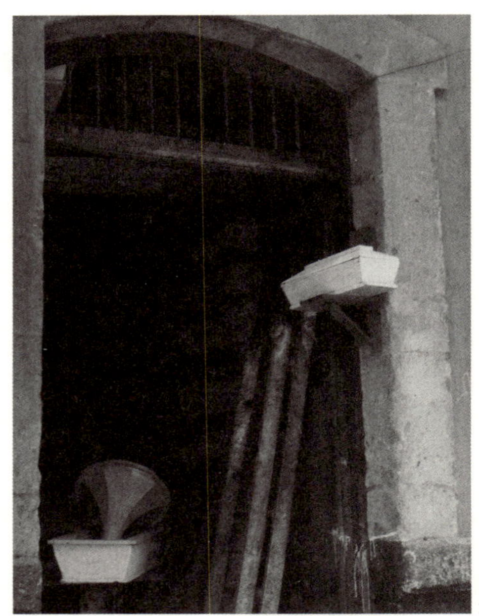

1 André Masson, *Mélancolie du Minotaure*, 1938, dessin reproduit dans *Minotaure*, 3ᵉ série, nº 11, printemps 1938.

2 Manuel Alvarez Bravo, *Sans titre* [*Escala de escalas* [Échelle d'échelles]], 1931, photographie reproduite dans *Minotaure*, 3ᵉ série, nº 12-13, 12 mai 1939

1 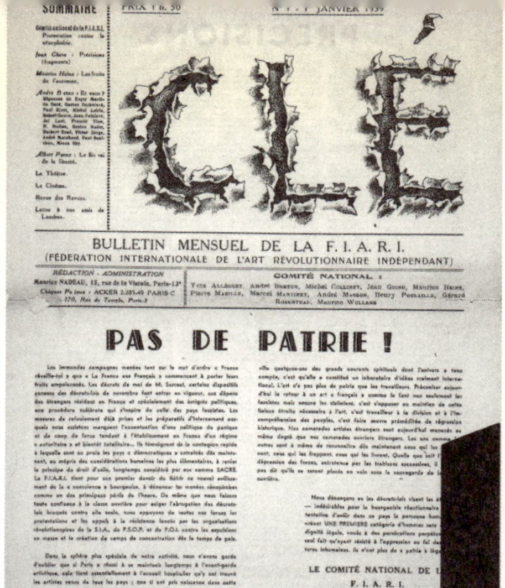

SOMMAIRE

CLÉ

BULLETIN MENSUEL DE LA F. I. A. R. I.
(FÉDÉRATION INTERNATIONALE DE L'ART RÉVOLUTIONNAIRE INDÉPENDANT)

PAS DE PATRIE !

LE COMITÉ NATIONAL DE L[...]
F. I. A. R. I.

1939

PARIS

Publication de *Clé*, bulletin mensuel de la F.I.A.R.I.

LEIRIS / *Glossaire j'y serre mes gloses.*

LEONORA CARRINGTON / *La Dame ovale*, illustré par Max Ernst.

DUCHAMP / *Rrose Sélavy.*

AIMÉ CÉSAIRE / *Cahier d'un retour au pays natal.*

Tanguy se fixe aux U.S.A., Paalen au Mexique.

Breton et Péret sont mobilisés.

ANGLETERRE

Fuyant la persécution nazie, Freud se réfugie à Londres, où il meurt.

ITALIE

***Surréalisme.* – Dir. Malaparte.**

CHILI

***Mandragore*, feuille surréaliste.**

PÉROU

***El uso de la palabra*, revue surréaliste, par Westphalen et Moro.**

2 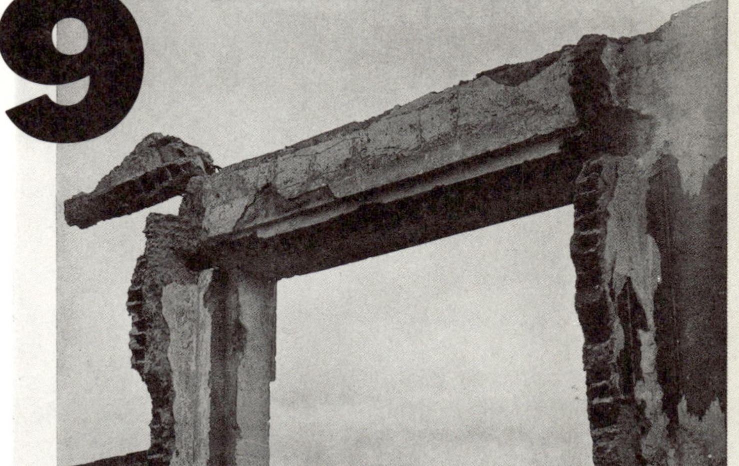

Ruines : Ruine des Ruines

PAR BENJAMIN PÉRET

CHASSÉ par mille fantômes obsédants, l'homme sort en hurlant d'un château de ténèbres inoubliables qui le hantera toute sa vie jusqu'à ce que, mort, on l'enferme dans un autre château, épouvantail ridicule celui-ci et bâti à la mesure du ver qui le ronge. Mais voici l'homme, fantôme pour lui-même et château visité par son propre fantôme. Aussi loin qu'on le retrouve, aussi jeune qu'on le voie, son désir prend la forme d'un château : caverne disputée à l'ours ou construction minuscule dont la mémoire ne gardera qu'une image d'aventurine.

Certains indiens troglodytes de New-Mexico fabriquent des poupées dont la tête silhouette un château qu'ils n'ont jamais connu et ne connaîtront jamais.

L'homme envie la félicité muette de l'huître et de l'escargot, aspire — s'il est un lamentable petit-bourgeois à la hideuse villa de banlieue, à la paillotte s'il est nomade, s'il est artiste à quelque ruine veloutée qu'il devra disputer à la végétation et aux oiseaux rapaces, ruine qu'il transplantera dans ses terres s'il vient de s'enrichir dans le commerce des saucisses.

L'homme, pagure, ne voit de la vie que la ruine où cacher l'animal qu'il se défend d'être resté. Mais l'animal s'est transformé. De tigre, il est devenu loup et le loup s'est souvent mué en chien. Le chien issu de chien reconnaît à peine les ruines du loup, mais celles du tigre ne sont plus pour lui qu'une empreinte dans le sable, ce sable dont il a oublié les ruines, images dérisoires de celles qu'il méconnaît.

Cette sale bête d'homme n'a d'autre âme que les fantômes de son enfance qui, à son insu, le subjugueront toute sa vie. Rien de cette enfance qui soit à renier, sinon pour celui qui en est devenu indigne. Rien de l'enfance collective n'est à renier sauf pour les sociétés qui en sont devenues indignes et la glorifient afin de la mieux renier. Mussolini célèbre la Rome

57

DÉCLARATION COLLECTIVE
« Pas de Patrie »

[...] La F.I.A.R.I. [Fédération internationale de l'art révolutionnaire indépendant] tient pour son premier devoir de flétrir ce nouvel avilissement de la « conscience » bourgeoise, à dénoncer les menées xénophobes comme un des principaux périls de l'heure. De même que nous faisons toute confiance à la classe ouvrière pour exiger l'abrogation des décrets-lois braqués contre elle seule, nous appuyons de toutes nos forces les protestations et les appels à la résistance lancés par les organisations révolutionnaires [...]. Dans la sphère plus spéciale de notre activité, nous n'avons garde d'oublier que si Paris a réussi à se maintenir longtemps à l'avant-garde artistique, cela tient essentiellement à l'accueil hospitalier qu'y ont trouvé les artistes venus de tous les pays ; que si ont pris naissance dans cette ville quelques-uns des grands courants spirituels dont l'univers a tenu compte, c'est qu'elle a constitué un laboratoire d'idées vraiment international. L'art n'a pas plus de patrie que les travailleurs. Préconiser aujourd'hui le retour à un art « français » comme le font non seulement les fascistes mais encore les staliniens, c'est s'opposer au maintien de cette liaison étroite nécessaire à l'art, c'est travailler à la division et à l'incompréhension des peuples, c'est faire œuvre préméditée de régression historique. [...]

✤ (« Pas de Patrie ! », déclaration collective constituant l'éditorial du numéro 1 de *Clé*, janvier 1939)

BENJAMIN PÉRET
« Ruines : Ruine des Ruines »

[...] L'homme, pagure, ne voit de la vie que la ruine où cacher l'animal qu'il se défend d'être resté. Mais l'animal s'est transformé. De tigre, il est devenu loup et le loup s'est souvent mué en chien. Le chien issu de chien reconnaît à peine les ruines du loup, mais celles du tigre ne sont plus pour lui qu'une empreinte dans le sable, ce sable dont il a oublié les ruines, images dérisoires de celles qu'il méconnaît. Cette sale bête d'homme n'a d'autre âme que les fantômes de son enfance qui, à son insu, le subjugeront toute sa vie. Rien de cette enfance qui soit à renier, sinon pour celui qui en est devenu indigne. Rien de l'enfance collective n'est à renier sauf pour les sociétés qui en sont devenues indignes et la glorifient afin de la mieux renier. Mussolini célèbre la Rome antique bien que ses actes s'opposent au progrès qu'elle apporta au monde. Staline cherche à faire de Lénine une ruine morte pour le mieux trahir. Il en est de même partout. Les ruines sont reniées par ceux dont la vie n'est déjà plus qu'une ruine dont rien ne subsistera sinon le souvenir d'un crachat. [...]

✤ (Benjamin Péret, « Ruines : Ruine des Ruines », *Minotaure*, 3e série, n° 12-13, 12 mai 1939)

1 Première page de *Clé*, buelletin mensuel de la F.I.A.R.I, n° 1, janvier 1939.

2 Benjamin Péret, « Ruines : Ruine des Ruines », photographie de Manuel Alvarez Bravo, *Minotaure*, 3e série, n° 12-13, 12 mai 1939.

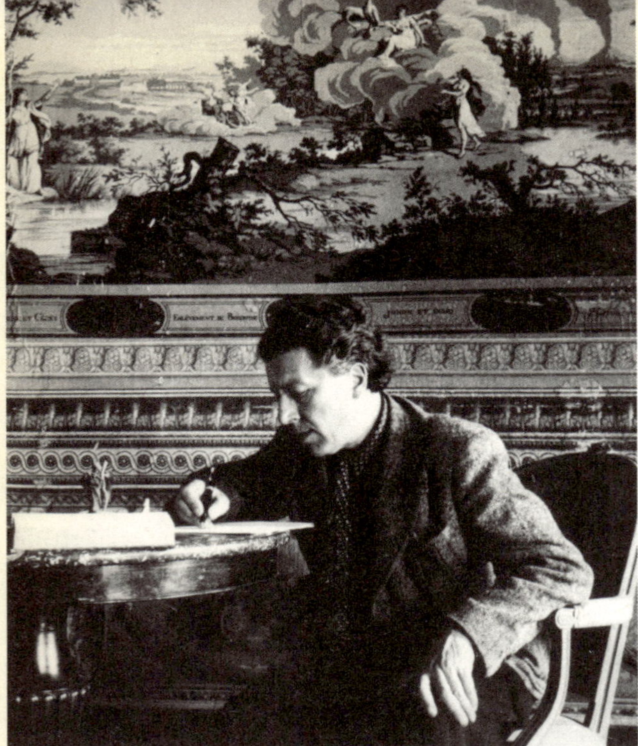

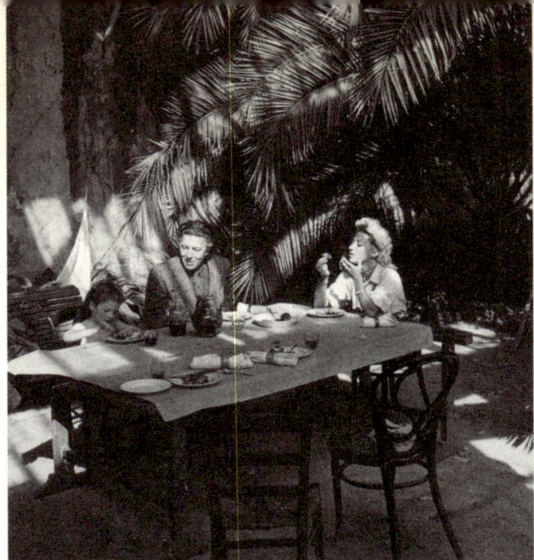

MEXICO

Exposition internationale du surréalisme.

Organisateurs : Breton, Paalen. « Apparition du grand sphinx nocturne. Montres voyantes, parfum de la cinquième dimension, cadres radioactifs, invitations brûlées. »

Assassinat de Trotsky.

SUISSE

Mort de Klee.

FRANCE

MABILLE / *Le Miroir du merveilleux.*

Mort de Maurice Heine, le grand exégète de Sade, qui collaborait activement avec les surréalistes depuis dix ans.

Mort de Saint-Pol-Roux.

Wifredo Lam adhère au surréalisme.

La censure de Vichy interdit la publication de l'*Anthologie de l'humour noir* de Breton, ainsi que son poème *Fata Morgana*.

Fin 1940, à Marseille, Breton et Victor Serge sont les hôtes du Comité américain de secours aux intellectuels,

André Breton

***Anthologie de l'humour noir* : « Franz Kafka (1883-1924) »**

Sur la trame de l'homme moyen d'aujourd'hui, du passant qui se hâte parallèle à la pluie battante, dans une lumière qui ne varie pas au-delà des tons de tissus d'un album de tailleur, Kafka fait passer en rafale l'interrogation capitale de tous les temps : où va-t-on, à quoi est-on soumis, quelle est la loi ? L'individu humain se débat au centre d'un jeu de forces dont il a généralement renoncé à démêler le sens et son manque total de curiosité à cet égard paraît bien être la condition même de son adaptation à la vie sociale : il est exceptionnel que le métier de cordonnier ou d'opticien soit compatible avec une méditation approfondie sur les fins de l'activité humaine. [...]

Mais les héros de Kafka se ruent en vain contre la porte de ce monde : celui-ci, éperdument ignorant de ce dont on l'accuse, sera exécuté sans jugement ; cet autre, mandé dans un château, ne parviendra pas, au prix d'efforts harassants, à en découvrir l'accès. Le problème soulevé ici dans toute son ampleur est celui de l'obscure nécessité naturelle, telle qu'elle s'oppose à la nécessité humaine ou logique, rendant chimérique toute aspiration profonde à la liberté.

Le rêve a fourni à Kafka une solution provisoire de ce conflit. Les objets virtuels qui le peuplent cessent en effet d'être étrangers au dormeur, leur présence est toujours justifiable, la flamme du moi les éclaire sur toutes les faces et, désertant pour eux le corps humain étendu, peut aller jusqu'à les parcourir intérieurement.

✣ André Breton, *Anthologie de l'humour noir*, Paris, Le Sagittaire, 1940)

Pierre Mabille

Le Miroir du merveilleux

Dès lors, le *merveilleux est partout*. Compris dans les choses, il apparaît dès que l'on parvient à pénétrer n'importe quel objet. Le plus humble, à lui seul, soulève tous les problèmes. Sa forme, témoignage de sa structure personnelle, résulte des transformations qui se sont opérées depuis l'origine du monde, elle contient en germe les innombrables possibilités que l'avenir se chargera de réaliser.

Le merveilleux est encore entre les choses, entre les êtres, dans cet espace où nos sens ne perçoivent rien directement mais qu'emplissent des énergies, des ondes, des forces sans cesse en mouvement, où s'élaborent des équilibres éphémères, où se préparent toutes les transformations. [...]

✣ (Pierre Mabille, *Le Miroir du merveilleux*, avec sept dessins originaux d'André Masson, couverture ornée d'un dessin d'Yves Tanguy, Paris, Le Sagittaire, 1940)

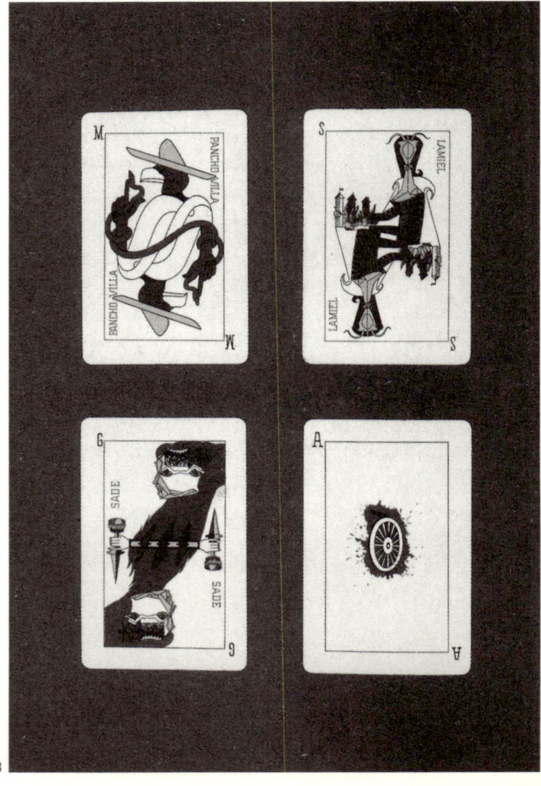

1 André Breton écrivant *Fata Morgana*, Marseille, hiver 1940.

2 André, Jacqueline et Aube Breton, Villa Air-Bel, Marseille, 1940.

3 Le Jeu de Marseille : cartes dessinées par Victor Brauner, André Breton, Oscar Dominguez, Max Ernst, Jacques Hérold, Wifredo Lam, Jacqueline Lamba, André Masson, reproduites dans *VVV*, New York, nº 2-3, 1943.

1940

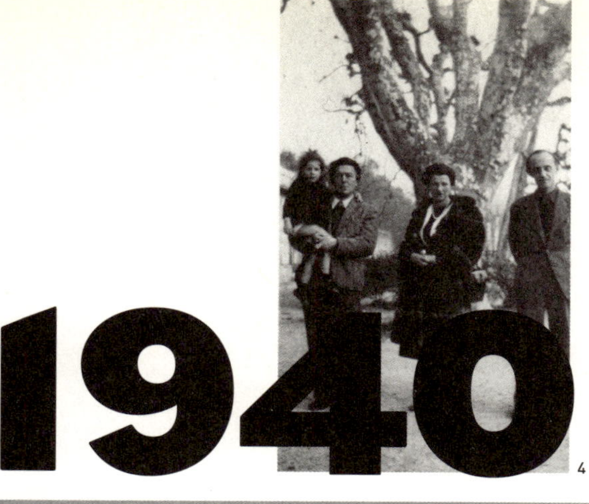

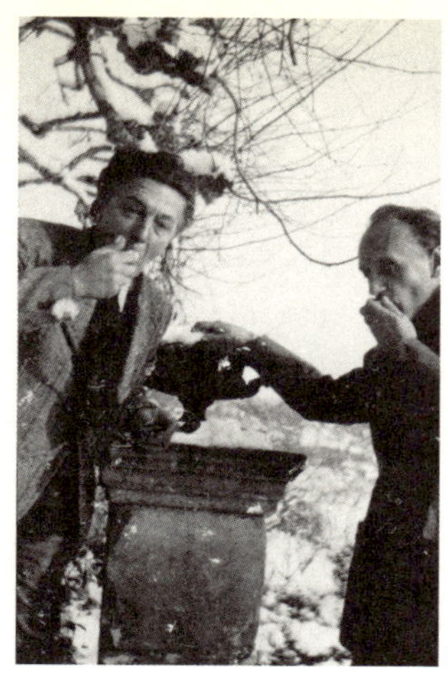

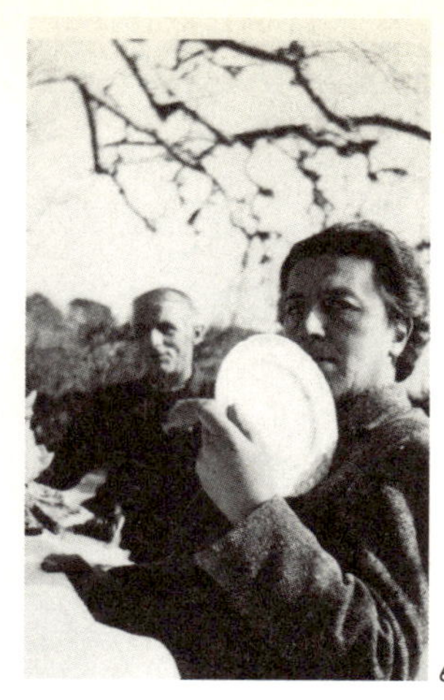

que dirige Varian Fry. À la Villa « Air-Bel », où celui-ci les héberge, se retrouvent chaque jour de nombreux surréalistes.
Un jeu de cartes, dessiné en fonction de symboles nouveaux, est le fruit de ces rencontres.
André Masson. – Textes de Bataille, Breton, Desnos, Eluard, Leiris, Péret, etc.

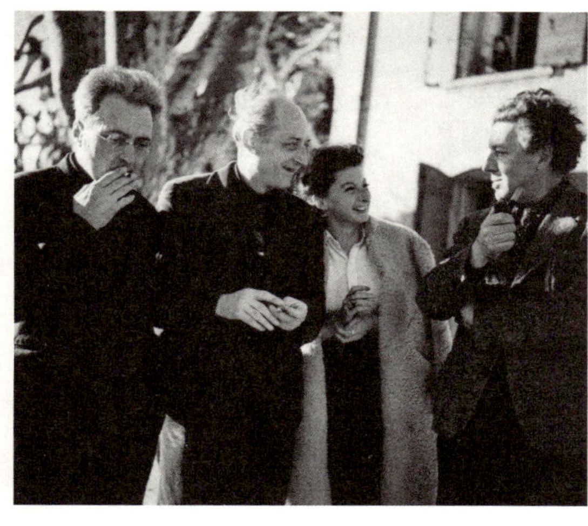

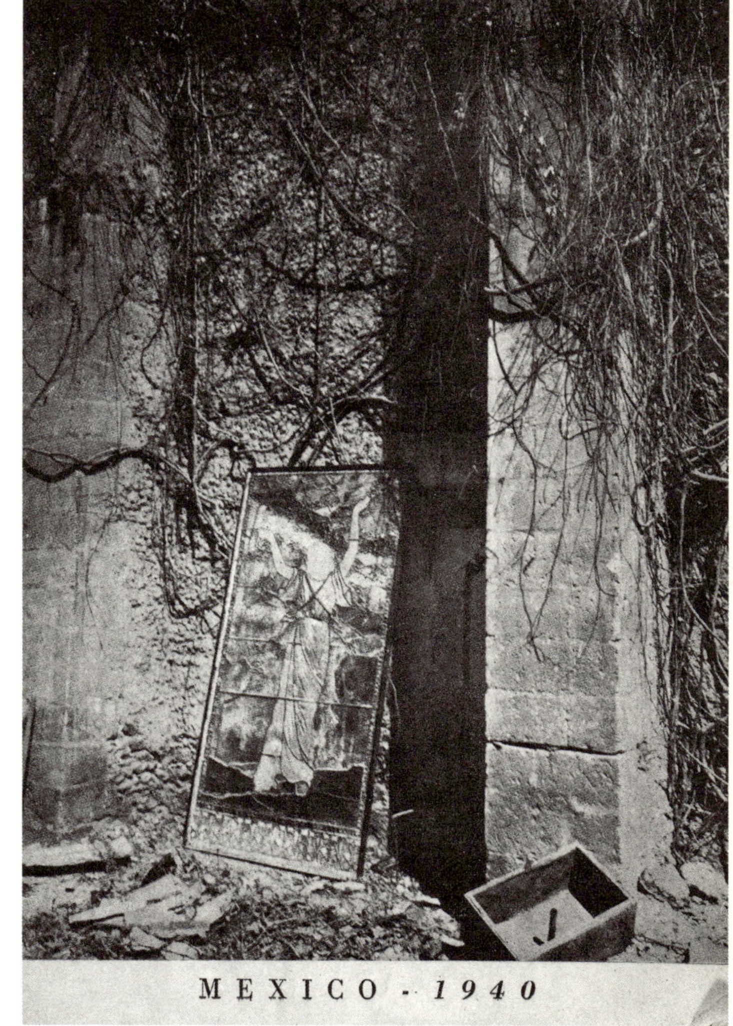

4 Villa Air-Bel, Marseille, hiver 1940. De gauche à droite : André Breton tenant sa fille Aube dans ses bras, Peggy Guggenheim et Victor Brauner.

5 André Breton et Victor Brauner dans le jardin de la Villa Air-Bel, Marseille, hiver 1940.

6 André Breton et Max Ernst à la Villa Air-Bel, Marseille, hiver 1940.

7 Villa Air-Bel, Marseille, hiver 1940. De gauche à droite : Victor Serge, Benjamin Péret, Remedios Varo et André Breton.

8 Photographie de Manuel Alvarez Bravo illustrant la couverture du catalogue de l'Exposition internationale du surréalisme, Mexico, 1940.

1941

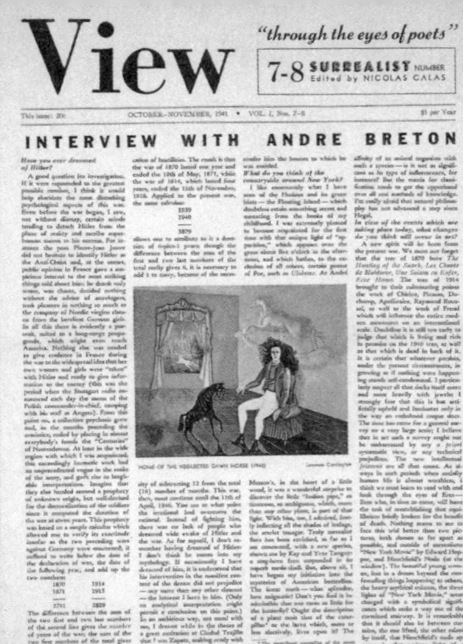
View
"through the eyes of poets"
7-8 SURREALIST NUMBER
Edited by NICOLAS CALAS
OCTOBER–NOVEMBER, 1941
INTERVIEW WITH ANDRE BRETON

1

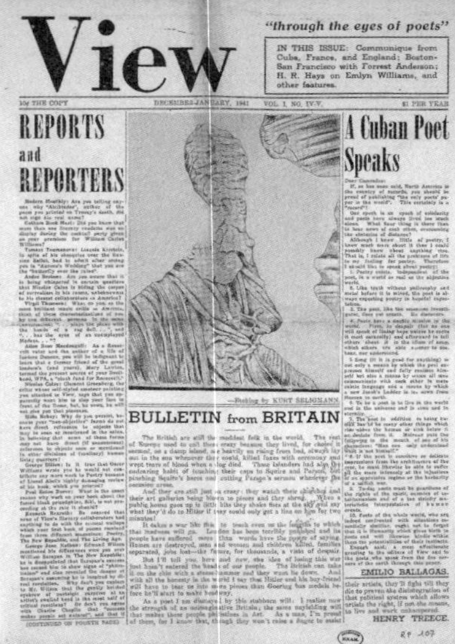
View
"through the eyes of poets"
IN THIS ISSUE: Communique from Cuba, France, and England; Boston-San Francisco with Forrest Anderson; H. R. Hays on Emlyn Williams, and other features.
REPORTS and REPORTERS
A Cuban Poet Speaks
BULLETIN from BRITAIN

2

Breton, Ernst, Masson, s'exilent aux U.S.A. où ils retrouvent Calas, Duchamp, Matta, Tanguy.
Peu après, Péret s'exile au Mexique où il retrouve Paalen.

FORT-DE-FRANCE (Martinique)
Fondation de *Tropiques*, revue surréaliste. Dir. Aimé Césaire.

BUCAREST
Constitution d'un groupe surréaliste (Mirabelle Dors, Nadine Krainik, Luca, Trost, Ybenez, etc.) qui se signale par son activité sur le plan expérimental et la publication de nombreux ouvrages, la plupart en français.

NEW YORK
View. Surrealist number edited by Calas.
GEORGES LEMAÎTRE / *From Cubism to Surrealism in French Litterature.*
JAMES THRALL SOBY / *The early Chirico.*
JAMES JOHNSON SWEENEY / *Joan Miró.*

PARIS
De 1941 à 1943, sous l'impulsion de J.-F. Chabrun et N. Arnaud, activité de tendance surréaliste, malheureusement confusionnelle. Nombreuses publications.

André Breton
« Un grand poète noir »
C'est dans ces conditions qu'il m'advint, au hasard de l'achat d'un ruban pour ma fille, de feuilleter une publication exposée dans la mercerie où ce ruban était offert. Sous une présentation des plus modestes, c'était le premier numéro, qui venait de paraître à Fort-de-France, d'une revue intitulée *Tropiques*. Il va sans dire que, sachant jusqu'où l'on était allé depuis un an dans l'avancement des idées et ayant éprouvé l'absence de tous ménagements qui caractérisait la réaction policière à la Martinique, j'abordai ce recueil avec une extrême prévention... Je n'en crus pas mes yeux : mais ce qui était dit là, c'était ce qu'il fallait dire, non seulement du mieux mais du plus haut qu'on pût le dire ! Toutes ces ombres grimaçantes se déchiraient, se dispersaient : tous ces mensonges, toutes ces dérisions tombaient en loques : ainsi la voix de l'homme n'était en rien brisée, couverte, elle se redressait ici comme l'épi même de la lumière. *Aimé Césaire*, c'était le nom de celui qui parlait.
Je ne me défends pas d'en avoir conçu d'emblée quelque orgueil : ce qu'il exprimait ne m'était en rien étranger, les noms de poètes et d'auteurs cités m'en eussent, à eux seuls, été de sûrs garants, mais surtout l'accent de ces pages était de ceux qui ne trompent pas, qui attestent qu'un homme est engagé tout entier dans l'aventure, et en même temps qu'il dispose de tous les moyens capables de fonder, non seulement sur le plan esthétique, mais encore sur le plan moral et social, que dis-je ? de rendre nécessaire et inévitable son intervention. Les textes qui avoisinaient le sien me révélaient des êtres sensiblement orientés comme lui, dont la pensée faisait bien corps avec la sienne. En plein contraste avec ce qui, durant les mois précédents, s'était publié en France, et qui portait la marque du masochisme quand ce n'était pas celle de la servilité. *Tropiques* continuait à creuser la route royale. « Nous sommes, proclamait Césaire, de ceux qui disent non à l'ombre. »

✣ (André Breton, « Un grand poète noir », repris dans *Martinique charmeuse de serpents*, Paris, Le Sagittaire, 1948, avec des textes et des illustrations d'André Masson)

[1] Première page de la revue américaine *View* avec une interview d'André Breton, numéro spécial surréaliste, 1re série, nº 7-8, octobre-novembre 1941.

[2] Première page de *View*, 1re série, nº 4-5, décembre 1940-janvier 1941.

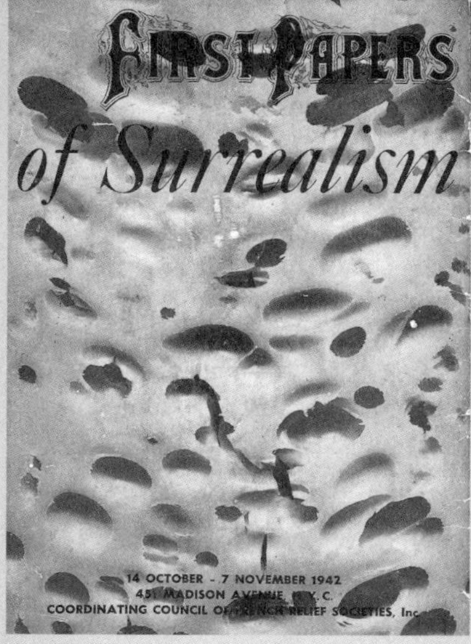

1

Artists in Exile

MARCH 3 TO 28, 1942

PIERRE MATISSE
41 EAST 57th ST., NEW YORK

2

1942

NEW YORK

Exposition internationale du surréalisme au Coordinating Council of French relief societies.
First Papers of Surrealism, hanging by André Breton. His twine: Marcel Duchamp « The surrealist cause, in art as in life, is the cause of freedom itself... Tollight the world freedom must become flesh and to this end must always be reflected and recreated in the *word* ».
« Artists in Exile » à la galerie Pierre Matisse. Parmi les exposants : Chagall, Ernst, Masson, Matta, Mondrian, Seligmann, Tanguy, Breton.
Fondation de VVV. Editor : David Hare.
Editorial advisers : Breton, Ernst. « VVV translates all the reactions of the eternal upon the actual, on the psychic upon the physical, and takes account of the myth in process of formation beneath the VEIL of happening. »
Ouverture du musée *Art of this Century*. – Dir. Peggy Guggenheim. L'introduction au catalogue se compose de trois préfaces par Breton, Arp et Mondrian.
***View* – numéro spécial sur Ernst. Demi-numéro spécial sur Tanguy.**
BRETON / *Situation du surréalisme entre les deux guerres*, discours aux étudiants français de l'université de Yale.

MEXICO

Fondation de *Dyn*. – Dir. Paalen. « Le possible n'a pas à se justifier par le connu. »

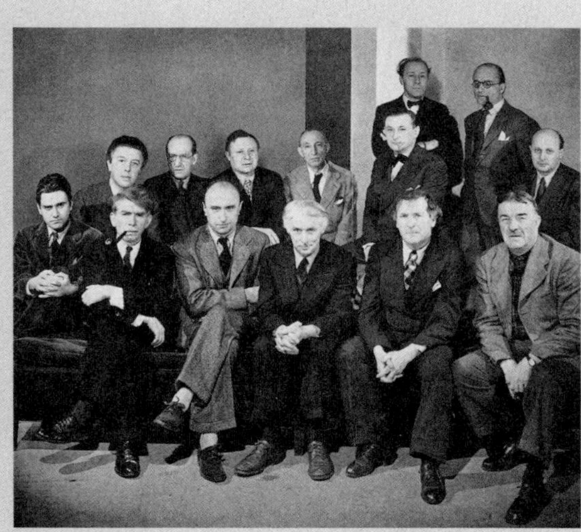
3

4

[1] Couverture du catalogue d'exposition *First Papers of Surrealism*, réalisée par Marcel Duchamp, New York, 14 octobre-7 novembre 1942.

[2] Couverture du catalogue d'exposition *Artists in Exile*, Pierre Matisse Gallery, New York, 3-28 mars 1942.

[3] Les artistes de l'exposition « Artists in Exile », photographiés par Georges Platt Lynes, février 1942. Premier rang, de gauche à droite : Matta Echaurren, Ossip Zadkine, Yves Tanguy, Max Ernst, Marc Chagall, Fernand Léger. Second rang, de gauche à droite : André Breton, Piet Mondrian, André Masson, Amédée Ozenfant, Jacques Lipchitz, Pavel Tchelitchew, Kurt Seligman, Eugene Berman.

[4] Vue de l'exposition « First Papers of Surrealism », 451 Madison Avenue, New York, 14 octobre-17 novembre 1942. L'enchevêtrement de ficelles est dû à Marcel Duchamp, l'accrochage à Frederick Kiesler.

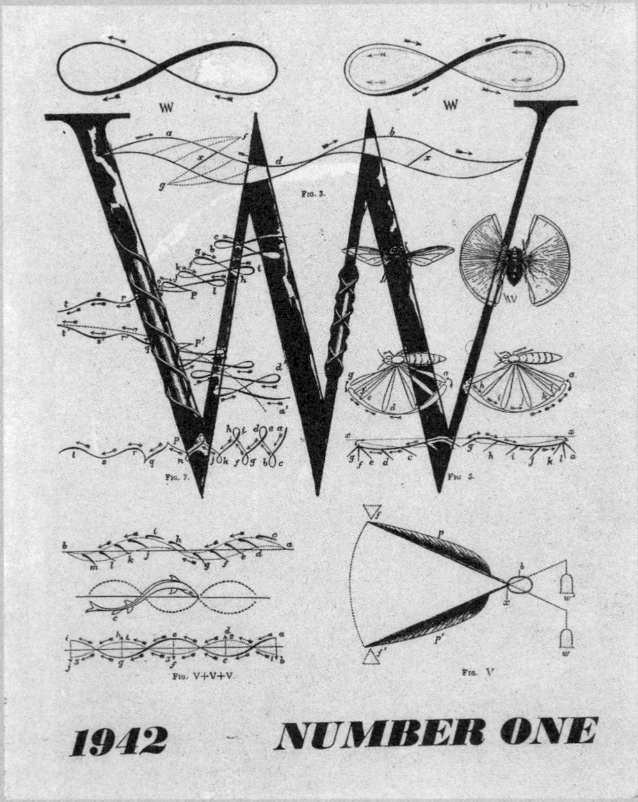

1

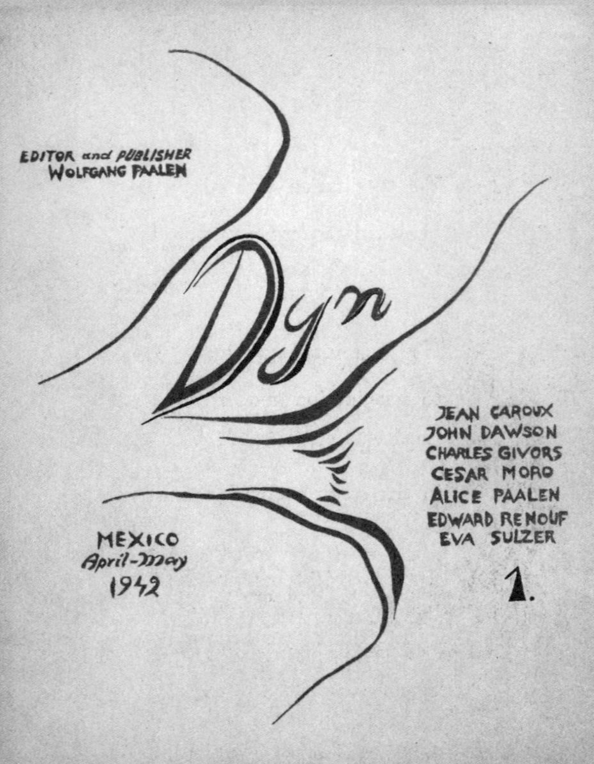

3

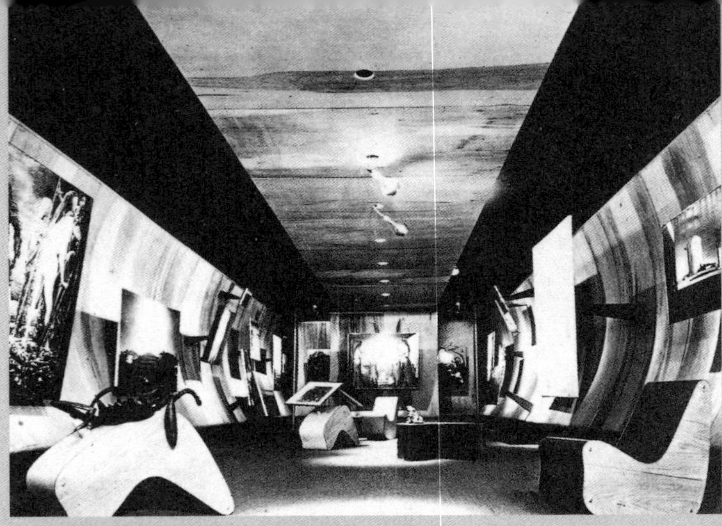

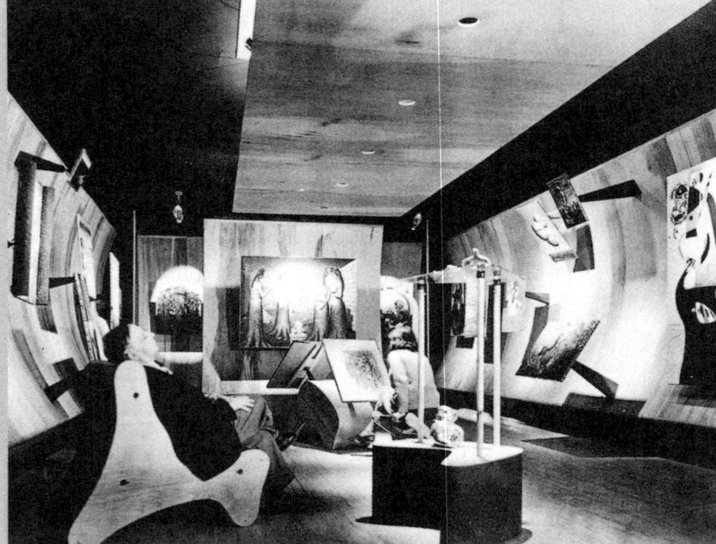

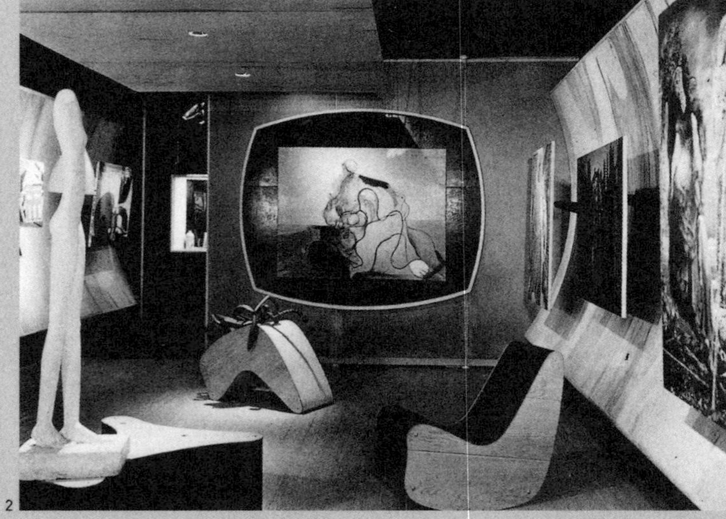

2

1 Couverture du numéro 1 de la revue new-yorkaise *VVV* réalisée par Max Ernst, juin 1942.

2 Vues de l'exposition « Art of this Century », Peggy Guggenheim Gallery, 57e rue, New York, octobre 1942. Le hall surréaliste et l'accrochage sont dûs à Frederick Kiesler.

3 Couverture de la revue *Dyn*, nº 1, avril-mai 1942.

1943

NEW YORK
La parole est à Péret (en hommage à Péret sous la responsabilité de Breton, Duchamp, Ernst, Matta, Tanguy).
Almanach for 1943 (*VVV* number 2-3). Double issue with a cover of Duchamp.
MARIA / *Amazonia*, exposition de sculptures.
TANGUY / *Divisibilité indéfinie*.

CUBA
LAM / *La jungle*.

CHILI
Activité surréaliste sous l'impulsion de Braulio Arenas et Jorge Caceres. Publications, expositions et soirées surréalistes.

BRUXELLES
PAUL NOUGÉ / *René Magritte et les images défendues*.

FRANCE
Publication d'un inédit capital de Jarry : *La Dragonne*.
ANDRÉ PIEYRE DE MANDIARGUES / *Dans les années sordides*.

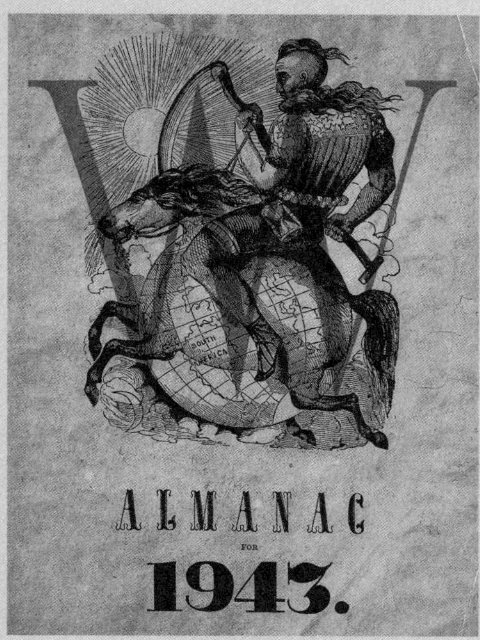

Almanac for 1943, *VVV*, New York, n° 2-3, mars 1943. Numéro double avec une couverture de Marcel Duchamp.

BENJAMIN PÉRET, ROBERTO MATTA
La Parole est à Péret

[…] Les explications que le primitif donne de l'origine du monde et de sa propre origine du monde et nature sont des produits de l'imagination pure où la part de la réflexion consciente demeure nulle ou quasi. De là vient sans doute que non limitées, non critiquées, ces créations ressortissent presque toujours au merveilleux poétique.

On attend sans doute que je définisse ici le merveilleux poétique. Je m'en garderai bien. Il est d'une nature lumineuse qui ne souffre pas la concurrence du soleil : il dissipe les ténèbres et le soleil ternit son éclat. Le dictionnaire, bien sûr, se borne à en donner une étymologie sèche où le merveilleux se reconnaît aussi mal qu'une orchidée conservée dans un herbier. J'essaierai seulement de le suggérer.

Je pense aux poupées Hopi du Nouveau-Mexique dont la tête parfois figure schématiquement un château médiéval. C'est dans ce château que je vais essayer de pénétrer. Il n'a pas de portes et ses murailles ont l'épaisseur de mille siècles. Il n'est pas en ruine comme on serait tenté de le croire. Depuis le romantisme ses murs écroulés se sont redressés, reconstitués comme le rubis, mais aussi durs que cette gemme, ils en ont, maintenant que je les heurte de la tête, toute la limpidité. Voici qu'ils s'écartent comme les hautes herbes au passage d'un fauve prudent, voici que par un phénomène d'osmose, je suis à l'intérieur, dégageant des lueurs d'aurore boréale. Les armures étincelantes, montant dans le vestibule une garde de pics éternellement enneigés, me saluent de leur poing dressé dont les doigts se muent en un flux continuel d'oiseaux – à moins que ce ne soient des étoiles filantes s'accouplant pour obtenir du mélange de leurs couleurs primaires les nuances délicates du plumage des colibris et des paradisiers. Bien que je sois apparemment seul, une foule qui m'obéit aveuglément m'entoure. Ce sont des êtres moins nets qu'un grain de poussière dans un rayon de soleil. Dans leur tête de racine, leurs yeux de feux follets se déplacent en tous les sens et leurs douze ailes munies de griffes leur permettent d'agir avec la rapidité de l'éclair qu'ils entraînent dans leur sillage. Dans ma main, ils mangent les yeux des plumes de paon et si je les presse entre le pouce et l'index, je modèle une cigarette, qui, entre les pieds d'une armure, prend vite la forme du premier artichaut.

Cependant le merveilleux est partout, dissimulé aux regards du vulgaire, mais prêt à éclater comme une bombe à retardement. Ce tiroir que j'ouvre me montre, entre les bobines de fil et des compas, une cuillère à absinthe. À travers les trous de cette cuillère s'avance à ma rencontre une bande de tulipes qui défilent au pas de l'oie. Dans leur corolle se dressent des professeurs de philosophie qui discourent sur l'impératif catégorique. Chacune de leurs paroles, sous démonétisé, se brise sur le sol hérissé de nez qui les rejettent en l'air où elles décrivent des ronds de fumée. Leur lente dissolution engendre de minuscules fragments de miroirs où se reflète un brin de mousse humide. […]

Le merveilleux, je le répète, est partout, de tous les temps, de tous les instants.

✣ (*La Parole est à Péret*, textes de Benjamin Péret et de Roberto Matta, Paris, Éditions surréalistes, 1943)

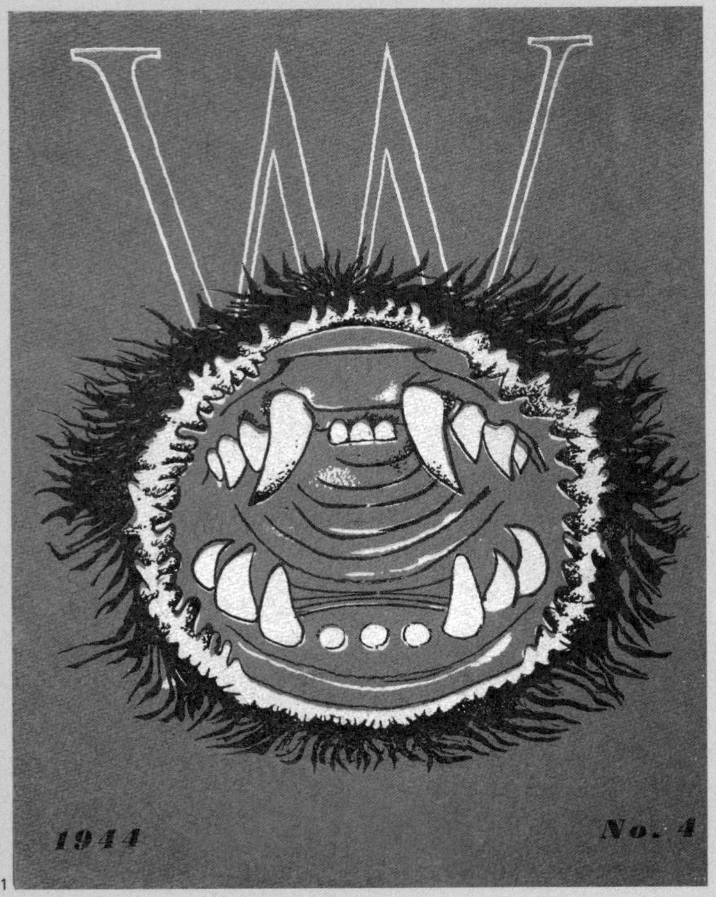

1

1944

Mort de Kandinsky, Mondrian et Soutine.

NEW YORK
BRETON / *Arcane 17.*
View / numéro spécial sur Duchamp.
KATHERINE S. DREIER ET MATTA ECHAURREN / *Duchamp's glass.*
Première exposition Enrico Donati.
MASSON / *Nocturnal Notebook.*
SIDNEY JANIS / *Abstract and surrealist art in America.*

LONDRES
MESENS / *Troisième front*, poèmes.

PARIS
Lecture, chez Michel Leiris, de la pièce de Picasso : *Le Désir attrapé par la queue.*

ITALIE
CARLO BO / *Bilancio del Surrealismo. – Antologia del Surrealismo.*

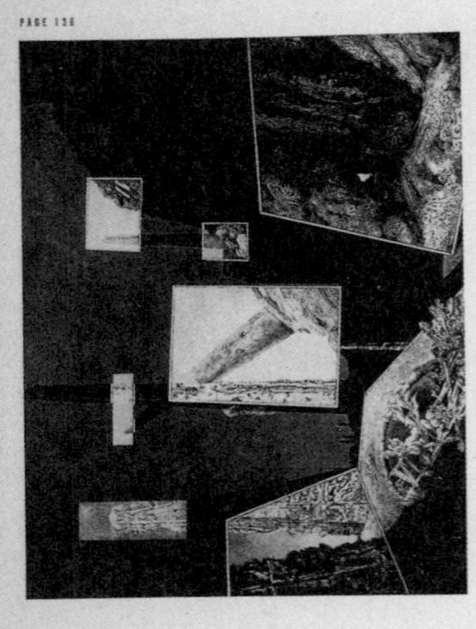

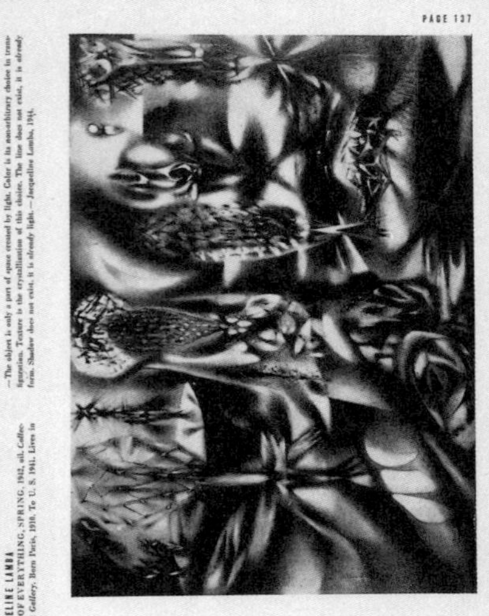

2

SIDNEY JANIS
ABSTRACT
&
SURREALIST
ART IN AMERICA
REYNAL & HITCHCOCK, NEW YORK

3

[1] Couverture de *VVV*, New York, nº 4, février 1944, réalisée par Roberto Matta.

[2] Double page de l'ouvrage de Sidney Janis, *Abstract & Surrealist Art in America*, avec des reproductions de *Night and Day* de Max Ernst, et de *Inspite of Everything* de Jacqueline Lamba.

[3] Couverture de l'ouvrage de Sidney Janis, *Abstract & Surrealist Art in America*, New York, Reynal and Hitchcock, 1944.

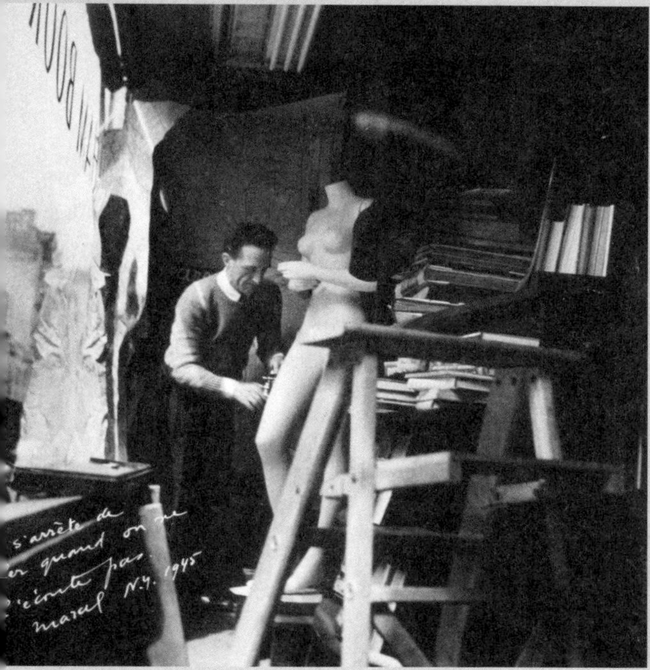

4

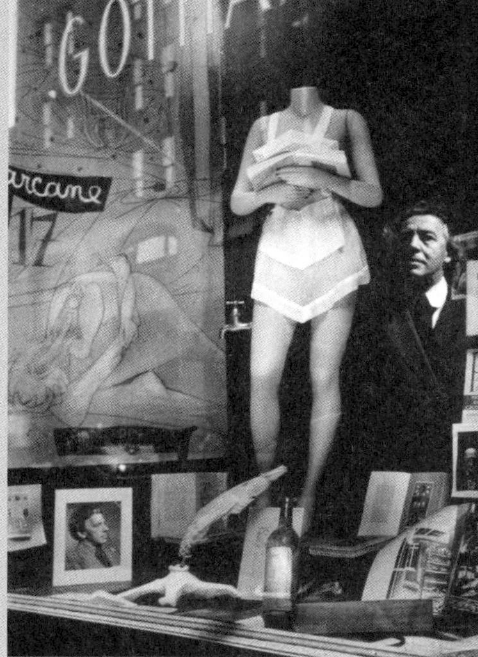

5

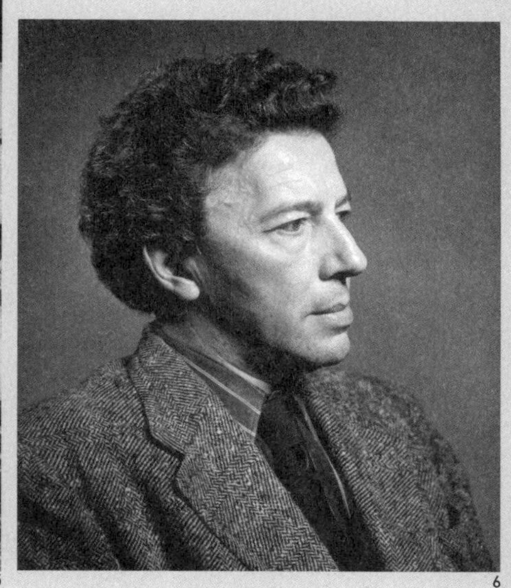
6

André Breton
Arcane 17

[…] Que de fois, en France d'abord, puis en Amérique, j'ai pu observer avec soulagement, que dis-je, avec la joie du plein réconfort, dans les coulisses de cette guerre : jamais la poésie – je ne parle pas de la poésie de circonstance – n'a été si pleinement goûtée. Il semble même que d'innombrables oreilles s'y sont ouvertes, qui autrement fussent restées sourdes. Il est aisé de reconnaître dans ce phénomène la manifestation de cette nécessité d'un détour par l'essence, telle qu'on l'éprouve chaque fois qu'est mise en péril l'existence individuelle ou même la poursuite de toute chance particulière dans le cadre de cette existence. Je dis que lorsque la nature des événements tend à leur faire prendre un tour trop douloureux, les façons personnelles de sentir se trouvent malgré elles un refuge et un tremplin dans les expressions les plus parfaites de l'inactuel, j'entends de celles où un « actuel » tout autre a su faire jaillir, jusqu'à s'y résorber à distance, de l'éternel. Comment, ce matin là, sur la mer, se traduisait au plus haut le mélange d'allégresse et d'appréhension suscité par le sort immédiat de Paris, se composant avec l'approche et l'éloignement du rocher aux oiseaux de Bonaventure ? Il se traduisait par la diction bien pénétrée de strophes de Baudelaire. Et ce n'est pas moi qui récitais. […]

✣ (André Breton, *Arcane 17*, New York, Brentano's, 1944)

ANDRÉ BRETON

ARCANE 17

BRENTANO'S

7

[4] Marcel Duchamp préparant la vitrine d'*Arcane 17* à la librairie Gotham, New York, fin 1944.

[5] André Breton derrière la vitrine réalisée pour *Arcane 17* par Marcel Duchamp à la librairie Gotham, New York, fin 1944.

[6] Portrait d'André Breton présenté dans la vitrine d'*Arcane 17*, librairie Gotham, New York, fin 1944.

[7] Couverture du livre d'André Breton, *Arcane 17*, New York, Brentano's, 1944

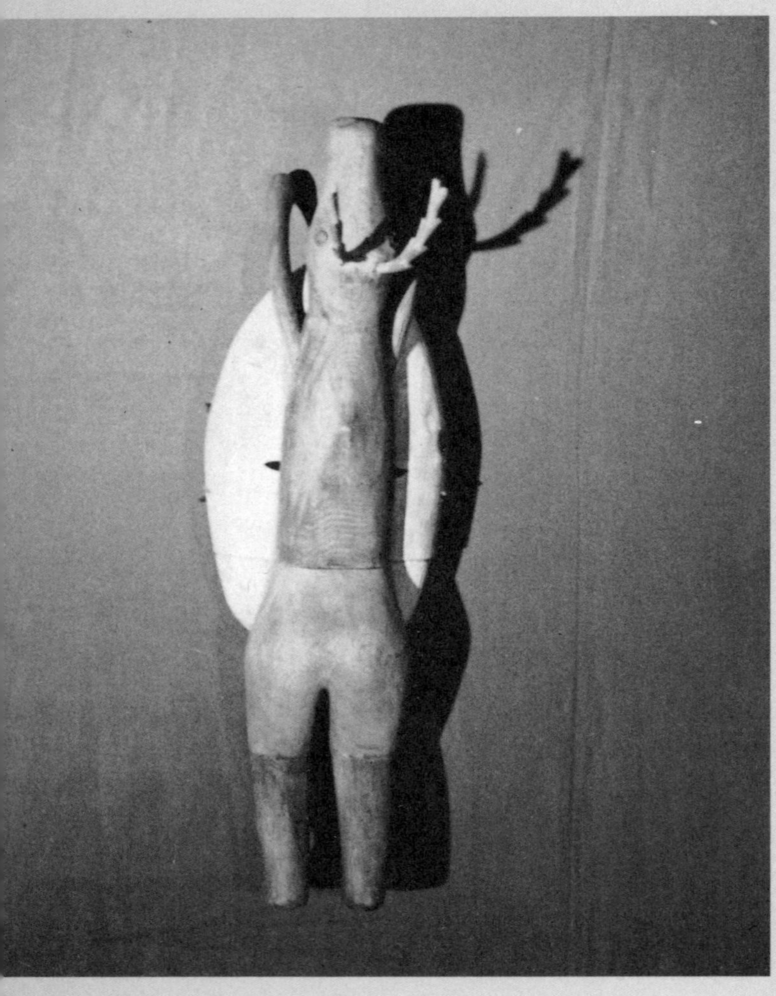

1 Masque de la collection d'André Breton à New York. Photographie d'Élisa Breton. Collection particulière.

André Breton

Genèse et perspective artistiques du surréalisme

[p. 84-85, au sujet de Marcel Duchamp et de Francis Picabia]

Il convient, à la suite du futurisme, de faire état d'une période de transition, relativement autonome, de caractère *mécanique* (Duchamp, Picabia). Elle répond à une confusion préméditée de l'homme et de la machine. Il est de fait que l'assimilation de l'un à l'autre, tout au moins sous le rapport du fonctionnement, peut-être portée assez loin. L'important est que l'attention se déplace ici de l'objet vers l'homme, qu'on fait mine de tenir pour un simple objet. Le chef-d'œuvre, débordant d'ailleurs en tous sens les intentions manifestes de cette époque, est « La Mariée mise à nu par ses célibataires, même » de Duchamp. L'émancipation à l'égard de l'objet extérieur se poursuit. Quand l'artiste aura éprouvé, au terme du rapprochement qu'il veut opérer, que la grande différence entre l'homme et la machine tient à ce que celle-ci ne se construit pas, ne se répare pas, ne se perfectionne ou ne se détruit pas elle-même, il sera conduit tout naturellement au surréalisme. [...]

[p. 87-88, au sujet de Giorgio De Chirico]

[...] L'évolution de Chirico, au cours des quatre années où l'inspiration l'a favorisé comme nul autre, n'est pas moins précipitée, ne prend pas un aspect moins fatal et moins dogmatique que celle dont témoigne l'œuvre, également très courte, de Rimbaud. La fixation de lieux *éternels* où l'objet n'est plus retenu qu'en fonction de sa vie symbolique et énigmatique (époque des arcades et des tours) qui tendent à devenir des lieux *hantés* (revenants et présages) assigne rapidement à l'homme une structure qui exclut tout caractère individuel, le ramène à une armature et à un masque (époque des mannequins). Puis cette structure elle-même se dérobe : l'être vivant, disparu, n'est plus évoqué que par des objets inanimés en rapport avec son rôle (de roi, en général, de marin, etc.). Enfin, ces objets eux-mêmes, entrant en composition avec des instruments de mesure et n'entretenant plus avec la vie humaine de relation manifeste que par l'intermédiaire de l'aliment de longue conservation qu'est le biscuit sec, le grand cycle chiriquien se clôt par l'époque dite des « intérieurs métaphysiques ». [...]

[p. 90-91, au sujet de Max Ernst]

[...] le surréalisme a d'emblée trouvé son compte dans les *collages* de 1920, dans lesquels se traduit une proposition d'organisation visuelle absolument vierge, mais correspondant à ce qui a été voulu en poésie par Lautréamont et Rimbaud. Je me souviens de l'émotion, d'une qualité inéprouvée par la suite, qui nous saisit, Tzara, Aragon, Soupault et moi à leur découverte – de Cologne ils arrivaient à l'instant même chez Picabia où nous nous trouvions. L'objet extérieur avait rompu avec son champ habituel, ses parties constituantes s'étaient en quelque sorte émancipées de lui-même, de manière à entretenir avec d'autres éléments des rapports entièrement nouveaux, échappant au principe de réalité mais n'en tirant pas moins à conséquence sur le plan réel (bouleversement de la notion de relation). Guidé par l'immense lueur qu'ainsi il a été le premier à faire apparaître, Max Ernst a dans ses premières toiles accepté de courir la grande aventure : chacune d'elles dépend au minimum de l'autre, l'ensemble répondant à la même conception que les poèmes écrits par Apollinaire de 1913 à la guerre, dont chacun présente une valeur d'*événement*. [...]

[p. 91-92, au sujet d'André Masson]

[...] André Masson tout au début de sa route rencontre *l'automatisme*. La main du peintre *s'aile* véritablement avec lui : elle n'est plus celle qui calque les formes des objets mais bien celle qui, éprise de son mouvement propre et de lui seul, décrit les figures involontaires dans lesquelles l'expérience montre que ces formes sont appelées à se réincorporer. La découverte essentielle du surréalisme est, en effet, que, sans intention préconçue, la plume qui court pour écrire ou le crayon qui court pour dessiner *file* une substance infiniment précieuse dont tout n'est peut-être pas matière d'échange mais qui, du moins, apparaît chargée de tout ce que le poète ou le peintre recèle alors d'émotionnel. C'est là le secret de la magnifique courbe qui, dans l'œuvre de Masson, s'est poursuivie comme d'un seul trait, quoique toujours plus sensible et plus savante, jusqu'à ce jour, prenant en écharpe les plus belles couleurs, les plus belles lumières de ce que nous avons vécu. [...]

[p. 94, au sujet de Joan Miró]

[...] L'entrée tumultueuse, en 1924, de Miró, marque une étape importante dans le développement de l'art surréaliste. Miró, qui laisse alors derrière lui une œuvre d'un esprit moins évolué mais qui témoigne de qualités plastiques de premier

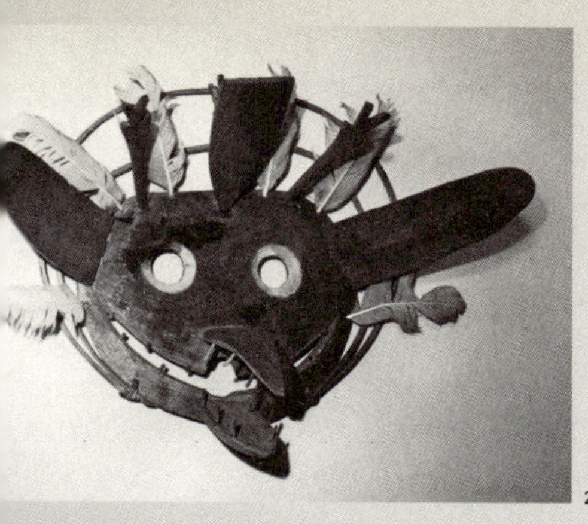

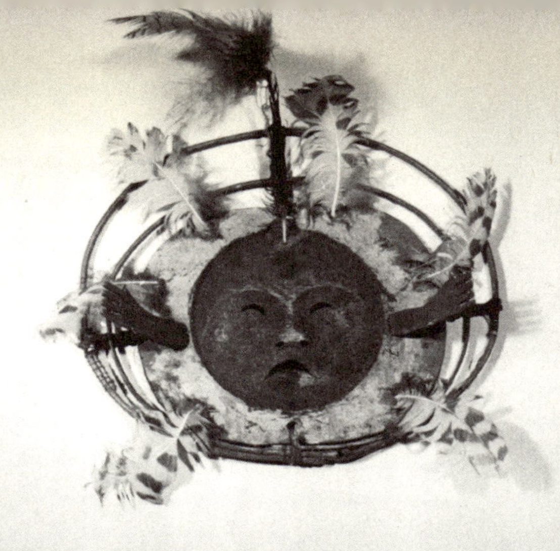

2

1945

TCHÉCHOSLOVAQUIE
Un étudiant tchèque reconnait, d'après son portrait publié dans *Nadja*, Robert Desnos parmi les malades atteints de typhus que l'avance alliée a fait évacuer à Terezine. Arrêté l'année précédente pour faits de résistance, Desnos avait été déporté à Buchenwald. Il meurt le 8 juin en parlant du surréalisme.

BUCAREST
TROST / *Vision dans le cristal*, oniromancie obsessionnelle.
– *Le Profil navigable*, négation concrète de la peinture.
LUCA / *Le Vampire passif.*
LUCA ET TROST / *Dialectique de la dialectique*, message adressé au mouvement surréaliste international.

PARIS
JULES MONNEROT / *La poésie moderne et le sacré.*
MAURICE NADEAU / *Histoire du surréalisme.*

NEW YORK
BRETON / *Le Surréalisme et la Peinture*, suivi de « Genèse et Perspective artistique du surréalisme » et de « Fragments inédits ».

MEXICO
PÉRET / *Le Déshonneur des poètes* (contre la brochure intitulée « L'Honneur des poètes », choix de poèmes « engagés » d'Aragon, Eluard et autres, publiés clandestinement à Paris pendant l'occupation). « En définitive l'honneur de ces " poètes " consiste à cesser d'être des poètes pour devenir des agents de publicité. » Ces propos, rigoureusement conformes à l'esprit surréaliste de toujours, provoquent une indignation considérable dans le clan des intéressés.

PORT-AU-PRINCE
En Haïti où il retrouve Mabille et Lam, Breton donne une série de conférences. À l'issue de la première d'entre elles, le journal La Ruche, lance un appel à l'insurrection. Sa saisie provoque la grève des étudiants qui s'amplifie presque aussitôt en grève générale. Le palais présidentiel assailli, les membres du gouvernement sont faits prisonniers.

ordre, franchit d'un bond les derniers barrages qui pouvaient encore faire obstacle à la totale spontanéité de l'expression. À partir de là sa production atteste une innocence et une liberté qui n'ont pas été dépassées. [...]

[p. 95, au sujet d'Yves Tanguy]
[...] L'apparition de Tanguy dans la lumière neptunienne de la voyance retend peu à peu le fil de l'horizon qui s'était brisé. Mais c'est avec lui un horizon *nouveau*, celui sur lequel va s'ordonner en profondeur le paysage non plus physique mais mental. Ceux qui pour se rassurer s'obstinent à parler ici d'atmosphère « sous-marine » ou autre oublient simplement que la faculté de déploiement de l'imagination artistique est en relation intime avec la variété des phénomènes du Cosmos. Si à New York, par exemple, au moment où j'ai la révélation du superbe phénomène connu sous le nom de « lumières du nord », tout se passe pour moi comme si se déroulaient à une allure vertigineuse les ciels de Tanguy, qui n'a pas plus que moi perçu ces lumières auparavant, cela signifie que l'esprit de Tanguy se tient en communication permanente avec le magnétisme terrestre. [...] Ces éléments apparaissent aujourd'hui merveilleusement déliés des fumées qui les annoncèrent (1927-1929) et des coulées dans lesquelles ils achevèrent de s'élaborer (1930-1931). [...]

[p. 96, au sujet de René Magritte]
[...] La démarche non automatique mais au contraire pleinement délibérée de Magritte étaye, d'autre part, dès ce moment le surréalisme. Seul de cette tendance, il a abordé la peinture dans l'esprit des « leçons de choses » et, sous cet angle, a instruit le procès systématique de l'image visuelle dont il s'est plu à souligner les défaillances et à marquer le caractère dépendant des figures de langage et de pensée. Entreprise unique, de toute rigueur, aux confins du physique et du mental, mettant en jeu toutes les ressources d'un esprit assez exigeant pour concevoir chaque tableau comme le lieu de résolution d'un nouveau problème. [...]

[p. 97-98, au sujet d'Alberto Giacometti]
[...] Avec Giacometti – et c'est un moment pathétique comme celui où dans les vieux romans les personnages descendent de leur cadre, les figures nouvelles issues de la tête et du cœur de l'homme, quoiqu'avec d'infinis scrupules mettent pied à terre et, dans la matérialisation de la lumière fervente qui baigne *Henri d'Ofterdingen ou*

[2] Deux masques de la collection d'André Breton à New York. Photographies d'Élisa Breton, Collection particulière.

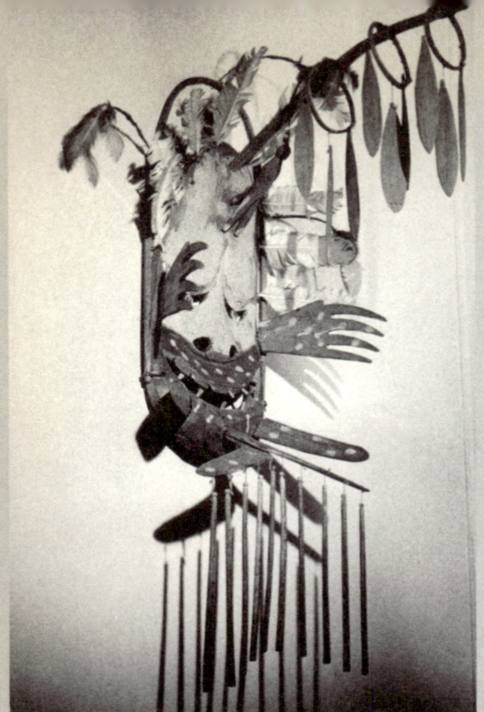

1

Aurélia, affrontent victorieusement l'épreuve de la réalité. [...]

[p. 98, au sujet de Salvador Dalí]
Lorsque Dalí s'introduit en 1929 dans le surréalisme, son œuvre peinte antérieure n'annonce rigoureusement rien de personnel. Sur le plan théorique il procédera à partir de là par emprunts et par juxtapositions dont l'exemple le plus frappant est l'amalgame, sous le nom d'« activité paranoïaque-critique », de la leçon de Cosimo et de Vinci (s'absorber dans la contemplation de crachats ou d'un vieux mur jusqu'à ce que s'y organise pour l'œil un monde *second* non moins révélable par la peinture) et des moyens (de l'ordre du *frottage*) déjà préconisés par Max Ernst pour « intensifier l'irritabilité des facultés de l'esprit ». [...]

[p. 99, au sujet de Victor Brauner et de Leonora Carrington]
[...] L'artiste n'est plus celui qui prend bien garde, en tant qu'homme, à tirer son épingle du jeu ; il est pris lui-même dans le drame. « La terreur venait », a dit Rimbaud, analysant sa propre expérience (*Alchimie du verbe*). Cette terreur, les stratagèmes et les énigmes de la guerre actuelle sont venus l'étendre au monde objectif et c'est pourquoi l'art de Brauner est peut-être celui qui exprime le plus intensément ce monde dans sa dernière phase. Il est frappant que quittes de toute influence l'un envers l'autre, Brauner et Leonora Carrington en soient venus à le traduire sous le même angle intérieur ou du moins que leur œuvre présente cette singulière parenté de climat. [...]

[p. 100, au sujet de Wolfgang Paalen]
[...] L'art de Paalen aspire à réaliser la synthèse du mythe en formation et de ceux qui passent pour révolus, à faire sa propre chair de ce mythe même. Entreprise d'illumination totale de la nuit humaine sans cesse retombante, où l'intelligence encyclopédique la plus rare à notre époque s'arme par surcroît de tous les grands éclairs de la passion. Sa peinture a les plumes de l'oiseau merveilleux, aux couleurs vivantes, qui passe dans *Les Noces chimiques* de Simon Rosenkreuz et a le pouvoir de rendre la vie. [...]

[p. 100-101, au sujet de Wifredo Lam]
[...] Le trésor de la vision primitive n'est pas perdu pour Lam qui, de par ses origines (il est de père chinois et de mère cubaine noire) a la chance unique d'en disposer instinctivement, tout en participant de la manière la plus émue de la conscience sociale de ce temps et en s'étant rendu maître de la technique la plus évoluée. [...]

[p. 101, au sujet de Kurt Seligmann]
Jarry, jeune, avait conçu *César-Antéchrist* « avec des endroits où tout est par blasons, et certains personnages doubles ». Seligmann, qui est passé par cette symbolique héraldique et dont la mission semble avoir été tout d'abord de la mettre à jour, s'est porté au devant de tout ce que peut offrir de phosphorescent la « nuit » du Moyen-Âge. Il en a ramené les pures formes de l'angoisse et de l'énergie humaines, dont le contenu depuis Joachim de Flore ou Maître Eckhardt n'a sans doute pas foncièrement changé. [...]

[p. 102, au sujet de Hans Bellmer]
[...] Et c'est aussi, mais adolescente, la femme éternelle, pivot du vertige humain, qui a retenu Bellmer dans les affres de la création et de la vie imprévisible des golems dont participe sa poupée. [...]

[p. 102, au sujet de Josef Cornell]
Cornell, aux confins de la vue stéréotypique, anaglyphique et de la vision stéréotypée, a médité une expérience qui bouleverse les conventions d'usage des objets.

[p. 102, au sujet d'Oscar Dominguez]
Mais la grande circulation physicomentale dans le surréalisme continue à s'opérer par l'automatisme. C'est lui qui a permis à Dominguez, au cours d'une œuvre abondant, du reste, en suggestions originales, la découverte d'une « matière » qu'il est possible d'obtenir immédiatement par des moyens mécaniques, matière de la plus riche plasticité puisqu'elle peut traduire dans toute sa complexité ce lieu d'émerveillement par excellence que sont les grottes aussi bien que – Max Ernst le montre avec éclat dans ses toiles de 1940-41 – le chatoiement autrement presque insaisissable des frondaisons végétales, des coraux ou des plumages. [...]

✤ (André Breton, *Le Surréalisme et la Peinture*, suivi de *Genèse et perpective artistiques du surréalisme* et de *Fragments inédits*, New York, Brentano's, 1945)

[1] Masque esquimau de la collection d'André Breton à New York. Photographie d'Élisa Breton, Collection particulière.

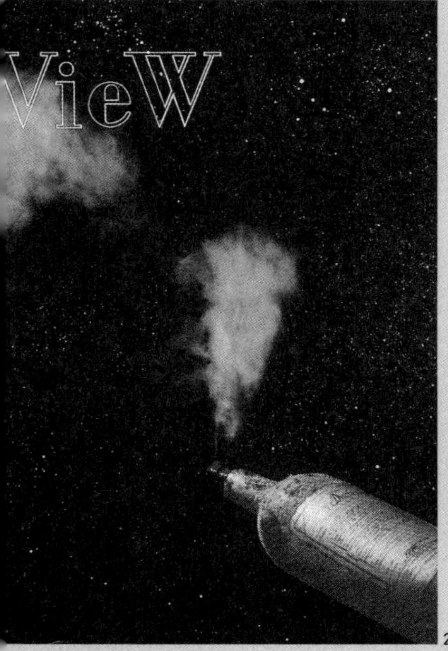

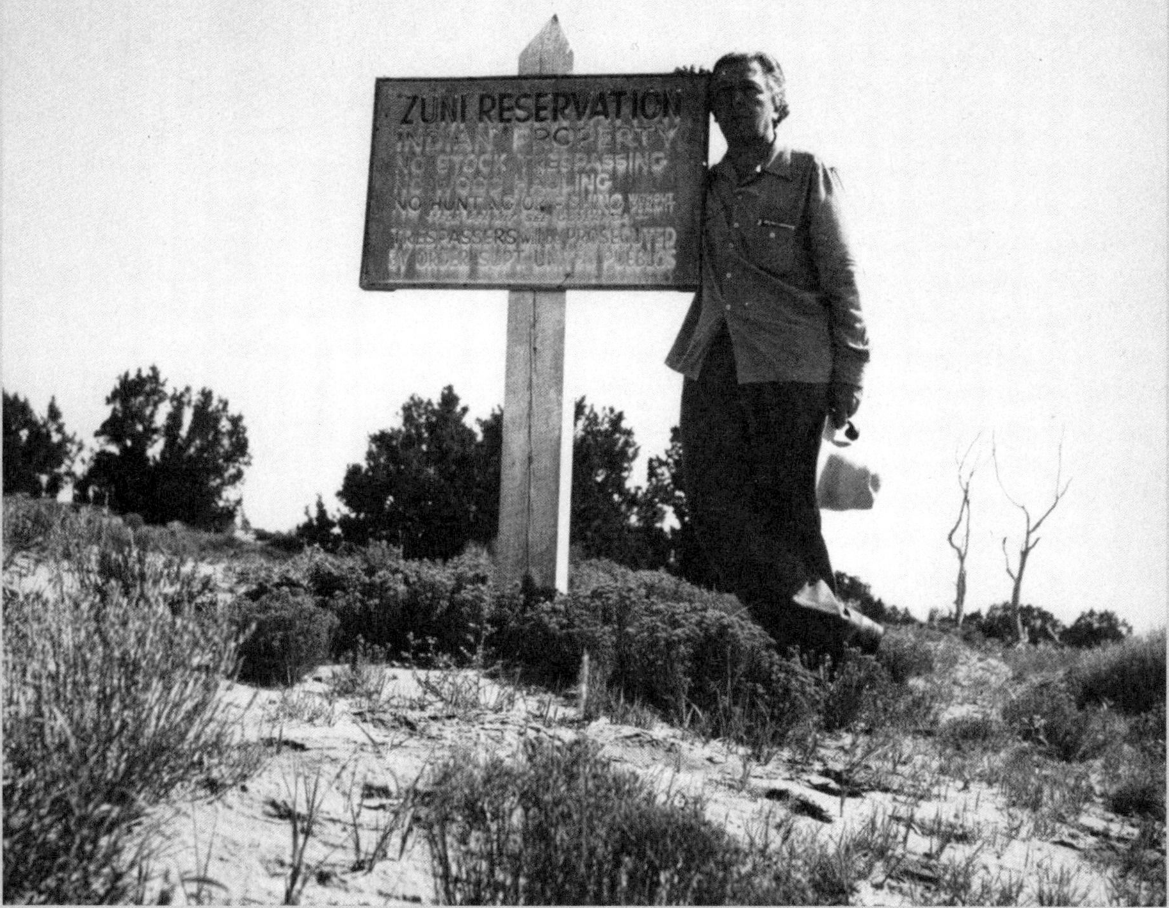

2 Couverture de *View*, 5e série, nº 1, mars 1945, réalisée par Marcel Duchamp.

3 André Breton dans une réserve zuni, Nouveau-Mexique, août 1945.

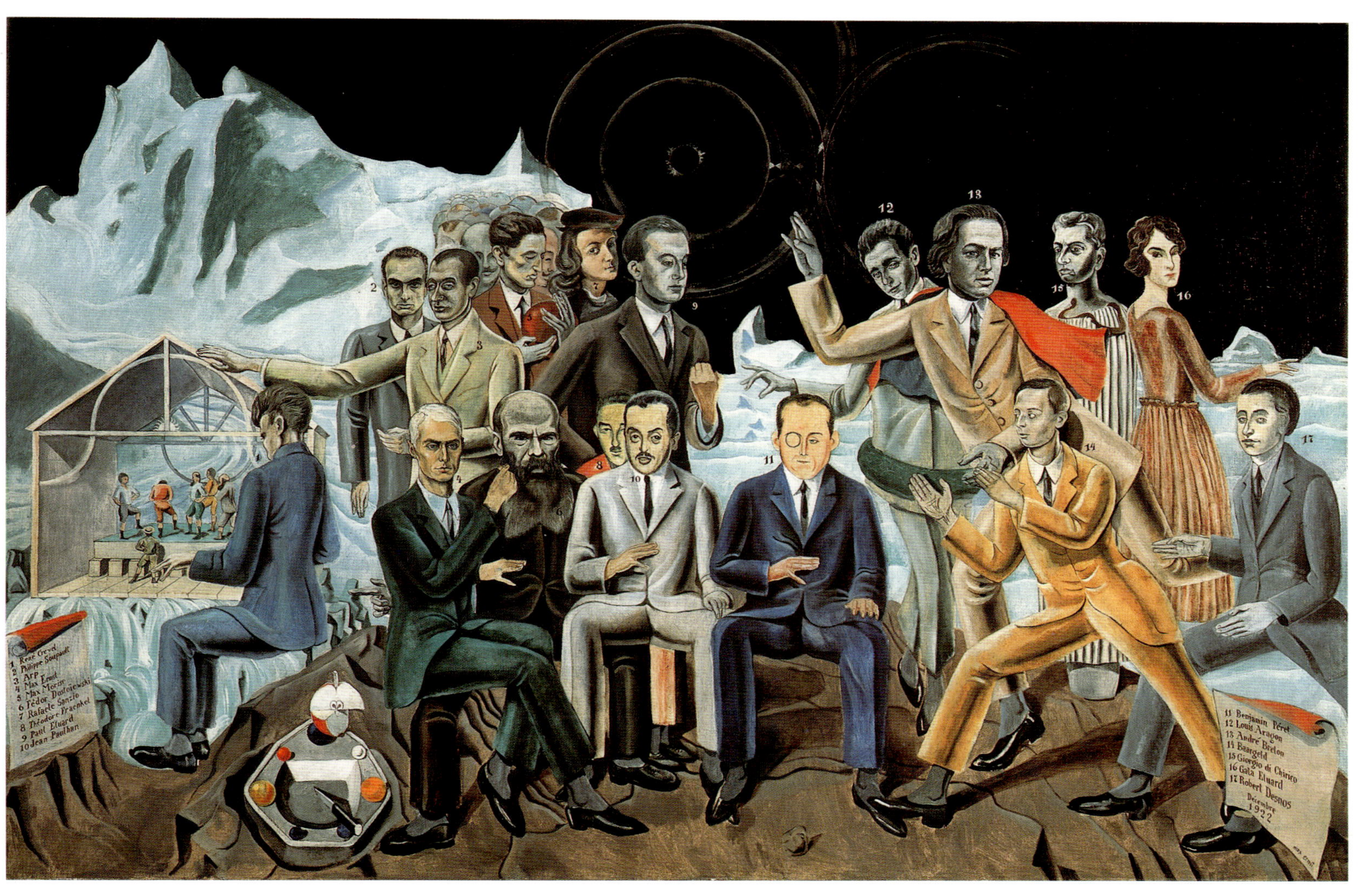

MAX ERNST
Au Rendez-vous des amis, 1922
Huile sur toile
130,00 x 95,00 cm
Museum Ludwig, Cologne

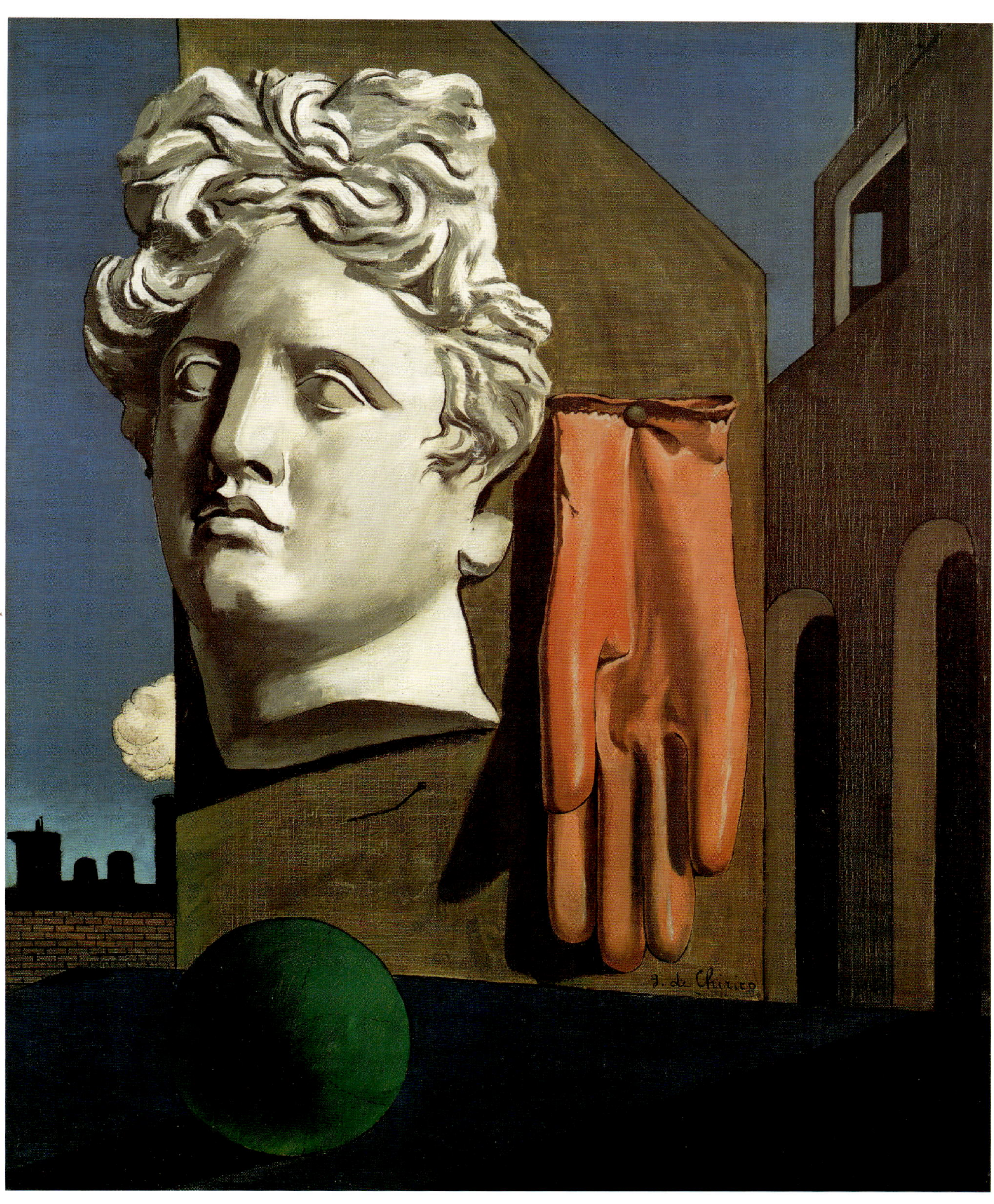

GIORGIO DE CHIRICO
Chant d'amour, 1914
Huile sur toile
73,00 x 59,10 cm
The Museum of Modern Art,
New York
Legs Nelson A. Rockefeller

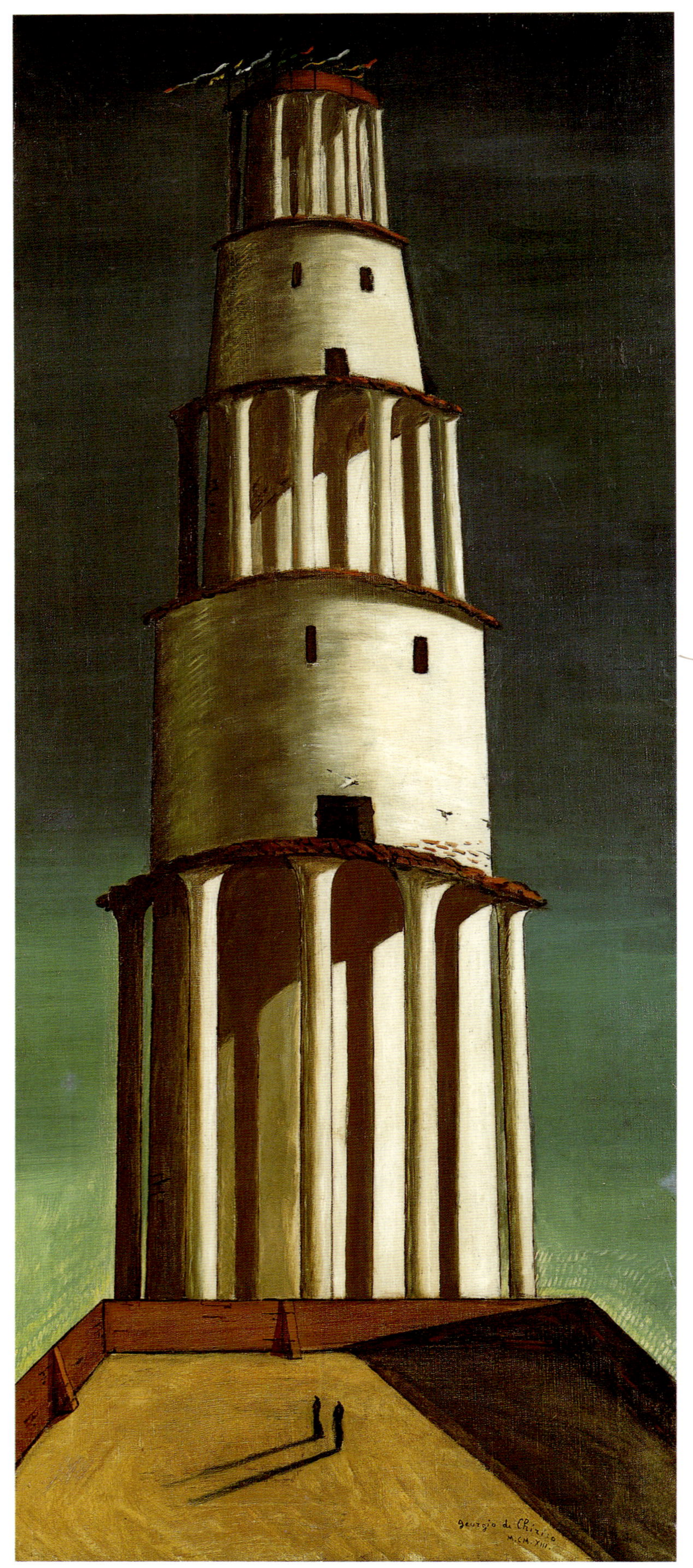

GIORGIO DE CHIRICO
La Grande Tour, 1913
Huile sur toile
123,50 x 52,50 cm
Kunstsammlung Nordrhein-
Westfalen, Düsseldorf

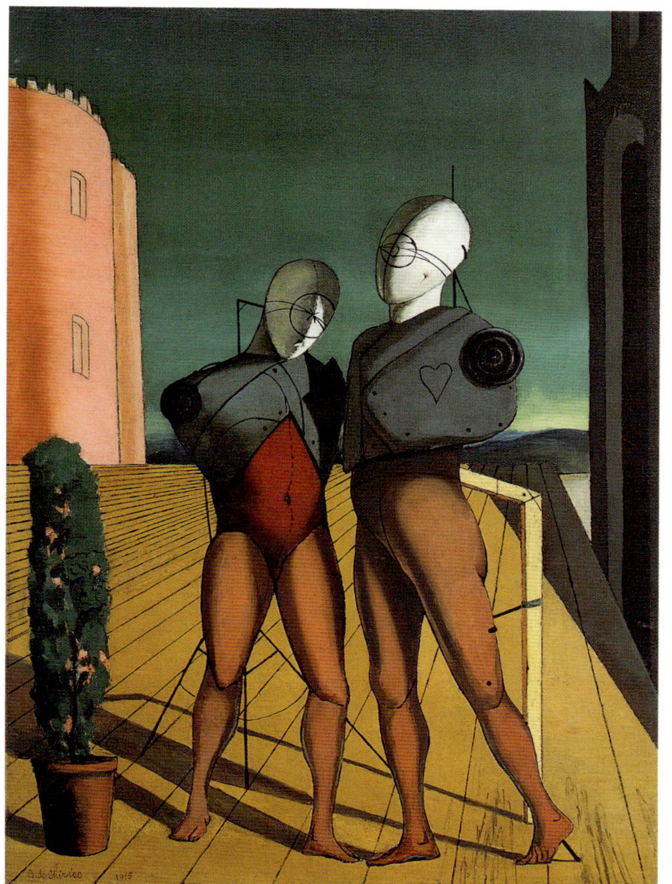

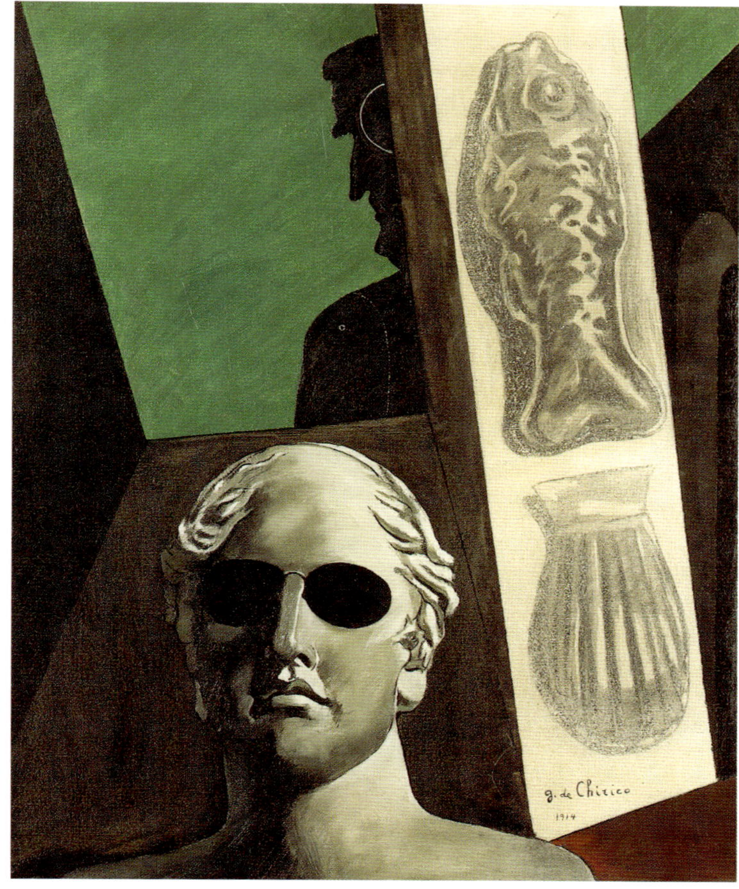

GIORGIO DE CHIRICO
Le Duo (Les Mannequins de la tour rose), 1915
Huile sur toile
81,90 x 59,00 cm
The Museum of Modern Art, New York
Legs James Thrall Soby

GIORGIO DE CHIRICO
Portrait prémonitoire de Guillaume Apollinaire, 1914
Huile sur toile
81,50 x 65,00 cm
Centre Pompidou, Paris
Musée national d'art moderne

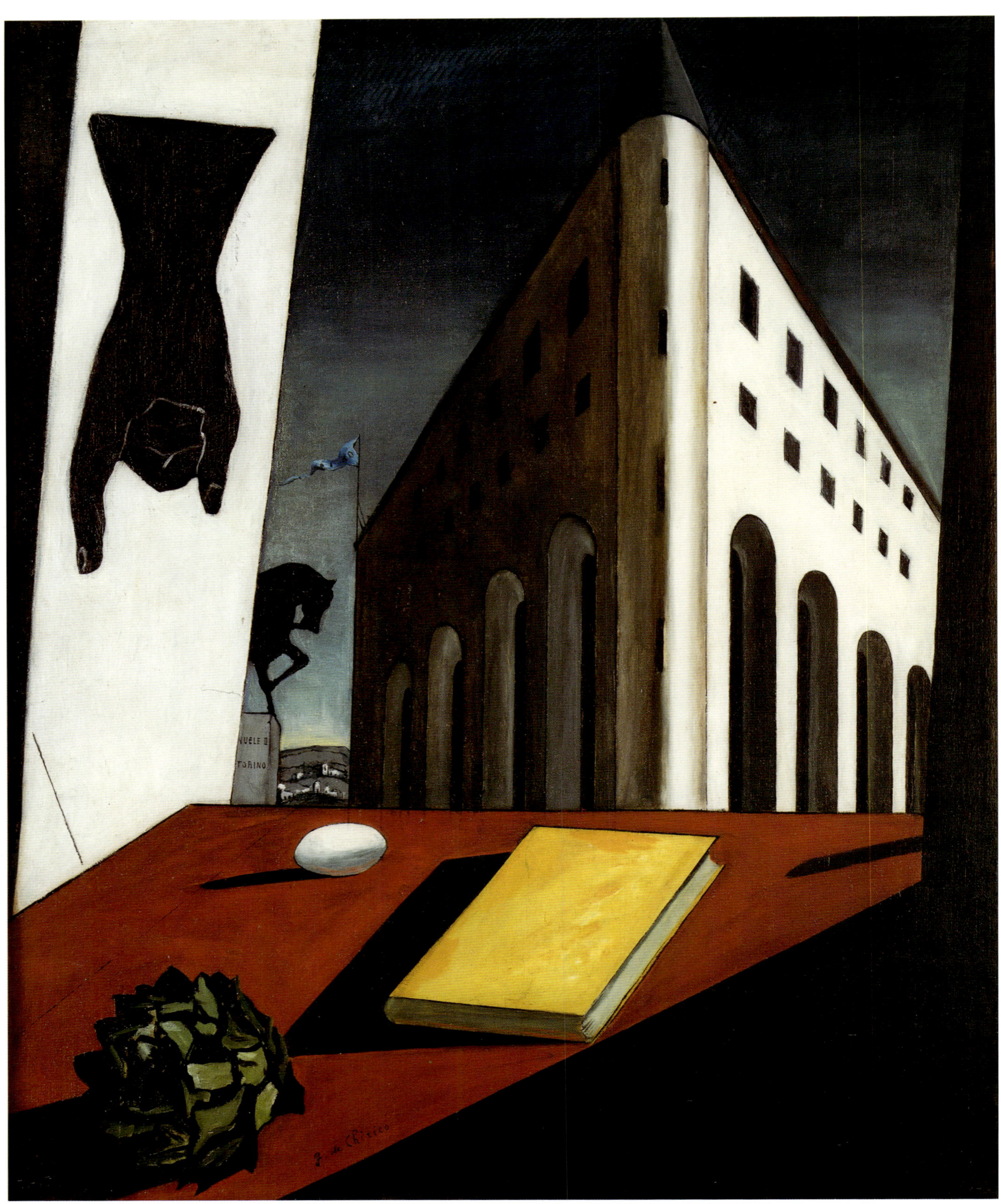

GIORGIO DE CHIRICO
Torino printanière, 1914
Huile sur toile
124,00 x 99,50 cm
Collection particulière

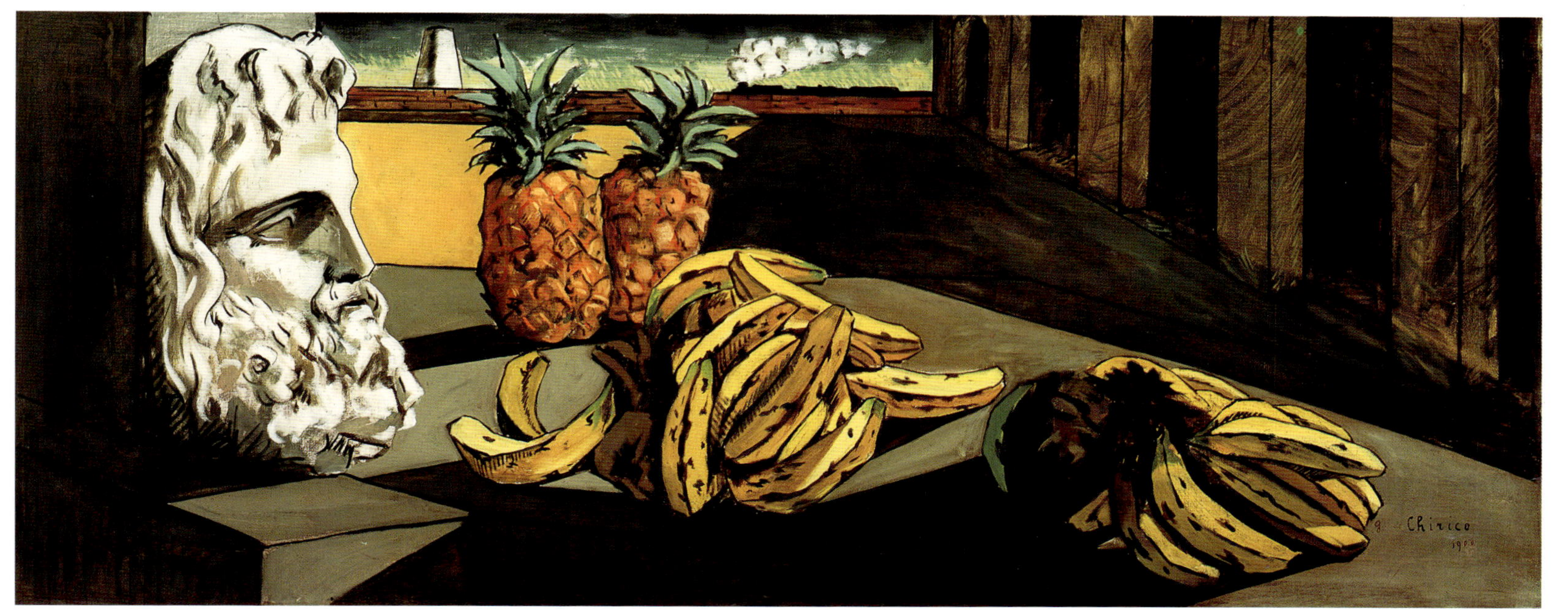

GIORGIO DE CHIRICO
Le Rêve transformé, 1913
Huile sur toile
63,00 x 152,00 cm
The Saint Louis Art Museum,
Saint Louis
Don de M. et Mme Joseph Pulitzer Jr

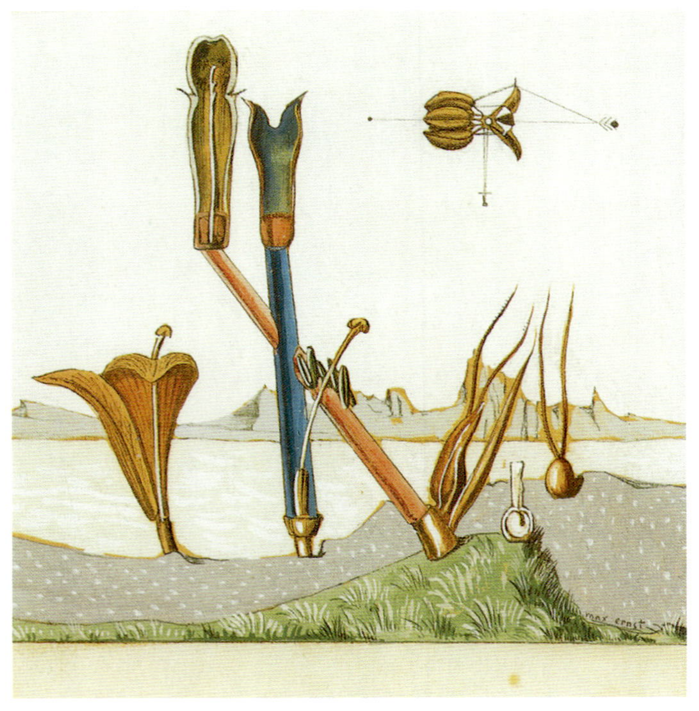

MAX ERNST
Sans titre, 1920
Gouache, encre de Chine
et crayon sur motif imprimé
17,00 x 18,70 cm
Stedelijk Museum, Amsterdam

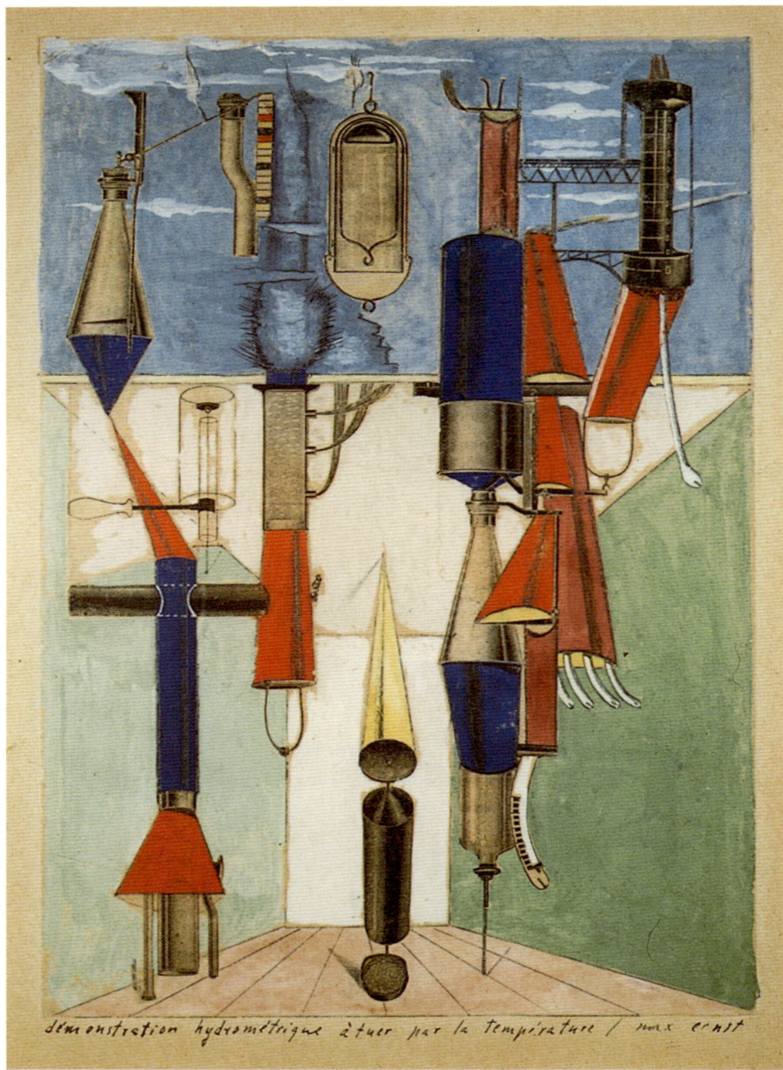

MAX ERNST
Démonstration hydrométrique
à tuer par la température, 1920
Collage, gouache, encre
et crayon sur papier
27,00 x 20,00 cm
Collection particulière, Paris

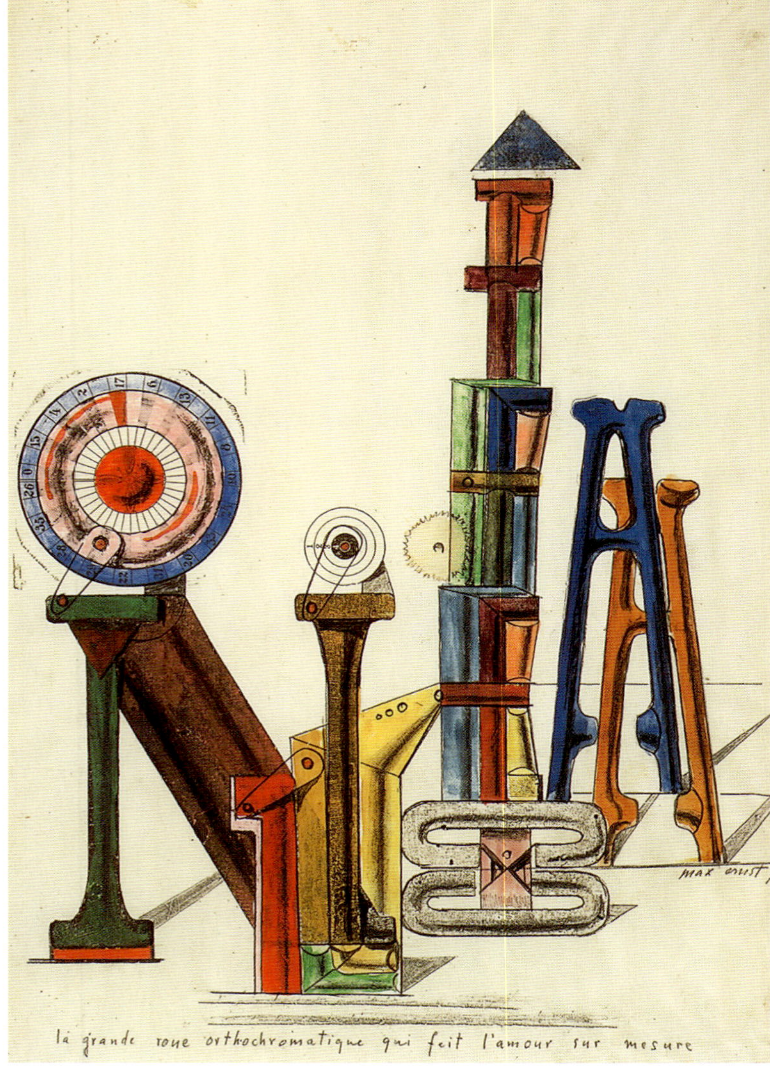

MAX ERNST
La grande roue orthochromatique
qui fait l'amour sur mesure, 1920
Crayon, encre de Chine
et aquarelle sur papier collé
sur carton
40,80 x 27,40 cm
Centre Pompidou, Paris
Musée national d'art moderne

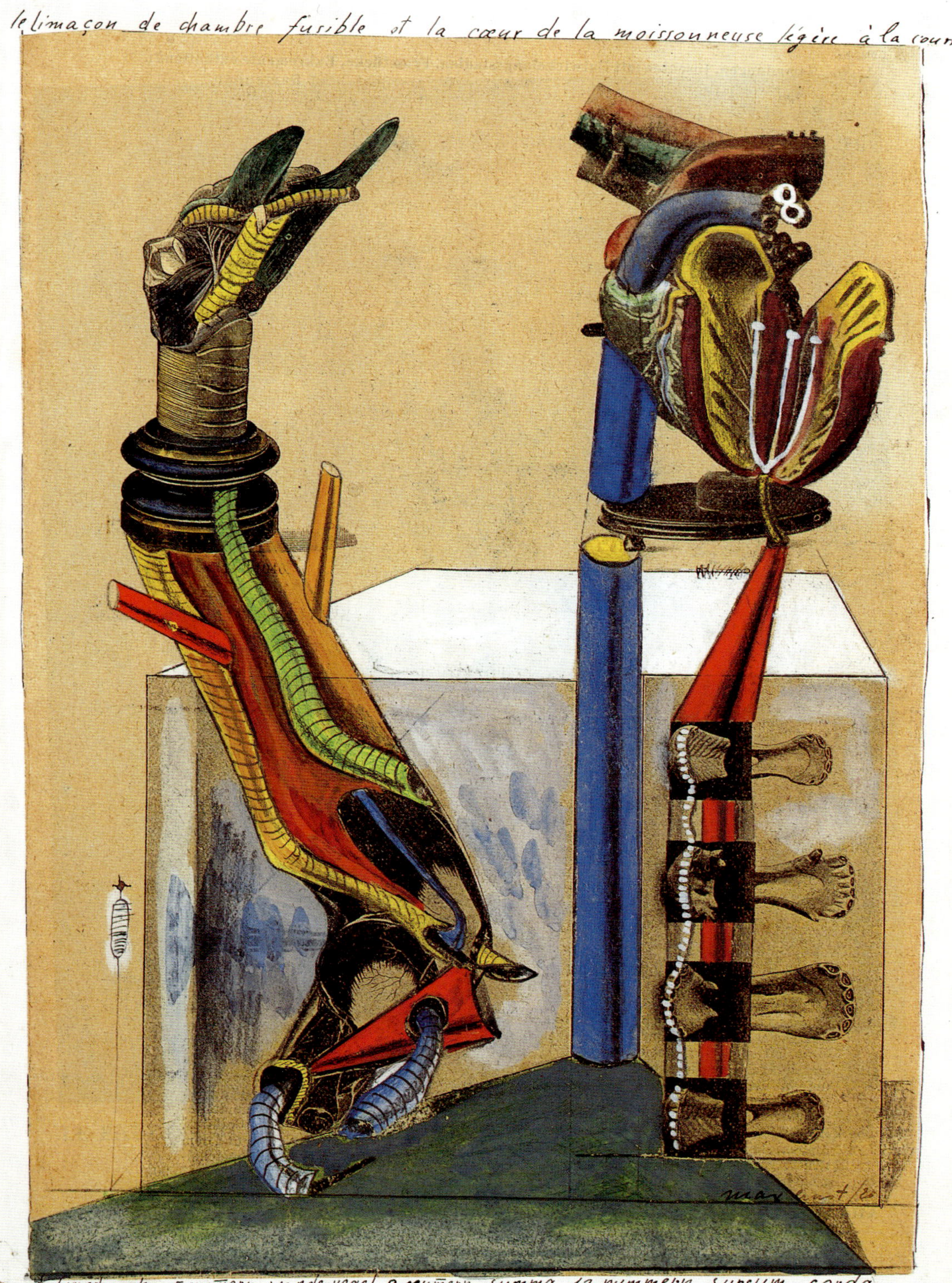

MAX ERNST
Le Limaçon de chambre, 1920
Tempera, gouache, encre, crayon, collage sur papier
31,20 x 22,20 cm
Collection particulière

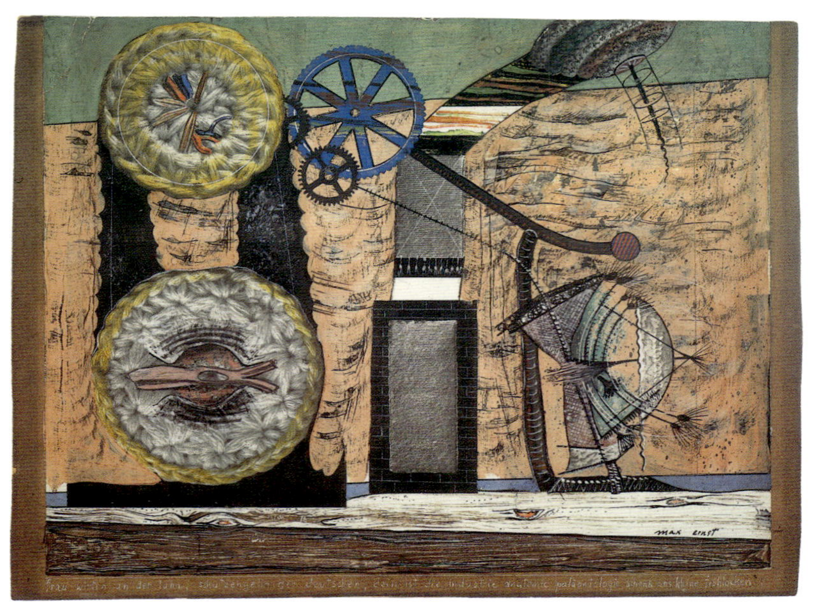

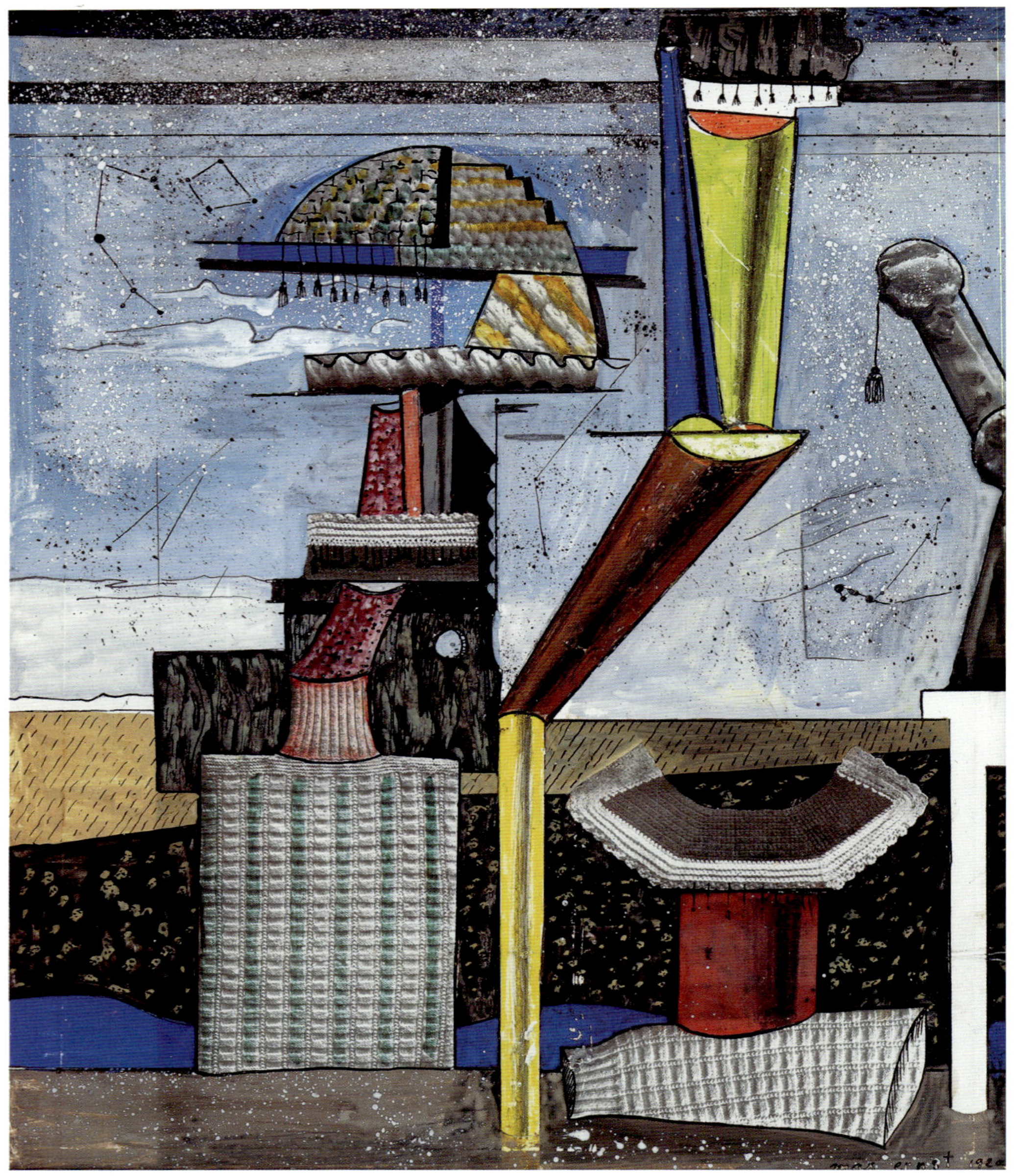

MAX ERNST
Frau wirtin an der lahn...
[Madame la patronne au bord de la rivière...], 1920
Collage, gouache et encre de Chine sur papier
25,00 x 31,50 cm
Graphische Sammlung Staatsgalerie, Stuttgart

MAX ERNST
Sans titre, 1920
Gouache, encre de Chine et crayon sur motif imprimé, monté sur carton
30,00 x 25,00 cm
Collection particulière, courtesy Blondeau & Associés S.A., Paris

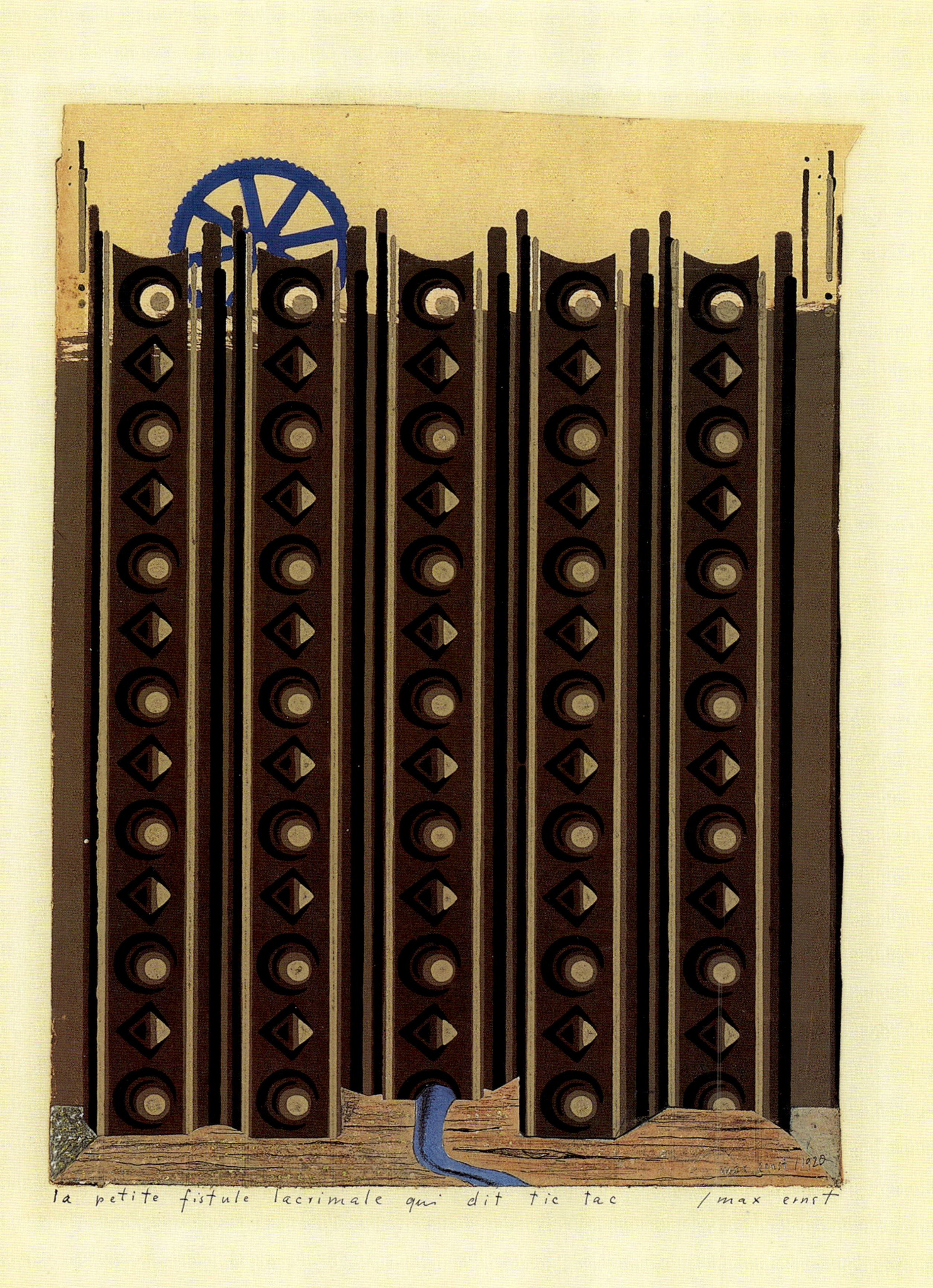

MAX ERNST
La petite fistule lacrimale qui dit tic tac, 1920
Gouache sur papier peint
36,20 x 25,40 cm
The Museum of Modern Art, New York
Achat

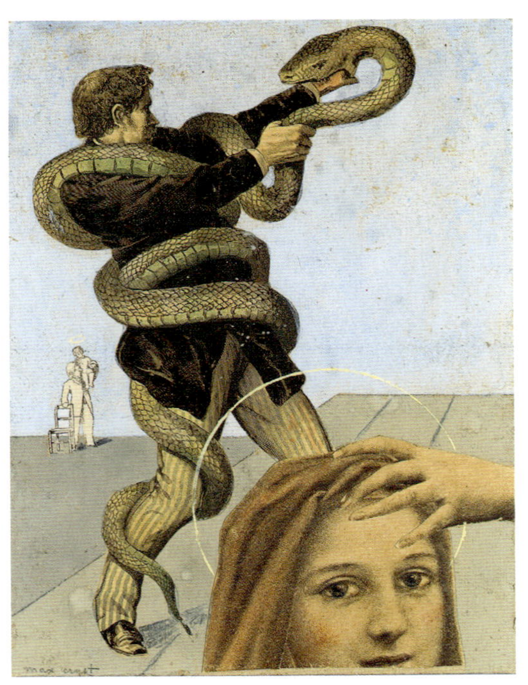

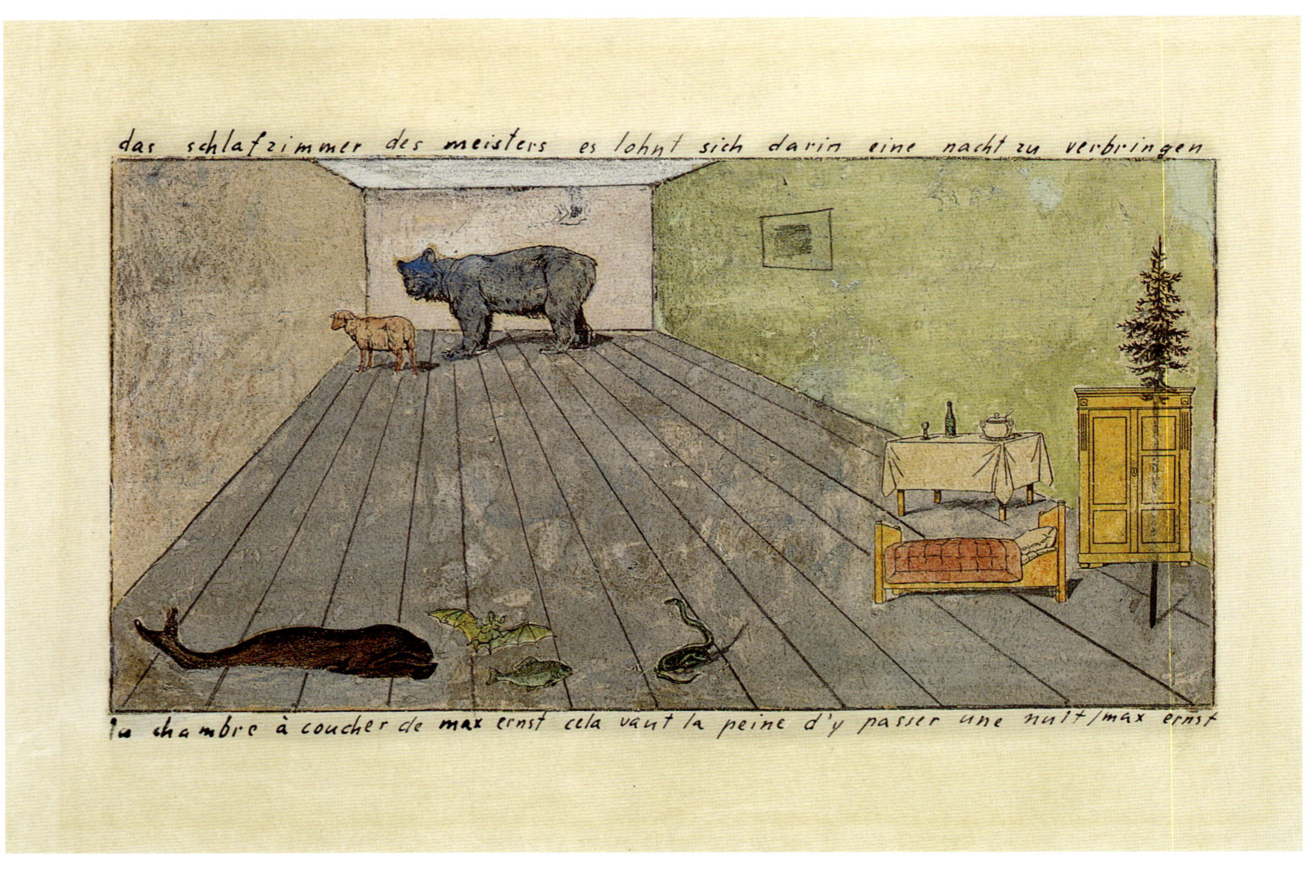

MAX ERNST
Sans titre, 1920
Collage, gouache et crayon
23,40 x 17,70 cm
Collection particulière

MAX ERNST
Das schlafzimmer des meisters es lohnt sich darin eine nacht zu verbringen [*La chambre à coucher de Max Ernst cela vaut la peine d'y passer une nuit*], 1920
Collage, gouache et crayon sur papier
16,30 x 22,00 cm
Collection particulière

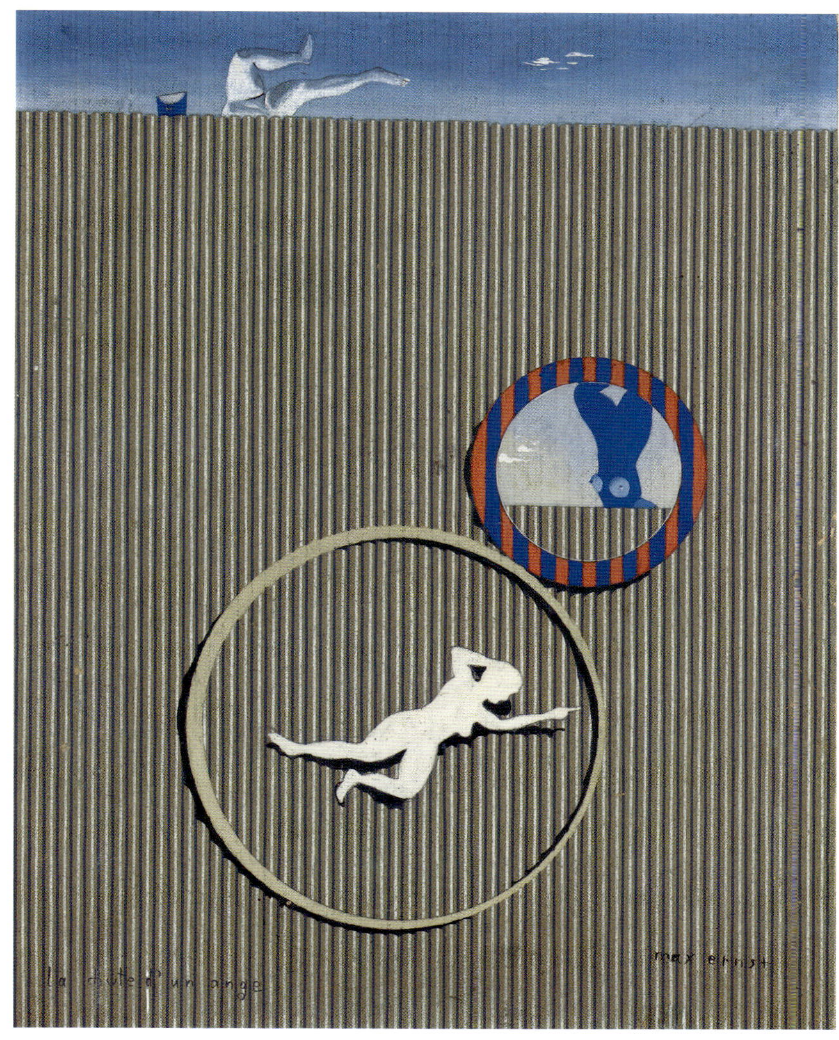

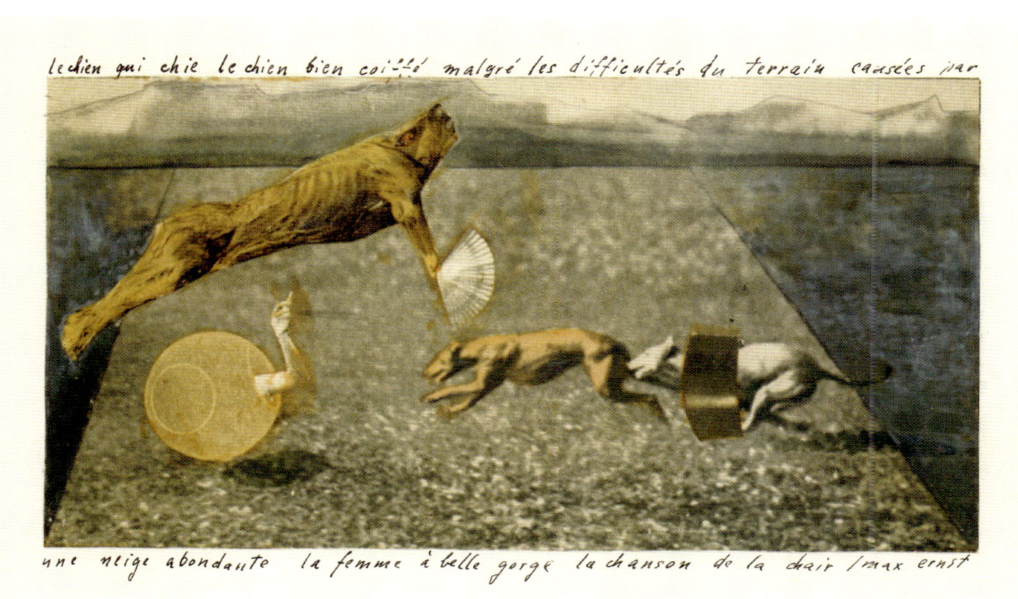

MAX ERNST
La Chute d'un ange,
Collage et huile sur papier
44,00 x 34,00 cm
Collection particulière

MAX ERNST
La Chanson de la chair, 1920
Gouache, crayon et reproductions
de photos découpées et collées
sur papier
15,00 x 20,80 cm
Centre Pompidou, Paris
Musée national d'art moderne

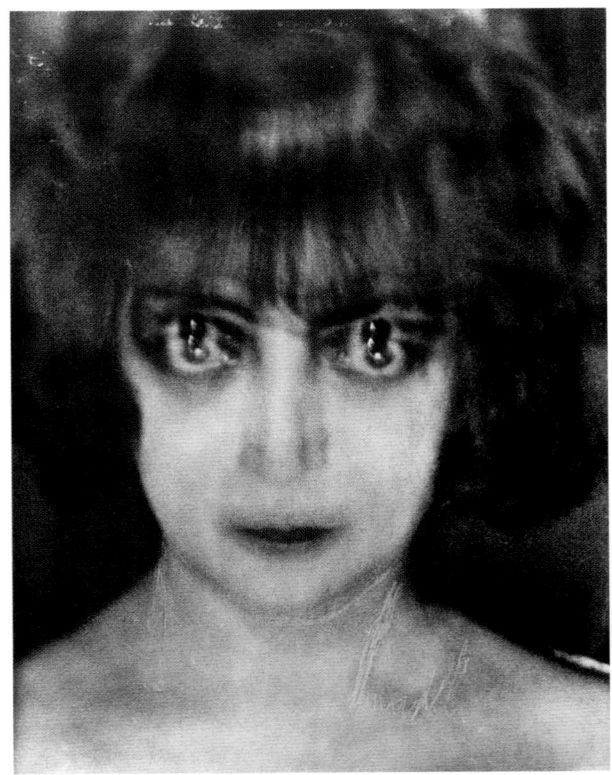

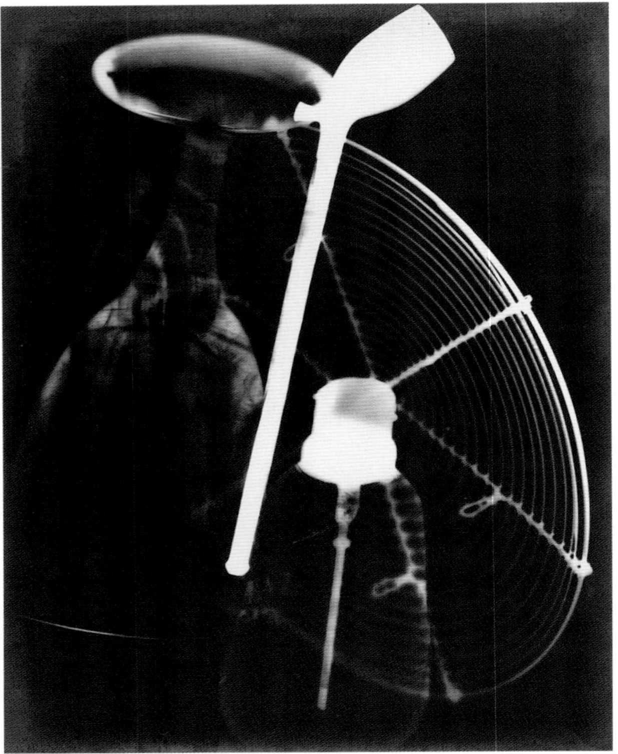

MAN RAY
Marquise Casati, 1922
Positif argentique sur plaque de verre
24,00 x 18,00 cm
Centre Pompidou, Paris
Musée national d'art moderne

MAN RAY
Champs délicieux, 10e rayogramme, 1922
Rayogramme, épreuve aux sels d'argent
22,10 x 17,30 cm
Centre Pompidou, Paris
Musée national d'art moderne

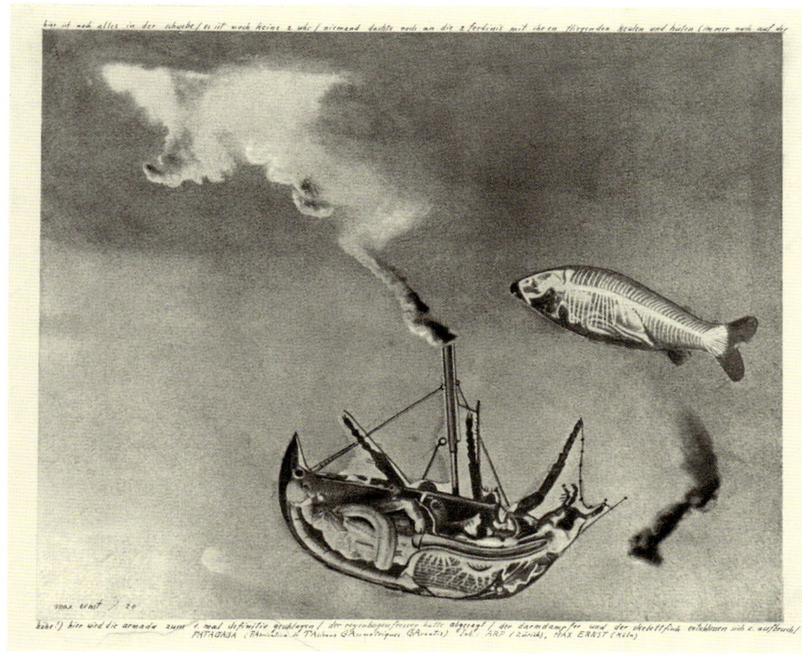

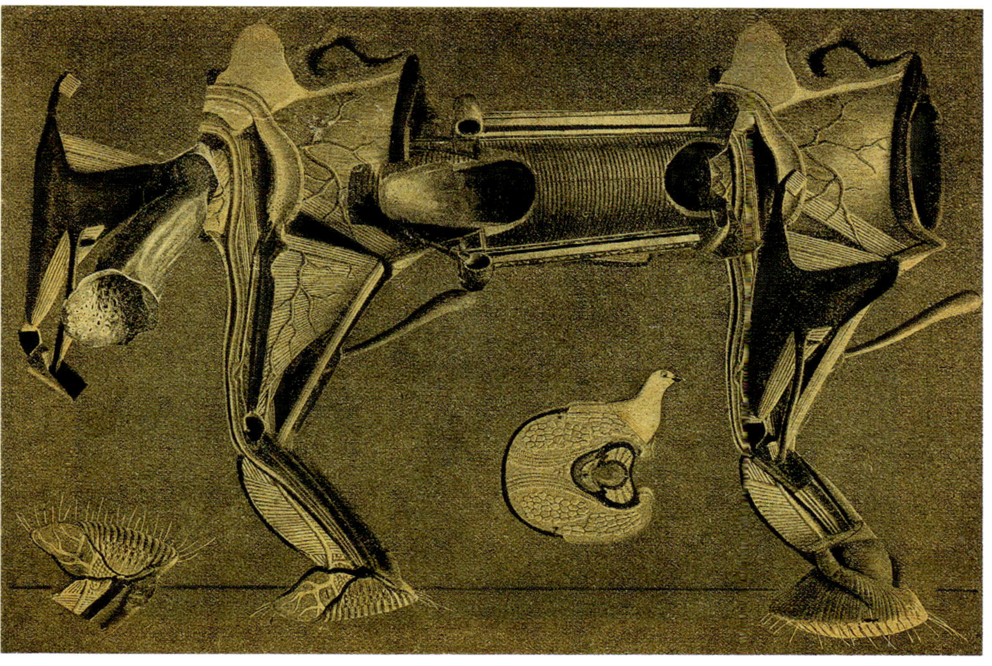

MAX ERNST
Le Vapeur et le Poisson, 1920
Agrandissement photographique d'un photomontage avec rehauts de gouache et d'encre sur carton
32,00 x 38,80 cm
Stiftung Hans Arp und Sophie Taeuber-Arp e.V., Rolandseck

MAX ERNST
Un peu malade le cheval patte pelu..., 1920
Collage et gouache sur papier monté sur carton
16,00 x 23,00 cm
GAM-Galleria Civica d'arte moderna e contemporanea, Turin

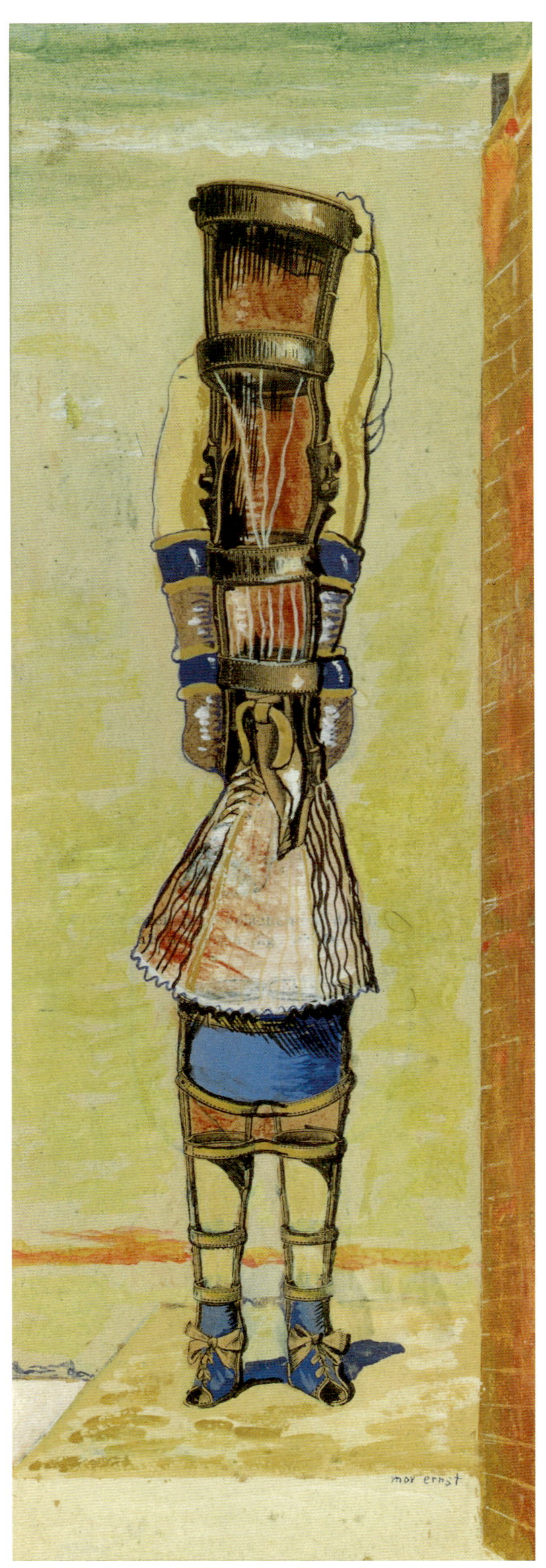

MAX ERNST
Jeune chimère, 1921
Collage, gouache et encre de
Chine sur papier
29,00 x 9,00 cm
Collection particulière

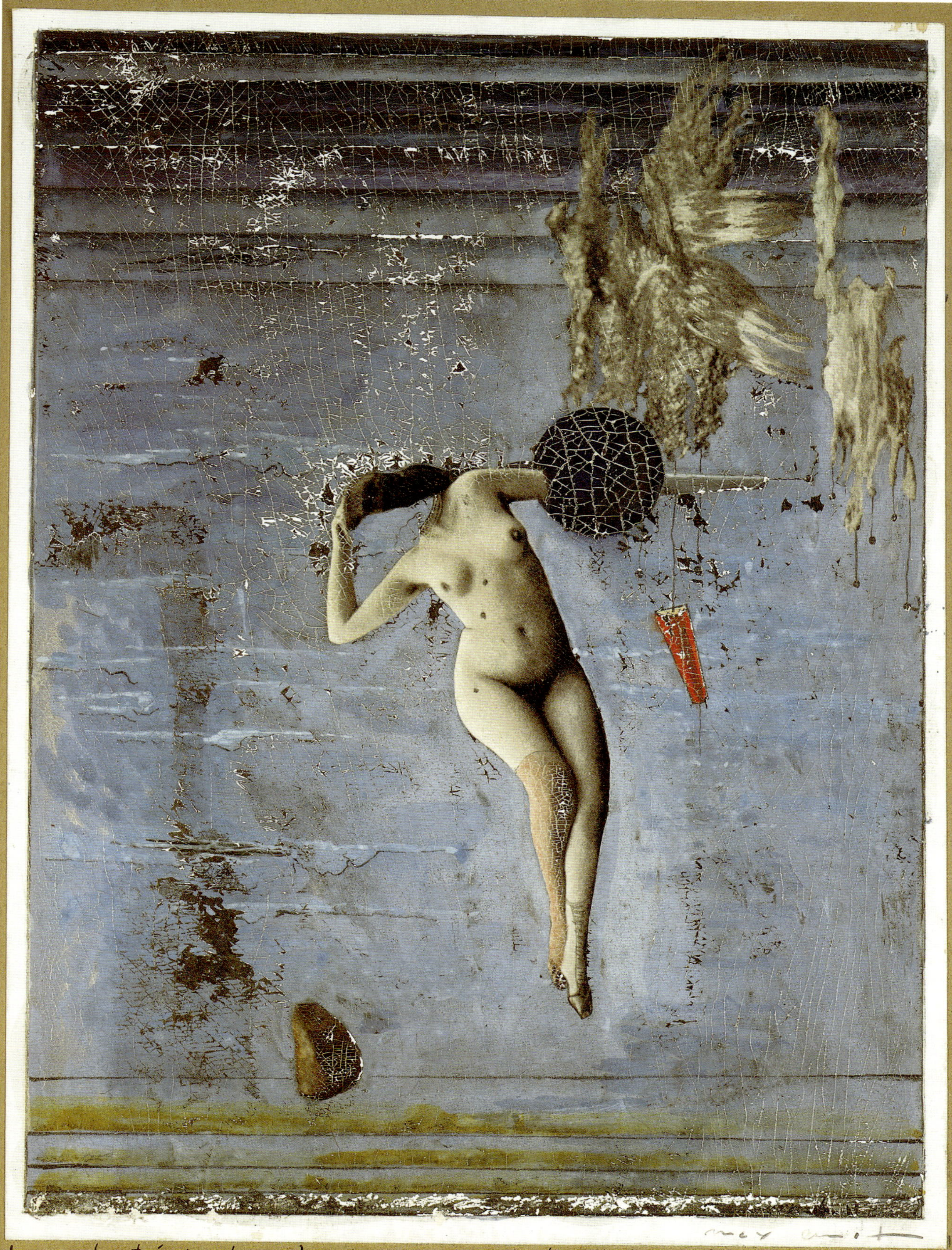

MAX ERNST
La Puberté proche...
ou *Les Pléiades*, 1921
Collage, fragments de photographies retouchées, gouache et huile sur papier, monté sur carton
24,50 x 16,50 cm
Collection particulière, courtesy Blondeau & Associés S.A., Paris

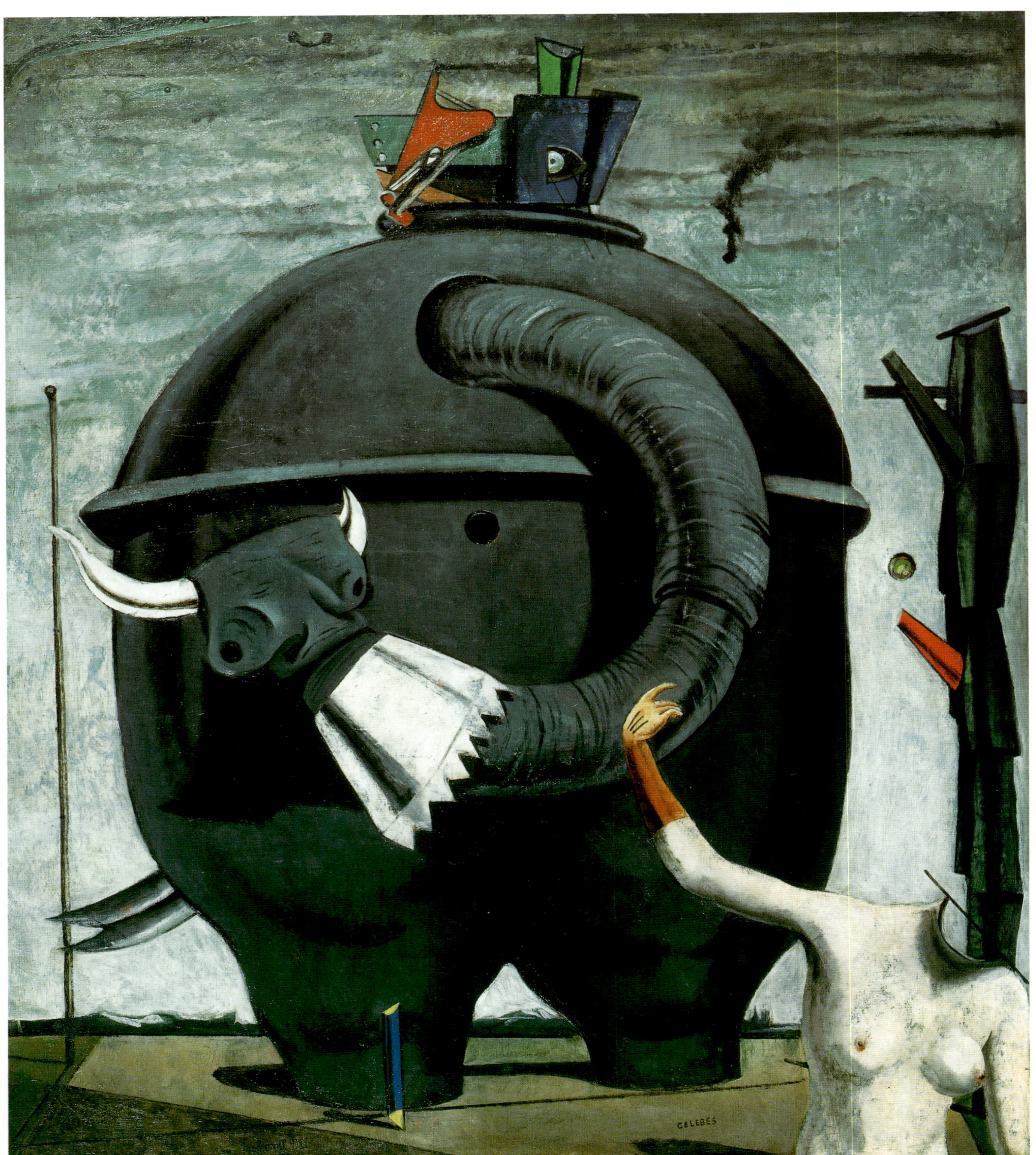

MAX ERNST
Célèbes ou *L'Éléphant Célèbes*,
1921
Huile sur toile
125,40 x 107,90 cm
Tate, Londres
Achat 1975

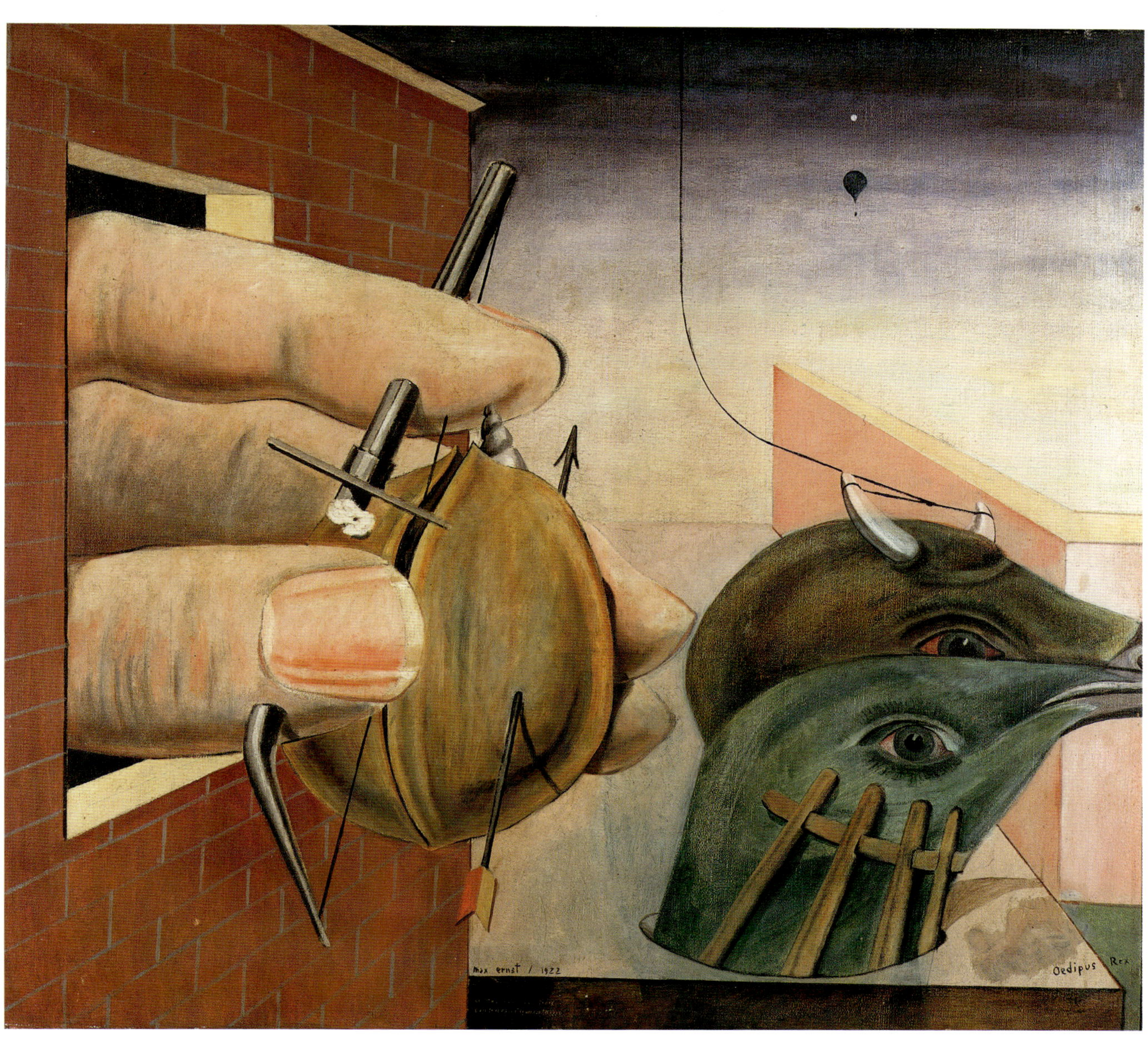

MAX ERNST
Œdipus Rex, 1922
Huile sur toile
93,00 x 102,00 cm
Collection particulière

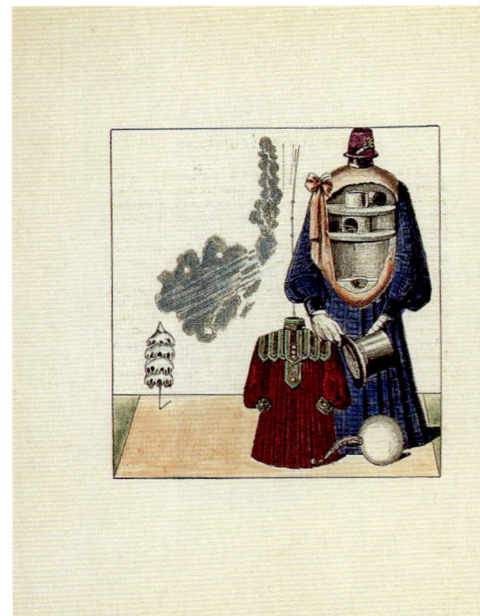

LES CISEAUX ET LEUR PERE

Le petit est malade, le petit va mourir. Lui qui nous a donné la vue, qui a enfermé les obscurités dans les forêts de sapins, qui séchait les rues après l'orage. Il avait, il avait un estomac complaisant, il portait le plus doux climat dans ses os et faisait l'amour avec les clochers.

Le petit est malade, le petit va mourir. Il tient maintenant le monde par un bout et l'oiseau par les plumes que la nuit lui rapporte. On lui mettra une grande robe, une robe sur moyen panier, fond d'or, brodée avec l'or de couleur, une mentonnière avec des glands de bienveillance et des confettis dans les cheveux. Les nuages annoncent qu'il n'en a plus que pour deux heures. A la fenêtre, une aiguille à l'air enregistre les tremblements et les écarts de son agonie. Dans leurs cachettes de dentelle sucrée, les pyramides se font de grandes révérences et les chiens se cachent dans les rébus — les majestés n'aiment pas qu'on les voie pleurer. Et le paratonnerre?. Où est monseigneur le paratonnerre?

Il était bon. Il était doux. Il n'a jamais fouetté le vent, ni écrasé la boue sans nécessité. Il ne s'est jamais enfermé dans une inondation. Il va mourir. Ce n'est donc rien du tout d'être petit?

5

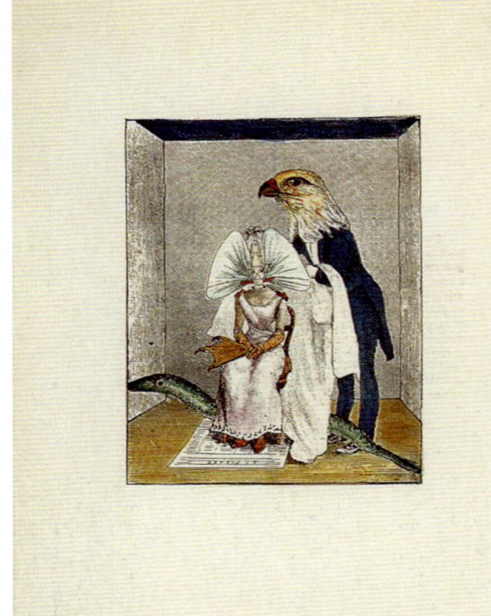

RENCONTRE DE DEUX SOURIRES

Dans le royaume des coiffeurs, les heureux ne perdent pas tout leur temps à être mariés. Au delà de la coquetterie des guéridons, les pattes des canards abrègent lès cris d'appel des dames blanches. Dans la manche du violon, vous trouverez les cris des grillons. Dans la manche du manchot, vous trouverez le philtre pour se faire tuer. Vous serez étonnés de retrouver la splendeur de vos miroirs dans les ongles des aigles. Regardez ces petits serpents canonisés qui, à la veille de leur premier bal, lancent du sperme avec leurs seins. La richesse a tellement troublé leurs ambitions qu'ils posent des énigmes éternelles aux antiquaires qui passent. Ecoutez les soupirs de ces femmes coiffées en papillon.

15

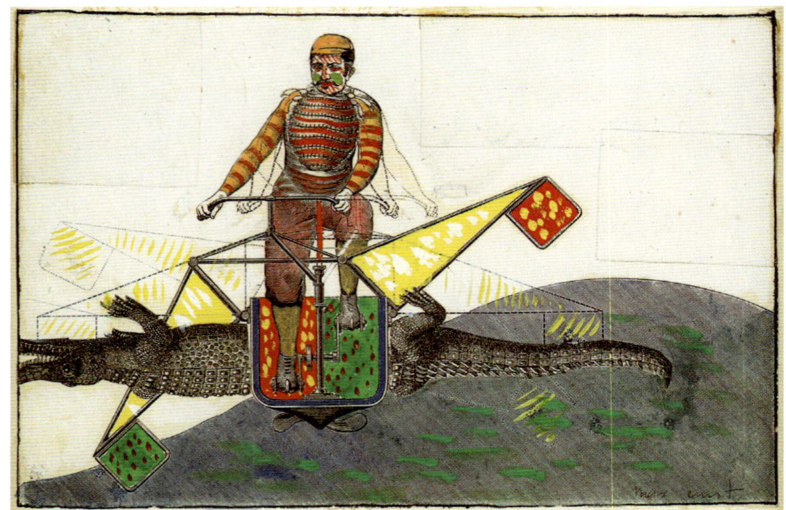

PAUL ELUARD, MAX ERNST
« Les Ciseaux et leur père »
Les Malheurs des immortels,
Paris, 1922, p. 4-5
Exemplaire n° 3 colorié de la main de l'artiste
Aquarelle et gouache sur imprimé
25,00 x 18,00 cm
Collection particulière

PAUL ELUARD, MAX ERNST
« Rencontre de deux sourires »
Les Malheurs des immortels,
Paris 1922, p. 14-15
Exemplaire n° 3 colorié de la main de l'artiste
Aquarelle et gouache sur imprimé
25,00 x 18,00 cm
Collection particulière

MAX ERNST
« Des éventails brisés »
Collage et gouache pour
Les Malheurs des immortels, Paris, 1922
10,20 x 16,50 cm
Collection particulière, courtesy
Blondeau & Associés S.A., Paris

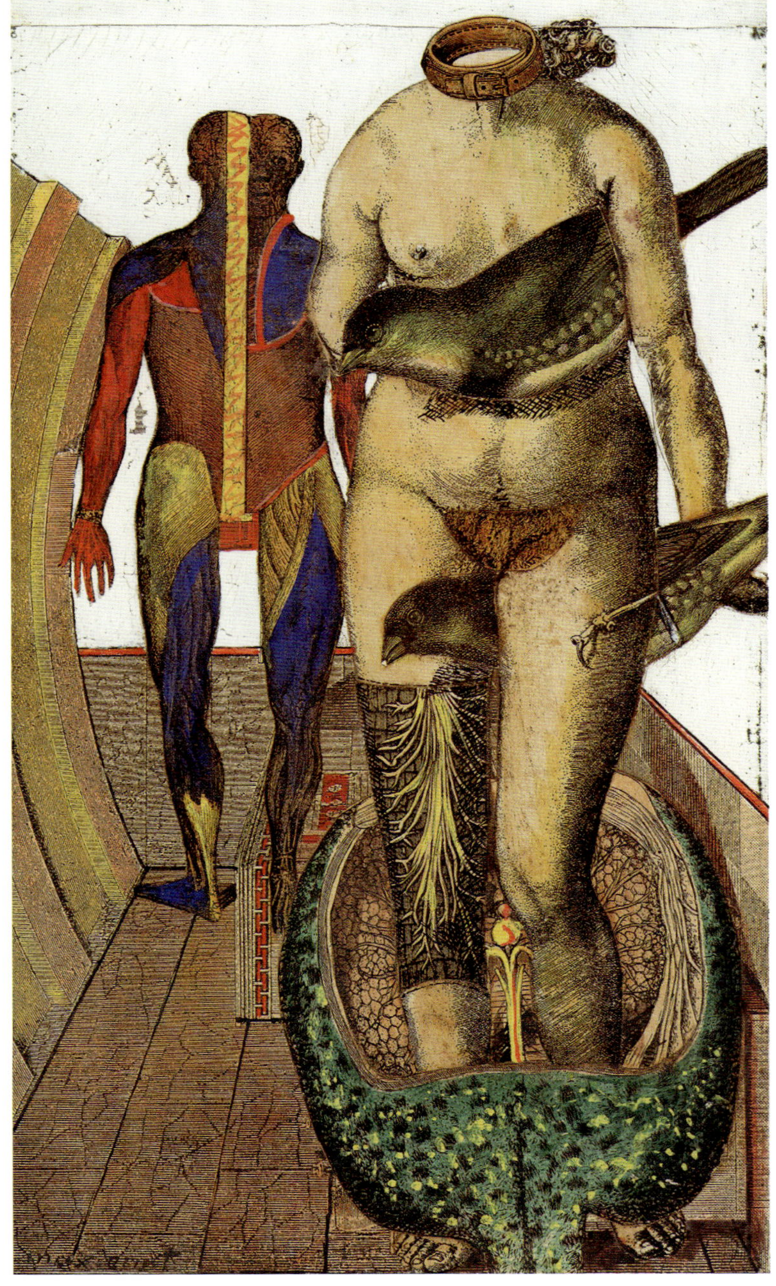

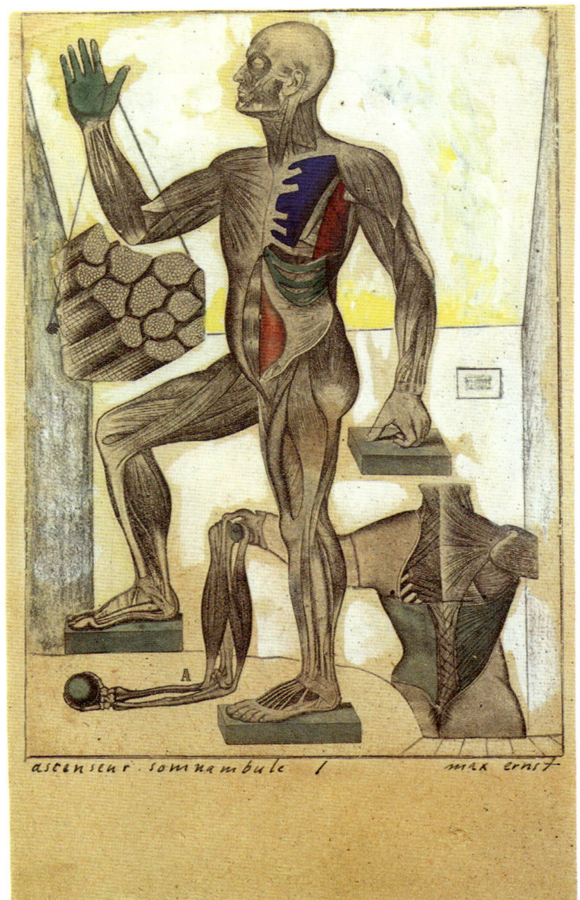

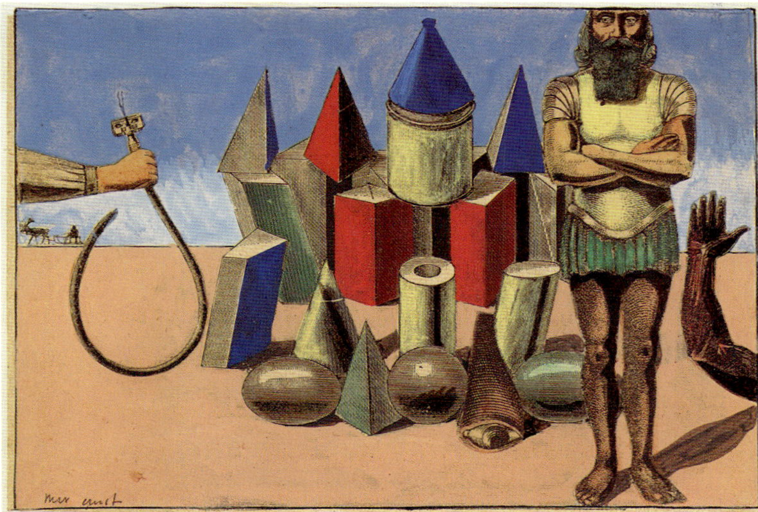

MAX ERNST
La Parole ou *Femme-oiseau*, 1921
Collage et gouache sur papier
18,50 x 10,60 cm
Collection particulière, courtesy
Blondeau & Associés S.A., Paris

MAX ERNST
Ascenseur somnambule I, 1920
Gouache, aquarelle et crayon
sur gravure
19,60 x 12,00 cm
Collection particulière

MAX ERNST
Les Moutons, 1921
Gouache et gravures découpées
et collées sur papier
11,30 x 16,20 cm
Centre Pompidou, Paris
Musée national d'art moderne

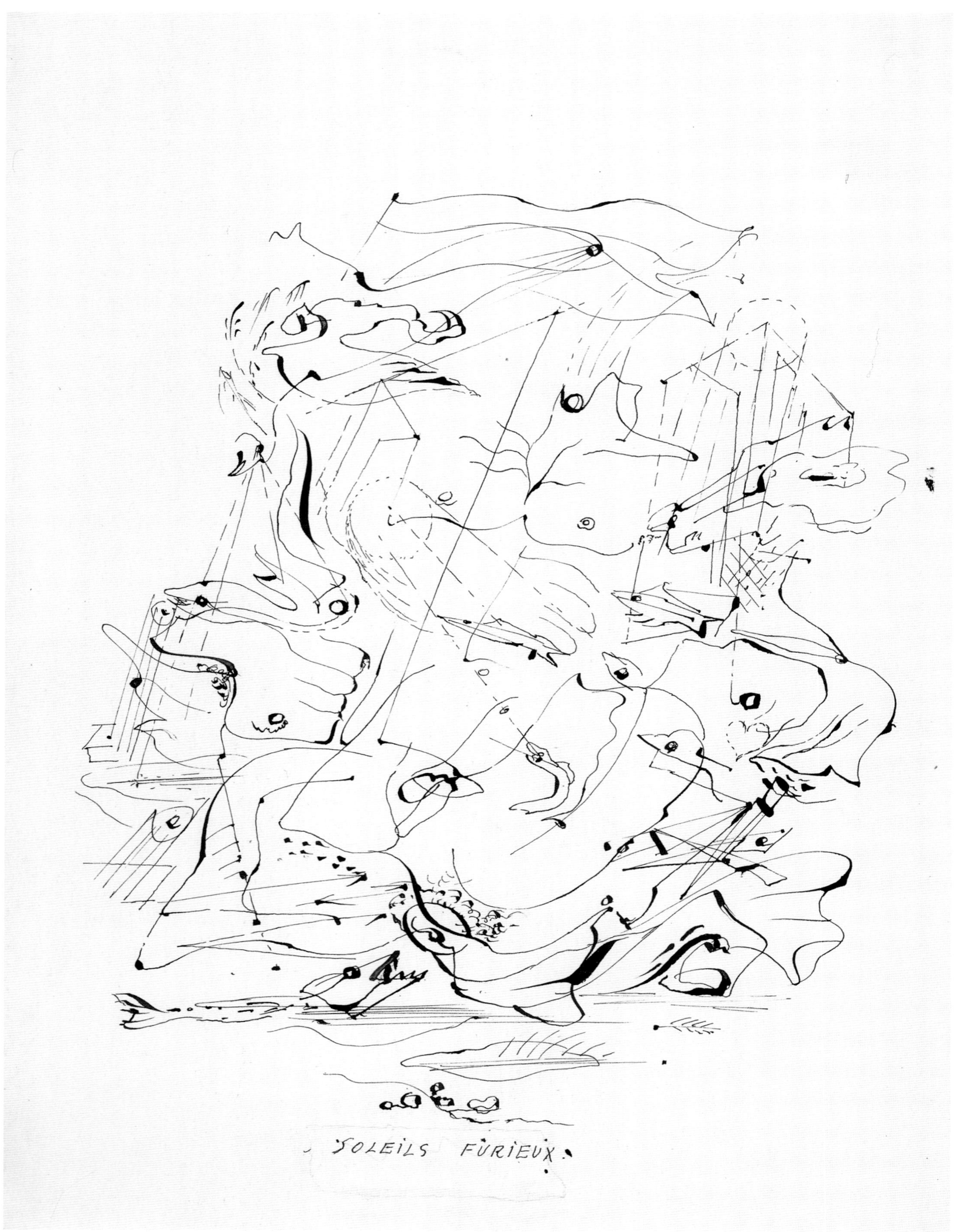

ANDRÉ MASSON
Soleils furieux, 1925
Plume et encre
42,20 x 31,70 cm
The Museum of Modern Art, New York
Achat

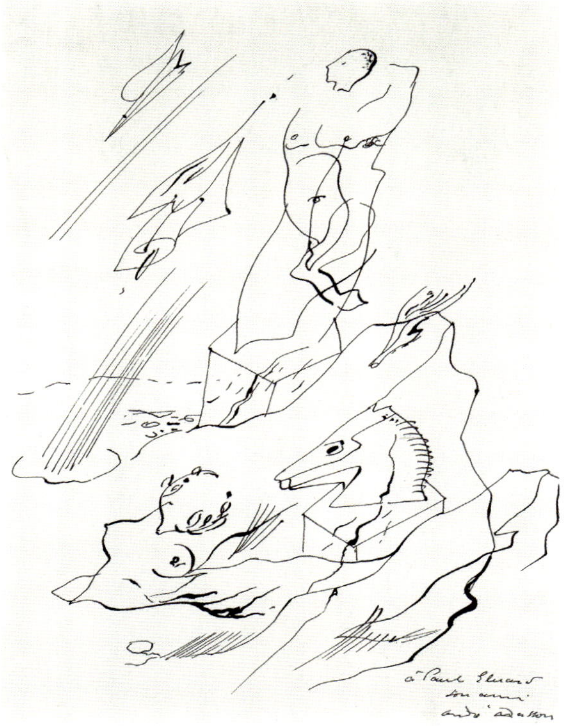

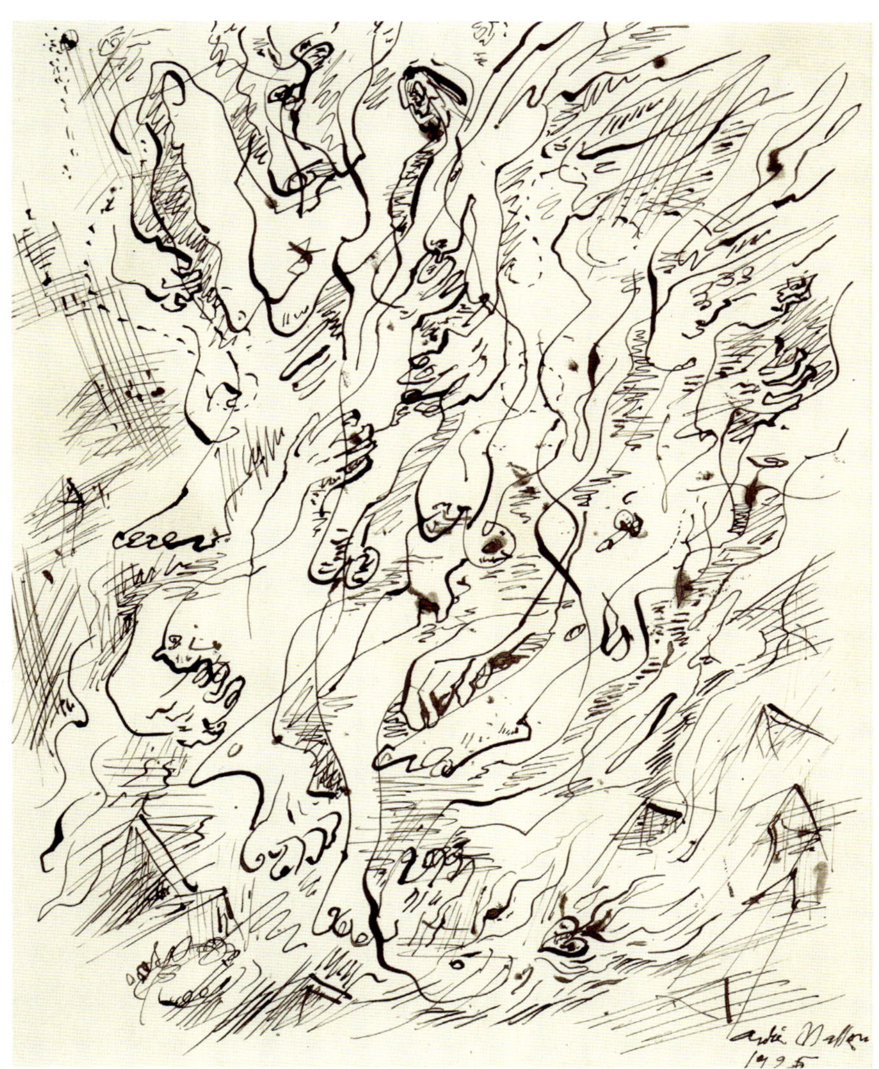

ANDRÉ MASSON
Dessin automatique, Hommage à Paul Eluard, 1925
Encre de Chine sur papier
31,50 x 23,50 cm
Galerie Cazeau-Béraudière, Paris

ANDRÉ MASSON
Dessin automatique, 1925-1926
Encre de Chine sur papier
30,35 x 24,10 cm
Centre Pompidou, Paris
Musée national d'art moderne

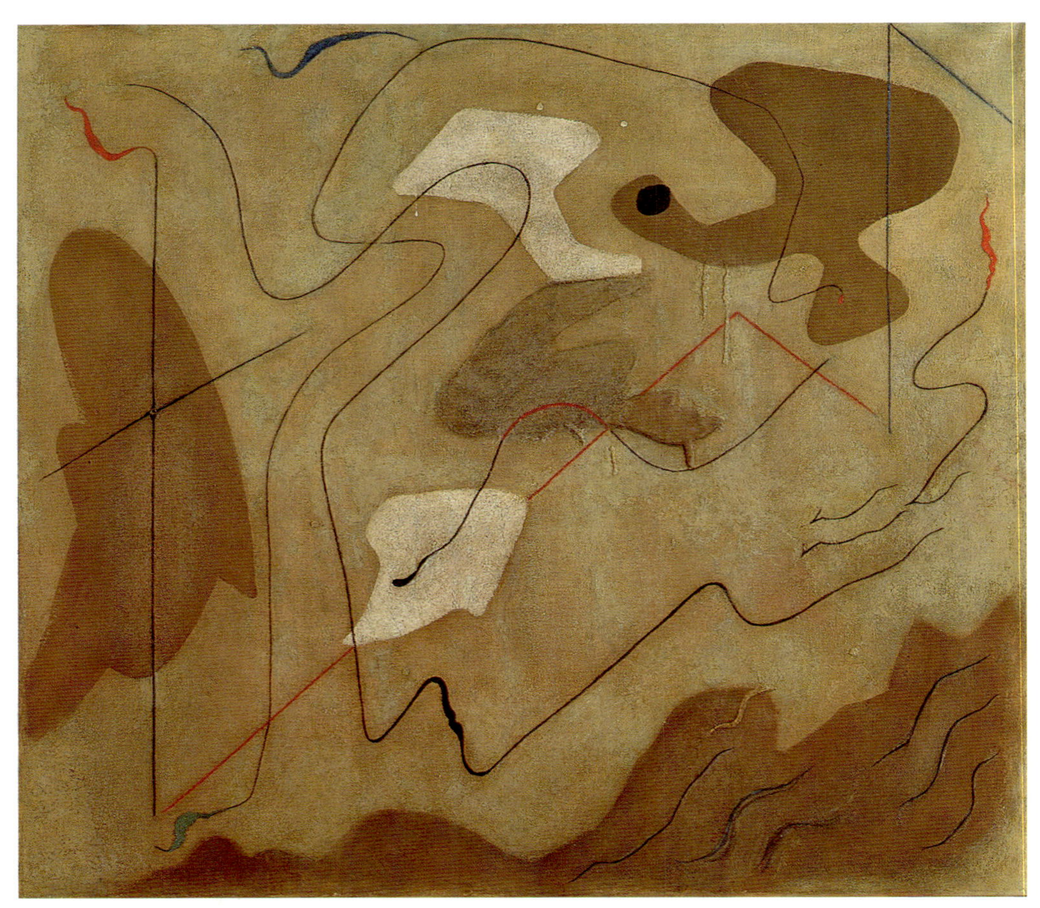

ANDRÉ MASSON
Les Cerfs-Volants, 1927
Sable sur toile
97,00 x108,00 cm
Collection particulière

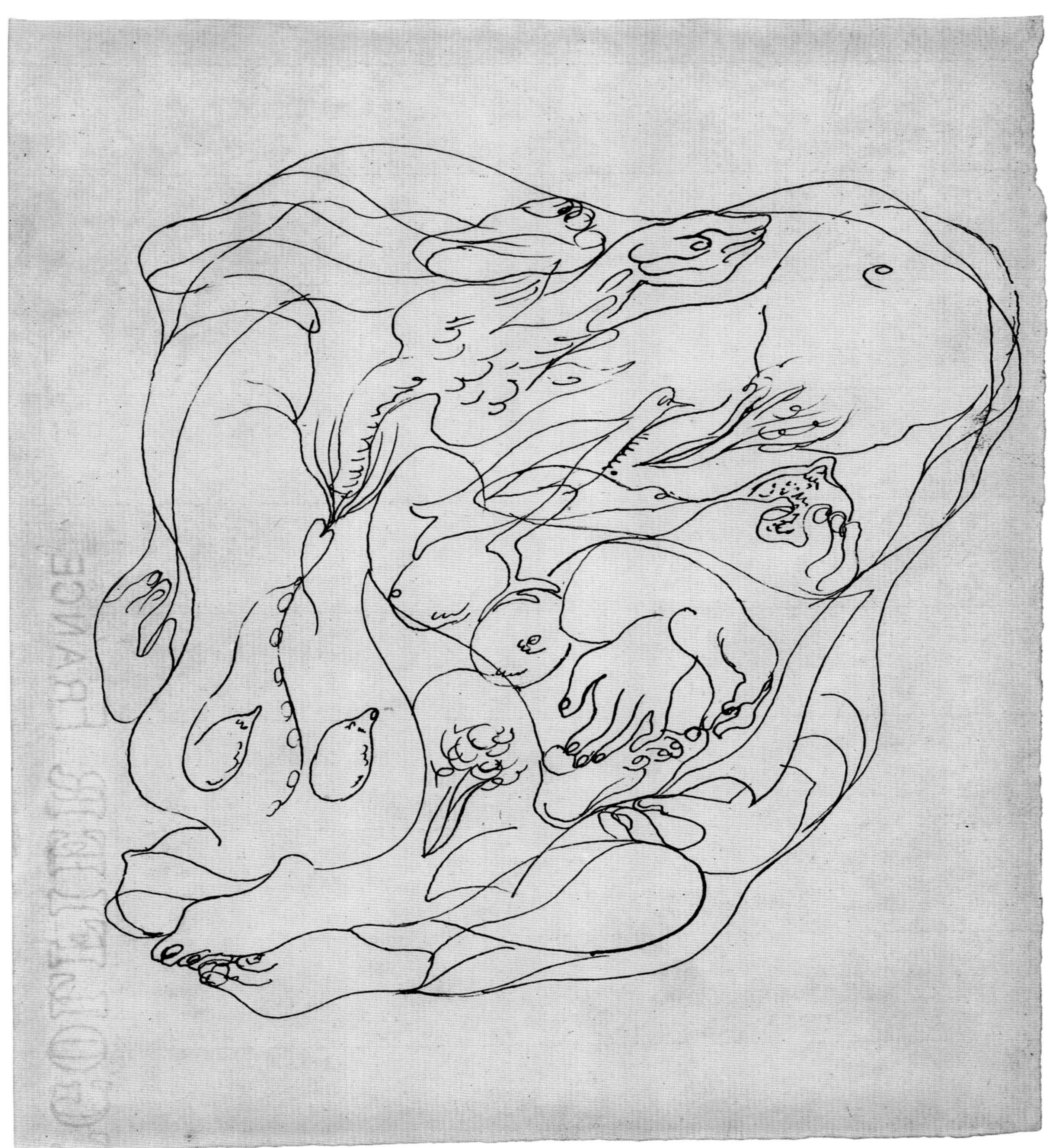

ANDRÉ MASSON
Dessin automatique, 1924-1925
Encre de Chine sur papier
46,70 x 63,50 cm
Stiftung Sammlung Dieter Scharf
zur Erinnerung an Otto Gerstenberg,
Kupferstichkabinett, Berlin

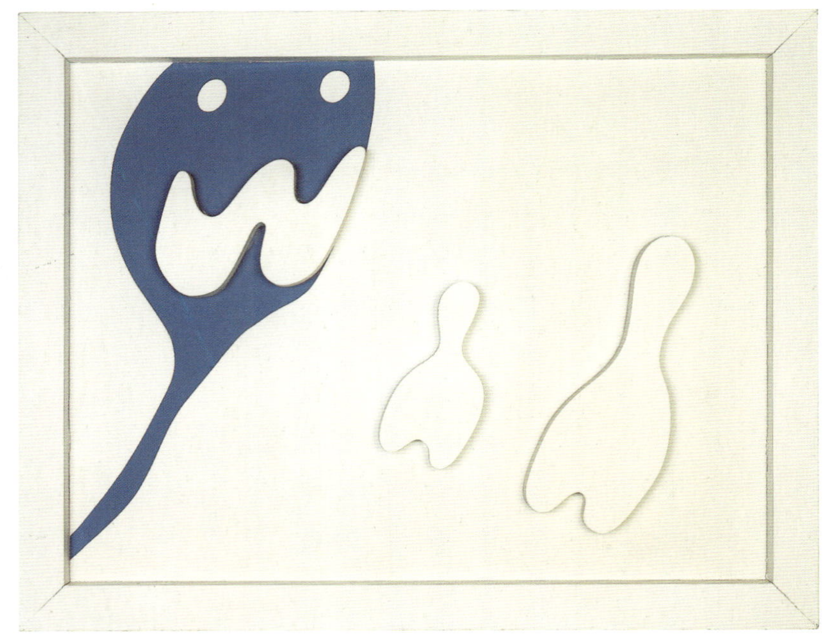

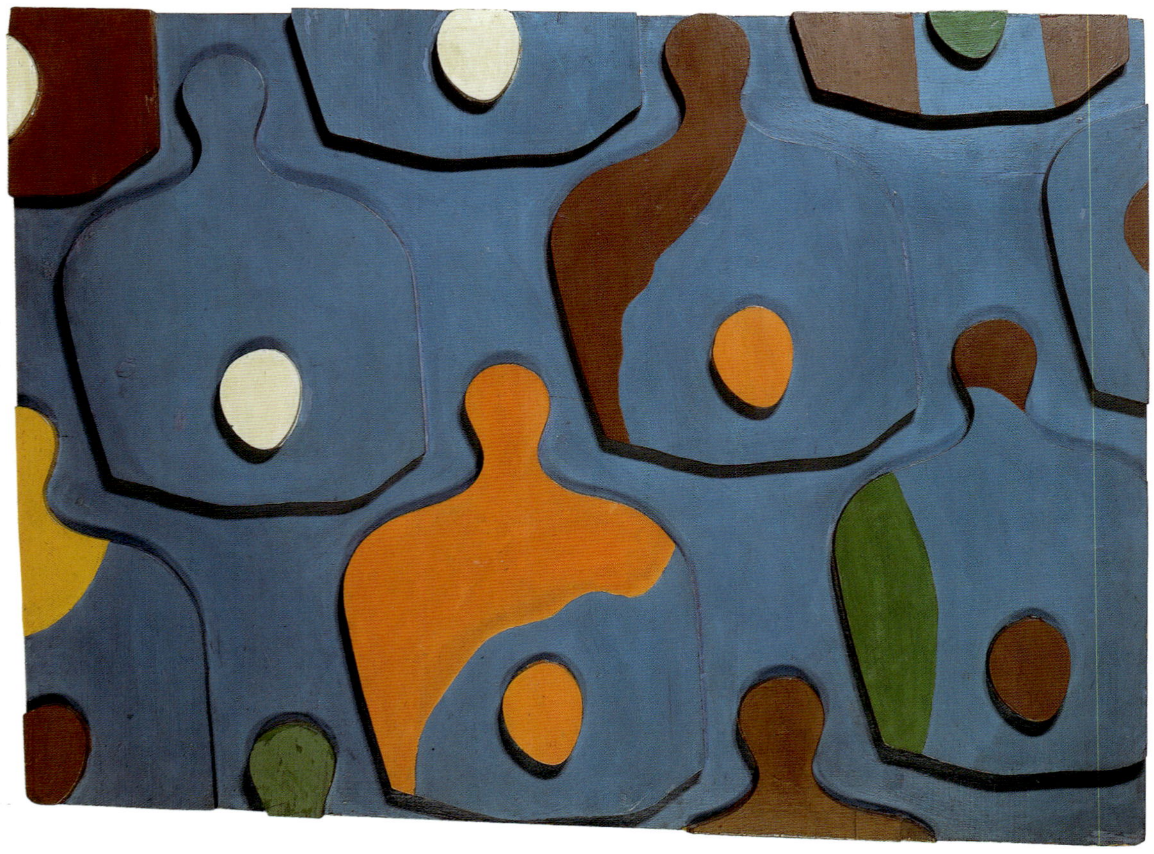

JEAN ARP
Tête-moustache et bouteilles, 1929
Huile sur bois découpé et collé sur bois
80,00 x 100,00 x 3,00 cm
Centre Pompidou, Paris
Musée national d'art moderne

JEAN ARP
La Planche à œufs, 1922
Relief en bois peint
76,20 x 96,50 x 5,00 cm
Collection particulière

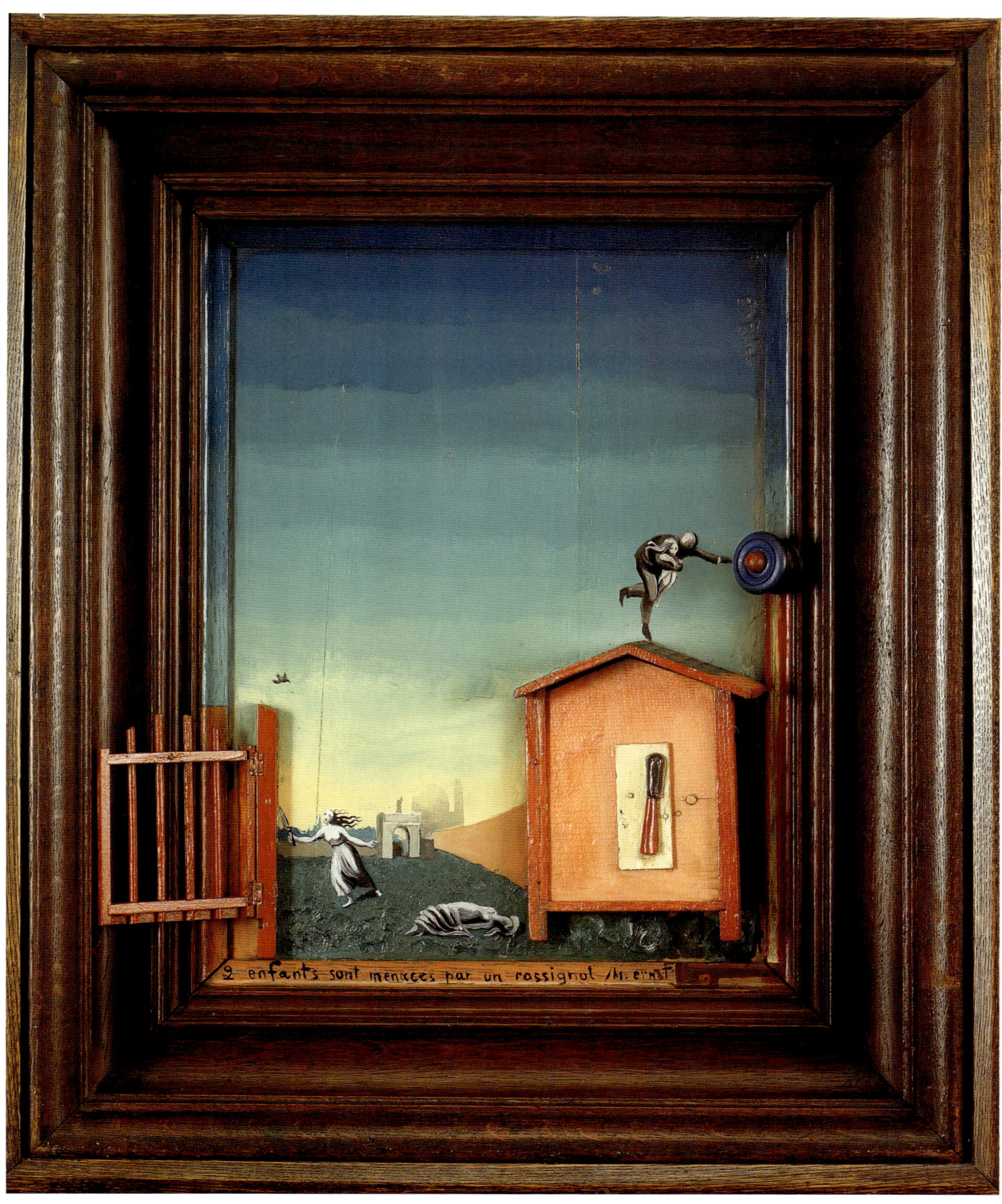

MAX ERNST
Deux enfants sont menacés par un rossignol, 1924
Huile sur bois et éléments de bois peint
69,80 x 57,10 x 11,40 cm
The Museum of Modern Art, New York, Achat

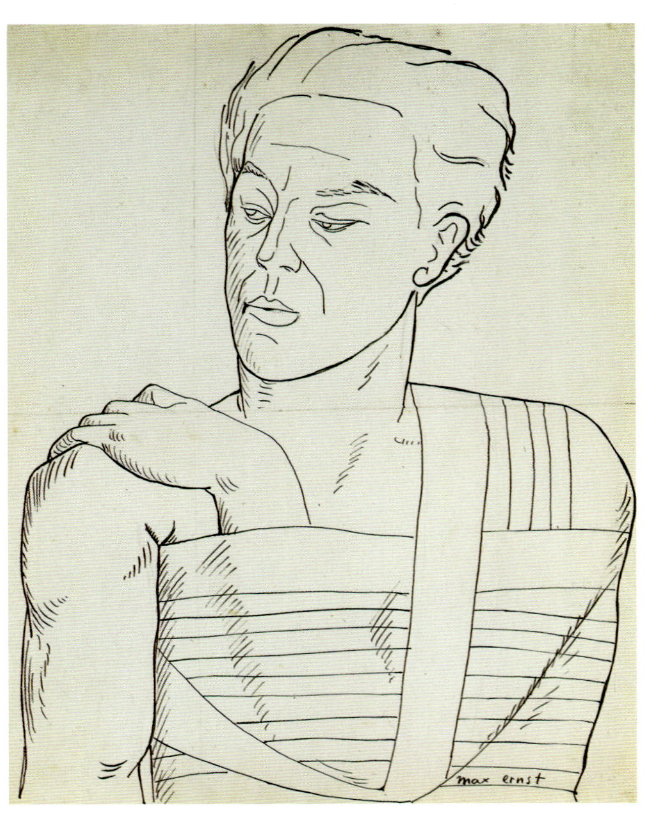

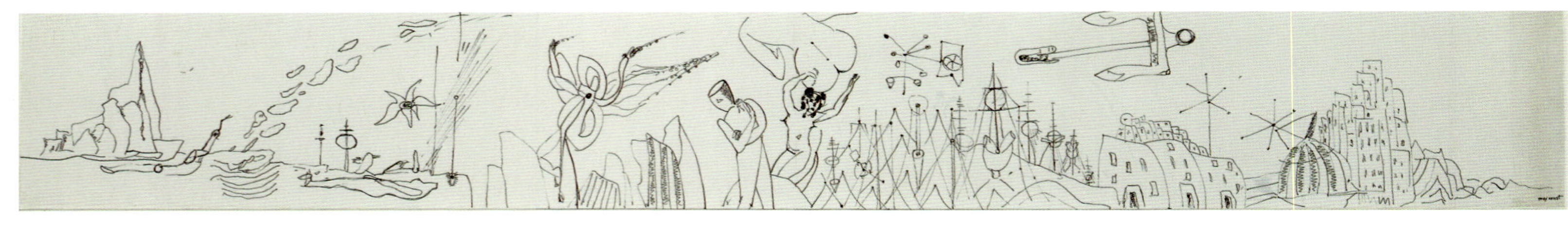

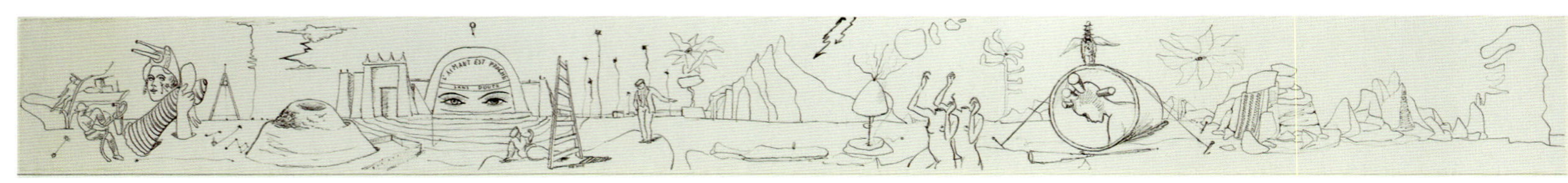

MAX ERNST
André Breton, 1923-1925
Encre sur papier
40,00 x 32,00 cm
Collection particulière

MAX ERNST
Leçon d'écriture automatique,
1923
Crayon et encre sur six feuilles
de papier jointes
17,30 x 128,00 cm
Collection particulière

MAX ERNST
Leçon d'écriture automatique
(L'Aimant est proche sans doute),
1923
Crayon et encre sur huit feuilles
de papier jointes
17,30 x 169,00 cm
Collection particulière

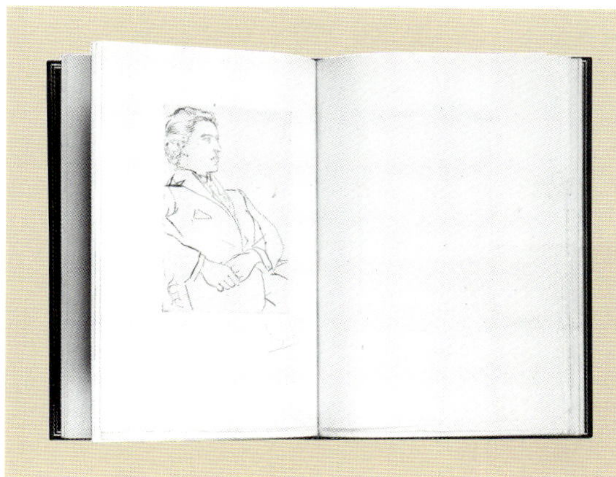

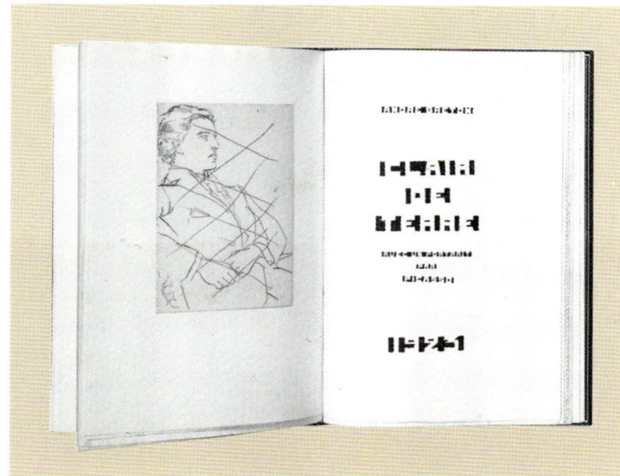

1

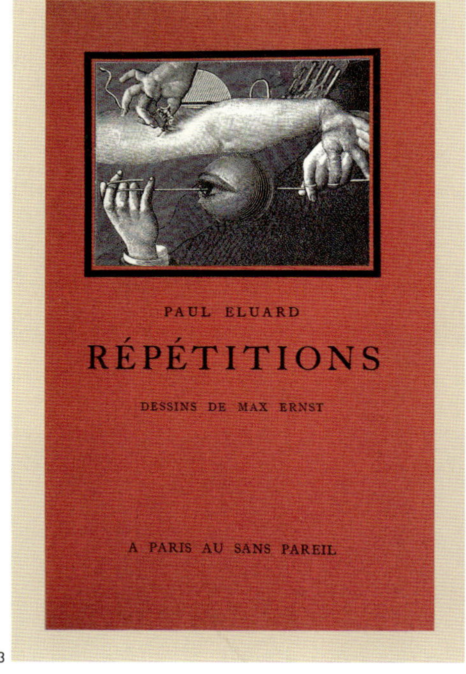

3

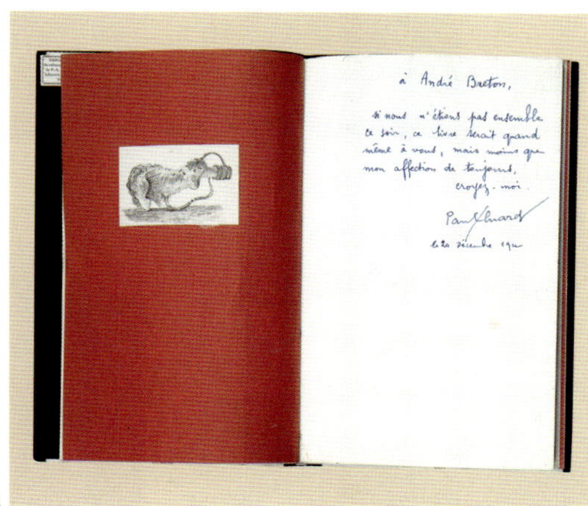

4

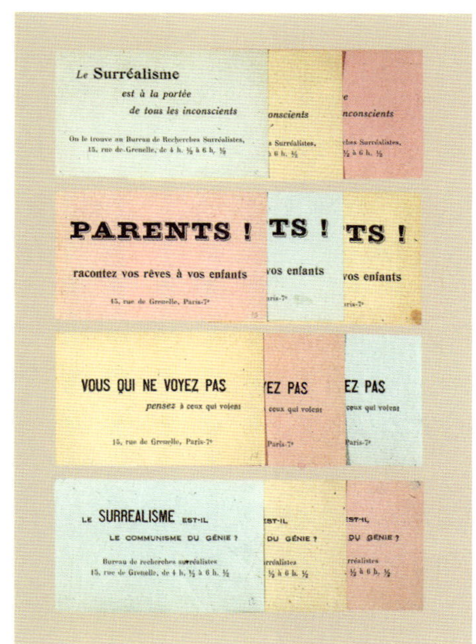

2

[1] **ANDRÉ BRETON**
Clair de terre, Paris, s. n., 1923
Édition originale. Frontispice illustré d'un portrait d'André Breton par Pablo Picasso
Bibliothèque Paul Destribats, Paris

[2] « Papillons surréalistes », c. 1925
Collection particulière

[3] **PAUL ELUARD**
Répétitions, Paris, Au Sans Pareil, 1922
Édition originale. Recueil de 49 poèmes, illustré de 11 collages de Max Ernst, dont le frontispice en couleurs et l'illustration de couverture
Bibliothèque Paul Destribats, Paris

[4] Envoi autographe signé de Paul Eluard à André Breton, à l'encre bleue sur la garde, daté du 20 décembre 1921
Bibliothèque Paul Destribats, Paris

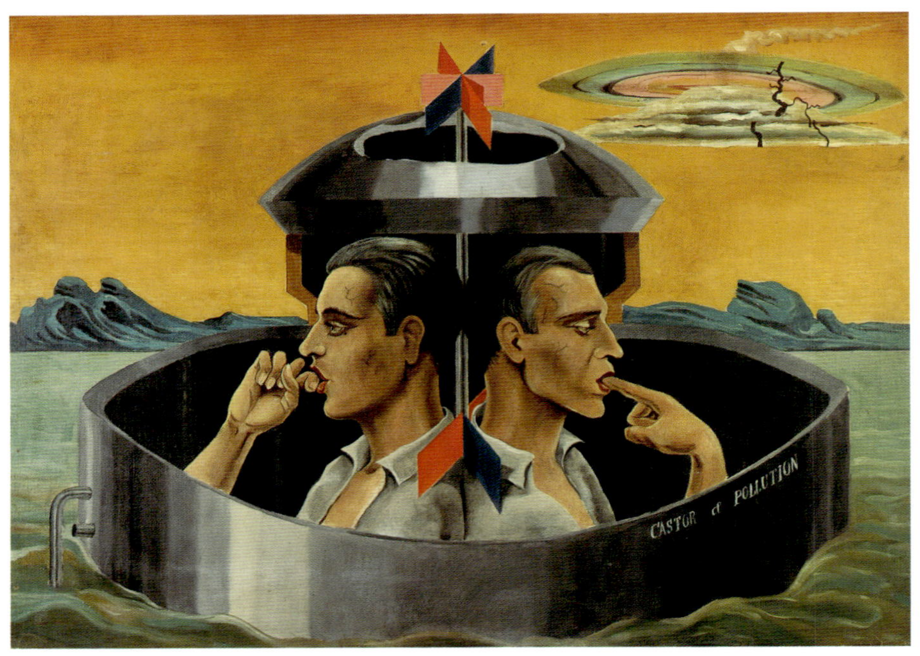

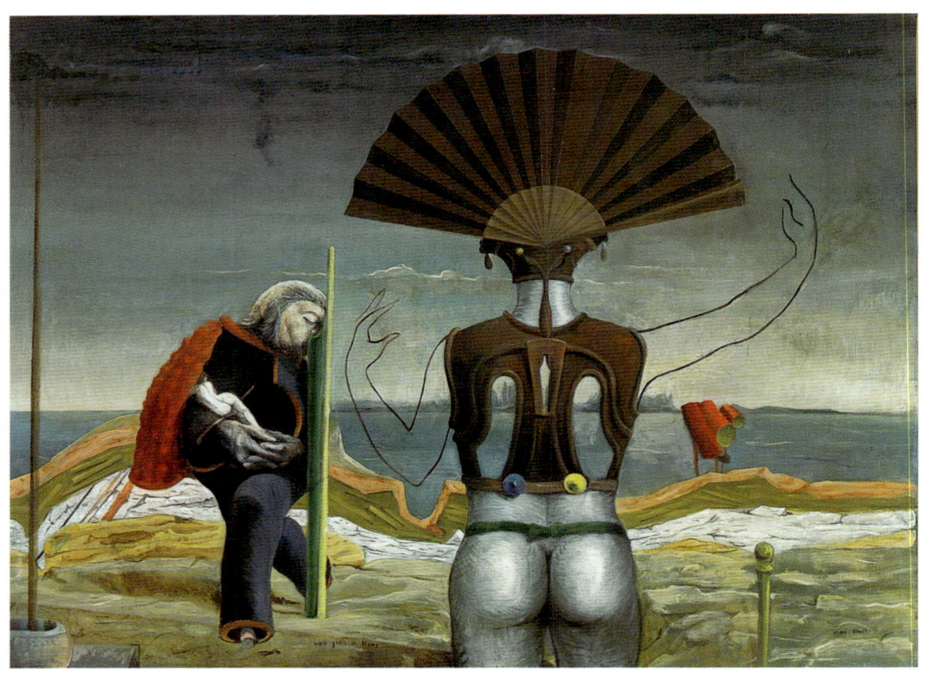

MAX ERNST
Castor et Pollution, 1923
Huile sur toile
73,00 x 100,00 cm
Collection particulière, courtesy BFAS Blondeau Fine Art Services, Genève

MAX ERNST
Femme, vieillard et fleur,
1923-1924
Huile sur toile
96,50 x 130,20 cm
The Museum of Modern Art, New York
Achat

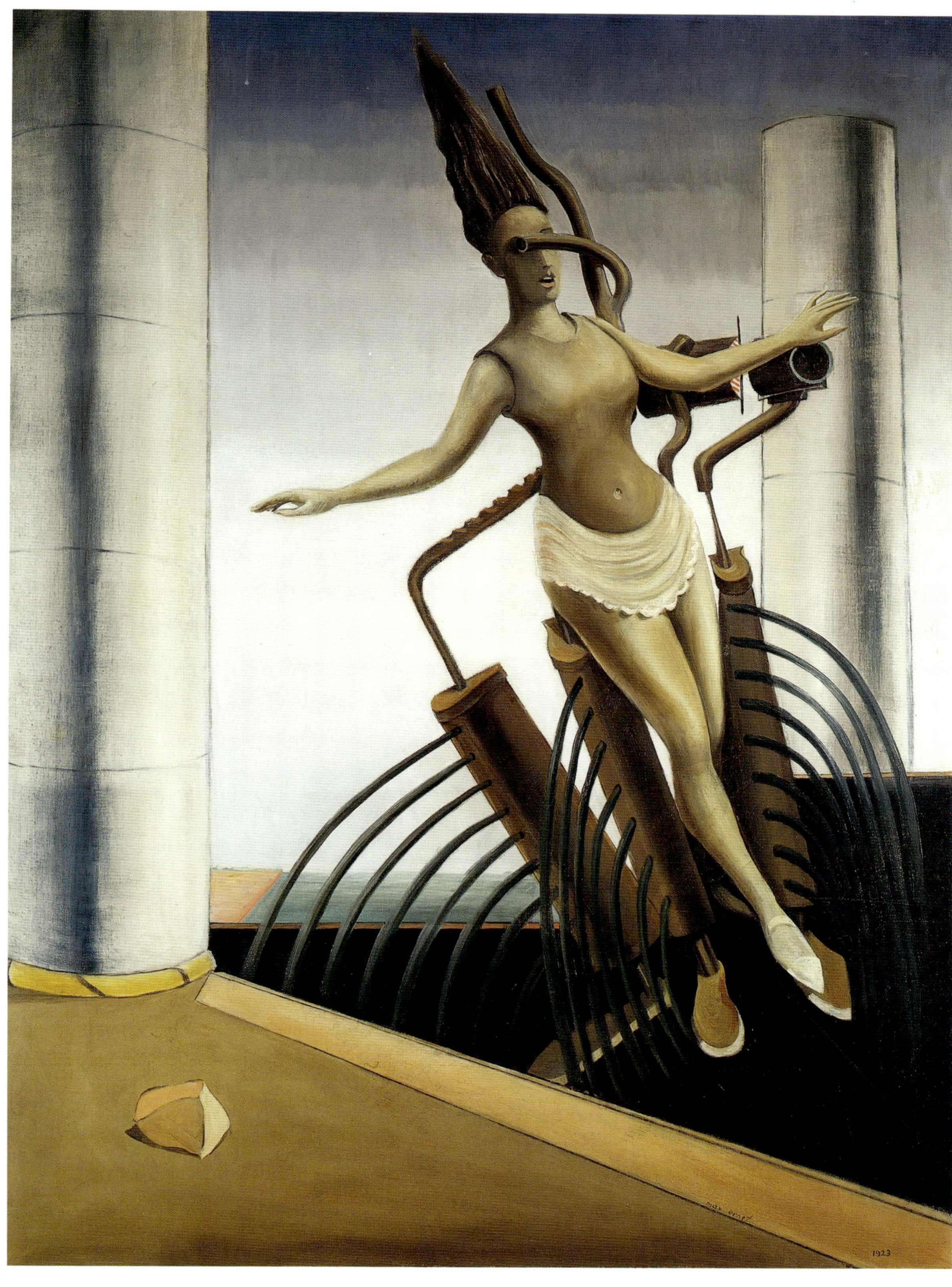

MAX ERNST
La Femme chancelante, 1923
Huile sur toile
130,50 x 97,50 cm
Kunstsammlung Nordrhein-Westfalen, Düsseldorf

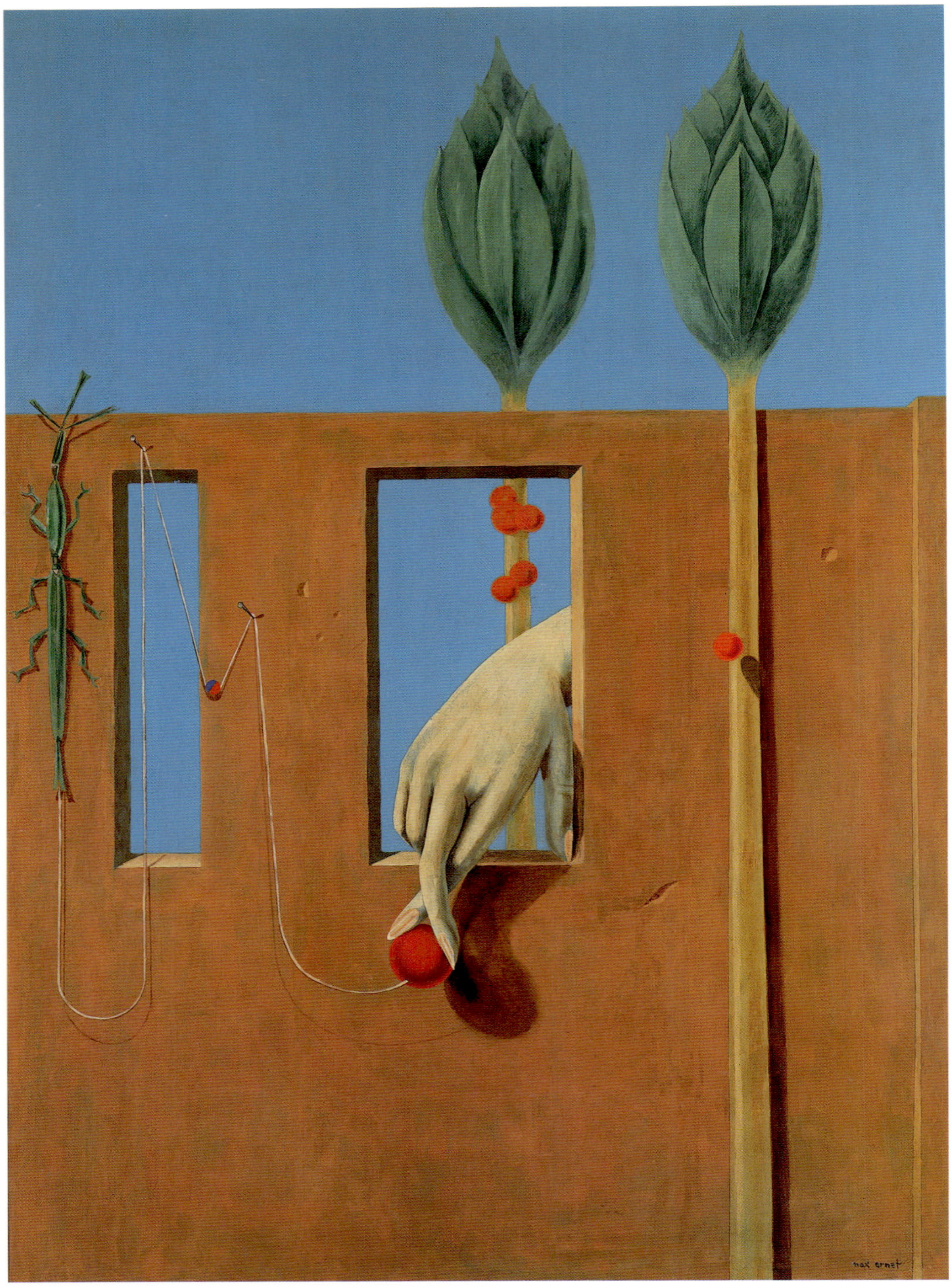

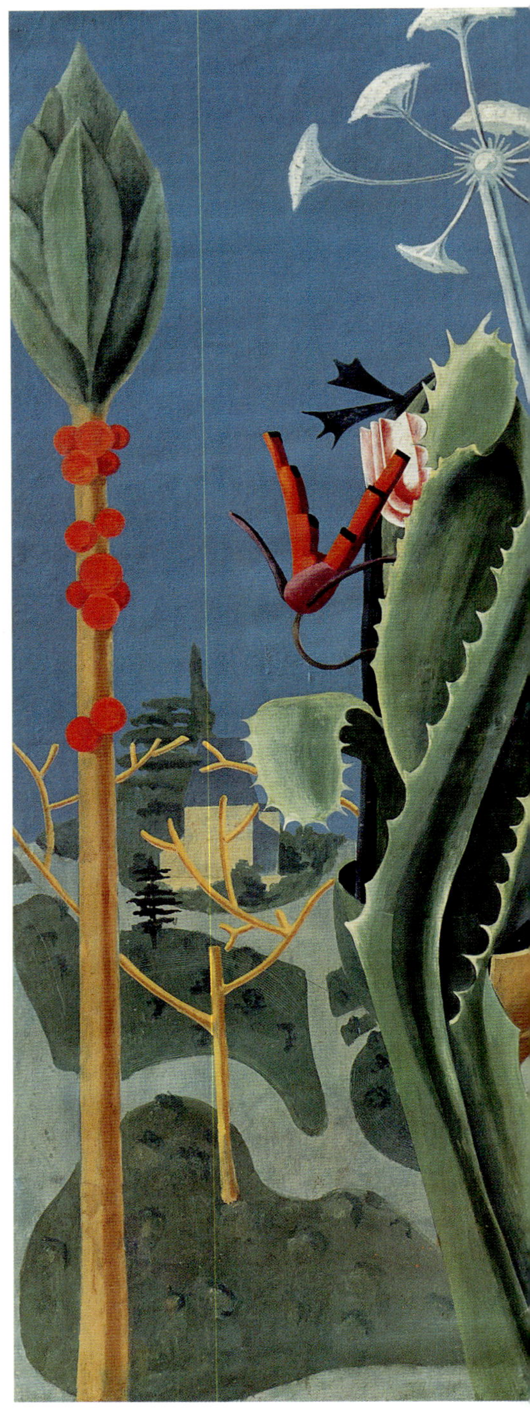

MAX ERNST
Au premier mot limpide, 1923
Peinture murale de la maison
de Paul Eluard à Eaubonne
Huile sur plâtre transférée
sur toile
232,00 x 167,00 cm
Kunstsammlung Nordrhein-
Westfalen, Düsseldorf

MAX ERNST
Histoire naturelle, 1923
Peinture murale de la maison
de Paul Eluard à Eaubonne
Huile sur plâtre transférée
sur toile
354,00 x 232,00 cm
Teheran Museum of Contemporary
Art, Téhéran

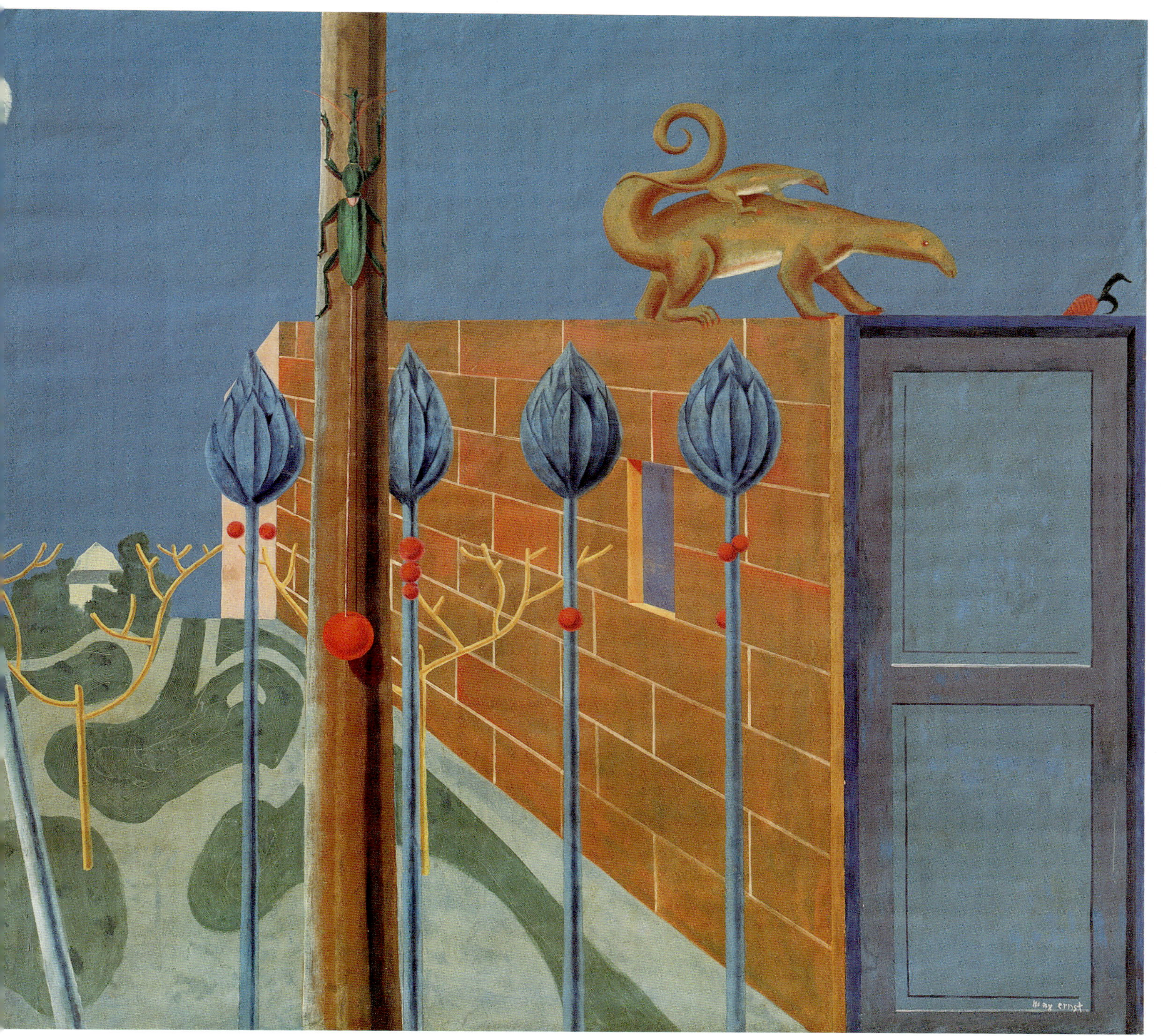
Max ernst

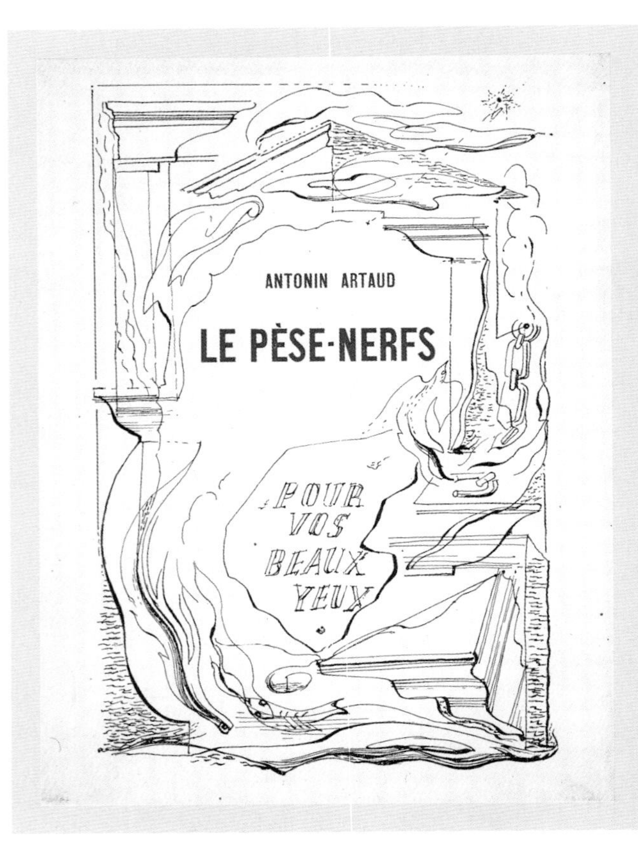

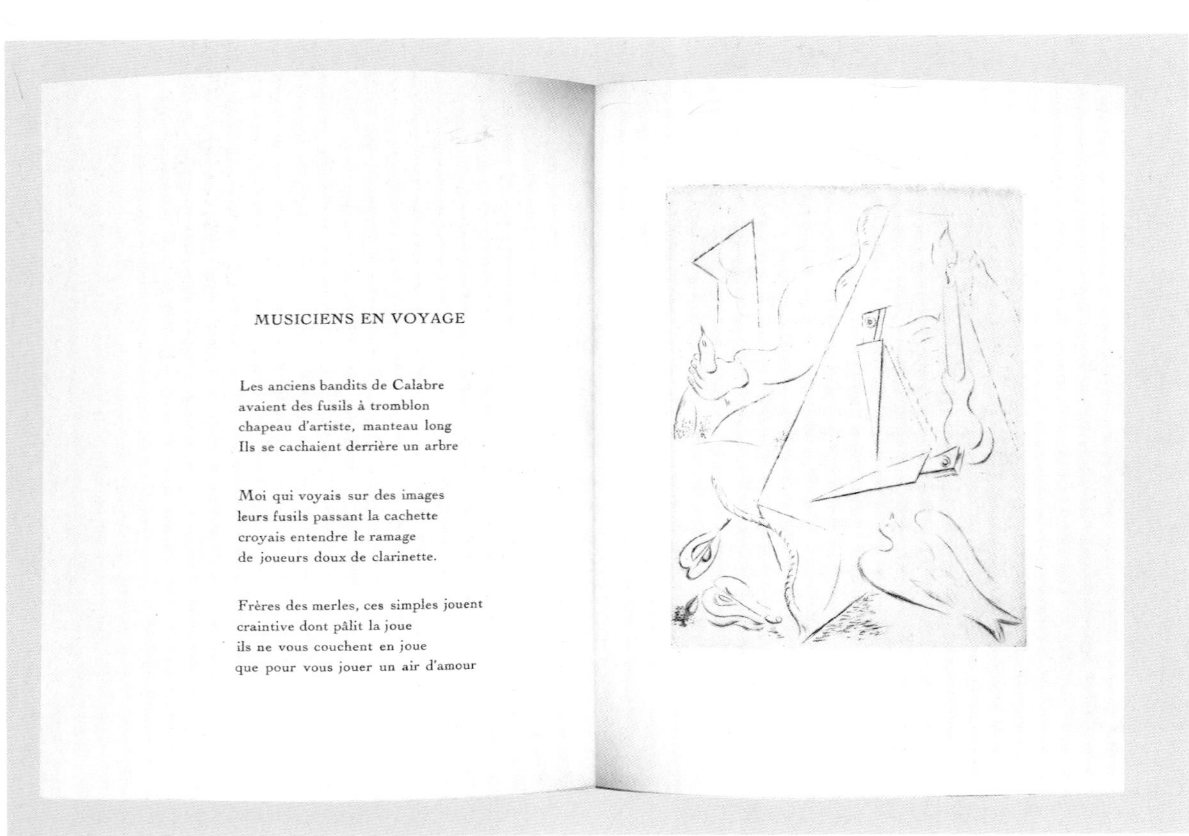

ANTONIN ARTAUD
Le Pèse-nerfs, Paris, s. n., 1er août 1925
Édition originale. Couverture d'André Masson
Bibliothèque Paul Destribats, Paris

GEORGES LIMBOUR
Soleils bas, Paris, Éditions de la galerie Simon, 1924
Édition originale. Poèmes illustrés de 4 eaux-fortes et pointes-sèches d'André Masson
Bibliothèque Paul Destribats, Paris

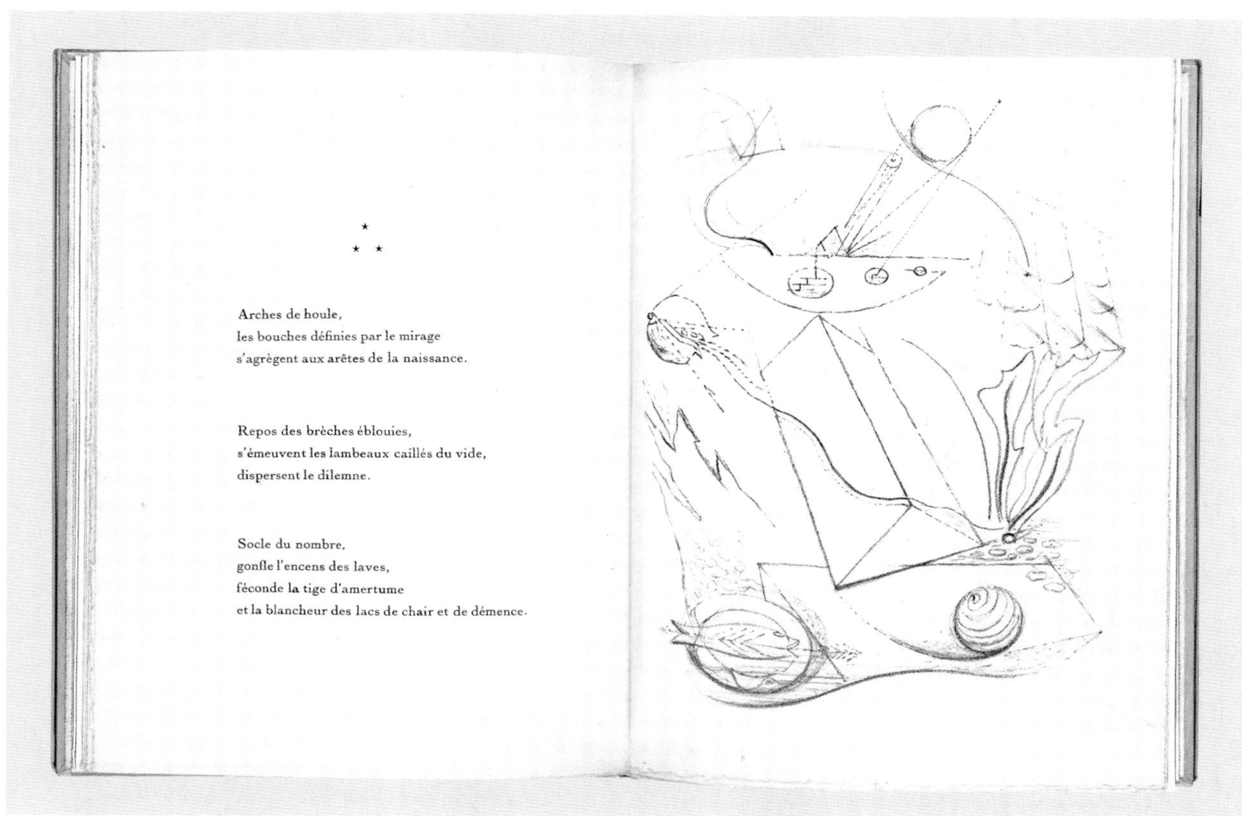

*
* *

Arches de houle,
les bouches définies par le mirage
s'agrègent aux arêtes de la naissance.

Repos des brèches éblouies,
s'émeuvent les lambeaux caillés du vide,
dispersent le dilemne.

Socle du nombre,
gonfle l'encens des laves,
féconde la tige d'amertume
et la blancheur des lacs de chair et de démence.

MICHEL LEIRIS
Simulacre, Paris, Éditions
de la galerie Simon, 1925
Édition originale. Couverture
et poèmes illustrés
de 7 lithographies d'André Masson
Bibliothèque Paul Destribats,
Paris

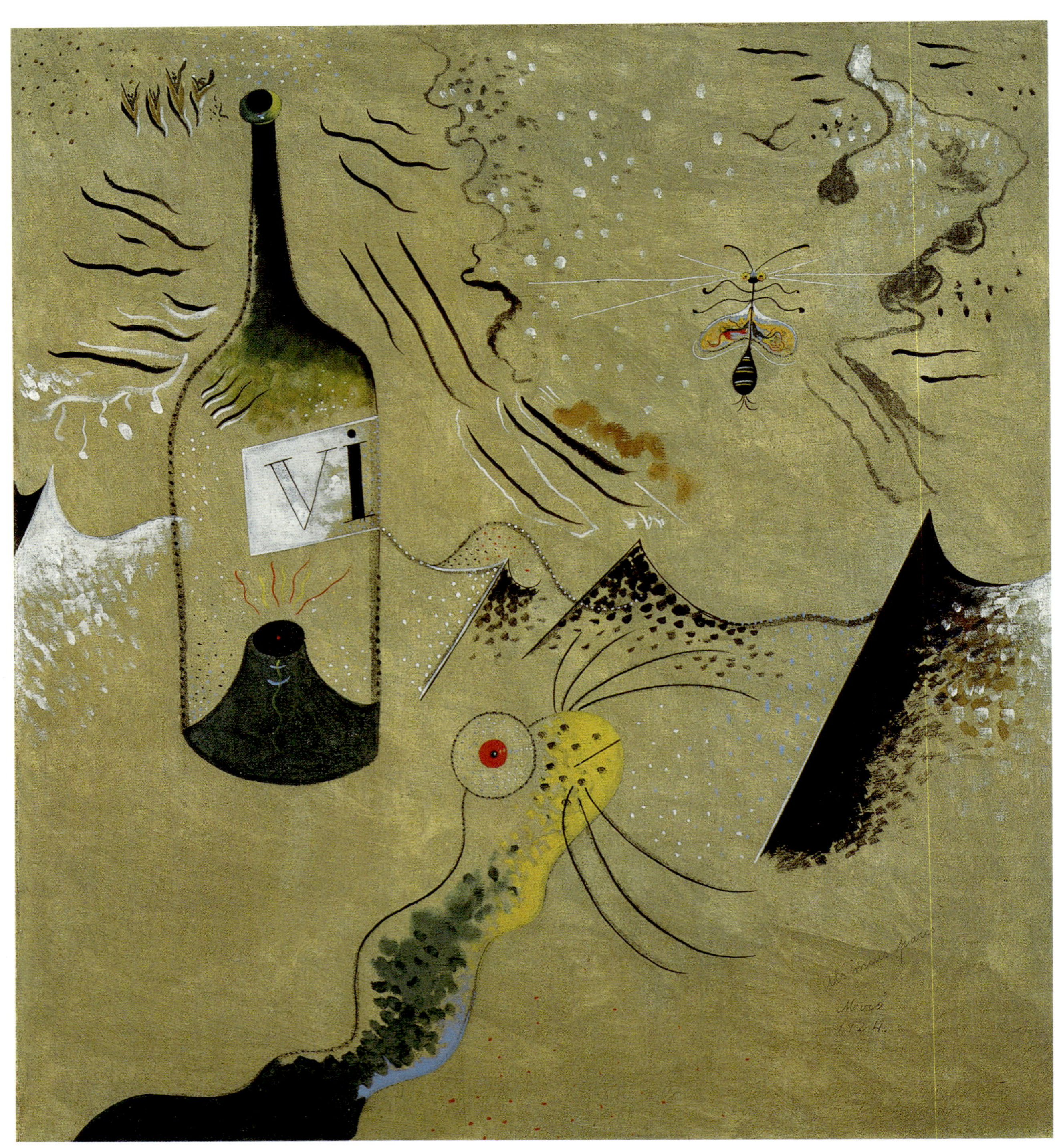

JOAN MIRÓ
La Bouteille de vin, 1924
Huile sur toile
73,30 x 65,50 cm
Collection Lola Fernandez-Jimenez

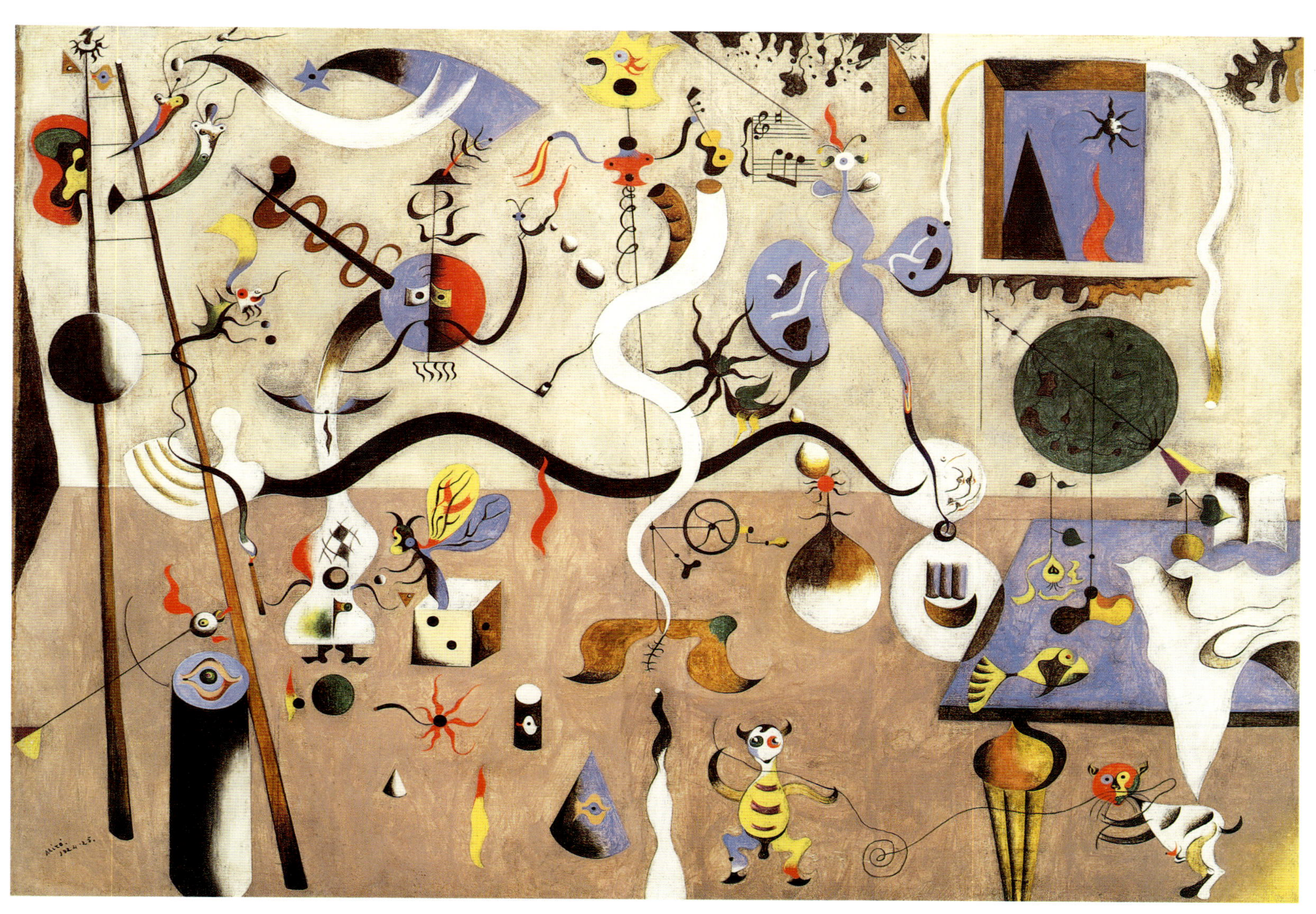

JOAN MIRÓ
Carnaval d'Arlequin, 1924-1925
Huile sur toile
66,00 x 93,00 cm
Albright-Knox Art Gallery, Buffalo, New York
Room of Contemporary Art Fund, 1940

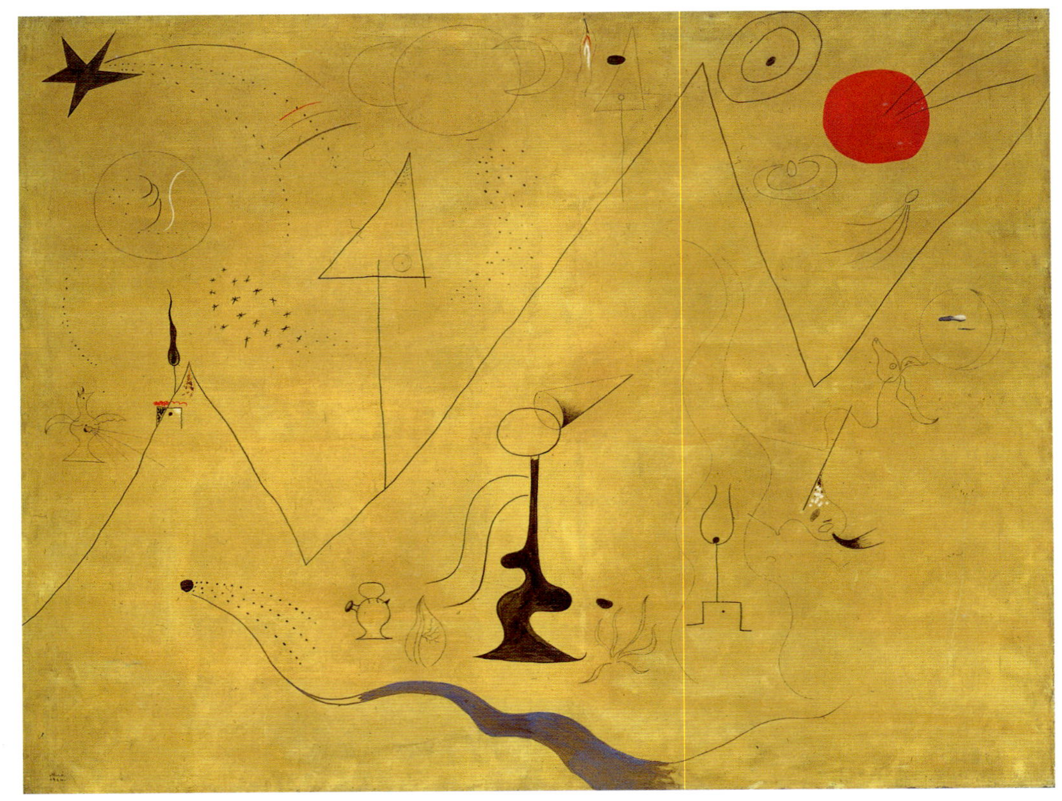

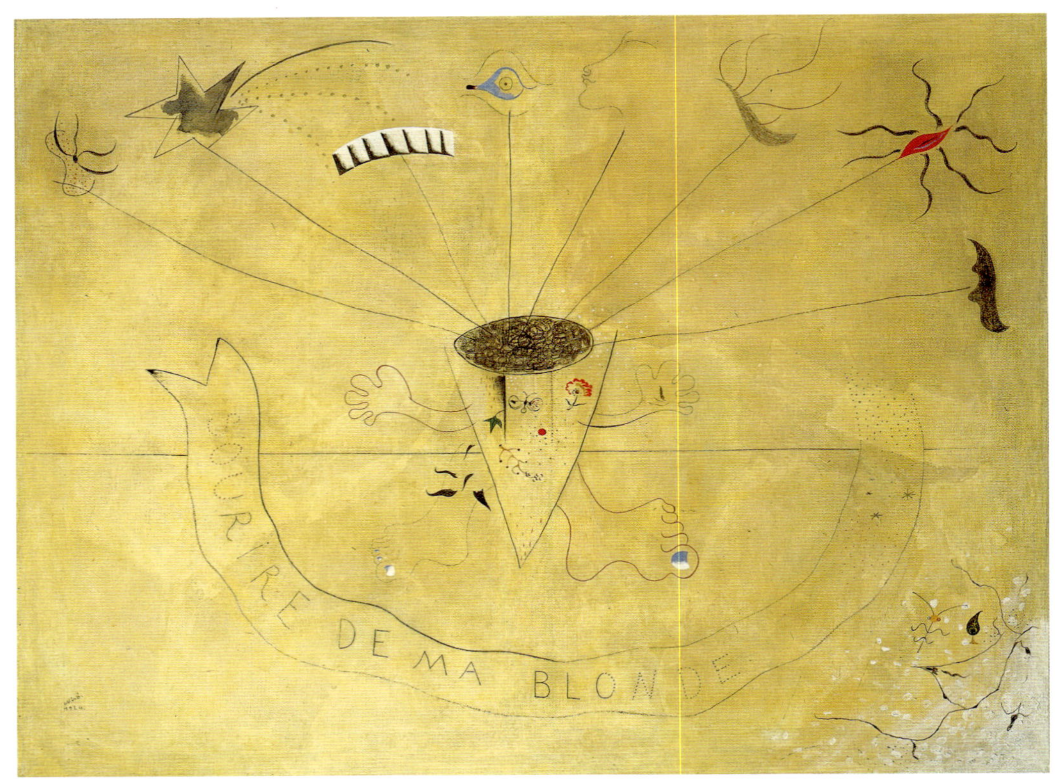

JOAN MIRÓ
L'Ermitage, 1924
Huile, crayon sur toile
114,30 x 147,00 cm
Philadelphia Museum of Art, Philadelphie
The Louise and Walter Arensberg Collection

JOAN MIRÓ
Bouquet de fleurs
[Sourire de ma blonde], 1924
Tempera sur toile
88,00 x 115,00 cm
Collection particulière

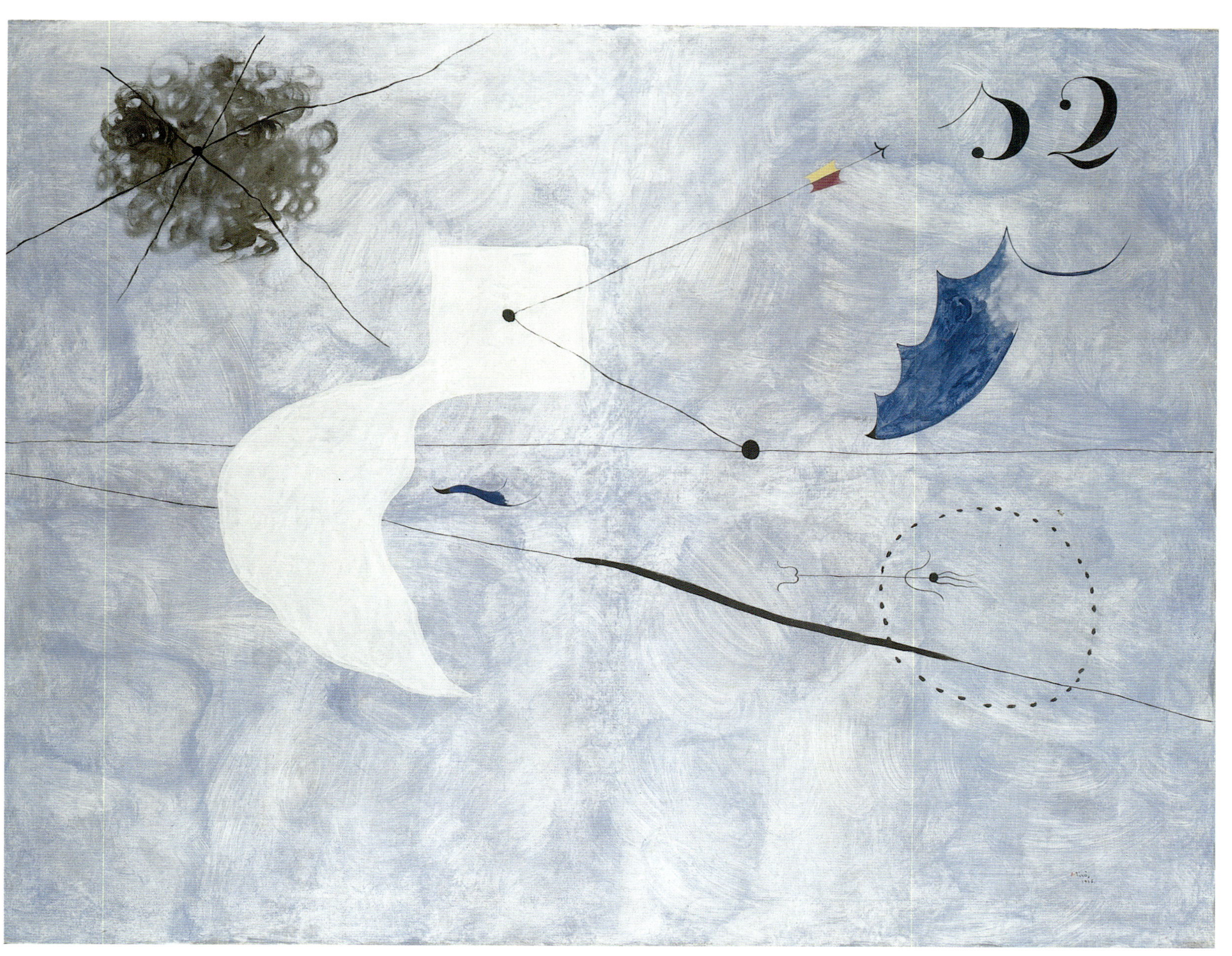

JOAN MIRÓ
La Sieste, 1925
Huile sur toile
113,00 x 146,00 cm
Centre Pompidou, Paris
Musée national d'art moderne

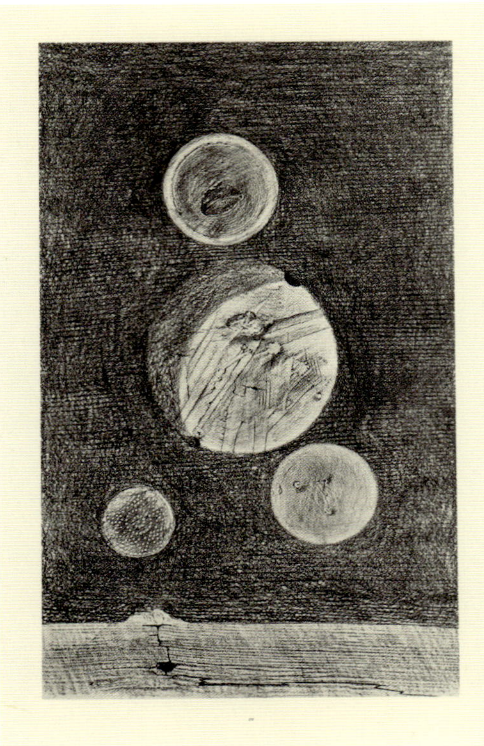
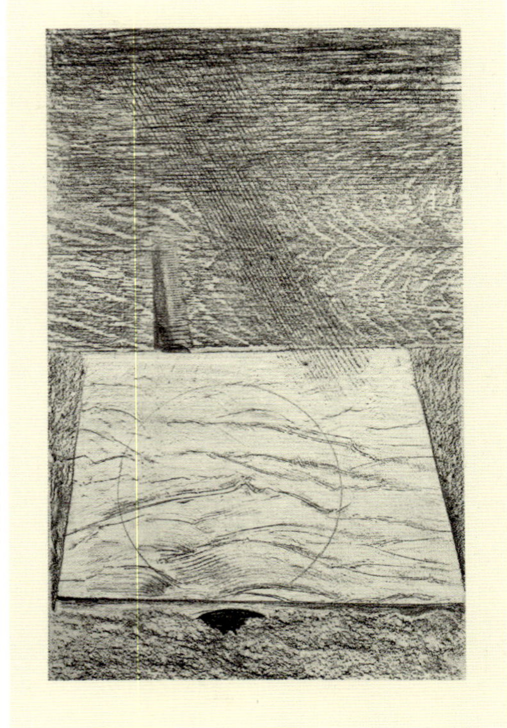
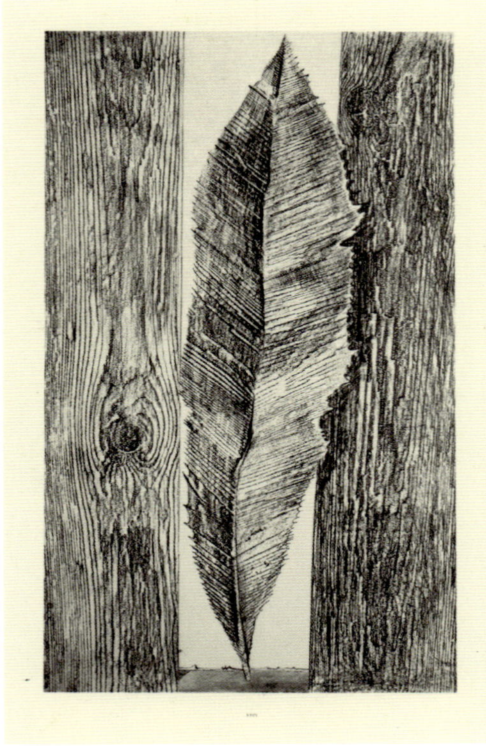
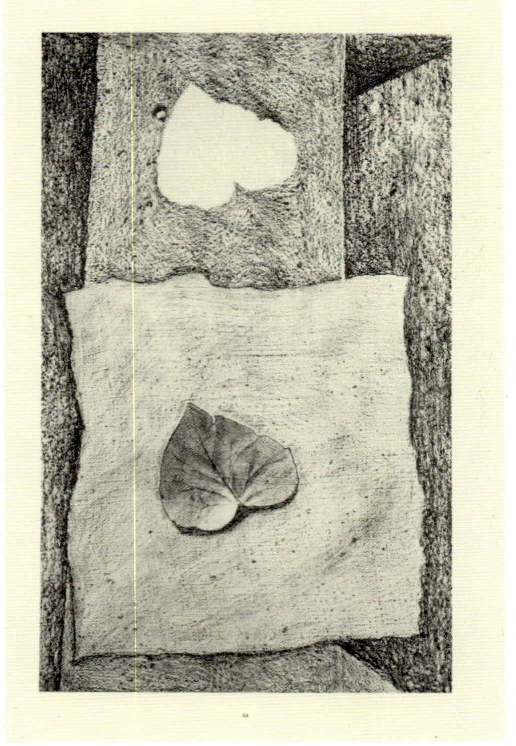

MAX ERNST
« Petites tables autour de la terre »
Planche 3 de *Histoire naturelle*, Paris, 1926
Héliogravure sur papier impérial
50,00 x 32,50 cm
Collection particulière

MAX ERNST
« La Mer et la Pluie »
Planche 1 de *Histoire naturelle*, Paris, 1926
Héliogravure sur papier impérial
50,00 x 32,50 cm
Collection particulière

MAX ERNST
« Les Mœurs des feuilles »
Planche 18 de *Histoire naturelle*, Paris, 1926
Héliogravure sur papier impérial
50,00 x 32,50 cm
Collection particulière

MAX ERNST
« La Palette de César »
Planche 20 de *Histoire naturelle*, Paris, 1926
Héliogravure sur papier impérial
50,00 x 32,50 cm
Collection particulière

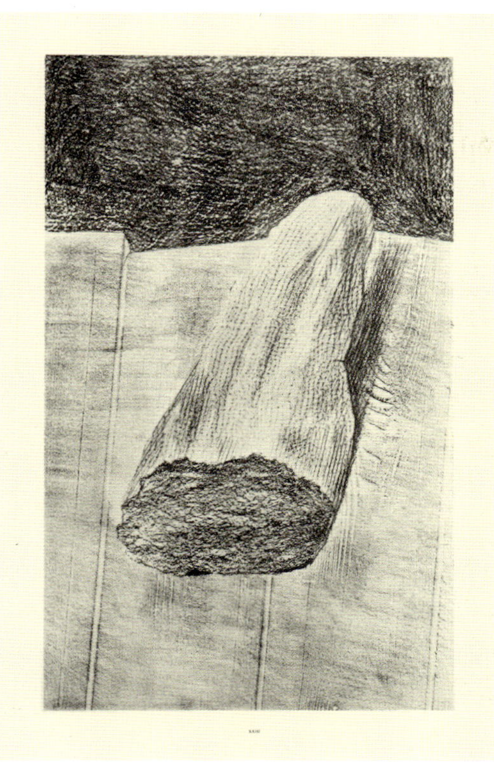

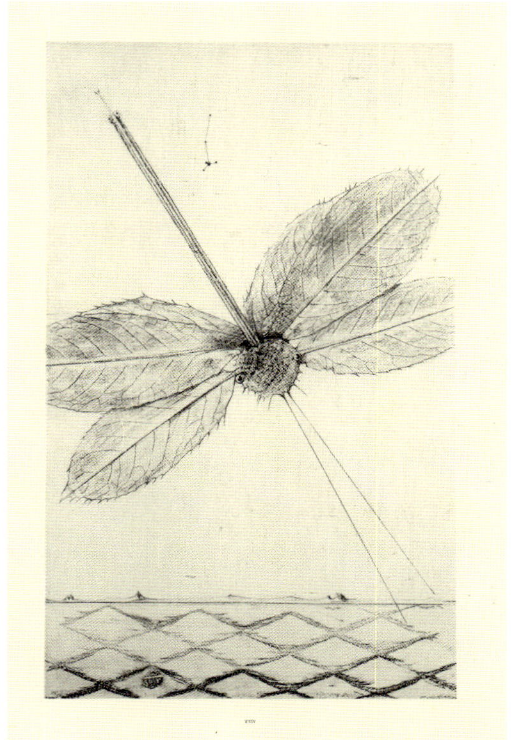

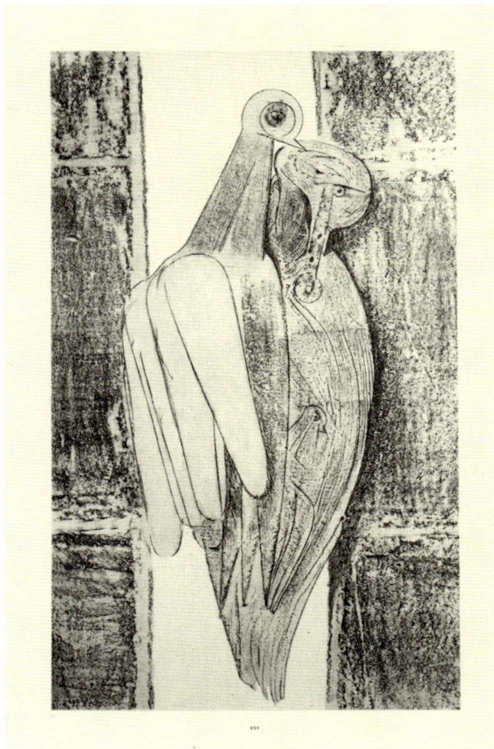

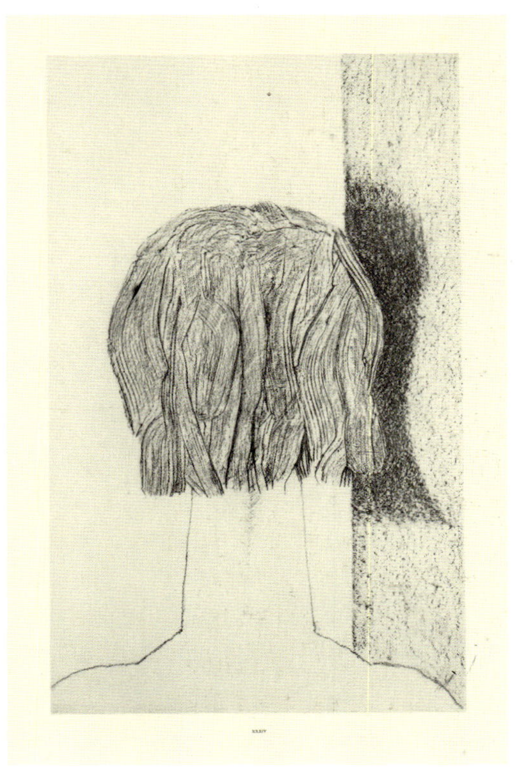

MAX ERNST
« Le Pain vacciné »
Planche 23 de *Histoire naturelle*,
Paris, 1926
Héliogravure sur papier impérial
50,00 x 32,50 cm
Collection particulière

MAX ERNST
« Les Éclairs au-dessous
de quatorze ans »
Planche 24 de *Histoire naturelle*,
Paris, 1926
Héliogravure sur papier impérial
50,00 x 32,50 cm
Collection particulière

MAX ERNST
« Les Diamants conjugaux »
Planche 25 de *Histoire naturelle*,
Paris, 1926
Héliogravure sur papier impérial
50,00 x 32,50 cm
Collection particulière

MAX ERNST
« Ève, la seule qui nous reste »
Planche 34 de *Histoire naturelle*,
Paris, 1926
Héliogravure sur papier impérial
50,00 x 32,50 cm
Collection particulière

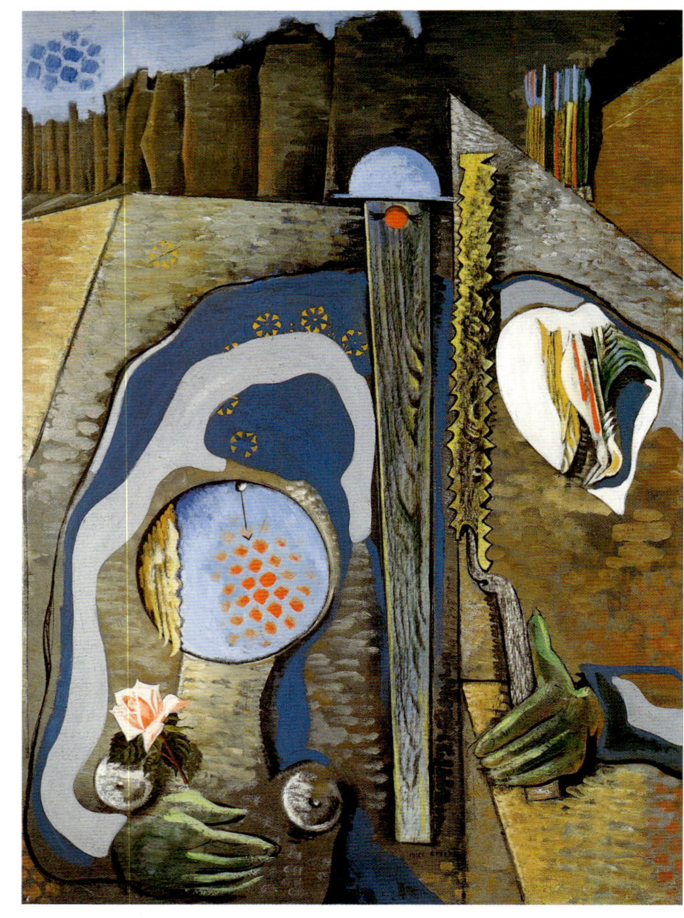

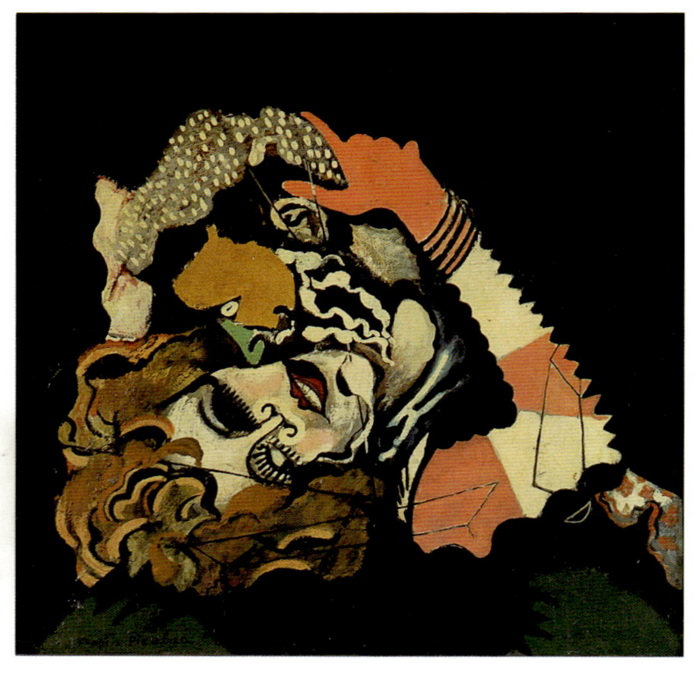

FRANCIS PICABIA
Après la pluie (Les Amoureux),
1925
Ripolin sur toile
116,00 x 115,00 cm
Collection particulière

MAX ERNST
L'Inquisiteur : à 7h07,
justice sera faite, 1926
Huile sur toile
100,00 x 73,00 cm
Collection particulière, courtesy
Blondeau & Associés S.A., Paris

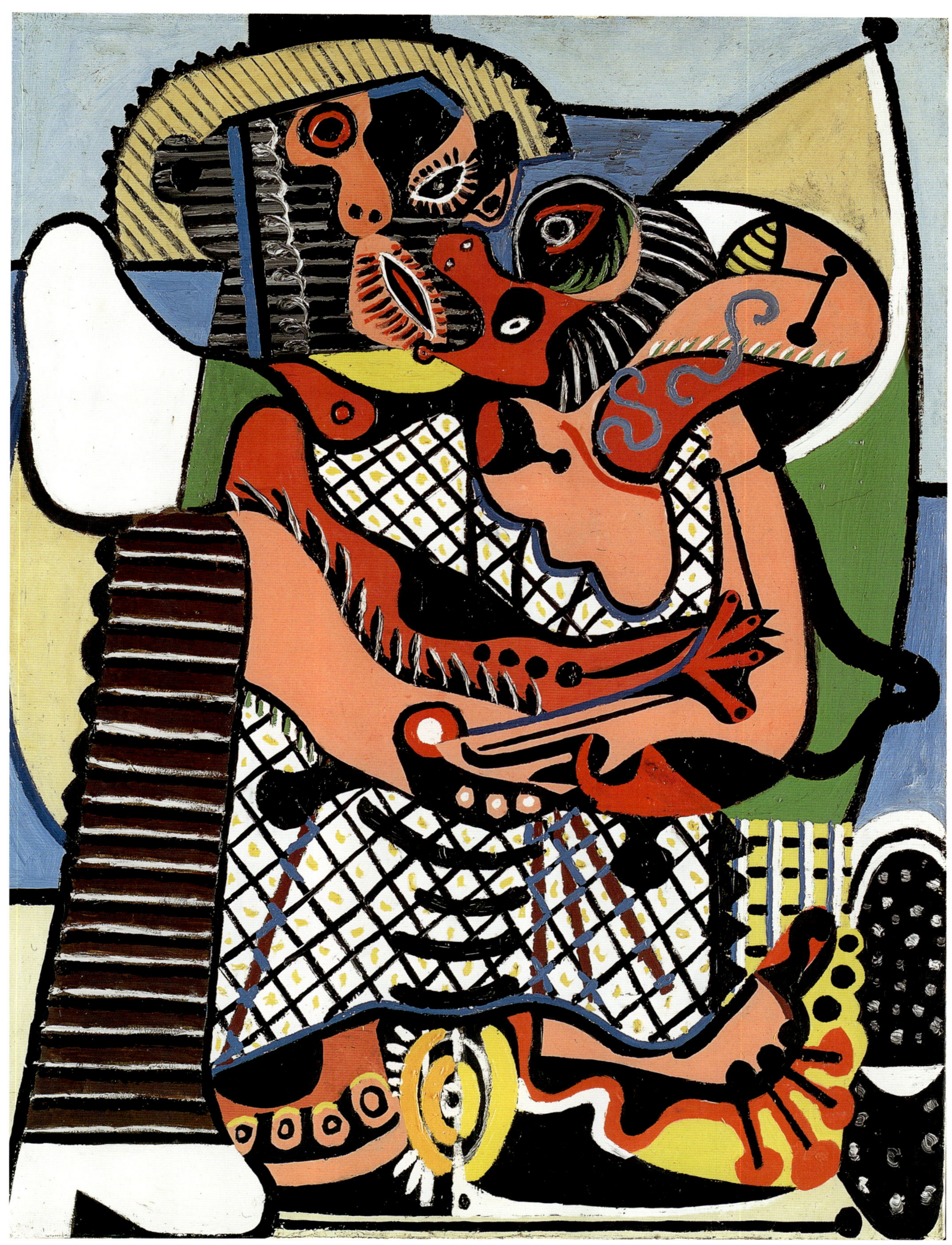

PABLO PICASSO
Le Baiser, 1925
Huile sur toile
130,00 x 95,00 cm
Musée Picasso, Paris

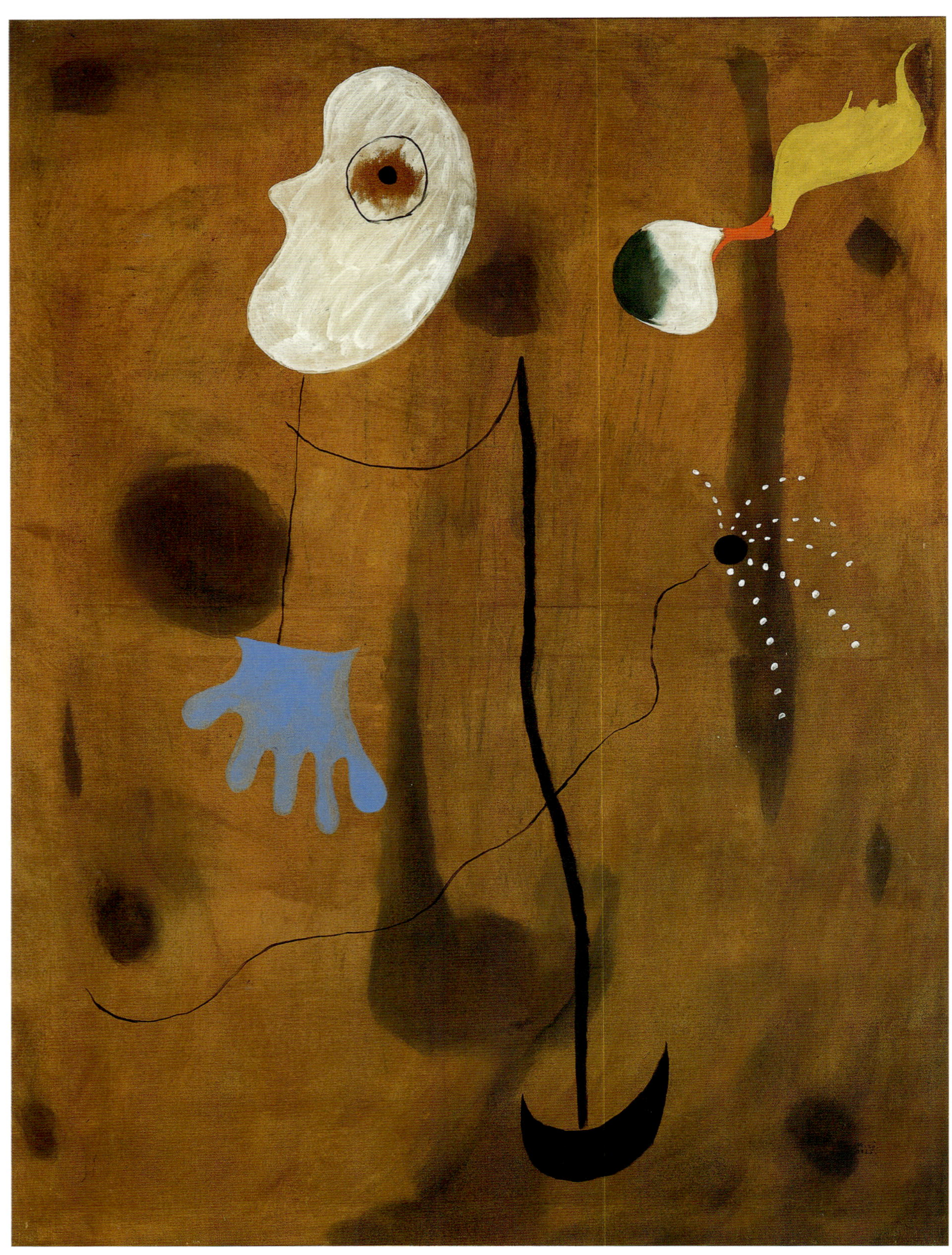

JOAN MIRÓ
Sans titre, 1925
Huile sur toile
130,00 x 97,00 cm
Collection Ulla et Heiner Pietzsch,
Berlin

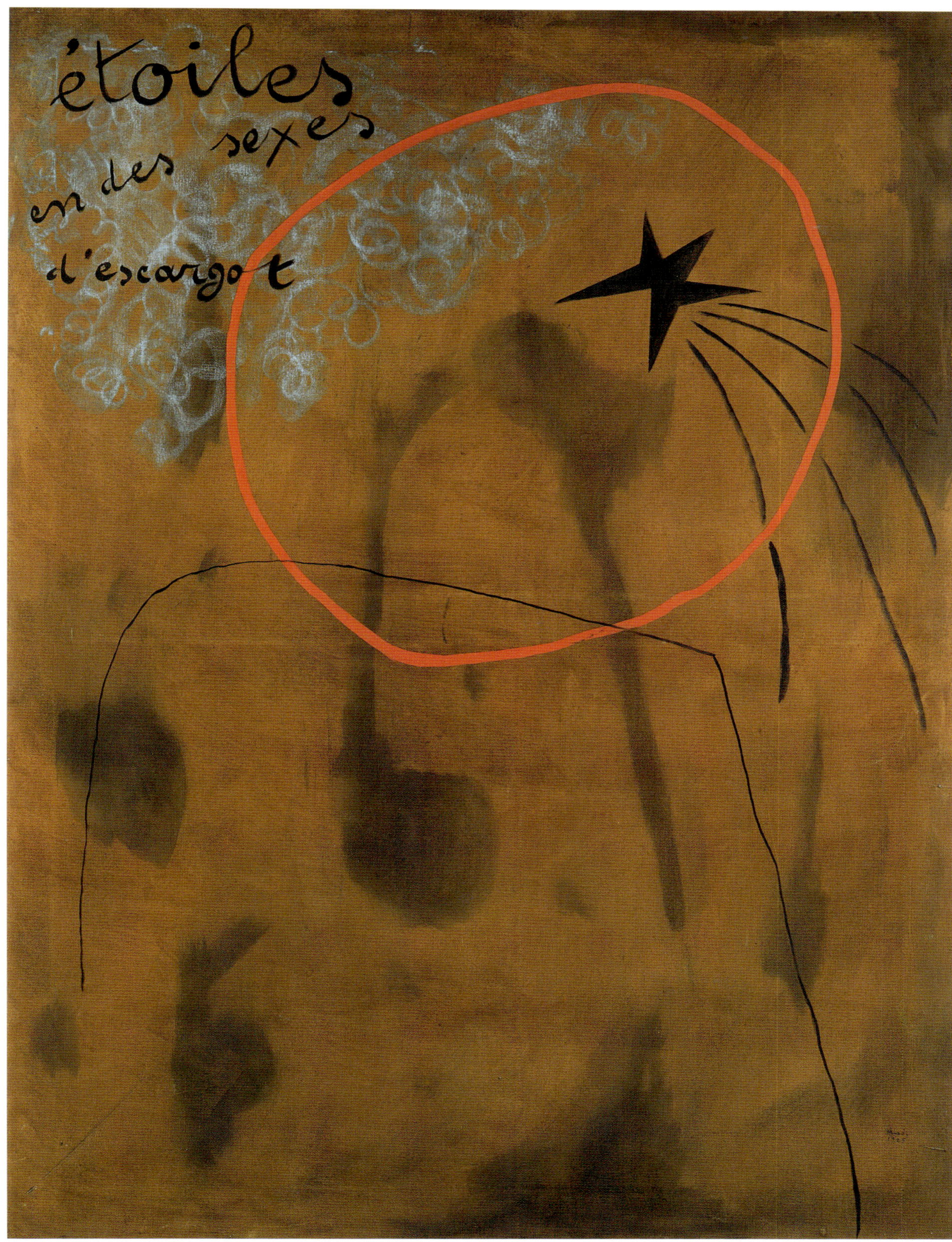

JOAN MIRÓ
Étoiles en des sexes d'escargot,
1925
Huile sur toile
129,50 x 97,00 cm
Kunstsammlung Nordrhein-Westfalen, Düsseldorf

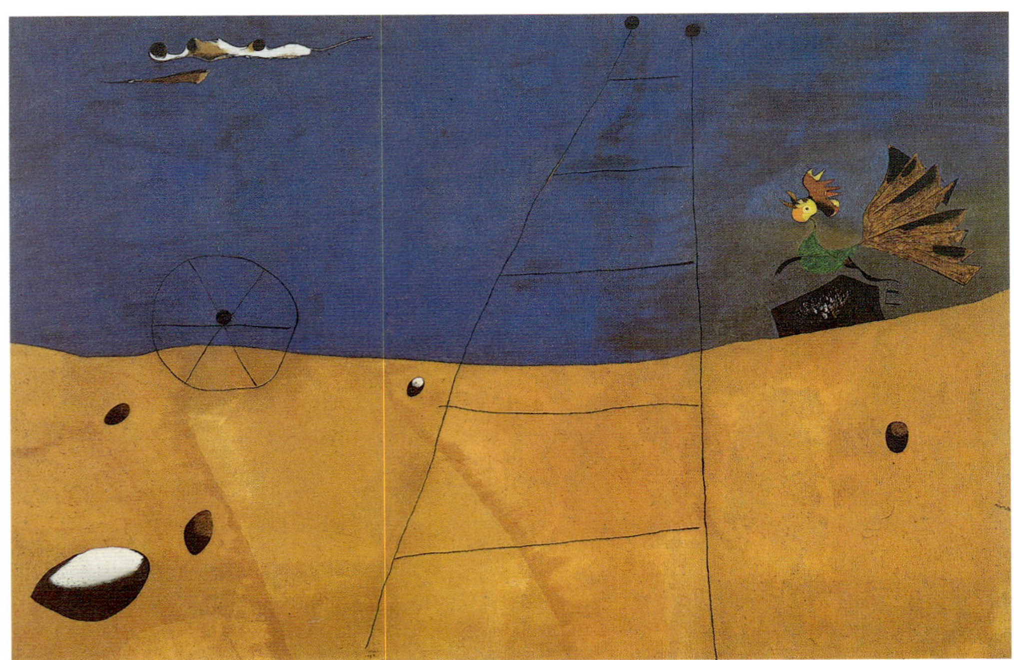

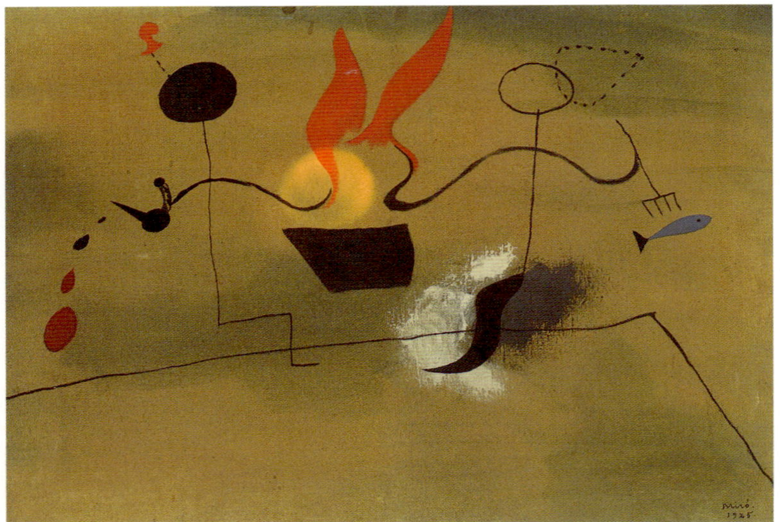

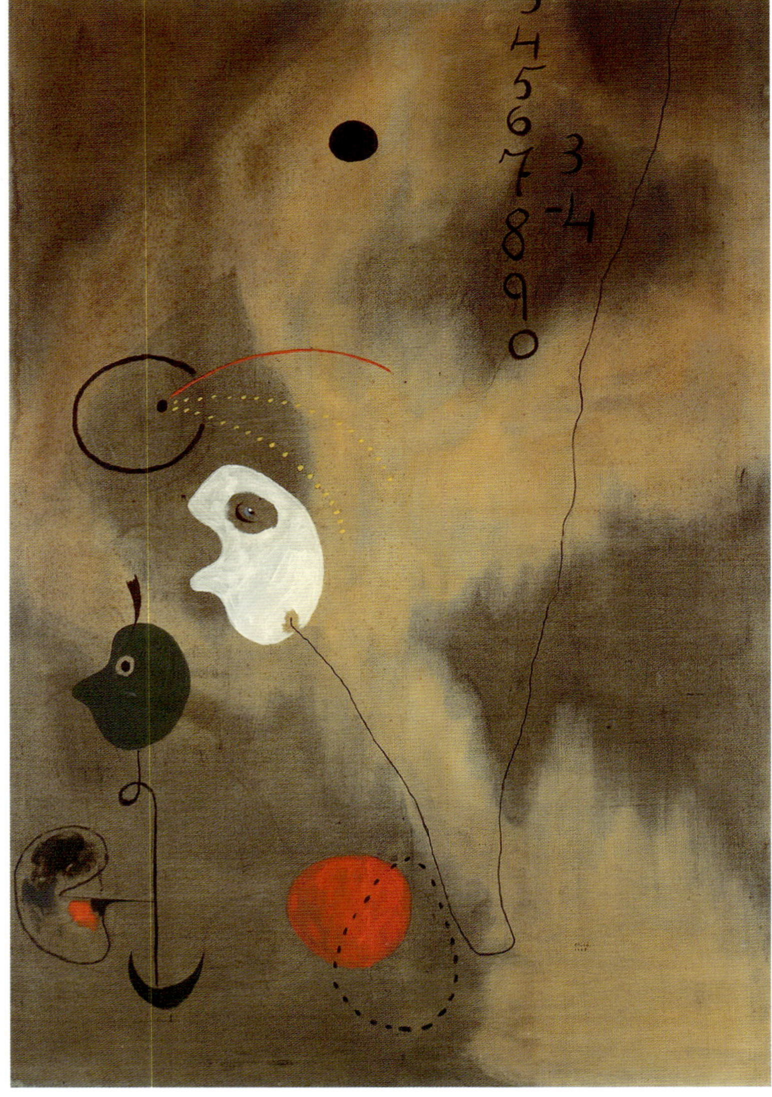

JOAN MIRÓ
Paysage (Paysage au coq), 1927
Huile sur toile
131,00 x 196,50 cm
Fondation Beyeler, Reihen/Bâle, Suisse

JOAN MIRÓ
Le Repas des fermiers, 1925
Huile sur toile
33,50 x 46,50 cm
Collection particulière

JOAN MIRÓ
L'Addition, 1925
Huile sur toile encollée
195,00 x 129,20 cm
Centre Pompidou, Paris
Musée national d'art moderne

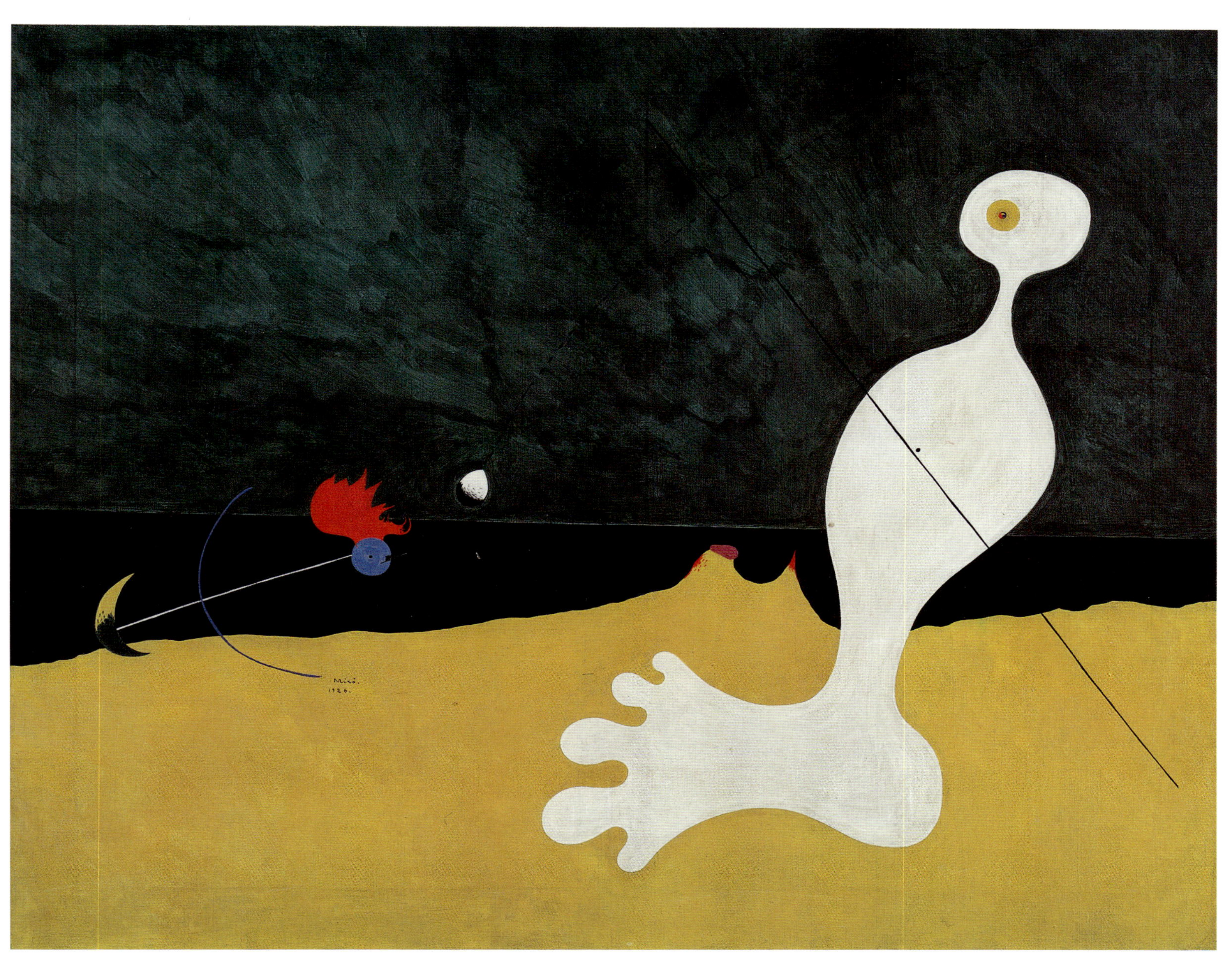

JOAN MIRÓ
Personnage lançant une pierre
à un oiseau, 1926
Huile sur toile
73,70 x 92,10 cm
The Museum of Modern Art, New York
Achat

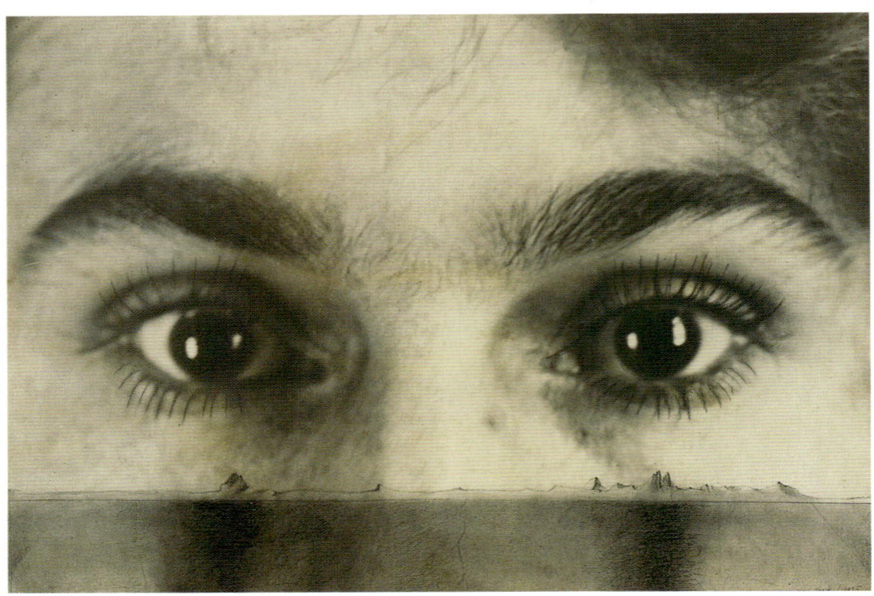

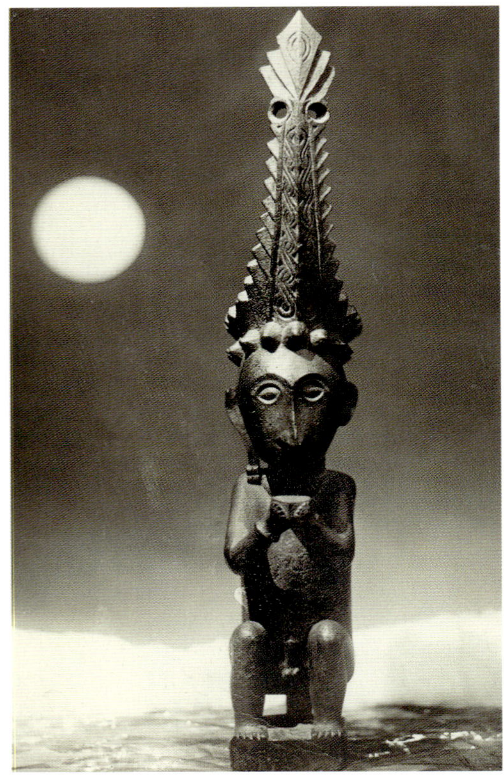

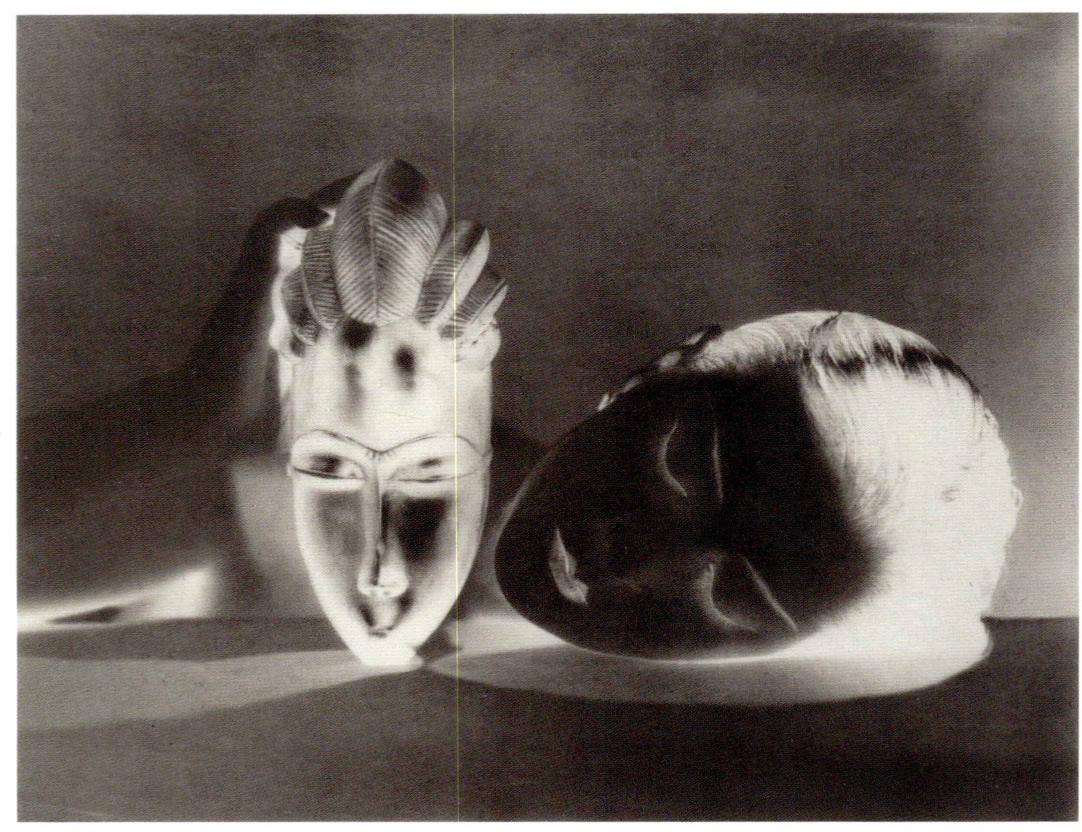

MAX ERNST
Femme visible, 1925
Agrandissement photographique et crayon
39,00 x 55,00 cm
Collection particulière, courtesy Blondeau & Associés S.A., Paris

MAN RAY
La lune se lève sur l'île de Nias, 1926
Épreuve aux sels d'argent
14,00 x 9,00 cm
Centre Pompidou, Paris
Musée national d'art moderne

MAN RAY
Noire et blanche, 1926
Épreuve négative aux sels d'argent sur papier non baryté
21,00 x 27,50 cm
Centre Pompidou, Paris
Musée national d'art moderne

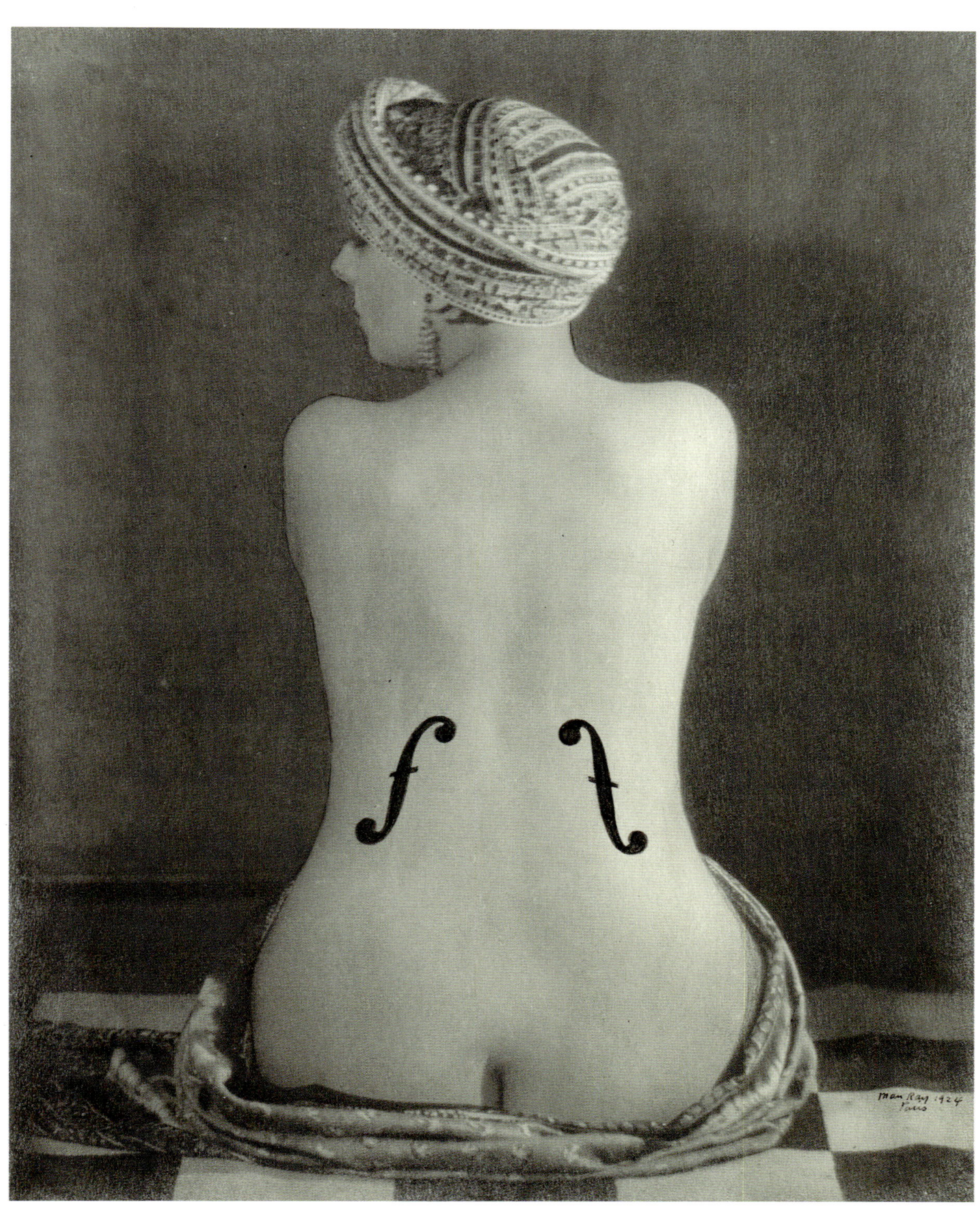

MAN RAY
Le Violon d'Ingres, 1924
Épreuve aux sels d'argent
rehaussée à la mine de plomb et
à l'encre de Chine et contrecollée
sur papier
31,00 x 24,70 cm
Centre Pompidou, Paris
Musée national d'art moderne

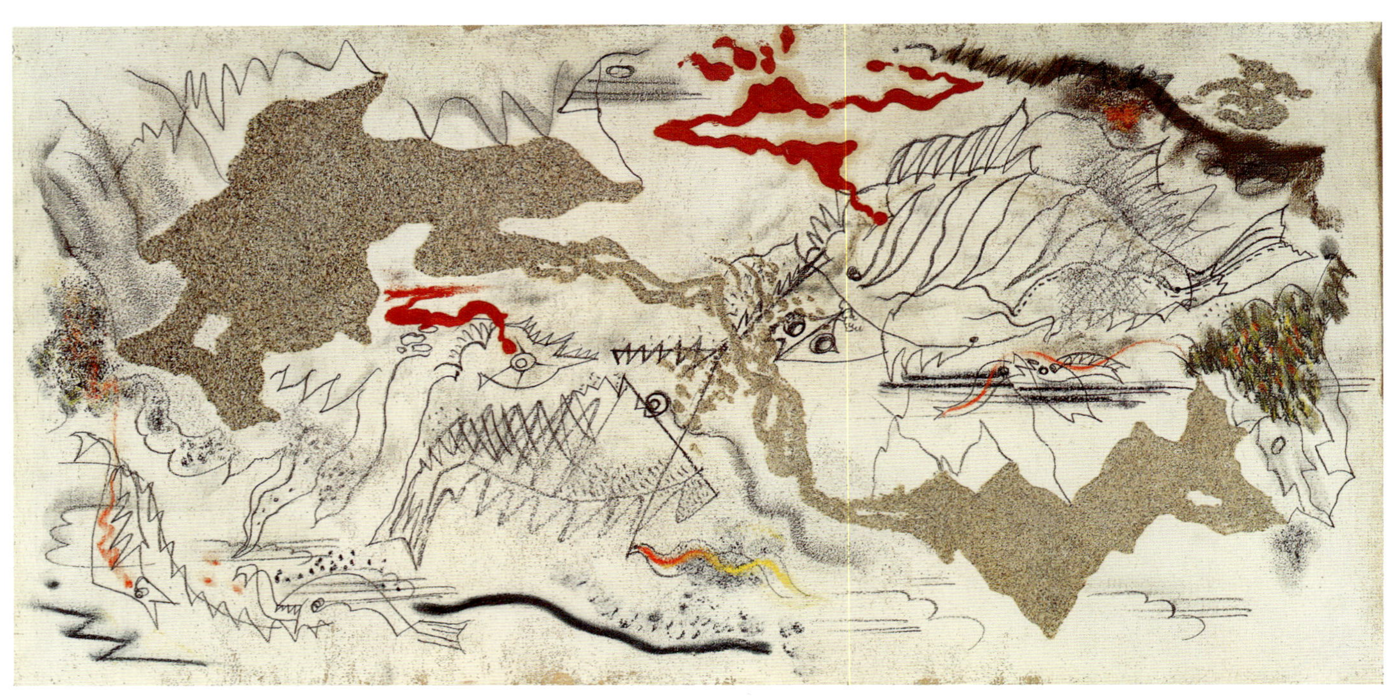

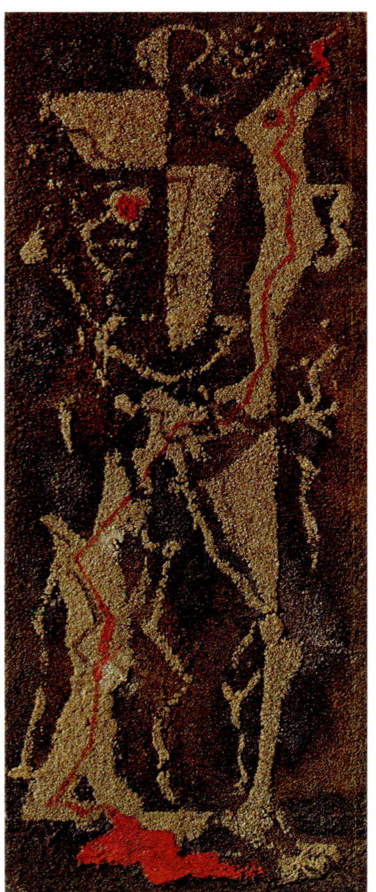

ANDRÉ MASSON
Bataille de poissons, 1926
Sable, enduit de plâtre, huile, crayon et fusain sur toile
36,00 x 73,00 cm
The Museum of Modern Art, New York
Achat

ANDRÉ MASSON
Le Chasseur, 1926-1927
Sable et huile sur toile
41,00 x 16,50 cm
Collection Ulla et Heiner Pietzsch, Berlin

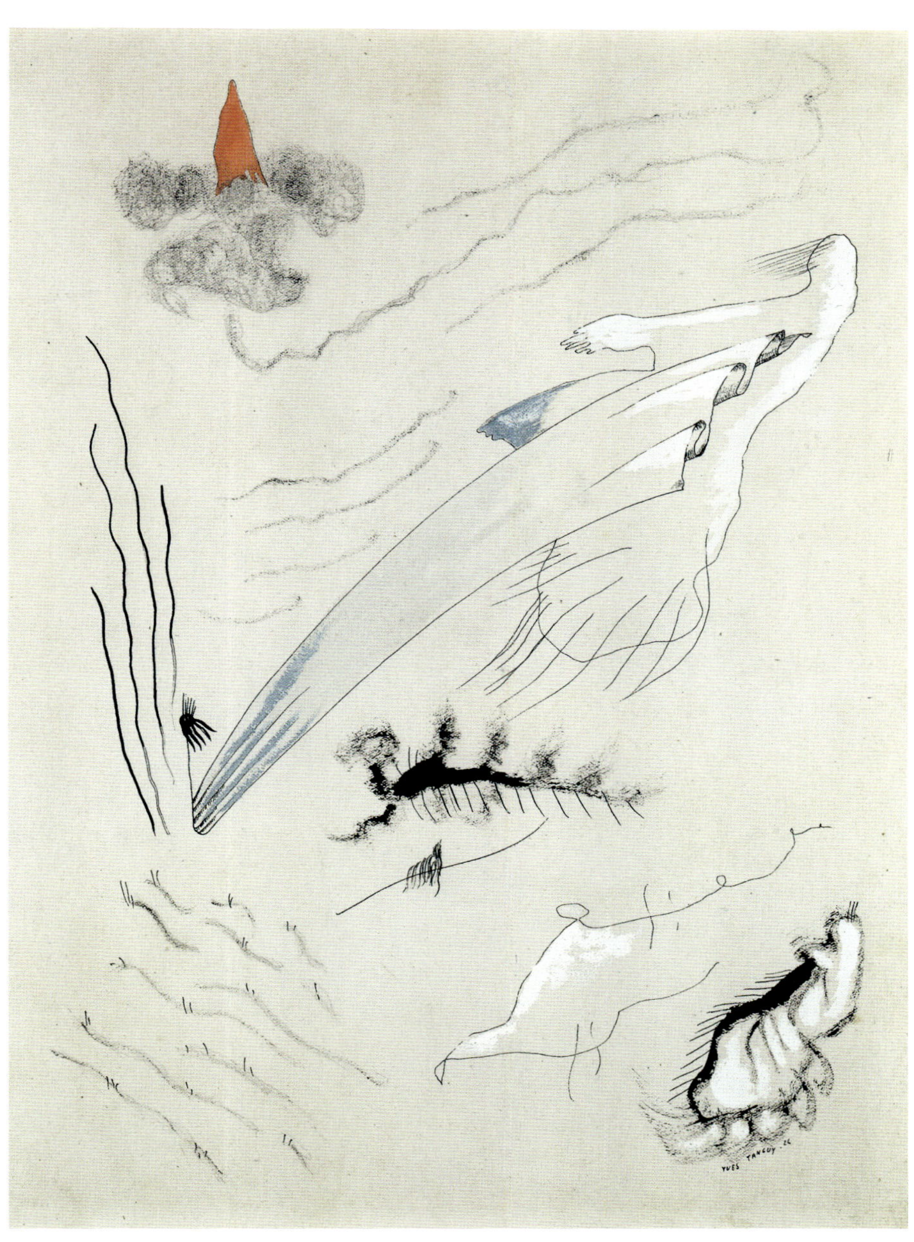

YVES TANGUY
Sans titre, 1926
Dessin aquarellé
31,50 x 24,30 cm
Galerie Cazeau-Béraudière, Paris

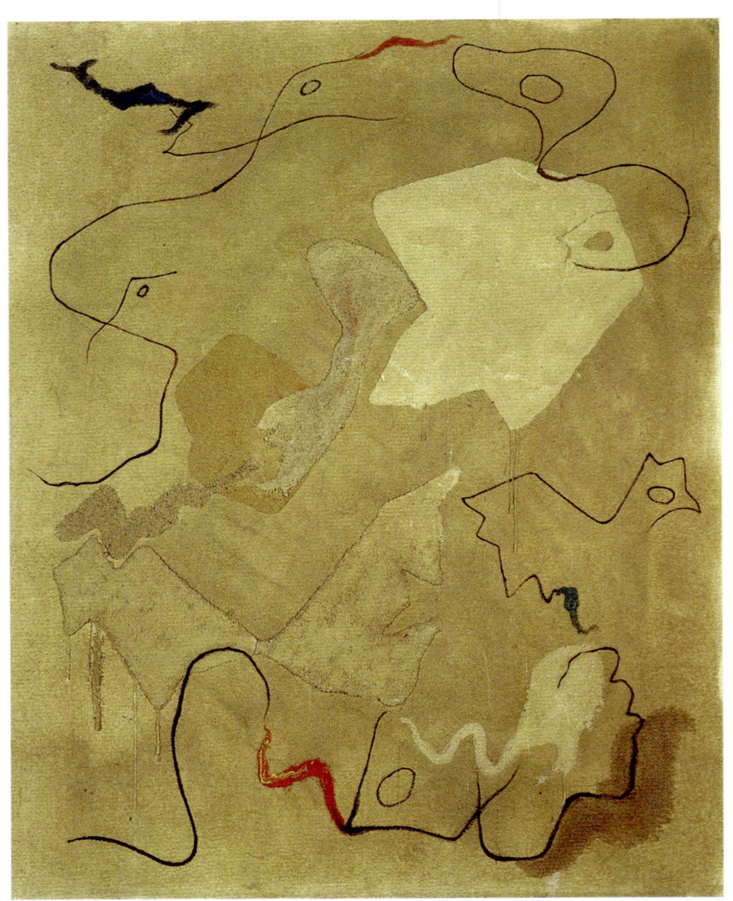

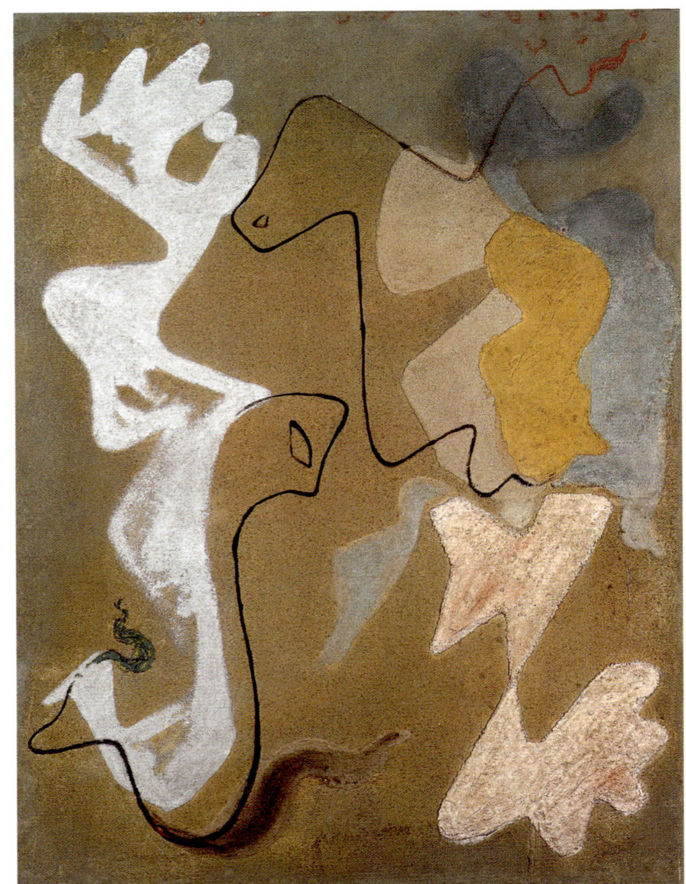

ANDRÉ MASSON
Les Villageois, 1927
Huile et sable sur toile
80,50 x 64,50 cm
Centre Pompidou, Paris
Musée national d'art moderne

ANDRÉ MASSON
Coqs, 1927
Huile, sable et tempera sur toile
73,00 x 54,00 cm
Galerie Cazeau-Béraudière, Paris

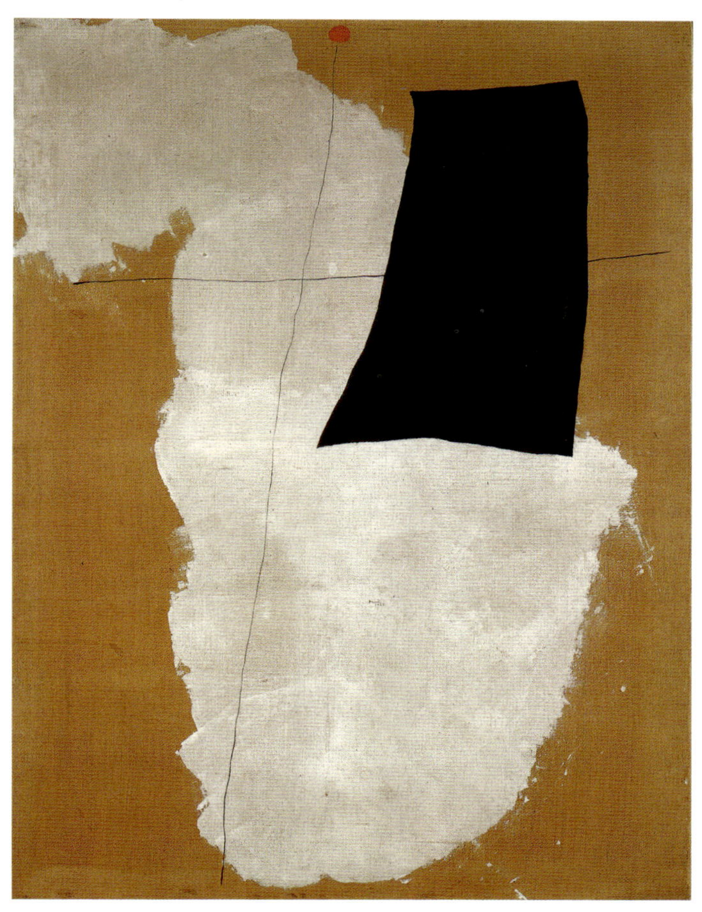

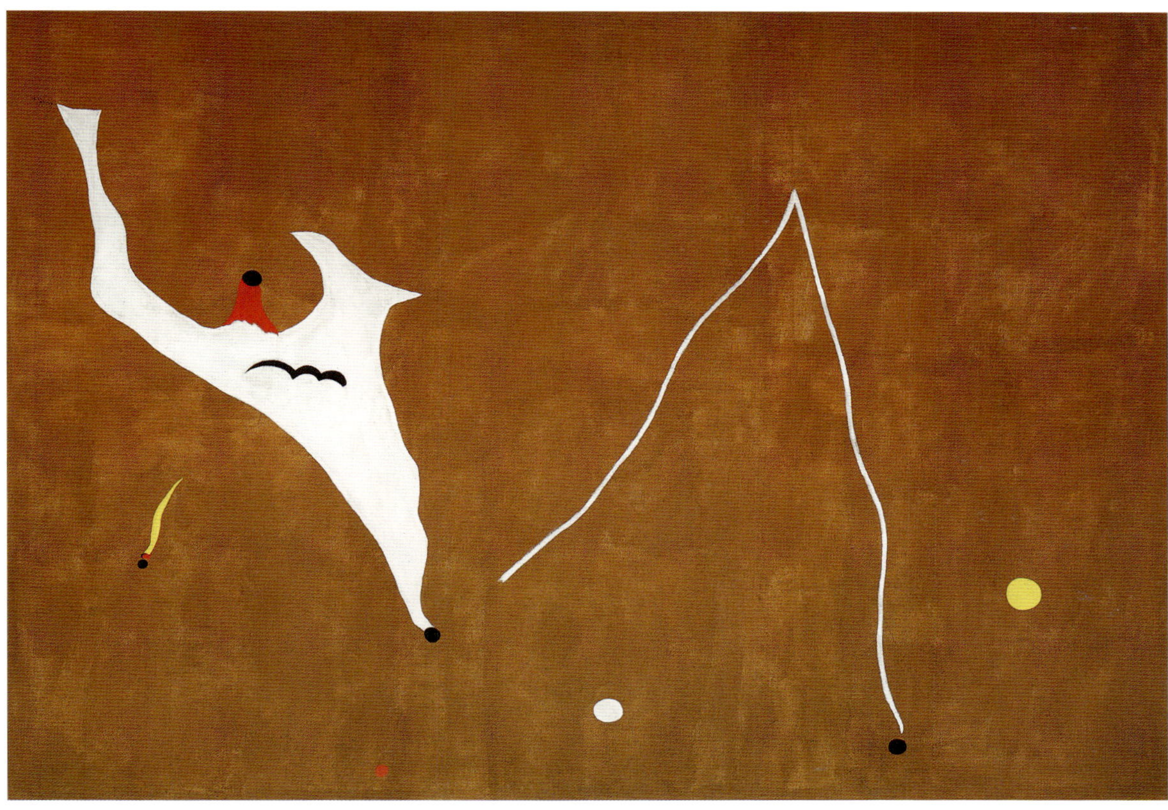

JOAN MIRÓ
Peinture, 1927
Huile sur toile
129,00 x 97,00 cm
Centre Pompidou, Paris
Musée national d'art moderne
Dépôt au musée d'Art moderne
de Lille Métropole,
Villeneuve-d'Ascq

JOAN MIRÓ
Le Cheval de cirque, 1927
Huile et crayon sur toile
195,00 x 280,20 cm
Hirshhorn Museum and Sculpture
Garden, Smithsonian Institution,
Washington
Don de la Fondation
Joseph H. Hirshhorn, 1972

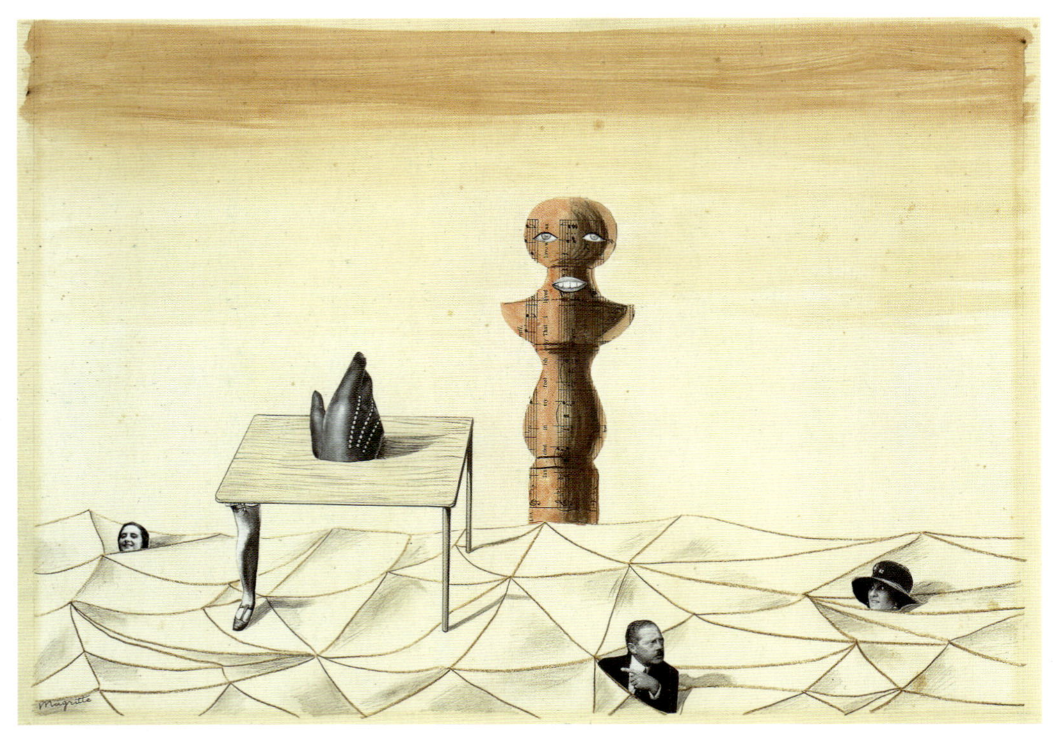

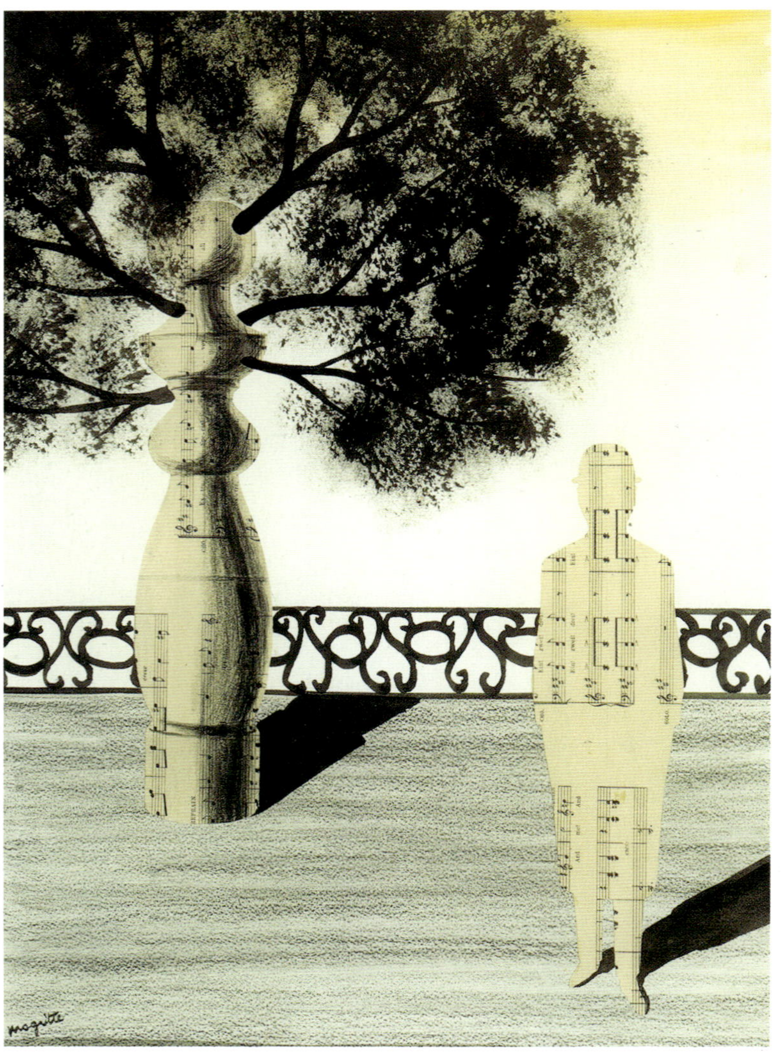

RENÉ MAGRITTE
Sans titre, 1926
Crayon, crayon de couleur, aquarelle et collage
44,00 x 61,00 cm
Collection particulière, Allemagne

RENÉ MAGRITTE
Sans titre, 1926
Collage sur papier
55,00 x 40,00 cm
Collection particulière

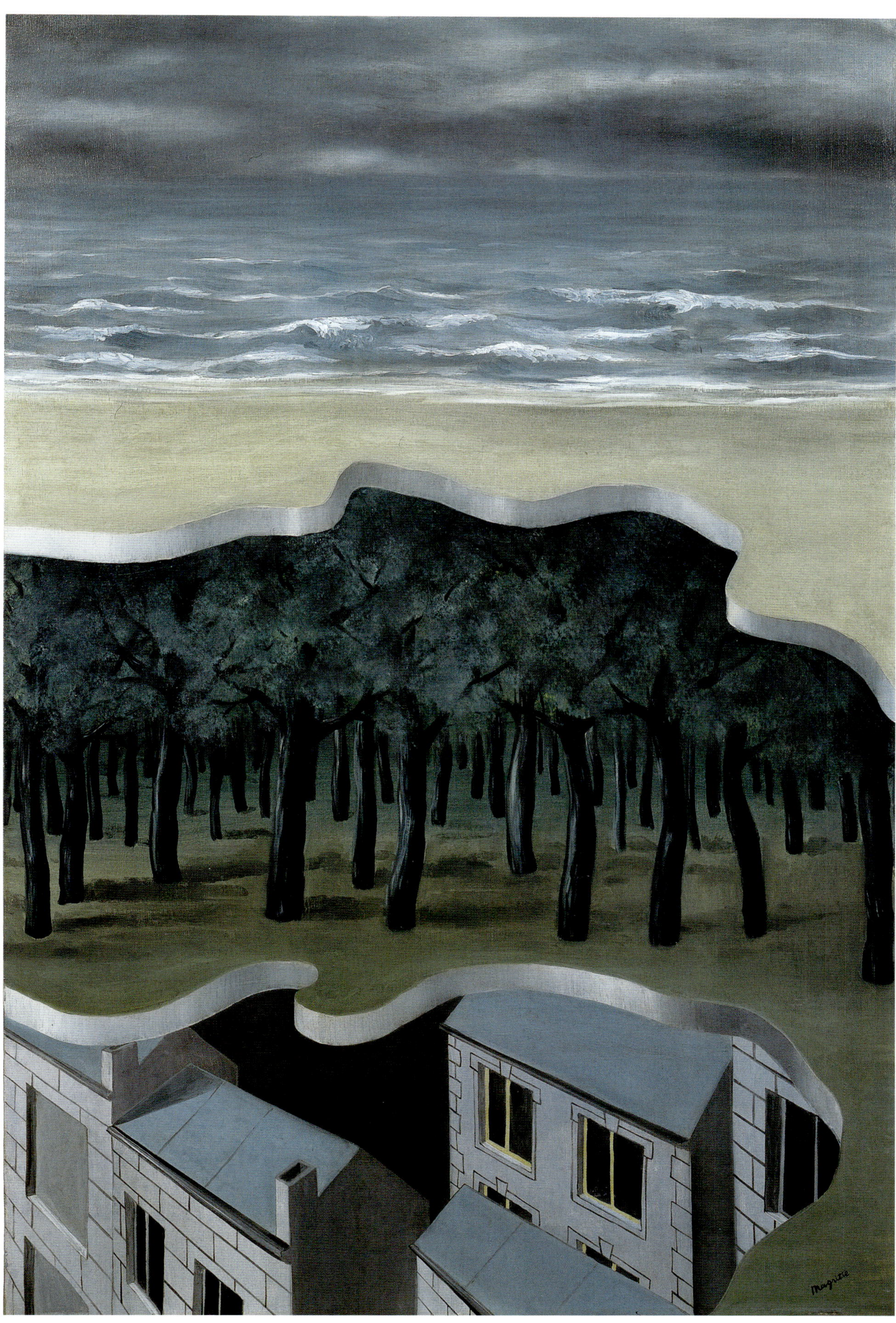

RENÉ MAGRITTE
Panorama populaire, 1926
Huile sur toile
120,00 x 80,00 cm
Kunstsammlung Nordrhein-Wesfalen,
Düsseldorf

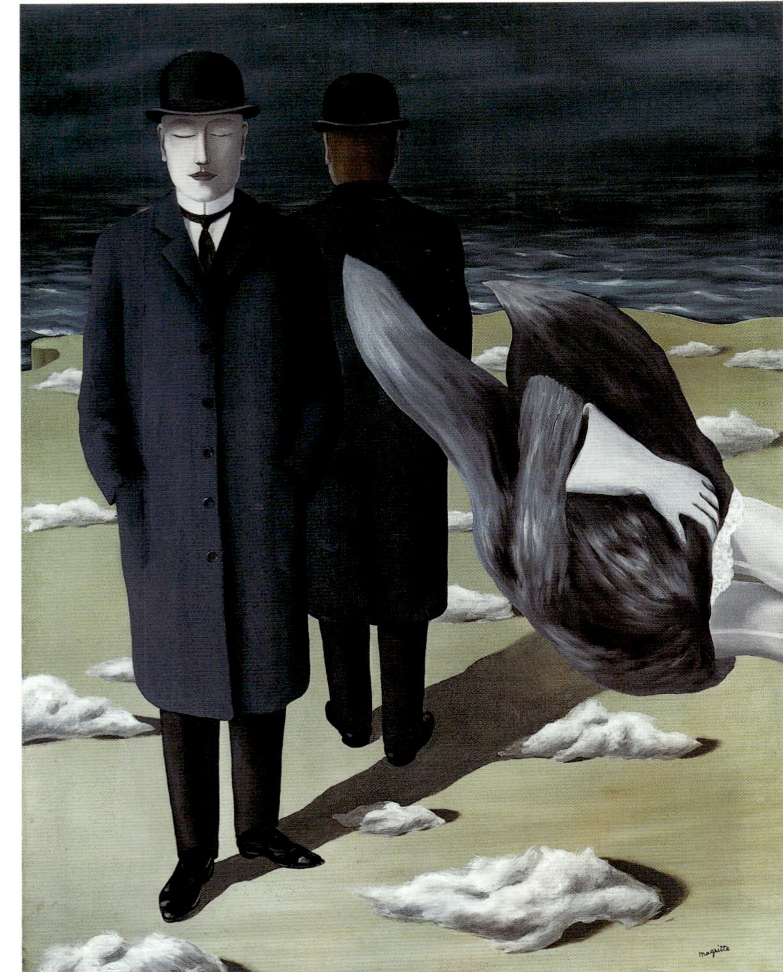

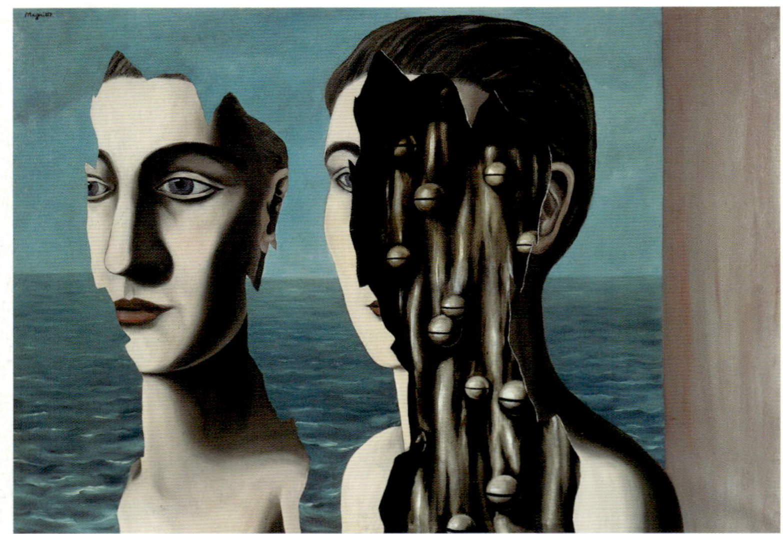

RENÉ MAGRITTE
Le Double Secret, 1927
Huile sur toile
114,00 x 162,00 cm
Centre Pompidou, Paris
Musée national d'art moderne

RENÉ MAGRITTE
Le Sens de la nuit, 1927
Huile sur toile
138,40 x 105,40 cm
The Menil Collection, Houston

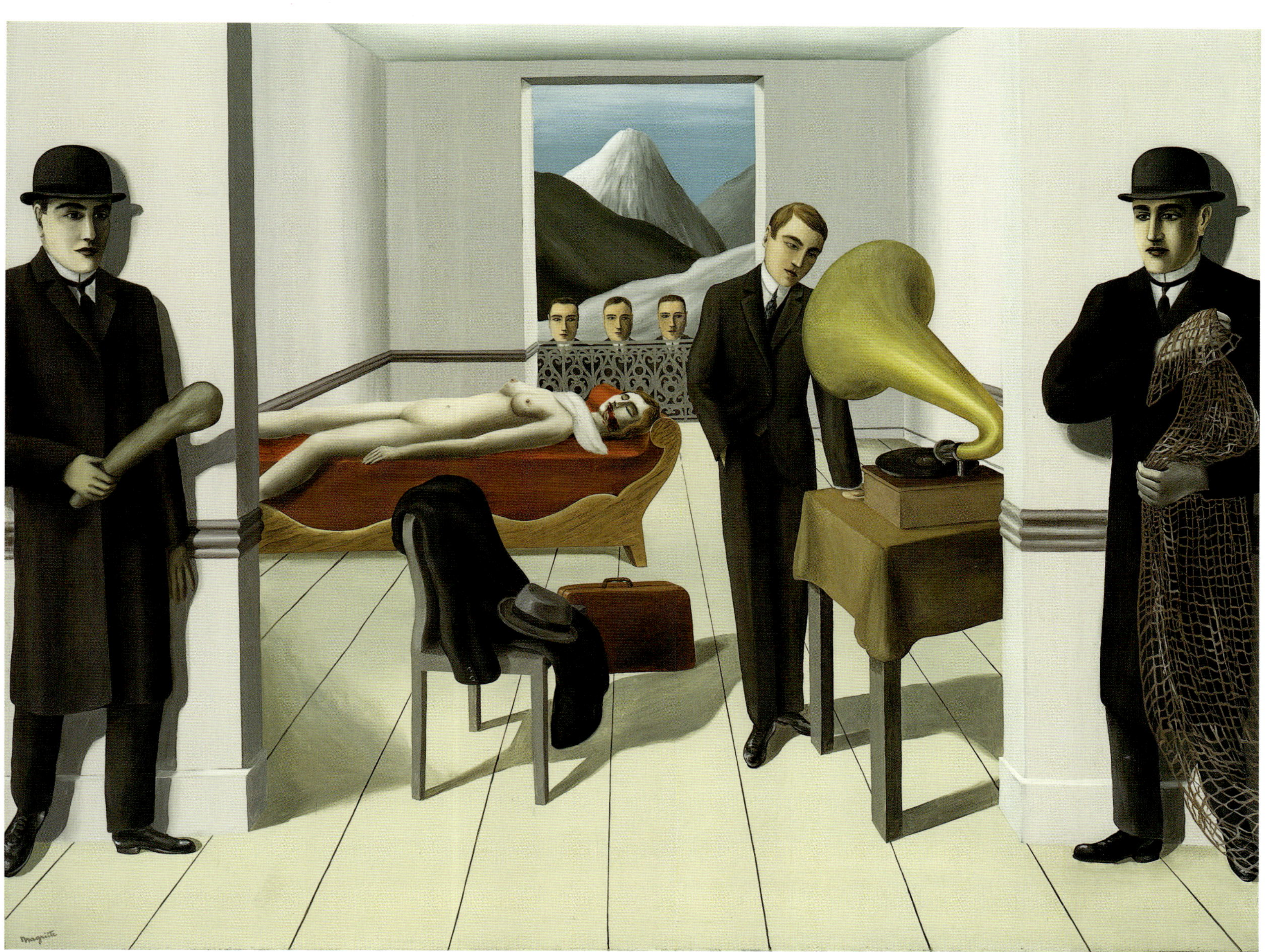

RENÉ MAGRITTE
L'Assassin menacé, 1926
Huile sur toile
152,00 x 195,00 cm
The Museum of Modern Art,
New York
Kay Sage Tanguy Fund

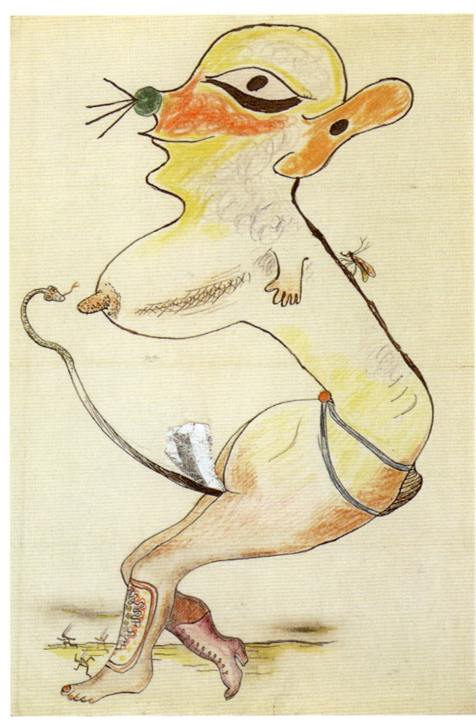

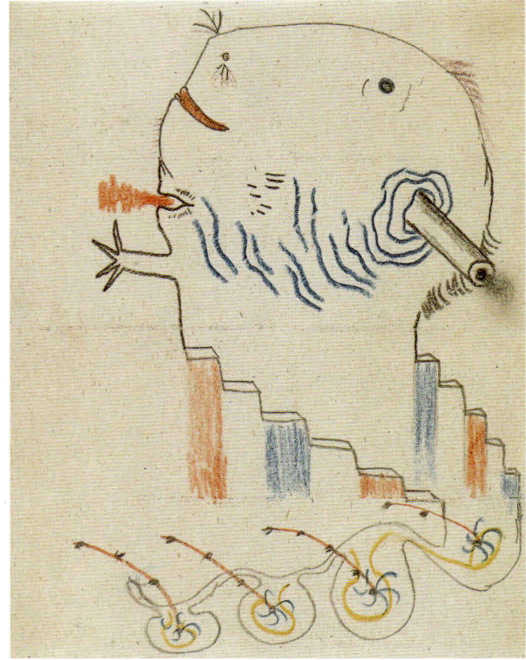

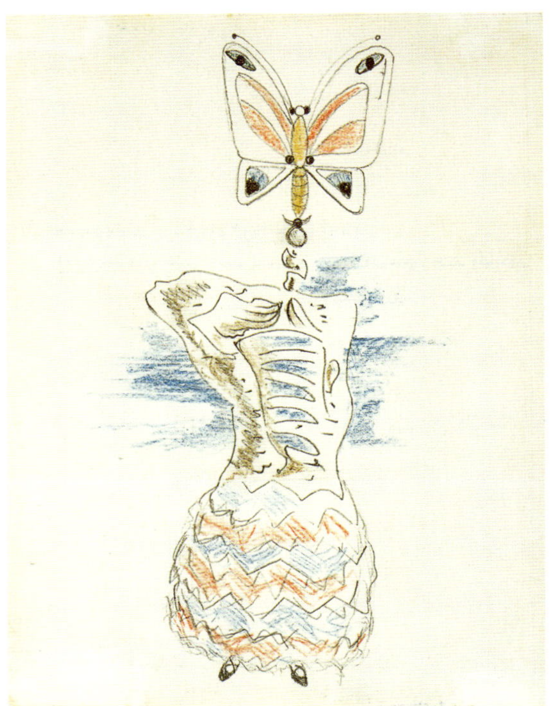

MAN RAY, JOAN MIRÓ, MAX MORISE, YVES TANGUY
Cadavre exquis, 1927
Collage, encre, crayons de couleur et crayon sur papier
36,00 x 23,00 cm
Centre Pompidou, Paris
Musée national d'art moderne

ANDRÉ BRETON, YVES TANGUY, CAMILLE GOEMANS, JACQUES PRÉVERT
Cadavre exquis, 1927
Crayon et crayons de couleur sur papier
19,70 x 14,80 cm
Centre Pompidou, Paris
Musée national d'art moderne

MAX ERNST, ANDRÉ MASSON, MAX MORISE
Cadavre exquis, 1927
Crayon et crayons de couleur sur papier
20,80 x 15,50 cm
Centre Pompidou, Paris
Musée national d'art moderne

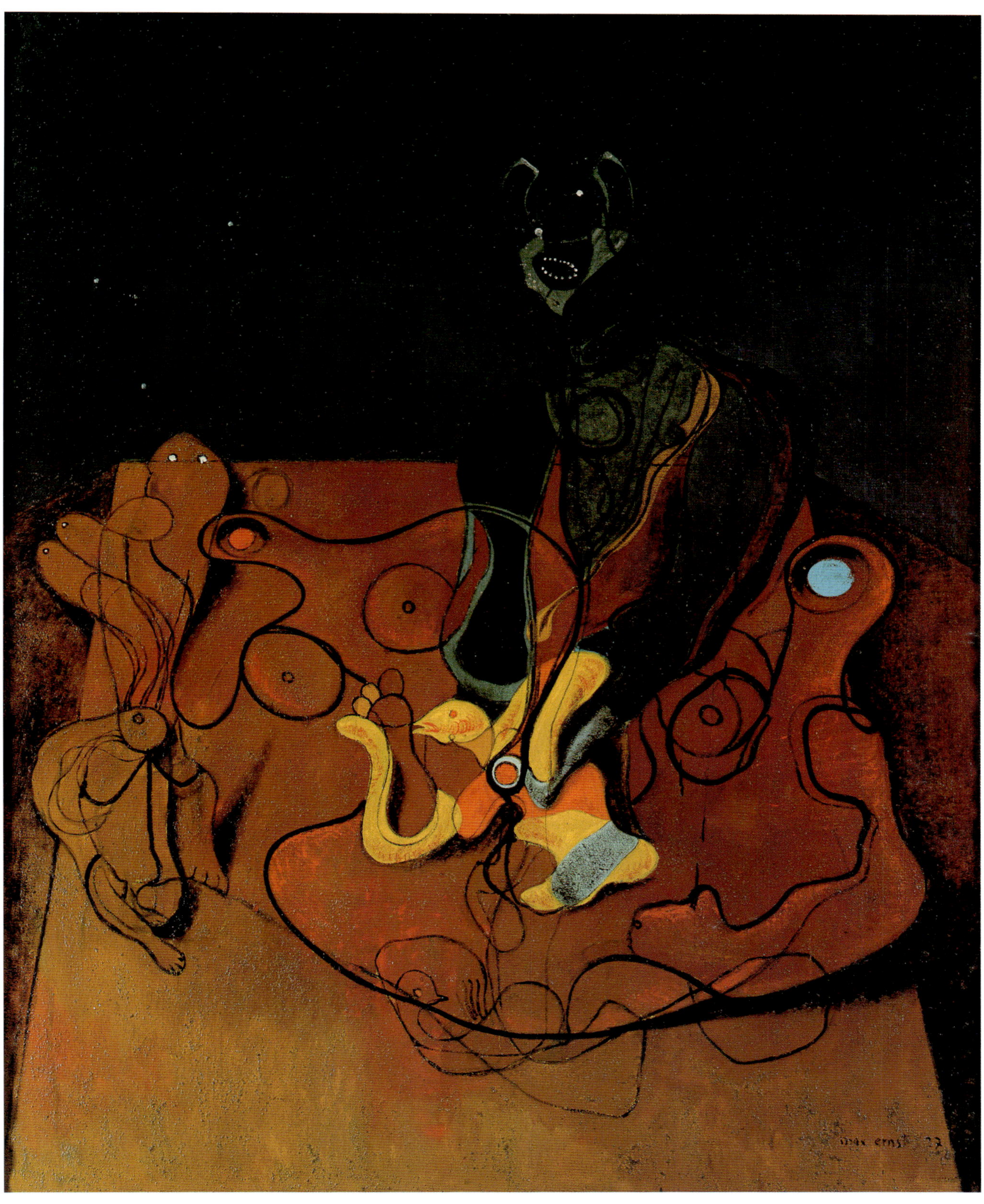

MAX ERNST
Une nuit d'amour, 1927
Huile sur toile
162,00 x 130,00 cm
Collection particulière

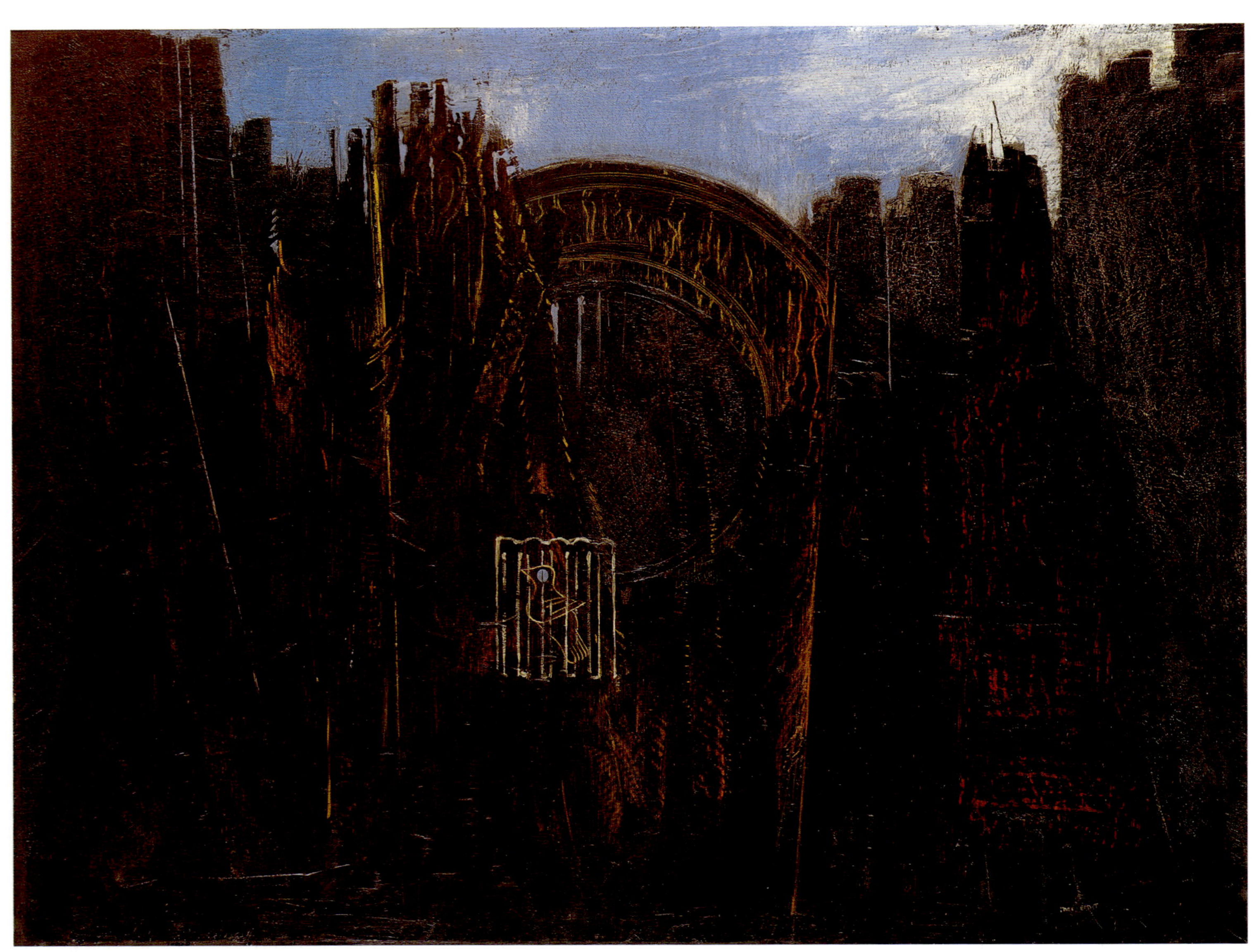

MAX ERNST
Cage, forêt et soleil noir, 1927
Huile sur toile
114,00 x 146,00 cm
Collection particulière

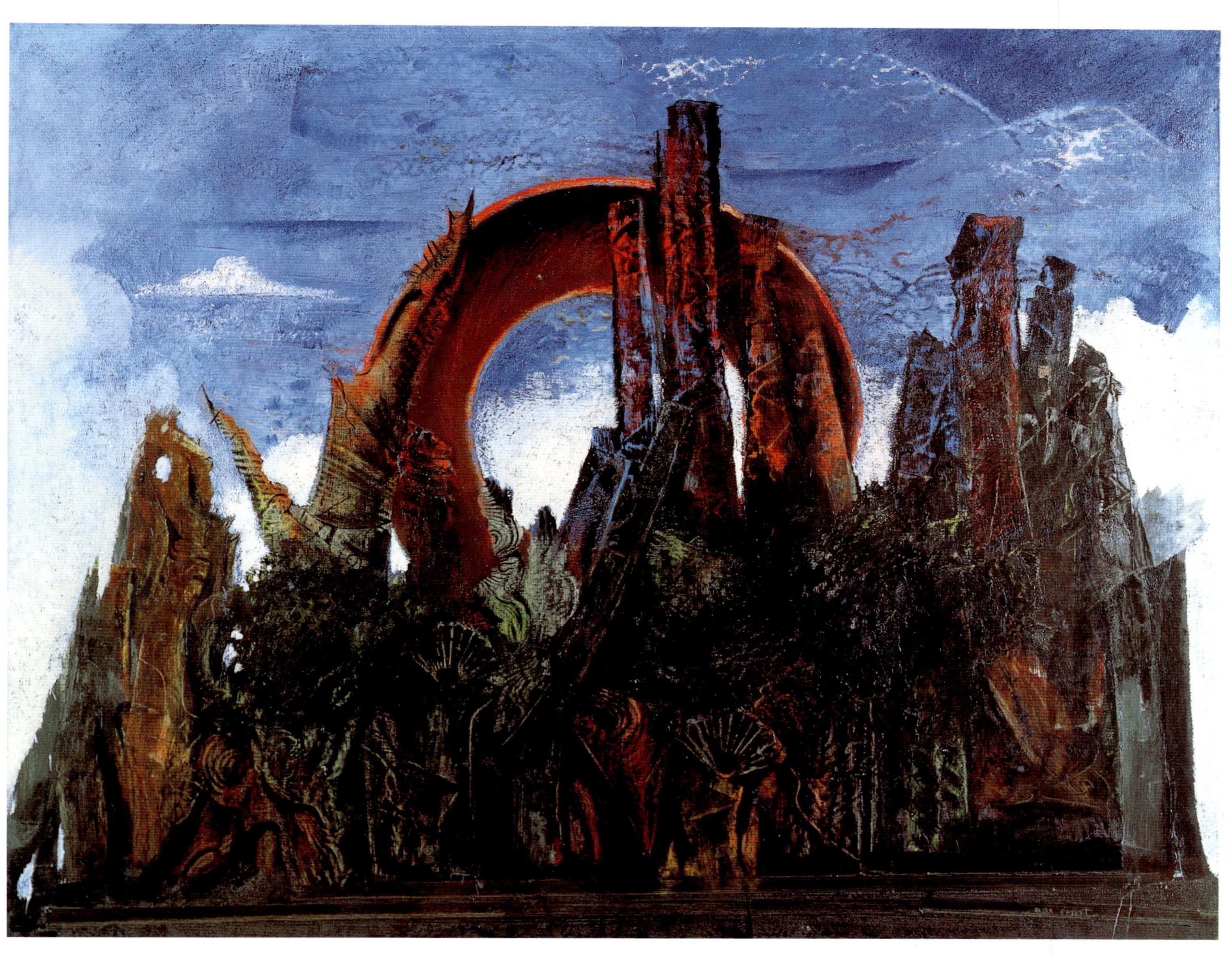

MAX ERNST
Forêt, 1927
Huile sur toile
114,00 x 146,00 cm
Staatliche Kunsthalle Karlsruhe,
Karlsruhe

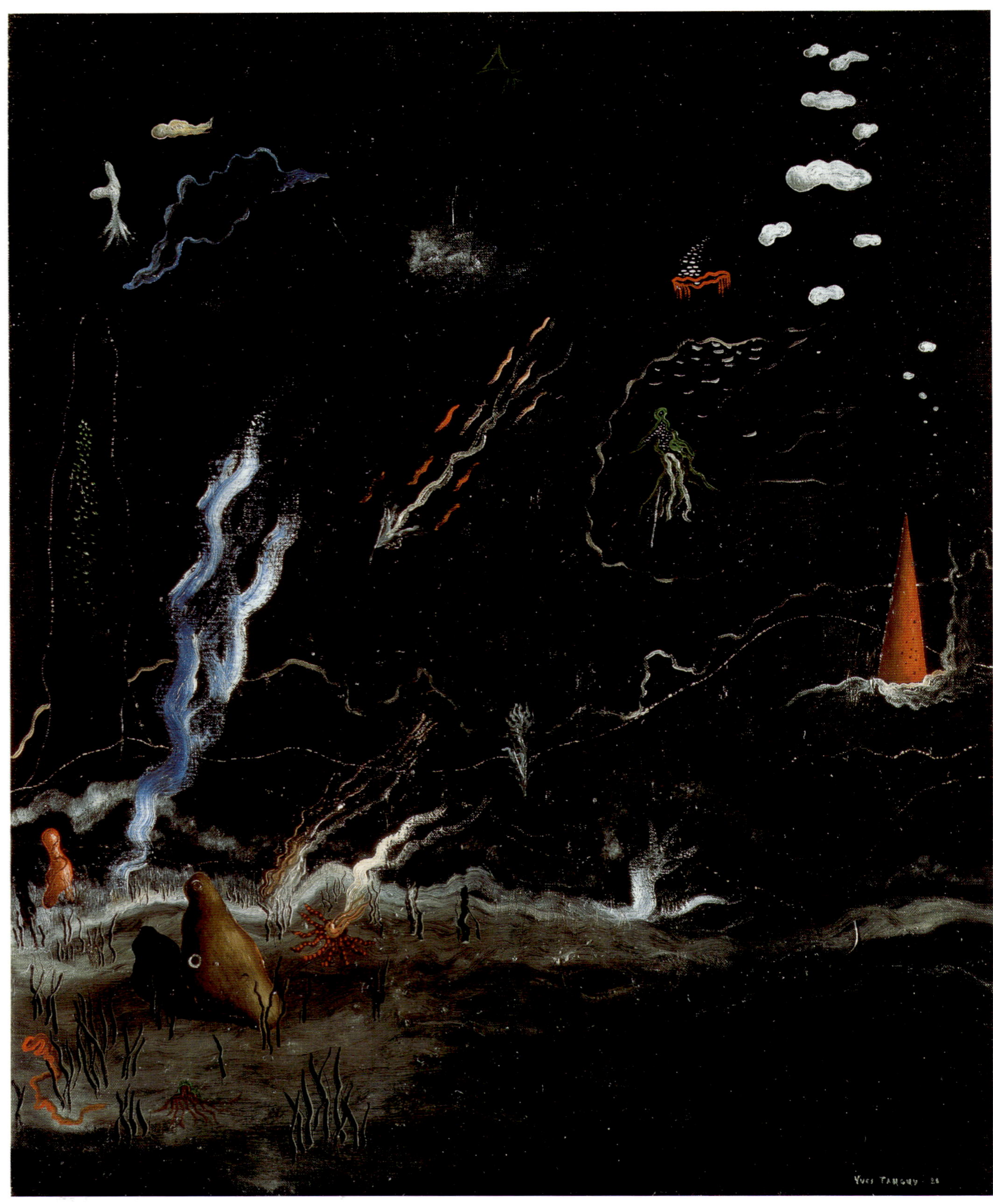

YVES TANGUY
L'Orage (Paysage noir), 1926
Huile sur toile
80,30 x 65,40 cm
Philadelphia Museum of Art,
Philadelphie
The Louise and Walter Arensberg
Collection

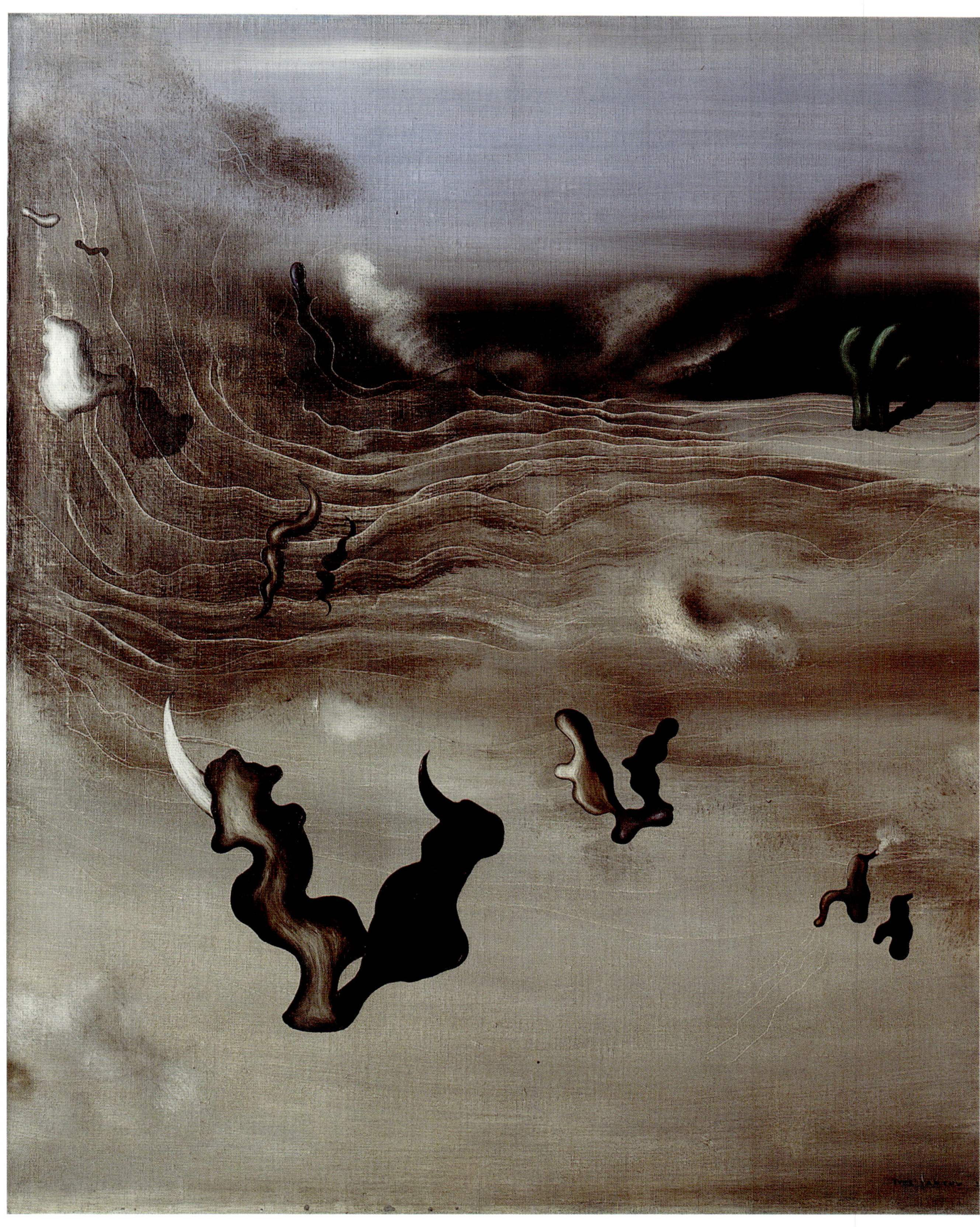

YVES TANGUY
Sans titre (Il vient), 1928
Huile sur toile
92,00 x 73,00 cm
Collection particulière

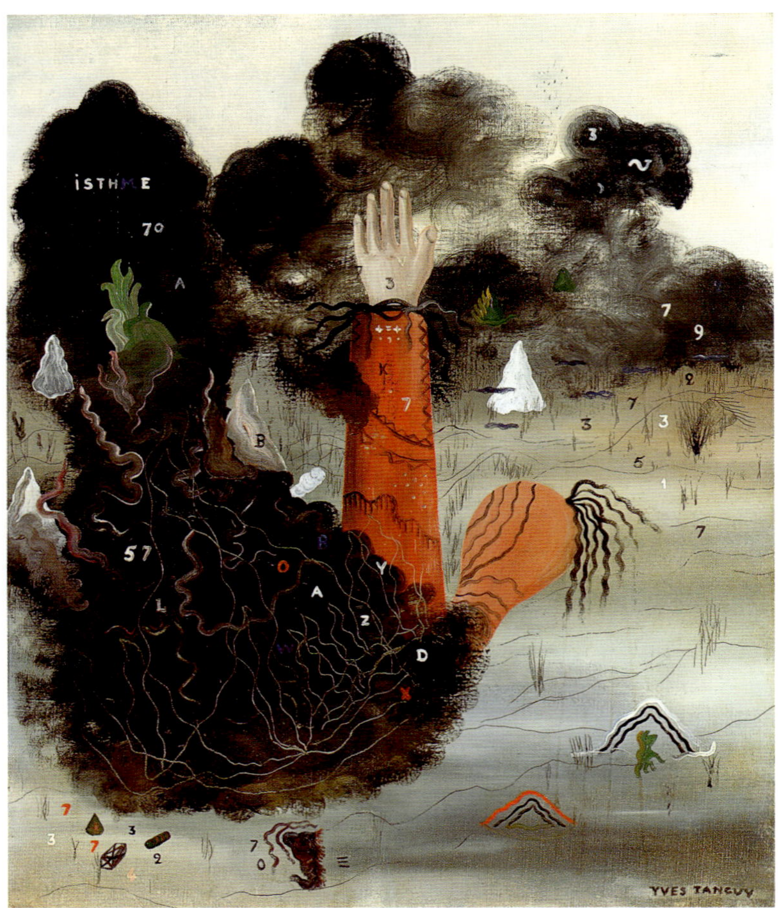

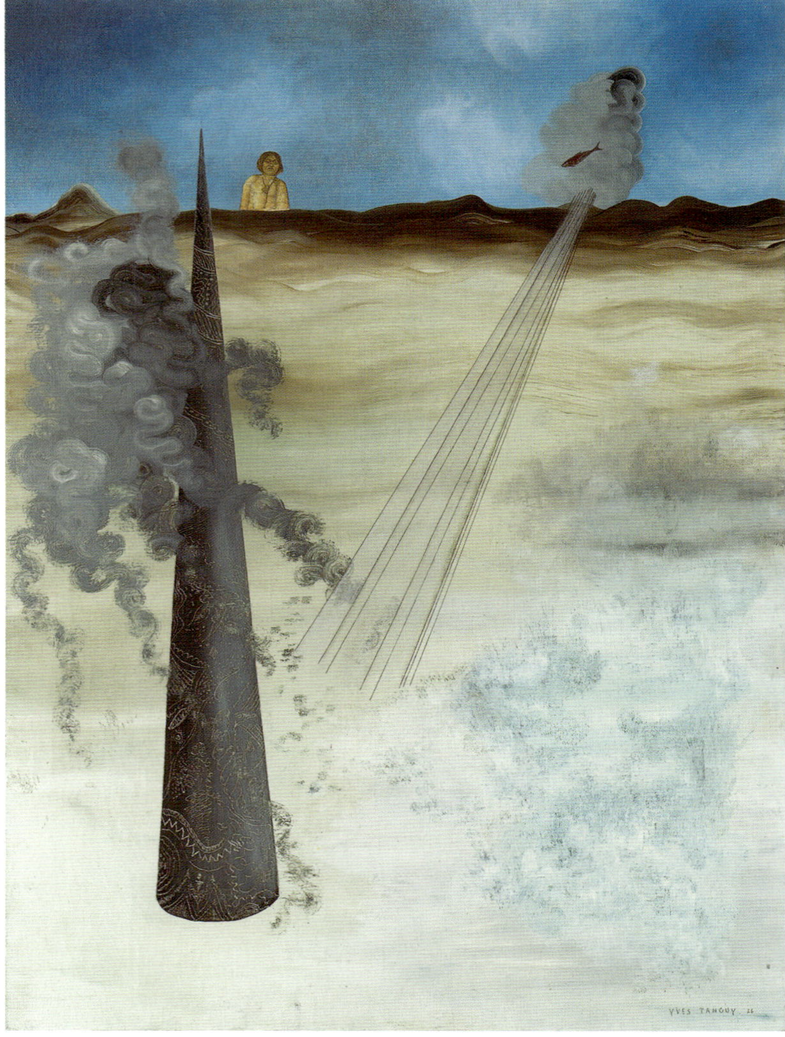

YVES TANGUY
La Main dans les nuages, 1927
Huile sur toile
65,00 x 54,00 cm
Staatsgalerie Stuttgart

YVES TANGUY
Je suis venu comme j'avais promis, Adieu, 1926
100,00 x 73,00 cm
Stiftung Sammlung Dieter Scharf zur Erinnerung an Otto Gerstenberg, Kupferstichkabinett, Berlin

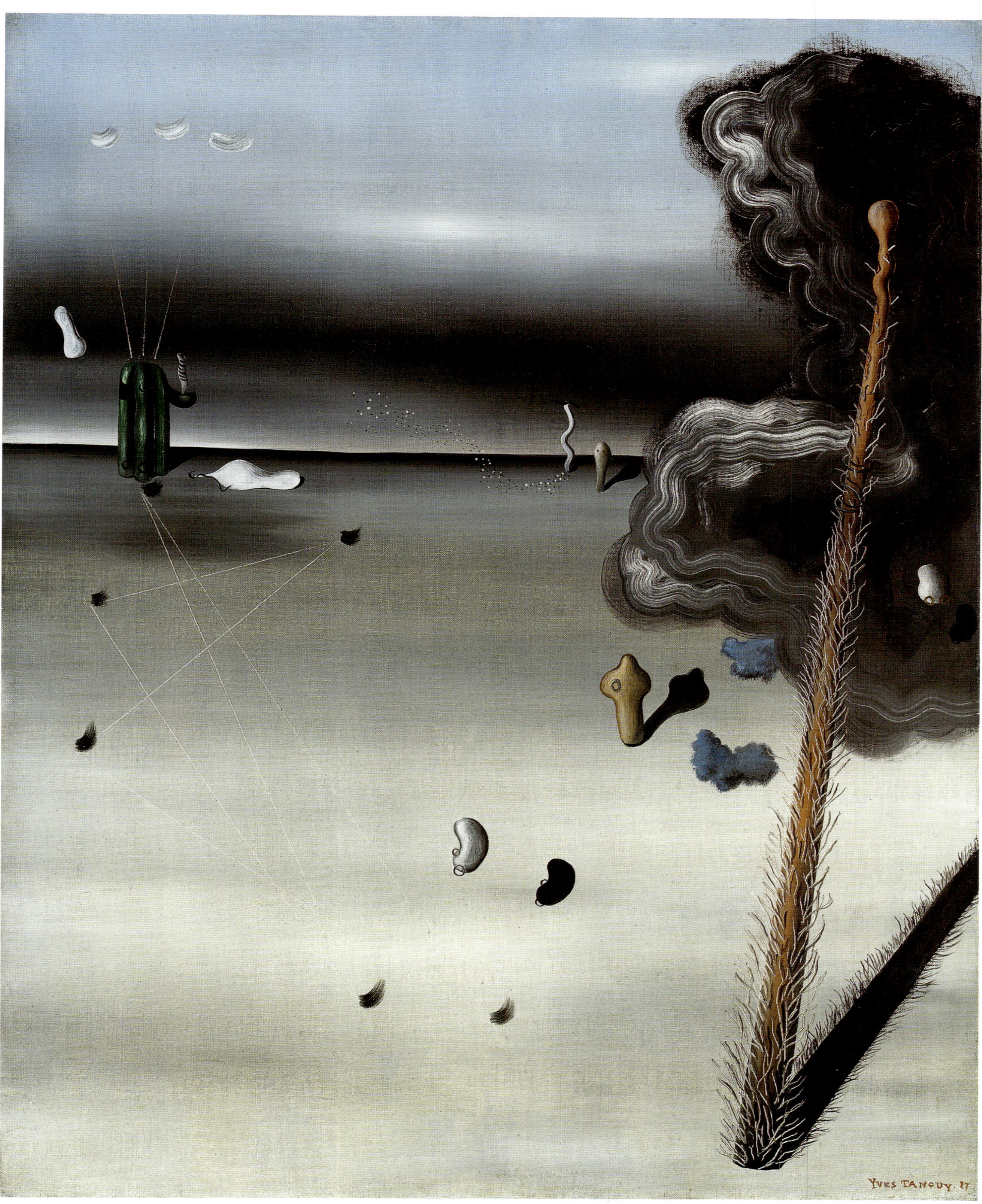

YVES TANGUY
Maman, papa est blessé !, 1927
Huile sur toile
92,10 x 73,00 cm
The Museum of Modern Art, New York
Achat

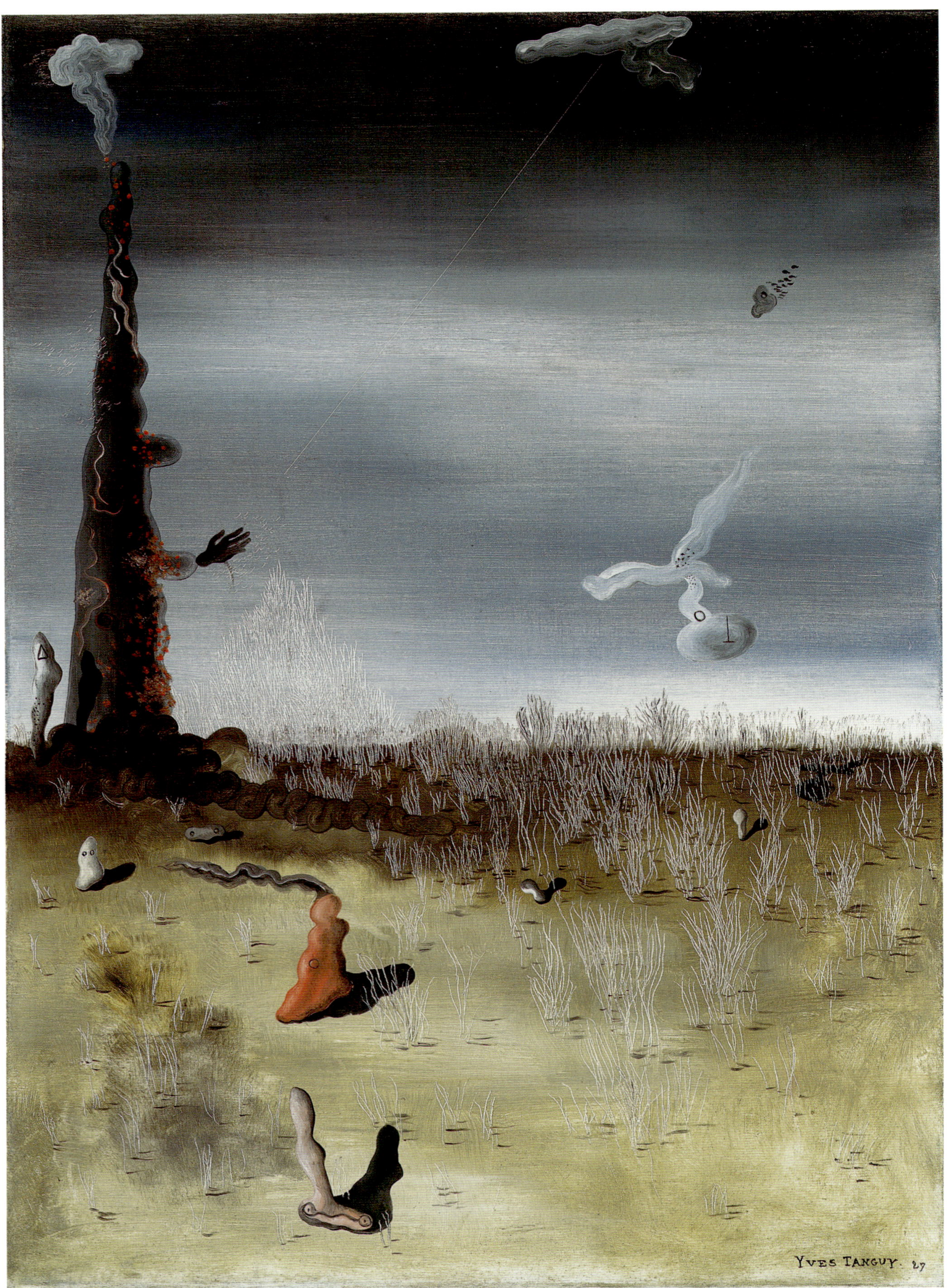

YVES TANGUY
Extinction des lumières inutiles, 1927
Huile sur toile
92,10 x 65,40 cm
The Museum of Modern Art, New York
Achat

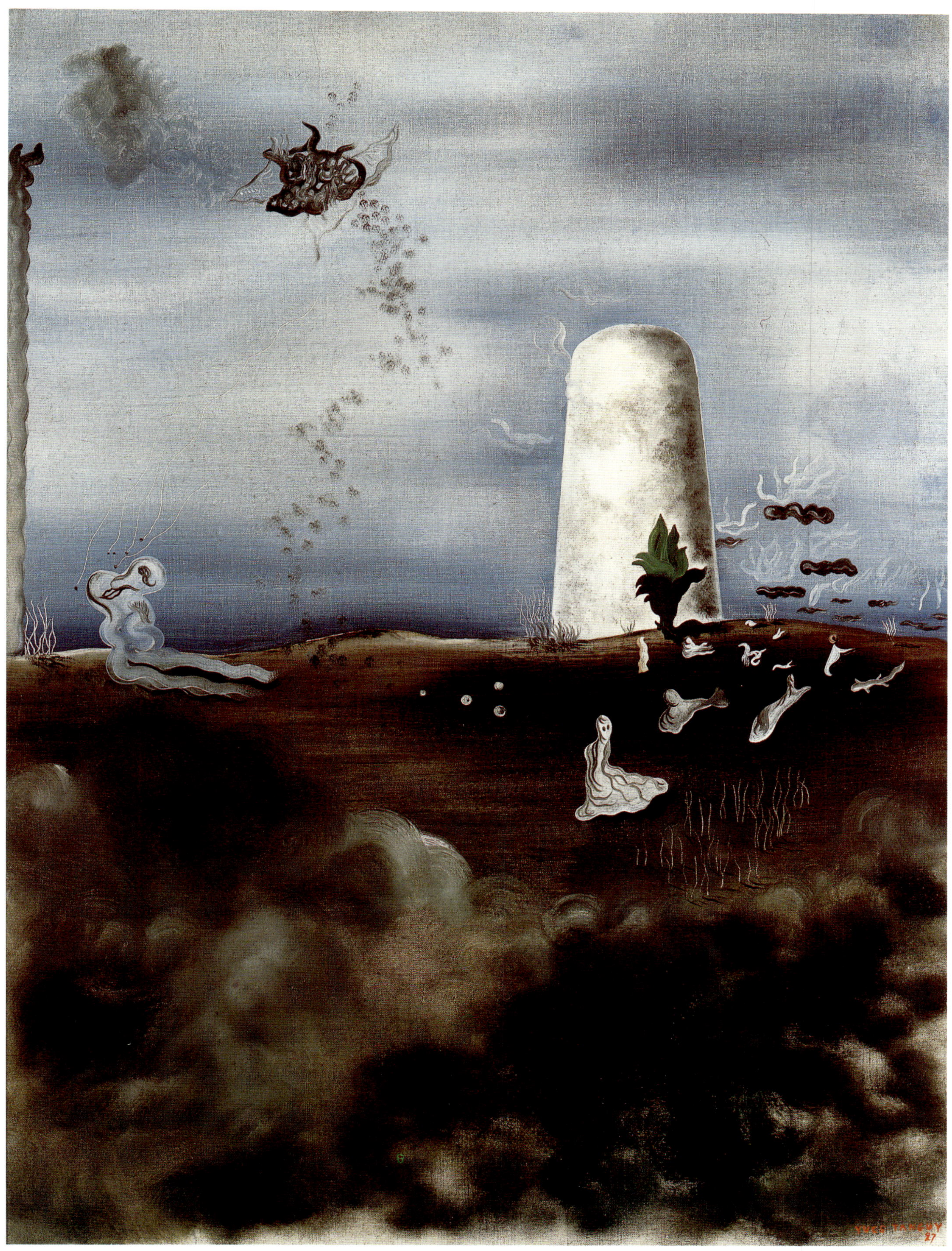

YVES TANGUY
Composition (Mort guettant sa famille), 1927
Huile sur toile
100,00 x 73,00 cm
Fundación Coleccion
Thyssen-Bornemisza, Madrid

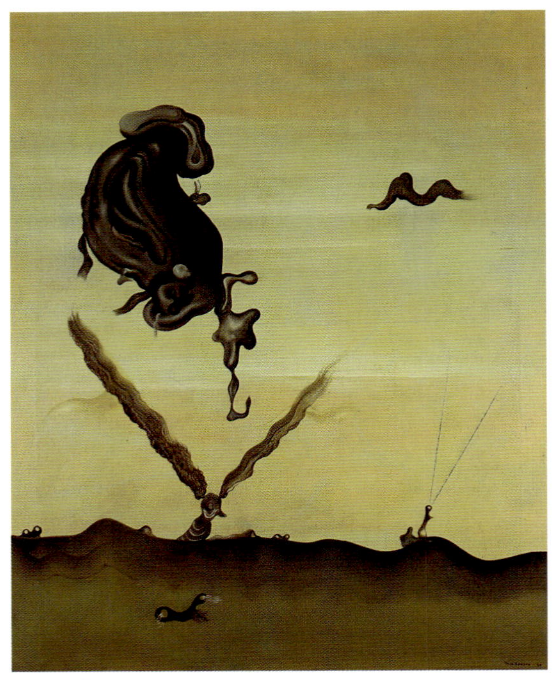

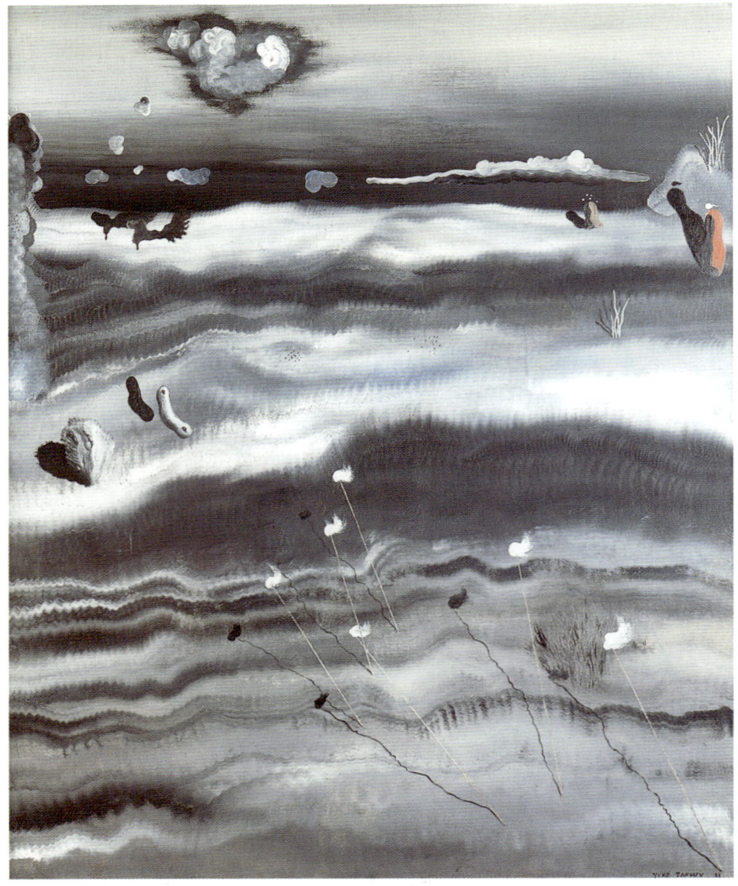

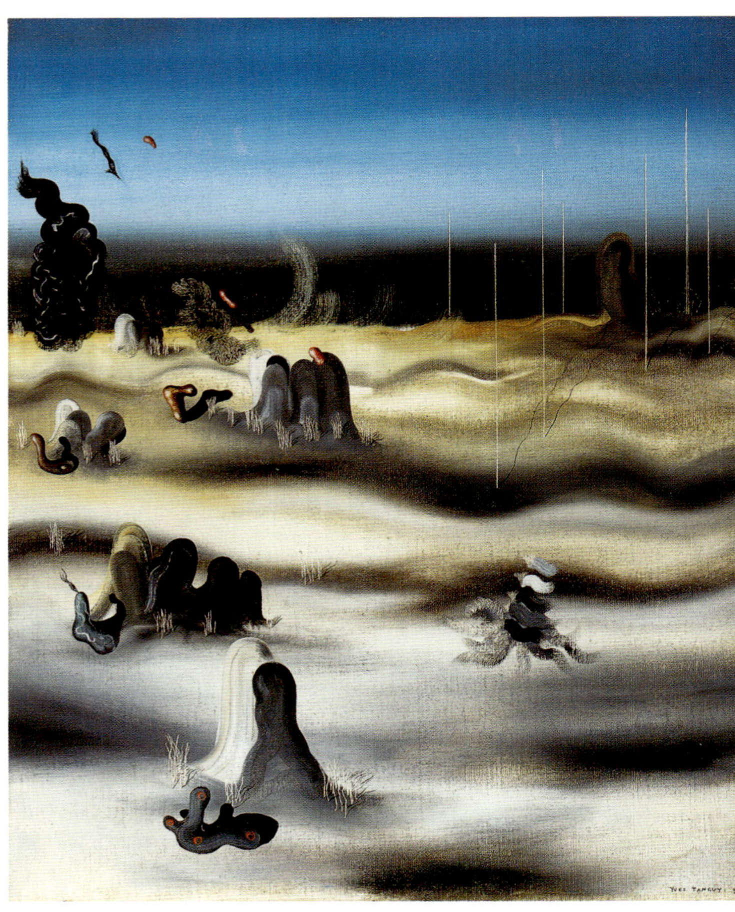

YVES TANGUY
Janvier 1930, 1930
Huile sur toile
81,00 x 65,00 cm
Collection particulière,.
courtesy Galerie 1900-2000, Paris

YVES TANGUY
Sans titre [Paysage surréaliste],
1927
Huile sur toile
100,00 x 81,00 cm
Staatliche Kunsthalle Karlsruhe,
Karlsruhe

YVES TANGUY
Terre d'ombre, 1927
Huile sur toile
99,10 x 80,30 cm
The Detroit Institute of Arts
Gift of Lydia Winston Malbin

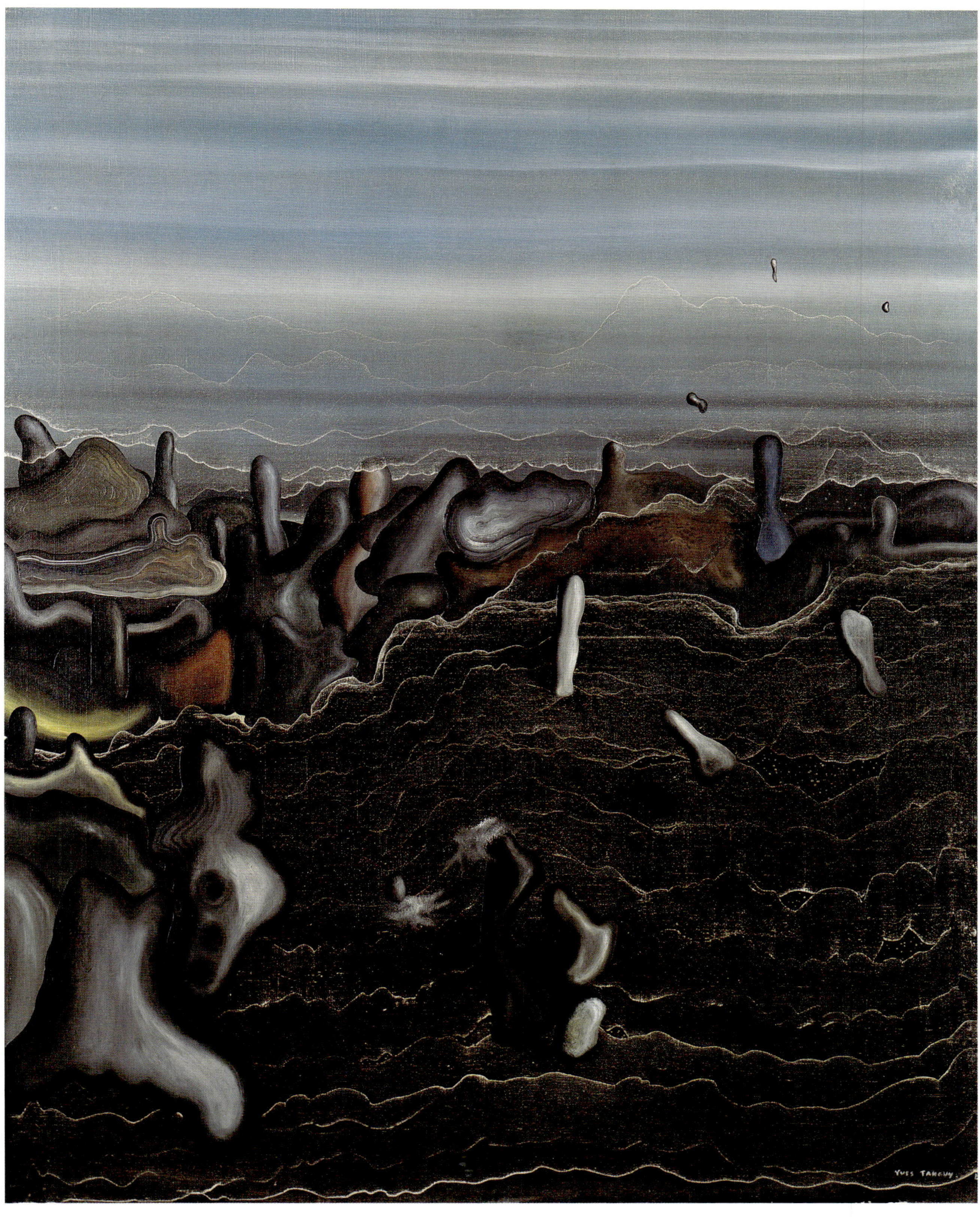

YVES TANGUY
Le Jardin sombre, 1928
Huile sur toile
91,40 x 71,10 cm
Kunstsammlung Nordrhein-Westfalen, Düsseldorf

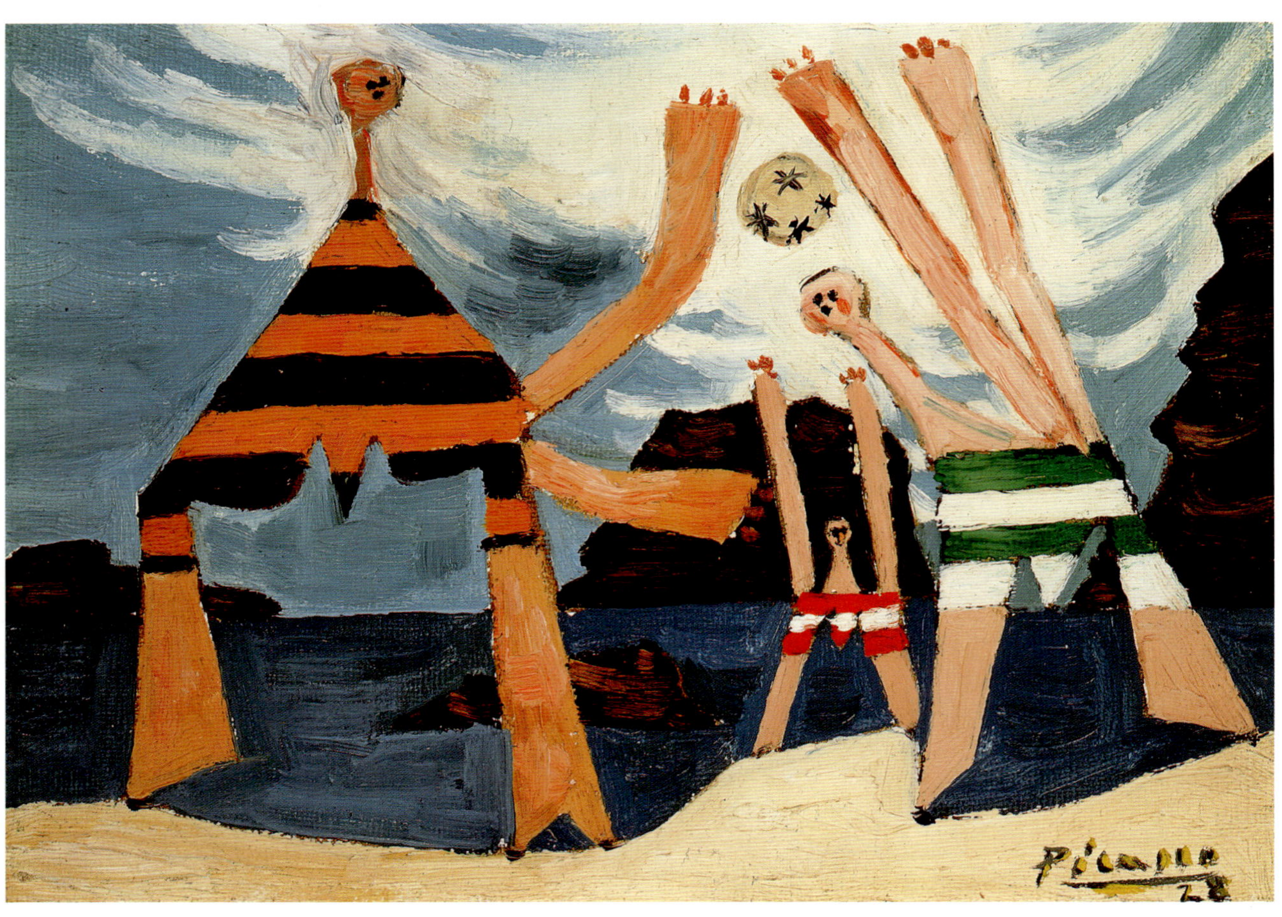

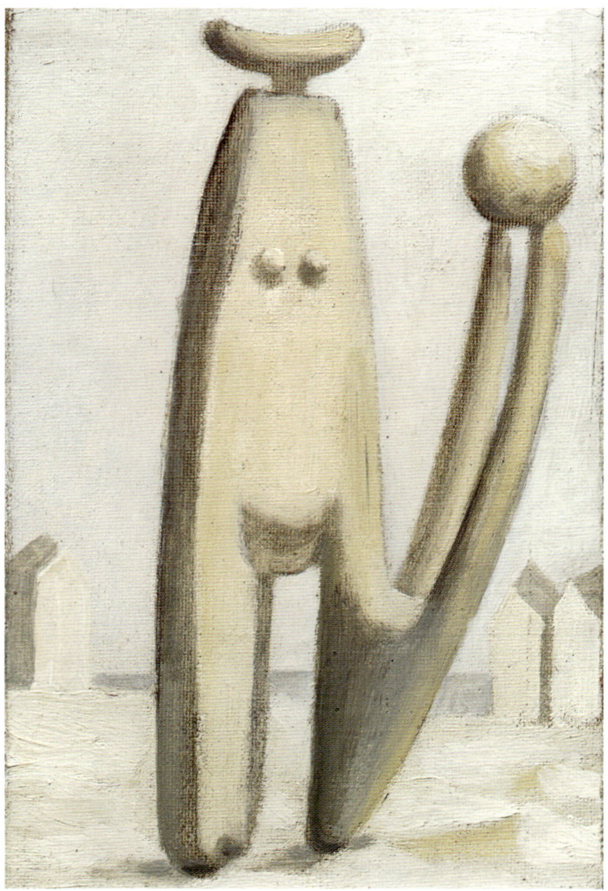

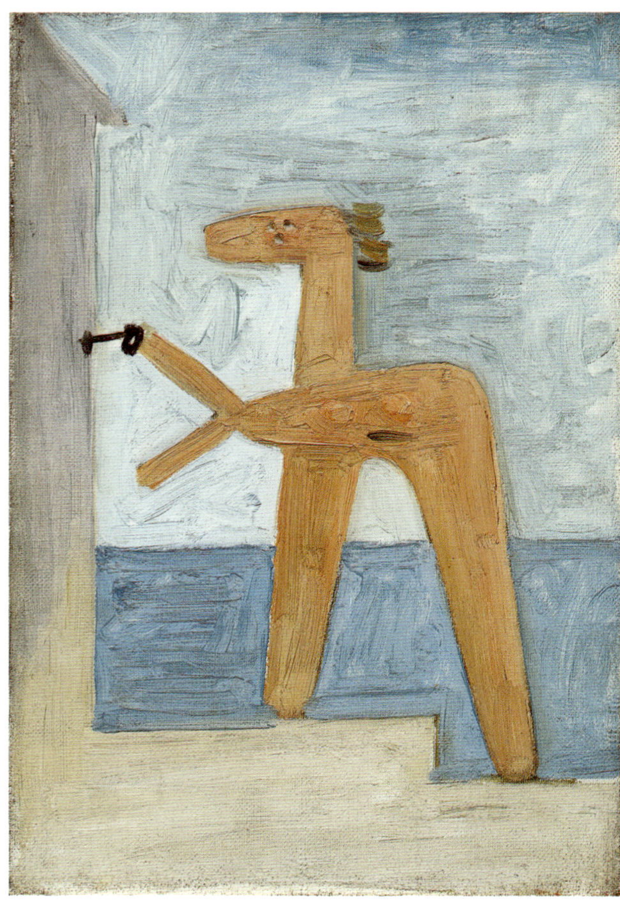

PABLO PICASSO
Baigneuses au ballon, 1928
Huile sur toile
15,90 x 21,90 cm
Collection particulière

PABLO PICASSO
Baigneuse au ballon,
1er septembre 1929
Huile sur toile
21,90 x 14,00 cm
Musée Picasso, Paris

PABLO PICASSO
Baigneuse ouvrant une cabine,
1928
Huile sur toile
32,80 x 22,00 cm
Musée Picasso, Paris

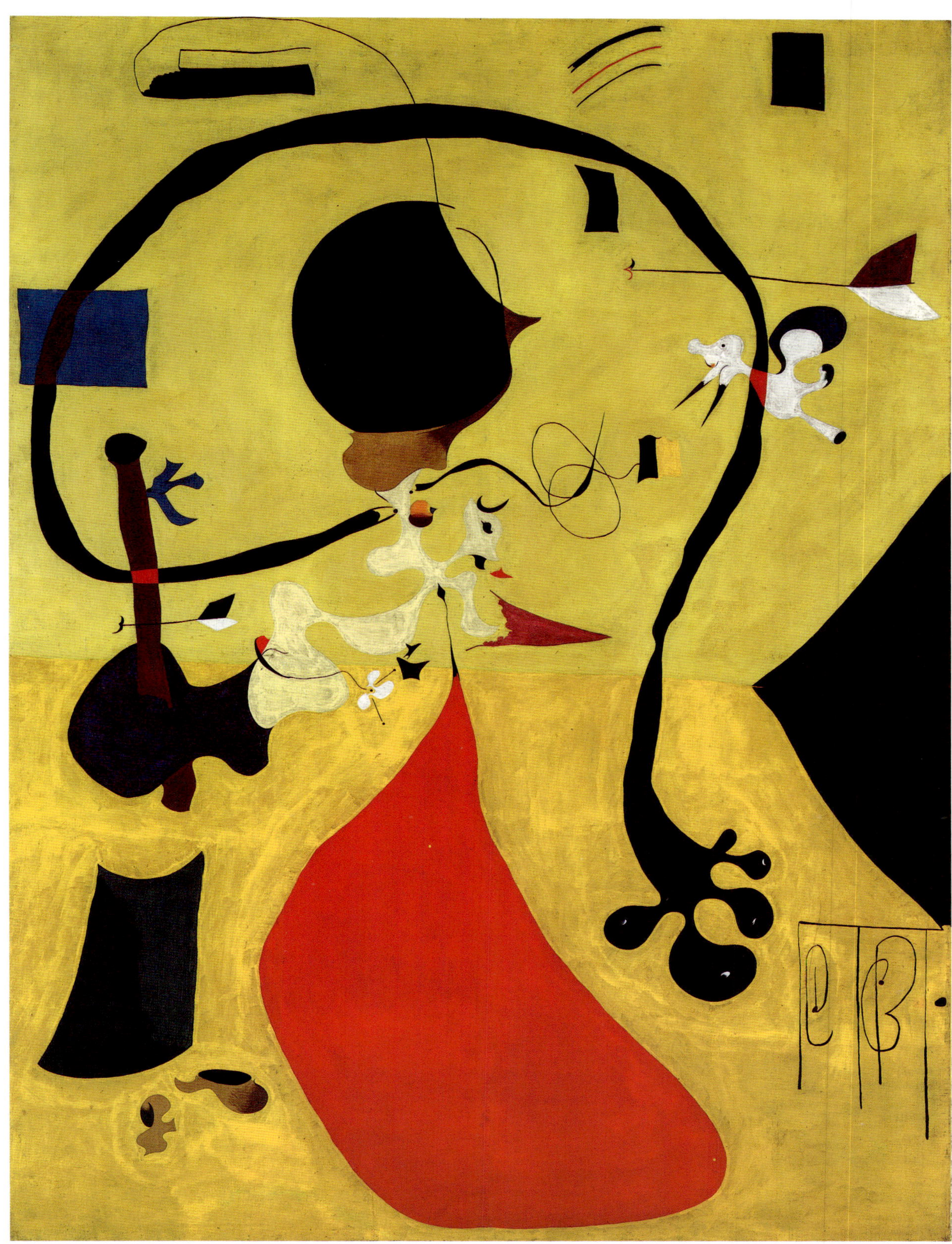

JOAN MIRÓ
Intérieur hollandais, 1928
Huile sur toile
129,90 x 96,80 cm
The Metropolitan Museum of Art,
New York
Legs Florence M. Schoenborn, 1995

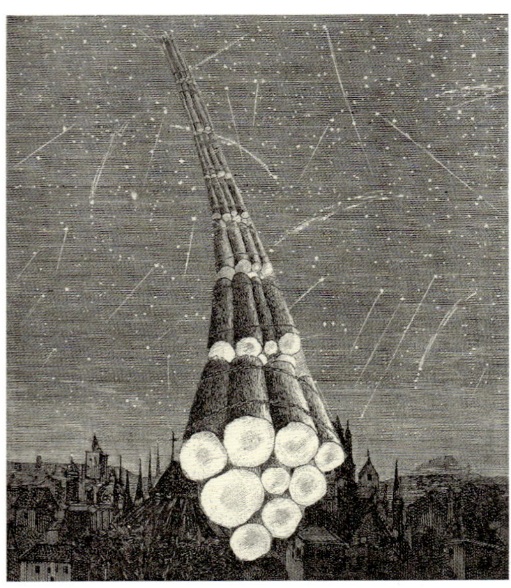

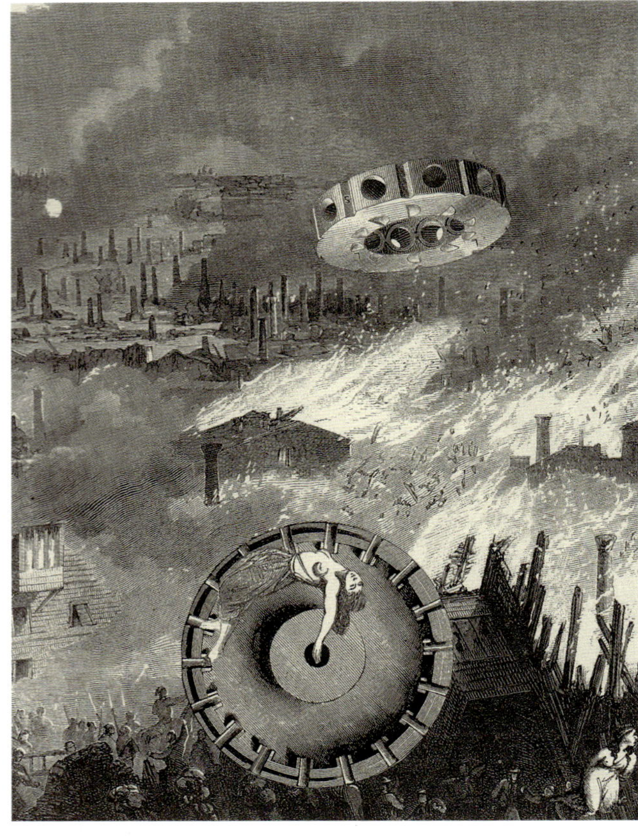

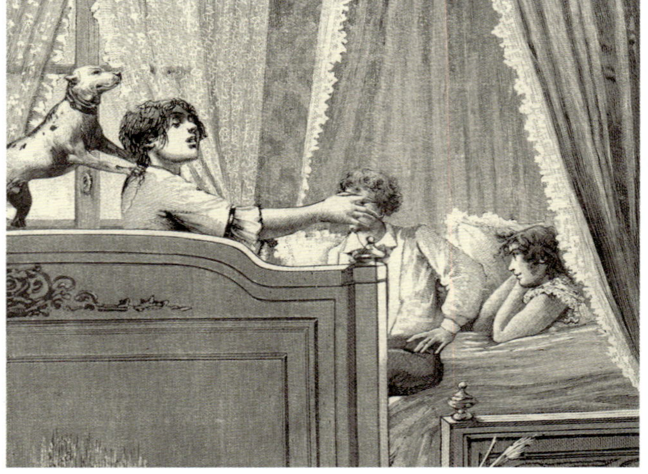

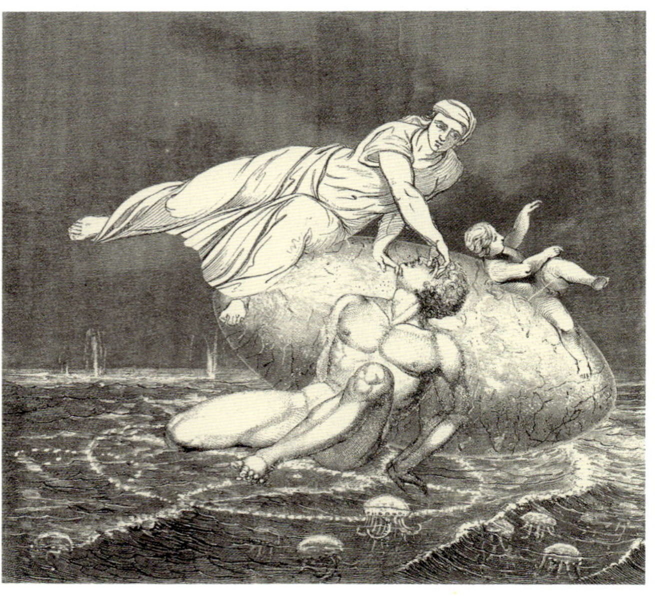

MAX ERNST
« Le ciel se couvre deux fois (I) »
Planche 9 de *La Femme 100 têtes*, Paris, 1929
Gravures découpées, collées sur papier
collé sur carton
14,50 x 12,20 cm
Centre Pompidou, Paris,
Musée national d'art moderne

MAX ERNST
« Se nourrissant de rêves liquides et tout
à fait semblables à des feuilles endormies,
voici mes sept sœurs ensemble »
Planche 56 de *La Femme 100 têtes*, Paris, 1929
Gravures découpées, collées sur papier collé sur carton
20,30 x 20,30 cm
Centre Pompidou, Paris, Musée national d'art moderne

MAX ERNST
« L'œil sans yeux, la femme 100 têtes
garde son secret (c) »
Planche 135 de *La Femme 100 têtes*, Paris, 1929
Gravures découpées, collées sur papier collé sur carton
15,00 x 19,00 cm
Centre Pompidou, Paris,
Musée national d'art moderne

MAX ERNST
« Son sourire, le feu, tombera sous forme de gelée noire
et de rouille blanche sur les flancs de la montagne »
Planche 74 de *La Femme 100 têtes*, Paris, 1929
Gravures découpées, collées sur papier collé sur carton
19,50 x 14,70 cm
Centre Pompidou, Paris,
Musée national d'art moderne

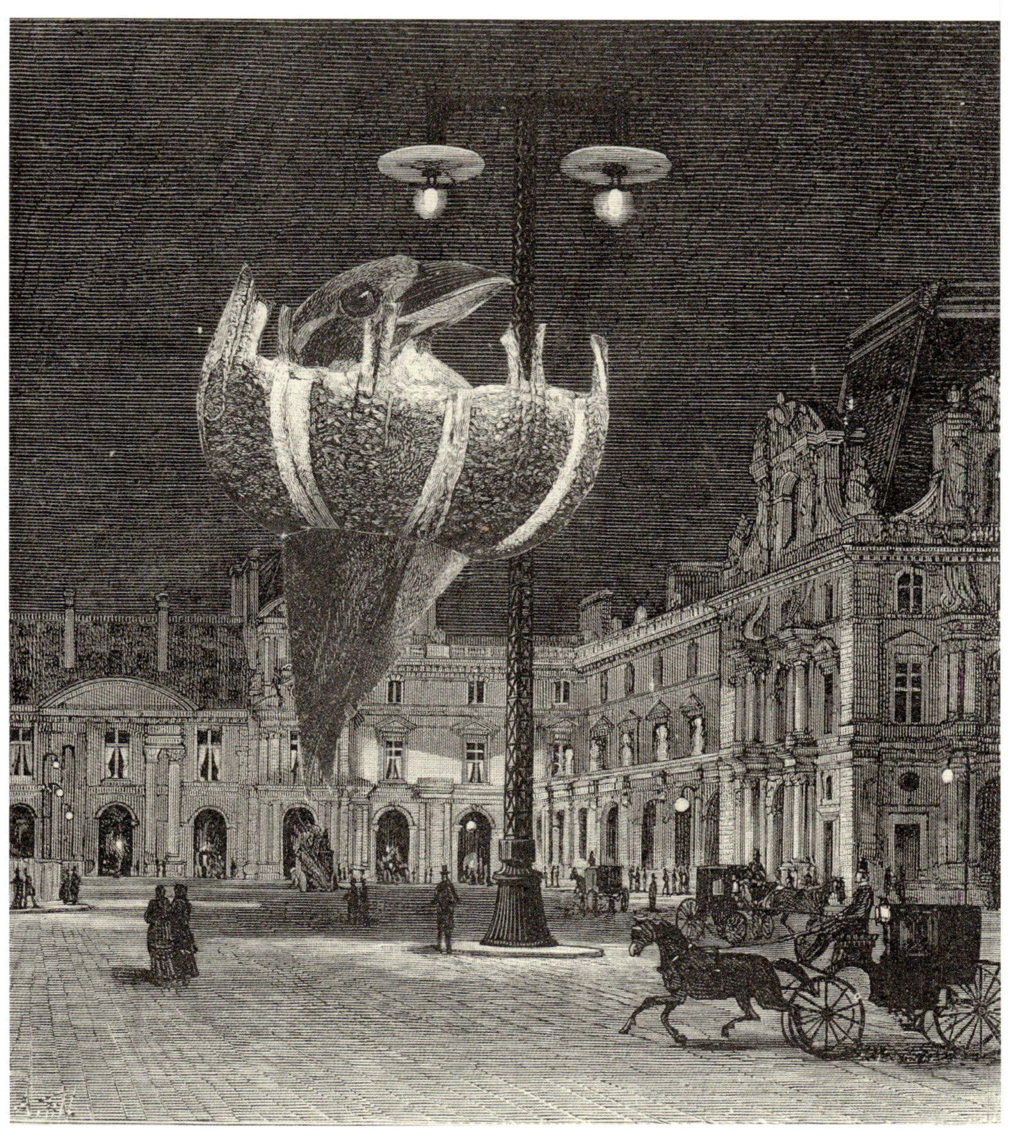

MAX ERNST
« Dans le bassin de Paris, Loplop,
le supérieur des oiseaux, apporte aux réverbères
la nourriture nocturne »
Planche 11 de *La Femme 100 têtes*, Paris, 1929
Gravures découpées, collées sur papier collé sur carton
16,20 x 14,70 cm
Centre Pompidou, Paris, Musée national d'art moderne

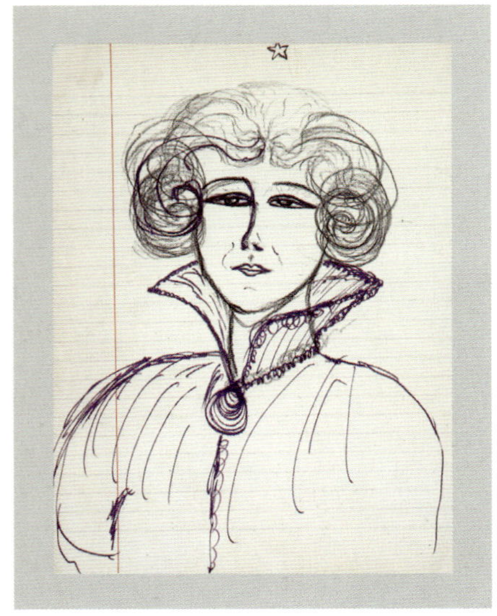

1

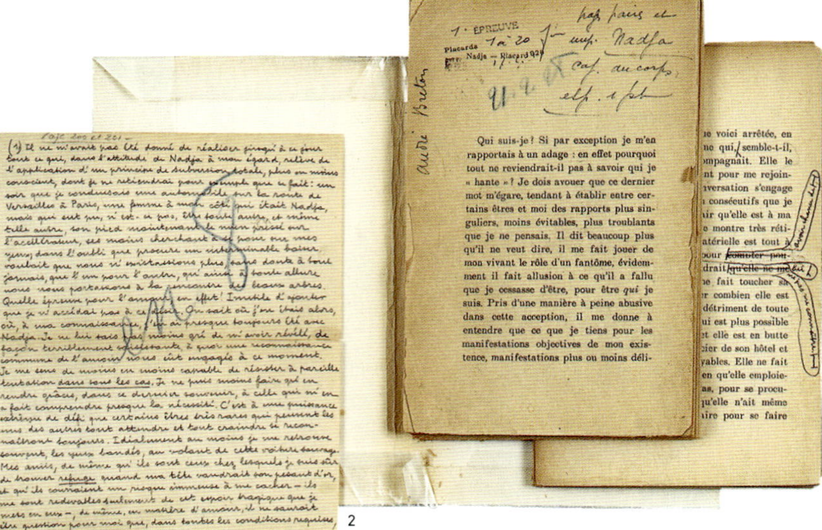

Page 200 et 201 –

(1) Il ne m'avait pas été donné de réaliser jusqu'à ce jour tout ce qui, dans l'attitude de Nadja à mon égard, relève de l'application d'un principe de subversion totale, plus ou moins conscient, dont je ne retiendrai pour exemple que ce fait : un soir que je conduisais une automobile sur la route de Versailles à Paris, une femme à mon côté qui était Nadja, mais qui eût pu, n'est-ce pas, être toute autre, et même telle autre, son pied maintenant le mien pressé sur l'accélérateur, ses mains cherchant à se poser sur mes yeux, dans l'oubli que procure un interminable baiser, voulait que nous n'existassions plus, sans doute à tout jamais, que l'un pour l'autre, qu'ainsi à toute allure nous nous portassions à la rencontre des beaux arbres. Quelle épreuve pour l'amour, en effet ! Inutile d'ajouter que je n'accédai pas à ce désir. On sait où j'en étais alors, où, à ma connaissance, j'en ai presque toujours été avec Nadja. Je ne lui sais pas moins gré de m'avoir révélé, de façon terriblement saisissante, à quoi une reconnaissance commune de l'amour nous eût engagés à ce moment. Je me sens de moins en moins capable de résister à pareille tentation dans tous les cas. Je ne puis moins faire qu'en rendre grâces, dans ce dernier souvenir, à celle qui m'en a fait comprendre presque la nécessité. C'est à une puissance extrême de défi que certains êtres très rares qui peuvent les uns des autres tout attendre et tout craindre se reconnaîtront toujours. Idéalement au moins je me retrouve souvent, les yeux bandés, au volant de cette voiture sauvage. Mes amis, de même qu'ils sont ceux chez lesquels je suis sûr de trouver refuge quand ma tête vaudrait son pesant d'or, et qu'ils courraient un risque immense à me cacher – ils ne sont redevables seulement de cet espoir tragique que je mets en eux –, de même, en matière d'amour, il ne saurait être question pour moi que, dans toutes les conditions requises, de reprendre cette promenade nocturne.

1• EPREUVE
Placards
Nadja — Placard 929

André Breton

Qui suis-je ? Si par exception je m'en rapportais à un adage : en effet pourquoi tout ne reviendrait-il pas à savoir qui je « hante » ? Je dois avouer que ce dernier mot m'égare, tendant à établir entre certains êtres et moi des rapports plus singuliers, moins évitables, plus troublants que je ne pensais. Il dit beaucoup plus qu'il ne veut dire, il me fait jouer de mon vivant le rôle d'un fantôme, évidemment il fait allusion à ce qu'il a fallu que je cessasse d'être, pour être *qui* je suis. Pris d'une manière à peine abusive dans cette acception, il me donne à entendre que ce que je tiens pour les manifestations objectives de mon existence, manifestations plus ou moins déli-

2

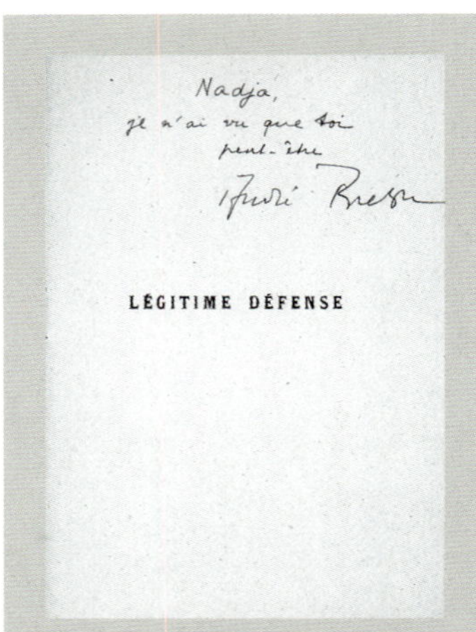

Nadja,
je n'ai vu que toi
peut-être
André Breton

LÉGITIME DÉFENSE

3

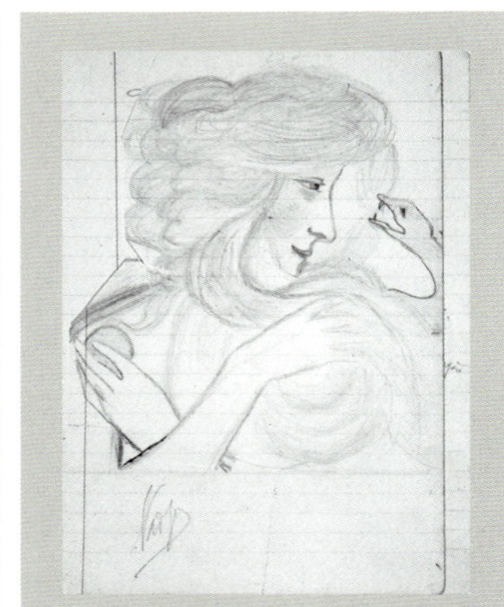

4

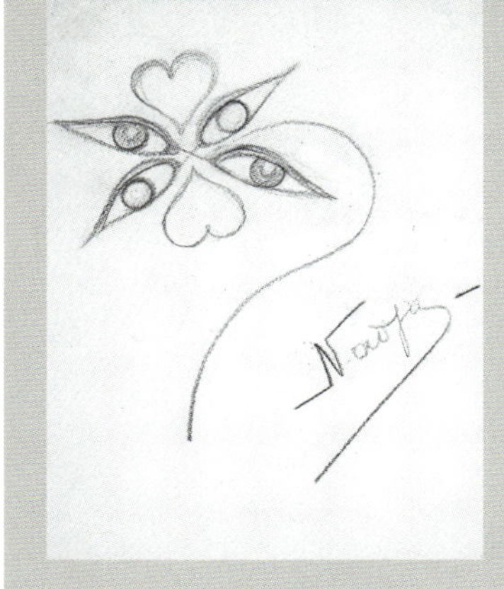

7

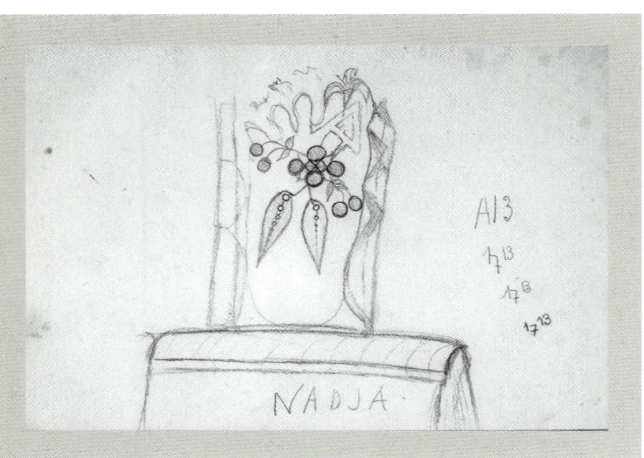

5

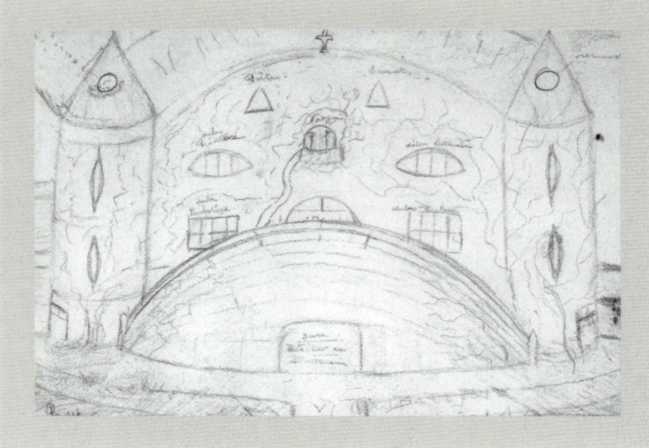

6

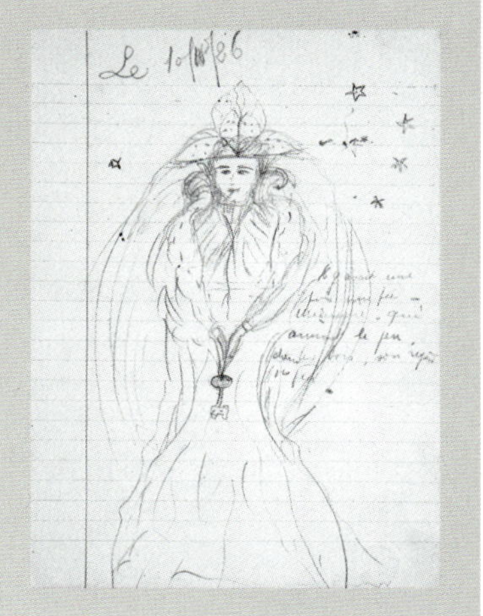

8

[1] **NADJA**
Autoportrait, s. d. [1926 ?]
Dessin au crayon et à l'encre violette sur feuille de cahier lignée
22,00 x 16,00 cm
Bibliothèque Paul Destribats, Paris

[2] **ANDRÉ BRETON**
Nadja, s. l., 1928
Premières épreuves corrigées avec un feuillet autographe de l'auteur
Bibliothèque Paul Destribats, Paris

[3] **ANDRÉ BRETON**
Légitime défense,
Éditions surréalistes, Paris, 1926
Édition originale avec envoi autographe d'André Breton à Nadja :
Nadja / je n'ai vu que toi / peut-être / André Breton
Bibliothèque Paul Destribats, Paris

[4] **NADJA**
Autoportrait, s. d. [1926 ?]
Dessin au crayon sur feuille de cahier
22,00 x 14,50 cm
Bibliothèque Paul Destribats, Paris

[5-6] **NADJA**
Dessin sur feuille recto-verso, signé Nadja au recto, s. d. [1926 ?]
Crayon sur papier
29,00 x 42,00 cm
Collection Paul Destribats, Paris

[7] **NADJA**
[La Fleur des amants], s. d. [1926]
Dessin au crayon sur papier, signé Nadja
22,00 x 16,50 cm
Bibliothèque Paul Destribats, Paris

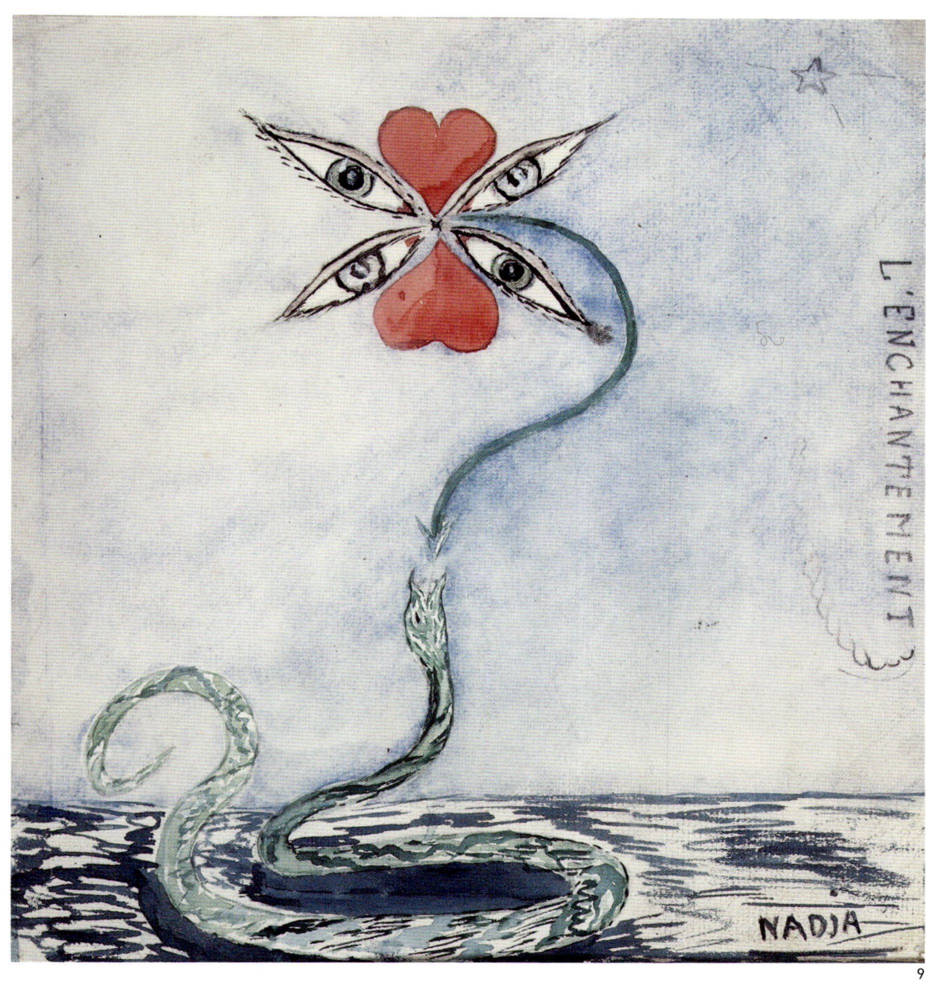

9

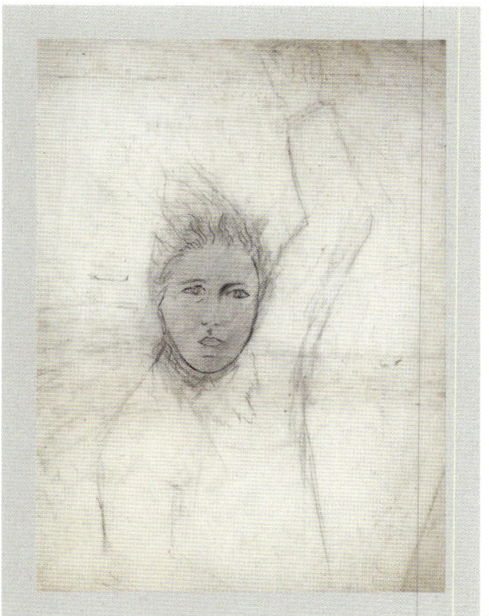

10

3 Oct.
Le 7 Oct 1926
4 mois
L'ARGENT
L'AMOUR
L'ESPOIR
L'ESPRIT

11

12

HOTEL DU THÉATRE
5, Rue Cheroy, 5
PARIS (17e)
J. BISSON
Propriétaire
PARIS, le 28 nov. 1926
Mlle Delcourt Chambre no 14

13

[8] **NADJA**
« Il y avait une fois la fée Mélusine... », 1926
Dessin au crayon sur feuille de cahier lignée, datée par Nadja
22,00 x 16,00 cm
Bibliothèque Paul Destribats, Paris

[9] **NADJA**
L'Enchantement, s. d. [1926 ?]
Aquarelle sur papier signée Nadja
27,00 x 25,00 cm
Collection Paul Destribats, Paris

[10] **NADJA**
Portrait d'André Breton, s. d. [1926 ?]
Dessin au crayon sur papier calque
30,00 x 22 cm
Collection Paul Destribats, Paris

[11] **NADJA**
« L'Argent, l'amour, l'espoir, l'esprit », 3-7 octobre 1926
Feuille annotée à l'encre par Nadja
8,00 x 14,00 cm
Bibliothèque Paul Destribats, Paris

[12] **NADJA**
La Symbolique TRACE, (Autoportrait à la fleur des amants), s. d. [1926 ?]
Dessin au crayon sur papier
29,50 x 42,50 cm
Collection Paul Destribats, Paris

[13] **NADJA**
Facture de l'hôtel du Théâtre, datée du 28 novembre 1926, annotée à l'encre par Nadja
16,50 x 20,50 cm
Bibliothèque Paul Destribats, Paris

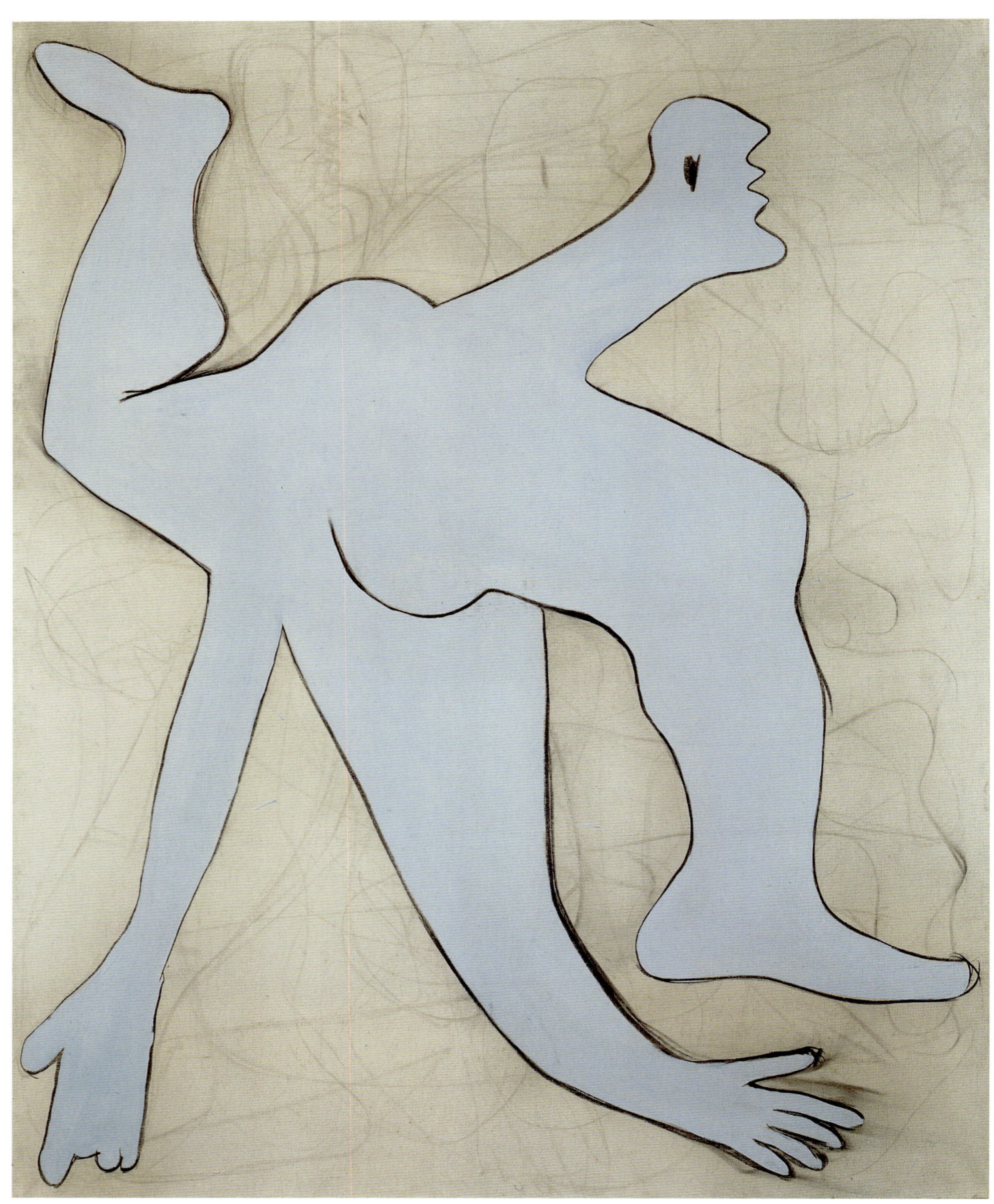

PABLO PICASSO
L'Acrobate bleu, 1929
Fusain et huile sur toile
162,00 x 130,00 cm
Centre Pompidou, Paris
Musée national d'art moderne

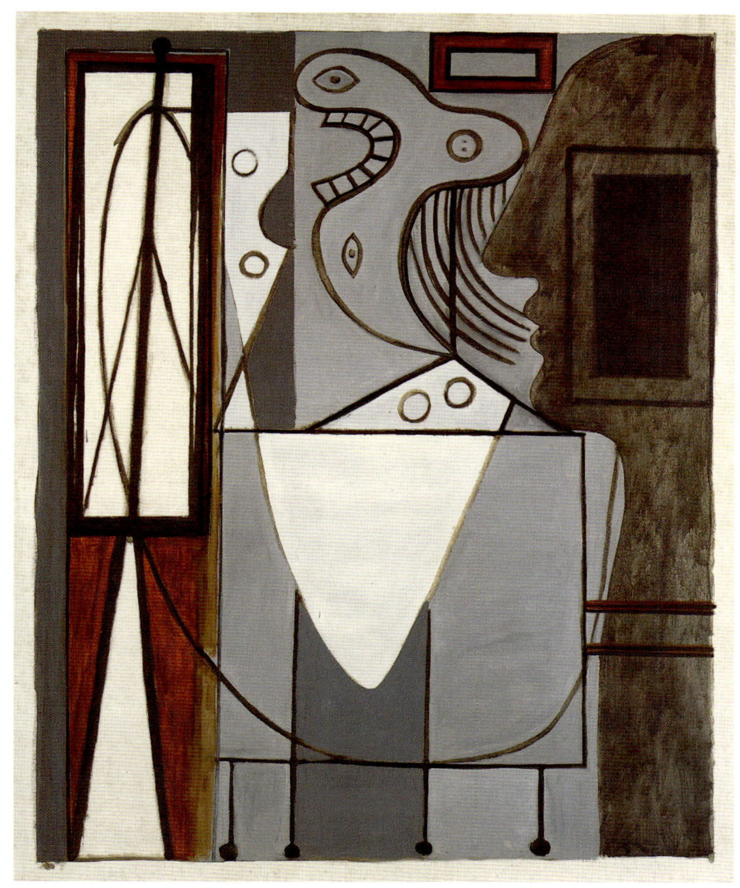

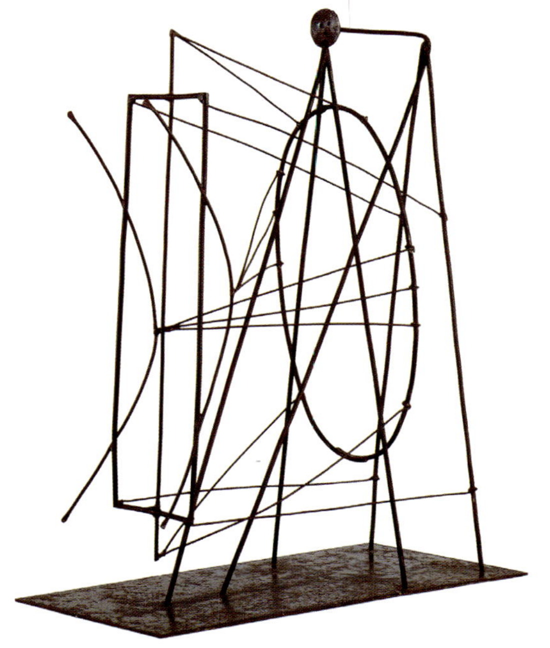

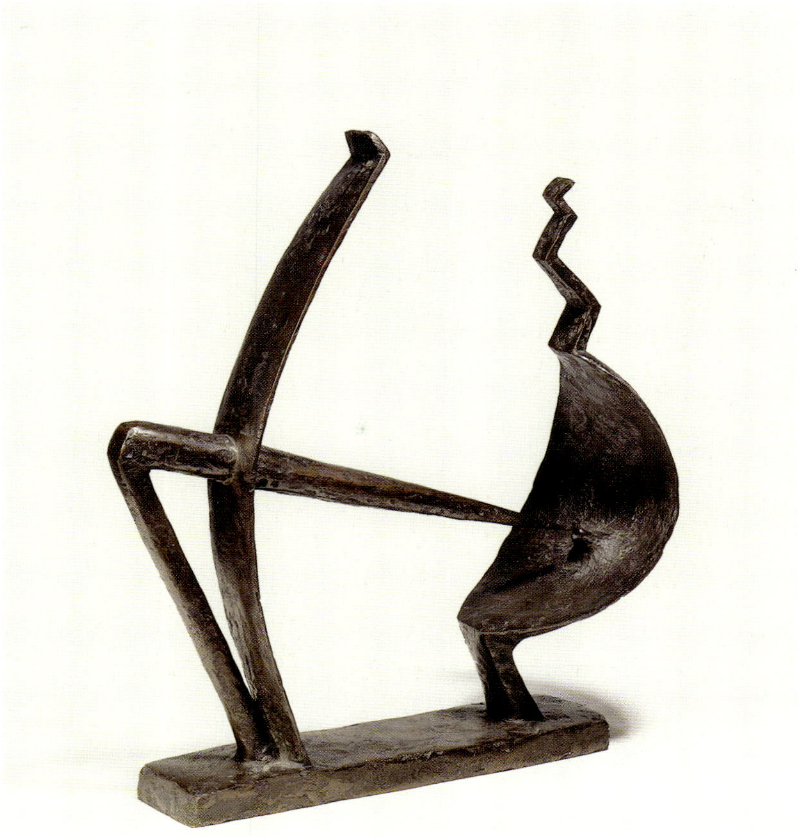

PABLO PICASSO
L'Atelier, 1928-1929
Huile sur toile
162,00 x 130,00 cm
Musée Picasso, Paris

PABLO PICASSO
Figure, 1928
Fil de fer et tôle
50,50 x 18,50 x 40,80 cm
Musée Picasso, Paris

ALBERTO GIACOMETTI
Homme et femme, 1928-1929
Bronze
40,00 x 40,00 x 16,50 cm
Centre Pompidou, Paris
Musée national d'art moderne

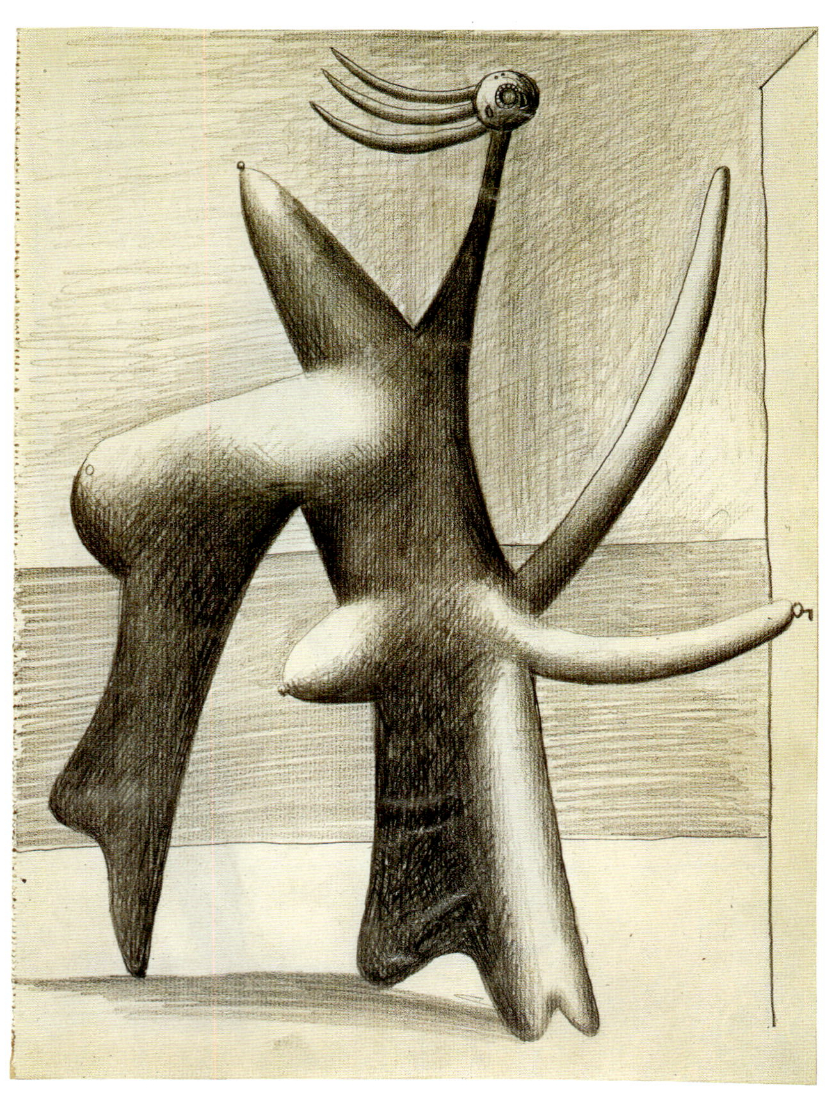

PABLO PICASSO
Baigneuse à la cabine,
17 juillet-11 septembre 1927
Carnet 35, folio 31 recto
Crayon, graphite
31,00 x 23,5 cm
Musée Picasso, Paris

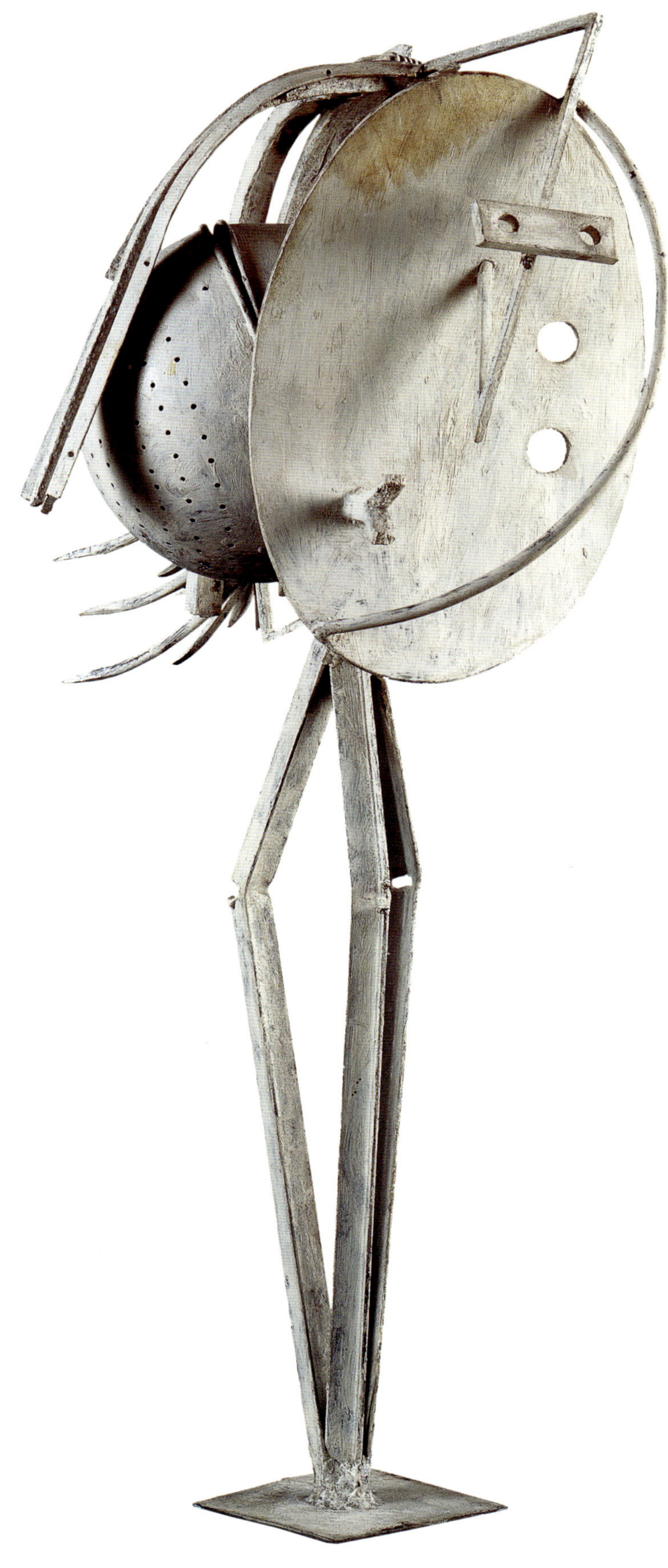

PABLO PICASSO
Tête de femme, 1929-1930
Fer, tôle, ressort et passoire peints,
100,00 x 37,00 x 59,00 cm
Musée Picasso, Paris

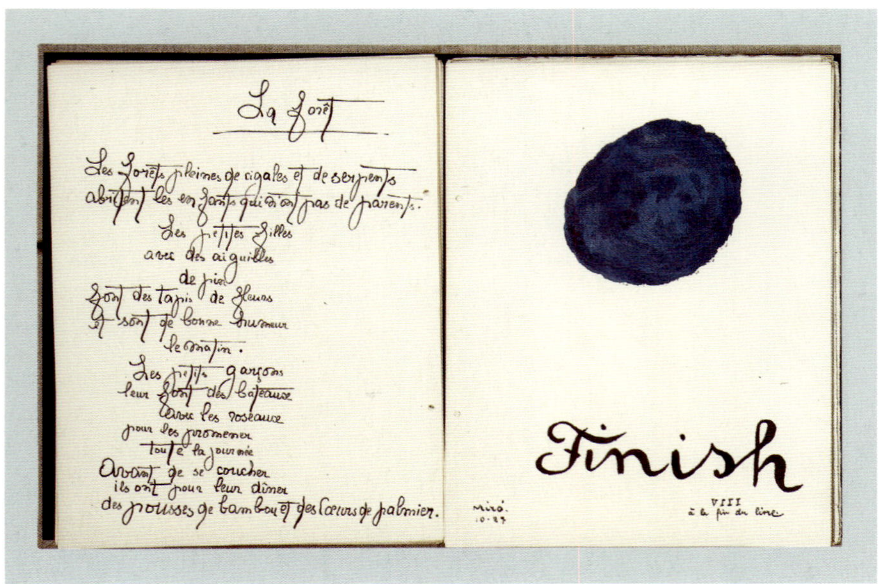

1

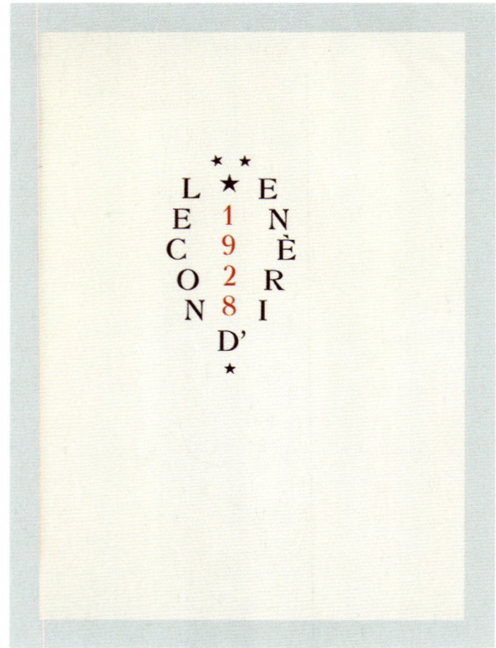

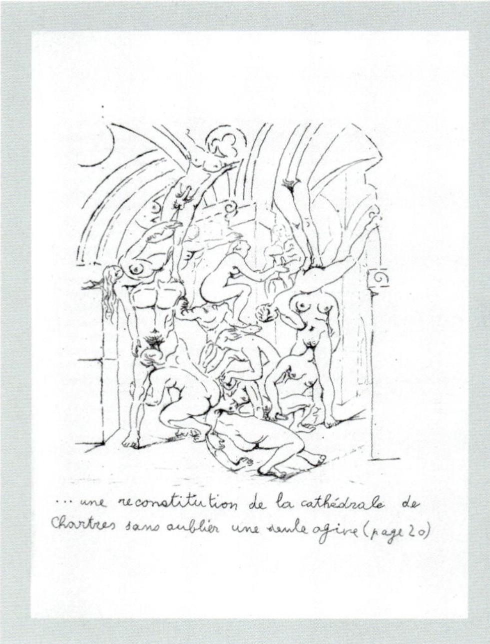

2

[1] **LISE HIRTZ (LISE DEHARME)**
Il était une petite pie, Paris,
Jeanne Bucher, 1928
Édition originale illustrée en hors texte par 8 pochoirs en couleurs d'après des gouaches de Joan Miró. Calligraphie de Lise Deharme en fac-similé
Bibliothèque Paul Destribats, Paris

[2] **LOUIS ARAGON**
Le Con d'Irène, Paris,
René Bonnel, 1928
Édition originale illustrée de 5 eaux-fortes d'André Masson
Bibliothèque Paul Destribats, Paris

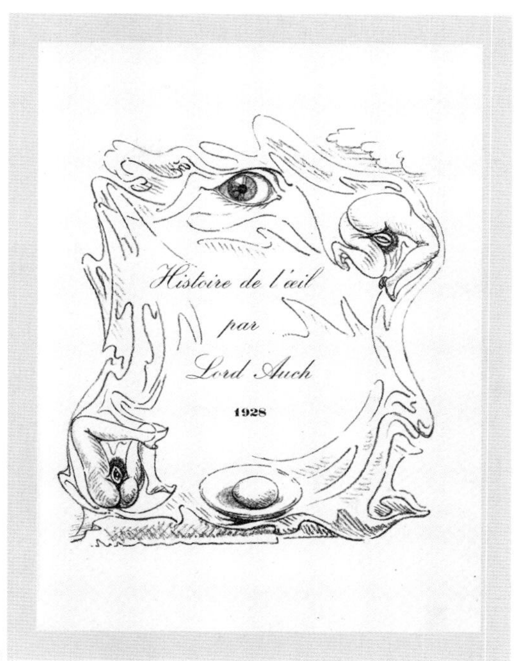
Histoire de l'œil
par
Lord Auch
1928

3

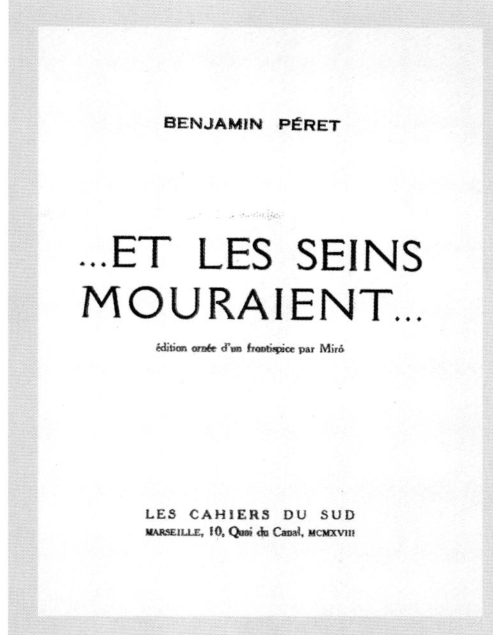
BENJAMIN PÉRET

...ET LES SEINS MOURAIENT...

édition ornée d'un frontispice par Miró

LES CAHIERS DU SUD
MARSEILLE, 10, Quai du Canal, MCMXVIII

4

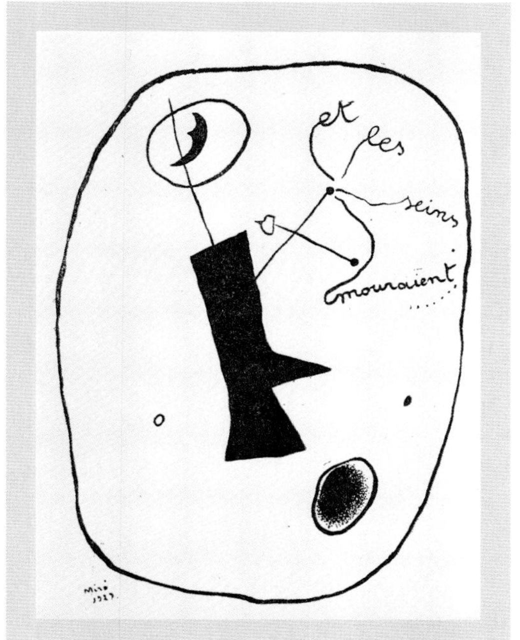

3 **BENJAMIN PÉRET**
...Et les seins mouraient...,
Marseille, Les Cahiers du Sud,
1918 (*sic* pour 1929)
Édition originale. Frontispice
de Joan Miró incluant le titre
autographe en reproduction
Bibliothèque Paul Destribats, Paris

4 **GEORGES BATAILLE**
(sous le pseudonyme de
Lord Auch), *Histoire de l'œil*,
Paris, René Bonnel, 1928
Édition originale illustrée
de 8 lithographies érotiques hors
texte d'André Masson
Bibliothèque Paul Destribats, Paris

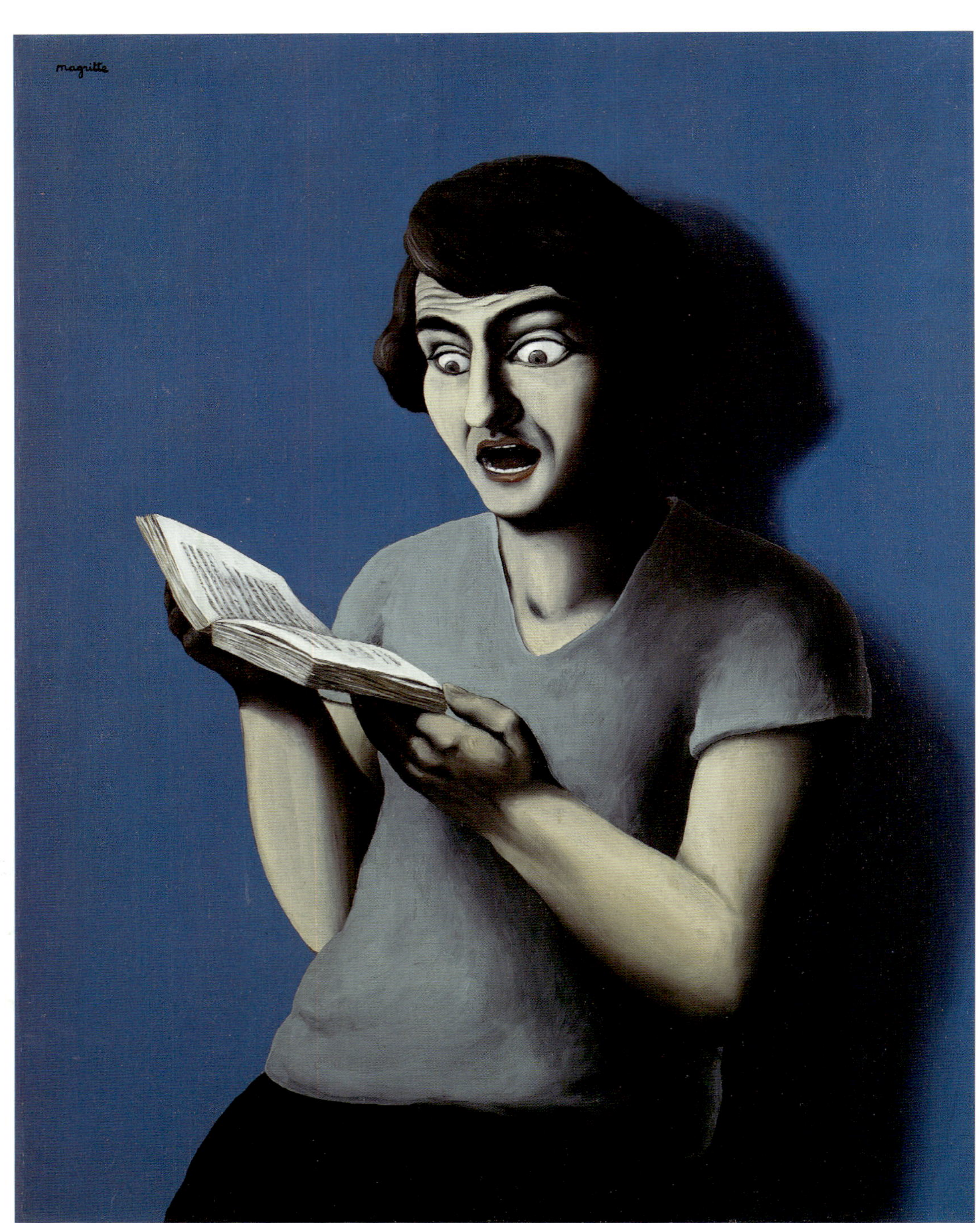

RENÉ MAGRITTE
La Lectrice soumise, 1928
Huile sur toile
92,00 x 73,00 cm
Collection particulière,
courtesy Ivor Braka Ltd., Londres

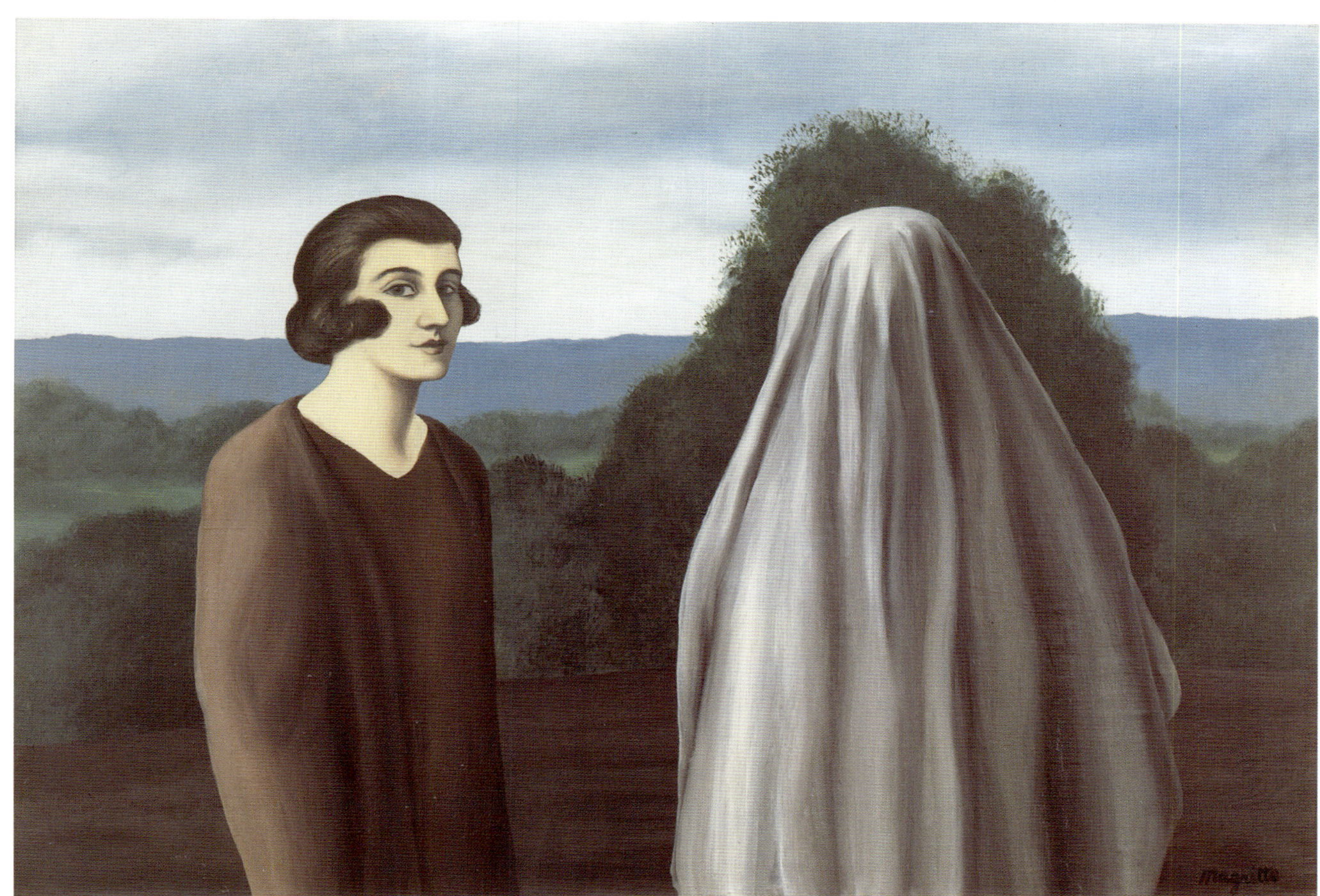

RENÉ MAGRITTE
L'Invention de la vie, 1928
Huile sur toile
81,00 x 116,00 cm
Zwirner & Wirth, New York

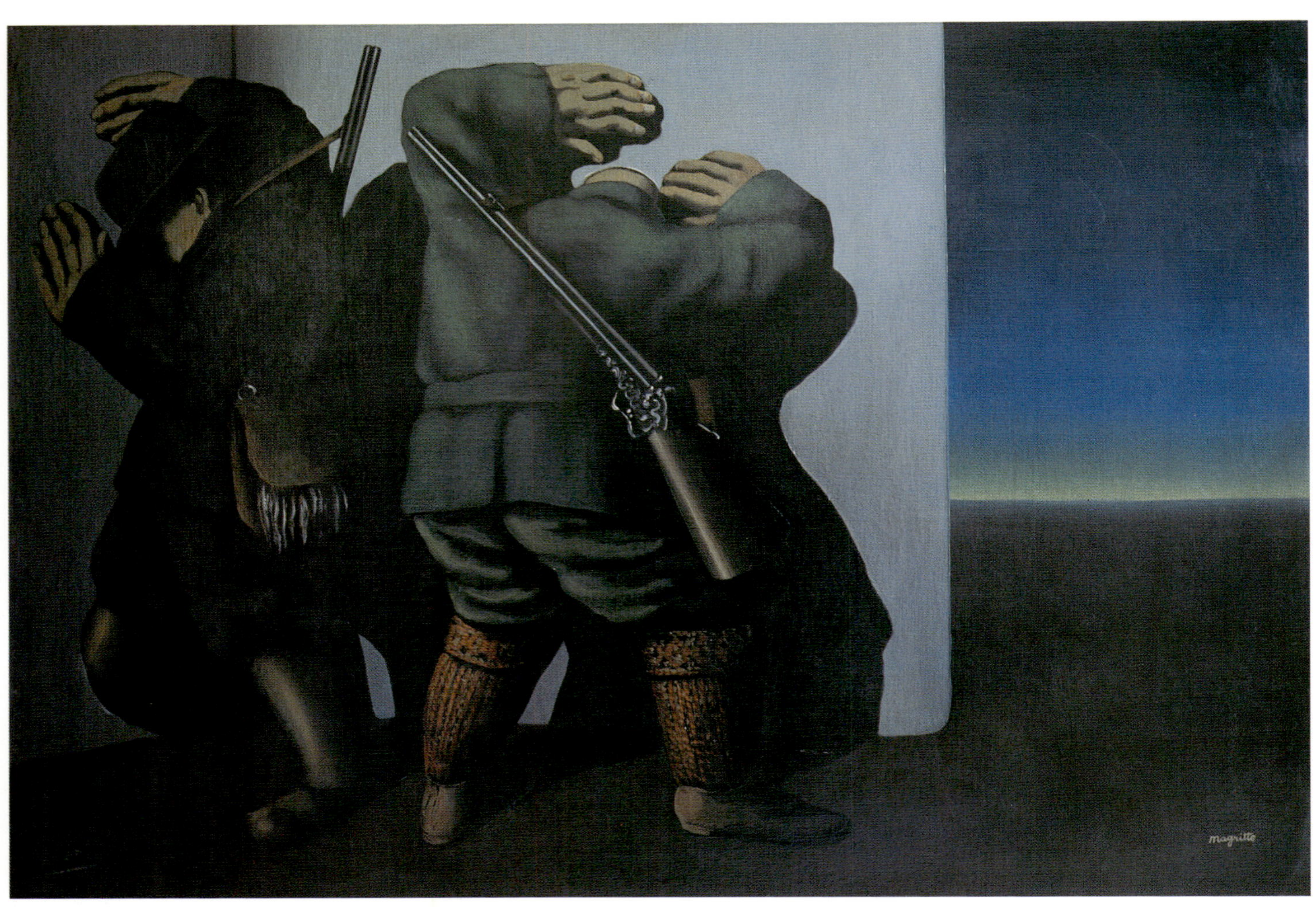

RENÉ MAGRITTE
Les Chasseurs de la nuit, 1928
Huile sur toile
81,00 x 116,00 cm
Collection particulière

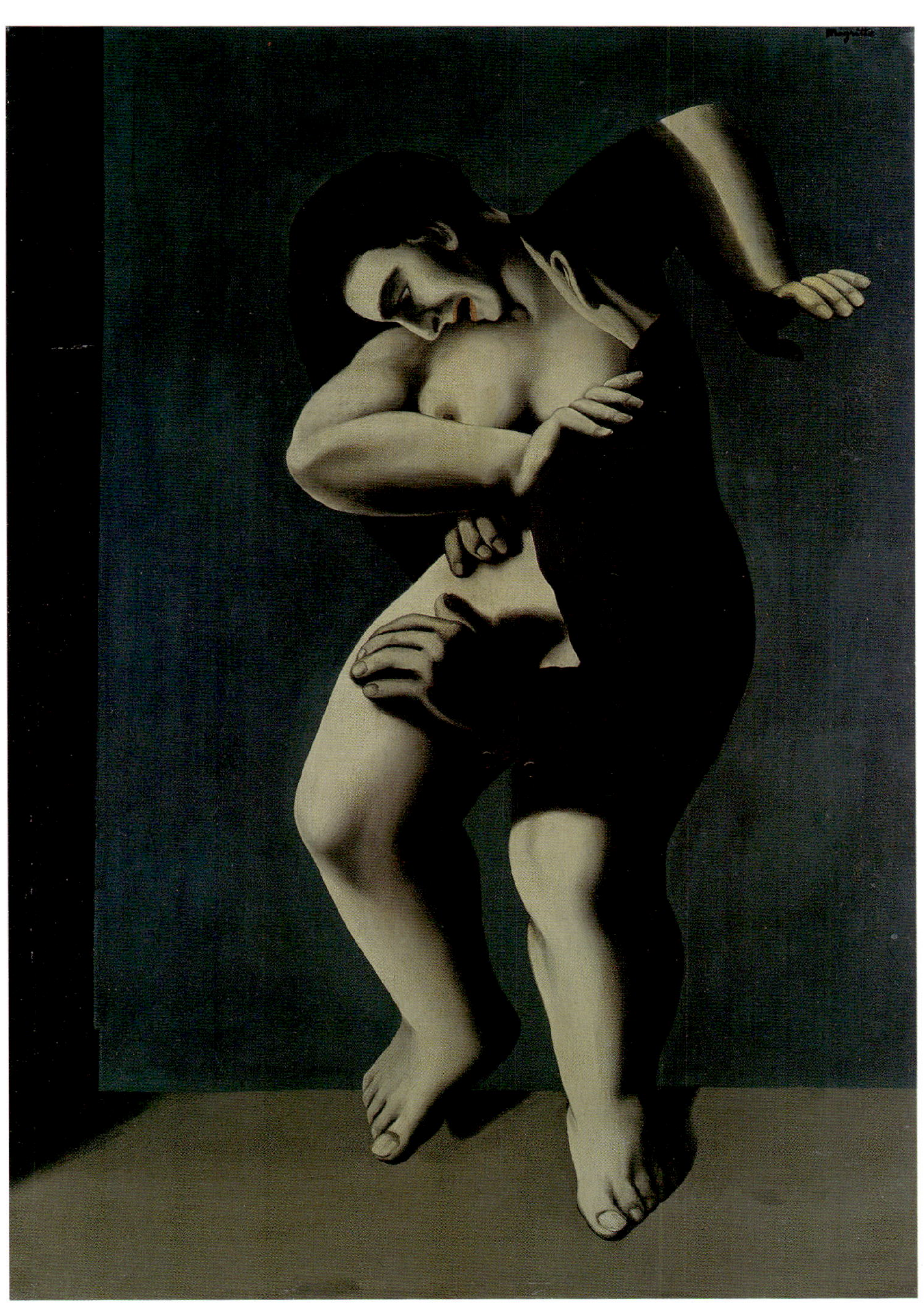

RENÉ MAGRITTE
Les Jours gigantesques, 1928
Huile sur toile
116,00 x 81,00 cm
Kunstsammlung Nordrhein-Westfalen, Düsseldorf

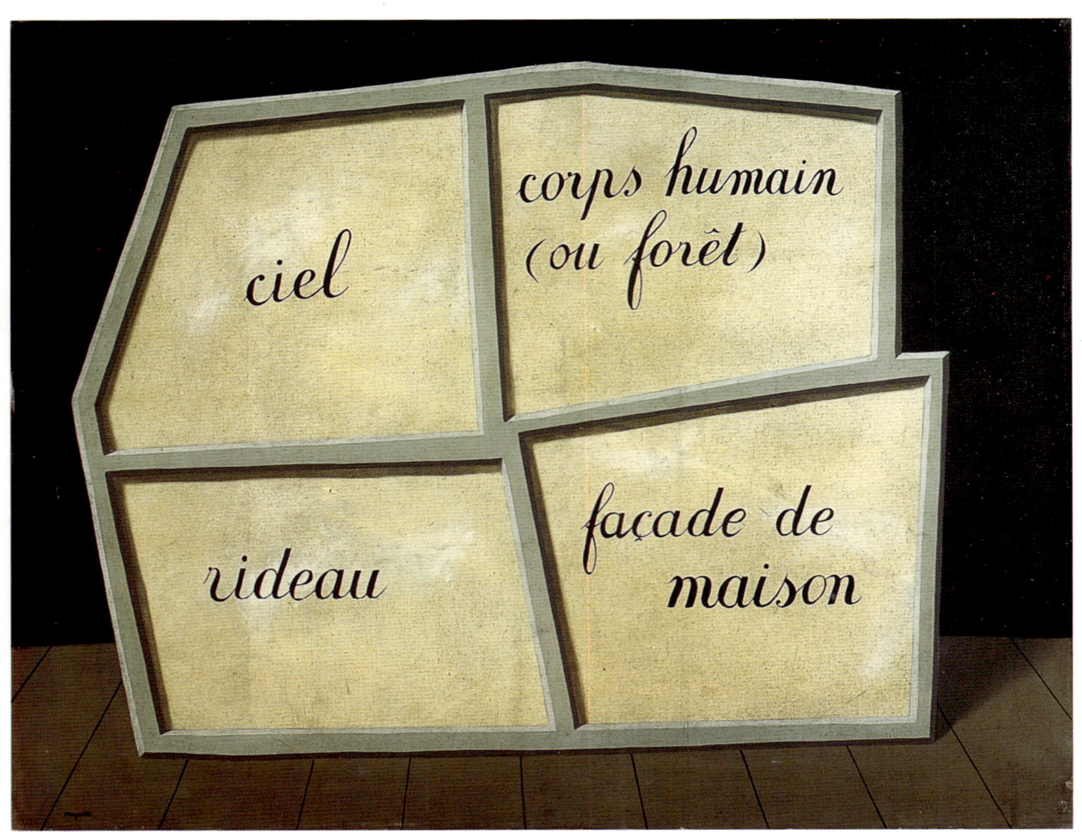

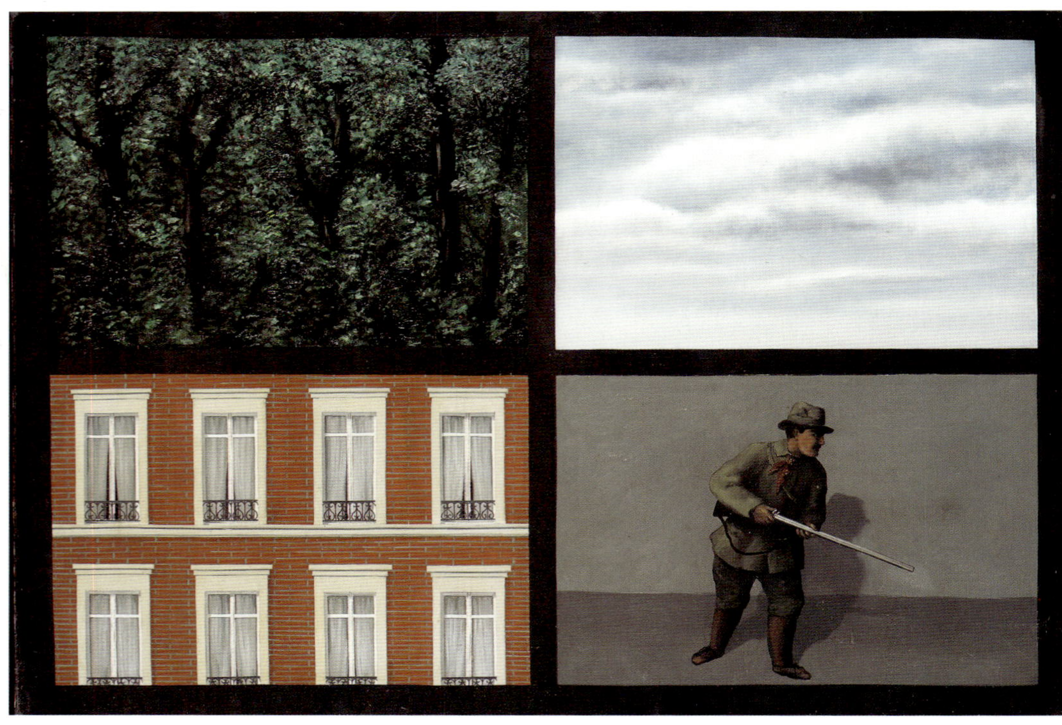

RENÉ MAGRITTE
Le Masque vide, 1928
Huile sur toile
73,00 x 92,00 cm
Kunstsammlung Nordrhein-Westfalen, Düsseldorf

RENÉ MAGRITTE
L'Idée fixe, 1928
Huile sur toile
81,00 x 116,00 cm
Staatliche Museen Preussischer Kulturbesitz, Nationalgalerie, Berlin

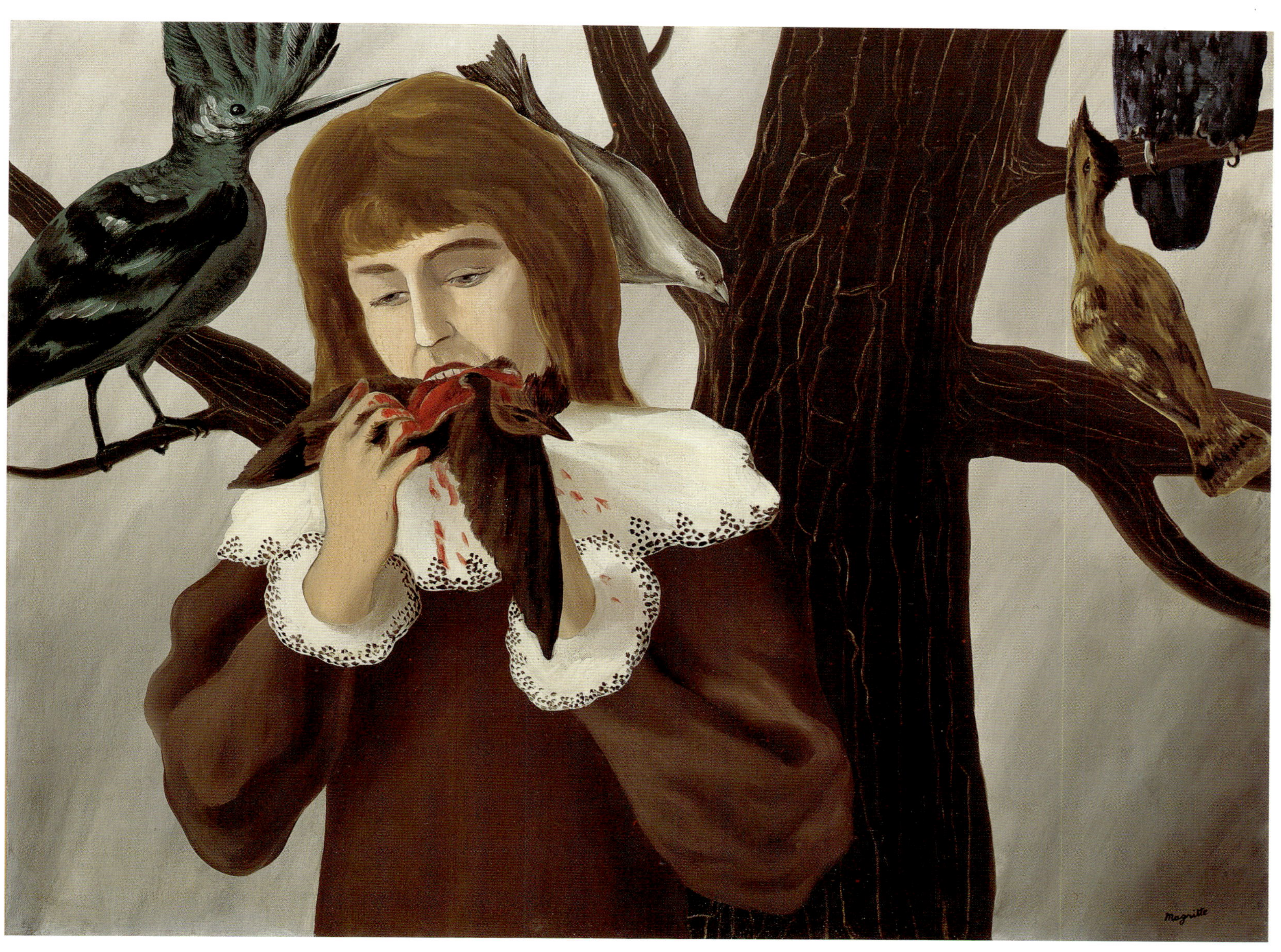

RENÉ MAGRITTE
Jeune fille mangeant un oiseau
(Le Plaisir), 1927
Huile sur toile
74 x 97 cm
Kunstsammlung Nordhein-Westfalen, Düsseldorf

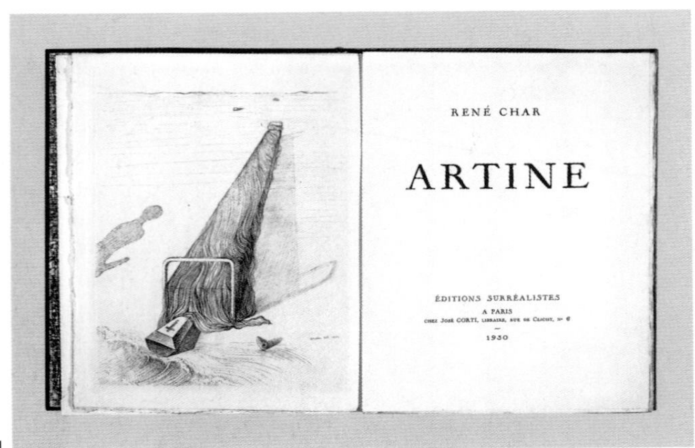

1

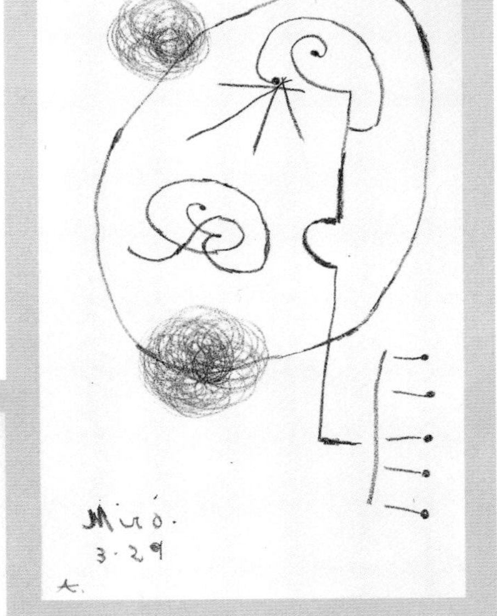

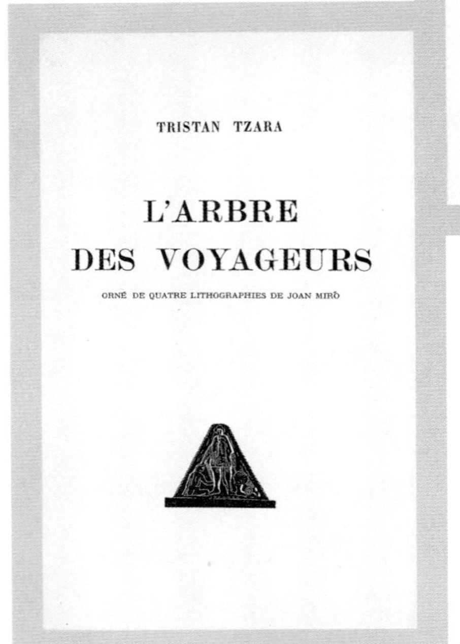

2

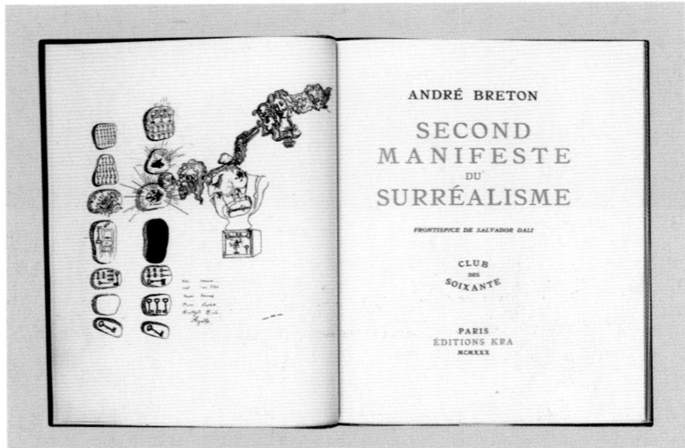

3

[1] **RENÉ CHAR**
Artine, Paris,
Éditions surréalistes, 1930
Édition originale. Frontispice illustré d'une gravure en noir
de Salvador Dalí
Bibliothèque Paul Destribats, Paris

[2] **TRISTAN TZARA**
L'Arbre des voyageurs, Paris,
Éditions de la Montagne, 1930
Édition originale illustrée
d'une suite de 4 lithographies
de Joan Miró tirées en sépia
Bibliothèque Paul Destribats, Paris

[3] **ANDRÉ BRETON**
Second manifeste du surréalisme, Paris,
Éditions Kra, 1930
Édition originale. Frontispice
de Salvador Dalí colorié au pochoir
Bibliothèque Paul Destribats, Paris

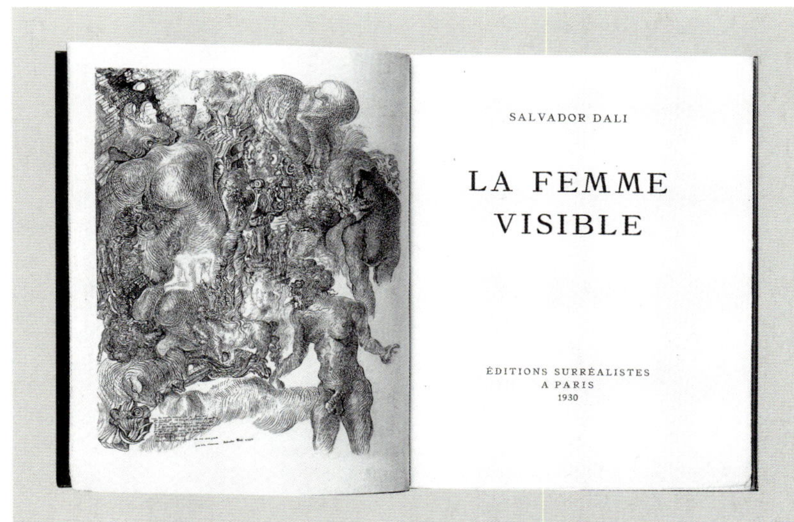

4

Exemplaire de René Char

33. Lorsque la femme, debout sur la balançoire installée près d'un perron que pour la lancer toujours plus haut l'homme à semelles escalade, se joint à lui de toute la force des arbres qui croissent une fois plus vite dans le jardin, c'est le pardon de l'aigle.

André Breton Paul Eluard

L'IMMACULÉE
CONCEPTION

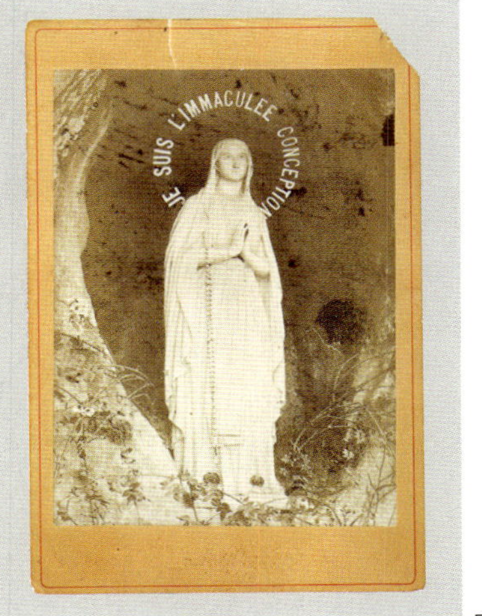

5

Note
à propos d'une collaboration

A constater leurs différences, les hommes se veulent semblables. De cette seule volonté, tous les rapports humains prennent leur valeur.
Être deux à détruire, à construire, à vivre, c'est déjà être tous, être l'autre à l'infini et non plus soi. Chaque brin de soleil supporte un flocon de neige, chaque main tendue un regard connu.
Un examen réfléchi, approfondi des possibilités de la pensée commune à tous, rend vaine toute hiérarchie entre les hommes. Entre l'homme et la femme, elle serait la négation même de leur rôle propre.
Ce livre fut écrit en quinze jours, et encore n'y consacrâmes-nous que nos loisirs réels. La connaissance parfaite que nous avions l'un de l'autre nous facilita ce travail. Mais elle nous incita surtout à l'organiser de telle façon qu'il s'en dégageât une philosophie poétique qui, sans jamais mettre le langage à la raison, conduise pourtant un jour à l'élaboration d'une véritable philosophie de la poésie.
André Breton et
Paul Eluard

Préface à l'édition japonaise de l'Immaculée conception.

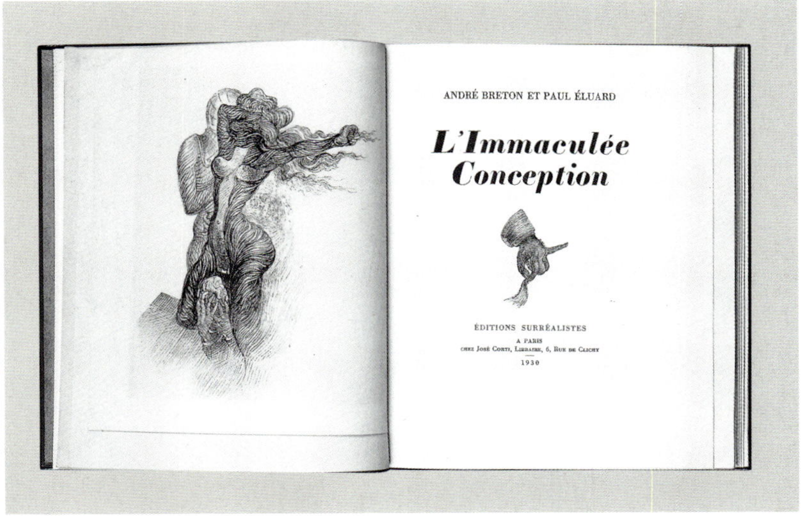

5

4 **SALVADOR DALÍ**
La Femme visible, Paris,
Éditions surréalistes, 1930
Édition originale illustrée
de 7 reproductions pleine page
hors texte et d'une eau-forte
en frontispice de Salvador Dalí
Bibliothèque Paul Destribats, Paris

5 **ANDRÉ BRETON ET PAUL ELUARD**
L'Immaculée Conception, Paris,
Éditions surréalistes, 1930
Édition originale. Couverture,
page de titre et frontispice
de Salvador Dalí
Bibliothèque Paul Destribats, Paris

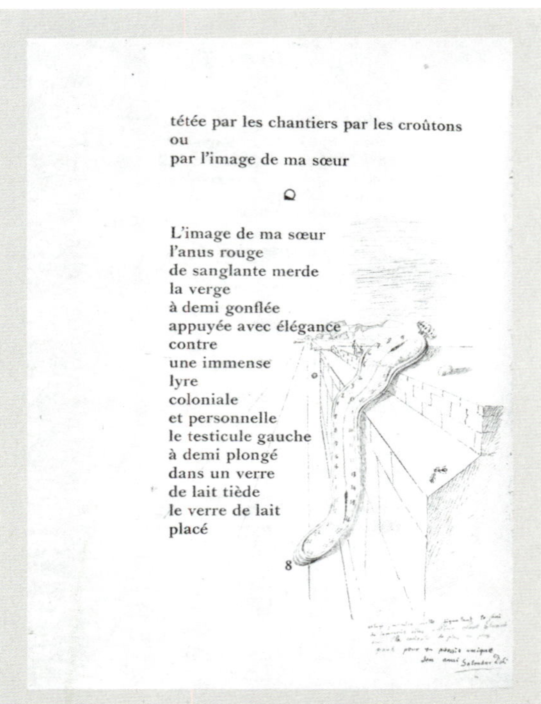

tétée par les chantiers par les croûtons
ou
par l'image de ma sœur

L'image de ma sœur
l'anus rouge
de sanglante merde
la verge
à demi gonflée
appuyée avec élégance
contre
une immense
lyre
coloniale
et personnelle
le testicule gauche
à demi plongé
dans un verre
de lait tiède
le verre de lait
placé

8

1

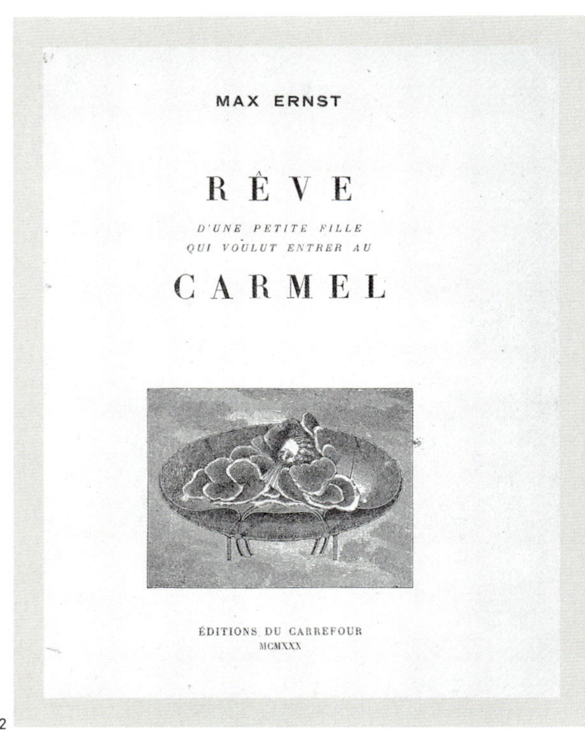

MAX ERNST

RÊVE

D'UNE PETITE FILLE
QUI VOULUT ENTRER AU

CARMEL

ÉDITIONS DU CARREFOUR
MCMXXX

2

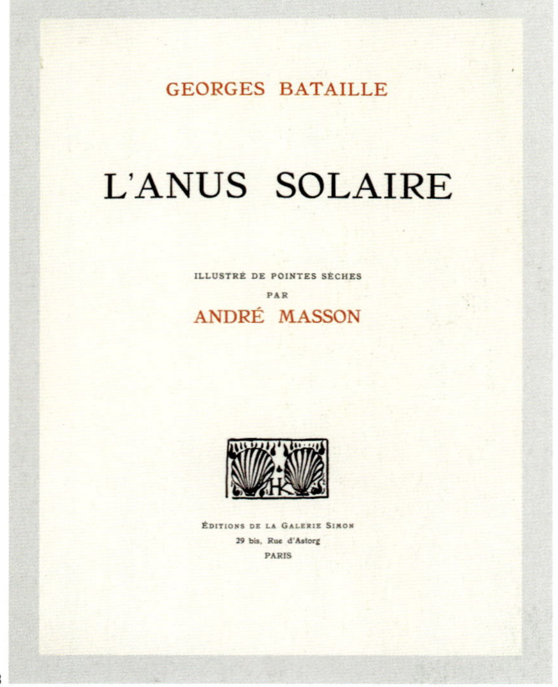

GEORGES BATAILLE

L'ANUS SOLAIRE

ILLUSTRÉ DE POINTES SÈCHES
PAR
ANDRÉ MASSON

ÉDITIONS DE LA GALERIE SIMON
29 bis, Rue d'Astorg
PARIS

3

son scalpel, ni que telle ou telle superstition risque de faire repousser le bras d'un Lourdeux manchot.

En attendant, il importe de dire et redire que le défaut de connaissance se trouve en fonction directe du défaut de dialectique. Et c'est pourquoi, après avoir très équitablement constaté : « *La décomposition de la nature en ses parties intégrantes, la séparation des différents phénomènes et objets naturels en des catégories distinctes, l'étude intime des corps organiques, dans la variété de leurs formes anatomiques, telles étaient les conditions essentielles des progrès gigantesques, qui, dans les quatre derniers siècles, nous ont portés si avant dans la connaissance de la nature* », Engels non moins équitablement constatera : « *Mais cette méthode nous a légué l'habitude d'étudier les objets et les phénomènes naturels dans leur isolement, en dehors des relations réciproques qui les relient en un grand tout, d'envisager les objets, non dans leur mouvement, mais dans leur repos, non comme essentiellement variables, mais comme essentiellement constants, non dans leur vie, mais dans leur mort. Et quand il arriva que, grâce à Bacon et à Locke, cette habitude de travail passa des sciences naturelles dans la philosophie, elle produisit*

13

4

[1] **SALVADOR DALÍ**
L'Amour et la Mémoire, Paris,
Éditions surréalistes, 1930
Édition originale illustrée de dessins originaux de Salvador Dalí à la mine de plomb en page de garde et en page 8
Bibliothèque Paul Destribats, Paris

[2] **MAX ERNST**
Rêve d'une petite fille qui voulut entrer au Carmel, Paris, Éditions du Carrefour, 1930
Édition originale. Recueil de 149 reproductions de collages de Max Ernst dont 1 reproduit en couverture
Bibliothèque Paul Destribats, Paris

[3] **GEORGES BATAILLE**
L'Anus solaire, Paris,
Éditions de la galerie Simon, 1931
Édition originale illustrée de 3 pointes-sèches d'André Masson
Bibliothèque Paul Destribats, Paris

[4] **RENÉ CREVEL**
Dalí ou l'antiobscurantisme, Paris,
Éditions surréalistes, 1931
Édition originale illustrée de 10 reproductions noir et blanc pleine page de Savador Dalí
Bibliothèque Paul Destribats, Paris

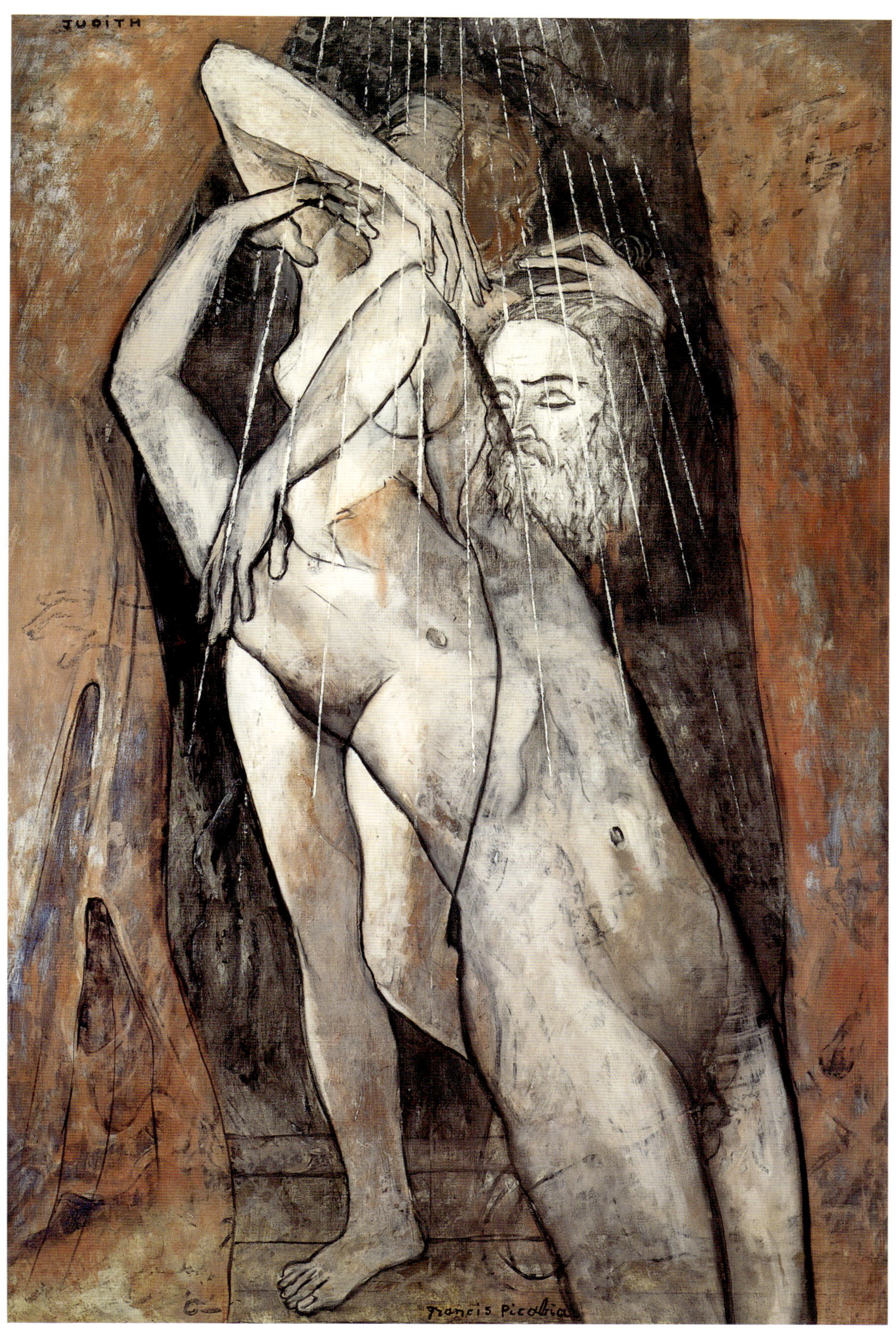

FRANCIS PICABIA
Judith, 1929-1930
Huile sur toile
195,00 x 130,00 cm
Collection particulière

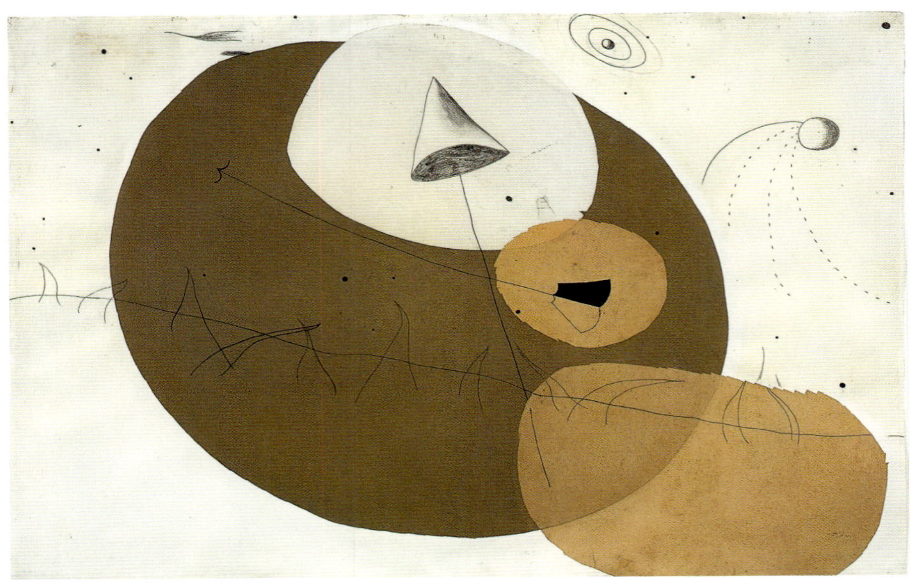

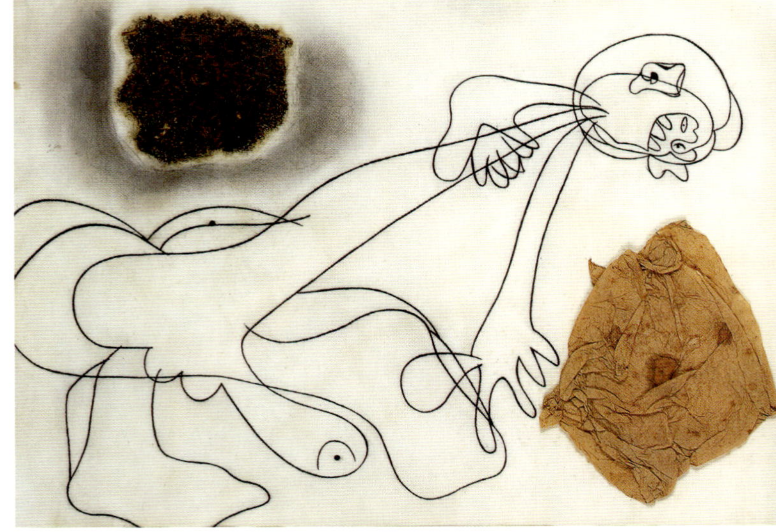

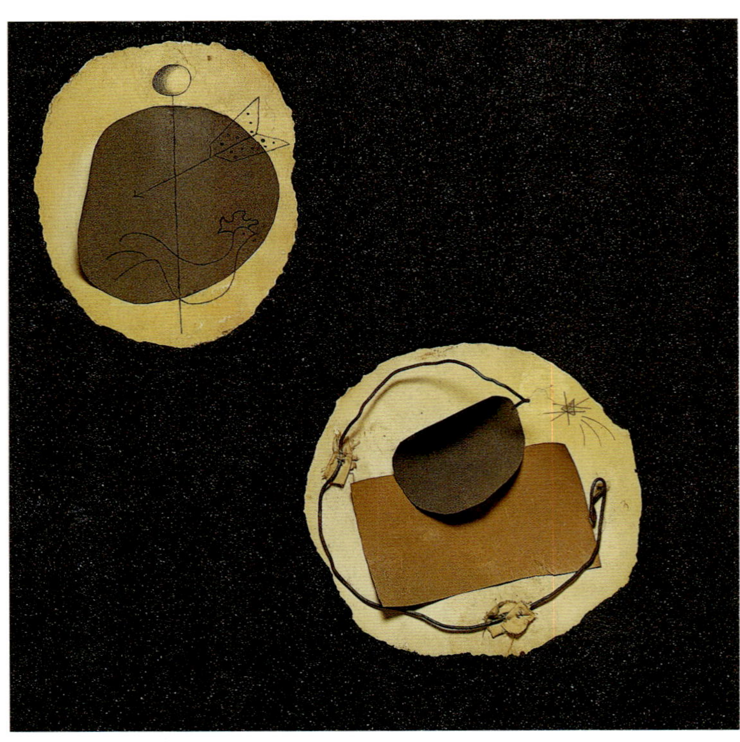

JOAN MIRÓ
Collage, 1929
Crayon, encre et collage
sur papier
63,50 x 98,10 cm
Collection Richard et Mary L. Gray,
Chicago

JOAN MIRÓ
[Collage], 1929
Encre, crayon sur papiers divers,
chiffons, fil de fer sur plaque
goudronnée avec graviers et
sable, fixée sur contreplaqué
74,40 x 73,70 x 7,00 cm
Centre Pompidou, Paris
Musée national d'art moderne

JOAN MIRÓ
*Sans titre (L'Homme au papier
de soie)*, 1934
Dessin-collage
46,00 x 63,00 cm
Collection particulière

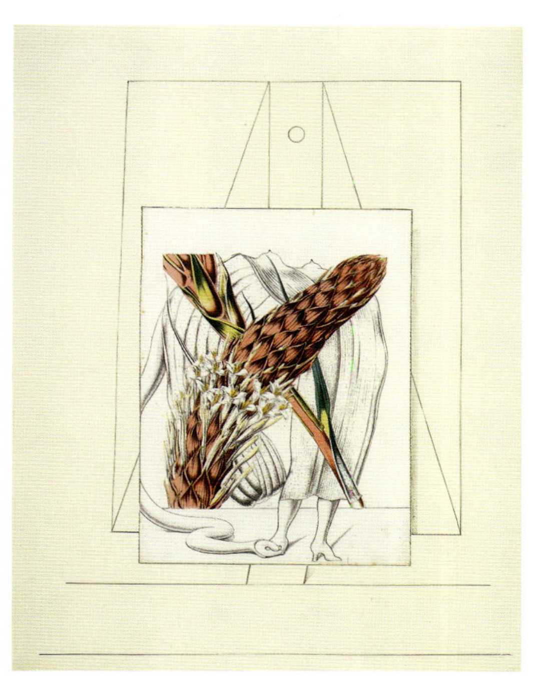

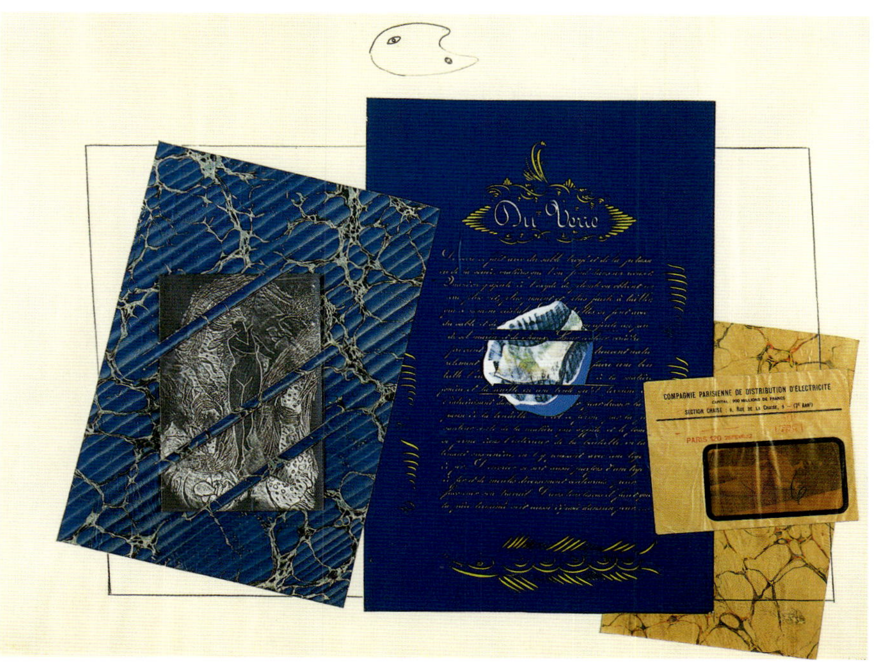

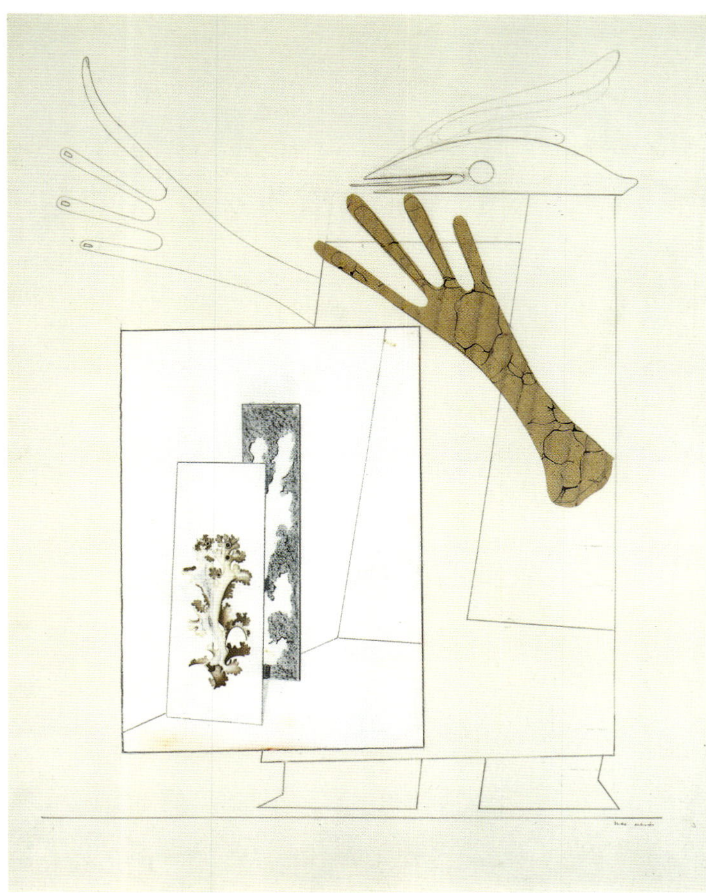

MAX ERNST
Loplop présente, 1932
Collage et crayon sur papier
63,00 x 49,00 cm
Collection particulière, courtesy
Blondeau & Associés S.A., Paris

MAX ERNST
Du verre, 1932
Collage et frottage, crayon
sur papier
49,00 x 64,00 cm
Collection particulière, courtesy
Blondeau & Associés S.A., Paris

MAX ERNST
Loplop présente, 1931
Collage, crayon et gouache
sur carton
64,50 x 50,00 cm
Collection particulière, courtesy
Blondeau & Associés S.A., Paris

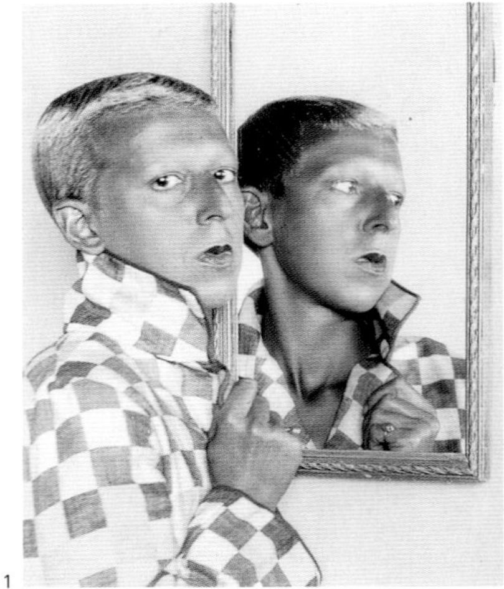

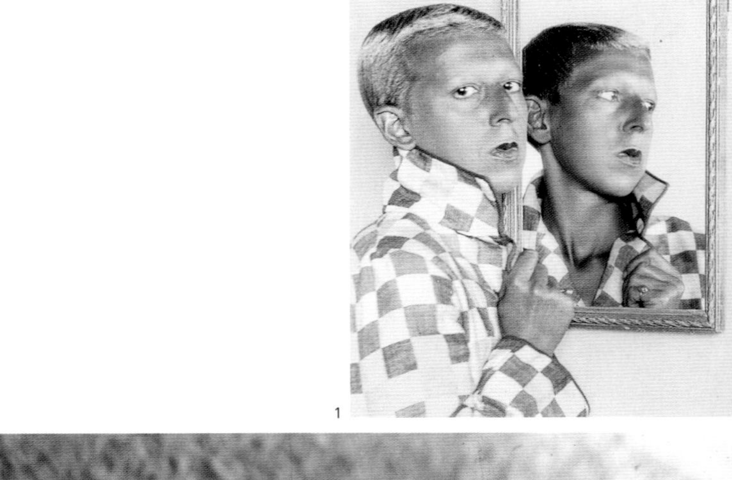

1

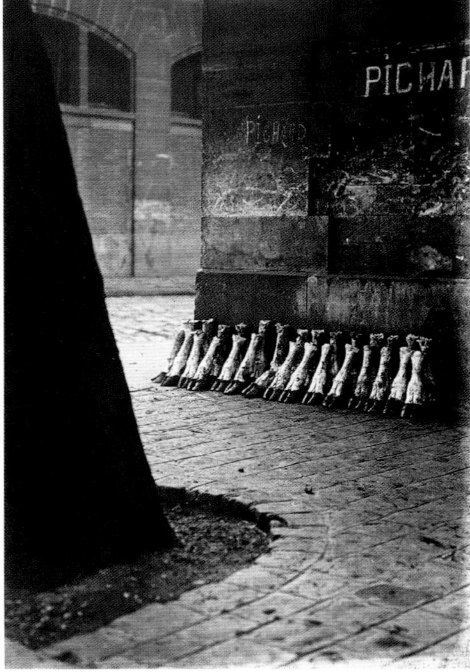

3

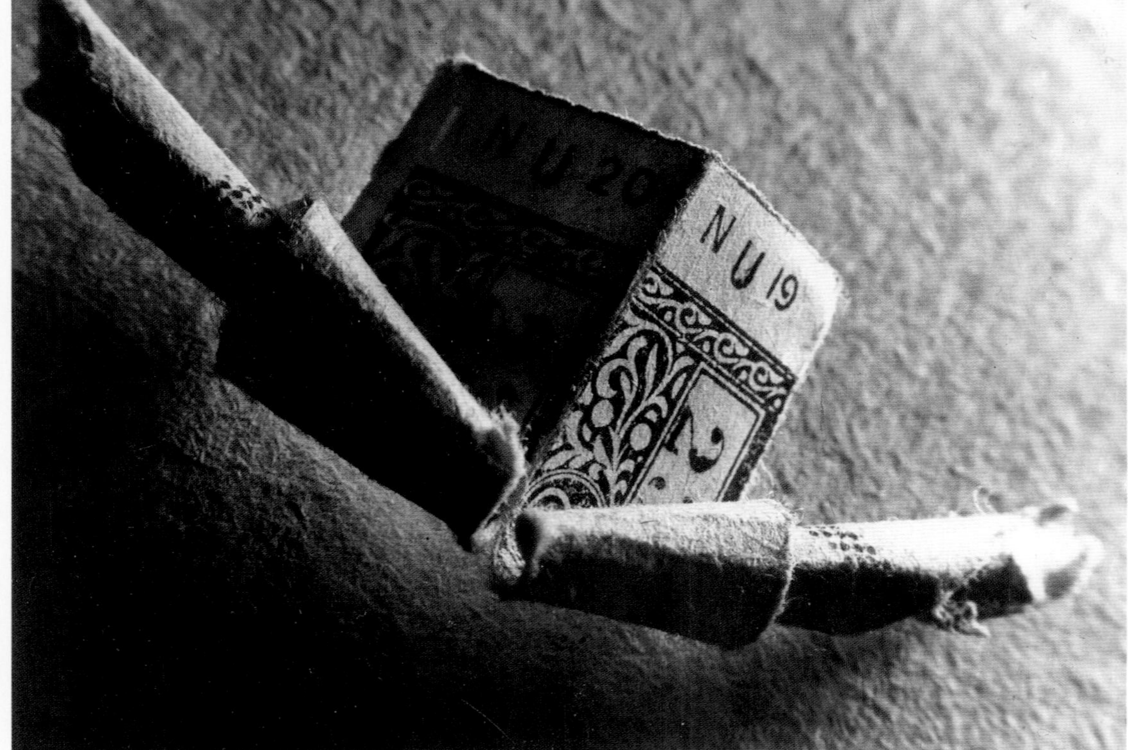

2

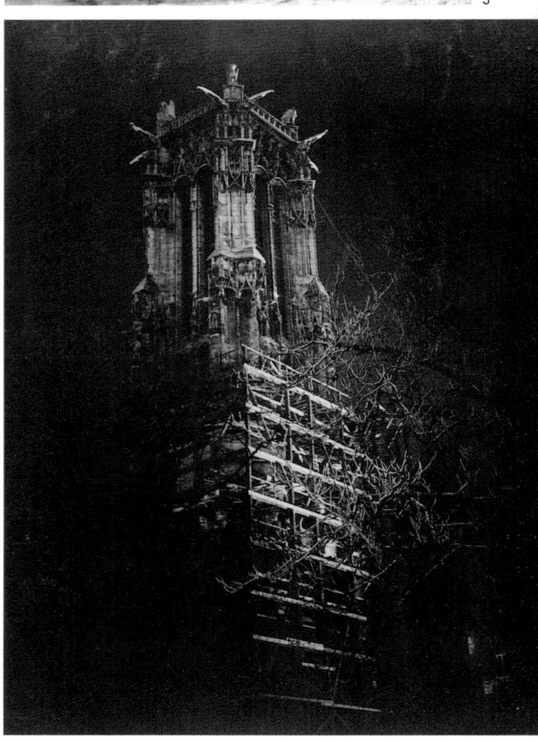

4

1 **CLAUDE CAHUN**
Autoportrait, 1928
Tirage argentique
30,23 x 23,80 cm
Musée des Beaux-Arts de Nantes

2 **BRASSAÏ**
Billet d'autobus roulé, 1932
Sculptures involontaires
Épreuve aux sels d'argent
23,50 x 17,00 cm
Centre Pompidou, Paris
Musée national d'art moderne

3 **ELI LOTAR**
Aux abattoirs de la Villette, 1929
Négatif argentique sur plaque de verre
3,00 x 5,00 cm
Centre Pompidou, Paris
Musée national d'art moderne

4 **BRASSAÏ**
La Tour Saint-Jacques, 1932-1933
Épreuve aux sels d'argent
29,00 x 22,00 cm
Centre Pompidou, Paris
Musée national d'art moderne

7

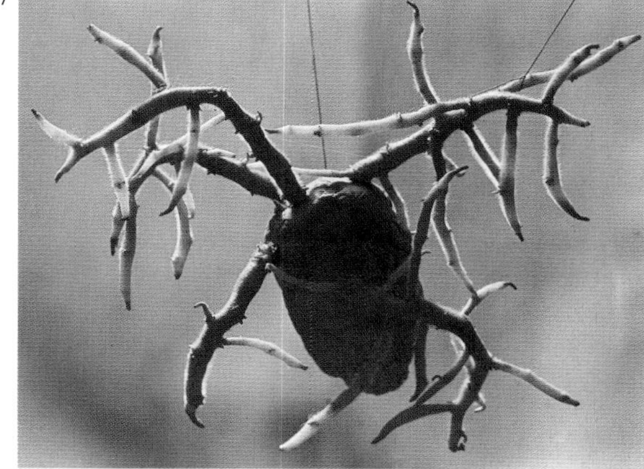

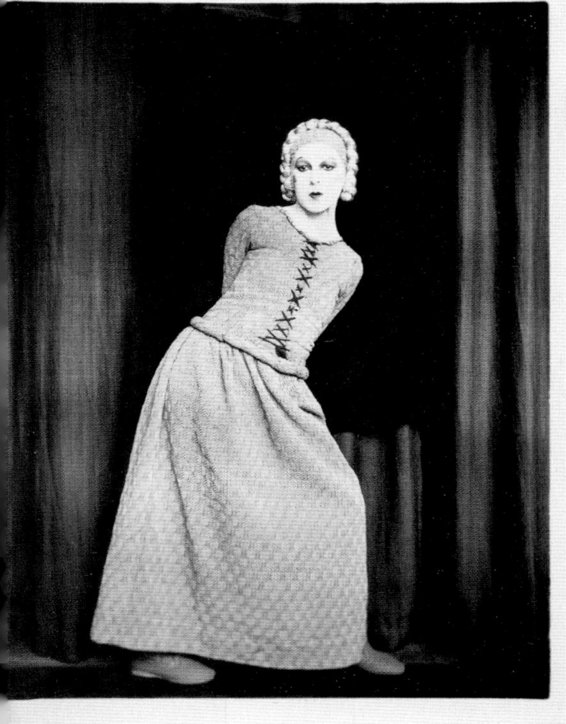

5

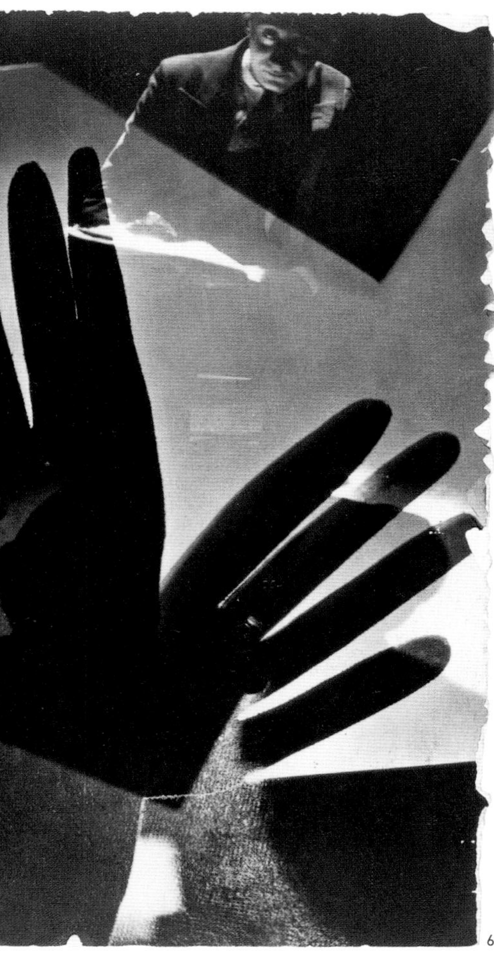

6

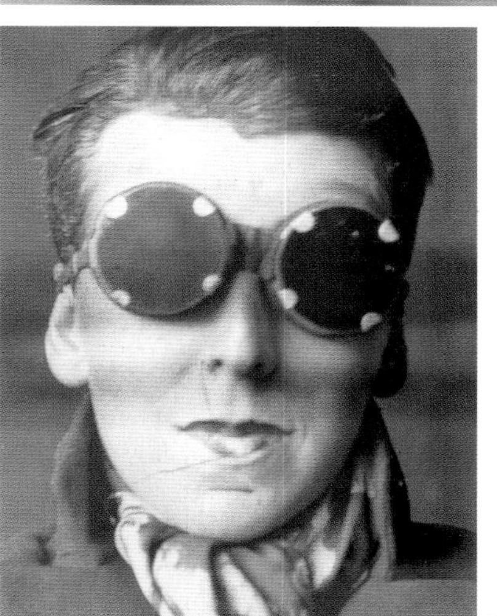

8

5 **CLAUDE CAHUN**
Autoportrait, 1929
Tirage argentique
12,00 x 9,00 cm
Musée des Beaux-Arts de Nantes

6 **MAURICE TABARD**
Visage et Mains, 1930
Surimpression, épreuve aux sels d'argent
22,20 x 10,30 cm
Centre Pompidou, Paris
Musée national d'art moderne

7 **BRASSAÏ**
Magique circonstancielle; pomme de terre germée, 1931
Épreuve aux sels d'argent
21,00 x 26,00 cm
Centre Pompidou, Paris
Musée national d'art moderne

8 **CLAUDE CAHUN**
Autoportrait, 1927
Tirage argentique
23,50 x 17,80 cm
Musée des Beaux-Arts de Nantes

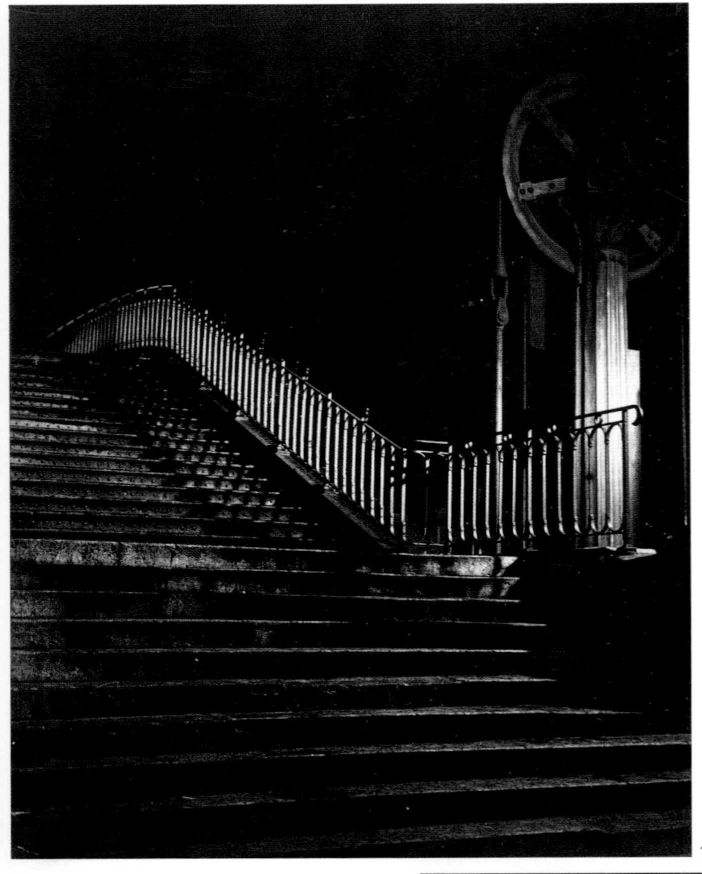

1

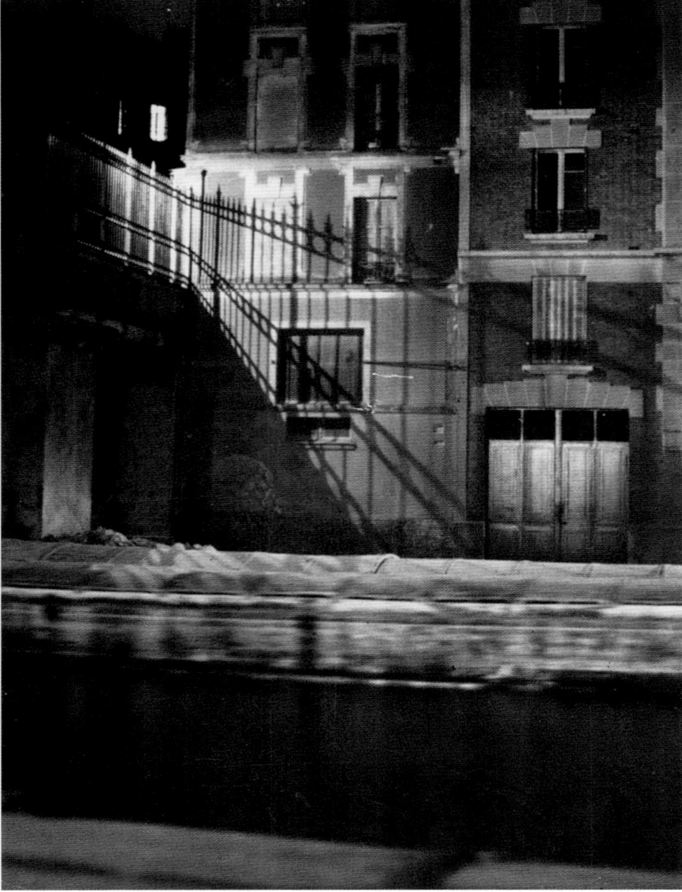

2

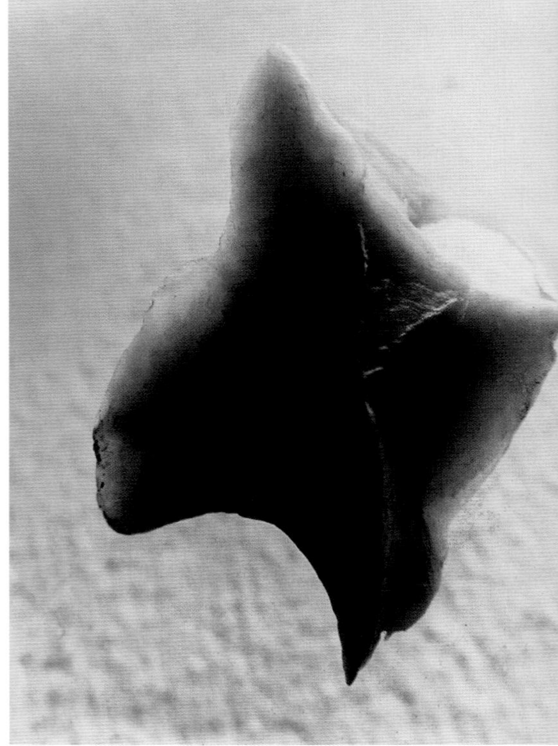

3

[1] **BRASSAÏ**
Le Pont-levis de la rue de Crimée entre le bassin de la Villette et le canal de l'Ourcq, 1933-1934
Épreuve aux sels d'argent
22,00 x 16,50 cm
Centre Pompidou, Paris
Musée national d'art moderne

[2] **BRASSAÏ**
Le Canal de l'Ourcq, 1932
Épreuve aux sels d'argent
23,50 x 17,50 cm
Centre Pompidou, Paris
Musée national d'art moderne

[3] **BRASSAÏ**
Morceau de savon, 1930
Sculptures involontaires
Épreuve aux sels d'argent
17,50 x 23,50 cm
Centre Pompidou, Paris
Musée national d'art moderne

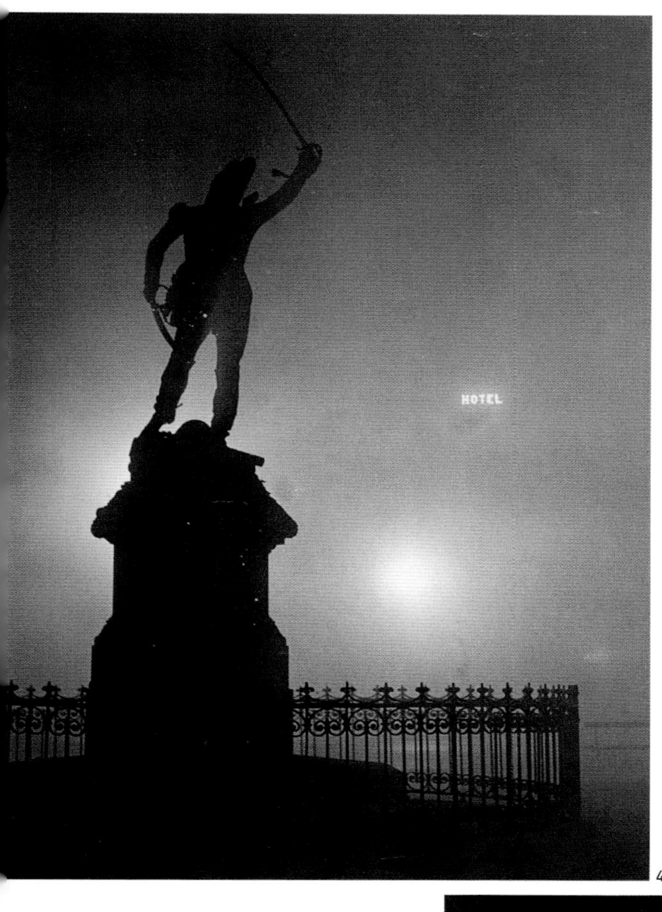

4

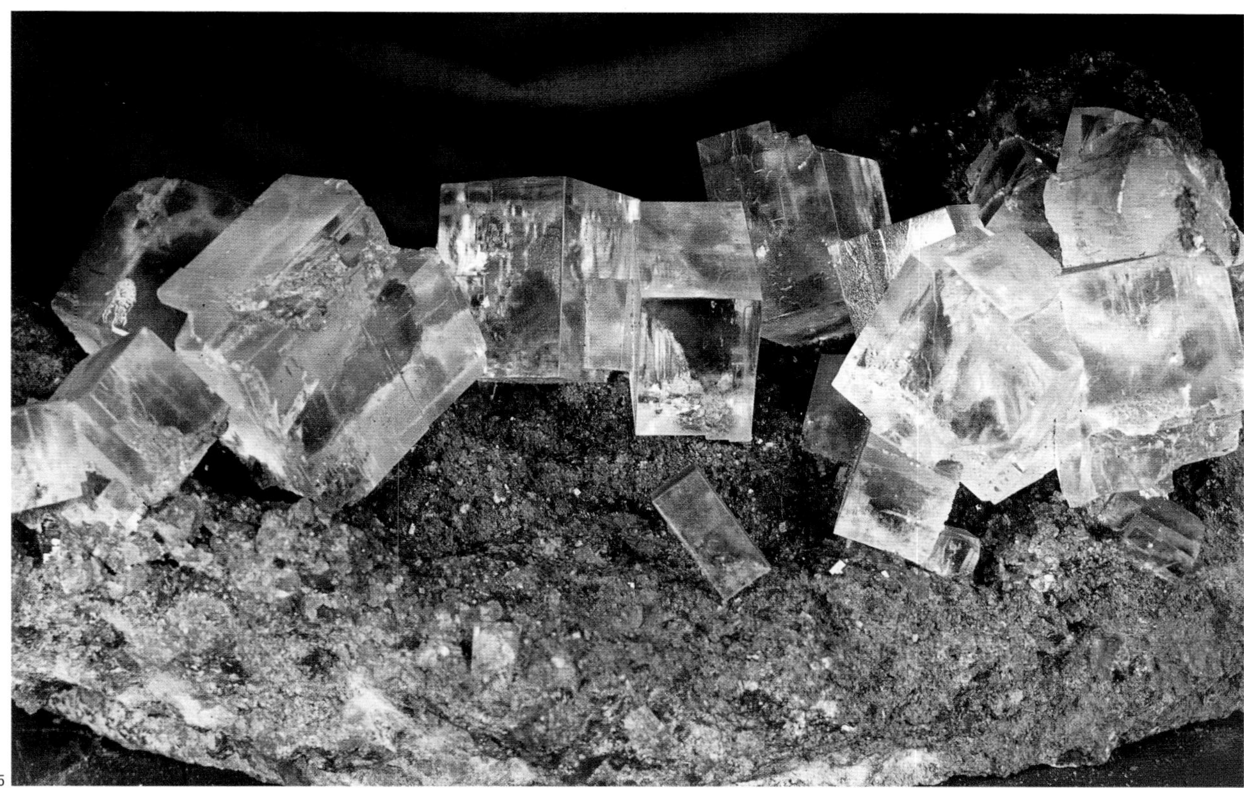

5

[4] **BRASSAÏ**
Statue du maréchal Ney dans le brouillard, 1932
Épreuve aux sels d'argent collée sur carton
49,00 x 37,00 cm
Centre Pompidou, Paris
Musée national d'art moderne

[5] **BRASSAÏ**
La Maison que j'habite, 1932
Épreuve aux sels d'argent
15,00 x 23,00 cm
Centre Pompidou, Paris
Musée national d'art moderne

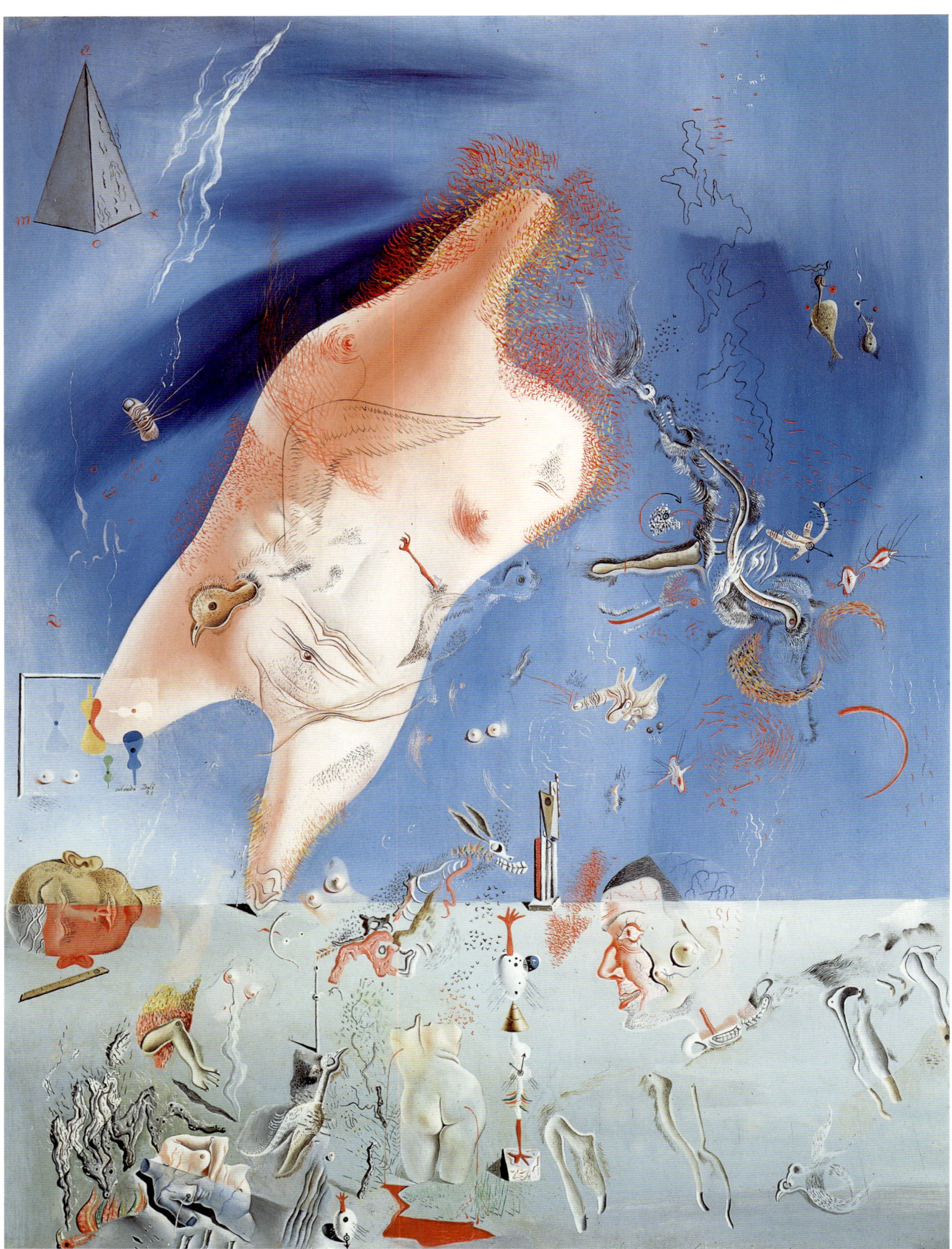

SALVADOR DALÍ
Senicitas [*Forces estivales*
ou *Naissance de Vénus*], 1927
Huile sur bois
64,00 x 48,00 cm
Museo Nacional Centro de Arte
Reina Sofia, Madrid

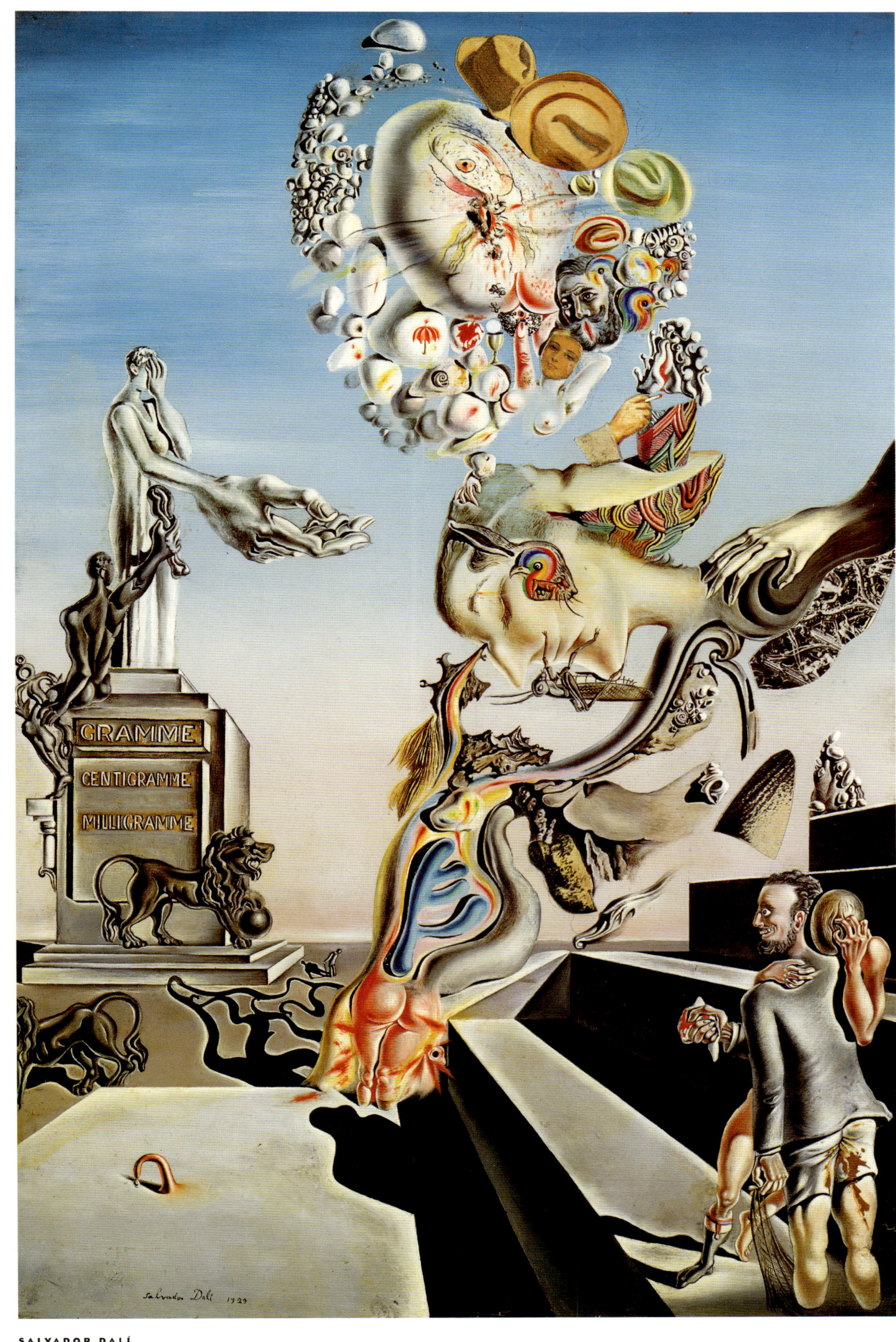

SALVADOR DALÍ
Le Jeu lugubre, 1929
Huile et collage sur carton
44,40 x 30,30 cm
Collection particulière

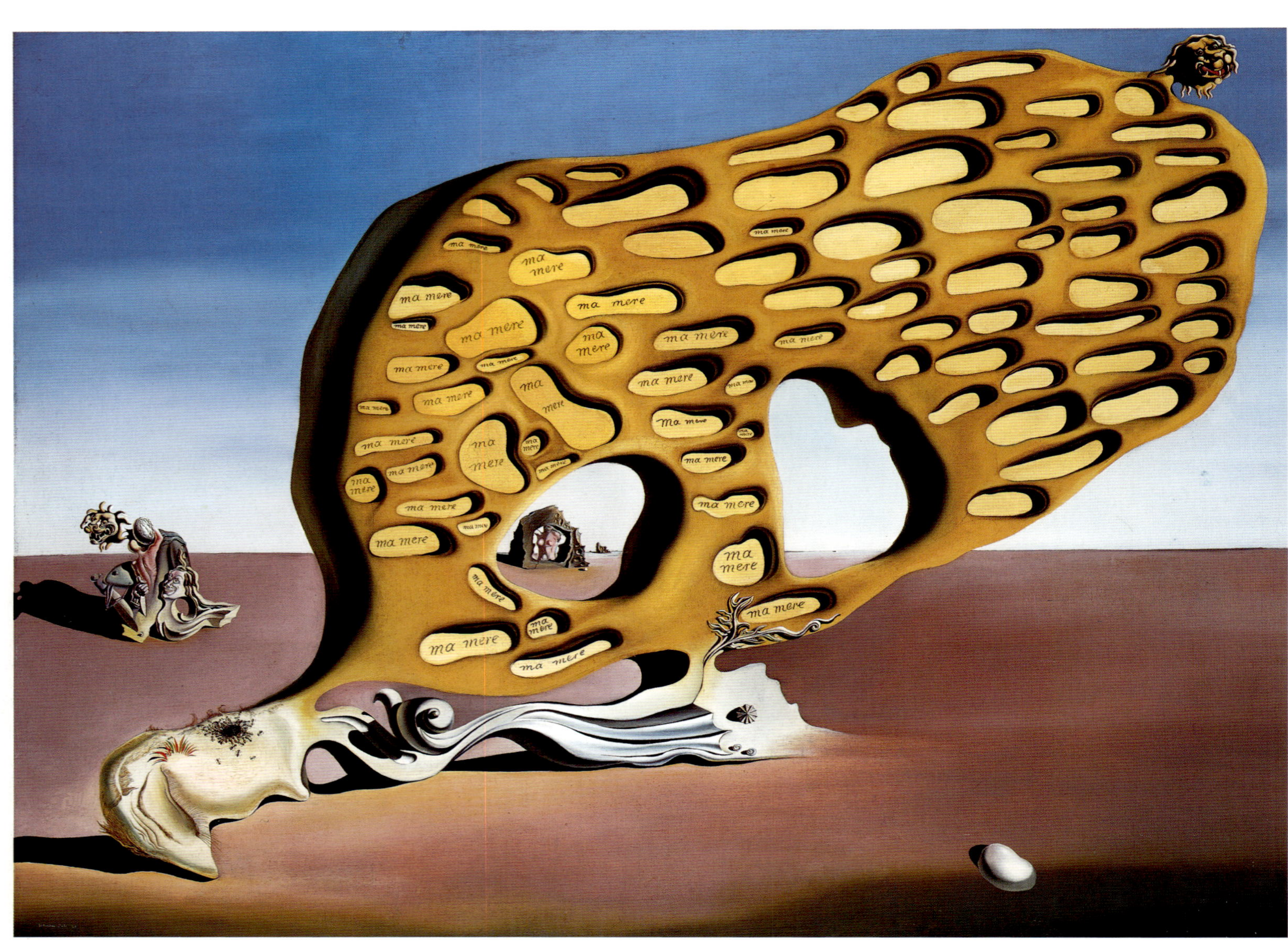

SALVADOR DALÍ
L'Énigme du désir, 1929
Huile sur toile
110,00 x 150,70 cm
Bayerische Staatsgemälde-
sammlungen Munich

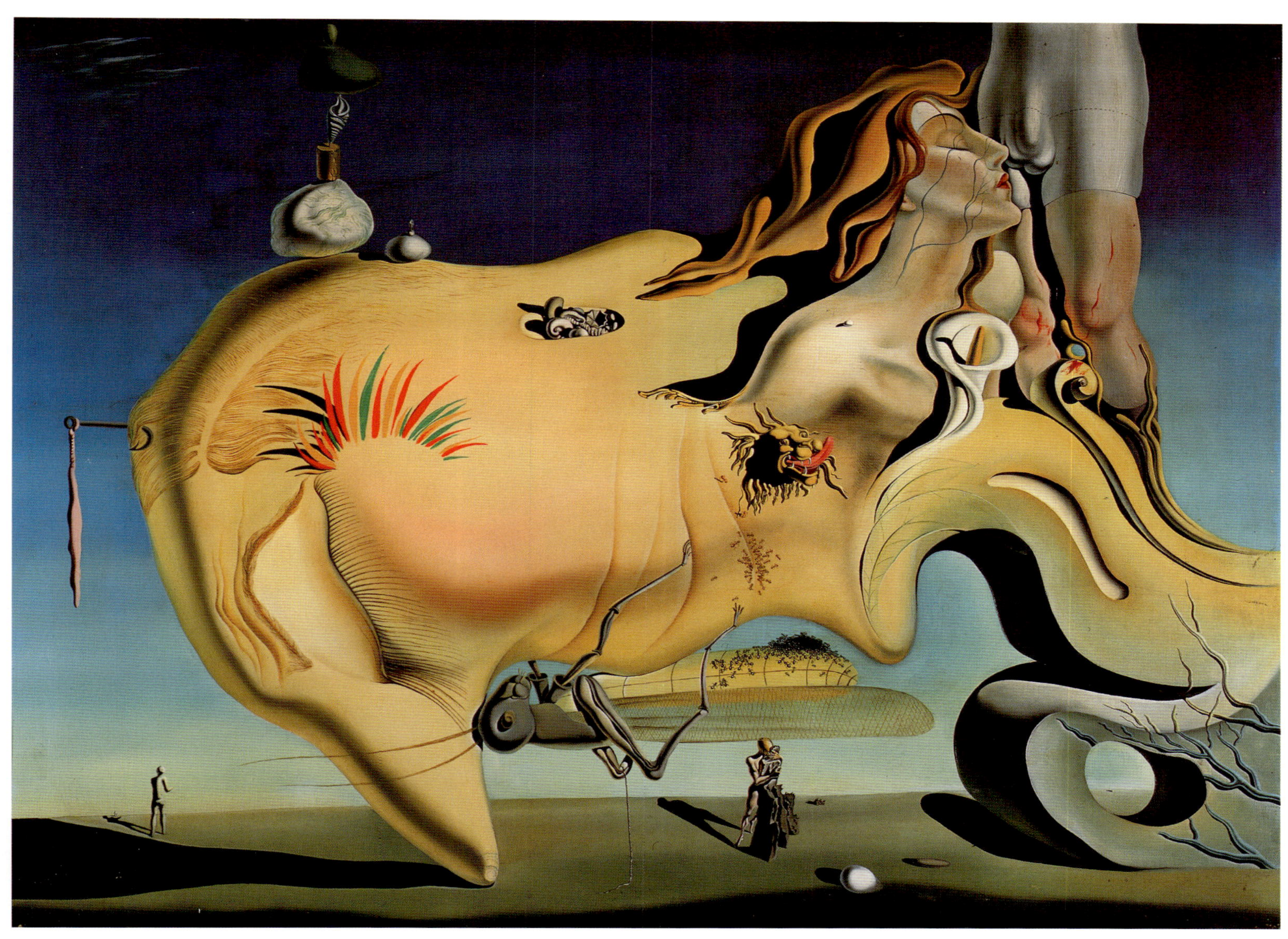

SALVADOR DALÍ
Le Grand Masturbateur, 1929
Huile sur toile
110,00 x 150,00 cm
Museo Nacional Centro de Arte
Reina Sofía, Madrid

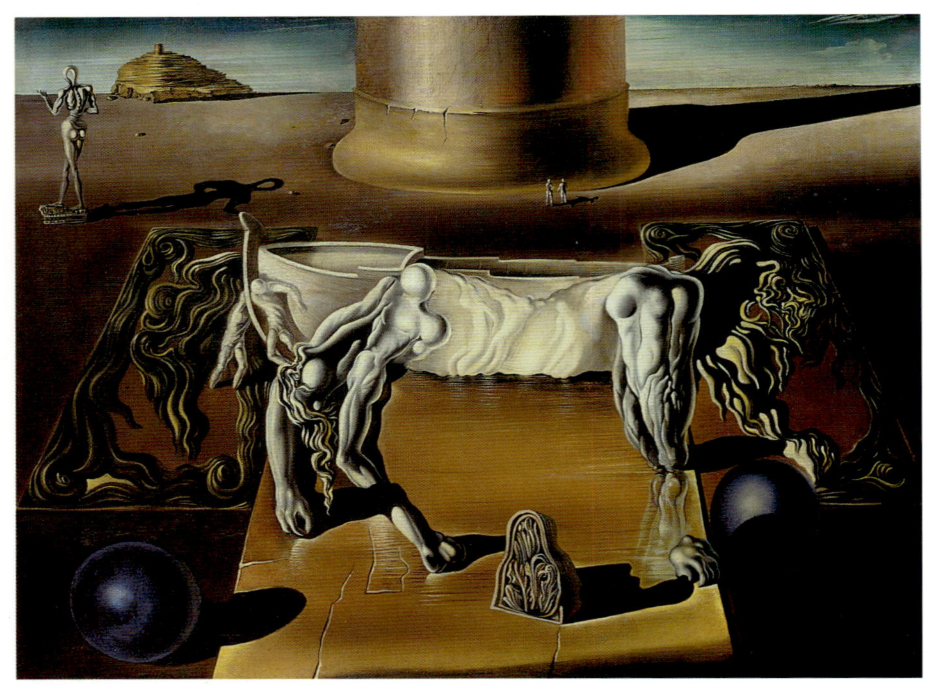

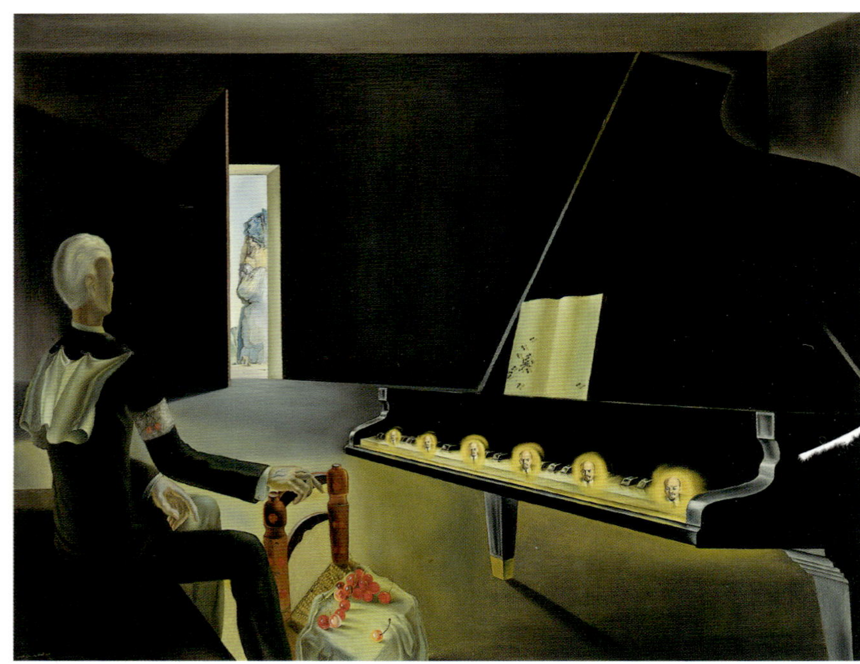

SALVADOR DALÍ
Lion, cheval, dormeuse invisibles, 1930
Huile sur toile
50,20 x 65,20 cm
Centre Pompidou, Paris
Musée national d'art moderne

SALVADOR DALÍ
Hallucination partielle. Six images de Lénine sur un piano, 1931
Huile sur toile
114,00 x 146,00 cm
Centre Pompidou, Paris
Musée national d'art moderne

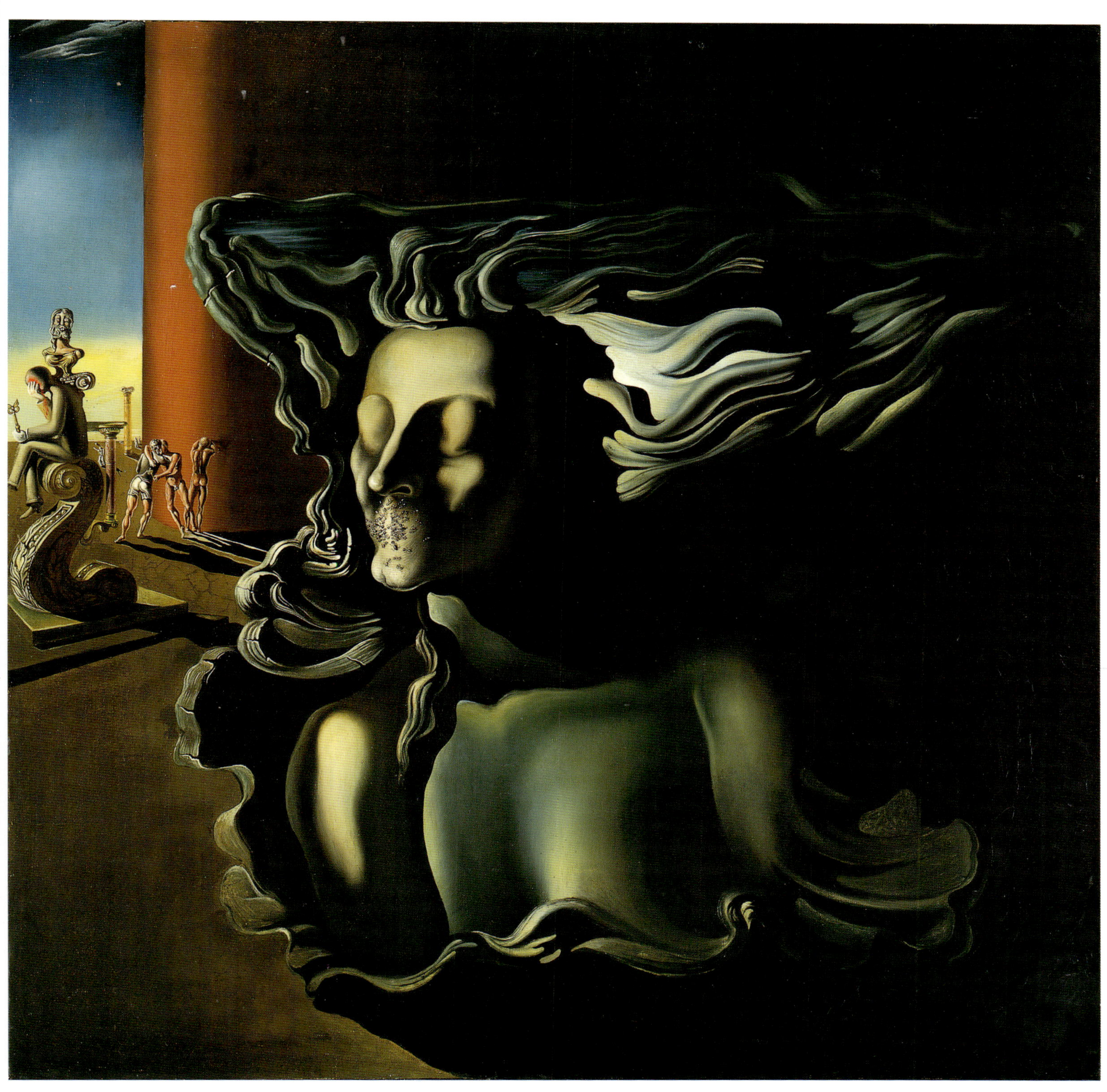

SALVADOR DALÍ
Le Rêve, 1931
Huile sur toile
96,00 x 96,00 cm
The Cleveland Museum of Art,
Cleveland
John L. Severance Fund

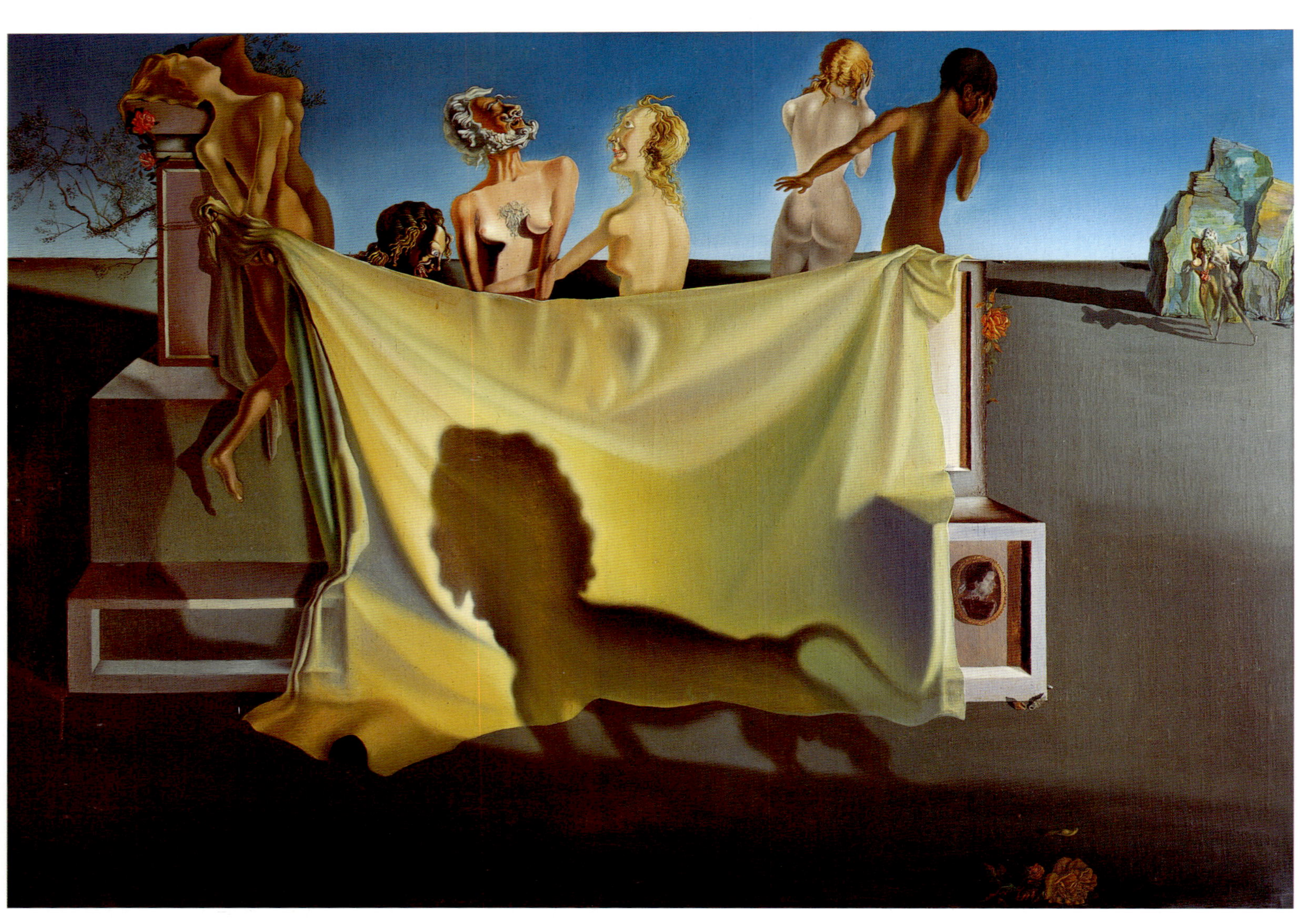

SALVADOR DALÍ
La Vieillesse de Guillaume Tell, 1931
Huile sur toile
98,00 x 140,00 cm
Collection particulière

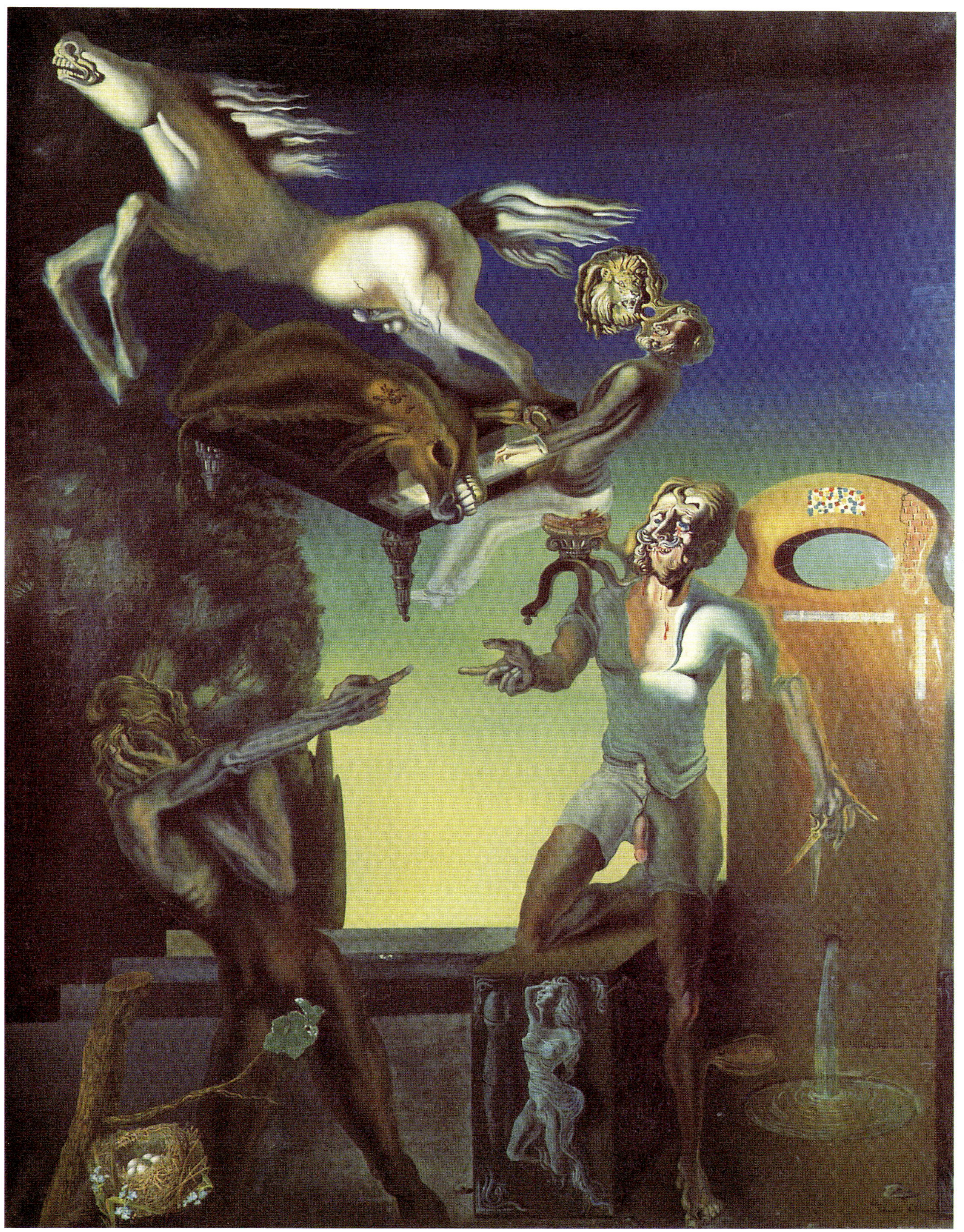

SALVADOR DALÍ
Guillaume Tell, 1930
Huile et collage sur toile
113,00 x 87,00 cm
Collection particulière

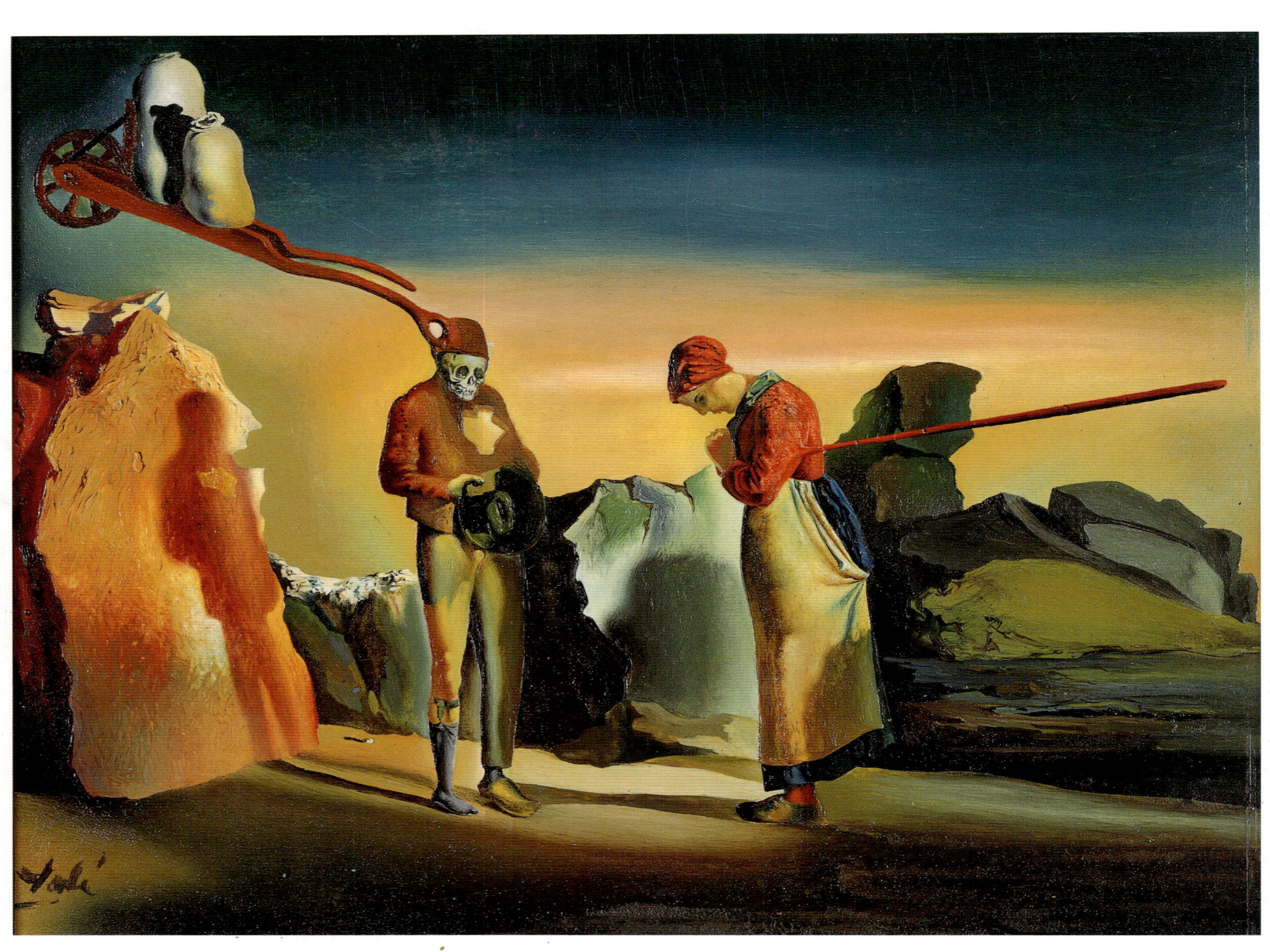

SALVADOR DALÍ
Les Atavismes du crépuscule (phénomène obsessif), 1933
Huile sur bois
13,80 x 17,90 cm
Kunstmuseum Bern, Berne
Legat Georges F. Keller, 1981

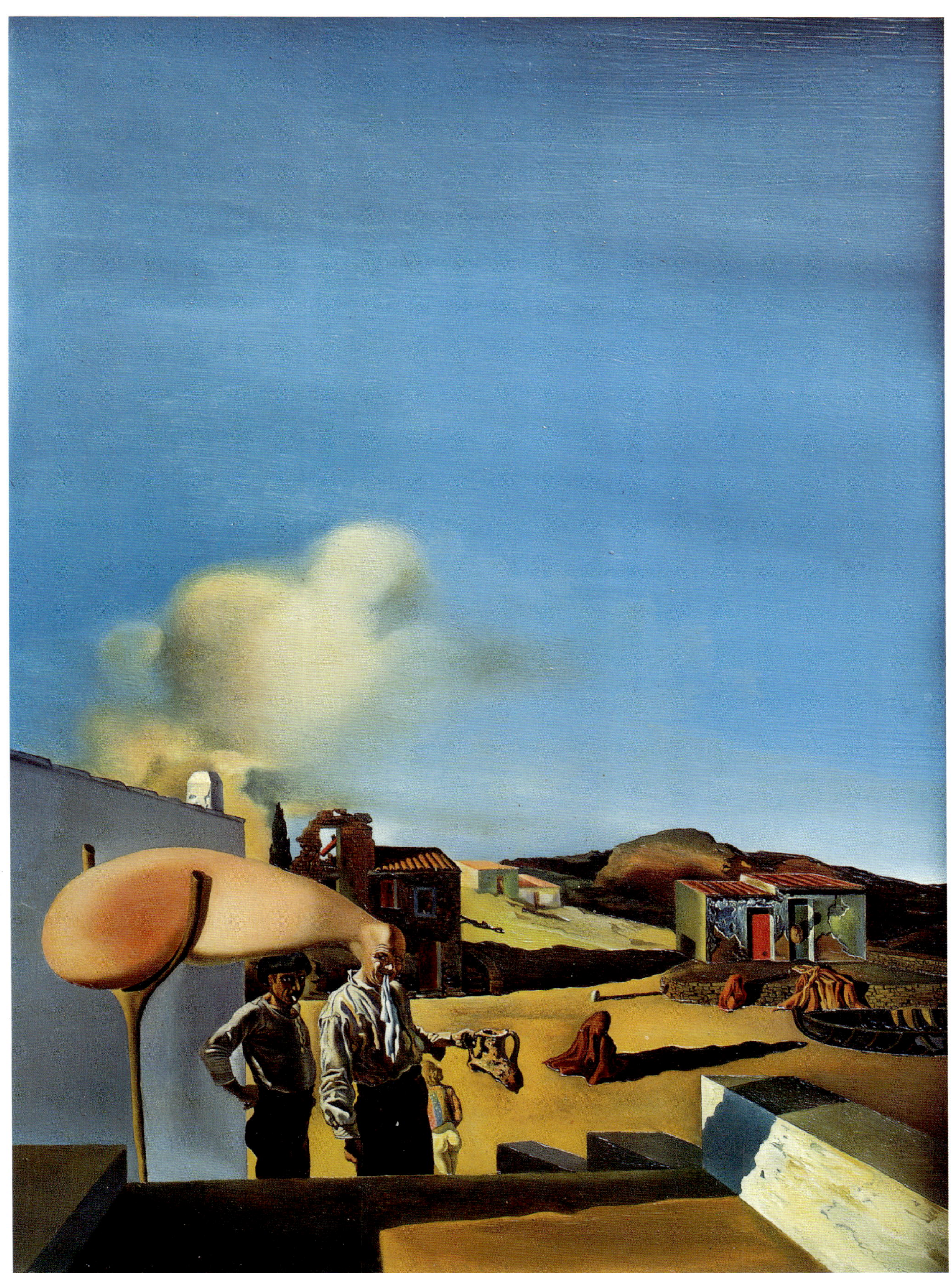

SALVADOR DALÍ
Harpe invisible fine et moyenne, 1932
Huile sur toile
23,00 x 17,50 cm
Collection particulière

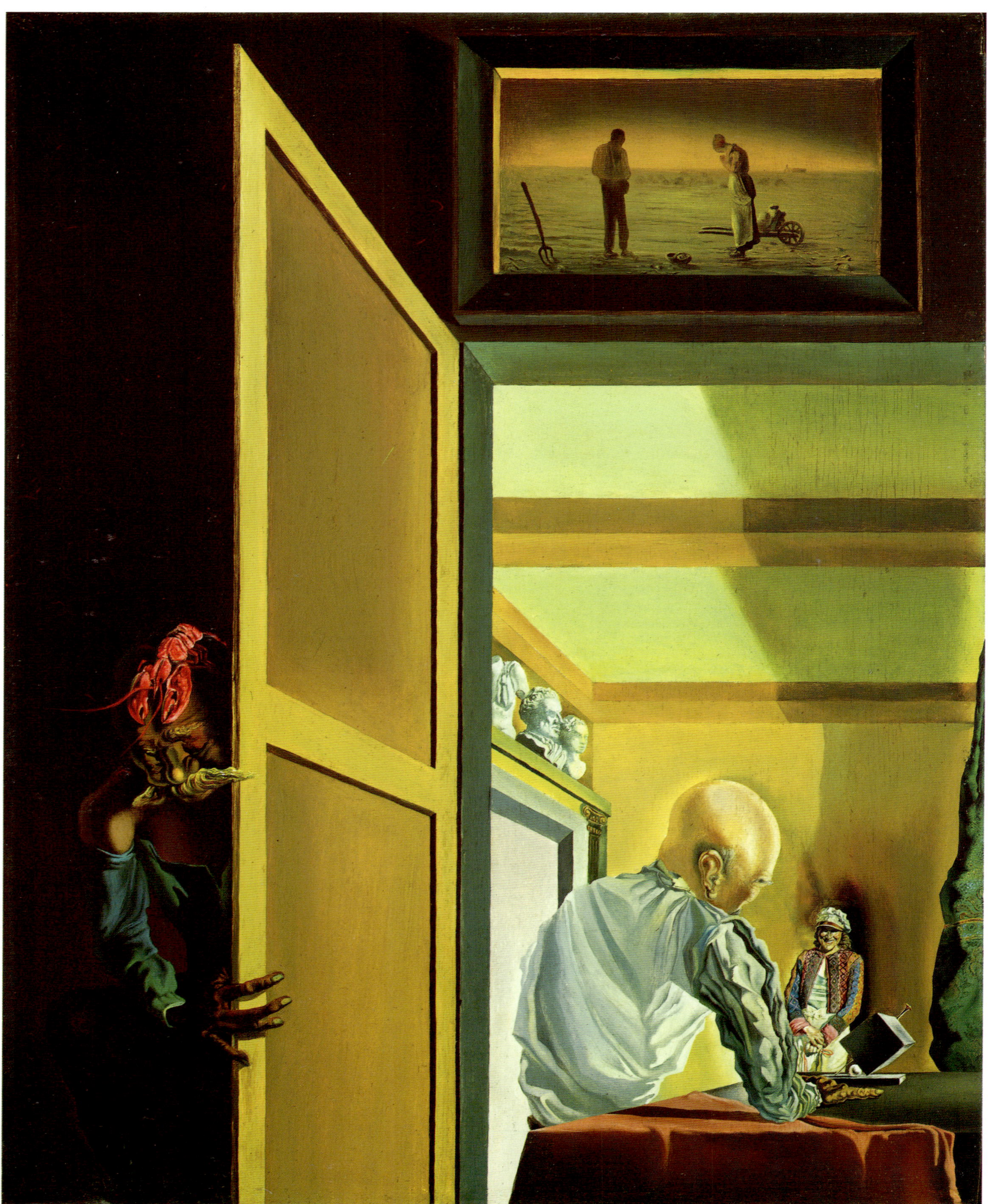

SALVADOR DALÍ
Gala et l'Angélus de Millet précédant l'arrivée imminente des anamorphoses coniques, 1933
Huile sur toile
24,20 x 19,20 cm
Musée des Beaux-Arts du Canada, Ottawa
Achat 1975

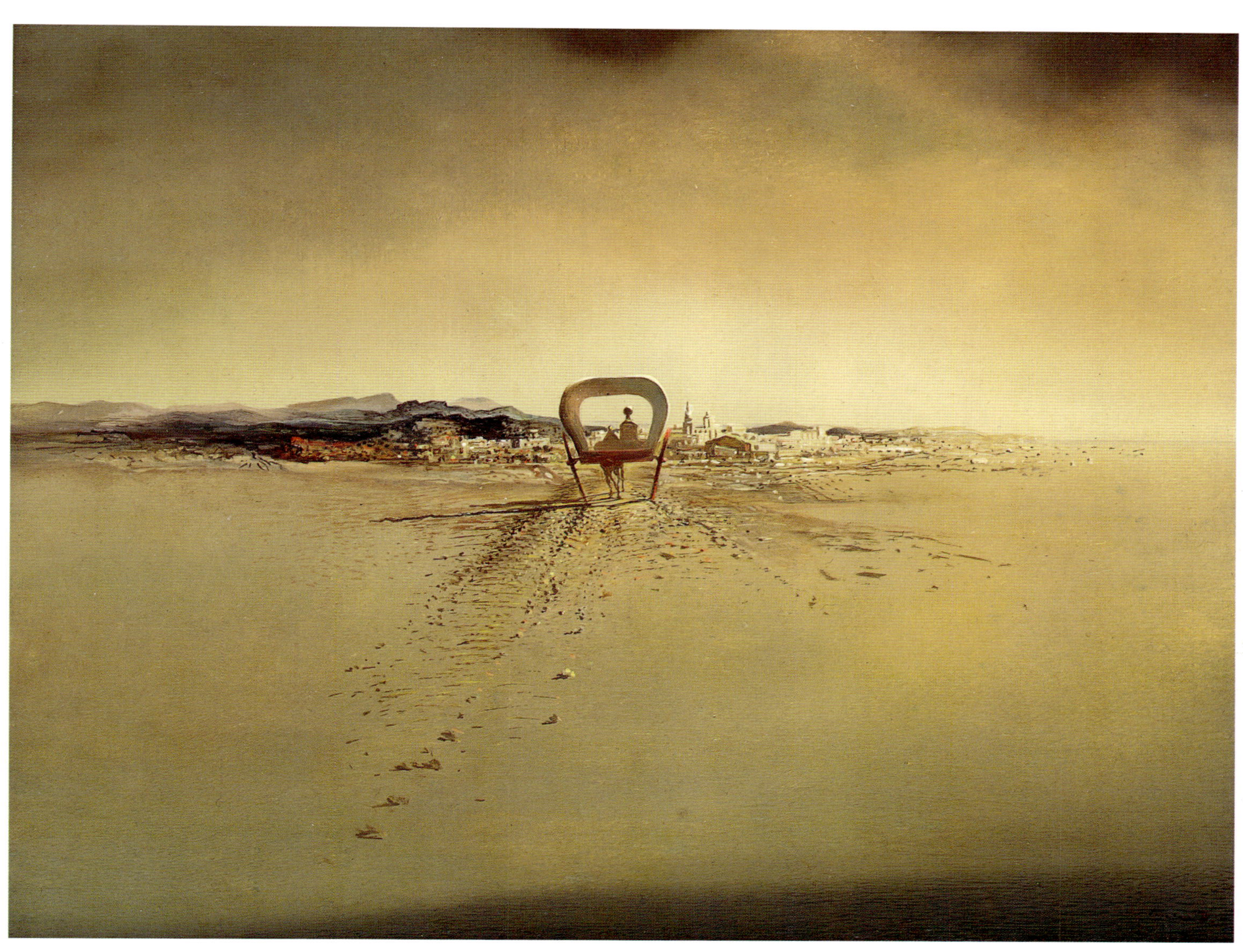

SALVADOR DALÍ
La Charrette fantôme, 1933
Huile sur bois
19,00 x 24,10 cm
Collection particulière

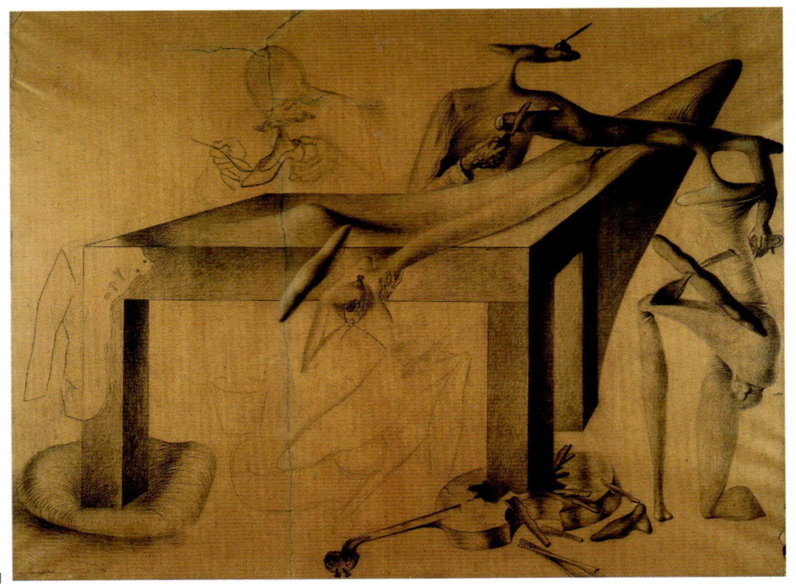

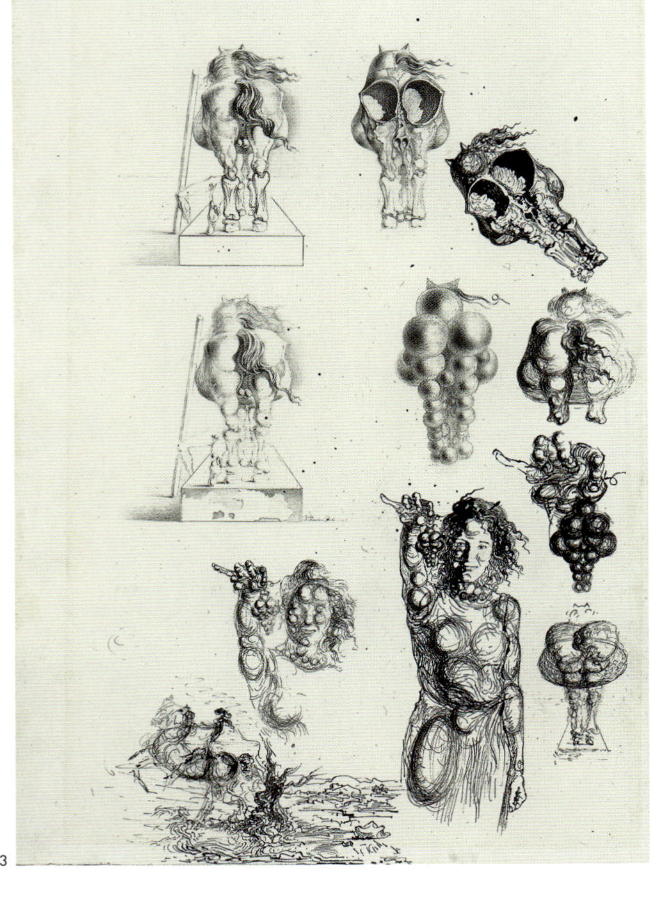

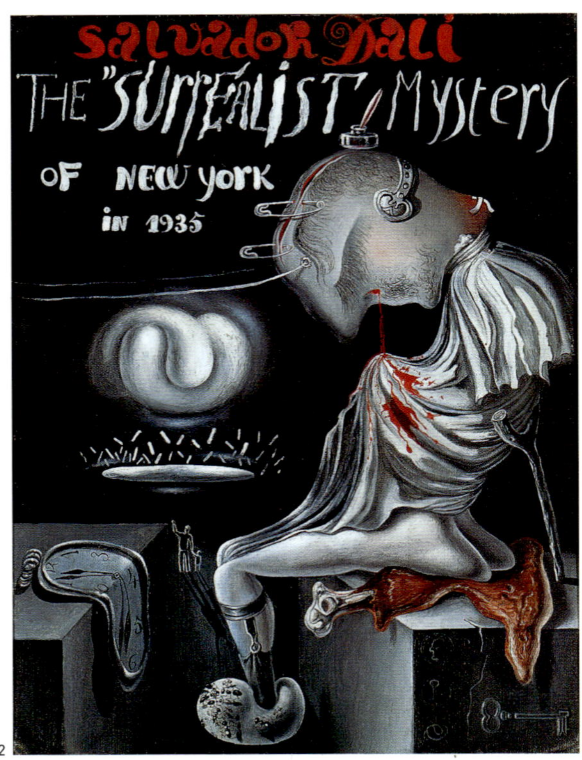

1 **SALVADOR DALÍ**
Cannibalisme des objets, avec écrasement simultané d'un violoncelle, 1932
Crayon, fusain et craie blanche sur papier kraft
89,00 x 116,00 cm
Centre Pompidou, Paris
Musée national d'art moderne

2 **SALVADOR DALÍ**
Salvador Dalí. The Surrealist Mystery of New York in 1935, 1935
Huile sur toile, montée sur carton
40,50 x 30,00 cm
Collection Ulla et Heiner Pietzsch, Berlin

3 **SALVADOR DALÍ**
Étude pour « Banlieue de la ville paranoïaque-critique », 1935
34,00 x 22,80 cm
Collection particulière, Allemagne

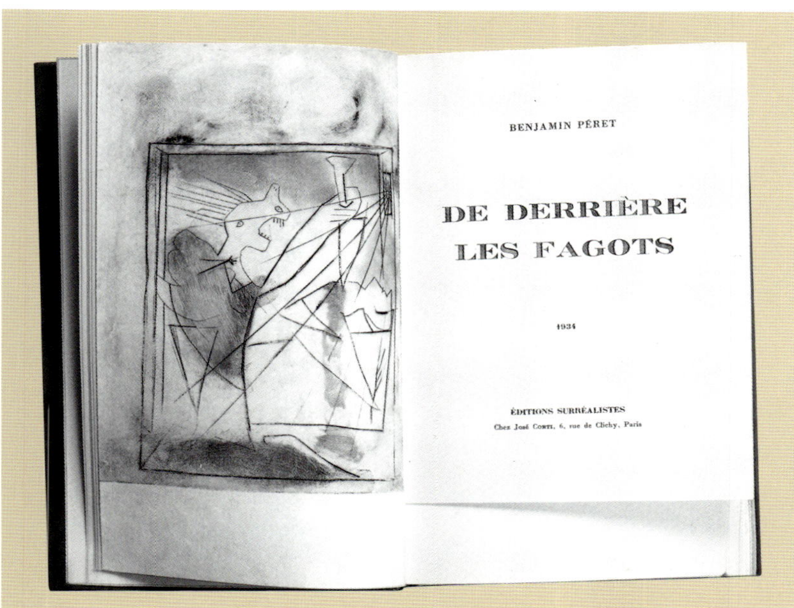

1

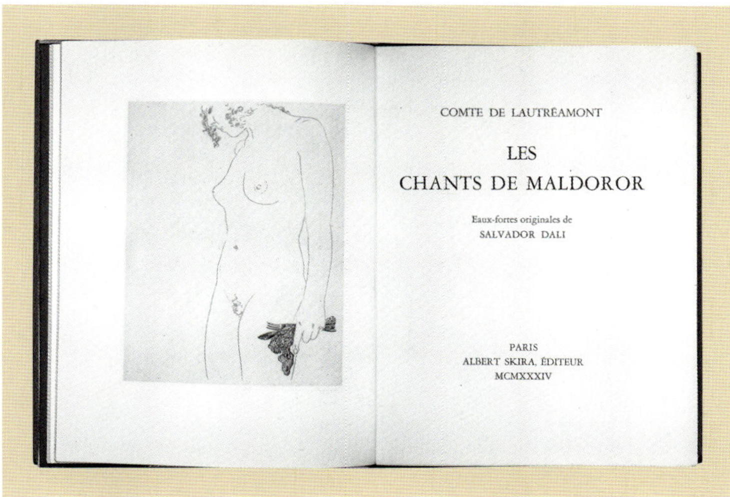

2

3

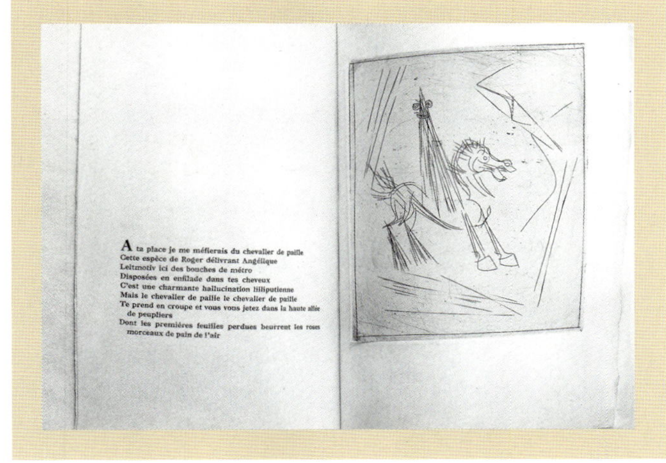

[1] **BENJAMIN PÉRET**
De derrière les fagots, Paris,
Éditions surréalistes, 1934
Édition originale avec une
dédicace imprimée à Paul Eluard
Frontispice illustré d'une
eau-forte de Pablo Picasso
Bibliothèque Paul Destribats, Paris

[2] **LAUTRÉAMONT**
(Isidore Ducasse, dit Comte de),
Les Chants de Maldoror, Paris,
Albert Skira, 1934
Édition originale illustrée de 42 eaux-fortes
de Salvador Dalí, dont 30 en hors texte
et 12 en vignettes
Bibliothèque Paul Destribats, Paris

[3] **ANDRÉ BRETON**
L'Air de l'eau, Paris,
Éditions Cahiers d'Art, 1934
Édition originale illustrée de 4 burins hors texte
d'Alberto Giacometti et avec une copie autographe
du poème « À ta place, je me méfierais des
chevaliers de paille », publié page 26
Bibliothèque Paul Destribats, Paris

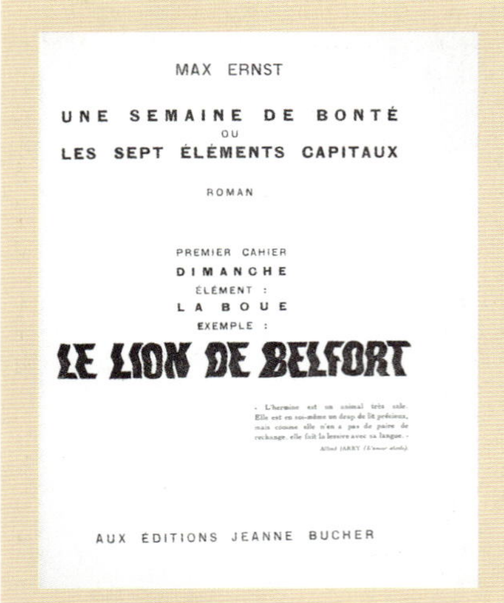
MAX ERNST

UNE SEMAINE DE BONTÉ
OU
LES SEPT ÉLÉMENTS CAPITAUX

ROMAN

PREMIER CAHIER
DIMANCHE
ÉLÉMENT :
LA BOUE
EXEMPLE :
LE LION DE BELFORT

AUX ÉDITIONS JEANNE BUCHER

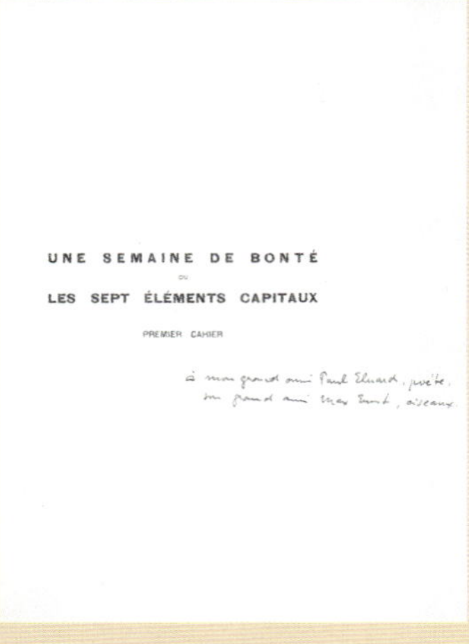
UNE SEMAINE DE BONTÉ
OU
LES SEPT ÉLÉMENTS CAPITAUX

PREMIER CAHIER

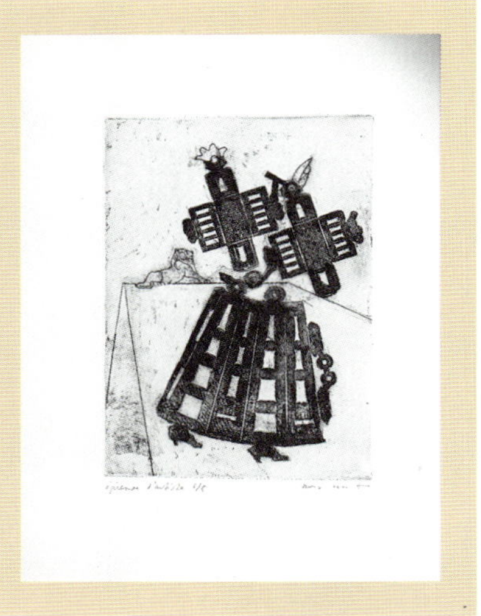

1

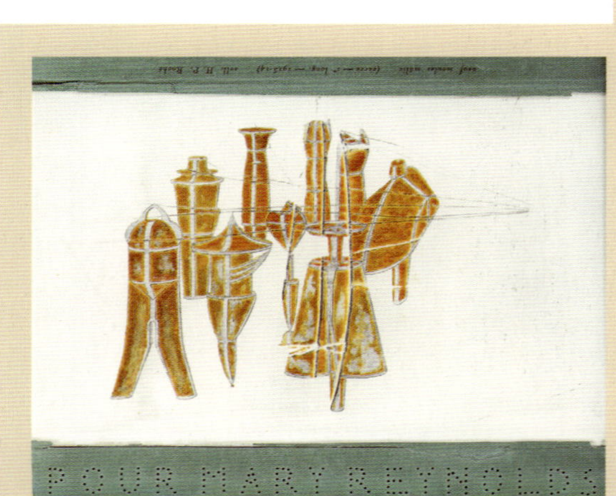

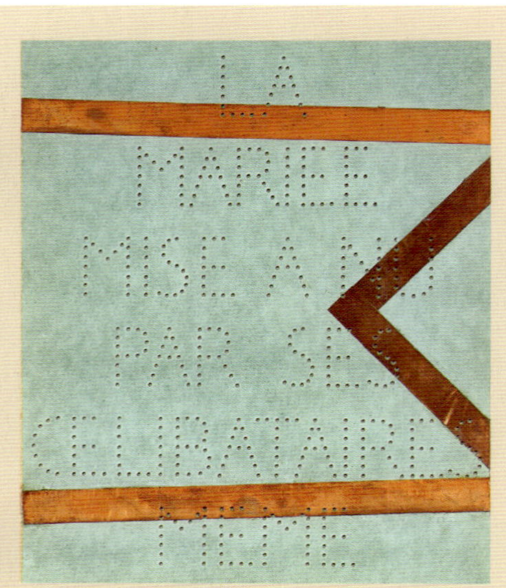

Bulletin de Souscription

Veuillez m'adresser
exemplaires
de la boîte contenant les fac-similé et reproductions en couleurs de notes manuscrites, dessins, peintures ayant servi à la composition de

LA MARIÉE MISE A NU
PAR SES CÉLIBATAIRES, MÊME
par Marcel Duchamp

Ci-joint le montant en chèque barré ou en mandat-poste.

Nom et prénoms
Adresse
Date et Signature

Adresser ce bulletin à
Rrose Sélavy
18 rue de la Paix
Paris

300 exemplaires numérotés et signés
d'un recueil de feuillets manuscrits, dessins et peintures (années 1911 à 1926) ayant servi à la composition du

LA MARIÉE MISE A NU
PAR SES CÉLIBATAIRES,
MÊME
par Marcel Duchamp

Les notes manuscrites, en fac-similé rehaussé de crayon rouge et bleu, les dessins et peintures reproduits en phototypie (une planche en couleurs) sont imprimés sur papiers divers et réunis dans un emboîtage de 33 cm × 28 cm.

prix de l'exemplaire franco de port : France 200 francs, Étranger 260 francs

Edition Rrose Sélavy
18 rue de la Paix
Paris

2

[1] **MAX ERNST**
Une semaine de bonté ou Les Sept Éléments capitaux, Paris, Éditions Jeanne Bucher, 1934
Édition originale comprenant 5 cahiers reliés séparément et augmentés d'une eau-forte originale de l'artiste reliée en frontispice
Bibliothèque Paul Destribats, Paris

[2] **MARCEL DUCHAMP**
La Mariée mise à nu par ses célibataires, même [La Boîte verte], Paris, Éditions Rrose Sélavy, 1934
Édition originale. Recueil de notes manuscrites, de dessins, de peintures des années 1911-1915 reproduits en fac-similé ou en phototypie couleurs et d'une planche en couleurs montée sous verre
Bibliothèque Paul Destribats, Paris

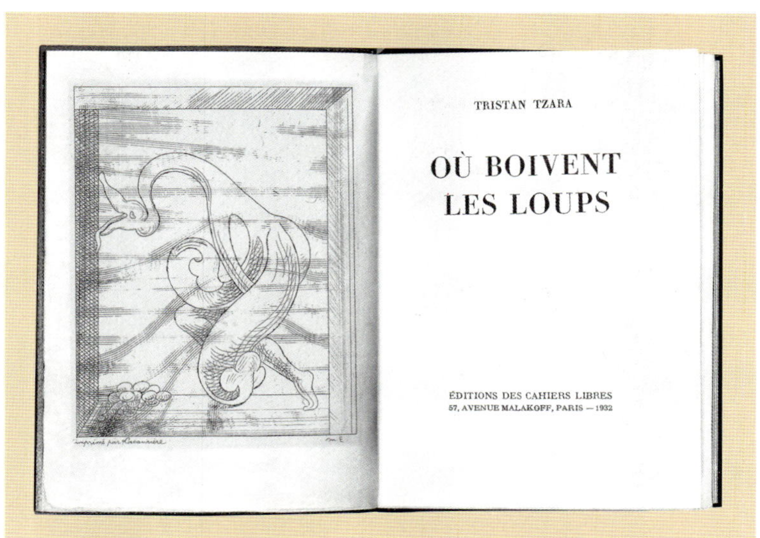
TRISTAN TZARA
OÙ BOIVENT LES LOUPS
ÉDITIONS DES CAHIERS LIBRES
57, AVENUE MALAKOFF, PARIS — 1932

3

4

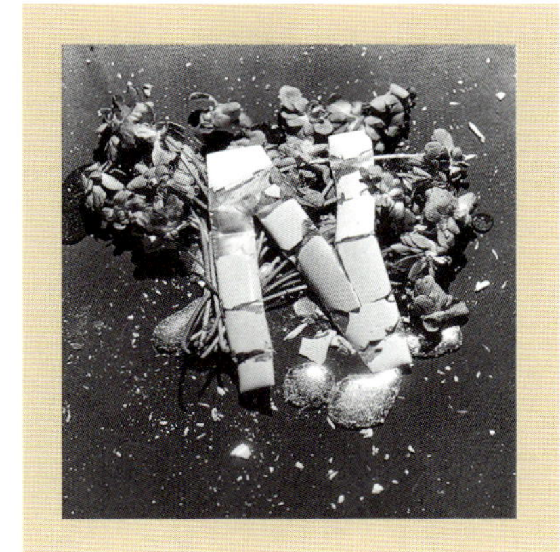

5

6

3 **TRISTAN TZARA**
Où boivent les loups, Paris,
Éditions des Cahiers Libres, 1932
Édition originale illustrée d'une eau-forte en noir de Max Ernst, montée en frontispice
Bibliothèque Paul Destribats, Paris

4 **PAUL ELUARD**
La Vie immédiate, Paris,
Éditions des Cahiers Libres, 1932
Édition originale. Frontispice illustré d'une eau-forte d'Yves Tanguy
Bibliothèque Paul Destribats, Paris

5 **MAN RAY**
Photographie destinée à la couverture du tract «Violette Nozières», 1933
Épreuve originale.
19,00 x 17,60 cm
Bibliothèque Paul Destribats, Paris

6 **RENÉ CREVEL**
Les Pieds dans le plat, Paris,
Éditions du Sagittaire, 1933
Édition originale. Frontispice illustré d'une eau-forte originale d'Alberto Giacometti
Bibliothèque Paul Destribats, Paris

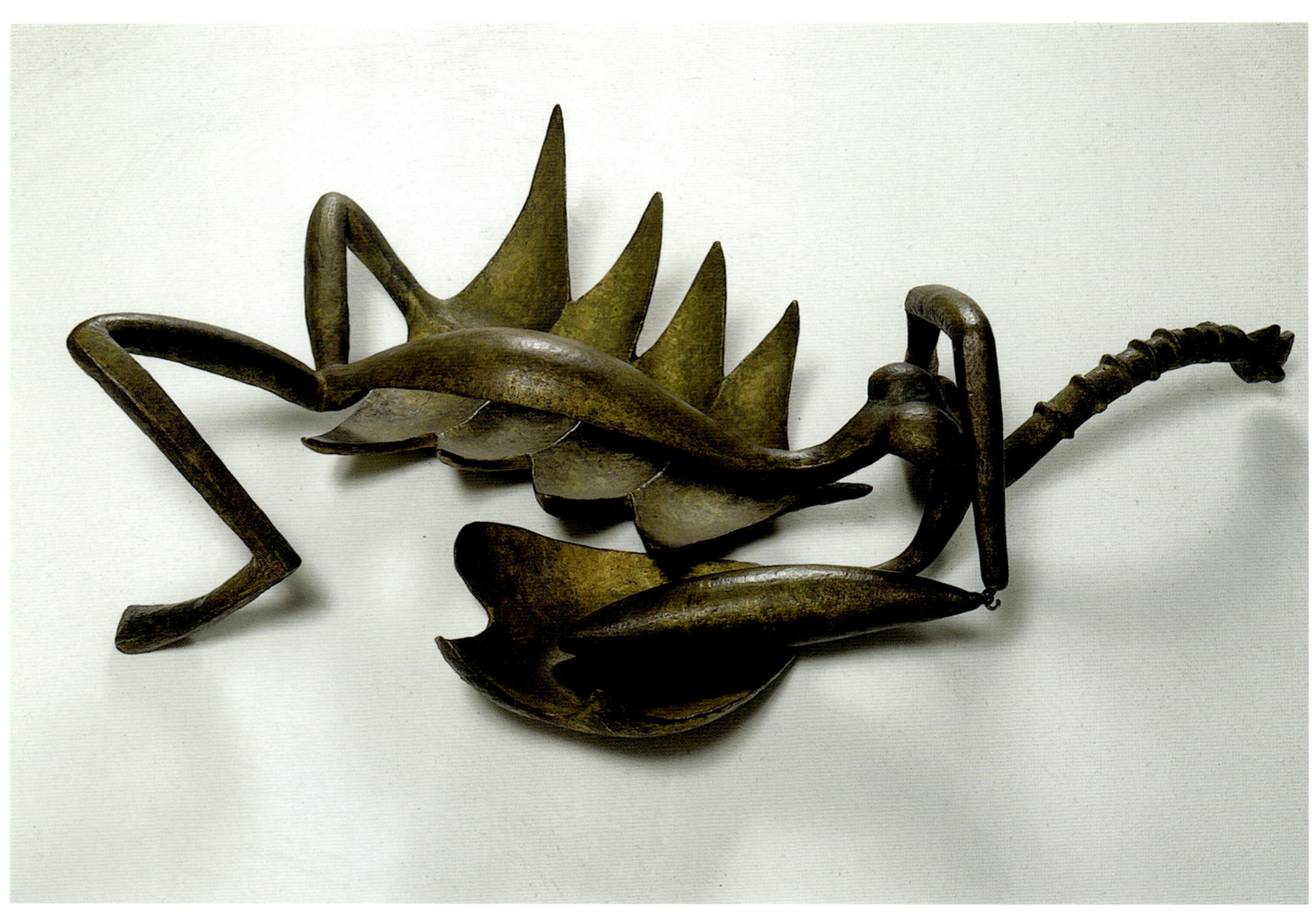

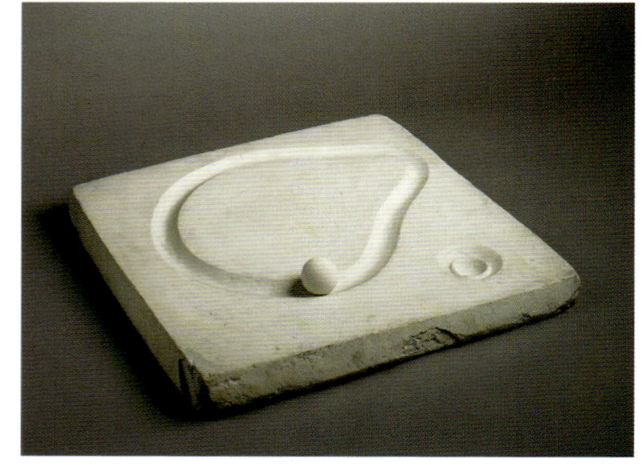

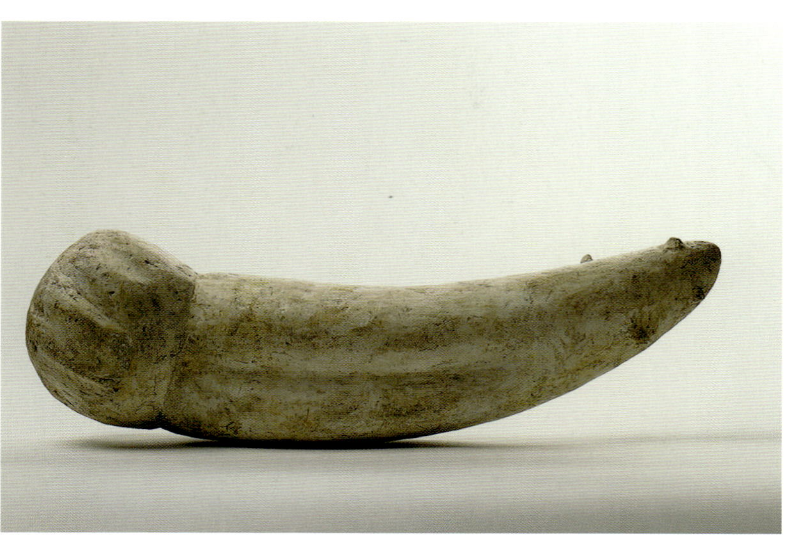

ALBERTO GIACOMETTI
Femme égorgée, 1932-1940
Bronze, patine dorée
21,50 x 82,50 x 55,00 cm
Centre Pompidou, Paris
Musée national d'art moderne

ALBERTO GIACOMETTI
Objet désagréable, 1931
Plâtre original
10,40 x 49,30 x 15,00 cm
Centre Pompidou, Paris
Musée national d'art moderne

ALBERTO GIACOMETTI
Circuit, 1931
Plâtre
4,50 x 47,50 x 48,00 cm
Centre Pompidou, Paris
Musée national d'art moderne

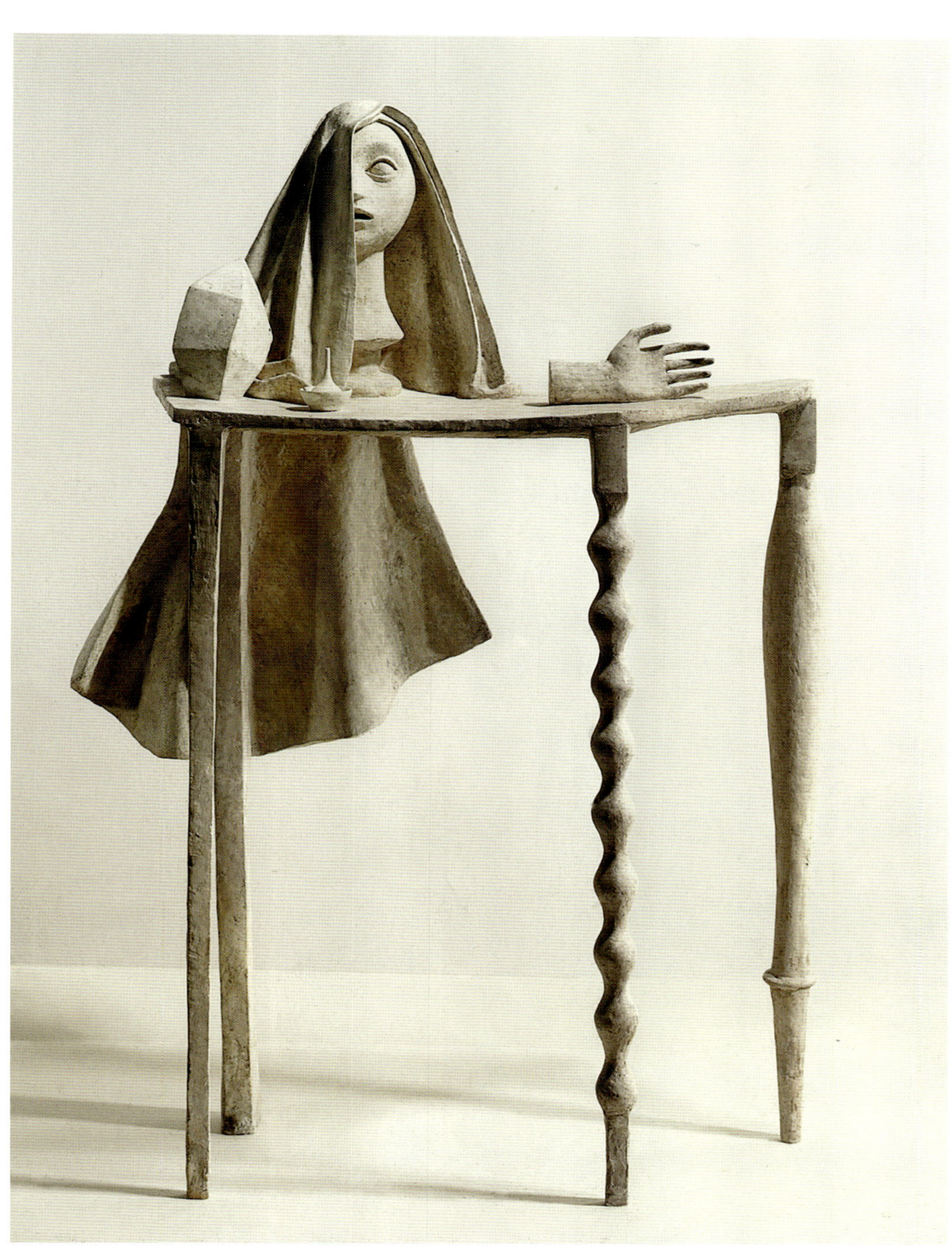

ALBERTO GIACOMETTI
Table, 1933
Plâtre original
148,50 x 103,00 x 43,00 cm
Centre Pompidou, Paris
Musée national d'art moderne

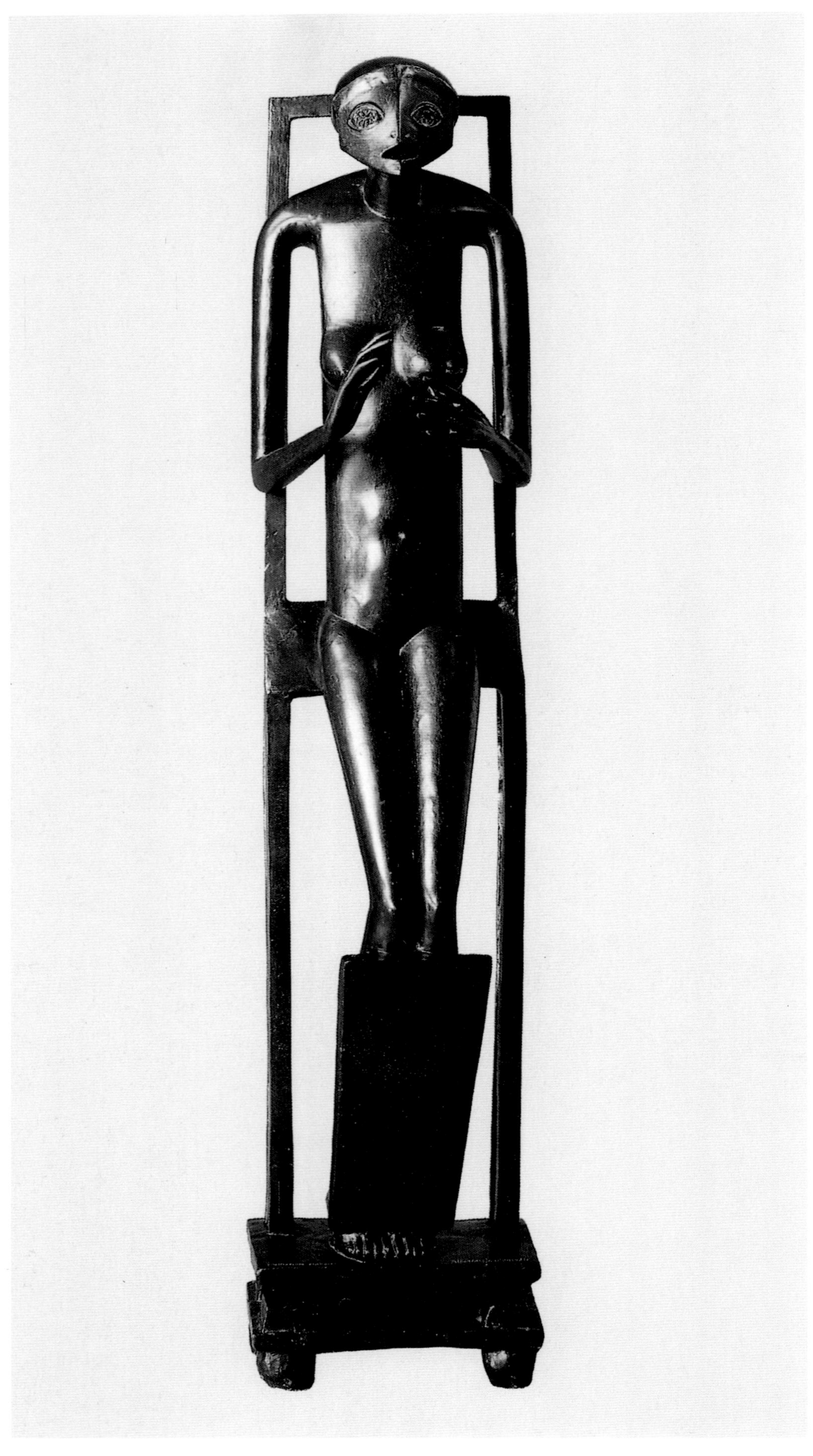

ALBERTO GIACOMETTI
L'Objet invisible (mains tenant le vide), 1934-1935
Bronze, 153,00 x 32,00 x 29,00 cm
Fondation Marguerite et Aimé Maeght, Saint-Paul
Don Marguerite et Aimé Maeght, 1964

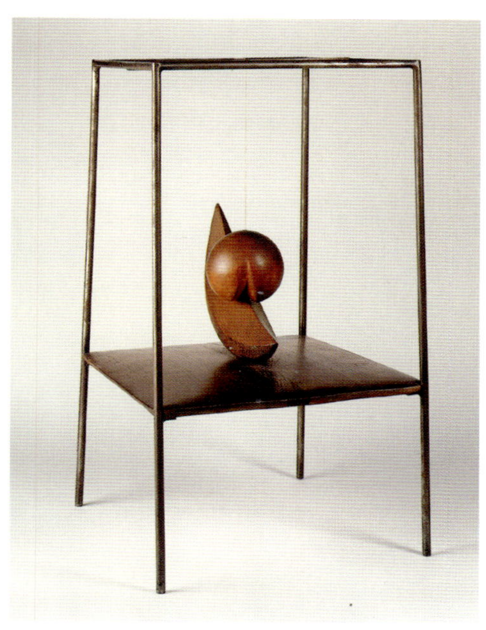

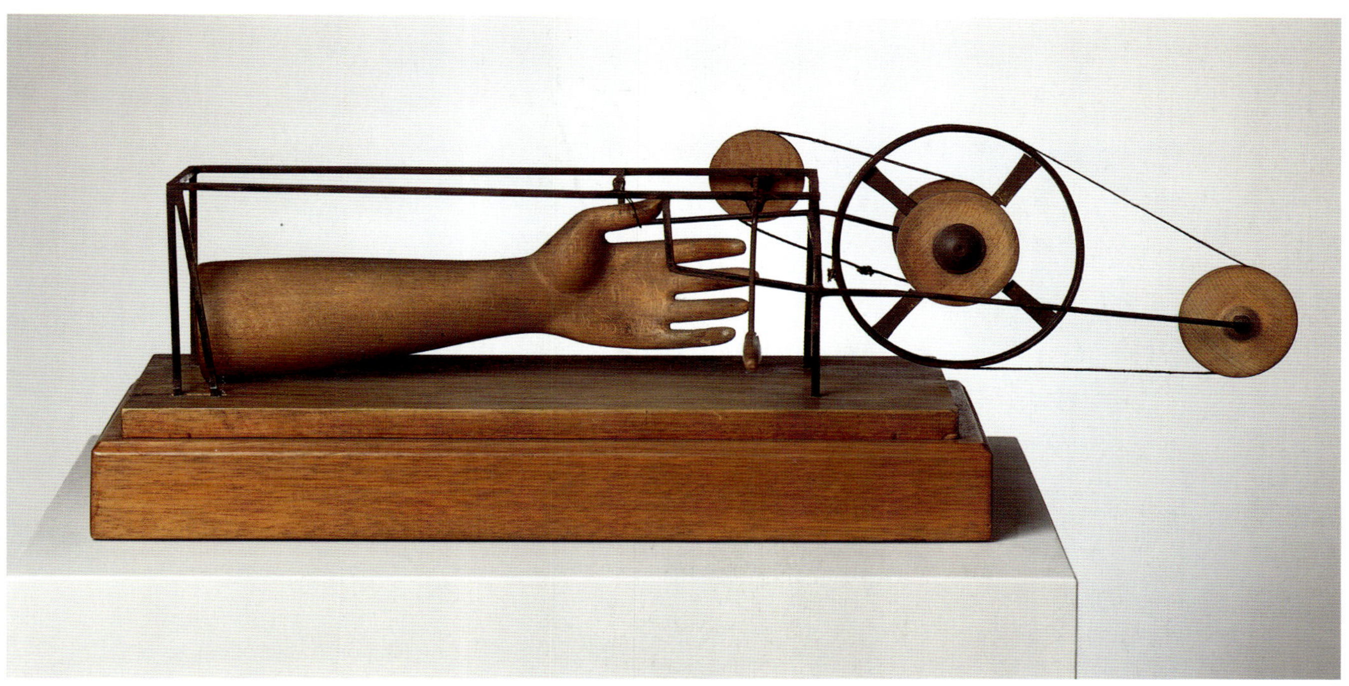

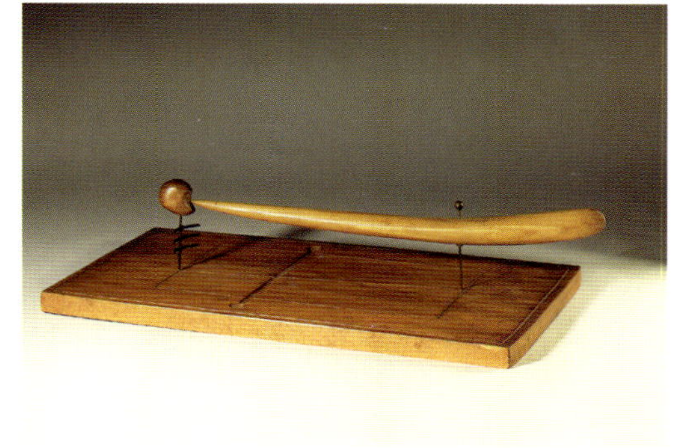

ALBERTO GIACOMETTI
Boule suspendue, 1930-1931
Bois, fer et corde
60,40 x 36,50 x 34,00 cm
Centre Pompidou, Paris
Musée national d'art moderne

ALBERTO GIACOMETTI
Main prise, 1932
Bois et métal
20,00 x 59,50 x 27 cm
Kunsthaus Zurich
Alberto Giacometti Stiftung

ALBERTO GIACOMETTI
Pointe à l'œil, 1931-1932
Bois, fer peint en noir
12,70 x 58,50 x 29,50 cm
Centre Pompidou, Paris
Musée national d'art moderne

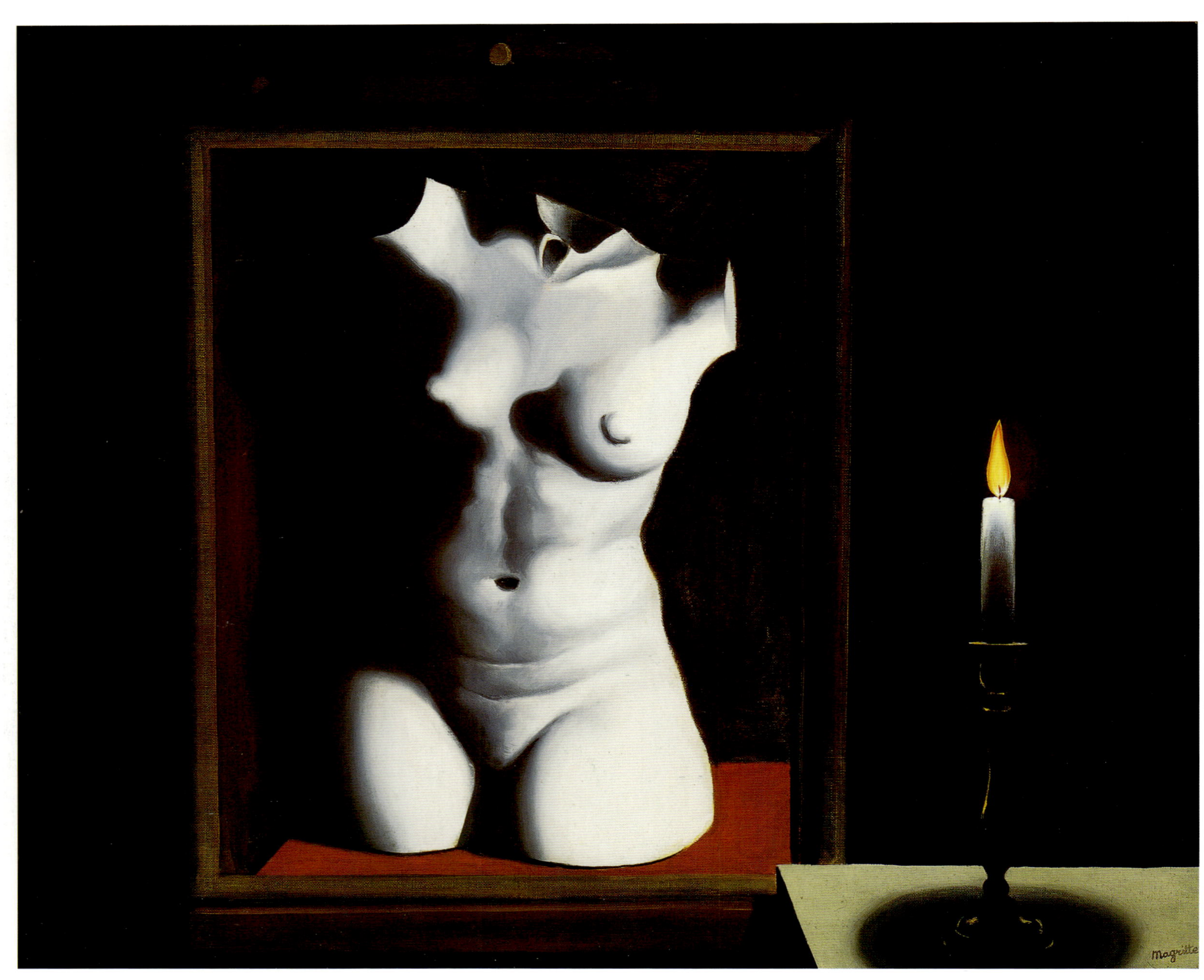

RENÉ MAGRITTE
La Lumière des coincidences, 1933
Huile sur toile
60,00 x 73,00 cm
Dallas Museum of Art, Dallas
Don de M. et Mme Jake L. Hamon, 1981

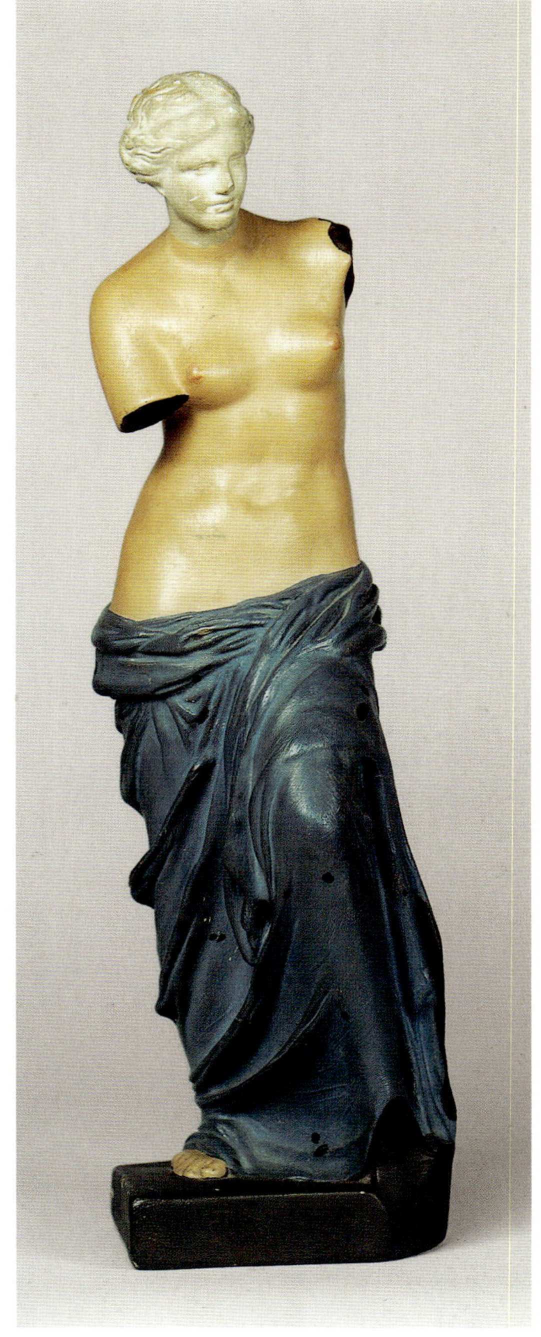

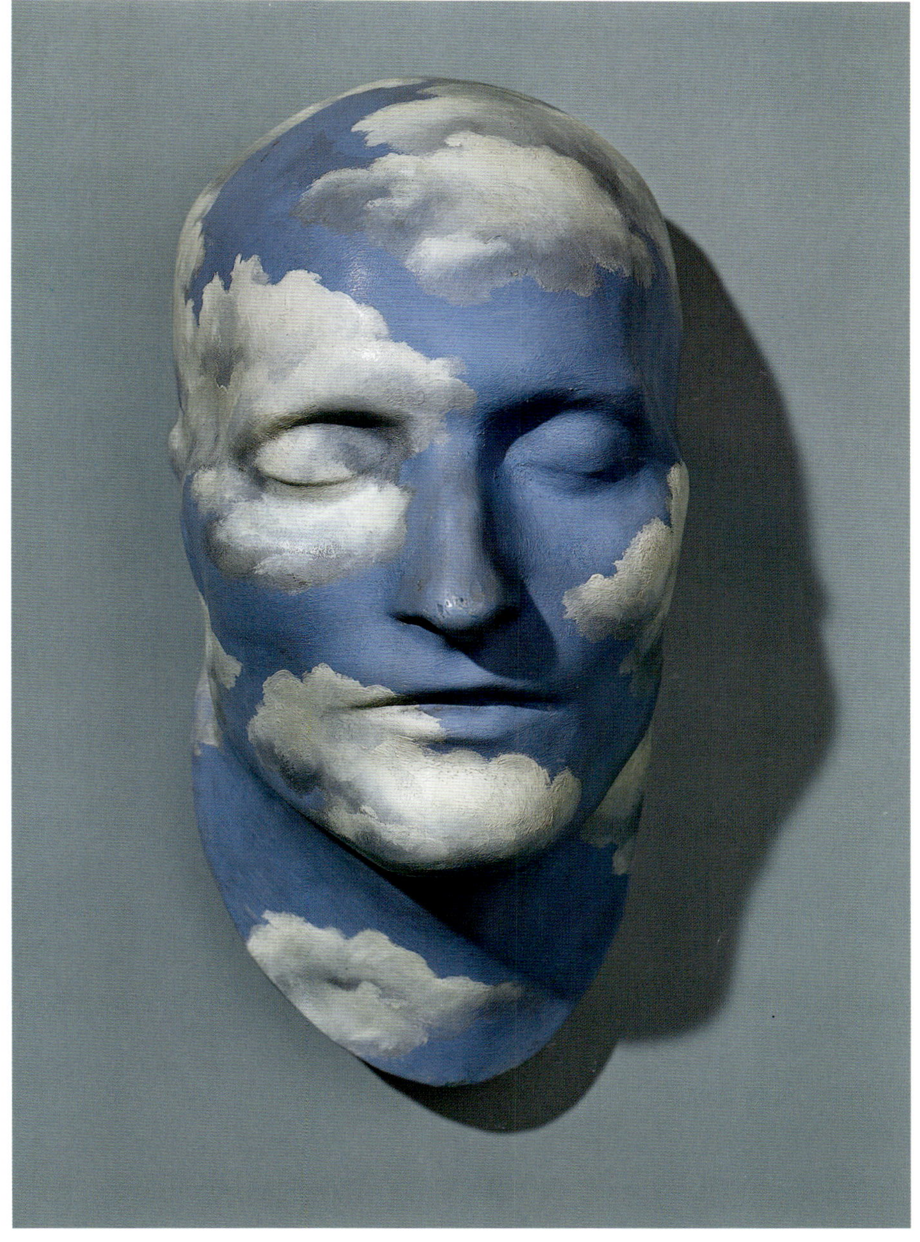

RENÉ MAGRITTE
L'Avenir des statues, 1932
Huile sur plâtre
33,50 x 16,50 x 19,00 cm
Wilhelm Lehmbruck Museum,
Duisbourg

RENÉ MAGRITTE
Les Menottes de cuivre, 1931
Huile sur une reproduction
en plâtre de la Vénus de Milo
37,00 x 11,50 x 11,00 cm
Musées royaux des Beaux-Arts de
Belgique, Bruxelles

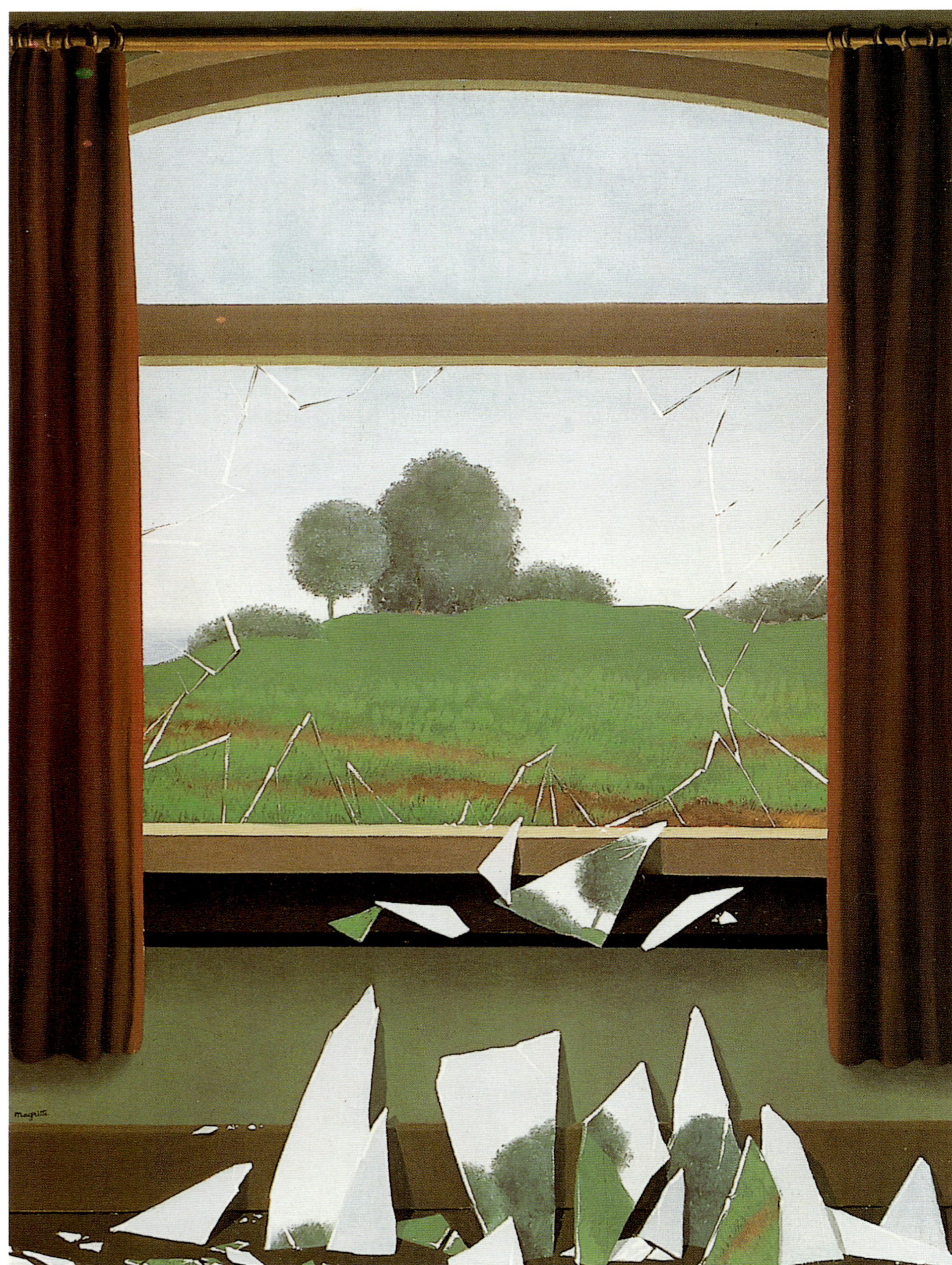

RENÉ MAGRITTE
La Clef des champs, 1936
Huile sur toile
80 x 60 cm
Fundación Colección
Thyssen-Bornemisza, Madrid

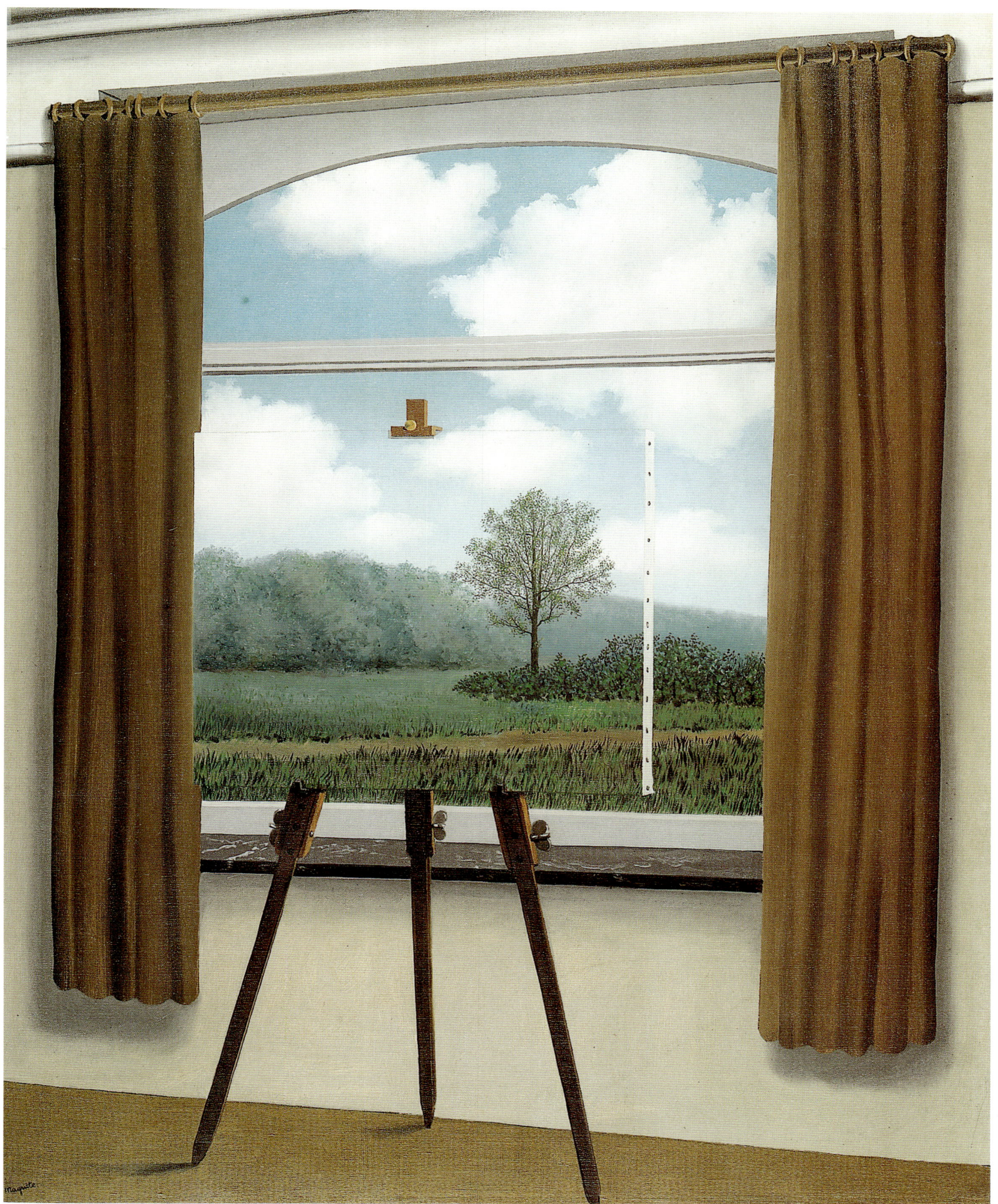

RENÉ MAGRITTE
La Condition humaine, 1933
Huile sur toile
100,00 x 81,00 cm
National Gallery of Art,
Washington

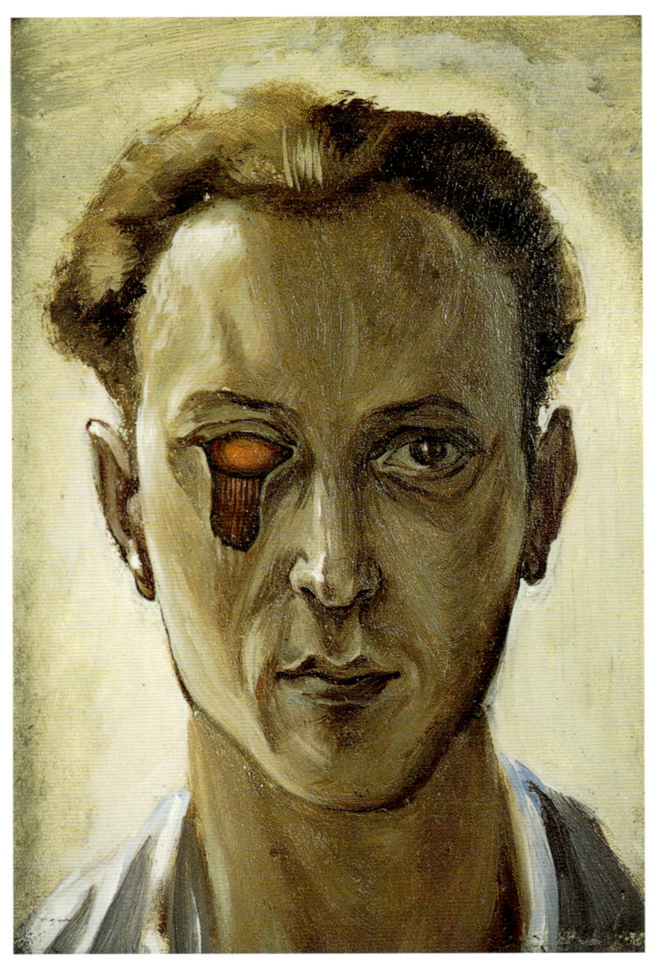

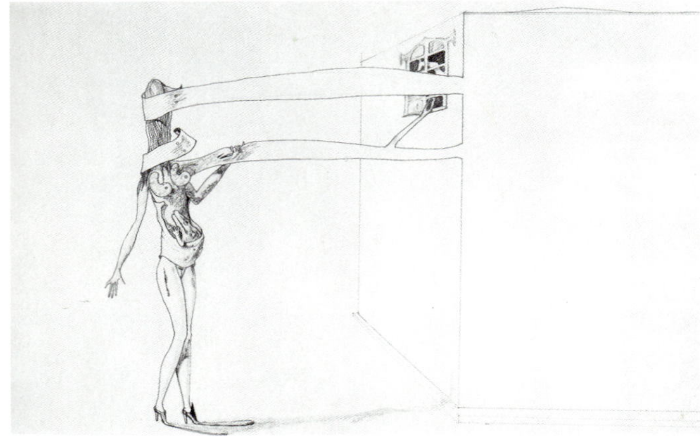

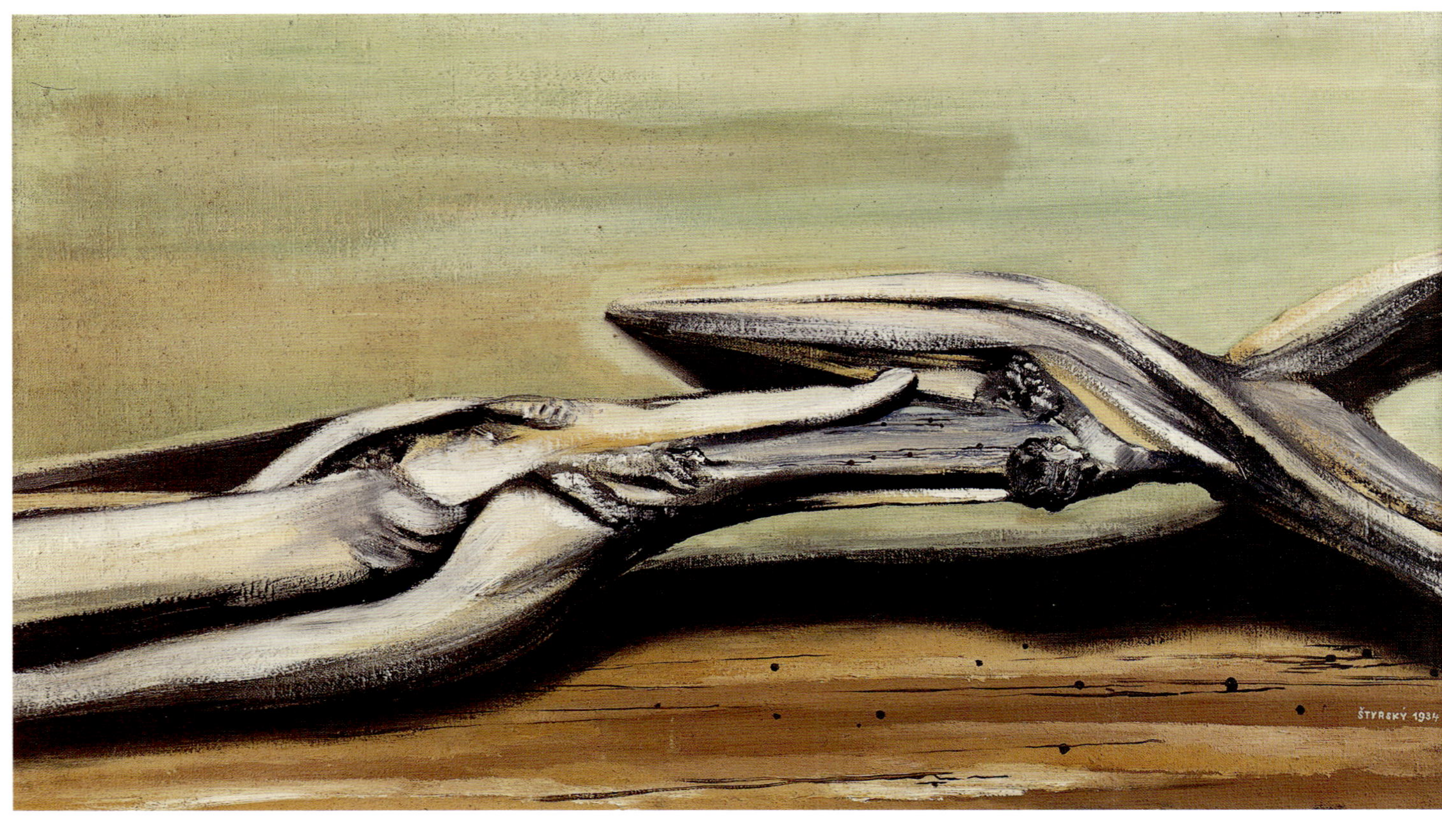

VICTOR BRAUNER
Autoportrait, 1931
Huile sur bois
22,00 x 16,20 cm
Centre Pompidou, Paris
Musée national d'art moderne

VICTOR BRAUNER
Projet pour « conspiration », 1933
Mine de plomb et encre de Chine sur papier
31,70 x 49,00 cm
Centre Pompidou, Paris
Musée national d'art moderne

JINDRICH STYRSKY
Racines, 1934
Huile sur toile
46,00 x 81,00 cm
Collection particulière

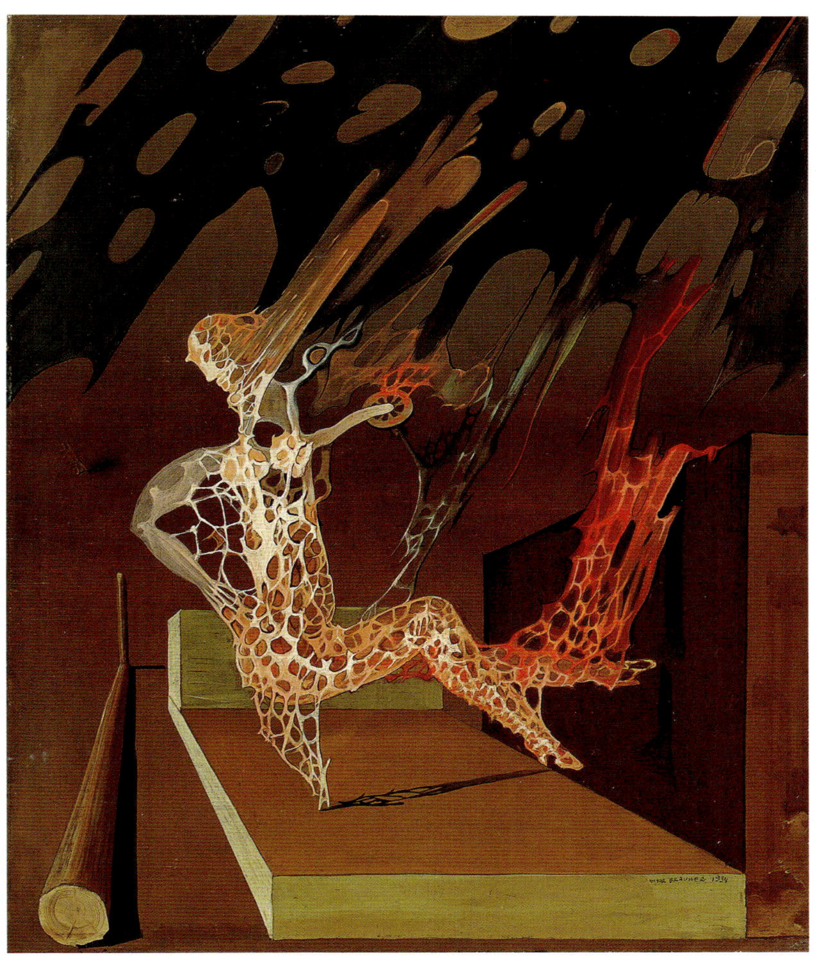

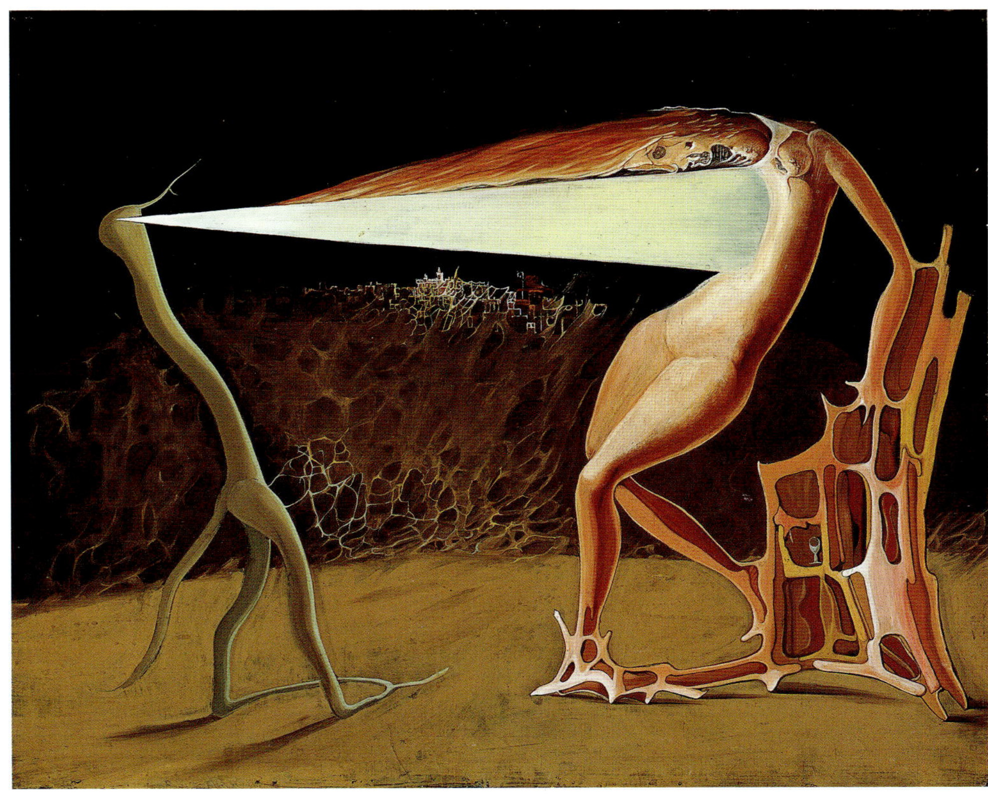

VICTOR BRAUNER
Sans titre, 1934
Huile sur toile
46,00 x 38,00 cm
Collection Ulla et Heiner Pietzsch, Berlin

VICTOR BRAUNER
Le Ver luisant, 1933
Huile sur toile
50,00 x 61,00 cm
Centre Pompidou, Paris
Musée national d'art moderne

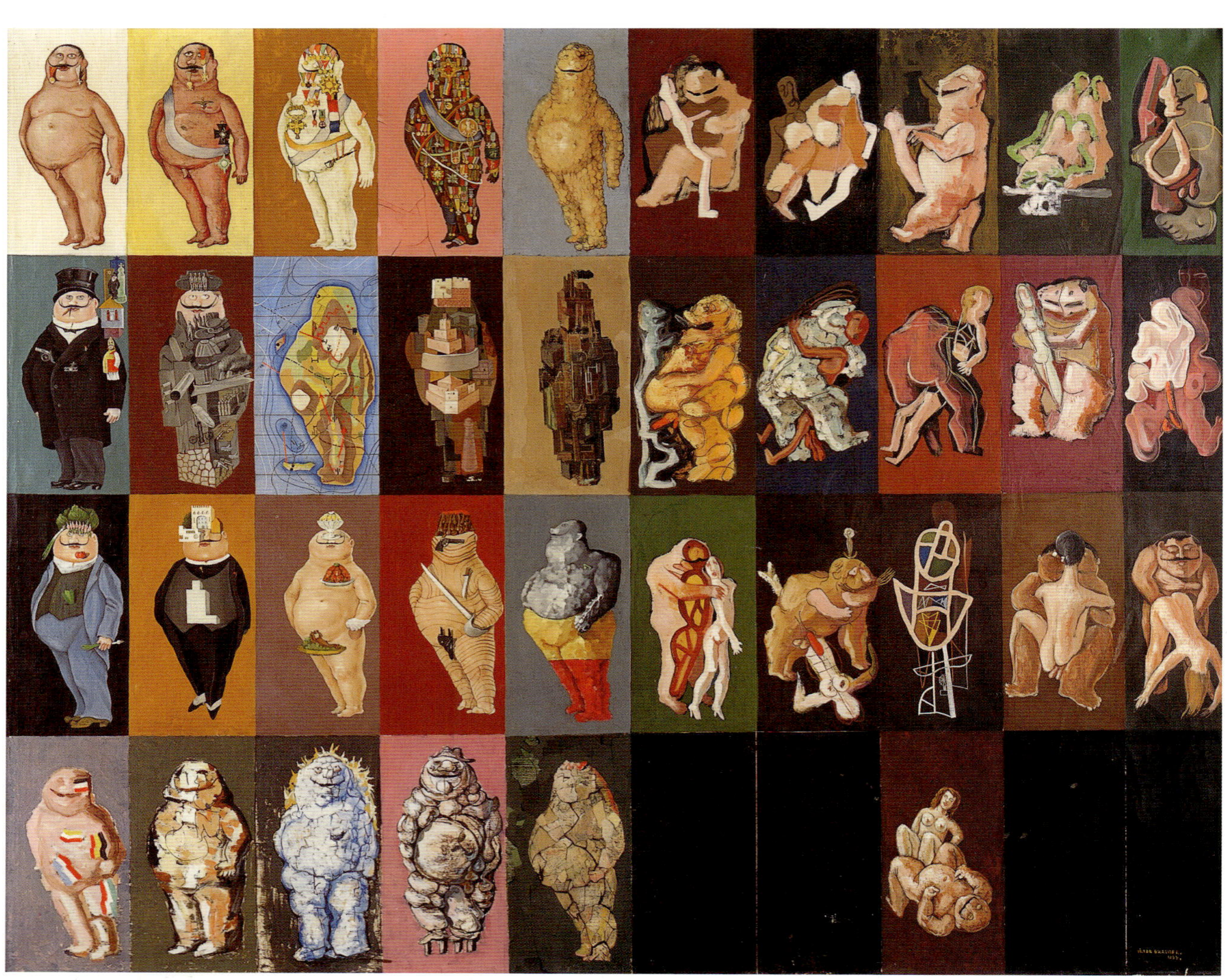

VICTOR BRAUNER
L'Étrange Cas de Monsieur K., 1934
Huile sur toile
81,00 x 100,00 cm
Collection particulière

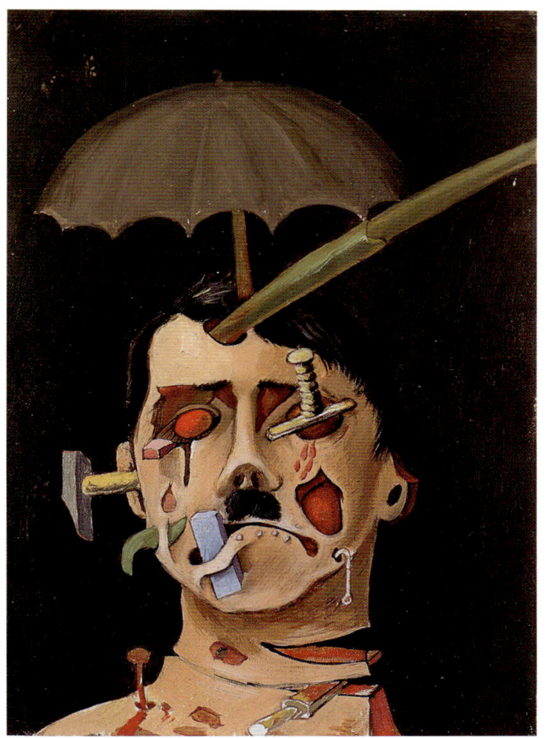

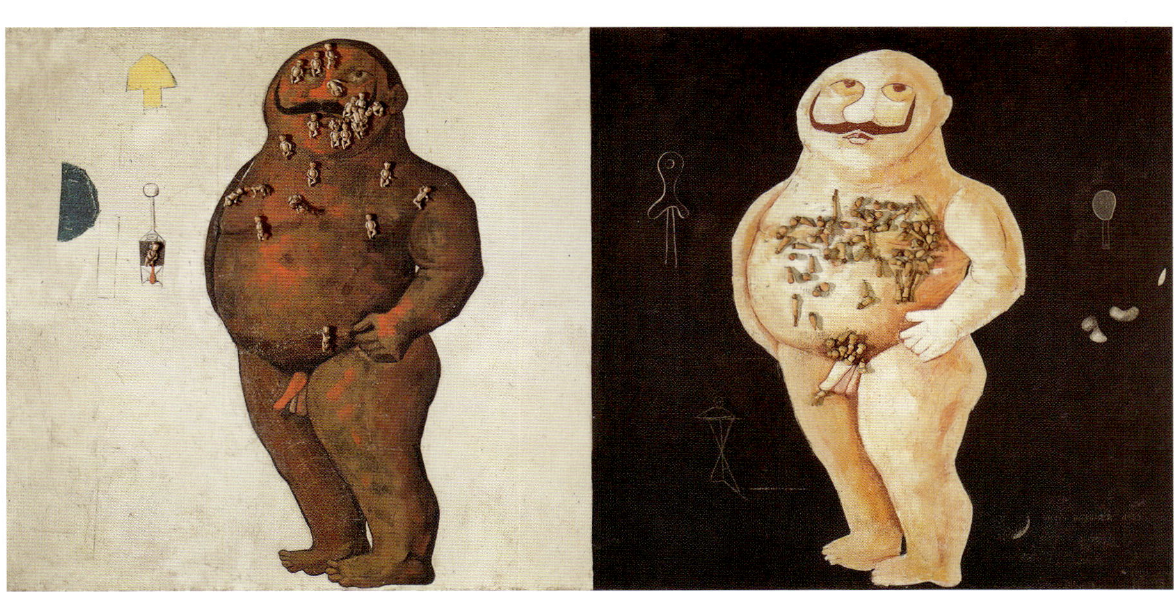

VICTOR BRAUNER
Hitler, 1934
Huile sur carton
22,00 x 16,00 cm
Collection particulière

VICTOR BRAUNER
Force de concentration de Monsieur K., 1934
Huile sur toile, celluloïd, papier, fil de fer
148,50 x 295,00 cm
Centre Pompidou, Paris
Musée national d'art moderne

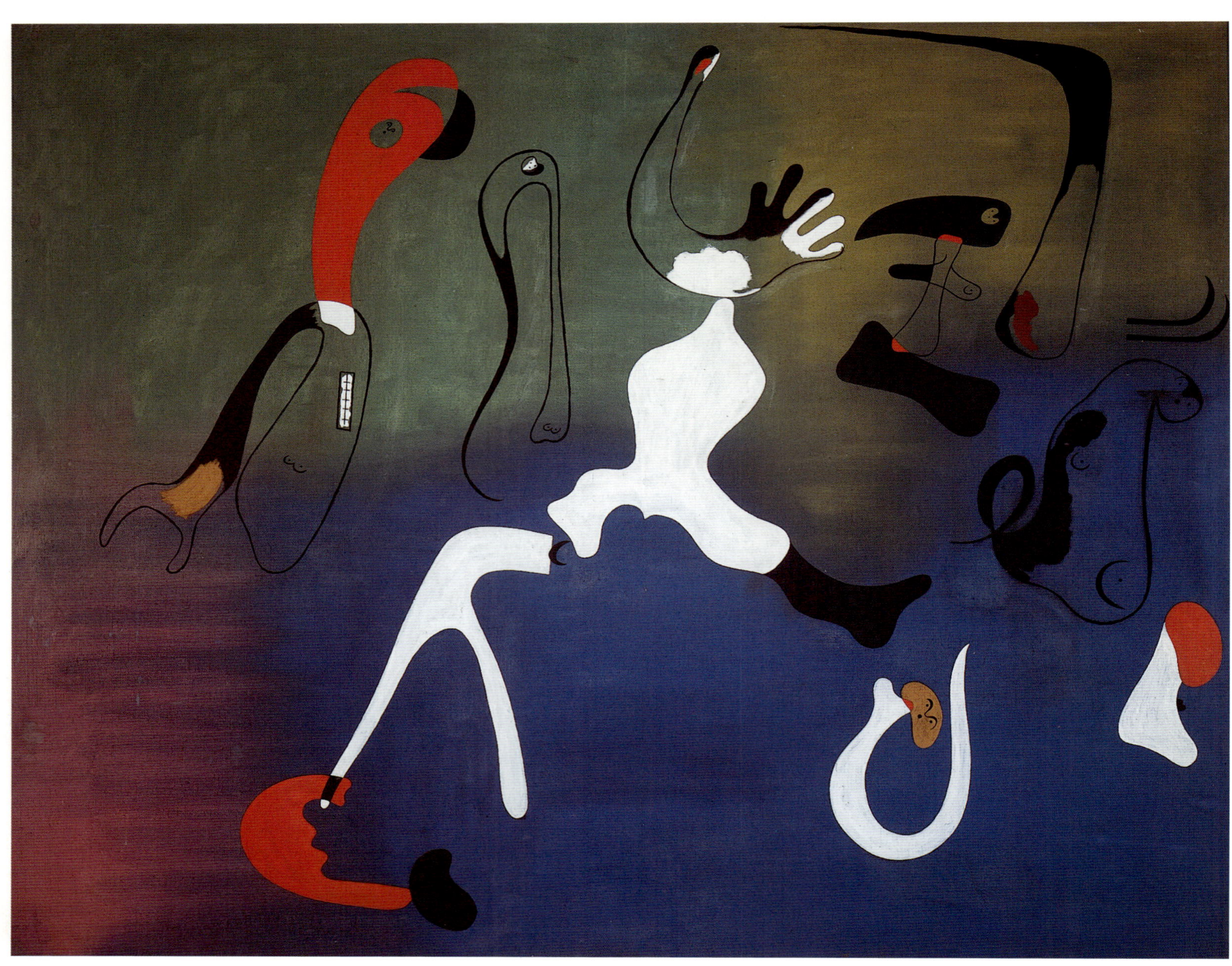

JOAN MIRÓ
Peinture, 1933
Huile sur toile
130,50 x 163,00 cm
Kunstmuseum Bern, Berne

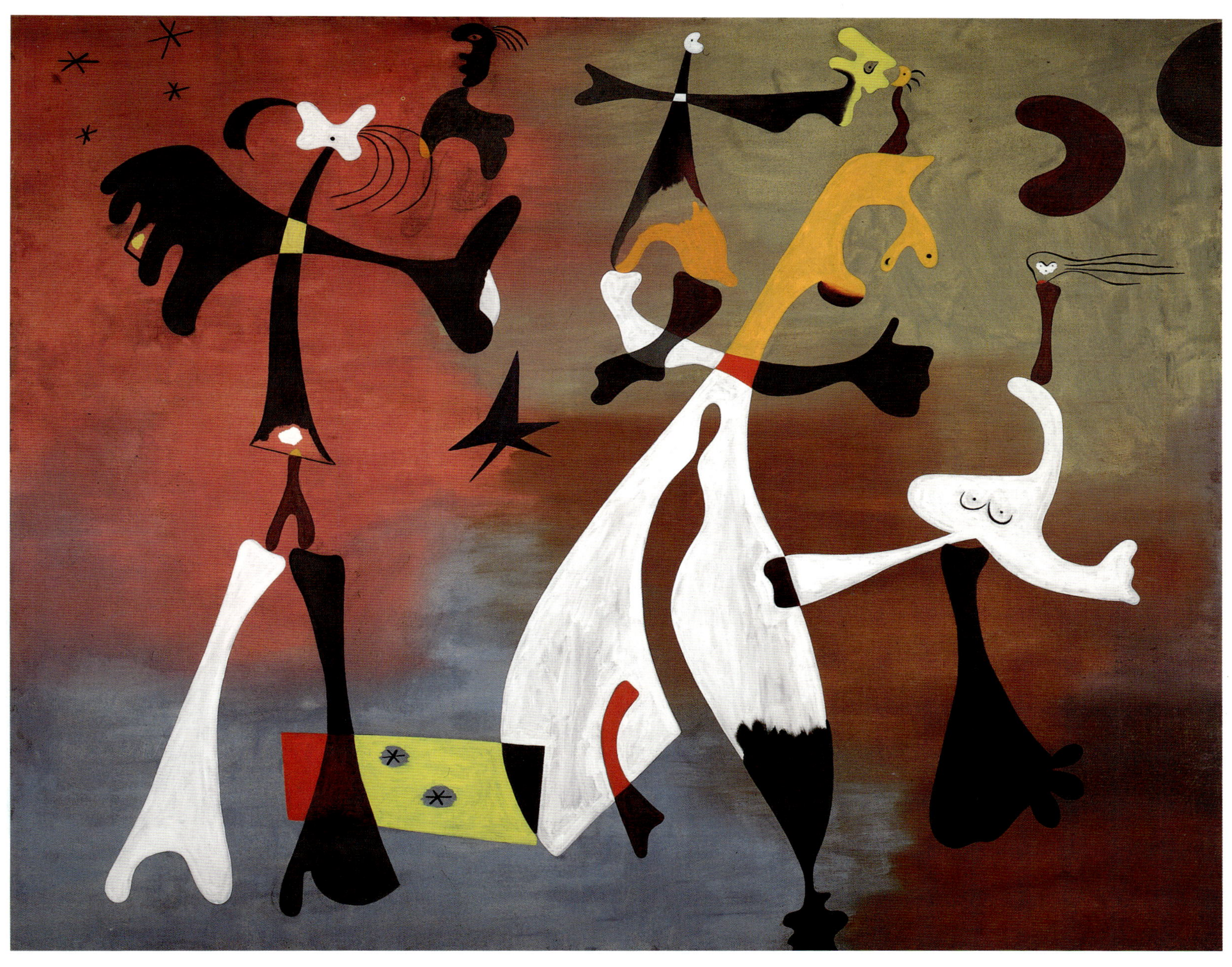

JOAN MIRÓ
Personnages avec étoiles, 1933
Huile sur toile
198,80 x 247,70 cm
The Art Institute of Chicago,
Don de M. et Mme Maurice E. Culberg, 1952

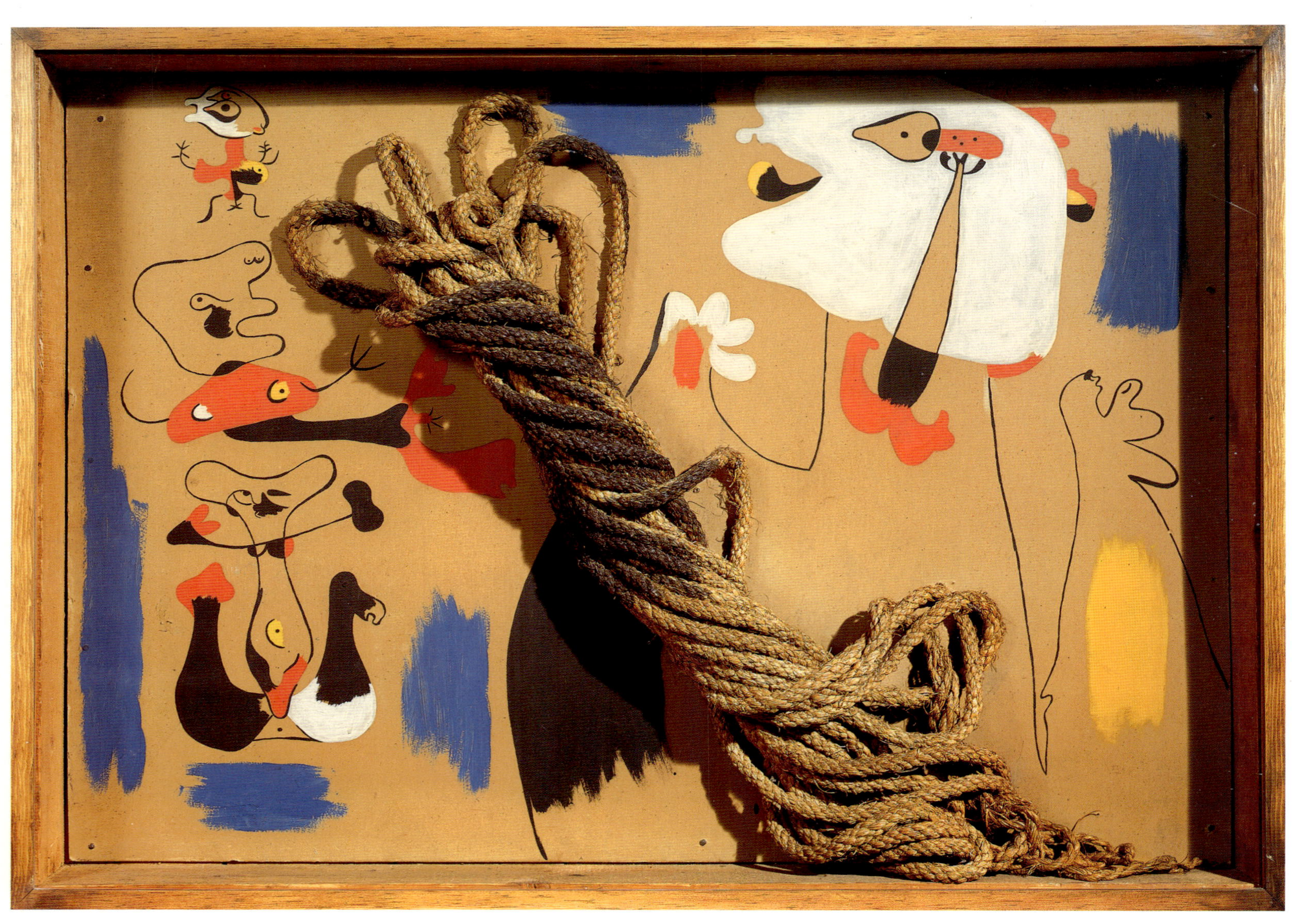

JOAN MIRÓ
Corde et personnages II, 1935
Huile et corde sur carton
74,60 x 106,10 cm
Collection particulière

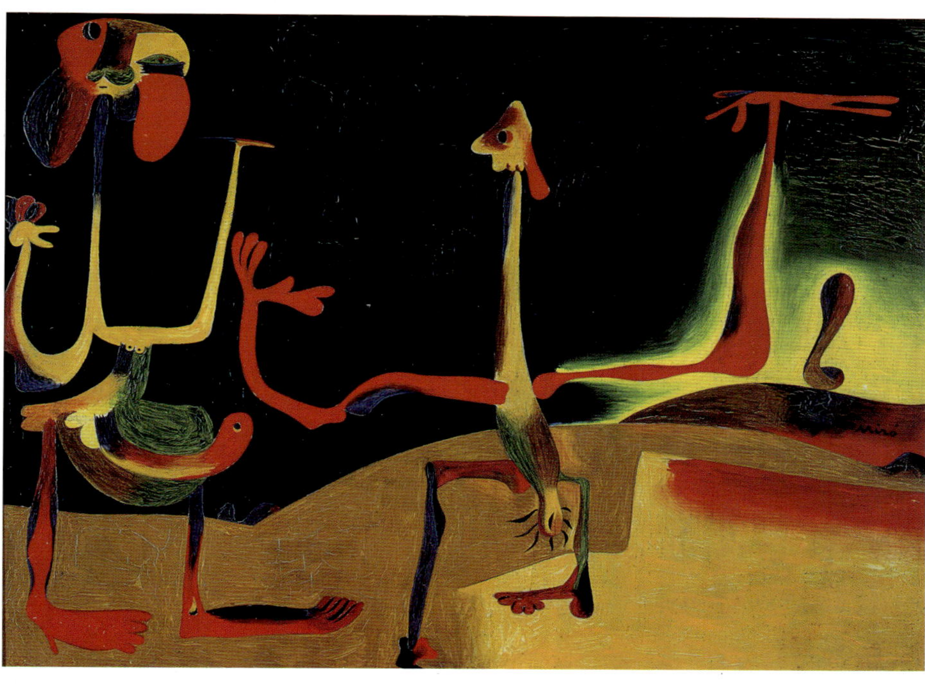

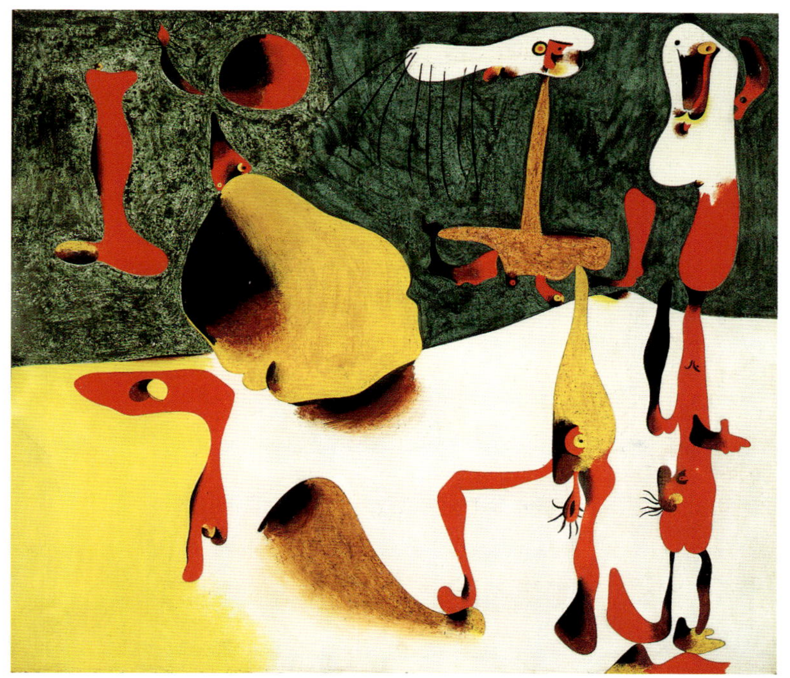

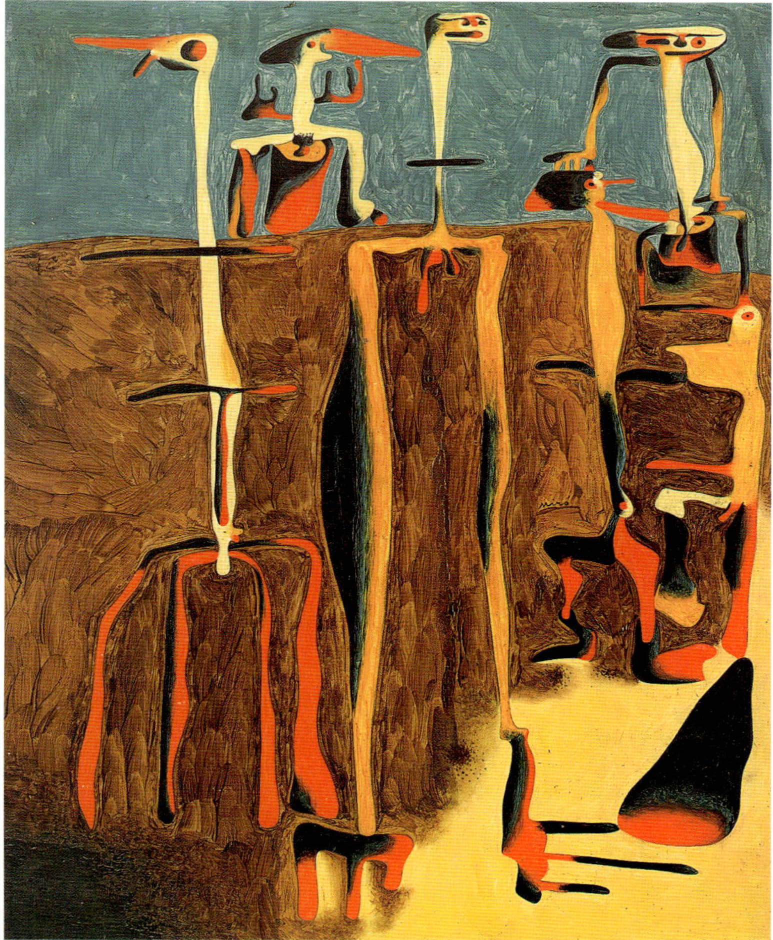

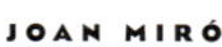

JOAN MIRÓ
Homme et femme devant un tas d'excréments, 1935
Huile sur cuivre
23,20 x 32,00 cm
Fundació Joan Miró, Barcelone
Donation Pilar Juncosa de Miró

JOAN MIRÓ
Personnages assis, 1936
Huile sur cuivre
44,00 x 35,00 cm
Collection particulière

JOAN MIRÓ
Personnages devant une métamorphose, 1936
Tempera à l'œuf sur masonite
49,50 x 57,50 cm
New Orleans Museum of Art
Legs de Victor K. Kiam

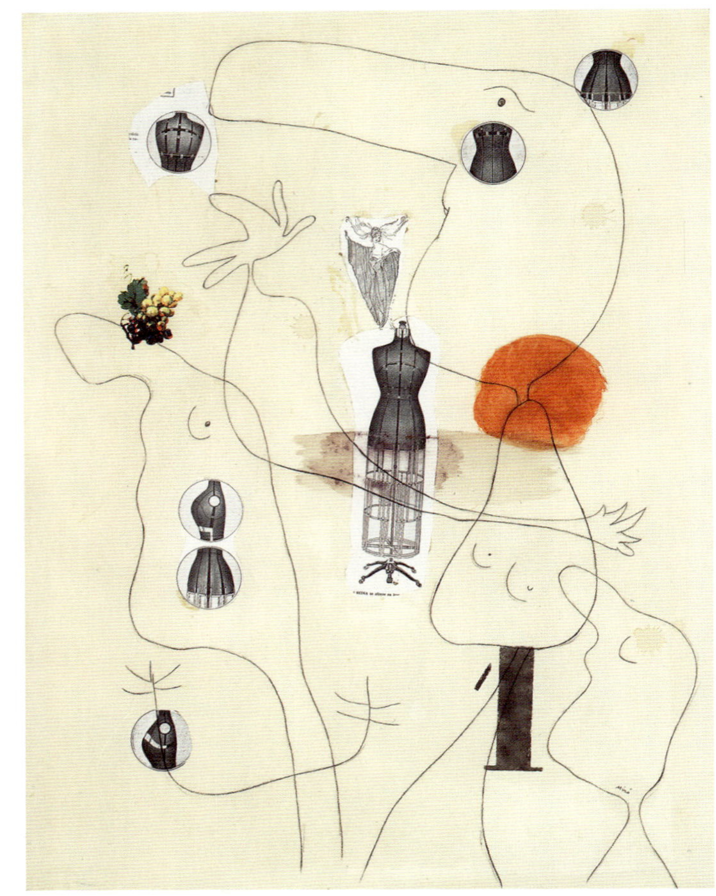

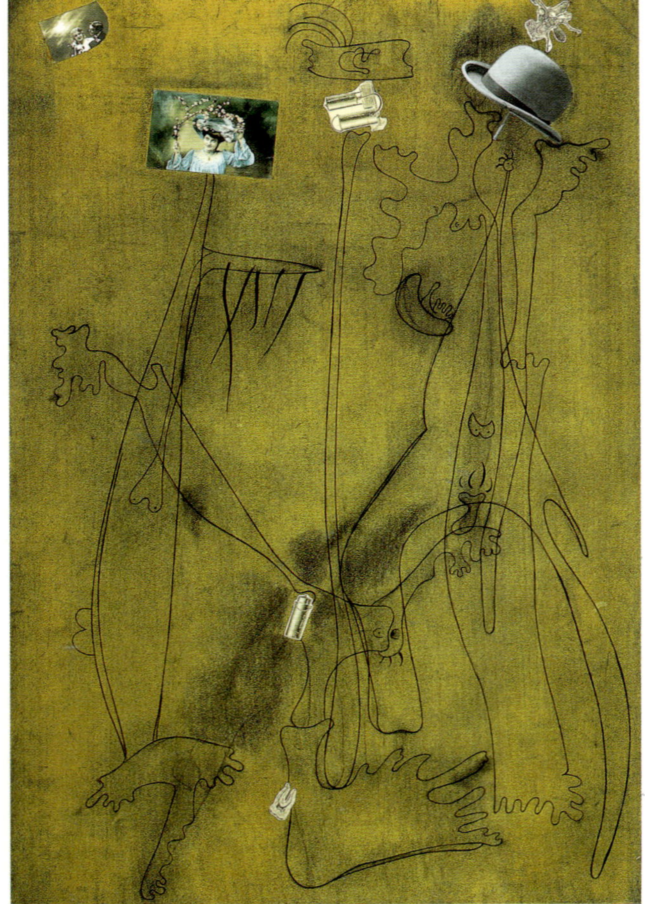

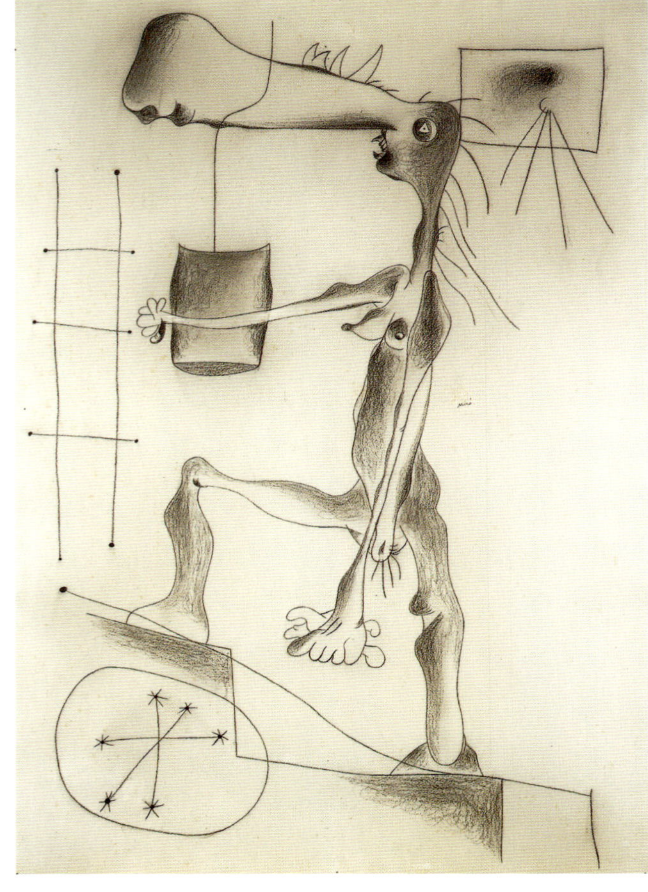

JOAN MIRÓ
Dessin-collage (avec chapeau), 1933
Crayon et collage sur papier
106,70 x 69,90 cm
Morton G. Neumann Family Collection

JOAN MIRÓ
Métamorphose, 1936
Crayon et aquarelle, collage
64,00 x 47,80 cm
Collection particulière, Allemagne

JOAN MIRÓ
Femme nue montant l'escalier, 1937
Fusain sur papier
77,90 x 55,80 cm
Fundació Joan Miró, Barcelone

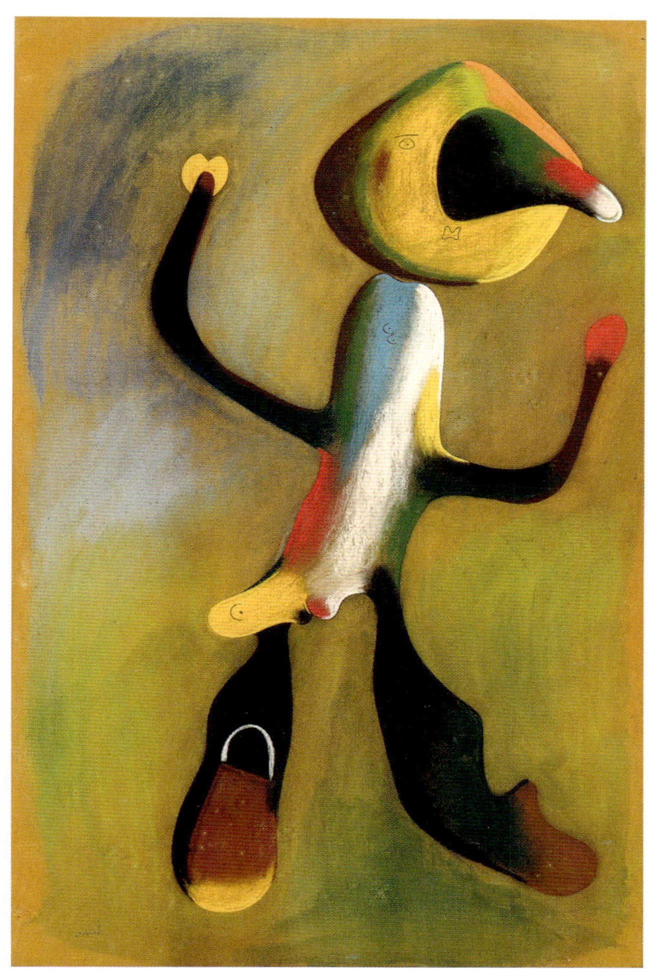

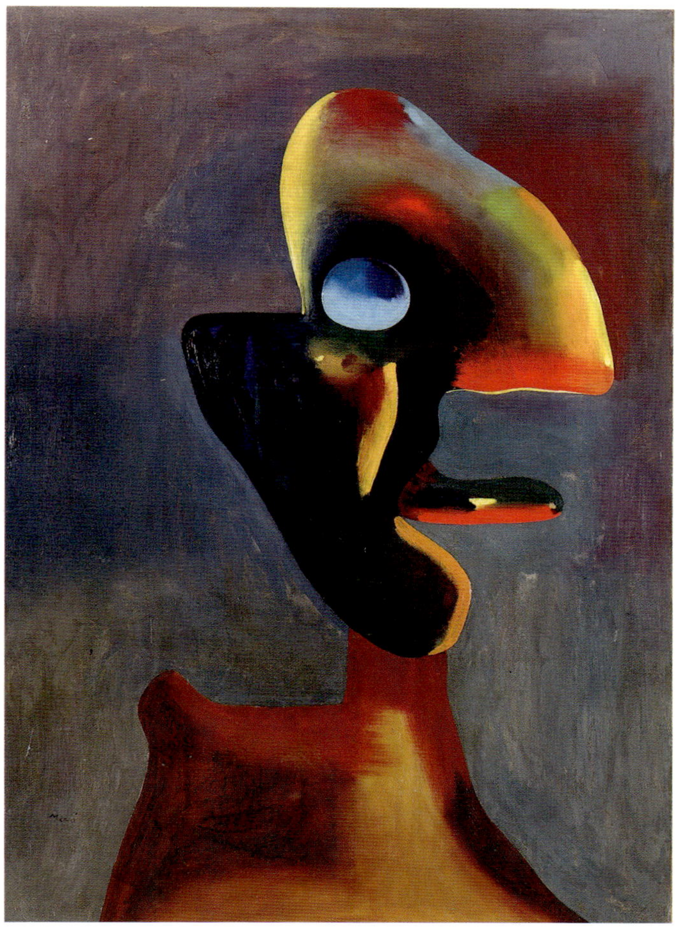

JOAN MIRÓ
Personnage, 1934
Pastel sur papier velours
106,30 x 70,50 cm
Centre Pompidou, Paris
Musée national d'art moderne

JOAN MIRÓ
Tête d'homme, 1935
Huile et vernis sur carton
contrecollé sur panneau de bois
104,50 x 74,20 cm
Centre Pompidou, Paris
Musée national d'art moderne

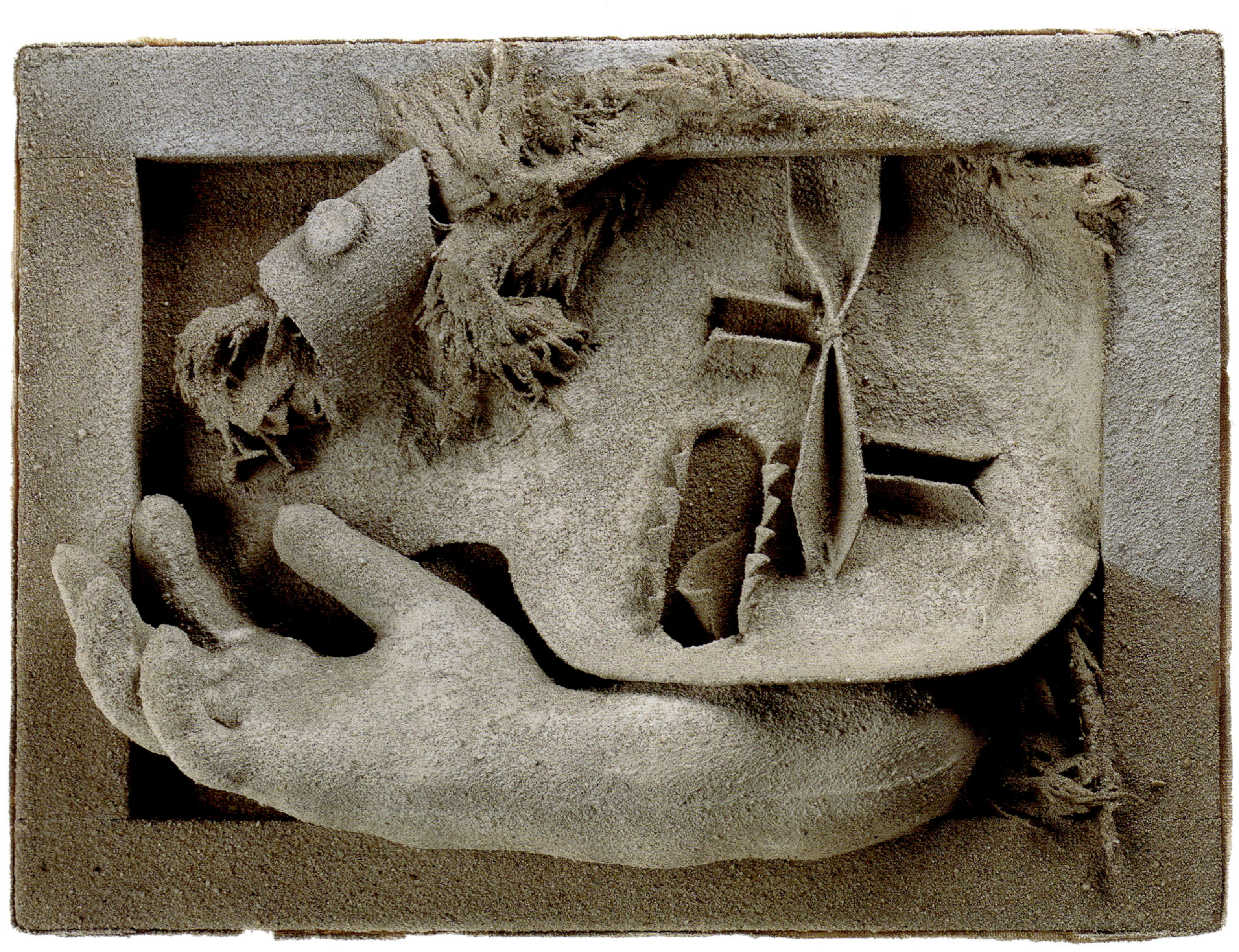

PABLO PICASSO
Composition au gant, 1930
Sable teinté par endroits sur revers de toile et châssis, gant, carton, végétaux collés et cousus sur la toile
27,50 x 35,50 x 8,00 cm
Musée Picasso, Paris

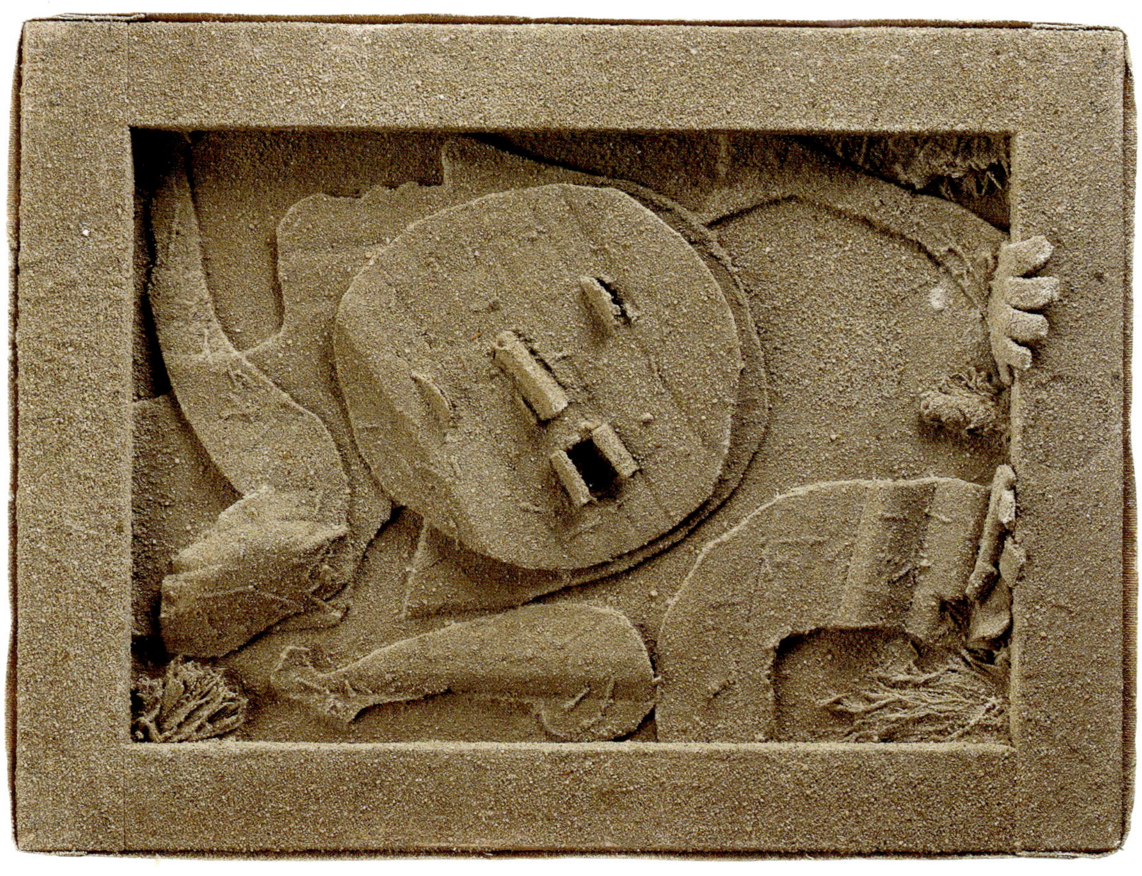

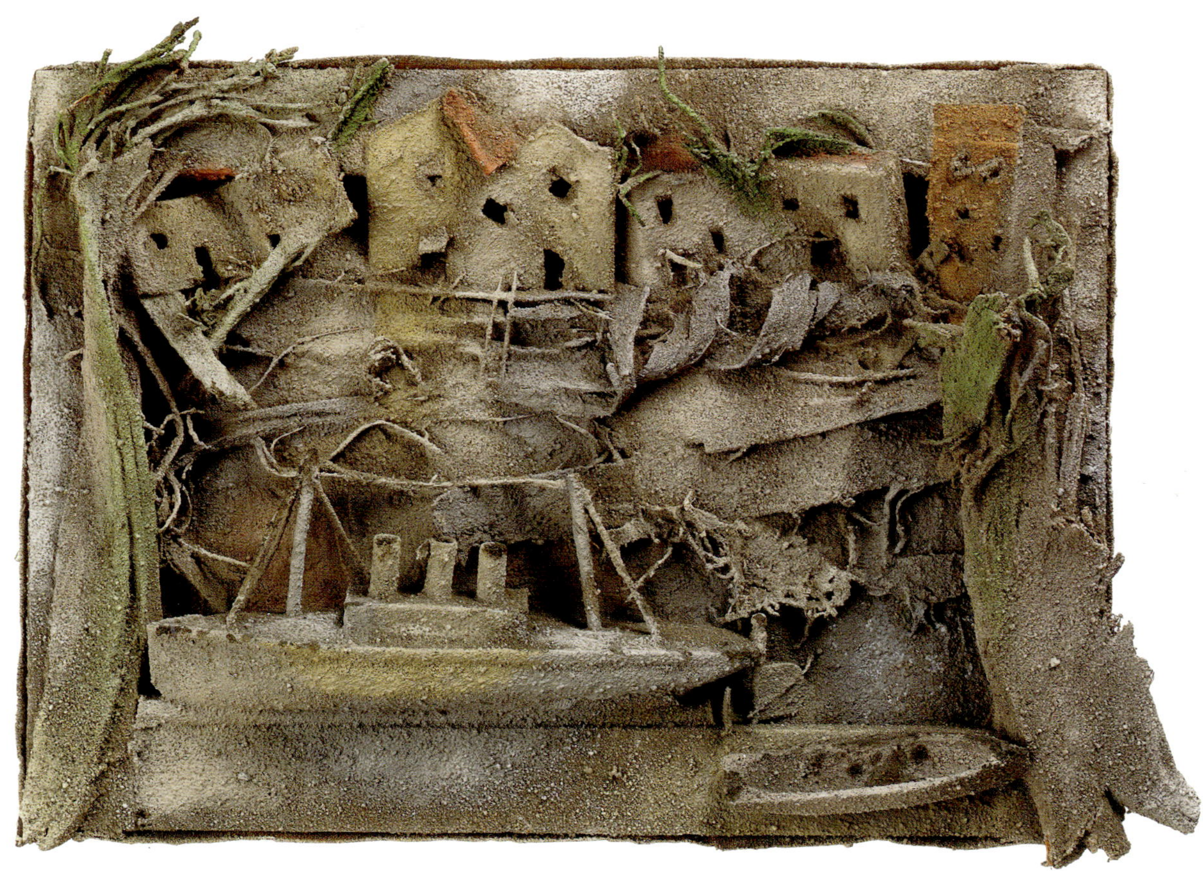

PABLO PICASSO
Baigneuse et profil, 1930
Sable sur revers de toile
et châssis, carton et végétaux
collés et cousus sur la toile
27,00 x 37,00 x 3,00 cm
Musée Picasso, Paris

PABLO PICASSO
Paysage aux bateaux, 1930
Sable teinté par endroits sur revers
de toile et châssis, végétaux, carton,
petits bateaux collés et cousus sur la toile
26,50 x 36,00 x 7,00 cm
Musée Picasso, Paris

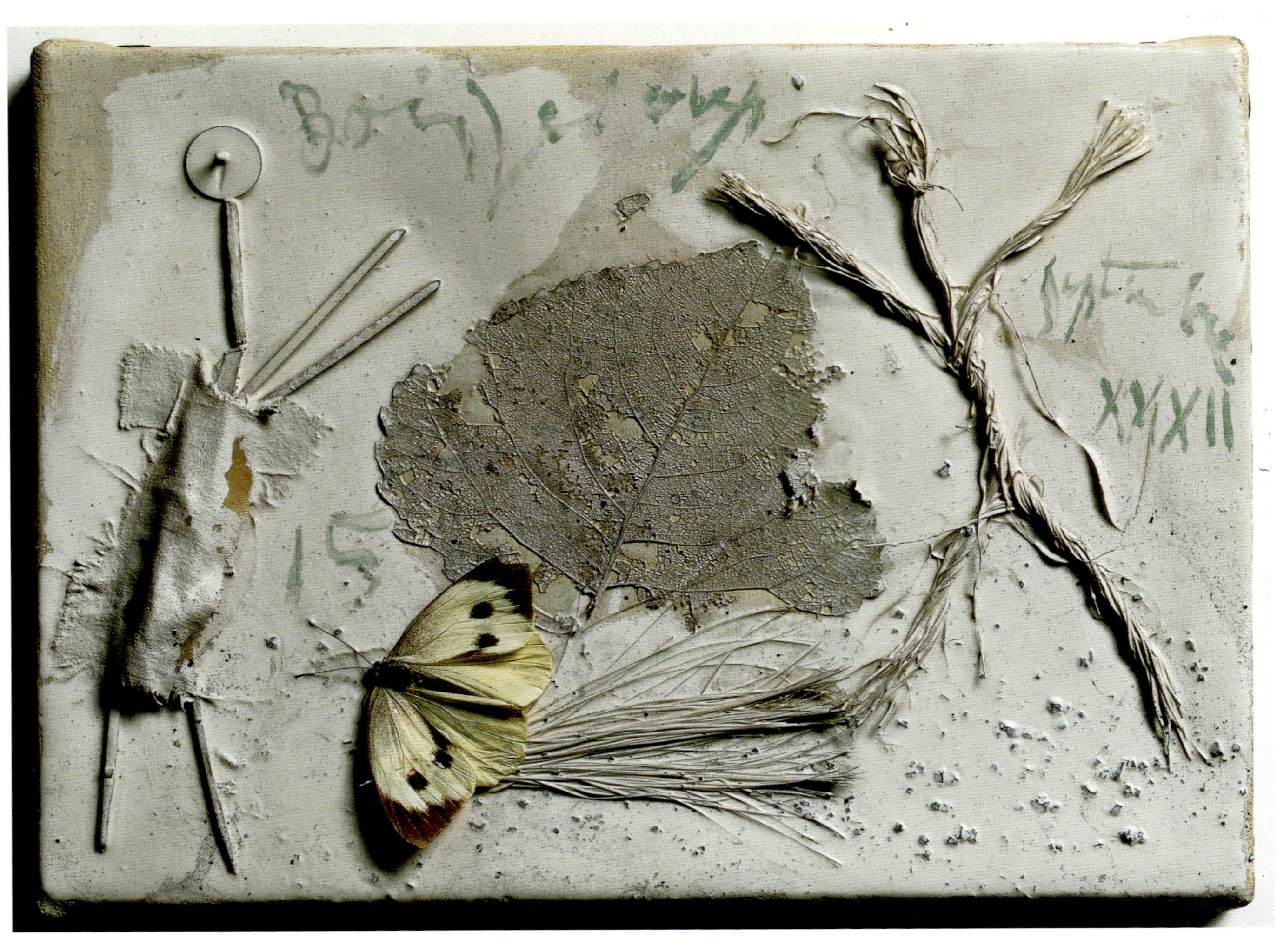

PABLO PICASSO
Composition au papillon, 1932
Tissu, bois, végétaux, ficelle,
punaise, papillon, huile sur toile
16,00 x 22,00 x 2,50 cm
Musée Picasso, Paris

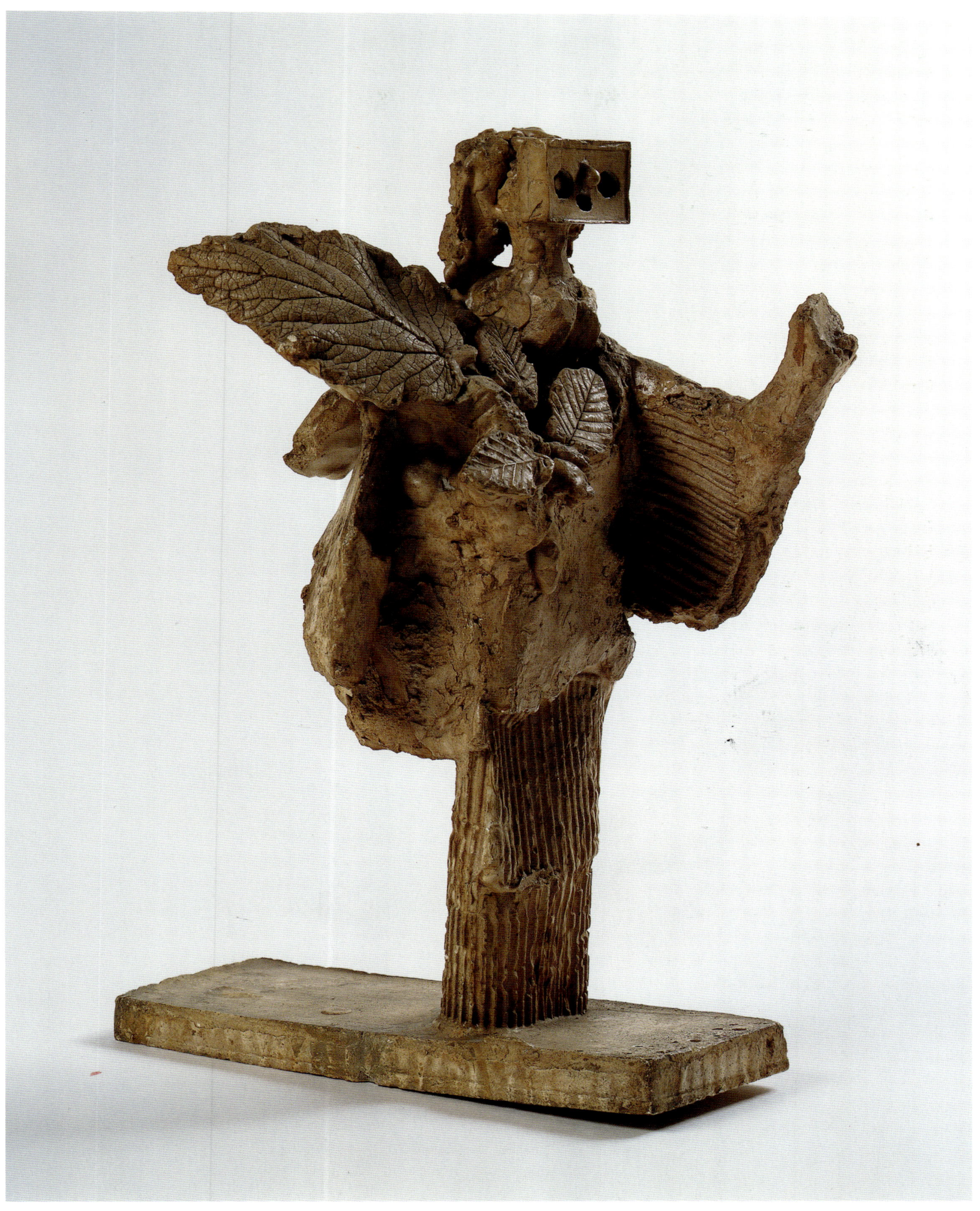

PABLO PICASSO
Femme au feuillage, 1934
Plâtre original
39,50 x 21,50 x 26,50 cm
Collection particulière

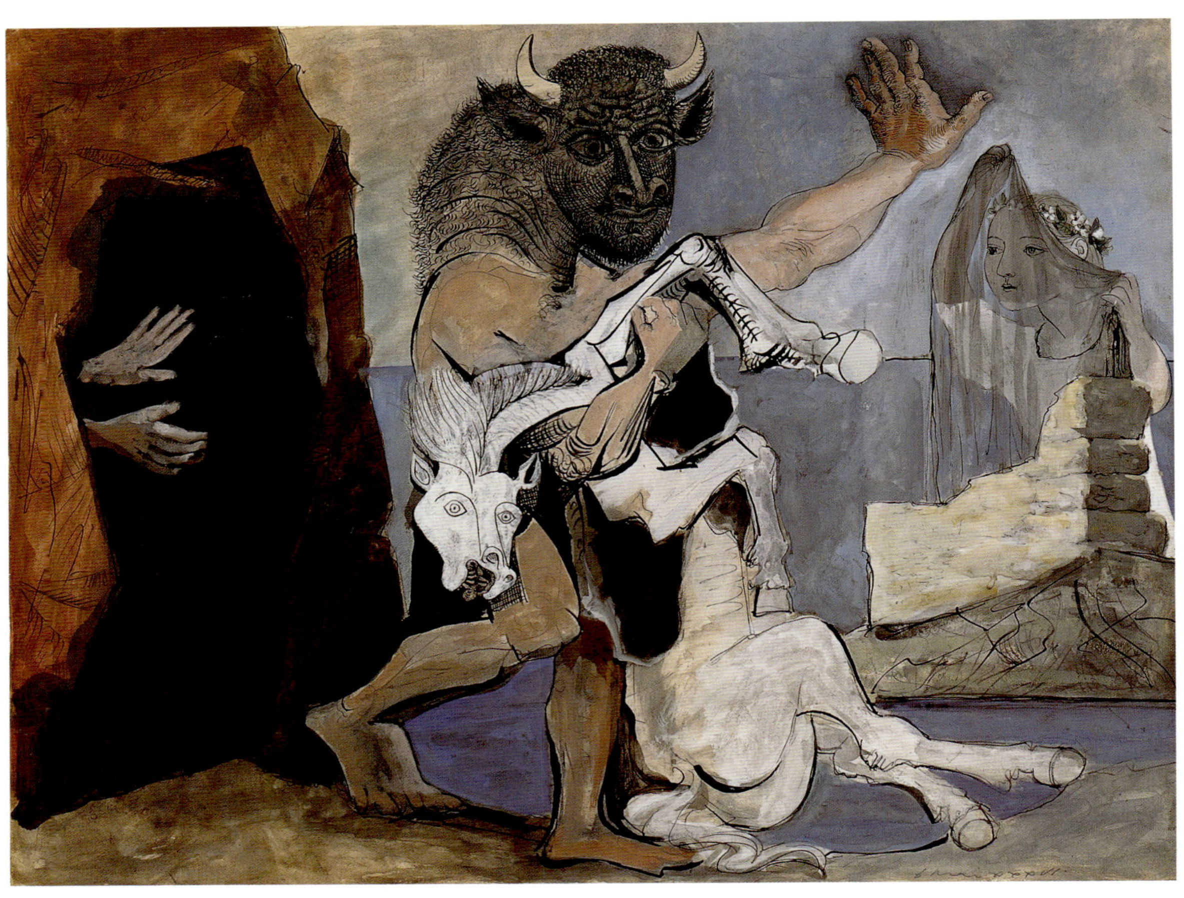

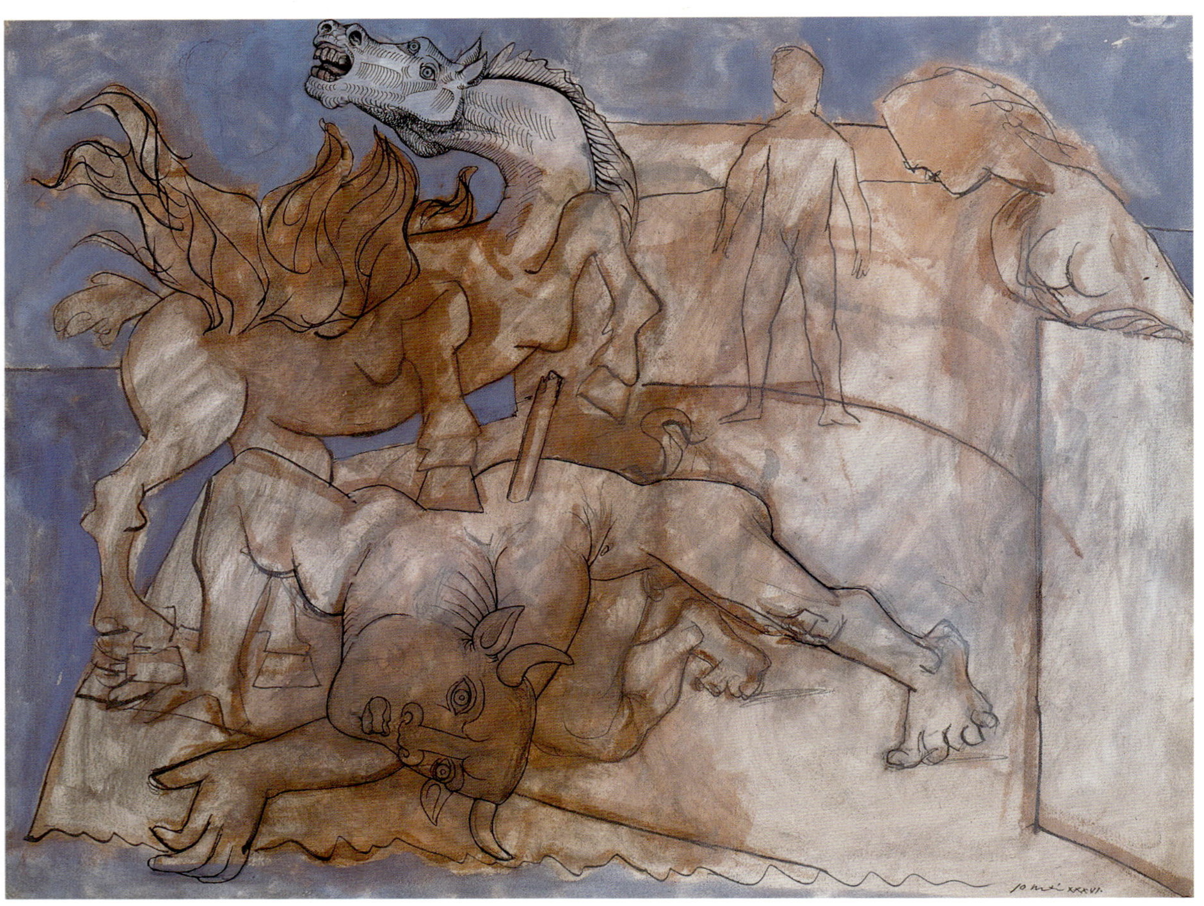

PABLO PICASSO
Minotaure et jument morte devant une grotte face à une jeune fille voilée, mai 1936
Gouache et encre de Chine
50,00 x 65,00 cm
Musée Picasso, Paris

PABLO PICASSO
Minotaure blessé, cheval et personnages, 1936
Gouache, plume et encre de Chine,
50,00 x 65,00 cm
Musée Picasso, Paris

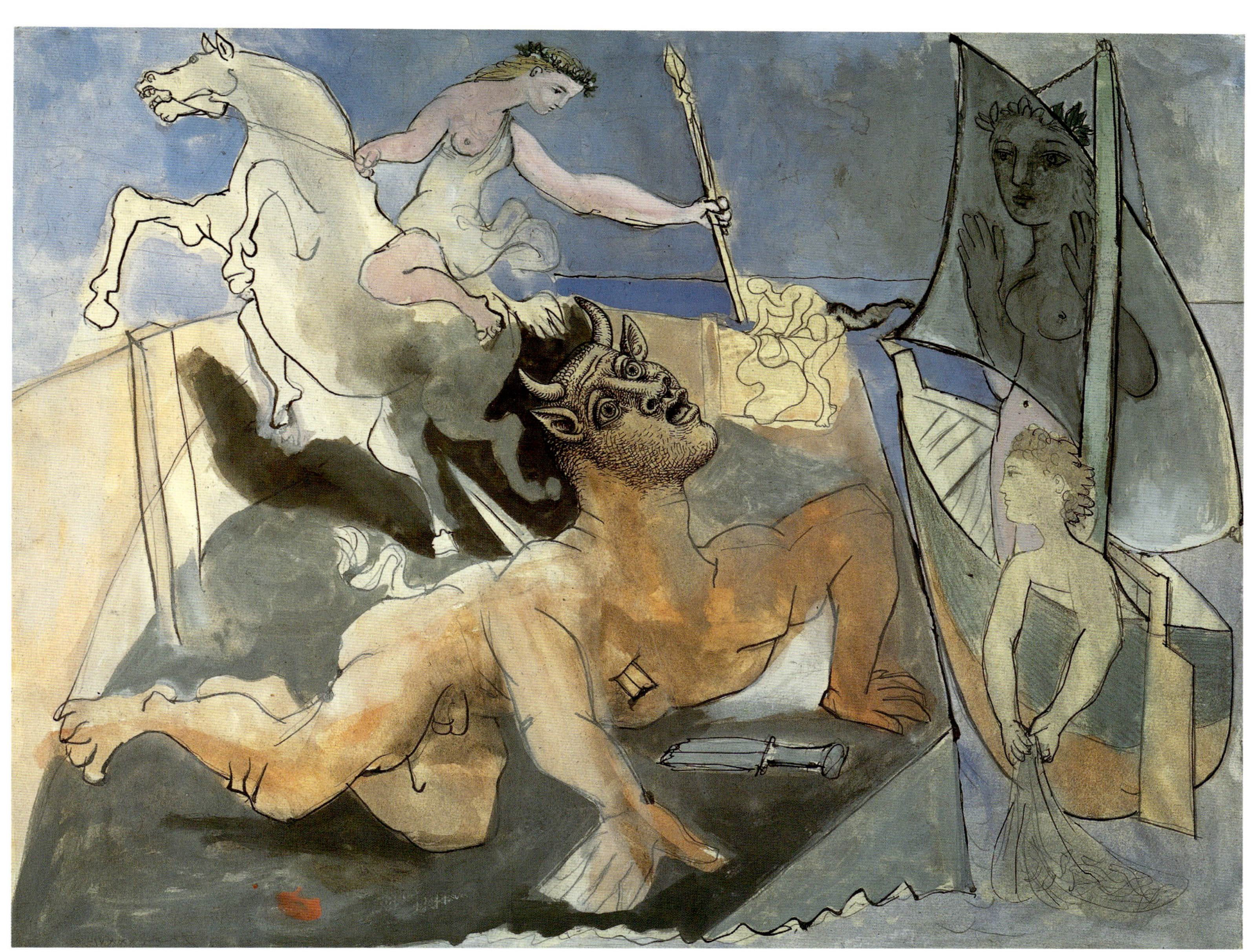

PABLO PICASSO
Composition au Minotaure, 1936
Encre de Chine et gouache
sur papier
50,00 x 65,00 cm
Collection particulière,
courtesy galerie Jan Krugier,
Ditesheim & Cie,Genève

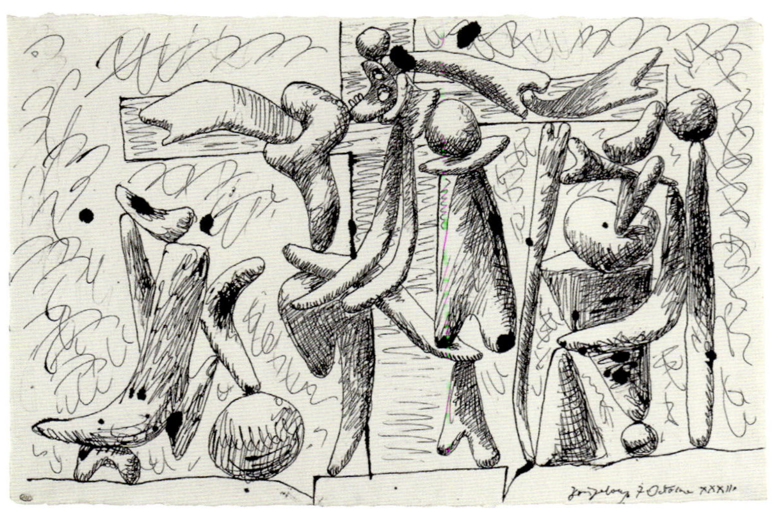

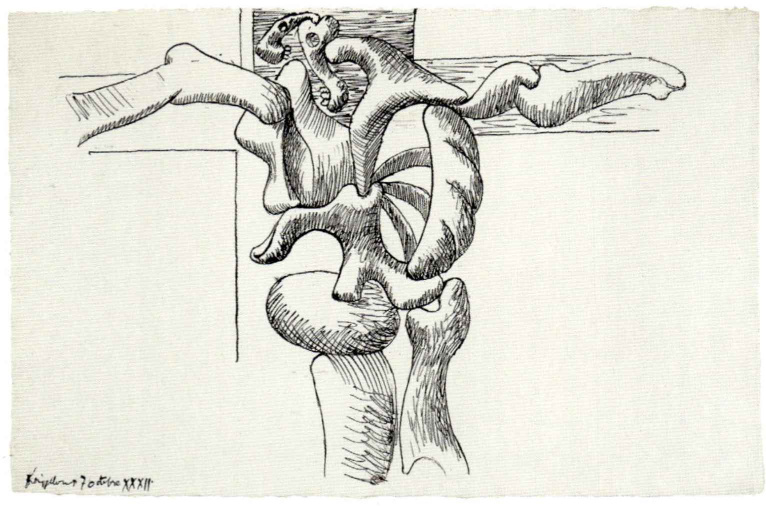

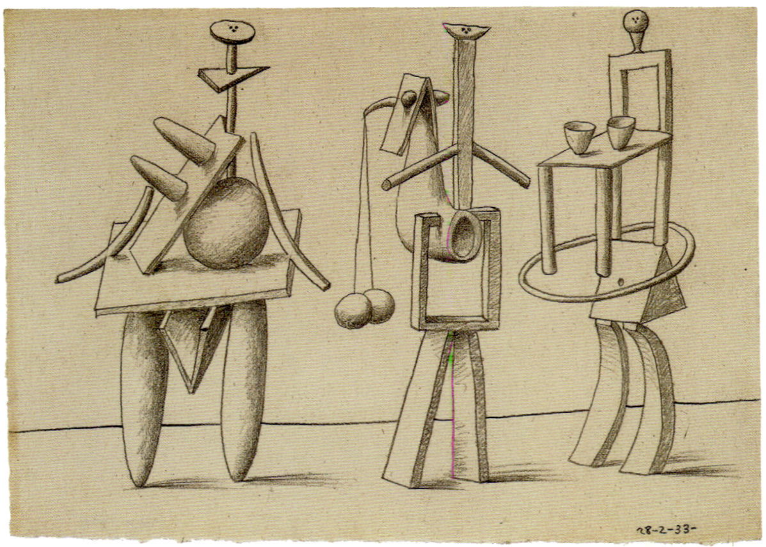

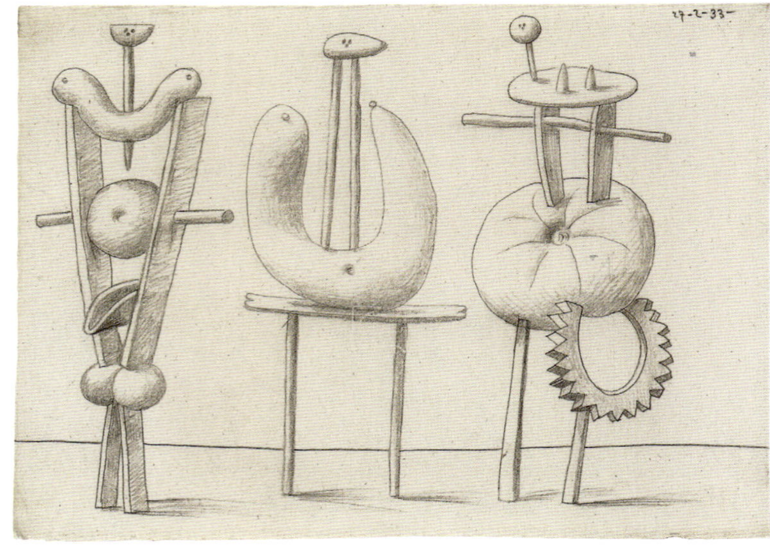

PABLO PICASSO
La Crucifixion, 7 octobre 1932
Plume et encre de Chine
34,50 x 51,20 cm
Musée Picasso, Paris

PABLO PICASSO
La Crucifixion, 7 octobre 1932
Plume et encre de Chine
34,00 x 51,00 cm
Musée Picasso, Paris

PABLO PICASSO
Une anatomie : trois femmes,
28 février 1933
Mine de plomb
19,70 x 27,00 cm
Musée Picasso, Paris

PABLO PICASSO
Une anatomie : trois femmes,
27 février 1933
Mine de plomb
20,00 x 27,20 cm
Musée Picasso, Paris

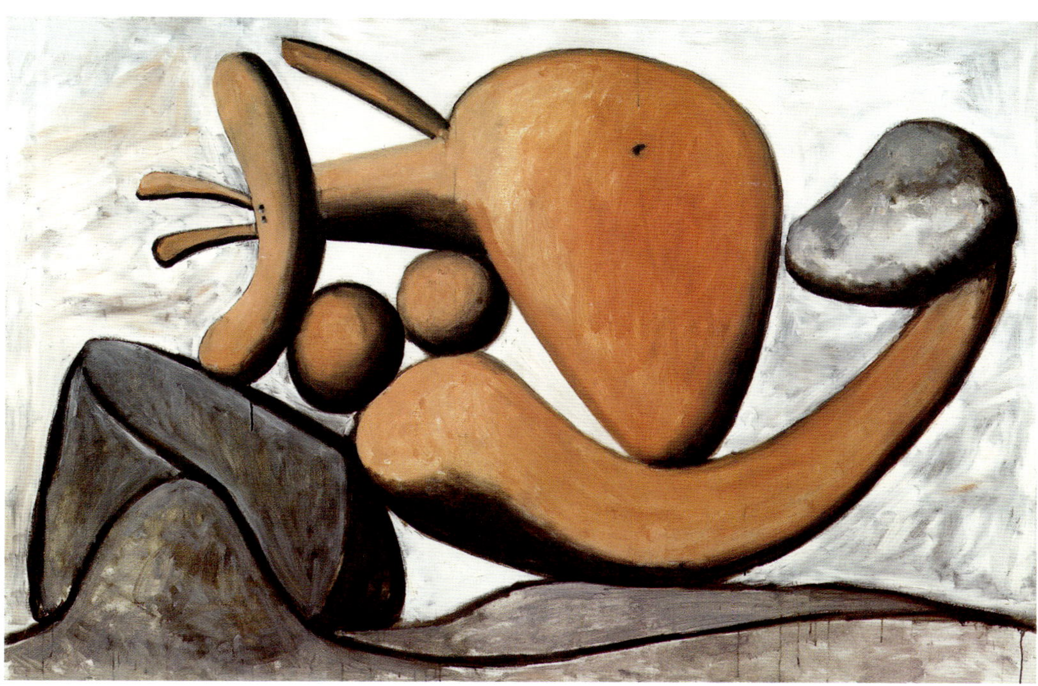

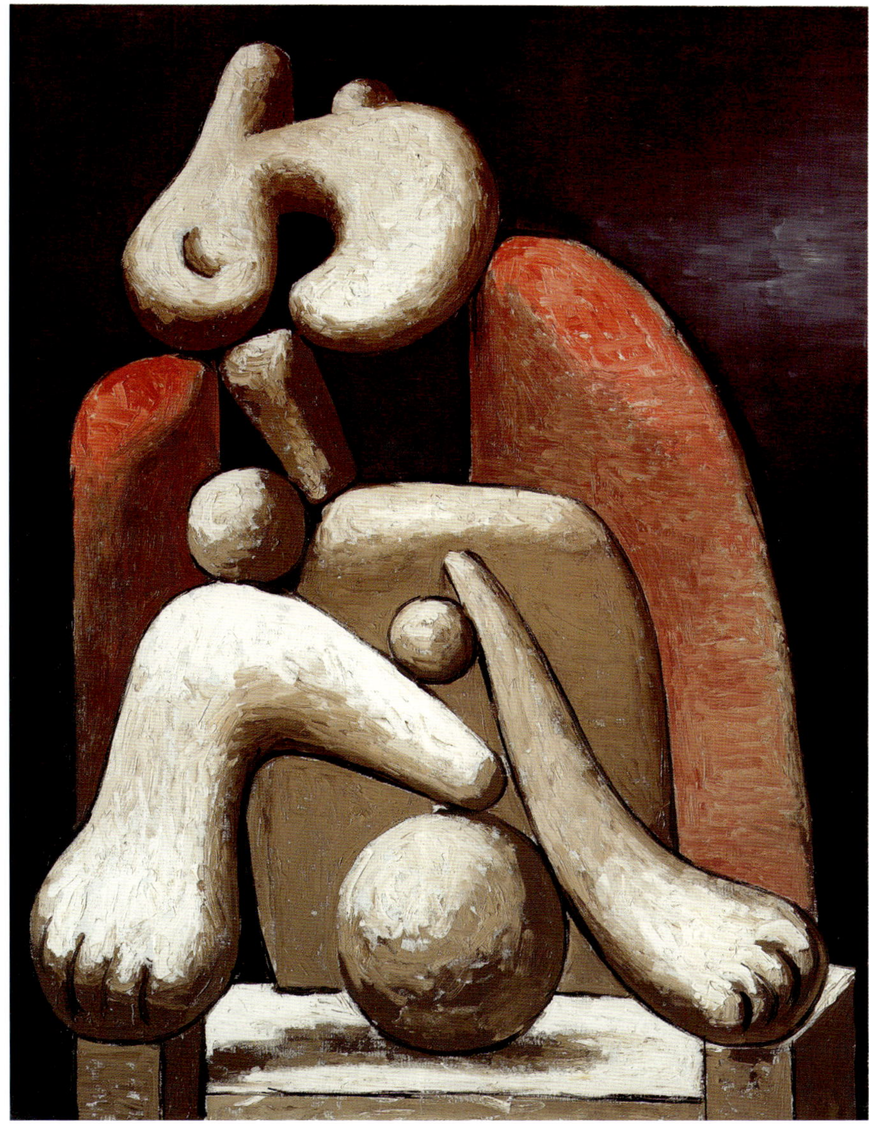

PABLO PICASSO
Femme lançant une pierre, 1931
Huile sur toile
130,50 x 195,50 cm
Musée Picasso, Paris

PABLO PICASSO
Femme au fauteuil rouge, 1932
Huile sur toile
130,20 x 97,00 cm
Musée Picasso, Paris

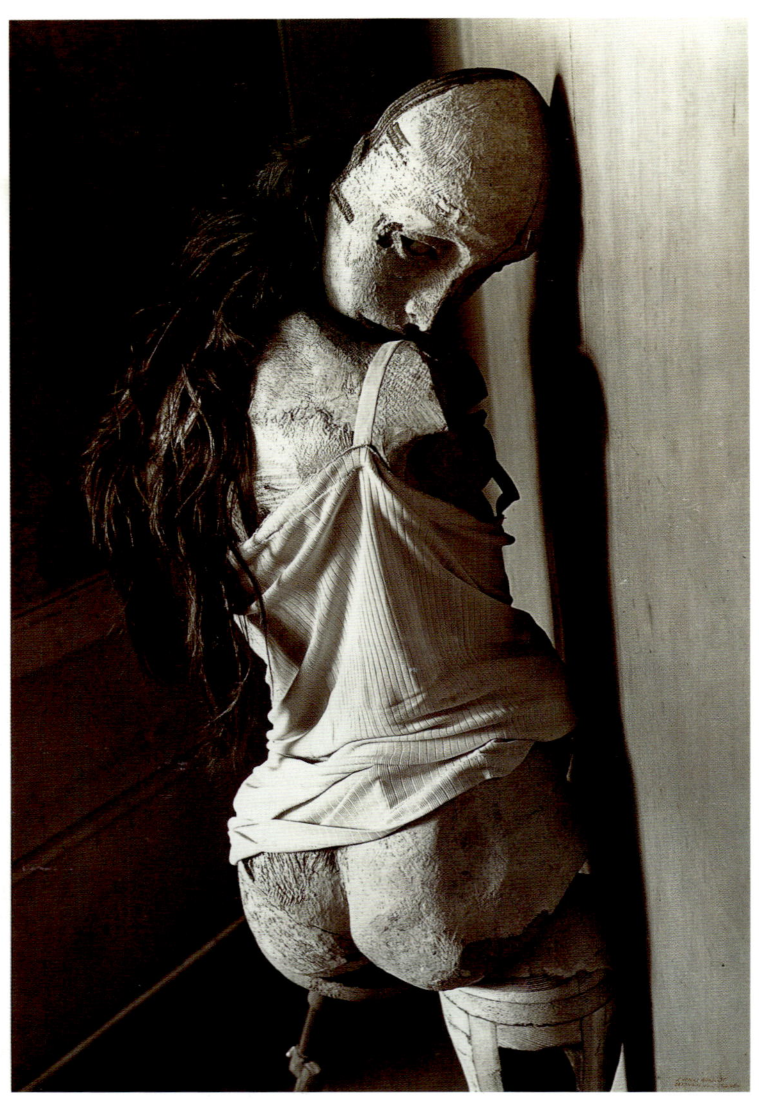

HANS BELLMER
La Poupée [Die Puppe], 1936-1938
Photographie, vintage print
76,00 x 50,00 cm
Collection particulière

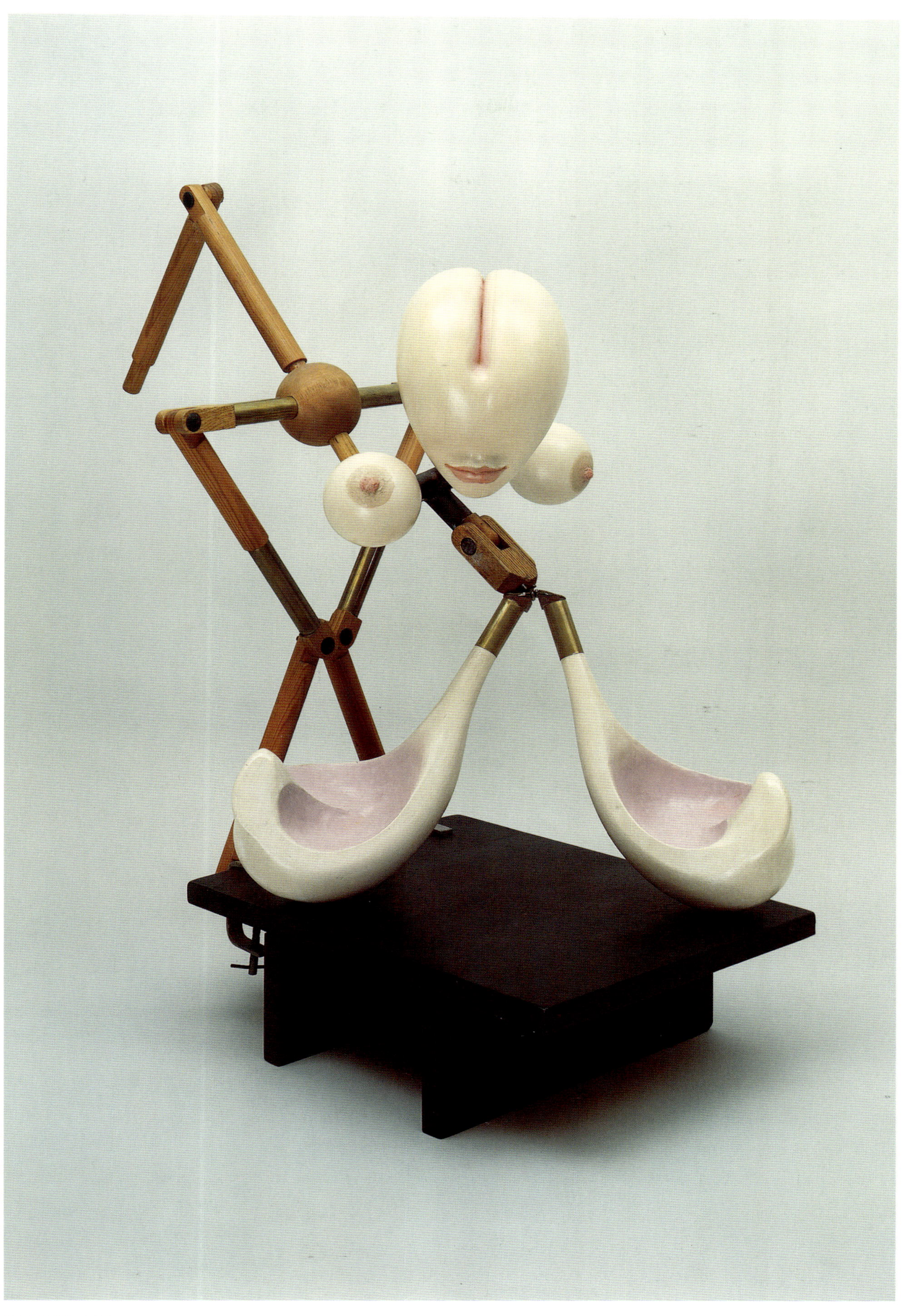

HANS BELLMER
Mitrailleuse en état de grâce, 1937
Construction en bois et métal
sur une base de bois
78,50 x 75,50 x 34,50 cm
The Museum of Modern Art, New York
Advisory Committee Fund

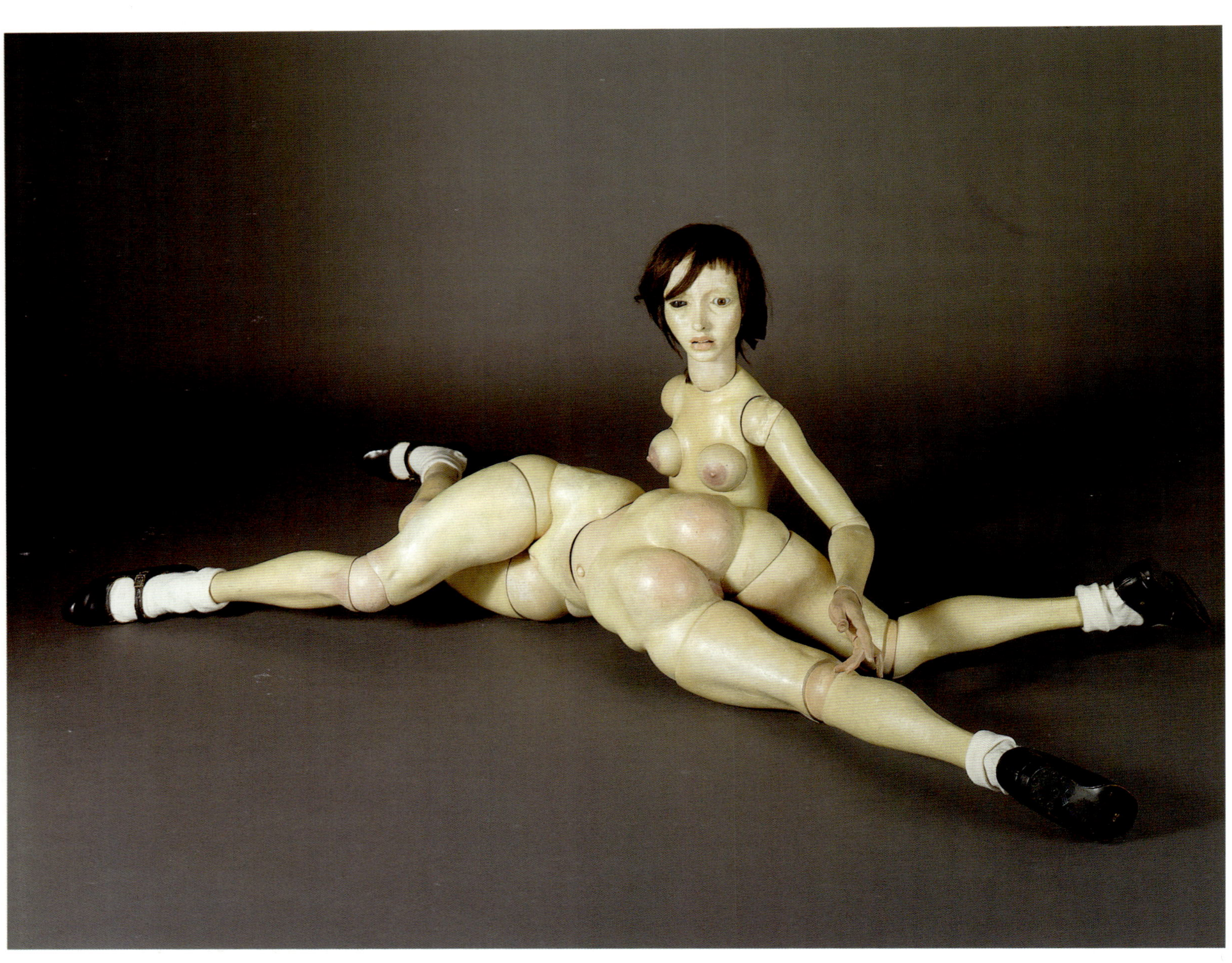

HANS BELLMER
La Poupée, 1932-1945
Bois peint, cheveux, chaussures, chaussettes
61,00 x 170,00 x 51,00 cm
Centre Pompidou, Paris
Musée national d'art moderne

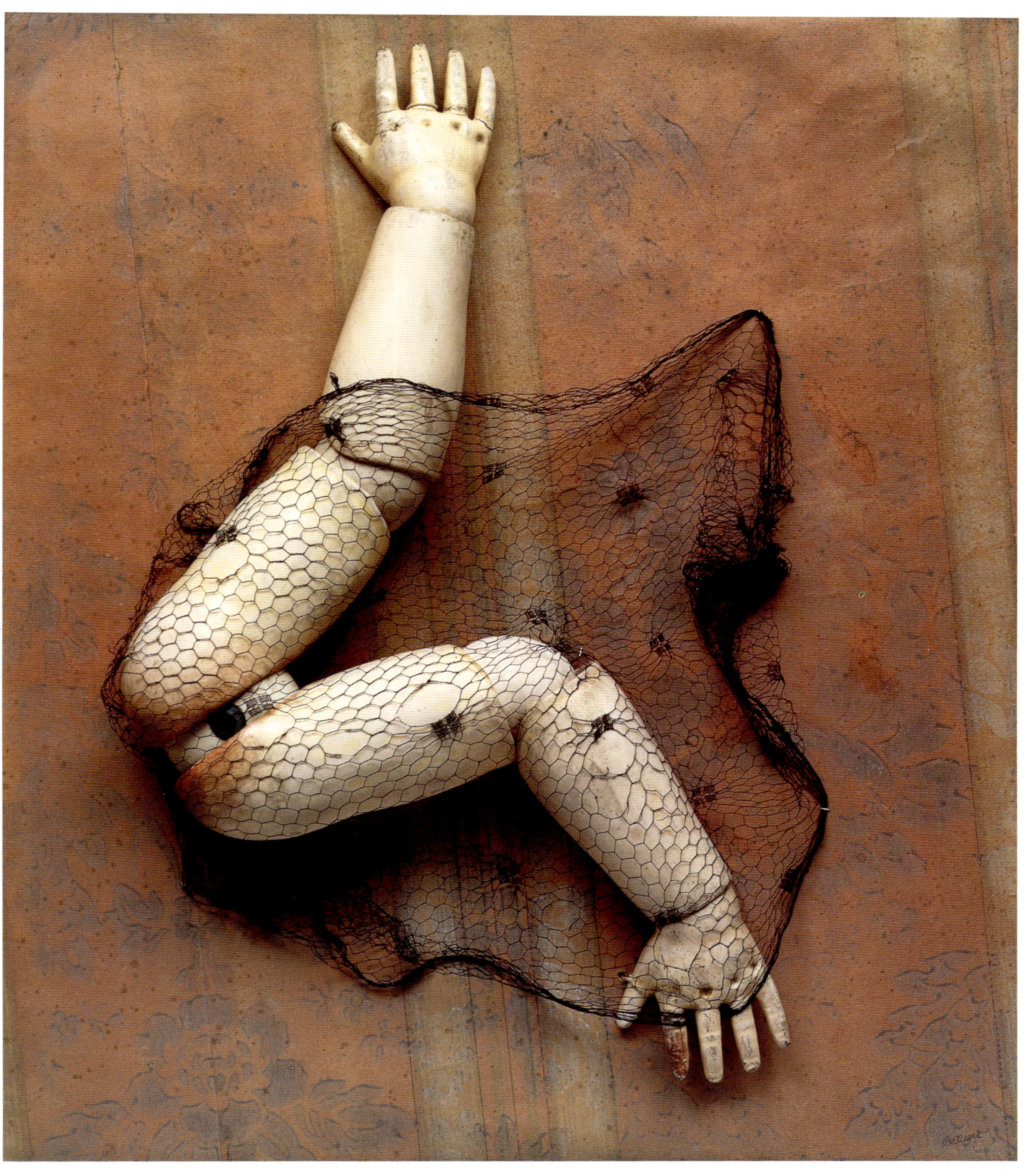

HANS BELLMER
Jointure à boule, 1934-1936
Assemblage
52,00 x 45,50 x 7,00 cm
Herbert Lust Gallery

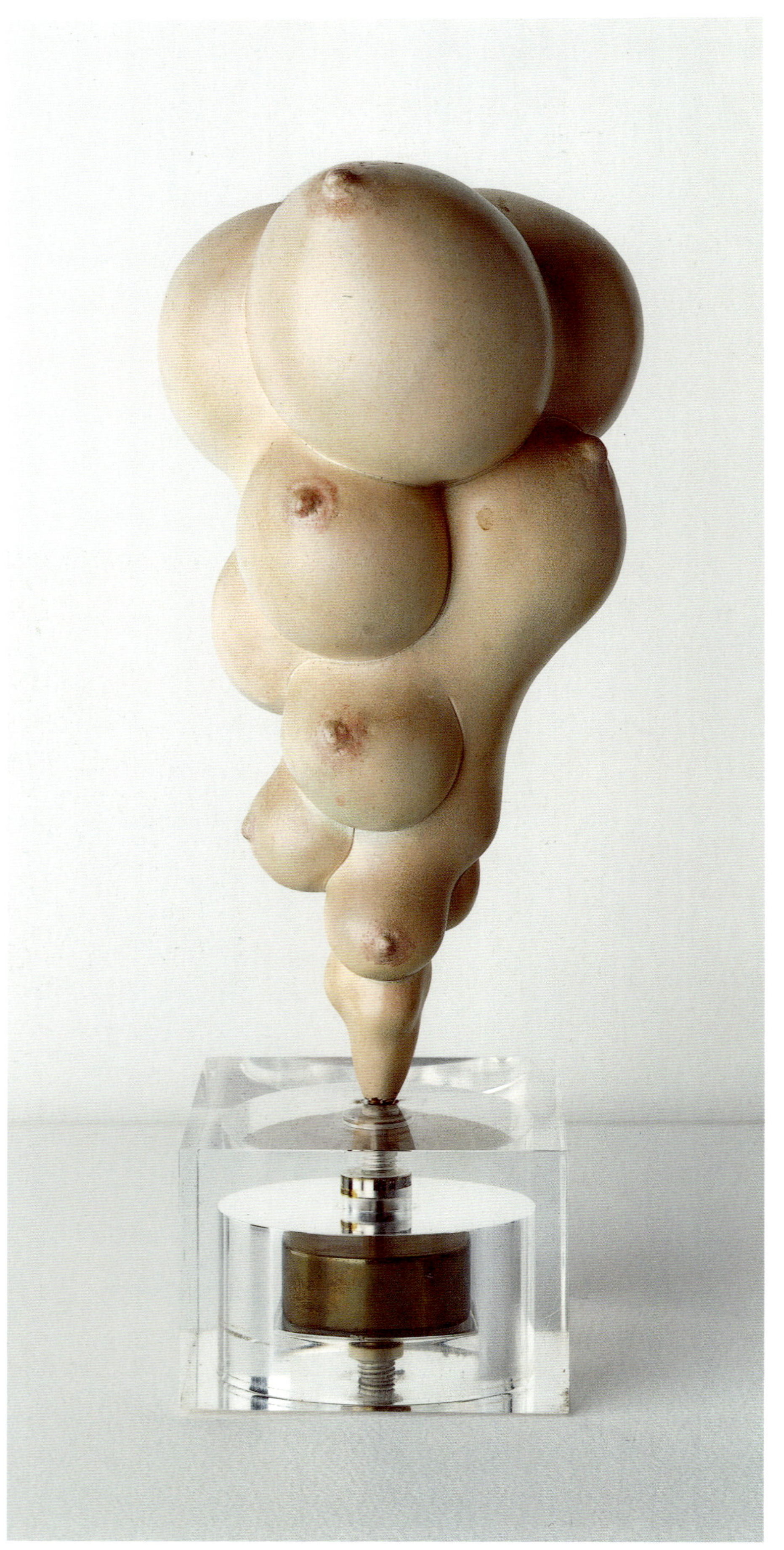

HANS BELLMER
The Top, 1938
Huile sur bronze
33,70 x 17,30 x 15,20 cm
Museum of Contemporary Art, Chicago
Don de Joseph et Jory Shapiro

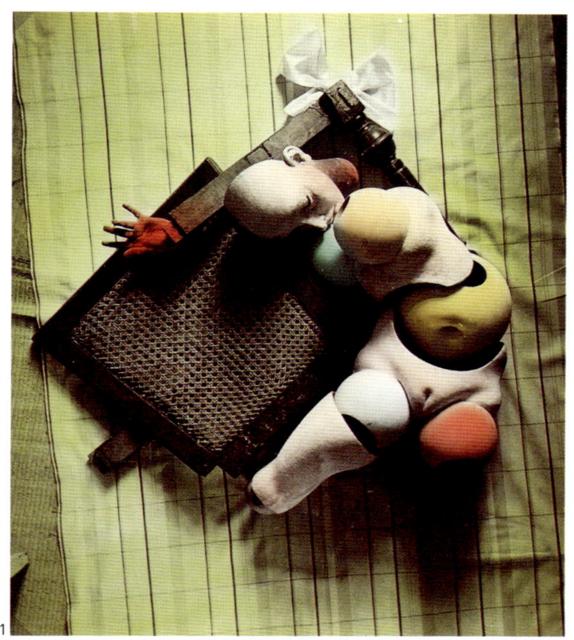

1

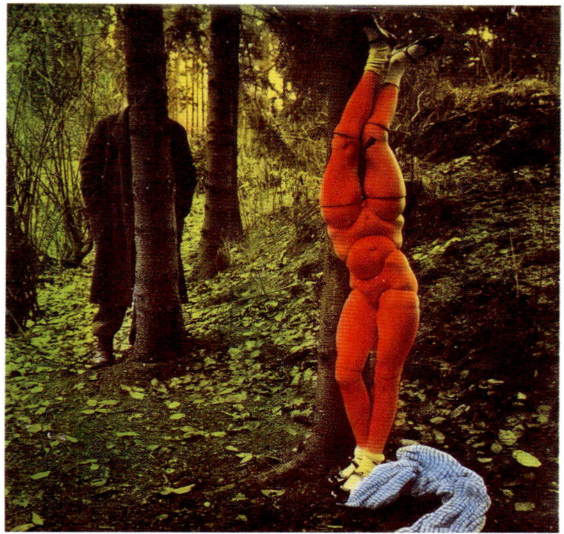

2

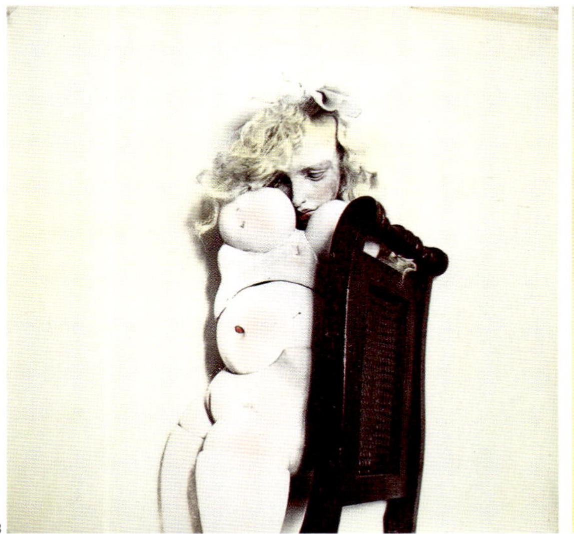

3

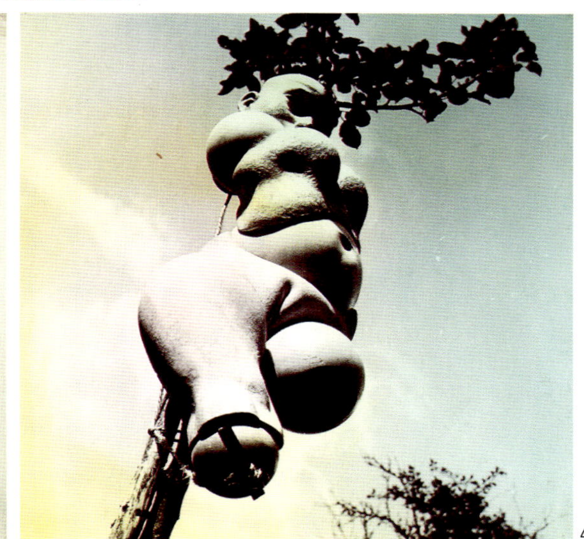

4

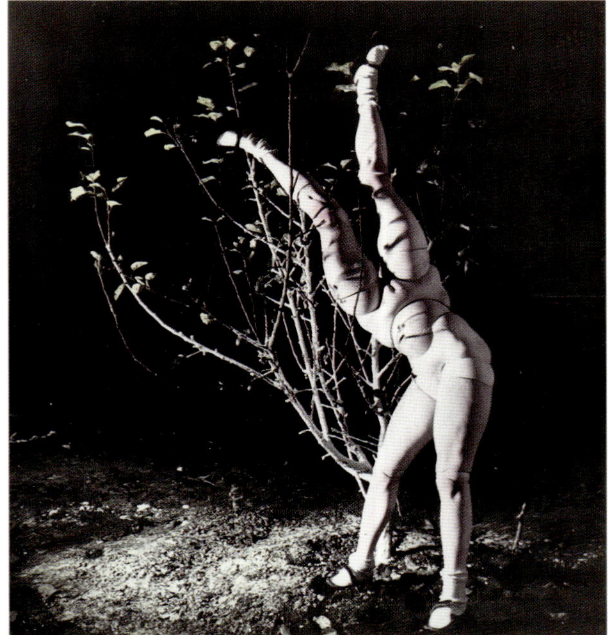

5

1 **HANS BELLMER**
La Poupée, 1933-1935
Épreuve aux sels d'argent
rehaussée de couleurs
27,30 x 23,70 cm
Collection particulière

2 **HANS BELLMER**
La Poupée, 1933-1935
Épreuve aux sels d'argent
rehaussée de couleurs
24,00 x 24,20 cm
Collection particulière

3 **HANS BELLMER**
La Poupée, 1933-1935
Épreuve aux sels d'argent
rehaussée de couleurs
23,90 x 24,00 cm
Collection particulière

4 **HANS BELLMER**
La Poupée, 1933-1935
Épreuve aux sels d'argent
rehaussée de couleurs
23,80 x 24,00 cm
Collection particulière

5 **HANS BELLMER**
La Poupée, 1933-1935
Épreuve aux sels d'argent
rehaussée de couleurs
25,00 x 22,20 cm
Collection particulière

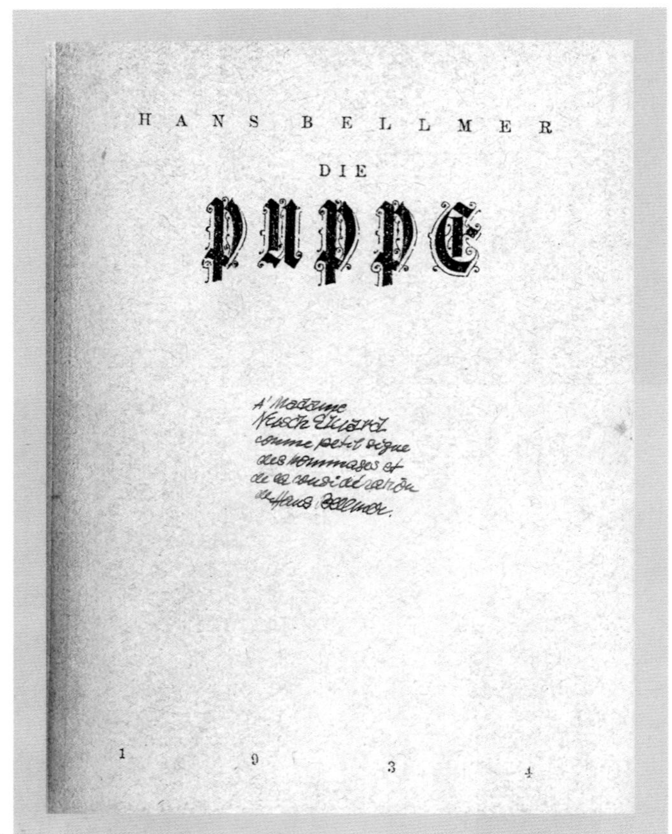

1

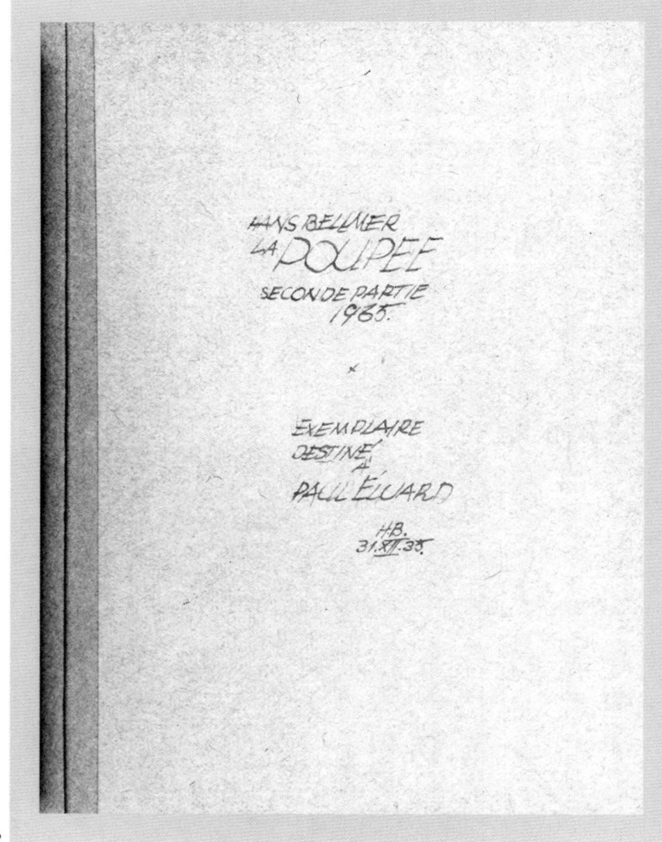

2

[1] **HANS BELLMER**
Die Puppe, Karlsruhe,
Th. Eckstein, 1934
Édition originale illustrée
de 2 dessins, d'une empreinte
hors texte et de 10 photographies
originales de l'artiste
Bibliothèque Paul Destribats,
Paris

[2] **HANS BELLMER**
La Poupée, Seconde partie, 1935
Exemplaire original, inédit
et unique, signé par l'auteur,
illustré de 12 photographies
originales hors texte de l'artiste
Bibliothèque Paul Destribats,
Paris

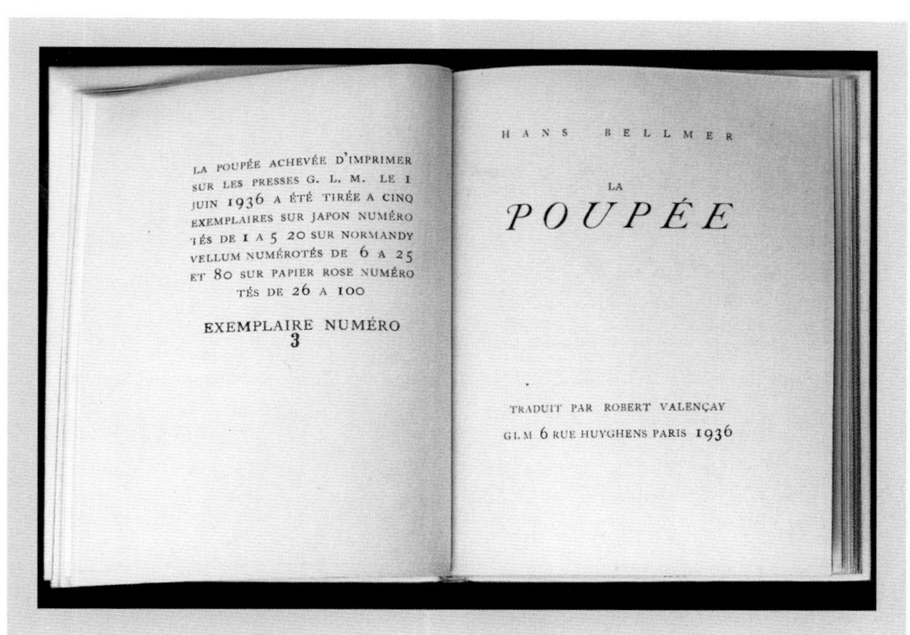
LA POUPÉE ACHEVÉE D'IMPRIMER SUR LES PRESSES G. L. M. LE 1 JUIN 1936 A ÉTÉ TIRÉE A CINQ EXEMPLAIRES SUR JAPON NUMÉROTÉS DE 1 A 5 20 SUR NORMANDY VELLUM NUMÉROTÉS DE 6 A 25 ET 80 SUR PAPIER ROSE NUMÉROTÉS DE 26 A 100

EXEMPLAIRE NUMÉRO
3

HANS BELLMER

LA
POUPÉE

TRADUIT PAR ROBERT VALENÇAY
GLM 6 RUE HUYGHENS PARIS 1936

3

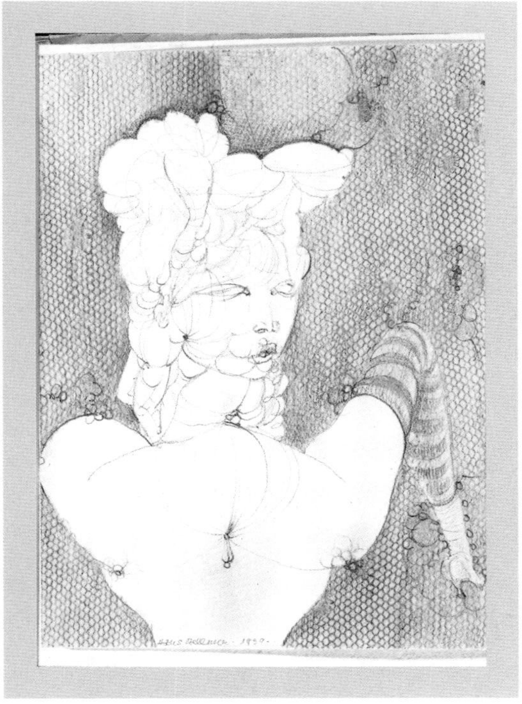

4

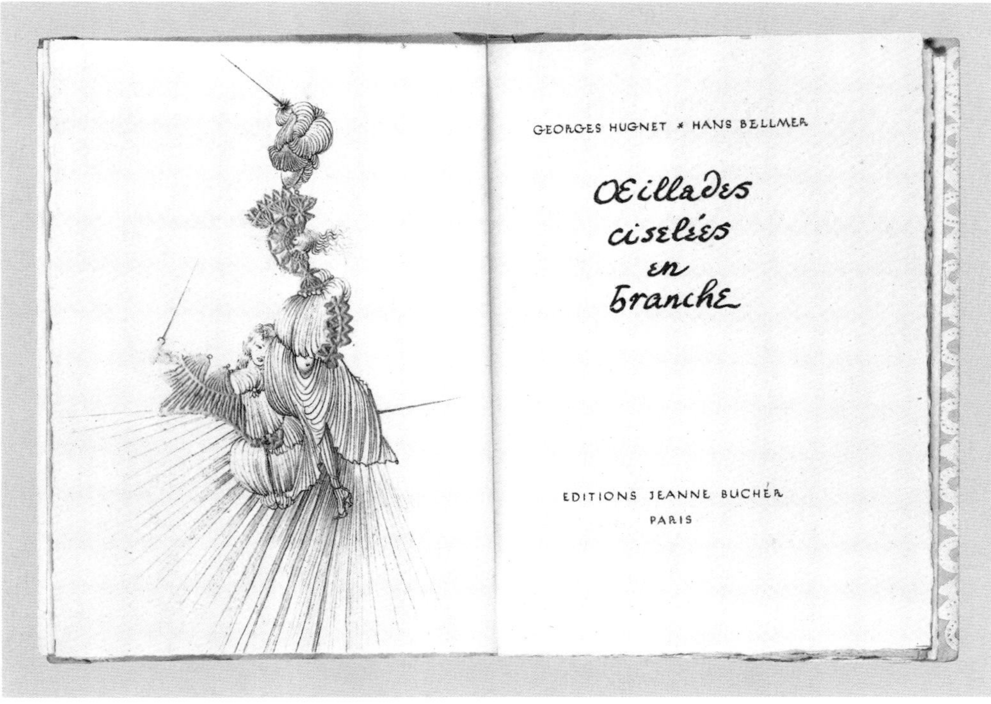
GEORGES HUGNET * HANS BELLMER

Œillades
ciselées
en
branche

EDITIONS JEANNE BUCHER
PARIS

[3] **HANS BELLMER**
La Poupée, traduit par Robert Valençay, Paris, G.L.M., 1936
Édition originale de la traduction française illustrée par 10 photographies originales hors texte de l'artiste
Bibliothèque Paul Destribats, Paris

[4] **GEORGES HUGNET**
Œillades ciselées en branche, Paris, Éditions Jeanne Bucher, 1939
Édition originale reproduite en héliogravure d'après le manuscrit de l'auteur et les 25 dessins de Hans Bellmer dont 7 hors texte et 1 en frontispice
Bibliothèque Paul Destribats, Paris

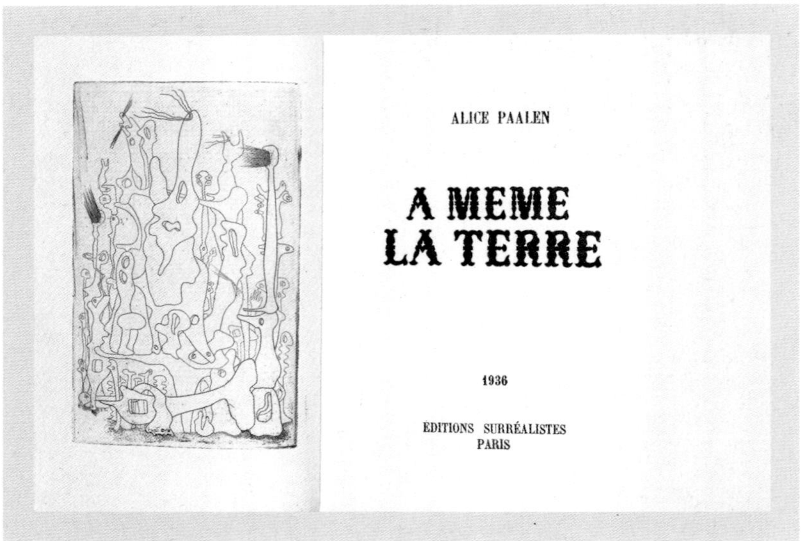

1

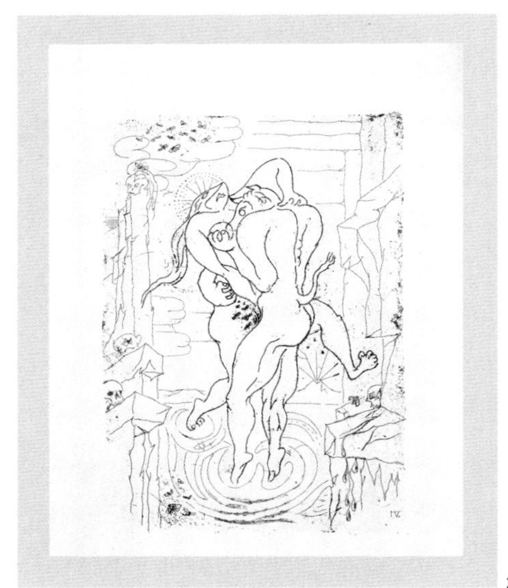

2

[1] **ALICE PAALEN**
À même la terre, Paris,
Éditions surréalistes, 1936
Édition originale. Frontispice
illustré d'une eau-forte en noir
d'Yves Tanguy
Bibliothèque Paul Destribats,
Paris

[2] **GEORGES BATAILLE**
Sacrifices, Paris, G.L.M., 1936
Édition originale illustrée
de 5 eaux-fortes hors texte
d'André Masson
Bibliothèque Paul Destribats,
Paris

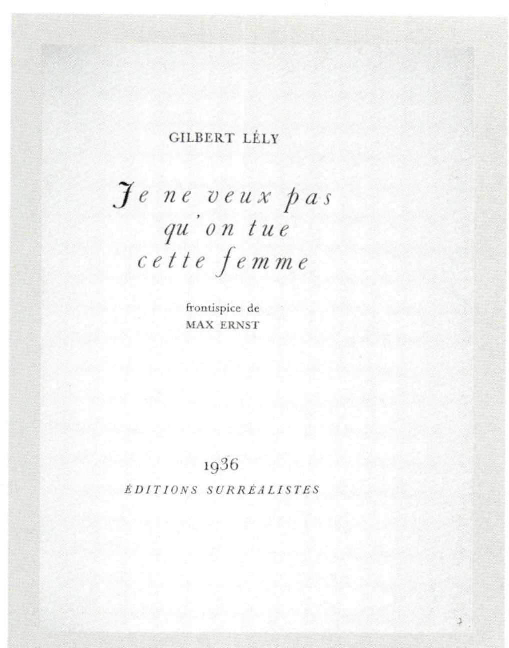

3

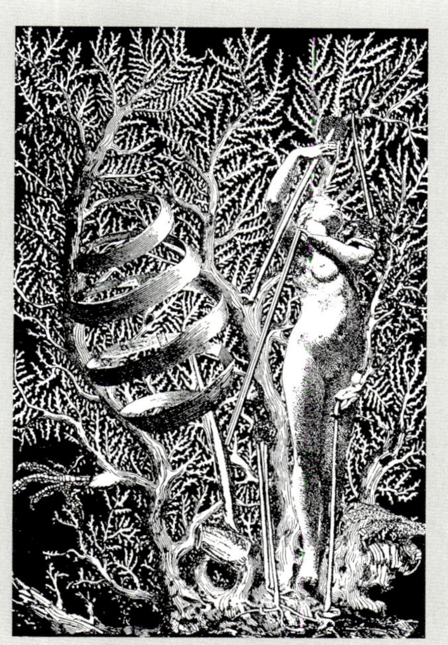

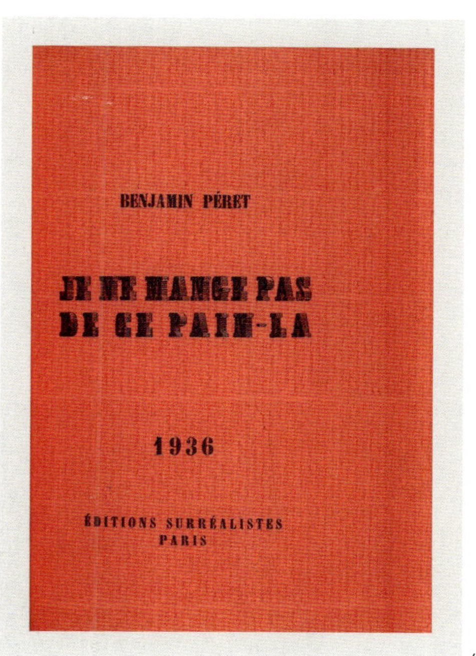

4

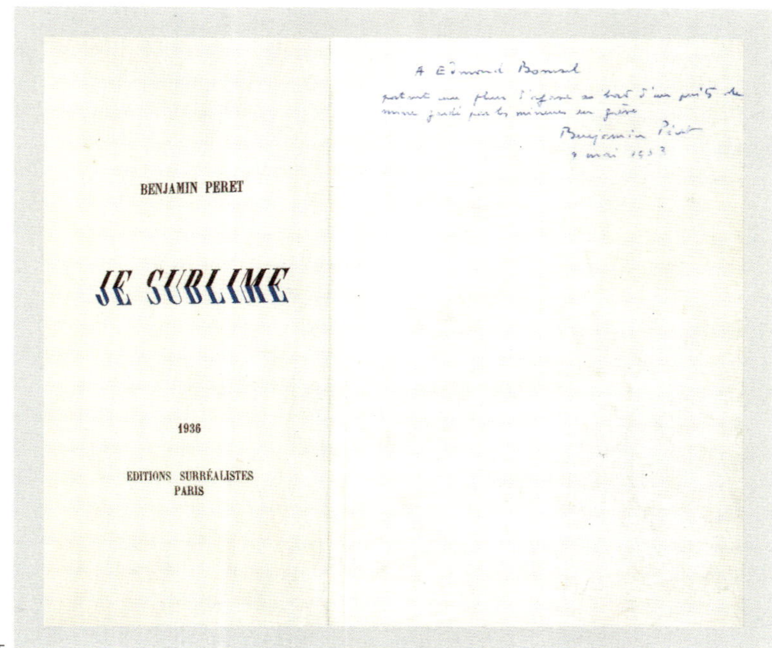

5

[3] **GILBERT LÉLY**
Je ne veux pas qu'on tue cette femme, Paris, Éditions surréalistes, 1936
Édition originale. Frontispice de Max Ernst
Bibliothèque Paul Destribats, Paris

[4] **BENJAMIN PÉRET**
Je ne mange pas de ce pain-là, Paris, Éditions surréalistes, 1936
Édition originale. Frontispice illustré d'une pointe-sèche de Max Ernst
Bibliothèque Paul Destribats, Paris

[5] **BENJAMIN PÉRET**
Je sublime, Paris, Éditions surréalistes, 1936
Édition originale illustrée de 4 frottages polychromes hors texte de Max Ernst
Bibliothèque Paul Destribats, Paris

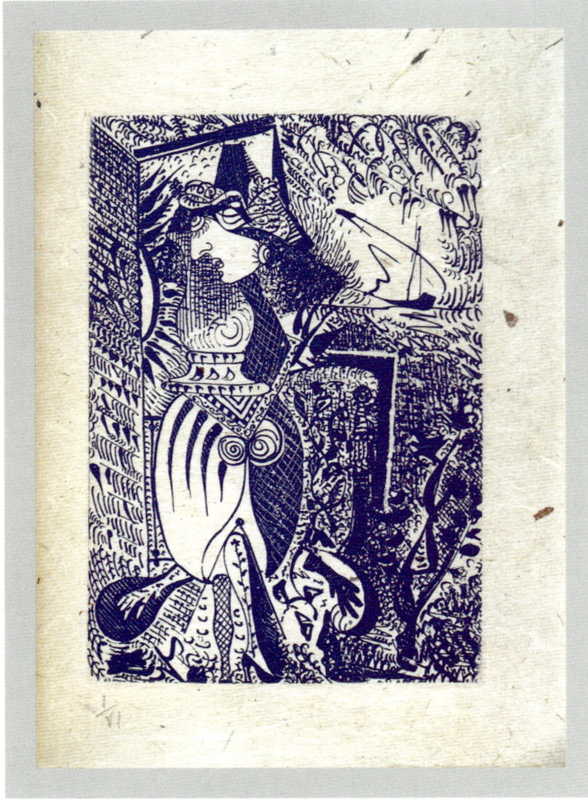

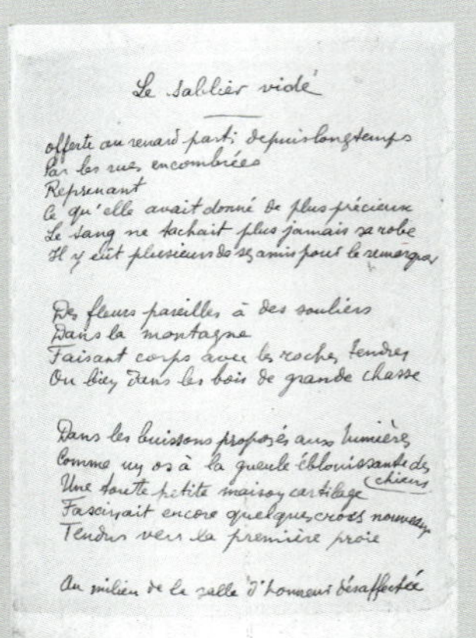

Le sablier vidé

offerte au renard parti depuis longtemps
Par les rues encombrées
Reprenant
Ce qu'elle avait donné de plus précieux
Le sang ne tachait plus jamais sa robe
Il y eut plusieurs de ses amis pour le remarquer

Des fleurs pareilles à des souliers
Dans la montagne
Faisant corps avec les roches tendres
Ou bien dans les bois de grande chasse

Dans les buissons proposés aux lumières
Comme un os à la gueule éblouissante des chiens
Une toute petite maison cartilage
Fascinait encore quelques crocs nouveaux
Tendus vers la première proie

Au milieu de la salle d'honneur désaffectée

1

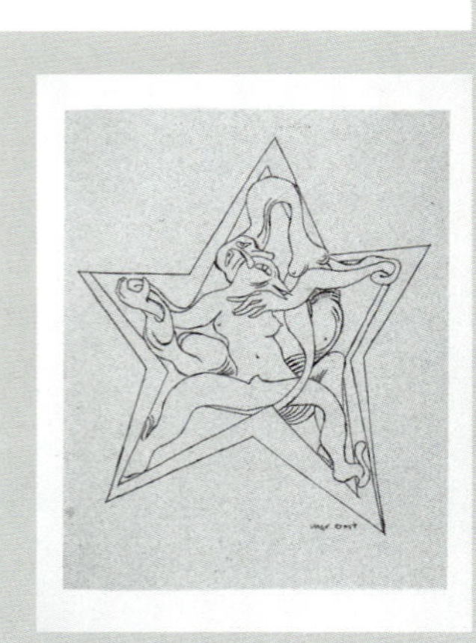

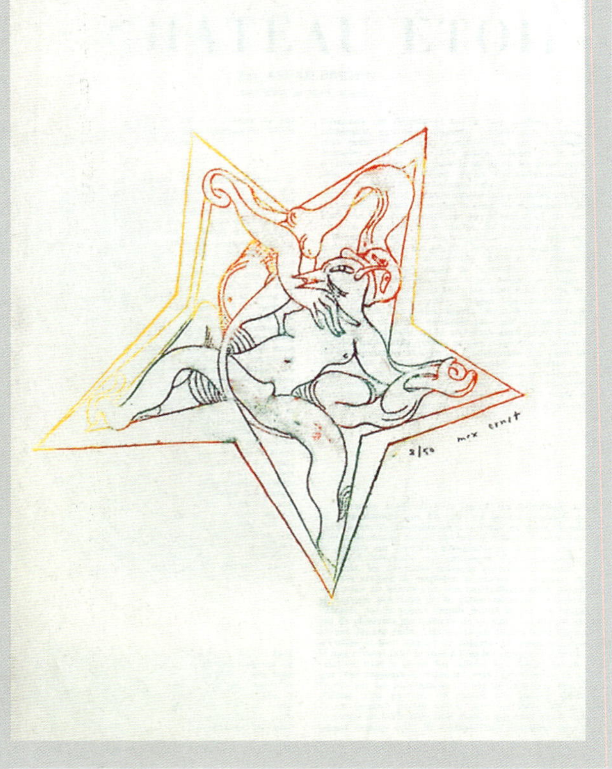

2

[1] **PAUL ELUARD**
La Barre d'appui, Paris,
Éditions Cahiers d'Art, 1936
Édition originale illustrée de 3 eaux-fortes de Pablo Picasso, dont le portrait de Nusch Eluard en frontispice, et augmentée d'un poème autographe
Bibliothèque Paul Destribats, Paris

[2] **ANDRÉ BRETON**
Le Château étoilé, Paris, Albert Skira, 1936
Édition originale illustrée d'un frottage original de Max Ernst sur vélin d'Arches et augmentée d'un dessin original signé de l'artiste à l'encre de Chine sur papier gris, monté sur onglet en tête
Bibliothèque Paul Destribats, Paris

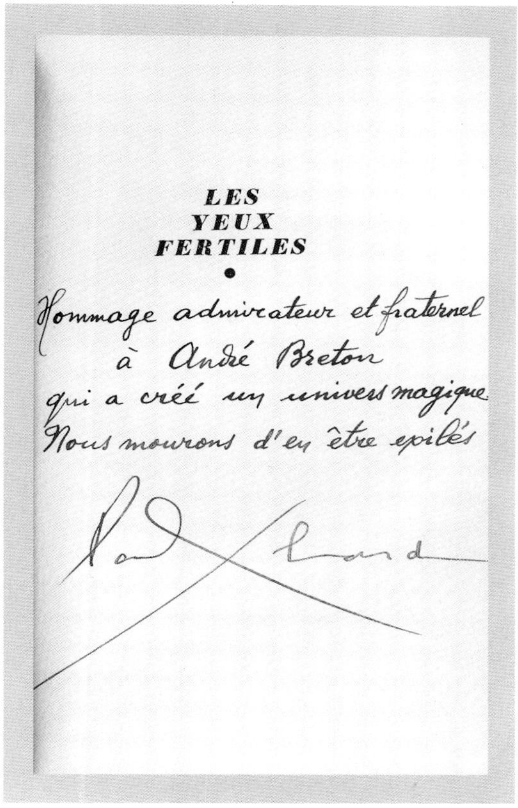

LES
YEUX
FERTILES

Hommage admirateur et fraternel
à André Breton
qui a créé un univers magique
Nous mourons d'en être exilés

Paul Eluard

3

[3] **PAUL ELUARD**
Les Yeux fertiles, Paris, G.L.M., 1936
Édition collective en partie originale avec
un envoi autographe à André Breton
sur le faux-titre
Bibliothèque Paul Destribats, Paris

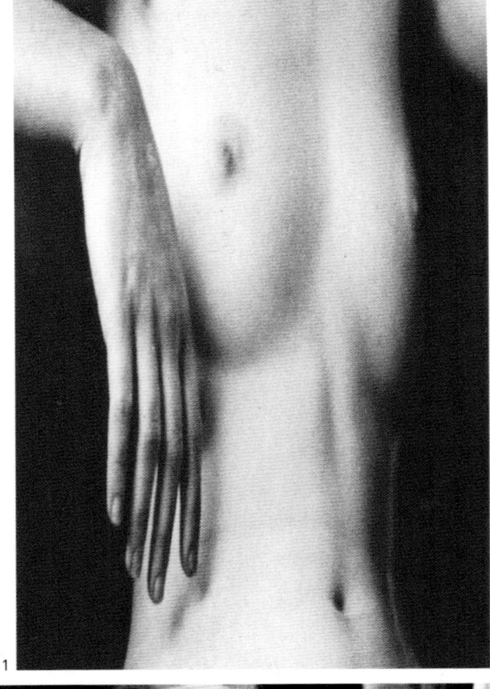

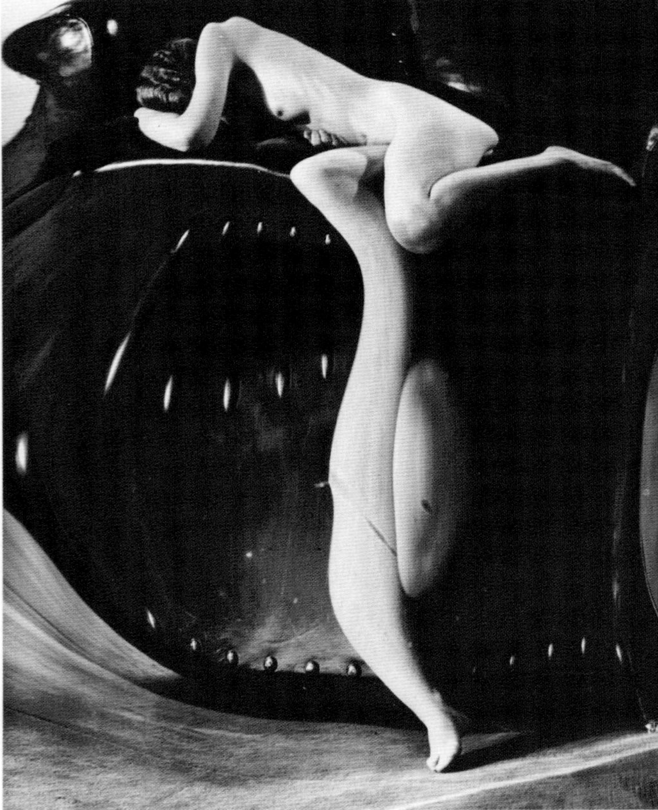

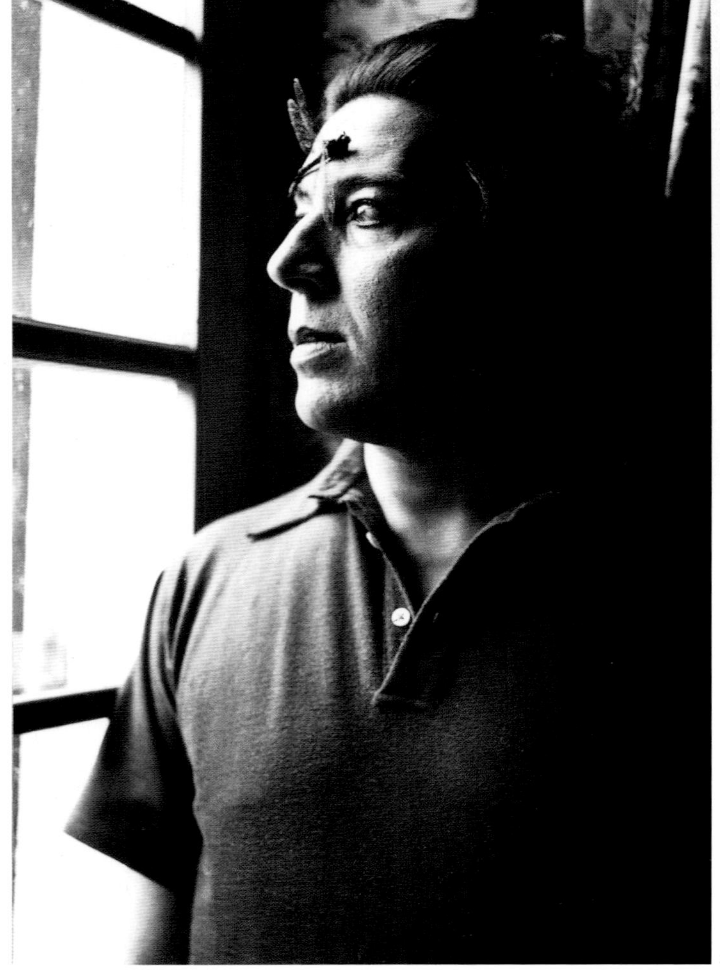

[1] **ANDRÉ KERTESZ**
Distorsion n° 6, 1933
Épreuve aux sels d'argent
24,70 x 16,50 cm
Centre Pompidou, Paris
Musée national d'art moderne

[2] **ANDRÉ KERTESZ**
Distorsion n° 60, Paris, 1933
Épreuve aux sels d'argent
25,20 x 20,30 cm
Centre Pompidou, Paris
Musée national d'art moderne

[3] **MAN RAY**
Et il signa..., 1935
Portrait d'André Breton extrait
de *Essai de simulation du délire cinématographique*, 1935
Photographie originale (contact)
8,20 x 5,80 cm
Collection particulière

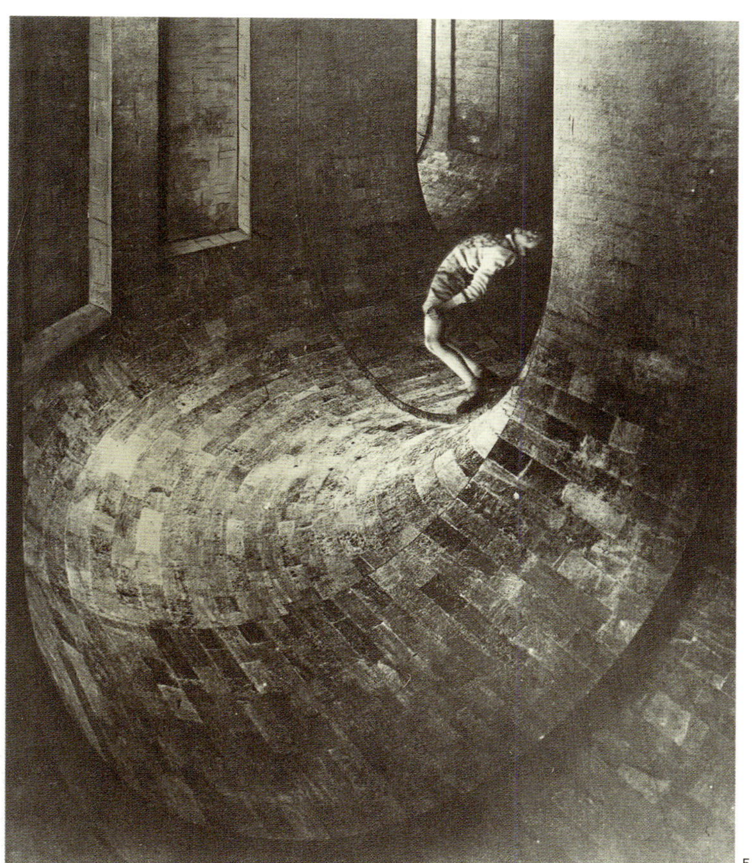

5

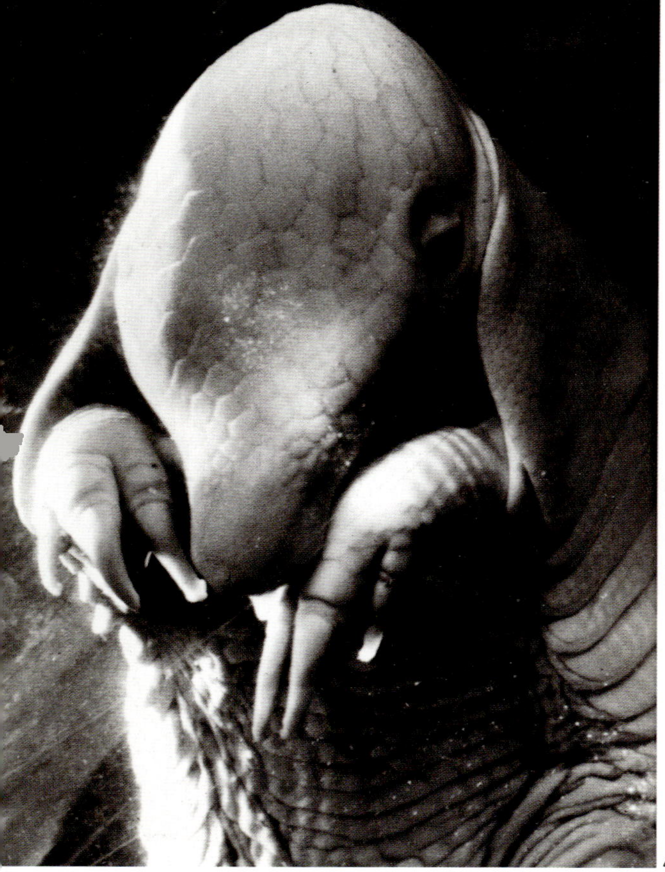

4

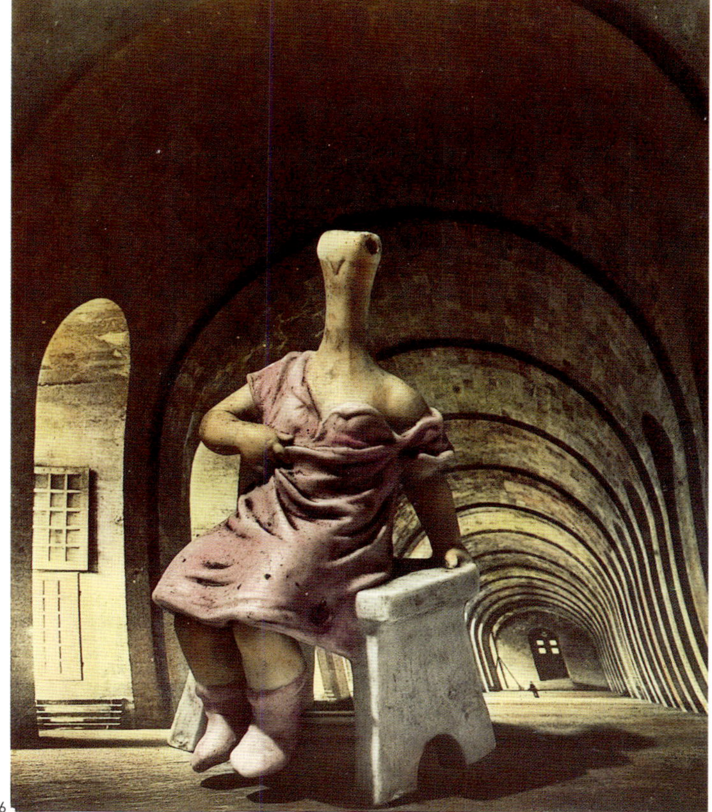

6

4 **DORA MAAR**
Portrait d'Ubu, 1936
Épreuve aux sels d'argent
24,00 x 18,00 cm
Centre Pompidou, Paris
Musée national d'art moderne

5 **DORA MAAR**
Le Simulateur, 1936
Épreuve aux sels d'argent collée sur carton, photomontage
48,70 x 35,10 cm
Centre Pompidou, Paris
Musée national d'art moderne

6 **DORA MAAR**
29 rue d'Astorg, 1936
Épreuve aux sels d'argent rehaussée de couleurs
29,40 x 24,40 cm
Centre Pompidou, Paris
Musée national d'art moderne

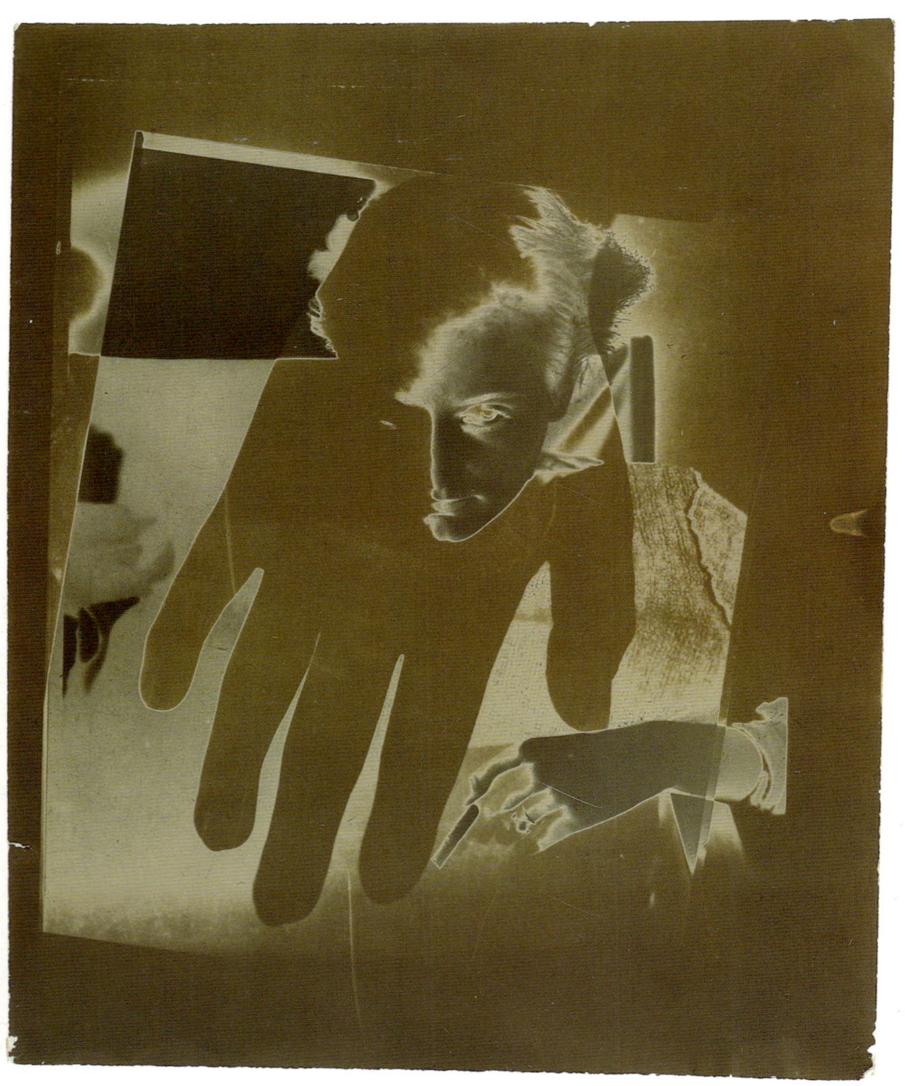

MAURICE TABARD
Visage et mains, 1935
Épreuve aux sels d'argent,
surimpression solarisée
13,00 x 10,50 cm
Centre Pompidou, Paris
Musée national d'art moderne

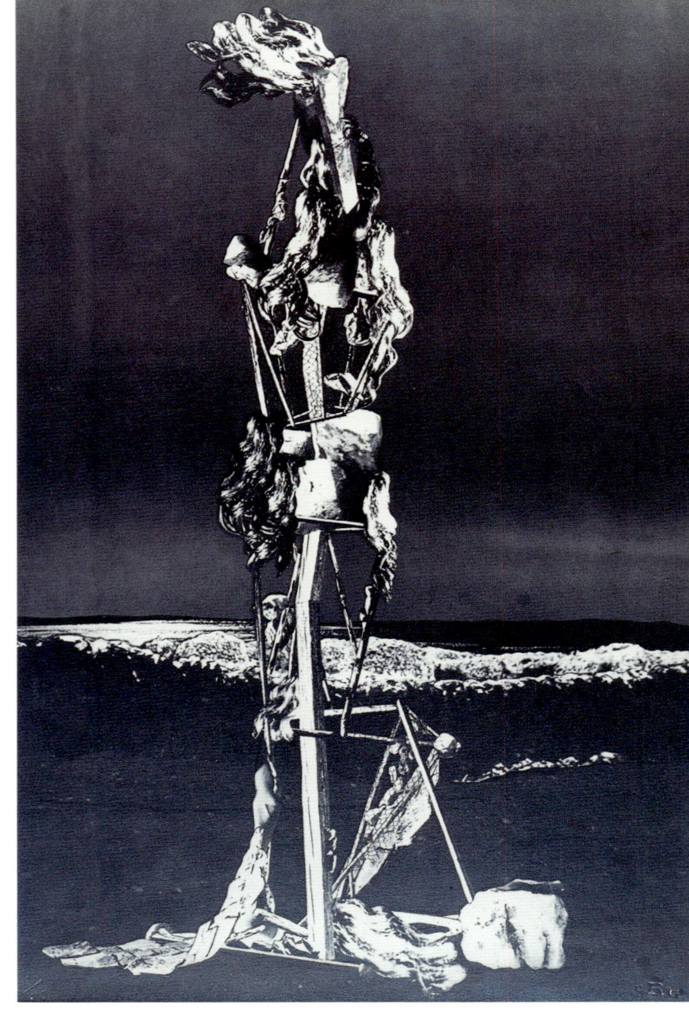

RAOUL UBAC
Photomontage, 1937
Épreuve aux sels d'argent
rehaussée à l'encre
39,30 x 27,00 cm
Centre Pompidou, Paris
Musée national d'art moderne

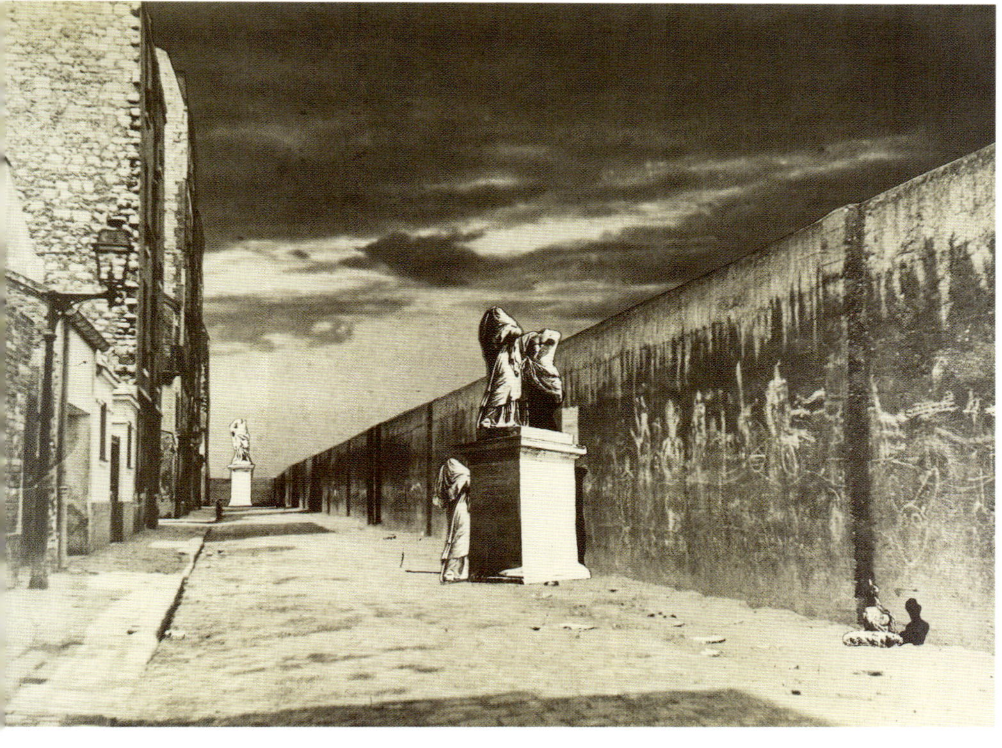

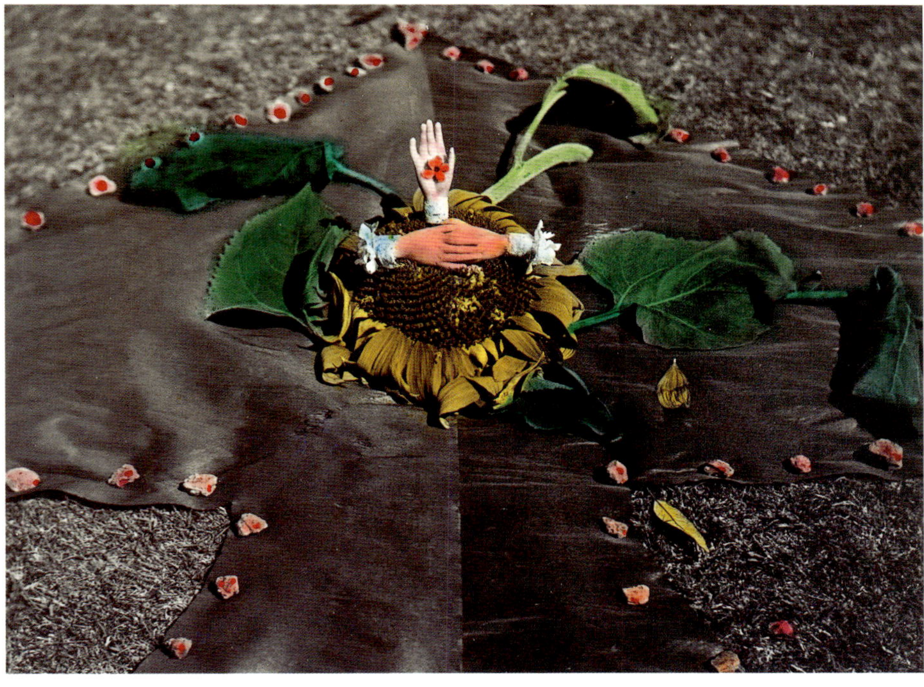

RAOUL UBAC
La Rue derrière la gare, 1936
Épreuve aux sels d'argent,
photomontage, solarisation
59,50 x 79,70 cm
Centre Pompidou, Paris
Musée national d'art moderne

CLAUDE CAHUN
Le Cœur de Pic, 1936
Épreuve aux sels d'argent
coloriée
16,30 x 20,20 cm
Centre Pompidou, Paris
Musée national d'art moderne

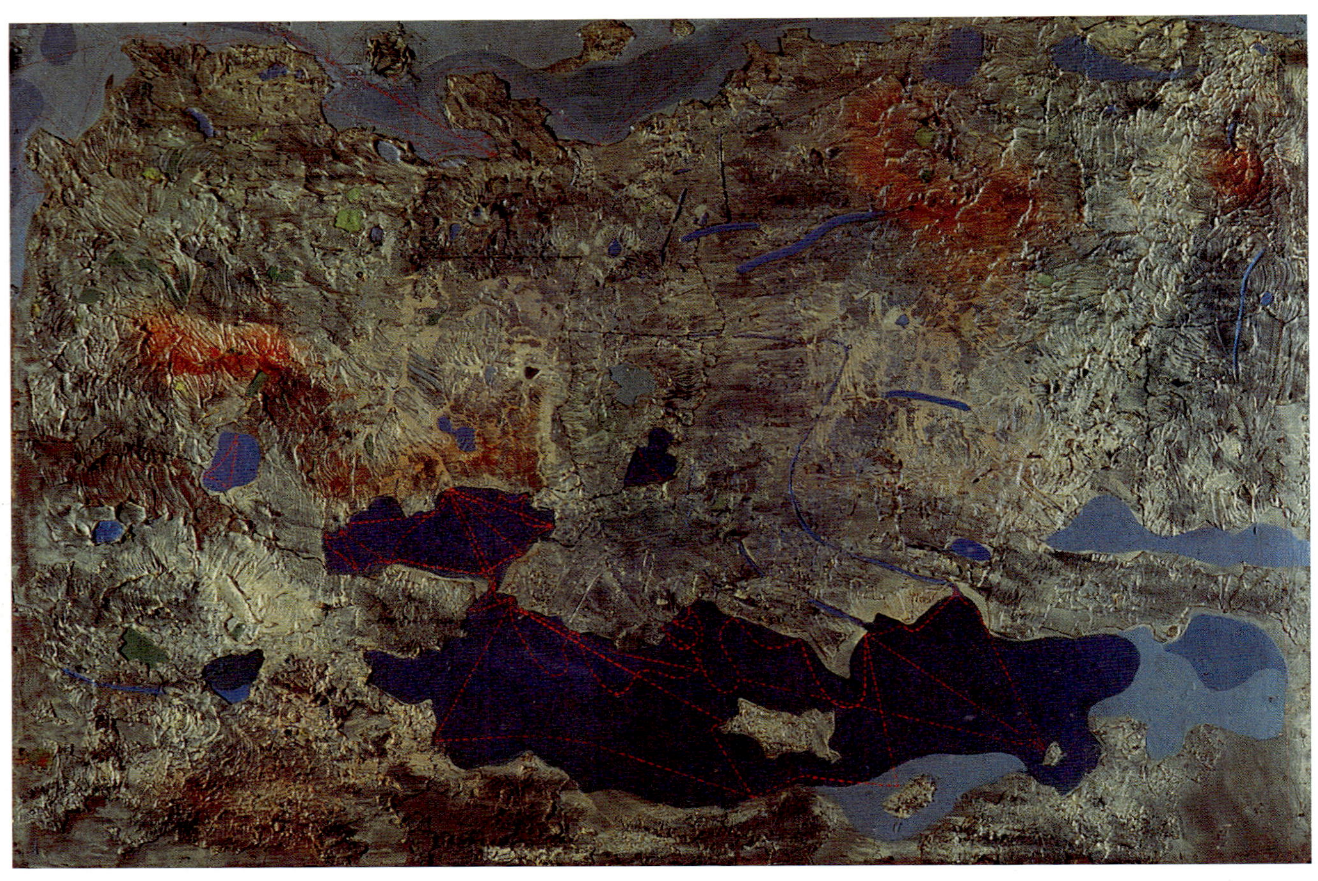

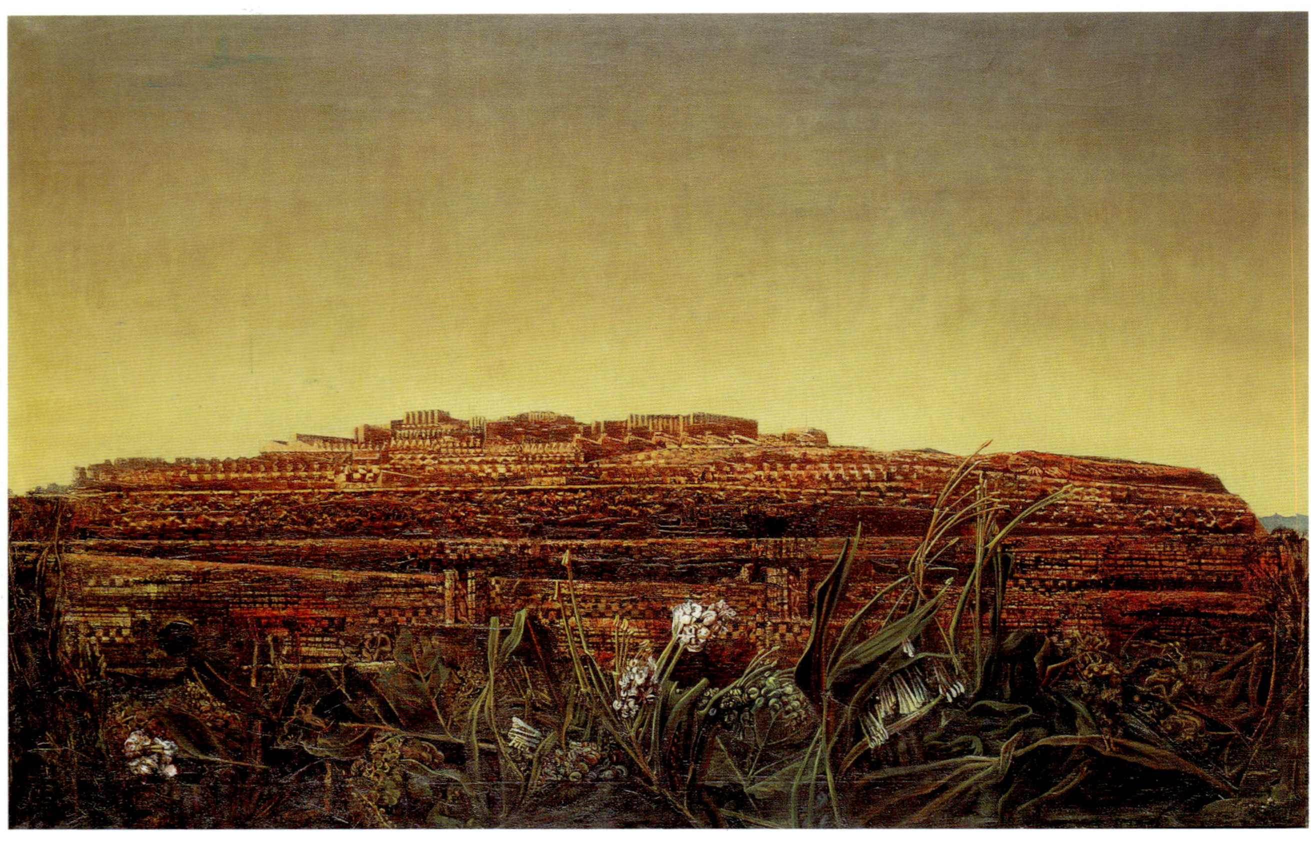

MAX ERNST
L'Europe après la pluie I, 1933
Huile et plâtre sur contreplaqué
101,00 x 149,00 cm
Collection particulière

MAX ERNST
La Ville entière, 1936-1937
Huile sur toile
97,00 x 160,00 cm
Collection particulière

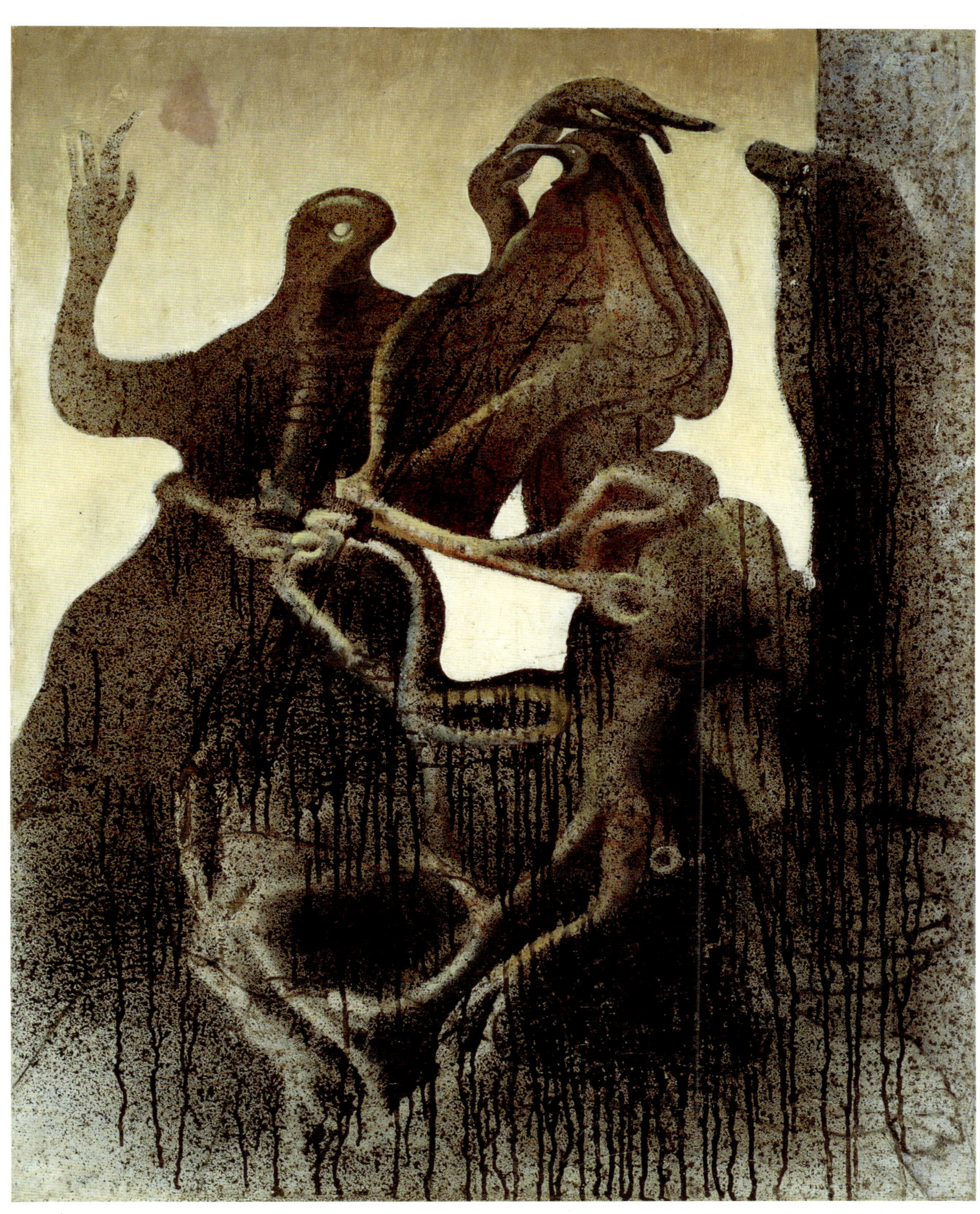

MAX ERNST
Couple zoomorphe en gestation, 1933
Huile sur toile
91,50 x 73,00 cm
Peggy Guggenheim Collection, Venise
(Solomon R. Guggenheim Foundation,
New York)

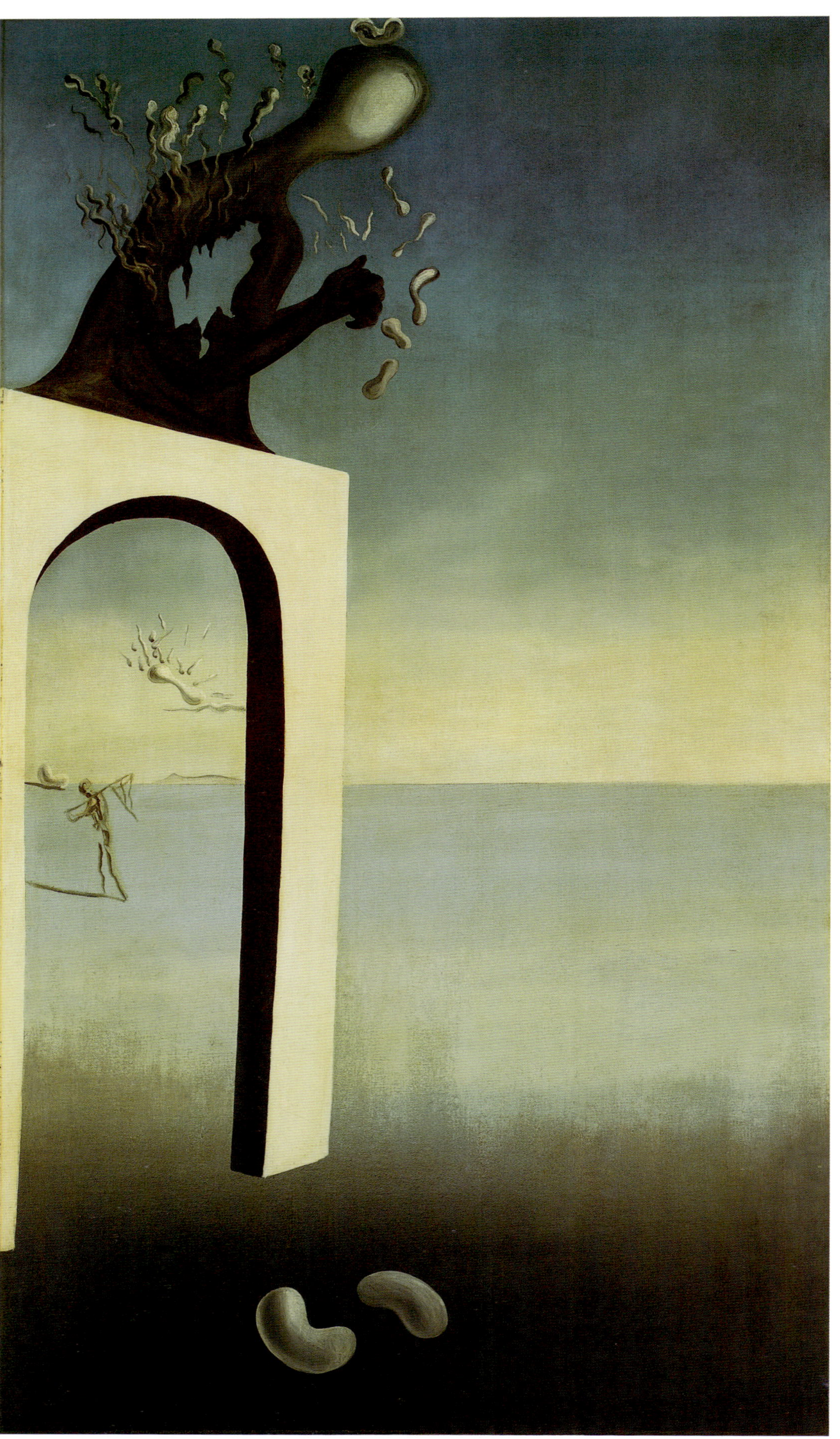

SALVADOR DALÍ
Vision de l'éternité, 1936-1937
Huile sur toile
207,00 x 117,50
The Art Institute of Chicago,
Chicago
Don de M. et Mme Randall Shapiro

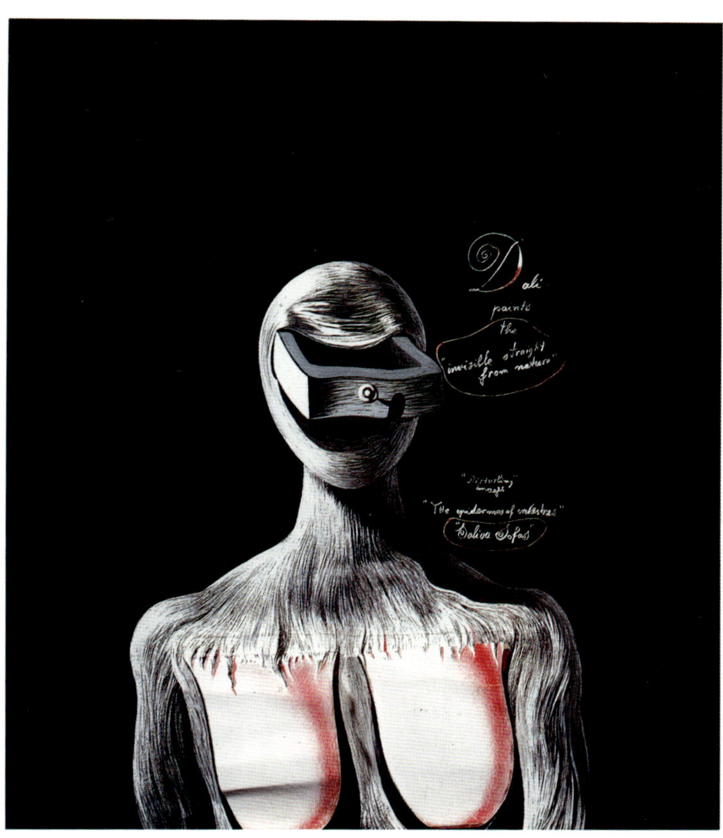

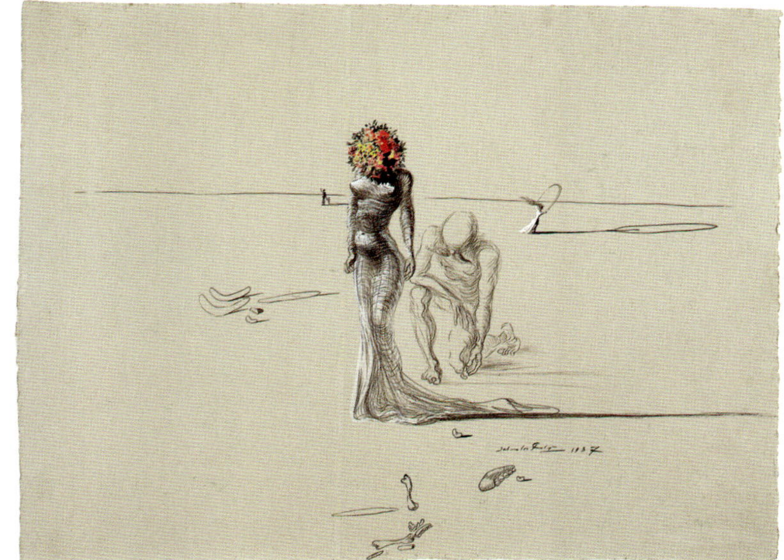

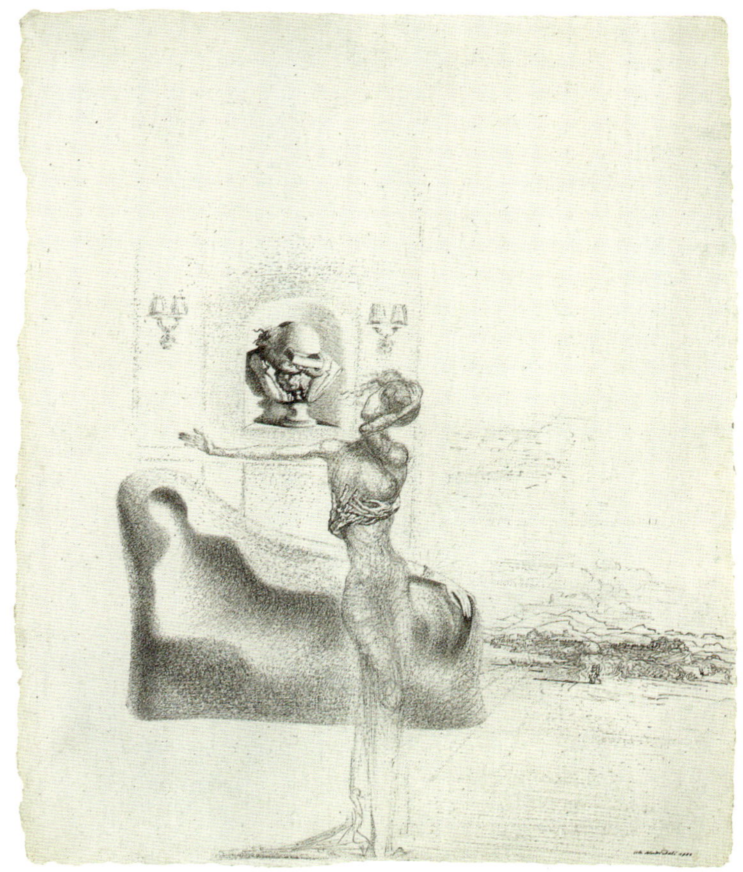

SALVADOR DALÍ
Femme-Tiroir, 1936
Gouache et collage
35,00 x 27,00 cm
Collection particulière

SALVADOR DALÍ
Femme à tête de fleur, 1937
Gouache, crayon, et encre
sur papier
38,40 x 49,80 cm
Collection M. et Mme Gilbert Kaplan,
New York

SALVADOR DALÍ
Femme devant un buste à tiroirs, 1936
Dessin à l'encre de Chine
54,60 x 44,10 cm
Stiftung Sammlung Dieter Scharf
zur Erinnerung an Otto Gerstenberg,
Kupferstichkabinett, Berlin

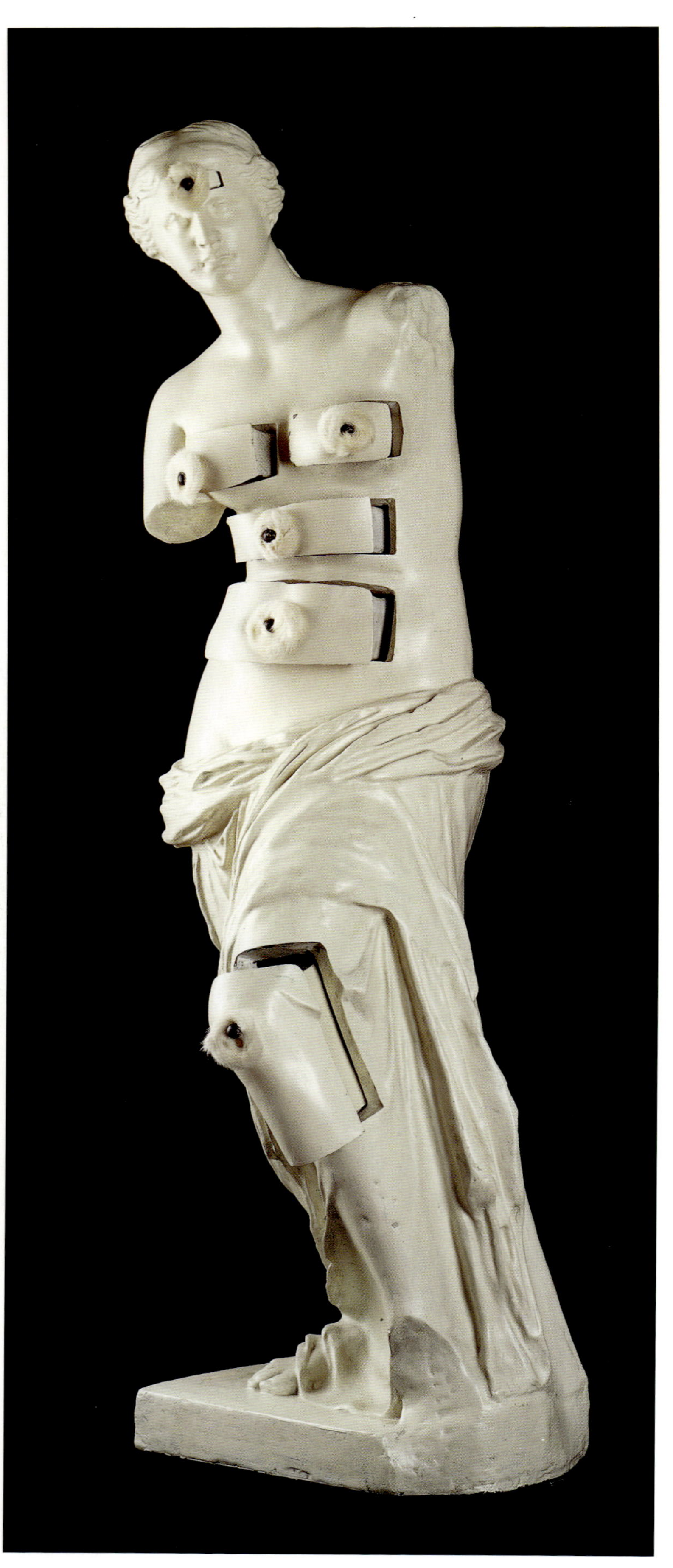

SALVADOR DALÍ
La Vénus de Milo aux tiroirs,
1936-1964
Bronze peint en blanc,
pompons en fourrure
100,00 x 30,00 x 28,00 cm
Galerie Patrick Derom,
Bruxelles

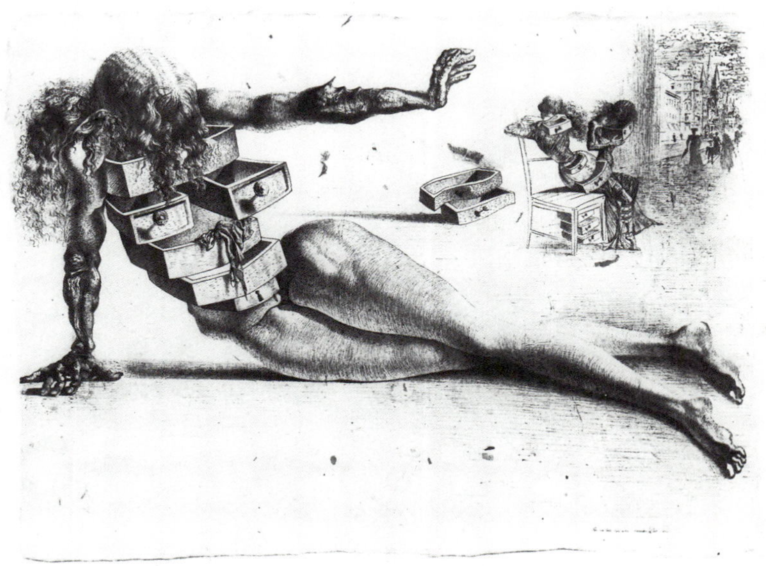

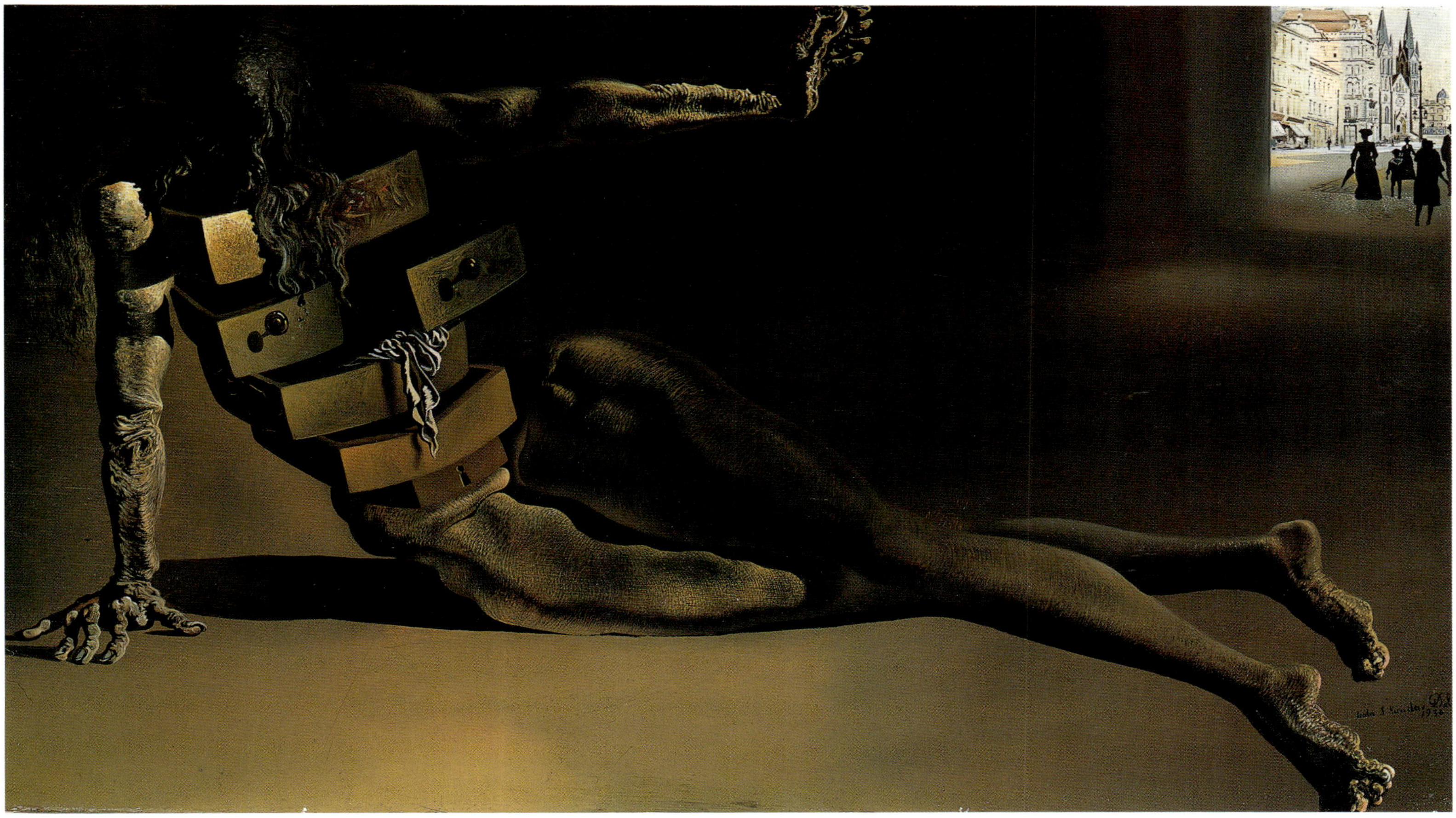

SALVADOR DALÍ
La Cité des tiroirs, 1936
Encre sur papier
32,00 x 42,00 cm
Collection particulière

SALVADOR DALÍ
Le Cabinet anthropomorphique, 1936
Huile sur toile
25,40 x 44,20 cm
Kunstsammlung Nordrhein-Westfalen, Düsseldorf

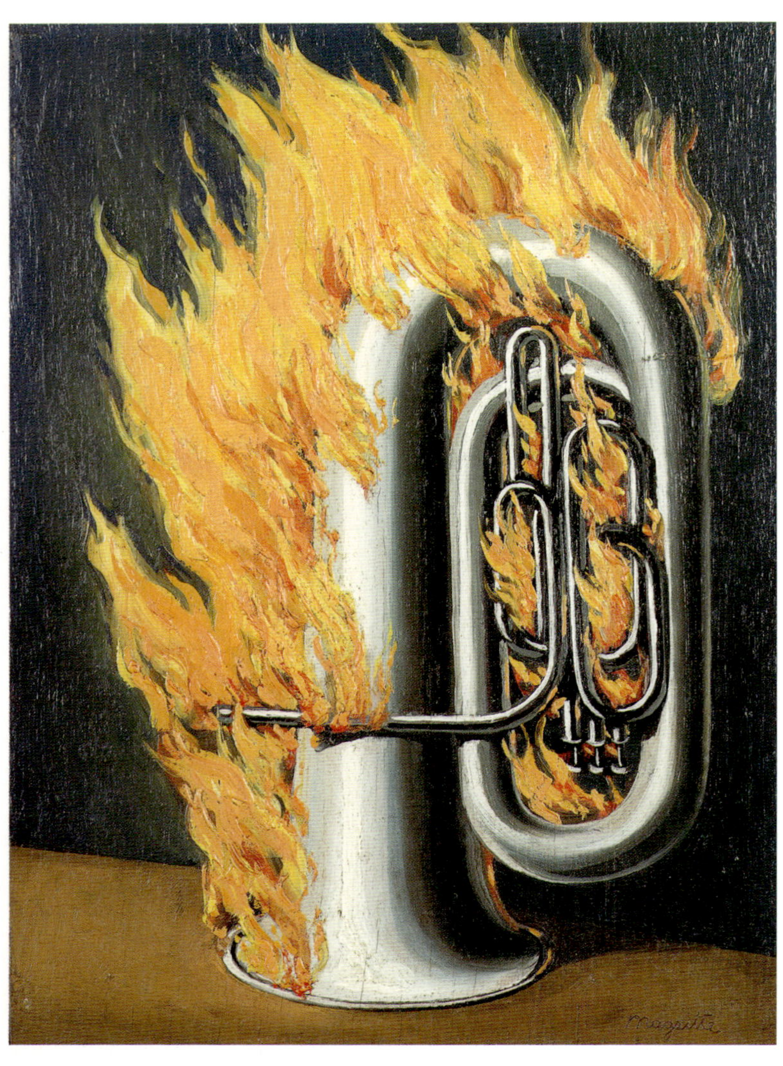

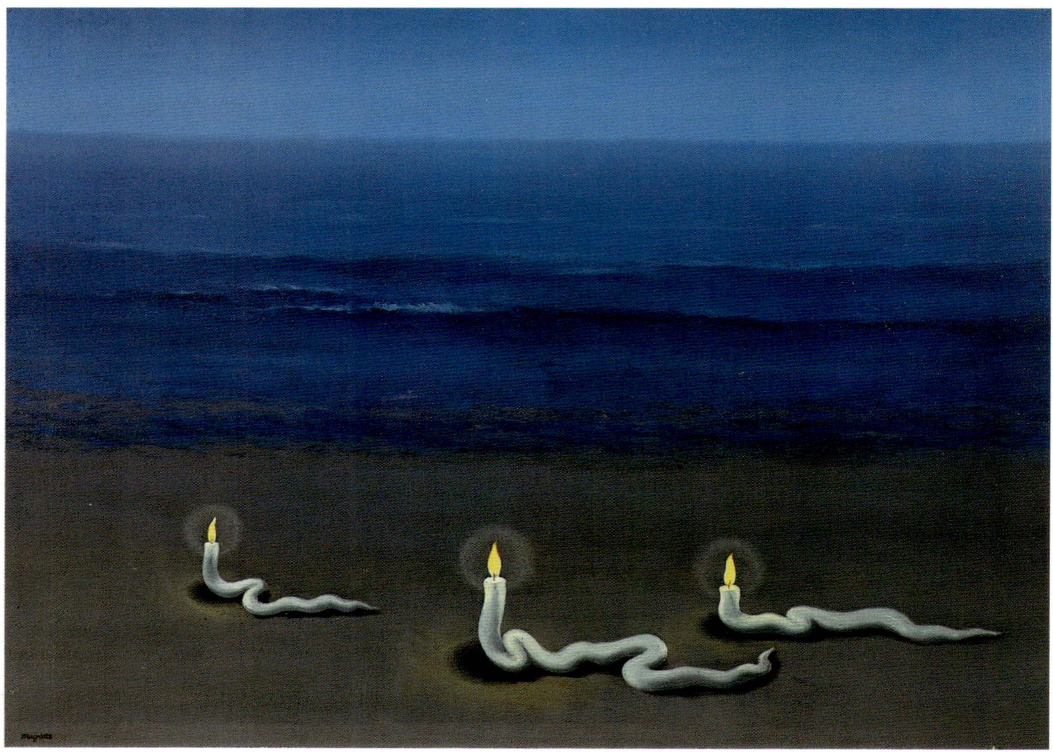

RENÉ MAGRITTE
La Découverte du feu, 1936
Huile sur panneau
22,80 x 15,50 cm
Collection M. et Mme Gilbert Kaplan, New York

RENÉ MAGRITTE
La Méditation, 1936
Huile sur toile
50,00 x 65,00 cm
Collection M. et Mme Gilbert Kaplan, New York

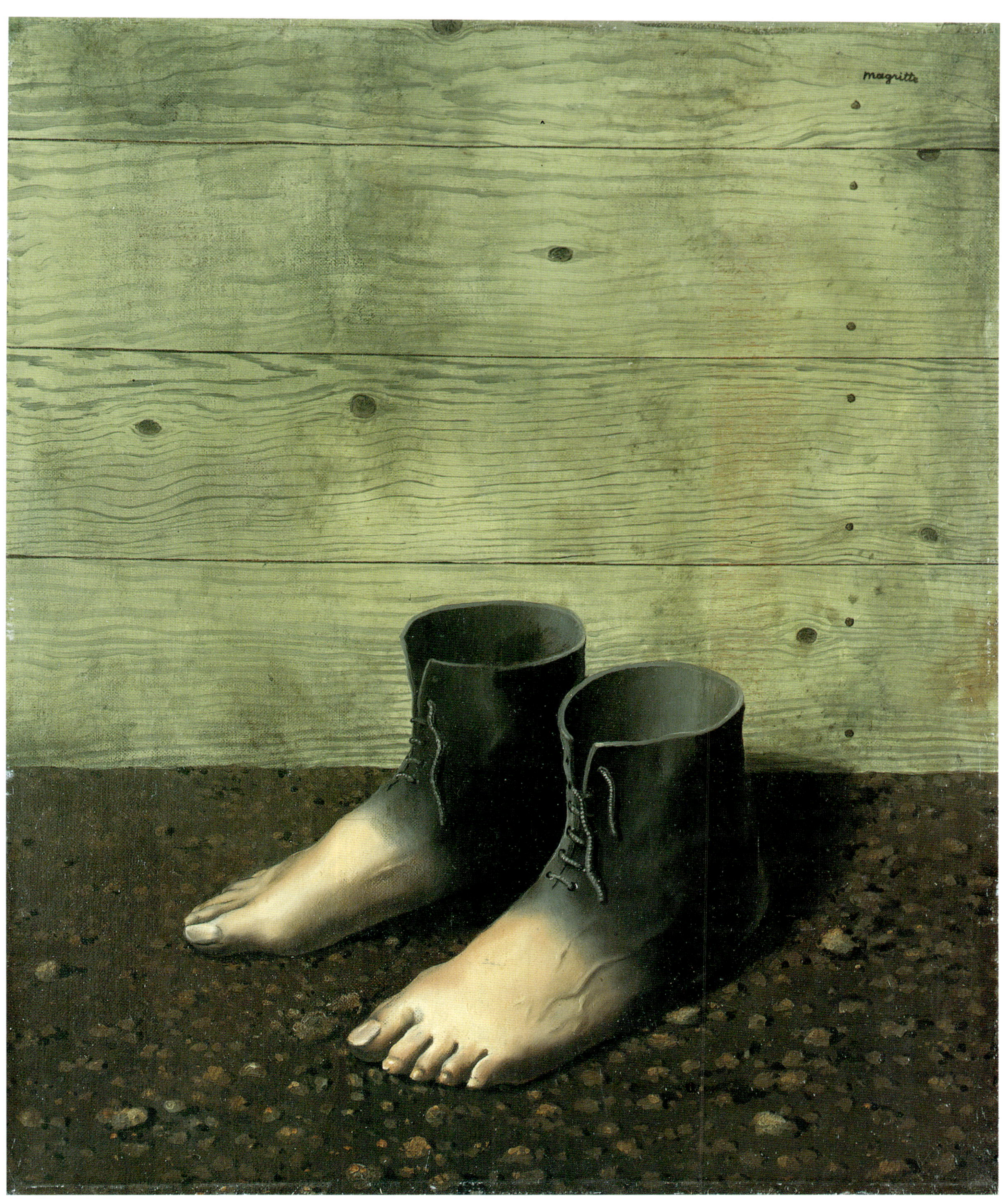

RENÉ MAGRITTE
Le Modèle rouge, 1935
Huile sur toile marouflée
sur carton
56,00 x 46,00 cm
Centre Pompidou, Paris
Musée national d'art moderne

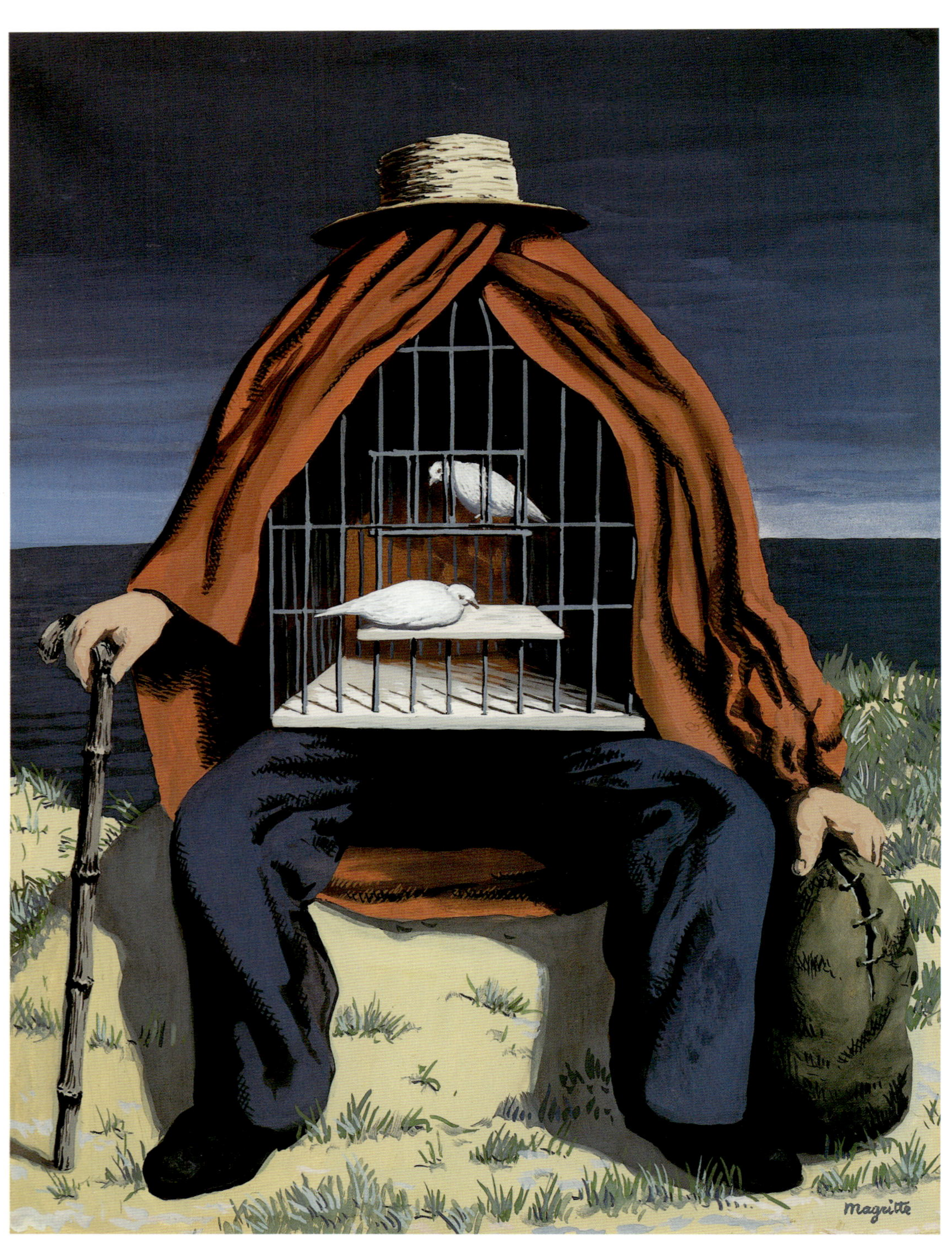

RENÉ MAGRITTE
Le Thérapeute, 1941
Gouache sur papier
47,60 x 31,30 cm
Collection particulière

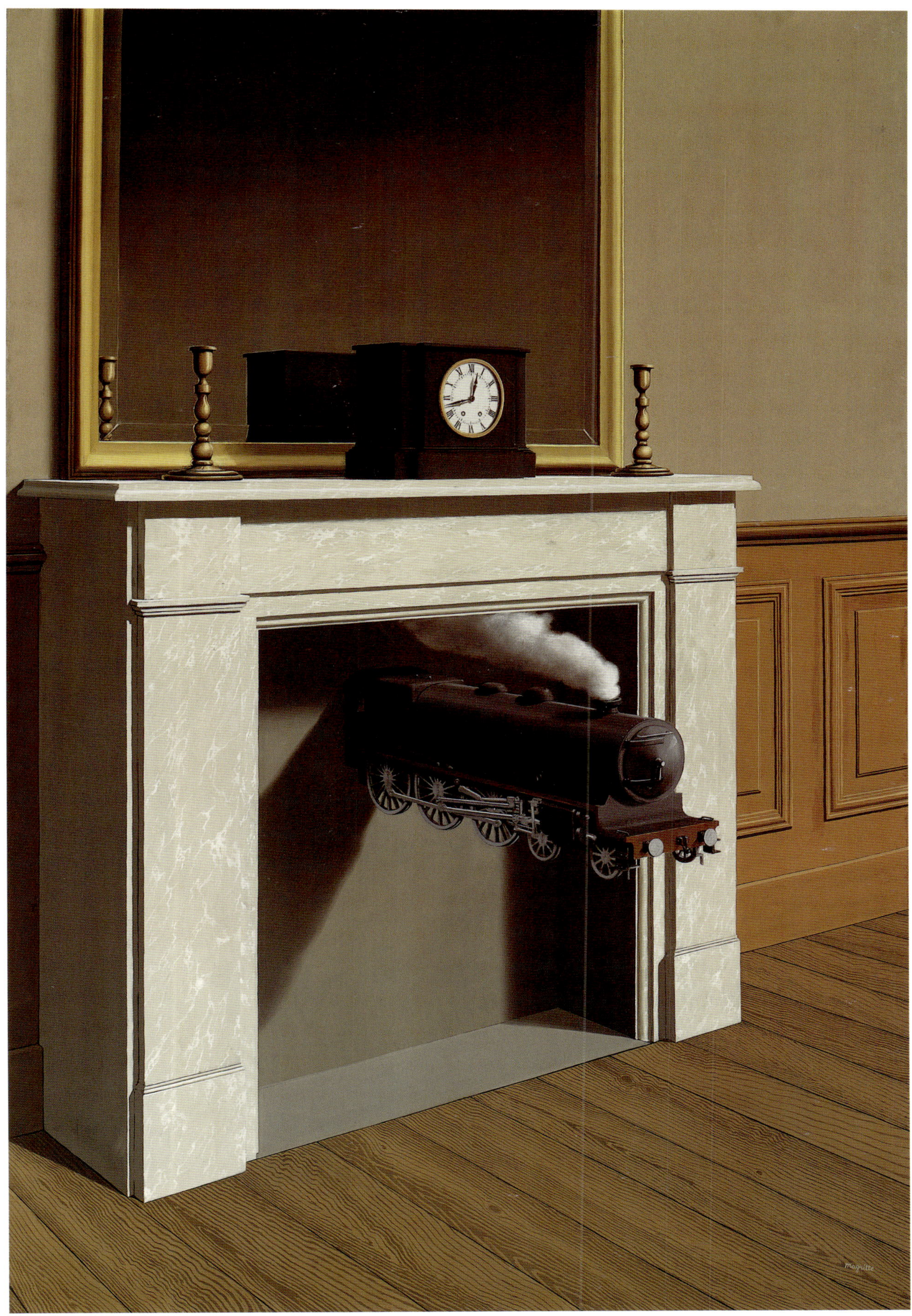

RENÉ MAGRITTE
La Durée poignardée, 1938
Huile sur toile
146,00 x 97,00 cm
The Art Institute of Chicago,
Chicago
Collection Joseph Winterbotham

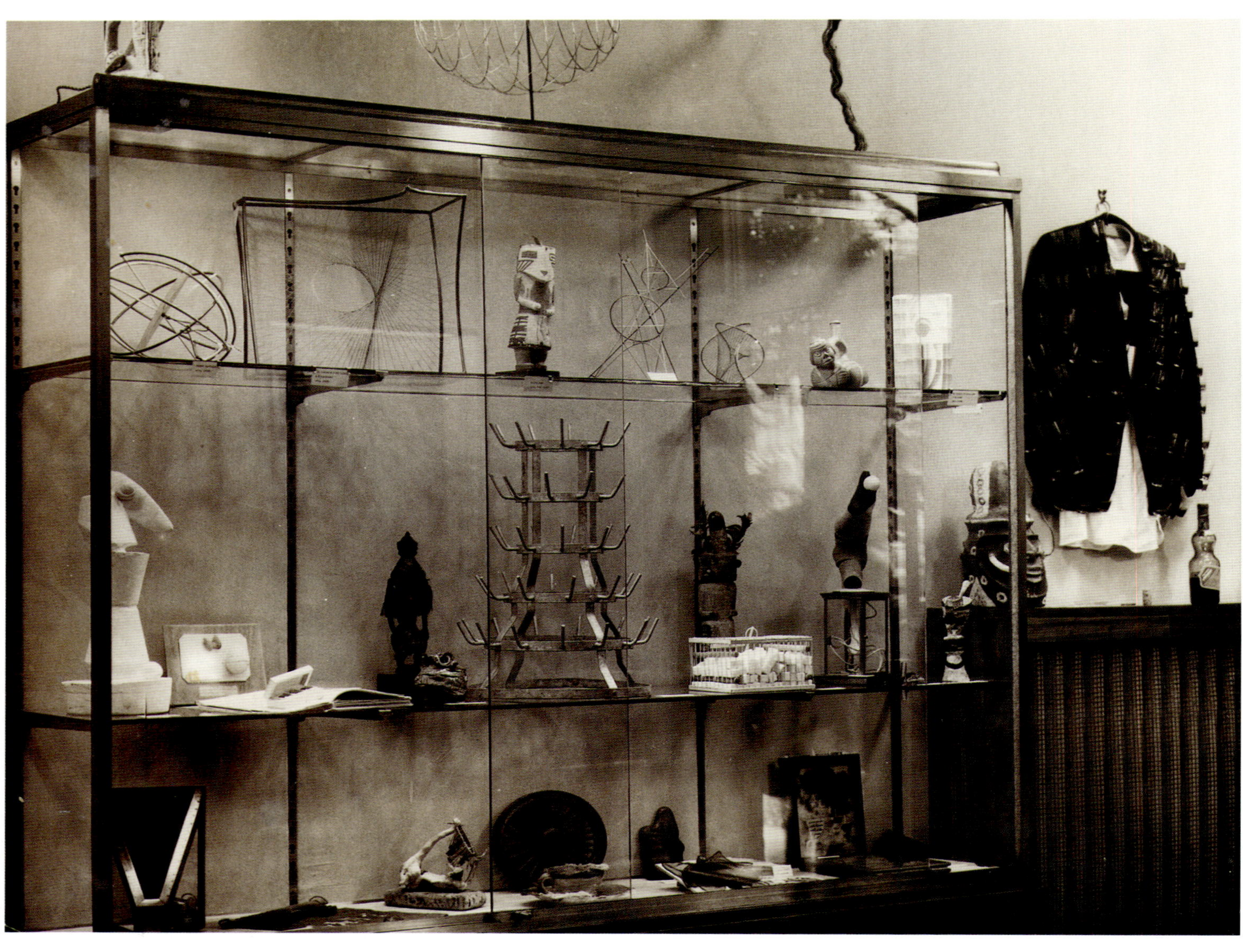

MAN RAY
Vue de l'« Exposition surréaliste d'objets »,
chez Charles Ratton, Paris, 22-29 mai 1936
Épreuve aux sels d'argent
21,70 x 29,70 cm
Galerie Ratton-Ladrière, Paris

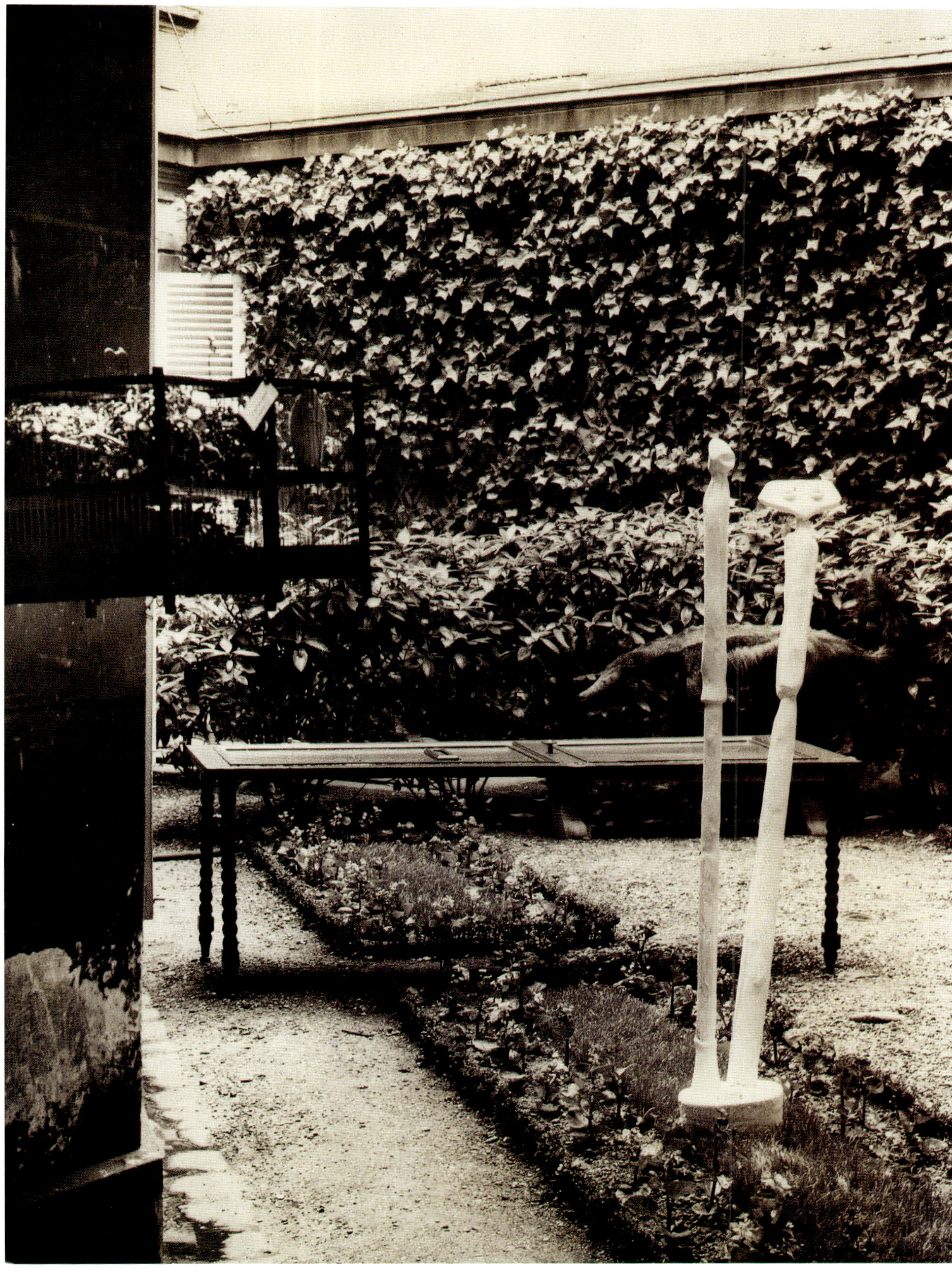

MAN RAY
Vue de l'« Exposition surréaliste d'objets »,
chez Charles Ratton, Paris, 22-29 mai 1936
Épreuve aux sels d'argent
29,00 x 22,50 cm
Galerie Ratton-Ladrière, Paris

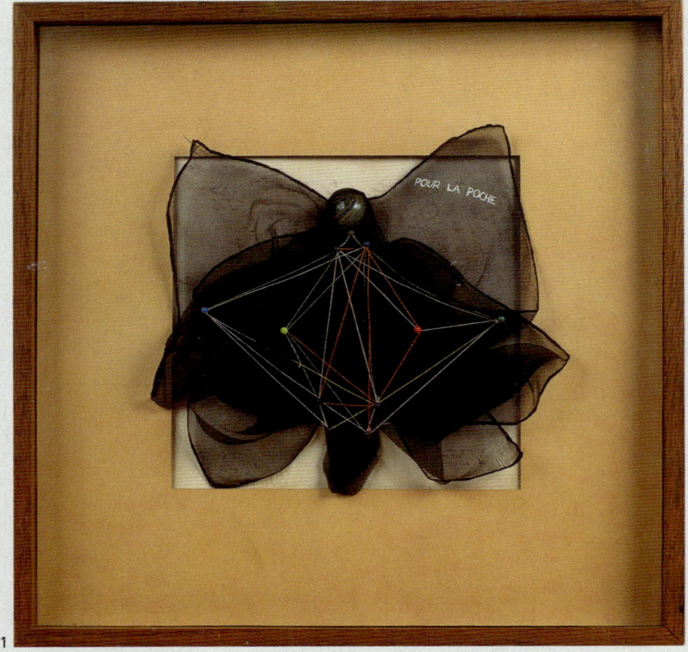

1

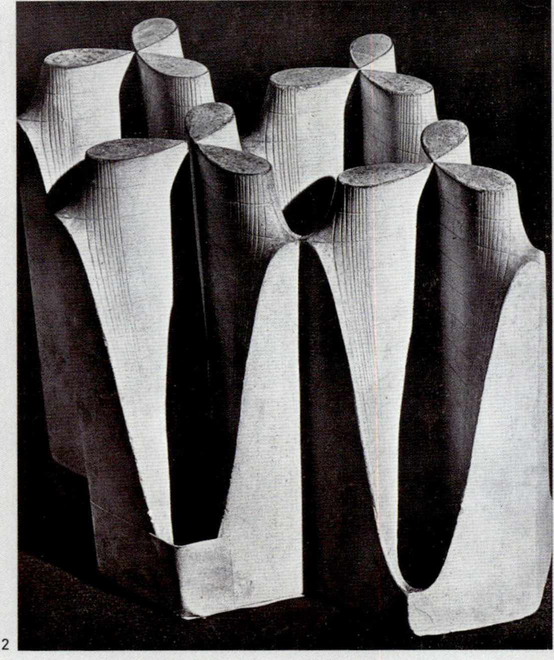

2

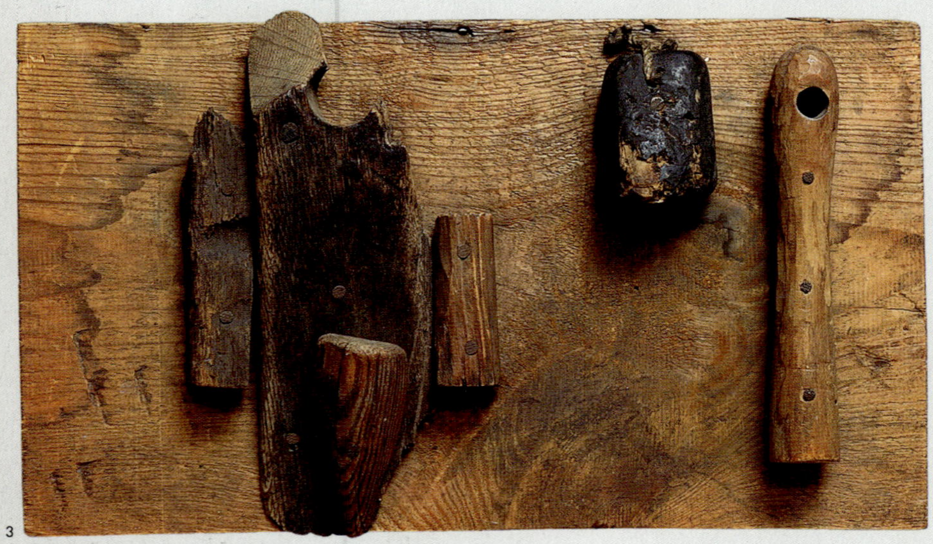

3

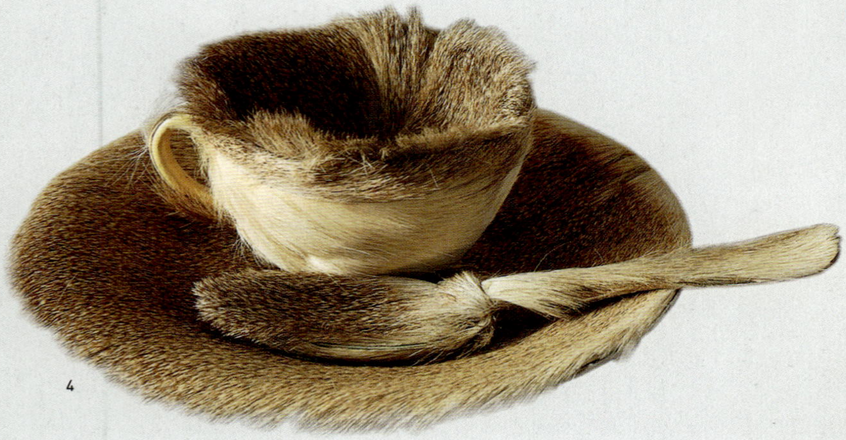

4

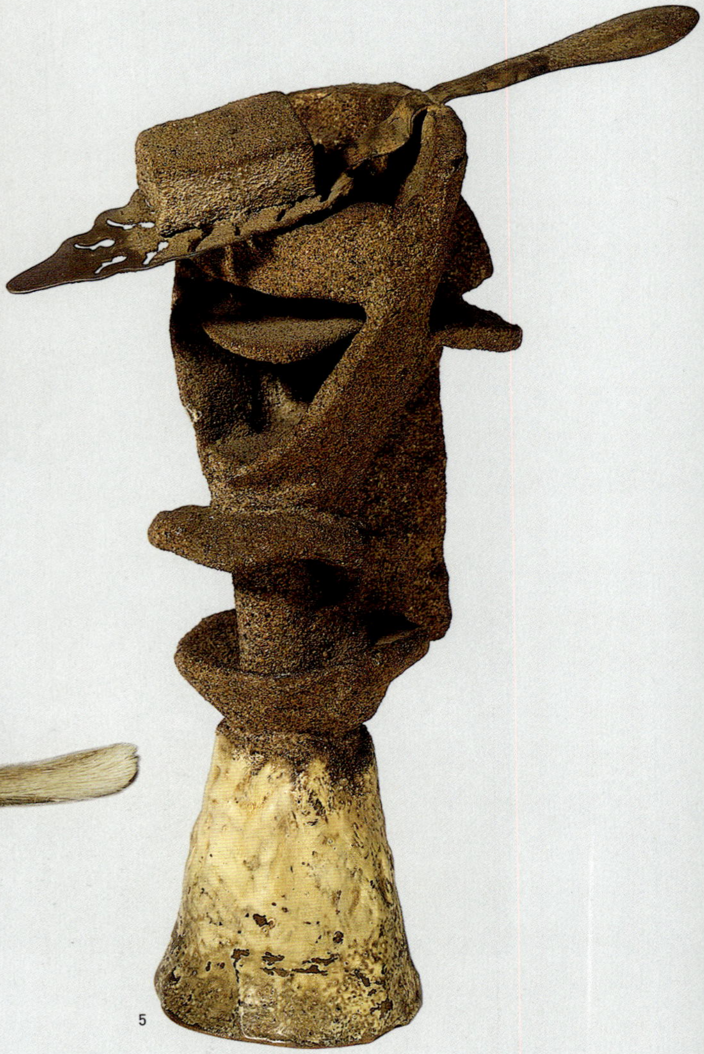

5

[1] **JACQUELINE BRETON**
Pour la poche, 1935
Aiguilles, fils de couleur, voile noir et bille montés sur carton
33,00 x 33,00 x 4,00 cm
Collection particulière

[2] **MAN RAY**
Objet mathématique, 1934-1936
Épreuve aux sels d'argent
30,00 x 24,00 cm
Centre Pompidou, Paris
Musée national d'art moderne

[3] **JEAN ARP**
La Trousse des naufragés, 1920-1921
Assemblage de six morceaux montés sur une planche de bois
19,00 x 32,00 x 4,00 cm
Musée d'art moderne et contemporain de Strasbourg

[4] **MERET OPPENHEIM**
Déjeuner en fourrure, 1936
Tasse, sous-tasse et cuillère recouverts de fourrure
Tasse : Ø 10,90 cm ; sous-tasse : Ø 23,70 cm ; cuillère : L 20,20 cm ;
The Museum of Modern Art, New York
Achat

[5] **PABLO PICASSO**
Le Verre d'absinthe, 1914
Bronze peint et sablé, cuillère à absinthe
21,50 x 16,50 x 6,50 cm
Centre Pompidou, Paris
Musée national d'art moderne

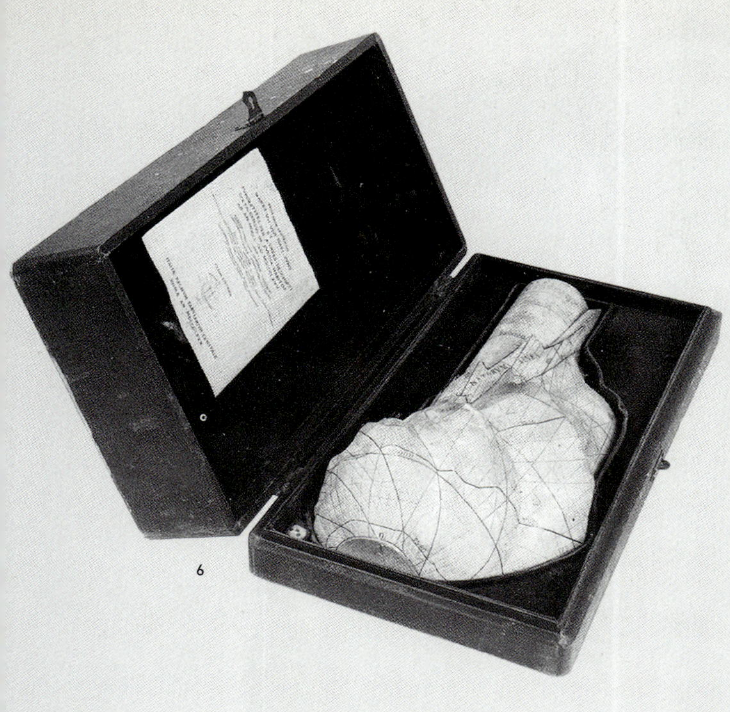

6

7

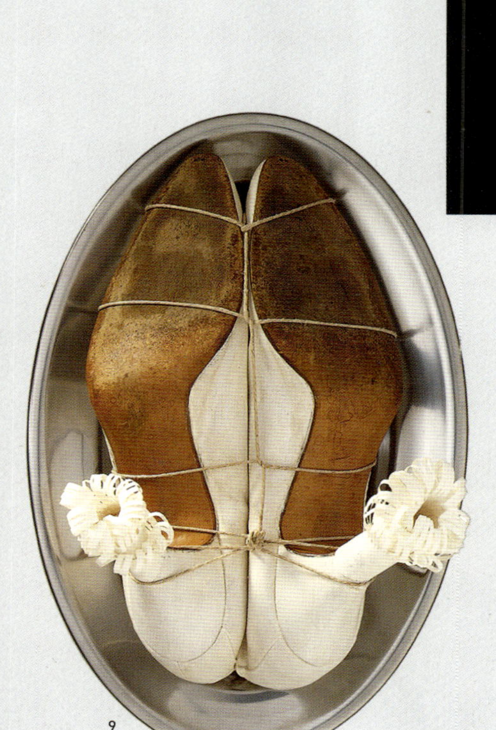

9

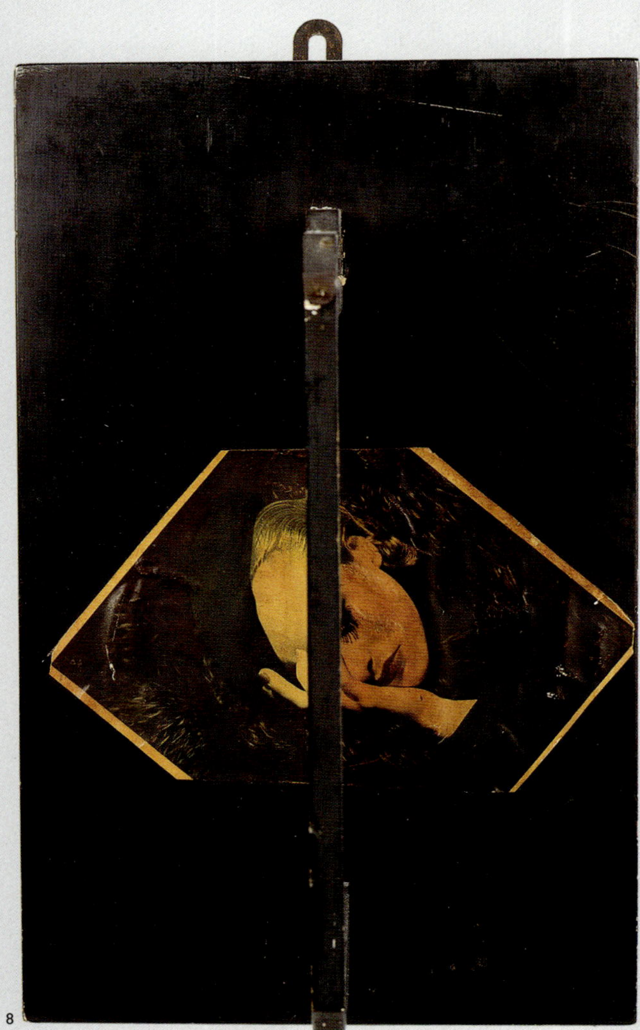

8

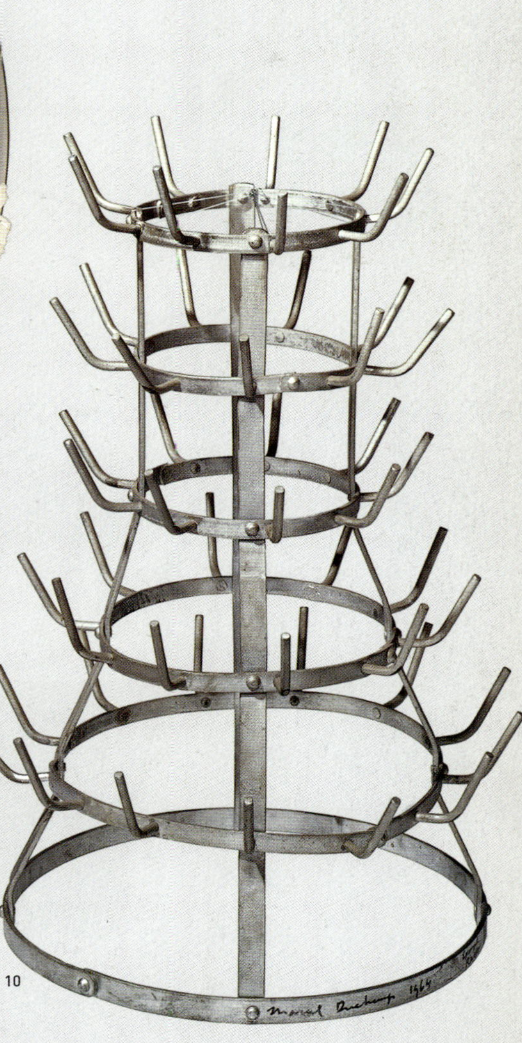

10

[6] *Objet cylindrique (courbe de population)*
Plâtre avec inscription
34,50 x 17,00 x 9,00 cm
Collection particulière

[7] *Œuf d'épiornis*
Moulage
Museum national d'histoire naturelle, Paris

[8] **LÉO MALET**
Ce mouvement doit être répété dix fois, 1936
Bois, miroir, photographie de magazine
39,00 x 25,00 x 20,00 cm
Collection particulière

[9] **MERET OPPENHEIM**
Ma Gouvernante, 1936
Métal, chaussures, fil, papier
14,00 x 21,00 x 33,00 cm
Moderna Museet, Stockholm

[10] **MARCEL DUCHAMP**
Porte-bouteilles, 1914-1964
Ready-made : séchoir à bouteilles en fer galvanisé
H 64,30 ; Ø 42,00 cm
Centre Pompidou, Paris
Musée national d'art moderne

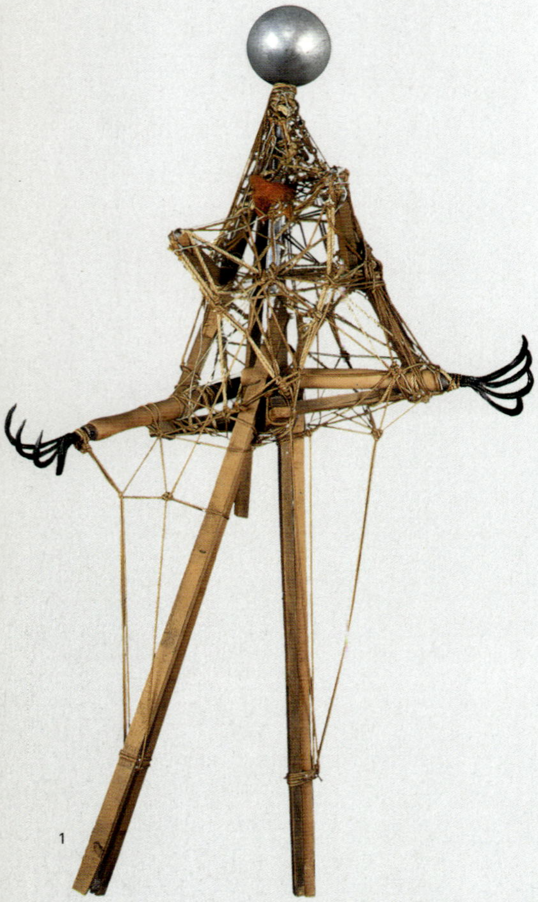

2

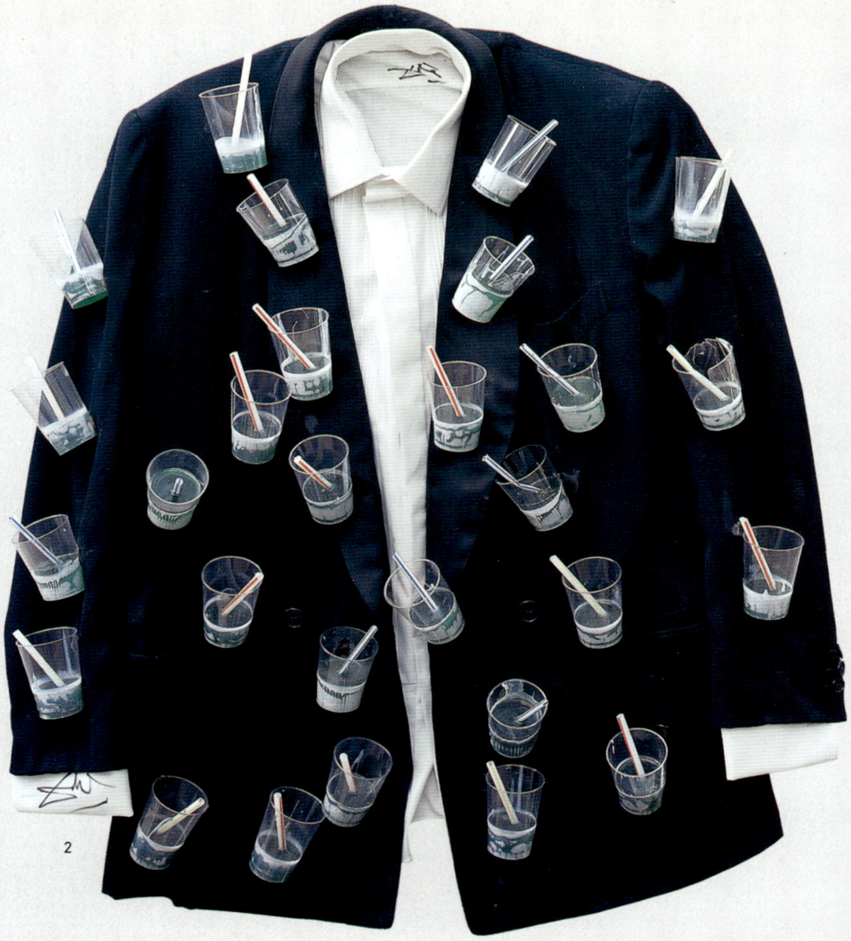

1

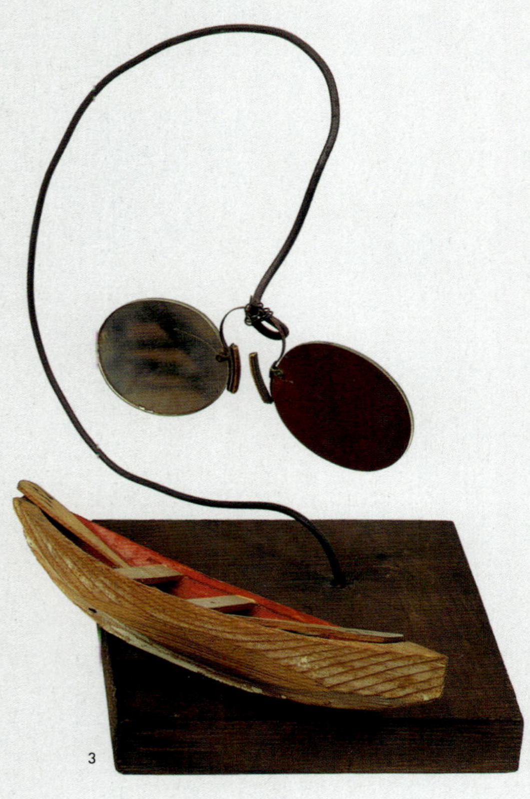

3

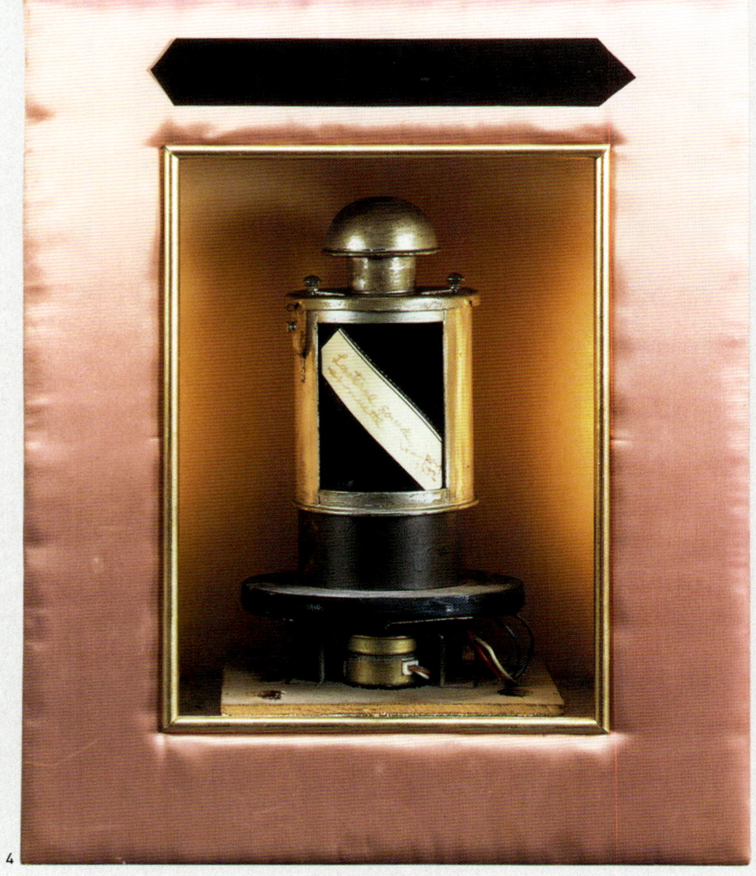

4

[1] **PABLO PICASSO**
Figure, 1935
Assemblage : louche, griffes, bois, ficelle et clous
112,00 x 61,50 x 29,80 cm
Musée Picasso, Paris

[2] **SALVADOR DALÍ**
Le Veston aphrodisiaque, 1936-1967
Veste de smoking recouverte de verres à liqueur, chemise et plastron sur un cintre
88,00 x 79,00 x 6,00 cm
Collection Perrot-Moore, Espagne

[3] **ROLAND PENROSE**
Le Paradis des alouettes, 1936
Bois, métal et miroir
25,00 x 25,00 x 17,00 cm
Collection particulière

[4] **MAN RAY**
Lanterne sourde et muette, 1932
Assemblage : boîte à lanterne sur un moteur qui la fait tourner, dans une boîte en bois recouverte de satin et illuminée
49,00 x 39,00 x 15,50 cm
Collection particulière

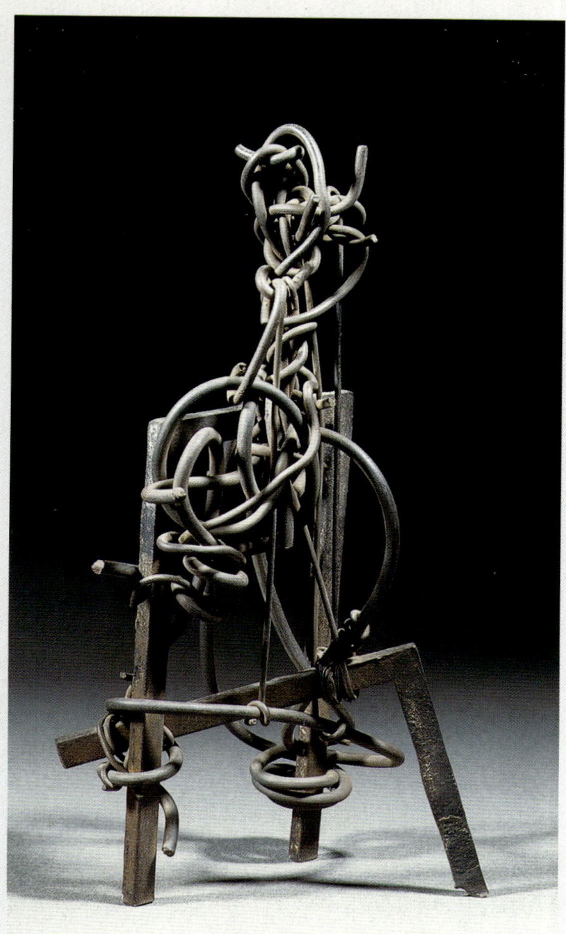

5

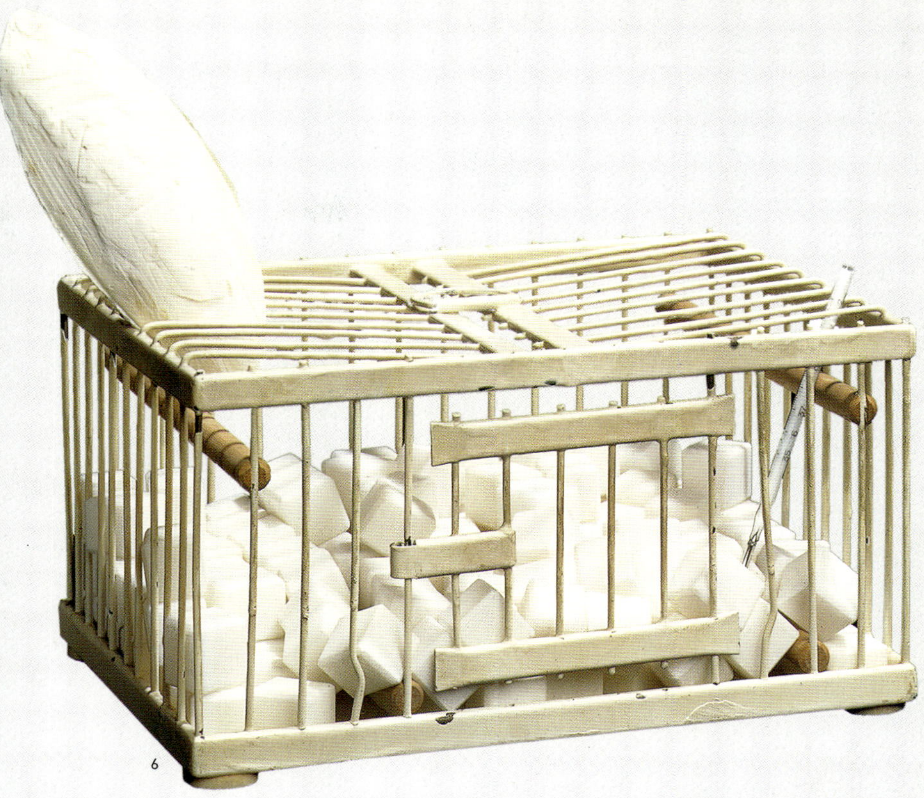

6

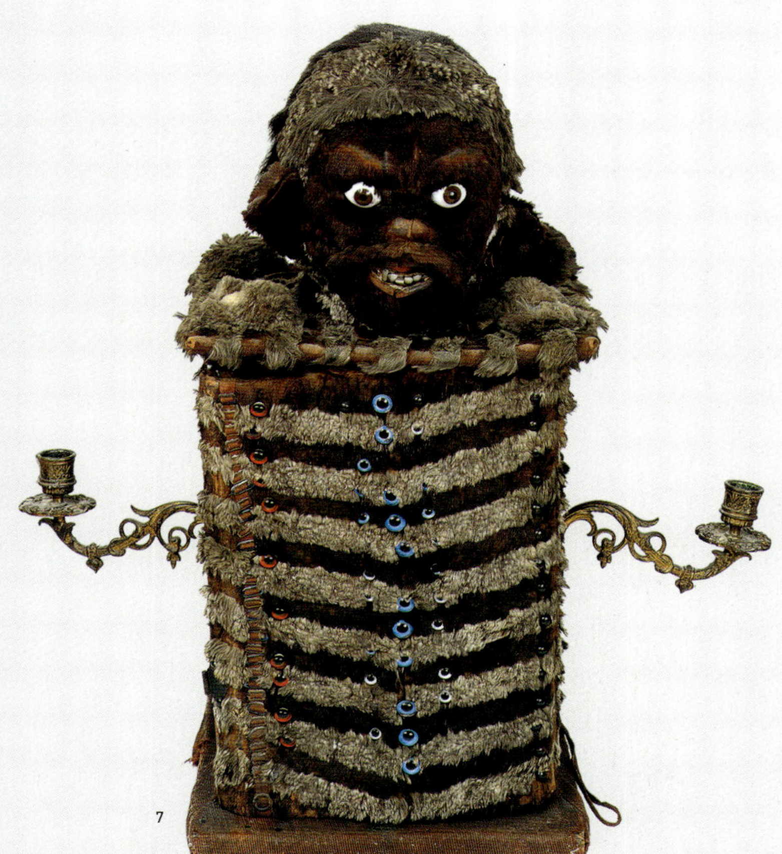

7

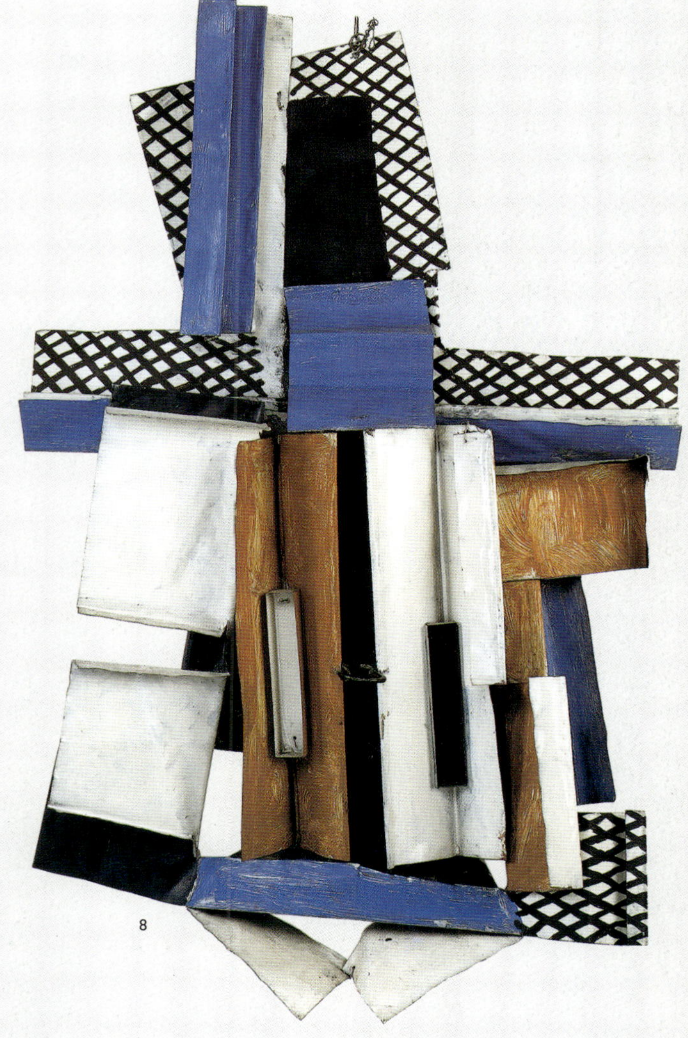

8

[5] **PABLO PICASSO**
Figure, 1931
Fer et fil de fer
26,00 x 12,50 x 11,10 cm
Musée Picasso, Paris

[6] **MARCEL DUCHAMP**
Why Not Sneeze Rrose Sélavy ?, 1921-1964
Métal, marbre, thermomètre, os de seiche
11,50 x 22,20 x 16,00 cm
Centre Pompidou, Paris
Musée national d'art moderne

[7] **YVES TANGUY**
Le Tabernacle, 1928
Objet trouvé : bois, tête momifiée, applications de fourrures naturelles et synthétiques, yeux en verre et chandeliers
65,00 x 30,00 x 31,00 cm
Collection particulière

[8] **PABLO PICASSO**
Violon, 1915
Construction : tôle découpée, pliée et peinte, fil de fer
100,00 x 63,70 x 18,00 cm
Musée Picasso, Paris

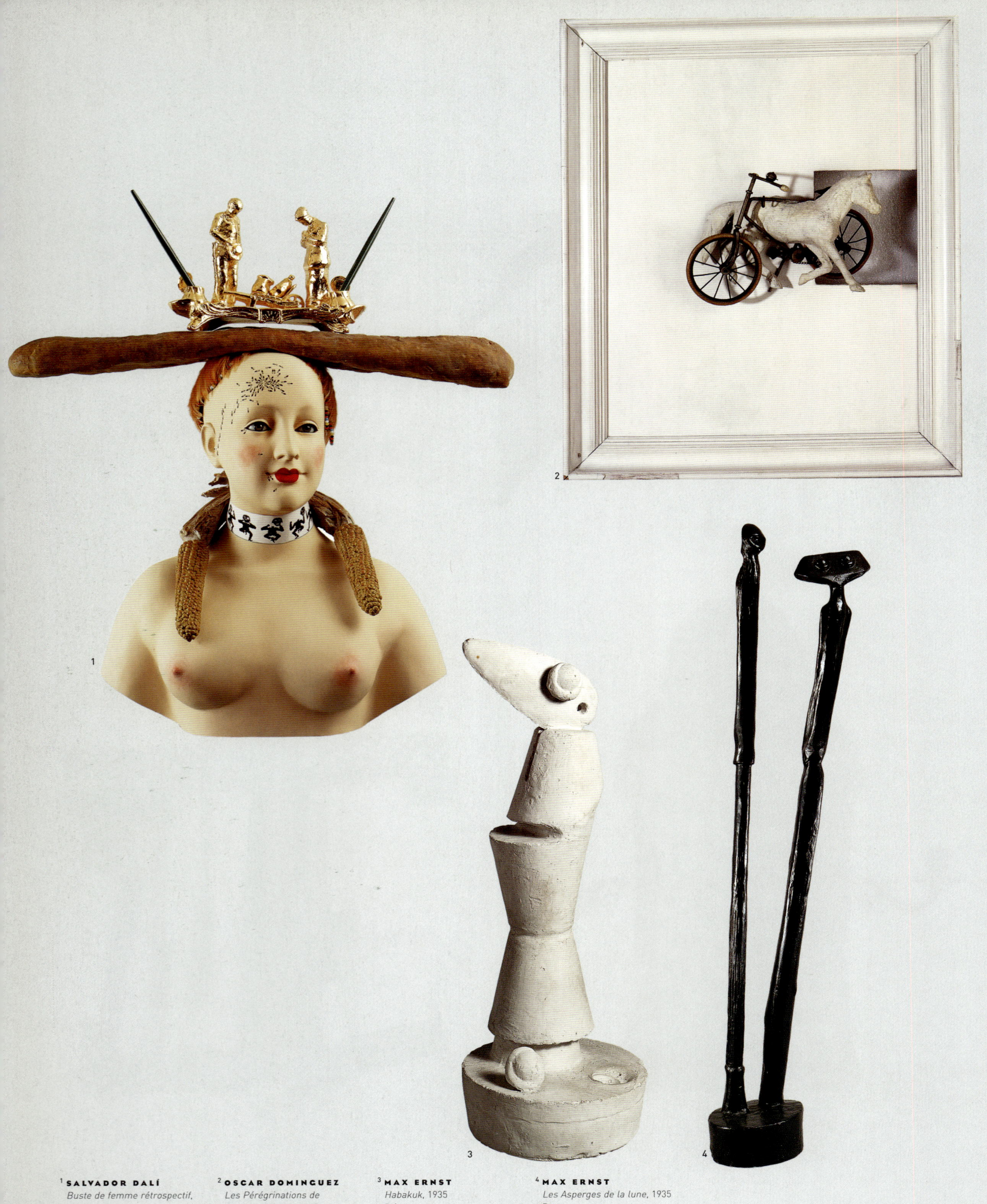

1 **SALVADOR DALÍ**
Buste de femme rétrospectif, 1933-1977
Sculpture en bronze peint
72,00 x 67,00 x 24,00
Courtesy Cahiers d'Art et galerie Natalie Seroussi

2 **OSCAR DOMINGUEZ**
Les Pérégrinations de Georges Hugnet, 1935
Bois peint, fer et papier
48,00 x 41,50 x 9,00 cm
Museo Nacional Centro de Arte Reina Sofia, Madrid

3 **MAX ERNST**
Habakuk, 1935
Plâtre
50,00 x 17,70 x 18,50 cm
Wilhelm Hack Museum, Ludwigshafen

4 **MAX ERNST**
Les Asperges de la lune, 1935
Bronze
161,00 x 38,00 x 23,70 cm
Collection particulière, Paris

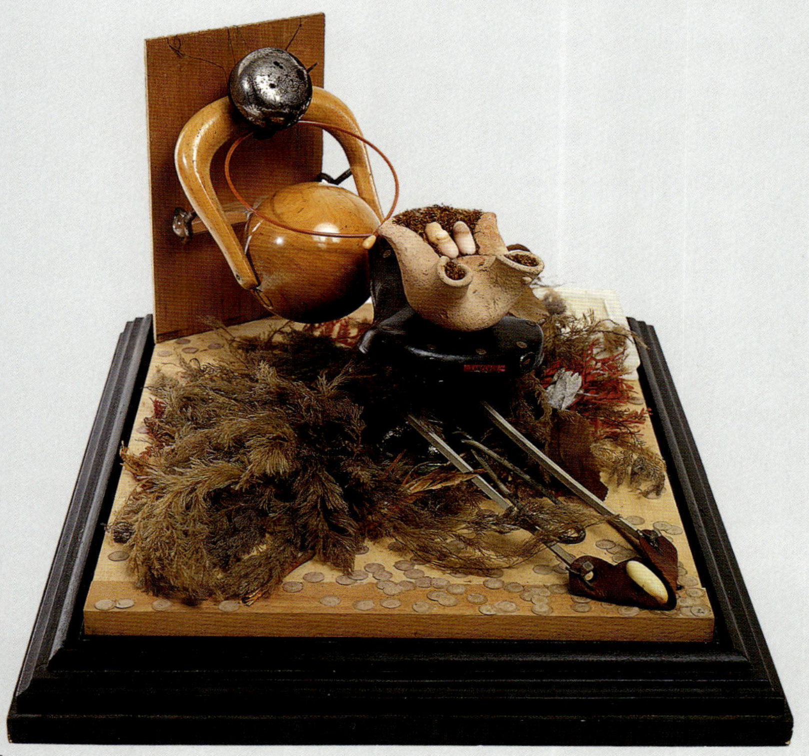

5

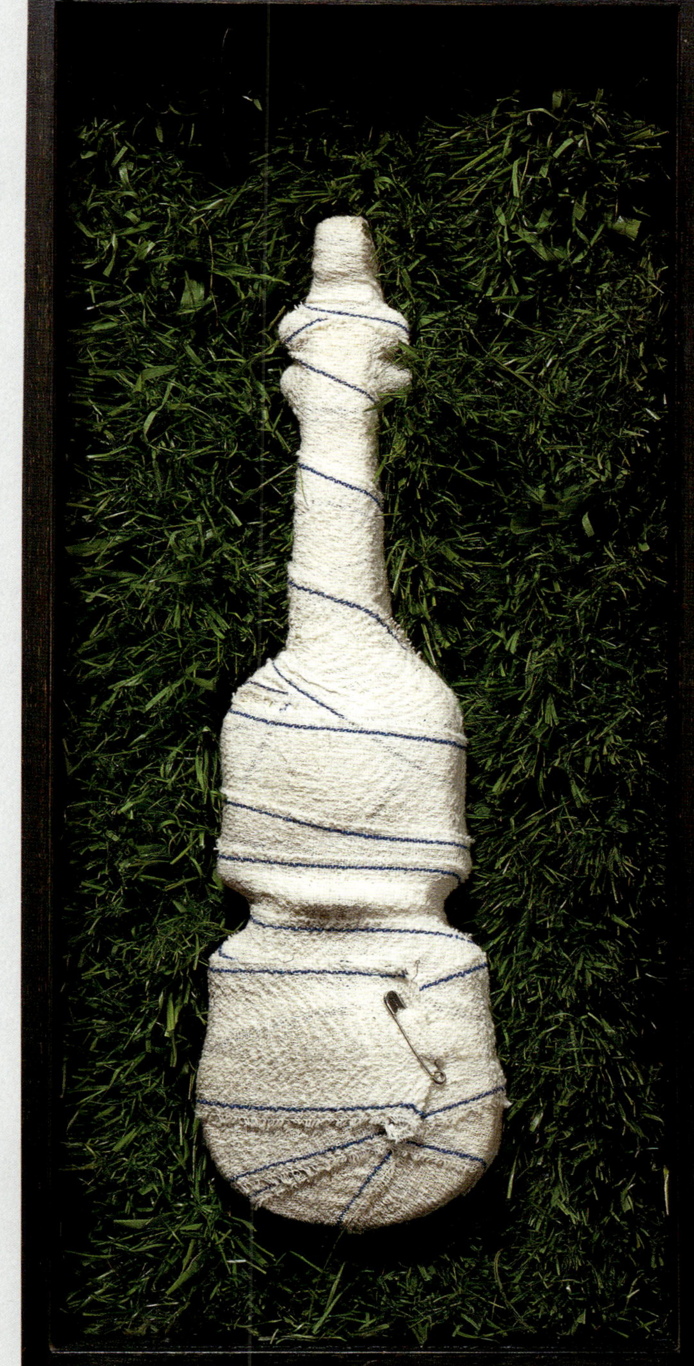

7

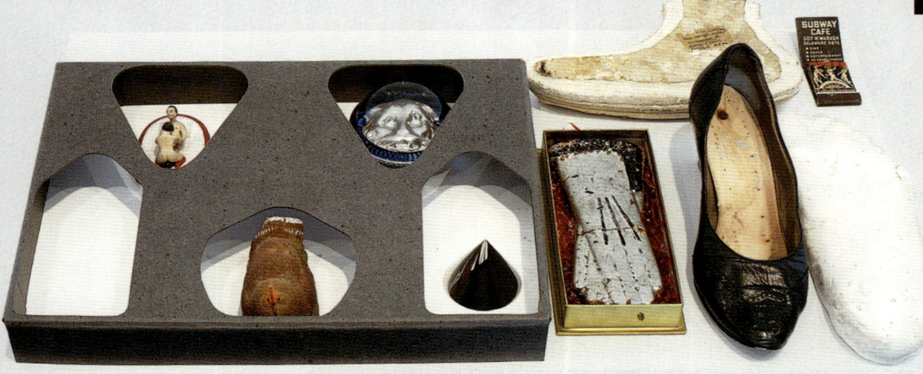

6

[5] **ANDRÉ BRETON**
Objet à fonctionnement symbolique, 1931
Assemblage d'objets divers sur planche de bois
24,50 x 41,50 x 32,00 cm
Collection particulière

[6] **SALVADOR DALÍ**
Assemblage d'objets, 1936
Assemblage d'objets
31,00 x 60,00 x 9,00 cm
Museo Nacional Centro de Arte Reina Sofia, Madrid

[7] **MAURICE HENRY**
Hommage à Paganini, 1936-1968
Assemblage
50,00 x 22,00 cm
Collection particulière, Milan

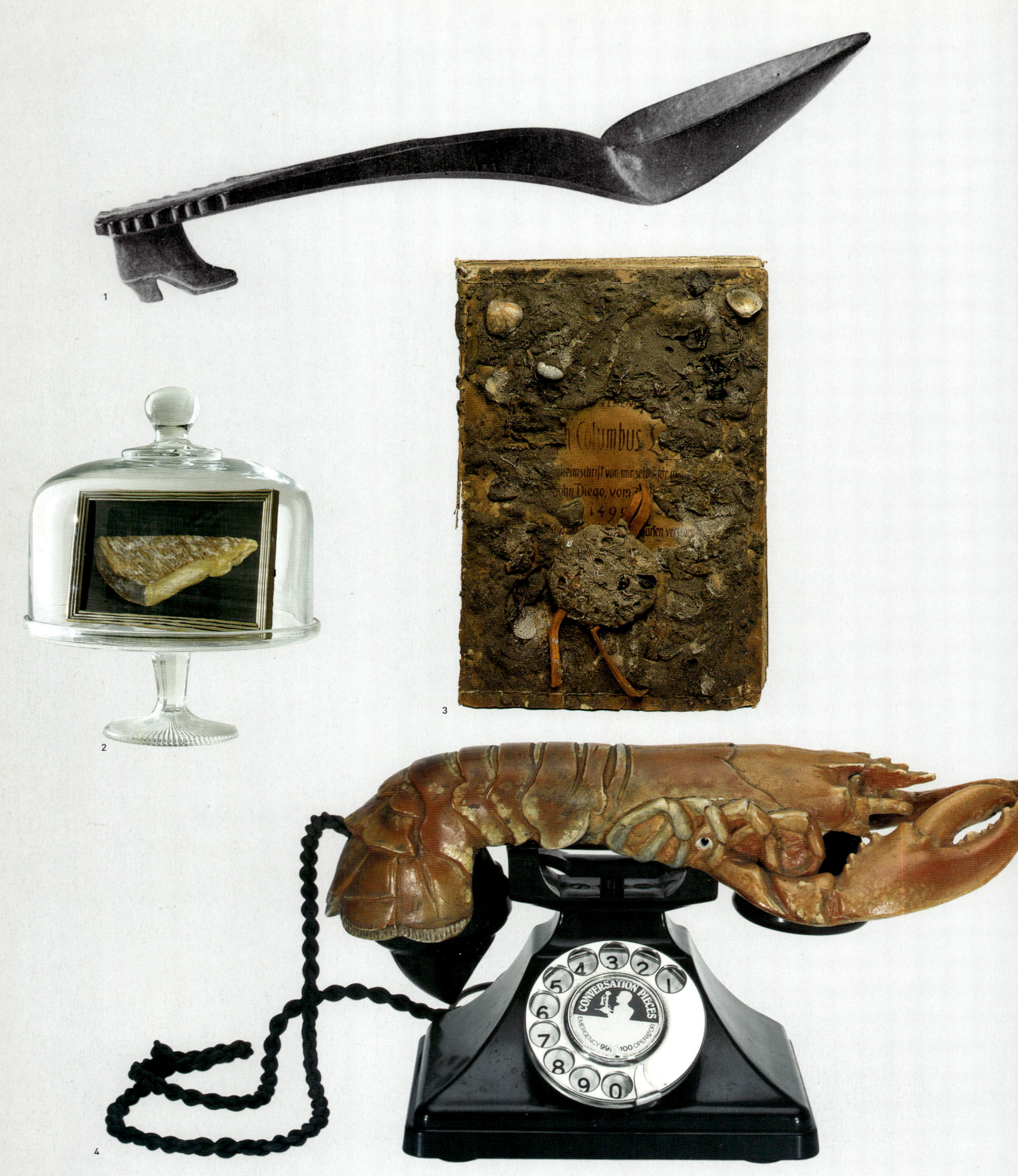

[1] *Cuiller-soulier*
Objet trouvé par André Breton
Bois
5,00 x 37,00 x 8,50 cm
Collection particulière

[2] **RENÉ MAGRITTE**
Ceci est un morceau de fromage,
1936-1937
Huile sur toile marouflée sur carton, cadre de bois doré, cloche et plateau à fromage en verre
h 31,00 cm ; Ø 25,20 cm
The Menil Collection, Houston

[3] **LÉONOR FINI**
Couverture d'un livre ayant séjourné dans la mer, 1936
Objet trouvé
Collection particulière

[4] **SALVADOR DALÍ**
Téléphone-homard ou Téléphone aphrodisiaque, 1936
Téléphone avec combiné en forme de homard en plâtre
18,00 x 12,50 x 30,50 cm
Museum für Kommunikation, Francfort-sur-le-Main

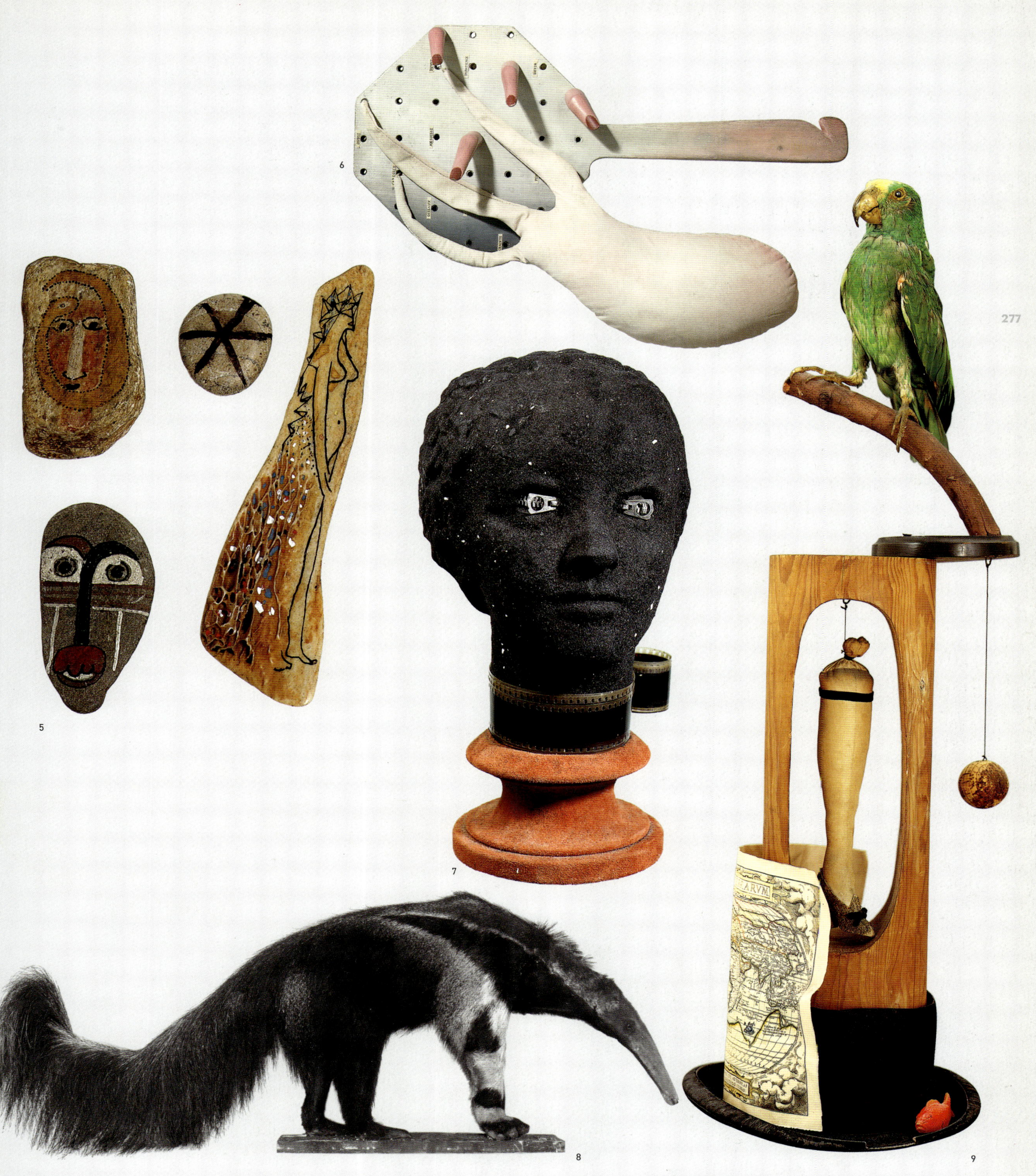

[5] **JACQUES HEROLD, VICTOR BRAUNER, JOAN MIRÓ**
Composition, tête de personnage et étoile, 1936
4 objets : galets, pierre et os peints
Ø 2,5 cm ; 5,50 x 2,50 cm ; 5,00 x 2,80 cm ; 11,00 x 3,00 cm
Collection particulière

[6] **YVES TANGUY**
De l'autre côté du pont, 1936
Bois peint et tissu rembourré de sable
12,00 x 21,00 x 47,00 cm
Morton G. Neumann Family Collection

[7] **MARCEL JEAN**
Le Spectre du gardenia
Fermetures-éclair, film photographique, plâtre, flocage noir
35,00 x 12,50 x 25,00 cm
Collection particulière

[8] *Tamanoir*
Museum national d'histoire naturelle, Paris

[9] **JOAN MIRÓ**
Objet (Perroquet perché), 1936
Perroquet sur une perche en bois, chapeau et mappemonde gravée
81,00 x 30,10 x 26,00 cm
The Museum of Modern Art, New York
Achat

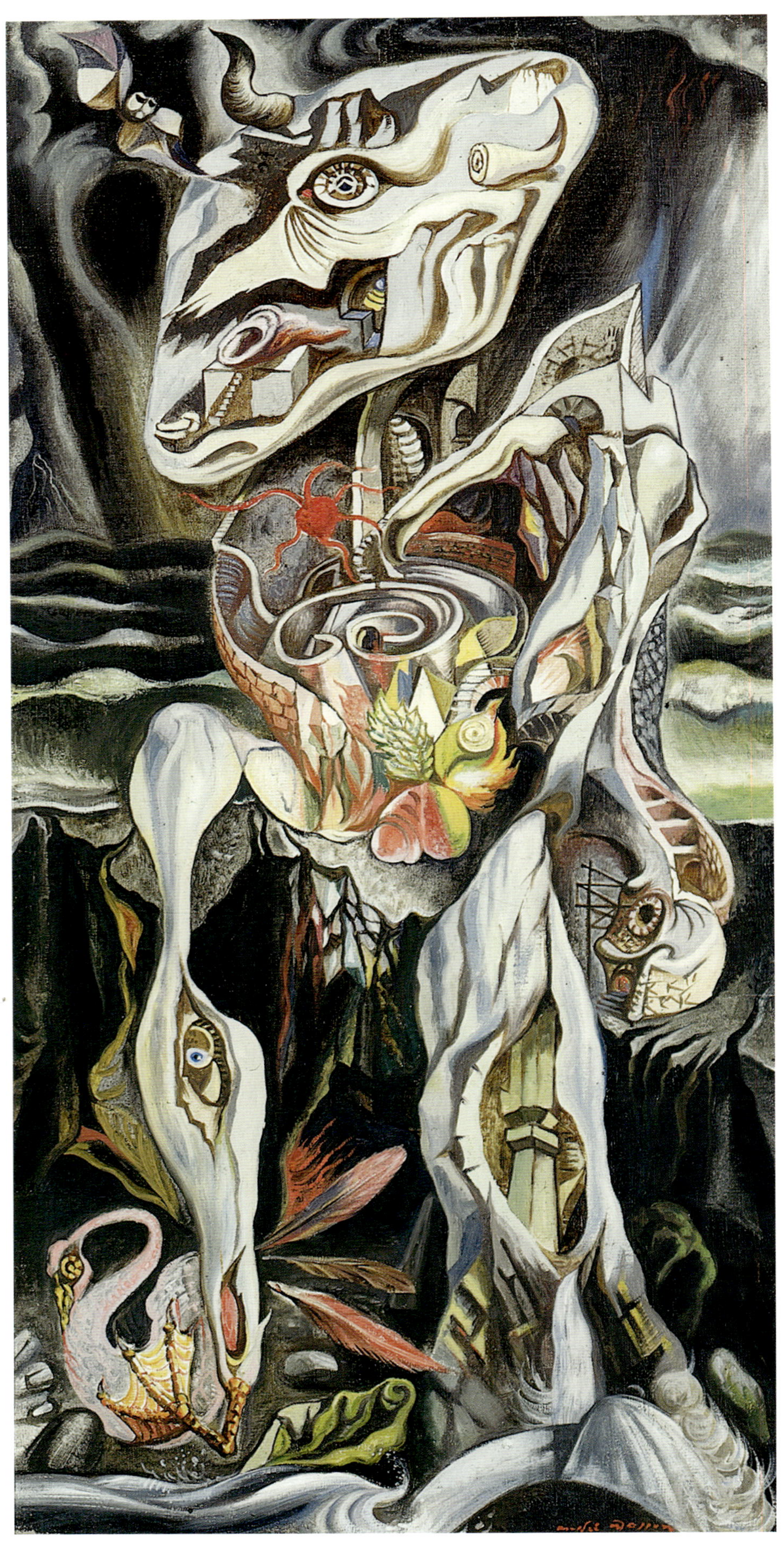

ANDRÉ MASSON
Le Labyrinthe, 1938
Huile sur toile
120,00 x 61,00 cm
Centre Pompidou, Paris
Musée national d'art moderne

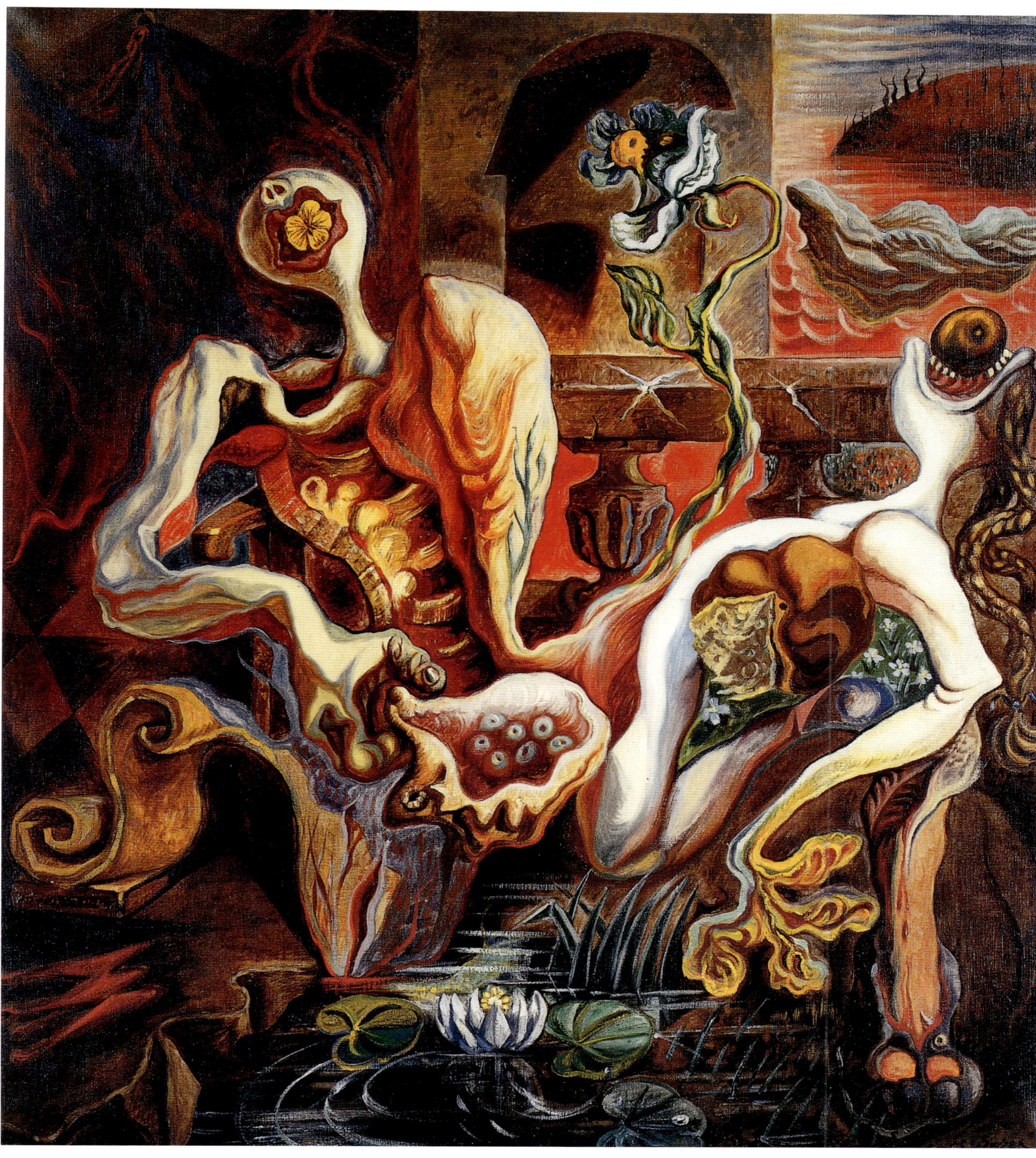

ANDRÉ MASSON
Métamorphose des amants, 1938
Huile sur toile
100,00 x 89,50 cm
Collection particulière

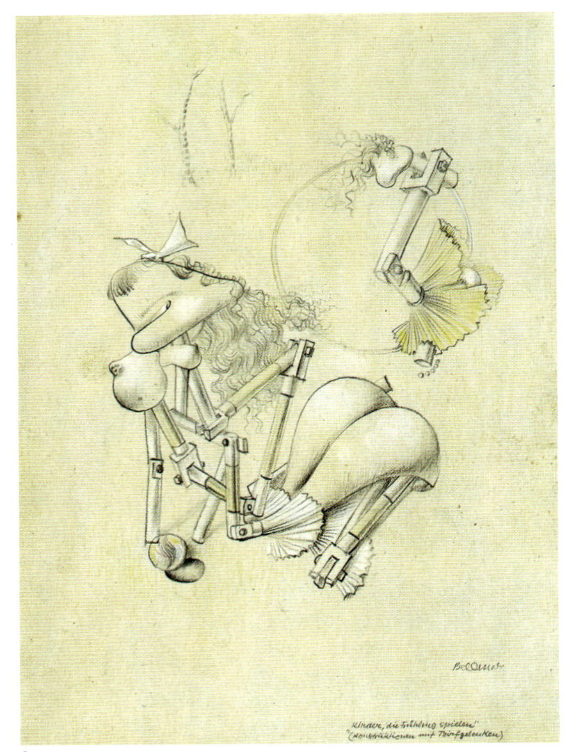

2

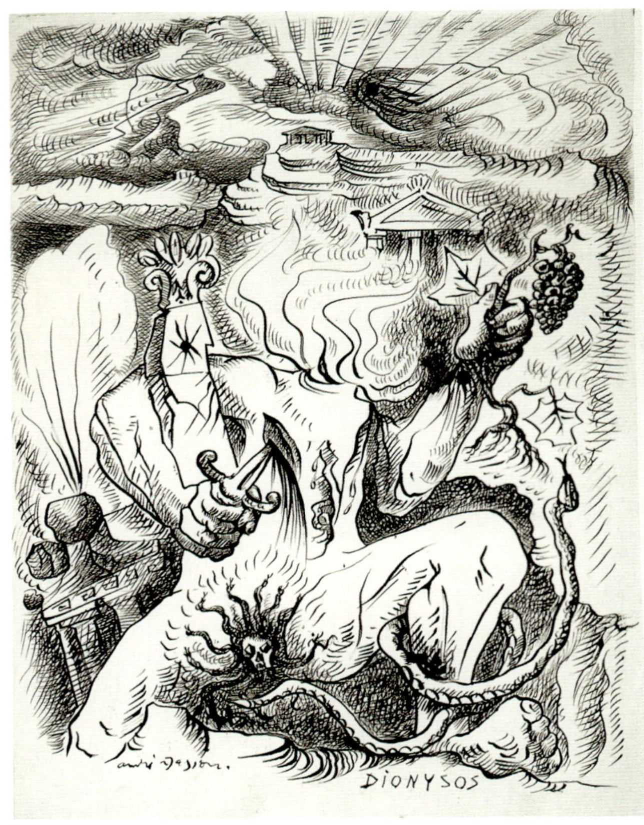

1

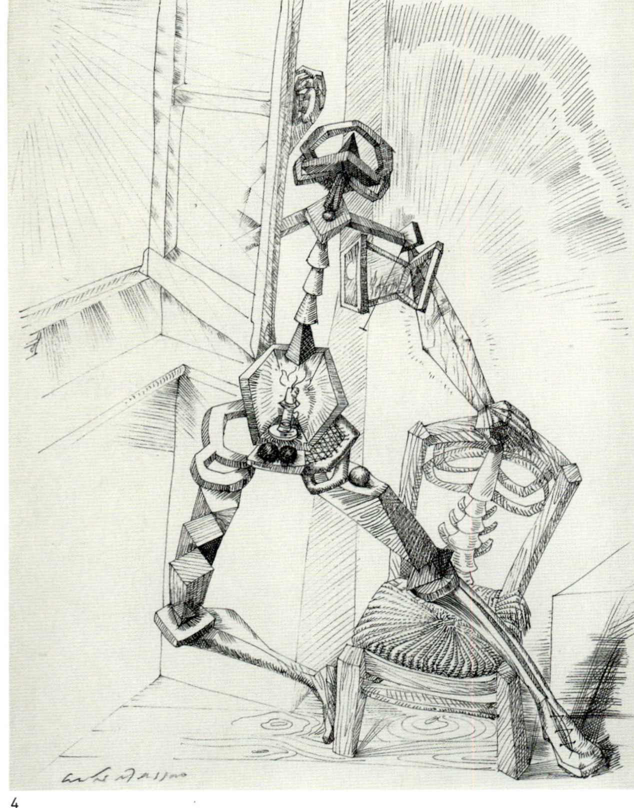

4

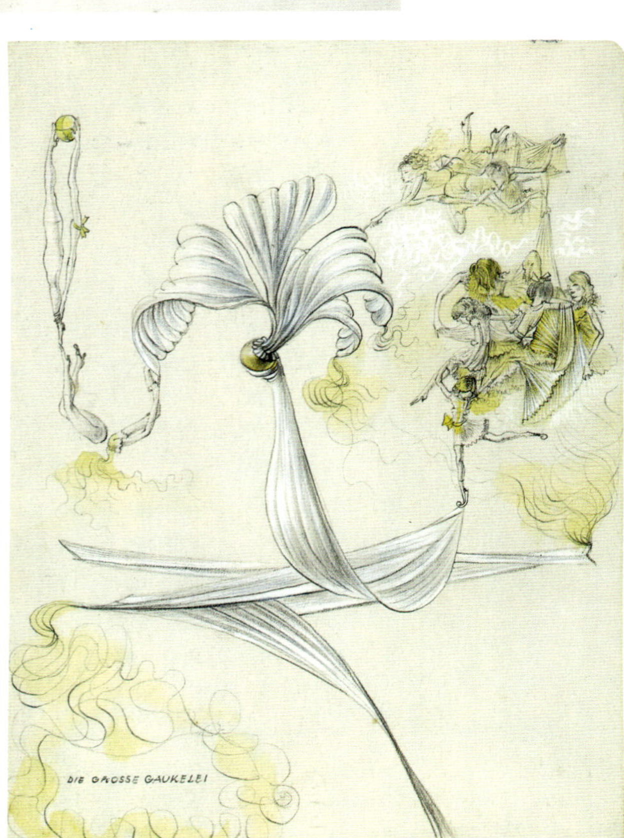

3

[1] **ANDRÉ MASSON**
Recto : Dionysos, 1936
Encre de Chine sur papier
48,00 x 35,50 cm
Centre Pompidou, Paris
Musée national d'art moderne

[2] **HANS BELLMER**
Kinder, die Fruhling spielen (Konstruktionen mit Tzirfgelenken), 1936-1937
Crayon et aquarelle sur carton
20,50 x 14,30 cm
Stiftung Sammlung Dieter Scharf zur Erinnerung an Otto Gerstenberg, Kupferstichkabinett, Berlin

[3] **HANS BELLMER**
Die Grosse Gaukelei, 1938
Crayon et aquarelle
20,80 x 14,90 cm
Stiftung Sammlung Dieter Scharf zur Erinnerung an Otto Gerstenberg, Kupferstichkabinett, Berlin

[4] **ANDRÉ MASSON**
Naissance de l'automate ou *Anatomie de mon univers, naissance*, 1938
Dessin à l'encre de Chine
62,70 x 47,90 cm
Stiftung Sammlung Dieter Scharf zur Erinnerung an Otto Gerstenberg, Kupferstichkabinett, Berlin

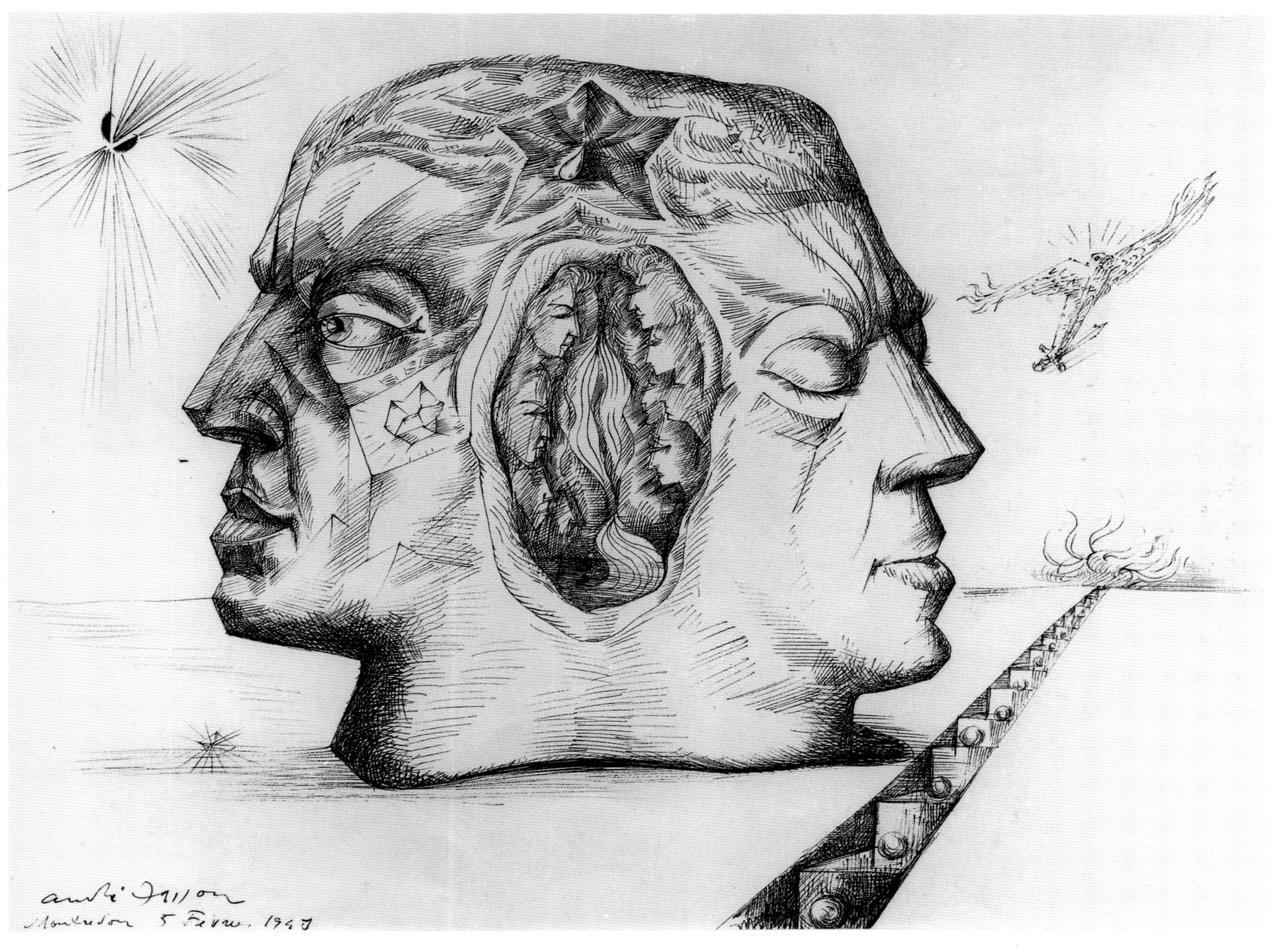

ANDRÉ MASSON
Portrait d'André Breton, 1941
Encre de Chine sur papier
46,10 x 61,80 cm
Centre Pompidou, Paris
Musée national d'art moderne

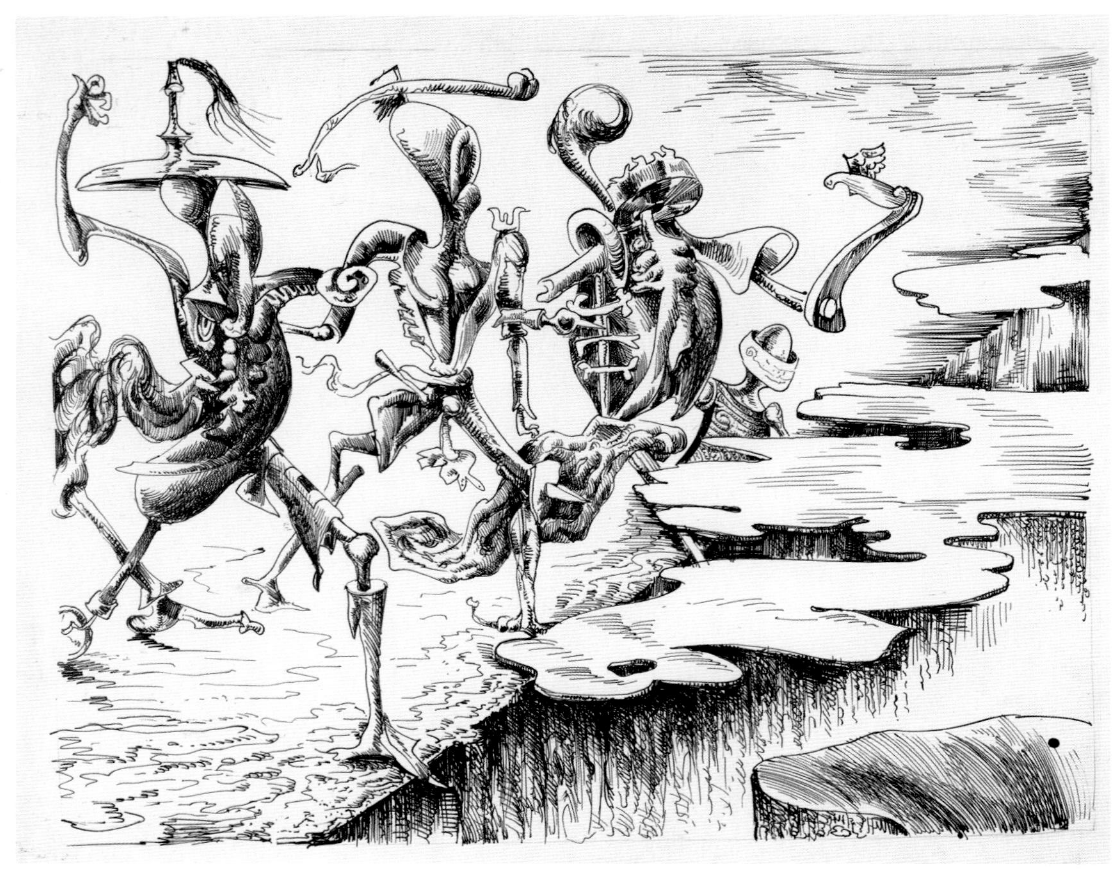

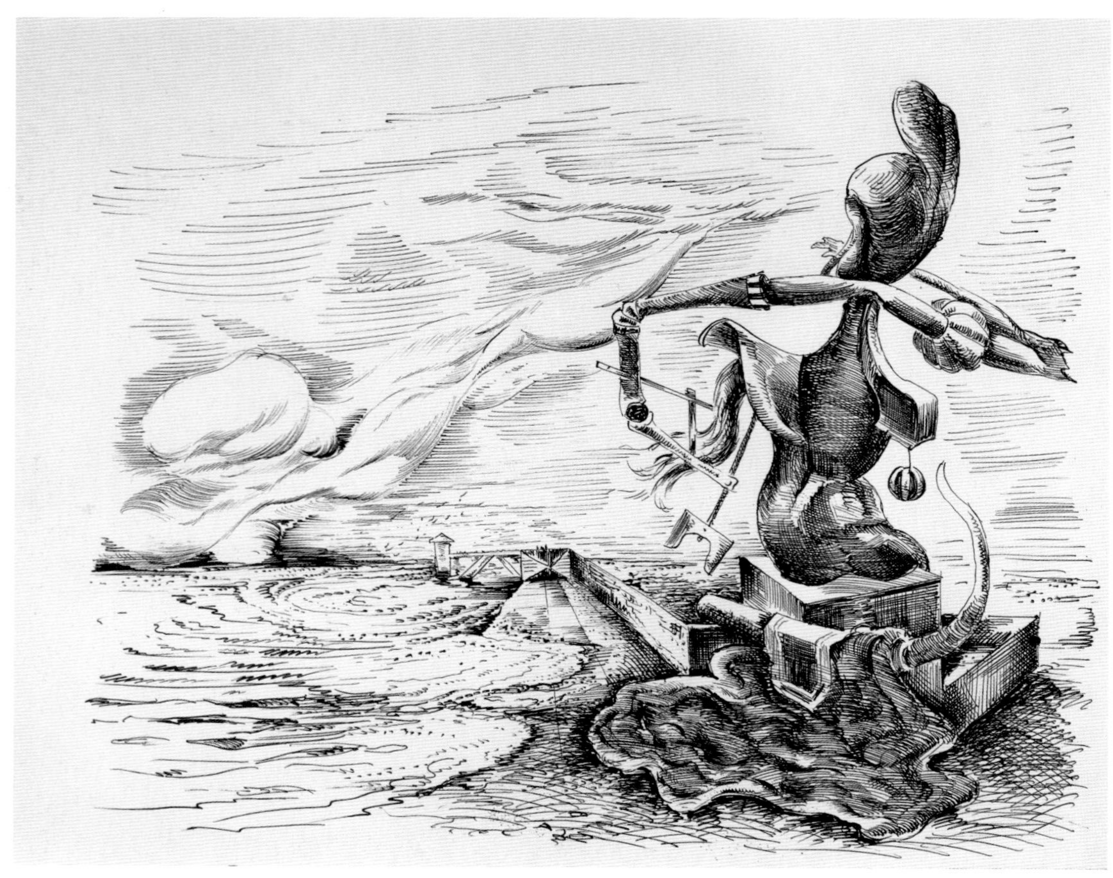

KURT SELIGMANN
Sans titre, 1938
Encre de Chine
57,20 x 72,60 cm
Collection particulière

KURT SELIGMANN
Le Surveillant, c. 1938
Encre de Chine
57,2 x 72,6 cm
Collection particulière

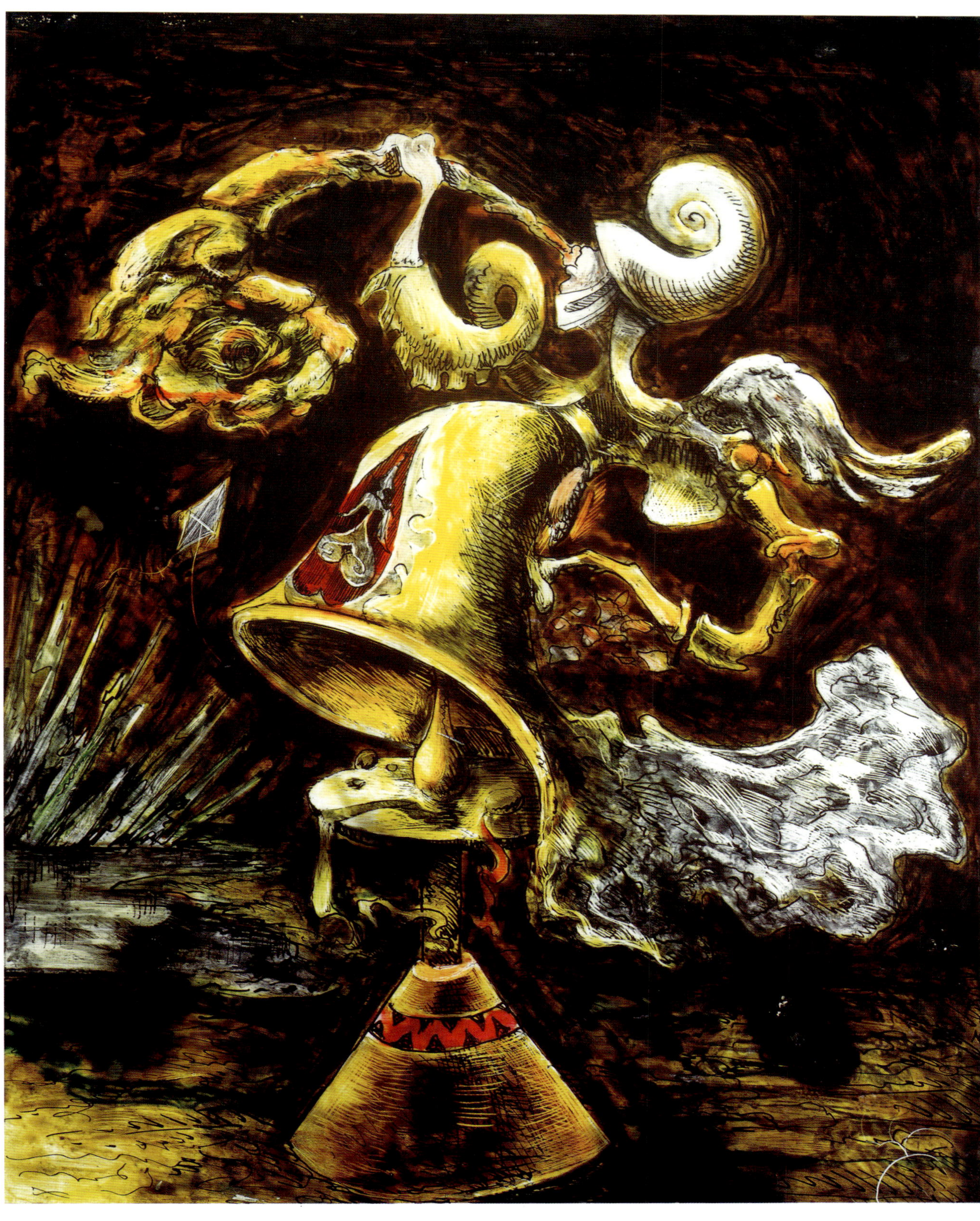

KURT SELIGMANN
Automne trompette de fourrure...,
1939-1940
Fixé sous verre
51,50 x 41,20 cm
Collection particulière

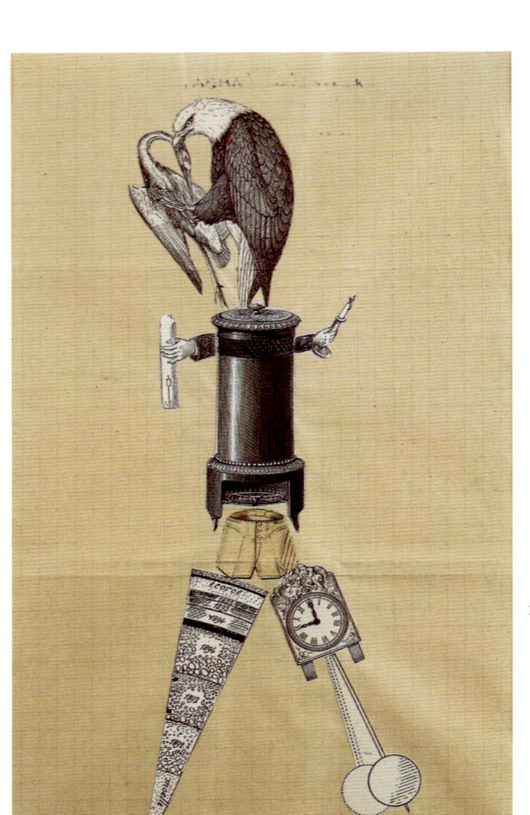

1

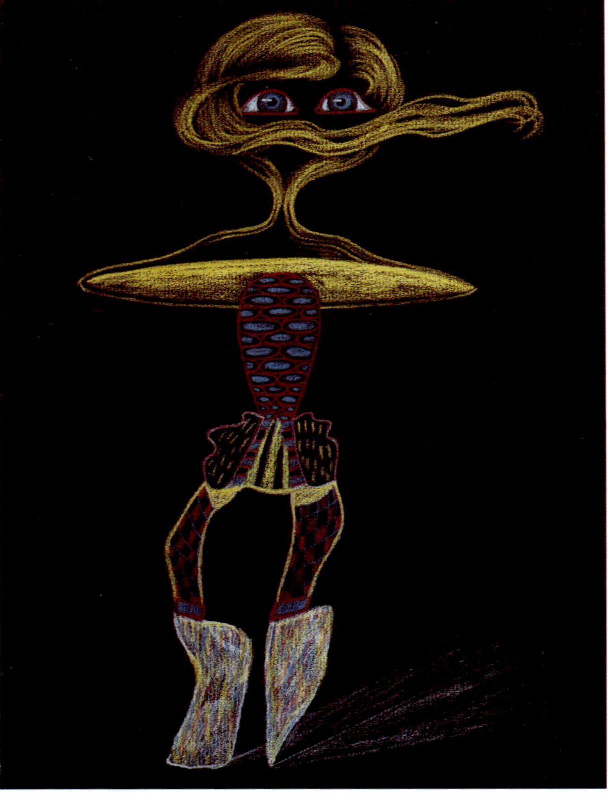

2

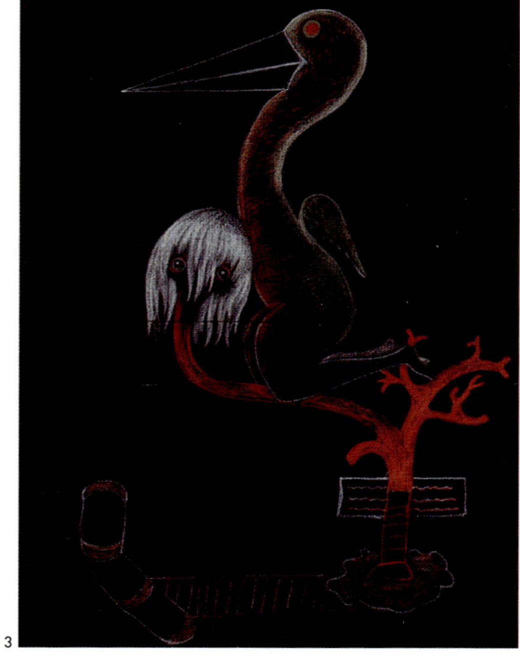

3

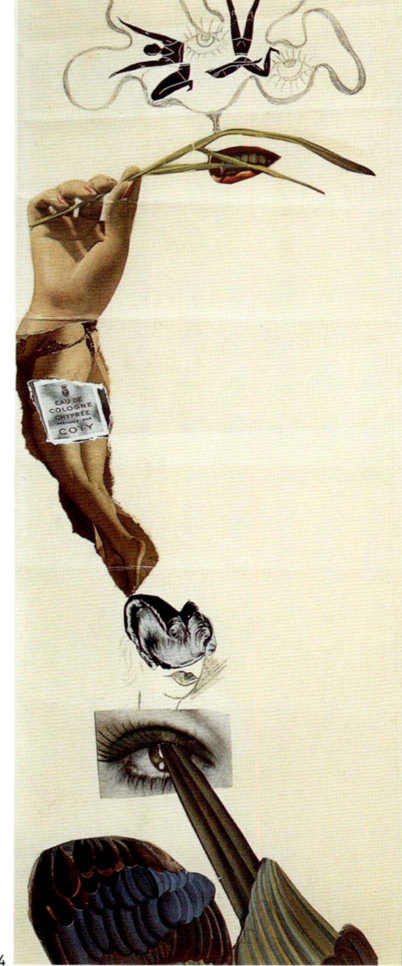

4

[1] **ANDRÉ-YVES, JACQUELINE LAMBA**
Cadavre exquis, février 1938
Photos imprimées et crayon sur papier
25,00 x 16,00 cm
Collection Sylvio Perlstein, Anvers

[2] **PAUL ELUARD, NUSH, ANDRÉ BRETON, VALENTINE HUGO**
Cadavre exquis, c. 1930
Crayons de couleur sur papier noir
31,00 x 24,00 cm
Collection Sylvio Perlstein, Anvers

[3] **PAUL ELUARD, NUSH, ANDRÉ BRETON, VALENTINE HUGO**
Cadavre exquis, c. 1930
Crayons de couleur sur papier noir
30,00 x 23,00 cm
Collection Sylvio Perlstein, Anvers

[4] **JEAN ARP, OSCAR DOMÍNGUEZ, MARCEL JEAN, SOPHIE TAEUBER-ARP**
Cadavre exquis, 1937
Photos imprimées, déchirées, crayon sur papier plié en huit, et déplié
61,60 x 23,60 cm
Centre Pompidou, Paris
Musée national d'art moderne

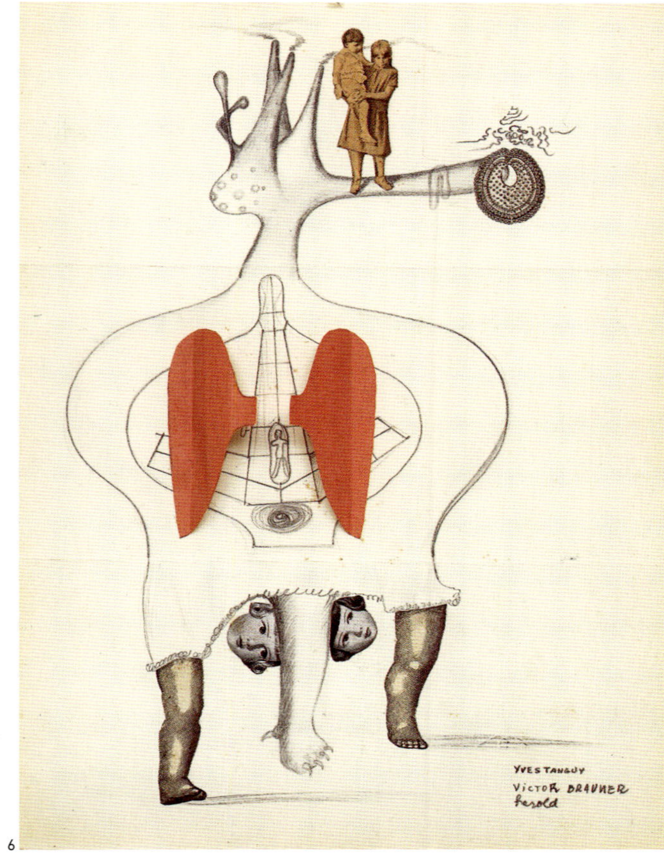

6

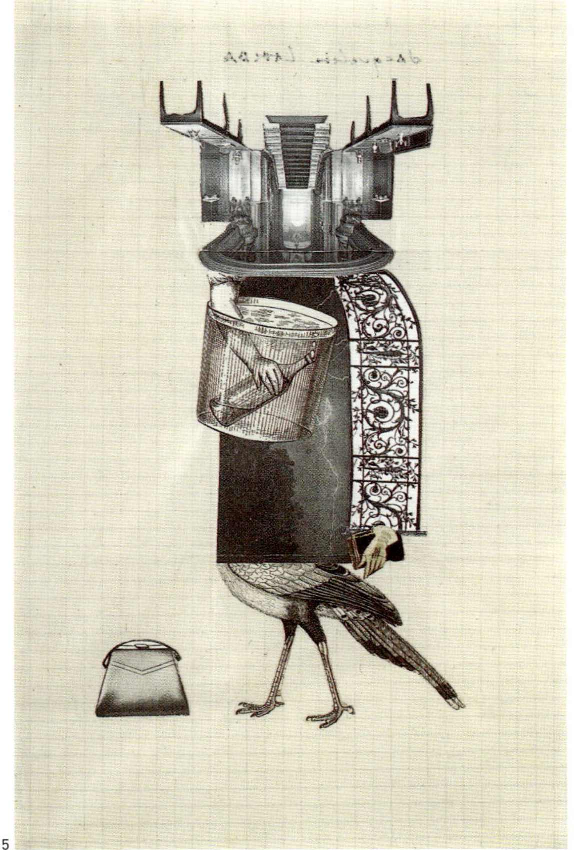

5

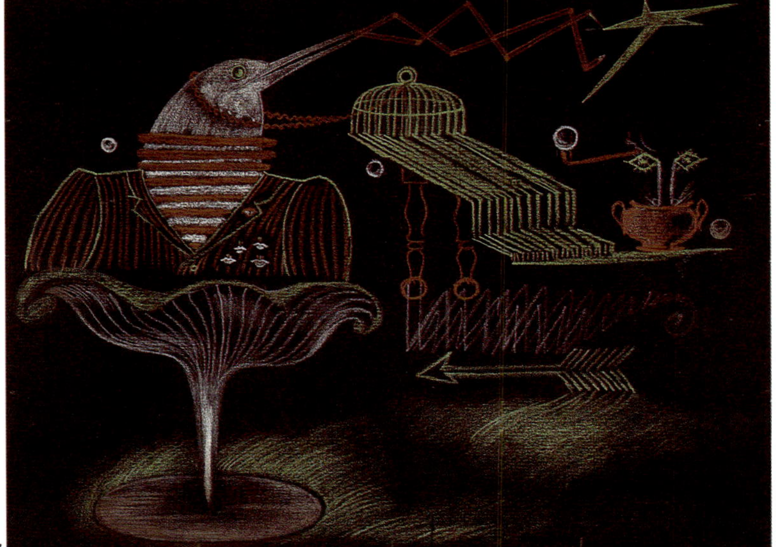

7

5 **ANDRÉ BRETON, YVES TANGUY, JACQUELINE LAMBA**
Cadavre exquis [J], 1938
Collage de fragments d'illustrations gravées et de photos sur papier quadrillé
24,30 x 14,70 cm
Centre Pompidou, Paris
Musée national d'art moderne

6 **YVES TANGUY, VICTOR BRAUNER, JACQUES HÉROLD**
Cadavre exquis, 1934
Crayon et collage sur papier
26,00 x 19,50 cm
Collection particulière

7 **ANDRÉ BRETON, GRETA KNUTSON, TRISTAN TZARA, ANONYME**
Cadavre exquis, 1935
Crayons de couleur sur papier noir plié en 4 horizontalement, puis déplié
24,00 x 32,00 cm
Centre Pompidou, Paris
Musée national d'art moderne

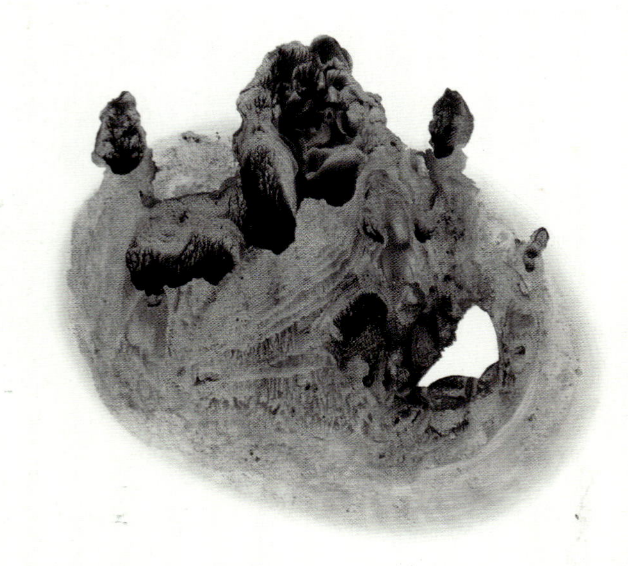

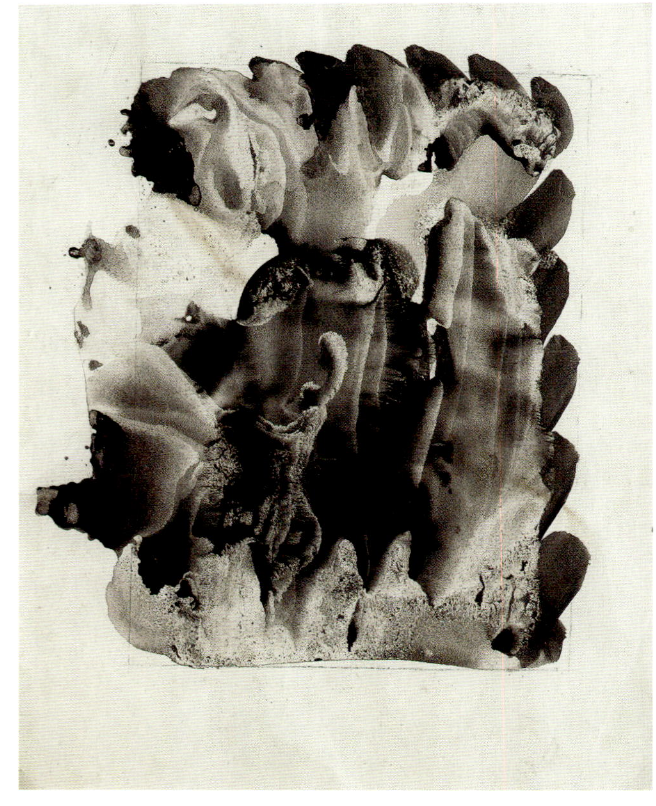

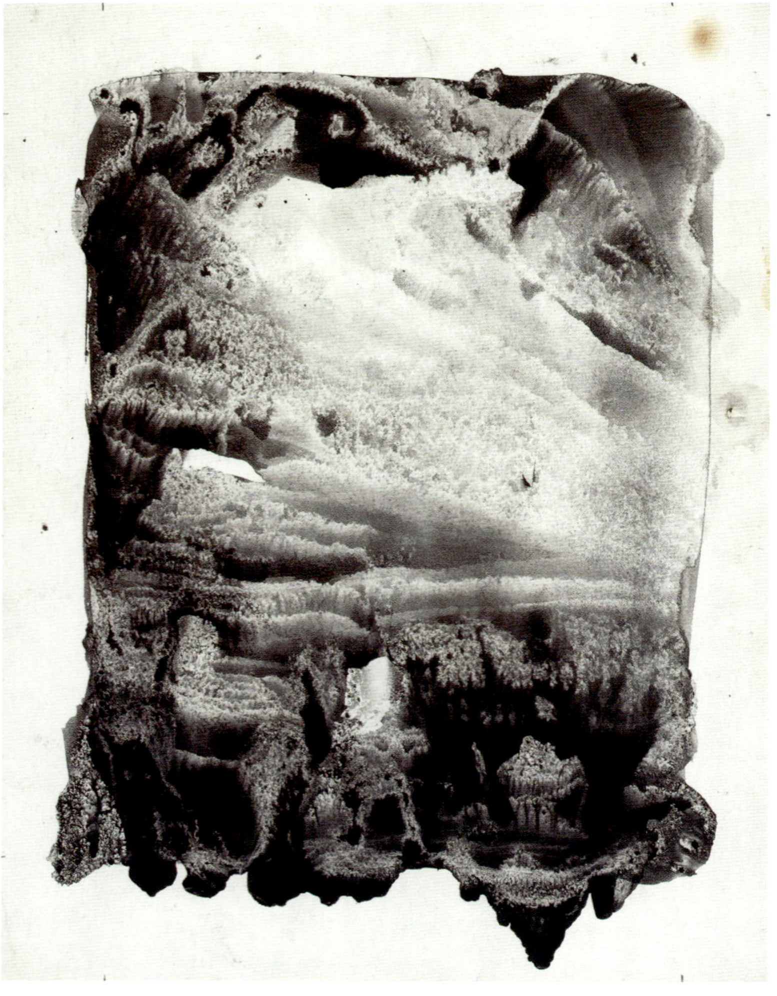

JACQUELINE BRETON
Sans titre, 1936
Décalcomanie
Encre sur papier
25,00 x 30,50 cm
Collection particulière

ANDRÉ BRETON
Sans titre, 1936
Décalcomanie
Encre sur papier
32,00 x 24,50 cm
Collection particulière

GEORGES HUGNET
Décalcomanie, 1936
Encre de Chine sur papier
32,50 x 25,00 cm
Collection particulière

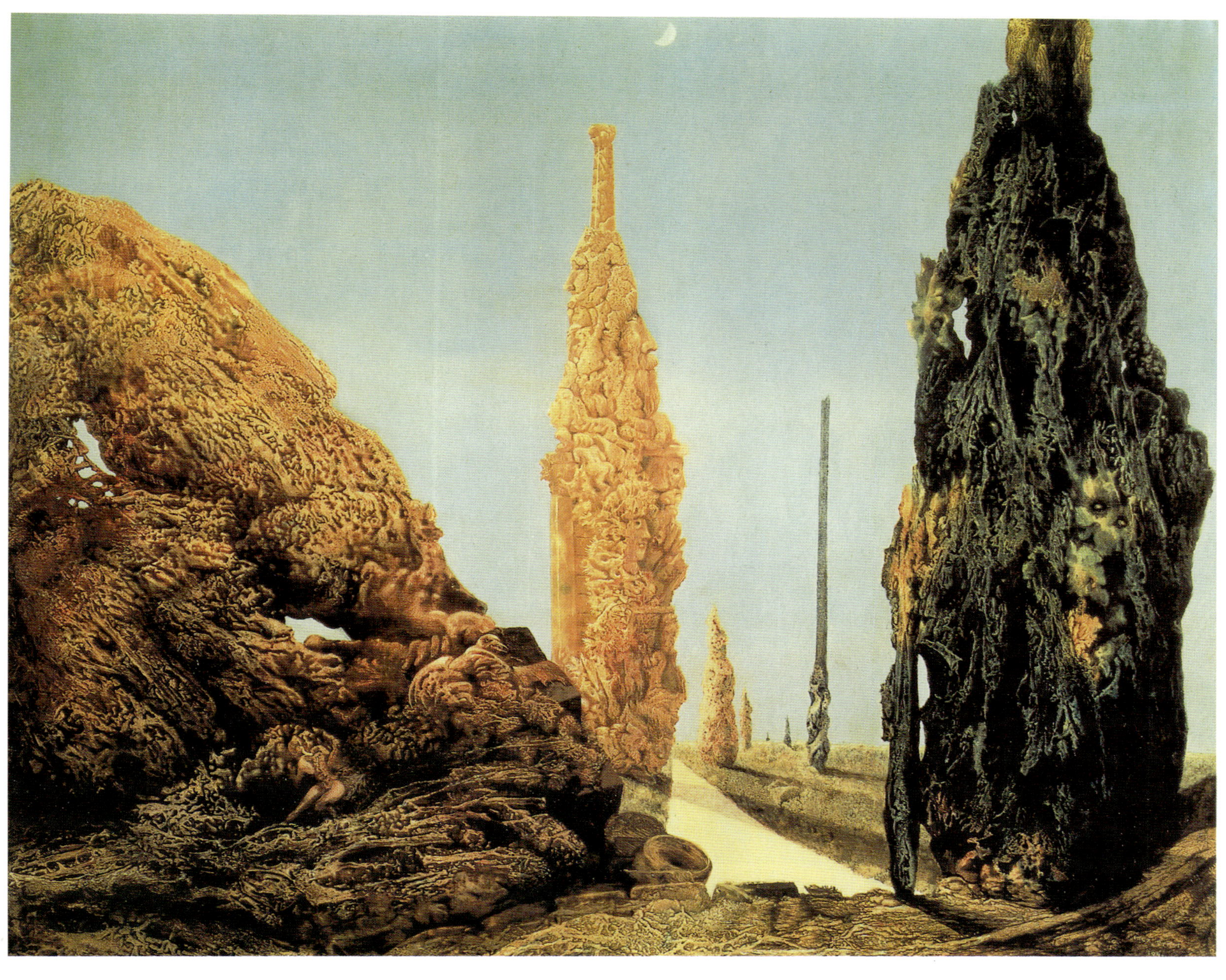

MAX ERNST
Arbre solitaire et arbres conjugaux, 1940
Huile sur toile
81,50 x 100,50 cm
Fundación Colección
Thyssen-Bornemisza, Madrid

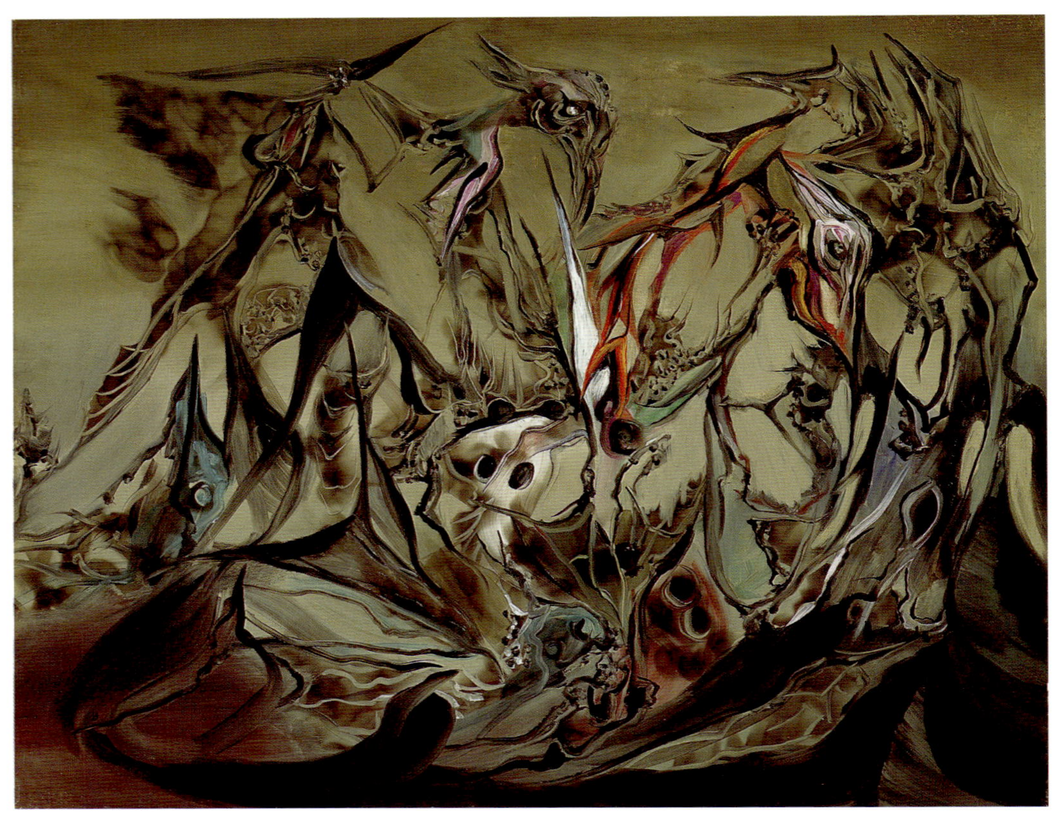

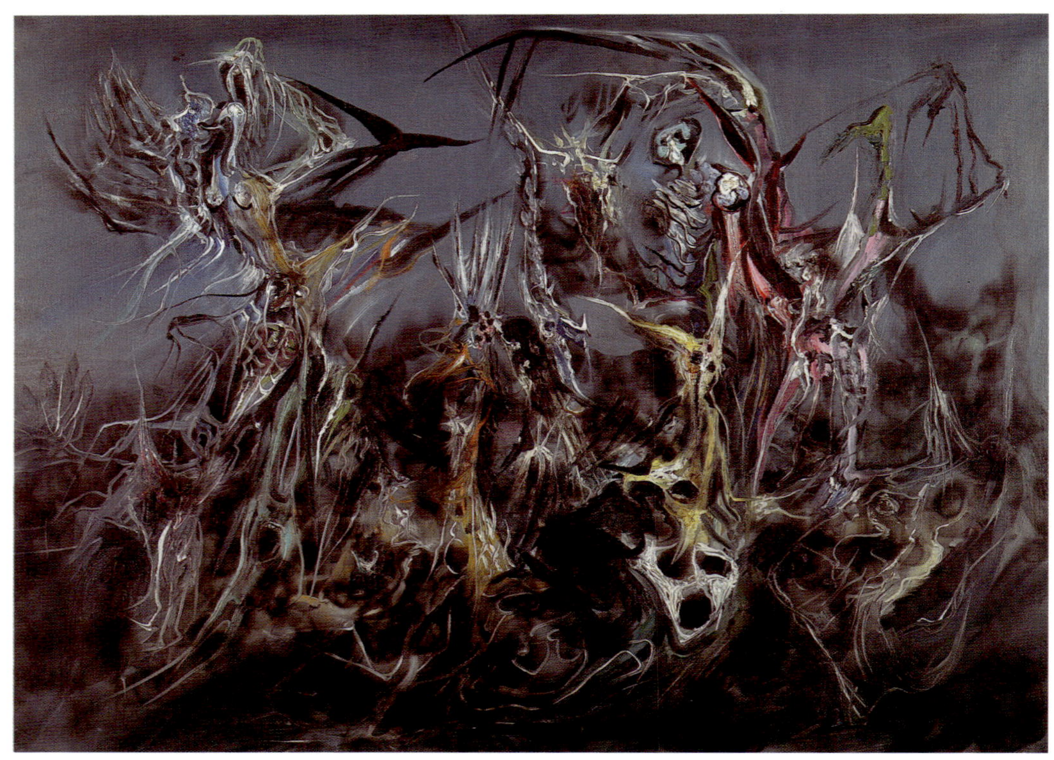

WOLFGANG PAALEN
Plumages, 1938
Fumage et huile sur toile
73,00 x 92,00 cm
Collection Ulla et Heiner Pietzsch, Berlin

WOLFGANG PAALEN
Orages magnétiques, 1938
Huile sur toile
72,50 x 99,50 cm
Collection particulière

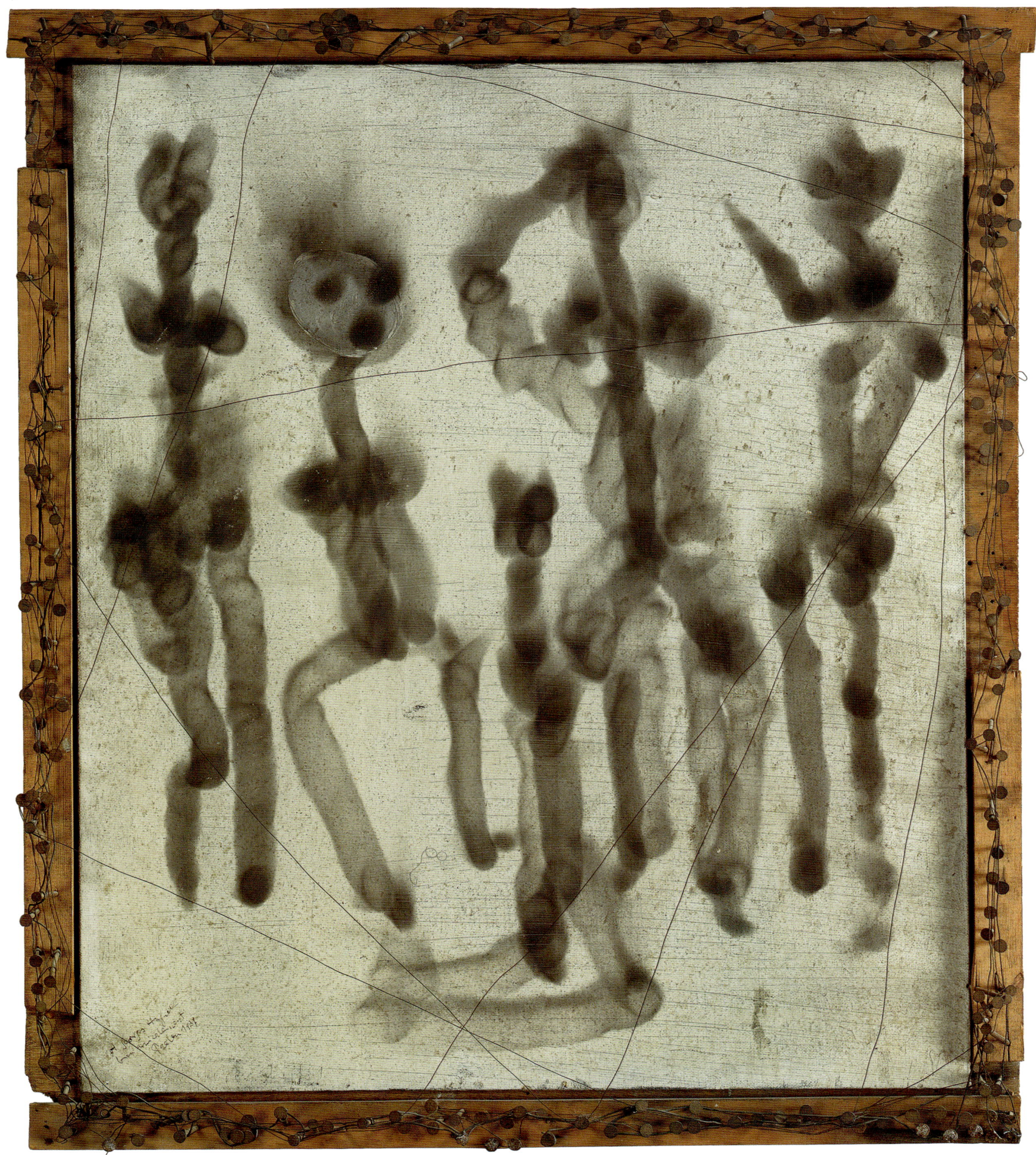

WOLFGANG PAALEN
Sans titre, 1937
Fumage sur toile, cadre en bois
avec clous et fil de fer
60,70 x 52,70 cm
Collection particulière

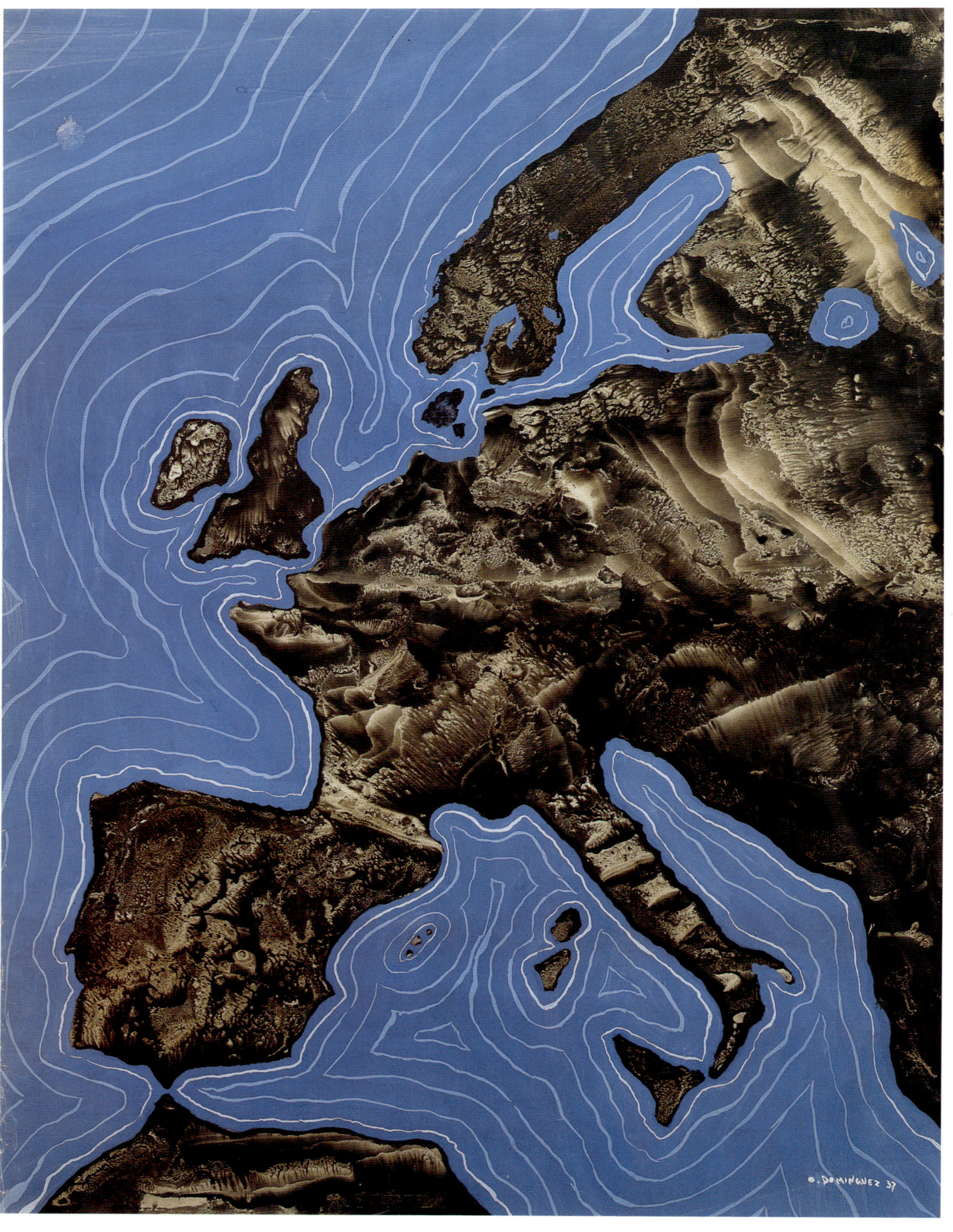

OSCAR DOMÍNGUEZ
Sans titre, 1937
Décalcomanie et gouache
64,00 x 50,00 cm
Collection particulière

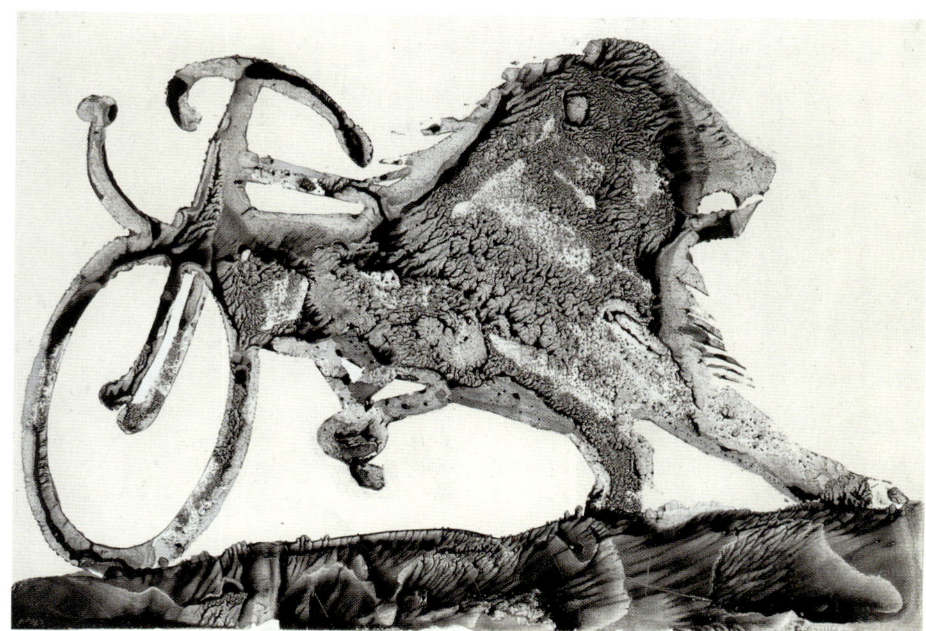

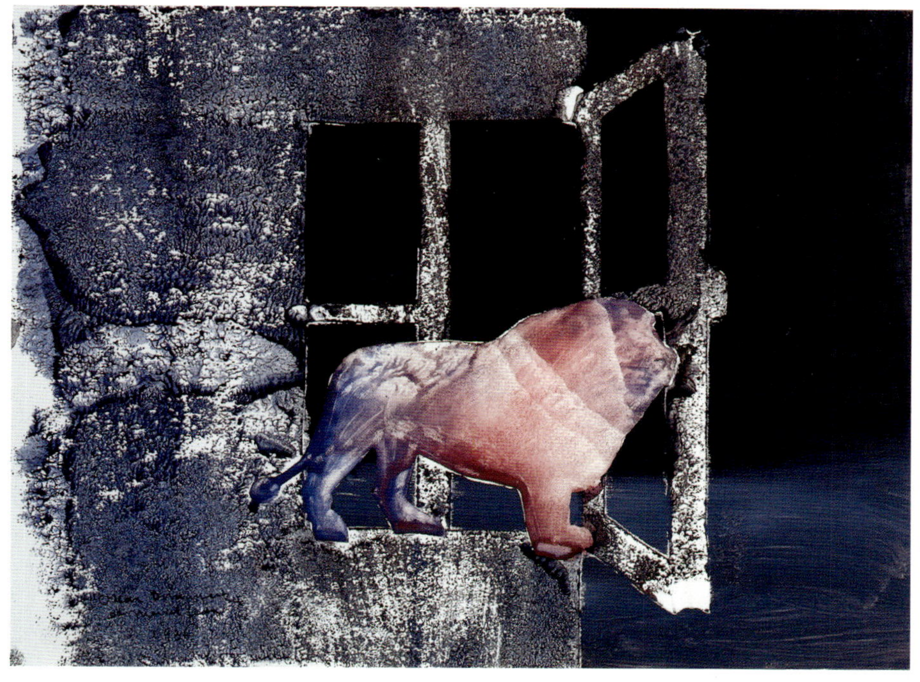

OSCAR DOMÍNGUEZ
Lion-bicyclette, 1937
Décalcomanie
Gouache sur papier
15,60 x 22,30 cm
Collection particulière

OSCAR DOMÍNGUEZ
Lion-couleur, 1936
Décalcomanie
Encre de Chine couleur
sur papier
22,00 x 18,70 cm
Collection particulière

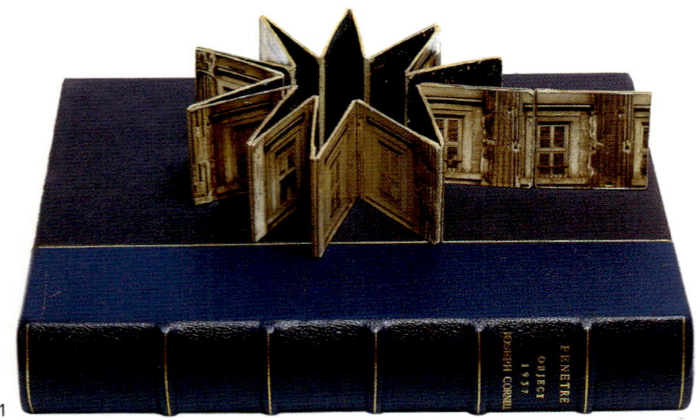

1

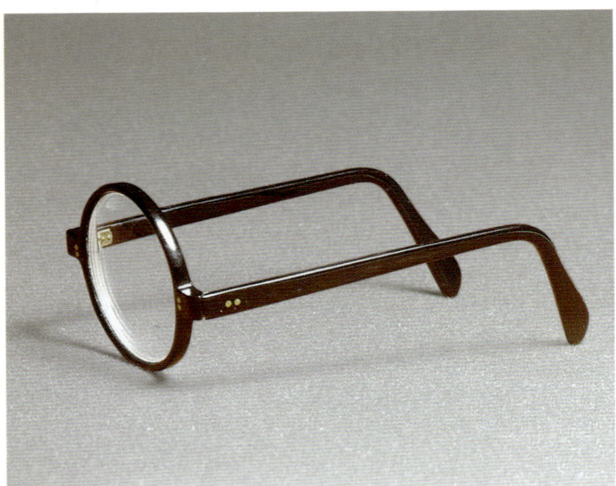
2

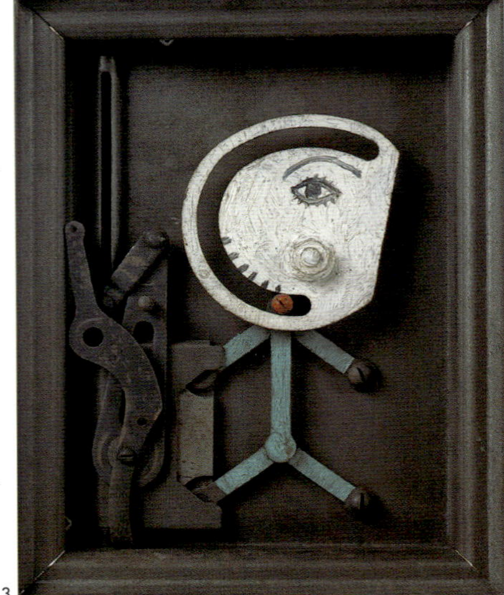
3

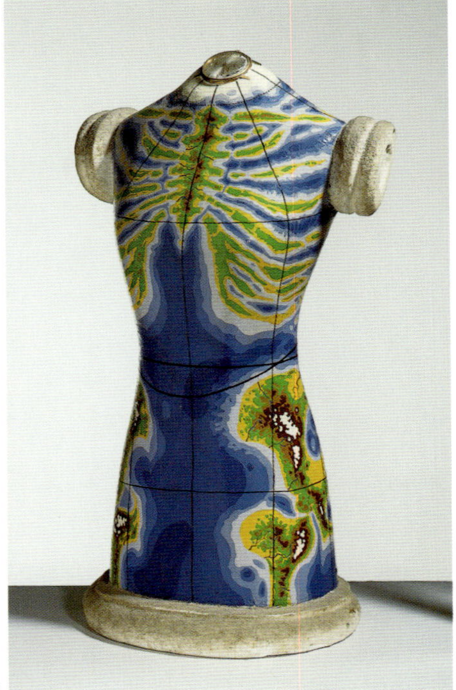
4

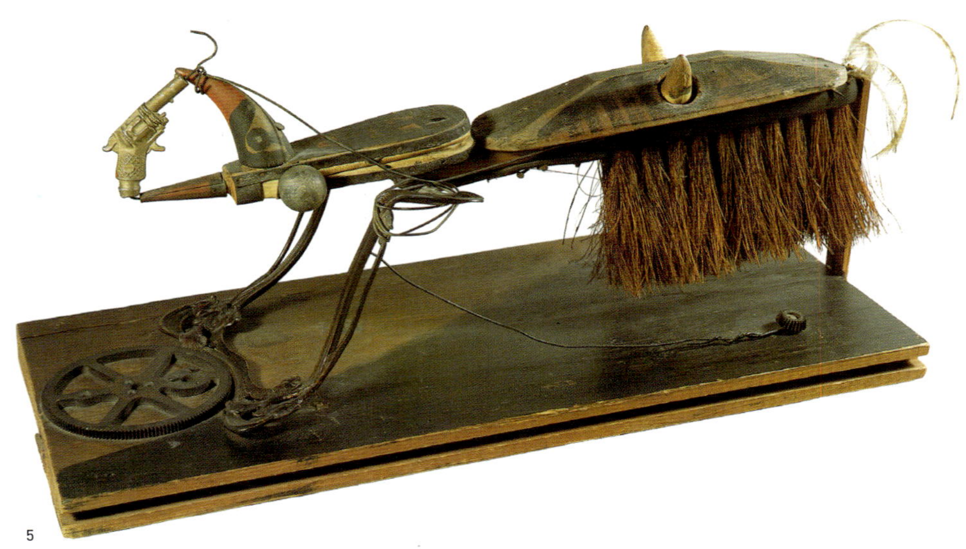
5

[1] **JOSEPH CORNELL**
Fenêtre, 1937
Livre-objet relié surmonté d'un pliage en papier
22,50 x 16,00 x 4,00 cm
Collection particulière

[2] **MARCEL MARIEN**
L'Introuvable, 1937
Objet
Collection particulière

[3] **PABLO PICASSO**
Personnage serrure, 1935
Mécanisme de serrure peint dans le cadre
24,00 x 19,00 cm
Collection particulière

[4] **MARCEL JEAN**
La Fille de l'horoscope, 1937/1970
Carton peint, bois et montre
38,50 x 22,00 x 15,50 cm
Centre Pompidou, Paris
Musée national d'art moderne

[5] **OSCAR DOMÍNGUEZ**
Jeux, 1937
Bois, métaux divers, plumes, peinture et autres matériaux
19,00 x 52,00 x 16,00 cm
Guillermo de Osma Galeria, Madrid

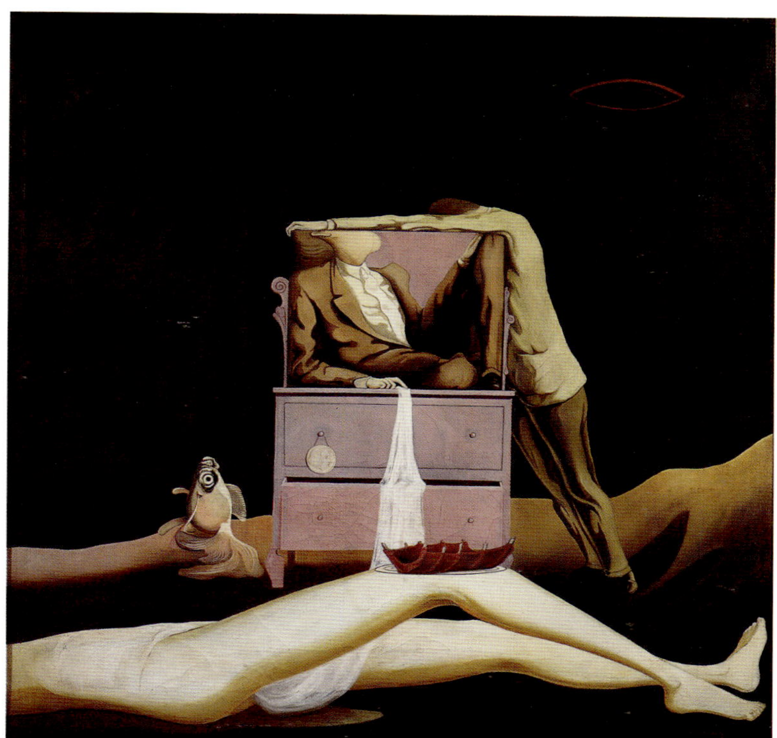

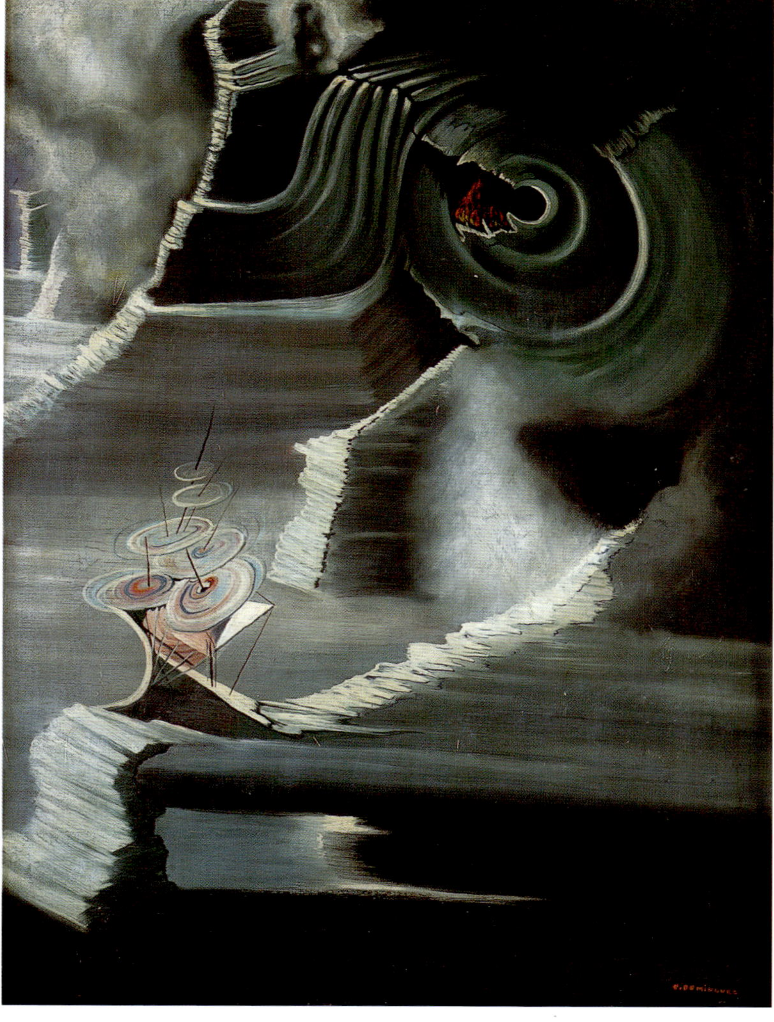

OSCAR DOMÍNGUEZ
Les Soucoupes volantes, 1939
Huile sur toile
73,00 x 54,00 cm
Collection particulière, courtesy
Galerie Daniel Malingue, Paris

WILHEM FREDDIE
Les Tentations de saint Antoine, 1939
Huile sur toile
87,50 x 88,00 cm
Collection particulière

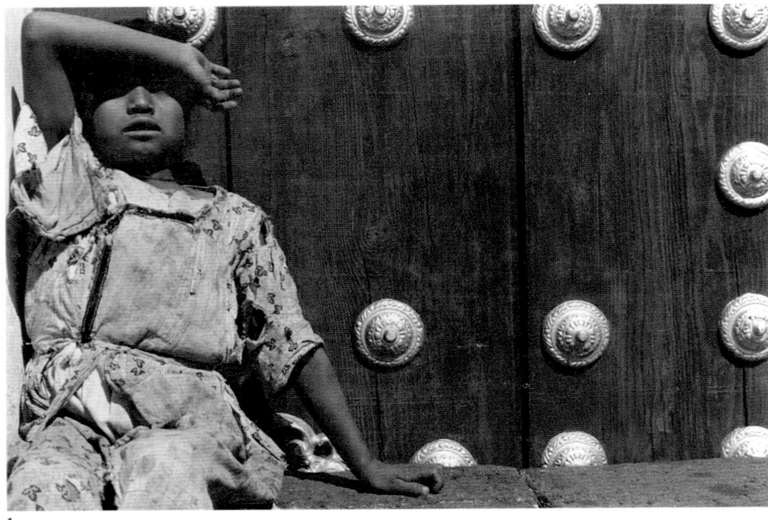

1

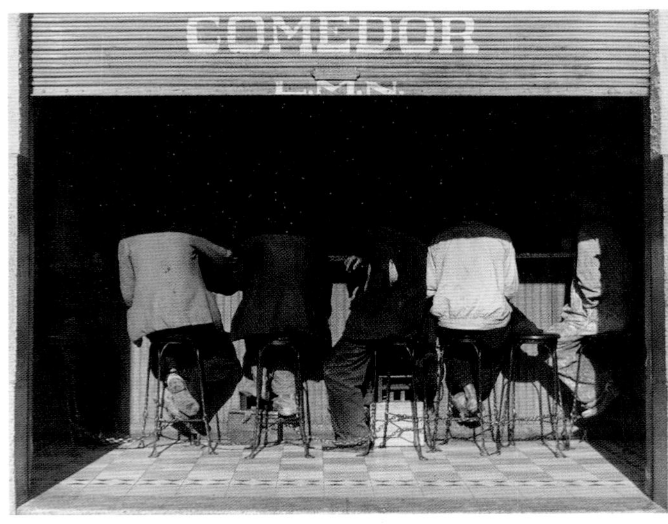

2

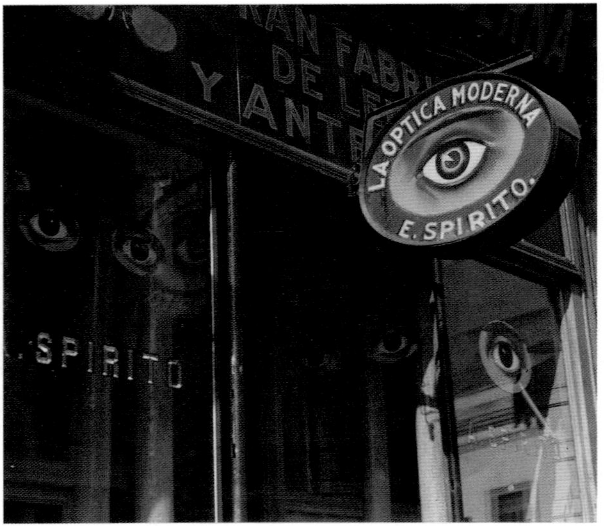

3

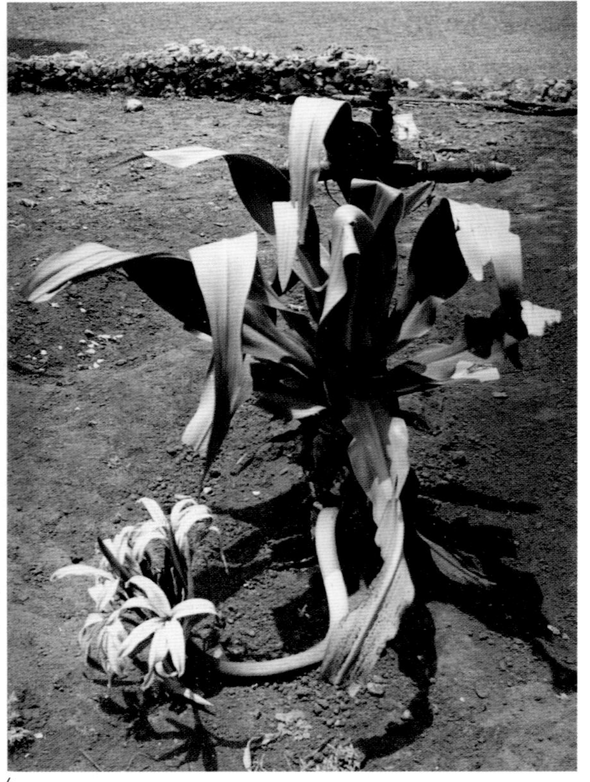

4

1 **MANUEL ALVAREZ BRAVO**
Muchacha viendo Pájaros
[Fillette regardant les oiseaux], 1938
Photographie originale,
vintage print
16,50 x 24,50 cm
Collection particulière

2 **MANUEL ALVAREZ BRAVO**
Los Agachados
[Les Courbés],1932-1934
Épreuve aux sels d'argent
19,80 x 24,10 cm
Collection particulière

3 **MANUEL ALVAREZ BRAVO**
Parábola óptica
[Parabole optique], 1934
Épreuve aux sels d'argent
19,80 x 21,80 cm
Collection particulière

4 **MANUEL ALVAREZ BRAVO**
Tumba florecida
[Tombe fleurie], 1937
Épreuve aux sels d'argent
18,00 x 25,00 cm
Collection particulière

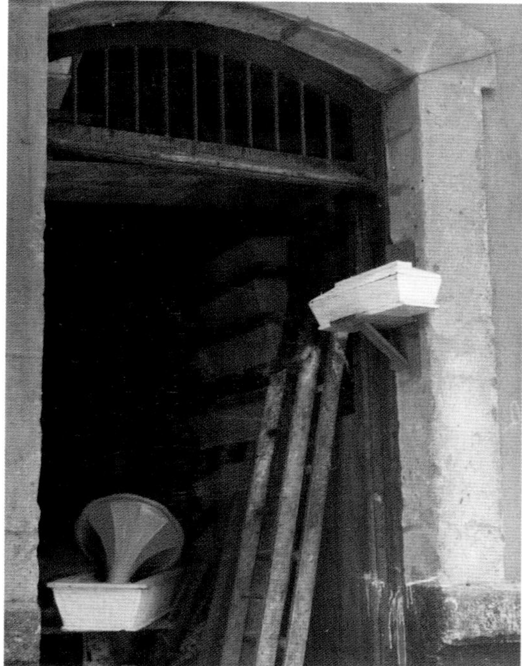

5

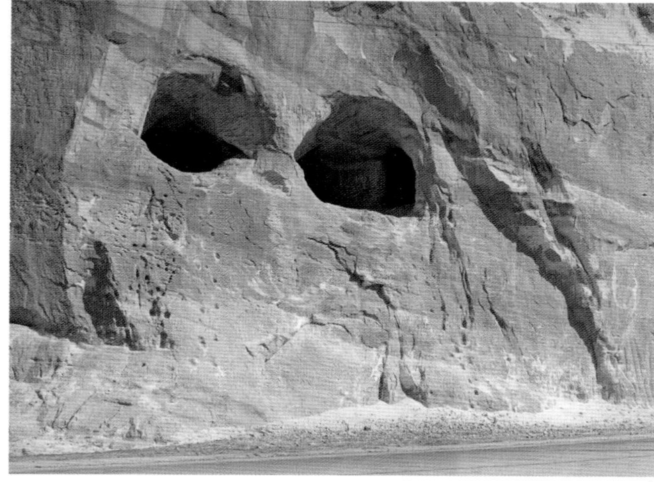

6

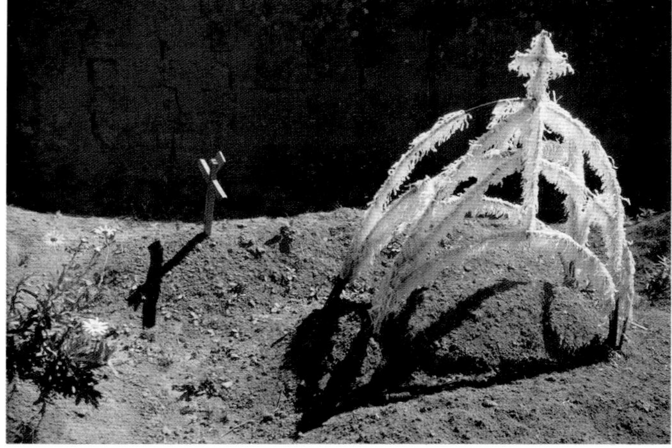

7

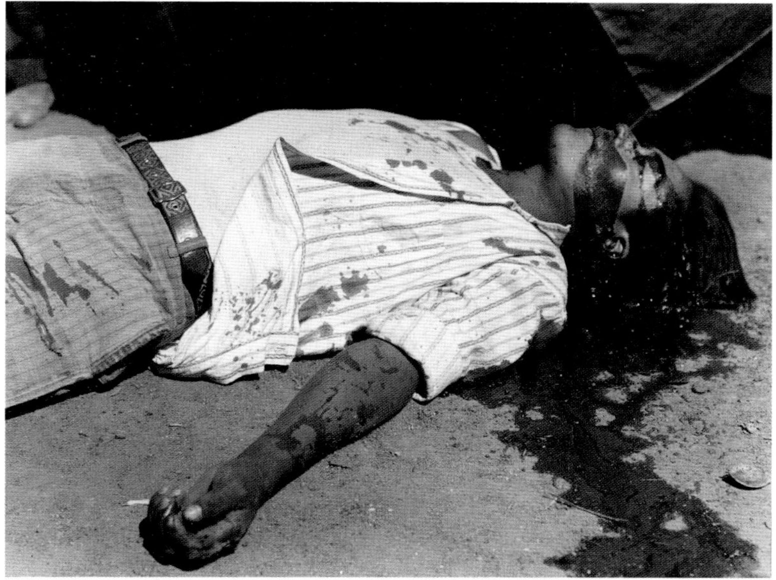

8

5 **MANUEL ALVAREZ BRAVO**
Sans titre (Escala de escalas)
[Échelle d'échelles] 1931
Épreuve aux sels d'argent
24,30 x 18,30 cm
Collection particulière

6 **MANUEL ALVAREZ BRAVO**
Sans titre
Épreuve aux sels d'argent
17,10 x 23,60 cm
Collection particulière

7 **MANUEL ALVAREZ BRAVO**
Tumba reciente
[Tombe récente], 1939
Épreuve aux sels d'argent
16,90 x 24,10 cm
Collection particulière

8 **MANUEL ALVAREZ BRAVO**
Obrero en huelga, asesinado
[Ouvrier en grève, assassiné]
Épreuve aux sels d'argent
19,60 x 24,10 cm
Collection particulière

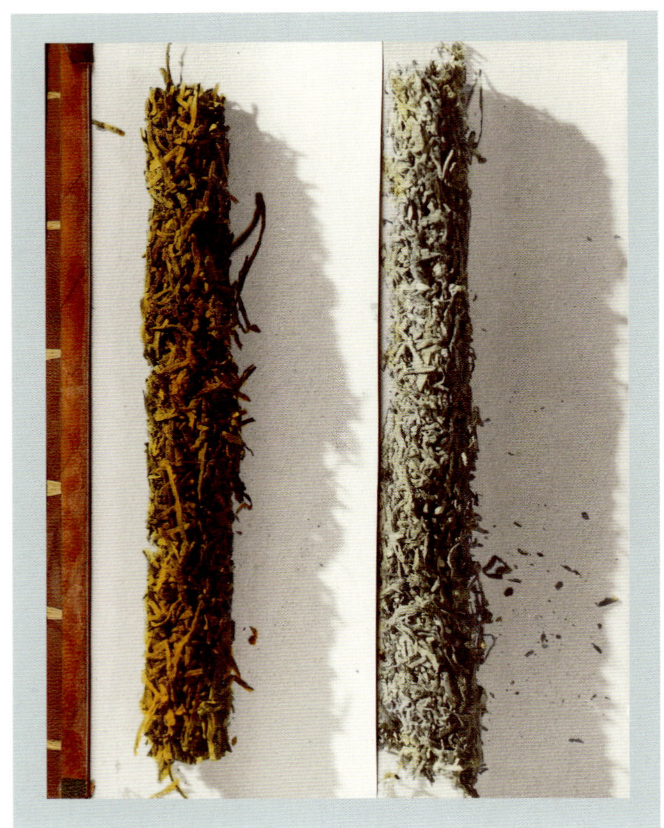

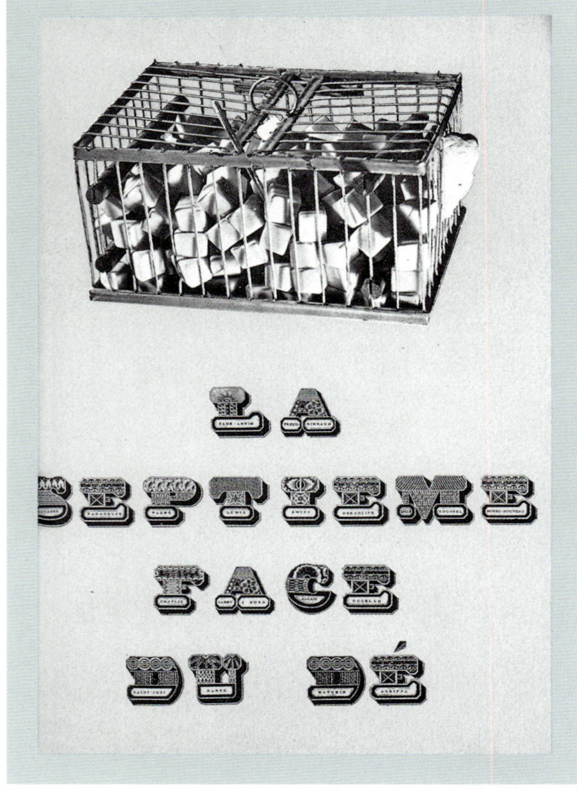

GEORGES HUGNET
La Septième face du dé, Paris,
Éditions Jeanne Bucher, 1936
Édition originale. Recueil de poèmes, illustré
de 20 collages pleine page de Georges Hugnet
reproduits en fac-similé couleurs.
Couverture-cigarette, photographie illustrant la
couverture, réalisée sur une idée de Marcel Duchamp
Bibliothèque Paul Destribats, Paris

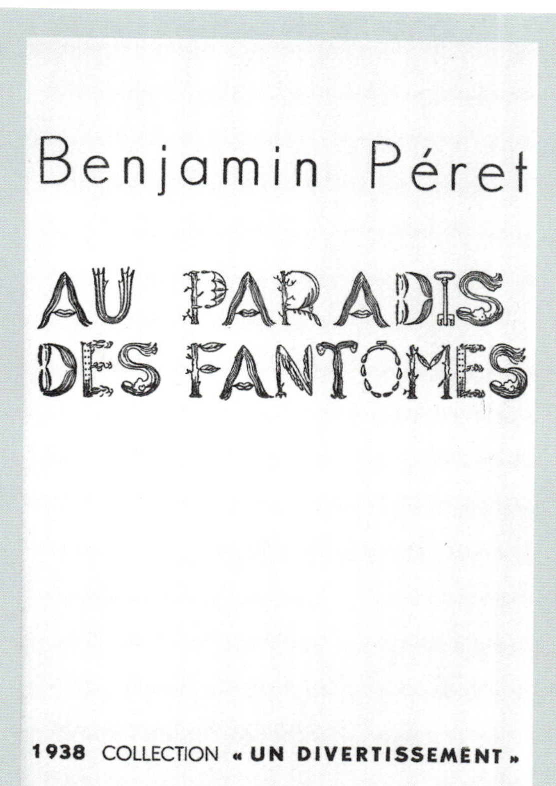
Benjamin Péret

AU PARADIS DES FANTÔMES

1938 COLLECTION « UN DIVERTISSEMENT »

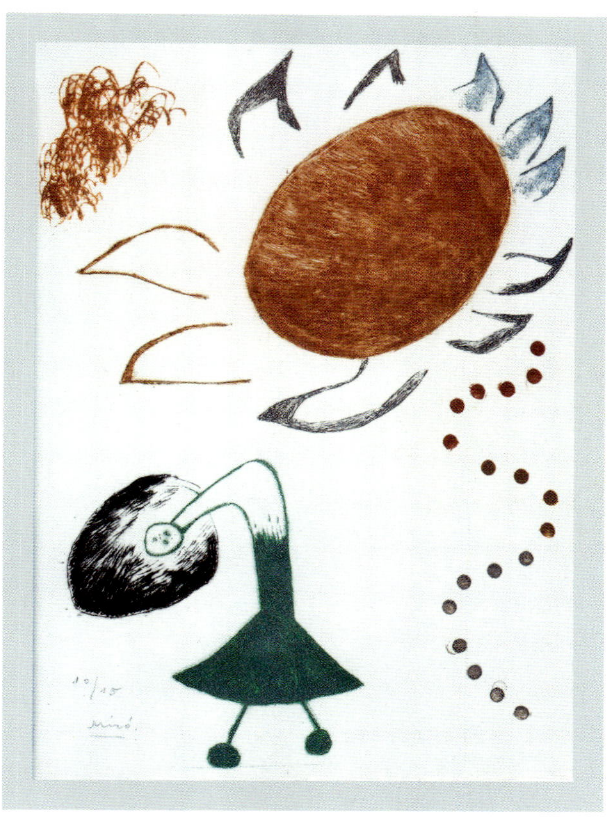

BENJAMIN PÉRET
Au paradis des fantômes, Paris,
Henri Parisot, 1938
Édition originale. Frontispice illustré
d'une pointe-sèche en couleurs de Joan Miró
Bibliothèque Paul Destribats, Paris

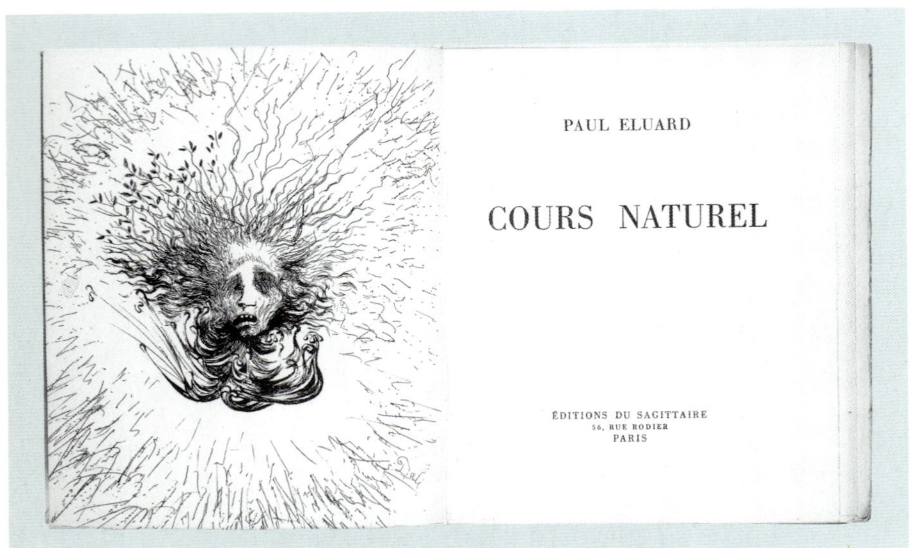

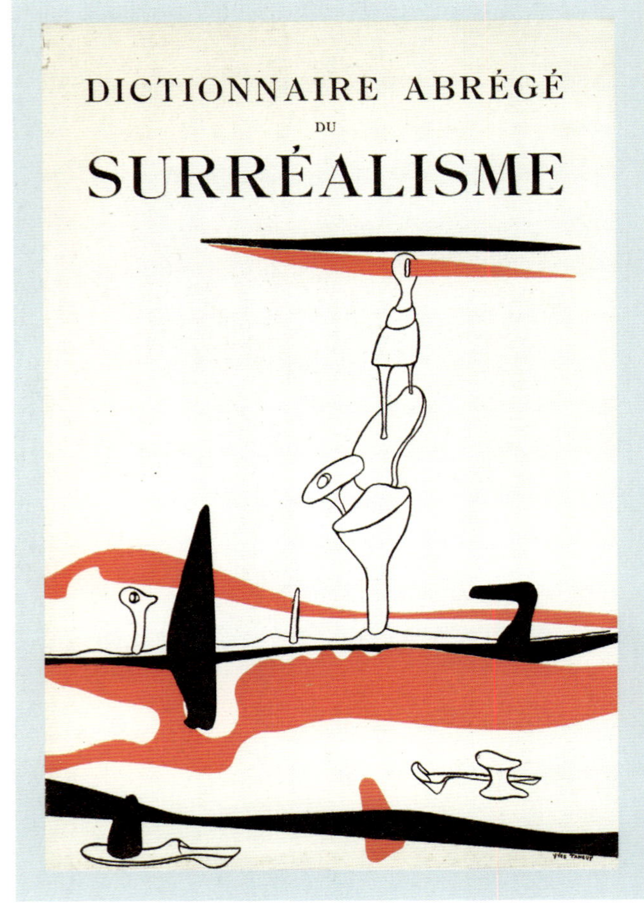

PAUL ELUARD
Cours naturel, Paris,
Éditions du Sagittaire, 1938
Édition originale. Frontispice illustré d'une eau-forte en noir de Salvador Dalí
Bibliothèque Paul Destribats, Paris

ANDRÉ BRETON
Dictionnaire abrégé du surréalisme, Paris,
galerie des Beaux-Arts, 1938
Édition originale.
Couverture d'Yves Tanguy
Bibliothèque Paul Destribats, Paris

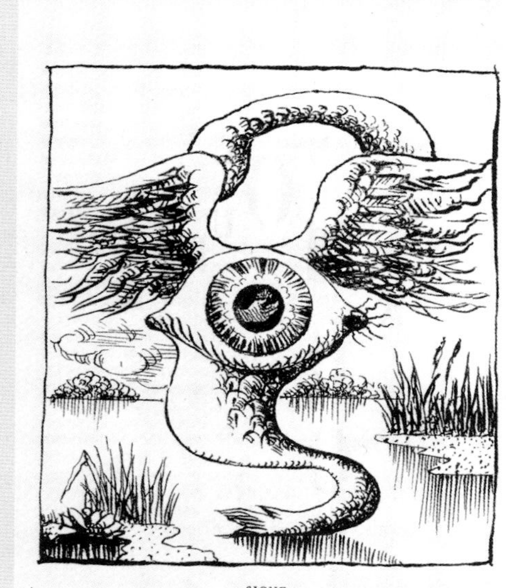

SIGNE

tauromachie — tuerie d'aurochs, mort retorse aux orages machinés.
temporaire — l'horaire des tempes m'apeure.
temps — sa pente se tend. J'y suis tangent.
terreur — peur errante, sous terre.

52

terre (tes rets...)
théâtre — attrait d'Atrée.
théorème : écho remis, mer ôtée ; la mort m'est restée.
toison — c'est un tison de soie.
tombeau — de tout mon haut, j'y tomberai !
torero — héros à l'orée de l'étau.
torse — torche vive, une spire en sort sans traces.
torture — trop dure et lente, comme la tortue. Tourment tortueux.
total — le totem de Tantale.
tourmente — tourbe des vents qui point ne mentent.

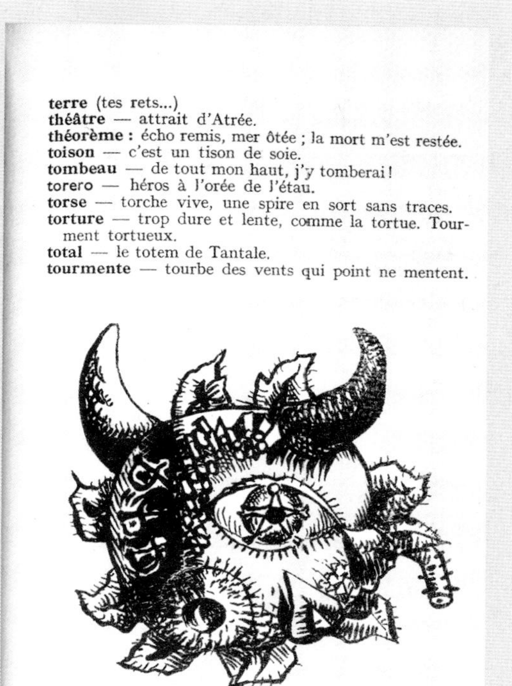

TAUREAU

53

MICHEL LEIRIS
Glossaire J'y serre mes gloses, Paris, Éditions de la galerie Simon, 1939
Édition originale illustrée de 16 lithographies en noir d'André Masson
Bibliothèque Paul Destribats, Paris

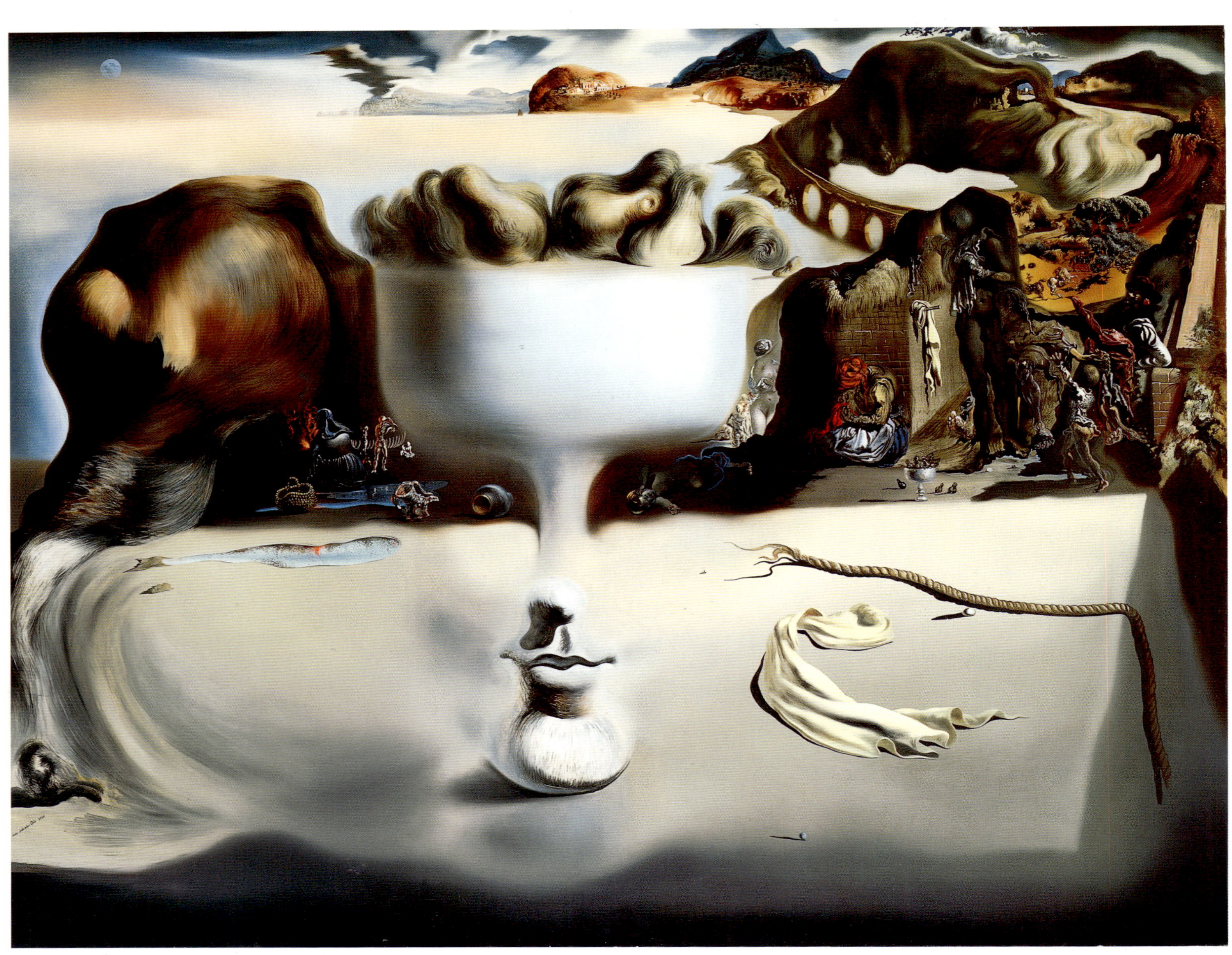

SALVADOR DALÍ
Apparition d'un visage et d'un compotier sur une plage, 1938
Huile sur toile
114,80 x 143,80 cm
Wadsworth Atheneum Museum of Art, Hartford, CT.
The Ella Gallup Sumner and Mary Catlin Sumner Collection Fund

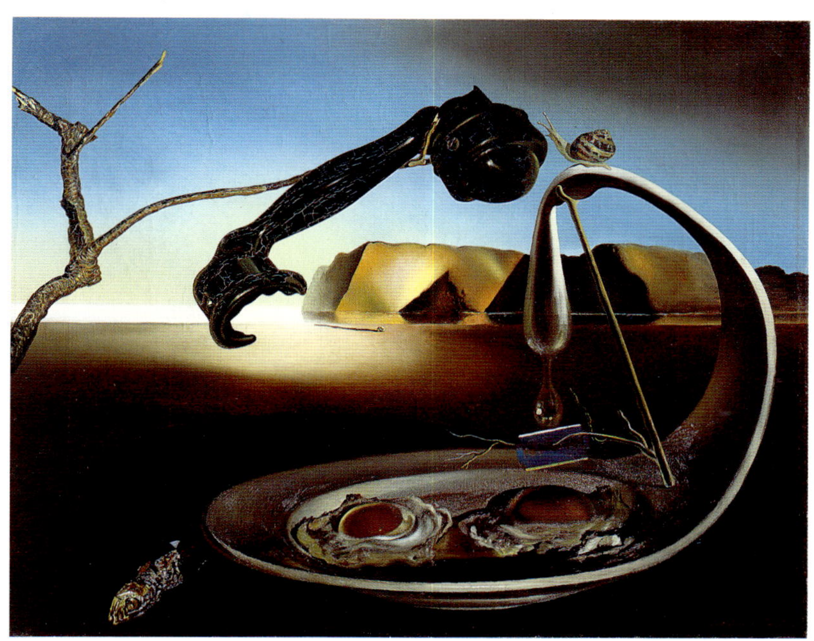

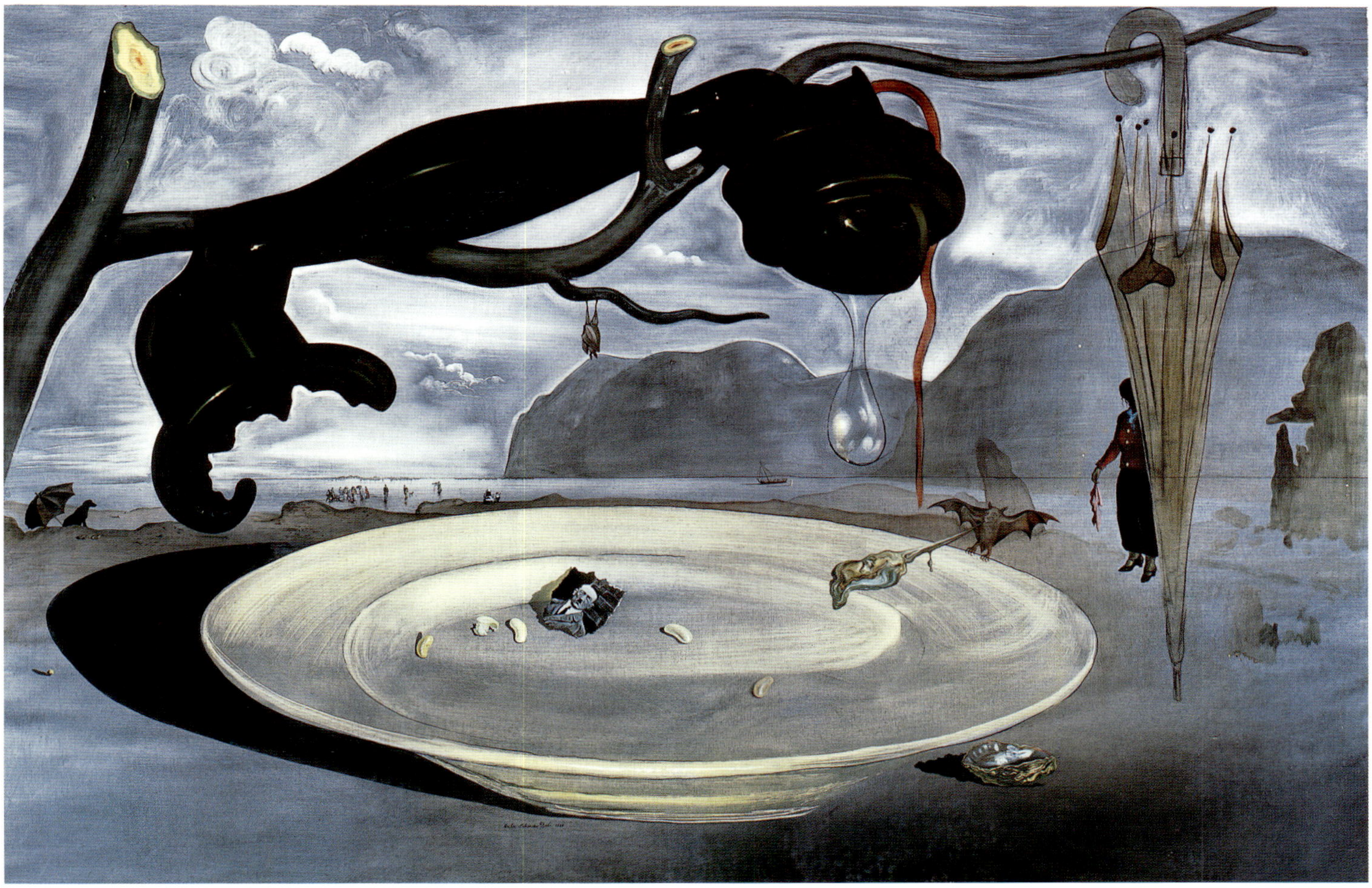

SALVADOR DALÍ
Le Moment sublime, 1938
Huile sur toile
38,00 x 47,00 cm
Staatsgalerie Stuttgart

SALVADOR DALÍ
L'Énigme de Hitler, 1939
Huile sur toile
95,00 x 141,00 cm
Museo Nacional Centro de Arte
Reina Sofia, Madrid

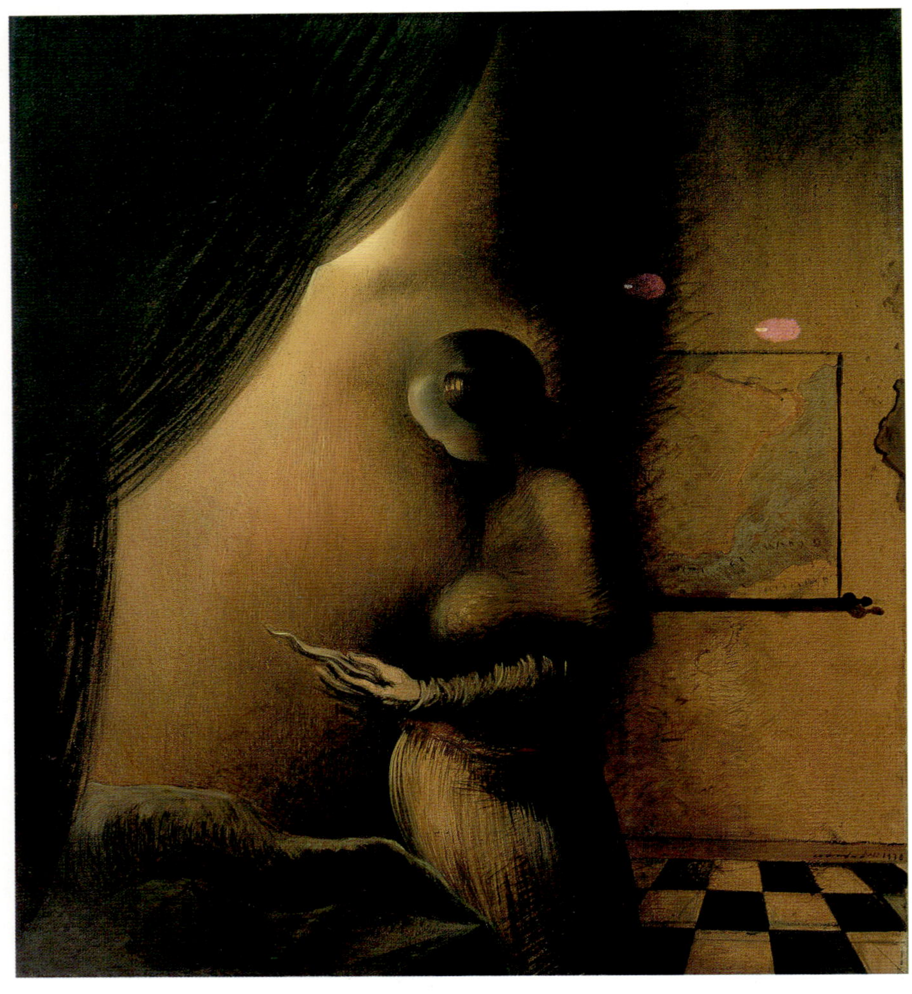

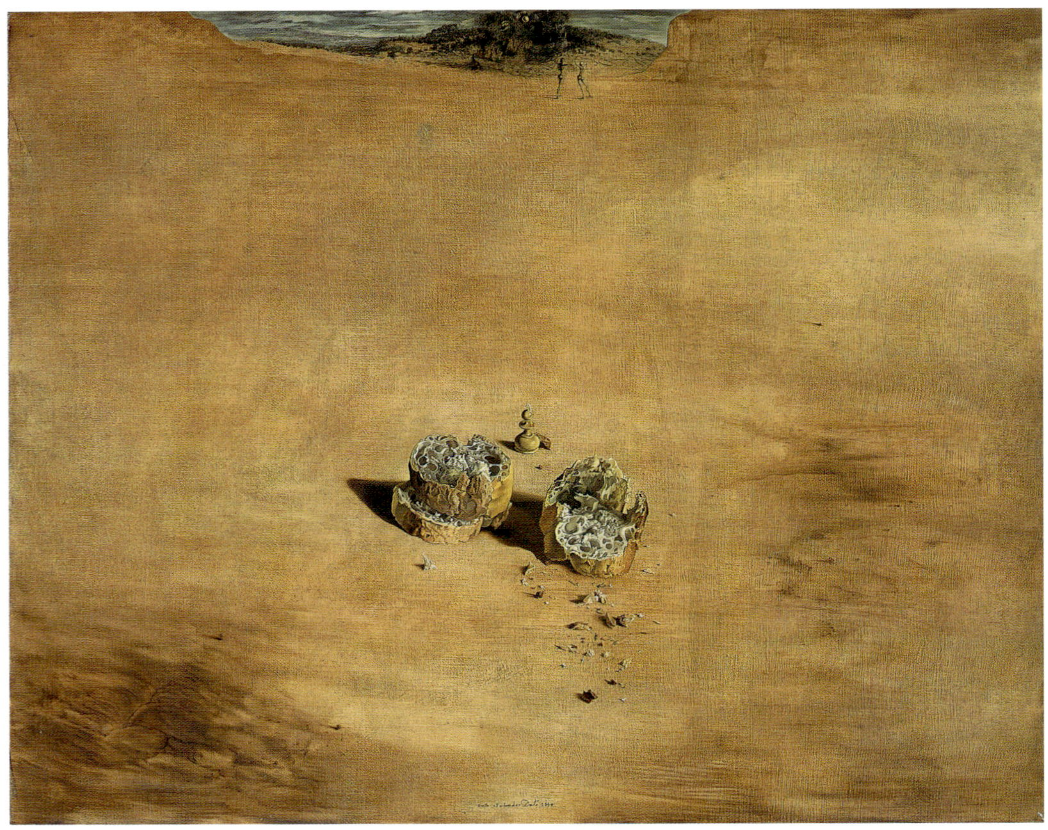

SALVADOR DALÍ
La Imagen desaparece
[L'image disparaît], 1938
Huile sur toile
56,30 x 50,50 cm
Fundació Gala-Salvador Dalí,
Figueras

SALVADOR DALÍ
Deux morceaux de pain
exprimant le sentiment
de l'amour, 1940
Huile sur toile
81,30 x 100,30 cm
Fundació Gala-Salvador Dalí,
Figueras

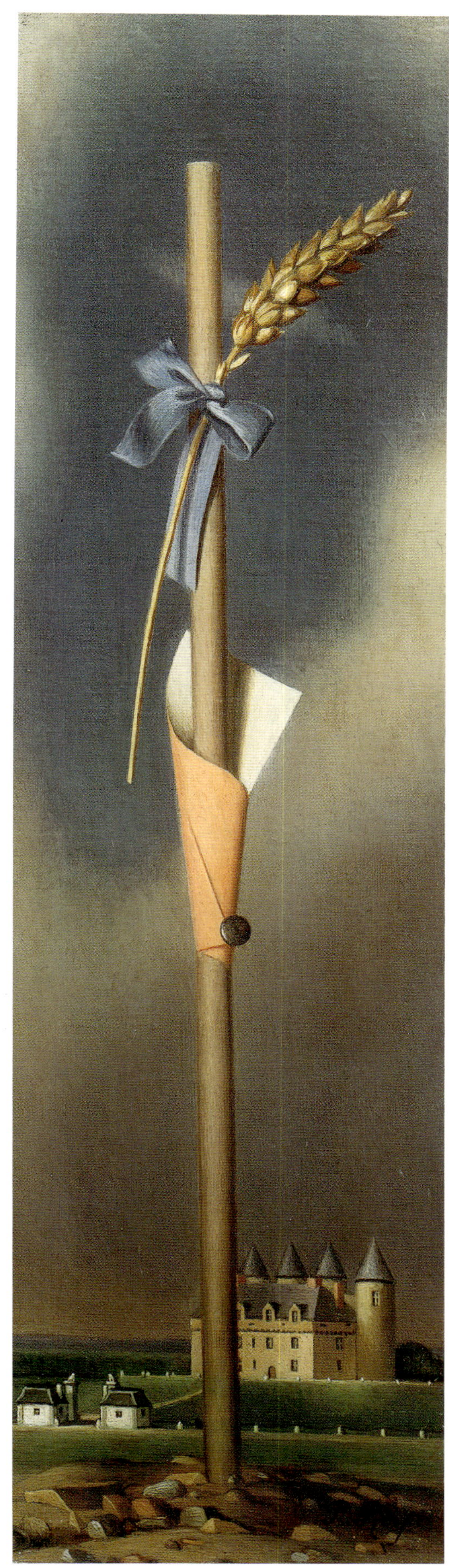

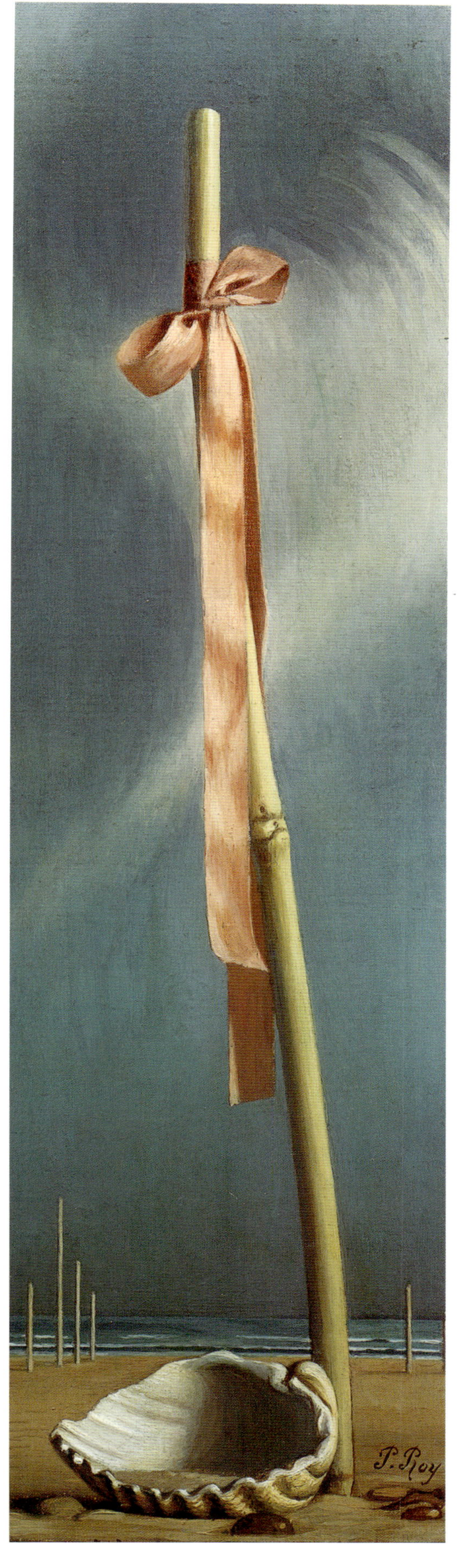

PIERRE ROY
Nœud bleu et épis de blé près du château, s.d.
Huile sur toile
54,61 x 16,21 cm
Richard L. Feigen, New York

PIERRE ROY
Nœud rose et coquillage au bord de la mer, s.d.
Huile sur toile
54,61 x 16,21 cm
Richard L. Feigen, New York

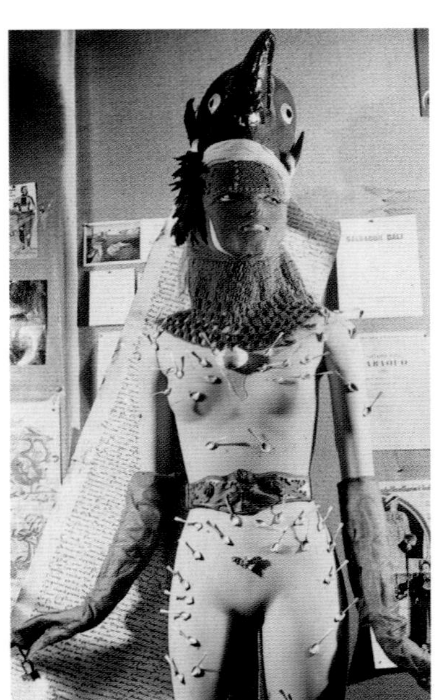

SALVADOR DALÍ
Mannequin présenté à l'Exposition internationale du surréalisme, galerie des Beaux-Arts, Paris, janvier-février1938
Collection particulière

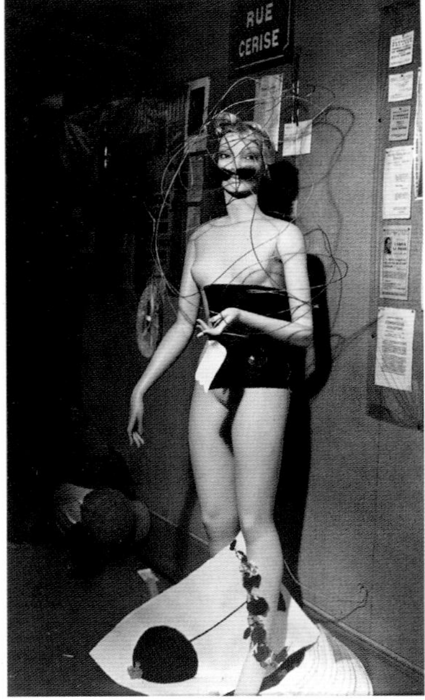

JOAN MIRÓ
Mannequin présenté à l'Exposition internationale du surréalisme, galerie des Beaux-Arts, Paris, janvier-février1938
Collection particulière

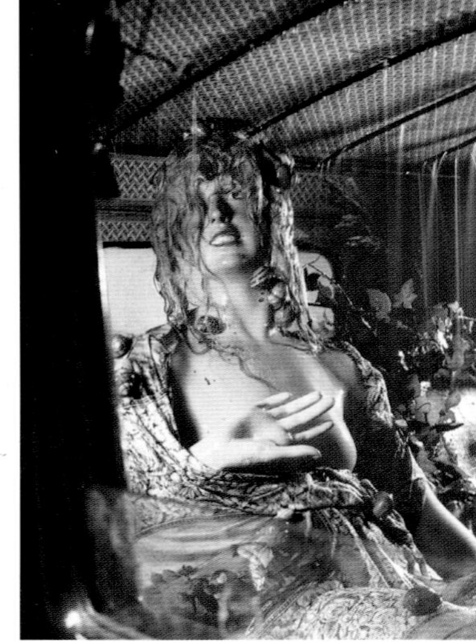

SALVADOR DALÍ
Taxi pluvieux, 1938
Mannequin présenté à l'Exposition internationale du surréalisme, galerie des Beaux-Arts, Paris, janvier-février1938
Collection particulière

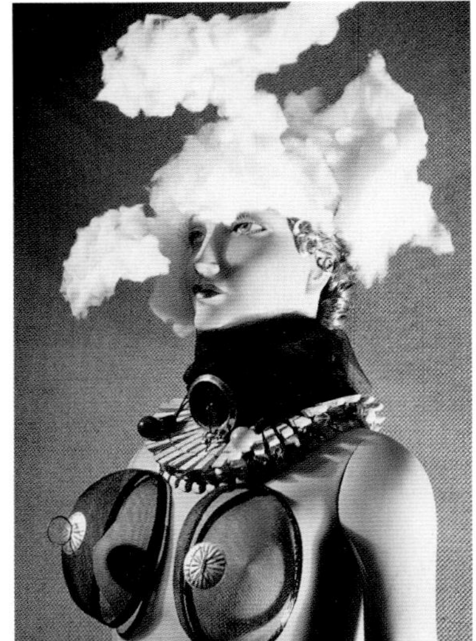

MAURICE HENRY
Mannequin présenté à l'Exposition internationale du surréalisme, galerie des Beaux-Arts, Paris, janvier-février1938
Collection particulière

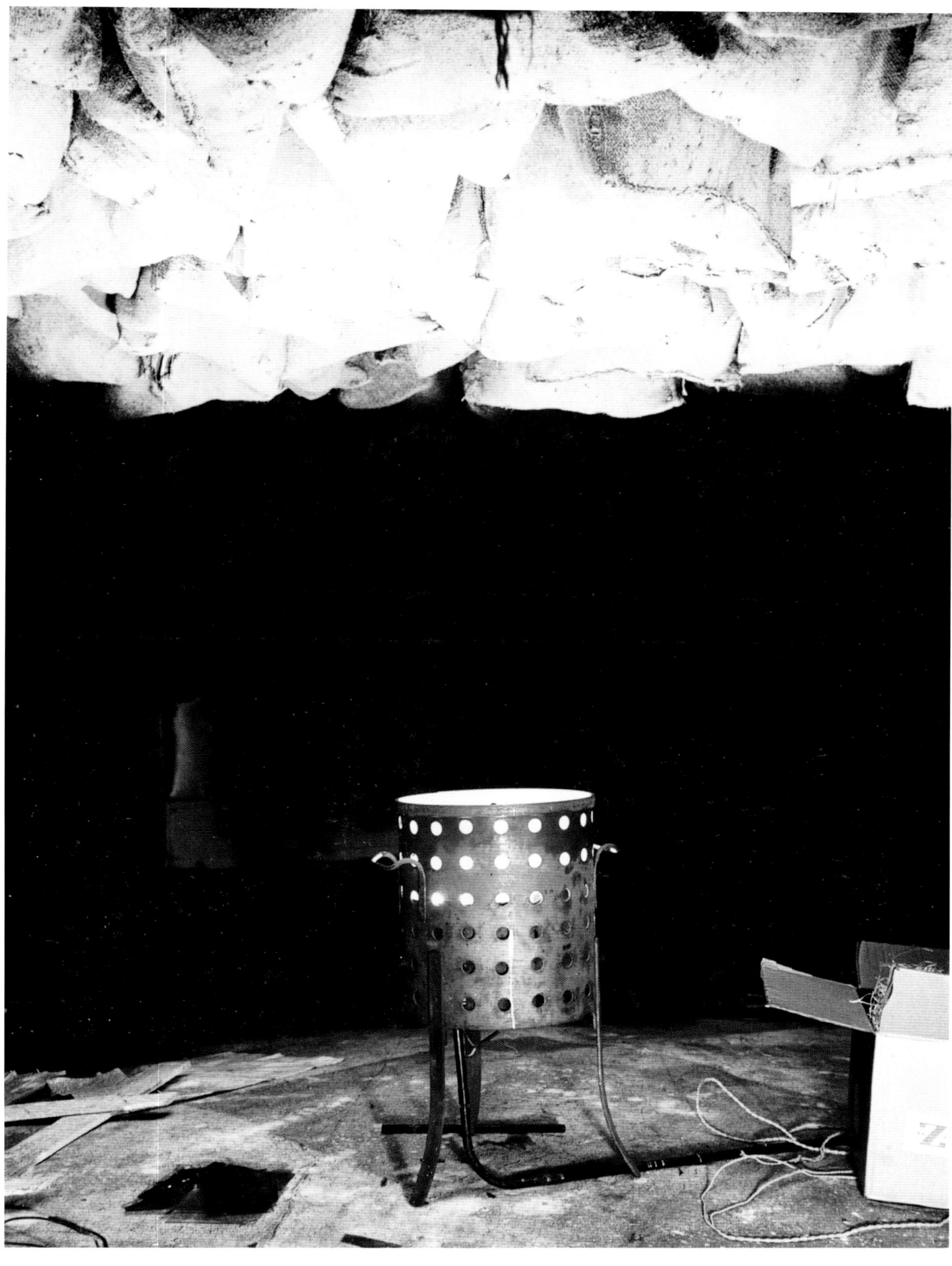

Vue de l'Exposition internationale
du surréalisme, organisée par
André Breton et Paul Eluard,
galerie des Beaux-Arts
Paris, janvier-février 1938
Photographie de Raoul Ubac
Collection particulière

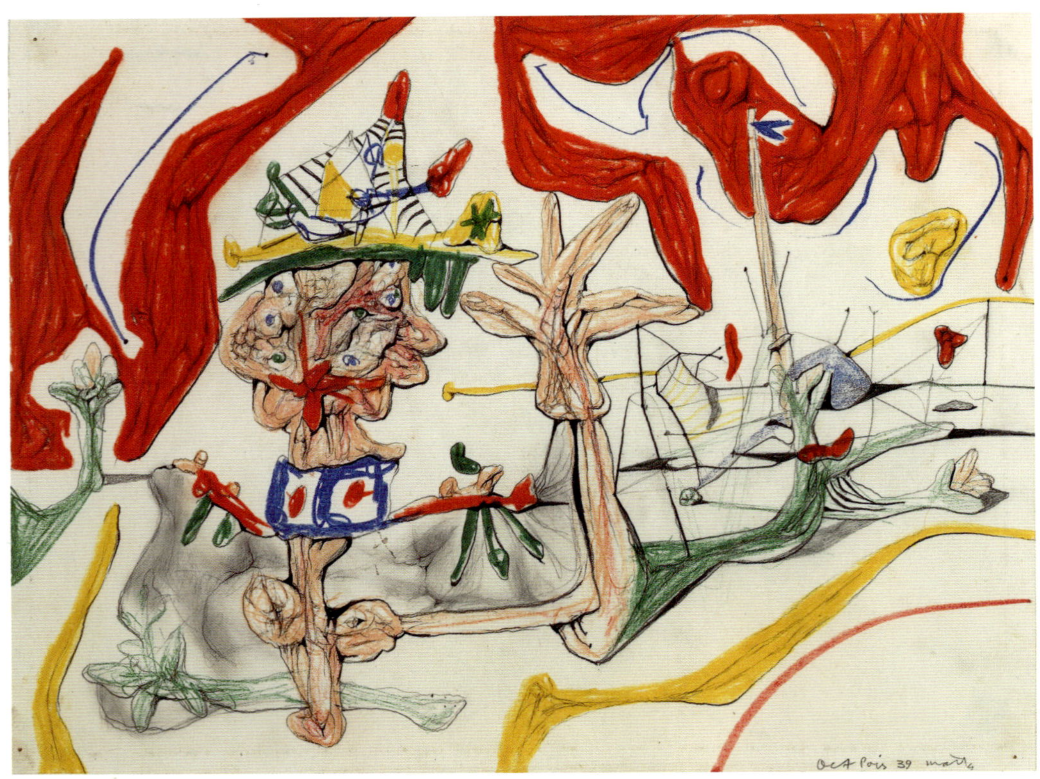

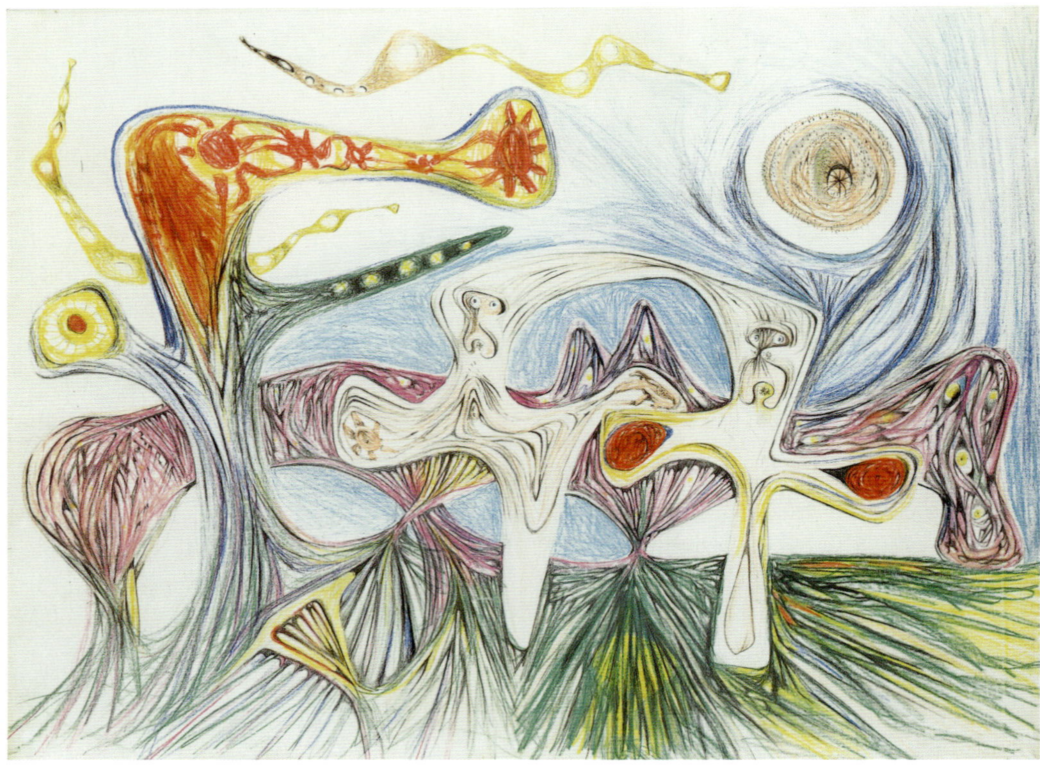

ROBERTO MATTA
Sans titre, 1939
Crayons de couleur et mine de plomb sur papier
25,00 x 32,50 cm
Collection particulière, courtesy galerie Daniel Malingue

ROBERTO MATTA
Sans titre, 1938
Crayons de couleur sur papier
50,00 x 65,00 cm
Collection particulière, courtesy galerie Daniel Malingue

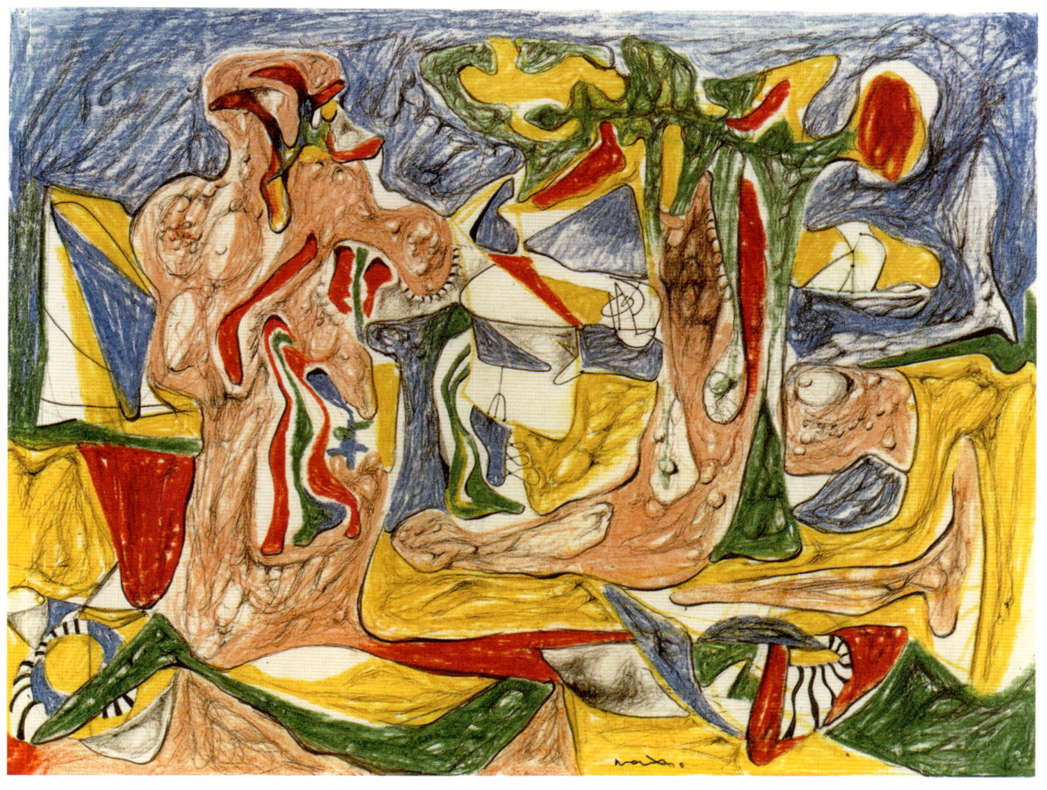

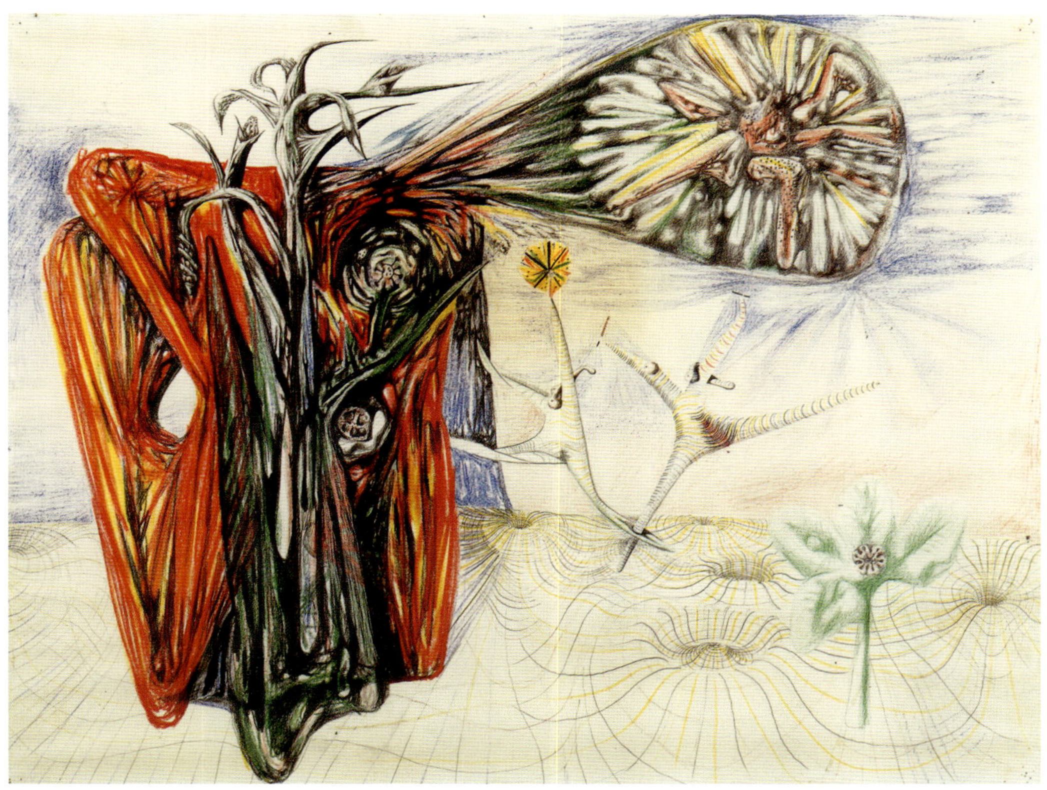

ROBERTO MATTA
Composition, 1939
Crayons de couleur sur papier
24,80 x 32,50 cm
Collection particulière, courtesy galerie Daniel Malingue

ROBERTO MATTA
Sans titre, 1937
Cire et mine de plomb sur papier
50,00 x 65,00 cm
Collection particulière

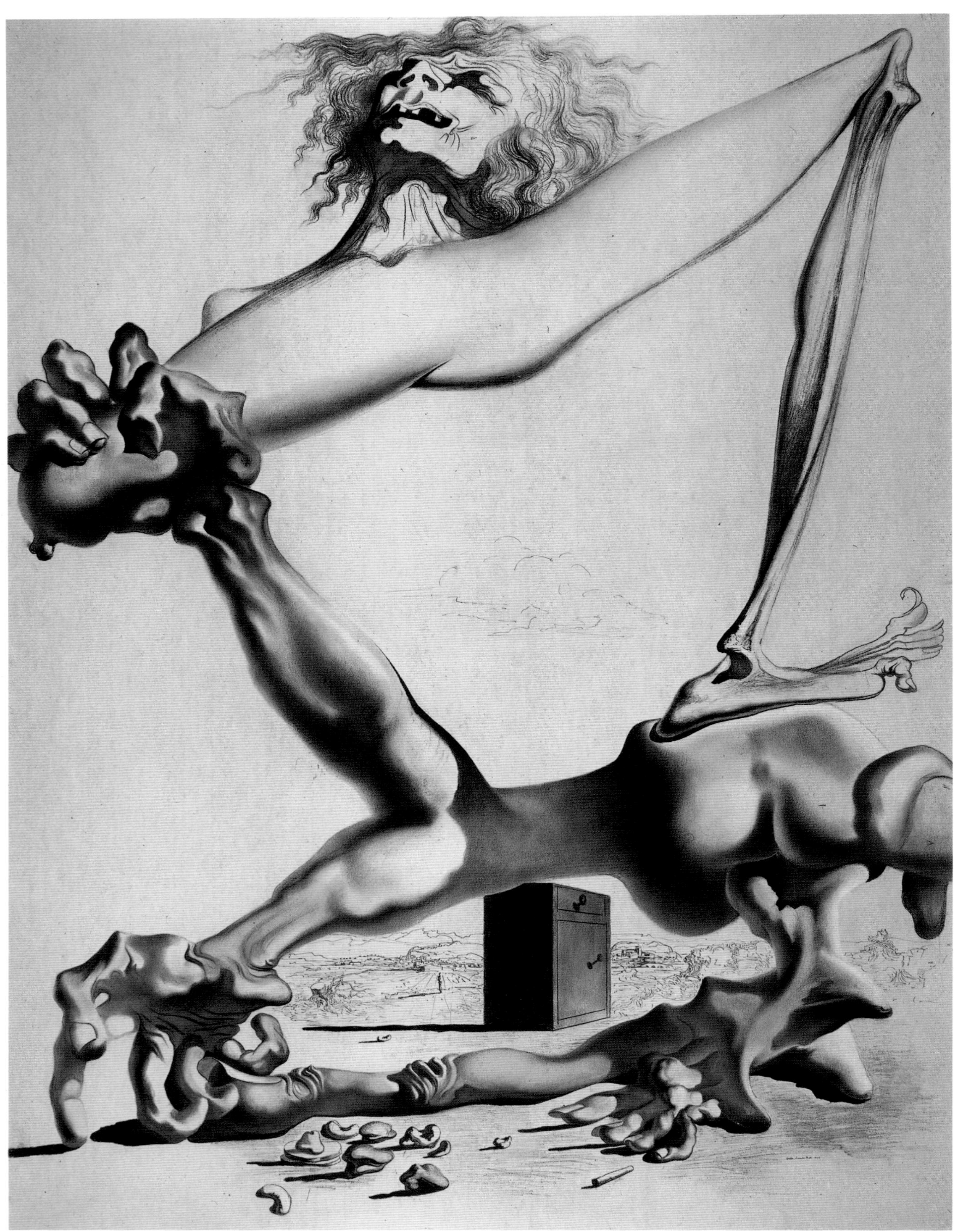

SALVADOR DALÍ
Étude pour *Prémonition de la guerre civile*, 1936
Fusain sur papier
105,00 x 80,00 cm
Museo Nacional Centro de Arte Reina Sofia, Madrid

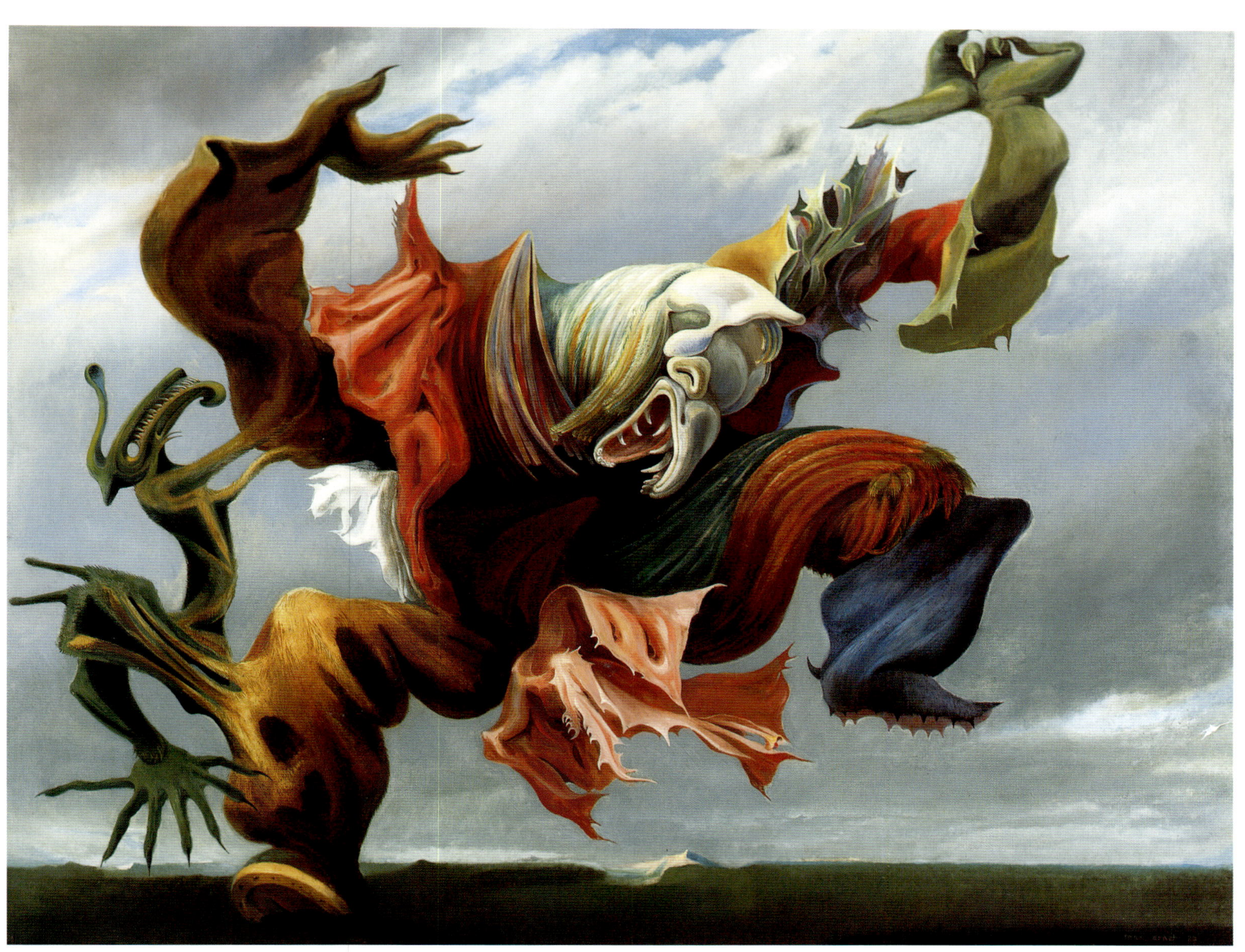

MAX ERNST
L'Ange du foyer ou *Le Triomphe du surréalisme*, 1937
Huile sur toile
114,00 x 146,00 cm
Collection particulière

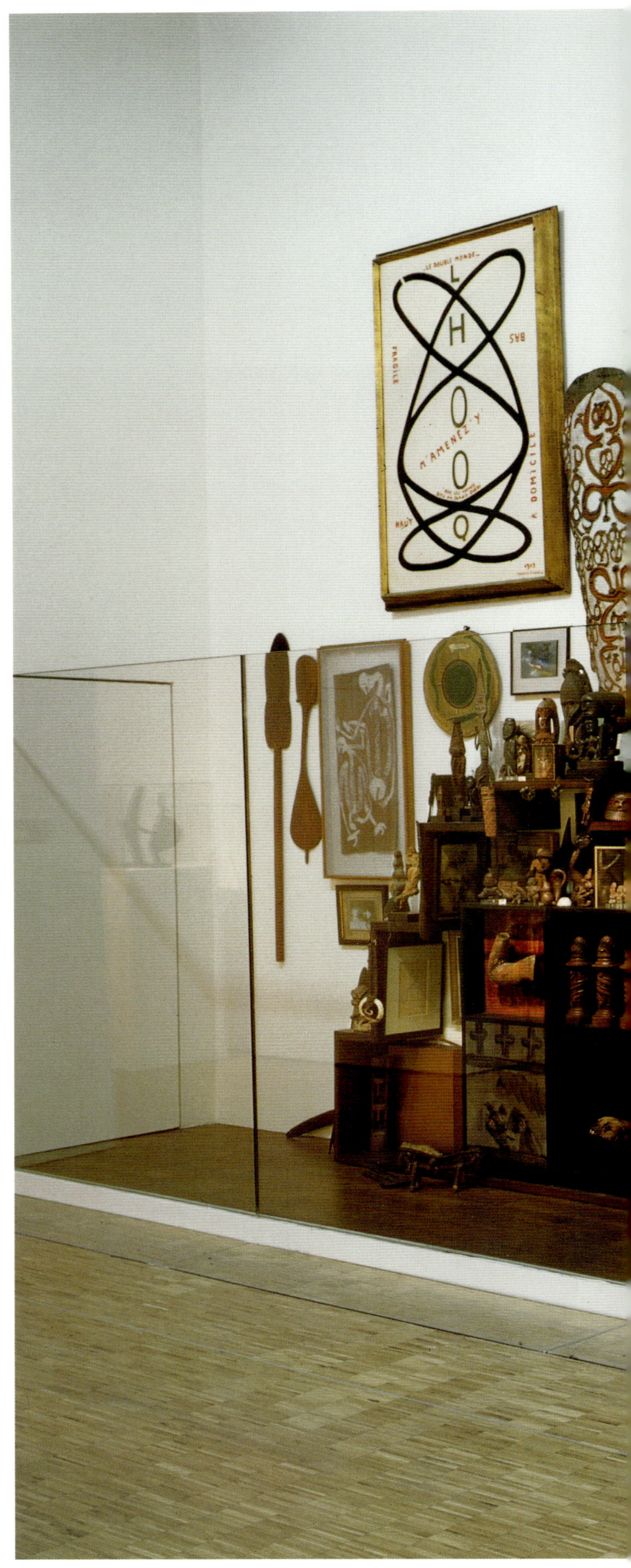

Situé derrière le bureau où travaillait André Breton, dans la deuxième pièce de l'atelier qu'il a occupé rue Fontaine, à Paris, de 1922 à sa mort en 1966, ce mur formé d'un ensemble de quelque deux cents objets et œuvres a été reconstitué à l'identique, grâce à un prêt exceptionnel au Musée national d'art moderne.
Dans la disposition même qu'il avait choisie, telle qu'elle a été figée en 1966, y voisinent sans hiérarchie toutes les « catégories » désignées par le poète pour l'« Exposition surréaliste d'objets » organisée en 1936 à la galerie Charles Ratton : à côté des toiles et des objets surréalistes, les objets naturels (minéraux et insectes), les objets trouvés, les objets interprétés, les objets populaires, les objets magiques, les objets sauvages ou primitifs, fétiches et masques américains et océaniens.

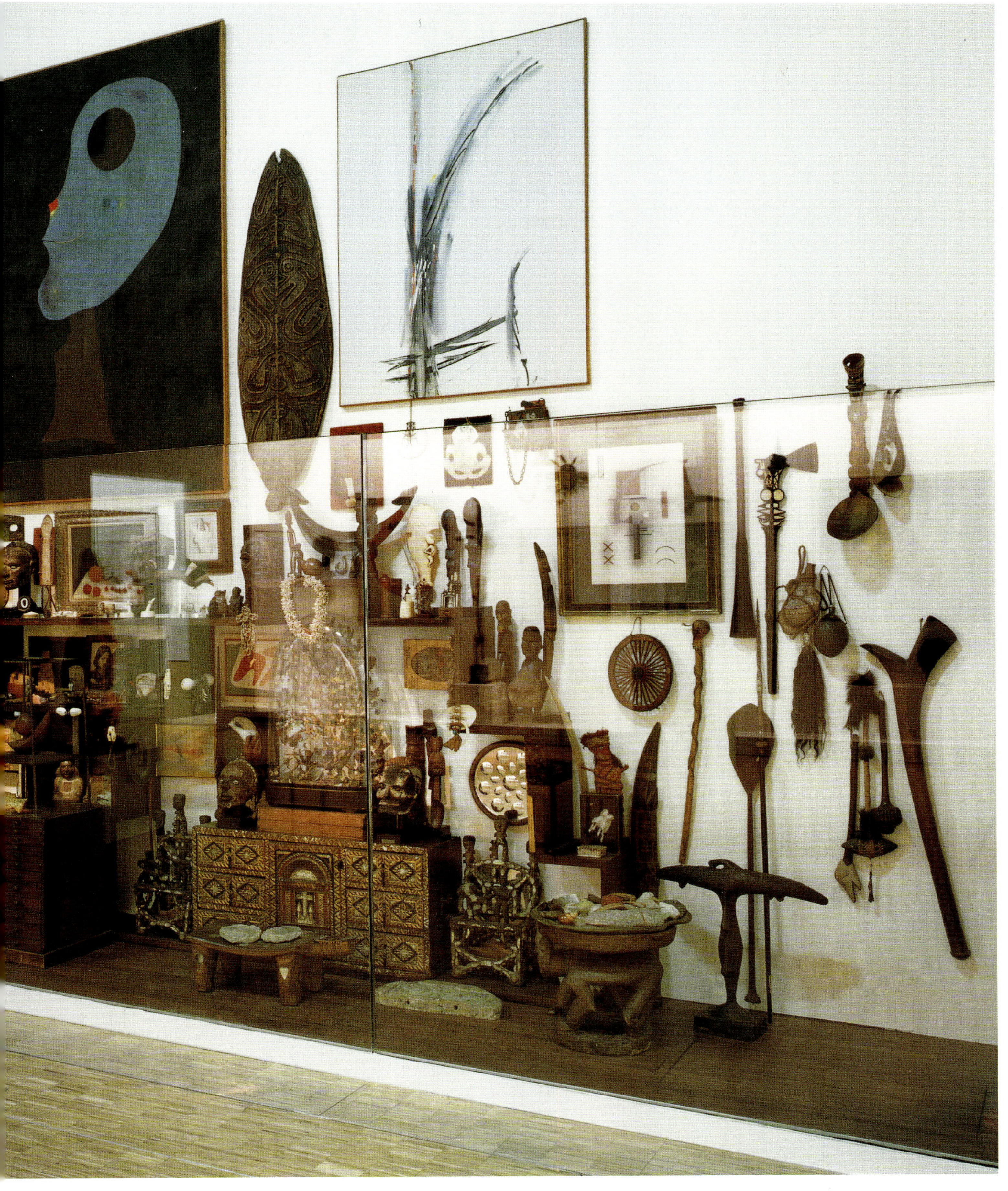

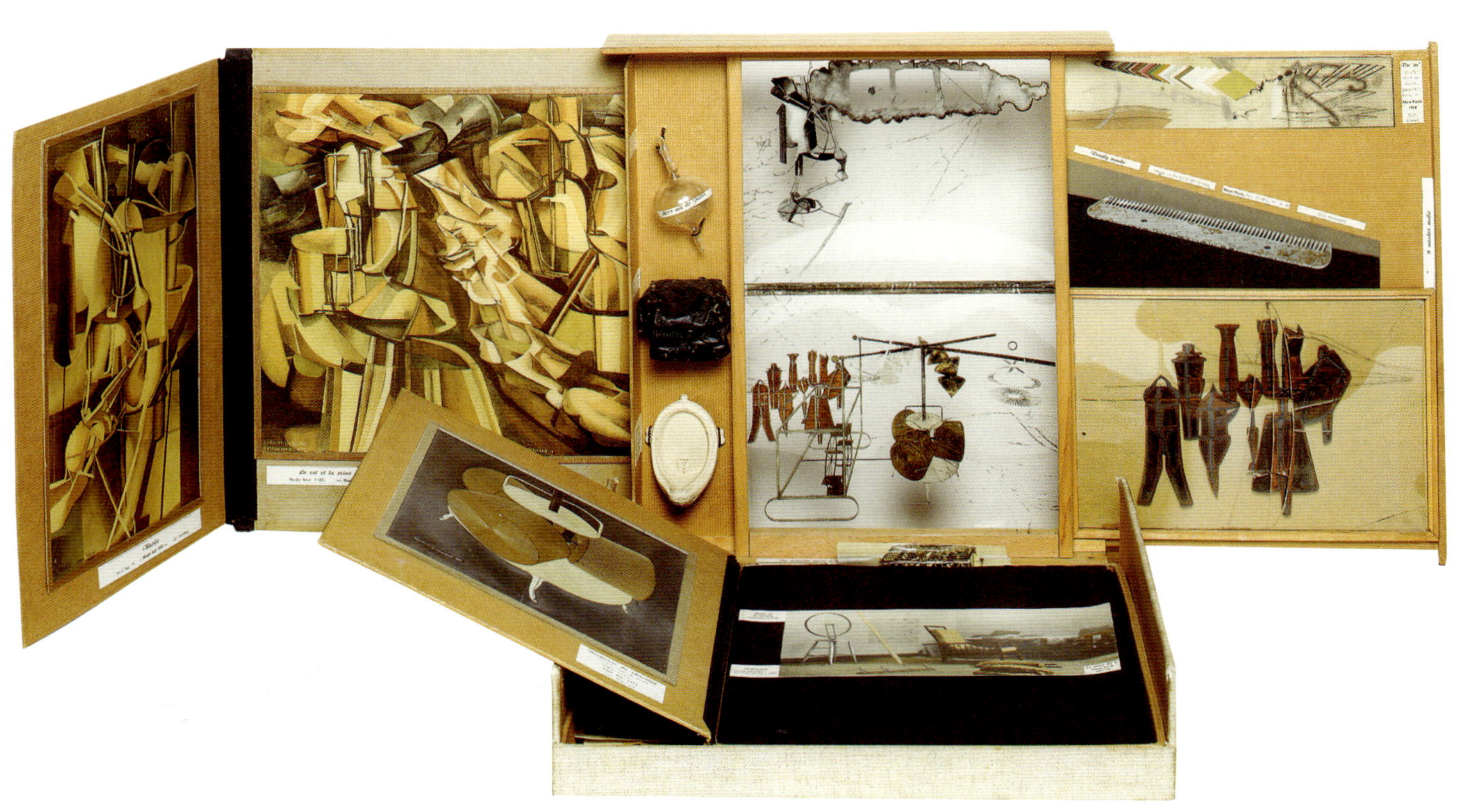

MARCEL DUCHAMP
La Boîte-en-valise, 1936-1941
Boîte à tirettes en carton recouverte
de linge beige contenant des répliques
miniatures d'œuvres.
69 items photographies et documents
40,00 x 37,50 x 8, 20 cm
Centre Pompidou, Paris
Musée national d'art moderne

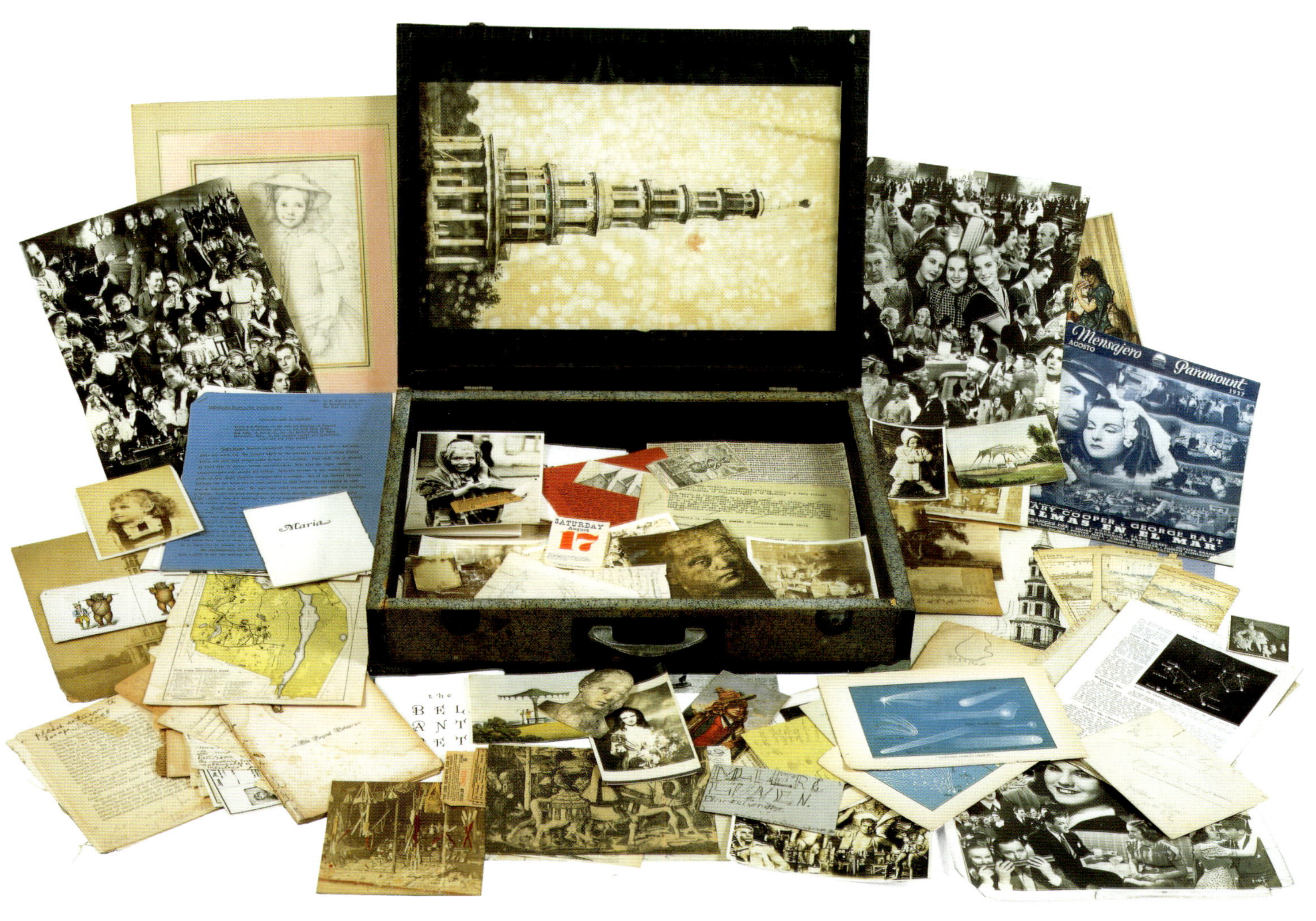

JOSEPH CORNELL
The Crystal Cage (Portrait of Berenice), 1943-1960
Construction avec valise
39,67 x 50,32 x 10,95 cm
Richard L. Feigen, New York

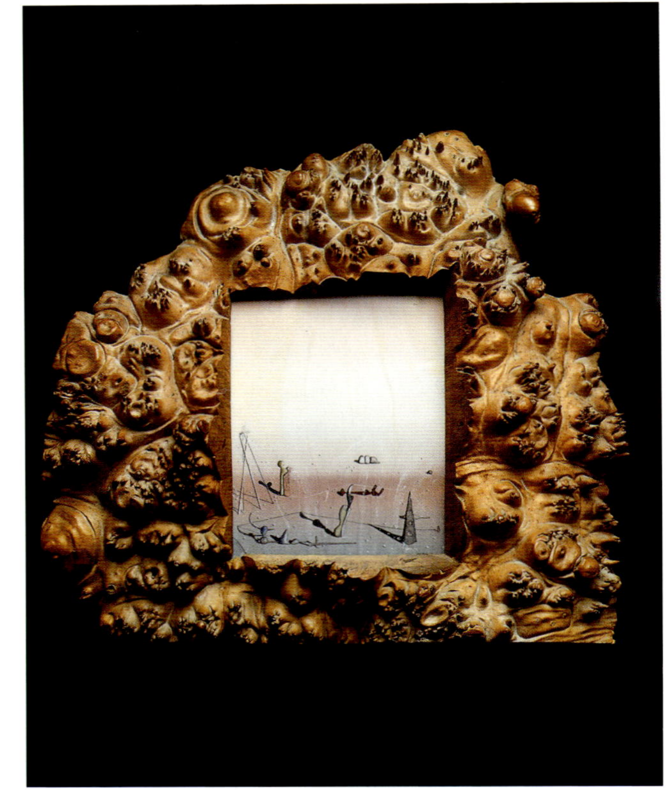

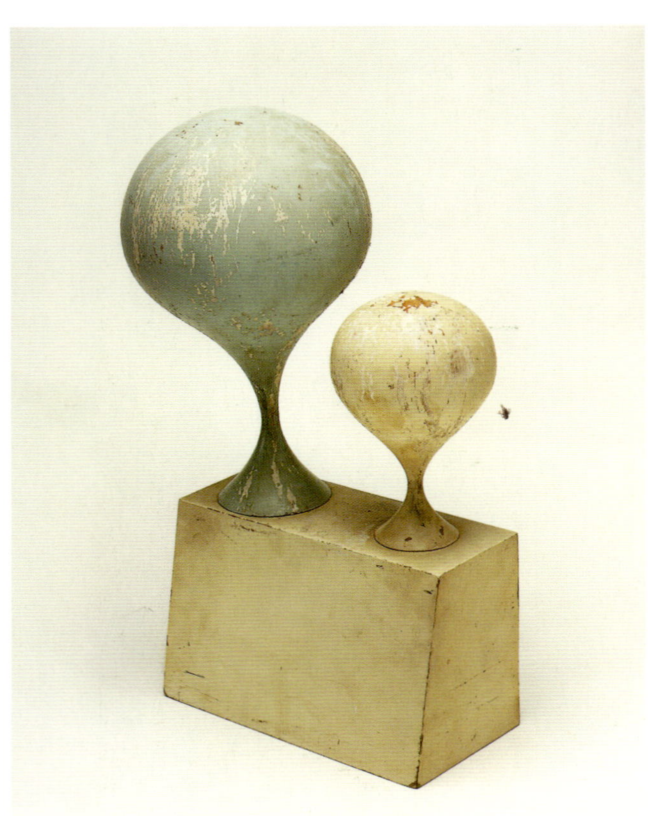

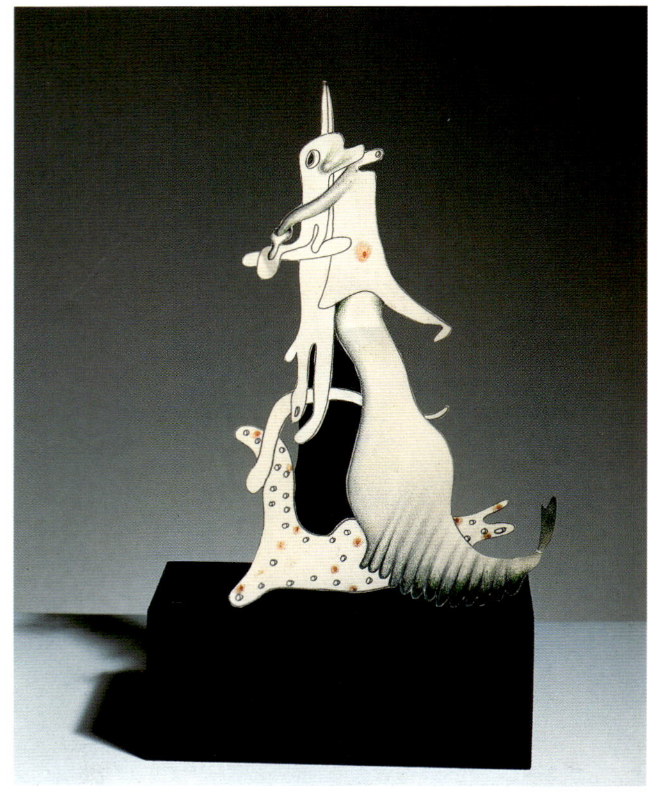

KURT SELIGMANN
Deux têtes, 1931
Construction en bois peint
h 52,70 cm
Collection particulière

YVES TANGUY
Sans titre, 1939
Gouache et cadre en ronce
sur papier
16,00 x 13,20 cm
Collection particulière

YVES TANGUY
Petit personnage familier, 1938
Crayon et crayons de couleur
sur papier découpé
23,40 x 14,50 cm
Centre Pompidou, Paris
Musée national d'art moderne

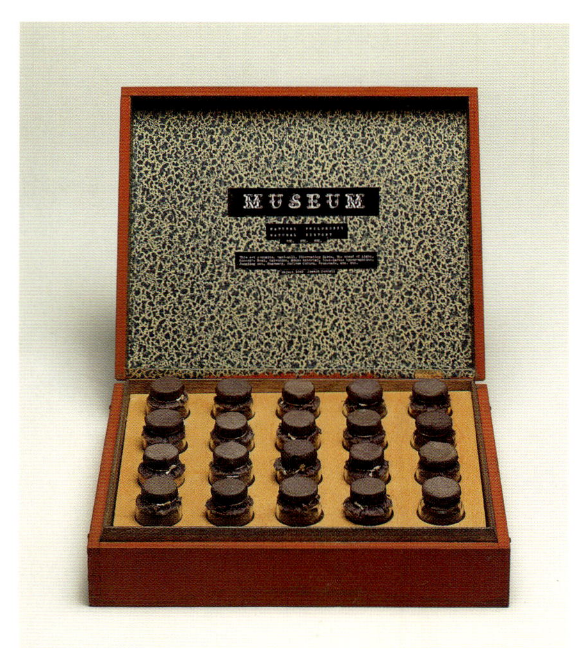

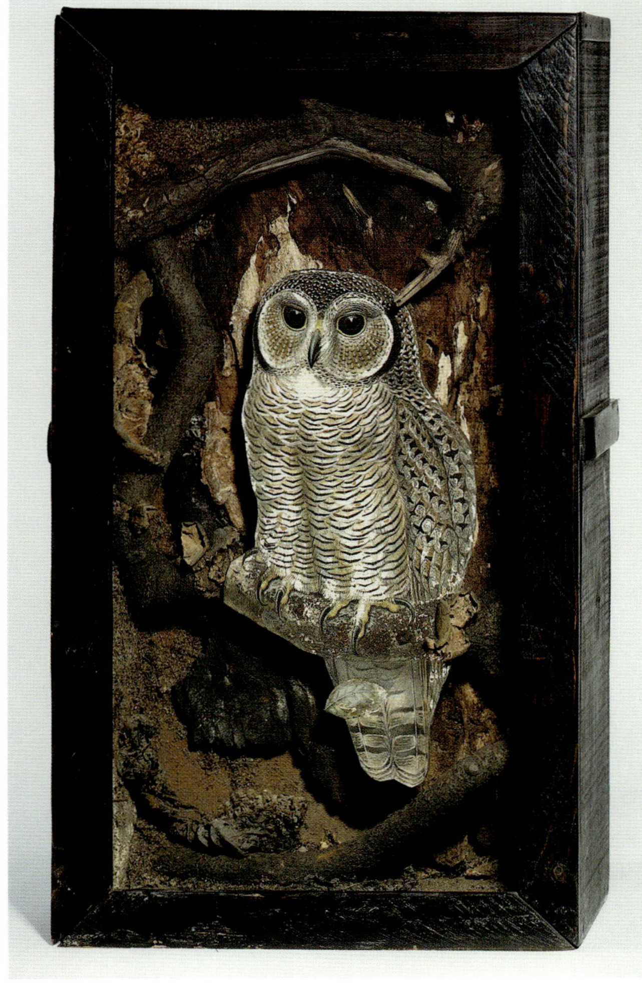

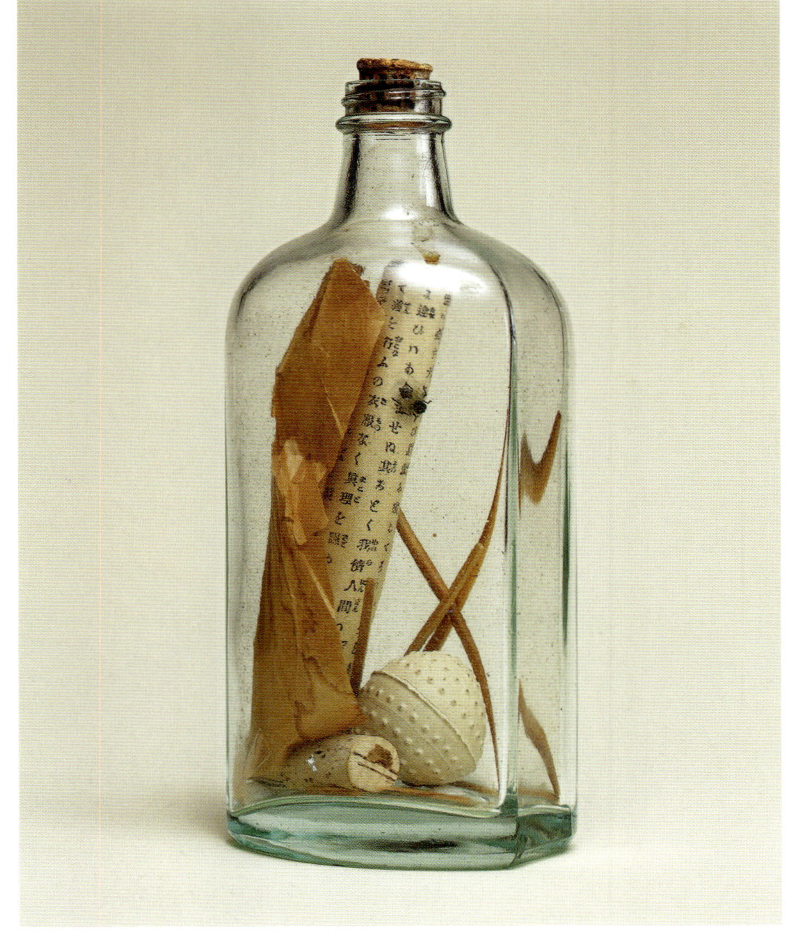

JOSEPH CORNELL
Owl Box, 1945-1946
Boîte en bois contenant un assemblage d'éléments divers : bois, mousse, figurine en papier
63,50 x 36,00 x 16,00 cm
Centre Pompidou, Paris
Musée national d'art moderne

JOSEPH CORNELL
Museum, 1942
Boîte en bois avec 20 flacons en verre contenant divers éléments
5,50 x 21,50 x 17,70 cm
Centre Pompidou, Paris
Musée national d'art moderne

JOSEPH CORNELL
Chinese Bottle, 1933
Construction dans une bouteille
20,80 x 8,90 x 5,70 cm
Collection particulière

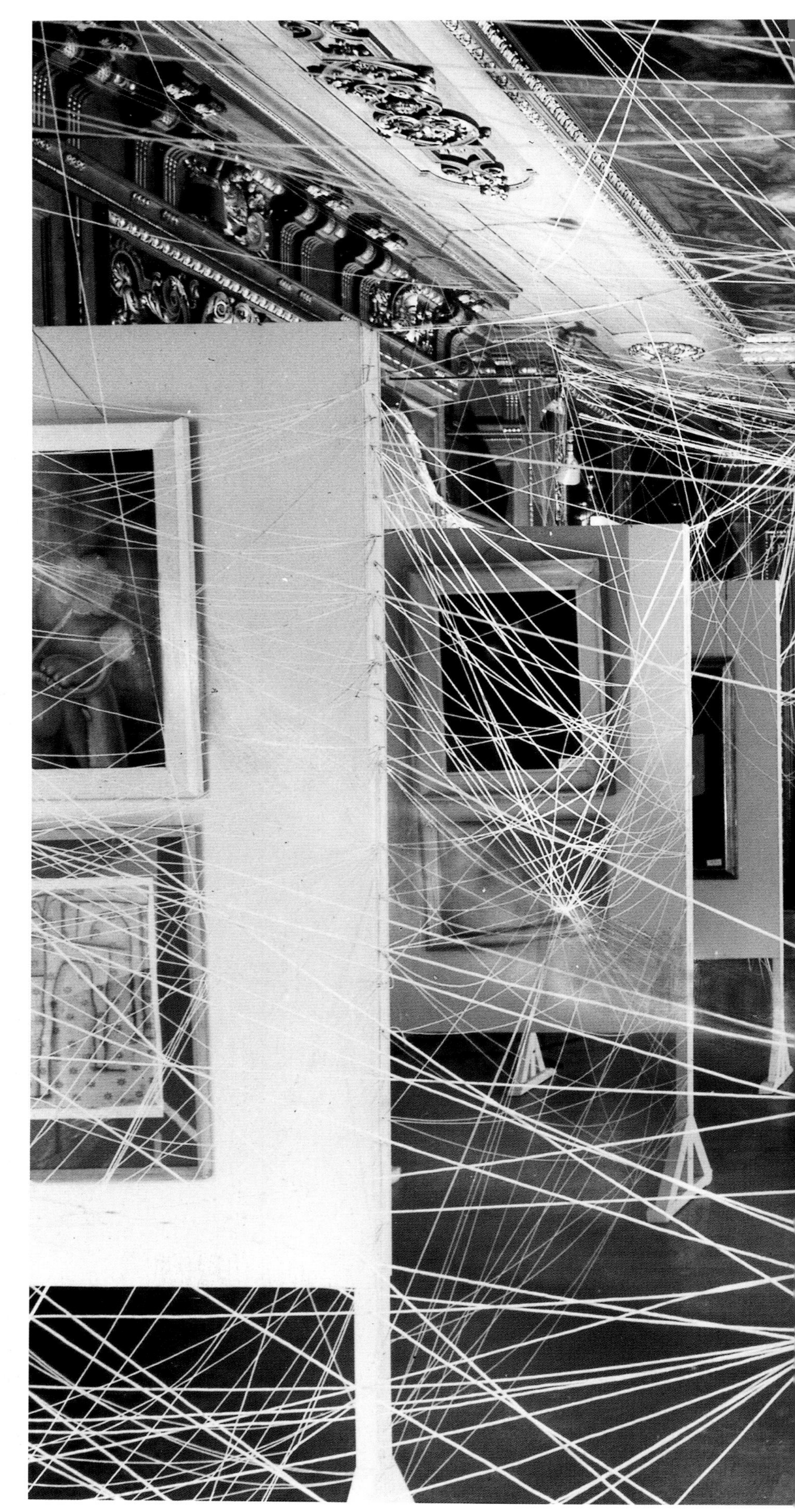

MARCEL DUCHAMP
Installation de l'exposition « First Papers of Surrealism », 451 Madison Avenue, New York, 14 octobre-7 novembre 1942
Philadelphia Museum of Art
Marcel Duchamp Archive, Gift of Jacqueline, Peter and Paul Matisse in memory of their mother, Alexina Duchamp

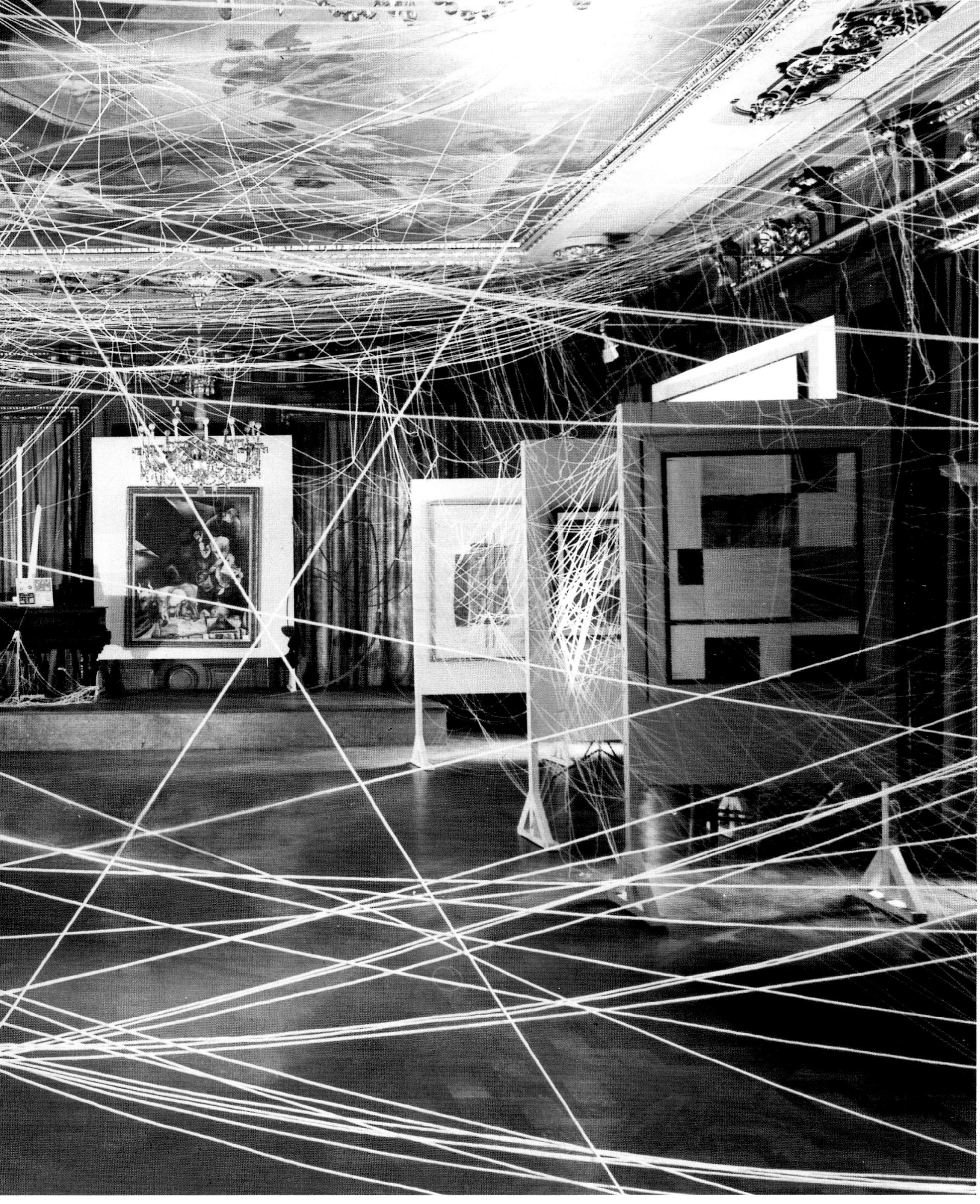

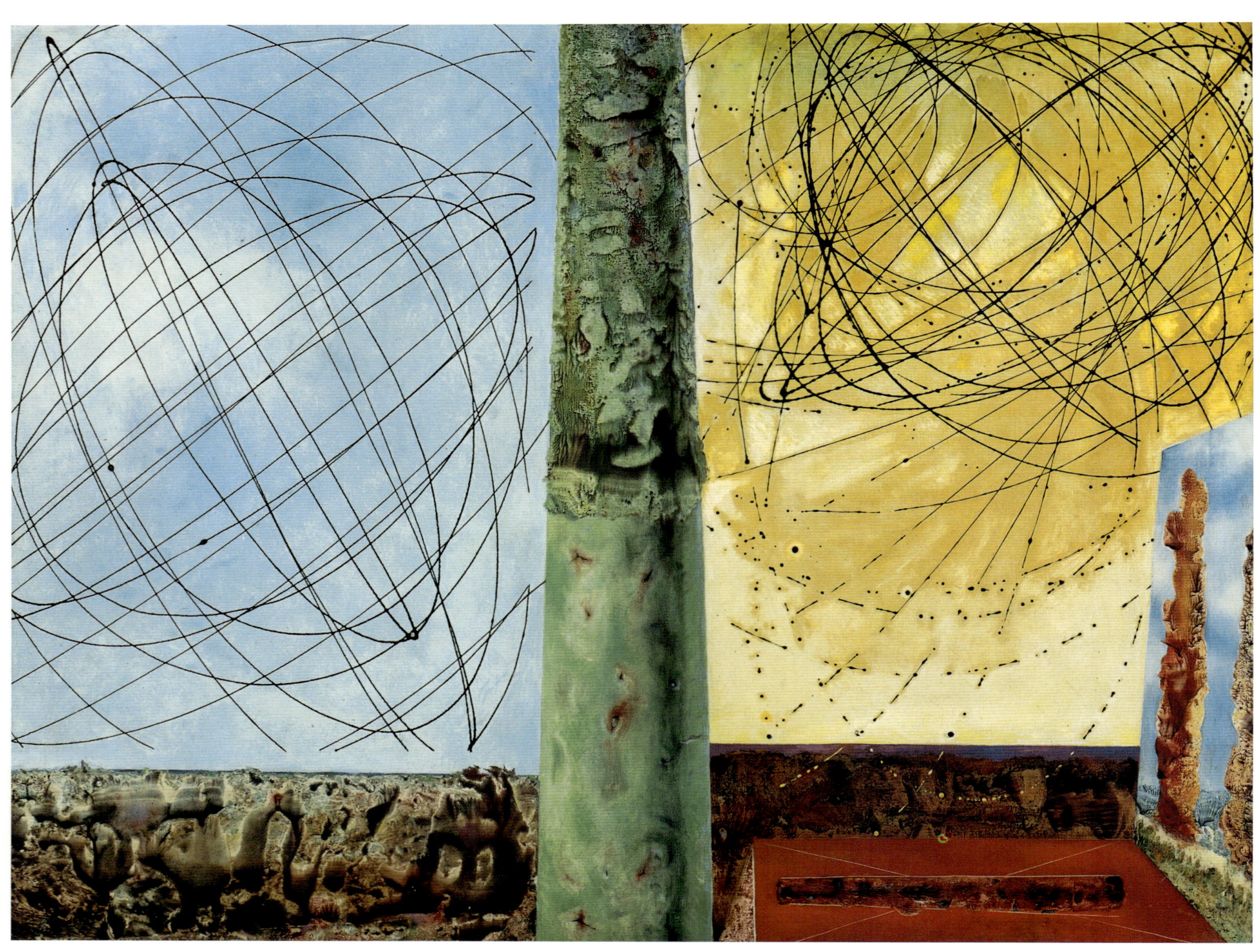

MAX ERNST
La Planète affolée, 1942
Huile sur toile
110,00 x 140,00 cm
Tel Aviv Museum of Art, Israël
Don de l'artiste, 1955

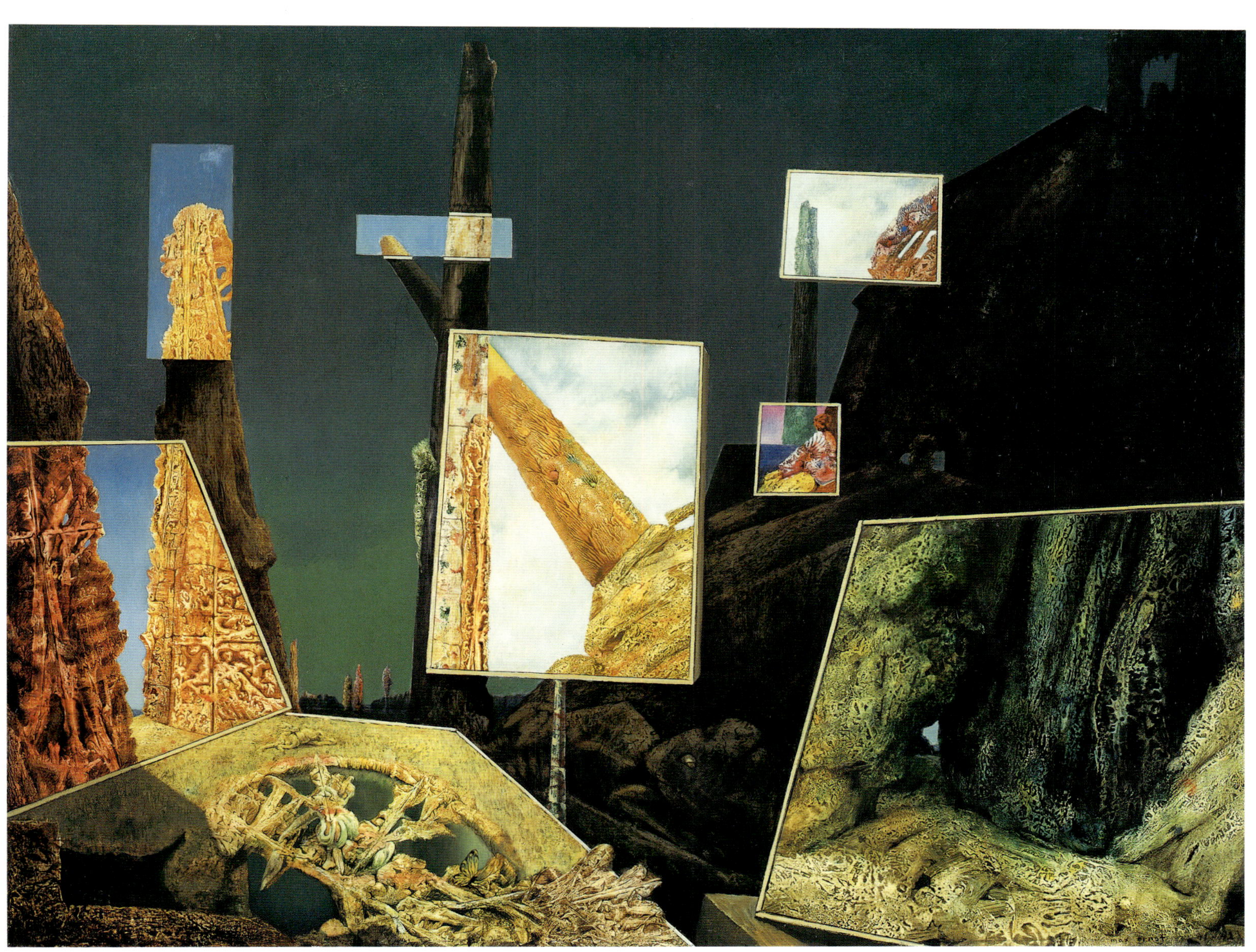

MAX ERNST
Jour et Nuit, 1941-1942
Huile sur toile
112,00 x 146,00 cm
The Menil Collection, Houston
Purchased with funds provided
by Adelaide de Menil Carpenter

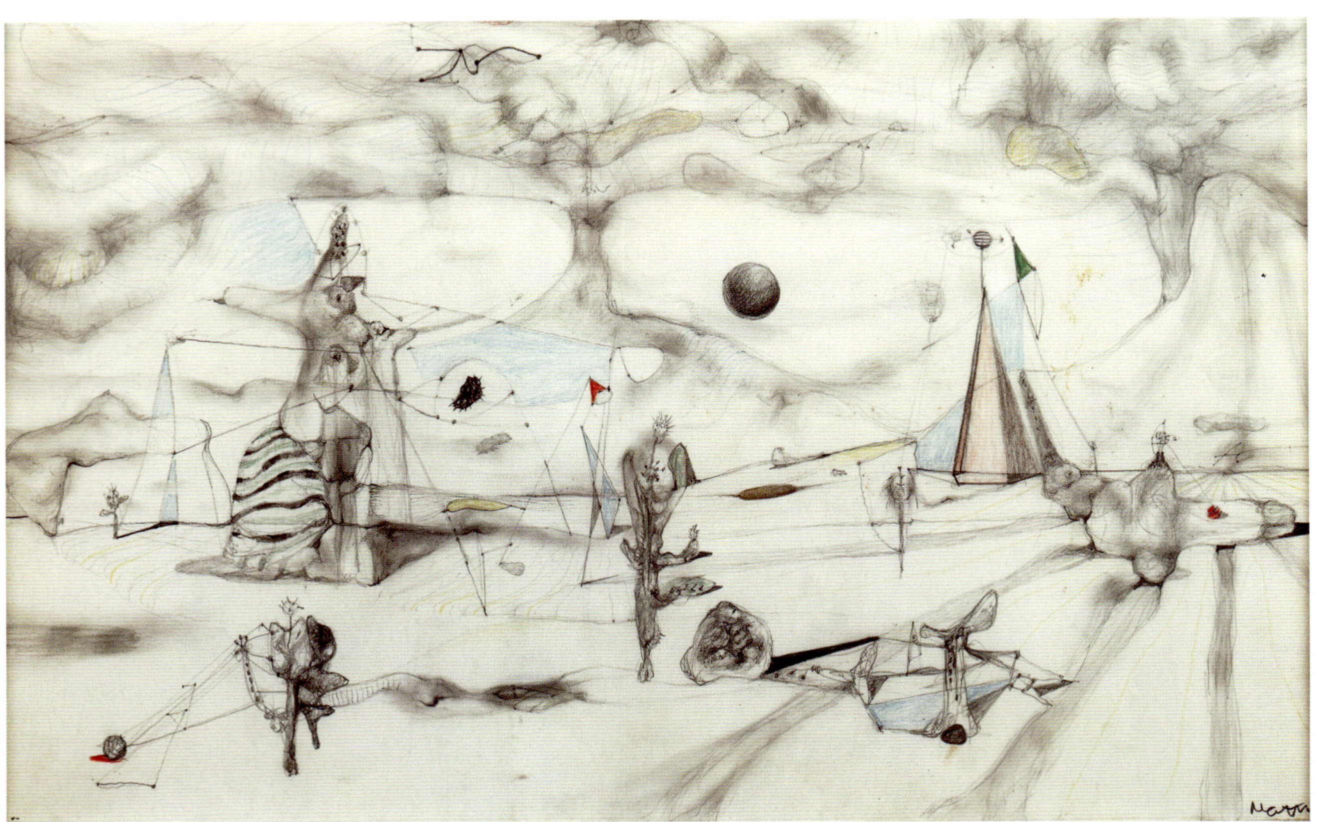

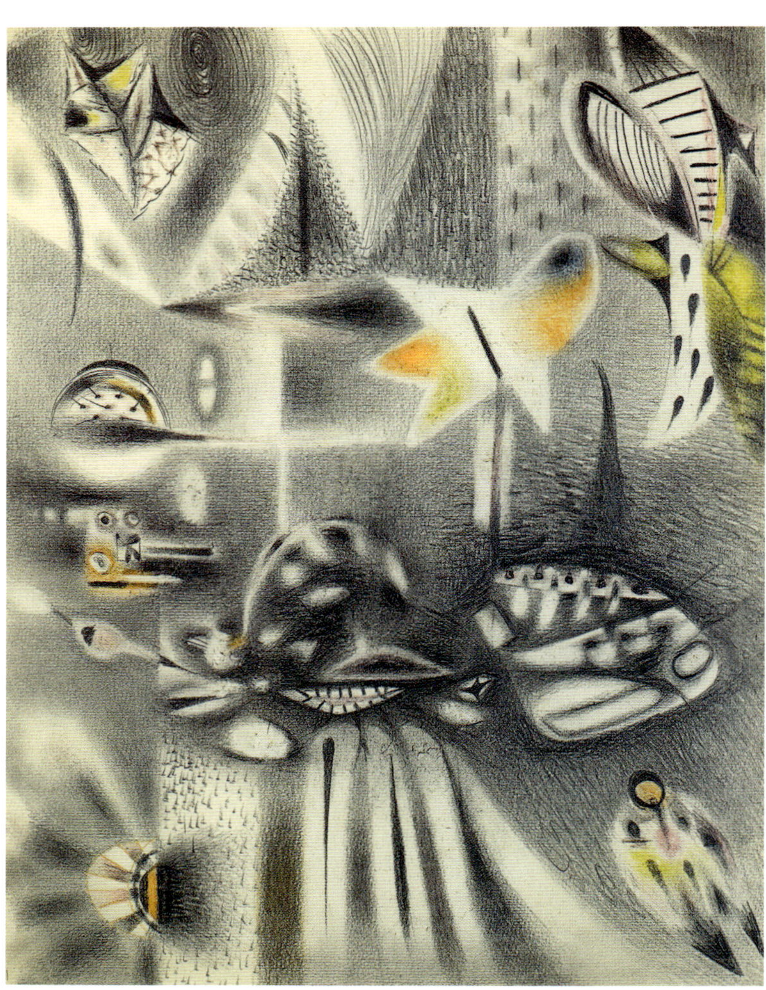

ROBERTO MATTA
[Sans titre], s.d.
Crayon noir et couleur
31,00 x 48,50 cm
Collection particulière

JACQUELINE LAMBA
Sans titre, 1943
Pastel sur papier
49,00 x 38,00 cm
Collection particulière

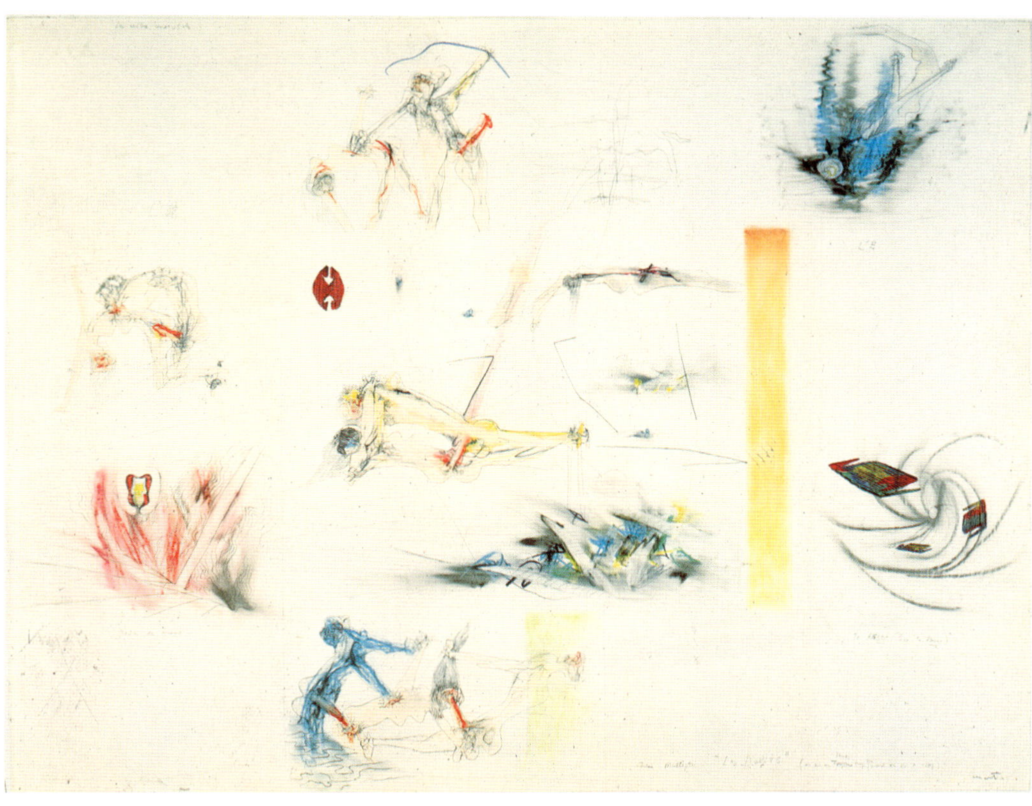

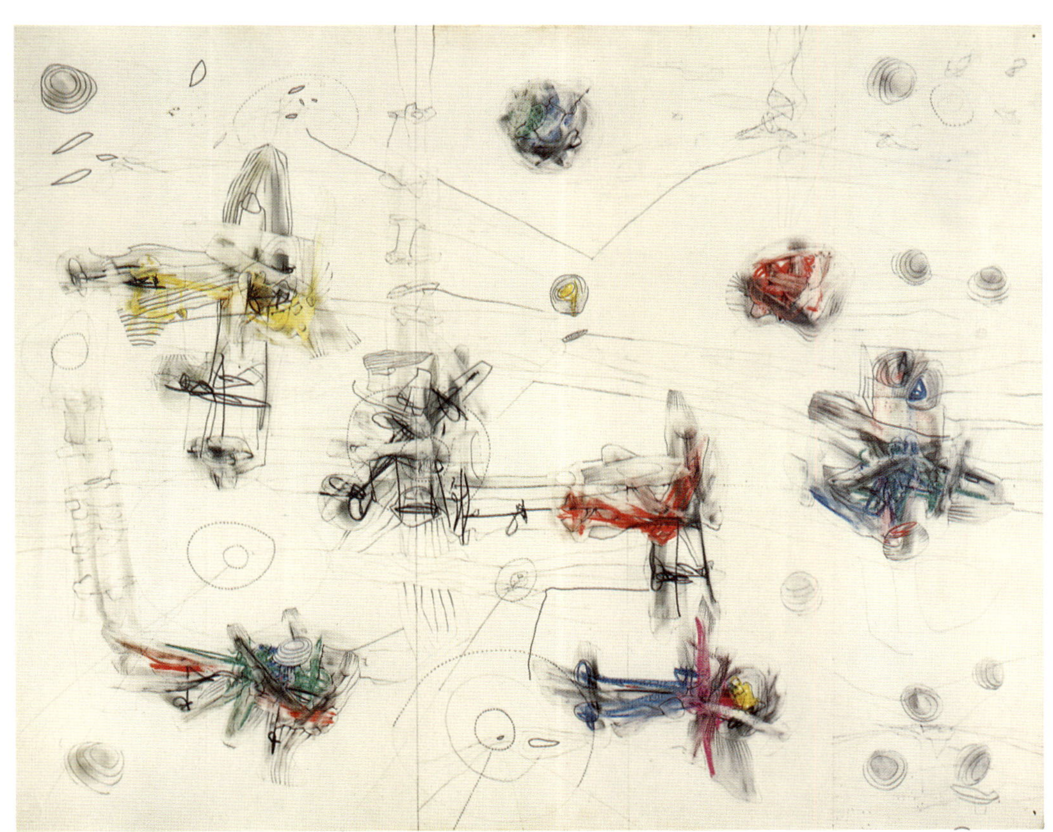

ROBERTO MATTA
La Pierre philosophale, 1942
Crayon et pastels à la cire
sur papier
58,30 x 73,60 cm
Centre Pompidou, Paris
Musée national d'art moderne

ROBERTO MATTA
Les Délits, 1941-1942
Crayon et pastels à la cire
sur papier
57,20 x 72,70 cm
Centre Pompidou, Paris
Musée national d'art moderne

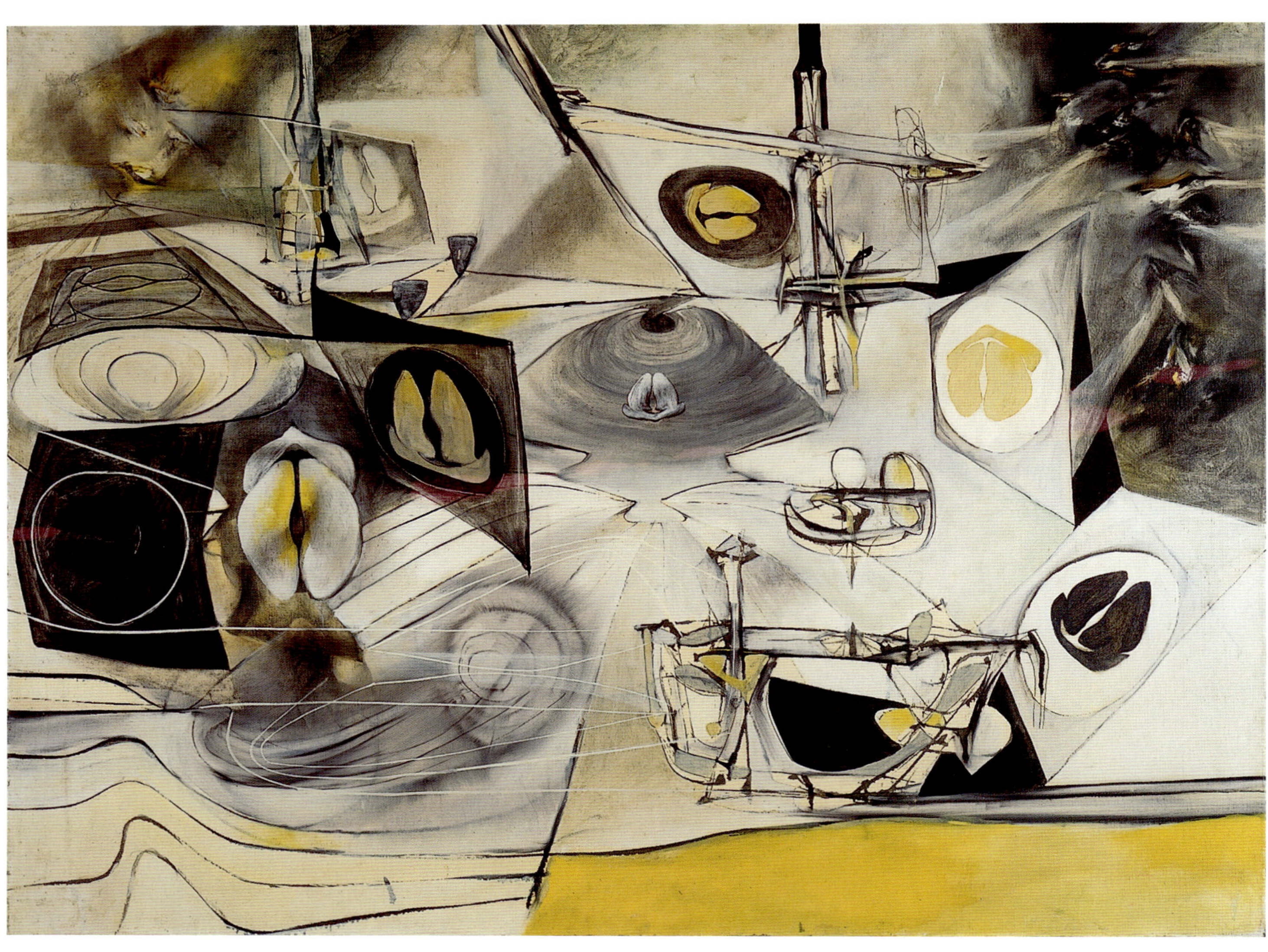

ROBERTO MATTA
The Apples We Know, 1943
Huile sur toile
95,00 x 128,00 cm
Collection particulière

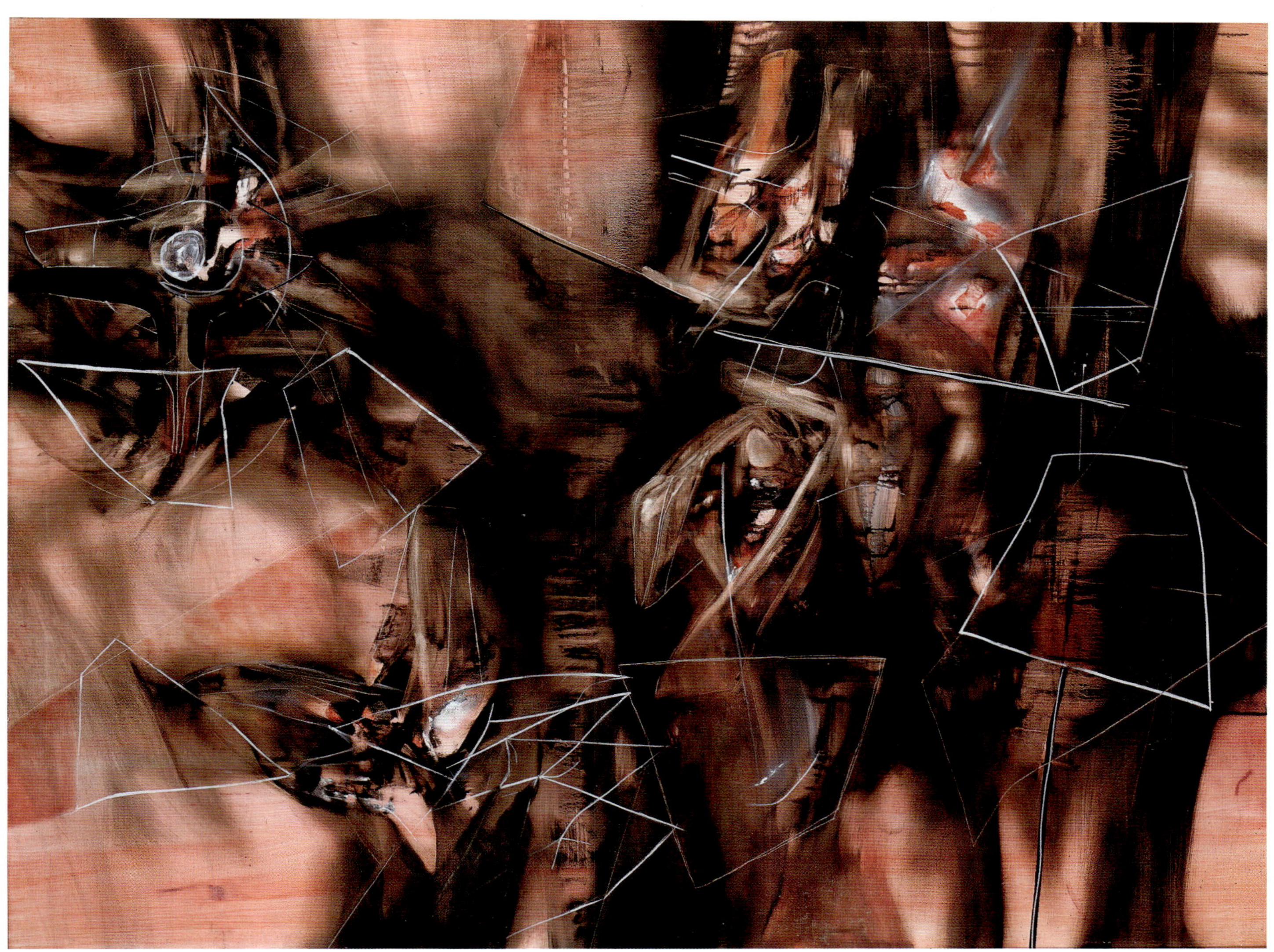

ROBERTO MATTA
L'Année 44, 1942
Huile sur toile
97,00 x 127,00 cm
Staatliche Museen Preussischer
Kulturbesitz, Nationalgalerie,
Berlin

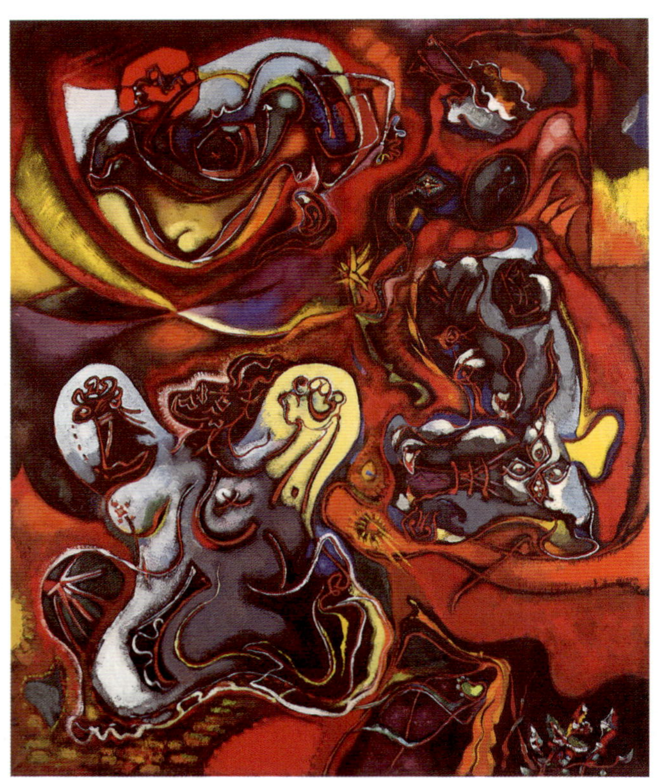

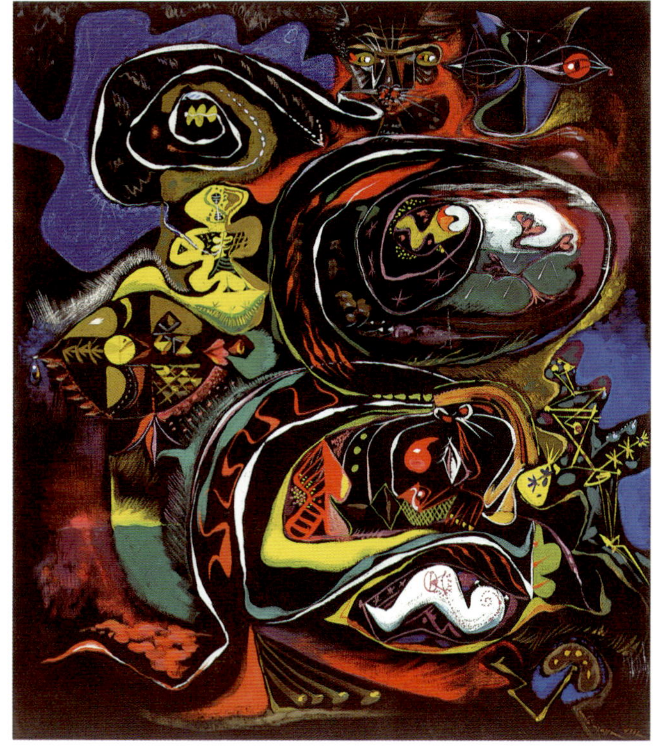

ANDRÉ MASSON
La Pythie, 1943
Huile et tempera sur toile
130,50 x 106,50 cm
Centre Pompidou, Paris
Musée national d'art moderne

ANDRÉ MASSON
Méditation sur une feuille de chêne, 1942
Tempera, pastel et sable sur toile
100,00 x 82,50 cm
The Museum of Modern Art, New York
Don anonyme

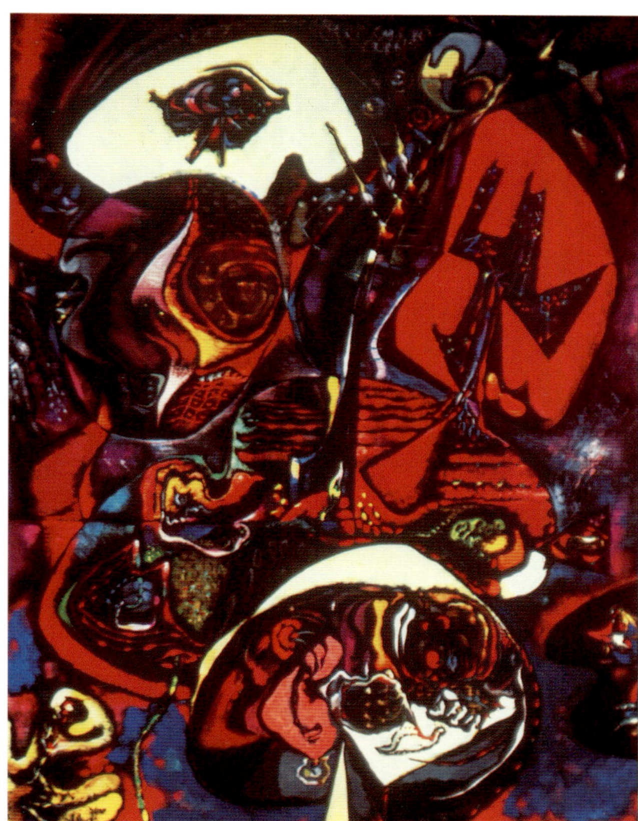

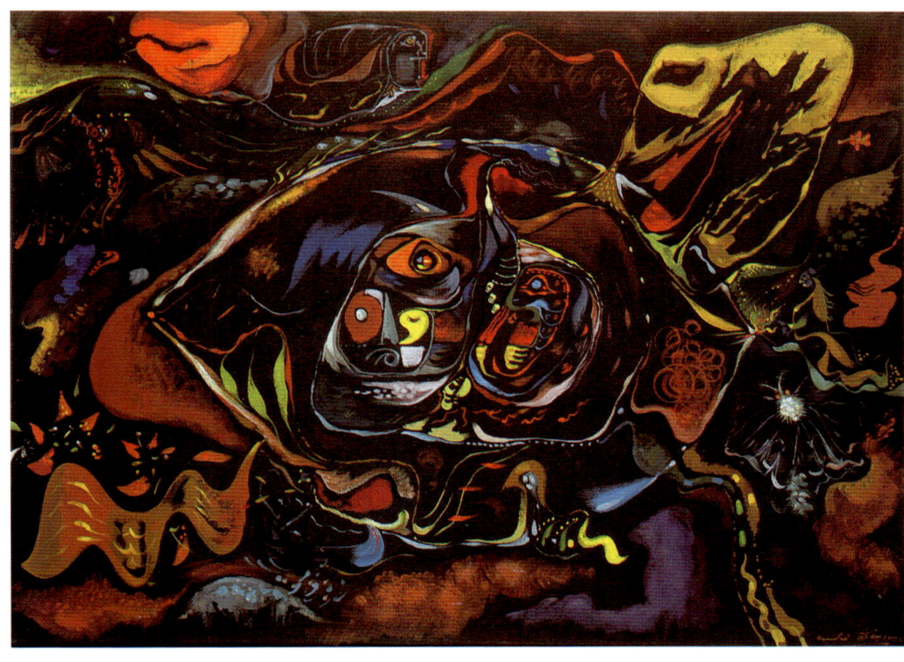

ANDRÉ MASSON
Méditation du peintre, 1942-1943
Huile et tempera sur toile
132,08 x 101,60 cm
Richard S. Zeisler, New York

ANDRÉ MASSON
Paysage iroquois, 1942
Huile sur toile
75,50 x 101,50 cm
Collection particulière

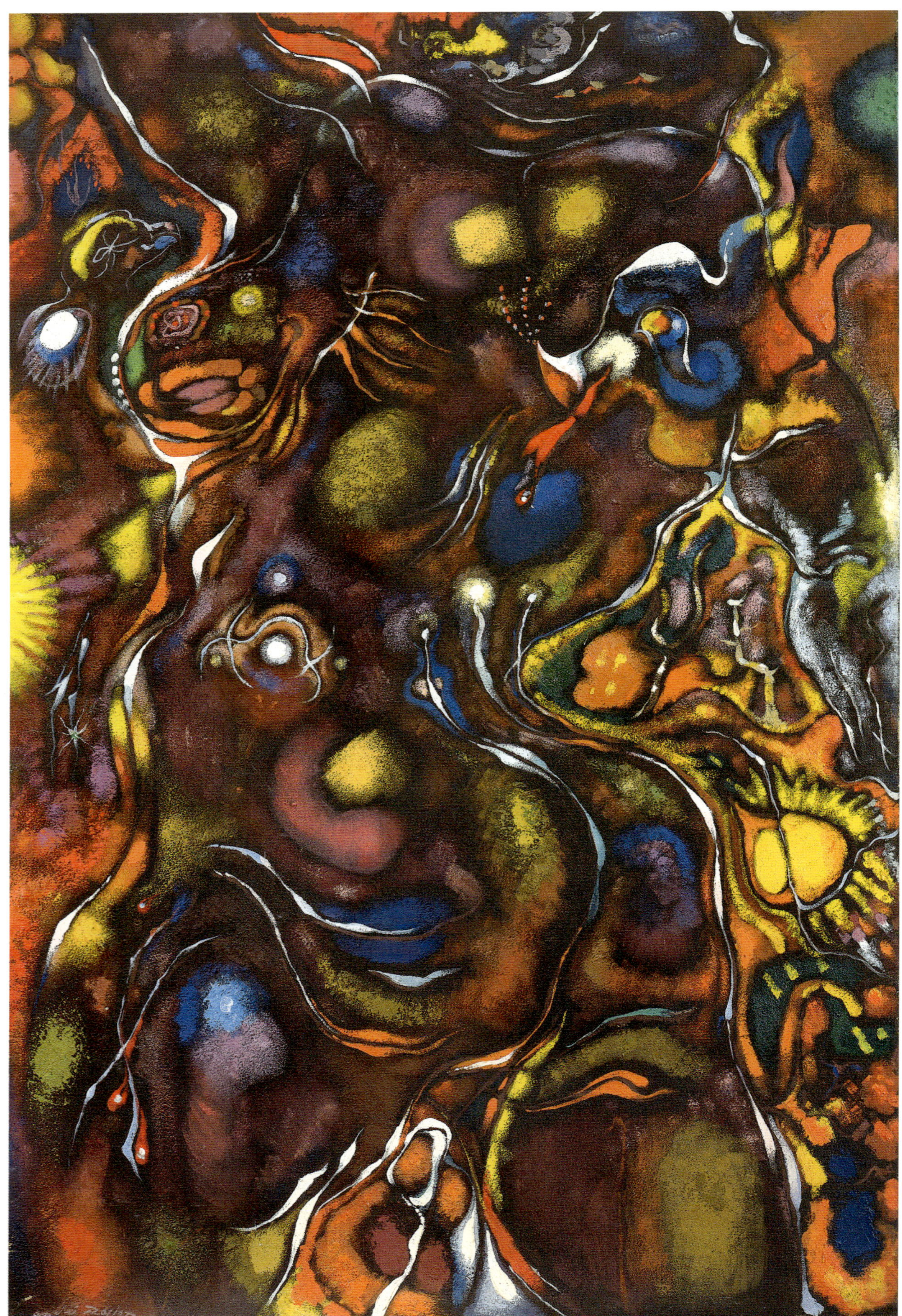

ANDRÉ MASSON
Antille, 1943
Huile, sable et tempera sur toile
128,00 x 84,00 cm
Musée Cantini, Marseille

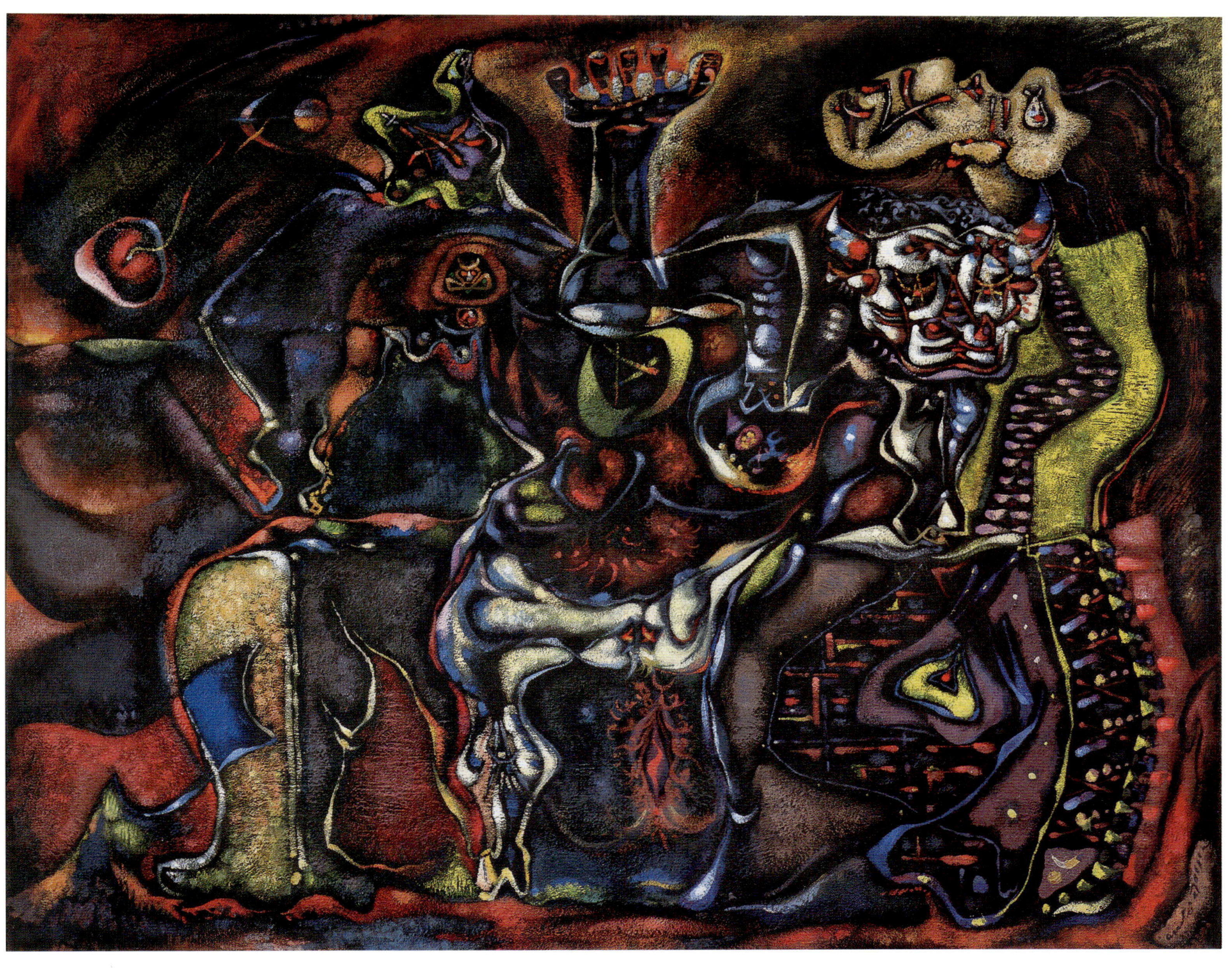

ANDRÉ MASSON
Pasiphaé, 1943
Huile et détrempe sur toile
100,00 x 132,00 cm
Collection particulière, Winnetka, Illinois

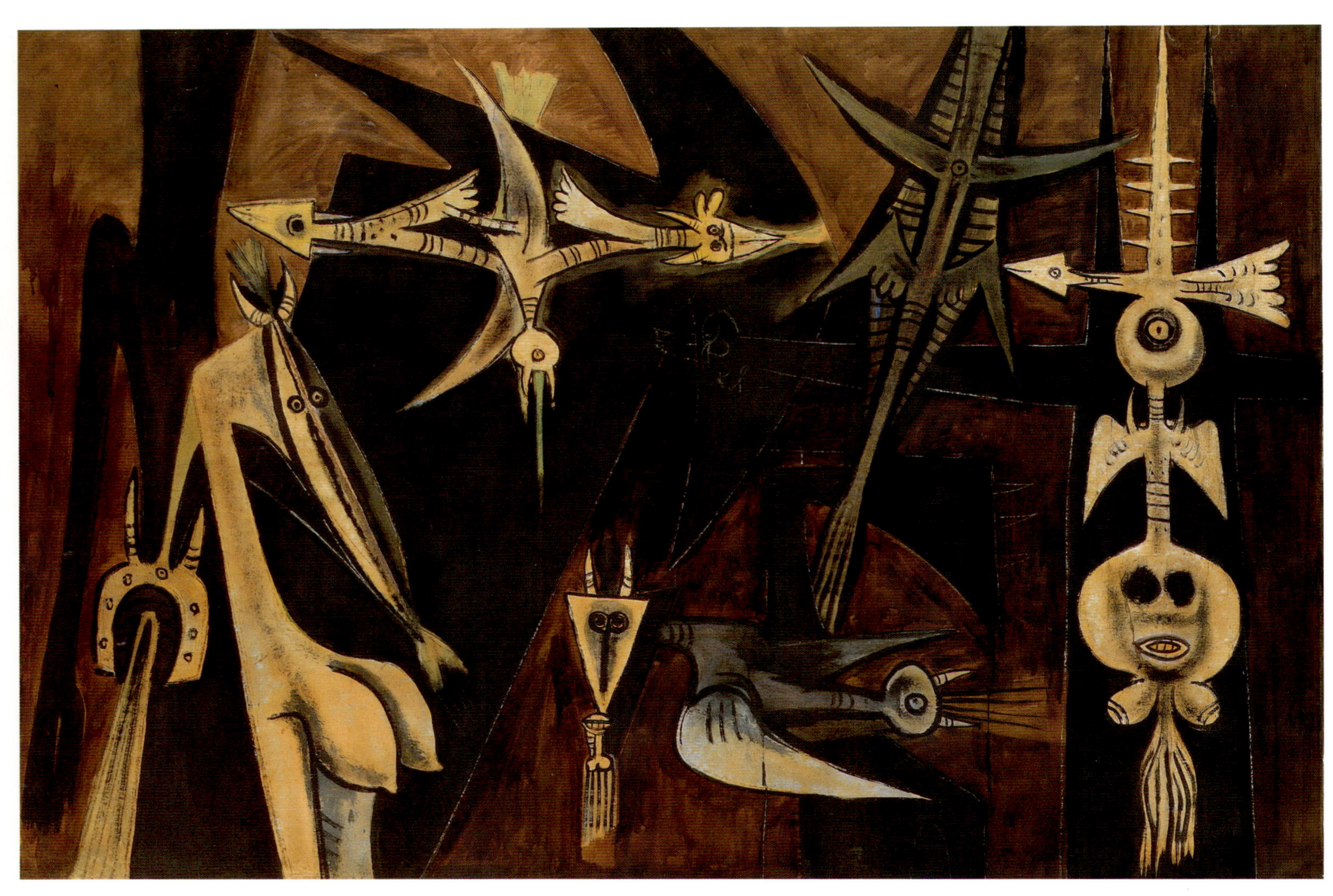

WIFREDO LAM
La Réunion, 1945
Huile et craie blanche
sur papier marouflé sur toile
152,50 x 212,50 cm
Centre Pompidou, Paris
Musée national d'art moderne

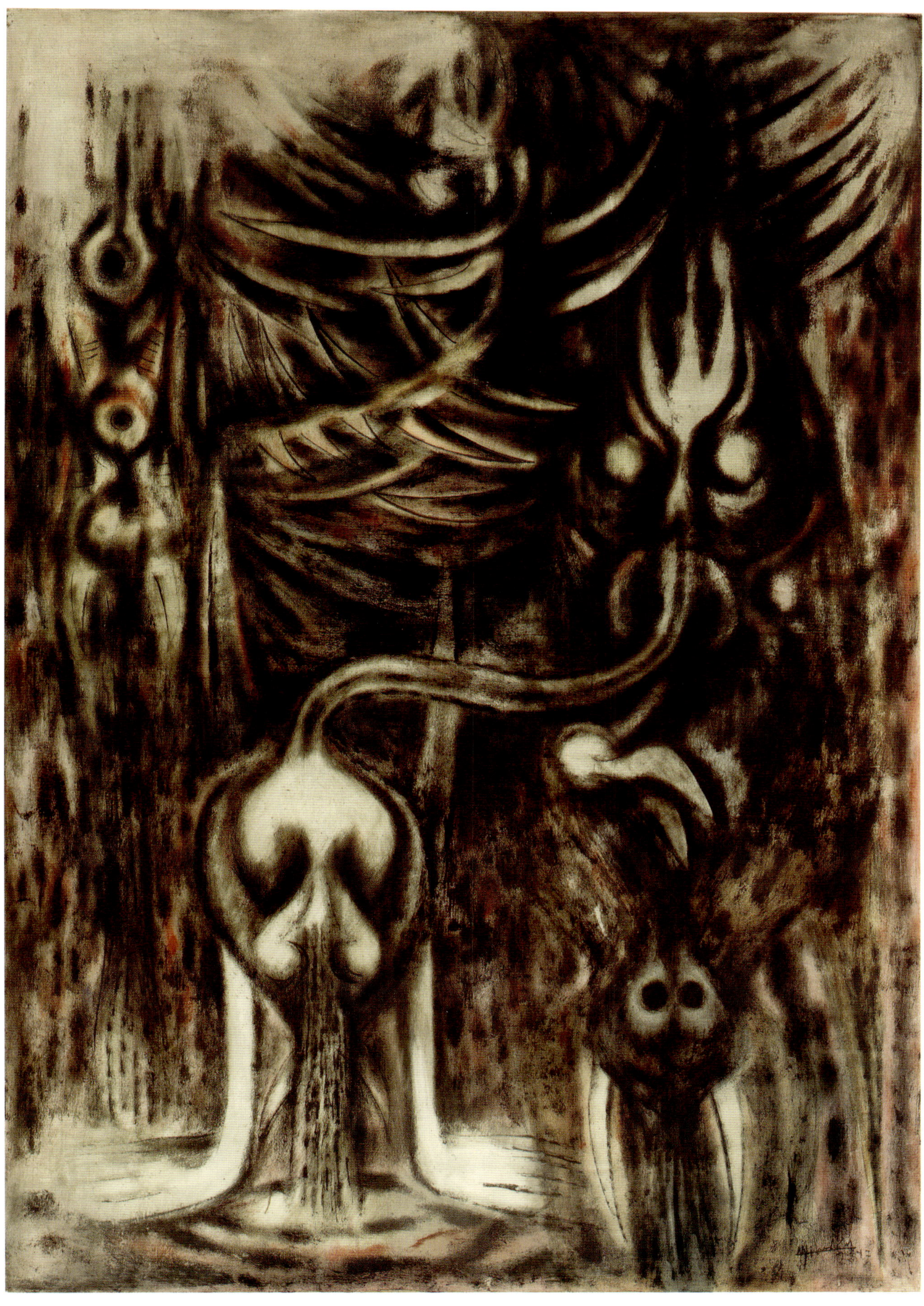

WIFREDO LAM
Sans titre, 1947
Huile sur toile
178,00 x 122,00 cm
Collection particulière

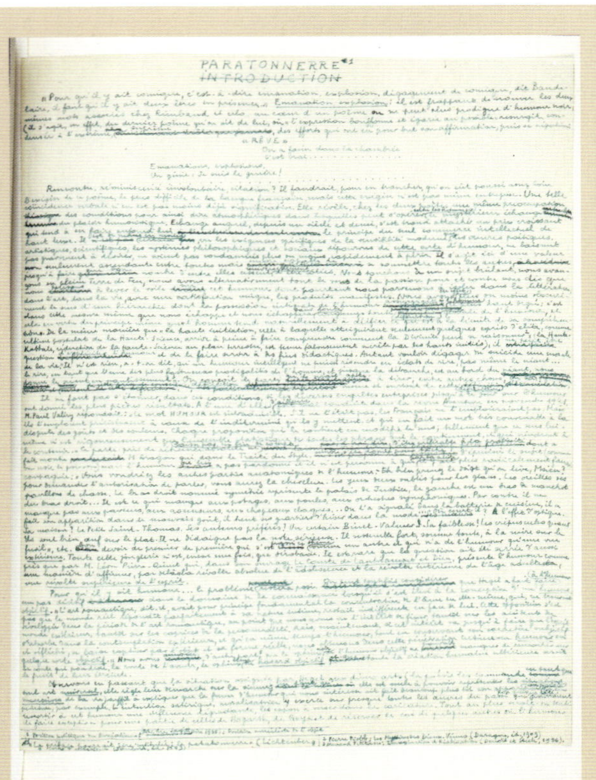

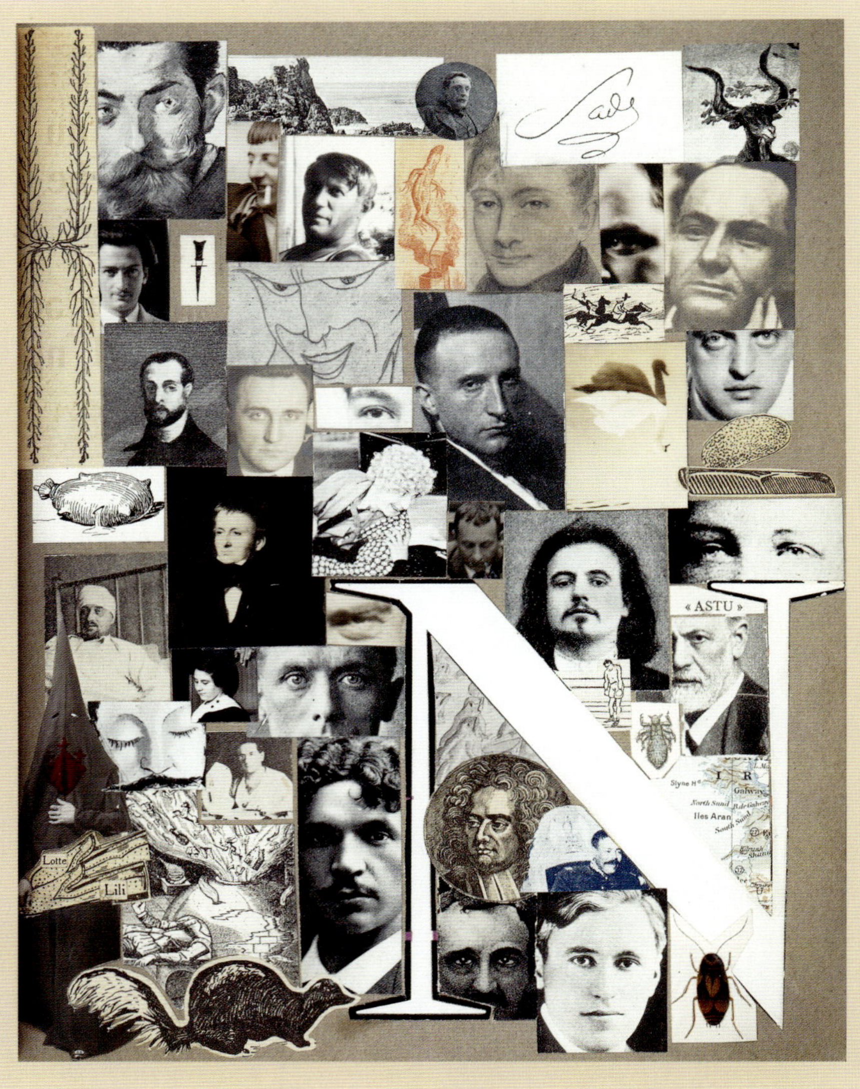

ANDRÉ BRETON
Anthologie de l'humour noir, s. l. n. d.
Manuscrit du premier jet des notices bibliographiques pour *L'Humour noir*, avec un collage original d'André Breton
Bibliothèque Paul Destribats, Paris

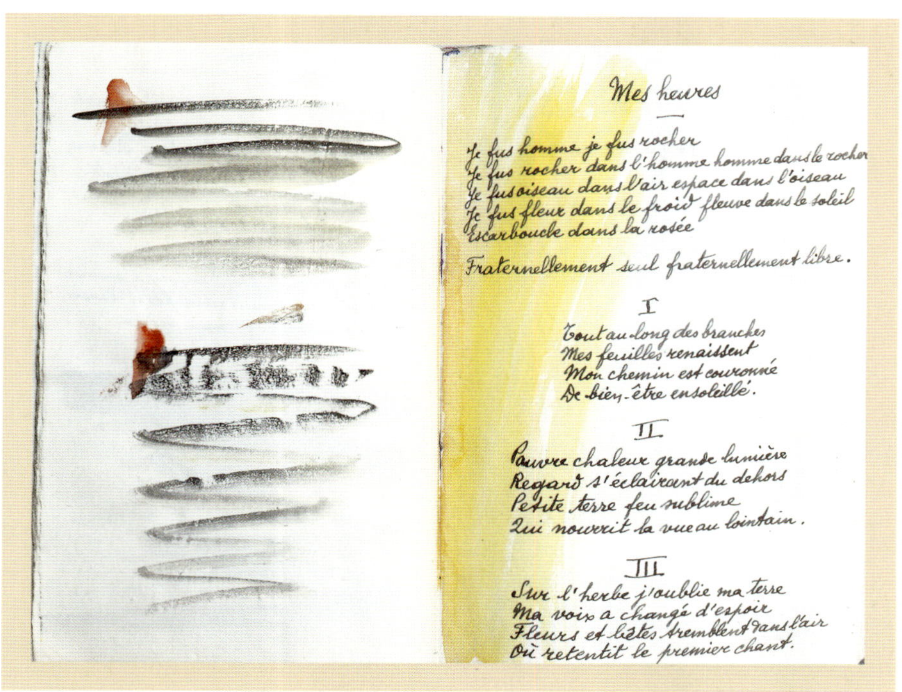

Mes heures

Je fus homme je fus rocher
Je fus rocher dans l'homme homme dans le rocher
Je fus oiseau dans l'air espace dans l'oiseau
Je fus fleur dans le froid fleuve dans le soleil
Escarboucle dans la rosée

Fraternellement seul fraternellement libre.

I

Tout au long des branches
Mes feuilles renaissent
Mon chemin est couronné
De bien-être ensoleillé.

II

Pauvre chaleur grande lumière
Regard s'éclairant du dehors
Petite terre feu sublime
Qui nourrit la vue au lointain.

III

Sur l'herbe j'oublie ma terre
Ma voix a changé d'espoir
Fleurs et bêtes tremblent dans l'air
Où retentit le premier chant.

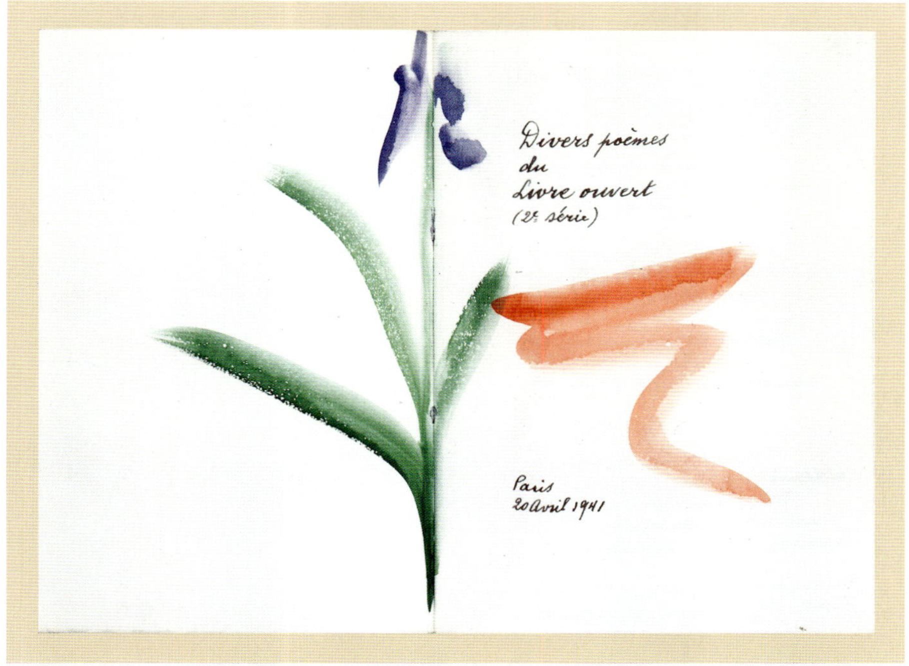

Divers poèmes
du
Livre ouvert
(2e série)

Paris
20 Avril 1941

PAUL ELUARD
Divers poèmes du Livre ouvert (2e série),
Paris, 20 avril 1941
Manuscrit composé de 7 poèmes,
une page de titre, une justification
autographe et enluminé de gouaches
originales de Pablo Picasso
Bibliothèque Paul Destribats, Paris

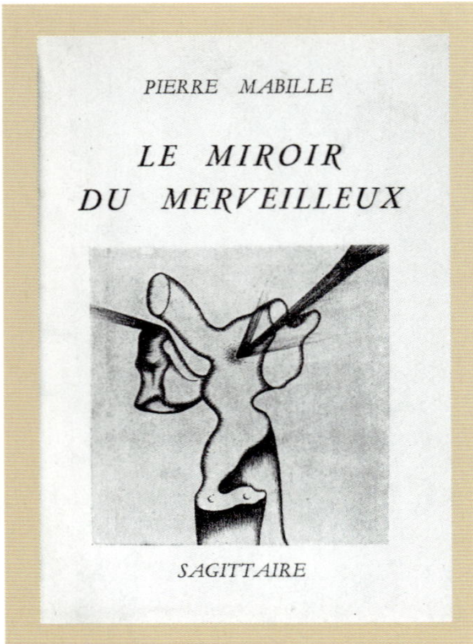

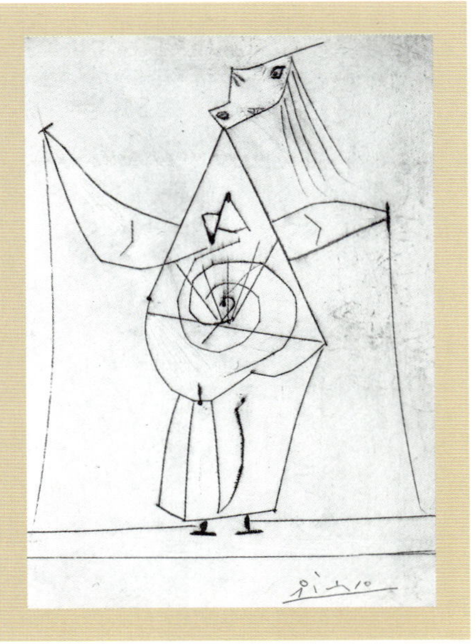

1

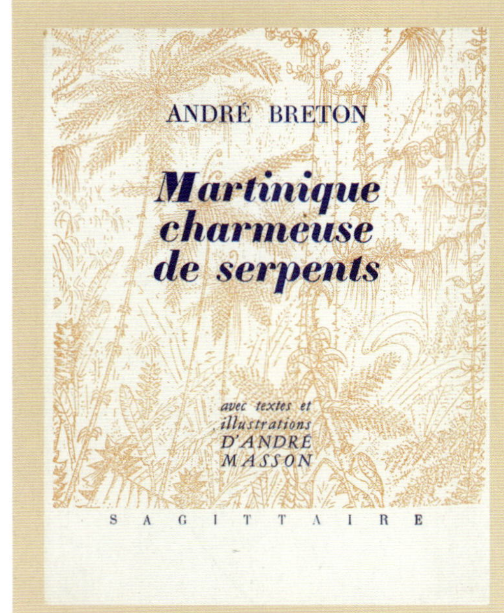

— Par bonheur nous n'aurons pas à chercher bien loin l'antidote. Sans donner dans le finalisme de *Paul et Virginie*, on s'enchante à l'idée que le sud de l'île contredit et conjure ce que ce paysage a de périlleux. La nature aime aussi parfois la symétrie : elle l'aime dans les cristaux et l'homme n'a fait que prendre modèle sur elle pour dégager de sa poussière seule la lumière totale qui couve dans le diamant. Ne trouves-tu pas à la fois singulier et nécessaire que le rocher de l'île qui ouvre la mer libre soit précisément le rocher du Diamant ?

— J'y vois le gage même d'une délivrance. Oui, nous nous sommes épris de la force végétale et pourtant le besoin impérieux que nous avons éprouvé de nous entretenir des formes régulières dans un lieu de la nature où justement l'informe, je veux dire le manque de cadre, semble prédominant, quoi de plus significatif ?

— Emportons-en symboliquement la fleur du balisier belle comme la circulation du sang

32

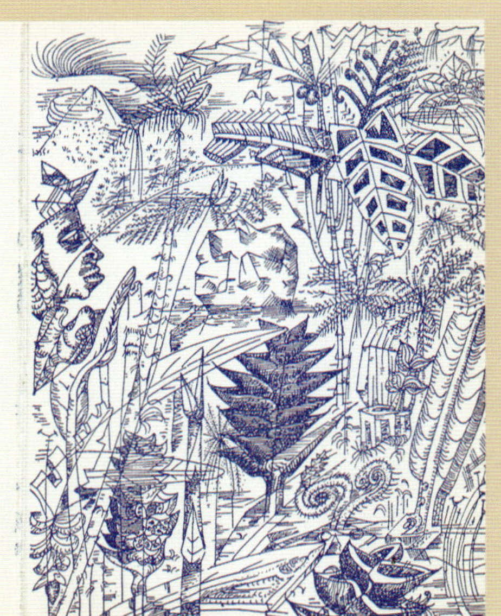

2

[1] **PIERRE MABILLE**
Le Miroir du merveilleux, Paris, Sagittaire, 1940
Édition originale illustrée pour chaque tête de chapitre d'une reproduction hors texte d'un dessin d'André Masson.
Vignette de couverture d'Yves Tanguy

[2] **ANDRÉ BRETON**
Martinique charmeuse de serpents, Paris, Sagittaire, 1948
Édition originale illustrée de 2 vignettes et 7 hors texte, dont 4 en bleu en pleine page, la première étant reprise en rouge sur la couverture, par André Masson
Bibliothèque Paul Destribats, Paris

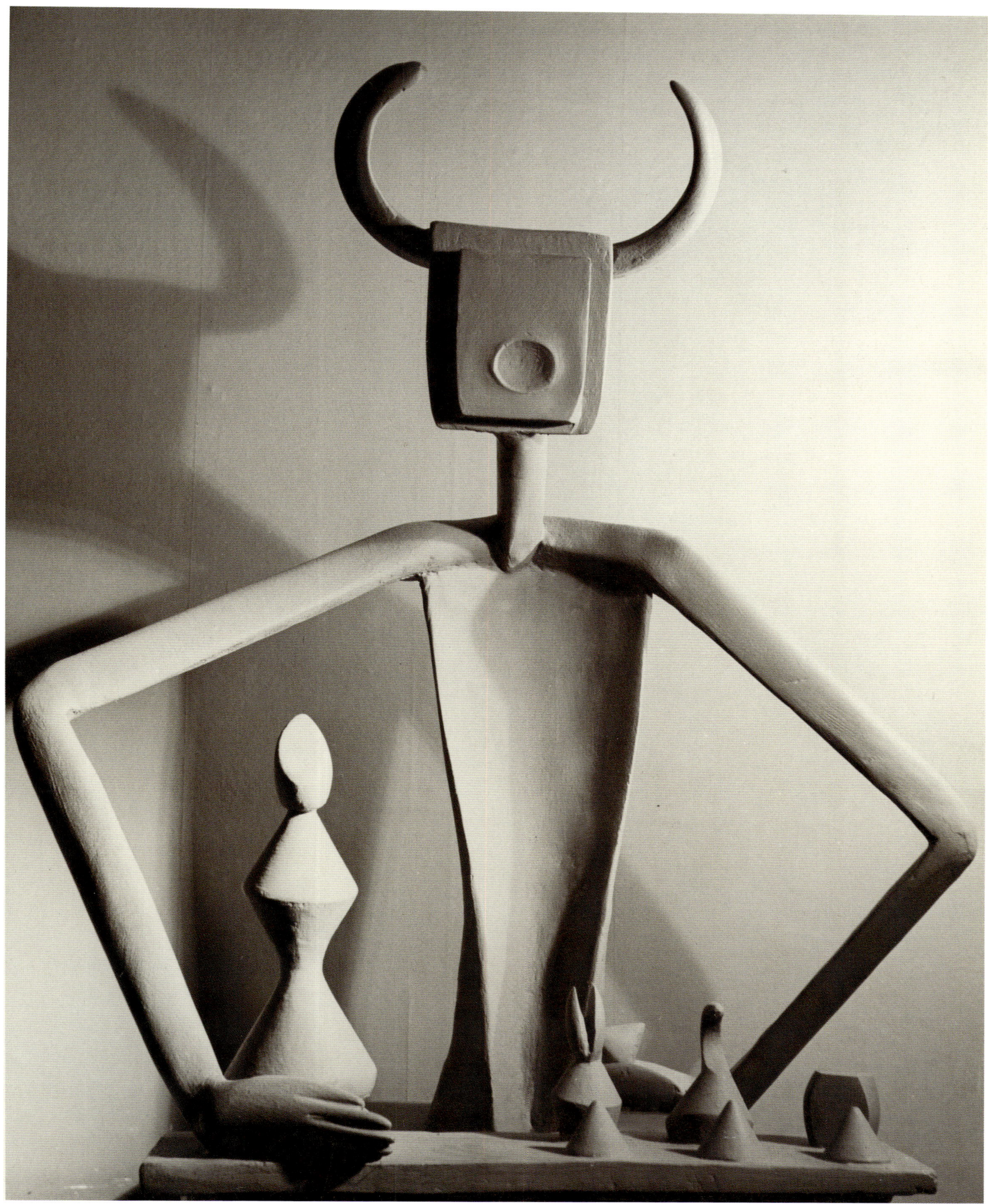

MAX ERNST
Le roi jouant avec la reine, 1944
Plâtre original
97,80 x 46,40 x 52,30 cm
Stiftung Max Ernst, Brülh

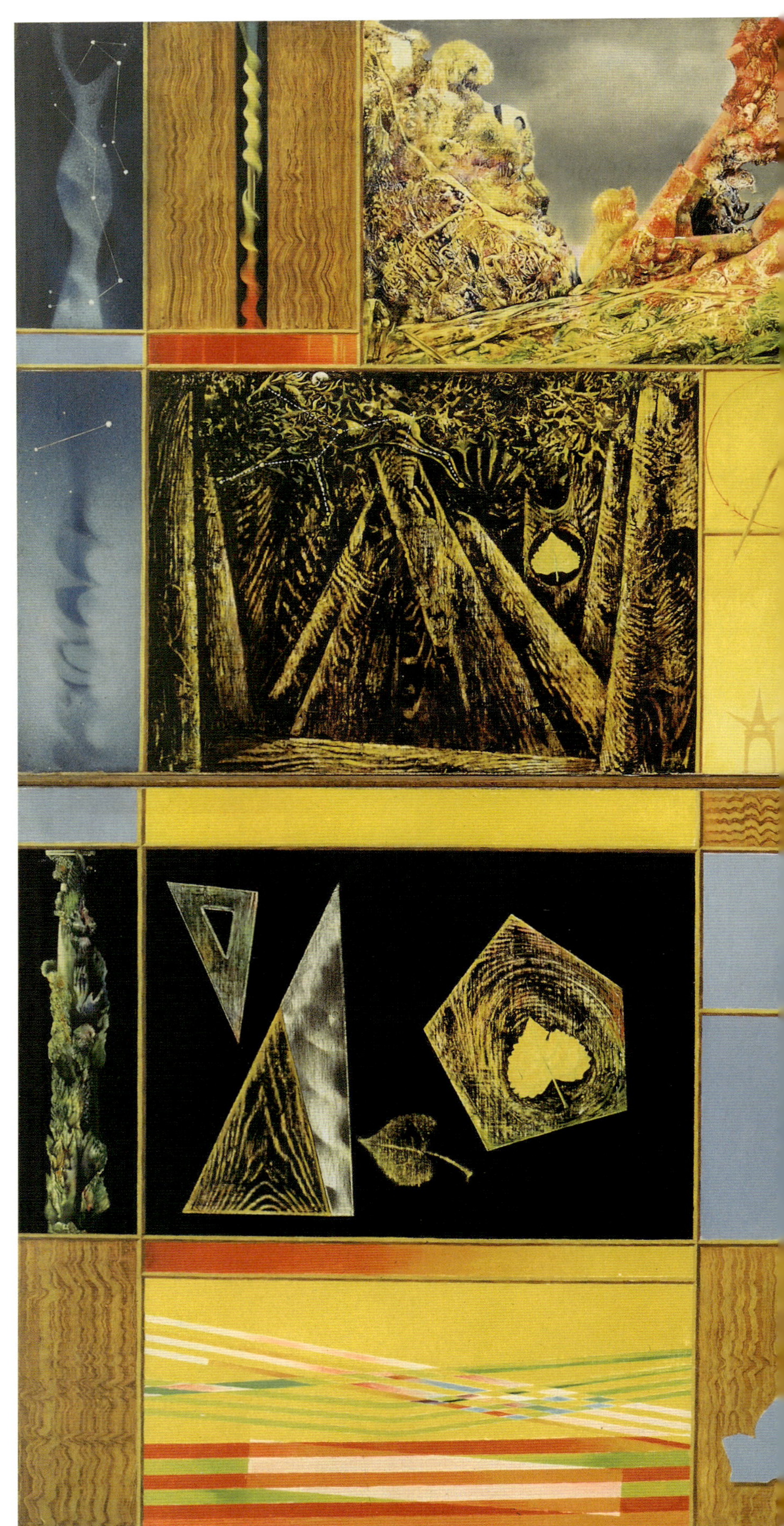

MAX ERNST
Vox Angelica, 1943
Huile sur toile
152,40 x 203,00 cm
Collection particulière

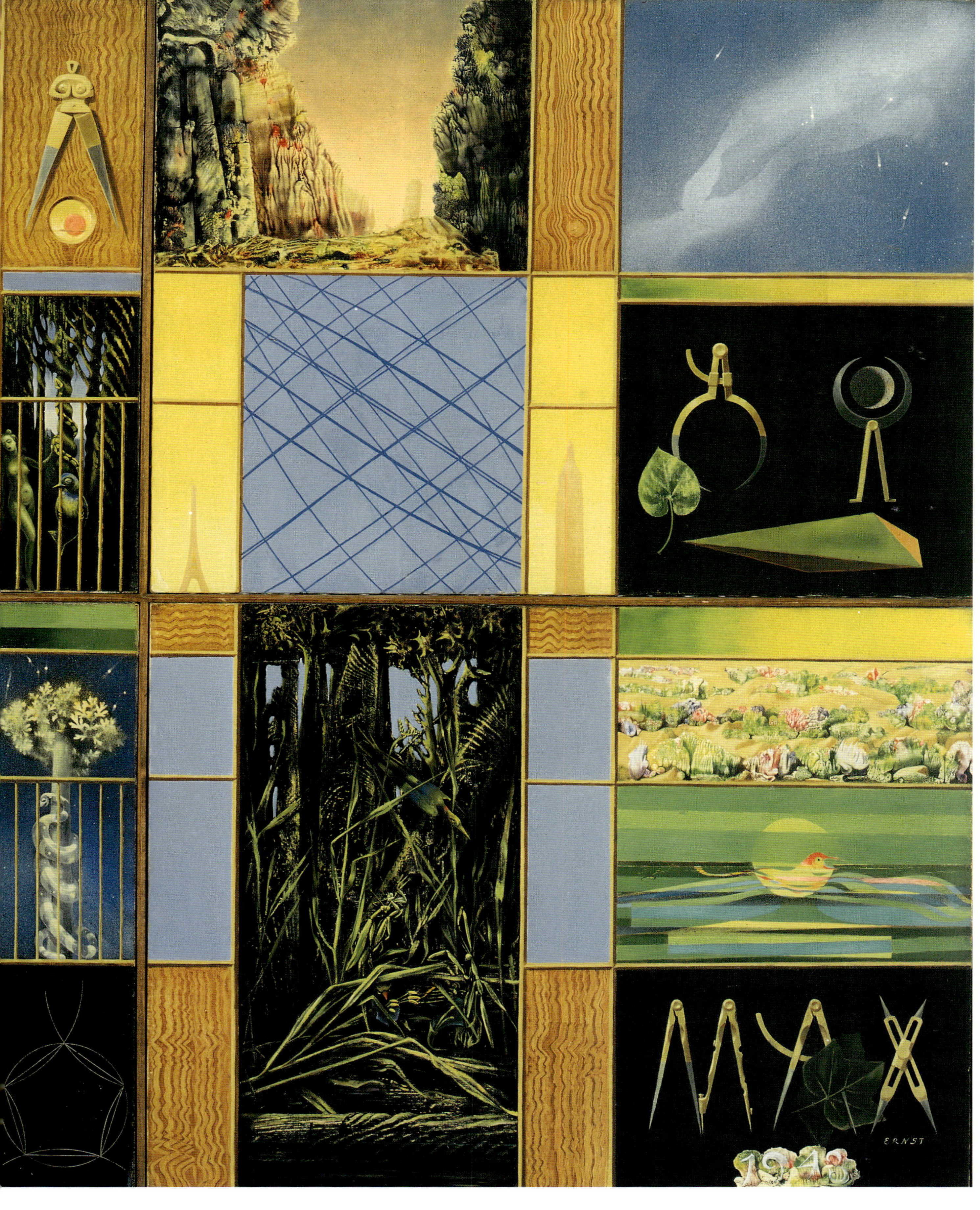
ERNST

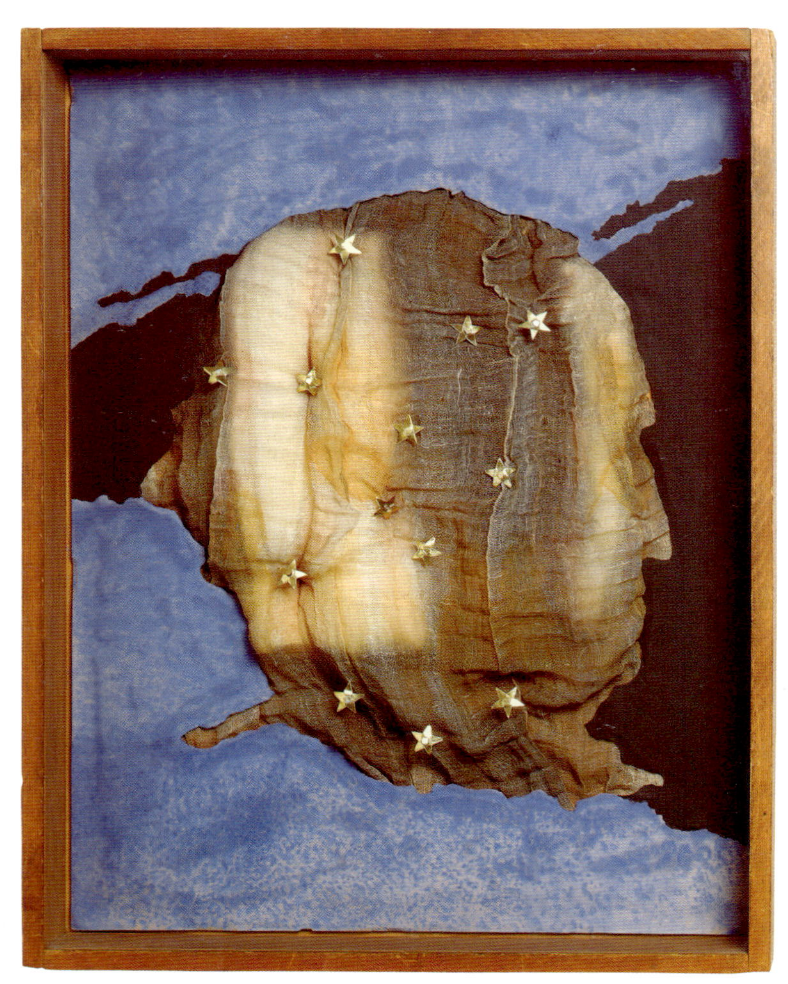

MARCEL DUCHAMP
Allégorie de genre (Portrait de George Washington), 1943
Gaze teintée, ouate, papier gouaché découpé, papier doré, clous, sur bois
54,80 x 42,70 x 7,00 cm
Centre Pompidou, Paris
Musée national d'art moderne

LE SURRÉALISME AUTOUR DU MONDE

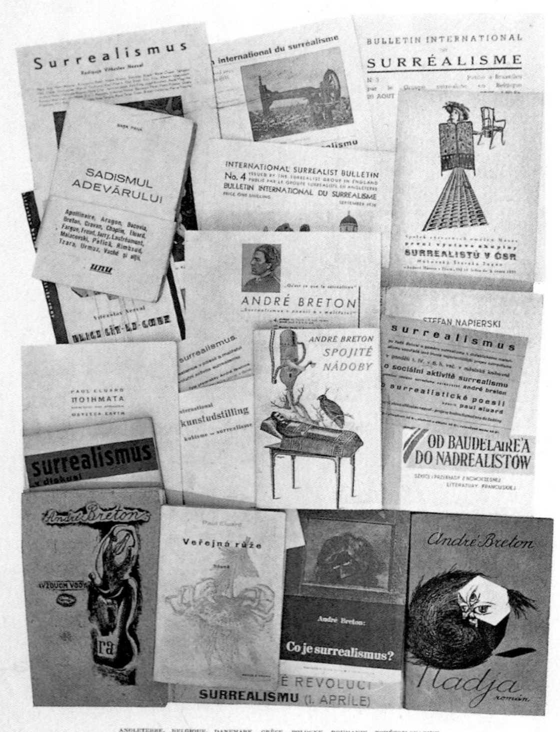

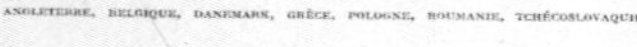

ANGLETERRE, BELGIQUE, DANEMARK, GRÈCE, POLOGNE, ROUMANIE, TCHÉCOSLOVAQUIE

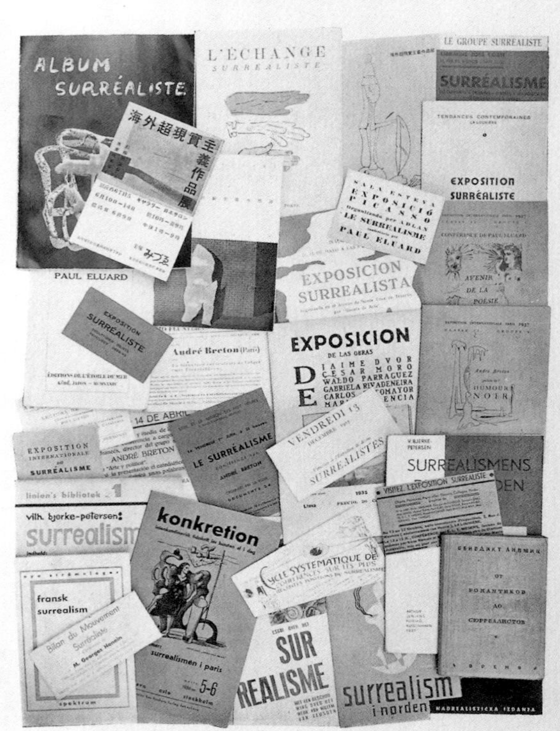

BELGIQUE, DANEMARK, ÉGYPTE, ESPAGNE, FRANCE, JAPON, PÉROU, SUÈDE, SUISSE, U. R. S. S., YOUGOSLAVIE

« Le Surréalisme autour du monde », double page consacrée aux revues surréalistes, publiée dans *Minotaure*, 3e série, no 10, 15 octobre 1936.

Les revues surréalistes : Paris-New York, autrement

GÉRARD DUROZOI

Le surréalisme a été une aventure collective, le pari quotidiennement vécu d'une « mise en commun de la pensée ». Cela est su et répété, mais pour qui souhaite, aujourd'hui, lire les textes et voir les œuvres, rien ne peut mieux en apporter la preuve que la consultation des revues du groupe. Qu'ait pu exister un « être collectif », c'est ce qu'elles donnent à voir autant qu'à lire. Dans leurs apparences, leurs mises en page, leurs textes, leurs illustrations, et dans les relations tissées entre ces éléments.

Cet « être collectif » n'est pas révélé par des moyens qui feraient office de recettes à tout coup efficaces. Il l'est au contraire en fonction d'un contexte, aussi bien interne qu'externe : puisque la revue dit la vie du groupe, elle témoigne aussi de ses soubresauts, de ses moments d'indécision et/ou de ses conflits ; puisqu'elle formule globalement une attitude par rapport au monde et à son histoire, elle évolue en fonction de ces derniers.

LITTÉRATURE, OU LA PRÉHISTOIRE Fondée en mars 1919, *Littérature* n'échappe pas durant la première année de son existence aux enjeux habituels des nouvelles revues littéraires : on cherche, tout en saluant quelques aînés appréciables, à y inscrire peu à peu une originalité et à en retirer un pouvoir, même limité. Ses fondateurs, Aragon, Breton et Soupault, ont les qualités requises pour une telle entreprise : déjà introduits dans les milieux littéraires, ils y bénéficient d'une petite notoriété et de quelques amitiés. Aussi leur publication ne saurait-elle se distinguer brutalement des autres, tant par son aspect que par ses sommaires, où sont alignées en effet les signatures respectables de l'écriture « moderne » dans sa diversité – Gide, Valéry, Fargue, Salmon, Jacob, Reverdy, Jules Romains, Morand, Radiguet, Drieu La Rochelle –, et où se donnent à lire des hommages à des morts déjà illustres – Apollinaire, Mallarmé, Rimbaud. La couverture est des plus sobres, ne proposant d'abord qu'un titre en caractères gras ; elle le demeurera jusqu'en août 1921, soit bien après le passage de Dada, même si vient s'ajouter à partir du numéro 13 un sommaire, lui aussi d'une parfaite rigueur typographique. Fabriquée à 1500 exemplaires, la revue compte environ 200 abonnés et envoie suffisamment de services de presse pour que l'on puisse parler un peu d'elle. *Les Arts à Paris*, la revue de Paul Guillaume, signale sa naissance, et précise que « Blaise Cendrars, André Breton, Philippe Soupault, Louis Aragon se promettent d'y occuper une place plus importante » ; ce n'est pas si mal vu, pour peu que l'on remplace Cendrars par Tzara, qui, introduit dès le numéro 2, devient un collaborateur régulier à partir du numéro 5 (juillet 1919, soit six mois avant son arrivée à Paris).

Cette revue, qualifiée par Breton « de très bonne tenue », n'hésite pourtant pas à prendre quelques libertés avec la littérature conventionnelle : elle publie les *Poésies* de Ducasse, le « Corset Mystère » de Breton – poème-collage qui, par sa mise en page, fait exception à la règle classiquement observée qui réserve l'italique à la poésie –, les *Lettres de guerre* de Jacques Vaché – mise en cause radicale de la personne et du rôle du « pohète » – ; elle révèle, avec *Les Champs magnétiques* de Breton et Soupault, la distance à prendre bientôt relativement à tout ce qui se prétend trop aisément poétique, même au sens le plus « moderne » ; elle va jusqu'à faire paraître les résultats d'une enquête « Pourquoi écrivez-vous ? » qui révèlent chez la plupart des écrivains contemporains une absence de réflexion sur leur propre travail. Mais tout cela témoigne plus d'intentions divergentes que

d'une ligne éditoriale : Breton, envoyant à Picabia le numéro 12, considère qu'« il clôt une série qui [l'] ennuyait ». Avec le numéro 13, qui publie uniquement « Vingt-trois manifestes du mouvement Dada », *Littérature* change en effet assez radicalement de contenu, même si sa présentation ne se modifie pas. Contrairement aux revues dada, *Littérature* ne pratiquera l'audace typographique qu'avec une extrême discrétion – audace qui ne dépassera guère le jeu avec les corps des caractères et la (rare) transformation d'une page en tract ; en revanche, les soirées et manifestations dada qui ont eu lieu dans les premiers mois de 1920 font naître sinon un groupe, du moins une mentalité commune à ceux qui deviennent les principaux collaborateurs de la revue, tandis que disparaissent de ses sommaires les représentants des milieux littéraires : Soupault, Eluard, Aragon, Tzara et Breton sont rejoints, jusqu'à la fin de la première série, par Péret, Picabia, Ribemont-Dessaignes, Arp, Rigaut, Ernst, Pansaers et quelques autres, grâce auxquels l'esprit dada semble (momentanément) remplacer la réflexion sur les fins ou la justification de l'écriture par la provocation et la démoralisation systématique. Toutefois, les numéros 13 à 20 sont loin d'effacer les inquiétudes : le retour du « littéraire » est toujours à craindre. En témoignent la présence, dans le numéro 16 (grâce à Soupault ?), d'un texte de Giraudoux – mal accueilli par Tzara et Breton –, la publication du procès-verbal d'une réunion tenue le 19 octobre 1920, ayant pour objet de marquer que « *Littérature* n'a rien de commun avec les diverses entreprises d'avant-garde artistico-littéraire », ou encore le tableau de notations intitulé « Liquidation » (n° 18) qui a bien pour objet de « déclasser » les célébrités évoquées.
On sait combien l'agitation dadaïste est diversement jugée par ceux mêmes qui y participent, et les tensions se répercutent jusque dans l'équipe de *Littérature* : en août 1921, dans le numéro 20, la publication de « L'affaire Barrès » révèle les divergences entre les exigences de Breton, d'ordre moral, et l'attitude de Tzara, pour lequel ni Barrès ni le souci moral ne signifient grand-chose. Annoncé comme première partie du compte rendu du procès intenté à Barrès, ce numéro 20 clôt la première série de *Littérature*.
Avec sa deuxième série, inaugurée en mars 1922, *Littérature* change de format (un peu plus carré) et de couverture, mais non de titre : ce dernier, pour les trois premiers numéros, s'échappe d'un haut-de-forme à l'envers, et son écriture manuscrite est légèrement tachée d'encre. On peut y deviner un salut ironique, et double – de et à la littérature –, en forme d'adieu. Tzara ne figure qu'au sommaire du numéro 1, tandis que commencent à s'affirmer des préoccupations qui ne sont pas les siennes : dans « L'esprit nouveau », Breton indique l'affleurement d'un sens potentiel du vécu dans la simple rencontre, le hasard, et cela laisse espérer un rapport nouveau entre l'écriture et le vécu. C'est ensuite (n° 2) le relevé de « quelques préférences » des collaborateurs, où s'indique une manière inédite de dévoiler la subjectivité ; c'est surtout, dans le même numéro, le « Lâchez tout » de Breton.
À partir du numéro 4, la couverture de chaque livraison est confiée à Picabia : calligraphié de diverses façons, le mot-titre est progressivement disséminé, jusque dans un jeu de mots de Duchamp (« Lits et ratures ») qui renforce le versant érotique des dessins de Picabia. La revue continue à publier des poèmes et à rendre hommage à des écrivains désormais revendiqués comme références (Lautréamont, Germain Nouveau, Rimbaud), mais, dans « Clairement » (n° 4), Breton en finit avec Dada : « Il ne sera pas dit que le dadaïsme aura servi à autre chose qu'à nous maintenir dans cet état de disponibilité parfaite où nous sommes et dont maintenant nous allons nous éloigner avec lucidité vers ce qui nous réclame. » Soit, révélés à travers les numéros suivants : l'attitude de Duchamp, le relevé de rêves et les sommeils (« Entrée des médiums » [n° 6] où le mot « surréalisme » est défini comme désignant « un certain automatisme psychique qui correspond assez bien à l'état de rêve, état qu'il est aujourd'hui fort difficile de délimiter »), l'attention aux capacités poétiques du jeu de mots tel que le pratiquent Duchamp et Desnos. Sollicitations dont l'unification n'est pas encore opérée, comme le confirme le numéro 11-12 (octobre 1923), « consacré spécialement à la poésie » et qui peut dérouter le lecteur ayant cru comprendre qu'il s'agissait quand même d'en finir avec un certain ronron poétique, dont certains textes ne sont pas exempts. Par chance, c'est aussi dans ce numéro que paraît sur une double page le tableau *Erutaréttil*, qui donne réellement à voir, par l'importance relative des caractères, la valeur que les « surréalistes » attribuent à des textes, à des poètes de grande ou petite notoriété, à des écrivains « marginaux », à des représentants de l'esprit moderne : il ne s'agit plus là de déclasser, mais bien de classer *autrement*, de repérer une hiérarchie qui bouleverse les habitudes ; la poésie doit désormais être entendue *autrement* que comme un simple genre littéraire, puisque Sade, Hegel ou Fantômas l'incarnent au même titre que Young ou Apollinaire. Pour qui aurait encore quelques doutes à ce sujet, le dernier numéro de *Littérature* (juin 1924) assaisonne, en couverture, deux cygnes embrochés, publie en frontispice *Le Violon d'Ingres* de Man Ray, livre des textes de Rimbaud et d'Apollinaire,

une participation de Vitrac parfaitement tautologique[1] et les pages d'un « Carnet » de Breton : notes et fragments qui esquissent ce que devra être la nouvelle relation entre le quotidien, la pensée et l'écrit.
Dans sa livraison du 22 juin 1924, l'*Almanach des lettres françaises et étrangères* peut annoncer que « la revue *Littérature* publie son dernier numéro, non faute de possibilités matérielles, mais de raisons suffisantes d'existence. Les collaborateurs habituels de cette revue ont l'intention de se consacrer au *surréalisme* dans la poésie *et surtout dans la vie.* »

LA RÉVOLUTION SURRÉALISTE La parution de *La Révolution surréaliste* s'inscrit dans la stratégie offensive de ce qui est désormais le groupe surréaliste, pour établir son existence et sa légitimité dans le champ intellectuel de fin 1924. Le 11 octobre, c'est l'ouverture du Bureau de recherches surréalistes où seront recueillies « toutes les communications possibles touchant les formes qu'est susceptible de prendre l'activité inconsciente de l'esprit ». Le 15, le *Manifeste du surréalisme,* suivi de *Poisson soluble* est publié aux éditions du Sagittaire chez Kra.
Au cours des mois précédents, le groupe a dû batailler pour se réserver l'usage exclusif du terme « surréalisme » – contre Goll, Dermée ou Albert-Birot. Mais il ne suffit pas d'avoir gagné ainsi le droit de définir un mot – en le dégageant de toute signification littéraire, ou même poétique, au sens habituel du terme –, encore faut-il démontrer qu'il correspond à une réalité et à des pratiques. C'est à cette démonstration que s'attellent conjointement le Bureau, le *Manifeste* et *La Révolution surréaliste*.
La préparation du premier numéro de la revue suscite, à la Centrale de la rue de Grenelle, une intense activité dont témoignent les notes figurant dans les Cahiers de permanence[2] : il s'agit de rassembler des textes, des faits-divers, des illustrations possibles, des informations anonymes, des extraits de presse – matériau collectif, sinon anonyme, qui garantit la réalité d'une relation polymorphe avec la vie dans ses divers aspects, et non avec l'univers sans efficacité de la seule littérature. Bien que daté du 1er décembre 1924, ce numéro n'est disponible que deux semaines plus tard. La couverture confirme sa complémentarité avec les activités de la Centrale en reproduisant trois photographies qu'en a prises Man Ray ; son contenu précise que la « nouvelle déclaration des droits de l'homme » à laquelle il faut aboutir est d'abord celle des droits du rêveur.
On affirme volontiers que la présentation de *La Révolution surréaliste* s'inspire davantage de *La Nature*, « revue des sciences et de leurs applications aux arts et à l'industrie », que des revues littéraires ou d'avant-garde des années vingt. Si l'on s'en tient à l'aspect général des deux publications, le rapprochement s'impose : format identique, présentation sur deux colonnes, illustrations, etc. L'aspect « scientifique » de *La Révolution surréaliste* est affirmé dès sa couverture : un titre strict dominant une photographie et un sommaire rigoureusement encadré.
Mais les différences par rapport à *La Nature* sont également significatives ; certaines d'entre elles indiquent un souci de « sérieux » plus affirmé : alors que *La Nature* répète sa dénomination en titre courant au long de ses seize pages, *La Révolution surréaliste* articule les siennes (trente-deux) en différentes rubriques. Pour le numéro 1 se succèdent ainsi : « Préface », « Rêves », « Textes surréalistes », « Suicides », « Chroniques », « Revues » et, de nouveau, « Suicides ». Il apparaît ensuite que certaines collaborations – notamment les textes à valeur programmatique (« Pourquoi je prends la direction de *La Révolution surréaliste* », « Le surréalisme et la peinture » [n° 4]) – sont de nature à transgresser ce découpage : leur titre particulier remplace l'indication de la catégorie à laquelle elles pourraient appartenir ; les « Rêves », « Poèmes », « Textes surréalistes » paraissent du coup proposer une sorte de matériau ou de documentation plus anonyme, dont les constituants seraient dans une certaine mesure interchangeables. Le titre courant disparaît de même pour les « Lettres » et les « Adresses » du numéro 3, qui bénéficient d'une mise en page spécifique : large colonne à double interligne, recours aux capitales.
Si *La Révolution surréaliste* adopte la rigueur pour sa couverture, elle ne l'affirme plus aussi nettement dans ses pages intérieures ou en quatrième de couverture. Par exemple, pour annoncer l'ouverture publique du Bureau central de recherches surréalistes, la page 2 du premier numéro est ornée, en diagonale, du dessin d'un poisson sur lequel s'inscrit en capitales le mot « Surréalisme » : silhouette qui ne saurait être prise pour une illustration « scientifique » (censée faire référence à *Poisson soluble* de Breton, mais combien de lecteurs peuvent, sur le moment, percevoir l'allusion?). *La Révolution surréaliste* n'est guère plus fournie que *Littérature* en annonces publicitaires, qui occupent à peu près dix pour cent de son volume. De cette publicité, une bonne partie tient sans doute du simple échange entre revues, et certaines annonces bénéficient probablement d'un tarif « préférentiel » puisqu'elles présentent des ouvrages publiés par les surréalistes, à la NRF ou chez Kra.
Mais les pages où figurent les annonces sont les seules dont la typographie soit percutante. La sobriété voulue

[1] Le « texte » répète le titre et la signature, disposés sur quatre lignes : « Ma collaboration /à / Littérature / Roger Vitrac » (appréciable anticipation de l'art conceptuel).

[2] Voir le volume consacré au *Bureau de recherches surréalistes. Cahiers de la permanence*, octobre 1924-avril 1925, présenté et annoté par Paule Thévenin, *Archives du surréalisme I*, Paris, Gallimard, coll. « NRF », 1988.

dès l'origine pour distinguer la revue des publications futuristes ou dadaïstes sera maintenue jusqu'au bout, et l'effet d'opposition qui s'instaure ainsi entre la présentation rigoureuse des textes et le traitement des annonces publicitaires vise probablement aussi à signifier qu'une certaine « fantaisie » ne relève que de la sphère commerciale, soigneusement rejetée de la revue et du groupe.

Affirmée mais transgressée, la référence « scientifique » place le lecteur dans le doute quant à la nature de la publication, puisque la revue ne se présente pas non plus comme une publication « artistique » (la « révolution surréaliste » consiste d'abord à échapper aux disciplines strictes et aux clivages intellectuels). Les « illustrations » y ont en effet un rôle autonome, elles informent sur certains choix, mais il est rare qu'elles viennent traditionnellement confirmer un texte : si l'accord entre reproductions et discours est classique pour « Le surréalisme et la peinture » de Breton, la solution la plus fréquente consiste à introduire dans le texte – même s'il est de nature poétique – des images qui risquent d'en perturber la lecture.

Le plus « scientifique », c'est la façon dont sont livrés les éléments d'une recherche en cours. Ainsi qu'elle le propose avec la couverture de son numéro 5 (15 octobre 1925), la revue n'hésite pas à indiquer son ambition de se dépasser elle-même : titrée « Le passé », la photographie choisie pour cette couverture rassemble quelques publications (*Dada 3, Littérature, Un cadavre*...) parmi lesquelles le lecteur peut reconnaître celle qu'il a entre les mains. Mise en abîme perverse, suggérant que le sommaire offrirait des textes ayant déjà perdu de leur actualité – mais ne figure pas à ce sommaire celui qui justifie précisément cette mise à distance : le tract d'août 1925 « La Révolution d'abord et toujours ! », qui marque le rapprochement entre les surréalistes et *Clarté*. Pour éviter à ce mot d'ordre d'être placé à l'enseigne du passé, la rédaction le rejette dans les dernières pages du numéro (p. 31).

Cette prise directe sur les travaux en cours permet au lecteur attentif de repérer les tensions et difficultés qu'ils déterminent. Elle est aussi l'une des causes (l'autre étant d'ordre platement financier) de l'irrégularité des parutions. On sait que le numéro 1 n'a guère satisfait Breton : pratiquement rien n'y légitimerait l'existence d'un Bureau de recherches. La deuxième livraison (datée du 15 janvier 1925, elle ne sort que le 15 du mois suivant) est sans doute plus satisfaisante, mais on y trouve un avis informant de la fermeture de la Centrale au public à partir du 30 janvier : « en vue d'une action plus directe et plus effective », le Bureau sera désormais dirigé par Artaud. L'échec du rapport avec le public est aussi l'échec relatif de *La Révolution surréaliste*, qui ne peut que témoigner d'un durcissement des positions, et en particulier du désir de révolution globale. Le numéro 3 (15 avril) salue en conséquence l'année 1925 comme marquant la « fin de l'ère chrétienne », et témoigne de l'importance des débats qui ont agité le groupe à propos de « l'Orient » – lointain ou bolchevique. Du premier aspect relèvent le « Pamphlet contre Jérusalem » que signe Desnos, les déclarations collectives telles la « Lettre aux Écoles du Bouddha » et l'« Adresse au Dalaï-Lama ». Le second est un peu noyé dans une virulence qui s'en prend aux institutions répressives (« Lettre aux Recteurs des universités européennes », « Adresse au pape », « Lettre aux médecins-chefs des asiles de fous »), et donne au mouvement un tour assez frénétique, sous l'influence indéniable d'Artaud.

Dans « Pourquoi je prends la direction de *La Révolution surréaliste* », texte qui ouvre le numéro 4 (daté du 15 juillet 1925), Breton fait état, de manière assez elliptique, des difficultés qui restent à surmonter à l'intérieur même du groupe, et de la nécessité d'obtenir un accord sur les buts à atteindre. Il procède à un double rappel de nature à rétablir une cohésion : demeurer « sans aucune réticence, aux ordres du merveilleux » et « acquis au principe de toute action révolutionnaire, quand bien même elle prendrait pour point de départ une lutte de classes, et pourvu seulement qu'elle mène assez loin » – où l'on constate que l'acception politique du terme « révolution » paraît assez restrictive.

Dès lors, *La Révolution surréaliste* reflète simultanément la nécessité de baliser le champ du « merveilleux » – par la publication (n°s 4, 6, 7 et 9-10) du « Surréalisme et la peinture » et par celle de « Rêves », de « Poèmes », de « Textes surréalistes » ou du « Glossaire » de Leiris – et de signaler les débats politiques qui agitent le groupe : annonce de *La Guerre civile*, republication de *Légitime défense* (texte qui affirme l'autonomie du surréalisme dans l'ensemble du mouvement révolutionnaire, et paru en brochure aux Éditions surréalistes le 30 septembre 1926) dans le numéro 8 de *La Révolution surréaliste* daté du 1er décembre 1926, contributions d'Aragon et de Naville dans le numéro 9-10 daté du 1er octobre 1927 – un an après le numéro 8, ce qui en dit long sur les effets internes de l'inscription de certains des surréalistes au parti communiste et sur les conséquences de la brochure *Au grand jour*, parue en mai 1927 avec les signatures d'Aragon, Breton, Eluard, Péret et Unik. Mais ces différents aspects sont davantage juxtaposés qu'organiquement liés : l'intention politique est inscrite dans une conception globalisante de la révolution. C'est bien cette conception qu'impliquent les avancées proprement poétiques ou la portée de certaines démarches picturales, aussi bien que la contestation des valeurs dominantes dont témoignent, à leurs niveaux respectifs, le tract « Hands off Love » (1927) ou les recherches sur la sexualité publiées dans le dernier numéro de la revue qui ne paraît qu'en décembre 1929 : vingt et un mois, cette fois, après le précédent !

Entre-temps, c'est à Bruxelles, dans « Le Surréalisme en 1929 », numéro spécial de la revue *Variétés*, qu'est paru « À suivre : petite contribution au dossier de certains intellectuels à tendances révolutionnaires », compte rendu des débats concluant, le 12 février, rue du Château, à Paris, qu'aucune action commune ne pouvait être envisagée avec les membres du *Grand Jeu*. Conçu par Aragon et Breton, ce numéro spécial dresse un panorama assez complet de ce que peut être l'esprit surréaliste du moment, en faisant appel à un maximum de collaborateurs parisiens et à deux complices belges (Nougé et Mesens) : poèmes, jeux, textes (y compris de Freud) aux tons divers – de la critique virulente à la rêverie en passant par l'intervention sociale –, régulièrement ponctués de cahiers d'illustrations. L'image vient ainsi contester le privilège qui semble accordé au versant « littéraire » du mouvement : à l'exception des participations de Crevel et de Thirion, l'aspect politique est moins marqué que dans les derniers numéros de *La Révolution surréaliste*. « Le Monde au temps des surréalistes », planisphère montrant la valorisation des primitifs et l'indifférence à l'égard du monde gréco-romain ou des États-Unis (effacés), signale, malgré l'espace attribué à la Russie (non à l'U.R.S.S.), la revendication d'une autonomie de la sensibilité.

Les sept bouches féminines (en rouge) qui « expliquent », en première page de la dernière livraison (nº 12, décembre 1929), « Pourquoi *La Révolution surréaliste* avait cessé de paraître », sont clairement liées à l'univers sensible. Prenant le relais de ces sept bouches, le *Second manifeste du surréalisme* révèle l'importance des crises que vient de traverser le groupe, et en indique les orientations du moment : intérêt pour la question sociale, application du matérialisme dialectique à tous les problèmes, mais aussi invitation à une « occultation profonde ». Le sommaire de la revue est en cohérence complète avec ce texte, où Breton effectue une authentique refondation du mouvement : les pages de Tzara confirment la réconciliation qui vient d'avoir lieu avec lui, les nouveaux venus (Char, Dalí, Buñuel, Magritte...) sont immédiatement présents aux côtés de ceux qui n'ont pas démérité ; outre un exemple de cette écriture en commun (Breton-Eluard) dont le *Second manifeste* fait l'éloge, le numéro publie également l'important ensemble des réponses à l'enquête sur l'amour. Il s'agit bien là de composer un faisceau d'approches, susceptible de dépasser les vieilles antinomies pour déterminer le point d'où « le haut et le bas cessent d'être perçus contradictoirement ».

LE SURRÉALISME A.S.D.L.R. La publication du *Second manifeste du surréalisme* suscite, le 15 janvier 1930, une réplique collective des exclus : le tract « Un Cadavre », tiré aux frais de la revue *Documents* que dirige Bataille. Quelques semaines plus tard, en mars, un autre tract affirme la solidarité de ses vingt-et-un signataires avec Breton, et leur résolution d'appliquer les conclusions du *Second manifeste* : ils apporteront leur concours au *Surréalisme au service de la révolution* pour répondre « à la canaille qui fait métier de penser », et préparer « le détournement définitif des forces intellectuelles aujourd'hui vivantes au profit de la fatalité révolutionnaire » : l'heure est décidément au renforcement des implications politiques, même et surtout si le parti communiste n'en saisit – ou n'en veut pas admettre – la nécessaire portée.

Le Surréalisme A.S.D.L.R. (titre d'Aragon, et dont Breton estimera qu'il constitue une « concession très appréciable sur le plan politique ») paraît en juillet 1930. La couverture de la revue est austère : le titre, un blason, et le numéro imprimés en vert – grâce au « procédé radiana » qui rend ces éléments visibles dans l'obscurité, à la façon de braises dont on ne sait quels incendies peuvent renaître. Derrière cette couverture sévère, on peut s'attendre à trouver un contenu assez « explosif » ou dérangeant. Les signes inscrits dans l'écu forment « le symbole de la conjonction de Saturne et d'Uranus... Ainsi se caractérise le ciel de naissance d'Aragon, de Breton et d'Eluard[3] ». Façon de signaler que l'occulte est une garantie du feu qui couve ? Toujours est-il que les textes de la revue, très denses et présentés dans une mise en page compacte qui donne clairement le sentiment que le groupe a décidément beaucoup à dire, cherchent à équilibrer lyrisme et prise de position idéologique, recherches proprement surréalistes et travail politique.

Exigences surréalistes et sommations politiques ne sont pas immédiatement compatibles : leur diversité s'indique dans la mise en page, où alternent des textes (théoriques ou poétiques) occupant la largeur de la page, des colonnes principales accompagnées de colonnes marginales plus étroites (informations politiques, documents, extraits de presse et éléments d'un bêtisier permanent), parfois trois colonnes évoquant une page de journal. Seuls les poèmes (toujours imprimés en italique) sont composés avec de larges interlignages. Les illustrations, beaucoup moins nombreuses que celles de *La Révolution surréaliste*

[3] Henri Pastoureau, *Ma vie surréaliste*, Paris, Maurice Nadeau, 1992, p.101.

(une publication de cette nature ne peut, moins que jamais, compter sur les mécènes extérieurs au groupe), sont rassemblées en cahier, avec le souci d'y maintenir la part qui peut revenir à chaque versant : elles couvrent simultanément – et la solution adoptée dès le numéro 1 est de ce point de vue définitive – les activités artistiques du groupe et ses choix idéologiques, le côté Rimbaud et le côté Marx.
La revue accueille, comme toujours, les nouveaux venus dans le groupe : Ponge, Maurice Heine, Maurice Henry, etc., chacun participant selon ses compétences personnelles. À vouloir distinguer les différents enjeux contenus dans ses pages on perd évidemment ce qui les lie, fait rebondir d'un texte à l'autre, établit entre les divers secteurs des relations subtiles, légitimant la prétention des surréalistes à poursuivre leurs recherches en les articulant à des buts socialement ou politiquement révolutionnaires. Mais l'énumération présente l'avantage de suggérer la richesse du *Surréalisme A.S.D.L.R.* : critique permanente des valeurs dominantes ; dénonciation des manifestations anti-révolutionnaires ; intérêt pour une philosophie dialectique et révolutionnaire (d'où l'accent mis sur Hegel – il s'agit d'analyser la dialectique en amont des déformations simplificatrices que lui infligent les marxistes officiels – et sur Sade) ; lutte anticoloniale et antireligieuse; exaltation lyrique ; question du rêve et de ses relations avec la vie quotidienne (extraits des *Vases communicants* de Breton) ; attention aux approches psychiatriques nouvelles (« Notes en vue d'une psycho-dialectique » de Crevel sur la thèse de Lacan [n° 5]) ; réflexions sur la situation sociale de la poésie (Tzara et Eluard) autant que sur ses pouvoirs spécifiques (Caillois, Monnerot, Nougé) ; explorations de la sexualité (Ernst et Dalí, à qui son texte « Rêverie » vaut une accusation de « décomposition bourgeoise » de la part de la commission de contrôle du Parti communiste) ; découverte capitale, qui anime les numéros 3, 5 et 6, des « objets surréalistes » comme voies d'objectivation du désir : Giacometti et Dalí y donnent toute leur mesure, et ce dernier fournit des nouvelles périodiques des apports de sa « paranoïa-critique ». Le Catalan occupe dans *Le Surréalisme A.S.D.L.R.* une place qui en dit long sur les tensions que connaît alors le groupe : s'il est, comme Breton, Crevel ou Eluard, présent dans tous les numéros, c'est aussi parce que son rapport très lointain avec la politique vient contrebalancer les efforts effectués en permanence pour ne pas rompre totalement avec les communistes, malgré l'insuffisance de leurs conceptions philosophiques ou culturelles.
C'est dans ce contexte tendu que se déroule l'« Affaire Aragon », peu après la parution concomitante des numéros 3 et 4 du *Surréalisme A.S.D.L.R* (décembre 1931). La revue, peu régulière (n° 1 en juillet 1930, n° 2 en octobre), ne publiera ses deux derniers numéros (5 et 6) qu'en mai 1933. En fait, elle se vend mal (350 exemplaires pour le n° 1, soit 700 de moins que le dernier numéro de *La Révolution surréaliste*) et l'on peut comprendre pourquoi : désavouée par les révolutionnaires officiels, elle n'a aucune chance de séduire un public traditionaliste, qu'elle ne cesse d'attaquer. À qui peut-elle dès lors s'adresser, sinon à l'homme total de l'avenir ?
L'avenir de la revue elle-même semble scellé par deux annonces placées en tête de son numéro 6 : les éditions des Cahiers libres, qui en sont dépositaires, font savoir que « quelques collections [...] ont été reliées pleine toile (fers de Salvador Dalí) », mais, sur la page qui précède, les éditions Albert Skira annoncent la publication, pour le 25 mai, de *Minotaure*, et dévoilent le sommaire du numéro 1, où l'on retrouve Crevel, Breton, Marcel Jean, Masson, Picasso, Heine, Eluard, Dalí...

MINOTAURE En fait, c'est en juin 1933 que paraissent simultanément les deux premiers numéros de *Minotaure* – en février Breton a été sollicité par Albert Skira pour collaborer à la définition des orientations de la revue. Le projet initial, dû à Tériade, est double : concurrencer les *Cahiers d'art* (dont Tériade a été le directeur artistique, comme il va l'être officiellement pour *Minotaure*) en proposant un panorama de toute l'actualité intellectuelle, et, pour ce faire, réunir dans une publication prestigieuse les représentants les plus éminents de ce que l'époque considère comme scandaleux – c'est-à-dire Breton et Bataille. Même si l'accord entre ces deux derniers est impossible à court terme, *Documents*, la revue de Bataille, sert de modèle partiel (notamment pour l'usage des illustrations).
Minotaure n'est donc pas une revue du groupe surréaliste au sens strict du terme. Elle va néanmoins en devenir rapidement la plus représentative. Parce que les surréalistes y interviennent massivement dès le premier numéro, parce que Breton (il corrige les épreuves et se montre très exigeant sur les collaborations) et Eluard s'occupent de chaque livraison, et que la revue met pleinement à profit les idées échangées aux réunions quotidiennes du café de la Place Blanche. La participation du groupe, bien que non exclusive (*Minotaure* fait appel à des écrivains – outre Tériade lui-même, Fargue, Valéry, Maurice Raynal, etc. –, et commente des artistes – Laurens, Lipchitz, Despiau, Maillol – qui lui sont parfaitement étrangers), détermine les orientations générales d'une revue où l'on s'intéresse davantage au processus créatif qu'à ses résultats, conformément

au « programme » initial : « [...] désencombrer le terrain artistique pour redonner à l'art en mouvement son essor universel ». Programme ensuite précisé de manière autrement ambitieuse : il s'agit, à compter du numéro 5 (Breton y publie « La beauté sera convulsive »), de « pressentir les besoins plutôt que commenter indéfiniment ceux qui ont déjà cessé d'exister », puis, avec le numéro 6, de « révéler, par des moyens critiques, les sources profondes de la création dans tous les domaines de l'activité intellectuelle ». Peu à peu, c'est la mise en lumière d'un univers de significations latentes qui devient ainsi central.

Bien que le rôle des surréalistes ne soit officialisé que tardivement, puisque c'est seulement après le départ de Tériade, à partir du numéro 10, que l'équipe rédactionnelle est constituée de Breton, Duchamp, Eluard, Heine et Mabille (pour le n° 12-13, elle sera réduite à trois personnes : Breton, Heine et Mabille), c'est en fait depuis les débuts de la publication que leurs interventions sont décisives. Il suffit de feuilleter les pages, d'être attentif aux titres et aux illustrations pour constater qu'ils font tout ce qui est en leur pouvoir pour répertorier des thématiques et des valeurs qui leur sont propres.

Le numéro 1 met immédiatement en place un jeu sur l'ombre et la lumière, sur le mouvement et le passage, qui renvoie à une conception du monde et de l'homme soucieuse d'en révéler tous les aspects, y compris les plus discordants. Photographies (l'atelier de Picasso par Brassaï), dessins (*Massacres* de Masson, *L'Après-midi d'un faune* par Matisse) et textes (sur le baroque, Sade, la paranoïa-critique appliquée à *L'Angélus* de Millet, les danses funéraires dogon) suggèrent un va-et-vient entre la sérénité et la fureur, et rendent à la fois visible et lisible un balancement constant entre l'harmonie et la convulsion, mais aussi entre la culture et ce qui la nie, ou entre l'invention en acte et son résultat : la beauté que suggère *Minotaure* dès ses débuts est déjà « convulsive ».

Le groupe surréaliste n'a dès lors nulle difficulté pour y montrer la fécondité de ses principes. Les poèmes y sont assez rares, mais c'est aussi parce que la poésie s'y réalise en permanence par des voies non scripturales, par la qualité particulière du regard porté sur les choses, et par la faculté de découvrir le merveilleux derrière les apparences les plus banales : cartes postales d'Eluard, automates ou armures du musée de l'Armée revisités par Péret, graffiti révélés par Brassaï, films fantastiques ou comiques commentés par Brunius, devinettes présentées par Hugnet, objets populaires du Mexique photographiés par Ubac, etc.

Surréaliste, *Minotaure* l'est ouvertement : par les hommages (à Sade, Jarry, Apollinaire, Forneret, Lichtenberg, Lautréamont, aux symbolistes évoqués dans « Le merveilleux contre le mystère » [n° 9]), par l'intérêt porté à tout ce qui peut être qualifié d'anti- ou d'asocial (les sœurs Papin, les médiums, les artistes naïfs ou ce qui n'est pas encore étiqueté « art brut ») ; par les interventions de Dalí, qui reconsidère au passage le Modern Style et déploie tous azimuts un goût de l'incongru qui fait véritablement merveille ; par l'introduction des nouveaux membres du groupe et de ses complices (Nicolas Calas, Matta, Ubac, Jean Levy, Gilbert Lély...) ; bien sûr par la véritable anthologie, constituée d'un numéro à l'autre, de ce qu'est le surréalisme en peinture, qui trouve symptomatiquement son point d'orgue dans le numéro 10, où sont reproduits nombre d'artistes alors totalement inconnus du public. C'est encore par la célèbre enquête sur la rencontre (n° 4), par la publication immédiate des photographies de *La Poupée* de Bellmer et par la réaction de Breton à la constitution de *La Boîte verte* par Duchamp (« Phare de la Mariée » [n° 6]), ou la communication illustrée d'exemples probants de la découverte par Domínguez de la « décalcomanie sans objet préconçu » (n° 8).

Mais c'est aussi, peut-être surtout, par la façon dont chaque numéro est pensé comme un ensemble dont tous les éléments doivent retentir l'un sur l'autre pour multiplier leurs suggestions, sensibles, affectives ou intellectuelles. Si le numéro 7 est ouvertement sous-titré « Le côté nocturne de la nature », dans les autres cas, la trame est latente : au lecteur de la découvrir. À simple titre d'exemple, on pourra aisément vérifier comment le numéro 3-4 s'articule autour des diverses façons dont le comportement et l'invention échappent au contrôle de l'attention et de la raison. Chaque livraison de *Minotaure* s'organise en fait comme le font les expositions collectives du groupe : quel que puisse être l'intérêt des participations individuelles, elles reçoivent une valeur supplémentaire du réseau de relations, explicitées ou non, qui les unissent et produisent leurs résonances les plus durables.

Certains commentateurs (dont Tzara) ont signalé qu'avec *Minotaure* le groupe se trouve amputé de sa dimension politique. Il n'est pas niable que le mot « révolution » est interdit dans la revue et que pour connaître véritablement le point de vue politique du groupe entre juin 1933 et 1939 il faut consulter ses tracts : on y aura la mesure de ses positions anti-fascistes, de sa rupture avec l'Association des écrivains et artistes révolutionnaires (A.E.A.R.), de sa brève participation à « Contre-Attaque » (Union de lutte des intellectuels révolutionnaires, fondée le 7 octobre 1935) ou du rapprochement avec Trotski – même si le dernier numéro de *Minotaure* publie une page violemment antinationaliste. Mais le groupe considère que la politique, au sens étroit du terme, apparaît désormais abordable de deux manières complémentaires : en y réagissant immédiatement – par la manifestation ou le tract, l'appel à la lutte ou la réplique critique – ou en l'intégrant dans ses propres explorations – ce à quoi s'emploie *Minotaure*, dont l'aspect « luxueux » devient alors un mode particulier de séduction n'impliquant aucune démission devant le monde réel, mais donnant la preuve que le monde désiré, avec son foisonnement de sens inespérés, mérite d'être conquis. C'est ce que suggère Breton dans le dernier éditorial de la revue (1939) : « Devant la faillite incontestée du rationalisme, faillite que nous avions prévue et annoncée, la solution vitale n'est pas dans le recul mais dans l'avance VERS LES NOUVEAUX TERRITOIRES. Ces territoires, notre ambition a été de les désigner, de les définir. Notre rôle est à tout prix de maintenir, de continuer à améliorer cette position. » Il est tentant de jouer cruellement sur la formule : en fait de « nouveaux territoires », pour Breton et quelques autres, c'est New York qui devra en tenir lieu.

VVV En novembre 1941, dans une lettre à Roland Penrose, Breton rappelle que depuis son arrivée à New York il ne cesse de « réclamer la publication d'une revue qui exprime » tous les surréalistes et « compte absolument qu'elle va se faire », pour que les expériences en cours soient rassemblées et que les surréalistes dispersés par les événements puissent être ainsi réunis.

C'est en juin 1942 que paraît le premier numéro de *VVV* – revue surréaliste et non plus seulement, comme l'aura été *View* de Charles Henry Ford, une publication où le surréalisme est présent parmi d'autres courants. La maquette s'inspire à l'évidence de *Minotaure*, et en retient notamment le principe d'une couverture originale commandée à un peintre (successivement : Ernst, Duchamp et Matta). Toutefois, la revue sera de format plus modeste (Skira n'est plus là pour garantir l'autonomie financière) et sa périodicité quasi-annuelle (juin 1942, mars 1943, février 1944) révèle que l'argent est rare. Dans de telles conditions, l'aspect semi-luxueux de *VVV* et les audaces techniques de sa présentation (reproductions en couleurs, œillets métalliques permettant de faire pivoter la découpe ajoutée à une page, dos de couverture doublé, découpé et garni de grillage pour le numéro 2-3, insertion dans le brochage de sept demi-pages dans le numéro 4) méritent d'être soulignés.

Publiée à New York sous la direction officielle de David Hare, que Breton, Ernst (puis Duchamp à partir de la deuxième livraison) assistent en qualité de conseillers, *VVV* peut difficilement être considérée, même si elle est bilingue, comme une revue destinée au public américain – sauf à qui peut savoir que le surréalisme ne se résume pas à Dalí... Rien n'y est fait pour flatter le patriotisme ou les valeurs dominantes. Tout, au contraire, y ravive le faisceau d'intentions strictement surréalistes.

Ainsi l'encadré programmatique qui figure en tête des trois livraisons explicite le titre d'une manière qui vise très au-delà de l'actualité, y compris la plus sinistre : « Non seulement V comme vœu – et énergie – de retour à un monde habitable [...] mais double V c'est-à-dire [...] V (victoire) sur ce qui tend à perpétuer l'asservissement de l'homme par l'homme et [...] V encore sur tout ce qui s'oppose à l'émancipation de l'esprit ». VV n'est ainsi rien d'autre que le nouveau graphe où se résume le projet surréaliste permanent. Cette déclaration d'intentions se poursuit ainsi : « Au V qui signifie [...] l'œil tourné vers le monde extérieur [...] certains d'entre nous n'ont cessé d'opposer VV [...] l'œil tourné vers le monde intérieur [...] d'où VVV vers une synthèse (du principe de réalité et du principe de plaisir), vers une vue totale [...] qui rende compte du mythe en formation derrière le voile des événements. » Elle exhorte donc à la reprise de l'effort pour unir, en se réclamant à la fois de Freud et de Hegel, monde objectif et monde subjectif – effort qui se réoriente vers le dévoilement d'un mythe latent, ainsi impliqué bien avant l'apparition des Grands Transparents dans le dernier numéro de la revue.

VVV est d'abord présentation, ou mise en présence, du surréalisme tel qu'il est entre 1942 et 1944. Le mouvement est donné à voir avec ses antécédents (Apollinaire, Cravan, Jarry) et son passé proche (reprise de dessins parus dans la brochure *Ubu enchaîné* en 1937, reproduction des cartes du « Jeu de Marseille » mis au point par les surréalistes à la fin de l'année 1940, évocation de *Minotaure* par une gravure de Binet, naguère commentée par Heine), mais aussi avec une manifestation récente (photographie de l'exposition « First Papers of Surrealism », d'ailleurs imprimée à l'envers). Avec ses acteurs : portraits photographiques de Calder, Charles Duits, Breton, Jacqueline Lamba, Philip Lamantia, Aimé Césaire, Wifredo Lam, Isabelle Waldberg ou Leonora Carrington, et avec les reproductions des œuvres de Masson, Tanguy, Lam, Seligmann, Matta, Onslow-Ford, Lamba, Victor Brauner, Hare, Francès, De Chirico, Gerszo. Avec sa dimension internationale : textes provenant du Mexique (Péret), de Londres (Mesens, Brunius), des Antilles (Césaire), d'Égypte (Henein), du Chili (Arenas et ses amis). Avec son goût pour le jeu collectif (classement et notation des figures mythologiques à l'issue d'une enquête), son souci des pratiques magiques (liées, par exemple, aux travaux du savant allemand du XVIIe siècle, Athanasius Kircher) et des métamorphoses inquiétantes (Kurt Seligmann : *The Evil Eye*). Avec son humour (Pierre Mabille : *Le Paradis*), son irrespect cinglant (virulence de René Étiemble à l'égard du *Pilote de guerre* de Saint-Exupéry). Avec l'importance accordée à l'amour et au lyrisme, et la méfiance à l'égard de la spécialisation scientifique.

Dans ce contexte, les collaborateurs américains apparaissent très minoritaires. Outre Hare et Dorothea Tanning, la compagne d'Ernst, les seuls à voir leurs œuvres reproduites sont Gerome Kamrowski (alors proche de Matta) et Frederick J. Kiesler, concepteur de l'aménagement de la galerie Art of this Century ouverte par Peggy Guggenheim en octobre 1942, et dont le travail constitue une critique radicale du fonctionnalisme ambiant. Motherwell, lui aussi proche de Matta et initialement pressenti pour diriger la revue, n'intervient qu'une fois, par des notes sur Mondrian et De Chirico. Moins célèbre, Joe Milone figure pourtant dans un numéro consacré au fétichisme, avec une reproduction de son matériel de cireur recouvert de capsules, de bijoux de pacotille et de bimbeloterie – objet d'art brut récemment exposé au MoMA. Les écrivains sont également peu nombreux : hormis Charles Duits et Lionel Abel, qui adhèrent au mouvement, les seuls « indépendants » à pouvoir se flatter de figurer dans la revue sont William C. Williams et Harold Rosenberg.

En vérité, la grande absente de *VVV*, c'est bien la réalité américaine en 1942-1944 : la publication ne s'intéresse aux États-Unis qu'en raison de leur passé « primitif » – kachina ou grand « Arizona Landscape » (paysage de rochers et d'arbustes desséchés) de Frederick Sommer – choix que renforcent les articles consacrés à d'autres cultures ou œuvres primitives (textes de Lévi-Strauss, d'Alfred Métraux, de Robert Allerton Parker). Quant au passé historique et à l'une des figures les plus glorieuses de la nation, Duchamp lui réserve un traitement explicite dans sa célèbre *Allégorie de genre (Portrait de George Washington)* (1943) : le profil du président, qui coïncide à peu près avec la carte des États-Unis, est imprimé sur un papier bleu transparent à travers lequel se devine un carton dont le gaufrage, parsemé d'étoiles, évoque à la fois des bandages sanguinolents et le drapeau américain. Autrement dit, les États-Unis ne doivent leur existence qu'à une série de guerres et à l'extermination, soigneusement occultée, de leurs Indiens. Qu'une revue surréaliste fasse preuve d'antimilitarisme et d'antipatriotisme n'a rien de surprenant ; qu'elle maintienne sa démonstration dans un contexte de bonne conscience généralisée dénote une souveraine indifférence à ce que pourront en penser ses lecteurs « indigènes ». D'une guerre à l'autre, le dégoût reste constant.

Un autre aspect de la mentalité américaine retient l'attention de la revue : la culture, dans ce qu'elle a de plus « populaire » (généralement peu appréciée des élites officielles : *VVV* réédite l'inversion des valeurs produite, pour l'Europe, dans *La Révolution surréaliste*). Qu'il s'agisse de Gipsy Rose Lee, des récits de science-fiction ou des tableaux de John Quidor, il y a là une possibilité, pour qui rompt avec l'état d'esprit dominant, de découvrir quelques merveilles.

Cette double référence, au fonds primitif et à la culture populaire, confirme à quel point les surréalistes, bien que contraints de vivre sur place, élaborent dans *VVV* une critique radicale de la vie et de la mentalité américaines. Ils n'auront fait que passer, s'en tenant à l'obtention de « First Papers », sans désirer aller au-delà, et les années d'après-guerre ne modifieront pas leur jugement : pour eux, en matière d'émancipation de l'esprit, ce n'est pas des États-Unis qu'il convient d'attendre quelque encouragement.

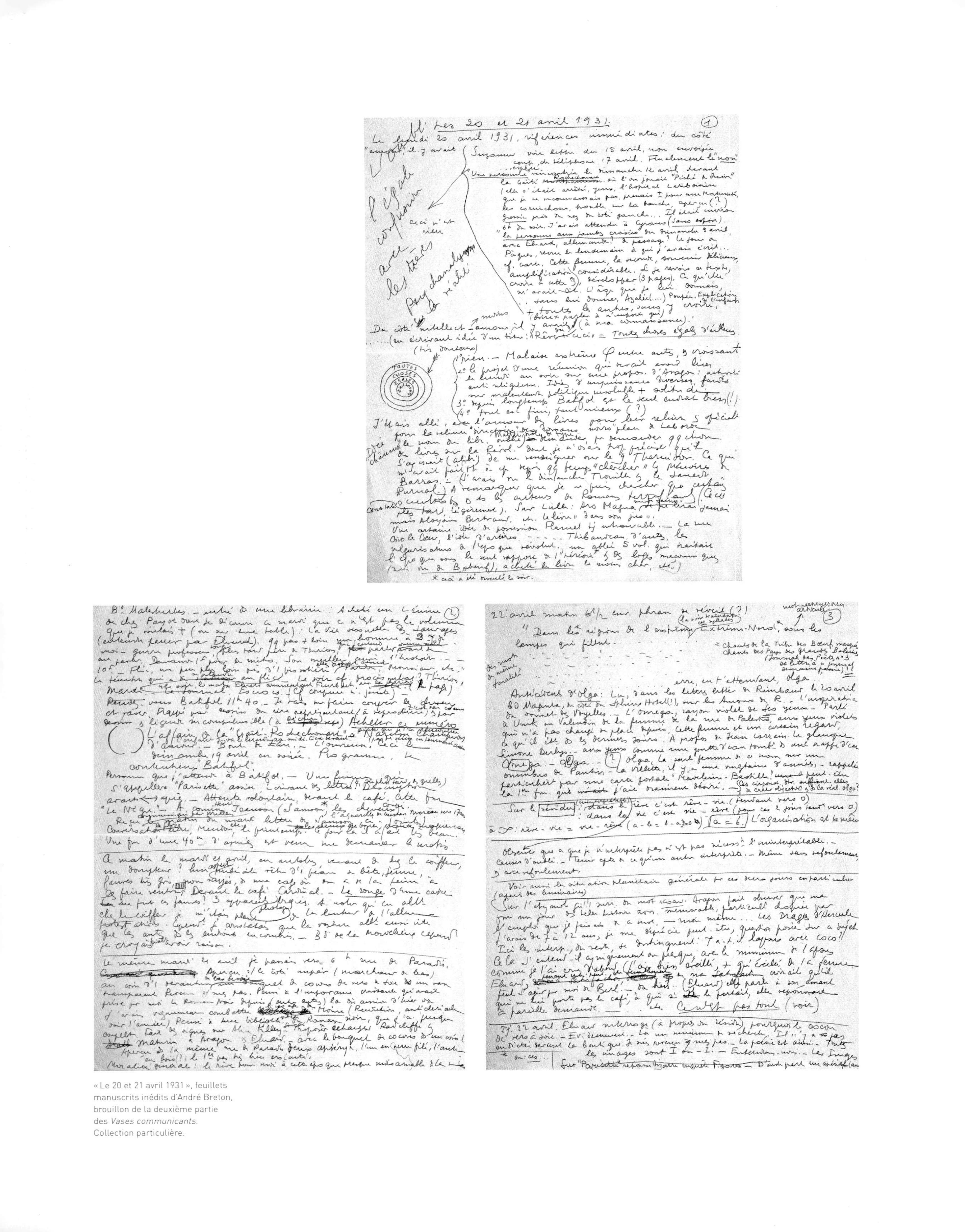

« Le 20 et 21 avril 1931 », feuillets manuscrits inédits d'André Breton, brouillon de la deuxième partie des *Vases communicants*. Collection particulière.

L'envers du monde, l'envers de la langue : un « travail » surréaliste

JACQUELINE CHÉNIEUX-GENDRON

On a peut-être trop décrit chez les surréalistes le besoin de changer les codes de la représentation du monde et de la relation humaine, au détriment de ce qui apparaît comme majeur : leur volonté de changer la *compréhension* du monde [1], compréhension qui ne peut s'exprimer que dans le milieu d'articulation du langage. Et ce langage des surréalistes, c'est tantôt la langue de « personne » (celle de l'écriture automatique, le goût pour les fatrasies…), la langue d'un sujet sans sujet, d'un impersonnel sujet. Et c'est tantôt la langue du haut dire, de la poésie phatique, et de la prophétie. Langue, dès lors, d'un sujet éventuellement « trop » sujet. Langue de « personne » ou langue du haut dire. En commun : l'énigme de la forme et de la formulation. En commun, encore : le vecteur du désir, qui ressaisit l'unité du discours. C'est à peu près là ce que disait Maurice Blanchot en 1949, mais en ramenant l'ensemble de l'écriture surréaliste à l'écriture automatique, affirmant que le langage, devenu seule réalité, était par là même « devenu sujet [2] », ces pages irréfutables ont donné le *la* à une critique qui a tendance, depuis, à globaliser les problèmes du langage dans le surréalisme.

[1] Le terme apparaît dans le champ surréaliste, notamment chez Wolfgang Paalen, « L'Image nouvelle », *Dyn* (Mexico), nº 1, avril-mai 1942, p. 38.
[2] Maurice Blanchot, « Réflexions sur le surréalisme », repris dans *La Part du feu*, Paris, Gallimard, 1949, p. 95.

Il faudrait historiciser cette réflexion et constater le parallélisme de *deux* histoires qui courent au long du XXe siècle : celle du surréalisme, et puis l'histoire des sciences humaines, lesquelles, formalisant peu à peu leurs concepts, se constituent, justement, en sciences : linguistique, psychanalyse, anthropologie. Dans ces trois domaines de savoirs, y compris dans le dernier, la langue, les langues, sont au cœur des questionnements. Or, toujours intéressé par l'évolution des savoirs, et – même si c'était « de loin » – des savoirs, aussi, où les langues sont symboliques et formalisées, comme dans les sciences physiques, le surréalisme se confrontait à ces recherches en des intuitions souvent saisissantes. Mais, d'un côté, la surdétermination idéologique de ces cheminements, ou certains effets de mode, en ont rendu âpres certains moments : vogue du structuralisme, ou positions se voulant matérialistes, ont brouillé, en France surtout, la réception du surréalisme. D'un autre côté, les deux décennies qui ont suivi la Seconde Guerre mondiale voyaient s'élaborer des départements nouveaux de la réflexion sur le langage et sur la création littéraire (« poétique », narratologie…), dont les instruments conceptuels, en cours d'élaboration, se développaient dans une technicité qui ne rappelait plus grand-chose des intuitions surréalistes. De sorte qu'un certain brouillage critique occulte le regard que le public peut porter aujourd'hui sur les œuvres, les trouvailles ou la pensée des surréalistes (à moins que – et c'est le cas de l'image surréaliste et, surtout, de l'humour noir – notre société immédiatement contemporaine n'en ait assimilé soudain la plupart des éléments, mais seulement comme des recettes).

L'ENVERS DU MONDE, QUELQUES EFFETS THÉMATIQUES ET DE JEUX VERBAUX Je partirai de la revue *Minotaure*, dont le nº 7, en 1935, s'ouvre sur une page blanche portant seulement au milieu le chiffre 7, et en bas la mention : « Le côté nocturne de la nature ». Si l'on regarde le sommaire de cette magnifique livraison, on est d'abord frappé par le jeu sur les signifiés de la *nuit* : les « Nuits romantiques sous le Roi Soleil », article de Maurice Heine, voisine avec un article sur les « Oiseaux de nuit » (hiboux, chevêches et autres harfangs des neiges), avec un texte critique portant sur l'œuvre de Paolo Uccello, le peintre florentin, dont il nous est dit qu'il est *lunaire*, et dont l'auteur, s'appuyant sur l'analyse de la toile de la chasse à l'Ashmolean Museum d'Oxford, déclare l'œuvre bienheureusement « inhumaine ». La lumière du jour (je cite) « ne donne qu'un aspect relatif à l'apparence des choses », au lieu qu'Uccello « rassemble les couleurs nocturnes [...]. Seuls dans la nuit qui absorbe les couleurs et la lumière, les objets reprennent leur couleur propre ». Et c'est encore, dans ce sommaire, le texte « La Nuit du tournesol », d'André Breton (qui sera repris dans le récit de *L'Amour fou*), nuit d'errance dans Paris, où Breton met ses pas dans les mots de son propre discours ancien – le poème « Tournesol », écrit en 1923. Ce que disent ces pages, c'est combien peut tourner la chance quand émerge de la nuit le soleil : Tourne-sol.

En même temps, dans cette livraison de *Minotaure*, c'est de la surface comme envers qu'il s'agit, non pas qu'elle cache un envers mystérieux, mais c'est que la surface exhibe le lieu même où travaille le sens. La surface n'est pas la superficie des choses.

C'est autour de cela que tournent plusieurs textes, en cette même livraison : « La peau de la peinture » est le titre surprenant de belles pages d'E. Tériade montrant que le regard de l'homme doit se faire vision pour susciter cette peau-là, en quoi elle se résume ; la rêverie de Roger Caillois nous parle du mimétisme chez les animaux ; la rêverie de Salvador Dalí sur le détail attire notre attention sur une bobine sans fil, à l'angle inférieur gauche de la photographie ancienne de trois commerçants obèses, tenanciers d'hôtel. Bobine sans fil, « objet déplorable d'insignifiance », mais image, précise-t-il avec son humour loufoque, « de l'intuition pure abandonnée par Kant ». Dans le détail, c'est comme si se soulevait et se boursouflait la surface unie des choses, pour nous intriguer.

Ainsi, la peau de la peinture dit le tout de la vision du peintre, et ce que dit le détail bizarre chez Dalí, comme les courts textes d'Henri Michaux publiés sous le titre *Un tout petit cheval*, c'est, dans la crispation des choses, la symbolique propre au regardeur. Ce que désigne, dans l'ordre de la pensée, le mimétisme des animaux, ce n'est ni le mécanisme de défense, ni le fonctionnalisme poussé au point ultime, c'est, *pour l'homme qui le regarde*, l'excès, l'inutile : le mimétisme, selon les biologistes mêmes, déclare Caillois, dépasse sa fin, il est finalement esthétique pour *notre regard*.

Un *autre monde* renvoie clairement, sous la plume de Paul Eluard, d'André Breton, de René Char, à la thématique du « monde renversé », depuis son utilisation par la sorcellerie (tabou du miroir, messes dites à l'envers) jusqu'aux formulations culturelles qu'on trouve dans tout l'Occident moyenâgeux et renaissant, chez Rabelais ou Quevedo [3] : on pense à cet article de *Minotaure*, nº 5, mai 1934, que Paul Eluard ose intituler « Par un après-midi très froid des premiers jours de 1713, ou *le Monde tel qu'il est* » (je souligne), alors qu'il est constitué presque tout entier d'images d'Épinal accompagnées de leur légende, qui nous montrent des renversements fantastiques et horribles : le baudet fait porter ses choux et ses lentilles par son jardinier, le bœuf écorche vif... le boucher. Comme souvent dans les revues surréalistes, ce sont les juxtapositions qui font sens. Ici, l'illustration fait sens avec le titre et l'épigraphe (sous 1713, on reconnaît les initiales d'André Breton) par-dessus le texte, poème en prose des plus énigmatique. Monde de « l'autre côté », comme disait Kubin, et monde à l'envers sous la plume d'André Breton dans les poèmes de *Ralentir travaux*, « Sur parole [4] » et surtout « L'Enjeu inutile » : « Le monde renversé serait charmant/ Dans les yeux de l'anti-homme/ Quel sablier que la terre/ Quels vases communicants que la naissance et la mort. » Dans la langue d'Eluard, se profile l'envers diabolique du monde et le « double » faustien du moi : « Des chrysalides de mes yeux/ Naîtra mon sosie ténébreux./ Parlant à contre-jour, soupçonnant, devinant/ Il comble le réel/ Et je soumets le monde dans un miroir noir [5]. » Il est aussi, ce monde à l'envers, dessiné par certains – et ce sont surtout des peintres – avec les morceaux bricolés des rêveries sur la quatrième dimension. Marcel Duchamp s'autorise cette rêverie dans les notes de *La Boîte blanche* (*À l'infinitif*, 1911) et de *La Boîte verte* (1934). Ce monde qui nous entoure serait le miroir ou la projection en trois dimensions d'un *continuum* à quatre, où le temps serait la quatrième. Et certes il y a là un arrêt sur l'image qui nous intrigue chez le penseur, car il nous fait songer à du futurisme appliqué, lorsque par exemple Duchamp déclare à James Johnson Sweeney en 1946 : « Mon but était une représentation statique du mouvement » – mais l'inventeur de formes qu'il est d'abord nous éblouit à développer un *luxe* de formes, d'ombres portées ou de constructions secondaires qui fascinent notre regard.

Et de même Wolfgang Paalen, l'Autrichien né dans la ville même où naquit Tycho Brahé, ne peut-il s'empêcher de rêver, par le biais d'une généalogie imaginaire, à la géométrie cosmique et à l'infiniment grand : qui contient l'infini du temps [6]. Paalen rêve aussi, dans les mêmes pages, sur le rôle de l'imagination et de l'image pour dessiner un monde futur : « Épuiser philosophiquement toute la portée de l'image préfigurative [...] est impossible [...]. "Ce qui est maintenant prouvé ne fut autrefois qu'imaginé", disait

[3] Voir Jean Lafond et Augustin Redondo (dir.), *L'Image du monde renversé et ses représentations littéraires et para-littéraires de la fin du XVIe siècle au milieu du XVIIe*, Paris, Librairie philosophique Vrin, 1977.

[4] Paul Eluard, *Œuvres complètes*, t. I, Paris, Gallimard, « Bibliothèque de la Pléiade », 1968, p. 284, et André Breton, *Œuvres complètes*, t. I, Paris, Gallimard, « Bibliothèque de la Pléiade », 1988, p. 772 : « C'est le corail qui sort de la mer/ C'est le parfum passé qui regagne le bois [...]/ C'est toujours cette tête/ les lèvres délicieusement entrouvertes/ De ce côté du mur/ Et de l'autre côté peut-être au bout d'une pique », allusion probable à la princesse de Lamballe décapitée. Le poème de *Ralentir travaux*, « L'enjeu inutile », est à la page 773 des *Œuvres complètes*, t. I, d'A. Breton, *op. cit.* On peut penser aussi à la phrase de l'*Introduction au discours sur le peu de réalité* : « [...] seule subsistait, de part et d'autre du navire, dans la transparence des flots, l'image renversée des grandes jacinthes indifférentes aux climats », dans *Œuvres complètes*, t. II, *op. cit.*, p. 269.

[5] P. Eluard, *Défense de savoir*, 1928, dans *Œuvres complètes*, t. I, *op. cit.*, p. 218.

[6] Wolfgang Paalen, « La Crise du sujet dans la peinture moderne », *Revue de l'IFAL* (Mexico), nº 1, 1945, qui reprend certains développements de « L'Image nouvelle », dans *Dyn* (Mexico), nº 1, 1942. Voir aussi « Art et science », dans *Dyn* (Mexico), nº 3, 1944.

William Blake [...]. L'image préfigurative indique des potentialités d'existence d'une réalité future. » N'est-ce pas aussi chez Matta, le Chilien, une des obsessions les plus constantes, qui prend sa source dans la lecture des commentaires explicitant les grandes découvertes de la physique contemporaine ? « Mathématique sensible, architecture du temps » en dit plus par son titre que par son texte, onirique, d'ailleurs « adapté » par Georges Hugnet (*Minotaure*, nº 11, 1938). L'ombilic du monde, ce serait le continuum temps-espace. Que l'on songe au titre de cette toile de 1969, *Continuumbilicum*, qui unit, en un joyeux latin macaronique, deux mots *chargés*, ô combien !, l'un de l'origine du monde (l'*ombilic*), l'autre de la totalité du monde (le *continuum* du temps et de l'espace) – terme qui unit donc le point originaire absolu de la personne humaine à l'absolu totalisant du cosmique. Le titre d'Artaud, en 1925, *L'Ombilic des limbes*, disait deux fois l'origine. Celui de Matta dit l'alpha *et* l'oméga du monde, de l'humain jusqu'au cosmos.

Il faudrait rappeler ici encore les effets purement verbaux des fatrasies, qui jouent dans les textes surréalistes un jeu de l'emporte-pièce : elles sont *citées* comme fatrasies (c'est le cas de celles de Beaumanoir dans *La Révolution surréaliste*, n° 6, mars 1926), mais le présentateur anonyme de ces citations (fournies à Michel Leiris par Georges Bataille, c'est bien par ce dernier qu'elles semblent fugitivement commentées) souligne de son côté leur fréquent anonymat : les fatrasies, pavés qui empierrent les chemins surréalistes, renvoient ici doublement à l'inconnu, par l'énigme et par l'anonymat. Elles adviennent comme énoncés isolables dans le cours des proses ou des poèmes de Breton, Eluard, Daumal, Desnos. Car dans la coulée « automatique », des pierres sont charriées, qui relèvent du culturel collectif, figé par la coutume la plus populaire (*mirabilia* ou *adunata*, ainsi les désigne la rhétorique : fleuves remontant à leurs sources [7], poissons jaillissant hors des rivières [8]). Fatrasies surréalistes, elles sont réinventées « à force » comme « nonsense » ou énigmes, et deviennent des mimes de fatrasies, dans *certains* [9] des *152 proverbes mis au goût du jour* par Benjamin Péret et Paul Eluard (« Les éléphants sont contagieux » ou « Qui couche avec le pape doit avoir de longs pieds ») ! Mais je crois aussi que la « phrase donnée » aux surréalistes, qu'on l'appelle *incipit* ou esthétique du saugrenu, ou phrase qui cogne à la vitre, ou démon (de l'analogie, et c'était déjà Mallarmé écoutant chanter la phrase absurde « la Pénultième est morte ») relève de la fatrasie réinventée dans le jeu de l'improvisation, un jeu plus ou moins sérieux. « Donc »... – et rien n'annonce justement cette attaque de paragraphe, chez Aragon – « Donc, dans le jardin, chaque arbre avait son Sébastien [10]. » Ainsi en est-il de l'*Introduction au discours sur le peu de réalité* où Breton témoigne que la phrase « L'indifférent seul est admirable » lui était restée longtemps obscure [11], et ne parlons pas des ajouts inspirés qu'apporte Breton au premier jet des *Champs magnétiques*, ajouts qui frappent violemment, « comme un coup de tonnerre », Aragon, le premier auditeur (c'est surtout « Suintement cathédrale vertébré supérieur », dans « Éclipses »).
L'envers du monde surgit ainsi de la *résistance* aux effets du sens, lequel n'a que trop tendance à coaguler dans le moule d'une signification toute prête. C'est là, peut-être, le travail de « lalangue », au sens que lui donne Lacan, si « lalangue », c'est l'autre ou l'envers du parler, l'envers d'un discours qui prétendrait, en toute conscience, signifier d'abord. Ici encore, Duchamp indique la voie : entre les lames de rasoir qui coupent bien et celles qui ne coupent plus, la différence, écrit Duchamp, est que les premières ont du « coupage en réserve ». « Se servir, suggère-t-il, dans une note de *La Boîte verte*, de ce *coupage* ou *coupaison* ». La poussière a-t-elle un sens ? Certes, elle se dépose et matérialise ainsi la couleur du temps, comme on dirait chez Apollinaire. On va la photographier. *Élevons*, dit Marcel Duchamp, la poussière sur un verre, élevons-la comme des graines ou comme des asticots, et faisons-la déposer sur une plaque de verre, puis regardons-la par en dessous. C'est toujours de la poussière, mais c'est de la « poussière à l'envers », et voici qu'elle rebrousse le cours du temps, accompagnée de notre stupeur, car Duchamp « le transparent », pour reprendre cet adjectif que lui accola une fois pour toutes Octavio Paz, nous fait sourire de sa propre indifférence au temps en nous jetant au visage cette invention cocasse, fondée sur la rime interne *poussière/envers*.

On peut alors dire les choses dans les deux sens : à la fois les choses s'évaporent dans les mots. Le monde sensible vole en éclats, éclats de rire, éclats d'angoisse, mais aussi *les mots nous délivrent du monde*, de sa visqueuse temporalité, ils nous donnent le droit à l'humour, ils nous défendent du monde et de ses rugosités.
C'est assurément ce qu'Unica Zürn a voulu construire dans ses *Anagrammes*, où coagule la langue allemande et son sens en tous sens : textes comme des blocs, au creux desquels on a envie de se lover, comme dans

[7] René Daumal : « Des fleuves remontant à leurs sources jaillissent de vos mains disloquées... », dans *Le Contre-Ciel*, Paris, Gallimard, coll. « Poésie », 1970, p. 66.
[8] Robert Desnos, *La Liberté ou l'Amour* ! , Paris, Gallimard, coll. « L'Imaginaire », 1982, p. 33 : « Les poissons sortirent de la rivière, eux voués depuis des temps et des tempêtes au culte des choses divines et à la symbolique céleste. » On reconnaît, en sus, le jeu culturel sur le mot grec *ichtus* (« le poisson »), renvoyant à Jésus, et qui servait de symbole de reconnaissance aux premiers chrétiens.
[9] La plupart sont construits à partir de plusieurs proverbes, dont les signifiants sont déplacés.
[10] Aragon, « Paris la nuit », *Le Libertinage*, dans *Œuvres complètes*, t. I, Paris, Gallimard, « Bibliothèque de la Pléiade », 1997, p. 396.
[11] Cette phrase, p. 271 des *Œuvres complètes*, t. II, *op. cit.*, est mentionnée dans les notes de lecture prises par Breton de la *Science des rêves* [aujourd'hui : *L'Interprétation des rêves*] de Freud, notes reproduites en fac-similé dans Fabienne Hulak, *Folie et psychanalyse dans l'expérience surréaliste*, Nice, Z'éditions, 1992, p. 149 et *sq*.

les *carmina figurata* du Moyen Âge : autant dessins que textes. Tels sont ses *Chants de Maldoror* à elle :

« Tal des Moloch, Narr des
Alls. Rote Mordschande
der Scham – o rasend toll
des roten Dolchs Alarm. »
Ermenonville, 1959
« Val du Moloch, bouffon
du Tout. Rouge impudeur, crime
de la honte. O enragé fol,
l'éclair du sanglant poignard[12]. »

C'est aussi ce que construisent, à plusieurs, sur la page d'éditorial, les éditeurs de la revue *VVV*, à New York, pendant la Seconde Guerre mondiale : en entrelaçant les signes VVV, VV, V, pour les organiser comme une bannière à lire à haute voix et un mot d'ordre à écouter. Et ce sont des rythmes réguliers qui disent leur foi dans la victoire des forces de la liberté, et sont montés typographiquement comme un cryptogramme.

« VVV
that is, V+V+V, We say
that is, not only
V as a vow – and energy – to return to a habitable and conceivable world,
Victory over the forces of regression and of death unloosed at present on the earth, but also
V beyond this first Victory, for this world can no more ; and ought no more, be the same,
V over that which tends to perpetuate the enslavement of man by man... [13] »

C'est encore ce qu'a essayé continûment de faire Leonora Carrington, elle qui décrivait à Henri Parisot après la guerre « la croûte d'éternelle saleté » du Mexique où elle s'était réfugiée, ajoutant abruptement : « Je l'ai déjà dans le sang ». C'est là-bas qu'elle se protège, par les titres de ses toiles autant que par sa peinture même. Je pense à cette toile, *Orplied* (1955), mot inventé ou mot-valise, à consonance anglaise, où je lis *to play on the oar* (« à force de rames ») dès lors qu'elle représente une réécriture « en gai » de *L'Île des morts* de Böcklin, où les nochers qui font rame vers l'île mystérieuse ont bien raison de s'échiner car, sous les yeux du défunt qui, de stupeur, ravi, lève la tête et les bras en signe de félicité, ce n'est plus *L'Origine du monde* de Courbet ni le sexe inquiétant de la toile de Böcklin qui surgissent, mais une riante colline de tapisserie aux mille fleurs, où gambade une licorne. Or, si on lit « Orplid », c'est le poème d'Eduard Mörike qui intervient, pour confirmer cette lecture, puisque le « mythe » d'Orplid, inventé par Eduard Mörike et son ami Ludwig Bauer, alors à Tübingen, nous parle d'une île paradisiaque et vaporeuse surgie des mers du Sud[14].

LE CORPS ET SON ENVERS Donnant corps à la langue, ces jeux aux multiples facettes nous renvoient à un autre envers, celui du corps même. De ce corps humain, dénié, épuré et exalté par la photographie surréaliste, l'envers *impossible* est exhibé dans ces bouches et ces cris et ces rires que désignent sans relâche René Daumal ou Georges Bataille : « Votre rire n'est pas l'aumône / que réclame la Gueule céleste [...]. Elle rit, elle rit, la grande Gueule / elle brille, elle grésille, / vous riez, vous riez, épouvantable aïeule, mais bientôt, grand-mère, vos fils et vos filles / ne riront plus, ne riront plus[15]. » On connaît la place du rire et de sa pensée chez Bataille. Chez Daumal, chez Desnos comme chez Bataille, l'impossible s'affiche comme un être, dans le cours des choses chez les deux premiers, qui affectionnent – on l'a vu – le surgissement de thèmes stupéfiants, et comme un « concept » dans le cours de la pensée chez le troisième.

Absorption, ingestion ou dévoration, incorporation aussi sont un peu partout les indices qu'une traversée du corps a lieu. Traversée est trop dire. En dehors de l'œuvre de Bataille (où s'invente le féroce « Dianus » : mi-Dieu, mi-anus), c'est un corps sans excrétion qui se montre. Il a beaucoup trop à voir avec la langue, dans tous les sens du terme. Mais c'est un corps qui peut être dévorant et dévoré, et l'on s'en aperçoit à ce qu'il subsiste des *restes* ! Reste de figure humaine dans *La Débutante*, le conte de Leonora Carrington cité par l'*Anthologie de l'humour noir* : « Là-dessus, [l'hyène déguisée en jeune fille du monde] arracha sa figure et la mangea. » Et, chez Aragon, c'est à la terre dévorée qu'est attribuée la puissance du songe. Dans les fragments rescapés du roman détruit *La Défense de l'infini*, on lit cette phrase toute de fantasmagorie fantastique : *« Il y a dans la terre une puissance de songe. Jadis dans les montagnes qui bleuissent au bas du ciel de Lyon, enfant lâché au milieu des prairies et des sources devant un carré de terre fraîchement retournée, il m'arrivait de suspendre un jeu que ni l'heure des repas, ni les nuages soudain amoncelés n'avaient su jusqu'alors*

[12] Unica Zürn, dans « Approche d'Unica Zürn », *Le Nouveau commerce*, 1981, supplément au cahier 49 (n. p.). Voir aussi Renée Riese-Hubert, « Portrait d'Unica Zürn en anagramme », dans *Pleine Marge*, n° 7, juin 1988, p. 60-72.

[13] « VVV : c'est-à-dire V+V+V c'est-à-dire non seulement V comme vœu – et énergie – de retour à un monde habitable et pensable, Victoire sur les forces de régression et de mort déchaînées actuellement sur la terre, mais encore V au-delà de cette première Victoire, car ce monde ne peut plus, ne doit plus être le même, V sur ce qui tend à perpétuer l'asservissement de l'homme par l'homme, et au-delà de ce VVV, de cette double Victoire, V encore sur tout ce qui s'oppose à l'émancipation de l'esprit dont la libération de l'homme est la première condition indispensable » (traduction d'André Breton pour le recueil de ses textes critiques, *La Clé des champs*, 1953).

[14] « Du bist Orplid, mein Land ! / Das ferne leuchtet ; / Vom Meere dampfet dein besonnter / Starnd / Den Nebel, so der Götter Wange feuchtet. / Uralte Wasser steigen / Verjüngt um deine Hüften, Kind / Vor deiner Gottheit beugen / Sich Könige, die deine Wärter sind » (Eduard Mörike, dans Echtermeyer/von Wiese (dir.), *Deutsche Gedichte*, Berlin, Cornelsen Verlag, 1993).

[15] René Daumal, *Le Contre-Ciel*, premier état, Université de Paris, 1936, p. 107-108, « Le Prophète », poème daté 1927-1928 par Claudio Rugafiori dans l'édition de Gallimard « Poésie », 1970. Voir aussi, dans la même édition, « Nénie », dans *Clavicules d'un grand jeu poétique*, p. 65.67.

interrompre. Je subissais l'attrait de cet élément obscur et je mangeais parfois, les yeux écarquillés, des mottes grasses d'où s'échappaient parfois des brins d'herbe et des bêtes blanches. Nul doute que mon enfance ait dû à ces cérémonies magiques les visions qui la peuplèrent[16]. »

Et de même, la métaphore qui signe chez Breton l'aventure de l'écriture automatique, c'est la métaphore de l'*incorporation*[17]. Jeu magique, cependant, où le corps conserve priorité sur la langue. Au lieu que chez Aragon le corps se dissout dans la langue, pour retrouver les prestiges de l'enfance : plongée dans le babillage pré-œdipien où la langue se chante ou se balbutie au lieu de s'articuler ; plongée identique dans les délices inquiétantes de la terre goûtée. Terre mangée, enfant, et aimée ; terre humide dans laquelle on s'immerge pour revenir au néant, ou en ressurgir, régénéré. La terre, qu'on s'y plonge ou qu'on se l'incorpore, crée ce ralentissement de l'être à la faveur de quoi tout, vraiment tout, devient possible : l'indéfini pouvoir de l'enfance, le plaisir de tous les âges, l'immense fatigue heureuse de la mort.

[16] *La Défense de l'infini*, dans *Œuvres complètes*, t.I, *op. cit.*, p.570.
[17] A. Breton, *Manifeste du surréalisme*, dans *Œuvres complètes*, t.I, *op. cit.*, p. 325 : « [...] je n'eus vite d'autre idée que de l'incorporer à mon matériel de construction poétique ».

ENVERS DE LA LANGUE : LANGUE DE PERSONNE OU LANGUE DU « HAUT DIRE » ? *Textes-symptômes* : ceux que produit l'écriture automatique, dont la visée est analytique : à partir de la méthode, développée par la psychanalyse, des « associations libres », il s'agit de fabriquer « du texte » pour comprendre sa mécanique. Essayer de balayer les effets de la censure, tel est l'objectif des *Champs magnétiques* : qu'on relise, de Breton, le *Carnet* de 1920[18]. Comprendre « la folie qu'on enferme » et ses délires fabuleux ? Qu'on en écrive des simulations ! Et ce sont « les Possessions », de *L'Immaculée Conception*. Rêverie chimérique et merveilleusement inventive, chez des poètes à ce point habités par leur langue, d'une langue qui serait pleinement *et ne serait pas* langage, interrogeant comme elle le fait la fonction signifiante du langage en général. Sous cette fonction signifiante elle-même, il s'agit pour eux de discerner les formes intentionnelles multiples, plus fondamentales, qui pourraient donner sens à ce discours. Un avenir au texte, par exemple (fortune des « Prophéties » dans les pages surréalistes, de Robert Desnos à Philippe Soupault, en passant par André Breton). Ou bien une archéologie du discours, située dans le passé de l'écrivant. Mais je parle aussi de « texte-symptôme » pour désigner le simple effet de signe. Car le symptôme est de l'ordre du malaise corporel, il fait signe sans articuler par lui-même le moindre discours.

Il y aurait donc un antérieur du discours qui est une *conscience de*. Mais ce mot d'« antérieur » ne veut nullement dire qu'il y a de la métaphysique là-dessous. « Antérieur » renvoie par exemple à ce que E. Husserl désigne par *archè*, et sa visée, par *telos*. L'intuition de Breton en 1920 (et peut-être celle de Soupault) serait celle-là même de Husserl réfléchissant à l'opération par laquelle le langage est renvoyé à l'expérience qui précède le langage : un « socle » antérieur, *Lebenswelt*, le « monde de la vie ».

Voici donc, chez Breton et beaucoup de ses amis, en ces années vingt, une pensée qu'on peut dire phénoménologique des rapports entre la langue et le monde, car le langage y perd de son exclusivité et s'efface devant l'analyse de « la réalité ». D'une part le verbal automatique nous reconduit à l'image, au visuel, et l'image rhétorique, à l'image plastique. De l'autre, le regard porté sur le monde nous parle de passage insensible de la perception à l'imagination, par glissements infimes et progressifs. Non pas brutalement, comme d'une Révélation obligatoire que les adeptes du « Mouvement » seraient tenus de révérer, mais comme d'une nappe de rêverie qui ne nous aveugle guère – car aveugles, nous le sommes, mais « d'une cécité qui couvre à la fois toutes les choses visibles » –, elle qui nous fait accéder à la certitude sarcastique, angoissée ou souriante, que le « visuel » est bel et bien « invérifiable[19] ». Nul idéalisme symboliste là-dedans : nos yeux sont clos mais non pas sur un monde intérieur perçu par un regard aveuglé : sur le *travail* du « modèle » intérieur.

Or, si Breton élabore ainsi une sorte de phénoménologie « sauvage », proche de la « Gestalttheorie », et opère des clivages proches de ceux que Karl Jaspers propose un peu plus tôt, en 1913, dans cette œuvre de psychologie expérimentale qu'est *Allgemeine Psychopathologie*[20], ils sont différents de ceux de Husserl repris par exemple par Sartre. Chez ces derniers, un clivage de nature entre perception et imagination, au lieu que chez Breton, ou le premier Jaspers, c'est une différence de degré. Et puis, Breton s'en réjouit au lieu que Jaspers s'en inquiète[21].

Le verbal automatique nous reconduit à l'image, au visuel. L'image rhétorique conduit à l'image plastique. Vecteur optimiste, dynamique ? Non pas : le non-verbal, et l'incommunicabilité qui en résulte, est source de sensations électives confuses et, par là même, de « plaisirs inégalables », mais, profondément ambivalent, voire régressif, il a affaire avec le malaise du corps et l'hallucination des formes. Dans la série des situations recensées sous le nom de *faits-glissades* par André Breton dans le prologue de *Nadja*, nous ne trouvons que deux fois l'effet-relais ou l'effet magique de mots qui auraient induit des situations. Dans toutes les autres, c'est

[18] « [...] la censure, très agissante malgré tout, chez ces écrivains célèbres [Shakespeare et Goethe] ne permet pas de tirer parti analytiquement de l'ensemble de leur production. Il appartenait à d'autres hommes de trouver un mode d'expression qui répondît au nouveau besoin » (A. Breton, *Œuvres complètes*, t. I, *op. cit.*, p. 619).
[19] A. Breton, « Le Message automatique », *Minotaure*, n° 3-4, déc. 1933, puis *Point du jour*, repris dans *Œuvres complètes*, t. II, *op. cit.*, p. 390.
On trouve à mon avis chez J. L. Borges une pensée de cet ordre, dans sa réflexion sur le « laconique », « La postulacion de la realidad », traduction J. P. Bernès, *Œuvres complètes*, Paris, Gallimard, « Bibliothèque de la Pléiade », t. I, 1993, p. 228.
[20] Je n'envisage pas la question du point de vue de l'intertextualité, car Breton ne pouvait avoir lu ce Jaspers-là. En revanche, la « psychologie de la forme » a été popularisée en France par Paul Guillaume, *Journal de psychologie normale et pathologique*, novembre 1925.
[21] A. Breton, dans « Le message automatique », cite ses sources, qui sont de psychologie expérimentale : l'ouvrage de synthèse de Pierre Quercy, dans *L'Hallucination* (Paris, Alcan, 1930), résume en effet dans un long chapitre (chap. 7, vol. II) les travaux expérimentaux de l'école de Marburg, où les frères Jaensch et Kiesow établissaient une typologie de la perception et de la connaissance déterminée par la structure du psychisme, et – je cite précisément Breton – tendaient « à démontrer que la perception et la représentation [...] ne sont à tenir que pour les produits de dissociation d'une *faculté unique, originelle*, dont l'image eidétique rend compte et dont on retrouve trace chez le primitif et chez l'enfant ». On a montré que Jaensch, s'appuyant sur la lecture par Heidegger de Kant, va jusqu'à établir un rapprochement entre cette « faculté eidétique » et le concept kantien d'*Einbildungscraft*, racine unique des deux branches que sont la sensibilité et la raison. Seulement, tantôt on s'en inquiète, considérant le degré d'exactitude du réel que nous offre une perception ainsi entachée de subjectivité, sinon même d'imaginaire, tantôt on s'en réjouit, et c'est le cas de Breton, à la suite des frères Jaensch. Je suis ici dans la plupart de ses développements l'article de Michel A.Charpentier, « André Breton et la question de l'unité du psychisme », *Australian French Studies*, t. XX, n° 1, 1983, p. 50-60.

le non-verbal qui l'emporte et ce sont des ressemblances hallucinatoires et inquiétantes de formes qui sont décrites, sources de « malaise[22] ». À ces états de malaise et de plaisir répondent d'ailleurs, dans une note opposée mais équivalente, les états jubilatoires *et angoissés* devant la peinture élue, devant la forme qui ne peut aisément se mettre en mots, et qui nous fait choisir « les vingt ou trente tableaux dont nous avons fait les seuls rivages heureux de notre pensée – heureux sans y penser, heureux qu'après tout il y ait des rivages[23] ».

Langue du « dire », en revanche, est celle de Michel Leiris dès les premières lignes du *Glossaire*, en 1925 : « *Humain* – la main humide, moite. L'as-tu connue cette main ? », ou « *Rumeur* – brume des bruits qui meurent au fond des rues[24] », en cette langue qu'il déchire à mesure et qu'il nous ouvre au sens – comme le fait aussi Breton dès l'*Introduction au discours sur le peu de réalité*, ou « Il y aura une fois », pour la faire s'épanouir dans les grandes proses des années trente, parmi lesquelles les pages trop oubliées de *Au lavoir noir* – comme la réinvente à son tour le poète de langue maternelle roumaine qu'est Gherasim Luca.

« *Pas pas paspaspas pas*
pasppas ppas pas paspas
le pas pas le faux pas le pas
paspaspas le pas le mau
le mauve le mauvais pas
paspas pas le pas le papa
le mauvais papa le mauve le pas
paspas passe paspaspasse
passe passe il passe il pas pas
il passe le pas du pas du pape
du pape sur le pape du pas du passe
passepasse passi le sur le
le pas le passi passi passi pissez sur
le pape sur papa sur le sur la sur
la pipe du papa du pape pissez en masse
…………………
ne dominez pas vos passions passives ne
…………………
de la neige il est il est né
passionné né il est né
à la nage à la rage il
est né à la né à la nécronage cra rage il
il est né de la né de la néga
néga ga cra crachez de la né
de la ga pas néga négation passion
passionné nez passionném je
je t'ai je t'aime je
je je jet je t'ai jetez
je t'aime passionném t'aime[25]… »

Cette opération inquiétante et grisante, et jubilatoire, qui laisse apparaître le sens dans les trouées du balbutiement, et qui le suscite grâce à ce balbutiement décrit par Gilles Deleuze[26], Luca la décrit, quant à lui, comme une vampirisation (par la langue) du poète lui-même. Le poète, « vampire passif », pour reprendre le titre d'un recueil publié par Luca à Bucarest en 1945, certes s'empare de la réalité alentour pour la rejeter, exsangue, une fois sa faim rassasiée ; mais aussi, à l'inverse (vampire, certes, mais passif), c'est lui qui est saisi à la gorge par la langue, laquelle le rejette sans voix une fois son travail accompli.
Mais ce travail de la langue propre à Luca est tout proche, dans son intention herméneutique, de ce qu'André Breton réalise et désigne comme nécessaire dans quelques-uns de ses textes majeurs : parlons ici seulement du texte « Il y aura une fois », qui après avoir été publié dans la première livraison du *Surréalisme au service de la Révolution*, en 1930, a été repris, symptomatiquement, comme préface, en somme comme art poétique, au seuil du recueil de poèmes *Le Revolver à cheveux blancs* (1932).

[22] Le mot est formulé à la p. 653, dans *Œuvres complètes*, t. I, *op. cit.*; il s'agit ensuite de « balbutiement », de « talent bizarre de prospection » et de « peur » (p. 658), d'expression « si émouvante » et de « chimère » (à la même page), de la « cadence » singulière de la vie, à Nantes, etc., jusqu'à la « panique » qui saisit le narrateur lorsque la dame au gant bleu va donner son gant à la Centrale surréaliste.
[23] A. Breton, « Le surréalisme et la peinture », *La Révolution surréaliste*, n° 6, mars 1926, repris dans *Le Surréalisme et la Peinture*, Paris, Gallimard, 1966, p. 7.
[24] Michel Leiris, « Glossaire », *La Révolution surréaliste*, n° 3, avril 1925, p. 6.
[25] Le poème, dont je cite deux mouvements, a été repris dans *Le Chant de la carpe*, Paris, Le Soleil noir, 1973, puis Paris, Corti, 1986, dans cette dernière édition, p. 87.
[26] Gilles Deleuze, *Dialogues/Gilles Deleuze, Claire Parnet*, Paris, Flammarion, 1977.

« Il y aura une fois » décrit en son centre un décor de théâtre, mais s'il met en place les personnages, il ne laisse rien connaître de leur dialogue, ni de leur histoire. Au contraire, il se suspend au moment où on voudrait bien connaître ce qui va s'ensuivre. Ces pages sont en effet découpées par la typographie en trois grands mouvements, séparés par des blancs. Le deuxième, central, est ce passage à peu près totalement descriptif, dont l'argument se résume de façon simple : je voudrais louer, écrit Breton, une propriété dans les environs de Paris : une trentaine de pièces, des corridors sombres. Un puits mystérieux. Cinq chambres condamnées : un lieu *troué* – inquiétant. Partout, des *manques*. Cela dit, l'histoire est formellement présentée comme une situation exemplaire. Elle échappe aux caractéristiques circonstancielles, pour nous inciter à chercher *l'idée* sous *l'histoire* : « Ce qu'avant tout je veux défendre ici n'est que le *principe* d'une association... » L'histoire est donc doublement « trouée » : par le contenu de la description, par le statut de l'énonciation.

Une glose a ouvert le texte : « Imagination n'est pas don mais par excellence objet de conquête », et, par sa généralisation possible, jouant sur ce « peu de réalité » de la description centrale, elle transforme clairement le noyau médian en fable. Cet argument tranché (« Imagination... ») est en tout cas développé en une image, celle de la cascade qu'une capture par l'homme, et une canalisation, amèneront à libérer de l'énergie hydroélectrique. « C'est tout le problème de l'énergie qui se pose une fois de plus. Se défier comme on fait, outre mesure, de la vertu pratique de l'imagination, c'est vouloir se priver, coûte que coûte, des secours de l'électricité, dans l'espoir de ramener la houille blanche à sa conscience absurde de cascade. » L'absurdité désignée dans la conduite humaine et – par analogie – dans l'activité poétique, c'est une attitude de résistance archaïsante qui consisterait à se méfier de l'électricité, à s'éclairer à la chandelle et à préférer voir la cascade rebondir dans les montagnes plutôt que d'emprisonner cette cascade dans la canalisation de la conduite forcée.

La « morale » conduit donc à refuser une énergie qui brûlerait à ciel ouvert – à l'inverse de l'image si souvent donnée de l'écriture surréaliste – et à faire l'apologie d'une certaine forme de contrainte. Non pas contrainte de la forme, mais contrainte exercée par le sujet sur le sujet de l'écriture. Comme s'il s'agissait de se placer en un *site poétique* où la langue sera nécessairement inventive. « *Placer l'esprit dans la position* qui me paraît *poétiquement* la plus favorable », écrit Breton, afin de ne plus savoir dire que : « Il y aura une fois ».

Le début et la fin du texte constituent donc un art poétique. Dans l'histoire (centrale), sont silhouettées les conditions d'une éthique, et c'est une éthique du risque. Situons notre action relationnelle, affective, ou notre action politique, suggère Breton, dans un site inconfortable, en un équilibre où rien n'est donné d'avance. L'invention de notre vie doit être *difficile* ou ne pas être. Dans les deux positions, celle de l'habitant de la propriété et celle du poète, une contention de l'esprit est souhaitée, en une sorte de retournement violent du temps humain sur lui-même, et surtout dans un langage qui se retourne sur lui-même. La « vie » elle-même est travaillée par le langage, et *c'est le langage humain, s'il est poétique*, qui opère la nécessaire transformation énergétique[27].

Envers violent et luxueux de la langue. Émergeant ainsi d'une poétique qui parlerait de site de pensée, de *travail du sujet* (non pas dans le sens de labeur) et de *travail du signifiant* (dans le sens où on le trouve chez Lacan), toutes problématiques fort loin de la critique usuelle, singulièrement décourageante quand elle s'attache au surréalisme bretonien. Émergeant ainsi d'une philosophie de la langue qu'il faudrait qualifier d'herméneutique, et attachée, comme toute herméneutique, aux effets du signifié *et de l'au-delà* du signifié. La langue chez Breton et ses amis tend vers une « vérité » en instance de dévoilement, car ils savent, en poètes, que l'*étant* (comme on dit chez Heidegger) se comprend à partir de structures d'anticipation et que le langage en est une, majeure. Les poètes sont là pour nous faire apercevoir toujours qu'entre leur dire (*Sagen*) et le parler du langage ordinaire (*Sprechen*) il y a autre chose qu'une différence de qualité : une différence de nature.

Il m'est impossible de penser cette conversion de Breton autrement que dans le renversement que produit chez lui la lecture directe des grands textes de Freud qui paraissent en langue française durant ces années-là. C'est au plus tôt au début de 1927 que Breton peut lire avec l'attention que l'on sait (il prend des notes, qui nous sont restées) ce qu'on appelle alors « La Science des rêves », puis la même année « Le Moi et le Ça », et « Au-delà du principe de plaisir », sous le titre générique *Essais de psychanalyse*, dans la traduction de V. Jankélévitch, enfin, en 1930, la traduction par Marie Bonaparte du *Mot d'esprit et ses rapports avec l'inconscient*, suivi de l'appendice « De l'humour ». Et Breton se jette avec l'ardeur du néophyte dans ces pages dont la convergence ne peut qu'éclater aux yeux, posant comme elles le font la question du langage dans ces expériences humaines singulières que sont le rêve et le mot d'esprit, tandis qu'« Au-delà du principe de plaisir » élabore la notion de « liaison », qui contrôle et modifie singulièrement la perspective du principe de plaisir, et la pensée économique du sujet : il s'y agit de la question de la maîtrise d'une énergie qu'on ne peut plus voir

[27] En une intuition que rejoint Paul Ricœur, pour lequel la vie n'existe que d'être contée, c'est-à-dire prise en charge par une parole qui l'oriente.

comme brûlant à ciel ouvert, de sa *liaison*, non, certes, « en opposition avec le principe de plaisir, mais indépendamment de lui et partiellement sans en tenir compte » (Freud).

Mais alors la langue reçoit un statut premier. Dans un sens herméneutique, où le signifié est placé en première ligne. On voit bien, d'autre part, comment le hasard objectif trouve sa place dans cette révision que je propose. Et comment la pensée phénoménologique n'a plus rien à y faire. Le monde des *étants* qui nous entoure se ressaisit pour l'homme dans le réseau des mots qui l'appréhendent. Il n'y a pas d'antériorité de Samson sur Jeanson dans le système de circulation qui relie Breton pendant quelques jours du printemps 1931 à une série de signifiants, issus du mythe ou de l'histoire, et qui hantent son récit des *Vases communicants*. Il n'y a pas de vérité-correspondance qui relie les yeux « d'eau sur eau » soit à telle dame aux yeux violets de la rue de Palestro, soit à la jeune fille « aux cornichons » ; nulle vérité-correspondance non plus entre les yeux de l'aquarelle de Gustave Moreau et telle femme ou telle autre : il y a un réseau du *dire*, qui est celui du poète. Le paradoxe que met à notre portée le hasard objectif, la source de son émerveillement pour nous, est que, fugitivement, la vie-en-poésie, la vie passionnément aimée, la vie selon la Merveille nous permet de repérer ces coagulations de mots que seuls les grands poètes, croyions-nous, devraient avoir le droit de forger, ces mots qui nous donnent droit à pétrir les événements. Les événements qui nous concernent, ils nous appartiennent, ils n'appartiennent pas à une « vérité » anecdotique. Leur vérité se dévoile à nous dans le cours d'un *dire*, au creux d'une *diction*.
Il est usuel, parlant du hasard objectif, de rabattre sa description sur un comportement magique, sur le mode linéaire causal du « Sésame, ouvre-toi » et la porte s'ouvre. La magie a toujours joué sur la puissance causale de la parole, en un sens étroitement positiviste. De tel effet on peut remonter à telle cause, et, par conséquent : à telle cause, tel effet. Nadja : « "Vois-tu, là-bas, cette fenêtre ? Elle est noire, comme toutes les autres. Regarde bien. Dans une minute elle va s'éclairer. Elle sera rouge". La minute passe. La fenêtre s'éclaire [28]. » La notion de causalité multi-factorielle, ou de causalité circulaire, bien connue des biologistes, semble étrangère à ce phénomène. Or, lorsque André Breton parle de « causalité retorse », dans *Les Vases communicants*, ne prononce-t-il pas une règle épistémologique bien différente ? Et, finalement, cette pseudo-théorie qu'est le « hasard objectif » est-elle autre chose qu'une question ouverte, qui le reste, et qui doit le rester, sur la portée herméneutique de la langue poétique ? La transformer en croyance, ce à quoi se sont employés et les thuriféraires du mouvement et ses ennemis, c'est tout bonnement dénier au *texte* d'André Breton sa qualité poétique.

[28] A. Breton, *Nadja* [1928], dans *Œuvres complètes*, t.I, *op. cit.*, p. 695.
[29] A. Breton, *Les Vases communicants*, II, dans *Œuvres complètes*, t. II, *op. cit.*, p. 168, puis 169.

Lisons, à ce point, trois feuillets que nous avons la chance de reproduire pour la première fois (ill. p. 348). Premières traces notées à la hâte (voyez l'écriture) par André Breton après les quelques semaines hallucinées qu'il a vécues entre le 5 et le 21 avril 1931 et dont il contera l'histoire durant l'été suivant pour la publier comme deuxième partie du livre *Les Vases communicants*, ils portent un titre de pure référence : « les 20 et 21 avril 1931 » et la forme plastique de ces notes est frappante : les mots y sont plusieurs fois simplement juxtaposés et réduits à des signes sans articulation syntaxique, séparés par des virgules ou des points ; de grands ensembles sont regroupés en douze grandes masses, tantôt séparées par des lignes continues, tantôt ressaisies par des accolades et des dessins. Voici donc quelque chose comme le premier « poème-objet » d'André Breton, puisque, remarquons-le, sur la première page, et ce n'est pas indifférent, les formes désignent aussi *du sens*, qui n'est pas nécessairement explicité par des moyens langagiers. On voit les deux accolades : « Le lundi 20 avril 1931, références immédiates : du côté amour, il y avait… » et, plus bas : « Du côté intellect *moins* amour, il y avait (à ma connaissance)… », mais surtout dans la marge, en face de ce qui se passait du côté de l'amour : « l'oubli/l'égale confusion avec les rêves/psychanalysons la réalité », et, plus bas : le schéma répétant ce qui est écrit sur une ligne précédente, « toutes choses égales d'ailleurs », mais le mettant en image, sous forme de cible. De sorte qu'au centre de la cible se trouve le mot dont le signifié désigne un certain vague spatial et une circonstance indéterminée : « d'ailleurs ». Singulier renversement des choses, comme si « d'ailleurs » était porteur de plus de promesses que le « tout ». *D'ailleurs*, qui fait éclater dans l'indifférent la locution adverbiale « toutes choses [étant] égales ». Or cette expression modalisante « toute faite », déposée dans la langue comme une énigme, elle veut dire : « une fois tout ceci pris en considération… », et elle balaie le passé, l'uniformise en situation de causalité ou de *conditionnement vague* de ce qui va advenir désormais.
Or c'est justement dans l'épisode développé pour publication que se trouve pour la première fois le terme de « hasard objectif », attribué à Engels, et l'expression si parlante de « causalité retorse » [29], pour désigner les

phénomènes qui le circonscrivent. Et on voit bien se dessiner le lien entre cet emblème et la causalité circulaire qui est à l'œuvre dans le « hasard objectif », ainsi que le nœud qui a brouillé la linéarité temporelle de la « vie ordinaire ». Il y a plus.

Ce « plus » est du côté du langage qui désigne l'étrangeté des circonstances. Dans ces pages d'avant-texte qui nous proposent une série de mots plus que de phrases, on lit, certes, un répertoire d'index mnémotechniques, ponctué de didascalies pour la « rédaction » qui en reste à faire – « développer (3 pages) » etc. –, mais on peut lire au moins autant un matériau langagier propice aux développements textuels que des « référents », au sens de renvois à un « réel » authentifié par des témoins assermentés [30]. Car le point où s'insère la juxtaposition inquiétante « Samson/Dalila », c'est dans les notes ici reproduites lors de la rencontre avec Parisette, une des femmes les moins égarantes de toutes, et le point où s'insère la remarque concernant les yeux « comme une goutte d'eau tombant dans une nappe d'eau », c'est à propos du « glauque Simone Derlys ». Au lieu que c'est à la « jeune fille aux cornichons » que ces deux notations sont reportées dans le texte publié. La « jeune fille aux cornichons », la première à avoir été approchée de près, la première à avoir suscité un certain émoi : aux avant-postes du texte, comme un exposant qui en qualifie l'ensemble. Et pour souligner ce déplacement, Breton *le poète* écrit : « celle dont elle avait les yeux mais oui, les yeux qui depuis quinze ans n'ont pas cessé d'exercer sur moi leur fascination, la *Dalila* de la petite aquarelle de Gustave Moreau que je suis allé si souvent revoir au Luxembourg [31] », soulignant par la marque énonciative « mais oui » qu'il s'agit là d'une trouvaille du « discours » (comme on dit en narratologie) et nullement d'une « histoire ». Le hasard objectif est un fait de discours et non le récit d'une histoire – nullement un événement qui serait magiquement advenu. On voit bien que Breton est et demeure un écrivain, et que si sa parole est prophétique c'est en tant qu'une parole poétique l'est en sa racine même.

Si « Le Démon de l'analogie » – je parle du poème en prose de Mallarmé – est si proche de l'avènement d'un « hasard objectif », c'est qu'il était déjà interrogation, émerveillement, fait de discours : « Je m'enfuis, bizarre, personne condamnée à porter probablement le deuil de l'inexplicable Pénultième. » C'est l'auto-ironie du mot « bizarre » qui nous alerte.

On trouverait une position philosophique tout à fait comparable par rapport au langage, posant en principe son primat pour redéfinir « la réalité » en fonction de lui, dans les déclarations, et les marques propres à l'écriture, de l'autre écrivain majeur qui, en France, fonde le surréalisme avec André Breton, je veux parler d'Aragon. Seulement, chez lui, tout le débat, entièrement diagonal par rapport à l'herméneutique bretonienne, se situe dans le jeu des *différences* entre signifiants, dans le cadre d'un structuralisme entendu au sens philosophique, traitant du rapport entre la langue et « le monde [32] ».

Aragon décrit moins dans son expérience d'écrivain l'extraordinaire efflorescence du signifiant que le jeu de constantes différences et différenciations dans son élaboration (*Je n'ai jamais appris à écrire ou les Incipit*). Système tonal développé en réponse à l'appel d'un diapason : tel est l'*incipit*. Décalage en *glissando* des signifiants : tel est le pastiche. Découpage à l'emporte-pièce de morceaux textuels écrits par d'autres, et dont les bords travaillent ceux qu'on est en train d'écrire : tel est le collage.

Et on voit bien ce qui a changé chez Aragon, depuis *La Défense de l'infini* et les prestiges archaïques d'une langue babillée et de la terre mâchonnée. La conceptualisation par Aragon, tardive, comme l'évolution de la pensée mettent en avant désormais ce qui, dans l'articulation et l'invention des langues, est effet indéfini de contrastes, sans que les termes ou les bornes soient à examiner en eux-mêmes. Voici, dans *Blanche ou l'Oubli*, que surgit une histoire d'arrachage de trèfle entre les pavés, qui met en scène l'arrachement des syllabes à telle langue puis à telle autre, et c'est un arrachement malgré tout heureux des mots de la langue : la terre, se retournant, et de noire devenant presque « blanche », devient lieu de parole et lieu de répit de la souffrance d'être seul.

« Je ne sais pourquoi ma chanson de bataille se faisait d'un murmure par quoi, pour moi seul, je désignais la chose à examiner, c'est-à-dire cette plantation isolée des pavés voisins sur trois côtés, d'un mot russe qui n'a aucun rapport avec le mot trèfle, et sonorement une parenté vraiment à la mode de Bretagne, par son premier phonème qui n'est pas trёf, *mais* traf, *le mot* trafaret, *qui signifie pochoir, modèle ou poncif à votre choix [...]. J'arrache la banalité, le poncif. »*

Ce qui est en question, c'est « le cheminement des mots, leur façon de s'accrocher les uns aux autres, en dehors du vocabulaire d'un langage reconnu, défini, colmaté, pour constituer un individuel parler de Sioux » ; il faut laisser pousser « ces buissons de mots qui s'accrochent entre eux » [33]. Le sujet écrivant est gouverné par son bavardage : le système de pensée d'Aragon élude la pensée du sujet. De leur côté, les choses ou les êtres qui seraient désignés par effets de référence deviennent le cadet de ses soucis.

[30] C'est pourquoi je trouve malencontreux de mentionner « l'exactitude scrupuleuse avec laquelle Breton consigne le donné de l'existence » (*Œuvres complètes*, t. II, *op. cit.*, notes, p. 1403).

[31] A. Breton, *Les Vases communicants*, *ibid.*, p. 155-156.

[32] Une enquête sur les philosophies de la langue dans le surréalisme ne pourrait s'élaborer sans approfondir l'apport de Paul Ricœur, notamment *Le Conflit des interprétations. Essais d'herméneutique*, Paris, Éditions du Seuil, 1969.

[33] Aragon, *Blanche ou l'Oubli* [1967], Paris, Gallimard, coll. « Folio », 2000, p. 444.

Qui était Blanche ? Pour y répondre, qu'on m'amène une Marie-Noire (personnage de papier). La langue du romancier, comme celle du poète, n'est plus que système de différences, qui ne connaît pas de termes absolus, et qui n'a rien à faire des signifiés.

Au lieu que la métaphore qui signe chez Breton l'aventure de l'écriture du dire est la métaphore de la « conduite forcée », dans la violence d'un désir qui fait rebondir les mots les uns contre les autres et désigne le site d'où procède la cascade maîtrisée de la langue, chez Aragon on retourne les mots *fébrilement* sur la page. On écorche les mots les uns contre les autres. Métaphore de la sexualité dans sa version orale, qui souffle sur les mots (« Nous sommes les vaporisateurs de la pensée »), métaphore de l'écorchement, qui tend à faire apparaître la lisière, le fil, la charnière ou la jointure labile des mots entre eux, pour des reconstitutions aléatoires, en « buissons ».

ENVERS DES MOTS ET DU MONDE : LES MYTHES ? C'est à la fable des « Grands Transparents [34] » qu'il faudrait revenir. Nous dit-elle, cette fable, qu'il faut fuir la réalité ? Certes non, mais combien il est urgent de construire le *patron* d'une autre société. Nous incite-t-elle à raconter une histoire stupéfiante ? Non, cette page mythique n'a rien à voir avec la science-fiction, car elle n'est ni descriptive, ni narrative. Ce qu'elle dit, peut-être, c'est combien il nous faut porter au-dedans de nous la métaphore du futur. L'attaque du texte nous trompe quelque peu : « L'homme n'est peut-être pas le centre, le point de mire de l'univers... ». Le refus d'anthropocentrisme et une sorte de relativisme généralisé seraient-ils toute l'histoire des Grands Transparents ? Or ce qui frappe, c'est justement qu'il n'y a pas d'histoire. Pas plus qu'*Il y aura une fois* ne racontait ce qui se passait dans le château bizarre que Breton se promettait de louer. Suspendu au bord du récit, mais *sans* récit, ce texte est une invite à raconter, à prendre la relève du récit. Il n'est même peut-être qu'*invitation à, incitation* à, jusques et y compris dans la phrase centrale du texte, qui est pompeuse, assertive, et fortement séductrice : « Il n'est pas douteux que le plus grand champ spéculatif *s'offre à* cette idée. »

Or cette réflexion est orientée. Si l'on se détourne ou se méfie de la vue en tant que permise par l'organe de l'œil, c'est au profit d'une appréhension hallucinée, seule visionnaire des choses. On connaît bien cette thématique depuis la page d'attaque du *Surréalisme et la Peinture*. Cette méfiance envers la vue est donc doublée par deux valorisations : on valorise, on survalorise, dans les formes, leur surgissement premier dans cet *entre-deux* entre *notre* moi et *leurs* énergies. Une première lecture de la page des Grands Transparents nous fait désigner les formes des choses comme des « artefacts », des apparences. Sur la base des récentes théories de la matière comme énergie, à la même époque, Matta [35], comme avant lui Duchamp [36], construisent leurs rêveries, tandis que Breton en revient finalement plutôt, quant à lui, au Diderot génial de la *Lettre sur les aveugles* [37].

Comme chez Diderot, *l'homme* est chez Breton mis en situation de devoir repérer dans la transparence de l'air des indices de l'inconnu, et d'imaginer des êtres différents de lui – en face desquels il faut peut-être même se défendre. L'homme (moi, nous) est placé dans la situation de l'aveugle-né dont parle Diderot. Lui est entouré d'ombre, nous d'un air transparent. De même que l'ombre est trompeuse pour l'aveugle, la transparence de l'air autour de nous n'est peut-être qu'un effet de la réflexion de ce même élément. Les objets sont des accidents de parcours obligés, susceptibles de toutes les fluences dans la définition de leurs limites.

Ainsi Breton en appelle, plutôt qu'à une rêverie sur l'idée d'apparence ou de *passage*, à la rêverie sur une *anamorphose généralisée.* Car si nous faisons intervenir l'idée de temps et de subjectivité, alors les formes appréhendées par notre regard peuvent devenir les *projections* de formes venues d'ailleurs.

Et Breton ne peut s'empêcher d'ailleurs de décliner cette rêverie sur les formes en la tressant avec les mots. Dans le catalogue de « First Papers of Surrealism », datant de la même année 1942, à New York, Breton nous amène à rêver sur les mythes : dans son titre *De la survivance de certains mythes et de quelques autres mythes en croissance ou en formation*, apparaît la mention « mise en scène d'André Breton ». La série culmine sur les trois derniers, Rimbaud, le Surhomme, enfin les Grands Transparents. On peut y lire une forme, et ce serait ici, la forme du Temps, celle d'une série orientée qui nous conduit à travers tous les grands mythes existants, de l'Âge d'or à l'or du temps. Mais, surtout, le Grand Transparent est ici représenté comme un géant androgyne dont le ventre porte, en transparence, le jeune Orphée. Les images soudain semblent être là pour donner forme au mot, ou pour susciter un mot-clé : ici le syntagme « Grand » (géant) comme parent et même transparent. Comme le noyau du rêve chez Freud, le mythe chez Breton est aussi un rébus.

Retour au texte de *VVV*. La suspicion à l'égard de la vue se double, en sus, d'une valorisation de l'imagination heuristique. Le monde inconnu est ouvert à la force hypothétique de notre esprit. C'est pourquoi, selon ma lecture, André Breton dit exactement la même chose que Georges Bataille dans le texte du catalogue de

[34] André Breton, « Prolégomènes à un troisième manifeste du surréalisme ou non », *VVV*, n° 1, 1942 ; repris dans toutes les éditions des manifestes et dans les *Œuvres complètes*, t. III, *op. cit.*

[35] Roberto Matta : « Une morphologie psychologique serait le graphique des idées. Elle devrait être conçue avant que les images optiques nous donnent une forme des idées », *Entretiens morphologiques*, Notebook n° 1, 1936-1944, Londres, Sistan, 1987, p. 70.
Le texte poétique que Matta avait publié dans *Minotaure*, n° 11, 1938, « Mathématique sensible. Architecture du temps », disait-il quelque chose de ce genre ? On peut se le demander : « Il s'agit de découvrir la manière de passer entre les rages qui se déplacent dans de tendres parallèles, des angles mous et épais ou sous des ondulations velues à travers lesquelles se retiennent bien des frayeurs » (p. 43).

[36] « N'importe quelle forme est la perspective d'une autre forme, selon certain point de fuite et certaine distance. » Note de la *Boîte verte*, parue en 1934.

[37] Breton s'y réfère deux fois, dans deux textes datant de l'année 1942, l'un récemment publié dans le beau livre élaboré par Matta, et c'est une note de Breton envoyée à Matta durant la première moitié de l'année, l'autre dans « Genèse et perspective artistiques du surréalisme », le texte que Breton écrit pour *Art of this Century*, le livre-catalogue de Peggy Guggenheim (octobre 1942), repris dans *Le Surréalisme et la Peinture* : « Si tous les corps ne sont pas autant de miroirs, c'est par quelque défaut dans leur contexture, qui éteint la réflexion de l'air...
C'est apparemment le fond de la toile, l'épaisseur de la couleur et la manière de l'employer qui introduit dans la réflexion de l'air une variété correspondant à celle des formes », et dans « Genèse et perspective... » : « Et qu'est-ce à votre avis que des yeux ?, lui dit M. de...
C'est, lui répondait l'aveugle, un organe sur lequel l'air fait l'effet d'un bâton sur ma main [...]. Cela est si vrai, continua-t-il, que, quand je place ma main entre vos yeux et un objet, ma main vous est présente, mais l'objet vous est absent. La même chose m'arrive quand je cherche une chose avec mon bâton, et que j'en rencontre une autre. »

l'exposition de 1947 titré « L'Absence de mythe » : dans cette absence que suggère Bataille, « *la pâle transparence de la possibilité est en un sens parfaite* ». Le mot transparent est le même, mais il est un substantif abstrait chez Bataille, l'idée seule est exprimée chez ce dernier, au lieu que Breton *met en scène* l'idée en la transformant en des conditions relationnelles. Sur la scène, deux personnages : l'homme et le monde. Entre les deux, chargée de toutes les possibilités et de toutes les menaces, la transparence de l'air.

Enfin, quel est l'enjeu de ce spectacle ? Notre force offensive (et non pas seulement défensive) est dans notre volonté de conquête intellectuelle. L'appât intellectuel qui nous est tendu par ce texte est celui que les Pères de l'Église désignaient du mot de *libido sciendi*. Quand on sait *tout* du monde qui nous entoure, et que notre vue a fait le tour des choses, il reste encore à interroger la racine inconsciente de notre *goût* pour désigner et pour apprendre : c'est la *libido*. La transparence de l'air nous sollicite. Il serait *insupportable* de ne pas imaginer les Grands Transparents.

C'est ainsi que cette conquête sur l'inconnu est aussi lucidité sur la *libido* elle-même. Comme l'écrit Guy Rosolato, « L'invisibilité des Grands Transparents est avancée pour mettre en valeur le caractère inconscient du fantasme, où les parents, restant transparents, sont la métaphore d'une puissance qui, tout en pouvant prendre des aspects cosmiques ou ésotériques, n'est autre que celle de l'inconscient lui-même dans ses potentialités de désir [38] ». Quant à « trans », lisons-le aussi comme « transe ». Rosolato cite Breton : « L'acte d'amour, au même titre que le tableau ou le poème, se disqualifie si de la part de celui qui s'y livre, il ne suppose pas l'*entrée en transe* [39]. »

Cette transe a vocation de s'élargir en orbe contagieuse. L'adjectif « Grands » dit cela. Et si l'on met entre parenthèses « trans », on retrouve, dit Rosolato, « grands-parents », étagement de trois générations qui fonde toute généalogie. Dès lors, si le « mythe » des Grands Transparents implique toutes ces lectures, jusqu'à la reconnaissance de la *libido* et l'appel à la *libido sciendi*, je trouve que ce mythe répond parfaitement à la caractéristique d'être un mythe « ouvert » car, s'il est un magnifique mythe de *toutes les formes possibles*, il n'est aussi que la *forme* d'un mythe.

Au renversement du monde, le surréalisme ajoute une interrogation absolument moderne – post-freudienne, évidemment – sur le verbe, sur le mot, sur la langue. Mais l'essentiel est de commencer à deviner que l'on ne peut plus confondre texte surréaliste et texte « automatique », entre autres raisons parce que « l'automatisme absolu » dit tout autre chose, et demande à être pensé – ni écraser les différentes philosophies de la langue qui dans le domaine surréaliste, et dans la durée de son développement, se croisent, se contredisent et se chevauchent. Pour les embrasser toutes, on aimerait pouvoir proposer une bannière superbe et unique, par exemple celle de « nominalisme absolu » lancée, avec quel talent ! par Aragon. Mais las ! Le mot est repris avec humour par Michel Leiris, pour nous décontenancer : « Épris des mots [...], j'étais [...] un adepte de cette doctrine [...] : le nominalisme, dans lequel je voyais (plus que tendancieusement, je m'en suis rendu compte plus tard) une affirmation de la toute-puissance du langage plutôt qu'une négation des idées générales, réduites à n'exister que dans les vocables qui en sont les signes [40]. » Oui, tout cela est à la fois drôle et léger, et un peu moins simple qu'on ne l'aurait cru.

[38] Guy Rosolato, « Les Grands Tranpagents : de la scène originaire au mythe de création », repris dans *Pour une psychanalyse exploratrice dans la culture*, Paris, Presses universitaires de France, 1993, p. 163.
[39] A. Breton, *Arcane 17* [1944], dans *Œuvres complètes*, t. III, *op. cit*, p. 107.
[40] M. Leiris, *Langage tangage*, Paris, Gallimard, 1985, p. 103-104.

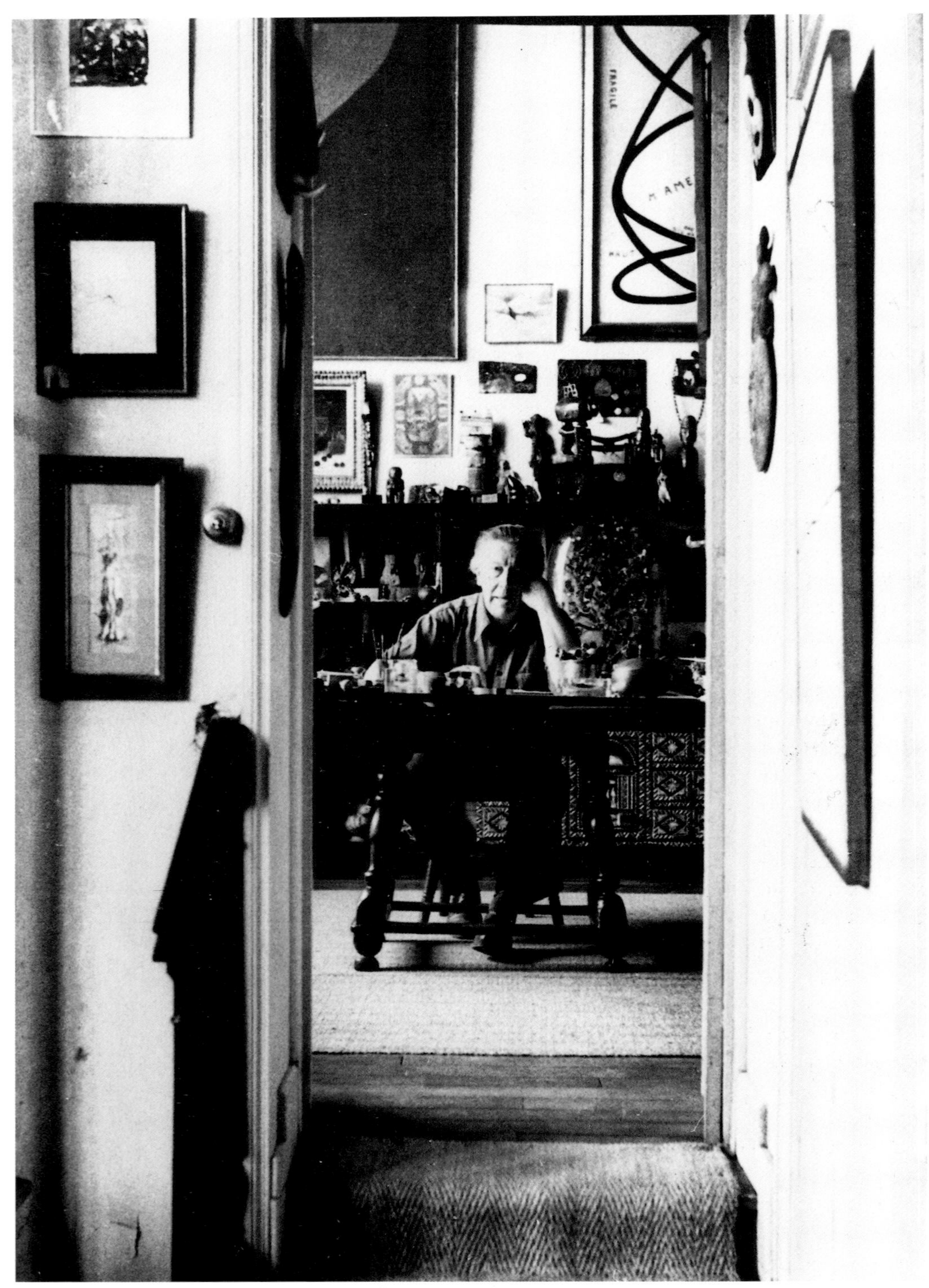

André Breton dans son atelier
de la rue Fontaine, Paris.

Un réalisme ouvert et fermé à la fois

WERNER HOFMANN

La grande affaire d'André Breton, ce fut la proclamation de la position-clé qui revenait de droit, selon lui, au surréalisme. L'écrivain n'eut de cesse d'étendre toujours plus largement le cercle de son mouvement, sans en restreindre pour autant la capacité prométhéenne de transformation. Dans son essai « Limites et non-frontières du surréalisme », paru en 1937 dans *La Nouvelle Revue française*, Breton définit le surréalisme comme un « réalisme ouvert », et en fait le partenaire d'un « rationalisme ouvert », qu'il observait dans positions des sciences naturelles qui lui paraissaient hérétiques [1].

En Europe, les signes étaient ceux de la confrontation : le conflit se déclarait d'une part dans la guerre civile espagnole, de l'autre, dans l'Exposition universelle de Paris (1937) – mise en scène où s'affrontaient, à la manière d'une exhibition idéologique, les pavillons triomphalistes de l'Allemagne et de l'Union soviétique. Mais, simultanément, certaines positions de l'intelligentsia parisienne, à la veille de la Seconde Guerre mondiale, manifestaient le besoin de soutenir les avant-gardes, qui avaient pris de l'âge sans rien sacrifier de leurs élans, par des traditions plus anciennes, canoniques. Daniel H. Kahnweiler travaillait à cette époque à sa monographie sur Juan Gris, qu'il acheva pendant les années vichyssoises dans sa retraite de Saint-Léonard-de-Noblat, et que Gallimard publia en 1947. En dotant le cubisme de la dignité d'une théorie classique de l'art, Kahnweiler mit à profit l'occasion pour rédiger une *Aestetica in nuce*, ouvrage qu'un lecteur consultera avec intérêt encore aujourd'hui. Disciple de Kant, Kahnweiler éprouvait de la méfiance à l'endroit des mouvements organisés ; il y pressentait en effet « la soumission à la volonté d'un chef ambitieux », allusion sans équivoque à Breton. Le critique contestait surtout la prétention du surréalisme à détenir le monopole de la peinture poétique, qu'il concevait quant à lui – prenant pour exemple l'œuvre de Juan Gris – comme un « lyrisme plastique [...] de formes, non d'idées ». Pour Kahnweiler, l'activité artistique a toujours oscillé entre lyrisme romantique et rigueur formelle (celle du cubisme, en dernière occurrence), mais l'auteur se gardait bien, pour éviter toute valorisation, de ranger le surréalisme du côté du pôle romantique. (On ne manquera pas de percevoir, dans cette polarité, certains schémas de pensée allemands.)

Les surréalistes étaient-ils en somme les romantiques du XXe siècle ? À première vue, les aspects sont nombreux qui parlent en faveur de ce rapprochement, surtout si l'on convoque les critères que Kahnweiler reconnaît aux romantiques, tout en les refusant aux surréalistes. Pour les romantiques, affirme Kahnweiler, l'œuvre d'art ne possède pas de valeur propre. Elle n'est pas parfaite en soi, elle ne se constitue pas en « une vérité fixe, stable et impérissable », et se situe donc en dehors de la tradition néoplatonicienne, introduite dans le monde chrétien, selon Kahnweiler, par saint Augustin. Les surréalistes n'entendent nullement y souscrire, car ce qui leur importe, c'est la résolution des problèmes vitaux essentiels, « la distraction d'art [2] » étant refusée en tant que relique bourgeoise. Pourtant, l'artiste romantique fraie de nouvelles voies d'incertitude que nous considérons aujourd'hui comme des bénéfices formels : il risque la mutilation et la destruction de son œuvre. Kahnweiler cite Tieck (*Le Chat botté*) et Grabbe (*Plaisanterie, satire, ironie et signification profonde*). Breton, de son côté, incorpora Grabbe à son *Anthologie de l'humour noir*.

Les affinités des surréalistes avec les romantiques allemands ne sont certes pas mon propos ; je ne saurais cependant m'interdire de relever certains indices qui attestent que la pratique surréaliste

[1] Voir André Breton, *La Clé des champs*, Paris, Le Sagittaire, 1953 p. 17.
[2] Id., *Second manifeste du surréalisme*, dans *Œuvres complètes*, t. I, Paris, Gallimard, coll. « Bibl. de la Pléiade », 1988, p. 785.

– consciemment ou non, la question n'est pas là – se laisse légitimer par des préceptes que nous rencontrons chez Novalis ou chez le jeune Friedrich Schlegel [3]. L'un et l'autre défendent une auto-démonstration sans réserve. « L'artiste qui ne fait pas le sacrifice entier de lui-même n'est qu'un valet inutile » (F. Schlegel) ; ils plaident pour les « mélanges piquants » : « Tous les hasards de notre vie sont des matériaux dont nous pouvons faire ce que nous voulons » (Novalis). Il n'est pas jusqu'à Goethe lui-même, pourtant aux antipodes, qui ne soit généreusement pris en compte, parce qu'il s'entendait à relier de petits incidents sans importance à des « événements plus essentiels ». Ce « tour de main » transforme les hasards de la vie quotidienne en jeu « qui se ramène, comme tous les jeux, à la surprise et à l'illusion ». En élevant leur singularité au rang d'étalon universel, les romantiques trônaient déjà sur le piédestal de présomption qui allait ériger les surréalistes en juges de leurs contemporains : « Le genre poétique romantique est le seul qui soit plus qu'un genre et qui soit en quelque sorte l'art même de la poésie : car dans un certain sens, toute poésie est ou doit être romantique » (Schlegel).

Il fallut qu'un siècle s'écoule avant que le rêve, le merveilleux et la manifestation de « mélanges piquants », portés par le jeu et le hasard, puissent s'introduire subversivement dans la pratique artistique pour anéantir les sacro-saintes normes du goût. Quand Rimbaud proclamait son amour des « peintures idiotes [4] » et que Lautréamont postulait le nouveau concept de beauté [5] auquel devaient se référer par la suite les surréalistes, il s'agissait de protestations à huis clos ; lorsque le Salon des incohérents [6] se fit remarquer à Paris par ses « mélanges piquants », personne ne prit la plaisanterie au sérieux. La peinture considérée comme « surface plane » (Maurice Denis) homogène n'était pas mise en péril par ces procédés. On dut attendre Apollinaire et sa proclamation de 1913 : « On peut peindre avec ce qu'on voudra, avec des pipes, des timbres-poste, des cartes postales ou à jouer, des candélabres, des morceaux de toile cirée, des faux-cols, du papier peint, des journaux [7]... ». L'heure avait alors sonné pour l'expansion de la « surface plane » vers les aventures de la matérialité hétérogène des papiers collés et du collage.

[3] Les citations qui suivent sont tirées de *Athenäeum*, la revue éditée à Berlin par les frères Schlegel.
[4] « J'aimais les peintures idiotes, dessus de portes, décors, toiles de saltimbanques, enseignes, enluminures populaires... » (Arthur Rimbaud, « Alchimie du verbe », dans *Une saison en enfer*, *Œuvres complètes*, Paris, Gallimard, « Bibliothèque de la Pléiade », 1954, p. 232).
[5] « [...] beau comme [...] la rencontre fortuite sur une table de dissection d'une machine à coudre et d'un parapluie ! » (Lautréamont, *Les Chants de Maldoror*, dans Lautréamont et Germain Nouveau, *Œuvres complètes*, Paris, Gallimard, « Bibliothèque de la Pléiade », 1970, p. 224, chant sixième, strophe 3).
[6] Voir Luce Abélès et Catherine Charpin, *Arts incohérents, académie du dérisoire*, Paris, Réunion des musées nationaux, « Les dossiers du Musée d'Orsay », 1992.
[7] Guillaume Apollinaire, *Les Peintres cubistes, Méditations esthétiques*, Genève, Pierre Cailler, 1950.

LE MUR DE L'ATELIER : UNE « FORÊT DE SYMBOLES » Inscrire le surréalisme sous l'égide de la pensée romantique ne saurait cependant suffire à en rendre compte. Breton pensait de façon plus large et plus complexe et, surtout, il pensait en termes d'hégémonie. Il concevait le surréalisme comme un contre-projet à toutes les structures établies de l'art et de la pensée, de la morale bourgeoise et de ses institutions politiques. Il transposa donc sa conception du monde dans un état de flottement dialectique qui rendait impossible l'établissement d'« un sens uniquement destructeur ou constructeur » : « la construction et la destruction cessent de pouvoir être brandies l'une contre l'autre. »[8] Muni de telles armes, Breton voulait intégrer à son mouvement psychanalyse et dialectique hégélienne, aussi bien que marxisme, trotskisme et fouriérisme. Et plus encore : sans s'effrayer, il projeta de jeter un pont en direction des sciences naturelles qui se refusaient à la doctrine cartésienne. Il voyait dans « la géométrie non-euclidienne, la mécanique non-newtonienne et la physique non-maxwellienne » les garants d'un « rationalisme ouvert » dont il entendait faire l'allié de son « réalisme ouvert » [9], derrière lequel se dissimule déjà l'*opera aperta* d'Umberto Eco.

Toutes ces dénégations minent les fondements du système cartésiano-kantien et annoncent un changement de paradigmes qui a valeur de révolution copernicienne. Jean Starobinski le décrit en ces termes : « Descartes abolissait le monde des qualités et de la magie, pour inaugurer celui de la technique et de la science (où tout se fait par figure et mouvement), Breton chemine à rebours, tournant le dos au monde de la technique pour revenir à la magie, c'est-à-dire à la toute-puissance du désir [10]. » Pourtant, le complexe de « magie » ne saisit à son tour qu'une seule des nombreuses strates de la pensée surréaliste. Ses voies ne cheminent pas au hasard, elles sont dialectiquement structurées. Prenons par exemple la relation de Breton avec la « pensée allemande ». Elle se développe suivant deux pôles et n'inclut pas seulement le premier romantisme d'Iéna, mais « la ligne culturelle sur laquelle se situent avec un éclat unique les noms de Hegel, de Feuerbach, de Marx et d'Engels [11] ». Lorsque Breton et Eluard formulèrent ce constat en 1935, avec des amis tchèques, ils avaient en vue l'entièreté de l'héritage culturel qu'il s'agissait, avec la partialité marxiste, d'arracher à la bourgeoisie, dans le but de « libérer l'homme de toutes ses chaînes ». Un an après la signature de cette déclaration, les procès de Moscou commençaient.

C'est précisément parce qu'ils enregistraient sans illusion la barbarie de l'État hitlérien que les surréalistes pouvaient se référer à cette Allemagne « d'où tout ce que nous pouvons penser de plus *nous-mêmes* est venu et reviendra [12] ». Ainsi s'exprime Breton dans son essai « Le merveilleux contre le mystère » (1936), où il fait l'éloge du merveilleux qui se révèle à quiconque pratique « la loi de l'abandon » – « en cet abandon

[8] A. Breton, *Second manifeste du surréalisme*, dans *Œuvres complètes*, t. I, *op cit*, p. 781-782.
[9] Id., *La Clé des champs*, *op. cit.*, p. 17.
[10] Jean Starobinski, « L'autorité suprême » *André Breton et le mouvement surréaliste*, *La Nouvelle Revue française*, n° 172, 1967, p. 811.
[11] Maurice Nadeau, *Documents surréalistes*, Paris, Le Seuil, 1948, p. 288 et 389.
[12] A. Breton, *La Clé des champs*, *op. cit.*, p. 12.

résidant la seule source de communication éternelle entre les hommes». Face à l'autodestruction de l'Europe qui s'annonce, Breton pense de manière universelle.

Dès lors, il ne pense pas en termes eurocentristes, au contraire: la tradition occidentale lui offre l'image d'une créativité mutilée, sans liberté. La responsabilité en incombe à deux puissances et à leurs prétentions d'autorité envers lesquelles Breton ne saurait faire preuve d'aucune indulgence. Pour lui, la «religion judéo-chrétienne» est «l'ennemie acharnée de l'homme», tout comme il accuse (dans son article «Triomphe de l'art gaulois») l'anthropocentrisme des Grecs et l'esprit rationaliste latin d'en être les tuteurs: ils empêchent la faculté d'imagination d'accéder aux «forêts de symboles» (Baudelaire) que les surréalistes et les tenants de l'abstractionnisme seront les premiers à redécouvrir[13]. Voilà donc désignés les deux territoires de l'art auxquels Breton refusera l'accès à son fameux mur d'atelier: l'art de la puissance ecclésiastique romaine et le diktat académique de goût du «Beau idéal».

Le mur de cet atelier réunit les multiples aspects de la conception de l'art selon Breton en une synthèse ouverte – ce n'est pas un complexe clos, parfaitement composé, mais un *work in progress*, qui témoigne de plusieurs décennies passées à collectionner et choisir[14]. Ce que Breton a rassemblé sur ce mur est le résultat d'innombrables rencontres, flâneries, voyages et promenades aux marchés aux puces, la somme visible de situations où quelque chose se présente inopinément à l'œil de celui qui furète.

Le regard du spectateur est incité à se frayer lui aussi des chemins divers. Il tombe sur des masques, encore des masques, sur des statuettes, des boucliers, des boucles d'oreille, des crânes, sur des bijoux et des lunettes solaires esquimaux, des amulettes égyptiennes, une pipe à trois têtes et une roue ovale, sur des massues, des hachettes, des cuillères, des calebasses, des cristaux, des boomerangs et un tomahawk… Au milieu de cet épais fourré, les marques du grand art européen – elles sont à peine deux douzaines – font l'effet d'éclats égarés, quand elles n'apparaissent pas comme d'étranges créatures polymorphes et polysémiques, le «coin de chasteté» de Duchamp par exemple, ou la «boule suspendue» de Giacometti. Accrochés au mur, deux gouaches de Hugo, une nature morte du Douanier Rousseau, un Kandinsky et un Picasso, ainsi que *LHOOQ* de Picabia, qui fait penser à une figure d'exorcisme magique et domine le mur avec deux boucliers océaniens et la *Tête* de Miró.

[13] Voir le cat. d'exposition *André Breton. La beauté convulsive*, Paris, Centre Georges Pompidou, 1991, p. 406 et 413.
[14] Voir le dépliant *L'Atelier d'André Breton*, Paris, Centre Georges Pompidou, 1999.

LE CHOC DU TOUT AUTRE Je simplifie le spectre de perceptions et d'associations offert par le mur de l'atelier de Breton en lui empruntant la dialectique de deux stratégies opposées. La première se laisse interpréter comme ouverture et abolition des limites, la seconde comme DÉLIMITATION et DISSIMULATION hermétiques. Proximité et distance, systole et diastole ne se contredisent pas, elles sont imbriquées l'une dans l'autre comme les figures inverses de la psychologie de la perception.

Au premier regard, on constate une juxtaposition déconcertante: ce n'est pas une forêt mais un fourré de symboles – des mélanges (mais pas des mélanges piquants!) qui ne révèlent aucune systématique formelle ou iconographique. Une tendance centrifuge se fait jour derrière le caractère manifestement provisoire de la constellation. Le fourré pourrait proliférer en tous sens. Un refus est corrélé à cette ouverture en expansion. Il s'adresse aux normes eurocentristes, telles qu'elles furent érigées en loi par l'esthétique de la raison de l'esprit latin. C'est sur elles que se fondait, depuis le début des temps modernes, la suprématie de ces conventions qu'Apollinaire considérait déjà comme dépassées: «les illusions optiques et les proportions locales». Le simple fait que le mur de l'atelier ne comporte qu'un petit nombre de tableaux encadrés (des dessins et des peintures de chevalet) atteste que la perception de Breton ne se satisfait pas du seul «plaisir désintéressé». Contre Kant, il se prononce pour des réalités artistiques potentiellement instrumentales, qu'il rencontre surtout dans la troisième dimension: sculptures, bijoux et objets de culte, instruments et trouvailles curieuses, qui ne sont pas plus marqués les uns que les autres par le canon esthétique méditerranéen. On ne saurait pourtant les ranger parmi ces «formes métaphysiques» qu'Apollinaire voyait apparaître dans la nouvelle peinture vers 1910, et à partir desquelles il concluait à l'avènement d'un grand art qu'il n'hésitait pas à qualifier d'«art religieux».

Breton remonta encore bien plus haut, jusqu'au mythe et à la magie considérés comme origines d'où procède (sans jamais s'en affranchir totalement) l'art confessionnel religieux. Il s'abandonna à la fascination que recèle la matérialité tridimensionnelle du totem, du fétiche et des masques. Dans le sortilège matériel de ces figures, il soupçonne que se dissimulent des puissances actives qui attirent à elles nos espoirs et nos peurs. Ce n'est pas en tant que fictions, mais comme chiffres d'un pouvoir de vie et de mort que ces objets exercent leur magie. Breton restitue à l'art prétendu primitif formalisé dans les musées la force originelle qu'il perd dès lors qu'on le considère comme artefact. Il renouvelle le choc du TOUT AUTRE que Picasso éprouva la première fois qu'il se trouva devant des sculptures de l'Afrique noire[15]. Spontanément, Breton les ressent autrement que les œuvres figuratives des Chaldéens et des Égyptiens – comme des objets magiques justement, comme formes en acte de l'exorcisme apotropaïque. Gauguin se dresse là-derrière, une figure tutélaire qui impressionna profondément Breton lorsqu'il visita la grande rétrospective que le Jeu de Paume lui consacra, en 1949[16].

Comme son occupant, le visiteur de l'atelier se trouvait plongé « dans un tumulte de créatures congelées, dont chacune exige, sans l'obtenir, l'inexistence de toutes les autres ». Paul Valéry écrit ces mots en 1923 – non pas à propos de l'atelier de la rue Fontaine, mais en raillant, dans la formulation la plus délicieuse jamais exprimée, le musée d'art considéré comme « maison de l'incohérence[17] ». Ce que Valéry reproche au temple prétentieux du musée – arbitraire et séparation d'avec la vie – c'est exactement ce que Breton, à la même époque, détourne et revalorise positivement. Pour lui, l'incohérence constitue la basse continue spontanément projetée, le lien vital qui réunit tous les objets. Comment cette action s'accomplit-elle ? Je ne saurais l'expliquer autrement que par l'aura qui emplit toute la pièce. C'est l'espace de travail – et donc de vie – d'un intellectuel ; les objets et tableaux accrochés au mur sont en symbiose avec les livres et les cartes, les documents et les manuscrits. Tout cela fait partie de l'habitus de l'homme André Breton, représente la signature matérialisée (et chiffrée) de sa pensée, de ses désirs et de ses actes. Pareillement inscrit dans la vie quotidienne, ce qui se réalise, c'est le rêve du jeune Marx utopiste, pour lequel Camus inventa, dans *L'Homme révolté*, la plus concise des formules : « la beauté sera vécue, non plus imaginée[18] ».

Tout instructive qu'elle soit, la reconstruction muséale de l'atelier, fût-elle la plus minutieuse, est forcée de renoncer à cette aura, à l'authenticité du « vécu ». Autrement dit : l'espace du musée reste fermé au *genius loci*.

UN ANTI-MUSÉE IMAGINAIRE De quoi cette « beauté vécue » est-elle faite ? Ce n'est pas la beauté convulsive sans cesse revendiquée par les surréalistes, ni les « mélanges piquants » qui nous surprennent dans les cadavres exquis, ni la perturbation que réclame Max Ernst, ni l'art qui, selon un mot de Lautréamont « doit être fait par tous ». De toutes ces négations, il ne résulte pourtant pas de contre-projet univoque, car le mur d'atelier est une création totalement dialectique, qui contient, pour chaque proposition, une ou plusieurs propositions contraires – et, parmi celles-ci, perturbations et convulsions aussi bien.

La syntaxe des moyens d'expression est particulièrement rigide et hermétique, sèche et « archaïque », mais on ne saurait lui emprunter aucune table de lois. Le mur de l'atelier, en intégrant les produits de l'imagination à la vie quotidienne, est un anti-musée imaginaire, donc un contre-projet aux cloisonnements esthétiques de Malraux. Perdue dans le fourré de plus de deux cents objets, la *Boîte en valise* de Duchamp, cette parodie du culte muséal de l'objet et de l'originalité, est pour ainsi dire le noyau, le reliquaire à rebours autour duquel tout se déploie pêle-mêle. Mais ce magasin de curiosités – comment ne pas songer aux cabinets d'art et de curiosités des XVIe et XVIIe siècles – est en même temps méga-hiéroglyphe, iconostase et sanctuaire. Une dignité hiératique se trouve incorporée à un bric-à-brac disparate ; l'impossible proximité incite à l'effraction, à fouiller avec curiosité. L'instrument profane, dépourvu d'art, se remplit de magie, l'objet chargé de magie sort de la zone du tabou.

Si l'on voulait inscrire ces tensions dans un système de coordonnées, on penserait aussitôt à l'antagonisme complémentaire que Kandinsky érigea en concept en 1911, lorsqu'il opposa le Grand Abstrait et le Grand Réel, abolissant ainsi le dualisme entre classicisme et romantisme. Dès lors, l'artiste est libre d'utiliser comme éléments formels « toutes les matières, depuis la plus solide jusqu'à celle qui n'existe qu'en deux dimensions (la matière abstraite) ». (Ce qui devait aboutir, chez Apollinaire, au précepte : « On peut peindre avec ce qu'on voudra... »). Le mur de l'atelier comporte des échantillons de degrés de réalité qui vont de l'abstrait au réel : des signes abstraits à deux dimensions – à côté d'Arp, Miró et Degottex, le *Petit Blanc* (1928) de Kandinsky ; une nature morte du Douanier Rousseau, qui représentait, dans l'argumentation de Kandinsky, le Grand Réel en peinture – et divers objets trouvés et pierres interprétées comme spécimens de la « matière la plus solide ». Ainsi Breton a-t-il déployé, comme en passant et probablement sans connaître le texte de Kandinsky, les positions extrêmes et tout le spectre intermédiaire de l'artiste russe[19]. Pour celui-ci, ce champ de forces s'ordonne en une topographie radicalement nouvelle de l'activité artistique : « Antagonismes et contradictions – voilà notre harmonie[20]. »

Il me semble que Breton exprime une conviction analogue dans le *Second manifeste du surréalisme* : « Tout porte à croire qu'il existe un certain point de l'esprit d'où la vie et la mort, le réel et l'imaginaire, le passé et le futur, le communicable et l'incommunicable, le haut et le bas cessent d'être perçus contradictoirement.

[15] Comme on peut l'inférer d'après les notes prises par Malraux lors de ses entretiens avec Picasso : « Les masques, ils n'étaient pas des sculptures comme les autres. Pas du tout. Ils étaient des choses magiques. Les Nègres, ils étaient des intercesseurs, je sais le mot en français depuis ce temps-là. Je regardais toujours les fétiches. J'ai compris : moi aussi, je suis contre tout. Moi aussi, je pense que tout, c'est inconnu, c'est ennemi ! [...] tous les fétiches, ils servaient à la même chose. Ils étaient des armes. Pour aider les gens à ne plus être les sujets des esprits, à devenir indépendants. Des outils. Si nous donnons une forme aux esprits, nous devenons indépendants » (André Malraux, *La Tête d'obsidienne*, Paris, Gallimard, 1974, p. 18)

[16] Voir le cat. d'exposition *André Breton. La beauté convulsive*, *op. cit.*, p. 406.

[17] Paul Valéry, « Le problème des musées », dans *Œuvres*, t. II, *Paris*, Gallimard, « Bibliothèque de la Pléiade », 1960, p. 1290 et *sq.*

[18] Albert Camus, *Essais*, Paris, Gallimard, « Bibliothèque de la Pléiade », 1967, p. 658.

[19] Quand Breton se réfère à la « nécessité intérieure », il pourrait bien utiliser un concept-clé homonyme (« *die innere Notwendigkeit* ») de Kandinsky (voir cat. d'exposition *André Breton. La beauté convulsive*, *op. cit.*, p. 413).

[20] Vassily Kandinsky, *Regards sur le passé* [1913], trad. de Gabrielle Buffet-Picabia, Paris, Belfond, 1971.

Or, c'est en vain qu'on chercherait à l'activité surréaliste un autre mobile que l'espoir de détermination de ce point... Il est clair, aussi, que le surréalisme n'est pas intéressé à tenir grand compte de ce qui se produit à côté de lui sous prétexte d'art, voire d'anti-art, de philosophie ou d'anti-philosophie... » Le mur de l'atelier est un concentré et un équivalent du gigantesque *no man's land* que les surréalistes se proposèrent d'arpenter.

UN LABYRINTHE INITIATIQUE La manière dont Breton lui-même opéra cet arpentage révèle la contradiction interne de sa pensée, qui repose sur un oxymore dialectique : « raisonné dérèglement de tous les sens [21] ». On connaît suffisamment les épisodes de son activité préceptorale : l'exclusion était une arme dont il fit un usage souverain. Un libérateur qui exigeait obéissance, un pourfendeur de règles qui insistait sur les normes de comportement – ce pathos s'est inscrit dans la dignité inflexible du mur de l'atelier. Considéré comme un tout, le complexe vertical nous enveloppe à la façon d'un lieu magique inéluctable qui semble attendre un rituel, une exécution. De ce point de vue, ce mur ne laisse percevoir aucune ouverture, aucun arbitraire, il n'invite pas non plus au dialogue, mais à la soumission. Il n'offre pas le contact perceptif horizontal qui s'institue dans un musée entre le spectateur et l'artefact, mais impose un axe vertical qui nous fait éprouver un sentiment de subordination. Nous nous trouvons à la fois devant et dans un labyrinthe initiatique.

Pourtant, Breton s'est joué de lui-même comme de son méga-hiéroglyphe en intégrant à son labyrinthe solennel une minuscule soupape. Comme Duchamp, qui inventa, dans sa *Porte, 11, rue Larrey* (1927), une porte Janus qui se ferme d'un côté quand on l'ouvre de l'autre, Breton a dissimulé dans le mur de son atelier un objet sans art, une trouvaille, qui inscrit le réalisme ouvert dans un talisman, tout en ouvrant sur l'expérience d'un bonheur privé. Le projet de vie universel surréaliste, qui entend réunir toutes les antinomies – passé et futur, sens collectif et amour, vie et mort –, trouve son accomplissement dans un instant d'utopie vécue. Ce que démontre – a *world in a nutshell* – la petite pierre que Breton trouva le 28 août 1953 à Saint-Cirq-Lapopie et qu'il dédia à son épouse Élisa avec cette inscription : « Souvenir du paradis terrestre. »

[21] A. Breton, *Second manifeste du surréalisme*, dans *Œuvres complètes*, t. I, *op cit*, p. 819.

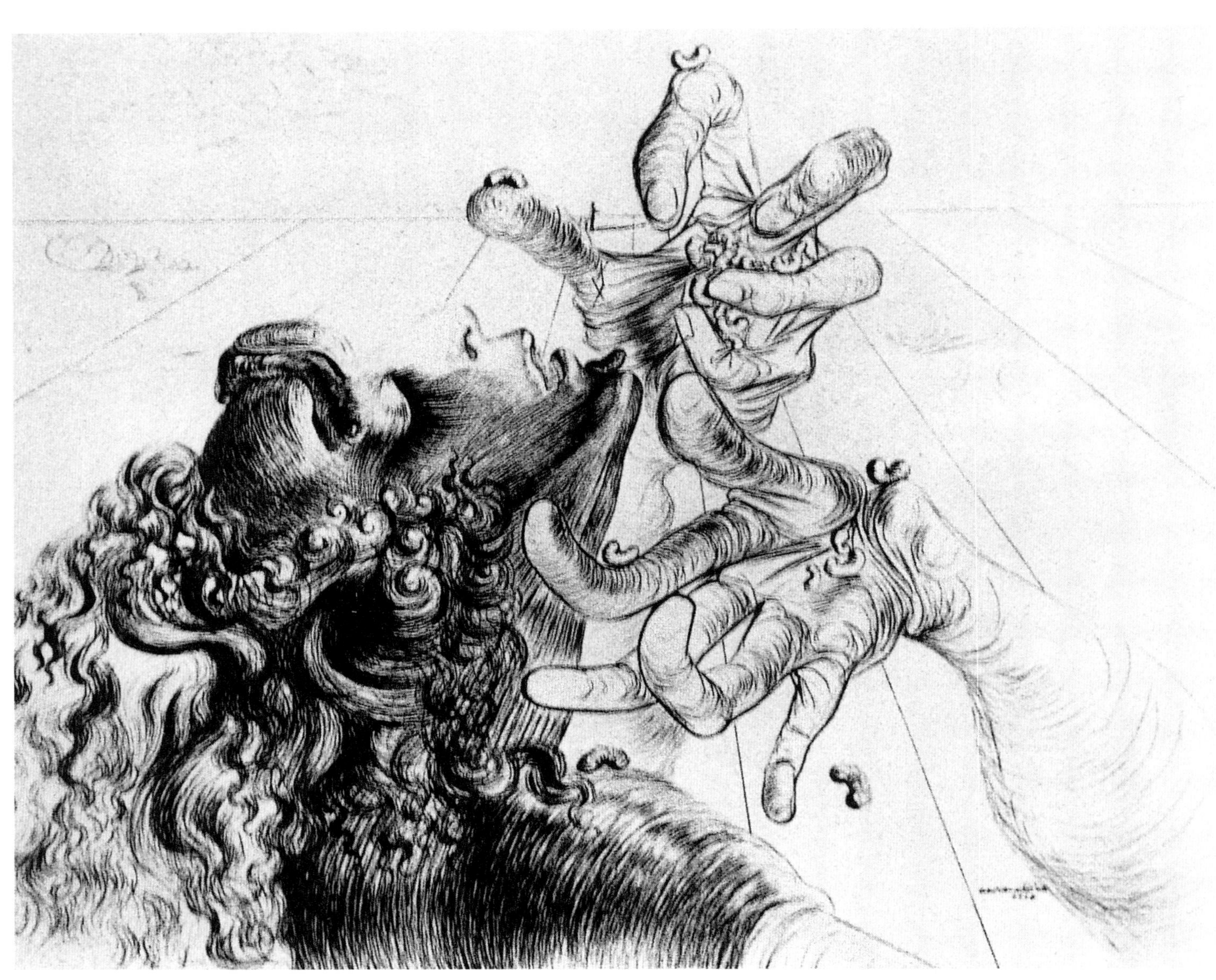

SAVALDOR DALÍ
Sans titre [Scène hystérique], 1937
Plume et encre sur papier
43,00 x 46,00 cm
Collection particulière

Éros magnétique : le surréalisme sous hypnose

PASCAL ROUSSEAU

Des *Champs magnétiques* aux « sommeils », les premières expériences surréalistes puisent, sans équivoque, quoique souvent de manière refoulée, dans le vocabulaire et les techniques de l'*hypnose*. C'est sous hypnose, fût-elle simulée, que le groupe réuni autour de *Littérature* interroge les arcanes de l'intersubjectivité. L'hypnose fascine par sa capacité à façonner une identité collective – ce que Breton appellera, dans ses entretiens radiophoniques avec André Parinaud, la « collectivisation des idées » : « Nul ne cherche à rien garder pour soi, chacun attend la fructification du don à tous, du partage entre tous [1]. » Selon Breton, pourtant méfiant à l'égard de l'hypnose, le groupe « définitivement s'agrège » dans les sommeils. Non seulement il s'y cristallise, mais la notion même de surréalisme se forme dans ce théâtre du partage médiumnique de la langue. C'est en effet dans « Entrée des Médiums », l'introduction aux procès-verbaux des sommeils, que Breton définit les horizons du surréalisme, posant les premiers jalons du *Manifeste* de 1924. D'emblée, l'automatisme sur lequel Breton fonde la démarche surréaliste s'arrime à un endormissement vigile; les hasards objectifs se libèrent dans une bouche somnambule.

Les surréalistes entretiennent avec l'hypnose une relation ambiguë, conflictuelle. Très vite, à la suite des premières dérives pulsionnelles des sommeils, Breton déclare vouloir mettre fin à ce type d'exploration de l'inconscient. Desnos poursuit malgré tout l'auto-hypnose pendant plusieurs années, et de nombreux artistes, de façon plus ou moins détournée, exploitent l'iconographie de l'hypnotisme, notamment la plasticité des poses hystériques dans lesquelles Breton, Aragon, Dalí ou Ernst reconnaissent une manifestation « convulsive » de l'amour, le signe d'un « besoin d'une séduction réciproque [2] ». Car c'est le substrat libidinal du « rapport magnétique » qu'interrogent les surréalistes en saluant Charcot contre l'orthodoxie psychanalytique. L'histoire de l'hypnose, des passes du mesmérisme à la condamnation freudienne, est en effet traversée par l'occultation de l'Éros au sein de la relation thérapeutique. Dès 1813, Joseph Deleuze, dans son *Histoire critique du magnétisme animal*, cherche à évacuer par un ensemble de procédures la survenue intempestive de la dimension érotique, bien avant que Freud ne justifie, en 1892, son abandon de l'hypnose par un « transfert » désexualisé. Pour Freud, le sexuel ne peut être intégré tel quel dans l'analyse, puisque son évocation menace l'intégrité de la relation avec le patient, en faisant apparaître trop explicitement la nature libidinale du rapport de soumission inhérent au dialogue avec le praticien. Quelque trente ans plus tard, à la veille des premiers sommeils surréalistes, Freud évince cette fois clairement la « satisfaction sexuelle » dans une analyse consacrée aux liens entre état amoureux et hypnose : « Les concordances entre les deux sont évidentes. Même soumission humble, même docilité, même absence de critique envers l'hypnotiseur comme envers l'objet aimé [...]. L'absence totale de tendances à buts sexuels non interdits contribue par ailleurs à l'extrême pureté des phénomènes. La relation hypnotique est un abandon amoureux illimité, la satisfaction sexuelle étant exclue [3]. » Le refus de l'emprise sexuelle sur le patient fonde ainsi l'un des moments originaires de la psychanalyse. On pense notamment au récit presque comique d'un Breuer, le compagnon de Freud dans l'analyse de l'hystérie, fuyant vers l'Italie avec sa femme, après avoir découvert la dimension proprement sexuelle de la catharsis hypnotique qu'il menait avec sa patiente, Anna O... Cette histoire picaresque, associée à la cure

[1] André Breton, *Entretiens*, Paris, Gallimard, 1969, p. 77. Il développe notamment ce principe dans le *Second manifeste* : « Nous pensons avoir fait surgir une curieuse possibilité de la pensée qui serait celle de sa mise en commun » (A. Breton, *Second manifeste du surréalisme*, dans *Œuvres complètes*, t. I, Paris, Gallimard, 1988, p. 822.
[2] Louis Aragon, André Breton, « Le Cinquantenaire de l'hystérie, 1878-1928 », *La Révolution surréaliste*, n° 11, mars 1928, p. 20-22.
[3] Sigmund Freud, « Psychologie des foules et analyse du moi » [1921], dans *Essais de psychanalyse*, Paris, Payot, 1981, p. 179-180.

décisive d'Emmy von N..., pousse Freud à déconstruire la suggestion sous hypnose en éludant le rôle actif du thérapeute au profit d'un nouveau protocole d'analyse qui puise dans la conscience vigile et non plus dans l'innocence passionnelle de la séduction hypnotique : « La psychanalyse proprement dite ne date que du jour où l'on a renoncé à avoir recours à l'hypnose » (Freud, 1916). Depuis une vingtaine d'années, à la suite des travaux pionniers de Léon Chertok, tout un pan de la psychanalyse (François Roustang, Mikkel Borch-Jacobsen, Octave Mannoni, Pierre Fédida, René Roussillon...) est revenu sur cette archéologie, rappelant la dette de Freud envers Charcot, Bernheim ou Liébeault[4]. L'ensemble de ces nouvelles approches qui refusent le modèle de la rupture épistémologique est venu montrer combien la question de la soumission hypnotique traversait l'histoire de la psychanalyse. On pense notamment à la fronde de Sandor Ferenczi et Otto Rank, deux disciples de Freud, dans *Perspectives de la psychanalyse*[5] publié en 1924, alors que Breton édite le *Manifeste du surréalisme*. Sans position doctrinaire, Rank et Ferenczi remettent en cause certains aspects de l'analyse freudienne en réintroduisant, via le principe de répétition, la pratique cathartique de l'hypnose. En 1924, l'hypnose, tombée largement en désuétude depuis son âge d'or des années 1880-1890, refait ainsi surface par des chemins de traverse. Cette coïncidence nous intéresse. C'est dans le cadre de cette première crise interne de la psychanalyse que nous souhaitons mettre en perspective l'usage de l'imaginaire hypnotique par les surréalistes, qui, au-delà du pansexualisme freudien, cherchent à réinvestir la puissance d'envoûtement de l'amour – son « pouvoir magique » (Breton) et son potentiel subversif – en utilisant l'une de ses manifestations les plus occultes et convulsives : l'emprise magnétique.

« L'ÉPIDÉMIE DES SOMMEILS » : L'IMAGINATION PLASTIQUE DU SOMNAMBULE Menée à l'initiative de René Crevel conseillé par un médium, la séance inaugurale des sommeils a lieu le 25 septembre 1922. Robert Desnos a tôt fait de s'y imposer, sous des airs prophétiques, comme le grand automate. Deux jours plus tard, lançant cette « épidémie de sommeils », il s'endort, répond aux questions de Breton, d'Eluard, de Péret et, muni d'un crayon, livre les premiers dessins hypnotiques. Ce petit théâtre des « rêves en public », qui réactualise, en bien des points, les saynètes hystériques de la Salpêtrière, fascine dans un premier temps le groupe en quête d'une méthode d'accès immédiat à une « zone d'illumination ». Vite affranchi du protocole imposé par Crevel, Desnos donne libre cours à ses délires somnambuliques, jusqu'au vertige des tendances morbides. Il prononce, en état de transe, des oracles mortuaires (« Que voyez-vous? La mort ») retranscrits dans la plupart des dessins automatiques réalisés sous hypnose, repris ensuite dans des huiles comme *Ci-gît Eluard, Mort d'André Breton, Mort de Max Morise*. « Masque mort ris[6] », le nom-présage devient un jeu lugubre, alors que le suicide hante les premières divagations[7] et que la suggestion verbale se traduit bientôt dans des gestes menaçant l'intégrité physique des participants : « Après un dîner chez Eluard dans la banlieue de Paris, nous dûmes, à plusieurs, maîtriser Desnos endormi qui, brandissant un couteau, poursuivait Eluard dans le jardin[8] ».

Avant ces dérives, le groupe surréaliste en cours de formation voit pourtant dans les sommeils hypnotiques le gage d'une authenticité libérée dans le flot labial de la pensée. Dans un premier temps, il donne raison à Desnos – Breton notamment, qui reconnaît dans ces expériences l'aboutissement naturel des recherches de « gymnastique mentale » ouvertes par les *Champs magnétiques* : « Aujourd'hui, Desnos parle surréalisme à volonté. La prodigieuse agilité qu'il met à suivre oralement sa pensée nous vaut autant qu'il nous plaît de discours splendides et qui se perdent, Desnos ayant mieux à faire qu'à les fixer. Il lit en lui à livre ouvert et ne fait rien pour retenir les feuilles qui s'envolent au vent de sa vie[9]. » Quelques jours plus tard, Breton rejoint Barcelone pour le vernissage de l'exposition Francis Picabia à la galerie Dalmau. Eluard lui rapporte l'ivresse de plus en plus pathogène des séances suivantes : « Pleurs, trépignements, désirs de s'en aller, coups, il griffe, il mord, il veut avaler les sous qu'il a dans ses poches [...]. En tout le ton de Desnos un peu ivre. Sa passion de dessiner ne diminue pas. Il fait des dessins étonnants que vous avez dû recevoir[10]. » Eluard stigmatise l'hystérie collective mais prend acte de l'invention prodige des dessins. Ce n'est plus la parole qui est visée, mais l'imagination plastique. Breton souscrit immédiatement : « Il est aussi facile, écrit-il dans la préface du catalogue de l'exposition Picabia, de faire un bon tableau qu'un bon plat, en utilisant certaines recettes. Une expérience récente a montré qu'un individu donné, en état d'hypnose, est capable d'exceller dans le genre le plus difficile, pourvu qu'il s'agisse d'un genre déterminé sur lequel l'attention du sujet a été attirée préalablement[11]. » Alors même

[4] Voir notamment Léon Chertok (dir.), *Résurgence de l'hypnose. Une bataille de deux cents ans*, Paris, Desclée de Brouwer, 1984, et Léon Chertok, Mikkel Borch-Jacobsen (dir.), *Hypnose et Psychanalyse*, Paris, Dunod, 1987.

[5] Sandor Ferenczi, Otto Rank, « Perspectives de la psychanalyse. Sur l'interdépendance de la théorie et de la pratique » [1924], dans Sandor Ferenczi, *Psychanalyse III. Œuvres complètes*. 1919-1926, Paris, Payot, 1974, p. 220-236.

[6] Robert Desnos, *Écrits sur les peintres*, Paris, Flammarion, 1984, p. 224.

[7] Voir Lionel Follet, « Un sommeil de Desnos transcrit par Aragon », *Recherches croisées. Aragon/Elsa Triolet*. Annales littéraires de l'université de Besançon, n° 535, 1994, p. 35-51.

[8] A. Breton, *Entretiens*, *op. cit.*, p. 96. Cette ivresse hystérique réactive, très consciemment, la grande période de l'hypnotisme. À la Salpêtrière (Charcot) ou à Nancy (Liébeault, Bernheim), les hauts lieux de l'hypnose médicale ont exploré les instincts morbides. À Nancy, cherchant à tester les limites de la soumission, Hippolyte Bernheim incite au crime plusieurs de ses sujets. Ces « crimes expérimentaux » défraient la chronique, comme ceux de Donato, un magnétiseur de foire, qui sera en partie, nous le verrons, à l'origine de l'intérêt de Robert Desnos pour l'hypnose. Donato, « Peut-on faire commettre un crime à un sujet endormi ? », *Cours d'hypnotisme et de magnétisme*, Paris, Tallandier, 1911, p. 175-180.

[9] A. Breton, *Manifestes du surréalisme*, Paris, Gallimard, 1967, p. 42.

[10] Lettre de Paul Eluard à André Breton [1922], citée par Marie-Claire Dumas dans *Robert Desnos ou l'exploration des limites*, Paris, Klincksieck, 1980, p. 48.

[11] A. Breton, « Francis Picabia », dans cat. d'exposition *Francis Picabia*, galerie Dalmau, Barcelone, 1922, repris dans *Œuvres complètes*, t. I, *op. cit.*, p. 282.

qu'il s'apprête à condamner la pratique déroutante des sommeils [12], Breton, manifestement impressionné par les dessins « automatiques » de Desnos, n'hésite pas à placer l'invention picturale sous le signe d'Hypnos, non sans assumer là une certaine forme d'anachronisme.
Sous leur aspect expérimental, censé mettre en veilleuse le contrôle de la conscience, ces sommeils et leur théâtralisation hystérique exhalent en effet un parfum très fin de siècle. En 1922, l'hypnotisme est une pratique plutôt obsolète, abandonnée par le corps médical, dénigrée par la psychanalyse, revenue sur les tréteaux de foire comme à la grande époque du magnétisme, ou traitée dans les milieux plus confinés de la parapsychologie, du spiritisme magnétique d'Hector Durville à la métapsychique de Charles Richet [13]. Avant la tentative de réhabilitation de Rank et de Ferenczi, seul dans ce concert teinté d'occultisme positiviste, Pierre Janet, directeur du Laboratoire de psychologie à la Salpêtrière, reprend l'étude expérimentale de l'hypnose. Les surréalistes vont puiser dans son *Automatisme psychologique*, thèse soutenue en 1889, sinon le principe, du moins le vocabulaire de l'écriture automatique. Janet y décrit des cas d'écriture post-hypnotique mais s'attarde aussi sur le « rapport magnétique », cette étrange relation, souvent amoureuse, qui unit le sujet à son hypnotiseur. C'est dans le potentiel subversif de cette séduction magnétique exclue du champ freudien que les surréalistes vont contracter une dette envers Janet ou d'autres figures moins canoniques de la psychologie expérimentale.

Dans un article devenu classique, Jean Starobinski s'empare de ces sources qui, en marge des réserves freudiennes, invoquent la mécanique libidinale du fameux « rapport ». Il s'appuie pour cela sur les références déployées, en 1933, par André Breton dans « Le Message automatique » (F.W. Myers, Théodore Flournoy, Jean-Martin Charcot ou Charles Richet) [14]. Dans cette constellation de noms, Starobinski s'arrête plus particulièrement sur le cas de Myers (1843-1901), l'auteur de *La Personnalité humaine,* publié, dans sa version française, en 1905. C'est, selon lui, dans cet ouvrage que Breton, sans adopter le transcendantalisme du groupe des *Psychical Research*, découvre une théorie susceptible d'attribuer une « valeur positive à ces phénomènes automatiques tenus pour gravement morbides par la tradition française [15] ». Qu'apporte Myers à Breton? Une réhabilitation des zones inconscientes où le « moi subliminal », loin d'être archaïque, est porteur de « facultés nouvelles ». Or, dans ce concert des différentes couches du moi, Myers réserve un rôle décisif à ce qu'il appelle la « couche hypnotique », cette « région de notre personnalité que nous ne connaissons bien que parce que nous pouvons l'atteindre par la suggestion hypnotique [16] ». Myers, qui prend parti en faveur de l'école de Nancy (Ambroise Liébeault, Hippolyte Bernheim), offre ainsi à Breton une approche « active » de l'hypnose où la conscience vigile, loin d'être endormie, est à l'origine de la descente dans les strates plus intimes de l'être. L'hypnose ne dépossède plus, mais favorise l'émergence de schèmes cognitifs inédits, plus imaginatifs, ce que Myers appelle une « héteresthésie » : « Loin de considérer les hallucinations hypnotiques comme l'effet d'une inhibition, comme l'expression d'un mono-idéisme, nous y voyons au contraire une manifestation dynamogénique, une intensification de l'imagination [17]. » Myers est en quelque sorte à l'hypnose ce que Lacan sera plus tard à la paranoïa, dans une même entreprise de réhabilitation où la pathologie se transmue en vertu créatrice.

« L'ILLUMINATION PROFANE » : L'EXTASE AMOUREUSE ET L'HYPNOSE ANTICLÉRICALE Breton et Aragon comptent parmi les tout premiers surréalistes à vouloir réactualiser le langage de la libido sous hypnose dans les colonnes de *La Révolution surréaliste*. L'article qu'ils y publient en mars 1928 sous le titre « Le Cinquantenaire de l'hystérie » est illustré par des portraits d'une patiente du Dr Charcot, la fameuse Augustine [18] ; Breton, qui a emprunté les clichés au deuxième volume de l'*Iconographie photographique de la Salpêtrière* [19], en retire, selon ses propres termes, de « véritables tableaux vivants de la femme dans l'amour [20] ». L'extase livrée à l'objectif photographique se sécularise pour faire place à une poétique, plus humaine, du simple désir de séduction [21]. C'est ce que Walter Benjamin, qualifiant l'obsession qui pousse Breton à substituer aux émotions religieuses l'état de grâce de l'amour [22], appelle les « illuminations profanes » – notion reprise par Jean Starobinski quand il évoque cette sape « poétique » de la transcendance opérée par une relecture laïque des images du sacré : « De l'héritage spirite, le surréalisme ne collectionne que des images [...]. Ces images, d'origine mythique ou religieuse, l'homme ne veut désormais les rapporter qu'à lui-même, à son pouvoir poétique fondamental secondé par quelque obscure complicité de la nature [23]. » Or cette entreprise est déjà à l'œuvre dans la multiplication des images qui documentent l'âge d'or de l'hypnotisme. L'emprunt surréaliste à l'*Iconographie de la Salpêtrière*

[12] « Les sommeils non seulement provoquaient, sur le plan sensoriel, des désordres du même type [que l'écriture automatique] mais, en outre, développaient chez certains des sujets endormis une activité impulsive de laquelle on pouvait craindre le pire » (A. Breton, *Entretiens, op. cit.*, 1969, p. 96).
[13] Voir Dominique Barrucand, *Histoire de l'hypnose en France*, Paris, PUF, 1967, et Bertrand Méheust, *Somnambulisme et Médiumnité (1784-1930). Le choc des sciences psychiques*, Paris, Institut Synthélabo, 1999.
[14] « Les termes dans lesquels Breton inscrit la définition du surréalisme renvoient à Janet, à Charcot, à Liébeault, et davantage encore à la branche aberrante – spirite, parapsychologique, médianimique – détachée du courant principal qui va de Mesmer à Freud en passant par l'école de Nancy et la Salpêtrière » (J. Starobinski, « Freud, Breton, Myers », *L'Arc*, n° 34, octobre 1968, repris dans *La Relation critique*, Paris, Gallimard, 1970, p. 327).
[15] *Ibid.*, p. 332.
[16] Frederic William Henry Myers, *La Personnalité humaine, sa survivance, ses manifestations supranormales*, Paris, Alcan, 1905, p. 46.
[17] *Ibid.*, p. 172.

[18] Voir Alain Chevrier, « Charcot et l'hystérie dans l'œuvre d'André Breton », dans Marcel Gauchet, Gladys Swain (dir.), *Le Vrai Charcot. Les chemins imprévus de l'inconscient*, Paris, Calman-Lévy, 1997, p. 241-282.
[19] Désiré Magloir Bourneville, Paul Regnard, *Iconographie photographique de la Salpêtrière*, t. II, Paris, Progrès médical, 1878, p. 174-178. Sur « l'obstination plastique » des clichés de Regnard, voir Georges Didi-Huberman, *Invention de l'hystérie. Charcot et l'Iconographie photographique de la Salpêtrière*, Paris, Macula, 1982, p. 161.
[20] A. Breton, *Entretiens, op. cit.*, p. 142.
[21] Voir David Lomas, « Seductions of Hysteria », dans *The Haunted Self. Surrealism, Psychoanalysis, Subjectivity*, New Haven, Yale University Press, 2000, p. 53-93.
[22] Voir Makoto Asari, « Vers un mythe fondé sur l'extase », dans Jacqueline Chénieux-Gendron, Yves Vadé (dir.), *Pensée mythique et surréalisme*, Paris, Lachenal et Ritter, 1996, p. 61-74.
[23] J. Starobinski, « Freud, Breton, Myers », art. cité, p. 339-340.

renoue en effet consciemment avec la lecture « matérialiste » de l'extase orchestrée par la psychiatrie française de la fin du XIXe siècle [24]. Car si l'héritage spirite est bien présent dans l'hypnose des années vingt, il l'est beaucoup moins dans les années 1880, auxquelles Breton et Aragon rendent hommage en 1928. Dès le milieu des années 1880, Paul Richer, professeur d'anatomie artistique à l'École des beaux-arts de Paris, décompose pour Charcot toutes les phases de la « grande attaque hystérique ». Il en dresse plusieurs tableaux synoptiques où s'accumulent toutes les variétés de poses auxquelles il confronte, sous la forme d'un atlas, les extases rencontrées dans les peintures de la Contre-Réforme. Cette étude comparative débouche sur la publication en 1887 des *Démoniaques dans l'art* [25] où Charcot démystifie par la « médecine rétrospective » le refoulement érotique du mysticisme – ce que Augustin Galopin appelle à cette époque la « pornographie religieuse [26] ». Ce travail de relecture, loin d'être abandonné, est repris dans le champ psychanalytique par Pierre Janet dans *De l'angoisse à l'extase*, un ouvrage bien connu des surréalistes, publié en 1926 chez Alcan. Le premier volume réserve de nombreuses pages à l'extase ; le second, un chapitre entier aux « béatitudes », où Janet s'attarde sur l'interprétation sexuelle de l'instinct religieux, devenue canonique depuis les travaux de Krafft-Ebing et de Freud. L'actualité des rubriques judiciaires suffit d'ailleurs à fournir aux surréalistes des cas d'école. Une certaine Marie Mesmin, persuadée d'avoir des visions de la Vierge, à la suite de quoi elle avait fondé une petite communauté religieuse, s'était ainsi attaquée à un prêtre exorciste qu'elle accusait de l'avoir envoûtée par suggestion. L'affaire dite de « Notre Dame des Fleurs », conduite en Justice, est évoquée par Breton et Aragon dans « Le Message automatique » et largement commentée en janvier 1926 par Desnos, dans une dizaine de chroniques parues dans *Paris-Soir*. Desnos badine avec les miracles, glose plus encore sur les relations passionnelles entre Marie Mesmin et l'un de ses exorcistes, Mgr Saponghi : l'amour profane et l'amour sacré confondus dans cet oubli de soi de la transe hystérique que pointe Ernst dans l'un des collages pour le *Rêve d'une petite fille qui voulut entrer au Carmel*. On y découvre la jeune Marceline-Marie se précipitant, en état de lévitation cataleptique, sur l'évêque Dulac pour l'embrasser fougueusement. Le père de la jeune fille, assis à ses côtés, est assoupi dans un sommeil biblique. L'attraction sexuelle renverse à la fois l'ordre patriarcal et religieux ; la fascination magnétique subvertit la loi du Père, la doublure hystérique élude le drame œdipien. Ernst s'appuie alors sur les nombreux détournements rencontrés dans les illustrations de la littérature subversive du passage du siècle, à l'instar des romans libertins d'Alphonse Gallais, alias Ange Rebelle, auteur de plusieurs « romans de mœurs cléricales ». Son *Tableau de l'Amour charnel* (1905), richement illustré par des gravures de Gaston Noury, réserve d'importants développements à « l'érotisme religieux » et à « l'hypnotisme en amour », deux thèmes associés à plusieurs reprises dans le texte et les illustrations. L'extase mystique d'une sœur, légendée « les érotomanes sont des esclaves courbés... », est comparée aux convulsions dites en « arc-de-cercle » des hystériques de la Salpêtrière, une pose spectaculaire que l'on retrouve, telle quelle, dans un collage confectionné par Max Ernst, en 1931, pour la couverture d'un prospectus pour les *Livres surréalistes* : la nouvelle mystique de l'amour, libérée dans l'écriture des mots qui « bandent » (Desnos), transit le corps dans une extase profane, sublime mais désacralisée.

Le montage iconographique adopté par Breton pour « Le Cinquantenaire de l'hystérie » témoigne des mêmes intentions. Breton accole la planche XXIII de l'*Iconographie de la Salpêtrière* représentant « l'extase » à la planche XXVI décrivant la « moquerie », à la manière d'un oxymoron qui rejoint, en bien des points, l'engagement anti-calotin de Bourneville, le maître d'œuvre de l'*Iconographie*, un proche des milieux de la Libre pensée [27]. La démarche poétique diffère bien sûr par de subtils glissements sémiotiques. Breton a supprimé les légendes des photographies, déjouant l'objectivisme de la Salpêtrière pour lui préférer l'énigme d'une émotion dont le sens s'abîmerait dans l'incandescence du désir : l'amour fou d'une déraison qui échappe à la taxinomie clinique, au pouvoir de classification de l'œil – ce que Paul Nougé, dans une série de travaux photographiques qui s'ouvre largement aux expériences des sommeils hypnotiques, appelle la « subversion des images ». L'aveuglement médusé qui hante l'imaginaire romantique des surréalistes rejoint alors le vertige de l'ivresse amoureuse; le soleil de Regulus s'est transmué en sexe de femme. On pense au fameux photocollage publié en décembre 1929 dans *La Révolution surréaliste*, où seize des membres du groupe sont photographiés, les yeux clos, autour du tableau de Magritte *Je ne vois pas la (femme) cachée dans la forêt* : refus d'affronter l'éclat aveuglant de la nudité féminine, maîtrise de soi qui préserve l'œil de la brûlure du sexe mis à nu quand la fascination surréaliste pour l'œil flirte avec la peur de « ce qu'il peut y avoir de tyrannique et de décadent dans l'empire de la vue [28] ». Pour exorciser cette emprise, les surréalistes déploient tout un arsenal de techniques

[24] Jan Goldstein, « The Hysteria Diagnosis and the Politics of Anti-Clericalism in Late Nineteenth-Century France », *Journal of Modern History*, vol. LIV, juin 1982, p. 209-239, et Id., *Console and Classify : The French Psychiatric Profession in the Nineteenth Century*, Cambridge, Cambridge University Press, 1987.

[25] Jean Martin Charcot, Paul Richer, « Les démoniaques convulsionnaires d'aujourd'hui », dans *Les Démoniaques dans l'art*, Paris, Delahaye et Lecrosnier, 1887, p. 91-106.

[26] Augustin Galopin, *Les Hystériques des couvents, des églises, des temples, des théâtres, des synagogues et de l'amour*, Paris, Dentu, 1886.

[27] En 1883, Bourneville crée la « Bibliothèque diabolique », une série de neuf volumes où il exhume d'anciens récits afin de requalifier les explications surnaturelles par l'exégèse clinique. Voir Geneviève Paichelier, « Charcot, l'hystérie et ses effets institutionnels : du "Labyrinthe inextricable" à l'impasse », *Sciences sociales et Santé*, vol. VI, no 3-4, novembre 1988, p. 133-144.

[28] A. Breton, *Le Surréalisme et la Peinture* [1928], Paris, Gallimard, 1965, p. 59. Sur cette question de la vision, voir Mary Ann Caws, « L'œil fixe, les yeux croisés », dans Jacqueline Chénieux-Gendron (dir.), *Lire le regard : André Breton et la peinture*, Paris, Lachenal et Ritter, 1993, p. 230-249, et Rosalind Krauss, *The Optical Unconscious*, Cambridge, The MIT Press, 1993.

susceptibles de mettre sous contrôle le regard médusant de la femme. C'est ce que font Eluard et Ernst dans « La série des jeunes femmes ». Le récit, publié en décembre 1922 dans *Littérature*, décrit une véritable scène d'hypnose, avec tout son protocole ritualisé, en particulier la technique de la fixation : « La femme couchée sur une surface plane, une table par exemple, recouverte d'une couverture pliée en deux. Lui présenter l'objet en le plaçant au-dessus de la tête et dans son rayon visuel. Abaisser l'objet progressivement pour que la femme le suive du regard, soulève la tête d'abord puis la fléchisse, le menton venant en contact avec la poitrine. Rester ainsi un petit instant et revenir tout doucement à la position de départ. Il est préférable que l'objet soit brillant ou de couleur vive [29]. »

Le vertige de l'œil rivé sur un point de fixation lumineux est la technique de base, sinon fondatrice, de l'hypnotisme tel qu'il est défini, au milieu du XIXe siècle, par James Braid dans sa *Neurhypnologie*. Les dictionnaires le confirment, le *Littré* notamment, dès 1863 : « Hypnotisme. Sorte d'état magnétique que l'on provoque en faisant regarder un corps brillant que l'on tient très près des yeux », à quoi répond un collage de Max Ernst pour son recueil illustré, *Rêve d'une petite fille qui voulut entrer au Carmel*. On y découvre un vieillard maniant une boule lumineuse devant la jeune fille, transie, tombée en pâmoison – reprise d'une passe hypnotique très en vogue au début du siècle, celle de la boule de cristal lumineuse, largement diffusée en Europe notamment par la méthode du Dr Kwnoles. Ernst et Eluard trouvent ainsi dans la figure occulte du magnétiseur non seulement un modèle de laïcisation du regard « illuminé » mais le véritable parangon d'une optique pulsionnelle qui « fomente le désir de l'Autre » (Lacan), et dans laquelle l'œil, actif ou dompté, est l'instrument de la (dé)possession sexuelle.

Dès les débuts du mesmérisme, l'autorité sexuelle sur le sujet féminin par l'emprise fluidique du regard est l'objet de spéculations théoriques, dont témoigne l'ouvrage de Charles de Villers, *Le Magnétiseur amoureux* [30]. Quelques années plus tard, Henri Delaage, un ami de Balzac et d'Alexandre Dumas, décrit les passes magnétiques comme des attouchements dérobés, des flirts non déclarés [31]. Le « rapport » est ainsi très vite érotisé, et son explication use d'analogies pour le moins phallocratiques [32] qui fleurissent dans les nombreux romans consacrés à l'érotisme ambiant de la Salpêtrière – *des Amours d'un interne* de Jules Claretie (1881) au *Théâtre d'épouvante* d'André de Lorde (1909). André Breton, qui a fait des études de médecine, connaît bien ce poncif de carabin qu'il évoque dans « Le Cinquantenaire de l'hystérie » : « Freud, qui doit tant à Charcot, se souvient-il du temps où, au témoignage des survivants, les internes de la Salpêtrière confondaient leur devoir professionnel et leur goût de l'amour, où, la nuit tombante, les malades les rejoignaient au-dehors ou les recevaient dans leur lit ? [33] » Le scénario le plus commenté est la doublure schizophrénique d'une femme capturée à ses dépens, avec, pour modèle, le cas de « Mme de B. », rapporté par Hippolyte Bernheim [34] et médité par Freud dans les débuts de sa recherche sur « l'amour de transfert ». Sous hypnose, cette dame « respectable » tombe frénétiquement amoureuse de son médecin. Au réveil, elle ne se souvient de rien. Ce dédoublement de personnalité qui pénalise la thérapie inspire, semble-t-il, le sujet d'un collage d'Ernst pour *La Femme 100 têtes*, la planche 124 intitulée *Pasteur dans son cabinet de travail*. Pasteur, que l'on peut facilement confondre avec Freud, est assis dans son fauteuil, à l'écoute d'une femme totalement fascinée qui se précipite, à demi nue, à ses genoux. Au fond de la pièce, dominant la scène, un tableau représente un squelette envoûtant un homme sur scène, allusion à un spectacle d'hypnose illusionniste : le spectre du magnétisme menaçant la cure. Ernst semble camper le décor des séances cathartiques avec Emmy von N... en déjouant, à mots couverts, le paradoxe freudien qui refuse l'autorité du praticien tout en imposant son explication monolithique du refoulement. Pour Ernst, le transport amoureux bouleverse les rapports d'autorité au-delà des précautions thérapeutiques : l'hystérie « au service de la révolution », quelques années avant les lectures de Foucault sur les dérives coercitives des interprétations cliniques de la sexualité.

LA SUBVERSION DES « IDYLLES MAGNÉTIQUES » Il faut pour cela revenir sur les nombreuses ambivalences fantasmatiques drainées par les tout premiers sommeils. On sait, grâce aux indices que livre Breton dans « Entrée des Médiums », que Desnos s'est lancé dans les sommeils provoqués à la suite d'un spectacle d'hypnotisme dans lequel il avait mis au défi le magnétiseur, un certain Donato [35]. Donato, dont les premières performances remontent au début des années 1880, est un hypnotiseur de foire très connu. Co-fondateur, avec Papus, du journal ésotérique *La Vie mystérieuse*, il a publié en 1911 son *Cours pratique d'hypnotisme et de magnétisme*, dans lequel, outre une analyse détaillée sur le « sommeil par

[29] Max Ernst, Paul Eluard, « En suivant votre cas. La série des jeunes femmes », *Littérature*, n° 7, décembre 1922.
[30] Charles de Villers, *Le Magnétiseur amoureux* [1787], Introduction et notes de François Azouvi, Paris, Vrin, 1978.
[31] Henri Delaage, *Le Monde occulte ou mystères du magnétisme dévoilés par le somnambulisme*, Paris, Lesigne, 1851.
[32] « L'expérience nous fait voir sur un grand nombre de phénomènes qui se passent en nous, la réalité d'une influence différente de celle qui résulte du pouvoir de notre volonté [...]. L'érection qui suit les désirs vénériens n'offre-t-elle pas encore un résultat plus constant du pouvoir de l'imagination dans un cas où la volonté est tout à fait impuissante? » (Alexandre Bertrand, *Examen de l'opinion généralement admise sur la manière dont nous recevons par la vue la connaissance des corps*, Paris, Didot, 1819, p. 490-491, cité par Jacqueline Carroy dans *Hypnose, suggestion et psychologie. L'invention de sujets*, Paris, PUF, 1991, p. 142).
[33] L. Aragon, A. Breton, « Le Cinquantenaire de l'hystérie. 1878-1928 », art. cité, p. 20-22.
[34] Hippolyte Bernheim, *Hypnotisme, suggestion, psychothérapie*, Paris, Doin, 1891, p. 155-158.

[35] « Au bout d'un quart d'heure Desnos, qui se tenait pour le plus impropre à offrir de telles manifestations, fortifié qu'il était dans cette opinion par l'échec qu'en ma compagnie il avait infligé quelques jours auparavant à deux magnétiseurs publics, MM. Donato et Bénévol, laisse tomber la tête sur son bras et se met à gratter convulsivement sur la table » (A. Breton, « Entrée des Médiums », *Littérature*, n° 6, 1er novembre 1922, p. 1-6).

les objets brillants », on retrouve de longs développements sur ce qu'il appelle, dès 1882, les « idylles magnétiques [36] ». Ce Donato est d'ailleurs soupçonné de relations illicites avec ses sujets. Un procès en adultère assez médiatique lui est intenté par sa femme à propos de Lucile, l'une de ses assistantes. En 1922, c'est une autre affaire qui semble éclater, si l'on en croit la chronique récréative de Benjamin Péret parue dans les colonnes du *Journal du Peuple*, quelques jours avant la première séance des sommeils. Sous le pseudonyme de « Le Péquenot », Péret commente le fameux spectacle où Desnos avait provoqué Donato et ironise sur la complicité du sujet hypnotisé – un acteur engagé quelques heures plus tôt, « figurant d'un théâtre du boulevard Saint-Martin, auquel ses mœurs spéciales avaient valu le pseudonyme féminin de Georgette » . Et Péret de préciser : « Et me forcerez-vous aussi à ajouter que "Georgette" ne vous a quitté que le lendemain matin, après le petit-déjeuner ? [37] ».

On le voit, l'hypnose théâtrale ressemble à un théâtre de boulevard qui attire, non sans ambivalences, le groupe surréaliste par ses dérobades et ses tabous [38], en particulier l'ambiguïté de la polarité magnétique (actif/passif). Car, si dans la distribution sexuelle des rôles au sein des séances d'hypnose le sujet est presque toujours féminin, la femme n'y est pas seulement automate et victime, proie sans défense. Nombre d'auteurs analysent des cas de médecins épris de leur patiente, mais aussi de sujets, beaucoup moins passifs que prévus, qui simulent l'hystérie pour mieux se rapprocher des internes. Ce simulacre est décrit dans *Vous m'oublierez* (1920), où Breton et Soupault donnent à leur protagoniste des mots d'abandon qui, sous le délire religieux, cachent difficilement l'initiative sexuelle : « Que votre volonté soit faite sur la terre comme au ciel [...]. La volupté. » C'est le mystère des envoûtements de l'amour profane, où la femme est à la fois l'objet fantasmatique et l'acteur de l'emprise magnétique [39]. Dans le photocollage de *La Révolution surréaliste*, la femme a saisi la tribu des hommes qui, hallucinés par le tableau de Magritte, sont tombés collectivement dans le sommeil hypnotique. Comme a pu le remarquer Hal Foster, les surréalistes jouent avec cette dépossession, jusqu'à vouloir se projeter, à l'exemple de Baudelaire, dans la « jouissance » hystérique. Foster choisit à titre d'exemple la série d'autoportraits du « peintre Max Ernst vu par la Photomaton » (sic), reproduite en 1929 dans *Variétés*, où l'artiste semble parfois mimer les poses extatiques d'Augustine [40]. Un détail peut retenir notre attention : l'importance du jeu de main d'Ernst devant son propre regard fixe, comme s'il s'auto-hypnotisait devant la glace. Ernst simule ainsi l'extase dont il serait à la fois le sujet et l'acteur, le maître et le possédé. Figure double et androgyne, assumant l'instance féminine sans sacrifier ses prérogatives masculines, contrairement au vertige identitaire recherché par René Crevel, qui, à plusieurs reprises, s'est fait photographier, enveloppé d'un drap, reproduisant les extases de Lina ou Magdeleine, les « artistes inconscientes » des spectacles hypnotiques produits par Albert de Rochas ou Émile Magnin [41]. La doublure hystérique s'accomplit alors dans le travestissement, l'altérité de la *mascarade*. Le corps tout entier est livré à la suggestion, comme un abandon intégral, déculpabilisé par le fantasme de soumission qui s'y met au jour, et qui, simulé ou désiré, peut s'entendre comme un envers de la fragmentation machiste du corps féminin qu'opère au même moment le regard beaucoup plus phallocentrique des artistes du groupe surréaliste, lesquels, friands de synecdoque, optent le plus souvent pour une focale rapprochée morcellant le corps convoité.

Cette focale voyeuriste renvoie très consciemment à la libido du regard sous hypnose. Dès ses *Études de psychologie expérimentale* (1888), où il regroupe trois articles sur « le fétichisme dans l'amour », « l'intensité des images mentales » et « le problème hypnotique », Alfred Binet montre comment l'œil hypnotisé du fétichiste a tendance à se polariser sur un détail corporel. Parmi les exemples retenus, « l'amant de l'œil » et « l'amant de l'oreille », dont on découvre de singuliers échos, en décembre 1933, dans le montage de Dalí illustrant « le phénomène de l'extase ». Le corps collectif de l'hystérie, fragmenté dans la répétition de multiples visages, yeux, bouches ou oreilles, implose en une spirale qui, à l'image de la chaise renversée intégrée au collage, conditionne le vertige hypnotique : « Certaines images provoquent l'extase, qui provoque à son tour certaines images [...]. Parfois les images provoquées par l'extase répètent des images transfigurées d'extase [42]. » Salvador Dalí – qui, dès son enfance, fut impressionné par une séance d'hypnose [43] – adopte dans ce commentaire un principe largement diffusé par l'école de Nancy [44], selon lequel l'idée suggérée peut susciter chez l'hypnotisé une sensation ou une image qui se fait acte, prend corps et s'éprouve dans une confusion totale entre l'espace mental de la représentation et l'espace réel. Le surréalisme s'engouffre dans cette brèche, à l'instar de Louis Aragon, qui commente ce phénomène dans le passage d'« Une vague de rêves » consacré aux sommeils : « Tout se passait comme si l'esprit parvenu à cette charnière de l'inconscient avait perdu le pouvoir de reconnaître où il versait. En lui subsistaient des images qui prenaient corps, elles devenaient matière de réalité.

[36] Édouard Cavailhon, *La Fascination magnétique, précédée d'une préface par Donato*, Paris, Dentu, 1882, p. 331.

[37] Le Péquenot, « Échos. Un truc connu », *Journal du Peuple*, 21 septembre 1922, p. 2.

[38] L'homosexualité latente de l'hypnose collective est évoquée, avec circonspection, par le Dr René Held, un ami d'enfance de Breton : « Qu'une homosexualité latente, *totalement ignorée de tous*, fût à l'œuvre, plus souvent qu'on ne le croit, derrière les relations passionnelles nouées entre Freud et ses premiers disciples comme entre Breton et certains de ses épigones, qui pourrait en douter? Il n'est que de relire certains passages de la *Révolution psychanalytique* de Marthe Robert ou de rappeler certains souvenirs des compagnons du surréalisme de la première heure » (Dr René R. Held, *L'Œil du psychanalyste. Surréalisme et surréalité*, Paris, Payot, 1973, p. 97).

[39] L. Aragon, « Une vague de rêves », *Commerce*, n° 2, 1924, repris dans *Une vague de rêves*, Paris, Seghers, 1990, p. 17.

[40] Hal Foster, *Compulsive Beauty*, Cambridge (Mass.), The MIT Press, 1993, p. 50-54. Foster s'appuie sur les travaux de Goldstein pour commenter les phénomènes d'appropriation masculine du clivage sexuel de l'hystérie (Jan Goldstein, « The Uses of Male Hysteria. Medical and Literary Discourse in Nineteenth-Century France », *Representations*, n° 34, 1991, p. 134-165).

[41] Dans « Le Message automatique », Breton cite les propos du « professeur Lipps dans son étude sur les danses automatiques du médium Magdeleine ». Magdeleine est une danseuse produite, au début du siècle, par Émile Magnin, professeur à l'école de magnétisme de Paris. Vêtue à la grecque dans le style de l'école rythmique, et légèrement hyptonisée, elle improvise des « attitudes passionnelles » au simple son d'un instrument. Ses performances automates sont données sur de nombreuses scènes européennes. André Breton, qui dispose d'une impressionnante documentation sur le sujet, a probablement consulté *L'Art et l'Hypnose* que Magnin a consacré à la danseuse Magdeleine (Émile Magnin, *L'Art et l'Hypnose. Interprétation plastique d'œuvres littéraires et musicales*, Paris, Alcan, s.d. [ca. 1905]).

[42] Salvador Dalí, « Le phénomène de l'extase », *Minotaure*, n° 3-4, 1933, p. 76.

[43] Dans ses mémoires d'adolescent, Dalí rapporte à la date du 28 décembre 1920 la performance de l'hypnotiseur Onofroff au « Sport Figuerense » : « Affiches sur les murs. On en discutait depuis une semaine, puis on en a parlé au cours d'un souper ennuyeux, mais très vite ce qu'en a dit mon père m'a intéressé. Il s'agit d'hypnose. Il faut aller voir ça. Et on y est allé [...]. Et nous avons passé des heures intéressantes [...]. Je connais l'hypnose, j'y crois. La science l'a démontrée [...]. Il a exécuté quelques tours de suggestion, de transmission de pensée, etc., admirables » (Salvador Dalí, *Journal d'un génie adolescent*, Monaco, Le Rocher, 2000, p. 186-188).

[44] H. Bernheim, *Hypnotisme, suggestion, psychothérapie. Études nouvelles*, Paris, Doin, 1888.

Elles s'exprimaient suivant ce rapport, dans une forme sensible. Elles revêtaient ainsi les caractères d'hallucinations visuelles, auditives, tactiles. Nous éprouvions toute la force des images [45]. » Cette tangibilité hallucinatoire des images est l'un des points débattus par les théories de la suggestion, selon lesquelles l'influence exercée sur le sujet dépend de la capacité de celui-ci à « faire exister des images » . Dès son *Examen de l'opinion généralement admise sur la manière dont nous recevons par la vue la connaissance des corps* (1819), Alexandre Bertrand analyse cette aptitude mentale à extérioriser hors de soi des images, sous l'emprise de la suggestion du verbe. Il émet à cette occasion l'hypothèse que la pensée du magnétiseur se réfléchit dans la tête du magnétisé selon un mode inédit de communication intersubjective qui alimentera, bien des années plus tard, le fantasme surréaliste du partage communautaire de l'écriture automatique dans les sommeils.

« DÉSIRS SOLIDIFIÉS » : DALÍ, L'ART NOUVEAU ET LA « SCULPTURE HYSTÉRIQUE » Cet intérêt pour la « suggestion par la vue » (Bernheim) instruit pour nous le rôle médiateur que joue l'hypnotisme dans l'attrait des surréalistes pour l'Art nouveau, en particulier celui de Dalí pour le « décorativisme psychique du Modern' Style [46] ». Dans son ouvrage *L'Art nouveau en France*, Debora Silverman relevait les liens historiques entre l'hypnose et l'Art nouveau, notamment ceux qui réunirent à Nancy Émile Gallé et Hippolyte Bernheim [47]. André Breton évoque ce synchronisme dans ses entretiens avec José Pierre : « Ainsi me signalait-il un jour la singulière coïncidence dans le temps et dans l'espace des deux écoles de Nancy à la fin du XIXe siècle : l'une, médicale, poursuivant, autour d'Hyppolite Bernheim et d'A.-A. Liébault, des recherches sur l'hypnotisme, la suggestion et la pathologie nerveuse; l'autre, artistique, animée par Gallé, Louis Majorelle, Victor Prouvé et Eugène Vallin, tentant de déterminer la nouvelle formule du décor quotidien [48]. » Or un auteur souvent oublié, Paul Souriau, professeur à l'université de Nancy, théorise ce rapprochement dès l'époque d'Émile Gallé dans *La Suggestion dans l'art* (1893) : « Entre cet état d'hypnose et l'extase du beau, entre ces effets de la suggestion et ceux de l'art, il y a une ressemblance singulière qui donne à penser [49]. » Les conclusions de Souriau méritent une attention particulière, tant elles semblent annoncer les mécanismes invoqués par Dalí dans le « phénomène de l'extase ». Le premier d'entre eux est le principe de « fixation visuelle » auquel Souriau conditionne l'extase : « Quand nous regardons un tableau, surtout un tableau d'un caractère poétique et qui prête à la rêverie, nous nous oublions sur un détail insignifiant de la toile [...]. Peu à peu, sous notre regard fixe, les figures se brouillent [...] nous regardons sans voir : nous sommes en extase [50]. » Souriau donne un nom à ce type de « concentration distraite » : la « vision fixée [51] ».
Ce regard distrait par un simple glissement d'attention (ce que Jonathan Crary intègre à son analyse du « suspens de la perception [52] ») permet d'atteindre les couches productives de l'inconscient. C'est là que sont possibles des « combinaisons nouvelles d'images », ces rencontres fortuites qui fondent la propre logique du collage surréaliste. Souriau distingue alors un processus en deux temps : un effet de concentration visuelle (la « figuration imaginative ») suivi d'une transposition par associations mentales (la « transfiguration imaginative ») commentée à partir du principe des « dessins à double jeu » [53]. Il s'agit bien sûr de la double image qui hante les dispositifs daliniens. Parmi les exemples convoqués par Souriau, un vase de Gallé aux « images flottantes, indécises, lointaines », mais aussi, ce qui nous intéresse, *L'Angélus de Millet* sur lequel Dalí va justement élaborer sa méthode paranoïaque-critique [54]. Le couple de *L'Angélus*, corps transis, rejoint les paralysies de l'école de Nancy ou de la Salpêtrière, alors que la figure médusée envahit l'œuvre de Dalí qui associe, très consciemment, l'onanisme à l'impuissance motrice de la tétanisation hypnotique, avec, pour figures emblèmes, la Vénus de marbre et Narcisse.

L'attrait de Dalí pour la *Vénus de Milo* – outre qu'il coïncide avec le recours au modèle classique dans ce qu'il a de plus éculé – s'explique aussi par une relecture proprement érotique du « phénomène de l'extase ». La figure de la femme pétrifiée, vêtue à l'antique, est en effet l'un des clichés de l'iconographie de l'hypnose quand celle-ci cherche à rivaliser avec les productions artistiques [55]. Or le culte esthétique de la *Venus victrix* repose sur une beauté incomplète, tronquée, dont les modes de fétichisation corporelle rappellent singulièrement ceux déployés par les praticiens de la Salpêtrière. Les *Leçons du Mardi* de Charcot sont truffées de références indirectes à ce phénomène : la paralysie cataleptique s'opère par fraction, avec un découpage fantasmatique du corps féminin que les médecins comparent très vite à l'attrait croissant pour la sculpture antique, à la suite de l'exhumation, en 1820, de la *Vénus de Milo*. Ce parallèle trouve, bien sûr, de nombreux échos dans la littérature fin de siècle, sa quintessence peut-être dans *L'Ève future* de Villiers de L'Isle-Adam,

[45] L. Aragon, « Une vague de rêves », art. cité, p. 14.

[46] S. Dalí, « De la beauté terrifiante et comestible de l'architecture Modern' Style », *Minotaure*, n° 3-4, 1933, p. 70.
[47] Debora L. Silverman, « Psychologie nouvelle », *L'Art nouveau en France. Politique, psychologie et style fin de siècle*, Paris, Flammarion, 1994, p. 82-114.
[48] José Pierre, *André Breton et la peinture*, Lausanne, L'Âge d'Homme, 1987, p. 16.
[49] Paul Souriau, *La Suggestion dans l'art* [1893], Paris, Félix Alcan, 1909, p. 2.
[50] *Ibid.*, p. 39.
[51] Dalí commente, en des termes très similaires, les mécanismes déclenchés devant *Métamorphose de Narcisse*, où « avec un léger recul et une certaine "fixité distraite", la figure hypnotiquement immobile de Narcisse [...] disparaît progressivement, jusqu'à devenir absolument invisible » (S. Dalí, « Métamorphoses de Narcisse », repris dans le catalogue *Salvador Dalí. Rétrospective*, Paris, Centre Georges Pompidou, 1979, p. 285).
[52] Jonathan Crary, *Suspensions of Perception, Attention, Spectacle and Modern Culture*, Cambridge (Mass.), The MIT Press, 1999, p. 65-72.
[53] P. Souriau, *La Suggestion dans l'art*, *op. cit.*, p. 75-84.
[54] S. Dalí, « Interprétation paranoïaque-critique de l'Image obsédante "L'Angélus" de Millet », *Minotaure*, n° 1, juin 1933, p. 65-67.
[55] Voir notamment Émile Magnin, *L'Art et l'Hypnose*, *op. cit.*, et Albert de Rochas, *Les Sentiments, la musique et le geste*, Grenoble, Librairie Dauphinoise, 1900.

comme a pu le montrer Marie Lathers [56]. Alicia Clary, très sensible à l'hypnose, est mise en transe cataleptique par le savant Edison pour produire le moule de l'androïde Hadaly. Le modèle auquel elle devra confronter son image sera la *Vénus de Milo*, comme le rappelle une gravure de Drouart reproduite dans l'édition de 1925, où l'héroïne découvre dans le miroir son double pétrifié [57]. La présence très peu anodine du miroir révèle combien la suggestion imposée à Alicia se réalise dans l'identification auto-contemplative. La Vénus devient l'incarnation féminine de Narcisse, ainsi que le suggérait, au début du siècle, et non sans fantaisie, Henri Lavoix, supposant qu'un des bras manquants de la sculpture du Louvre devait porter un miroir afin de représenter une « Vénus qui sourit à sa beauté sans rivale [58] ».

Cette fascination du miroir traverse toute l'histoire des pétrifications hypnotiques. À la Charité, les patientes sont hypnotisées avec des petits miroirs rotatifs, technique largement illustrée dans les revues de l'époque. Mais, au-delà de cet usage instrumental du vertige spéculaire, le miroir constitue le propre modèle de la relation magnétique : le « rapport » est porté à son incandescence au moment où se confondent, par mimétisme, hypnotiseur et hypnotisée. Joseph Deleuze, l'un des tout premiers à introduire les techniques d'endormissement dans ses *Instructions pratiques sur le magnétisme animal* (1825), évoque le « rapport magnétique » en termes de miroir virtuel. L'hypnotiseur a d'autant plus d'influence sur son sujet qu'il se place en exacte coïncidence avec l'image réfléchie de ce dernier. C'est ce que l'abbé Faria, le grand précurseur des théories de la suggestion énoncées dans *De la cause du sommeil lucide* (un ouvrage publié en 1819 et réédité en 1906), formalise très tôt quand il découvre que l'emprise sur autrui repose sur le leurre d'une superposition de l'image de soi et de l'autre [59]. À ce titre, l'auto-hypnose à laquelle recourt Desnos apparaît, dans bien des textes anciens, comme la forme la plus radicale du magnétisme, une forme dont le modèle mythopoétique n'est autre que Narcisse pétrifié devant sa propre image.
Dalí s'en empare en 1937 dans *Métamorphose de Narcisse,* où il décline les interprétations névrotiques de la « double image ». Narcisse se détache du « groupe hétérosexuel », son corps pétrifié se transforme en main, la main masturbatoire qui assimile clairement la paralysie hypnotique à une forme détournée d'onanisme. Havelock Ellis, dans ses *Études de psychologie sexuelle* (dont le chapitre sur le « narcissisme » est disponible en français en 1932), identifie très clairement, dès le mythe grec, la présence d'un auto-érotisme [60]. Il cite à cet effet le cas d'un jeune peintre qui, obnubilé par son propre sexe, jouit à se peindre nu. Dans *Métamorphose de Narcisse*, la main porte « un œuf, une semence » éjaculatoire d'où sort la petite fleur éponyme. C'est, dans la jouissance refoulée, le rappel du cocon utérin. Narcisse, en s'isolant du groupe, cherche à retrouver la solitude confortable de la vie intra-utérine, rappelée par la présence de l'eau stagnante qui évoque le liquide amniotique. Il faut, bien sûr, reconnaître ici le poids de l'interprétation freudienne. Dès 1914, dans son *Introduction au narcissisme*, Freud emprunte à Havelock Ellis le stade « auto-érotique », mais le présente comme un stade partiel (le « narcissisme primaire ») précédant l'investissement libidinal sur le premier objet, la mère. *Métamorphose de Narcisse* commente, semble-t-il, ce passage, en insistant sur le désir « primaire » de retrouver, dans le sommeil, le confort extatique de la caverne utérine. Narcisse se recroqueville en prenant la position fœtale. Il se plonge dans le propre bain du ventre de la mère. Son regard fixe non plus sa propre image mais le visage de la mère, imprimé dans l'enveloppe amniotique.

Curieusement, ce phénomène d'une mémoire utérine, avant de nourrir les débats internes à la psychanalyse (Rank et Ferenczi contre Freud, en 1924), instruit les débuts de l'hypnotisme. Dès les premières théories de la suggestion, le « rapport » qui unit l'hypnotiseur à son sujet est comparé au lien originaire entre la mère et son nourrisson. Liébeault, le fondateur de l'école de Nancy, précurseur de Bernheim, insiste sur ce phénomène, notamment dans un long développement consacré à l'influence des pensées de la mère sur le fœtus. Une idée fixe de la mère pendant la grossesse va s'imprimer sur le bébé : c'est la fameuse théorie de la « tache d'envie [61] ». Pour Liébeault, cette relation d'influence deviendra le modèle du rapport hypnotique qu'il présente, sans en évaluer les conséquences, comme la réminiscence de la relation végétative à la mère. Cette thèse ancestrale, loin d'être tombée dans l'oubli, est reprise et commentée par Otto Rank dans *Le Traumatisme de la naissance*, un ouvrage traduit en 1928 par Samuel Jankélévitch, et qui a profondément marqué Dalí [62] : « Le sommeil hypnotique, écrit Rank, qui, comme tous les états analogues intervient dans les rêves relatifs à la seconde naissance, à titre d'éléments typiques de l'état intra-utérin, permet de supposer que la nature de l'hypnose elle-même et de la suggestibilité hypnotique s'expliquent par les rapports primitifs qui rattachent l'enfant à la mère [63] ». Pour Rank, qui vient de réhabiliter l'hypnose avec Ferenczi, le rêve permet un retour

[56] Marie Lathers, « *L'Ève Future* and the Hypnotic Feminine », *Romanic Review*, vol. LXXXIV, n° 1, janvier 1993, p. 43-53.
[57] Villiers de L'Isle-Adam, *L'Ève future*, Paris, Jonquières, 1925, p. 64.
[58] Henri Lavoix, cité par Jeanne de Flandreysy dans *Femmes et déesses*, Paris, Société d'éditions littéraires et artistiques, 1903, p. 8.
[59] René Roussillon, « L'illusion hypnotique et la réappropriation narcissique : façon de miroir », *Du baquet de Mesmer au « baquet » de S. Freud. Une archéologie du cadre et de la pratique psychanalytiques*, Paris, PUF, 1992, p. 145-146
[60] Havelock Ellis, « Le narcissisme », *Études de psychologie sexuelle. Le mécanisme des déviations sexuelles*, t. XIII, Paris, Mercure de France, 1932, p. 187-239.
[61] Ambroise-Auguste Liébeault, *Du sommeil et des états analogues*, Paris, Masson, 1866, p. 178-179.
[62] « Je ne saurais trop conseiller à ce sujet le livre sensationnel du Dr Otto Rank : *Le Traumatisme de la naissance*, qui éclairera le lecteur d'une façon plus scientifique. Mes souvenirs personnels, si lucides et si détaillés, de cette période intra-utérine, ne font que corroborer la thèse du Dr Rank quand elle rattache cette période au *Paradis perdu* » (S. Dalí, « Souvenirs intra-utérins », *La Vie secrète de Salvador Dalí*, Paris, Gallimard, 1979, p. 43). Dès sa sortie, l'ouvrage de Rank attire l'attention du groupe surréaliste. Dans une lettre envoyée d'Arosa au printemps 1928, Paul Eluard demande à André Breton s'il a « lu *Le Traumatisme de la naissance* par Otto Rank (chez Payot)? [...] Très réjouissant. Plein d'exemples merveilleux ». C'est à la suite de cette lecture qu'ils écrivent ensemble l'article « L'homme », publié dans le deuxième numéro du *Surréalisme au service de la Révolution*, dans lequel se retrouvent, au chapitre consacré à « La Vie Intra-utérine », de nombreux échos du livre de Rank (le fantasme du « bain », l'univers aquatique « à fleur d'eau », la chaleur du « bouillonnement de lumière »...). Cet article est intégré quelques mois plus tard, en novembre 1930, à l'ouvrage commun d'Eluard et Breton publié aux Éditions surréalistes sous le titre *L'Immaculée Conception* – un livre orné d'un frontispice et d'une vignette gravés par Salvator Dalí, qui venait de livrer au même éditeur sa *Femme visible*.
[63] O. Rank, *Le Traumatisme de la naissance. Influence de la vie prénatale sur l'évolution de la vie psychique individuelle et collective* [1928], Paris, Payot, 1993, p. 17.

in uterum beaucoup plus complet que ne pourrait le réaliser le sommeil physiologique. Poussant la logique d'inversion freudienne selon laquelle le rêve biographique doit être interprété d'arrière en avant, il considère que le désir refoulé de ces rêves vise très précisément le retour à la situation intra-utérine. À partir des recherches de Roheim sur la « signification maternelle de l'incorporation de la chair animale [64] », Otto Rank relève par ailleurs l'analogie entre la nourriture et la protection du cordon ombilical, comme si tout habitacle, associé à la puissance érotique de la nutrition, n'était qu'une reproduction incomplète de la cavité intra-utérine [65]. La « faim originale » que Dalí associe à l'architecture « comestible » du Modern' Style est une faim de l'origine. Née d'une « névrose d'enfance », elle suit le parcours rétrospectif orienté vers la recherche du confort utérin en insistant sur le « caractère nutritif, comestible de cette espèce de maisons [...] dont l'existence vérifie cette fonction urgente et si nécessaire pour l'imagination amoureuse : pouvoir le plus réellement manger l'objet du désir [66] ».

Dalí est attiré par cette théorie phylogénétique du traumatisme – que Freud critique dès *Inhibition, Symptôme, Angoisse* – parce qu'il y rencontre l'histoire de son propre trauma originel : la hantise d'une naissance dans le sépulcre biologique d'un frère disparu. Salvador Dalí porte en effet le prénom d'un enfant mort-né, dont sa mère avait accouché quelques années avant sa propre naissance. La paranoïa dalinienne du double et de ses manifestations putréfiées est tout entière contenue dans cet événement traumatique qui charge la mère d'une menace cannibale. L'ensemble des œuvres que Dalí consacre à *L'Angelus* convergent dans ce sens, à commencer par les gravures pour *Les Chants de Maldoror* de Lautréamont, où le liquide amniotique devient le rappel menaçant d'être « mangé par la mère » : « La submersion du personnage de *L'Angelus*, c'est-à-dire de *moi* dans le lait maternel, ne peut être interprétée (à l'aide de ce que les objets surréalistes à fonctionnement symbolique nous ont appris au sujet des préoccupations de liquides servant d'intermédiaires aux désirs évidents de cannibalisme) que comme l'expression de la crainte d'être absorbé, annihilé, mangé par la mère [67]. » Seule, l'intercession d'une doublure, « le nouveau Narcisse », peut le sauver de cette figure maternelle « cannibale ». Ce sera Gala, le double de Dalí dans l'amour qui triomphe de l'obsession névrotique, un double féminin conçu, selon les propres analyses d'Otto Rank, comme un antidote au pouvoir destructif de la mort [68]. La mort qui hante les premiers sommeils surréalistes est exorcisée par le pouvoir de l'imagination amoureuse. Dans la magie de l'amour hypnotique, le sujet n'en finit pas de renaître. Subjugué, sous le « charme », il habite un présent suspendu ; il est là, mais dans la conscience de l'autre, comme il l'était dans le ventre de la mère. Libido *in uterum*, miroir primordial de l'Éros magnétique.

[64] Geza Roheim, « Nach dem Tode des Urvaters », *Imago*, vol. IX, n° 1, 1923, p. 83-121.
[65] O. Rank, *Le Traumatisme de la naissance*, *op. cit.*, p. 124-125.
[66] S. Dalí, « De la beauté terrifiante et comestible de l'architecture Modern' Style », art. cité, p. 72.
[67] Salvador Dalí, *Le Mythe tragique de l'Angélus de Millet. Interprétation « paranoïaque critique »*, Paris, J. J. Pauvert, 1963, p. 93
[68] O. Rank, « La croyance à l'immortalité du Moi », dans *Don Juan et le Double*, Paris, Payot, 1973, p. 105-115.

ne sont pas de couleur noire. Et elle, inspirée, tandis qu'elle nettoyait ce qu'elle-même avait gâté, trouvait de quoi séduire. Elle s'emparait de l'étranger, se pavanait à son bras et avec lui, revenue jusqu'à son taudis, montrait des dents si blanches, que dames putains, ses collègues, frissonnaient dans leurs chiffons roses.

Les marins qui avaient assisté à tout ce manège riaient à grands coups. Ils étaient connaisseurs en bons tours et, par exemple, savaient comment pour quelques centaines de francs, sous prétexte d'une traversée à prix réduit, on persuade aux Africains — qui apprendrait la peur de la chaleur aux fils du soleil ? — de se laisser rôtir près d'une chaufferie. Le bateau rendu au port, il suffisait de déboulonner les plaques de tôle qui tenaient prisonniers ces passagers spéciaux. Simple histoire. des hommes bruns sont devenus des hommes bleus. Grâce à des pierres qui remplacent dans leurs pauvres poches l'arc-en-ciel plat des portefeuilles marocains, leur corps prend avec du poids une discrétion suffisante pour qu'on les laisse doucement, doucement glisser jusqu'au centre même de cette obscurité clapotante, qui dans quelques heures, à l'aube, pour les poissons et les navigateurs redeviendra la mer, la vie.

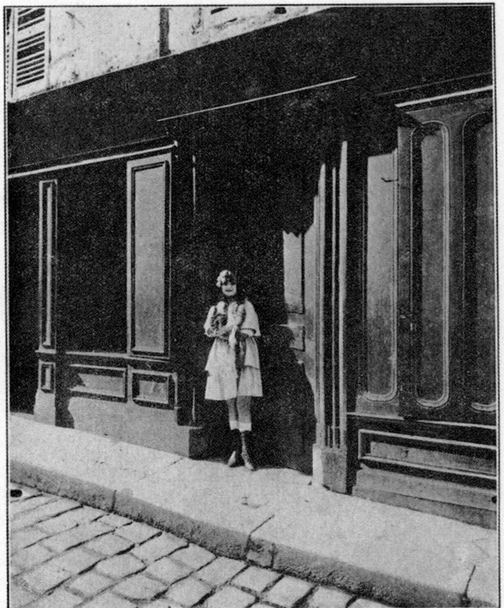

VERSAILLES

Or, quel soir ? Enfin, les prostituées ont compris que les pieds n'étaient pas faits pour des tortures de velours noir mais pour une nudité de peau à même une nudité de sable. Alors les talons, sur lesquels, depuis des siècles, elles chaviraient, tous les talons se sont brisés, et des fleurs sans semence ont jailli du macadam. Parce que nul mensonge ne pouvait plus être toléré, fût-il celui si mince des semelles de ficelle, les voyous ont jeté plus loin que l'horizon leurs espadrilles. Eclatez couleurs. Les criminels ont les mains bleues. Et vous, filles, si vous voulez des bouches rouges, passez sur vos lèvres le doigt taché de vos dernières amours. Au font des océans, tous les Africains crédules qui voulurent faire des voyages à bon

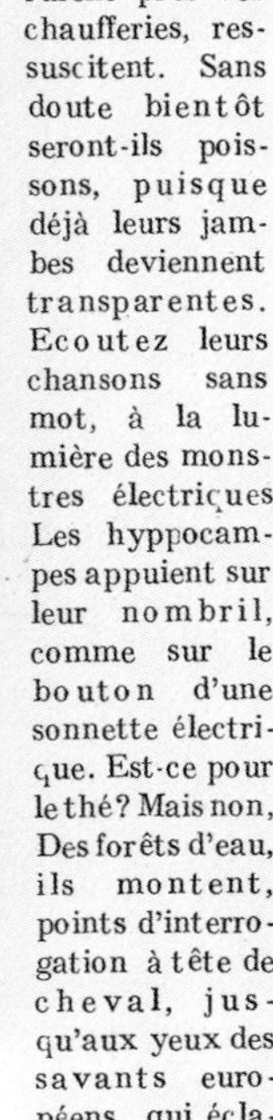

compte et moururent près des chaufferies, ressuscitent. Sans doute bientôt seront-ils poissons, puisque déjà leurs jambes deviennent transparentes. Ecoutez leurs chansons sans mot, à la lumière des monstres électriques Les hyppocampes appuient sur leur nombril, comme sur le bouton d'une sonnette électrique. Est-ce pour le thé? Mais non, Des forêts d'eau, ils montent, points d'interrogation à tête de cheval, jusqu'aux yeux des savants européens, qui éclatent dans leur peau terrestre. Le vaisseau fantôme écrit sa danse en plein ciel. Les murs s'écartent entre lesquels on voulut enchaîner les vents de l'esprit. Derrière les plis d'un velours trop lourdement paisible s'allume un soleil de soufre et d'amour. Les hommes du monde entier se comprennent par le nez. Un geyser imprévu envoie au diable des pierres dont on a tenté d'habiller le sol. Il y a un pont de la planète minuscule à la liberté.

Du pont de la mort, venez voir, venez tous voir la fête qui s'allume. René CREVEL.

Versailles, photographie d'Atget, publiée sans nom d'auteur dans *La Révolution surréaliste*, 2e année, no 7, 15 juin 1926, p. 28, et provenant probablement de la collection de Man Ray.

La photographie surréaliste : un art anonyme ?

ALAIN SAYAG

Quelle place faire à la photographie surréaliste ?

S'agissant des œuvres, la réponse est aujourd'hui sans équivoque. Celles de Man Ray, Hans Bellmer, Raoul Ubac ont propulsé leurs auteurs au premier rang des artistes surréalistes. Celles de Dora Maar ou de Claude Cahun, restées longtemps plus confidentielles, sont tout aussi prisées. Même certaines œuvres de Brassaï ou de Maurice Tabard, qui n'adhérèrent pas formellement au groupe, comptent désormais parmi les images qui doivent figurer dans toute rétrospective du surréalisme. Comme le remarquait, voilà déjà plus de quinze ans, Rosalind Krauss, « l'important n'est pas d'établir que les livres et les revues [surréalistes] contenaient des photographies, ou les toléraient ; c'est le fait que certaines d'entre elles se classent parmi les plus parfaites réussites du surréalisme et rayonnent d'une bien plus grande puissance que la plupart des dessins et peintures, impudemment laborieux, qui se multiplièrent pour expliciter les concepts exposés par Breton dans *Le Surréalisme et la Peinture*[1] ».

La place faite à la photographie dans le discours surréaliste est cependant bien décevante. On cite toujours le propos tenu par Breton en 1928 : « Quand donc tous les livres valables cesseront-ils d'être illustrés par des dessins pour ne plus paraître qu'avec des photographies ? » Mais les quarante-quatre photographies que lui donne Jacques-André Boiffard, pour illustrer *Nadja*, en septembre 1927, Breton les trouvera « mortes et désillusionnantes ». Et la rupture intervenue entre les deux hommes en 1928 stigmatisera sans doute l'échec de cette tentative.

Quant aux propos de Man Ray, leur roublardise masque mal leur naïveté. Man Ray ne cesse, dans ses écrits, comme dans les nombreux entretiens qu'il a donnés, d'affecter l'attitude d'un dilettante amusé. L'artiste doit être, selon lui, « un être privilégié, capable de se libérer de toutes les contraintes sociales et dont le but devrait être d'atteindre la liberté et le plaisir ». Mais ce discours n'est qu'une pose. La photographie n'est pas seulement le lieu de rapprochements insolites, d'associations inhabituelles, mais aussi celui où des manipulations engendrent des trouvailles qui modifient l'identité des choses et poétisent le réel. Si le résultat de ces manipulations est parfois hasardeux, il n'en est pas moins l'aboutissement d'un processus patient et méthodique, maîtrisé au sens le plus technique du terme, et parfaitement conscient.

Au-delà de ce spontanéisme « poétique », les œuvres de ces photographes sont donc le résultat d'une démarche « professionnelle », mais il manquera toujours, à tout ce pan de la création surréaliste, l'articulation cohérente d'un discours théorique.

Il ne sert à rien d'opposer les tenants du pictorialisme, encore actifs dans les années 1920, nostalgiques du grand art pictural, à ceux du modernisme photographique, adeptes de la photographie pure et nette ; les surréalistes, « derniers instantanés de l'intelligence européenne » pour Walter Benjamin, se placent délibérément en marge de ce débat. Qu'il s'agisse, comme on l'a vu, de Man Ray, mais aussi de Hans Bellmer, de Dora Maar, de Claude Cahun, de Raoul Ubac, de Jacques-André Boiffard, tous utilisent pleinement l'effet de réel de la photographie pour magnifier son effet fictionnel. Ils le font en utilisant tous les moyens à leur disposition, et cette subversion du « lexique photographique » fonde une nouvelle poésie visuelle. Mais cette fascination va bien au-delà des œuvres que signe tel ou tel membre du groupe, elle englobe cet immense

[1] Rosalind Krauss, *Explosante-fixe, photographie et surréalisme*, Paris, Centre Georges Pompidou/Hazan, 1985, p. 15-19.

continent, à peine exploré, de la création « anonyme ». Ce sont ces chefs-d'œuvre inconnus qui envahissent les pages des revues [2] et révèlent l'ambiguïté de l'attitude des surréalistes face à la photographie. Les exigences de Breton y sont pour beaucoup. « L'art n'est qu'une sottise, écrivait-il en paraphrasant Rimbaud, s'il ne vise qu'à produire de beaux objets. » L'art – la photographie – se doit de viser plus haut que le simple plaisir des yeux ; si elle veut rivaliser avec la poésie, la forme la plus accomplie de la création, il lui faut rechercher de nouvelles manières de sentir, concourir, par ses moyens propres, « au dévoilement et à la manifestation de nouvelles raisons de vivre ». Ambition que, à l'aune de ce qu'il est advenu de cette modernité, l'on peut juger démesurée, mais qui n'en existe pas moins. La photo anonyme apparaît donc comme « un objet perturbé, elle exprime cette énergie poétique que l'on trouve un peu partout à l'état latent », elle donne à voir, de manière expérimentale, « le fonctionnement » réel de la pensée. Elle a cette faculté, « en dehors de toute préoccupation esthétique ou morale », de faire jaillir la poésie, car ce qu'il convient de débusquer, c'est la « réalité supérieure de certaines formes d'associations ». Tout ce qui provoque cette « étincelle » de l'esprit est bienvenu : rêve éveillé, transe médiumnique ou hasard agglomérant des fragments de titres découpés dans les journaux, mais aussi ces éléments de la réalité que l'appareil photographique arrache au monde.
Cet « éclair salutaire » peut jaillir de l'objet le plus anodin, de la « toile de saltimbanque chinée aux puces » comme du cliché de Brassaï de la tour Saint-Jacques, « sous son voile d'échafaudages » dans la clarté lunaire de « La nuit du tournesol » [3].

[2] Dans les douze numéros de *La Révolution surréaliste* (1er décembre 1924 au 15 décembre 1929), les trois cinquièmes des quarante-huit photographies publiées sont des photographies « anonymes ».
[3] André Breton, « La nuit du tournesol », *Minotaure*, n° 7, 1935, p. 48-55.

Dalí, dans l'apologie d'Ernest Meissonier qu'il signe en préface du catalogue de son exposition chez Pierre Colle, en juin 1933, insiste sur le caractère « concret obsessionnel » du réalisme académique. Seul ce « fétichisme illusionniste » peut objectiver fantasmes, visions et rêves. La photographie, pour peu qu'on ne la regarde pas comme document, comme empreinte d'une réalité saisie mécaniquement, peut aussi exprimer ces « délires d'exactitude irrationnelle ». Le surréalisme n'a certes pas « transformé le monde, changé la vie et refait de toutes pièces l'entendement humain », mais il nous a appris à nous défier de la photographie qui n'invente rien et « qui ne ment pas » – cette photographie, qui permet de saisir, comme l'écrivait Henri Cartier-Bresson dans sa préface à *Images à la sauvette*, « le fait vrai par rapport à la réalité profonde », n'exprime souvent que les lieux communs de la représentation. Le surréalisme s'est appliqué « à lui faire passer cet air arrogant qu'elle avait de se donner pour ce qu'elle n'est pas », ouvrant ainsi définitivement la voie à une photographie qui est, comme le révèle Dalí, « le plus sûr véhicule de la poésie ». Aussi convient-il de citer presque intégralement l'article qu'il écrivit en 1929 pour une revue catalane publiée à Barcelone. Ce texte, assez peu connu, s'intitule « Témoignage photographique ».

« On ne dénoncera jamais assez ce que produit comme conséquences lamentables, d'une manière ou d'une autre, l'artiste qui dessine. Invariablement, il ruine tout ce qui lui tombe sous la main : illustration, affiche, documents, etc. Quand en finirons-nous avec l'inadéquat et inexistant dessinateur pour le remplacer par l'émotion vivante du témoignage photographique ?
Ce n'est pas le moment de refaire l'éloge de la photographie, nous l'avons répété sans fin, avec une immense ferveur ; il s'agit seulement d'appeler à l'usage de la photographie dans tous les domaines où le mauvais dessin persiste encore.
L'usage du témoignage photographique s'étend, de toute manière, chaque jour, à de nouvelles disciplines, aux activités les plus diverses, sans que l'on puisse en contrôler l'efficacité autrement que d'une manière approximative, quasi émotionnelle.
Le témoignage photographique a trouvé sa place aussi bien dans les travaux strictement scientifiques – histoire naturelle, géographie, etc. – que dans le roman (comme dans Nadja *de Breton), dans la publicité ou dans la poésie pure.*
La photographie permet réellement de construire le catalogue le plus complet, émotionnellement exact et fort, que l'humanité ait jamais pu imaginer. De la tranquillité des aquariums aux mouvements rapides et fugitifs des bêtes sauvages, la photographie nous offre des millions d'images fragmentaires qui nous submergent dans une poignante totalité cognitive. Un chapiteau de cathédrale, placé à dix mètres de haut dans une obscurité permanente, nous est révélé par la photographie avec toute la finesse de ses détails que seule l'habile photogénie est capable de révéler. Avec l'implacable rigueur qu'il impose à nos esprits, le témoignage photographique, dans son évidence, est toujours et ESSENTIELLEMENT LE PLUS SÛR VÉHICULE DE LA POÉSIE, et le moyen le plus efficace pour percevoir la plus délicate osmose qui lie réalité et surréalité.

Le simple fait de transposer le visible en photographie implique une invention totale : l'enregistrement d'une RÉALITE INÉDITE. Rien n'a mieux prouvé la justesse du surréalisme que la photographie. Facultés inusitées de surprise de l'objectif Zeiss !
Nous avons répété bien des fois que la photographie peut remplacer et préserver bien plus longtemps, et avec un effet bien plus réaliste que la vision directe, un grand nombre de ces objets archéologiques menacés d'une survie incertaine, et qui sont vivement contestés par les tenants de notre confort et du développement de nos villes. Nous pensons que les sites archéologiques tireront avantage d'être jugés sur ce qu'ils furent, et non tels qu'ils sont, corrompus par le temps, lamentables cadavres montrant tous les symptômes de putréfaction auxquels le snobisme sentimental voue un enthousiasme sans réserve. Nous pensons que l'humanité aurait bien des raisons de se réjouir de posséder une collection de photos et un film représentant le Parthénon à peine construit, plutôt que ces misérables débris dont nous avons hérité. (Même si nous savons que ce sont les débris que les artistes apprécient le plus) […][4]. »

C'est avec une rare perspicacité que Dalí manifeste dans ce texte un intérêt prémonitoire pour le « témoignage photographique » anonyme. Quelques années plus tard, cet intérêt sera aussi celui de bien des artistes, de Warhol à Christian Boltanski, sans épuiser pour autant les ressources du vaste champ de la photographie. Souhaitons que la profession de foi qu'il exprime ici avec vigueur soit à nouveau entendue, et que l'« artiste anonyme » trouve dans nos musées la place qui lui revient.

[4] Salvador Dalí, « La dada fotogràfica », *Gaseta de les Arts* [Barcelone], 2e année, n° 6, février 1929, p. 40-42 ; (traduction en français par A.S.). La fin du texte, que nous ne citons pas ici, est consacrée à l'historien de l'art et photographe Joan Subias, à propos d'une reproduction de la tête du Christ de Vilabertran.

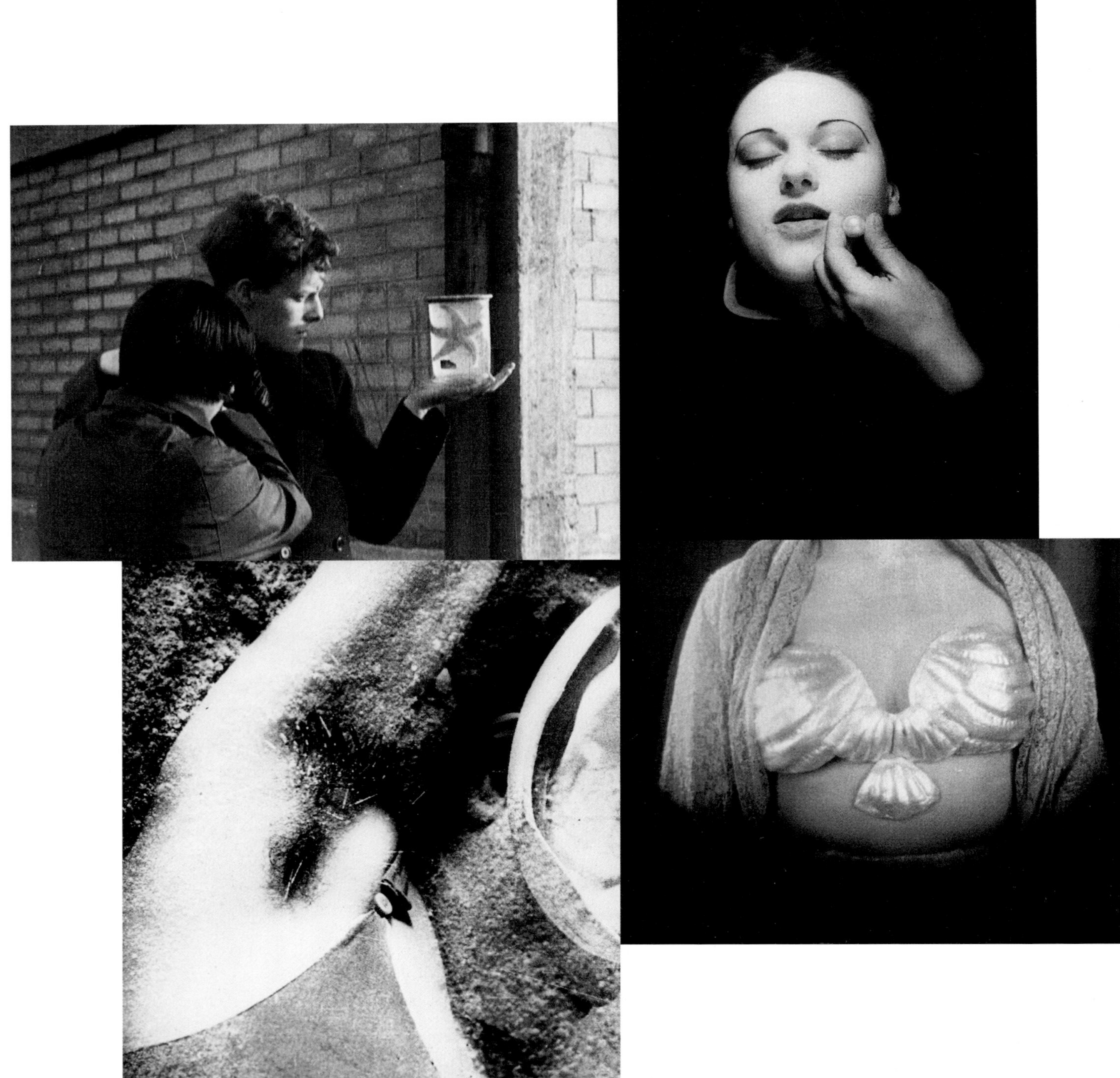

Photogrammes extraits des films de
MAN RAY, *L'Étoile de mer*, 1928
HENRI D'ARCHE, *La Perle*, 1929
LUIS BUÑUEL, *Un chien andalou*, 1929
GERMAINE DULAC, *La Coquille et le Clergyman*, 1927

La mécanique cinématographique de l'inconscient

JEAN-MICHEL BOUHOURS

Entre surréalisme et cinéma, les paradoxes ne manquent pas. Peu de films reçurent l'imprimatur de Breton et de ses amis, alors même que ceux-ci avaient voué au septième art un véritable culte. Certains membres du groupe s'investirent dans la chronique cinématographique ou l'écriture scénaristique, mais, curieusement, la revue *La Révolution surréaliste* ne fit paraître aucun texte entre 1924 et 1929, jusqu'à la publication, dans son ultime livraison de décembre 1929, du scénario d'*Un chien andalou*. Enfin, tandis que les différents manifestes du surréalisme passent sous silence l'art des salles obscures, les années de publication des deux premiers (1924 et 1930) n'en marquèrent pas moins des tournants importants dans l'histoire du cinéma surréaliste.

La période qui va des années de guerre au milieu des années 1920 correspond à une phase spectatorielle pure, où les surréalistes considèrent le cinéma comme un simple produit de consommation, la masse des productions l'emportant, à leurs yeux, sur la qualité. L'ultime soirée, dite « du Cœur à barbe », organisée par Tristan Tzara le 6 juillet 1923 au théâtre Michel, et qui consacre la rupture entre Breton et Dada, présente un programme composé des essais abstraits de Hans Richter, *Rhythmus 21* (1921), de la symphonie urbaine de Charles Sheeler et Paul Strand, *Manhattan* (1921), et de la cinérayographie de Man Ray, *Le Retour à la raison* (1923). L'année suivante (1924) sortent à Paris deux films majeurs de l'histoire du cinéma d'avant-garde : *Le Ballet mécanique* de Fernand Léger et Dudley Murphy, et *Entracte*, réalisé par René Clair sur un scénario de Francis Picabia, un film « instantanéiste » qui entend faire pièce au surréalisme naissant. Entre 1924 et 1929, les surréalistes cherchent à « souffler le merveilleux » avec le film : empruntant au domaine du rêve l'aspect condensé et fluide des images, ils tentent de transcrire sur l'écran une « dictée de l'esprit ». Soupault, Desnos, Artaud, Péret, Fondane ont alors une activité soutenue de rédaction de scénarios. Les quelques films qui verront le jour – *L'Étoile de mer* de Man Ray (1928), d'après Desnos, *La Coquille et le Clergyman* de Germaine Dulac (1927), d'après Artaud, *La Perle* d'Henri d'Arche (1929), d'après Georges Hugnet, et *Les Mystères du château du dé* de Man Ray (1929), d'après Mallarmé, Musset, Apollinaire[1]... – représentent les trop rares témoignages de cette créativité.

Luis Buñuel et Salvador Dalí font leur entrée en scène au moment où paraît le *Second manifeste du surréalisme*. L'un et l'autre revendiquent un cinéma moderne, qui regarde plus du côté d'Hollywood que du cinéma d'auteur européen, et qui se met en place sur les cendres des stratégies visuelles du muet. Après *Un chien andalou* (1929), leur second film, *L'Âge d'or* (1930), représente l'archétype de ce cinéma d'un nouveau genre, qui, cependant, en raison du scandale que suscite l'œuvre des deux Espagnols, ne connaîtra pas de postérité.

Remontons à février 1916 : à l'hôpital de Nantes, où il est interne, André Breton fait la rencontre de l'écrivain Jacques Vaché. L'attitude de ce dernier, résolument nihiliste, lui semble être l'expression la plus pertinente du sentiment de révolte d'une génération sacrifiée. C'est par l'humour (L'UMOUR) et le détachement que Vaché manifeste son insubordination et son mépris envers les valeurs de la société bourgeoise – vaste entreprise de désacralisation à laquelle l'art n'échappera pas. Vaché n'écrit-il pas à Breton, en août 1917 : « Donc nous n'aimons ni L'ART, ni les artistes (à bas Apollinaire)[2] » ? Le drame de l'histoire qui se joue à ce moment conduit à une révision drastique de tous les jugements antérieurs. Dans l'horreur absolue d'un conflit qui précipite la société tout entière dans une logique où les plus fortes personnalités sont broyées, l'auteur des

[1] Pour les sources littéraires du film, je renvoie le lecteur à mon article « La mariée du château », dans *La Villa Noailles. Une aventure moderne*, Paris, Flammarion, 2001.

[2] Jacques Vaché, lettre du 18 août 1917, dans *Lettres de guerre, précédées de 4 essais d'André Breton*, Paris, Éric Losfeld, coll. « Le désordre », 1970, p. 57.

Lettres de guerre (1919) adresse à Breton, quelques jours avant son suicide, une lettre dans laquelle il use de l'espace imaginaire cinématographique pour décrire son désespoir :

« Dans quel affalement me trouva votre lettre ! – Je suis vide d'idées, et peu sonore, plus que jamais sans doute enregistreur inconscient de beaucoup de choses, en bloc – Quelle cristallisation ?... je sortirai de la guerre doucement gâteux, peut-être bien, à la manière de ces splendides idiots de village (et je le souhaite)... ou bien... ou bien... quel film je jouerai ! – Avec des automobiles folles, savez-vous bien, des ponts qui cèdent, et des mains majuscules qui rampent sur l'écran vers quel document !... Inutile et inappréciable ! – Avec des colloques si tragiques, en habit de soirée, derrière le palmier qui écoute ! – Et puis Charlie, naturellement qui rictusse, les prunelles paisibles. Le Policeman qui est oublié dans la malle ! ! ![3] »

Dans ces années de guerre, « les équilibres sont rares[4] », les choses de la vie ont bien peu d'importance, pourvu qu'on soit encore en vie, et l'ombre de Fantômas ou de Chaplin vaut bien celle d'une génération en sursis. Breton rappellera dans *Nadja* cette époque où le jeu consistait à ne jamais consulter le programme des projections avant d'entrer dans un cinéma. Les deux complices allaient ainsi de salle en salle consommer du film, sans se soucier des horaires, du contenu ou de la qualité intrinsèque des bandes. Garnements, terroristes joyeux et désespérés : le cinéma répond à la dérision du moment. Plus les films sont loufoques, plus ils gagnent leur faveur. La préférence de Breton va, comme il le dira plus tard, aux plus idiots, et force est de reconnaître que la médiocrité de la production de l'époque devait rendre l'exercice assez aisé. Mais la jouissance qu'il retire des images lumineuses est pourtant bien réelle, celles-ci étant pour lui une « substance lyrique exigeant d'être brassée en masse et au hasard[5] ». La seule fidélité de ces mordus de cinéma anti-esthètes est réservée aux séries à épisodes : *Fantômas, Les Vampires* ou *Les Mystères de New York*. Fantômas constitua sans doute l'un des premiers « phénomènes de société », tant ce personnage terrifiant de romans-feuilletons, puis de cinéma, qui bravait tous les interdits et commettait les pires crimes, fut adulé par le grand public. Quant à Irma Vep, l'héroïne masquée des *Vampires* (incarnée par Musidora), et à Pauline, la protagoniste au visage tendre des *Mystères de New York* (jouée par Pearl White), elles ouvraient grand les portes d'un imaginaire sensuel et érotique à une génération qui en avait été sevrée par la guerre.

Le fait que le nouveau médium ne soit pas encore considéré comme un art est une des raisons de l'engouement des surréalistes. Comme beaucoup d'autres, ils ont répondu à l'appel de Guillaume Apollinaire, qui, dans sa conférence du 26 novembre 1917 au Vieux-Colombier, « L'Esprit nouveau et les poètes », a exhorté tous les poètes à s'intéresser au cinéma, « l'art populaire par excellence » : ses origines foraines sont encore toutes proches, et sa virginité en fait un vecteur possible de l'anti-tradition. Mode d'expression récent, qui a trouvé son public dans les couches populaires de la société, il est largement frappé d'ostracisme par les bourgeois, au nom du bon goût. Dans la détermination de tous les surréalistes à se démarquer du cinéma « artistique » des avant-gardes, nous retrouvons cette posture dandy de Vaché, qui ignorait l'art et son histoire, ou s'en méfiait. D'Artaud à Dalí, le cinéma pur ou abstrait sera perçu comme une tentative de récupération idéologique du cinéma par la bourgeoisie, qui vise à réintégrer celui-ci dans le giron de la culture. Les surréalistes affirment, à l'inverse, un cinéma de l'émotion, échappant au filtre de la pensée raisonnante. Ainsi le « cinéma frénétique » défini par Desnos est-il un cinéma de la magie des ténèbres, de l'émotion pure, qui se moque de l'intelligence et de la réalité qu'on lui a jusqu'ici contée.

À leur indifférence au contenu, Breton et Vaché ajoutent une volonté d'appropriation et de détournement du lieu même de ces cérémonies profanes. Breton y fait référence dans *Nadja* :

« Comme au temps où, avec Jacques Vaché, à l'orchestre de l'ancienne salle des "Folies-dramatiques" nous nous installions pour dîner, ouvrions des boîtes, taillions du pain, débouchions des bouteilles et parlions haut comme à table, à la grande stupéfaction des spectateurs, qui n'osaient rien dire[6]. »

Cette attitude n'empêche pas les surréalistes de considérer la salle de projection comme un endroit magique, où se libère l'imagination. Desnos mettra en évidence son analogie avec la chambre, en montrant ce que l'obscurité apporte de relation intime avec le spectateur. Les surréalistes conçoivent d'ailleurs la salle de cinéma non pas comme un lieu où la fiction viendrait sublimer le quotidien, mais comme celui où se déroulent les cérémonies obscures des phénomènes psychiques. Pour décrire les processus psychiques et leur passage – ou leur non-passage – de l'inconscient à la conscience, Freud avait utilisé la métaphore de la grande antichambre (où se bousculent les processus psychiques inconscients) et du petit salon attenant (dans lequel séjourne la conscience). Entre les deux réside le gardien, dont la tâche consiste à refouler

[3] *Ibid.*, p. 66.
[4] A. Breton, « Introduction » [1919], dans J. Vaché, *Lettres de guerre, op. cit.*, p. 12.
[5] A. Breton, « Comme dans un bois », *L'Âge du cinéma*, numéro spécial surréaliste, août-novembre 1951, repris dans Alain et Odette Virmaux, *Les Surréalistes et le Cinéma*, Paris, Seghers, 1976, p. 279.
[6] A. Breton, *Nadja* [1928], Paris, Gallimard, 1964, p. 40.

un certain nombre de phénomènes inconscients qui tentent de pénétrer dans la petite pièce adjacente. L'écriture automatique prônée par les surréalistes a précisément pour objectif de permettre à l'inconscient de s'exprimer, et, à bien des égards, la salle de projection apparaît comme l'antichambre décrite par Freud [7]. L'état du spectateur de cinéma correspond, selon eux, à cet entre-deux du rêve éveillé qu'ils recherchent dans les sommeils sous hypnose, lesquels favorisent la capacité d'objectivation des phénomènes inconscients. Le premier texte théorique sur le surréalisme au cinéma date de 1925 et est signé Jean Goudal. L'auteur fait une critique sans concessions du *Manifeste du surréalisme*, qui porte non pas sur les fins qui y sont définies, mais sur les moyens prônés pour y parvenir, et que l'on pourrait résumer ainsi : si la dictée de l'inconscient échappe au contrôle de la conscience, est-elle communicable par le langage, moyen de communication basé sur la raison ? Il conclut : « "Je crois de plus en plus, écrit M. A. Breton (*Manifeste du Surréalisme*, p. 39, note 1), à l'infaillibilité de ma pensée par rapport à moi-même." M. A. Breton a raison ; mais une fois fixé dans son ingénuité absolue, ce "mécanisme scriptural et mental" de M. A. Breton, qui n'est valable que pour M. A. Breton lui-même, pourquoi le faire imprimer et publier [8] ? » Goudal pointe une aporie dans le système de Breton, pour immédiatement affirmer que cette contradiction cesse d'exister dès qu'on applique les thèses surréalistes au domaine du cinéma. Il prend ainsi le contre-pied d'une opinion fréquemment exprimée – en particulier par René Clair – selon laquelle le cinéma, par son mode de préparation et d'élaboration, est difficilement compatible avec un automatisme psychique pur [9]. Mais Goudal ne s'intéresse pas tant à la mise en forme d'un langage cinématographique surréaliste qu'à ses simulacres. Les conditions dans lesquelles on regarde un film provoquent un état où cohabitent la veille et le rêve, une sorte d'hallucination consciente. Dans la réalité, le spectateur demeure éveillé, bien qu'il soit dans un isolement qui l'abstrait du monde réel. Les capacités phénoménologiques du corps sont mises en sommeil, et l'individu, confortablement installé, est libéré de son assujettissement aux perceptions sensorielles immédiates ; son regard se focalise sur un écran de toile blanche, tandis que s'opère un transfert psychologique provisoire et fragile. Dans la salle obscure, les images mentales, habituellement anémiées par la prégnance des images du monde réel, occupent le premier plan ; le spectateur adopte alors comme réalité absolue ces images indemnes de concurrence.

Le désir de transcrire à l'écran des états psychotiques ou oniriques est bien antérieur au surréalisme. Abel Gance avait magistralement utilisé les déformations optiques pour donner à voir le délire du personnage central de *La Folie du docteur Tube* (1915). Selon Jean Epstein, qui n'était pas particulièrement un adepte de Freud, le « regard de verre » du cinématographe a une force psycho-analytique unique. De la même manière, Philippe Soupault s'attache à donner avec ses « poèmes cinématographiques » une impression flottante de rêve, en refusant tout souci de netteté et de précision. Man Ray, dans *L'Étoile de mer*, brouille la vision objective avec une gélatine pour figurer un univers onirique sans repères spatiaux. Artaud expliquera que la mécanique du rêve qu'il a tenté de transcrire dans *La Coquille et le Clergyman* repose sur le mélange des images, leur vibration et leur choc. La vibration, qui génère l'émotion, est l'émanation d'un état psychologique que l'auteur du *Théâtre de la cruauté* souhaite « étaler dans [son] originelle et profonde barbarie [10]. » Le choc est un mode de montage cinématographique inédit, auquel adhère le cinéma surréaliste dans son ensemble, comme paradigme d'un mode d'association de pensées latentes qui se transforme en un mode de rêve manifeste.
Les surréalistes ont souvent substitué au mode causal du langage un principe de mécanisme obsédant fondé sur la forme des objets ou des parties du corps (que Dalí systématisera avec la méthode « paranoïaque-critique »). Dans « Minuit à quatorze heures », un scénario de film écrit par Desnos en 1925, un effet d'accumulation et de saturation de la fiction au moyen d'objets ronds qui se succèdent – lune, ronds de serviettes, assiettes, hostie, etc – annonce avec un certain suspens le cauchemar de la boule, dévoreuse, gigantesque, qui envahit l'espace à la fin. Ce mode d'enchaînement fondé sur la forme visuelle des objets est repris dans la séquence inaugurale d'*Un chien andalou*, le premier film de Buñuel et Dalí. Cependant, le système du film repose non plus sur une accumulation d'ordre strictement visuel, mais sur le principe de la métaphore littéraire : la lune ronde / l'œil / le nuage effilé devant la lune / le rasoir coupant l'œil. Une image en entraîne une autre par un procédé métaphorique ; un acte, plutôt, que l'on pourrait qualifier de poétique et de beau, en entraîne un second, cruel et insoutenable. Le procédé employé par Buñuel et Dalí s'apparente au processus psychique par lequel deux rêves ayant un point commun fusionnent pour introduire dans le contenu manifeste du rêve une image dont le noyau sera une synthèse de ces deux rêves.
L'utilisation d'un bestiaire aux significations sexuelles est une constante dans le cinéma surréaliste [11]. Dans une perspective freudienne – où les coquillages symbolisaient, d'une manière générale, les organes sexuels

[7] Sigmund Freud, *Introduction à la psychanalyse* [1932], Paris, Petite Bibliothèque Payot, 1972, p. 276-278.
[8] Jean Goudal, « Surréalisme et cinéma », *Revue hebdomadaire* (Paris), février 1925, p. 343-357.
[9] René Clair, « Deux notes », *Les Cahiers du mois 16/17*, Paris, Éditions Émile-Paul Frères, 1925.
[10] Antonin Artaud, « Cinéma et réalité », *La Nouvelle Revue française*, n° 170, 1er novembre 1927, repris dans Antonin Artaud, *Œuvres complètes*, t. III, Paris, Gallimard, coll. « NRF », p. 19.
[11] *L'Étoile de mer* de Man Ray/Desnos, *La Perle* de d'Ursel/Hugnet, *La Coquille et le Clergyman* de Dulac/Artaud et, enfin, *Un chien andalou*, de Buñuel/Dalí.

féminins[12] –, l'étoile de mer, l'oursin, la perle ou la coquille se retrouvent au centre d'un système de perversion né d'une frustration sexuelle. Desnos construit la perversion fétichiste de son personnage autour d'une étoile de mer enchâssée dans son bocal, que celui-ci emporte avec lui, faute d'avoir consommé l'acte d'amour[13]. Dans le scénario de Georges Hugnet, le jeune homme va acheter un collier de perles dans une joaillerie et en choisit un qu'il aperçoit subrepticement sous la jupe relevée d'une vendeuse aguicheuse, dissimulé sous le haut de son bas de soie. Le personnage sera soumis à une véritable obsession dans la suite du film, où il n'aura de cesse de retrouver l'une des perles du collier – la perle idéale –, qui lui a été subtilisée. Dans *La Coquille et le Clergyman*, le coquillage est une représentation fantasmatique des seins sur un principe isomorphique, tandis qu'*Un chien andalou* met en œuvre un mode de « représentations verbales plastiques » : le plan montrant des fourmis qui grouillent dans la paume d'une main s'enchaîne sur celui des aisselles de la femme (masse pileuse), auquel succède l'image d'un oursin échoué sur une plage.
L'association des images, qui s'appuie sur la ressemblance visuelle, opère une manipulation, qui, exactement comme dans le rêve, est un processus de transposition. Une autre séquence célèbre du film de Buñuel et Dalí est l'association, par une métamorphose visuelle très subtile, des seins et des fesses de Simone Mareuil. L'acteur Pierre Batcheff lui caresse voluptueusement la poitrine au travers de sa robe. Conformément aux indications du scénario, « les seins émergent de dessous la robe [puis] disparaissent pour se transformer en cuisses et continuent d'être palpés par le personnage » – séquence qui exprime, bien entendu, le fantasme érotique auquel le sujet est en proie. Le contrechamp de ces plans d'images métamorphiques montre alors le visage de l'homme bavant, avec des yeux révulsés qui traduisent à la fois le désir sexuel et la violence. Grâce à un enchaînement plastique, les fondus enchaînés entre les seins et les fesses de Simone Mareuil dévoilent une réalité bivalente qui représente un équivalent cinématographique des fameuses images doubles de la peinture de Salvador Dalí.
Les procédés métamorphiques utilisés dans le cinéma surréaliste ont vocation à amalgamer les images, qui ne sont plus appréhendées isolément. Freud a largement commenté, à propos du rêve[14], ce procédé de « condensation » qui consiste à « couler », pour en tirer une image unique, des pensées latentes disparates. Selon lui, quand deux pensées latentes n'ont pas de point commun, ce principe supérieur de fusion du rêve fait appel à un déplacement – du visuel vers le langage, par exemple ; le rêve fusionne alors les deux images disparates en un langage unique. Dans la séquence du *Chien andalou* décrite précédemment, le procédé opère un déplacement sensoriel du sujet. Ce n'est plus le regard délirant qui associe le sein à la fesse, mais le toucher qui fait l'amalgame entre les deux. Le délire typiquement voyeuriste du sujet se transforme en un délire haptique, consécutif au passage à l'acte.

En 1928, Dalí signe, en compagnie de Sebastiá Gasch et Luis Montanya, le *Manifeste anti-artistique* (également intitulé *Manifeste Groc* ou *Manifeste jaune*). Ce texte s'élève avec virulence contre la culture officielle de l'Ateneo de Barcelone. Plus tard, les réactions indignées de Buñuel et de Dalí seront tout aussi violentes devant le succès à Paris d'*Un chien andalou*, qui n'est dû, selon eux, qu'au snobisme et à l'imbécillité d'un public trié sur le volet. Pour *L'Âge d'or*, Buñuel veillera, semble-t-il, à ce que cette récupération esthétique ne puisse pas se reproduire : il introduisit à cet effet dans son film des ingrédients anti-artistiques, listés dans le *Manifeste Groc*, comme antidote au bon goût. Au risque de laisser penser que le film n'était qu'un fatras incontrôlé, Buñuel et Dalí réalisèrent une œuvre hétérogène, composée de six parties parfaitement distinctes relevant de catégories filmiques très différentes. Ainsi, un prologue documentaire sur le scorpion (*Le Scorpion languedocien*, 1912) introduit une fiction aux allures d'épopée hollywoodienne. L'ellipse est flagrante, à la manière d'un zapping.
La présence d'un essai documentaire dans *L'Âge d'or* n'est pas véritablement le fait du hasard : au début de l'année 1929, Dalí écrivit plusieurs textes sur le cinéma documentaire[15], dont il célébrait la tendance violemment anti-artistique. Il ne le concevait pas comme une « fenêtre sur la réalité », mais, au contraire, comme un appareil grossissant qui, de la réalité, fait surgir la surréalité. Les éléments étrangers à la fiction insérés à plusieurs reprises dans le cours du film proviennent du cinéma muet : leur facture datée tranche avec la qualité des images tournées par Albert Duverger, l'opérateur de Buñuel. Le film est, de fait, un véritable collage, qui s'apparente en bien des points aux romans-collages de Max Ernst – lequel joue justement le rôle du chef des bandits dans *L'Âge d'or*, aux côtés de sa compagne Marie-Berthe Aurenche –, en particulier à *La Femme 100 têtes*. La grande nouveauté de ce premier roman-collage de Max Ernst, publié en novembre 1929, réside dans l'extraordinaire épuration des stratégies plastiques : les techniques mixtes alliant dessins, photographies et

[12] S. Freud, « Le symbolisme dans le rêve », dans *Introduction à la psychanalyse*, *op. cit.*, p. 134.
[13] Je renvoie à l'interprétation du « vagin denté » par P.-A. Sitney, « The Instant of Love : Image and Title in Surrealist Cinema » ; trad. française : « L'instant amoureux : image et titre dans le cinéma surréaliste », dans Jean-Michel Bouhours et Patrick de Haas (dir.), *Man Ray directeur du mauvais movies*, Paris, Éditions du Centre Pompidou, 1997, p. 61-83.
[14] S. Freud, *Le Rêve et son interprétation*, Paris, Gallimard, 1969, p. 43-45.
[15] Salvador Dalí, « Film-Art, fil anti-artistique », dans *Oui 1. La Révolution paranoïaque critique*, Paris, Denoël/Gonthier, 1971, p. 38-43

peintures n'y ont plus cours. L'étrangeté du climat de *La Femme 100 têtes* est essentiellement due aux coups de ciseaux donnés par l'artiste dans un matériau parfaitement homogène, puisé dans des gravures du XIXe siècle. Son autre particularité, par rapport aux papiers collés ou aux collages dada, réside dans sa capacité à faire coexister une iconographie réaliste avec une ambiance onirique. Dans sa préface à *La Femme 100 têtes*, Breton faisait valoir que Max Ernst avait « réprimé durement en lui tout ce qu'il y a, chez quiconque entreprend de s'exprimer, de préoccupations de formes subalternes[16] ». Cette remarque illustre parfaitement l'analogie entre l'œuvre de Max Ernst et le film anti-artistique, ainsi que les points communs unissant ces deux projets. En entremêlant le documentaire très didactique sur le scorpion et la partie où apparaissent les bandits, *L'Âge d'or* suggère que la fiction est le prolongement de la réalité. Les séquences documentaires et les images d'emprunt disséminées dans le film permettent de ne pas réduire celui-ci à une représentation littérale du monde onirique, et de lui conférer un champ plus large du psychisme, où conscience et inconscience sont mêlées dans un mécanisme, qu'il soit celui de la pensée ou celui du cinéma.

La psychanalyse et le cinéma ont en commun un certain nombre de termes clés : « projection » et « censure », notamment. Au cinéma, la censure est souvent suggérée par l'image des ciseaux. Rapportée au domaine de l'activité psychique, l'action de couper à l'aide de ciseaux n'est qu'une stratégie parmi d'autres pour empêcher un désir inconscient de passer dans le champ de la conscience. La trame de *L'Âge d'or*, comme, d'ailleurs, dans une moindre mesure, celle d'*Un chien andalou*, est celle d'un acte toujours reporté, un *coitus interruptus*. Buñuel met en adéquation le signifiant et le signifié, et compose son film sur le principe de la coupe et du saut, procédés elliptiques intrinsèques au cinéma, mais qui, dans le film, sont systématisés, amplifiés[17]. L'homme incarné par Gaston Modot est un animal asocial (inscrit, dans le film, sous le signe du scorpion), qui ne parvient jamais à réaliser ses désirs, contrariés par l'environnement religieux, politique, social. Buñuel va devoir mettre en images la frustration de son personnage d'une manière inédite. Les amants sont enlacés dans la boue, alors que va commencer la cérémonie officielle de la fondation d'une ville éternelle au milieu des rochers, au Cap Creus, dans une région d'Espagne proche de Cadaqués. Leurs ébats dérangeant la noble assemblée des notables, ils sont séparés et emmenés chacun de leur côté. Le regard de l'homme resté à terre, s'illumine soudainement : il est traversé par une « vision ineffable ». Contre toute attente, il s'agit d'images à connotation scatologique : un volcan (objet pointé par Bataille, dans *L'Anus solaire*, comme métaphore anale), la lave (qui figure les matières fécales d'une fosse septique) ; le plan suivant montre Lya Lis se tordant de douleur sur le siège d'une cuvette de WC, et, pour finir, un rouleau de papier hygiénique s'enflamme à la manière d'un feu follet. Un bruit de chasse d'eau qui interrompt brutalement la musique vient renforcer le registre scatologique des images. *L'Âge d'or* est réalisé dans le contexte de la conversion du surréalisme aux principes du matérialisme dialectique. Le premier numéro de la revue *Le Surréalisme au service de la Révolution* contient un texte de Dalí intitulé « L'Âne pourri », qui permet de décrypter cette séquence scatologique de *L'Âge d'or*. Les mécanismes paranoïaques que met en avant le peintre doivent semer la confusion et discréditer le monde de la réalité, en faisant ressurgir dans le domaine poétique les plus anciens tabous de nos sociétés. Il s'agit d'une transmutation où l'art est une alchimie, qui consiste à retrouver l'or, matière de la perfection, derrière les « ignominieux simulacres scatologiques[18] ». La gymnastique acrobatique du surréalisme dont parle Breton à propos de l'image poétique devient une réelle subversion culturelle avec la méthode paranoïaque-critique de Dali appliquée au cinéma.

Henri Bergson s'insurgeait contre l'intelligence, qui, selon lui, serait incapable d'imaginer la durée, le flux, autrement que comme une suite d'instantanés. Le mécanisme cinématographique de la pensée fait qu'on ne perçoit du devenir que des états. Le cinéma surréaliste s'ingénia à calquer son modèle d'assemblage sur les mécanismes du rêve, qui procède de manière elliptique dans l'espace et dans le temps. Métaphore d'un mode inconscient, ce cinéma est une version paroxystique du mécanisme de la pensée. Breton dit dans le premier *Manifeste* qu'il a longtemps médité sur ces mots de Pierre Reverdy : « Plus les rapports des deux réalités rapprochées seront lointains et justes, plus l'image sera forte – plus elle aura de puissance émotive et de réalité poétique[19]. » Assurément, la capacité spécifique du médium cinématographique à assembler aisément des réalités disparates, voire violemment éloignées dans le champ de la conscience, a été l'une des causes de l'engouement des surréalistes pour le cinéma.

[16] André Breton, Préface à la *La Femme 100 têtes*, Paris, Éditions du Carrefour, 1929. Reproduit dans le catalogue *Max Ernst*, Werner Spies et Germain Viatte (dir.), Paris, Éditions du Centre Pompidou/Musée national d'art moderne, 1975, p. 76.

[17] Paul Hammond, « Coitus Interruptus », et Allen S. Weiss « La rhétorique de l'interruption », conférences données au Centre Pompidou, Colloque Buñuel, mai 2000.

[18] S. Dalí, « L'Âne pourri » [juin 1930], repris dans *Oui 1. La Révolution paranoïaque-critique*, *op. cit.*, p 155.

[19] Pierre Reverdy, *Nord-Sud* [mars 1918], cité par André Breton dans le *Manifeste du surréalisme* de 1924 ; voir *Manifestes du surréalisme*, Paris, Gallimard, coll. « Folio/Essais », p. 31.

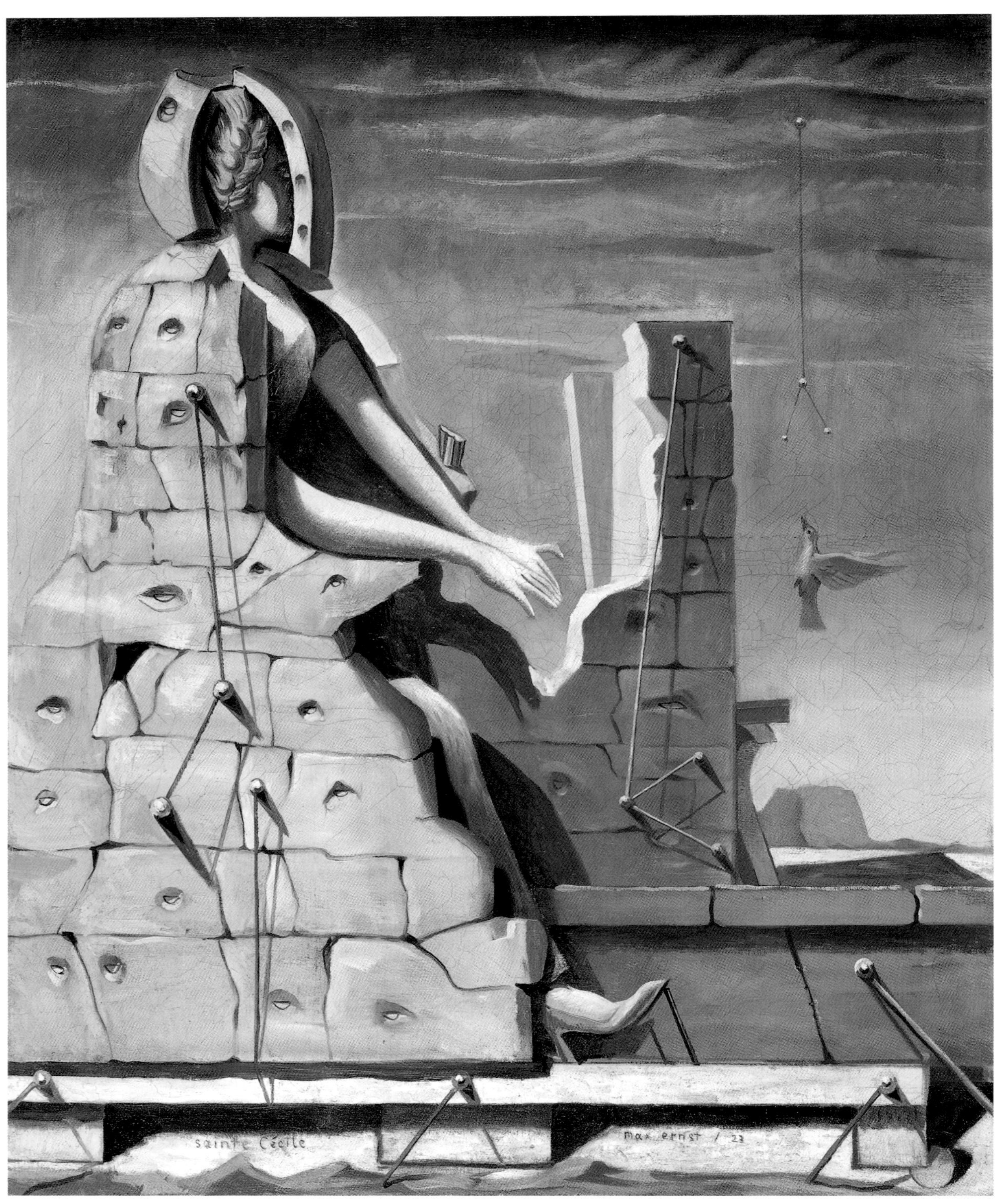

MAX ERNST
Sainte Cécile ou *Le Piano invisible*, 1923
Huile sur toile
101,00 x 82,00 cm
Staatsgalerie Stuttgart

Le surréalisme et la musique, un assourdissant malentendu

NICOLAS CASTIN

« SE POSE LE PROBLÈME DE LA NAISSANCE SOUS FORME D'UNE JOLIE ÉQUATION EN DO [1]. » Le silence du surréalisme face à la création musicale, et tout spécialement celle, foisonnante, dont il est l'exact contemporain, signale, plus encore qu'une incompréhensible distraction ou un fracassant malentendu, une aporie, due en grande partie aux intransigeances de Breton, mais largement diffusée dans la production comme l'effort de théorisation qui prend place au cœur de la « révolution » qu'elles promeuvent. Même si les premiers numéros d'une revue aussi engagée que l'était *Littérature* laissent la parole régulièrement à Milhaud ou à Auric [2], en incluant une rubrique musicale dans leur programme, et vont jusqu'à publier les poèmes des *Berceuses du chat* de Stravinsky [3], l'exclusion est méthodiquement en marche : dès juin 1920, Soupault éreinte *Le Bœuf sur le toit*, qu'il juge « triste comme un bonnet de nuit », et, suivant le mot d'ordre de Breton, « la nuit » commence alors de « tomber sur l'orchestre ».

Les faits sont sans appel : dans le château qui dresse son architecture de rêves à la fin du *Manifeste* de 1924, perdu dans la foule des invités élus – peintres, critiques, poètes –, seul Auric fait une timide apparition, sans aucun commentaire, et l'art si cher aux romantiques allemands et aux symbolistes, si présent dans les œuvres de référence du mouvement et de ses psychopompes, disparaît simplement aussi bien du *Second manifeste* de 1930 que du *Dictionnaire abrégé du surréalisme*, que propose Eluard en 1938. Une telle surdité peut laisser sans voix, mais elle invite surtout à décrypter ce qui relève du déni plus encore que du refus, la musique se retrouvant très littéralement forclose de l'univers imaginaire qui se structure presque autour de cette absence. Ce que ne perçoivent pas les théoriciens surréalistes, c'est avant tout la force de rupture de la musique, cette puissance révolutionnaire que les premiers auditeurs du *Sacre* avaient pourtant ressentie jusqu'à l'éclat. En plaçant au centre de l'acte créateur la discontinuité, et, de ce fait, la dé-composition ou l'éclatement de la structure formelle, comme y insiste Breton pratiquement au départ du premier *Manifeste* [4], il est sûr qu'il expulse hors de sa cité une part majeure de la démarche musicale, non point tant liée à la mise en œuvre d'une logique contrapuntique et harmonique, dont les oreilles de Breton avaient bien dû entendre les vacillations puis les suspensions chez Wagner ou Debussy, qu'au souci d'organisation inhérent à la démarche du compositeur, quand bien même celui-ci souhaiterait laisser sa part au hasard et à l'improvisation. L'acte musical revient toujours à assigner un contenu issu de l'expérience à un support formel, et c'est sur ce support, précisément, que le bât blesse. Breton semble n'en retenir que la ligature au réel, en ignorant son formidable pouvoir de restructuration. La suspension référentielle accomplie au fil de ses œuvres – en particulier dans les recueils qui vont des *Champs magnétiques* à *Poisson soluble* –, doublée d'une brisure syntagmatique, obtenue à grands frais par un automatisme partiel de l'écriture comme par le collage qui torpille tout effet discursif, aboutit à un athématisme centré sur l'« explosante-fixe » de l'image, saisie bien souvent dans sa parataxe la plus déconcertante. Est-ce absence de culture, partagée par tout le groupe de 1924, ou rejet de toute la collusion symboliste, notamment mallarméenne ? – et l'on sait combien Mallarmé a joué, pour Breton, le rôle d'un père à tuer. Force est de constater que les points de rencontre entre ce refus du développement, de la continuité, de l'inscription d'un thème, et les soucis concomitants des musiciens à l'œuvre à la même époque restent inexprimés. Breton ne considérait-il dans la musique qu'une « *harmonia concors* », sans vouloir entendre

[1] André Breton, Philippe Soupault, *Les Champs magnétiques* [1920], dans André Breton, *Œuvres complètes*, t. I, Paris, Gallimard, « Bibliothèque de la Pléiade », 1988, p. 95.
[2] Nous renvoyons aux numéros 2, 7 et 9 de la revue, qui permettent à Milhaud d'exposer certains éléments récurrents de son esthétique musicale : prégnance de la rythmique, de la couleur, simplification mélodique et rôle neuf confié à la batterie.
[3] Dans le numéro 10 de la revue, décembre 1919.
[4] « J'ai de la continuité de la vie une notion trop instable pour égaler aux meilleures mes minutes de dépression, de faiblesse » (A. Breton, *Manifeste du surréalisme* [1924], dans *Œuvres complètes*, t. I, *op. cit.*, p. 314).

cette « *harmonia discors* » qui en est cependant l'avers irrémissible, la doublure phénoménologique la plus intime ? Cette nuit qu'il appelait à descendre sur la fosse sonore, ne l'avait-il pas éprouvée dans les silences cosmologiques du monde debussyste, frottés de dissonances inouïes, ne l'entendrait-il donc pas dans les angoisses furtives et zigzagantes de Bartók, qui sape tout autant que Debussy les fondements les plus assurés de la forme comme de l'harmonie ? Non. La ténuité référentielle qui règne dans ses écrits vis-à-vis du monde du son – mais aussi dans ceux de ses proches en littérature – témoigne, plus que du logocentrisme clairement défini dans le *Manifeste* de 1930, de sa démarche, qui s'enracine dans une conception binaire du sens, rabattu en fait sur la signification et que le projet proprement surréaliste s'attarde à court-circuiter à la fois dans son fonctionnement référentiel – guerre ouverte au signifié ! – et dans son fonctionnement discursif. Certes, l'espace musical, qui saisit d'un seul mouvement de présence le son et le sens, résiste à cette dichotomie et se place, *ipso facto*, hors de portée.

L'absence de musicalité qui affecte souvent la production poétique du groupe dans ces années – les œuvres de Breton et d'Aragon plus que celles d'Eluard ou de Desnos d'ailleurs –, et qui a été souvent notée [5], trahit sans doute cette attitude d'indifférence ou de dédain pour une signifiance jugée superflue. De la musique, que reste-t-il finalement dans les lettres de 1924 ? À considérer les tentatives éparses de poésie acoustique et les recherches sur le signifiant qui traversent sans vraiment les marquer ni les infléchir les travaux de Soupault ou de Breton – on pense à *Bulles Billes Boules* ou à telle page de *Clair de terre* [6] –, et qui tendent moins à produire un effet musical qu'à désorganiser les mécanismes de constitution et de perception du discours, s'impose le sentiment que c'est l'automatisme d'un « mouvement perpétuel » (pour reprendre l'un des titres contemporains d'Aragon) qui retient l'attention si négligente du groupe. Et c'est là le départ d'une phénoménologie acoustique du surréalisme, singulière en ceci qu'elle vise, à travers la déstructuration mise en œuvre, à atteindre un « univers », ou plus exactement une « masse » sonore pré-signifiante d'avant la forme et l'ordre, un événement pré-perceptif donc, enraciné dans le radical d'une humeur et d'un corps. Que cette apparition sonore se lie au monde physique, et c'est le *bruit*, présence a-formelle, qui s'installera, entraînant avec lui son cortège inquiétant et merveilleux, dès les pages, en cela prémonitoires, des *Champs magnétiques*, où éclatent « les bruits magnifiques des catastrophes verticales et des événements historiques ». Cette présence est d'ailleurs loin de se revêtir d'une euphorie irénique. Issue du plus archaïque du paysage fantasmatique, elle recouvre de son opacité le « on » anonyme qui « entend chaque soir un bruit sombre qui passe douloureusement pour nos oreilles fatiguées [7] » : sensible sans visage, audible sans hauteur ni rythme identifiable, le bruit cristallise sans signifier l'émergence de l'affect. Qu'il se lie plus étroitement à l'espace mécanique et industriel, et il se muera en « ronrons des machines », voire en « longs appels » des paquebots, également chargés d'une signification jamais actualisée.

Mais la source subjective reste la plus sollicitée, le corps, en particulier, se parant de tous les prestiges de trouvailles littéralement inouïes. Ne nous étonnons pas trop, dès lors, que le cri, concentrant dans son jaillissement les forces les plus nocturnes, les moins « apolliniennes » de l'être, tienne une place centrale dans la manifestation sensible du vivant – et non uniquement de l'homme, le biomorphisme englobant les deux derniers règnes dans une seule saisie, acoustique du moins. C'est ainsi que dans « Gants blancs », d'énigmatiques voyageurs laissent advenir un étrange paysage sonore : « [...] longtemps ils parlent de leurs merveilleux cris. On croit entendre un murmure de lune sèche, mais un regard dissipe les plus prodigieuses rencontres [8] ». Yves Bonnefoy rapporte aussi l'amour de Breton pour les cris étranges des oiseaux marins entendus à l'île Bonaventure ou lors de séjours en Bretagne. Car, dans la quête nocturne qui anime les membres du groupe constitué en 1924, c'est l'intensité d'une violence ou plus généralement d'une énergie, c'est-à-dire la brusque libération d'une force, que Kant avait appelée « sentiment vital » dans son analytique du sublime, qui motive l'attention au phénomène et provoque parfois l'émotion la plus définitive : « À minuit, vous verrez encore les fenêtres ouvertes et les portes fermées. La musique sort de tous les trous où l'on peut voir mourir les microbes et les vers majuscules. Mais plus loin, toujours plus loin, toujours plus loin, il y a encore des cris si bleus que l'on meurt d'émoi [9]. » Les « tambours », « sonneries », « sirènes » et autres « timbres nickelés » [10] qui émaillent les vers de Breton de leurs stridences incongrues le rappellent de façon saisissante au lecteur le plus furtif. Lié au cri par son éclatement souvent illogique comme par son enracinement inconscient – au sens que Breton et ses amis donnent au mot dès le début des années vingt – le *rire*, enfin, déchire lui aussi avec bonheur les plages parfois si silencieuses de la création surréaliste, dans l'univers eluardien tout spécialement, où ses connotations érotiques le dotent d'un prestige accru et peu démenti.

[5] Voir Yves Bonnefoy, « Le surréalisme et la musique », dans *Entretiens sur la poésie*, Paris, Mercure de France, 1990, p. 162. Y. Bonnefoy avance, en évoquant Breton : « Son vers est totalement non musical, qui n'a d'autre loi d'engendrement que l'allant d'une voix qui va jusqu'au bout de son souffle, mais nullement pour le chant... »
[6] Voir Ph. Soupault, *Bulles Billes Boules*, dans *Georgia Épitaphes Chansons*, Paris, Gallimard, coll. « Poésie », 1984, et notamment A. Breton, « Pièce fausse », dans *Œuvres complètes*, t. I, *op. cit.*, p. 155-156.
[7] A. Breton, Ph. Soupault, *Les Champs magnétiques*, *op. cit.*, dans A. Breton, *Œuvres complètes*, t. I, *op. cit.*, p. 69.
[8] A. Breton, Ph. Soupault, *ibid.*, p. 91.
[9] A. Breton, *Œuvres complètes*, t. I, *op. cit.*, p. 83.
[10] Id., *Clair de terre* [1923], dans *Œuvres complètes*, t. I, *op. cit.*, p. 160, 166, 167, 179.

Reste que, dans cette attention proprement surréaliste au monde sonore, il est une manifestation de présence irremplaçable, source de l'« émerveillement » le plus radical. Parce qu'au croisement du corps et de l'expressivité, que Breton rabattit presque péremptoirement sur le langage dans le *Second manifeste*, la *voix*, pour peu qu'elle s'érotise, se métamorphose en *chant*, posant la question d'une redéfinition du lyrisme à l'œuvre dans la production surréaliste de l'entre-deux-guerres, un lyrisme qui, s'éloignant de son étymologie résonante, se dégagerait dans le même mouvement du centralisme subjectif, ou plutôt n'en ferait qu'une des étapes propédeutiques à un plongeon dans une réalité inexplorée et impénétrable, un lyrisme a-musical, dans la mesure où le monde issu de la voix serait à naître, encore indéfini et évanescent, et ne supporterait plus, par là, la forme prédicative de la lyrique, qui suppose que l'on chante quelque chose, et non l'épiphanie sensible de l'auto-affection. C'est d'ailleurs ce qu'évoque l'éloge, au sens le plus originel, qu'Eluard adresse à l'aimée à l'ouverture de *Facile* [11] :

« Tu fais des bulles de silence dans le désert des bruits
Tu chantes des hymnes nocturnes sur les cordes de l'arc-en-ciel
Tu es partout tu abolis toutes les routes
Tu sacrifies le temps
A l'éternelle jeunesse de ta flamme exacte
Qui voile la nature en la reproduisant... »

La voix ainsi douée d'une puissance d'enchantement fascinante finit bien souvent par se confondre, dans un mouvement synecdochique, avec la figure de la femme, fécondant l'imaginaire de sa mélodie charnelle : ainsi de la « belle chanteuse » de *Clair de terre*, dont la voix « s'affaiblit lentement », dans la montée de désir qui envahit le rêve transcrit par Breton [12], ou encore de cette figure érotique que dessine Aragon :

« Elle s'arrête au bord des ruisseaux Elle chante
Elle court Elle pousse un long cri vers le ciel
Sa robe est ouverte sur le paradis
Elle est tout à fait charmante [13]. »

De la musique, la création littéraire surréaliste semble donc ne retenir que les *forces*, elle en rejette les *formes* qui les manifestaient traditionnellement et les agençaient en une continuité, là où les surréalistes s'attachent à ne saisir que de la fulgurance, voire de la convulsion. Il est cependant un élément capital, que la lente mais progressive insertion des peintres dans le mouvement, essentiellement littéraire à l'origine, promut à un rang décisif et qui relève sans ambiguïté des arts du temps : le *rythme* [14]. À la croisée du temps le plus sensible, le plus incarné même, et de l'émergence d'un sens lié au retour, mais non à la nécessaire et systématique répétition, le rythme tient une place définitoire dans l'écriture musicale comme dans les arts plastiques, notamment ceux qui permettent de définir l'originalité esthétique du mouvement surréaliste, qu'ils soient verbaux ou non.

« MERVEILLES, VOUS DANSEZ SUR LES SOURCES DU CIEL [15]. » Par le rythme, pourrait se dessiner un premier pont entre la musique et les revendications théoriques et pratiques qui singularisent le monde surréaliste : sans imposer de structure, sans exiger de composition, sans geler d'en haut les expressions brutes de l'être ni les fulgurances de ses apparitions, le rythme signale, au sens le plus fort, l'émergence discontinue d'une pulsion non verbalisable. La notion de retour, de reprise est, on le sait, foncièrement étrangère aux positions surréalistes, au point qu'Eluard avance ainsi, de façon emblématique et définitive : « Tout ce qui se répète est incompréhensible [16]. » Rien de trop étonnant, dès lors, à ce que la rythmique surréaliste se veuille essentiellement mouvante et imprévisible, loin dans l'écriture poétique de tout schéma ou cadre métrique, comme l'attesterait la lecture, même cursive, des recueils parus alors – qu'il s'agisse de poésie « pure » ou d'énoncés en prose. Dans *Mouvement perpétuel*, à l'aide d'un jeu de répétition scandant le mot-titre d'un de ses poèmes, « persienne », Aragon parvient ainsi à suggérer un non-dit gardé derrière les mots, nouveaux volets mal joints laissant filtrer la lumière indirecte d'un sens diffus : le rythme joue seul avec la typographie et contre la constitution d'une quelconque signification, pour susciter l'étrange décalage qui habite ce texte [17].

Mais la peinture à son tour pourrait se laisser lire et pénétrer en suivant cette trame rythmique ; on sait que J. Dupin décèle dans ces retours de motifs, de figures, voire de compositions chromatiques, l'un des traits les plus saillants de la création de Miró. Le référent musical, l'objet sonore, qui tourne d'ailleurs souvent à « l'objeu » dans l'emploi qu'en fait Miró – tout comme Dalí, Ernst, Magritte –, reste un fait notable. Le *Carnaval d'Arlequin* [18] étoile ainsi les figures de la représentation en signes cocasses et disjoints, et se compose de façon délibérée

[11] Paul Eluard, *Facile*, dans *Œuvres complètes*, Paris, Gallimard, « Bibliothèque de la Pléiade », 1968, p. 459.
[12] Voir A. Breton, *Œuvres complètes*, t. I, *op. cit.*, p. 154.
[13] Louis Aragon, « Les approches de l'amour et du baiser » dans *Mouvement perpétuel* [1925], Paris, Gallimard, coll. « Poésie », 1970, p. 110.
[14] Sur ce point, nous renvoyons à l'article décisif d'Émile Benveniste « La notion de rythme dans son expression linguistique », dans *Problèmes de linguistique générale*, t. I, Paris, Gallimard, 1966, p. 327-336.
[15] P. Eluard, *Capitale de la douleur*, dans *Œuvres complètes*, *op. cit.*, p. 183.
[16] Id., *L'Amour la poésie*, *ibid.*, p. 242.
[17] L. Aragon, *Mouvement perpétuel*, *op. cit.*, p. 82.
[18] Joan Miró, *Carnaval d'Arlequin*, 1924. Huile sur toile, 66 x 93 cm. Albright-Knox Art Gallery, Buffalo, NY.

(le dessin préparatoire, très géométrique, en atteste) autour d'un automate guitariste, qui semble gouverner un peuple en constante métamorphose : une partition musicale, à droite de son instrument-jouet, ajoute un complexe de signes à l'intérieur de cette grappe de phénomènes et en accentue l'invraisemblance, le texte étant de fait illisible, redoublant, sur deux portées pourtant fortement reliées par une accolade noire des indications incohérentes. Est-ce un élément de décor, redoublement de dérision précisément carnavalesque vis-à-vis d'une tradition malmenée, un éclatement supplémentaire des structures porteuses de sens ? Ou bien faut-il y voir un chiffre du peintre soulignant justement le travail d'un rythme, d'une certaine musicalité à l'œuvre dans son tableau. Miró a repris ce thème du musicien dans l'*Intérieur hollandais I*[19], mais avec une force de dislocation portée au burlesque : les griffes du luthiste empourpré semblent ne plus retenir l'instrument, là encore placé au foyer de la composition, et laissant voir l'éclatement souligné de ses cordes avant de s'écrouler dans un univers sans équilibre. Et c'est, en fait, le silence qui semble sortir victorieux de cette confrontation de l'expérience musicale avec la poussée surréaliste, lui seul capable de fasciner l'oreille du charme inexpressif de sa profondeur :

« L'oreille en face du silence
Comme une pierre de lune et de maraude »

plonge dans un univers autrement plus inexploré et motivant que celui, factice et grotesque, que produisent « les charmes menteurs de la servante à la voix de salade blanche »[20], et la vertu créatrice du silence ne cessera d'être portée en avant. Non pas le silence architectural beethovenien, ni cette présence pure informant le son dans l'écriture debussyste, mais le silence comme absence, comme « marge » plus exactement, ainsi que le souligne Eluard dans la conférence donnée en 1936 à Londres, à l'occasion de l'Exposition surréaliste. Il y rattache sans ambiguïté l'activité créatrice à la présence de cet espace vierge et silencieux qui constitue l'essentielle face muette de l'œuvre : « Les poèmes ont toujours de grandes marges blanches, de grandes marges de silence où la mémoire ardente se consume pour recréer un délire sans passé[21]. » Force de rupture, et notamment de rupture de cette mémoire, qui constitue la possibilité même d'un thème musical, d'une mélodie, et contre laquelle les surréalistes rompent des lances parfois un peu folles, le silence ne prend pas dans cet univers les valeurs que lui accordera peu de temps après la phénoménologie husserlienne. Il permet, avec cette violence dogmatique qui affecte tant d'énoncés de Breton, de dégager une trouée, d'évider la masse du sensible pour y faire advenir, contre les royaumes aveugles de l'oreille, la gloire du regard, et plus précisément encore du voir, qui règne parfois en despote sur la sensibilité du groupe.

Monde essentiellement optique, tiraillé, travaillé par cette pulsion scopique que Lacan, familier tardif du mouvement, ne tardera guère à théoriser à sa façon, le surréalisme se bouche ainsi les oreilles pour mieux voir ; il impose le silence pour étaler sa vision et déployer ses multiples points de vue. Breton, le théoricien, confondant dans le premier *Manifeste* le beau et le merveilleux (*mirabilis*, littéralement « ce qui étonne le regard, qui se mire dans son propre vertige, dans sa passion du visible et de ses miracles »[22]), et multipliant les références au monde visuel dans les développements qu'il poursuit, non seulement néglige un pan considérable à l'intérieur de son thème d'élection (de tous les cors enchantés qui flottent sur l'orchestre romantique et post-romantique aux ondines, Puck et autres Scarbo qui zigzaguent chez ses presque contemporains), mais installe l'œil-roi au centre de sa quête. Ses amis développeront à leur tour cette omnipotence du voir, qui finit par occuper toute la place. Si, comme l'avance Eluard, « voir c'est comprendre, juger, déformer, oublier ou s'oublier, être ou disparaître », si écrire est vraiment et exclusivement « donner à voir », et si la poésie se résume à « l'art des lumières »[23], alors, sans doute, la nuit peut bien tomber sur l'orchestre, et les pupitres s'éteindre les uns après les autres. Certes, la musique n'offre que peu de résistance à cette invasion des idoles, ces visibles qui arrêtent le regard et le figent en le renvoyant à l'énigme de sa propre visibilité, questionnant le plus assuré d'un savoir sur soi comme sur le monde. Et plongeant dans l'« invu » pour le ramener au jour et à l'expression, le surréalisme, qui se veut et s'affirme un instrument de connaissance, ne peut s'accommoder de cette ambivalence du sonore, qui déborde tout champ de savoir, toute « épistémé » constituée dans l'évanouissement constant de sa présence. L'espace retient toute l'attention des surréalistes : c'est en lui que se constituent ces cristallisations fascinantes, ces « précipités du désir » qu'évoque magnifiquement Breton, ces trouvailles tant verbales que picturales ou plastiques, dont l'incongruité motive l'attention et dégage des zones encore vierges de la profondeur humaine ; pas le temps, que l'extase, si continûment méditée et décrite, qu'elle soit amoureuse chez Breton, Eluard ou Aragon, ou profanatrice ainsi qu'elle apparaît dans le collage de Dalí précisément intitulé *Le Phénomène de l'extase*[24], place, par définition, hors de son propos, suspendu, ou annulé. L'esthétique de la variation ne prévaut plus ici : cette œuvre qui juxtapose, sans les enchaîner par une progression

[19] J. Miró, *Intérieur hollandais I*, 1928. Huile sur toile, 91,8 x 73 cm. The Museum of Modern Art, New York.
[20] A. Breton, *Clair de terre*, *op. cit.*, p. 164, 165.
[21] P. Eluard, *L'Évidence poétique*, dans *Œuvres complètes*, *op. cit.*, p. 515.
[22] « Tranchons-en : le merveilleux est toujours beau, n'importe quel merveilleux est beau, il n'y a même que le merveilleux qui soit beau » (A. Breton, dans *Œuvres complètes*, t. I, *op. cit.*, p. 319 et *sq.*).
[23] P. Eluard, *L'Évidence poétique*, *op. cit.*, p. 516, 527, et Id., *Donner à voir*, Paris, Gallimard, 1939.
[24] Salvador Dalí, *Le Phénomène de l'extase*, 1933. Collage, 27 x 18,5 cm. Coll. particulière, Paris.

ou un développement quelconque, une série de photographies de visages et d'oreilles, étoile dans sa parataxe arythmique la perception en une multitude d'instants rigoureusement équivalents. Rien de plus éloigné d'un processus musical, où la différenciation et la temporalisation seules parviennent à constituer l'événement sonore. N'est-ce pas le même effet que vise la récupération du signifiant qui traverse certains essais poétiques contemporains : dissoudre toute stratification sémantique, toute vectorisation narrative ou descriptive dans l'émergence compulsive de phonèmes gratuits ? Loin de l'esthétique, musicale elle, mallarméenne et symboliste, qui cherche à retrouver un sens mélodique, à suggérer grâce au jeu de ses timbres un sens ouvert à l'horizon synesthésique de l'œuvre d'art, la position surréaliste pirate l'harmonie, surtout imitative ou simplement évocatrice, pour laisser l'initiative à un inconscient dont les soubresauts désarticulent l'énoncé comme l'énonciation – réduite au rôle de transcripteur, de révélateur au sens photographique – sans souci d'euphonie et moins encore de musicalité. Étrange mutation que cette réduction de l'espace de l'écriture à un calque ou à un compte rendu sans intentionnalité, comme si la conscience surréaliste n'était qu'une conscience par, et plus souvent une conscience *pour*, en quête d'un absolu hors de la durée et de la construction mentale qu'elle suppose ; Breton, mais Eluard et Aragon aussi bien, hantés par Rimbaud et par les danses quasi hypnotiques des *Illuminations*, auraient-ils exclu de leurs aspirations cette présence sonore, si ardemment chantée depuis le sonnet des voyelles jusqu'à l'orchestration rare des derniers textes, notamment ce « Conte » qui s'ouvre plus qu'il ne s'achève sur un constat dont on ne peut que regretter qu'il n'ait pas servi de programme au groupe de 1924 : « La musique savante manque à notre désir [25]. »

« METTEZ VOS PIANOS SUR LE TROTTOIR DANS L'ATTENTE DE LA PLUIE [26]. » Le « son caoutchouc » qui fait rêver Dalí pourrait fournir, dans ses liens avec le jazz, un premier élément, sinon de réponse, du moins de contrepoint – *horresco referens !* – à ce manque si troublant. Ce que le peintre des pianos mous et autres « instruments masochistes [27] » retient de cette arrivée en Europe de techniques, de rythmes et de timbres nouveaux, dans le domaine de l'improvisation, c'est avant tout la puissance de déstructuration, d'atomisation et de déstabilisation rationnelle. Les commentaires qu'il propose semblent, à ce titre, sans équivoque : « Red Nichols, l'inventeur du son caoutchouc, réalise sur un plan plus sensoriel un acte de discrédit et de subversion du monde raisonnable, frère de celui de certains escamotages du poids et de la force de gravité, particulièrement troublants et déjà enregistrés par le surréalisme [28]. » Souplesse, liberté, fantaisie même, qui signalent cette première et glorieuse époque du jazz, ne sauraient cependant se superposer avec les objectifs retenus par Dalí : l'improvisation elle-même, qui aurait pu autoriser une comparaison avec certains procédés d'écriture, automatique ou semi-automatique notamment, relève en fait d'une tout autre logique. Son articulation à une base harmonique et thématique, son développement à l'intérieur d'un schéma formel, en particulier rythmique, mobile mais précis, la situent, ailleurs que dans les plongées libres, dans un inconscient à transcrire. La « force de gravité » qu'évoque le commentaire, et qui renvoie dans l'espace musical à la tonalité ou aux enchaînements harmoniques structurant la construction acoustique rationnelle, est parfois absente de certaines pages, mais cette mise entre parenthèses ne constitue pas une « subversion » au sens où l'entendent Dalí et Breton. On peut y percevoir tout au contraire la mise en place d'un nouveau rapport tonal, où, loin de disparaître, l'harmonie se recompose, se dilate pour mieux se déployer, en tenant compte moins d'un inconscient – dont Freud, le premier, signalait tout ensemble la barbarie et la pauvreté – que d'un préconscient, auquel l'expression, et parfois l'explosion musicale, feraient prendre corps. Les voix de l'informe que chante Breton ne sont pas nécessairement celles de la musique, et particulièrement de ce jazz un peu vite entendu. La musique du surréalisme, à la manière de la *Sainte Cécile* de Max Ernst, les mains à peine posées sur un clavier invisible, ne s'enchanterait-elle que de l'absence en s'enfonçant dans le grand silence des mots et des images ?

Curieusement, il semble qu'il faille élargir le champ d'investigation à des personnalités et à des œuvres restées à peu près étrangères au mouvement pour trouver des réponses plus satisfaisantes. S'il s'agit, en effet, de retrouver, lon le vœu de Breton, « la nuit sous la musique », comment ne pas entendre les grincements hystériques et joueurs du *Pierrot lunaire*, créé à Paris dès 1913 [29], ou les frottements dissonants, les glissements harmoniques et les silences saturés de résonances qui habitent les évocations debussystes, aux antipodes de tout impressionnisme, dans les nuits des *Images* pour orchestre, celles des *Préludes*, voire l'extraordinaire étude *Pour les sonorités opposées* [30], qui puise au fond de l'énergie obscure du corps pour lui faire rendre une superposition proprement inouïe de timbres, d'intensités et de rythmes, dans une temporalité qui plonge aux tréfonds de la nuit la plus douloureuse ? Ou encore, pour se placer sur un plan plus

[25] Arthur Rimbaud, « Conte », dans *Illuminations* [1886], Paris, Gallimard, coll. « Poésie », 1973, p. 161.

[26] L. Aragon, « Les débuts du fugitif », dans *Mouvement perpétuel*, *op. cit.*, p.118.

[27] Voir entre autres S. Dalí, *Le Pharmacien soulevant avec une précaution extrême le couvercle d'un grand piano*, 1936 (huile sur toile, 48 x 62 cm, coll. particulière), qui figure un portrait de Wagner en mort-vivant, et *Instrument masochiste*, 1933-1934 (huile sur toile, 47 x 62 cm, coll. particulière).

[28] Salvador Dalí, propos publiés dans *L'Amie de les arts*, 31 mars 1929.

[29] Dans sa lettre du 2 avril 1913 à Mme A. Casella, qui secondait son époux dans la tâche d'animateur de la S. M. I., Maurice Ravel expose le « projet mirifique d'un concert scandaleux » incluant le *Pierrot lunaire* de Schoenberg, les *Mélodies japonaises de Stravinsky* (sic) et deux des trois poésies de Stéphane Mallarmé. Voir Vladimir Jankélévitch, *Ravel*, Paris, Le Seuil, 1982, p. 173.

[30] Nous évoquons là « Les Parfums de la nuit », au cœur de la deuxième des *Images* pour orchestre, l'extraordinaire enchaînement (mais peut-on encore parler d'enchaînement ?) harmonique qui ouvre et clôt *Jeux*, parmi les *Préludes* pour piano, la nuit laiteuse et scintillante, en *fa* dièse majeur, de « La Terrasse des audiences au clair de lune », ou celle, éclatante, zébrée d'explosions irrationnelles et de stridulations fulgurantes de « Feux d'artifice ». Nous pensons enfin à la dixième des douze *Études* pour piano, qui réinvente une technique comme une gestique, issues des timbres, des « modes de valeur et d'intensité » beaucoup plus que des notes de la composition traditionnelle, préfigurant les avancées de Webern et une partie du travail de Messiaen.

strictement contemporain des deux *Manifestes*, il faut citer les pages révolutionnaires de Bartók, qui compose alors les musiques nocturnes les plus innovantes et les plus bouleversantes de cet entre-deux-guerres[31].

Mais c'est sans doute à l'écoute de l'œuvre composée par Varèse entre *Amériques*, commencée en 1918, et *Ionisation*, achevée en 1931, que de stupéfiants parallélismes surgissent et dessinent ce qui nous semble se rapprocher le plus profondément d'une musique surréaliste, dans ses moyens, à défaut de l'être dans ses fins. Il est vrai que le départ de Varèse pour les États-Unis, en 1916, et la diffusion très lente de ses œuvres de ce côté-ci de l'Atlantique jouèrent sans doute en faveur de l'indifférence que lui témoignèrent les surréalistes, et qu'il leur rendit assez exactement. Et pourtant, que d'étonnantes convergences ! Le vœu de Varèse de se débarrasser des notes au profit d'un retour aux sons les plus natifs – qui fit de lui, après la Seconde Guerre mondiale, l'un des chefs de file de la très scandaleuse musique électro-acoustique[32] – le conduisit à constituer une analyse musicale qui, grâce à la notion de *fréquence*, se débarrasse de l'harmonie classique, comme on liquiderait une grammaire du mot pour adopter une théorie du sens global. Dès 1920 s'affirme ainsi, dans cette production, un élan vers le signifier brut, total et archaïque, au double sens étymologique de « premier » et de « fondateur », qui se rapproche de façon précise des aspirations surréalistes à retrouver l'inédit, voire l'« invu » d'un « sensible sauvage », pour reprendre l'expression parlante de Merleau-Ponty. Plus encore, son esthétique porte Varèse à rechercher, puis à intégrer dans les formes mêmes de sa musique, l'informel, jusque dans ses manifestations les plus radicales : musique de la violence la plus déferlante, de l'éruption la plus soudaine de déflagrations orchestrales, de la fulgurance la plus éblouissante de timbres inusités, elle fait écho, de manière sans doute involontaire, aux positions de Breton en matière de création poétique, à sa valorisation de l'« éblouissement » face à l'éclair fortuit de l'image, ou encore aux précipités multiples de son alchimie amoureuse. Pour parvenir à cette intégration, le compositeur recourt à un certain nombre d'innovations, proches des trouvailles prisées par Breton, objets trouvés et rapprochements inentendus : la lyre brisée et la mélodie redistribuée selon des lois neuves de groupements de pupitres. Varèse ajoute ainsi aux trente-sept instruments percussifs de *Ionisation* deux sirènes au son continu, qui intègrent dans la trame musicale ces « longs appels des paquebots » qu'évoquaient *Les Champs magnétiques*. Travaillant la dureté très verticale du monde urbain, *Amériques* procède par grands blocs sonores, répétés selon un même rythme, d'une prodigieuse intensité à la fin de la pièce, de façon obsessionnelle et quasi hallucinatoire. Varèse rejoint par là non seulement les récurrences référentielles du groupe, mais aussi cet emploi incantatoire du rythme libérant le plus enfoui du corps, presque à la façon d'une transe. Il importe, par ailleurs, de souligner combien la fascination du compositeur pour l'alchimie – si étrangement cousine de celle celle de Breton – s'intègre à sa démarche créarice.

Cette acoustique tensionnelle, animée d'une énergie qui semble ne jamais s'apaiser, repose de fait sur la transmutation des cellules ou des agrégats sonores, « par confrontation à différentes tensions, à différentes dynamiques, à différentes fonctions de gravitation selon l'attirance et la densité des éléments nouveaux[33] ». La suspension de gravitation rêvée par Dalí prend ici forme et sens, mais dans une direction plus radicale sans doute que celle qu'il aurait pu prévoir. *Arcana*, achevée en 1927, que Varèse considérait comme une concentration de sa pensée sonore, déploie dès les premières mesures une rythmique secouée, contractée, tordue même, ou « convulsive » pour reprendre l'impératif final de *Nadja*, plus radicale dans ses remises en cause que celle de Stravinsky, qui, certes, contredit et bouscule les périodes par l'emploi de métriques irrationnelles, mais sans toutefois les annihiler. Forme sans modèle, *Arcana* semble se chercher à mesure qu'elle se déroule, et plonger dans un inconscient du son qui illustrerait de manière exemplaire les propos que tenait le compositeur au sortir de la Grande Guerre : « C'est l'imagination qui donne la forme aux rêves ». L'éclatement du thème, l'évanouissement formel, le fond rythmique archaïque sont autant d'éléments qui conjoignent les deux démarches et auraient pu les rapprocher. Il n'est sans doute pas anodin que Varèse ait choisi deux poèmes pré-surréalistes de Vicente Huibrodo et José Juan Tablada pour *Offrandes* (1921), une de ses très rares œuvres à intégrer la voix dans son *instrumentarium*, pressentant peut-être la parenté des démarches des poètes qu'il avait choisis et de son propre mode de création. Restent cependant des points d'écart qui expliquent sans doute la relative imperméabilité du compositeur au mouvement créé par Breton, même après la guerre, alors que les deux créateurs se trouvaient sur le même sol. La « révolution » voulue par les surréalistes, et valorisée comme telle, pur mouvement de brisure et de dégagement d'énergie, volontiers iconoclaste, se retrouve dans la radicalité des partis pris de Varèse, tant dans ses choix harmoniques que dans son esthétique générale. Mais, chez le musicien, cette révolution, ce refus du compromis, ne coïncide pas avec une politique de la terre

[31] Là encore, de façon trop rapide, nous renvoyons aux mouvements centraux des deux premiers concertos pour piano (respectivement 1926 et 1931-1932), des quatrième et cinquième quatuors à cordes (1928, 1934) ou aux « Musiques nocturnes » de la suite pour piano *En plein air* (1926).

[32] On rappelle, presque pour le plaisir, le scandale retentissant de la création de *Déserts*, au Théâtre des Champs-Élysées en 1954, émaillée de cris d'animaux, hurlements et projections multiples : un chahut proche de celui du *Sacre* en 1913 : de quoi faire pâlir les rêveries provocatrices du surréalisme !

[33] Les citations de Varèse sont extraites de la présentation de l'enregistrement par Pierre Boulez d'un choix d'œuvres du compositeur paru chez Sony Classical en 1977 et 1984.

brûlée ni un souhait de *tabula rasa* : tout au contraire, elle s'inscrit dans une lignée et prend acte d'un héritage qu'elle intègre et dépasse. Pour rares qu'elles soient, les traces de l'admiration du jeune Varèse pour Debussy sont aisément repérables dans *Amériques*, et, comme l'avançait le compositeur, « chaque anneau de la chaîne de la tradition a été forgé par un révolutionnaire ». La disjonction, la rupture, se trouve à la distance suffisante pour percevoir le mouvement de cette « chaîne », repris dans une unité que les deux musiciens vivifient mais n'abolissent nullement. S'il apparaît surréaliste dans ses moyens, cet art ne semble plus guère l'être dans ses fins. À écouter à nouveau Varèse, si « l'art ne rassure personne », « il faut que l'auditeur absorbe. Puis qu'il vibre. Enfin qu'il tire des conclusions. »

L'inquiétude et la déstructuration sont, et ne sont qu'un des moments de la communication esthétique, qui ne s'interrompt jamais. En dépit de ces terreurs déferlant sur l'orchestre, de ce refus de tous les codes de l'écriture et de l'orchestration, de cette urgence à arracher aux instruments des sons inouïs, la *transitivité* de l'œuvre prime, sa capacité à aller vers un auditeur, à tisser un lien, à passer le relais d'une signification toujours ouverte mais bien présente. Au centre de la nuit que Breton voulait voir s'abattre sur l'orchestre bat toujours ce vieux rythme, sonnent toujours ces timbres d'outre-temps, qui, parce qu'ils sont antérieurs à la parole et plus durables qu'elle, inscrits dans l'épaisseur de la trame du corps, plongent dans les fondements mêmes de ce « logos du monde sensible[34] », que les mots, automatiques ou non, ne peuvent espérer que sonder, par heureuses mais brèves fulgurances.

[34] Pour cette expression, voir Maurice Merleau-Ponty, *La Prose du monde*, Paris, Gallimard, 1969, p. 97. On pourra également se reporter aux notes de janvier 1959 dans Id. *Le Visible et l'Invisible*, Paris, Gallimard, 1964, p. 223 et suiv.

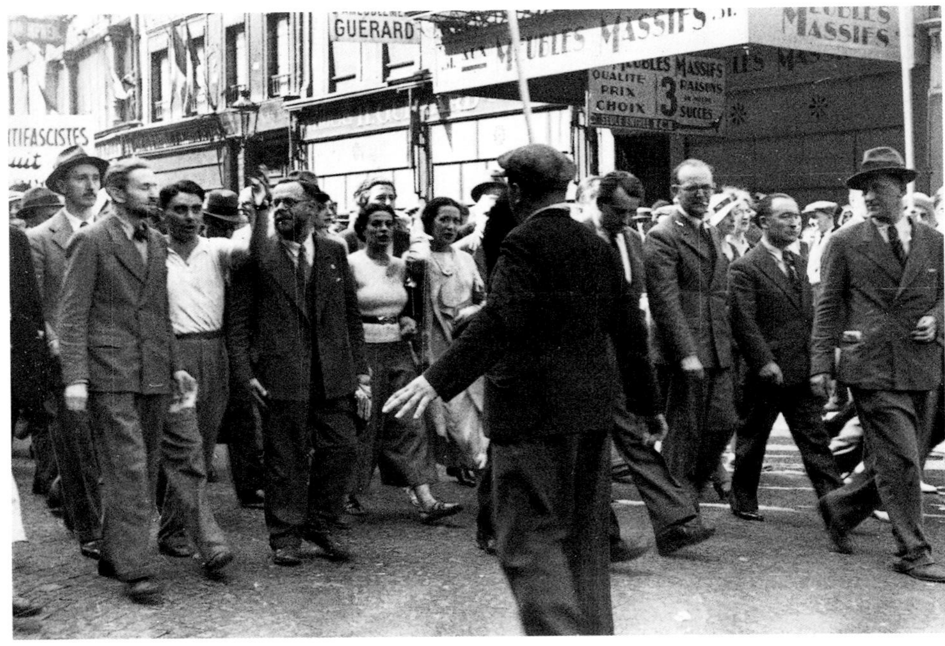

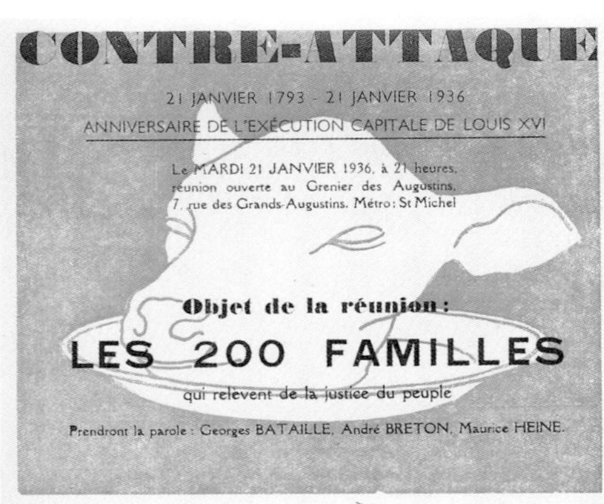
CONTRE-ATTAQUE

21 JANVIER 1793 - 21 JANVIER 1936
ANNIVERSAIRE DE L'EXÉCUTION CAPITALE DE LOUIS XVI

Le MARDI 21 JANVIER 1936, à 21 heures,
réunion ouverte au Grenier des Augustins,
7, rue des Grands-Augustins. Métro : St Michel

Objet de la réunion :

LES 200 FAMILLES

qui relèvent de la justice du peuple

Prendront la parole : Georges BATAILLE, André BRETON, Maurice HEINE.

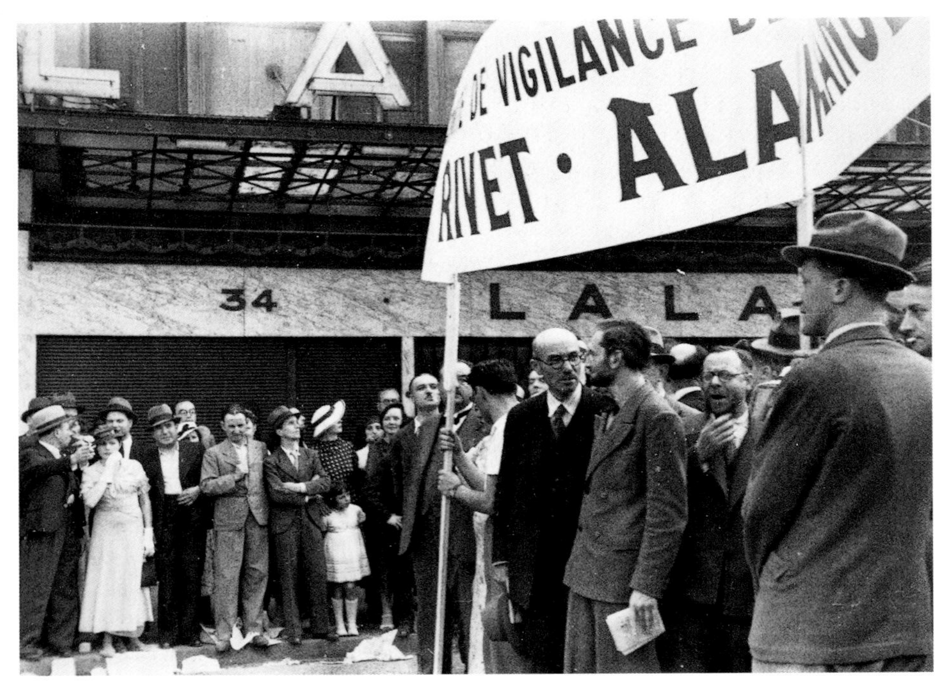

Camarades,

Les fascistes lynchent Léon BLUM.

Travailleurs, c'est vous tous qui êtes atteints dans la personne du chef d'un grand parti ouvrier.

Blum avait proposé de faire nettoyer le Quartier Latin infesté de fascistes par 15.000 prolétaires descendus des faubourgs.

La menace avait donc porté

Camarades, c'est seulement la crainte de l'offensive qui touche nos ennemis.

La défensive c'est la mort !
L'offensive révolutionnaire ou la mort !

CONTRE-ATTAQUE

Manifestation du Comité de vigilance des intellectuels antifascistes, Paris, février 1934.
Tracts « Contre-Attaque », Paris, janvier-février 1936.

Le surréalisme à l'épreuve de la politique

JEAN-MICHEL GOUTIER

« Seule l'existence d'un groupe (et Breton l'a si bien compris qu'aux pires moments il n'y a pas renoncé) pouvait – peut – donner à l'idée surréaliste l'autorité à laquelle un homme de pensée, quel qu'il soit, ne pourra jamais prétendre. En quoi se trouvait aussi rabaissé le mythe de l'artiste solitaire et génial, détenteur reconnu des moyens d'expression – et contrecarrée la facticité qui guette le plus pur, le plus profond, le plus rigoureux des hommes, s'il est seul à prendre sur lui le destin des hommes, leurs désirs et leurs rêves. En cette exigence d'une activité intellectuelle de groupe se trouve l'un des seuls correctifs visibles de la prodigieuse impuissance de l'esprit dans le monde [1]. »

Pertinent commentaire sur le choix de Breton en faveur de l'activité collective et de la mise en commun de la pensée, opéré dès 1919, date de la parution des *Champs magnétiques*, écrit en collaboration avec Philippe Soupault. Ce choix, jamais remis en cause sa vie durant, a été très mal appréhendé par nombre de littérateurs, qui, ayant personnellement opté pour la carrière des lettres, considéraient – et considèrent encore pour certains – que le grand poète a perdu son temps en de vaines polémiques entretenues à l'intérieur d'un groupe au lieu de construire une œuvre ! Une telle approche témoigne d'une incompréhension majeure : jauger la trajectoire de Breton à la hauteur de la pile de ses œuvres complètes, c'est ne rien comprendre au surréalisme, d'une part, et au rôle déterminant qu'il a joué dans la vie des idées du xxe siècle et dans la vie des individus, d'autre part. Participent de ce malentendu, de la même manière, les jugements hâtifs concernant les prises de positions politiques ainsi que les multiples tracts et déclarations collectives qui jalonnent l'existence du mouvement et qui constituent le véritable Mémorial du surréalisme. Souvent négligés, ces textes révèlent un corpus d'une prodigieuse richesse qui ne demande, miroir fidèle d'une vie tumultueuse « pleine de bruit et de fureur », qu'à être confronté à de nouvelles interrogations critiques.

Dès sa conférence prononcée à l'Ateneo de Barcelone en 1922, Breton « assigne » devant la révolution les poètes et peintres qu'il admire, et qu'il enrôlera par la suite dans les « campagnes » du surréalisme. Ce pacte en faveur de l'action révolutionnaire, renouvelé par l'auteur des *Manifestes* quand il prendra la direction de *La Révolution surréaliste* puis celle du *Surréalisme au service de la révolution*, concerne particulièrement la période qui va de la guerre du Rif à la Révolution espagnole.

Les ruptures qui marquent profondément le corps pensant du surréalisme, au cours de la période très agitée comprise entre mars 1925 et mars 1936, tracent un réseau de lignes sismiques qui met en évidence une série de foyers de tension extrême incluant aussi bien l'exclusion d'Antonin Artaud, les démêlés avec le parti communiste que la lutte antifasciste menée en commun avec les amis de Georges Bataille. Ces trois moments forts, emblématiques des multiples conflits de groupes et de personnes qui brouillent l'image idyllique de *Au rendez-vous des amis* de Max Ernst de 1922, permettent de suivre l'évolution du projet surréaliste en train de se constituer, mais aussi de mieux saisir les enjeux individuels et collectifs de l'époque.

Antonin Artaud, pendant les trois mois où il a assuré la direction du Bureau de recherches surréalistes (23 janvier-20 avril 1925), « a profondément influencé la démarche » du groupe par « l'étonnante puissance de contagion de sa fureur », constate Breton dans ses *Entretiens* en 1952. Cette rage était, en fait, partagée par une grande partie des membres de la communauté surréaliste, et c'est ainsi que la formule-concept

[1] Dionys Mascolo, article non titré, publié dans *L'Archibras*, no 1, avril 1967, p. 25.

« état de fureur » qui la désigne, et qui est fréquemment attribuée à Artaud, a été forgée, en réalité, par Michel Leiris au cours d'une réunion du Comité idéologique convoqué par le responsable de la Centrale « dans le but de déterminer lequel des deux principes, surréaliste ou révolutionnaire, était le plus susceptible de diriger [l'] action » des collaborateurs de *La Révolution surréaliste*. Cet article de foi constitue le premier des cinq points de la motion adoptée ce jour-là par Antonin Artaud, Jacques-André Boiffard, Michel Leiris, André Masson et Pierre Naville. Les conjurés se sont donc mis d'accord sur la première proposition de Leiris qui influencera les suivantes :

« Qu'avant toute préoccupation surréaliste ou révolutionnaire, ce qui domine dans leur esprit est un certain état de fureur[2]. »

Artaud, quant à lui, met l'accent sur un autre point tout aussi important et sur lequel il pense que devraient se rallier, outre les cinq signataires de la motion, l'ensemble des collaborateurs de *La Révolution surréaliste* :

« À savoir que l'Esprit est un principe essentiellement irréductible et qui ne peut trouver à se fixer ni dans la vie, ni au delà. »

Quelques jours avant de convoquer la réunion du Comité idéologique, le responsable de la Centrale, sûr de son fait, avait envoyé à la presse un communiqué, rédigé par ses soins mais non signé, qui paraîtra tronqué dans le quotidien *Le Soir* du 11 mars, puis dans son intégralité dans *Paris-Soir* du 22 mars. Il importe de citer à nouveau cette note révélatrice de la pensée d'Artaud en 1925, qui connut des fortunes diverses. Commentée avec un intérêt nuancé de quelques réserves, notamment sur l'intention de son auteur de créer « un mysticisme d'un nouveau genre », par Denise Lévy dans sa correspondance avec Pierre Naville[3], cette note a été éditée, par la suite, dans une version mutilée par Maurice Nadeau, et classée comme document intérieur parmi des papiers communiqués par Raymond Queneau dans son ouvrage *Documents surréalistes*, avant d'être enfin rétablie dans sa version originale sous la signature de son unique rédacteur par Paule Thévenin en 1988 :

« L'adhésion à un mouvement révolutionnaire, quel qu'il soit, suppose une foi dans les possibilités qu'il peut avoir de devenir une réalité. La réalité immédiate de la révolution surréaliste n'est pas tellement de changer quoi que ce soit à l'ordre physique et apparent des choses que de créer un mouvement dans les esprits. L'idée d'une révolution surréaliste quelconque vise à la substance profonde et à l'ordre de la pensée. Elle ne peut être conçue qu'en fonction de son pouvoir de désagrégation de la vie. Elle vise à créer avant tout un mysticisme d'un nouveau genre, et elle Elle exige une désaffection absolue de tout ce que l'on a coutume d'appeler la vie, de la vie telle qu'on nous l'a faite, et dans tous les ordres d'esprit. Le surréaliste est en lutte, en insurrection contre tout aspect possible et impossible de la réalité. Tout véritable adepte de la révolution surréaliste est tenu de penser que le mouvement surréaliste n'est pas un mouvement dans l'abstrait, et spécialement dans un certain abstrait poétique, au plus haut point haïssable, mais est réellement capable de changer quelque chose dans les esprits. Les exemples dans l'histoire ne manquent pas, de mouvements d'ordre uniquement spirituel, et qui ont changé quelque chose dans la vie ou dans la pensée des hommes, qui ont jeté dans le monde des puissances de désespoir, sensibles bien au-delà des groupements qui les avaient inventées. La révolution surréaliste n'est pas une simple idéologie, elle ne se paye pas seulement de mots ou de doctrines, elle vise à toucher les chairs, elle n'est pas une mise en images de la vie, elle touche à des concepts vitaux, à des principes d'ordre élevé dans l'esprit, mais qui peuvent avoir leurs répercussions dans la vie physique des hommes. Elle se doit d'exprimer clairement ces concepts avec toutes les forces de son esprit[4]. »

Cette proclamation qui témoigne de l'idée qu'Artaud se faisait de la révolution est conforme au manifeste, entièrement rédigé de sa main, plus connu sous le nom de « Déclaration du 27 janvier 1925[5] » qui fut publiée sous forme d'affichette et signée par les vingt-six membres du groupe de l'époque. « Moyen de libération total de l'esprit », le surréalisme est avant tout pour Artaud, comme il le martèle à la fin de son manifeste, « un cri de l'esprit qui se retourne vers lui-même » ; quant à la révolution, puisque ce mot a pris l'ascendant chez ses amis sur celui de révolte, il précise plus avant, toujours dans la déclaration du 27 janvier et sans ambiguïté aucune :

« Nous avons accolé le mot de surréalisme au mot de révolution uniquement pour montrer le caractère désintéressé, détaché, et même tout à fait désespéré, de cette révolution. »

Le 15 avril 1925 paraît le numéro 3 de *La Révolution surréaliste*, mis en page les 2 et 3 avril, au cours des ultimes permanences du Bureau de recherches. Dans la revue figurent les fameuses « Adresse au Pape » et « Adresse au Dalaï-Lama » ainsi que les « Lettre aux Recteurs des universités européennes », « Lettre aux Écoles du Bouddha » et « Lettre aux médecins-chefs des asiles de fous » écrites en lettres de feu par Artaud, lequel dresse également, en dernière page, le bilan de l'activité de la Centrale dont il a assumé la direction durant les derniers mois, en persistant à se situer sur le plan de l'esprit et en aucune manière sur le terrain des luttes sociales :

[2] Michel Leiris, dans *Archives du surréalisme – Bureau de recherches surréalistes. Cahiers de la permanence, octobre 1924-avril 1925*, présenté et annoté par Paule Thévenin, Paris, Gallimard, coll. « NRF », 1988, t. I, p. 128.
[3] Voir Pierre Naville, *Le Temps du surréel. L'espérance mathématique*, Paris, Galilée, 1977, p. 364-365.
[4] Antonin Artaud, dans *Bureau de recherches surréalistes…*, *op. cit.*, p. 123-124.
[5] A. Artaud, « Déclaration du 27 janvier 1925 », dans *Tracts surréalistes et déclarations collectives (1922/1969)*, présentation et commentaires de José Pierre, t. I, Paris, Éric Losfeld, 1980, p. 34-35.

« Le surréalisme est avant tout un état d'esprit, il ne préconise pas de recettes. »

Fort de l'appui de Breton, qui lui avait écrit le 27 mars :

« Je vous prie donc à nouveau de veiller, et – le mouvement surréaliste dût-il en souffrir – de ne subordonner en aucun cas l'intérêt de l'esprit à la nécessité politique ou autre [6] »,

Artaud est convaincu de s'être pleinement acquitté de la tâche qui lui avait été confiée lors de la réunion du 23 janvier 1925 au bar Certà. Par souci d'exactitude lexicale et pour ne pas trahir sa pensée, il ira même jusqu'à demander, d'une manière excessivement rigoureuse, par lettre à Pierre Naville, la modification d'une expression qu'il juge impropre dans un paragraphe du compte rendu de la réunion du Comité idéologique [7].

Cependant, « l'idée d'une révolution surréaliste quelconque [qui] ne peut être conçue qu'en fonction de son pouvoir de désagrégation de la vie », selon Artaud, ne pouvait qu'inquiéter Breton, soucieux, dans l'affrontement engagé avec la société, de ménager le groupe pour ne pas retomber dans l'agitation stérile qui caractérisa la fin de Dada. Sans doute voyait-il dans les positions paroxystiques de son ami une menace de débordement, alors que se posait au même moment une des questions les plus pragmatiques qui soient : adhérer ou non au parti communiste ?

Au lieu de suivre scrupuleusement la chronologie historique et d'enchaîner les faits pour arriver, en toute logique, à l'exclusion d'Artaud au cours de l'assemblée du mardi 23 novembre 1926 où, mis en accusation, celui-ci déclare pathétiquement :

« Je me refuse à considérer quoi que ce soit sur un plan économique et social, vu que sur ce plan je n'ai aucune lucidité [...]. Je me refuse pour l'instant, sans doute par ce que j'en suis incapable, à considérer des questions qui sont le fond de mon débat intérieur autrement qu'en moi-même [8] »,

ne serait-il pas préférable de se demander si ce n'est pas une certaine idée du surréalisme, celle approuvée par l'ensemble du groupe le 27 janvier de l'année précédente, qui est exclue ce jour-là ? Ce ne sont donc pas les minutes du procès, mis en scène le 23 novembre 1926, qu'il convient d'interroger pour déceler la véritable rupture – si rupture il y a eu, entre Artaud et les surréalistes –, mais plutôt d'autres documents, comme par exemple la lettre d'Artaud à Max Morise datée du 16 avril 1925 :

« [...] la question de Révolution était déjà révolue quand je suis arrivé parmi vous. Je n'ai jamais conçu que le Surréalisme pût s'occuper de la réalité [...]. C'est pourquoi tombant au milieu de cette effervescence contradictoire, et contradictoire même à son sens, je prononçai le mot : Esprit, et je m'y tins. Je ne puis que vous répéter une fois de plus que le mot de Révolution n'évoque pour moi rien de charnel, de pétrifié à détruire et je ne pense pas que nous ayons à nous occuper de la vie [9]. »

En vérité, si l'on bouscule tant soit peu l'ordre de la mise à la question des textes, comme je le suggère, on peut constater, avec le recul, qu'à l'intérieur du mouvement, les ruptures effectives ont eu lieu davantage avec les idéologies dominantes, et ceux qu'elles ont « contaminés », qu'avec les individualités réticentes. Si avec le totalitarisme stalinien les ponts ont été définitivement rompus après 1935 par ceux qui continuèrent à se réclamer du surréalisme, en revanche, pour en revenir à Artaud, le dialogue se poursuivra avec Breton jusqu'aux derniers jours de la vie de l'auteur du *Pèse-nerfs*. La première intervention publique de Breton à Paris, à son retour d'Amérique en 1946, faut-il le rappeler, fut sa prise de parole au théâtre Sarah-Bernhardt en faveur d'Artaud :

« Chaque fois qu'il m'arrive d'évoquer – avec nostalgie – ce qu'a été la revendication surréaliste s'exprimant dans sa pureté et dans son intransigeance originelles, c'est la personnalité d'Antonin Artaud, magnifique et noir, qui s'impose à moi [10]. »

Au Mexique, en 1936, dans la première des trois conférences qu'il prononce : « Surréalisme et Révolution », Artaud évoque d'emblée sa participation à l'activité surréaliste, et, comme la rupture est depuis un an consommée entre surréalistes et communistes, il a beau jeu de réaffirmer :

« Cette révolte pour la connaissance, que la révolution surréaliste voulait être, n'avait rien à voir avec une révolution qui prétend déjà connaître l'homme, et le fait prisonnier dans le cadre de ses plus grossières nécessités [11]. »

Mais, surtout, Artaud dénonce de belle manière l'art engagé, lui, le non-militant par excellence :

« Il y a une manière d'entrer dans le temps, sans se vendre aux puissances du temps, sans prostituer ses forces d'action aux mots d'ordre de propagande : "guerre à la guerre, front commun, front unitaire, front unique, guerre au fascisme, front anti-impérialiste, contre le fascisme et la guerre, lutte des classes, classe pour classe, classe contre classe, etc." Il y a des idoles d'abêtissement qui servent au jargon de propagande. La propagande est la prostitution de l'action, et, pour moi et pour la jeunesse, les intellectuels qui font de la littérature de propagande sont des cadavres perdus pour la force de leur propre action [12]. »

Le moment est venu, me semble-t-il, de rapprocher cette déclaration d'Artaud du pamphlet, contre la poésie de circonstance, de Benjamin Péret, *Le Déshonneur des poètes*, publié quelques années plus tard.

[6] A. Breton, *ibid.*, p. 127.
[7] Voir P. Naville, *Le Temps du surréel*, *op. cit.*, p. 311.
[8] A. Artaud, dans *Archives du surréalisme – Adhérer au Parti communiste ? septembre-décembre 1926*, présenté et annoté par Marguerite Bonnet, Paris, Gallimard, coll. « NRF », 1991, t. III, p. 21.
[9] A. Artaud, *Œuvres complètes*, Paris, Gallimard, 1970, supplément au t. I, p. 37.
[10] André Breton, *La Clé des champs*, Paris, Le Sagittaire, 1953, p. 84.
[11] A. Artaud, *Messages révolutionnaires*, Paris, Gallimard, coll. « Idées », 1971, p. 18.
[12] *Ibid.*, p. 21.

Dans les lettres qu'il adresse à Breton, après la séance du Vieux-Colombier, un an avant sa mort (1948), Artaud ne modifie pas d'un pouce ses positions :

« L'activité surréaliste était révolutionnaire à condition de tout réinventer sans plus obéir sur aucun point à quelque notion apportée par la science, la religion, la médecine, la cosmographie, etc.

Et il y [a] sur ce point une révolution toujours à faire à condition que l'homme ne se pense pas révolutionnaire seulement sur le plan social[13]. »

Breton non plus ne change pas de cap. C'est de l'affrontement de ces géants de silex que les étincelles surréalistes ont jailli et qu'ont été allumés les plus beaux des incendies. Hors des clivages de l'Histoire « les vases communiquent toujours ».

Jean-Jacques Rousseau, dans son *Essai sur l'origine des langues*, déclare : « On prétend que les hommes inventèrent la parole pour exprimer leurs besoins ; cette opinion me paraît insoutenable. » Il enchaîne en affirmant que le langage procède « des besoins moraux des passions ». Cette idée d'un langage fondateur de la société, présente chez Rousseau et chez Breton, pourrait bien révéler chez les surréalistes une certaine complicité inconsciente, au-delà des ruptures.

Plus redoutable pour la cohésion du groupe que le « sacrifice » d'Artaud sera le conflit, larvé avant d'être effectif, qui opposera les fougueux poètes, en mal de révolution, aux instances dirigeantes de l'appareil du parti communiste français.

Dans sa contribution au numéro 79 de *Clarté* (décembre 1925-janvier 1926) – numéro qui annonce, pour lui succéder, la parution prochaine de *La Guerre civile* –, Breton tente, avant de rédiger *Légitime défense*, de dialoguer avec les dirigeants du PC, qui non seulement sont sourds à ses arguments mais empêchent, à tout prix, la publication de la nouvelle revue, dont la liste des fondateurs est éloquente en elle-même, et peut faire craindre un redoutable front oppositionnel d'intellectuels : Louis Aragon, Jean Bernier, André Breton, Victor Crastre, Robert Desnos, Paul Eluard, Marcel Fourrier, Paul Guitard, Benjamin Péret, Michel Leiris, André Masson, Philippe Soupault, Victor Serge.

Si le manifeste collectif « La Révolution d'abord et toujours ! » signé au début du mois d'août 1925 par les groupes de *Clarté*, *Correspondance*, *Philosophies* et de *La Révolution surréaliste* a reçu en son temps un accueil plutôt chaleureux de la part de *L'Humanité*, qui le publie le 21 septembre avec la manchette :

« Guerre à la "Pensée française" !
Guerre à la "Civilisation occidentale" !
Une déclaration des jeunes intellectuels en faveur de la Révolution »,

suivie d'un important « chapeau » :

« À l'heure où la bourgeoisie impérialiste et guerrière se défend par l'entremise de ses "artistes" et de ses "écrivains" domestiqués contre toute subversion sociale, en ce moment qui nous ramène aux plus sombres jours du bourrage de crâne de la guerre, il se trouve tout de même une jeunesse ardente, exaspérée, pour vomir l'hypocrite "pensée" bourgeoise, les dogmes étouffants d'État et de Patrie, rejeter bien loin "les honneurs qui déshonorent", tous les petits et gros profits de la prostitution littéraire... »,

lequel se termine sur un ton beaucoup plus condescendant :

« C'est volontiers que nous prenons acte des affirmations de ces jeunes gens. Sans doute ceux-ci sont, par certains côtés, très individualistes. D'extraction bourgeoise pour la plupart, ils sont venus d'instinct à la révolution. Leur pensée mûrira et se précisera, etc.[14] »,

en revanche, les déclarations dans *Clarté* de Breton, qui n'est pas du tout disposé à s'en laisser conter et exprime son point de vue du moment avec l'autorité clairvoyante d'un poète rompu à la lecture des philosophes, doivent passablement agacer les stratèges du PC :

« [...] je ne crois pas qu'à l'heure actuelle il y ait lieu d'opposer la cause de l'esprit pur à celle de la Révolution et d'exiger de nous, de certains d'entre nous, une spécialisation plus grande. Encore moins comprendrais-je qu'à des fins utilitaires on tienne à obtenir de moi le désaveu de l'activité surréaliste, par exemple. Ce serait, avant d'en avoir d'autres, jeter des armes qui ne sont plus assez belles. Il fait partie de la tactique révolutionnaire, en période d'insurrection, de garder à tout prix certains ponts, d'occuper les postes de télégraphe. Même dans le domaine de l'esprit il importe que, faute de mieux, nous conservions quelques positions de cet ordre. C'est de là, et de là seulement, que sur le terrain spéculatif, nous pourrons le mieux faire sentir notre opposition, qui est absolue et qui est la seule qui compte. C'est là que longtemps encore les ennemis de la Révolution nous trouveront les plus embarrassants. »

La réaction des communistes ne se fait pas attendre. Le 18 février 1926 une réunion du Bureau politique met à son ordre du jour le sort de la revue *La Guerre civile*, et décide de lui ôter le soutien du Parti.

(13) A. Artaud, « Lettres à André Breton », *L'Éphémère*, nº 8, hiver 1968, p. 7-8.
(14) « La Révolution d'abord et toujours ! », dans *Tracts surréalistes et déclarations collectives*, *op. cit.*, p. 398.

Les propos de Paul Marion traduisent la méfiance permanente des responsables communistes : « *[...] Nous ne devons pas apparaître comme l'appendice du groupement des surréalistes. Notre rôle est d'informer nos camarades ouvriers et de leur parler de ce qui les intéresse. [...]* »

Quant à ceux de Marcel Cachin, directeur de *L'Humanité*, ils ne s'embarrassent pas de nuances :

[...] Ce que j'ai lu des jeunes gens de l'école surréaliste ne me porte pas à penser qu'ils aient des sentiments profondément prolétariens. Je ne suis pas partisan qu'on mette l'estampille du Parti sur leur entreprise. [...] » [15]

Ces deux extraits d'un document interne du PC révèlent sans ambages l'estime dans laquelle les responsables du Parti tenaient les surréalistes, aussi est-il parfaitement inutile de relater par le menu les humiliations réservées à Breton au cours des quatre réunions de cellule qui marquent son passage éclair au sein du Parti en 1927. Depuis les remous occasionnés par le projet avorté de *La Guerre civile* et la publication du libelle *Légitime défense* dans lequel Breton, avec une hauteur de ton remarquable, en appelle de la suspicion où le parti communiste persiste à tenir ses amis et lui-même, les rapports entre surréalistes et communistes se sont passablement détériorés, et ce n'est pas la nouvelle revue du groupe *Le Surréalisme au service de la révolution* qui modifiera la donne, bien au contraire.

Au lendemain du Congrès de Kharkov (Deuxième conférence internationale des écrivains prolétariens et révolutionnaires, 6-15 novembre 1930), Aragon et Georges Sadoul se prêtent, à Moscou, avant leur retour en France, à la mise en scène pitoyable d'une séance d'autocritique – pratique qui aura un bel avenir avec la dictature de plus en plus ubuesque de l'ancien séminariste de Tiflis – et signent tout ce qu'on leur demande : de se désolidariser du *Second manifeste*, mais tout aussi bien d'accepter de soumettre leur activité littéraire à la discipline et au contrôle du Parti, ce qu'ils avaient toujours refusé avec fermeté auparavant, ou encore de combattre le freudisme ainsi que le trotskisme. La faille apparue à cette occasion dans la cohésion du groupe ne pouvait que s'agrandir.

Conséquence prévisible : la rupture d'Aragon avec Breton interviendra, après de navrantes tentatives de justification de ses scandaleux reniements, mais pour un tout autre motif, le 10 mars 1932. Inculpé d'« excitation de militaires à la désobéissance et de provocation au meurtre dans un but de propagande anarchiste » pour son poème « Front rouge », Aragon, enferré dans ses contradictions, désavoue ce jour-là, dans *L'Humanité*, Breton, qui, magnanime, avait pris sa défense dans une plaquette intitulée *Misère de la poésie*.

Malgré l'hostilité de plus en plus patente du Parti à son égard, Breton s'efforce de garder le contact, et siège pendant quelques mois au bureau exécutif de l'Association des écrivains et artistes révolutionnaires (AEAR), avant d'en être exclu, le 4 juillet 1933, pour attitude contre-révolutionnaire ! Il lui est notamment reproché de n'avoir pas accepté de se désolidariser de certains textes publiés dans les deux dernières livraisons du *Surréalisme au service de la révolution* contenant des assertions telles que : « Le vent de crétinisation systématique qui souffle de l'URSS. »

Le prétexte choisi par les communistes, en 1935, pour décourager, pensent-ils, Breton de persister à vouloir intervenir dans le débat révolutionnaire, du moins dans les organisations que contrôle le Parti, est la paire de gifles administrée par le poète à Ilya Ehrenbourg, calomniateur notoire des surréalistes, et, malheureusement pour l'impulsif redresseur de torts, membre de la délégation soviétique au Congrès des écrivains pour la défense de la culture qui se tient à Paris du 21 au 25 juin.

La sentence ne se fait pas attendre ! Interdit de parole au Congrès, Breton obtient néanmoins, grâce à l'appui de René Crevel, que sa communication soit lue. Elle le sera, par Paul Eluard, un soir, en fin de séance, dans des conditions déplorables. Le 2 juillet, Breton réunit tout le groupe surréaliste chez Maurice Heine et rédige le tract « Du temps que les surréalistes avaient raison [16] ». Ce texte tire les conclusions de cette guerre désormais ouverte en dénonçant le comportement des staliniens au Congrès « qui s'est déroulé sous le signe de l'étouffement systématique », et signifie la défiance des vingt-six signataires à l'égard du régime soviétique et de son chef Staline. Dès lors, Breton et ceux de ses amis qui restent fidèles à ses prises de positions politiques cessent de collaborer à des organisations manipulées par le Parti.

Breton, anticipant la rupture avec le PC, avait déjà envisagé, l'année précédente, au cours d'une enquête sur les positions politiques à l'intérieur du groupe, les conditions d'un regroupement des écrivains et des artistes révolutionnaires, préfiguration, en quelque sorte, de la Fédération internationale de l'art révolutionnaire indépendant (FIARI) que Trotski lui proposera de fonder en 1938. L'activité du groupe, il en est très conscient désormais, ne peut être menée « dans le cadre d'aucune organisation politique définie », aussi précise-t-il, dans sa propre réponse au questionnaire :

[15] Voir *Cahiers d'histoire de l'Institut Maurice Thorez*, n° 15, 1er trimestre 1976, p. 70-72.

[16] « Du temps que les surréalistes avaient raison », dans *Tracts surréalistes et déclarations collectives*, *op. cit.*, p. 274.

« Elle doit consister en une critique impitoyable des diverses attitudes opportunistes prises par les groupements et individus en face des principaux événements ; elle doit être une protestation constante contre toutes les duperies organisées [17]. »

Le rapprochement entre Breton et ses amis, d'une part, et Georges Bataille et les siens – pour la majorité d'anciens membres du Cercle communiste démocratique de Boris Souvarine et de la revue *La Critique sociale* –, d'autre part, au sein de la nouvelle Union de lutte des intellectuels révolutionnaires fondée le 7 octobre 1935, et plus connue sous le nom de Contre-Attaque, ne dure en fait que de septembre 1935 à mai 1936. Les tensions, prévisibles dès le départ, entre les deux « leaders », qui, quelques années plus tôt, s'insultaient copieusement par *Cadavre* et *Manifeste* interposés, ne tardent pas à faire éclater le groupe né de cette union tactique. Les travaux récents de Marina Galletti à partir de documents et de textes inédits rendent plus lisible la trajectoire de Bataille [18] à l'époque de la formation de Contre-Attaque. Ainsi, le 15 avril 1935, alors qu'il ne dispose d'aucun groupe constitué pour mener des actions concertées, Bataille organise une réunion dont le thème est clairement explicité dans le texte de la convocation qu'il co-signe avec Jean Dautry et Pierre Kaan :

« QUE FAIRE ?
DEVANT LE FASCISME
ÉTANT DONNÉ L'INSUFFISANCE DU COMMUNISME
Nous nous proposons de nous réunir afin d'envisager ensemble
les problèmes qui se posent pour ceux qui actuellement
radicalement opposés à l'agression fasciste,
hostiles sans réserves à la domination bourgeoise,
ne peuvent plus faire confiance au communisme [19]. »

De même, un autre manuscrit inédit révèle que c'est à la suite de l'échec de la tentative « de fonder une association d'intellectuels révolutionnaires » avec Roger Caillois, en juillet 1935, que Bataille propose aux surréalistes de créer Contre-Attaque ! Réaction en miroir dans le camp Breton. L'alliance avec Bataille est mal accueillie par Paul Eluard ; elle contribue à son éloignement du surréalisme puis, en octobre 1938, à sa rupture définitive avec Breton, ami intime depuis près de vingt ans.

Au-delà des personnalités fort dissemblables qui animent la nouvelle association, la montée du fascisme est appréhendée par tous comme une réelle menace. Ce qui provoque, en fait, la séparation des composantes du groupe Contre-Attaque, c'est la fascination exercée sur les amis de Bataille, et sur Bataille lui-même, par certaines méthodes employées par les fascistes, malgré les mises en garde de Walter Benjamin, qui participe à quelques réunions. Ce dernier tentera, en effet, discrètement, aux dires de Pierre Klossowski, d'alerter les intellectuels français du risque « de faire le jeu d'un pur et simple "esthétisme préfascisant [20]" ».

La rédaction malheureuse du tract « Sous le feu des canons français » par Jean Dautry, un proche de Bataille, met le feu aux poudres et enclenche le processus de désagrégation :

« Nous pensons que les textes rédigés autour du tapis vert ne lient les hommes qu'à leur corps défendant. Nous leur préférons, en tout état de cause, et sans être dupes, la brutalité antidiplomatique de Hitler, moins sûrement mortelle pour la paix que l'excitation baveuse des diplomates et des politiciens [21]. »

Ce texte, rédigé dans un premier temps sans que Breton en soit informé et pour lequel, sans aller jusqu'au refus de signature – il a encore en mémoire la désillusion provoquée par l'échec de l'alliance avec le parti communiste –, il exige néanmoins des corrections, est révélateur des divergences graves qui opposent de plus en plus les deux groupes. Les tendances qualifiées de « tendances surfascistes » de Bataille et de ses amis exaspèrent les surréalistes et entraînent fatalement la rupture, cette fois définitive, deux mois plus tard.

Si je me réfère aux souvenirs de Marcel Jean [22], les réunions de Contre-Attaque donnent parfois l'occasion d'entendre des interventions plus que contestables pour des oreilles surréalistes. C'est le cas, en particulier, d'une proposition de Pierre Dugan, à la commission politique, en avril 1936, proposition qui rappelle les plus détestables proclamations des futuristes italiens :

« [La guerre] est fange, horreur, massacre, infamie sans nom ; mais elle est aussi avidité démesurée, affirmation suprême et terrible de la puissance humaine, négation virile, péremptoire, impitoyable de l'activité constructive, productive, utile. »

Sans vouloir épiloguer sur le choix de l'adjectif « utile » pour qualifier la guerre, la justification révolutionnaire de cette envolée lyrique vaut par elle-même son pesant de mauvaise foi :

« Le bouleversement démesuré dans lequel les révolutionnaires risquent de sombrer en même temps que leurs ennemis, mais qui leur offre une chance, peut-être unique, d'aboutir à leurs fins libératrices. »

[17] A. Breton, *Œuvres complètes*, t. II, Paris, Gallimard, « Bibliothèque de la Pléiade », 1992, p. 581.
[18] Voir Georges Bataille, *L'Apprenti Sorcier : du Cercle communiste démocratique à Acéphale*, textes, lettres et documents (1932-1939) rassemblés et annotés par Marina Galletti, Paris, La Différence, coll. « Les Essais », 1999.
[19] *Ibid.* p. 124-125.
[20] Voir Denis Hollier, *Le Collège de Sociologie*, Paris, Gallimard, coll. « Idées », 1979, p. 586.
[21] « Sous le feu des canons français », dans *Tracts surréalistes et déclarations collectives*, *op. cit.*, p. 297-298.
[22] Marcel Jean, *Au galop dans le vent*, Paris, Jean-Pierre de Monza, 1991, p. 55.

Dès lors, il n'est pas surprenant que les surréalistes, qui ont accueilli avec réserve, dans leur jeunesse, les accents cocardiers et va-t-en-guerre de Guillaume Apollinaire – « Ah Dieu ! que la guerre est jolie » –, soient frappés de stupeur à l'énoncé de telles déclarations. Peu de temps après cette réunion, un communiqué publié dans *L'Œuvre* du 24 mai 1936 entérine la rupture.

Dans son intervention à Contre-Attaque du 11 novembre 1935[23] Breton relève – ce qui me paraît particulièrement nouveau dans le cadre d'une assemblée de révolutionnaires – l'usure de la langue politique : « Nous assistons à une véritable déroute des vocabulaires les mieux définis, *à commencer par le vocabulaire marxiste.* » Il se réfère, pour soutenir sa thèse, à Hegel professant que « c'est dans la langue que se réalise avant tout le concept de soi-même. La langue pénètre tout ce qui devient quelque chose d'intérieur pour l'homme, toute représentation, tout ce qu'il fait sien, et ce qu'il fait verbe et ce qu'il exprime en paroles, contient et enveloppe implicitement ou explicitement une catégorie », avant de faire appel à ses amis peintres et poètes surréalistes et, en particulier, à ceux qui n'ont pas encore rejoint Contre-Attaque, en leur affirmant que « c'est essentiellement à eux qu'il appartient [...] d'élaborer un *plan d'exaltation générale.* Ce plan d'exaltation générale ne peut résulter que de la mise en commun d'un certain nombre de *plans d'exaltation particulière.* »

En cette circonstance on ne peut s'empêcher de penser encore à Artaud, qui, jusqu'à son dernier souffle, demeure convaincu qu'être révolutionnaire « c'est tout réinventer ». Dix ans plus tôt, dans le numéro 3 de *La Révolution surréaliste* (avril 1925) qu'il a presque entièrement conçu seul, Artaud affirmait déjà en poète-voyant : « Nous avons moins besoin d'adeptes actifs que d'adeptes bouleversés. »

Pour Breton, il faut repassionner la politique comme il faut repassionner la vie. Mais il est vrai qu'en se reportant à la « Résolution inaugurale de Contre-Attaque[24] » rédigée par Bataille, où celui-ci proclame qu'il entend bien se « servir des armes créées par le fascisme qui a su utiliser l'aspiration fondamentale des hommes à l'exaltation affective et au fanatisme », on retrouve la même terminologie dans l'intervention de Breton ainsi que la même volonté de mettre cette exaltation « au service de l'intérêt universel ». Convergence qui incite à se demander si Breton, séduit un temps par les idées de Bataille, n'a pas été tenté, en qualité de surréaliste, de « procéder à l'établissement d'un cérémonial de grand style ». Ce qui permet de mettre en doute, ou du moins de relativiser cette hypothèse, c'est l'observation clinique à laquelle Breton pouvait se livrer journellement du « cas » Dalí, avec toutes ses outrances – bien qu'au départ, avant de sombrer, par amour de la surenchère, dans la glorification de l'hitlérisme, le génial Catalan ne manqua pas de perspicacité, comme le laisse entrevoir ce fragment de lettre adressée à Breton à la fin de 1935, à propos justement de la plate-forme de Contre-Attaque :

On ne peut pas prendre le pouvoir avec un parti de NUANCES, car je pense de plus en plus fermement que tout le drame que nous vivons ne provient pas d'erreurs politiques ou tactiques, mais essentiellement d'un colossal déficit idéologique des partis de gauche. On ne peut pas décider de devenir fanatique tout à coup, il faut avant tout définir, trouver des RÉALITÉS capables d'éveiller le fanatisme humain[25]. »

Néanmoins, le chef de file des surréalistes ne s'est jamais départi de sa lucidité d'analyse exceptionnelle, ce qui lui a évité de tomber, comme le soulignait Ferdinand Alquié, « dans aucune des impostures de ce siècle fécond en impostures », et sa dénonciation des procès de Moscou lors des meetings du 3 septembre 1936 et du 16 janvier 1937 – ce que nombre d'historiens d'aujourd'hui semblent avoir totalement oublié – lui donnera l'occasion d'en apporter une démonstration éclatante.

Les surréalistes ont sans doute échoué dans leur tentative de faire front commun avec les organisations révolutionnaires pour mener à bien leur projet d'émancipation humaine résumé par les formules indissociables de Rimbaud et de Marx « changer la vie » et « transformer le monde », mais ils n'ont jamais démérité de cette ambition. La définition par Breton du travail intellectuel, en réponse à une enquête de *L'Esprit français* en 1930 :

« Celui qui a pour objet de satisfaire chez l'homme l'appétit de l'esprit, *aussi naturel que la faim*[26] »

demeure, à ma connaissance, une des meilleures justifications du rôle des intellectuels dans la société, n'en déplaise à ceux qui aujourd'hui les contestent, les dénigrent systématiquement pour leur préférer experts ou spécialistes en tous genres, et nous assènent, comme tel « médiologue » de renom, Régis Debray, pour ne pas le citer, que dorénavant « la pensée se fait dans les laboratoires et les agences » !

Et si toutes les luttes épuisantes des surréalistes menées sur les terres arides de la politique ne devaient conduire, en définitive, qu'à ce nouveau langage, qu'à cette recréation du monde, qu'à cette rigueur maintenue envers et contre tout pour satisfaire cet *appétit de l'esprit* – formule lumineuse que ne renieraient ni Artaud ni Bataille – ? Quelle superbe revanche sur le décervelage à l'honneur dans les organisations politiques de l'entre-deux-guerres, et quel exaltant programme pour répondre au désir de révolution qui resurgit entre les pavés des autoroutes de l'information !

[23] Voir A. Breton, *Œuvres complètes*, t. II *op. cit.*, p. 589-593.
[24] « Résolution inaugurale de Contre-Attaque », dans *Tracts surréalistes et déclarations collectives*, *op. cit.*, p. 283.
[25] Salvador Dalí, « Lettre à André Breton », citée par José Pierre, dans *Salvador Dalí*, cat. d'exposition, Paris, Centre Georges Pompidou, 1979, p. 137. Lire également la communication de Karin von Maur, dans *André Breton. La beauté convulsive*, cat. d'exposition, Paris, Centre Georges Pompidou, 1991, p. 196-201.
[26] Voir A. Breton, « Rapports du travail intellectuel et du capital », *Le Surréalisme au service de la révolution*, nº 2, octobre 1930, p. 2.

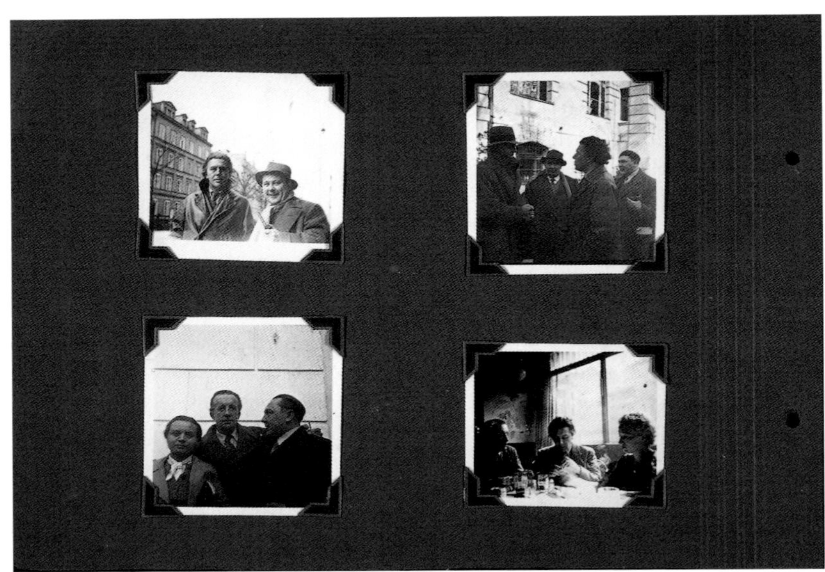

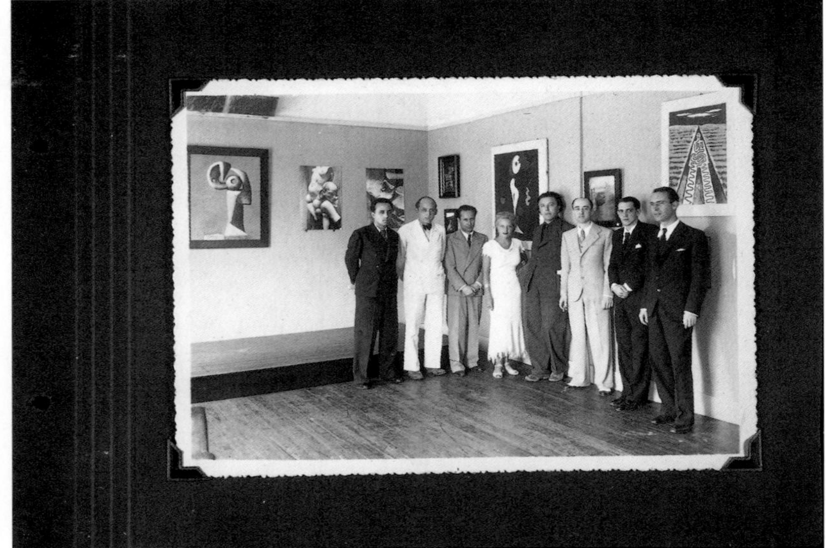

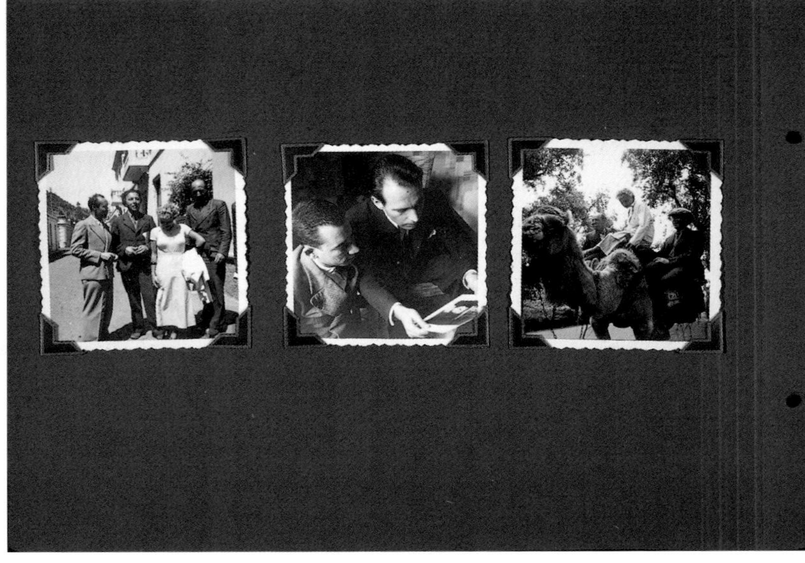

Voyage à Prague, avril 1935,
et à Tenerife, été 1935. Photographies
extraites de l'album ayant appartenu
à André Breton. Collection particulière.

Quelques semaines au printemps de 1935 : l'Internationale surréaliste

SERGE FAUCHEREAU

Toutes les années trente ont été troubles, mais celle que l'on veut considérer ici, 1935, est particulièrement marquée par la confusion, entre certains signes d'espoir pour 1936 et les événements dramatiques de 1934, bien réels ceux-là : émeutes de février à Paris, élimination de toute contestation par Hitler (« Nuit des longs couteaux », en juin, à Munich), affrontements violents en Espagne, tandis qu'à l'Est la Chine est en guerre (« longue marche » de Mao) et qu'à l'Ouest l'Amérique se remet péniblement d'une crise majeure (grâce au New Deal). La volonté expansionniste des nazis et des fascistes effraie les démocraties (en fait, dès octobre 1935 l'Italie attaque l'Éthiopie), mais ni le Frente Popular espagnol, ni le Front populaire français, pas plus qu'aucun autre gouvernement, ne sauront comment faire face à cette menace.

C'est dans ce climat que va se produire une internationalisation du surréalisme, action voulue, quasiment programmée par André Breton et par ceux qui, dans son entourage, ont quelque capacité à l'influencer. À ce moment de son existence, le surréalisme s'est rangé comme un seul homme derrière Breton, et fige dorénavant l'image de son chef de file. Certes, les surréalistes nous ont longtemps édicté leur histoire et indiqué, dates à l'appui, qui avait l'imprimatur du mouvement, et leur parole n'a pour ainsi dire jamais été mise en doute : Breton a dit... Breton a fait... Quelques historiens ont protesté, ainsi Frantisek Smejkal : « Aujourd'hui quand on essaie de voir qui était ou qui n'était pas surréaliste, nous devons considérer les positions de l'artiste et la nature de son œuvre plutôt que son allégeance à un groupe particulier[1]. »

André Breton sera le centre de la présente réflexion dans la mesure où, en 1935, il contrôle désormais tout son groupe. Qui pourrait s'opposer à ce qu'il propose ? Il y a longtemps que les plus anciens ont été exclus (Soupault, Desnos, Artaud, Masson, etc.), et Aragon, qui s'est finalement choisi l'évangile de Staline, s'est séparé du surréalisme. Il reste encore Eluard et Péret, mais ni l'un ni l'autre n'ont des personnalités dominatrices, l'un par tempérament, l'autre par anarchisme foncier. Aux débats d'idées, les artistes du groupe, Dalí excepté, préfèrent l'exercice de leur art : peindre ou sculpter. Il reste aussi Tristan Tzara, qui a fini par se rapprocher de Breton en 1930, mais cette entente n'ira pas au-delà de 1935. Ce sont là des faits qu'il faut garder à l'esprit quand on considère le surréalisme officiel, ses schismes et ses dissidences.

L'internationalisation du surréalisme, particulièrement évidente au cours de l'année 1935, n'est pas vraiment nouvelle. Très tôt, des compagnons de route se sont trouvés çà et là. En Belgique, pour commencer, avec les écrivains de *Correspondance* (Paul Nougé, Marcel Lecomte, Camille Goemans), puis René Magritte, E. L. T. Mesens, Louis Scutenaire, Irène Hamoir... Mais il faudra plusieurs années pour qu'un groupe se constitue indépendamment de Paris, géographiquement si proche. D'ailleurs la communauté de langue entre les écrivains rend la distinction entre Belges et Français assez théorique, comme en témoigne l'important numéro de *Documents 34*, « Intervention surréaliste », publié en juin 1934.

Aussi prompts que les Belges, quelques Serbes ont pris contact avec le groupe de Breton : d'abord Marko Ristic et Monny de Boully, qui écrivent dans *La Révolution surréaliste*, avant que le second ne passe en dissidence et ne propose ses textes au *Grand Jeu*, puis Dusan Matic. C'est en 1930 que se crée à Belgrade autour de Ristic, tête pensante du groupe, un mouvement surréaliste serbe qui réunit notamment le peintre Oskar Davitcho et les poètes Matic et Aleksandar Voutcho ; la même année, ils publient « un grand almanach intitulé

[1] Frantisek Smejkal, *Devetsil*, Museum of Oxford, 1990, p. 88.

Nemoguce, doublé du titre français *L'Impossible*, parce que Breton, Eluard, Aragon, René Char et André Thirion y collaborèrent de textes en français[2] ». En 1931-1932 paraissent deux numéros de la revue *Le Surréalisme aujourd'hui et ici* et, en mai 1933, *Le Surréalisme au service de la révolution* publie un poème de Matic :

« et au fond de cette eau a fermé les yeux celle à laquelle je ne pense jamais. Je ne pense.
Elle a fermé les yeux pour mieux me voir, pour mieux me veiller. Veiller.
Car elle veille, elle veille à ce que tout quand même n'aille au diable. Au diable... »

Dans ce même numéro de mai, quelques pages plus loin, René Crevel annonce que les surréalistes yougoslaves sont « au bagne ». De fait, Davitcho, Voutcho, Matic et quelques autres ont été arrêtés pour leur militantisme politique. Coup fatal porté au surréalisme en Yougoslavie.

En dehors de Paris, l'Espagne est le pays où le surréalisme devait trouver à s'épanouir, sans doute parce que le terrain y a été préparé par des mouvements novateurs tels que le créationnisme et l'ultraïsme, représentés notamment par Vicente Huidobro, Gerardo Diego, Juan Larrea, José Moreno Villa, etc. Le surréalisme semble avoir touché d'abord des Catalans comme J. V. Foix, Joan Miró, Salvador Dalí, et très vite bon nombre de créateurs ont été attirés, à divers degrés, par théories et pratiques surréalistes : Luis Buñuel, Federico García Lorca, Luis Cernuda, Vicente Aleixandre, Rafael Alberti, José Maria Hinojosa, Oscar Domínguez, ainsi que tout un groupe de peintres et de poètes canariens. Or, en dépit du nombre et de la qualité de ces Espagnols et Catalans, aucun mouvement surréaliste ne s'est réellement constitué, peut-être faute d'une personnalité fédératrice comme Breton, assurément à cause de la dispersion et de l'individualisme des uns et des autres, et bien sûr du départ de Dalí, Buñuel et Domínguez – un Catalan, un Aragonais, un Canarien, remarquez – qui s'en vont tous à Paris et se fondent au mouvement parisien, tout en tenant leur arrière-pays informé des manifestations parisiennes.

[2] Dusan Matic, *André Breton oblique*, Montpellier, Fata Morgana, 1976, p. 12. Par mégarde, l'auteur oublie le nom de Benjamin Péret.

BUCAREST Autre contrée latine, la Roumanie connaît une situation semblable à celle de l'Espagne. Le pays natal de Tzara a une tradition anti-rationnelle qui a commencé au début du siècle, avec Urmuz notamment. Après le départ de Tzara et de Marcel Janco vers la Suisse, où allait éclater, en 1916, la bombe Dada, la tradition novatrice devait se poursuivre avec Ion Vinea, Victor Brauner, Ilarie Voronca, Benjamin Fondane et quelques autres, qui vont flirter avec diverses avant-gardes européennes (Fondane, avec *Le Grand Jeu* notamment) et préparer la venue du surréalisme. Le mouvement ne se trouvera une véritable tribune qu'avec la revue *Unu* (1928-1932) qui commentera et traduira nombre de textes. Dans ses premières livraisons, la revue que dirige Sacha Pana se contente de signaler la parution d'œuvres comme *Les Dernières Nuits de Paris* de Soupault ou *La Femme 100 têtes* d'Ernst, puis elle publie des surréalistes parisiens, de plus en plus, ainsi que des marginaux du surréalisme parisien comme Victor Brauner, Ilarie Voronca ou Benjamin Fondane, Roumains fixés à Paris, comme Tristan Tzara, qui ces années-là, a rejoint Breton et les siens ; et, bien sûr, Aragon, « La Peinture au défi », Breton, « L'Union libre », Desnos, Eluard... Mais la nouveauté de son apport tient à ses collaborateurs locaux : dessins de Jacques Hérold (avant son départ pour Paris) ou de Jules Perahim, poèmes et prose hauts en couleur de Stephan Roll, de Gherasim Luca et de Geo Bogza – celui-ci poursuivi pour outrage à la pudeur après la publication de son *Journal de sexe* (1929). Lorsque Bogza parle de « réhabiliter l'idée de rêve », de « saisir convulsivement le beau » et d'états de « conscience liquéfiée, » on reconnaît là des injonctions du *Manifeste du surréalisme*. Dans les faits, ce même Bogza hésite entre un surréalisme aux arrière-plans sociaux comme le « Front rouge » d'Aragon – ainsi dans « Poème pétrolifère » (1934) – et un lyrisme où affleure une nostalgie des années de jeunesse, comme chez Tzara quelques années plus tôt, ou chez l'André Breton de *L'Amour fou* :

« Vierge pâle au sourire comme une autopsie, comme la fleur de vitriol de la neurasthénie,
vierge pâle apparentée aux autopsies et aux fleurs de vitriol de la neurasthénie,
ainsi que les paroles de ce chant sont apparentées au rêve violent de mon adolescence
et le vol des corbeaux au-dessus des plaines aux milliers de potences des pays gémissant sous la tyrannie.
Vierge pâle apparentée au rêve d'amour de mon adolescence
ainsi que les corps gelés des explorateurs sont apparentés au silence éternel des paysages polaires
et l'œil froid des morts à la course désordonnée de la terre parmi les astres déserts dans les millénaires futurs[3]*... »*

C'est là un ton familier au surréalisme depuis « Perturbation ma sœur... ». Au moment de « l'affaire Aragon », les surréalistes d'*Unu* prennent parti pour Breton, sans renier leurs engagements politiques à gauche. Après le sabordage de la revue en 1932, d'autres revues roumaines plus ou moins éphémères, aux titres poétiques ou

[3] Geo Bogza, *Orion*, Bucarest, Minerva, 1978, p. 80-81. Adaptation libre de Claude Sernet.

provocants tels que *Alge* [Algues], *Muci* [Morve], *Viata imediata* [Vie immédiate], *Pula* [Bite], *Meridian* [Méridien], prennent le relais. On y retrouve les collaborateurs d'*Unu*, mais s'y affirme aussi une nouvelle vague au surréalisme plus intransigeant : Gherasim Luca déjà nommé, Paul Paun, Gellu Naum, Virgil Teodorescu, Trost... Entre temps, à Paris, ce sont deux autres Roumains qui ont retenu l'attention du groupe de Breton. D'abord, le peintre Victor Brauner, qui, avant son arrivée à Paris en 1930, a participé aux combats de l'avant-garde plastique et littéraire à Bucarest ; il se lie d'amitié avec Giacometti et Tanguy, mais ne sera réellement intégré au groupe parisien et associé à toutes ses manifestations qu'en 1933. Ensuite, Max Blecher, que *Le Surréalisme au service de la révolution* avait révélé dans son ultime livraison de 1933 avec un curieux poème en prose, « L'inextricable position » :

« Une large blessure s'enfonçait dans ma poitrine jusqu'au cœur. C'était le même ulcère que jadis mais il avait changé de signification ; moi-même j'étais lié à la chair par des douleurs et des laideurs nouvelles. Un cheval participait à cette pensée ou plutôt l'œil d'un cheval portant en excroissance une minuscule tête pareille à la grande mais plus pâle et visiblement plus souffrante (les nègres ont souvent de ces poupées dans leurs bras). Pour le reste : j'étais nu jusqu'à la ceinture, un mince pantalon en carton me couvrait rigidement les jambes si bien que la rue entière (assistant à l'instant aussi irrémédiablement que le cheval) me prit pour un religieux en quête d'un volume d'air tranquille pour déposer ses bagues. »

Or Blecher, affligé d'un irrémédiable mal de Pott, vit en sanatorium dans le Pas-de-Calais, à Berck, définitivement alité. Son destin, semblable à celui de Joë Bousquet, sera tragique et bref, ne lui laissant que le temps d'écrire quelques centaines de pages fulgurantes. Il faut reconnaître aux surréalistes parisiens le mérite d'avoir su deviner tout le potentiel subversif de Blecher. Depuis son lit, Blecher suit avec attention les développements du surréalisme, si bien qu'il en sera un précieux messager lorsque, à la fin de 1934, il retourne en Roumanie. Son infirmité ne lui aurait d'ailleurs pas permis de se rendre à l'impressionnante exposition de Brauner, dont Breton préface le catalogue, à la galerie Pierre, dans les derniers jours de 1934. C'est à cette occasion que le peintre montre ses récentes figurations de *Monsieur K.* « L'imagination chez Brauner, écrit Breton, est violemment déchaînée ; elle brûle et tord les filières par lesquelles le surréalisme même est tenté parfois de la faire passer, à des fins systématiques d'ailleurs admissibles[4]. » Ces peintures et collages, variations autour d'un bourgeois profondément troublant et inquiétant, constituent un des sommets de l'art de Brauner et l'une des créations les plus singulières du surréalisme. De bien des façons, ils s'insèrent parfaitement entre les poèmes engagés de Bogza et le regard d'enfant apeuré et impitoyable que Blecher porte sur le monde.

Dès février 1935, Brauner est retourné à Bucarest. Si la vie est dure à Paris pour un peintre surréaliste, il va constater qu'elle l'est davantage en Roumanie, où la montée du fascisme fait régner en maîtres l'hypocrisie, l'intolérance et la pudibonderie. Malgré les persécutions policières, le surréalisme roumain tient bon. Avec Sacha Pana, il salue l'exposition que Brauner organise peu après son retour : « Le 8 avril, salle Mozart, vernissage de l'exposition de Victor Brauner. Pour nous, première exposition individuelle surréaliste[5]. »

Avec le retour au pays de Brauner et de celui, plus discret, de Blecher, le surréalisme roumain entre en effervescence. Les conditions matérielles sont précaires, la liberté d'expression contrôlée. Qu'à cela ne tienne : « Dans l'atelier de Victor Brauner à Bucarest, soirées de débats politiques et de jeux surréalistes (cadavres exquis, détournement d'images, etc.)[6] » Bien que Brauner n'ait pas un tempérament de chef, tout un groupe gravite autour de lui, notamment des peintres comme Perahim, des poètes comme Luca et Naum, collaborateurs de *Méridien*. C'est alors qu'il entreprend d'illustrer les poèmes du *Voyageur incendiaire* de Naum et une suite de huit dessins à l'encre de Chine intitulée *Anatomie du désir*, délire graphique sado-masochiste autour du corps féminin. En cette même période active paraît *Aventures dans l'irréalité immédiate* de Max Blecher, livre bouleversant que l'on a comparé à ceux de Bruno Schulz, mais que, pour ma part, je rapprocherais plus volontiers des premiers récits de René Crevel, *Mon corps et moi* ou *Babylone*. Blecher a expliqué à Pana : « L'irréalité et l'illogisme de la vie quotidienne depuis longtemps ne sont plus pour moi de vagues problèmes ou spéculations intellectuelles : cette irréalité et ses événements fantastiques, je la vis. [...] J'ai cherché à donner la même attention et la même valeur à la réalité qu'aux hallucinations. [...] L'écriture idéale serait pour moi une transposition littéraire de la haute tension que produit la peinture de Salvador Dalí[7]. » Tout le récit promène en effet un regard à la fois calme et halluciné sur le monde ; le rêveur éveillé y est aussi voyeur que voyant :

« Il me reste dans cette vie un seul et suprême désir : assister à l'incendie d'un cabinet de cire, voir la fusion lente et scabreuse de ces corps, regarder médusé se tordre, dans leur boîte de verre, les belles jambes jaunes de la mariée, serrant entre ses cuisses une flamme réelle qui lui brûlerait le sexe[8]. »

[4] André Breton, *Le Surréalisme et la Peinture* [1928], Paris, Gallimard, 1965, p. 121
[5] Sacha Pana, *Nascut în '02*, Bucarest, Minerva, 1972, p. 495.
[6] Marina Vanci, dans Edouard Jaguer, *Perahim*, Paris, Arcane 17, 1990, p. 156.
[7] Max Blecher, *Vizuina Luminata*, Bucarest, Cartea Românească, 1971, p. 317.
[8] Max Blecher, *Aventures dans l'irréalité immédiate*, Paris, Maurice Nadeau, 1989, p. 66 ; traduction de Marianne Sora.

Un passage tel que celui-ci suffit à situer Blecher entre Marcel Duchamp et les mannequins fantomatiques de l'Exposition internationale du surréalisme qui aura lieu à Paris en 1938. Mais c'est encore vers Brauner qu'il faut se tourner pour évoquer non pas les peintures à la cire qu'il réalisera quelques années plus tard, mais ces personnages fluides dont la tête, le corps et les membres se défont, se démultiplient et se réarrangent fantastiquement, et qu'il ne va pas tarder à désigner comme *La Palladiste*, ou bien *Conglomeros*. Ils apparaissent, ces personnages polymorphes, en ce beau milieu des années trente, comme si la personnalité du peintre ou de l'écrivain se disloquait en cherchant à fuir une réalité sinistre : le fascisme roumain, bientôt la guerre. Breton ne cesse pas de réclamer le retour de Brauner, un retour que peintre roumain effectuera finalement en 1938, entraînant avec lui Naum et Luca. Quant à Blecher, il est mort quelques mois plus tôt. Mais c'est trop anticiper ici.

PRAGUE À Paris, aussitôt après les émeutes du 6 février 1934 provoquées par des ligues fascistes, les surréalistes ont réagi en publiant le tract « Appel à la lutte ». Ils rejoignaient l'Internationale politique, même s'ils commençaient à douter sérieusement du communisme soviétique – ce que concrétise un autre tract, « La planète sans visa », protestant contre l'expulsion de Trotski du territoire français. Ils souhaitent voir s'établir une entente internationale très large pour résister aux fascismes, si possible, évidemment, sous la bannière surréaliste. Il s'agit, redira Breton dans sa conférence de Prague, de mener une « action véritablement concertée qui s'impose si nous voulons qu'un jour prochain le surréalisme parle internationalement en maître dans le domaine qui est le sien » puisque « Hitler et ses acolytes ont, hélas, fort bien compris que, pour juguler même un temps la pensée de gauche, il fallait non seulement persécuter les marxistes mais encore frapper d'interdit tout l'art d'avant-garde[9] ». De divers pays, à l'Est, parviennent des marques de sympathie, même s'il n'est pas toujours simple de s'y proclamer d'une gauche révolutionnaire : le groupe surréaliste yougoslave a été si bien bâillonné qu'il n'existe plus, les surréalistes roumains sont de plus en plus surveillés. Quoique tardive, la liaison avec la Tchécoslovaquie va se faire, par bohneur, plus facilement.

L'homme qui a servi de pont entre Paris et Prague est le peintre Joseph Sima. Établi en France depuis 1921, il se rendait très fréquemment à Prague, où il travaillait pour les éditions Avantinum au cours des années vingt, réalisant des traductions, des illustrations, voire des décors de théâtre (*Le Bourreau du Pérou* de Ribemont-Dessaignes, 1926). Bien que le surréalisme l'ait admis dans ses parages, il n'y était pas en odeur de sainteté : ne faisait-il pas partie du groupe hérétique du Grand Jeu, officiellement excommunié le 11 mars 1929 ? En fait, c'est plutôt une entente de convenance qu'une réelle amitié qui existe entre Breton et le peintre en 1935. Sima est le passage obligé pour atteindre l'avant-garde pragoise, et sa peinture des années trente aurait sa place dans une exposition surréaliste. Il suffit, estime Breton, de fermer les yeux sur certaines de ses fréquentations jugées discutables : les membres du Grand Jeu, bien sûr, Ribemont-Dessaignes farouchement indépendant, Pierre-Jean Jouve, authentique poète mais déplorablement mystique selon le matérialisme surréaliste, et Philippe Soupault, l'un des premiers « exclus » avec Antonin Artaud et Roger Vitrac. Or Soupault connaît Sima de longue date. De 1923 à 1926, directeur littéraire chez Kra, Soupault y a publié *La Revue européenne*, et des livres de Crevel, Péret, Desnos, Ribemont-Dessaignes et de lui-même, sans oublier le *Manifeste du surréalisme* (tout en restant ouvert à d'autres novateurs : Ramon Gomez de la Serna, Fritz von Unruh, Miguel de Unamuno, Luigi Pirandello, etc.).

Soupault effectue en 1927 le premier de ses voyages en Tchécoslovaquie. Il s'y fait de nombreux amis : « D'abord Karel Teige, lucide, intelligent et intègre, qui connaissait la destinée de l'intelligentsia tchèque. J'ai été accueilli avec amitié et ferveur par un groupe de poètes et d'écrivains. Hoffmeister, écrivain, dessinateur et diplomate, Voskovec, auteur dramatique et polyglotte, et enfin Nezval, un très grand poète, dont la naïveté était proverbiale. Tous ces jeunes gens s'intéressaient au surréalisme, mais aussi à la politique[10]. » À l'occasion de ce séjour, il compose le poème « Les Amis de Prague », auquel Nezval répondra par un « Poème pour Philippe Soupault » (« Cher Soupault, en vous regardant je perds mes majuscules... »), ainsi qu'une anthologie, *Paris*, que Sima illustre de dix-huit gravures et que Seifert, futur prix Nobel, traduit en français. Cette avant-garde tchèque s'intéresse au surréalisme et à la politique, comme le dit bien Soupault, mais elle n'est pas encore surréaliste. Les artistes font partie du groupe Devetsil initié par Teige en 1920, et les poètes du mouvement poétiste, dont les principaux acteurs sont Vítezslav Nezval, Jaroslav Seifert, Konstantin Biebl et Frantisek Halas. Pour Teige, qui a publié le manifeste du poétisme en 1924, « le poétisme est d'abord un mode de vie ». Assuré que la poésie n'est pas seulement dans les vers mais aussi dans toutes sortes d'activités et de choses telles que « le sport, l'amour, le vin et tout ce qui est bon », Teige préconise la plus grande liberté formelle,

[9] A. Breton, *Position politique du surréalisme* [1935], dans *Œuvres complètes*, t. II, Paris, Gallimard, « Bibliothèque de La Pléiade », Paris, 1992, p. 473 et 440.
[10] Philippe Soupault, *Vingt mille et un jours : Entretiens avec Serge Fauchereau*, Paris, Belfond, 1980, p. 207.

qu'il s'agisse de livres de poèmes en images (des recueils de collages qui évoquent *La Femme 100 têtes* de Max Ernst) ou d'images arbitraires comme celle-ci, extraite d'un poème du *Pigeon messager* (1929) de Seifert :

« Ah ! les beaux dimanches
où la ville ressemble à une balle, à une carte et à un ocarina
ou bien à une cloche qui se balance[11]*... »*

Outre Sima, proche du surréalisme, deux peintres tchèques encore peu connus, Jindrich Styrsky et Toyen, sont établis, pour l'heure, à Paris. En 1927, ils se déclarent « artificialistes » et exposent à la galerie Vavin des tableaux que présente Philippe Soupault (qui préfacera, l'année suivante, l'exposition d'Hoffmeister à la galerie d'art contemporain). Si l'on s'en tient au manifeste de l'artificialisme (1927) on a l'impression d'une transposition du poétisme aux arts plastiques, mais la distance plus grande encore qu'ils prennent avec la réalité les rapproche, malgré eux, du surréalisme : « Laissant la réalité tranquille, il [l'artificialisme] s'efforce d'obtenir le maximum d'imagination. [...] L'artificialisme est une identification du peintre et du poète. Il renie la peinture conçue comme un simple jeu de formes ou comme une simple délectation des yeux (peinture inobjective). Il renie la peinture comme une évocation de formes antiquisantes (surréalisme). L'artificialisme a une conscience abstraite de la réalité. Il ne nie pas l'existence de la réalité, mais il ne s'en occupe pas. Il concentre son intérêt sur la poésie qui remplit les lacunes existant entre les formes réelles et qui émane de la réalité[12]. » Sur la toile, cela se traduit par des formes, certes, abstraites, mais le biomorphisme de certaines d'entre elles, voilées, laisse imaginer une autre réalité fantomatique. On n'est pas si loin de Sima, et même de Tanguy. C'est par le collage que Styrsky et Toyen vont revenir à la figuration, notamment avec les illustrations provocantes de la *Revue érotique* qu'ils publient entre 1930 et 1933.

La peinture surréaliste arrive tout à coup à Prague lors de l'exposition intitulée « Poésie 1932 », organisée par le cercle Mánes. À côté des artistes les plus inventifs de Devetsil (Sima, Toyen, Styrsky, Muzika, Hoffmeister, Janousek, Makovsky, etc.) figurent de nombreux surréalistes « officiels » et compagnons de route (Arp, Dalí, De Chirico, Ernst, Giacometti, Masson, Miró, Savinio, Tanguy). C'est une révélation, même pour Toyen et Styrsky, de retour en Tchécoslovaquie depuis 1929 : l'érotisme qui marquait déjà leurs photomontages va dès lors s'exacerber dans des peintures figurant des êtres aux formes troublantes (*L'Homme-seiche* de Styrsky et son pendant, *La Femme magnétique*, de Toyen, sont de 1934). Le courant passe entre Prague et Paris, qui ne vont pas tarder à parler sur une même longueur d'ondes. Teige, Toyen, Styrsky et leurs amis rencontrent René Crevel lorsque celui-ci passe à Prague en 1933. De son côté, Nezval rencontre les surréalistes de Paris en mai 1933 et lance un appel à Breton, que celui-ci publie aussitôt dans *Le Surréalisme au service de la révolution* : « En exprimant notre sympathie à l'activité révolutionnaire surréaliste dont nous partageons la pensée centrale, nous émettons le vœu que cette rencontre sur le même terrain de protestation marque le commencement d'une collaboration concrète. » Il suffit de s'organiser. Le 21 mars 1934, le groupe surréaliste tchèque publie son programme et entreprend d'organiser lectures et débats (il est affilié au parti communiste), tout en traduisant les plus en vue des surréalistes parisiens. Il y a là Nezval, Biebl, Toyen, Styrsky et Teige, mais aussi des nouveaux venus comme le sculpteur Vincenc Makovsky, le metteur en scène Jindrich Honzl, le psychanalyste Bohuslav Brouk. La première exposition, qui a enfin lieu à Prague en 1935, montre trois artistes : Toyen, Styrsky et Makovsky, que Teige présente ainsi : « En se servant de combinaisons obscènes et répugnantes, ils ruinent les sentiments sacrés qui se rattachent aux institutions de la famille et du mariage, formes canonisées de la prostitution, mécanismes inventés pour tuer la révolte et l'amour et pour créer la misère de l'esprit. Les sacrements de la morale bourgeoise y sont discrédités et rendus suspects d'une manière beaucoup plus révolutionnaire que ne réussissait à le faire la caricature révolutionnaire, car ils sont discrédités et ruinés par tous les moyens que l'imagination surréaliste illimitée peut offrir[13]. » Peu après, d'autres artistes comme Frantisek Muzika et Frantisek Janousek se joindront au groupe. Invités à se rendre à Prague à l'occasion de l'exposition, André Breton et Paul Eluard, accompagnés de leurs épouses et de Joseph Sima, partent pour la Tchécoslovaquie le 27 mars. Au cours des deux semaines du séjour, Breton donne avec succès plusieurs conférences et causeries, recueillies peu après dans *Position politique du surréalisme* (1935). Il ne manque pas de saluer avec emphase ses nouveaux amis : « Je suis en parfaite communion avec des hommes comme Vitezslav Nezval et Karel Teige [...]. Le surréalisme peut se flatter de connaître aujourd'hui à Prague le même épanouissement qu'à Paris[14]. » Rejetant la subjectivité, il lui substitue le hasard objectif, le rêve et l'automatisme chers au surréalisme, et met en garde contre l'engagement : « Nous restons nombreux encore dans le monde à penser que mettre la poésie et l'art au service exclusif d'une idée, par elle-même si enthousiasmante qu'elle puisse être, serait les condamner à bref délai à s'immobiliser, reviendrait à les engager sur une voie de garage[15]. »

[11] Jaroslav Seifert, « Tableau humide », dans H. Jelinek, *Anthologie de la poésie tchèque*, Paris, Kra, 1930, p. 267.
[12] Cité dans le catalogue d'exposition *Styrsky, Toyen, Heisler*, Paris, Éditions du Centre Pompidou, 1982, p. 82.
[13] Voir catalogue *Strynsky, Toyen, Heisler*, *op. cit.*, p. 84.
[14] A. Breton, *Œuvres complètes, t. II*, *op. cit.*, p. 473.
[15] *Ibid.*, p. 425.

Quitte à entrer en contradiction avec lui-même devant un journaliste communiste qui l'interroge sur « l'art de propagande », et à affirmer que « cet art se justifie pleinement, et Maïakovski a prouvé qu'il pouvait se défendre comme art[16] ». Dans le *Bulletin international du surréalisme* daté du même 9 avril, il renvoie dos à dos ceux qui ont « glissé sur le plan artistique et littéraire (Artaud, Desnos, Ribemont-Dessaignes) » et le « militantisme politique plus ou moins bien compris (Naville, Aragon) »[17].

Les anciens poétistes devenus surréalistes ont dû avoir plaisir à entendre Breton énoncer : « Il n'existe, à l'heure actuelle, aucune différence d'ambition fondamentale entre un poème de Paul Eluard, de Benjamin Péret et une toile de Max Ernst, de Miró, de Tanguy[18]. » Depuis le poétisme, Teige et ses amis n'en démordront pas : « La poésie est une fonction de la liberté et une route vers la liberté, c'est une fonction de la révolte et de la révolution[19]. » L'entente est donc parfaite entre les deux groupes. On organise des excursions pour les visiteurs français. Breton s'enchante du « château étoilé », dont la photo apparaît dans *L'Amour fou*, mais c'est Nezval qui écrit alors :

« Un soir en plein été je marcherai dans une ville qui me sera étrangère
Une ville où je ne connaîtrai personne
Une ville où la fête viendra de s'achever
Je croirai que c'est dimanche
Je passerai devant une maison gigantesque
Un immeuble inouï
Ce sera peut-être un museum d'oiseaux empaillés
Ce sera l'heure où le soleil se couche
Les rues seront désertes[20]... »

Quelques peintres plus jeunes – Frantisek Gross, Ladislav Zívr et Frantisek Hudecek – auraient bien voulu rencontrer Breton et Eluard. Ils avaient loué une mansarde pour y faire « une petite exposition de [leurs] œuvres, mais à cause de l'opposition de Styrsky, semble-t-il, l'exposition n'a jamais eu lieu. Breton et Eluard ne [les] ont jamais vues[21] », dira Zívr. À Prague comme à Paris, il y avait des groupes hérétiques comme celui du Grand Jeu ; on y pratiquera aussi les exclusions (Makovsky dès 1936), les jeux, les rites : l'Internationale surréaliste, par tempérament et par nécessité, a l'esprit de corps.

[16] *Ibid.*, p. 444.
[17] Cité par Maurice Nadeau dans *Documents surréalistes*, Paris, Le Seuil, 1948, p. 279.
[18] A. Breton, *Œuvres complètes*, t. II, *op. cit.*, p. 477.
[19] K. Teige cité dans le catalogue *El arte de la vanguardia en Checoslovaquia*, Valencia, IVAM, 1993, p. 211.
[20] Vitezslav Nezval, *Prague aux doigts de pluie*, Paris, EFR, 1960, p. 88, traduction de François Kérel.
[21] Cité dans le catalogue *Czech Modern Art 1900-1960*, Prague, The National Gallery, 1995, p. 232.

SANTA CRUZ DE TENERIFE Le surréalisme avait vite été bien connu dans les milieux de l'avant-garde littéraire et artistique espagnole. Dans une conférence donnée à Barcelone en novembre 1922, Breton avait présenté les œuvres de ses amis, futurs surréalistes. En avril 1925, Aragon était venu parler du surréalisme à Madrid. En septembre 1931, Crevel et Dalí viendront dialoguer devant un public d'ouvriers et étudiants très réceptifs, selon Crevel, à leurs propos anti-capitalistes et anti-cléricaux. Entre temps le surréalisme a trouvé un terrain fertile en Espagne, d'abord chez Federico García Lorca, dont l'*Ode à Salvador Dalí* fait sensation en 1926 :

« Une rose dans le haut jardin que tu désires. Une roue dans la pure syntaxe de l'acier.
Elle est nue la montagne de brumes impressionnistes. Les gris sont à leurs dernières balustrades.
Dans leurs blancs studios, les peintres modernes coupent la fleur aseptique de la racine carrée.
Sur les eaux de la Seine, un iceberg de marbre refroidit les fenêtres et dissipe les lierres[22] [...] »

Plusieurs acteurs majeurs du surréalisme parisien, on le sait, viennent d'Espagne : Miró, Buñuel, Dalí, Domínguez et, bien sûr, Picasso. Quant aux surréalistes espagnols demeurés au pays – de Benjamín Palencia à Maruja Mallo –, presque tous feront au moins quelques mois de séjour à Paris, où ils ne manqueront pas d'entrer en contact avec le groupe de Breton. La latinité des cultures espagnole et française explique sans doute une parenté d'inspiration plus grande qu'avec d'autres cultures plus lointaines. Des pages de *La Flor de California* (1928) de José María Hinojosa auraient tout naturellement pu prendre place dans les récits de rêve et les textes automatiques de *La Révolution surréaliste* :

« Voyageur sacré des rivières laiteuses, sans rames ni myosotis pour raccourcir les distances, je changeais les pièces de monnaie avec l'aide de dieu en deux cimeterres brillants qui m'apportaient des tranches de l'hippopotame vert allongé dans les nuages ancrés en ma présence. Les arbres venaient à ma rencontre en deux files symétriques avec leurs branches velues ouvertes pour me serrer contre leur cœur et exprimer jusqu'à la dernière goutte de vodka des étoiles polaires dans le récipient de mes orbites sans yeux mais pleines de visions[23]... »

[22] « Una rosa en el jardín que tú deseas./ Una rueda en la pura sintaxis del acero./ Desnuda la montaña de niebla impresionista. / Los grises oteando sus balaustras últimas. // Los pintores modernos en sus blancos estudios, / cortan la flor aséptica de la raíz cuadrada. / En las aguas del Sena un ice-berg de márol / enfría las ventanas y disipa las yedras. [...] » F. García Lorca, « Oda a Salvador Dalí », *Revista de Occidente* (Madrid), avril 1926, p. 52 ; traduction de Paul Eluard et Louis Parrot dans Paul Eluard, *Œuvres complètes*, t. I, Paris, Gallimard, « Bibliothèque de La Pléiade », 1968, p. 857.
[23] « Viajero sagrado por los rios lechosos, sin remos ni miosotis para acortar las distancias, cambié las monedas ayudado por Dios en dos alfanjes brillantes que me trajeron rodajas del hipopótamo verde recostado en las nubes ancladas en mi presencia. Los árboles venían a mi encuentro en dos filas simetricas con sus ramas peludas abiertas para estrecharme contra su corazón y exprimir hasta la última gota de vodka de las estrellas polares en el recipiente de mis cuencas vacías de ojos pero llenas de mirades. [...] » J. M. Hinojosa, *Obras completas*, Malaga, Diputación Provincial, 1974, p. 241 ; traduction française S. F.

Si l'on ne garde pas à l'esprit cette parfaite connaissance des moyens surréalistes en Espagne, l'éventualité d'une manifestation surréaliste majeure en plein Atlantique, au large du continent africain, paraît invraisemblable. C'est pourtant là, aux Canaries, à Santa Cruz de Tenerife qu'aura lieu en mai 1935 la première véritable exposition internationale du surréalisme. Cette lointaine terre espagnole n'était pas en retard sur le continent : poètes et artistes modernistes s'étaient groupés autour des revues *La Rosa de los vientos* (1927-1928) et *Cartones* (1930), ceux-là mêmes qu'on retrouvera surréalistes aux côtés d'André Breton. Au début des années trente, ils en sont à une poésie d'images sobres issue de Huidobro et de Reverdy et du Soupault d'avant *Les Champs magnétiques*, dont un recueil s'intitulait justement *Rose des vents* (1919). Ainsi Pedro García Cabrera :

« La rose des vents
croise ses baïonnettes.
Biceps dentés. Lances.
Inquiétude, nuit,
les étoiles basses.
Et toujours – toujours ! –
île sans océan,
algue vive dans le vent[24]. *[...] »*

En février 1932, paraît la *Gaceta de arte*. Son directeur est Eduardo Westerdahl, même si la personnalité la plus influente de la revue est Agustín Espinosa. Ce dernier a fait, en 1930, deux séjours à Paris, où le peintre canarien Oscar Domínguez « avait découvert avec enthousiasme les œuvres de Dalí » depuis moins d'un an, et s'était tout aussitôt converti au surréalisme[25]. Bien qu'il ne soit pas encore reconnu par le mouvement, c'est déjà en surréaliste que Domínguez va piloter Espinosa dans l'avant-garde parisienne. Quant à Westerdahl, il a, lui aussi, effectué un circuit en Europe en 1931, et ses options sont autres. En effet, dans son journal de voyage, il mentionne, certes, Picasso, mais aucun surréaliste, s'attachant plutôt à l'école de Paris (Chagall, Derain, Vlaminck) et aux expressionnistes germaniques (Grosz, Kokoschka, Schmidt-Rottluff) – encore qu'il semble avoir été surtout marqué par sa visite au Bauhaus (Kandinsky, Klee)[26]. La revue sera-t-elle constructiviste ou surréaliste ?

Pour Breton et des siens, la *Gaceta de arte* est sans nul doute surréaliste. À preuve, la photo que Breton et Eluard font paraître en 1938 pour conclure leur *Dictionnaire abrégé du surréalisme* – photo prise à Santa Cruz devant des œuvres de Bellmer, Miró, Dalí, Man Ray, où l'on reconnaît Domíngo López Torres, Benjamin Péret, Eduardo Westerdahl, Jacqueline et André Breton, Agustín Espinosa, José María de la Rosa et Domíngo Pérez Minik, soit, outre les invités parisiens, toute l'équipe de la *Gaceta de arte* (seul manque Emeterio Gutiérrez Albelo). Le malentendu vient peut-être de ce que, selon un mot acerbe de Dalí, « Breton considère comme surréalistes les gens qui vont, de façon habituelle, à sa table de café et qui sont d'accord avec tous ses points de vue[27]. » Or un coup d'œil objectif sur les trente-huit livraisons de la revue a suffi à convaincre les meilleurs spécialistes du mouvement : « La *Gaceta de arte* n'était pas une revue surréaliste. Son directeur, Eduardo Westerdahl, et beaucoup de ses collaborateurs voyaient le surréalisme comme un phénomène artistique digne du plus grand intérêt, mais sans lui donner le droit d'exclusivité[28]. » De fait, dans ses premiers numéros, la revue s'intéresse surtout au Bauhaus et au purisme. Elle a toutefois publié dès février (1932) une « Prise de position » où les surréalistes peuvent reconnaître certaines de leurs thèses : « nécessité d'établir un front commun », « contre la guerre... contre le fascisme... contre la patrie... contre la religion... contre l'art de la propagande... contre l'indifférence politique et l'inertie sociale des écrivains ». Là encore, les spécialistes s'accordent : « Étant donné le militantisme socialiste de ses animateurs, le matérialisme historique et dialectique conduit visiblement leur approche[29]. » López Torres apparaît comme le plus véhément et le premier à épouser la cause surréaliste : « Le surréalisme est né d'une grande nécessité révolutionnaire de destruction qui ruinera définitivement les concepts de famille, patrie, religion », ce qu'on ne lui pardonnera pas[30]. Entre 1932 et 1936 il multiplie dans la *Gaceta de arte* les articles sur le surréalisme, et, même lorsqu'il présente les artistes qu'il aime tout particulièrement comme Arp, Dalí, Ernst, Domínguez, Juan Ismael, c'est toujours avec une arrière-pensée politique. À partir de 1933, la *Gaceta de arte* accorde une place grandissante aux écrivains et surtout aux peintres surréalistes, grâce à Domínguez, leur correspondant à Paris ; elle ne néglige d'ailleurs pas ceux de la Péninsule : Maruja Mallo, Alberto Sánchez, Ángel Ferrant, Alfonso Ponce de León... Son numéro de mars 1935 s'ouvre sur un programme presque exclusivement surréaliste : après quelques lignes signalant la parution d'un livre de poèmes de Pedro García Cabrera, du « récit surréaliste », *Crime,* d'Espinosa et de

[24] « La rosa de los vientos / caló sus bayonetas. / Biceps dentados. Lanzas. / Cuidado, noche, / con las estrellas bajas. // Y a siempre –¡siempre! – / isla sin oceano, / alga viva en el viento. [...] » P. García Cabrera, « Agave », *Cartones* (Tenerife), 1930, p. 2 ; traduction française S . F.
[25] Vcir Emmanuel Guigon, *Oscar Dominguez*, Gobierno de Canarias, Biblioteca de Artistas Canarios, 1996, p. 31.
[26] Vcir Eduardo Westerdhal, *Viaje a Europa*. Gobierno de Canarias, 1996.
[27] S. Dalí, cité par Georges Charbonnier, *Le Morologue du peintre*, Paris, Julliard, 1960.
[28] Miguel Perez Corrales, *Agustin Espinosa entre el mito y el sueño*, Cabildo Insular de Gran Canaria, 1986, p. 479.
[29] Nilo Palenzuela, *Visiones de Gaceta de arte*, Cabildo de Gran Canaria, 1999, p. 117.
[30] D. López Torres, *Obras completas*, Cabildo de Tenerife, 1993, p. 153. Dans sa préface, Andrés Sanchez Robayna explique que, arrêté au début de la guerre civile en compagnie du peintre surréaliste Luis Ortiz Rosales, López Torres sera peu après noyé, enfermé dans un sac à Santa Cruz.

monographies sur Ferrant et sur Baumeister, vient l'annonce d'« une grande exposition surréaliste », de la projection de « cinéma surréaliste » (*L'Âge d'or*), et de la venue à Tenerife de Breton mais aussi d'Arp, Sophie Taeuber et Eluard. Curieusement, la revue *Indice*, entièrement tournée vers la politique internationale, que López Torres fait paraître simultanément, avec la collaboration de Westerdahl et de Pedro García Cabrera, ne retient que Max Ernst et sa *Vierge corrigeant l'enfant Jésus devant trois témoins*.

Le voyage à Tenerife, il y a près d'un an qu'on l'attend. Les surréalistes canariens sont impatients, mais pas plus que les futurs voyageurs. Péret, qui connaît l'espagnol, a dû s'enchanter du *Crime* d'Espinosa, dont la première page donne le ton :

« Elle pensait que toute sa vie ne serait qu'un crachat ininterrompu, un vomissement sans fin, une masturbation quotidienne et qu'elle pisserait et chierait sur moi interminablement.

Mais une nuit je la jetai par le balcon de notre chambre sous un train qui passait puis jusqu'à l'aube, au milieu du cortège banal des voisins, je pleurai sur ce suicide inexplicable et inexpliqué[31]… »

De son côté, Breton, à qui Dominguez a décrit son île natale, finit par en rêver dans « L'Air de l'eau » (1934), poème que López Torres traduit aussitôt pour annoncer l'arrivée de son ami :

« On me dit que là-bas les plages sont noires
De la lave allée à la mer
Et se déroulant au pied d'un immense pic fumant de neige
Sous un second soleil de serins sauvages[32]… »

Breton, son épouse et Péret s'embarquent le 27 avril pour les Canaries ; faute d'argent, Eluard n'a pu, à regret, se joindre à eux, ce qu'Espinosa ne sait pas encore lorsqu'il annonce à la presse : « Noël au printemps : Breton, Péret et Eluard, nouveaux rois mages, aux Canaries[33]. » Accueillis par les collaborateurs de la *Gaceta de arte*, les trois voyageurs passeront plus de trois semaines à Tenerife. Comme il l'avait fait en Tchécoslovaquie, Breton donne des conférences et des interviews ; Péret également, en espagnol. Selon son habitude, Breton fait le compte des amis : « De ce que le surréalisme, en particulier, a reçu ici l'accueil le plus éclairé, je tiens à rendre hommage de nouveau devant vous au directeur de *Gaceta de arte*, Eduardo Westerdahl, ainsi qu'à ses collaborateurs, tout particulièrement à Domingo Lopez Torres qui m'a servi d'introducteur auprès d'eux, à Domingo Pérez Minik et Pedro Garcia Cabrera de qui j'ai maintenant la joie d'être l'ami. Je ne dirai jamais trop non plus combien il m'a été précieux de rencontrer Agustin Espinosa, dont le livre *Crimen* est une illustration vivante du surréalisme dans votre langue[34]. »

Trente-deux peintures, vingt-sept collages et œuvres graphiques, dix-sept photographies figurent à l'exposition, qui a lieu à l'Ateneo de Santa Cruz du 11 au 24 mai. Les artistes les mieux représentés sont Ernst, Tanguy, Miró et Man Ray (la moitié des œuvres exposées sont signées de leurs noms). Mais il y a aussi Arp, Bellmer, Brauner, De Chirico, Dalí, Domínguez, Duchamp, Giacometti, Maurice Henry, Valentine Hugo, Marcel Jean, Dora Maar, Meret Oppenheim, Picasso, Styrsky. La projection de *L'Âge d'or* est suspendue sous la pression catholique par les autorités insulaires. À cela près, le séjour est un enchantement pour les trois visiteurs, que l'on emmène à Puerto de la Cruz, à La Orotava, à Guimar, au pic du Teide… Breton est subjugué ; cela lui inspirera les plus belles pages de *L'Amour fou* (1937). La cinquième partie de ce livre, de loin la plus longue, est une célébration lyrique de Tenerife : le volcan, la mer, les nuages, les plantes l'enthousiasment ; dans les cultures en terrasse il reconnaît *Les Jardins gobe-avions* de Max Ernst. Pour le lecteur, c'est un éblouissant ballet de périphrases précieuses : une anse de mer arrondie devient un *paon*, une euphorbe géante une *hydre laitière*… Le petit jardin botanique de La Orotava prend une dimension mythique, comme dans les tableaux d'Henri Rousseau :

« Les lourds serpents se déroulent et choient autour du banc circulaire sur lequel nous nous sommes assis pour jouir du profond crépuscule qui trouve à midi le moyen de se partager le jardin avec le grand jour[35]. »

Quelques phrases plus loin, le lecteur comprendra que ces merveilleux serpents sont des racines aériennes ; plus avant encore, dans une même fraîcheur d'enfance, il s'arrêtera aux « cloches de neige du datura ». Et puis, tout à trac, le voilà confronté à un éloge déconcertant, voire risible, de la monogamie hétérosexuelle, assurément cogité ailleurs que dans le jardin féerique de La Orotava.

L'élaboration du *Bulletin international du surréalisme,* n° 2 – le premier ayant été publié à Prague – constitue l'étape finale du séjour canarien. Bilingue, le *Bulletin* est signé Breton, Espinosa, Garcia Cabrera, López Torres, Péret, Pérez Minik et Westerdahl ; considérant que le surréalisme est « une attitude » et non une prise de position politique, Gutiérrez Albelo ne fait pas partie des signataires[36]. Cette longue déclaration met bout à bout

[31] « Ella creía que toda su vida iba a ser ya un ininterrumpido gargjo, un termitente vómito, un cotidiano masturbarse, orinarse y descomerse sobre mí, inacabables. // Pero una noche la arrojé por el balcón de nuestra alcoba al paso de un tren, y me pasé hasta el alba llorando, entre el cortejo elemental de los vecinos, aquel suicidio inexplicable et inexplicado […] » Agustín Espinosa, *Crimen y otros textos*, Biblioteca Basica Canaria, 1990, p. 25 ; traduction française S. F.

[32] A. Breton, *Œuvres complètes*, t. II, *op. cit.*, p .407, et D. López Torres, *Obras completas, op. cit.*, p. 205.

[33] M. Perez Corrales, *Agustin Espinosa entre el mito y el sueño, op. cit.*, p. 757.

[34] A. Breton, *Œuvres complètes*, t. II, *op. cit.*, p. 583.

[35] *Ibid.*, p. 743.

[36] Voir Miguel Perez Corrales, *Entre islas anda el juego*, Museo de Teruel, 1999, p. 105.

Comment New York vola l'idée surréaliste du mythe moderne (et retour)*

DIDIER OTTINGER

Soit *Subway Scene* [Scène de métro] et *Naked Man with Knife* [Nu masculin au couteau], deux tableaux peints aux États-Unis à la fin des années trente, le premier par Mark Rothko, le second par Jackson Pollock.

Dans *Subway Scene* (1938), Rothko convoque Rembrandt pour son chromatisme, Rouault pour son graphisme. Un critique new-yorkais qualifie de « dirty expressionist [1] » [expressionnisme sale] le style de ce tableau qui montre une scène quotidienne du métro new-yorkais. *Subway Scene* ressortit au genre du réalisme social. En 1934, pour réagir au contexte économique qui suit le krach de 1929 et à une situation politique inquiétante tant au niveau national qu'international [2], Mark Rothko et Adolph Gottlieb participent à la fondation de l'Artists' Union, association qui entend « rassembler les artistes en lutte pour l'amélioration de leur situation économique et favoriser la diffusion et la compréhension de l'art [3] ». Dans la revue *Art Front*, l'organe éditorial de l'association, Dore Ashton définit l'ambition esthétique de Mark Rothko comme la recherche d'une voie entre abstraction et réalisme socialiste [4]. Quadrature d'un cercle, où ne doivent se perdre ni les acquis de la modernité picturale ni l'objectif social de l'art.

Naked Man with Knife [5] (1938-1941) de Jackson Pollock condense les sources auxquelles le peintre a puisé durant les années trente. Par son chromatisme et l'expressionnisme de sa composition, le tableau évoque irrésistiblement les œuvres de José Clemente Orozco.

Précisons que les premiers contacts de Pollock avec l'art des muralistes mexicains datent de 1930, l'année où Orozco peint un *Prométhée* pour le Pomona College à Claremont, dans la région de Los Angeles. Condisciples à l'Otis School of Art, Jackson Pollock et Philip Guston font plusieurs fois le voyage pour étudier la fresque. Par l'accent tout maniériste avec lequel est traitée la puissance musculaire du personnage, *Naked Man...* évoque aussi l'enseignement de Thomas Hart Benton – ce champion de l'American Scene (école de peinture américaine caractérisée par des sujets typiquement nationaux) donne des cours à l'Art Students' League de New York, que Pollock suit à partir de 1930.

Subway Scene et *Naked Man with Knife* résument les recherches d'un art américain en quête de synthèse entre forme moderne et contenu social. Du choix réaliste du métro de New York de Rothko à l'énergétique « américaine » que Pollock hérite de Benton, ces œuvres sont marquées par un souci d'ancrage local. Par leurs sujets, leurs techniques, l'une comme l'autre ont pour ambition de toucher la plus large audience.

[*] Clin d'œil à l'ouvrage de Serge Guilbaut, *Comment New York vola l'idée moderne : Expressionnisme abstrait, liberté et guerre froide*, Paris, Jacqueline Chambon, 1992.
[1] Cité dans Dore Ashton, *About Rothko*, Cambridge (Mass.), Da Capo Press, 1996, p. 50. Au même moment, Barnett Newman qualifie son propre style de « forme d'expressionnisme américain ».
[2] À l'extérieur, l'avènement des fascismes allemand et italien ; à l'intérieur, une censure artistique dont Diego Rivera vient de faire les frais en voyant la destruction de la fresque qu'il venait de réaliser pour le Rockefeller Center en 1934.
[3] Cité dans D. Ashton, *About Rothko*, *op. cit.*, p. 30-31.
[4] *Ibid.*, p. 34.
[5] Collection Tate Gallery, Londres.

CHEMINEMENT SURRÉALISTE Il faut attendre la rupture définitive d'André Breton avec le parti communiste en 1935 pour que le surréalisme se réconcilie avec son projet originel d'expression d'une mythologie moderne. À l'occasion de l'Exposition internationale du surréalisme, organisée à Londres en 1936, Breton redéfinit clairement cet objectif : « Aucune tentative d'intimidation ne nous fera renoncer à la tâche que nous nous sommes assignée et qui est, avons-nous déjà précisé, l'élaboration du *mythe collectif* propre à notre époque [6]. » Jusque-là, le surréalisme s'en était tenu sur le sujet à des positions prudentes. Mythe et communisme s'opposaient comme s'opposent réel et abstraction, histoire et éternité [7]. Choisir son camp signifiait renoncer à l'un de ces termes inconciliables.

[6] André Breton, « Limites non-frontières du surréalisme », conférence donnée à Londres le 16 juin 1936, dans *Œuvres complètes*, t. III, Paris, Gallimard, « Bibliothèque de la Pléiade », 1999, p. 667.
[7] En 1957, dans son livre *Mythologies* (Paris, Éditions du Seuil), Roland Barthes se livre à une analyse marxisante du mythe, lui fait grief de son mépris de la présence *hic et nunc*, de son indifférence à l'histoire.

En 1926, Louis Aragon a choisi son camp. Son *Paysan de Paris* s'ouvre par une introduction au titre éloquent : « Préface à une mythologie moderne ». Il y écrit : « Des mythes nouveaux naissent sous chacun de nos pas. [...] Chaque jour se modifie le sentiment moderne de l'existence. Une mythologie se noue et se dénoue [8]. » Le mythe est, pour Aragon, la forme même de l'imagination en marche, la puissance capable de dissoudre les catégories figées du réel, d'ouvrir le monde au mouvement des métamorphoses, il est l'agent d'un réenchantement du monde. Le mythe ouvre le réel, les concepts de la pensée logique au foisonnement du sens, au libre jeu des correspondances. Il est davantage énergie que figure, « il est le chemin de la conscience, son tapis roulant [9] ». Pour rendre compte de la ductilité, de la permanente genèse inhérente au mythe, le poète se découvre « jungien ». « La liaison intime que je découvrais [...] entre l'activité figurative et l'activité métaphysique de mon esprit, qui s'élevaient de conserve à ma conscience, me tourna vers la révision des créations mythiques, que j'avais jadis assez sommairement condamnées [10]. »

En dépit de cet intérêt précoce pour la mythologie, il faut attendre le début des années quarante pour que le surréalisme se mette, dans les pas d'Aragon, en quête d'un mythe moderne.

Dans l'Europe des années trente où prospèrent les fascismes, la question mythologique fait l'objet d'intenses débats. Nourri des lectures de Mauss et de Frazer, en contact direct par sa revue *Documents* avec les ethnologues du futur musée de l'Homme, Georges Bataille parvient à la conclusion que les totalitarismes n'ont pu asseoir leur pouvoir que par une gestion de l'« hétérogène », cette part d'irrationalité, de pulsions et de violence inhérente aux collectivités humaines, que seul le mythe est à même de canaliser. Sa revue *Acéphale* et celle du Collège de sociologie visent à créer une alternative démocratique, moderne, ouverte aux mythologies sur lesquelles s'appuient les fascismes.

À cette époque, la question mythologique devient même d'une actualité politique aiguë. On en trouve l'écho tant dans le camp de la démocratie que dans celui des fascismes. En 1934, l'idéologue nazi Alfred Rosenberg écrit *Mythus des 20. Jahrhunderts* [Le Mythe du xxe siècle], par lequel il s'efforce de légitimer son délire raciste. Mais le mythe est aussi un enjeu pour les marxistes américains. *Art Front* publie en 1937 un article de A. L. Llyod qui affirme : « L'artiste bourgeois ne trouvait aucun sujet qu'il pouvait juger pertinent. » Cette situation singulière vient largement d'une réaction au discrédit que connaît le mythe à l'époque moderne, où s'est élargi le fossé entre l'économie et les productions de l'esprit. Comme Marx l'a souligné, la fonction du mythe est de mettre en évidence le rôle des forces de la nature dans l'imagination. A. L. Llyod précise : « Seule une mythologie autochtone, une mythologie issue d'un même sol, d'un même peuple, d'une même superstructure culturelle, de la même économie, est à même d'être un intermédiaire efficace entre l'art et la production matérielle, ceci en dépit de la superstition bourgeoise qui voudrait que toutes les mythologies, y compris celles qui se muent en religion personnelle, puissent devenir un tel lien [11]. » En effet, la notion de « lien » est centrale dans l'interprétation politique moderne du mythe. Les ethnologues l'ont montré, le mythe est l'agent le plus efficace de la cohésion sociale. Au nom de cette cohésion, de la participation collective qu'il suppose, le surréalisme, et les artistes américains après lui, se tournent vers la mythologie. Ils y cherchent l'agent d'une médiation entre leurs œuvres et le plus grand nombre, un substitut efficace aux religions défaillantes.

Minotaure, la revue de E. Tériade et d'Albert Skira, est l'agent d'une conversion du surréalisme aux principes d'une « sociologie sacrée » que les ethnologues avaient introduite dans les pages de *Documents*. En 1935, Breton, aux côtés de Bataille, participe au mouvement antifasciste Contre-Attaque. Ses déclarations montrent une inflexion soudaine de sa réflexion politique. Il propose de « sonder par l'analyse les composantes humaines de l'hitlérisme par exemple, et de tenter de déterminer à l'aide de ces composantes un mouvement diamétralement opposé, [de] procéder à l'établissement d'un cérémonial de grand style, d'un cérémonial totalement inédit, lequel devra compter comme force primordiale d'attraction et de cohésion [12] ». En filigrane, c'est du mythe qu'il parle.

De fait, la question mythologique se retrouve bientôt au premier plan des débats ouverts par le surréalisme. En 1941, interviewé pendant son voyage pour les États-Unis, André Breton explique : « J'ai été amené à faire valoir que l'écrivain, l'artiste surréaliste travaillent non plus à la création d'un mythe personnel mais bien au *mythe collectif* propre à notre époque [13]. » Peu après son arrivée à New York, *View* publie un texte de lui consacré à l'œuvre de Max Ernst, qu'il introduit par une « brève discussion sur le besoin d'un mythe [14] ». Quelques mois plus tard, en juin 1942, Breton fonde *VVV* avec le sculpteur David Hare, Max Ernst et Marcel Duchamp, et dispose enfin d'une revue dont il maîtrise le sommaire. Dès le premier numéro, *VVV* publie une enquête qui détermine la place de différentes créatures mythologiques (sphinx, chimère, Minotaure) dans l'imaginaire contemporain. La quatrième livraison de la revue donne lieu à un dossier complet : « Vers un nouveau mythe ? ». Breton s'attelle à sa formulation.

[8] Louis Aragon, *Le Paysan de Paris* [1926], Paris, Gallimard, coll. « Folio », 1998, p. 15.
[9] *Ibid.*, p. 140.
[10] *Ibid.*, p. 143.
[11] A. L. Llyod, « Modern Art and Modern Society », *Art Front*, octobre 1937, cité dans D. Ashton, *About Rothko*, *op. cit.*, p. 40.
[12] A. Breton, « Trois interventions à Contre-Attaque » [11 nov. 1935], cité dans *Œuvres complètes*, t. II, Paris, Gallimard, « Bibliothèque de la Pléiade », 1992, p. 592.
[13] A. Breton, « Entretien avec E. F. Granell », *La Nación*, 28 mai 1941, repris dans Id., *Œuvres complètes*, t. III, *op. cit.*, p. 122.
[14] A. Breton, *Le Surréalisme et la Peinture* [1928], Paris, Gallimard, 1965, p. 156.

LES GRANDS TRANSPARENTS Le premier numéro de *VVV* comprend aussi les « Prolégomènes à un troisième manifeste ou non », où Breton évoque pour la première fois les Grands Transparents. Il en précise la nature : « L'homme n'est peut-être pas le centre, le point de mire de l'univers. On peut se laisser aller à croire qu'il existe au-dessus de lui, dans l'échelle animale, des êtres dont le comportement lui est aussi étranger que le sien peut l'être à l'éphémère ou à la baleine. [...] Autour de nous circulent peut-être des êtres bâtis sur le même plan que nous, mais différents [...], dont les albumines seraient droites [15]. »

S'il est utile de s'attarder sur les Grands Transparents, c'est qu'ils livrent les clefs du mythe tel que Breton et le surréalisme le conçoivent. Plusieurs filiations sont imaginables pour ces créatures cristallines. On peut les rattacher aux messagers de « mondes supérieurs » décrits par Victor Hugo dans ses *Contemplations* : « [...] il semble que les vivants indistincts de l'espace viennent nous regarder et qu'ils aient la curiosité de nous, les vivants terrestres ; une création fantôme monte ou descend vers nous et nous côtoie dans un crépuscule [16]. » Ils descendent plus sûrement, comme le suggère Breton, des *Supramondains* de Charles Fourier, dont il lit avidement les ouvrages pendant son séjour américain. Dans sa *Fausse industrie* de 1836, l'utopiste décrit en détail la migration à laquelle sont soumises les âmes après la mort. « Nos âmes, en passant et repassant de l'un à l'autre monde, comme de la veille au sommeil, font la même opération que l'homme qui se lève et se couche. Au coucher, il a quitté ses vêtements souples pour une pesante enveloppe dite couverture, matelas ; et au lever, il reprend les vêtements souples. Ainsi notre âme, en arrivant dans ce bas monde, a pris l'enveloppe de pesanteur, le corps terre-aqueux ; et retournant dans le haut monde, elle reprend le corps éther-aromal ou subtil [17]. »

Le premier à donner une forme visible aux Grands Transparents est le peintre Matta, dans un dessin au bas de l'article où Breton en donne une première définition. Puis de 1938 à 1942, il réalise une série de dessins où apparaissent ces messagers d'entre-mondes. Ces œuvres précisent leur généalogie complexe. Il apparaît assez rapidement que Marcel Duchamp en est l'inspirateur. Par leur forme et leur signification, les Grands Transparents s'avèrent être les avatars de la Mariée, pendue par Duchamp au sommet du *Grand Verre*. Matta découvre le *Grand Verre* par l'étude que lui consacre Gabrielle Buffet dans les *Cahiers d'Art* en 1936. Deux ans plus tard, il se passionne pour *Tertium Organum* d'Ouspensky, dont les « théories », entre mathématiques et occultisme, entre voyance et quatrième dimension, lui livrent certaines des clefs du *Verre*. Dès lors, et ce jusqu'en 1942, la Mariée, cette messagère des mondes pluridimensionnels, hante son imaginaire. S'ils doivent leur forme à Matta, les Grands Transparents tiennent leur nom d'André Breton. Le poète les a voulus « transparents » pour que leur sens ne puisse pas se figer. Semblables au mythe qu'Aragon voyait sous la forme d'un « tapis roulant », les Grands Transparents sont des médiateurs, ils se laissent former, colorer, par les idées, les énergies qui les traversent.

« FIRST PAPERS OF SURREALISM » Peu après la première apparition des Grands Transparents, l'exposition « First Papers of Surrealism » est inaugurée à New York, le 14 octobre 1942. C'est la première manifestation d'envergure du surréalisme en exil. Son titre renvoie aux documents provisoires délivrés aux nouveaux immigrants. Il en cache un autre, qui dit plus sûrement son sens véritable. Le titre donné au catalogue est : *De la survivance de certains mythes et de quelques autres mythes en croissance ou en formation.* L'ouvrage s'ordonne en douze chapitres, chacun consacré à une figure mythologique (Icare, Orphée, le Graal, la Science triomphante, Rimbaud, les Grands Transparents...). L'exposition inclut un certain nombre d'artistes américains : William Baziotes, Alexander Calder, John Goodwin, David Hare, Robert Motherwell, Ralph Nelson, Barbara Reis, Kay Sage, Eugene Lawrence Vail. Jackson Pollock, sollicité, décline l'invitation, déclarant qu'il n'a pas le goût des manifestations grégaires [18].

Cette présence américaine dans l'exposition a-t-elle valeur de ralliement au projet surréaliste, à sa quête d'un mythe nouveau ? Pour les artistes de New York, le surréalisme est à la fois attractif (par les solutions esthético-politiques qu'il apporte) et menaçant (par son autorité, son prestige historique). En 1937, *Art Front* se fait l'écho de voix marxisantes, qui reprochent aux surréalistes d'être des « névrosés, incapables de donner à leur entreprise un quelconque point d'ancrage dans la réalité, qui ont esquivé les questions fondamentales de l'art révolutionnaire [19] ». En dépit de ces réserves, le prestige du surréalisme attire à lui les artistes américains. Sa position est déjà fermement établie à New York. Depuis le début des années trente, la Julien Levy Gallery présente l'œuvre des principaux artistes du mouvement (Max Ernst, Dalí, Giacometti, Magritte, Tanguy, De Chirico...). Le galeriste consacre au surréalisme sa première étude en

[15] Id., « Prolégomènes à un troisième manifeste ou non » [1942], dans *Œuvres complètes*, t. III, *op. cit.*, p. 14-15.

[16] Victor Hugo, *Les Travailleurs de la mer*, cité par Auguste Viatte dans *Victor Hugo et les illuminés de son temps*, Genève, Éditions Slatkin, reprint 1973, p. 255.

[17] Charles Fourier, *Théorie de l'Unité universelle* [1846], dans Id., *Œuvres complètes*, Paris, Anthropos, 1971, t. II, p. 191.

[18] Voir Martica Sawin, *Surrealism in Exile and the Beginning of the New York School*, Cambridge (Mass.)/Londres, The MIT Press, 1995, p. 230.

[19] Jerome Kline (*Art Front*, New York, nº 3, février 1935, p. 7), cité par M. Sawin, *ibid.*, p. 93.

langue anglaise. En 1936, le Museum of Modern Art organise l'exposition « Fantastic Art, Dada, Surrealism ». L'arrivée des surréalistes à New York permet des contacts, cette fois directs, avec ceux que l'histoire de l'art moderne a transformés en figures légendaires.

Matta se livre à un prosélytisme actif. En 1941, il fait partie du voyage qui conduit Kurt Seligmann et Robert Motherwell au Mexique. Les dessins réalisés par ce dernier pendant ce périple sont l'écho direct des œuvres de Matta. Ils montrent des formes aléatoires, prises dans un réseau de lignes « non-euclidiennes » : clones des Grands Transparents. Motherwell évoque cette équipée mexicaine : « J'étais aussi proche de Matta que l'on pouvait l'être. C'est un don juan intellectuel qui séduit et puis continue son chemin [20]. » Au printemps 1943, sous l'influence des peintures transparentes de Matta, Arshile Gorky réalise ses premiers dessins biomorphiques au crayon. Meyer Schapiro précise la relation qui existe alors entre les deux peintres : « La façon qu'il adopta de voir la toile comme un lieu d'excitation prodigieux, d'énergie concentrée, où des rouges brillants et des jaunes s'opposent à des gris froids, cette vision d'un nouveau futurisme organique, et de forces mécaniques, vient de Matta [21]. »

Il devient même difficile aux artistes américains d'échapper à l'attraction d'un surréalisme devenu omniprésent. En mars 1942, la Pierre Matisse Gallery rassemble les « artistes en exil » dans une exposition où figurent majoritairement les surréalistes (Matta, Tanguy, Ernst, Breton, Seligmann). Elle est suivie par une présentation d'œuvres de Matta. André Masson expose à la Curt Valentine Gallery, où il montre les œuvres peintes depuis son arrivée aux États-Unis, pendant que la Marian Willard Gallery présente ses dessins réalisés de 1938 à 1942. La Valentine Gallery expose ensuite des peintures de Max Ernst. La livraison d'avril de *View* sert de catalogue à l'exposition, Breton y publie un texte traduit en langue anglaise. Le numéro suivant est consacré à Tanguy : James Johnson Sweeney, directeur du Solomon R. Guggenheim, et John Goodwin, le fils de l'architecte du Museum of Modern Art, commentent ses œuvres aux côtés de Breton et Péret. Pour sa nouvelle galerie, Art of this Century, dont la moitié des espaces sont consacrés au surréalisme, Peggy Guggenheim sollicite Breton, qui rédige *Genesis and Perspective of Surrealism*, résumé des thèses de l'histoire du mouvement. Comme nous l'avons mentionné plus haut, en juin 1942, paraît le premier numéro de *VVV* incluant les « Prolégomènes à un troisième manifeste du surréalisme ou non ». L'année suivante est tout aussi riche en manifestations publiques du surréalisme : Masson expose à la Buchholz Gallery, Julien Levy montre Max Ernst et Matta, Pierre Matisse accueille Calder et Tanguy.

Peu après « First Papers... », Matta ambitionne de créer à New York une véritable greffe américaine du surréalisme. Pendant quelques mois, dans son atelier de la 9e rue, il rassemble de jeunes peintres, avec lesquels il rejoue les réunions organisées autrefois à Paris par Breton, dans son « atelier » de la rue Fontaine. Robert Motherwell y conduit Jackson Pollock, qui participe au jeu des cadavres exquis, baptisé « Male and Female » outre-Atlantique.

En effet, l'activisme du surréalisme new-yorkais est concomitant de l'apparition de sujets mythologiques dans les œuvres des artistes américains. L'année de « First Papers... », Gottlieb peint *Œdipus* et *Minotaure*, Rothko *Sacrifice of Iphigenia, Antigone, Œdipus*, et Pollock *The Moon-Woman* [La Femme-Lune]. À propos de son *Omen of the Eagle* [Présage de l'aigle], peint cette même année 1942, Mark Rothko précise l'originalité de son approche de la mythologie. « Le sujet provient ici de l'Agamemnon de la trilogie d'Eschyle. Le tableau n'a rien à faire avec l'anecdote, mais plutôt avec l'Esprit du mythe, qui est atemporel et universel. Il implique un panthéisme pour lequel l'homme, l'oiseau, la bête et l'arbre – le connu comme l'inconnu – fusionnent dans un même sentiment tragique [22]. » Manifestement, dans leurs relations aux mythes, les artistes américains se montrent davantage attachés à l'esprit qu'à la lettre. Lorsqu'un critique du *New York Times* (Edwin Alden Jewell) leur demande de rendre compte de leur iconographie singulière, Rothko et Gottlieb, assistés de Barnett Newman, rédigent un communiqué commun : « Si nos titres rappellent les mythes bien connus de l'Antiquité, c'est parce que ceux-ci sont des symboles éternels. [...] Ils sont les symboles universels des désirs et des craintes de l'homme primitif, et s'ils changent dans le détail, leur essence ne varie jamais [23]. »

[20] Robert Motherwell, *Conversation avec M. Sawin*, novembre 1987, *ibid.* p. 186.
[21] Meyer Schapiro, « Gorky. The Creative Influence », *ARTnews*, New York, n° 56, septembre 1957, p. 29.
[22] Mark Rothko, cité par D. Ashton, *About Rothko, op cit.*, p. 45.
[23] M. Rothko, allocution radiophonique, 13 octobre 1943, cité par Robert Motherwell, « Artistes parisiens en exil. New York 1939-1945 », dans cat. exposition *Paris-New York*, Paris, Éd. du Centre Pompidou, 1977, p. 113.

DISSIDENCES Or cette insistance à revendiquer une conception ouverte, universelle du mythe, participe d'un parti pris d'affirmation de formes et de valeurs distinctes de celles « importées » par le surréalisme. « Il n'est pas suffisant d'illustrer les rêves [24] », déclarent Gottlieb et Rothko. Cette lecture de la mythologie répond à un clivage culturel plus profond.

Dès 1939, les écrits de Carl Gustav Jung sont traduits en anglais [25], ses livres circulent dans les ateliers de Greenwich Village [26]. Jung étant sensible à la dimension universelle et atemporelle de la production mythologique, Károly Kerényi explicite ainsi l'approche jungienne du mythe : « Il ne s'agit jamais (ou du moins

[24] M. Rothko et A. Gottlieb [1943], cités par D. Ashton, *About Rothko, op. cit.*, p. 81.
[25] Les premières traductions des écrits de Carl Gustav Jung ont été assurées par Jolande Jacobi. Voir M. Sawin, *Surrealism in Exile, op. cit.*, p. 150.
[26] « Jung était un nom familier des ateliers de la partie basse de la ville », note M. Sawin, *ibid*, p. 150.

très rarement) de mythes constitués, mais plutôt d'éléments de mythes que l'on peut désigner, eu égard à leur caractère typique, par les noms de "thèmes" [*Motive*], "images primordiales" [*Urbilder*], "types" [*Typen*] et "archétypes" [*Archetypen*][27]. » « La mythologie est le mouvement de cette matière : quelque chose de ferme et de mobile en même temps, de matériel bien que non statique, sujet à transformations[28]. » Comme pour illustrer la conception jungienne d'une mythologie en permanente genèse, les peintres new-yorkais s'attachent à la représentation d'un monde des origines. Mark Rothko peint *Primeval Landscape* [Paysage primitif, 1944] et *Birth of Cephalopods* [Naissance des céphalopodes, 1944-1945], Barnett Newman, *The Beginning* [Le Commencement, 1946], *Genetic Moment* (1947), Arshile Gorky, *The Beginning* (1947), Adolph Gottlieb, *Plutomania* (1951). En 1939 également, Jackson Pollock engage un traitement avec un psychanalyste jungien (Joseph Henderson), qui pratique une cure basée sur l'étude et les commentaires produits à partir des dessins automatiques de ses patients.

Si choisir Jung contre Freud permet d'échapper à l'influence du surréalisme, d'autres solutions de « différenciation » s'offrent néanmoins aux artistes américains. Le retour à des sources autochtones répond à ce programme « d'américanisation ». Jackson Pollock « indianise » certaines formes puisées dans la tradition européenne. Dans *Guardian of the Secret*, peint en 1942, il transpose des symboles de l'ésotérisme alchimique dans une scène chamanique[29]. *The She-Wolf* (1943), *The Moon-Woman Cuts the Circle* [La Femme-lune rompt le cercle, v. 1943] puisent, elles aussi, dans le répertoire de la culture indienne, à laquelle Pollock prête « l'universalité fondamentale de tout art véritable[30] ». Par son vocabulaire, idéogrammatique et abstrait, par ses formes qui renvoient aux « archétypes » de la mythologie universelle, l'art des Indiens apparaît à Newman[31], Gottlieb et Pollock comme l'alternative à une mythologie surréaliste qu'ils jugent étroitement figurative et européanocentriste.

Parallèlement à ces manifestations d'indépendance, Clement Greenberg, le critique de la revue *The Nation*, engage en 1944 un travail de sape théorique visant à minorer l'importance de l'art surréaliste. Un premier article le rapproche du préraphaélisme, au nom d'un rejet commun de la société industrielle. Un autre le suspecte de vouloir restaurer l'académisme. Sa charge se précise, une semaine plus tard, dans un nouvel article où il n'hésite pas à écrire que les « paysages volcaniques de Max Ernst ressemblent à des cartes postales de très bonne facture », que le surréalisme, en dehors de la tradition picturale moderne, « trouve refuge dans l'arsenal des anciennes techniques de la peinture à l'huile[32] ». La publication, en 1945, de la traduction anglaise du *Surréalisme et la Peinture* de Breton donne lieu à une nouvelle attaque de la part du critique américain. Dans son livre, Breton salue Gorky (seul artiste américain considéré par l'ouvrage) comme étant, « de tous les artistes surréalistes, le seul qui garde un contact avec la nature, en se plaçant pour peindre devant elle » ; il voit se développer dans la peinture de Gorky « le jeu illimité des analogies[33] ». Cette annexion d'un artiste américain par le surréalisme semble si insupportable à Greenberg qu'il riposte aussitôt en écrivant que « Gorky a finalement choisi la voie de la facilité, corrompu par l'exemple des biens surréalistes d'importation[34]. » Il aurait été plus juste de parler d'import-export.

Transplantés en Amérique, les mythes surréalistes se dépouillent de leurs hardes gréco-romaines et de leurs significations freudiennes. Ils cèdent au vertige panthéiste, à la ductilité, au foisonnement sémantique de la mythologie jungienne. Robert Motherwell souligne ainsi cette évolution : « L'insistance de Jung à mettre en relation les valeurs conscientes avec les matériaux de l'inconscient fut une de ces modifications imperceptibles que connut le surréalisme en atteignant le Nouveau Monde. [...] Breton lui-même ne fut pas insensible à ces nouvelles tendances[35]. » Dans ses peintures inspirées des paysages américains (*Paysage iroquois*, 1942), qui concilient automatisme et genèse mythologique, André Masson est le premier à témoigner de cette inflexion. « Une naissance ! Tel doit être l'aspect d'une œuvre d'art – ainsi doit se manifester le premier commandement d'une esthétique de la création[36]. » À son tour, André Breton révèle dans *Arcane 17*, écrit en Gaspésie en 1944, combien il n'est pas « insensible » au panthéisme inspiré de la nature américaine. Son livre est émaillé d'images qui disent la plasticité des formes et du sens : « la chair est soleil », « l'esprit est source ». La figure centrale en est la fée Mélusine. À la fois femme et serpent, fée et sirène, elle incarne la puissance, le génie des métamorphoses.

Flagrant délit, que Breton rédige en 1949, est encore marqué par la mythologie « jungienne », inspirée à son auteur par le spectacle de la nature américaine : « Faut-il admettre que les poètes puisent sans le savoir dans un fonds commun à tous les hommes, singulier marécage plein de vie où fermentent et se recomposent sans fin les produits des cosmogonies anciennes, sans que les progrès de la science y apportent de changements appréciables ? [...] Il nous faut remonter dans le temps aussi loin que possible pour nous faire une idée des

[27] Carl Gustav Jung, « Contribution à l'archétype de l'enfant », dans Carl Gustav Jung et Charles Kerényi, *Introduction à l'essence de la mythologie*, Paris, Payot & Rivages, 1993, p. 107.
[28] Charles Kerényi, « De l'origine et du fondement de la mythologie », *ibid.*, p. 13.
[29] Voir Kurt Seligmann, « Magic Circles », article à propos de Cornelius Agripa, concernant le rapprochement entre le tableau et l'article de Seligmann, cf. Ellen G. Landau, *Jackson Pollock*, New York, Abrams, 1989, p. 131.
[30] J. Pollock, « Entretien », *Arts and Architecture*, New York, février 1944, repris dans *Art en théorie 1990*, une anthologie par Harrison Charles et Paul Wood, Paris, Hazan, 1997, p. 621.
[31] Barnett Newman, qui organise en 1944, à la Wakefield Gallery une exposition consacrée à l'art précolombien, puis, deux ans plus tard, à la Betty Parsons Gallery, une autre, qui présente cette fois l'art des Indiens de la côte Nord-Ouest des États-Unis. Dans le catalogue de la première exposition, il écrit : « Qu'y a-t-il dans cette sculpture qui la rend si proche de nos préoccupations actuelles ? Nous avons compris que ces sculptures s'intéressaient aux questions fondamentales relatives à la vie, pas à celles fugitives de cette vie frivole qui nous entoure. [...] Là se trouvent vraiment l'expression, les questions de notre temps. » B. Newman, « Escultura precolombina en piedra », *La Revista belga*, août 1944, cité dans B. Newman, *Selected Writings and Interviews*, Berkeley-Los Angeles, University of California Press, 1990, p. 64-65.
[32] Clement Greenberg [*The Nation*, nº 159, 19 août 1944, p. 220], cité dans M. Sawin, *Surrealism in Exile*, *op. cit.*, p. 353.
[33] A. Breton, *Le Surréalisme et la Peinture*, *op. cit.*, p. 200.
[34] Cl. Greenberg [*The Nation*, nº 160, 24 mars 1945], cité dans M. Sawin, *Surrealism in Exile*, *op. cit.*, p. 368.
[35] R. Motherwell, « Artistes parisiens en exil... », art. cité, p. 111.
[36] André Masson, « À propos de 22 dessins sur le thème du désir », dans Françoise Will-Levaillant, *André Masson. Le rebelle du surréalisme*, Paris, Hermann, 1976, p. 26.

imprégnations que le subconscient humain a subies, et parvenir aux plus déterminantes d'entres elles. Dans cette région vierge de l'esprit, qui déborde de tous côtés la région où l'homme a réussi à planter ses poteaux indicateurs, continuent à rôder les animaux et les monstres [37]. »

[37] A. Breton, *Flagrant délit* [1949], dans *Œuvres complètes*, t. III, *op. cit.*, p. 826-827.

BACK IN FRANCE Reprenant contact avec sa terre natale, le surréalisme entend manifester sa vitalité par une nouvelle exposition. Intitulée « Le surréalisme en 1947 » et organisée à la galerie Maeght, cette manifestation rend compte de l'orientation mythologique prise pendant la guerre. La salle principale comporte douze « autels », consacrés à « un être, une catégorie d'êtres ou un objet susceptible d'être doué de vie mythique ». Ces « êtres » sont le « Tigre mondain » (sorti d'un texte de Ferry), la « Chevelure de Falmer » (des *Chants de Maldoror*), l'« Héloderme suspect » (une catégorie de lézard vue par Max Ernst à Sedona), « Jeanne Sabrenas » (la Dragonne d'Alfred Jarry), « Léonie Aubois d'Ashby » (de *Dévotion* d'Arthur Rimbaud), l'« Oiseau secrétaire » de Max Ernst, le « Condylure » (ou « taupe étoilée des vieux auteurs »), le « Soigneur de gravité » de Marcel Duchamp (un échappé du *Grand Verre*), le « Loup-table » de Victor Brauner, Raymond Roussel (l'auteur lui-même), les « Grands Transparents » (de vieilles connaissances, cette fois matérialisées sous forme de sculptures par Jacques Hérold), la « Fenêtre de *Parva sed apta* » (extraite de *Peter Ibbetson* de George Du Maurier). Manifestement, les mythes que propose l'exposition sont plus près de Jarry et de Roussel que de Cagliostro, assez loin de la superstition, du charlatanisme de l'obscurantisme dont on fera procès à André Breton et, plus généralement, au surréalisme d'après guerre. Dans le choix des figures, ce projet mythologique se révèle plus nettement esthétique que sociologique et religieux. Il fait de l'artiste, du peintre ou du poète le créateur des valeurs collectives.

L'exposition de 1947 fait en outre une place à certains artistes américains côtoyés pendant l'exil new-yorkais – Baziotes, Gottlieb, Motherwell, Bearden, Holty, Browne – ; Harold Rosenberg rédige un texte pour le catalogue. Certaines peintures présentées dans l'exposition, celles de Riopelle par exemple, montrent l'intérêt du surréalisme pour une forme d'abstraction informelle. Seule l'adhésion du surréalisme à une conception ouverte du mythe, née des forces conjuguées des métamorphoses et de l'automatisme, lui permet d'intégrer de telles œuvres, proches en leurs principes de l'expressionnisme abstrait, qui, après guerre, triomphe outre-Atlantique. Lorsque Paul-Emile Borduas, le peintre canadien, adepte d'une abstraction lyrique, se réclame du surréalisme dans son manifeste du *Refus global* (1948), Breton lui délivre son onction : « On sait que le surréalisme est parti du recours systématique à l'inconscient ; dans la phase dite raisonneuse de son activité, il s'est employé à faire bénéficier la conscience des résultats de son exploration, c'est-à-dire qu'avec ce qu'il ramenait des profondeurs de l'inconscient il a entrepris d'étendre les limites du conscient. Je pense que c'est là l'amorce d'une démarche dialectique qui doit surmonter leur contradiction. Or ce troisième terme ne peut être que la reconnaissance du précepte qui régit aussi bien la philosophie alchimique que la vieille sagesse chinoise, à savoir que le tout est de passer de l'action consciente à l'action inconsciente. Seule l'action inconsciente est naturelle ; seule elle est capable d'accomplir des opérations physiques et chimiques qui ne peuvent se traduire en terme de raison. Les anciens Chinois se résumaient en ces simples mots : "Suivez la nature" [38]. »

Durant les années cinquante, cette esthétique, « chinoise » pour ne pas être jungienne, permettra à Breton de définir l'œuvre abstraite et lyrique de Jean Degottex : « Sans l'avoir voulu, cet art renoue avec la plus haute leçon de la peinture extrême-orientale, celle des œuvres zen [...] l'art de Degottex retrouve à la fois de ce que les Chinois appelaient le *ch'i jun* (expression de l'âme intime du peintre que révèle en premier lieu son coup de pinceau) et la *shêng-toung* (mouvement de la vie, animation) [39]. » Breton aurait fait un assez bon exégète des peintures contemporaines de Pollock, de Kline ou de Guston.

Il n'est pas étonnant qu'un Charles Étienne, promoteur inconditionnel de l'art abstrait, rattache les pratiques relevant d'une « abstraction lyrique » (celles de Degottex, Duvillier, Paalen, Hantaï) au surréalisme. Dans la revue *Combat*, où s'officialise ce ralliement, Breton n'y voit que justice, écrivant en exergue au texte d'Étienne : « Il était temps [...] qu'on nous rendît le fil du labyrinthe [40]. »

[38] Id., « Où en est le surréalisme », allocution donnée à Radio Canada, 13 janvier 1953, dans *Œuvres complètes*, t. III, *op. cit.*, p. 1095. Notons la troublante parenté de cette déclaration avec celle de Pollock : « Je suis la nature. »

[39] Id., « L'épée dans les nuages, Degottex » [1955], dans *Le Surréalisme et la Peinture*, *op. cit.*, p. 343.

[40] Id., « Leçon d'Octobre » [1954], dans *Le Surréalisme et la Peinture*, *op. cit.*, p. 337.

L'art est un grand producteur, mais aussi un grand consommateur de mythes. Le mythe d'un art moderne, dont le sens se confond avec la conquête de sa « vérité », de sa « pureté » ne fut pas des moins puissants. Au temps de la splendeur du formalisme (en sommes-nous vraiment sortis ?), la question des relations du surréalisme avec l'art américain se posait en termes d'antériorité, de surenchères formelles. Les gouttes du premier *dripping* étaient-elles tombées d'un pot percé de rillettes du Mans, ou d'une boîte de Corned Beef ? En réalité, les artistes, les critiques et historiens américains ont eu légitimement à cœur de prendre leurs distances avec un surréalisme d'autant plus menaçant qu'il répondait à nombre de leurs questions. Rien ne résume aussi bien cette relation complexe que l'évolution du jugement de Barnett Newman à son propos. En 1945, il critique ce mouvement dangereusement attractif, auquel il fait grief de son usage « démodé de la perspective, de son réalisme, de son obsession du rêve », il annonce que « les nouveaux peintres américains ont renié son influence pour suivre de nouvelles pistes »[41]. Deux décennies plus tard, en 1966, hostile à un formalisme qui réduit ses œuvres à des « champs de couleurs », il restitue au surréalisme l'apport qui fut le sien dans l'histoire de l'art moderne américain : « La contribution du surréalisme – je parle pour moi – est qu'il a remis le problème du sujet au centre de la question artistique[42]. »

[41] B. Newman, « Surrealism and the War » [1945], dans Id., *Selected Writings, op. cit.*, p. 94.
[42] Id., « A conversation : Barnett Newman and Thomas Hess » [1966], *ibid.*, p. 275.

La question du mythe se trouvait au cœur de ce « sujet » apporté en Amérique par le surréalisme. Ce « sujet » est celui qu'a traqué pendant des années un surréalisme soucieux de concilier l'appel de Rimbaud à « changer la vie », et celui de Marx à « changer le monde ». Ce « sujet », ce trait d'union, était la réponse attendue par des artistes américains qui cherchaient à donner une résonance sociale à leurs œuvres. Adapté à la culture, au souci d'indépendance des peintres de New York, le mythe moderne a retrouvé les vertus originelles de l'automatisme. De retour en Europe, Breton gardera le souvenir de ce retour aux sources du surréalisme.

Bibliographie

I. Histoire du mouvement, textes théoriques et correspondances

A. Ouvrages généraux

Alexandrian, Sarane, *Le Surréalisme et le Rêve*, Paris, Gallimard, coll. « Connaissance de l'Inconscient », 1974.

Alquié, Ferdinand, *Philosophie du surréalisme*, Paris, Flammarion, 1955.

— *Écrits sur le surréalisme*, Paris, Gallimard, 1957.

— *Entretiens sur le surréalisme*, Colloque de Cerisy-la-Salle (1966), Paris/La Haye, Mouton, 1968.

Audoin, Philippe, *Les Surréalistes*, Paris, Le Seuil, 1973.

Baron, Jacques, *L'An I du surréalisme* suivi de *L'An dernier*, Paris, Denoël, 1969.

Bédouin, Jean-Louis, *Vingt ans de surréalisme, 1939-1959*, Paris, Denoël, 1961.

— *La Poésie surréaliste*, Paris, Seghers, 1964 ; rééd., 1970.

Benayoun, Robert, *Érotique du surréalisme*, Paris, Pauvert, 1965 ; nouvelle édition, 1978.

Biro, Adam et Passeron, René, *Dictionnaire général du surréalisme et de ses environs*, Paris, P.U.F., 1982.

Bonnet, Marguerite (présenté et annoté par), *Vers l'action politique, juillet 1925-avril 1926*, Paris, Gallimard, 1988.

— et Chénieux-Gendron, Jacqueline, *Revues surréalistes françaises autour d'André Breton, 1948-1972*, New York/Londres/Nendeln, Kraus International Publications, 1982.

Breton, André, *Manifeste du surréalisme. Poisson soluble*, Paris, Le Sagittaire, 1924.

— *Second manifeste du surréalisme*, Paris, Kra, 1930.

— *Position politique du surréalisme*, Paris, Le Sagittaire, 1935.

— *Entretiens avec André Parinaud*, Paris, Gallimard, 1952.

— *Les Manifestes du surréalisme* suivis de *Prolégomènes à un troisième Manifeste du surréalisme ou non*, du *Surréalisme en ses œuvres vives* et d'*Éphémérides surréalistes*, Paris, Le Sagittaire, 1955.

— *Œuvres complètes*, Paris, Gallimard, coll. « Bibl. de la Pléiade », t. I, 1988 ; t. II, 1992 ; t. III, 1999. Édition établie par Marguerite Bonnet, avec la collaboration de Philippe Bernier, Étienne-Alain Hubert et José Pierre.

— et Eluard, Paul, *L'Immaculée Conception*, Paris, Éditions Surréalistes, 1930.

— *Dictionnaire abrégé du surréalisme*, Paris, Galerie des beaux-arts, 1938 ; rééd., Paris, José Corti, 1971.

— et Péret, Benjamin, *Almanach surréaliste du demi-siècle*, Paris, Le Sagittaire, 1950.

— et Soupault, Philippe, *Les Champs magnétiques*, Paris, Au Sans Pareil, 1921.

Carrouges, Michel, *André Breton et les données fondamentales du surréalisme*, 6e éd., Paris, Gallimard, 1950.

— *Les Machines célibataires*, Paris, Arcanes, 1954.

Chénieux-Gendron, Jacqueline, *Le Surréalisme et le Roman, 1922-1950*, Lausanne, L'Âge d'Homme, 1983.

— *Le Surréalisme*, Paris, P.U.F., 1984.

— *Du surréalisme et du plaisir*, Paris, Librairie José Corti, 1987. Textes réunis par Jacqueline Chénieux-Gendron.

— *L'Objet au défi*, Paris, P.U.F., 1987.

— et Dumas, Marie-Claire (dir.), *Jeu surréaliste et humour noir*, Actes du colloque organisé à Cerisy-la-Salle, Champs des activités surréalistes, UPR. 323 du CNRS, Paris, Lachenal et Ritter, 1993.

Chénieux-Gendron, Jacqueline, Le Roux, Françoise et Vienne, Maïté, *Inventaire analytique de revues surréalistes ou apparentées. Le surréalisme autour du monde, 1929-1947*, avec la collaboration de John Baker, Pierre Gille, Emmanuel Guignon, Timothy Mathews, José Pierre, Michel Remy et José Vovelle, Paris, CNRS, 1994.

Durozoi, Gérard, *Histoire du mouvement surréaliste*, Paris, Hazan, 1997.

— et Lecherbonnier, Bernard, *Le Surréalisme, théories, thèmes, techniques*, Paris, Larousse, 1972.

Eluard, Paul, *Lettres à Gala (1924-1948)*, Paris, Gallimard, 1984. Édition établie et annotée par Pierre Dreyfus, préface de Jean-Claude Carrière.

— *Œuvres complètes*, Paris, Gallimard, coll. « Bibl. de La Pléiade », 1979. Édition établie par Marcelle Dumas et Lucien Scheler.

Fauchereau, Serge, *Expressionnisme, Dada, Surréalisme et autres ismes*, Paris, Denoël/Les Lettres Nouvelles, 1976.

Fauré, Michel, *Histoire du surréalisme sous l'Occupation*, Paris, La Table Ronde, 1982.

Fry, Varian, *Mission américaine de sauvetage des intellectuels anti-nazis (Marseille 1940-1942)*, Paris, Actes Sud, 1999.

Gascoyne, David, *A Short Survey of Surrealism*, Londres, Cobden-Sanderson, 1935.

Jaguer, Édouard, *Le Surréalisme face à la littérature*, Paris, Actual/Le Temps qu'il fait, 1989.

Janover, Louis, *Surréalisme, art et politique*, Paris, Galilée, coll. « Débats », 1980.

— *Le Rêve et le Plomb. Le surréalisme de l'utopie à l'avant-garde*, Paris, Jean-Michel Place, 1986.

— *La Révolution surréaliste*, Paris, Plon, 1989.

Jouffroy, Alain, *La Fin des alternances*, Paris, Gallimard, 1970.

Kral, Petr, *Le Surréalisme en Tchécoslovaquie. Choix de textes, 1934-1968*, Paris, Gallimard, 1983.

Levy, Julien, *Surrealism*, New York, The Black Sun Press, 1936.

Matthews, J. H., *Surrealist poetry in France*, Syracuse (N. Y.), Syracuse University Press, 1969.

— *Surrealism and Film*, Ann Arbor, University of Michigan Press, 1971.

— *Theatre in Dada and Surrealism*, Syracuse (N. Y.), Syracuse University Press, 1974.

— *The Imagery of Surrealism*, Syracuse (N. Y.), Syracuse University Press, 1977.

— *Languages of Surrealism*, Columbia, University of Missouri Press, 1986.

Metken, Günter, *Als die Surrealisten noch recht hatten. Texte und Dokumente*, Stuttgart, P. Reclam, 1976.

Monnerot, Jules, *La Poésie moderne et le Sacré*, Paris, Gallimard, coll. « Les essais », 1945.

Nadeau, Maurice, *Histoire du surréalisme*, Paris, Le Seuil, 1945.

— *Histoire du surréalisme*, suivie de *Documents surréalistes*, Paris, Le Seuil, 1948. Édition définitive, Paris, Le Seuil, 1964.

Naville, Pierre, *Le Temps du surréel*, vol. I, *L'Espérance mathématique*, Paris, Galilée, 1977.

Penrose, Roland, *Quatre-vingt ans de surréalisme, 1900-1981*, Paris, Cercle d'art, 1983.

Picon, Gaëtan, *Journal du surréalisme*, Genève, Skira, 1976 ; rééd., *Le Surréalisme*, Paris, Skira/Flammarion, 1988.

Pierre, José, *Dictionnaire de poche du surréalisme*, Paris, Hazan, 1973.

— *Le Surréalisme*, Paris, Hazan, coll. « Maîtres de l'art », 1978.

— *Tracts surréalistes et déclarations collectives, 1922-1969*, Paris, Losfeld, t. I, *1922-1939* (1980) ; t. II, *1940-1969* (1982).

— *L'Univers surréaliste*, Paris, Somogy, 1983.

— (présenté et annoté par), *Recherches sur la sexualité, janvier 1928-août 1932*, Paris, Gallimard, coll. « Archives du surréalisme », 1990.

Sebbag, Georges, *Les Éditions surréalistes, 1926-1968*, Paris, Imec, coll. « L'Édition contemporaine », 1993.

Soupault, Philippe, *Vingt mille et un jours. Entretiens avec Serge Fauchereau*, Paris, Belfond, 1980.

— *Écrits de cinéma 1918-1931*, Paris, Plon, 1979.

— *Mémoires de l'oubli*, Paris, Lachenal et Ritter, t. I, *1924-1923* (1981) ; t. II, *1923-1926* (1986) ; t. III, *1927-1933* (1997).

Thévenin, Paule (présenté et annoté par), *Archives du surréalisme. Bureau de recherches surréalistes. Cahier de la permanence, octobre 1924-avril 1925*, Paris, Gallimard, 1988.

Tzara, Tristan, *Le Surréalisme et l'Après-guerre*, Paris, Nagel, 1948 ; rééd., 1966.

Vovelle, José, *Le Surréalisme en Belgique*, Bruxelles, De Rache, 1972.

Waldberg, Patrick, *Les Chemins du surréalisme*, Bruxelles, La Connaissance, 1965.

B. Revues surréalistes, France (1919-1939)

Littérature (Paris), Louis Aragon, André Breton, Philippe Soupault (dir.), 1919-1924, 1re série : nos 1-20, mars 1919-août 1921 ; 2e série : nos 1-13, mars 1922-juin 1924.

La Révolution surréaliste (Paris), Pierre Naville, Benjamin Péret, André Breton (dir.), nos 1-12, déc. 1924-déc. 1929.

Le Surréalisme au service de la révolution (Paris), André Breton (dir.), Paul Eluard (gérant), nos 1-6, juil. 1930-mai 1933.

Minotaure, revue artistique et littéraire (Paris), Albert Skira, E. Tériade (dir.), Albert Skira (éditeur), nos 1-13, juin 1933-mai 1939, couvertures originales par Picasso (no 1), Roux (no 2), Derain (no 3, 4), Borès (no 5), Duchamp (no 6), Miró (no 7), Dalí (no 8), Matisse (no 9), Magritte (no 10), Ernst (no 11), Masson (no 12, 13).

Tropiques, revue culturelle (Fort-de-France), Aimé Césaire (créateur), René Ménil (dir.), nos 1-13/14, avr. 1941-sept. 1945, langue : français ; rééd., 2 vol., Paris, Jean-Michel Place, 1978 (éd. enrichie d'une interview d'Aimé Césaire par J. Leiner et de « Pour une lecture critique de *Tropiques* » par René Ménil).

C. Revues étrangères (1924-1944)

Correspondance (Bruxelles), Camille Goemans, Marcel Lecomte, Paul Nougé (dir.), nos 1-22, 1924-1925, langue : français ; rééd. avec une préface de Paul Aron, Bruxelles, Didier Devillez, collection « Fac-similé », 1993.

Marie, journal bimensuel pour la belle jeunesse (Bruxelles), E.-L.-T. Mesens (dir), nos 1-4, juin 1926-1927, langues : français, néerlandais.

L'Amic de les arts (Sitges), Josep Carbonell (dir.), nos 1-31, 1926-mars 1929 ; rééd. du no 31, 1929, Barcelone, Leteradura, 1977, langue : catalan.

Distances (Paris), Camille Goemans (gérant), nos 1-3, fév. 1928-avr. 1928, langue : français.

Unu, aavantgarda literara (Bucarest), Sacha Pana (dir.), Victor Brauner, Stephane Roll, Ilarie Voronca, Filip Corsa, George Bogza (collaborateurs), nos 1-51, 1928-sept. 1935, langue : roumain.

Nadrealizam danas i ovde [Le Surréalisme aujourd'hui et ici] (Belgrade), Dorde Jovanovic (dir.), nos 1-3, juin 1931-juin 1932, langue : serbo-croate.

Gaceta de arte, revista internacional de cultura (Tenerife), Eduardo Westerdahl (dir.), Domingo Pérez Minik, Francisco Aguilar, Domingo López Torres (rédacteurs), 1932-1936, langue : espagnol.

Bulletin international du surréalisme (Bruxelles, Paris, Prague, Tenerife), Groupe surréaliste de Prague (no 1), Groupe surréaliste de Paris/Gaceta de Arte Tenerife (no 2), Groupe surréaliste de Bruxelles (no 3), Groupe surréaliste d'Angleterre (no 4), nos 1-4, 1935-1936, langues : français, anglais, espagnol, slovaque.

Surrealismus (Prague), Vítezslav Nezval, Josef Janda (dir.), no 1, fév. 1936, langue : tchèque.

Mandragora, poesia, filosofia, pintura, ciencia, documentos (Santiago), B. Arenas, T. Cid, E. Gómez (dir.), 1938-?, langue : espagnol.

London bulletin (Londres), E.L.T. Mesens (éd.), The London Gallery (éditeur), nos 1-18/20, avr. 1938-juin 1940, langue : anglais.

L'Invention collective (Bruxelles), Raoul Ubac (dir.), nos 1-2, fév.-avr. 1940.

Dyn (Mexico), Wolfgang Paalen (dir.), nos 1-6, avr.-mai 1942-nov. 1944, langues : français, anglais.

VVV, poetry, plastic arts, anthropology, sociology, psychology (New York), David Hare (éd.), nos 1-4, juin 1942-fév. 1944, langue : anglais.

D. Revues ayant consacré des numéros spéciaux au surréalisme (1920-1945)

This Quarter (Paris, Monte-Carlo, Milan) [nos 1-2, 1925-1932] vol. V, n° 1, 1932, langue : anglais ; rééd., New York, Arno Press. (La rédaction de ce numéro spécial a été confiée à André Breton.)

Variétés, revue mensuelle illustrée de l'esprit contemporain (Bruxelles), P.-G. Van Hecke (dir.) [1re série : nos 1-12, mai 1928-avr. 1929 ; 2e série : nos 1-12, mai 1929-avr. 1930], hors-série, « Le surréalisme en 1929 », juin 1929. (Ce hors-série inclut une pièce d'Aragon et de Breton, *Le Trésor des Jésuites*.)

Butlleti de l'agrupament escolar (Barcelone), Joaquim Nubiola (dir.) [nos 1-? 1929-1930], no 7/9, juil.-sept. 1930, langue : catalan ; rééd., Barcelone, Leteradura, coll. « Ready Mades », 1977.

Documents (Bruxelles), Jean Cordier, puis Jean Stéphane (dir.) [1re série, 1933-1934 ; 2e série, juin 1934-1936], « Intervention surréaliste », no 1, juin 1934, langue : français.

Cahiers d'Art (Paris), Christian Zervos (dir.) [Vol. I-XXXIII / XXXV, janv. 1926-1960], « L'Objet surréaliste », nos 1-2, 1936.

Konkretion, interskandinavisk tidsskrift for kunsten af i dag (Copenhague), Bjerke-Petersen (dir.) [nos 1-5/6, sept. 1935-mars 1936], no 5/6, mars 1936, langue : danois (numéro consacré au surréalisme à Paris).

Cahiers G. L. M. (Paris), Guy Lévis-Mano (dir.) [1re série : nos 1-9, mai 1936-mars 1939 ; 2e série : nos 1-4, été 1954-automne 1956], no 7, 1938 (numéro consacré au rêve, sous la direction d'André Breton).

Clé, bulletin mensuel de la F.I.A.R.I. [Fédération internationale de l'art révolutionnaire indépendant] (Paris), Maurice Nadeau (rédacteur), Yves Allégret, André Breton, Michel Collinet, Jean Giono, Maurice Heine, Pierre Mabille, Marcel Martinet, André Masson, Henry Poulaille, Gérard Rosenthal, Maurice Wullens (comité national) [nos 1-2, janv. 1939-fév. 1939], no 1, janv. 1939, « Et vous » d'A. Breton : réponses au manifeste « Pour un art révolutionnaire indépendant ».

Cahiers de poésie (Paris), René Debresse (éd.), no 4/5, août 1943, « Le surréalisme encore et toujours ».

View, through the eyes of poets (New York), Charles Henri Ford (éd.) [1940-1947], langue : anglais. Le no 1 de mars 1945, série 5, est consacré à Marcel Duchamp.

II. L'art surréaliste

A. Études générales

ALEXANDRIAN, Sarane, *L'Art surréaliste*, Paris, Hazan, 1969.

ARAGON, Louis, *La Peinture au défi*, Paris, José Corti, 1930 ; rééd. dans *Les Collages*, Paris, Hermann, 1965.

— *Entretiens avec Francis Crémieux*, Paris, Gallimard, 1964.

BARON, Jacques, *Anthologie plastique du surréalisme*, préface de Timothy Baum, Paris, Filipacchi, 1980.

BRETON, André, *Le Surréalisme et la Peinture*, Paris, N.R.F., 1928.

— *Le Surréalisme et la Peinture*, suivi de *Genèse et perspectives artistiques du surréalisme* et de *Fragments inédits*, New York, Brentano's, 1945.

— *Le Surréalisme et la Peinture*, comprenant *Le Surréalisme et la Peinture* (1928), *Genèse et perspectives artistiques du surréalisme* (1941) et divers articles regroupés en *Fragments* (1933-1961), *Environs* et *Autres afflux et approches* (1963-1965), Paris, Gallimard, 1965.

DESNOS, Robert, *Écrits sur les peintres*, Paris, Flammarion, 1984.

ELUARD, Paul, *Anthologie des écrits sur l'art*, Paris, Cercle d'Art, 1987.

ESTIENNE, Charles, *Le Surréalisme*, Paris, Somogy, coll. « Tendances de la peinture moderne », 1956.

GARRIGUES, Emmanuel (présenté et annoté par), *Les Jeux surréalistes, mars 1921-septembre 1962*, Paris, Gallimard, 1995.

GUGGENHEIM, Peggy (dir.), *Art of this Century. Objects, Drawings, Photographs, Paintings, Sculptures, Collages, 1910 to 1942*, New York, Art of this Century, 1942 ; rééd., New York, Arno Press, 1968. Préface d'André Breton. Textes de Jean Arp, Piet Mondrian.

JAGUER, Edouard, *Les Mystères de la Chambre Noire. Le surréalisme et la photographie*, Paris, Flammarion, 1982.

JANIS, Sidney, *Abstract & Surrealist Art in America*, New York, Reynal & Hitchcock, 1944.

JEAN, Marcel et MEZEI, Arpad, *Histoire de la peinture surréaliste*, Paris, Le Seuil, 1959 ; nouvelle édition, 1967.

LIPPARD, Lucy R., *Surrealists on Art*, Englewood Cliffs (N. J.), Prentice-Hall, 1970.

PIERRE, José, *Le Surréalisme*, Lausanne, Rencontre, coll. « Histoire générale de la peinture », 1967.

— *Le Premier Livre de la peinture. L'Abécédaire*, Paris, Losfeld, 1971.

— *L'Aventure surréaliste autour d'André Breton*, Paris, Filipacchi, 1986.

— *André Breton et la peinture*, Lausanne, L'Âge d'Homme, 1987.

RUBIN, William S., *Dada and Surrealist Art*, New York, Harry N. Abrams, 1968 ; trad. française, *L'Art Dada et surréaliste*, Paris, Seghers, 1976.

WALDBERG, Patrick, *Le Surréalisme*, Genève, Skira, coll. « Le goût de notre temps », 1962.

WALDMAN, Diane, *Collage, Assemblage and the Found Object*, New York, Harry N. Abrams, 1992.

B. Monographies

MANUEL ÁLVAREZ BRAVO

Mexique, cat. d'expo., Paris, galerie Renou et Colle, 1939. Préface d'André Breton.

Manuel Álvarez Bravo, 303 Photographies, cat. d'expo., Paris, Musée d'art moderne de la Ville de Paris, 8 oct.-10 déc. 1986.

Caja de visione, Fotografías de Manuel Álvarez Bravo, cat. d'expo., Madrid, Museo nacional Centro de arte Reina Sofía, 26 janv.-4 mars 1996. Préface de Carmen Alborch, Rafael Tovar y de Teresa et de José Guirao ; texte de Teresa del Conde, aphorismes de Manuel Álvarez Bravo, poème d'Octavio Paz.

Manuel Álvarez Bravo, cat. d'expo., New York, The Museum of Modern Art, 20 fév.-18 mai 1997. Préfaces de Glenn D. Lowry et Susan Kismaric, texte de Susan Kismaric.

Mexicana, fotografia moderna en México, 1923-1940, cat. d'expo., Valence, Ivam Centre Julio González, 29 janv.-17 mai 1998. Textes de Juan Manuel Bonet, Salvador Albinana, Horacio Fernández, Emilia García-Romeu et James Oles.

Le Regard de Manuel Alvarez Bravo, cat. d'expo., Paris, Maison de l'Amérique, 14 nov. 2001-4 janv. 2002.

JEAN (HANS) ARP

ARP, Jean, *On My Way. Poetry and Essays, 1912-1947*, New York, Wittenborn/Schultz, coll. « The Documents of Modern Art », 1948.

GIEDION-WELCKER, Carola, *Hans Arp*, Stuttgart, G. Hatje, 1957.

SEUPHOR, Michel, *Arp*, Paris, Collection Prisme, 1957. Texte allemand de Will Grohmann.

Arp, cat. d'expo., New York, The Museum of Modern Art, 1958. Préface de James Thrall Soby, textes de Jean Arp, Richard Huelsenbeck, Robert Melville, Carola Giedion-Welcker.

Arp, Paris, Le Temps, coll. « Sculpteurs modernes », 1961.

Arp, cat. d'expo., Paris, Musée national d'art moderne, 21 fév.-21 avr. 1962. Préface de Jean Cassou.

ARP, Jean, *Jours effeuillés. Poèmes, essais, souvenirs, 1920-1965*, Paris, Gallimard, 1966. Préface de Marcel Jean.

ARP, François et HAGENBACH, Marguerite, *Jean Arp. Sculptures, 1957-1966. Catalogue raisonné*, Teufen (Suisse), Arthur Niggli S.A., 1968. Introd. d'Eduard Trier, cat. des sculptures par François Arp, bibliogr. par Marguerite Hagenbach.

The Art of Jean Arp by Herbert Read, cat. d'expo., New York, The Solomon R. Guggenheim Museum, 1969.

RAU, Bernd, *Jean Arp, Hans Arp, die Reliefs. Œuvre-Katalog*, Stuttgart, Gerd Hatje, 1981. Introd. de Michel Seuphor.

Hans-Jean Arp. Le temps des papiers déchirés, cat. d'expo., Paris, Musée national d'art moderne, 1983 ; exposition présentée à Oxford. Textes de Dominique Bozo, Pierre Bruguière ; textes en anglais de David Elliott, Hans Arp, Christian Derouet.

FAUCHEREAU, Serge, *Arp*, Paris, Albin Michel, 1988.

Arp, cat. d'expo., Künzelsau-Gaisbach, Museum Würth, 8 sept.-31 déc. 1994. Textes de Sylvia C. Weber, Eduard Trier, Denise René, Michel Seuphor.

HANS BELLMER

BELLMER, Hans, *Die Puppe*, Karlsruhe, 1934 ; rééd., Berlin, Gerhardt, 1962 ; trad. française, *La Poupée*, Paris, G.L.M., 1936.

— *Les Jeux de la Poupée*, Paris, Éditions premières, 1949.

— *L'Anatomie de l'image*, Paris, Le Terrain vague, 1957.

JOUFFROY, Alain, *Bellmer*, Chicago, William et Norma Copley Foundation, 1962.

WALDBERG, Patrick, *Hans Bellmer pour l'écorcheur écorché*, Paris, galerie Daniel Cordier, 1963.

Hans Bellmer, cat. d'expo., Hanovre, Kestner-Gesellschaft, 28 avr.-4 juin 1967. Texte de Wieland Schmied.

Hans Bellmer, cat. d'expo., Paris, Centre national d'art contemporain, 30 nov. 1971-17 janv. 1972. Textes de Paul Eluard, Nora Mitrani, Bernard Noël, Marielle Crété (coll. « Cnacarchives »).

Hans Bellmer photographe, cat. d'expo., Paris, Musée national d'art moderne, 21 déc. 1983-27 fév. 1984. Texte d'Alain Sayag.

SAYAG, Alain, *Hans Bellmer, Photographien*, Munich, Schirmer/Mosel, 1984.

Hans Bellmer, cat. d'expo., New York, Isidore Ducasse Fine Arts, mai-octobre 1990. Texte de Herbert Lust.

DOURTHE, Pierre, *Bellmer. Le principe de perversion*, Paris, J.-P. Faure, 1999.

SUE, Taylor, *Hans Bellmer. The Anatomy of Anxiety*, Cambridge (Mass.)/Londres, The MIT Press, 2000.

LICHTENSTEIN, Therese, *Behind Closed Doors. The Art of Hans Bellmer*, Berkeley/Los Angeles/Londres/New York, University of California Press/International Center of Photography, 2001.

VICTOR-BRAUNER

Victor Brauner, cat. d'expo., Paris, galerie Henriette, 19 mai-5 juin 1939. Textes de Benjamin Péret et Pierre Mabille.

JOUFFROY, Alain, *Brauner*, Paris, Georges Fall, coll. « Le Musée de Poche », 1959 ; rééd., 1996.

Victor Brauner, cat. d'expo., Hanovre, Kestner-Gesellschaft, 16 juin-18 juil. 1965. Textes de Wieland Schmied et Werner Hofmann.

ALEXANDRIAN, Sarane, *Les Dessins magiques de Victor Brauner*, Paris, Denoël, 1965.

Victor Brauner, cat. d'expo., Paris, Musée national d'art moderne, 2 juin-25 sept. 1972. Textes de Dominique Bozo et Jean Leymarie.

Les Dessins de Victor Brauner au Musée national d'art moderne, cat. d'expo., Paris, Musée national d'art moderne, 10 oct.-8 déc. 1975. Texte de Dominique Bozo.

Victor Brauner, peintures. Œuvres léguées par Jacqueline Victor-Brauner, cat. d'expo., Saint-Etienne, Musée d'art moderne, Centre d'études et de recherches Victor Brauner, 1988. Texte de Maurice Fréchuret (coll. « Cahiers Victor Brauner »).

SEMIN, Didier, *Victor Brauner*, Paris, Réunion des musées nationaux/Filipacchi, 1990.

BRAUNER, Victor, *Victor Brauner, le tropisme totémique*, entretien avec Alain Jouffroy, Creil, B. Dumerchez, 1996.

Victor Brauner dans les collections du Mnam-Cci, cat. d'expo., Paris, Centre Georges Pompidou, Musée national d'art moderne, 24 janv.-6 mai 1996. Préface de Didier Semin.

Magie und Verwandlung, Magie et Métamorphose. Der Surrealismus von Victor Brauner (1903-1966), le surréalisme de Victor Brauner (1903-1966), cat. d'expo., Karlsruhe, EnBW Energie Baden-Württemberg, 5 oct.-12 déc. 1999. Texte de Dorothée Hoöfert.

BRASSAÏ

BRASSAÏ, *Conversations avec Picasso*, Paris, Gallimard, 1964.

Brassaï, cat. d'expo., New York, The Museum of Modern Art, 1968. Introd. de Lawrence Durrel.

Brassaï, vom Surrealismus zum Informel, cat. d'expo., Salzbourg, Rupertinum, 21 mai-10 juil. 1994 ; Kassel, Museum Fridericianum, oct.-déc. 1994. Textes de Manuel J. Borja-Villel, Dawn Ades, Jean-François Chevrier, Édouard Jaguer.

Brassaï, the Eye of Paris, cat. d'expo., Houston, Museum of Fine Arts, 6 déc. 1998-28 fév. 1999 ; Los Angeles, The J. Paul Getty Museum, 13 avr. 4 juil. 1999 ; Washington D.C., National Gallery of Art, 17 oct. 1999-16 janv. 2000. Sous la direction d'Anne Wilkes Tucker, en collaboration avec Richard Howard et Avis Berman.

Brassaï, cat. d'expo., Paris, Centre Georges Pompidou, Musée national d'art moderne, 19 avr.-25 juin 2000. Sous la direction d'Alain Sayag et Annick Lionel-Marie. Textes de Jean-Jacques Aillagon, Brassaï, Gilberte Brassaï, Roger Grenier, Henry Miller, Jacques Prévert, Werner Spies.

LUIS BUÑUEL

BUÑUEL, Luis et DALÍ, Salvador, *L'Âge d'or*, revue-programme, Paris, Studio 28, 1930. Illustré dans le texte par Arp, Dalí, Ernst, Miró, Man Ray et Tanguy.

TESSON, Charles, *Luis Buñuel*, Paris, L'Étoile/Cahiers du cinéma, coll. « Auteurs », 1995.

&/? Buñuel!, la mirada del siglo, cat. d'expo., Madrid, Museo nacional centro de arte Reina Sofía, 16 juil.-14 oct. 1996 ; Madrid, Museo del palacio de bellas artes, 4 déc. 1996-2 mars 1997. Introd. de Yasha David, textes de Federico García Lorca, Salvador Dalí, André Breton, Octavio Paz, Robert Desnos.

Luis Buñuel. Los enigmas de un sueño, cat. d'expo., Huesca, Sala de exposiciones Diputación, juin-juil. 2000 ; Zaragoza, Museo Pablo Serrano, sept-oct. 2000. Textes d'Emilio Casanova, Manel Clot, Manuel López Villegas.

Tierra sin pan. Luis Buñuel y los nuevos caminos de las vanguardias, cat. d'expo., Valence, IVAM Centre Julio González, 14 oct. 1999-9 janv. 2000. Textes de M. Ibarz, P. Hammond, F. Espinet.

CAMACHO, Enrique, BAZO, Javier Pérez et BLANCO, Manuel Rodríguez, *Buñuel, 100 ans. Il est dangereux de se pencher au-dedans*, Paris, Éditions du Centre Pompidou/Instituto Cervantes, mai 2000.

GUIGON, Emmanuel (dir.), *Luis Buñuel y el surrealismo*, Teruel, Museo de Teruel, coll. « La edad de Oro 2000 », 2000. Textes de Nancy Berthier, Jean-Michel Bouhours, Georges Sebbag, Emmanuel Guigon.

CAMILLE BRYEN

BRYEN, Camille, *L'Aventure des objets*, Paris, José Corti, coll. « Orbes », 1937 (conférence prononcée en Sorbonne au Groupe d'Études psychologiques, le lundi 3 mai 1937, avec projection et exposition des objets).

Bryen, cat. d'expo., Paris, Musée national d'art moderne, 14 fév.-30 avr. 1973. Textes de Jean Leymarie, Michel Butor, Camille Bryen.

ABADIE, Daniel, *Bryen abhomme*, Bruxelles, La Connaissance, coll. « Témoins et témoignages », 1973.

BOUTET-LOYER, Jacqueline, *Camille Bryen. L'œuvre peint*, Paris, J. Boutet-Loyer, 1986. Catalogue raisonné.

Camille Bryen, à revers, cat. d'expo., Nantes, Musée des beaux-arts, 31 oct. 1997-30 mars 1998. Textes de Jacqueline Boutet-Kapéra, Antoine Coron, Michel Giroud.

CLAUDE CAHUN

CAHUN, Claude, *Les Paris sont ouverts, quel parti prenez-vous pour en finir avec l'exploitation de l'homme par l'homme avec votre propre dilemne : exploité exploiteur ?*, Paris, José Corti, 1934.

LEPERLIER, François, *Claude Cahun. L'écart et la métamorphose*, Paris, Jean-Michel Place, 1992.

Claude Cahun photographe, 1894-1954, cat. d'expo., Paris, Musée d'art moderne de la Ville de Paris, 23 juin-17 sept. 1995. Sous la direction de François Leperlier. Texte d'Elisabeth Lebovici.

Claude Cahun. Bilder, cat. d'expo., Munich, Kunstverein, 16 juil.-28 sept. 1997 ; Graz, Neue Galerie am Landesmuseum Joanneum, automne 1997. Sous la direction de Heike Ander et Dirk Snauwaert. Textes de Laura Cottingham, François Leperlier, Peter Weibel. Catalogue raisonné.

JOSEPH CORNELL

Joseph Cornell, cat. d'expo., New York, The Solomon R. Guggenheim Museum, 4 mai-25 juin 1967. Texte de Diane Waldmann.

ASHTON, Dore, *A Joseph Cornell Album*, New York, The Viking Press, 1974. Contributions de John Ashbery, Peter Bazeley, Elisabeth Bishop, Denise Hare, Richard Howard, Stanley Kunitz, Jonas Mekas, Duane Michals, John Bernard Myers, Octavio Paz, Terry Schutté.

WALDMANN, Diane, *Joseph Cornell*, Paris, Fayard, 1980.

Joseph Cornell, cat. d'expo., New York, The Museum of Modern Art, 17 nov. 1980-20 janv. 1981. Textes de Dawn Ades, Carter Ratcliff, P. Adams Sitney, Lynda Roscoe Hartigan.

Joseph Cornell, cat. d'expo., Paris, galerie 1900-2000, 13 mars-8 avr. 1989. Texte d'Édouard Jaguer.

BLAIR, Lindsay, *Joseph Cornell's Vision of Spirituality*, Londres, Reaktion Books, coll. « Essays in Art and Culture », 1998.

Joseph Cornell-Marcel Duchamp... in Resonance, cat. d'expo., Philadelphie, Philadelphia Museum of Art, 8 oct. 1998-3 janv. 1999 ; Houston, The Menil Collection, 22 janv.-16 mai 1999. Introd. d'Anne d'Harnoncourt ; textes d'Ecke Bonk, Lynda Roscoe Hartigan, Walter Hopps.

SALVADOR DALÍ

Dalí, cat. d'expo., Paris, galerie Goemans, 20 nov.-5 déc. 1929. Texte d'André Breton.

DALÍ, Salvador, *La Femme visible*, Paris, Éditions surréalistes, 1930.

CREVEL, René, *Dalí, ou l'anti-obscurantisme*, Paris, Éditions surréalistes, 1931.

DALÍ, Salvador, *L'Amour et la Mémoire*, Paris, Éditions surréalistes, 1931.

— *Babaouo*, scénario inédit, précédé d'un *Abrégé d'une histoire critique du Cinéma*, et suivi de *Guillaume Tell, ballet portugais*, Paris, Les Cahiers Libres, 1932.

Salvador Dalí, cat. d'expo., Paris, galerie Pierre Colle, 19-29 juin 1933. Texte de Salvador Dalí.

Paintings by Salvador Dalí, cat. d'expo., New York, Julien Levy Gallery, 21 nov.-10 déc. 1934.

Salvador Dalí. Paintings, Drawings, Prints, cat. d'expo., New York, The Museum of Modern Art, 1941.

Salvador Dalí, cat. d'expo., New York, The Museum of Modern Art, 1946 ; rééd., New York, Arno Press, 1968. Sous la direction de James Thrall Soby.

DALÍ, Salvador, *La Vie secrète de Salvador Dalí*, Paris, Gallimard, 1952. Adaptation française de Michel Déon.

— *Le Mythe tragique de l'Angelus de Millet*, Paris, Pauvert, 1963.

— *Journal d'un Génie*, Paris, La Table Ronde, 1964.

BOSQUET, Alain, *Entretiens avec Salvador Dalí*, Paris, Pierre Belfond, 1966.

DALÍ, Salvador, *Oui, 1 : Pour une révolution paranoïaque critique* ; *Oui, 2 : L'archangélisme scientifique*, Paris, Denoël-Gonthier, 1971.

ALEXANDRIAN, Sarane, *Dalí et les poètes*, Paris, Filipacchi, 1976.

La Vie publique de Salvador Dalí, cat. de l'expo « Salvador Dalí. Rétrospective, 1920-1980 », cat. d'expo., Paris, Musée national d'art moderne, 18 déc. 1979-14 avr. 1980. Textes de Daniel Abadie, Julien Green, Pontus Hulten.

DESCHARNES, Robert, *Dalí. L'œuvre et l'homme*, Lausanne, Edita, coll. « la Bibliothèque des Arts », 1984.

Salvador Dalí, 1904-1989, cat. d'expo., Stuttgart, Staatsgalerie, 13 mai-23 juil. 1989 ; Zurich, Kunsthaus, 18 août-22 oct. 1989. Sous la direction de Karin Maur.

SCHIEBLER, Ralf, *Salvador Dalí, chefs-d'œuvre des années trente*, Munich/Paris, Schirmer-Mosel, coll. « Bibliothèque visuelle », 1990.

DESCHARNES, Robert et NÉRET, Gilles, *Salvador Dalí (1904-1989). L'œuvre peint*, vol. I, *1904-1946*, vol. II, *1946-1989*, Cologne, B. Taschen, 1993.

Salvador Dalí, the Early Years, cat. d'expo., Londres, South Bank Centre, Hayward Gallery, 3 mars-30 mai 1994 ; New York, The Metropolitan Museum of Art, 28 juin-18 sept. 1994 ; Madrid, Museo Nacional, Centro de Arte Reina Sofía, 14 oct. 1994-16 janv. 1995. Textes de Michael Raeburn, Ian Gibson, Rafael Santos Torroella, Félix Fanés, Dawn Ades, Augustín Sánchez Vidal.

Salvador Dalí. A mythology, cat. d'expo., Liverpool, Tate Gallery, 24 oct. 1998-31 janv. 1999 ; Saint Petersburg (Florida), Salvador Dalí Museum, 5 mars-24 mai 1999. Sous la direction de Dawn Ades et Fiona Bradley.

GIORGIO DE CHIRICO

Giorgio de Chirico, cat. d'expo., Paris, galerie Paul Guillaume, 21 mars-1er avr. 1922.

VITRAC, Roger, *Georges de Chirico*, Paris, Gallimard, 1927.

Œuvres anciennes de Georges de Chirico, cat. d'expo., Paris, Galerie surréaliste, 15 fév.-1er mars 1928. Texte de Louis Aragon.

DE CHIRICO, Giorgio, *Hebdomeros*, Paris, Éditions du Carrefour, 1929 ; rééd., Paris, Flammarion, 1983.

Giorgio de Chirico, cat. d'expo., New York, The Museum of Modern Art, 1941. Texte de James Thrall Soby ; 2e rééd., New York, Arno Press, 1968.

DE CHIRICO, Giorgio, *Memorie della mia vita*, Rome, Astrolabio, 1945 ; trad. française, *Mémoires*, Paris, La Table Ronde, 1962.

BRUNI, Claudio, DE CHIRICO, Giorgio et FAR, Isabelle, *Catalogo generale Giorgio De Chirico*, Venise/Milan, Electa, vol. I, 1971 ; vol. II, 1972 ; vol. III, 1973 ; vol. IV et V, 1974 ; vol. VI, 1976 ; vol. VII, 1983 ; vol. VIII, 1987. Catalogue raisonné.

SCHMIED, Wieland, *Wir Metaphysiker, Giorgio De Chirico*, Berlin, Propyläen, 1973.

FAGIOLO DELL'ARCO, Maurizio, *Giorgio De Chirico. Il tempo di « Valori Plastici », 1918-1922*, Rome, De Luca Editore, 1980.

FAUCHEREAU, Serge, *La Peinture métaphysique et l'écrit chez Chirico et Savinio*, Paris, Minuit, 1980.

FAGIOLO DELL'ARCO, Maurizio, JOUFFROY, Alain, SCHMIED, Wielandv et PORZIO, Domenico, *De Chirico*, Paris, Le Chêne/Hachette, 1981. Préface de Giovanni Joppolo.

De Chirico, cat. d'expo., New York, The Museum of Modern Art, 1982. Essais de Maurizio Fagiolo Dell'Arco, Joan M. Lukach, William Rubin.

Giorgio de Chirico, cat. d'expo., Munich, Haus der Kunst, 17 nov. 1982-30 janv. 1983 ; Paris, Centre Georges Pompidou, Musée national d'art moderne, 24 fév.-25 avr. 1983. Textes de William Rubin, Wieland Schmied et Jean Clair.

DE CHIRICO, Giorgio, *Piccolo trattato di tecnica pittorica, facsimile del manoscritto*, Milan, Giovanni Scheiwiller, 1928 ; 3e éd., Milan, Giovanni Scheiwiller, 1983.

LISTA, Giovanni, *De Chirico et l'avant-garde*, Lausanne, L'Âge d'Homme, 1983.

BALDACCI, Paolo et FAGIOLO DELL'ARCO, Maurizio, *Giorgio de Chirico. I temi della metafisica*, cat. d'expo., Milan, Electa, 1985.

FAGIOLO DELL'ARCO, Maurizio, *Il Meccanismo del pensiero. Critica, polemica, autobiografia, 1911-1943. Giorgio De Chirico*, Turin, Giulio Einaudi Editore, 1985.

LISTA, Giovanni, *De Chirico*, Paris, Hazan, 1991.

— *L'Art métaphysique. Giorgio De Chirico*, Paris, L'Échoppe, 1994.

BALDACCI, Paolo, *Giorgio De Chirico, 1888-1919. La métaphysique*, trad. de l'italien par Susan Wise, Paris, Flammarion, 1998.

GUÉDRON, Martial, *Giorgio De Chirico (1888-1978). La peinture métaphysique*, Paris, Kimé, coll. « Champ contemporain », 1998.

Die andere Moderne, De Chirico, Savinio, cat. d'expo., Düsseldorf, Kunstsammlung Nordrhein-Westfalen, 15 sept.-2 déc. 2001 et Munich, Städtische Galerie im Lenbachhaus, 20 déc. 2001-10 mars 2002. Textes de Maurizio Fagiolo dell'Arco, Andrea Grewe, Pia Müller-Tamm.

OSCAR DOMINGUEZ

Dominguez, cat. d'expo., Paris, galerie Louis Carré, 1-14 déc. 1943. Texte de Paul Eluard.

Dominguez. Peintures récentes, cat. d'expo., Paris, galerie Roux-Hentschel, 1944. Texte de Georges Hugnet.

DOMINGUEZ, Oscar, *Les Deux qui se croisent*, Paris, Fontaine, coll. « L'Âge d'or », 1947.

WESTERDAHL, Eduardo, *Oscar Dominguez*, Madrid, Servicio de Publicaciones del Ministerio de Educacion y Ciencia, coll. « Artistas espanoles contemporaneos », 1971.

XURIGUERA, Gérard, *Oscar Dominguez*, Paris, Filipacchi, coll. « La Septième Face du Dé », 1973.

CASTRO, Fernando, *Oscar Dominguez y el Surrealismo*, Madrid, Catedra, 1978.

Sueños de tinta, Oscar Domínguez y la decalcomanía del deseo, cat. d'expo., Las Palmas, Centro atlántico de arte moderno, 16 nov.-30 déc. 1993. Textes d'Emmanuel Guignon, Jean-Luc Mercié, Louis Ucciani.

Oscar Dominguez, 1926-1957. Antológica, cat. d'expo., Las Palmas, Centro Atlantico de Arte Moderno, 23 janv.-31 mars 1996 ; Santa Cruz de Tenerife, Centro de Arte La Granja, 19 avr.-18 mai 1996 ; Madrid, Museo Nacional Centro de Arte Reina Sofia, 25 juin-16 sept. 1996. Introd. d'Ana Vázquez de Parga, textes en français de José Pierre et Pavel Stepanek.

MARCEL DUCHAMP

DUCHAMP, Marcel, *La Mariée mise à nue par ses célibataires, même*, Paris, Vigier et Brunissen, 1934. Boîte contenant 93 documents (photos, dessins, notes manuscrites).

— *Rrose Sélavy*, Paris, G.L.M., coll. « Biens nouveaux », 1939.

HUGNET, Georges, *Marcel Duchamp*, Paris, 1941.

LEBEL, Robert, *Sur Marcel Duchamp*, Paris, Trianon, 1959. Textes d'André Breton et Henri-Pierre Roché ; rééd., Paris/Milan, Centre Pompidou/Mazzotta, 1996. Catalogue raisonné.

Marcel Duchamp. A retrospective exhibition, cat. d'expo., Pasadena, Pasadena Art Museum, 8 oct.-3 nov. 1963.

The Almost Complete Works of Marcel Duchamp, cat. d'expo., Londres, The Tate Gallery, 18 juin-31 juil. 1966. Introd. de Richard Hamilton.

CABANNE, Pierre, *Entretiens avec Marcel Duchamp*, Paris, Belfond, 1967 ; rééd., Paris, Somogy, 1995 (avec enregistrements).

DUCHAMP, Marcel, en collaboration avec Arturo SCHWARZ, *Notes and projects for The Large Glass*, trad. anglaise par H. Hamilton, Londres, Thames and Hudson, 1969.

SCHWARTZ, Arturo, *Marcel Duchamp*, Paris, Hachette, 1969.

— *The Complete Works of Marcel Duchamp, with a Catalogue Raisonné*, Londres, Thames and Hudson, 1969 ; rééd. revue et augmentée, New York, Delano Greenidge, 2000.

Marcel Duchamp, cat. d'expo., Philadelphie, Philadelphia Museum of Art, 22 sept.-11 nov. 1973 ; New York, The Museum of Modern Art, 3 déc. 1973-10 fév. 1974 ; Chicago, The Art Institute, 9 mars-21 avr. 1974. Sous la direction d'Anne d'Harnoncourt et Kynaston McShine.

SCHWARTZ, Arturo, *La Mariée mise à nu chez Marcel Duchamp, même*, Paris, Georges Fall, 1974.

CLAIR, Jean, *Duchamp ou le Grand Fictif. Essai de mythanalyse du Grand Verre*, Paris, Galilée, 1975.

DUCHAMP, Marcel, *Duchamp du signe. Écrits*, Paris, Flammarion, 1975. Présentation par Michel Sanouillet et Elmer Peterson.

Les Machines célibataires, cat. d'expo., Paris, Musée des arts décoratifs, 28 avr.-5 juil. 1976. Textes de Jean Clair et Michel Carrouges.

CLAIR, Jean, *Duchamp et la photographie. Essai d'analyse d'un primat technique sur le développement d'une œuvre*, Paris, Le Chêne, 1977.

— et ROCHÉ, Henri-Pierre (dir.), *Marcel Duchamp*, Paris, Centre Georges Pompidou, Musée national d'art moderne, 1977, 4 vol. (biographie, chronologie, catalogue raisonné, sources et bibliographie, abécédaire, approche critique).

DE DUVE, Thierry, *Nominalisme pictural, Marcel Duchamp. La peinture et la modernité*, Paris, Minuit, coll. « Critique », 1984.

LEBEL, Robert, *Marcel Duchamp*, Paris, Belfond, coll. « Les dossiers Belfond », 1985.

SCHWARTZ, Arturo, *The Complete Works of Marcel Duchamp*, 2 vol., Londres, Thames and Hudson, 1997 ; rééd., New York, Delano Greenidge, 2000. Catalogue raisonné.

La Boîte valise de ou par Marcel Duchamp ou Rrose Sélavy, cat. d'expo., Rouen, Musée des beaux-arts, 15 oct. 1998-15 janv. 1999. Texte de Caroline Cros.

DUCHAMP, Marcel, *Notes*, Paris, Flammarion, 1999. Avant-propos de Paul Matisse, préface de Pontus Hulten.

CLAIR, Jean, *Sur Marcel Duchamp et la fin de l'art*, Paris, Gallimard, 2000.

Eckl, Andreas, Kemper, Dorothée et Rehm, Ulrich (dir.), *Marcel Duchamps « Grosses Glas », Beiträge aus Kunstgeschichte und philosophischer Ästhetik*, Cologne, Walther König, coll. « Kunstwissenschaftliche », 2000.

Ottinger, Didier, *Duchamp sans fins*, Paris, L'Échoppe, 2000.

— *Marcel Duchamp dans les collections du Centre Georges Pompidou*, Paris, Éditions du Centre Pompidou, 2001. Textes de Didier Ottinger et Françoise Le Penven.

MAX ERNST

Dada Max Ernst, cat. d'expo., Paris, galerie Au Sans Pareil, 3 mai-3 juin 1921. Texte d'André Breton.

Max Ernst, cat. d'expo., Paris, galerie Van Leer, 10-24 mars 1926.

Max Ernst, cat. d'expo., Bruxelles, galerie Le Centaure, 21 mai-4 juin 1927. Texte de Jacques Baron.

Ernst, Max, *Beyond Painting and Other Writings by the Artist and his Friends*, New York, Wittenborn, Schultz, 1948.

Max Ernst, 30 Years of his Work, a Survey, cat. d'expo., Beverly Hills, The Copley Galleries, 10 janv.-20 fév. 1949. Ouvrage conçu par Max Ernst ; textes de Joë Bousquet, Paul Eluard, Dorothea Tanning, Benjamin Péret, Nicolas Calas (« At Eye Level ») ; poèmes et collages de Max Ernst (« Paramyths »).

Max Ernst, cat. d'expo., Paris, galerie René Drouin, 1950. Textes de Joë Bousquet et Michel Tapié.

Waldberg, Patrick, *Max Ernst*, Paris, Pauvert, 1958.

Max Ernst, cat. d'expo., Paris, Musée national d'art moderne, 13 nov.-31 déc. 1959. Préface de Jean Cassou.

Bataille, Georges, *Max Ernst, propos et présence*, Paris, Gonthier-Seghers, 1960. Avant-propos de Georges Bataille, texte inédit de Max Ernst.

Max Ernst, cat. d'expo., New York, The Museum of Modern Art, 1961 ; rééd., New York, The Museum of Modern Art, 1972. Texte de l'artiste.

Max Ernst, cat. d'expo., Cologne, Wallraf-Richartz-Museum, 28 déc. 1962-3 mars 1963 ; Zurich, Kunsthaus, 23 mars-28 avr. 1963. Préface de Gert von der Osten ; texte de Carola Giedion-Welcker.

Aragon, Louis, *Les Collages. Max Ernst, peintre des illusions. La peinture au défi. John Heartfield et la beauté révolutionnaire*, Paris, Hermann, coll. « Miroirs de l'art », 1965.

Russell, John, *Max Ernst, sa vie, son œuvre*, Bruxelles, La Connaissance, 1967.

Max Ernst, cat. d'expo., Amsterdam, Stedelijk Museum, 22 nov. 1969-11 janv. 1970.

Max Ernst. Gemälde, Plastiken, Collagen, Frottagen, Bücher, cat. d'expo., Stuttgart, Württembergischer Kunstverein, 1970. Texte de Werner Spies.

Ernst, Max, *Écritures* (avec 120 ill. de l'auteur), Paris, Gallimard, coll. « Le point du jour », 1970.

Max Ernst. À l'intérieur de la vue, cat. d'expo., Paris, Orangerie des Tuileries, 2 avr.-31 mai 1971. Avant-propos de Jean Leymarie ; textes de Werner Hofmann, Wieland Schmied, Werner Spies.

Spies, Werner et Leppien, Helmut R., *Max Ernst. Œuvre-Katalog. Das graphische Werk*, Houston/Cologne, Menil Foundation/DuMont, 1975.

Spies, Werner en collaboration avec Sigrid et Günter Metken, *Max Ernst. Œuvre-Katalog. Werke*, Houston/Cologne, Menil Foundation/DuMont, vol. I, *1906-1925* (1975) ; vol. II, *1925-1929* (1975) ; vol. III, *1929-1938* (1979) ; vol. IV, *1939-1953* (1987) ; vol. V, *1954-1963* (1998). Catalogue raisonné.

Max Ernst. A retrospective, cat. d'expo., New York, The Solomon R. Guggenheim Museum, fév. 1975.

Max Ernst, cat. d'expo., Paris, Galeries nationales du Grand Palais, 16 mai-18 août 1975. Textes de Werner Spies et Germain Viatte.

Max Ernst, cat. d'expo., Munich, Haus der Kunst, 1979. Textes de Günter Metken, Werner Spies, Eduard Trier.

Max Ernst. Gemälde, Skulturen, Collagen, Frottagen, Zeichnungen, Druckgraphik und Bücher, cat. d'expo., Hanovre, Kunstmuseum, 26 juil.-27 sept. 1981. Préface de Joachim Büchner.

Max Ernst, cat. d'expo., Saint-Paul de Vence, Fondation Maeght, 5 juil.-5 oct. 1983. Introd. de Jean-Louis Prat, textes de Werner Spies, Henri-Alexis Baatsch, Jean-Christophe Bailly.

Spies, Werner, *Max Ernst. Frottages*, trad. de l'allemand par André Daniel, Paris, P. Tisné, coll. « Art actuel », 1968 ; rééd., Paris/Londres, Herscher/Thames and Hudson, 1986.

Max Ernst. Collagen, Inventar und Widerspruch, Cologne, DuMont Schauberg, 1974 ; trad. française par Éliane Kaufholz, *Max Ernst. Les collages, inventaire et contradictions*, Paris, Gallimard, 1984.

Max Ernst, Loplop. Die Selbstdarstellung des Künstlers, Munich, Prestel, 1982 ; trad. anglaise, *Max Ernst, Loplop. The Artist's Other Self*, Londres, Thames and Hudson, 1983 ; trad. française par Claire de Oliveira, *Max Ernst, Loplop. L'artiste et son double*, Paris, Gallimard, coll. « Art et Artistes », 1997, sous la direction de Jean-Loup Champion.

Max Ernst. A retrospective, cat. d'expo., Londres, Tate Gallery, 13 fév.-21 avr. 1991 ; Stuttgart, Staatsgalerie, 18 mai-4 août 1991 ; Düsseldorf, Kunstsammlung Nordrhein-Westfalen, 24 août-3 nov. 1991 ; Paris, Musée national d'art moderne, 28 nov. 1991-27 janv. 1992. Introd. de Werner Spies, essais de Karin von Maur, Sigrid Metken, Uwe M. Schneede et Sarah Wilson.

Max Ernst, Dada and the Dawn of Surrealism, cat. d'expo., New York, The Museum of Modern Art, 14 mars-2 mai 1993 ; Houston, The Menil Collection, 28 mai-29 août 1993 ; Chicago, The Art Institute, 15 sept.-30 nov. 1993. Texte de William A. Camfield, introd. de Werner Spies et préface de Walter Hopps.

Max Ernst. Sculptures, maisons, paysages, cat. d'expo., Paris, Musée national d'art moderne-Centre de création industrielle, 6 mai-27 juin 1998 ; Düsseldorf, Kunstsammlung Nordrhein-Westfalen, 5-29 sept. 1998.

Max Ernst. Die Retrospektive, cat. d'expo., Berlin, Nationalgalerie, 5 mars-30 mai 1999 ; Munich, Haus der Kunst, 11 juin-12 sept. 1999. Sous la direction de Werner Spies ; textes de Joachim Kaak, Doris Krystof, Henning Ritter et Werner Spies.

WILHELM FREDDIE

Bjerke-Petersen, Vilhelm, *Freddie*, Copenhague, Illums Bog-Avdeline, 1935.

Wilhelm Freddie, peintures et objets, cat. d'expo., Paris, galerie de l'Université, 26 fév.-17 mars 1965. Texte d'Édouard Jaguer.

Wilhelm Freddie, cat. d'expo., Göteborg, Konsthallen, 1967. Textes d'Édouard Jaguer et Jens Jorgen Thorsen.

Jaguer, Édouard, *Wilhelm Freddie ou les flèches de l'arc électrique*, Copenhague, Svend Hansen, 1969.

Freddie, cat. d'expo., Copenhague, Statens Museum for Kunst, 26 août.-22 oct. 1989 ; Stockholm, Liljevalchs, 17 nov. 1989-7 janv. 1990. Textes en danois et français.

Wilhelm Freddie, cat. d'expo., Paris, galerie 1900-2000, 2-28 avr. 1990. Texte d'Édouard Jaguer, introd. de Marcel Fleiss ; biogr. et bibliogr. de Birger Raben-Skov ; filmogr. de Robert Benayoun.

ALBERTO GIACOMETTI

Dupin, Jacques, *Alberto Giacometti*, Paris, Maeght, 1962.

Leiris, Michel, *Alberto Giacometti*, Bâle, galerie Beyeler, 1964. Textes de Michel Leiris et d'Alberto Giacometti.

Alberto Giacometti, cat. d'expo., New York, The Museum of Modern Art, 9 juin-10 oct. 1965. Introd. de Peter Selz, biographie par l'artiste.

Alberto Giacometti, cat. d'expo., Paris, Orangerie des Tuileries, 15 oct. 1969-12 janv. 1970. Catalogue : Paris, Réunion des Musées nationaux, 1969. Texte de Jean Leymarie.

Hohl, Reinhold, *Alberto Giacometti*, Stuttgart/Genève/New York, Gerd Hatje/Clairefontaine/Abrams, 1971.

Alberto Giacometti, a retrospective exhibition, cat. d'expo., New York, The Solomon R. Guggenheim Museum, 1974 ; Zurich, Pro Helvetia Foundation ; New York, The Solomon R. Guggenheim Museum, 1974. Texte de Reinhold Hohl.

Alberto Giacometti, Plastiken, Gemälde, Zeichnungen, cat. d'expo., Duisbourg, Wilhelm-Lehmbruck-Museum der Stadt, 17 sept.-27 nov. 1977. Textes de l'artiste, de Heinz Fuchs, Dorothea et Siegfried Salzmann, Ernst-Gerhard Güse, James Lord, Michael Brenson, Jean-Christophe Ammann, Reinhold Hohl, Norbert Kricke, Max Imdahl, Karlheinz Nowald, Édouard Trier, et entretien avec Gotthard Jedlicka.

Alberto Giacometti, cat. d'expo., Saint-Paul de Vence, Fondation Maeght, 8 juil.-30 sept. 1978. Textes de Jacques Dupin et Michel Leiris.

Alberto Giacometti, cat. d'expo., Berlin, Nationalgalerie, 9 oct. 1987-3 janv. 1988 ; Stuttgart, Staatsgalerie, 29 janv.-20 mars 1988. Textes de Peter Beye, Alexander Dückers, Lucius Grisebach, Reinhold Hohl, Dieter Honisch, Gudrun Inboden, Karin von Maur, Angela Schneider, Werner Schnell.

Giacometti, Alberto, *Écrits*, Paris, Hermann, 1990.

Bonnefoy, Yves, *Alberto Giacometti. Biographie d'une œuvre*, Paris, Flammarion, 1991.

Dupin, Jacques, *Alberto Giacometti. Textes pour une approche*, Paris, Fourbis, 1991.

Leiris, Michel, *Pierres pour un Alberto Giacometti*, Caen/Paris, L'Échoppe, 1991.

Alberto Giacometti. Sculptures, peintures, dessins, cat. d'expo., Paris, Musée d'art moderne de la Ville de Paris, 30 nov. 1991-15 mars 1992. Textes de Yves Bonnefoy, Pierre Schneider, Jean Clair, Rosalind Krauss, Georges Didi-Huberman, Christian Derouet, Danielle Molinari, Franz Meyer, Rémy Zaugg, Christian Klemm, Jean-Louis Prat, Germain Viatte.

Clair, Jean, *Le Nez de Giacometti. Faces de carême, figures de carnaval*, Paris, Gallimard, 1992.

Alberto Giacometti, 1901-1966, cat. d'expo., Vienne, Kunsthalle, 24 fév.-5 mai 1996 ; Édimbourg, Scottish National Gallery of Modern Art, 1er juin-22 sept. 1996. Textes de Toni Stooss, Patrick Elliott, Christoph Doswald, Casimiro Di Crescenzo, Thierry Dufrêne.

Lord, James, *Giacometti, biographie*, Paris, Nil, 1997. Avant-propos de Bruno Giacometti.

Alberto Giacometti. La collection du Centre Georges Pompidou, cat. d'expo., Paris, Musée national d'art moderne ; Saint-Etienne, Musée d'art moderne, 13 mars-13 juin 1999. Sous la direction d'Agnès de la Beaumelle ; préfaces de Jean-Jacques Aillagon, Jacques Beauffet ; textes d'Agnès de la Beaumelle, Max Reithmann.

Alberto Giacometti. Le dessin à l'œuvre, cat. d'expo., Paris, Musée national d'art moderne-Centre de création industrielle, 24 janv.-9 avr. 2001. Textes de Jean-Louis Schefer, Florian Rodari, Laure de Buzon-Vallet, Casimiro Di Crescenzo.

Alberto Giacometti, cat. d'expo., Zurich, Kunsthaus, 18 mai-2 sept. 2001 ; New York, The Museum of Modern Art, 11 oct.-8 janv. 2002. Textes de Christian Klemm, Carolyn Lanchner, Tobia Bezzola, Anne Umland.

MAURICE HENRY

Maurice Henry. Mostra antologica, cat. d'expo., Milan, Galleria Borgonuovo, 9-28 nov. 1971. Texte de Franco Passoni.

Henry, Maurice, *Antologia grafica del surrealismo*, Milan, Gabriele, 1972.

Gassiot-Talabot, Gérald, *Maurice Henry. L'humeur du jour*, Paris, Georges Fall, 1979.

Maurice Henry, cat. d'expo., Livourne, Galleria Peccolo, 1989. Préface de José Pierre (« Les paupières de verre de Maurice Henry »).

Feuerhahn, Nelly, *Maurice Henry. La révolte, le rêve et le rire*, Paris, Imec-Somogy, 1997.

Maurice Henry. Œuvres surréalistes et livres, cat. d'expo., Paris, galerie 1900-2000, 14 mai-26 juin 1998. Textes de Marcel Fleiss et Edouard Jaguer.

GEORGES HUGNET

Hugnet, Georges, *Petite anthologie poétique du surréalisme*, Paris, Jeanne-Bucher, 1934.

— *La Carte postale surréaliste*, Paris, Georges Hugnet, 1937. Série complète des 21 cartes tirées sur papier couleur, chacune illustrée d'une photographie de peinture, dessin, collage ou objet de M. Duchamp, A. Breton, M. Ernst, P. Eluard, D. Maar, J. Miró, S. Dalí, H. Bellmer, Man Ray, Y. Tanguy, O. Dominguez, H. Arp, G. Hugnet, M. Oppenheim, R. Magritte, J. Breton, R. Penrose, M. Jean, W. Paalen, N. Eluard et P. Picasso.

— *Pleins & déliés. Souvenirs et témoignages, 1926-1972*, La Chapelle-sur-Loire, G. Authier, 1972.

Pérégrinations de Georges Hugnet, cat. d'expo., Paris, Centre Georges Pompidou, Musée national d'art moderne, Cabinet d'art graphique, 11 juil.-11 sept. 1978. Texte de Pierre Georgel.

MARCEL JEAN

Jean, Marcel, en collaboration avec Arpad Mezei, *Maldoror. Essai sur Lautréamont et son œuvre*, suivi de *Notes* et de *Pièces justificatives*, Paris, Le Pavois, 1947.

Marcel Jean. Dessins anciens et documents surréalistes, cat. d'expo., Paris, galerie Le Dessin, 22 janv.-16 fév. 1975.

Marcel Jean. Zeichnungen, Radierungen, Bücher, 1926-1980, cat. d'expo., Cologne, Kölnischer Kunstverein, 20 janv.-22 fév. 1981.

Marcel Jean. Peintures, dessins, cat. d'expo., Genève, galerie Sonia Zannettacci, 16 fév.-31 mars 1988. Textes de Marcel Jean.

Jean, Marcel, *Au galop dans le vent*, s.l., Jean-Pierre De Monza, 1991.

ANDRÉ KERTÉSZ

Ducrot, Nicolas, *André Kertész. Soixante ans de photographie, 1912-1972*, Paris, Le Chêne, 1972.

Kertész, André, *Distorsions*, Paris, Le Chêne, 1976. Introd. de Hilton Kramer.

André Kertész. Of Paris and New York, cat. d'expo., Chicago, The Art Institute, 10 mai-14 juil. 1985 ; New York, The Metropolitan Museum of Art, 19 déc. 1985-23 fév. 1986. Textes de Sandra S. Phillips, David Travis, Weston J. Naef.

Phillips, Sandra S., *The Photographic Work of André Kertész in France, 1925-1936*, 3 vol., Ann Arbor, U.M.I., 1985. Catalogue raisonné.

Hommage à Kertész, Magyar, cat. d'expo., Budapest, Hungarian Museum of Photography, 27 juin-2 août 1997. Sous la direction de Peter Herendi.

WIFREDO LAM

Lam, cat. d'expo., New York, galerie Pierre Matisse, 17 nov. 1942. Préface d'André Breton.

Lam, cat. d'expo., La Havane, Lyceum, avril 1946. Texte de Lydia Cabrera.

Charpier, Jacques, *Lam*, Paris, Georges Fall, coll. « Le Musée de Poche », 1960.

Wifredo Lam, cat. d'expo., Bruxelles, Palais des beaux-arts, 18 mai-18 juin 1967. Texte de Maurice Nadeau.

Leiris, Michel, *Wifredo Lam*, New York, Harry N. Abrams, 1970 ; rééd., Bruxelles, Didier Devillez, 1997. Édition établie et annotée par Jean Jamin, avant-propos de Pierre Vilar.

Jouffroy, Alain, *Lam*, Paris, Georges Fall, 1972.

Xuriguera, Gérard, *Wifredo Lam*, Paris, Filipacchi, coll. « La Septième Face du Dé », 1974.

Jouffroy, Alain, *Le Nouveau Monde de Lam*, Polenza, La Nuova Foglio Editrice, 1975. Textes et témoignages d'André Breton, Alejo Carpentier, Fidel Castro, Che Guevara.

Fouché, Max-Pol, *Wifredo Lam*, Paris, Cercle d'Art, 1976.

Wifredo Lam. La jungle, cat. d'expo., Paris, Centre Georges Pompidou, Musée national d'art moderne, 14 fév.-fin mars 1979. Textes d'André Breton, Pierre Mabille, Nicolas Calas, Fernando Ortiz, Pontus Hulten.

Wifredo Lam, 1902-1982, cat. d'expo., Paris, Musée d'art moderne de la Ville de Paris, 1983. Textes d'Aline Vidal, José Ayllon, Michel Leiris.

Wifredo Lam, cat. d'expo., Düsseldorf, Kunstsammlung Nordrhein-Westfalen, 2 juil.-4 sept. 1988 ; Hambourg, Kunstverein, 19 nov. 1988-8 janv. 1989. Textes de Pierre Gaudibert, Eugène Ionesco, Ulrich Krempel.

Wifredo Lam, cat. d'expo., Madrid, Museo Nacional Centro de Arte Reina Sofia, 29 sept.-14 déc. 1992 ; Barcelone, Fundación Joan Miró, 21 janv.-28 mars 1993. Textes de Catherine David, Gerardo Mosquera, Maria Lluïsa Borrás, Lou Laurin Lam, François Gueguen.

Benitez, Helena, *Wifredo Lam. Interlude Marseille*, Copenhague, Blondal, 1993.

Borrás, Maria Lluïsa, Krempel, Ulrich et Stokes Sins, L., *Catalogue raisonné de l'œuvre de W. Lam*, t. I, *1923-1960*, Paris, Acatos/galerie Lelong, 1996.

Laurin-Lam, Lou, *Wifredo Lam. Catalogue Raisonné of the Painted Work*, vol. I, *1923-1960*, Lausanne, Acatos, 1996.

JACQUELINE LAMBA

Jacqueline Lamba, cat. d'expo., New York, Norlyst Gallery, 1944.

Jacqueline Lamba, cat. d'expo., Paris, galerie Pierre, 1947.

Jacqueline Lamba, cat. d'expo., s.l., Pasedoit Gallery, 1948.

Jaqueline Lamba, cat. d'expo., Paris, galerie 1900-2000, 2-30 déc. 1998. Textes de Jacqueline Lamba, Yves Bonnefoy, Fabrice Maze.

ELI LOTAR

Eli Lotar, cat. d'expo., Paris, Centre Georges Pompidou, Musée national d'art moderne, 10 nov. 1993-23 janv. 1994. Préface d'Alain Sayag ; essai biogr. d'Annick Lionel-Marie ; textes d'Alain et Odette Virmaux.

DORA MAAR

Caws, Mary Ann, *Les Vies de Dora Maar, Bataille, Picasso et les surréalistes*, trad. de l'anglais par Christian-Martin Diebold, Paris, Thames and Hudson, 2000.

Dora Maar, cat. d'expo., Munich, Haus der Kunst, 13 oct. 2001-6 janv. 2002 ; Musées de Marseille, Centre de la Vieille Charité, 20 janv.-4 mai 2002 ; Barcelone, Centre Cultural Tecla Sala L'Hospitalet, 15 mai-15 juil. 2002. Sous la direction de Victoria Combalía et Hubertus Gaßner.

RENÉ MAGRITTE

Magritte, cat. d'expo., Bruxelles, galerie Le Centaure, 23 avr.-3 mai 1927. Textes de P. G. Van Hecke et Paul Nougé.

René Magritte, cat. d'expo., Bruxelles, Palais des beaux-arts, 13-24 mai 1939. Texte de Paul Nougé.

Scutenaire, Louis, *René Magritte*, Bruxelles, Librairie Sélections, coll. « Le Miroir Infidèle », 1942.

Nougé, Paul, *Magritte ou Les Images défendues*, Bruxelles, Les Auteurs associés, 1943.

René Magritte, cat. d'expo., New York, The Museum of Modern Art, 1965. Texte de James Thrall Soby.

Magritte, cat. d'expo., Londres, Tate Gallery, 14 fév.-30 mars 1969. Sous la direction de David Sylvester.

SYLVESTER, David, *Magritte*, Washington/New York, F. A. Praeger, 1969.

MAGRITTE, René, *Manifestes et autres écrits*, Bruxelles, Les Lèvres Nues, 1972.

SCHNEEDE, Uwe, *René Magritte. Leben und Werk*, Cologne, DuMont Schauberg, 1973.

ROBBE-GRILLET, Alain, *La Belle Captive*, Bruxelles, Cosmos, coll. « Textes », 1975.

La Fidélité des images. René Magritte. Le cinématographe et la photographie, cat. d'expo., Paris, Musée d'art moderne de la Ville de Paris, oct.-nov. 1976. Textes de Louis Scutenaire.

MAGRITTE, René, *Destination. Lettres à Marcel Mariën (1937-1962)*, Bruxelles, Les Lèvres nues, 1977.

SCUTENAIRE, Louis, *Avec Magritte*, Bruxelles, Lebeer Hossmann, 1977.

TORCZYNER, Harry et BESSARD, Bella, *René Magritte. Signes et images*, Paris, Draeger/Le Soleil Noir, 1977.

Rétrospective Magritte, cat. d'expo., Paris, Musée national d'art moderne, 1979. Textes de Louis Scutenaire, Jean Clair, David Sylvester.

MAGRITTE, René, *Écrits complets*, réunis et présentés par André Blavier, Paris, Flammarion, 1979.

René Magritte und der Surrealismus in Belgien, cat. d'expo., Hambourg, Kunstverein, 23 janv.-28 mars 1982. Textes de Marcel Mariën, Marc Dachy, Uwe M. Schneede.

FOUCAULT, Michel, *Ceci n'est pas une pipe. Contribution furtive à l'étude d'un tableau de René Magritte*, St-Clément La Rivière, Fata Morgana, 1986.

Magritte, cat. d'expo., Londres, The Hayward Gallery, The South Bank Center, 21 mai-2 août 1992 ; New York, The Metropolitan Museum of Art, 9 sept.-22 nov. 1992 ; Houston, The Menil Collection, 15 déc. 1992-21 fév. 1993 ; Chicago, The Art Institute, 16 mars-30 mai 1993. Texte de Sarah Whitfield.

SYLVESTER, David, *Magritte*, trad. de l'anglais par Jeanne Bouniort, Paris, Flammarion, en association avec la Menil Foundation, 1992.

— en collaboration avec Sarah WHITFIELD et Michael RAEBURN, *René Magritte. Catalogue raisonné*, Anvers/Paris, Fonds Mercator/Flammarion, en association avec Menil Foundation, 1992-1997, 5 vol. (*Peintures 1916-1930*; *Peintures et objets 1931-1948*; *Peintures, objets et bronzes 1949-1967*; *Gouaches, temperas, aquarelles et papiers collés 1918-1967*; *Supplément : liste des expositions, bibliographie, index*).

MARIËN, Marcel, *Apologies de Magritte*, Bruxelles, Didier Devillez, 1994.

Magritte, cat. d'expo., Montréal, Musée des beaux-arts, 20 juin-27 oct. 1996. Sous la direction de Didier Ottinger, préface de Pierre Théberge, textes de Pierre Sterckx, Alain Cueff, Bart Verschaffel.

René Magritte, die Kunst der Konversation, Marcel Broodthaers, Joseph Kosuth, Barbara Bloom..., cat. d'expo., Düsseldorf, Kunstsammlung Nordrhein-Westfalen, 23 nov. 1996-2 mars 1997 ; Munich/New York, Prestel, 1996. Textes de Didier Ottinger, Marcel Broodthaers, Joseph Kosuth, Barbara Bloom.

NOUGÉ, Paul, *René Magritte (in extenso)*, Bruxelles, Didier Devillez, 1997.

René Magritte, 1898-1967, cat. d'expo., Bruxelles, Musées royaux des beaux-arts de Belgique, 6 mars-28 juin 1998. Sous la direction de Gisèle Ollinger-Zinque et Frederik Leen.

GEORGES MALKINE

Exposition Malkine, cat. d'expo., Paris, Galerie surréaliste, 10-30 janv. 1927.

Hommage à Malkine, cat. d'expo., Paris, galerie Mona Lisa, 5-31 oct. 1966. Textes de Louis Aragon, François Baron, Simone Collinet.

MALKINE, Georges, *À Bord du violon de mer*, Paris, La Différence, 1977.

Georges Malkine, le vagabond du surréalisme, cat. d'expo., Paris, Pavillon des Arts, 28 avr.-29 août 1999.

MAN RAY

RIBEMONT-DESSAIGNES, Georges, *Man Ray*, Paris, N.R.F., coll. « Peintres nouveaux », 1924.

Tableaux de Man Ray et objets des Îles, cat. d'expo., Paris, Galerie surréaliste, 26 mars-10 avr. 1926.

Photographs by Man Ray, 1920 Paris 1934, Hartford, James Thrall Soby, 1934. Textes de James Thrall Soby, Paul Eluard, André Breton, Rrose Sélavy, Tristan Tzara.

Exhibition Man Ray, cat. d'expo., New York, Julien Levy Gallery, avril 1945. Introd. de Man Ray, couv. ill. par Marcel Duchamp.

An Exhibition of the Works of Man Ray, Retrospective and Prospective, cat. d'expo., Londres, Institute of Contemporary Arts, 31 mars-25 avr. 1959.

MAN RAY, *Autoportrait*, Paris, Laffont, 1964.

Man Ray, cat. d'expo., Los Angeles, Los Angeles County Museum of Art, 1966.

PENROSE, Roland, *Man Ray*, Paris, Le Chêne, 1975.

FORESTA, Merry-A, *Man Ray*, Paris, Centre national de la photographie, coll. « Photo poche », 1988.

Man Ray's Paris Portraits, 1921-1939, cat. d'expo., Washington, Middendorf Gallery, 1989. Texte de Timothy Baum.

Perpetual Motif, the Art of Man Ray, cat. d'expo., Washington, National Museum of American Art, Smithsonian Institution, 2 déc. 1988-20 fév. 1989 ; Los Angeles, The Museum of Contemporary Art, 17 mars-28 mai 1989 ; Houston, The Menil Collection, 30 juin-17 sept. 1989. Sous la direction de Merry Foresta ; textes de Merry Foresta, Stephen C. Foster, Billy Klüver, Julie Martin.

BOUHOURS, Jean-Michel et HAAS, Patrick de, *Man Ray, directeur du mauvais movies*, Paris, Centre Pompidou, 1997. Textes de Jean-Michel Bouhours, Patrick de Haas, Deke Dusinberre.

Man Ray, la photographie à l'envers, cat. d'expo., Paris, Galeries nationales du Grand Palais, 29 avr.-29 juin 1998. Sous la direction d'Emmanuelle de l'Ecotais et Alain Sayag. Textes d'Emmanuelle de L'Ecotais, Alain Sayag, Michel Frizot, Lucien Treillard.

BALDWIN, Neil, *Man Ray, une vie d'artiste*, trad. de l'anglais par Édith Ochs, Paris, Plon, 1998.

MARCEL MARIËN

Marcel Mariën. Werke 1937-1978, cat. d'expo., Cologne, Belgisches Haus, 14 sept.-14 oct. 1978.

MARIËN, Marcel, *L'Activité surréaliste en Belgique (1924-1950)*, Bruxelles, Lebeer-Hossmann, 1979.

Mariën. Rétrospective des rétrospectives, cat. d'expo., Paris/Bruxelles, galerie Isy Brachot, 1989.

Marcel Mariën (1920-1993). Le lendemain de la mort, cat. d'expo., La Louvière, Musée Lanchelevici, galerie Tendances contemporaines, 1994. Textes de Paul Nougé, Xavier Canonne, Christian Bussy.

ANDRÉ MASSON

LEIRIS, Michel, en collaboration avec Georges LIMBOUR, *André Masson et son univers*, Genève/Paris, Les Trois Collines, 1947.

LIMBOUR, Georges, *Masson, dessins*, Paris, Braun, 1951.

MASSON, André, *Métamorphose de l'artiste*, Genève, P. Cailler, coll. « Écrits et documents de peintres », 1956.

— *Entretiens avec Georges Charbonnier*, Paris, Julliard, 1958. Préface de Georges Limbour.

André Masson, cat. d'expo., Berlin, Akademie der Künste, 1964. Textes de Daniel-Henry Kahnweiler et Werner Haftmann.

André Masson, cat. d'expo., Paris, Musée national d'art moderne, mars-mai 1965. Texte de Jean Cassou.

HAHN, Otto, *Masson*, Paris, Tisné, 1965.

LEIRIS, Michel, *André Masson. Massacres et autres dessins*, Paris, Hermann, 1971.

MASSON, André, *La Mémoire du monde*, Genève, Skira, 1974.

— *Vagabond du surréalisme*, Paris, Saint-Germain-des-Prés, 1975.

André Masson, cat. d'expo., New York, The Museum of Modern Art, 1976. Textes de William Rubin et Carolyn Lanchner.

André Masson, 200 dessins, cat. d'expo., Paris, Musée d'art moderne de la Ville de Paris, 10 juin-12 sept. 1976.

MASSON, André, *Le Rebelle du surréalisme. Écrits*, Paris, Hermann, coll. « Savoir », 1976. Textes réunis et présentés par Françoise Will-Levaillant.

André Masson, cat. d'expo., Paris, Grand Palais, 5 mars-2 mai 1977. Textes de Michel Leiris, William Rubin et Carolyn Lanchner.

LAMBERT, Jean-Clarence, *André Masson*, Paris, Filipacchi, 1979.

André Masson, œuvres des collections publiques françaises, hommage pour son 85e anniversaire, cat. d'expo., Paris, Musée national d'art moderne, 16 déc. 1981-1er fév. 1982. Sous la direction de Dominique Bozo.

RAHN, Dieter, *Raumdarstellung und Zeitbezug in der Malerei. Zur Kunst und Kunstgeschichte André Masson*, Mittenwald, Mäander Kunstverlag, 1982.

MÉRÉDIEU, Florence de, *André Masson. Les dessins automatiques*, Paris, Blusson, 1988.

Masson, André, *Les Années surréalistes. Correspondance, 1916-1942*, Paris, La Manufacture, coll. « Les Classiques de la Manufacture », 1990. Édition établie, présentée et annotée par Françoise Levaillant.

Saphire, Laurence et Cramer, Patrick, *André Masson. Catalogue raisonné des livres illustrés*, Genève, P. Cramer, 1994.

ROBERTO MATTA

Matta. Oils, Pencils and Paintings, cat. d'expo., New York, Pierre Matisse Gallery, 31 mars-21 avr. 1942. Texte d'Alfred Jarry.

Drawings Matta Drawings, cat. d'expo., New York, Julien Levy Gallery, 16 mars-15 avr. 1943.

Matta Echaurren, cat. d'expo., Chicago, The Arts Club, 4-29 janv. 1944.

Matta, cat. d'expo., New York, Pierre Matisse Gallery, 12-31 mars 1944.

Matta, cat. d'expo., New York, The Museum of Modern Art, 10 sept.-20 oct. 1957 ; Minneapolis, Walker Art Center, 15 nov.-30 déc. 1957 ; Boston, The Institute of Contemporary Art, 18 janv.-2 mars 1958. Préface de William Rubin.

Matta, cat. d'expo., Nationalgalerie, Berlin, Staatliche Museen Preussischer Kulturbesitz, mai-août 1970. Préface de Werner Haftmann ; texte d'Ursula Schmitt.

Matta, cat. d'expo., Hanovre, Kestner Gesellschaft, 1974. Préface de Wieland Schmied.

Ferrari, Germana, *Matta. Index dell'opera grafica dal 1969 al 1980*, Rome, Staderini, 1980. Catalogue raisonné.

Matta, cat. d'expo., Paris, Centre Georges Pompidou, Musée national d'art moderne, 3 oct.-16 déc. 1985. Textes d'André Breton, Roberto Matta, Alain Jouffroy, Patrick Waldberg, Octavio Paz.

Matta, Roberto, *Entretiens morphologiques. Notebook n° 1, 1936-1944*, Lugano, Sistan, 1987 ; Paris, Filipacchi, 1988.

Paz, Octavio, *Matta*, Malmö, GKM Siwert Bergström, 1988. Textes de Lasse Söderberg et Siwert Bergström.

Matta, cat. d'expo., Milan, Palazzo Reale, 9 mars-20 mai 1990. Textes de Maurizio Calvesi, Alain Sayag, Silvia Danesi Squarzina.

Haim, Paul, *Matta. Agiter l'œil avant de voir. Errances, souvenirs et autres divagations*, Paris, Séguier, 2001.

ÉDOUARD-LÉON-THÉODORE MESENS

Mesens. Collages, cat. d'expo., Bruxelles, Palais des beaux-arts, 25 avr.-13 mai 1959.

Mesens, Édouard-Léon-Théodore, *Poèmes, 1923-1958, illustrés de dix dessins de René Magritte*, Paris, Le Terrain vague, 1959.

Mesens, 125 collages & objets, cat. d'expo., Knokke-le-Zoute, 1963. Texte de Jacques Brunius.

Mesens, cat. d'expo., Bruxelles, Galerie de la Madeleine, 12-30 mai 1966. Textes de Patrick Waldberg et P. G. Van Hecke.

Scutenaire, Louis, *Mon ami Mesens*, Bruxelles, 1972.

JOAN MIRÓ

Joan Miró, cat. d'expo., Paris, galerie Pierre, 12-27 juin 1925. Texte de Benjamin Péret.

Joan Miró, cat. d'expo., New York, The Museum of Modern Art, 1941. Texte de James Johnson Sweeney.

Greenberg, Clement, *Miró*, New York, Quadrangle, 1948.

Joan Miró, cat. d'expo., Bâle, Kunsthalle, 24 mars-29 avr. 1956.

Dupin, Jacques, *Miró*, Paris, Flammarion, 1961.

Joan Miró, cat. d'expo., Paris, Musée national d'art moderne, juin-nov. 1962. Texte de Jean Cassou.

Miró, Joan, *Je travaille comme un jardinier*, propos recueillis par Yvon Taillandier, xxe siècle, Paris, 1964.

Dupin, Jacques, *Miró sculpteur*, Barcelone, Poligrafa, 1972.

Miró in the Collection of the Museum of Modern Art, cat. d'expo., New York, The Museum of Modern Art, 1973. Texte de William Rubin.

Jouffroy, Alain et Teixidor, Joan, *Miró. Sculptures*, Paris, Maeght, 1973.

Joan Miró, cat. d'expo., Paris, Galeries nationales du Grand Palais, 17 mai-13 oct. 1974. Textes de Jean Leymarie, Jacques Dupin, Isabelle Monod-Fontaine, Reynold Arnoud.

Miró, Joan, *Carnets catalans*, dessins et textes inédits présentés par Gaëtan Picon, Genève, Skira, 1976.

Rowell, Margit, *Joan Miró. Peinture = poésie*, Paris, La Différence, 1976.

Miró, Joan, *Ceci est la couleur de mes rêves*, entretiens avec Georges Raillard, Paris, Le Seuil, coll. « Traversée du siècle », 1977.

Dessins de Miró provenant de l'atelier de l'artiste et de la Fondation Joan Miró de Barcelone, cat. d'expo., Paris, Centre Georges Pompidou, Musée national d'art moderne, 20 sept. 1978-22 janv. 1979. Texte de Pierre Georgel.

Cramer, Patrick, *Joan Miró. Catalogue raisonné des livres illustrés*, Genève, Patrick Cramer, 1989. Préface de Rosa Maria Malet.

Malet, Rosa Maria, *Joan Miró*, Barcelone, Éditions 62, 1992.

Dupin, Jacques, *Miró*, Paris, Flammarion, coll. « Grandes monographies », 1993.

Joan Miró, cat. d'expo., New York, The Museum of Modern Art, 17 oct. 1993-11 janv. 1994. Textes de Carolyn Lanchner, Anne Umland, Lilian Tone.

Miró, Joan, *Écrits et entretiens*, choisis, présentés et annotés par Margit Rowell, Paris, Daniel Lelong, 1995.

Fundació Joan Miró, guide, Barcelone, Fundació Joan Miró/Skira/Carroggio, 1999.

Miró, la collection du Centre Georges Pompidou, cat. d'expo., Paris, Musée national d'art moderne, Bordeaux, Capc-Musée d'art contemporain, 21 mai-30 août 1999. Textes d'Isabelle Monod-Fontaine, Agnès de la Beaumelle, Marie-Laure Bernadac, Claire Blanchon.

Dupin, Jacques, en collaboration avec Ariane Lelong-Mainaud, *Joan Miró, catalogue raisonné. Paintings*, 4 vol., Paris, D. Lelong/Successió Miró, 1999.

MERET OPPENHEIM

Meret Oppenheim, cat. d'expo., Paris, À l'Étoile scellée, 1956. Texte de Benjamin Péret.

Meret Oppenheim, cat. d'expo., Stockholm, Moderna Museet, 15 avr.-21 mai 1967. Texte de Carl Frederik Reutersward.

Curiger, Brice, *Spuren durchstander, Freiheit*, Zurich, ABC Verlag, 1982 ; trad. anglaise, *Meret Oppenheim. Defiance in the Face of Freedom*, avec des textes et des poèmes de Meret Oppenheim, Christiane Meyer-Thoss, Jean-Christophe Ammann, Zurich/Frankfurt/New York/Cambridge, Parkett/The Mit Press, 1989. Contient un catalogue raisonné établi par Meret Oppenheim et Dominique Bürgi.

Meret Oppenheim, cat. d'expo., Paris, Musée d'art moderne de la Ville de Paris, 27 oct.-10 déc. 1984. Introd. de Suzanne Pagé.

Helfenstein, Josef, *Meret Oppenheim und der Surrealismus*, Stuttgart, Gerd Hatje, 1993.

Oppenheim, Meret, *Poèmes et carnets, 1928-1985*, trad. de l'allemand par Henri-Alexis Baatsch, Paris, C. Bourgois, 1993. Postface de Christiane Meyer-Thoss.

Meret Oppenheim, Beyond the Teacup, cat. d'expo., New York, The Solomon R. Guggenheim Museum, 28 juin-9 oct. 1996 ; Chicago, Museum of Contemporary Art, 2 nov. 1996-11 janv. 1997 ; Miami Beach, Bass Museum of Art, 6 fév.-6 avr. 1997 ; Omaha, Joslyn Art Museum, 10 mai-6 juil. 1997. Textes de Jacqueline Burckhardt et Bice Curiger, Josef Helfenstein, Thomas McEvilley, Nancy Spector.

Meret Oppenheim, eine andere Retrospektive = a different retrospective, cat. d'expo., Vienne, galerie Krinzinger, 1997.

WOLFANG PAALEN

Wolfgang Paalen, cat. d'expo., Paris, galerie Renou et Colle, 21 juin-5 juil. 1938. Préface d'André Breton.

Paalen, Wolfgang, *Form and Sense*, New York, Wittenborn and Co, coll. « Problems of Contemporary Art », 1945.

Regler, Gustav, *Wolfgang Paalen*, New York, Nierendorf, 1946.

Préface à une rétrospective. Wolfgang Paalen. Peintures, objets, dessins, cat. d'expo., Paris, Librairie Loloée, 1960. Texte d'Octavio Paz.

Pierre, José, *Le Domaine de Paalen*, Paris, Galanis, 1970.

— *Wolfgang Paalen*, Paris, Filippachi, coll. « La Septième Face du Dé », 1980. Préface de José Pierre, citations de W. Paalen.

Wolfgang Paalen. Zwischen Surrealismus und Abstraktion, cat. d'expo., Vienne, Museum des 20. Jahrhunderts, 24 sept.-7 nov. 1993. Textes de Lóránd Hegyi, Andreas Neufert, Dieter Schrage, Andreas Neufert.

ROLAND PENROSE

Penrose, Roland, *Scrap book, 1900-1981*, Londres, Thames and Hudson, 1981.

— *Quatre-vingts ans de surréalisme*, Paris, Cercle d'Art, 1983.

Roland Penrose, the Friendly Surrealist, a Memoir, cat. de l'expo. « Roland Penrose and Lee Miller », Edimbourg, Dean Gallery et Scottish National Gallery of Modern Art, 19 mai-9 sept. 2001.

FRANCIS PICABIA

Francis Picabia. Peintures sur-irréalistes, cat. d'expo., Paris, galerie Denise René, 26 avr.-20 mai 1946.

PICABIA, Francis, *Choix de poèmes*, par Henri Parisot, Paris, G.L.M., 1947.

Francis Picabia (1879-1953). Werke von 1909-1924, cat. d'expo., Berne, Kunsthalle, 1962. Texte en français de Jean-Jacques Lebel.

Picabia, cat. d'expo., Marseille, Musée Cantini, 1962.

SANOUILLET, Michel, *Picabia*, Paris, Le Temps, coll. « L'œil du temps », 1964.

Francis Picabia, cat. d'expo., Eindhoven, Stedelijk van Abbemuseum, 1967.

Francis Picabia, cat. d'expo., New York, The Solomon R. Guggenheim Museum, 1970. Texte de William A. Camfield.

CAMFIELD, William A., *Francis Picabia*, préface de Marcel Duchamp, Paris, Losfeld, 1972 ; *Francis Picabia, his Art, Life and Times*, Princeton (N. J.), Princeton University Press, 1979.

Bois, Yves-Alain, *Picabia*, Paris, Flammarion, 1975.

PICABIA, Francis, *Caravansérail*, Paris, Belfond, 1975.

Francis Picabia, cat. d'expo., Paris, Grand Palais, 23 janv.-29 mars 1976.

PICABIA, Francis, *Écrits, 1921-1953 et posthumes*, textes réunis et présentés par Olivier Revault d'Allonnes, Paris, Belfond, coll. « Les Bâtisseurs du XXe siècle », 1978.

BORRAS, Maria Lluisa, *Picabia*, Paris, Albin Michel, 1985.

WILSON, Sarah, *Francis Picabia. Accomodations of Desire. Transparences, 1924-1932*, New York, Kent, 1989.

PABLO PICASSO

ZERVOS, Christian, *Pablo Picasso*, 33 vol., Paris, Cahiers d'Art, 1957-1978. Catalogue raisonné des œuvres (1895-1972).

BRASSAÏ, *Conversations avec Picasso*, Paris, Gallimard, 1964.

SPIES, Werner, *Die Skulpturen von Picasso*, Stuttgart, Gerd Hatje, 1971 ; éd. française, *Les Sculptures de Picasso*, Lausanne, Clairefontaine, 1971 ; rééd. avec catalogue raisonné des sculptures, en collaboration avec Christine Piot, Stuttgart, Gerd Hatje, 1983.

RUBIN, William, *Picasso in the Collection of the Museum of Modern Art*, New York, The Museum of Modern Art, 1972.

DAIX, Pierre, *La Vie de peintre de Pablo Picasso*, Paris, Le Seuil, 1977.

Picasso. Œuvres reçues en paiement des droits de succession, cat. d'expo., Paris, Galeries nationales du Grand Palais, 11 oct. 1979-7 janv. 1980. Textes de Maurice Aicardi, Dominique Bozo, Michel Leiris, René Char.

CRAMER, Patrick, GOEPPERT, Sebastian et GOEPPERT-FRANK, Herma, *Pablo Picasso. Catalogue raisonné des livres illustrés*, Genève, Patrick Cramer, 1983.

Picasso. Pastelle, Zeichnungen, Aquarelle, cat. d'expo., Tübingen, Kunsthalle, 5 avr.-1er juin 1986 ; Düsseldorf, Kunstsammlung Nordrhein-Westfalen, 14 juin-27 juil. 1986 ; éd. française, *Picasso. Pastels, dessins, aquarelles*, Paris, Herscher, 1986 (sous la direction de Werner Spies).

PICASSO, Pablo, *Écrits*, Paris, Réunion des musées nationaux/Gallimard, 1989. Préface de Michel Leiris ; textes établis, présentés et annotés par Marie-Laure Bernadac et Christine Piot.

Picasso, une nouvelle dation, cat. d'expo., Paris, Galeries nationales du Grand Palais, 12 sept. 1990-14 janv. 1991. Textes de Gérard Régnier, Marie-Laure Bernadac, Brigitte Léal, Hélène Seckel.

Picassos Surrealismus. Werke 1925-1937, cat. d'expo., Bielefeld, Kunsthalle, 15 sept.-15 déc. 1991. Sous la direction d'Ulrich Weisner ; textes d'Ulrich Weisner, John Golding, Pierre Daix, Roland Penrose, Robert Rosenblum.

Corps crucifiés. Picasso, Bacon, Dix, De Kooning, Guttuso, Sutherland, Saura, cat. d'expo., Paris, Musée Picasso, 17 nov. 1992-1er mars 1993 ; Montréal, Musée des beaux-arts, 26 mars-16 mai 1993. Textes de Philippe Sollers, Jean Clair, Ruth Kaufmann, Christian Heck, Enrico Crispolti, Gianfranco Bruno, Claire Stoullig.

Picasso. Toros y toreros, cat. d'expo., Paris, Musée Picasso, 6 avr.-28 juin 1993 ; Bayonne, Musée Bonnat, 9 juil.-13 sept. 1993 ; Barcelone, Museu Picasso, 6 oct. 1993-9 janv. 1994. Textes de Antonio Saura, Bernard Marcadé, Marie-Laure Bernadac.

RUBIN, William, en collaboration avec Hélène SECKEL, Judith COUSIN, John ELDERFIELD, *Les Demoiselles d'Avignon*, New York, The Museum of Modern Art/Harry N. Abrams, coll. « Studies in Modern Art Series », 1994.

DAIX, Pierre, *Dictionnaire Pablo Picasso*, Paris, Robert Laffont, coll. « Bouquins », 1995.

BALDASSARI, Anne, DUPUIS-LABBÉ, Dominique, GIRAUDON, Colette, LÉAL, Brigitte et SECKEL, Hélène, *L'ABCdaire de Picasso*, Paris, Flammarion/Réunion des Musées Nationaux, coll. « Série Patrimoine », 1996.

GLIMCHER, Arnold et Marc, *Je suis le cahier. The Sketchbooks of Picasso*, New York, Thames and Hudson, 1996. Préface de Arnold Glimcher, textes de Claude Picasso, E.A. Carmean, Robert Rodenblum. Catalogue raisonné.

LÉAL, Brigitte, *Carnets Picasso. Catalogue des dessins*, 2 vol., Paris, Musée Picasso/Réunion des musées nationaux, 1996. Catalogue raisonné.

SOLLERS, Philippe, *Picasso, le héros*, Paris, Cercle d'art, coll. « Repères contemporains », 1996.

Le miroir noir. Picasso, sources photographiques, 1900-1928, cat. d'expo., Paris, Musée Picasso, 12 mars-9 juin 1997. Texte d'Anne Baldassari.

Picasso, Masterworks from the Museum of Modern Art, cat. d'expo., Atlanta, High Museum of Art, 8 nov. 1997-15 fév. 1998.

Picasso collectionneur, cat. d'expo., éd. française du catalogue de l'exposition « Picasso und seine Sammlung », Munich, Kunsthalle der Hypo-Kulturstiftung, 30 avr.-16 août 1998 (sous la direction d'Hélène Seckel-Klein).

Picasso à Dinard, cat. d'expo., Dinard, Palais des Arts, 19 juin-19 sept. 1999. Préface de Jean-Marie Tasset ; textes de Marius Mallet, Florence Rionnet, John Richardson, Werner Spies, Peter Read.

Picasso sculpteur, cat. d'expo., Paris, Centre Georges Pompidou, Musée national d'art moderne, 7 juin-25 sept. 2000. Texte de Werner Spies ; catalogue raisonné des sculptures, Werner Spies, en collaboration avec Christine Piot.

Picasso érotique, cat. d'expo., Paris, Galerie nationale du Jeu de Paume, 20 fév.-20 mai 2001 ; Montréal, Musée des beaux-arts, 14 juin-16 sept. 2001 ; Barcelone, Musée Picasso, 15 oct. 2001-27 janv. 2002. Textes de Gérard Régnier, Dominique Dupuis-Labbé.

Picasso. Sous le soleil de Mithra, cat. d'expo., Martigny, Fondation Gianadda, 29 juin-4 nov. 2001 ; Paris, Musée Picasso, 8 nov. 2001-4 mars 2002.

ROGI ANDRÉ

BESLON, Renée, *Rogi André, portraits*, Paris, Le Regard, 1981.

OLLIER, Brigitte, en collaboration avec Elisabeth NORA et Frédéric DEVELAY, *Rogi André. Photo sensible*, Paris, Le Regard, 1999.

PIERRE ROY

Pierre Roy, cat. d'expo., Paris, galerie Pierre, 18-30 mai 1928. Préface de Louis Aragon « Celui qui s'y colle ».

Pierre Roy, cat. d'expo., Paris, Galerie des beaux-arts, 14 fév.-3 mars 1935. Préface d'André Salmon.

Pierre Roy, cat. d'expo., Paris, galerie André-François Petit, 1967.

Pierre Roy, 1880-1950, cat. d'expo., New York, Richard L. Feigen Gallery, nov. 1992-janv. 1993. Introd. de Frances F. L. Beatty.

KURT SELIGMANN

Kurt Seligmann, cat. d'expo., New York, Nierendorf Gallery, 21 avr.-12 mai 1941. Texte de Nicolas Calas.

SELIGMANN, Kurt, *Le Miroir de la magie*, Paris, Fasquelle, 1956 ; rééd., Paris, Le Sagittaire, 1961.

Kurt Seligmann, 1900-1962. Peintures, dessins, gravures, livres, cat. d'expo., Genève, galerie Jacques Benador, 1974. Texte de Jean Starobinski.

Kurt Seligmann, 1900-1962. Leben und Werk, cat. d'expo., Zug, Kunsthaus, hiver 1997-1998. Texte de Stephan E. Hauser.

JOSEF SIMA

Joseph Sima, cat. d'expo., Paris, Musée national d'art moderne, Centre national d'art contemporain, 7 nov.-23 déc. 1968. Textes de Jean Leymarie, Meyer Schapiro, Frantisek Smejkal, Roger Gilbert-Lecomte, Roger Caillois.

CHAR, René, *Se rencontrer paysage avec Josef Sima*, Paris, Jean Hugues, 1973.

LINHARTOVÁ, Vera, *Joseph Sima, ses amis, ses contemporains*, Bruxelles, La Connaissance, coll. « Témoins et témoignages », 1974.

SMEJKAL, Frantisek, *Josef Sima*, Prague, Odéon, 1988 ; éd. française, Paris, Cercle d'art, 1992.

Sima, cat. d'expo., Paris, Musée d'art moderne de la Ville de Paris, 3 avr.-21 juin 1992. Textes de Patrick Javault, Frantisek Smejkal, Serge Fauchereau.

SIMA, Josef, *Kaléidoscope*, Paris, Revue K, 1992.

Joseph Sima, cat. d'expo., Paris, galerie Thessa Herold, automne 1995. Textes de François Chapon, Henri Michaux, Joseph Sima, Kathleen Raine.

GILBERT-LECOMTE, Roger, *Josef Sima*, Mont-de-Marsan, L'Atelier des Brisants, coll. « Rencontre », 2001. Présentation de Marie-Hélène Popelard.

JINDRICH STYRSKY

Jindrich Styrsky, cat. d'expo., Paris, galerie Nina Dausset, 1948. Préface de Benjamin Péret.

KRIZ, Jan, *Jindrich Styrsky fotographie*, Brno, 1966.

Jindrich Styrsky 1899-1942. Ma.arstwo, rysunek, collage, fotografie, cat. d'expo., Lódz, Muzeum Sztuki, 25 mars-4 mai 1969. Texte de Vera Linhartová.

SMEJKAL, Frantisek, *Jindrich Styrsky*, Prague, Odeon, 1970.

Heisler, Styrsky Toyen, cat. d'expo., Paris, Centre Georges Pompidou, Musée national d'art moderne, 10 mars-31 mai 1982.

MAURICE TABARD

Maurice Tabard, l'Alchimiste des formes, cat. d'expo., Lyon, Fondation nationale de la photographie, avr.-mai 1985.

GASSMANN, Pierre, KRAUSS, Rosalind et ELISSAGARAY, Caroline, *Maurice Tabard*, Paris, Contrejour, 1987.

BAQUÉ, Dominique, *Maurice Tabard*, Paris, Belfond/Paris Audiovisuel, coll. « Les grands photographes », 1991.

YVES TANGUY

Yves Tanguy et objets d'Amérique, cat. d'expo., Paris, Galerie surréaliste, 27 mai-15 juin 1927. Textes d'André Breton et de Paul Eluard.

Yves Tanguy. Retrospective Exhibition of Paintings and Gouaches, 1927 to 1946, cat. d'expo., New York, Pierre Matisse Gallery, 5-30 nov. 1946.

BRETON, André, *Yves Tanguy*, New York, Pierre Matisse, 1946.

Yves Tanguy, cat. d'expo., New York, The Museum of Modern Art, 1955. Sous la direction de James Thrall Soby.

SAGE, Kay, *Yves Tanguy. Un recueil de ses œuvres*, New York, Pierre Matisse Gallery, 1963. Textes d'André Breton, Paul Eluard et Lucy R. Lippard.

MARCHESSEAU, Daniel, *Yves Tanguy*, Paris, Filipacchi, coll. « La Septième Face du dé », 1973.

WALBERG, Patrick, *Yves Tanguy*, Bruxelles, De Rache, 1977.

Yves Tanguy. Rétrospective, 1925-1955, cat. d'expo., Paris, Centre Georges Pompidou, Musée national d'art moderne, 17 juin-27 sept. 1982 ; Baden-Baden, Staatliche Kunsthalle, 17 oct. 1982-2 janv. 1983. Préface de Dominique Bozo, textes de Jean Maurel, Roland Penrose, et de Katharina Schmidt pour l'édition allemande.

ONSLOW FORD, Gordon, *Yves Tanguy and Automatism*, Inverness, Bishop Pine Press, 1982.

Yves Tanguy und der Surrealismus, cat. d'expo., Stuttgart, Staatsgalerie, 9 déc. 2000-29 avr. 2001 ; Houston, Texas, The Menil Collection, 31 mai-16 sept. 2001. Sous la direction de Karin von Maur ; essais de Susan Davidson, Konrad Klapheck, Gordon Onslow Ford, Andreas Schalhorn, Beate Wolf.

RAOUL UBAC

Raoul Ubac, cat. d'expo., Bruxelles, galerie Dietrich, 3-14 mai 1941. Préface de Paul Nougé.

Rétrospective Raoul Ubac, cat. d'expo., Charleroi, Cercle royal, artistique et littéraire, Palais des beaux-arts, 3 fév.-3 mars 1968 ; Bruxelles, Palais des beaux-arts, 10 mars-10 avr. 1968 ; Paris, Musée national d'art moderne, 25 avr.-5 juin 1968. Textes de Bernard Dorival, Robert Rousseau.

ESTEBAN, Claude, *Ubac*, Paris, Maeght, 1978.

Raoul Ubac, photographies des années trente, cat. d'expo., Paris, galerie Adrien Maeght, 1983. Textes de Christian Dotremont et Pierre Alechinsky.

FRÉNAUD, André, *Ubac et les fondements de son art*, Paris, Maeght, coll. « Chroniques anachroniques », 1985.

Raoul Ubac. Photographies, peintures, sculptures, dessins et gravures, cat. d'expo., Bruxelles, Le Botanique, Bibliothèque Wittockiana, Centre culturel de la Communauté Wallonie-Bruxelles, 28 nov. 1987-24 janv. 1988 ; Arras, Centre culturel Noroit, 28 nov.-24 janv. 1988. Texte de J. P. Greff.

Rétrospective Raoul Ubac (1910-1985), cat. d'expo., Vevey, Musée Jenisch, 14 juin-30 août 1992.

BOUQUERET, Christian, *Raoul Ubac. Photographie*, Paris, L. Scheer, 2000.

REMEDIOS VARO

La obra de remedios Varo, cat. d'expo., Mexico, Museo nacional de arte moderno, 3-31 août 1964. Texte d'Horacio Sanchez-Flores.

PAZ Octavio et CAILLOIS, Roger, *Remedios Varo*, Mexico, 1966.

JAGUER, Édouard, *Remedios Varo*, Paris, Filipacchi, 1980.

Remedios Varo. Arte y literatura, cat. d'expo., Teruel, Museo de Teruel, 25 oct.-24 nov. 1991. Textes d'Emmanuel Guigon, Susanne Klengel, Lourdes Andrade, Remedios Varo, Walter Gruen, Beatriz Varo.

Remedios Varo, 1908-1963, cat. d'expo., Mexico, Museo de Arte Moderno, 25 fév.-5 juin 1994. Textes en anglais et en espagnol de Teresa del Conde, Francisco Serrano.

KAPLAN, J., *Unexpected Journeys. The Art and Life of Remedios Varo*, New York, Abbeville Press, 1998.

Liste des œuvres

MANUEL ALVAREZ BRAVO

Sans titre (*Escala de escalas* [Échelle d'échelles]), 1931
Épreuve aux sels d'argent
24,30 x 18,30 cm
Collection particulière [ill. p. 295]

Los Agachados [Les Courbés], 1932-1934
Épreuve aux sels d'argent
19,80 x 24,70 cm
Collection particulière [ill. p. 294]

Parábola óptica [Parabole optique], 1934
Épreuve aux sels d'argent
19,80 x 21,80 cm
Collection particulière [ill. p. 294]

Tumba florecida [Tombe fleurie], 1937
Épreuve aux sels d'argent
18,00 x 25,00 cm
Collection particulière [ill. p. 294]

Obrero en huelga, asesinado [Ouvrier en grève, assassiné] [1938]
Épreuve aux sels d'argent
19,60 x 24,10 cm
Collection particulière [ill. p. 295]

Muchacha viendo Pájaros
[Fillette regardant les oiseaux], 1938
Photographie originale, vintage print
16,50 x 24,50 cm
Collection particulière [ill. p. 294]

Sans titre, 1938
Épreuve aux sels d'argent
17,10 x 23,60 cm
Collection particulière [ill. p. 295]

Sans titre, 1938
Épreuve aux sels d'argent
18,40 x 24,00 cm
Collection particulière

Sans titre [1938]
Épreuve aux sels d'argent
Dimensions non précisées
Collection particulière

Tumba Reciente [Tombe récente], 1939
Épreuve aux sels d'argent
16,90 x 24,10 cm
Collection particulière [ill. p. 295]

JEAN ARP

La Trousse de naufragés, 1920-1921
Assemblage de six morceaux montés sur une planche de bois
19,00 x 32,00 x 4,00 cm
Musée d'art moderne et contemporain, Strasbourg [ill. p. 270]

La Planche à œufs, 1922
Relief en bois peint
76,20 x 96,50 x 5,00 cm
Collection particulière [ill. p. 126]

Configuration ailée (Bouteille et oiseau), 1925
Relief en bois peint
52,10 x 55,50 x 6,30 cm
Musée d'art moderne et contemporain, Strasbourg

Deux têtes, 1927
Huile et ficelles collées sur toile
64,80 x 80,60 cm
Collection particulière

Tête-moustache et bouteilles, 1929
Huile sur bois découpé et collé sur bois
80,00 x 100,00 x 3,00 cm
Centre Pompidou, Paris
Musée national d'art moderne
AM 1370 S; achat [ill. p. 126]

HANS BELLMER

La Poupée, 1932-1945
Bois peint, cheveux, chaussures, chaussettes
61,00 x 170,00 x 51,00 cm
Centre Pompidou, Paris
Musée national d'art moderne
AM 1976-927; don [ill. p. 244]

La Poupée, 1933-1935
Épreuve aux sels d'argent rehaussée de couleurs
24,00 x 24,20 cm
Collection particulière [ill. p. 247]

La Poupée, 1933-1935
Épreuve aux sels d'argent rehaussée de couleurs
27,30 x 23,70 cm
Collection particulière [ill. p. 247]

La Poupée, 1933-1935
Épreuve aux sels d'argent rehaussée de couleurs
23,80 x 24,00 cm
Collection particulière [ill. p. 247]

La Poupée, 1933-1935
Épreuve aux sels d'argent rehaussée de couleurs
23,90 x 24,00 cm
Collection particulière [ill. p. 247]

La Poupée, 1933-1935
Épreuve aux sels d'argent rehaussée de couleurs
25,00 x 22,20 cm
Collection particulière

La Poupée, 1933-1935
Épreuve aux sels d'argent
29,40 x 19,70 cm
Collection particulière

La Poupée, 1933-1935
Épreuve aux sels d'argent
29,40 x 19,30 cm
Collection particulière

La Poupée, 1933-1935
Épreuve aux sels d'argent
30,00 x 19,20 cm
Collection particulière

La Poupée, 1933-1935
Épreuve aux sels d'argent
29,80 x 19,50 cm
Collection particulière

Jointure à boule, 1934-1936
Assemblage: technique mixte
52,00 x 45,50 x 7,00 cm
Herbert Lust Gallery [ill. p. 245]

Sans titre, 1936
Mine de plomb sur papier rose
15,10 x 10,50 cm
Collection Ulla et Heiner Pietzsch, Berlin

Kinder, die Fruhling spielen (Konstruktionen mit Tzirfgelenken) [Enfants, jeux de printemps], 1936-1937
Crayon et aquarelle sur carton
20,50 x 14,30 cm
Stiftung Sammlung Dieter Scharf
zur Erinnerung an Otto Gerstenberg,
Kupferstichkabinett, Berlin [ill. p. 280]

La Poupée, 1936-1938
Photographie, tirage original
76,00 x 50,00 cm
Collection particulière [ill. p. 242]

Mitrailleuse en état de grâce, 1937
Construction en bois et métal sur une base de bois
78,50 x 75,50 x 34,50 cm
The Museum of Modern Art, New York
Advisory Committee Fund; inv. n° 713.68
[ill. p. 243]

Das durchdrungene Geheimnis der Diana von Ephesus
[Le Secret percé de la Diane d'Éphèse], 1938
Crayon, aquarelle, gouache blanche, monté sur carton
21,00 x 15,00 cm
Collection particulière, Allemagne

Die grosse Gaukelei [La Grande Fatrasie], 1938
Crayon et aquarelle
20,80 x 14,90 cm
Stiftung Sammlung Dieter Scharf
zur Erinnerung an Otto Gerstenberg,
Kupferstichkabinett, Berlin [ill. p. 280]

Fillettes, 1938
Tempera sur papier noir
65,00 x 50,00 cm
Collection particulière

The Top, 1938
Huile sur bronze
33,70 x 17,30 x 15,20 cm
Museum of Contemporary Art, Chicago
Don de Joseph et Jory Shapiro [ill. p . 246]

Die drei Madchen und der Tod [Les Trois Jeunes Filles et la Mort], 1941
Décalcomanie
24,80 x 32,60 cm
Stiftung Sammlung Dieter Scharf
zur Erinnerung an Otto Gerstenberg,
Kupferstichkabinett, Berlin

Zwischen zwei Wassern [Entre deux eaux], 1941
Décalcomanie
30,50 x 44,50 cm
Collection particulière, Allemagne

JACQUES-ANDRÉ BOIFFARD

Gros orteil, 1929
Épreuve aux sels d'argent
31,00 x 23,90 cm
Centre Pompidou, Paris
Musée national d'art moderne
AM 1985-123; don

Sans titre, 1929
Épreuve aux sels d'argent
23,80 x 17,80 cm
Centre Pompidou, Paris
Musée national d'art moderne
AM 1984-147; achat

[Sans titre], 1930
Épreuve aux sels d'argent
22,70 x 16,90 cm
Centre Pompidou, Paris
Musée national d'art moderne
AM 1984-154; achat

BRASSAÏ

Morceau de savon, 1930
Sculptures involontaires
Épreuve aux sels d'argent
17,50 x 23,50 cm
Centre Pompidou, Paris
Musée national d'art moderne
AM 2000-DEP1 91 [ill. p. 198]

Magique circonstancielle; pomme de terre germée, 1931
Épreuve aux sels d'argent
21,00 x 26,00 cm
Centre Pompidou, Paris
Musée national d'art moderne
AM 2000-DEP1 86 [ill. p. 197]

Billet d'autobus roulé, 1932
Sculptures involontaires
Épreuve aux sels d'argent
23,50 x 17,00 cm
Centre Pompidou, Paris
Musée national d'art moderne
AM 2000-DEP1 94 [ill. p. 196]

Le Canal de l'Ourcq, 1932
Épreuve aux sels d'argent
23,50 x 17,50 cm
Centre Pompidou, Paris
Musée national d'art moderne
AM 1994-34; achat avec la participation de l'Estate Brassaï [ill. p. 198]

La maison que j'habite, 1932
Épreuve aux sels d'argent
15,00 x 23,00 cm
Centre Pompidou, Paris
Musée national d'art moderne
AM 2000-DEP1 82 [ill. p. 199]

Première nuit d'Young: « Le jour est trop court » ou *Le Canal de l'Ourcq*, 1932
Épreuve aux sels d'argent
27,50 x 21,00 cm
Centre Pompidou, Paris
Musée national d'art moderne
AM 1994-37; achat avec la participation de l'Estate Brassaï

Statue du maréchal Ney dans le brouillard, 1932
Épreuve aux sels d'argent collée sur carton
49,00 x 37,00 cm
Centre Pompidou, Paris
Musée national d'art moderne
AM 1995-215; achat [ill. p. 199]

La Tour Saint-Jacques, 1932-1933
Épreuve aux sels d'argent
29,00 x 22,00 cm
Centre Pompidou, Paris
Musée national d'art moderne
AM 1994-36; achat avec la participation de l'Estate Brassaï [ill. p. 196]

Le Pain ornemental, 1933
Sculptures involontaires
Épreuve aux sels d'argent
17,50 x 20,60 cm
Collection particulière, Morges (Suisse)

Le Pont-levis de la rue de Crimée entre le bassin de la Villette et le canal de l'Ourcq, 1933-1934
Épreuve aux sels d'argent
22,00 x 16,50 cm
Centre Pompidou, Paris
Musée national d'art moderne
AM 1994-35; achat avec la participation de l'Estate Brassaï [ill. p. 198]

VICTOR BRAUNER

[Sans titre], 1930
Encre de Chine sur papier jaune
39,00 x 40,30 cm
Centre Pompidou, Paris
Musée national d'art moderne
AM 1974-31; don de Jacqueline Victor Brauner

Autoportrait, 1931
Huile sur bois
22,00 x 16,20 cm
Centre Pompidou, Paris
Musée national d'art moderne
AM 1987-1196; legs de Jacqueline Victor Brauner [ill. p. 224]

Projet pour « conspiration », 1933
Mine de plomb et encre de Chine sur papier
31,70 x 49,00 cm
Centre Pompidou, Paris
Musée national d'art moderne
AM 1974-39; don de Jacqueline Victor Brauner [ill. p. 224]

Le Ver luisant, 1933
Huile sur toile
50,00 x 61,00 cm
Centre Pompidou, Paris
Musée national d'art moderne
AM 1987-1198; legs de Jacqueline Victor Brauner [ill. p. 225]

L'Étrange cas de Monsieur K., 1934
Huile sur toile
81,00 x 100,00 cm
Collection particulière [ill. p. 226]

Force de concentration de Monsieur K., 1934
Huile sur toile, celluloïd, papier, fil de fer
148,50 x 295,00 cm
Centre Pompidou, Paris
Musée national d'art moderne
AM 1991-47 ; achat sur les arrérages d'un legs
de René de Montaigu [ill. p. 227]

Hitler, 1934
Huile sur carton
22,00 x 16,00 cm
Collection particulière [ill. p. 227]

Sans titre, 1934
Huile sur toile
46,00 x 38,00 cm
Collection Ulla et Heiner Pietzsch, Berlin [ill ; p. 225]

Le Dernier Voyage, 1937
Huile sur bois (planchette de chêne)
13,90 x 18,00 cm
Centre Pompidou, Paris
Musée national d'art moderne
AM 1982-118 ; don de Jacqueline Victor Brauner

Légèrement chaude (Adrianopole), 1937
Huile sur bois
13,00 x 17,00 cm
Collection particulière

ANDRÉ BRETON
Manifeste du surréalisme, Poisson soluble,
Sagittaire, Paris, 1924
Manuscrit original composé de 19 feuillets
(355 x 232 mm) :
- 1 page de titre sans numéro
- 18 pages numérotées de 1 à 17, plus
une page numérotée 11 bis
- 2 pages intercalaires de papier bleu numérotées
11 bis 1 (210 x 270 mm)

Les pages numérotées 5, 6, 9, 11 bis et 16 comportent divers ajouts de papier (des sortes de « becquets » comme disait Proust) qui en modifient le format
Collection particulière

Mur de l'atelier
Situé derrière le bureau où travaillait André Breton, dans la deuxième pièce de l'atelier qu'il a occupé rue Fontaine, à Paris, de 1922 à sa mort en 1966, ce mur formé d'un ensemble de quelque deux cents objets et œuvres a été reconstitué à l'identique, grâce à un prêt exceptionnel au Musée national d'art moderne. Dans la disposition même qu'il avait choisie, telle qu'elle a été figée en 1966, y voisinent sans hiérarchie toutes les « catégories » désignées par le poète pour l'« Exposition surréaliste d'objets » organisée en 1936 à la galerie Charles Ratton : à côté des toiles et des objets surréalistes, les objets naturels (minéraux et insectes), les objets trouvés, les objets interprétés, les objets populaires, les objets magiques, les objets sauvages ou primitifs, fétiches et masques américains et océaniens.
Collection particulière [ill. p. 310-311]

Objet à fonctionnement symbolique, 1931
Assemblage d'objets divers sur planche de bois
24,50 x 41,50 x 32,00 cm
Collection particulière [ill. p. 275]

Sans titre, 1934-1936
Collage, découpage
22,50 x 31,00 cm
Collection particulière

Sans titre, 1936
Décalcomanie reproduite dans la revue *Minotaure*,
n° 8, juin 1936, p. 24
Encre de Chine sur papier
32,00 x 24,50 cm
Collection particulière [ill. p. 286]

J'ai salué à six pas le commandant
Lefèbvre des Noëttes, 1942
Poème-objet
Encre de Chine, fils, paillettes, carte postale,
collés sur carton
33,30 x 23,80 cm
Centre Pompidou, Paris
Musée national d'art moderne
AM 1978-551 ; achat

JACQUELINE BRETON
Sans titre, 1936
Décalcomanie reproduite dans la revue *Minotaure*,
n° 8, juin 1936, p. 21
Encre sur papier
25,00 x 30,50 cm
Collection particulière [ill. p. 286]

CAMILLE BRYEN
Morphologie du désir, 1934-1937
Objet à fonctionnement
Bois, plâtre et métal
20,00 x 37,00 x 28,05 cm
Centre Pompidou, Paris
Musée national d'art moderne
AM 1975-57 ; achat

CADAVRES EXQUIS,
DESSINS COLLECTIFS
Max Morise, Max Ernst, André Masson
Cadavre exquis, 1924-1925
Crayon sur papier
20,00 x 15,00 cm
Collection particulière

André Breton, anonyme
Cadavre exquis, 1927
Encres noire et de couleur sur papier
20,90 x 13,40 cm
Centre Pompidou, Paris
Musée national d'art moderne
AM 1980-11 ; achat

André Breton, Man Ray, Max Morise, Yves Tanguy
Cadavre exquis, 1927
Encre, crayons de couleur et crayon sur papier plié en 4
31,00 x 20,00 cm
Centre Pompidou, Paris
Musée national d'art moderne
AM 1980-9 ; achat

André Breton, Yves Tanguy, Camille Goemans,
Jacques Prévert
Cadavre exquis, 1927
Crayon et crayons de couleur sur papier
19,70 x 14,80 cm
Centre Pompidou, Paris
Musée national d'art moderne
AM 1980-7 ; achat [ill. p. 160]

André Breton, Yves Tanguy, anonyme
Cadavre exquis, 1927
Crayons de couleur, crayon sur papier plié en 3,
puis déplié
3,00 x 25,00 cm
Centre Pompidou, Paris
Musée national d'art moderne
AM 1980-12 ; achat

Man Ray, Joan Miró, Max Morise, Yves Tanguy
Cadavre exquis, 1927
Collage, encre, crayons de couleur et crayon sur papier
36,00 x 23,00 cm
Centre Pompidou, Paris
Musée national d'art moderne
AM 1980-13 ; achat [ill. p. 160]

Max Morise
Cadavre exquis, 1927
Crayon et crayons de couleur sur papier
20,80 x 15,50 cm
Centre Pompidou, Paris
Musée national d'art moderne
AM 1980-8 ; achat

Max Morise
Cadavre exquis, 1927
Crayon et crayons de couleur sur papier
22,00 x 16,50 cm
Centre Pompidou, Paris
Musée national d'art moderne
AM 1980-10 ; achat

André Breton, Valentine Hugo, Greta Knutson,
Nusch Eluard
Cadavre exquis, 1930
Crayons de couleur sur papier noir plié en 4, puis déplié
32,50 x 25,00 cm
Centre Pompidou, Paris
Musée national d'art moderne
AM 1980-23 ; achat

Paul Eluard, Valentine Hugo, André Breton, Nush Eluard
Cadavre exquis, vers 1930
Crayons de couleur sur papier noir
30,00 x 23,00 cm
Collection Sylvio Perlstein, Anvers [ill. p. 284]

Paul Eluard, Valentine Hugo, André Breton, Nush Eluard
Cadavre exquis, vers 1930
Crayons de couleur sur papier noir
31,00 x 24,00 cm
Collection Sylvio Perlstein, Anvers [ill. p. 284]

André Breton, Valentine Hugo, Nusch Eluard
Cadavre exquis, 1931
Crayons de couleur sur papier noir plié en 3, puis déplié
32,50 x 25,00 cm
Centre Pompidou, Paris
Musée national d'art moderne
AM 1980-15 ; achat

Yves Tanguy, Victor Brauner, Jacques Hérold
Cadavre exquis, 1934
Crayon et collage sur papier
26,00 x 19,50 cm
Collection particulière [ill. p. 285]

André Breton, Greta Knutson, Tristan Tzara, anonyme
Cadavre exquis, 1935
Crayons de couleur sur papier noir plié en 4
horizontalement, puis déplié
24,00 x 32,00 cm
Centre Pompidou, Paris
Musée national d'art moderne
AM 1980-24 ; achat [ill. p. 285]

Victor Brauner, Yves Tanguy, Jacques Hérold
Cadavre exquis, 1935-1936
Crayon et collage sur papier
26,70 x 19,80 cm
Collection particulière

Jean Arp, Oscar Domínguez, Raoul Hausmann,
Marcel Jean, Sophie Taeuber-Arp
Cadavre exquis, 1936
Collages, crayon sur papier déchiré contrecollé
sur carton
53,50 x 23,80 cm
Centre Pompidou, Paris
Musée national d'art moderne
AM 1994-106 ; achat

Jean Arp, Oscar Domínguez, Marcel Jean,
Sophie Taeuber-Arp
Cadavre exquis, 1937
Photos imprimées, déchirées, crayon sur papier plié
en 8 et déplié
61,60 x 23,60 cm
Centre Pompidou, Paris
Musée national d'art moderne
AM 1973-20 ; don de Marguerite Arp-Hagenbach
[ill. p. 284]

Yves Tanguy
Cadavre exquis, 1938
Collage : fragments d'illustrations gravées
et photos sur papier déplié
30,30 x 21,20 cm
Centre Pompidou, Paris
Musée national d'art moderne
AM 1986-63 ; achat

Yves Tanguy
Cadavre exquis (F), 1938
Collage : fragments d'illustrations gravées
et photos sur papier quadrillé
24,50 x 14,90 cm
Centre Pompidou, Paris
Musée national d'art moderne
AM 1986-59 ; achat

Yves Tanguy
Cadavre exquis (J), 1938
Collage : fragments d'illustrations gravées
et photos sur papier quadrillé
24,30 x 14,70 cm
Centre Pompidou, Paris
Musée national d'art moderne
AM 1986-60 ; achat

Yves Tanguy
Cadavre exquis (L), 1938
Collage : fragments d'illustrations gravées
et photos sur papier quadrillé
24,30 x 14,50 cm
Centre Pompidou, Paris
Musée national d'art moderne
AM 1986-61 ; achat

Yves Tanguy
Cadavre exquis (M), 1938
Collage : fragments d'illustrations gravées
et photos sur papier quadrillé
24,50 x 14,70 cm
Centre Pompidou, Paris
Musée national d'art moderne
AM 1986-62 ; achat

André-Yves, Jacqueline Lamba
Cadavre exquis, février 1938
Photos imprimées et crayon sur papier
25,00 x 16,00 cm
Collection Sylvio Perlstein, Anvers [ill. p. 284]

Wifredo Lam
Cadavre exquis, 1940
Encres, crayons de couleur, crayon,
reproduction photo déchirée et collée sur papier
29,80 x 22,90 cm
Centre Pompidou, Paris
Musée national d'art moderne
AM 1980-29 ; achat

Léo Bénédict, Victor Brauner, André Breton,
Oscar Domínguez, Wifredo Lam,
Jacques Hérold, Jacqueline Lamba
Chapeaux, 1940
Dessin collectif
Crayons de couleur et aquarelle sur papier
30,00 x 49,00 cm
Collection particulière

André Breton, anonyme
Dessin collectif, 1940
Encres de Chine et de couleur, crayon sur papier
22,90 x 29,70 cm
Centre Pompidou, Paris
Musée national d'art moderne
AM 1980-28 ; achat

André Breton, Oscar Domínguez, Wifredo Lam, anonyme
Jeu de Marseille, 1940
Encres, crayons et reproductions photos découpées
et collées sur papier
23,00 x 29,70 cm
Centre Pompidou, Paris
Musée national d'art moderne
AM 1980-31 ; achat

Wifredo Lam
Dessin collectif, 1940
Encres noire et de couleur, crayons de couleur
et crayon sur papier
22,90 x 29,80 cm
Centre Pompidou, Paris
Musée national d'art moderne
AM 1980-27 ; achat

CLAUDE CAHUN
Autoportrait, 1927
Tirage argentique
23,50 x 17,80 cm
Musée des Beaux-Arts, Nantes [ill. p. 197]

Autoportrait, 1928
Tirage argentique
30,23 x 23,80 cm
Musée des Beaux-Arts, Nantes [ill. p. 196]

Autoportrait, 1929
Tirage argentique
12,00 x 9,00 cm
Musée des Beaux-Arts, Nantes [ill. p. 197]

Le Cœur de Pic, 1936
Épreuve aux sels d'argent coloriée
16,30 x 20,20 cm
Centre Pompidou, Paris
Musée national d'art moderne
AM 1995-275 ; achat [ill. p. 257]

Prends un petit bâton pointu, 1936
Épreuve aux sels d'argent
20,00 x 15,20 cm
Centre Pompidou, Paris
Musée national d'art moderne
AM 1993-147 ; achat

HARRY CARLSSON
Stockholm stirg op ad havet (Stockholm Coming up from the Sea), 1934
Assemblage avec bois peint et métal
75,00 cm
Collection particulière

JOSEPH CORNELL
Chinese Bottle, 1933
Construction dans une bouteille
20,80 x 8,90 x 5,70 cm
Collection particulière [ill. p. 315]

Fenêtre, 1937
Livre-objet relié surmonté d'un pliage en papier
22,50 x 16,00 x 4,00 cm
Collection particulière [ill. p. 292]

A Dressing Room for Gilles [Une garde-robe pour Gilles], 1939
Construction avec boîte
38,70 x 24,10 x 7,60 cm
Richard L. Feigen, New York

Museum, 1942
Boîte en bois avec 20 flacons en verre contenant divers éléments
5,50 x 21,50 x 17,70 cm
Centre Pompidou, Paris
Musée national d'art moderne
AM 1976-848 ; achat [ill. p. 315]

The Crystal Cage (Portrait of Berenice) [La Cage de cristal (Portrait de Bérénice)], 1943-1960
Construction avec valise
39,67 x 50,32 x 10,95 cm
Richard L. Feigen, New York [ill. p. 313]

Le Château, 1945
Assemblage-collage bois, brindilles et miroir
39,50 x 37,50 x 10,00 cm
Collection particulière

Owl Box, 1945-1946
Boîte en bois contenant un assemblage d'éléments divers : bois, mousse, figurine en papier
63,50 x 36,00 x 16,00 cm
Centre Pompidou, Paris
Musée national d'art moderne
AM 1977-211 ; don de François de Menil [ill. p. 315]

SALVADOR DALÍ
Senicitas (*Forces estivales* ou *Naissance de Vénus*), 1927
Huile sur bois
64,00 x 48,00 cm
Museo Nacional Centro de Arte Reina Sofia, Madrid [ill. p. 200]

La Vache spectrale, 1928
Huile sur contre-plaqué
50,00 x 64,50 cm
Centre Pompidou, Paris
Musée national d'art moderne
AM 1974-14 ; achat

La Chasse aux papillons, 1929
Encre sur papier
23,00 x 20,60 cm
Collection particulière

L'Énigme du désir, 1929
Huile sur toile
110,50 x 150,50 cm
Bayerische Staatsgemäldesammlungen, Munich
Pinakothek der Moderne [ill. p. 202]

Le Grand Masturbateur, 1929
Huile sur toile
110,00 x 150,00 cm
Museo Nacional Centro de Arte Reina Sofia, Madrid [ill. p. 203]

Las Hormigas [Les Fourmis], 1929
Gouache, encre et collage sur contreplaqué
11,50 x 16,40 cm
Collection Horacio Amigorena

Le Jeu lugubre, 1929
Huile et collage sur carton
44,40 x 30,30 cm
Collection particulière [ill. p. 201]

Le Bureaucrate moyen, 1930
Huile sur toile
80,00 x 64,00 cm
Salvador Dalí Museum, St. Petersburg, Floride

Guillaume Tell, 1930
Huile et collage sur toile
113,00 x 87,00 cm
Collection particulière [ill. p. 207]

Lion, cheval, dormeuse invisibles, 1930
Huile sur toile
50,20 x 65,2 0cm
Centre Pompidou, Paris
Musée national d'art moderne
AM 1993-26 ; don de l'Association Bourdon [ill. p. 204]

Hallucination partielle. Six images de Lénine sur un piano, 1931
Huile sur toile
114,00 x 146,00 cm
Centre Pompidou, Paris
Musée national d'art moderne
AM 2909 P ; achat [ill. p. 204]

Le Rêve, 1931
Huile sur toile
96,00 x 96,00 cm
The Cleveland Museum of Art, Cleveland
John L. Severance Fund [ill. p. 205]

La Vieillesse de Guillaume Tell, 1931
Huile sur toile
98,00 x 140,00 cm
Collection particulière [ill. p. 206]

L'Angélus, 1932
Huile sur bois
16,00 x 21,70 cm
Collection particulière, courtesy galerie Natalie Seroussi
Ancienne collection Georges Hugnet

Cannibalisme des objets, avec écrasement simultané d'un violoncelle, 1932
Crayon, fusain et craie blanche sur papier kraft
89,00 x 116,00 cm
Centre Pompidou, Paris
Musée national d'art moderne
AM 1999-23 ; dation [ill. p. 212]

Dessin préparatoire pour « La Mémoire de la femme-enfant », 1932
Encre de Chine, mine de plomb et crayon de couleur sur papier Ingres, filigrane WBW
35,20 x 28,00 cm
Musée Picasso, Paris ; M.P. 3591

Gradiva, 1932
Encre sur papier
63,00 x 45,50 cm
Staatliche Graphische Sammlung, Munich

La Harpe invisible, fine et moyenne, 1932
Huile sur toile
23,00 x 17,50 cm
Collection particulière [ill. p. 209]

L'Homme invisible, 1932
Huile sur toile
16,20 x 23,50 cm
Salvador Dalí Museum, St. Petersburg, Floride

Les Atavismes du crépuscule (phénomène obsessif), 1933
D'après *L'Angélus* de Millet
Huile sur bois
13,80 x 17,90 cm
Kunstmuseum Bern, Legat Georges F. Keller, 1981 [ill. p. 208]

La Charrette fantôme, 1933
Huile sur bois
19,00 x 24,10 cm
Collection particulière [ill. p. 211]

L'Enfant sauterelle, 1933
Dessin à l'encre et crayon noir
37,50 x 34,00 cm
Galerie Natalie Seroussi

Gala et l'Angélus de Millet précédant l'arrivée imminente des anamorphoses coniques, 1933
Huile sur toile
24,20 x 19,20 cm
Musée des Beaux-Arts du Canada, Ottawa
Achat, 1975 [ill. p. 210]

Le Phénomène de l'extase, 1933
Photomontage
27,00 x 18,50 cm
Collection particulière

Buste de femme rétrospectif, 1933-1977
Sculpture en bronze peint, coiffe de plumes et de perles, pain en bronze peint, deux porte-plume en bois, plumiers en bronze représentant les moissonneurs de Millet
Conçue en 1933 en porcelaine et exécutée en bronze en 1977
72,00 x 67,00 x 24,00 cm
Courtesy Cahiers d'Art et galerie Natalie Seroussi, Paris [ill. p. 274]

Étude pour « Banlieue de la ville paranoïaque-critique », 1935
Encre et crayon sur papier
34,00 x 22,80 cm
Collection particulière, Allemagne [ill. p. 212]

The Surrealist Mystery of New York in 1935, 1935
Huile sur toile, montée sur carton
40,50 x 30,00 cm
Collection Ulla et Heiner Pietzsch, Berlin [ill. p. 212]

Assemblage d'objets, 1936
Objets divers
31,00 x 60,00 x 9,00 cm
Museo Nacional Centro de Arte Reina Sofia, Madrid [ill. p. 275]

Le Cabinet anthropomorphique, 1936
Huile sur toile
25,40 x 44,20 cm
Kunstsammlung Nordrhein-Westfalen, Düsseldorf [ill. p. 263]

La Cité des tiroirs, 1936
Encre sur papier
32,00 x 42,00 cm
Collection particulière [ill. p. 263]

Étude pour « Prémonition de la guerre civile », 1936
Fusain sur papier
105,00 x 80,00 cm
Museo Nacional Centro de Arte Reina Sofia, Madrid [ill. p. 308]

Femme devant un buste à tiroirs, 1936
Dessin à l'encre de Chine
54,60 x 44,10 cm
Stiftung Sammlung Dieter Scharf zur Erinnerung an Otto Gerstenberg, Kupferstichkabinett, Berlin [ill. p. 261]

Femme-Tiroir, 1936
Gouache et collage
35,00 x 27,00 cm
Collection Sylvio Perlstein, Anvers [ill. p. 261]

Téléphone-homard ou *Téléphone aphrodisiaque*, 1936
Téléphone avec combiné en forme de homard en plâtre
18,00 x 12,50 x 30,50 cm
Museum für Kommunikation, Francfort/Main [ill. p. 276]

Tête de femme ayant la forme d'une bataille, 1936
Huile sur bois
10,20 x 12,70 cm
Collection particulière, Suisse

Visions de l'éternité, 1936-1937
Huile sur toile
207,00 x 117,50 cm
The Art Institute of Chicago, Chicago
Don de M. et Mme Joseph Randall Shapiro [ill. p. 260]

La Vénus de Milo aux tiroirs, 1936-1964
Bronze peint en blanc, pompons en fourrure
Exemplaire numéroté 4/5
100,00 x 30,00 x 28,00 cm
Galerie Patrick Derom, Bruxelles [ill. p. 262]

Le Veston aphrodisiaque, 1936-1967
Veste de smoking recouverte de verres à liqueur, chemise et plastron sur un cintre
88,00 x 79,00 x 6,00 cm
Collection Perrot-Moore, Espagne [ill. p. 272]

Femme à tête de fleur, 1937
Gouache, crayon et encre sur papier
38,40 x 49,80 cm
Collection M. et Mme Gilbert Kaplan, New York [ill. p. 261]

Le Piano surréaliste, 1937
Pastel et gouache sur papier
60,00 x 43,00 cm
Collection Mugrabi

Apparition d'un visage et d'un compotier sur une plage, 1938
Huile sur toile
114,80 x 143,80 cm
Wadsworth Atheneum of Art, Hartford, CT.
The Ella Gallup Sumner and Mary Catlin Sumner Collection Fund [ill. p. 300]

Gradiva, 1938
Encre sur papier
44,30 x 28,60 cm
Fundació Gala-Salvador Dalí, Figueras

La Imagen desaparece [L'image disparaît], 1938
Huile sur toile
56,30 x 50,50 cm
Fundació Gala-Salvador Dalí, Figueras [ill. p. 302]

Impression d'Afrique, 1938
Huile sur toile
91,50 x 117,50 cm
Museum Boijmans Van Beuningen, Rotterdam

Le Moment sublime, 1938
Huile sur toile
38,00 x 47,00 cm
Staatsgalerie Stuttgart [ill. p. 301]

L'Énigme de Hitler, 1939
Huile sur toile
95,00 x 141,00 cm
Museo Nacional Centro de Arte Reina Sofia, Madrid [ill. p. 301]

Dos trozos de pan expresando el sentimiento del amor [Deux morceaux de pain exprimant le sentiment de l'amour], 1940
Huile sur toile
81,30 x 100,30 cm
Fundació Gala-Salvador Dalí, Figueras

GIORGIO DE CHIRICO
La Grande Tour, 1913
Huile sur toile
123,80 x 52,70 cm
Kunstsammlung Nordrhein-Westfalen, Düsseldorf
[ill. p. 104]

Le Rêve transformé, 1913
Huile sur toile
63,00 x 152,00 cm
The Saint Louis Art Museum, Louis
Don de M. et Mme Joseph Pulitzer Jr [ill. p. 107]

Chant d'amour, 1914
Huile sur toile
73,00 x 59,10 cm
The Museum of Modern Art, New York
Legs Nelson A. Rockefeller ; inv. nº 950.79 [ill. p. 103]

Nature morte : Torino printanière, 1914
Huile sur toile
124,00 x 99,50 cm
Collection particulière [ill. p. 106]

Portrait prémonitoire de Guillaume Apollinaire, 1914
Huile sur toile
81,50 x 65,00 cm
Centre Pompidou, Paris
Musée national d'art moderne
AM 1975-52 ; achat [ill. p. 105]

Le Duo (Les Mannequins de la tour rose), 1915
Huile sur toile
81,90 x 59,00 cm
The Museum of Modern Art, New York
Legs James Thrall Soby ; inv. nº 1213.79 [ill. p. 105]

ROBERT DESNOS
L'Étoile de mer, 1927-1928
Scénario manuscrit de Robert Desnos avec annotations de Man Ray
28,00 x 39,00 cm
The Museum of Modern Art Library, New York

DOCUMENT
Déclaration du 27 janvier 1925
Affiche imprimée sur papier
43,00 x 27,00 cm
Collection Galerie 1900-2000,
Marcel et David Fleiss, Paris

OSCAR DOMÍNGUEZ
Le Tireur, 1934
Plâtre peint, objets métalliques et verre peint
48,00 x 21,00 x 31,50 cm
Fundación ICO, Madrid

Décalcomania, 1935
35,00 x 24,50 cm
Décalcomanie
Stiftung Sammlung Dieter Scharf
zur Erinnerung an Otto Gerstenberg,
Kupferstichkabinett, Berlin

Les Pérégrinations de Georges Hugnet, 1935
Bois peint, fer et papier
48,00 x 41,50 x 9,00 cm
Museo Nacional Centro de Arte Reina Sofia, Madrid
[ill. p. 274]

Lion-bicyclette, 1936
Décalcomanie
Gouache sur papier
24,00 x 30,00 cm
Collection particulière [ill. p. 291]

Lion-bicyclette, 1936
Décalcomanie
Gouache sur papier
15,60 x 22,30 cm
Collection particulière

Lion-couleur, 1936
Décalcomanie
Encre de Chine couleur sur papier
22,00 x 18,70 cm
Collection particulière [ill. p. 291]

Décalcomanie « à interprétation préméditée », 1937
Lion-bicyclette
Décalcomanie, gouache au pochoir sur papier
25,10 x 32,50 cm
Centre Pompidou, Paris
Musée national d'art moderne
AM 1975-80 ; achat

Jeux, 1937
Bois, métaux divers, plumes, peinture et autre matériaux
19,00 x 52,00 x 16,00 cm
Guillermo de Osma Galeria, Madrid [ill. p. 292]

Sans titre, 1937
Décalcomanie et gouache
64,00 x 50,00 cm
Collection particulière [ill. p. 290]

Les Soucoupes volantes, 1939
Huile sur toile
73,00 x 54,00 cm
Collection particulière, courtesy galerie Daniel Malingue
[ill. p. 293]

MARCEL DUCHAMP
Porte-bouteilles, 1914-1964
Ready-made : séchoir à bouteilles en fer galvanisé
h. 64,00 cm ; ø 42,00 cm
Centre Pompidou, Paris
Musée national d'art moderne
AM 1986-288 ; achat [ill. p. 271]

Why Not Sneeze Rrose Sélavy ?, 1921-1964
Métal, marbre, thermomètre, os de seiche
11,50 x 22,20 x 16,00 cm
Centre Pompidou, Paris
Musée national d'art moderne
AM 1986-298 ; achat [ill. p. 273]

Couverture-cigarettes, 1936
Épreuve aux sels d'argent coloriée à l'aniline
30,00 x 40,00 cm
Centre Pompidou, Paris
Musée national d'art moderne
AM 1986-298 ; achat

[Femme habillée en homme], 1938-1981
Reconstitution par Christian Debout à l'occasion de l'exposition « Paris-Paris » au Musée national d'art moderne, en 1981, du mannequin surréaliste de Marcel Duchamp pour l'Exposition internationale du surréalisme, galerie des Beaux-Arts, Paris, 1938.
Mannequin et assemblage d'objets divers
192,00 x 53,00 x 74,00 cm
Union centrale des arts décoratifs, Paris
Dépôt permanent du Musée national d'art moderne,
Centre Pompidou, Paris

Allégorie de genre (Portrait de George Washington), 1943
Gaze teintée, ouate, papier gouaché découpé, papier doré, clous, sur bois
54,80 x 42,70 x 7,00 cm
Centre Pompidou, Paris
Musée national d'art moderne
AM 1987-632 ; achat [ill. p. 336]

PAUL ELUARD, ANDRÉ BRETON
Boîte de papillons dédicacée à Lise (Deharme), 1935
Boîte de papillons
Collection particulière

PAUL ELUARD, MAX ERNST
Les Malheurs des immortels, Paris, 1922
Exemplaire nº 3 colorié de la main de l'artiste
Aquarelle et gouache sur imprimé
25,00 x 18,00 cm
Collection particulière [ill. p. 120]

MAX ERNST
Figure ambiguë, 1919-1920
Frottage à la mine de plomb d'éléments typographiques et épreuve de cliché typographique, encre de Chine, aquarelle et gouache sur papier
44,00 x 33,00 cm
Stiftung Sammlung Dieter Scharf
zur Erinnerung an Otto Gerstenberg,
Kupferstichkabinett, Berlin

Always the Best Man Wins (Sodaliten Schneeberger drückethäler...) [L'Énigme de l'Europe centrale], 1920
Gouache, crayon et encre sur une reproduction montée sur carton
46,00 x 40,00 cm
Collection particulière

Apollon refuse constamment de marier la fille unique de l'archéologue, 1920
Collage, gouache et encre de Chine sur un imprimé monté sur carton
4,00 x 15,20 cm
Collection particulière

Ascenseur somnambule I, 1920
Gouache, aquarelle et crayon sur gravure
19,60 x 12,00 cm
Collection particulière [ill. p. 121]

Das schlafzimmer des meister es lohnt sich darin eine nacht zu verbringen (La Chambre à coucher de Max Ernst cela vaut la peine d'y passer une nuit), 1920
Collage, gouache et crayon sur papier
16,30 x 22,00 cm
Collection particulière [ill. p. 112]

La Chanson de la chair, 1920
Gouache, crayon et reproductions de photos découpées et collées sur papier
15,00 x 20,80 cm
Centre Pompidou, Paris
Musée national d'art moderne
AM 1981-8 ; achat [ill. p. 113]

Les Cormorans, 1920
Collage
15,50 x 13,50 cm
Collection particulière

Démonstration hydrométrique à tuer par la température, 1920
Collage, gouache, encre et crayon sur papier
27,00 x 20,00 cm
Collection particulière, Paris [ill. p. 108]

Deux jeunes filles se promènent à travers le ciel, 1920
Collage sur papier
10,00 x 16,00 cm
Collection particulière

Frau wirtin an der lahn...[Madame la patronne au bord de la rivière...], 1920
Collage, gouache et encre sur papier
25,00 x 31,50 cm
Graphische Sammlung Staatsgalerie,
Stuttgart [ill. p. 110]

La grande roue orthochromatique qui fait l'amour sur mesure, 1920
Crayon, encre de Chine et aquarelle sur papier collé sur carton
40,80 x 27,40 cm
Centre Pompidou, Paris
Musée national d'art moderne
AM 1984-513 : donation de Louise et Michel Leiris
[ill. p. 108]

Le Limaçon de chambre, 1920
Tempera, gouache, encre, crayon, collage sur papier
31,20 x 22,20 cm
Collection particulière [ill. p. 109]

Mobiles Herbarium, 1920
Gouache et encre sur papier
14,30 x 21,30 cm
Collection particulière

La petite fistule lacrimale qui dit tic tac, 1920
Crayon, gouache et encre sur papier peint
36,20 x 25,40 cm
The Museum of Modern Art, New York
Achat ; inv. nº 238.35 [ill. p. 111]

Sans titre, 1920
Gouache, encre de Chine et crayon sur motif imprimé
17,00 x 18,70 cm
Stedelijk Museum, Amsterdam [ill. p. 108]

Sans titre, 1920
Collage, gouache et crayon
23,40 x 17,70 cm
Collection particulière [ill. p. 112]

Sans titre, 1920
Gouache, encre de Chine et crayon sur motif imprimé, monté sur carton
30,00 x 25,00 cm
Collection particulière, courtesy Blondeau & Associés S.A., Paris [ill. p. 110]

Un Peu malade le cheval, 1920
Photo collée sur une gravure, crayon et gouache
14,60 x 21,60 cm
The Museum of Modern Art, New York
Abby Aldrich Rockefeller Fund ; inv. nº 231.35

Un peu malade le cheval patte pelu...
[« Un peu malade le cheval patte pelu la fleur blonde qui tourmente les tourterons »], 1920
Collage avec fusain , aquarelle et tempera sur papier renforcé sur carton
14,30 x 21,30 cm
GAM-Galleria Civica d'arte moderna e contemporanea,
Turin [ill. p. 115]

Le Vapeur et le Poisson, 1920
Agrandissement photographique
d'un photomontage avec rehauts de gouache et d'encre sur carton
32,00 x 38,80 cm
Stiftung Hans Arp und Sophie Taeuber-Arp e.V.,
Rolandseck [ill. p. 115]

Célèbes ou *L'Éléphant Célèbes*, 1921
Huile sur toile
125,40 x 107,90 cm
Tate, Londres ; achat 1975 [ill. p. 118]

Jeune chimère, 1921
Collage, gouache et encre de Chine sur papier
26,00 x 9,00 cm
Collection particulière [ill. p. 116]

Les Moutons, 1921
Gouache et gravures découpées et collées sur papier
11,30 x 16,20 cm
Centre Pompidou, Paris
Musée national d'art moderne
AM 1973-10 ; don de Marguerite Arp-Hagenbach
[ill. p. 121]

L'Orateur, 1921
Gravures imprimées et découpées et reproductions avec encre sur papier
22,80 x 18,80 cm
Collection Sylvio Perlstein, Anvers

La Parole ou *Femme-oiseau*, 1921
Collage et gouache sur papier
18,50 x 10,60 cm
Collection particulière, courtesy Blondeau & Associés S.A., Paris [ill. p. 121]

La Puberté proche... ou *Les Pléiades*, 1921
Collage, fragments de photographies retouchées, gouache et huile sur papier, monté sur carton
24,50 x 16,50 cm
Collection particulière, courtesy Blondeau & Associés S.A., Paris [ill. p. 117]

Sans titre, 1921
Gouache sur motif imprimé
45,50 x 66,00 cm
Collection particulière, courtesy Blondeau & Associés S.A., Paris

Des éventails brisés, 1922
Collage et gouache pour *Les Malheurs des immortels*, Paris, 1922
10,20 x 16,50 cm
Collection particulière, courtesy Blondeau & Associés S.A., Paris [ill. p. 120]

La Chute d'un ange, 1922
Collage et huile sur papier
43,50 x 34,00 cm
Collection particulière [ill. p. 113]

La Montgolfière, 1922
Tuile peinte avec plâtre
36,00 x 25,00 cm
Collection particulière

Œdipus Rex, 1922
Huile sur toile
93,00 x 102,00 cm
Collection particulière [ill. p. 119]

Au rendez-vous des amis, 1922
Huile sur toile
130,00 x 95,00 cm
Museum Ludwig, Cologne [ill. p. 101]

Au premier mot limpide, 1923
Peinture murale de la maison de Paul Eluard
à Eaubonne
Huile sur plâtre monté sur toile
232,00 x 167,00 cm
Kunstsammlung Nordrhein-Westfalen,
Düsseldorf [ill. p. 132]

Castor et Pollution, 1923
Huile sur toile
120,00 x 150,00 cm
Collection particulière, courtesy BFAS Blondeau
Fine Art Services, Genève [ill. p. 130]

La Femme chancelante, 1923
Huile sur toile
130,50 x 97,50 cm
Kunstsammlung Nordrhein-Westfalen,
Düsseldorf [ill. p. 131]

Histoire naturelle, 1923
Peinture murale pour la maison de Paul Eluard
à Eaubonne
Huile sur plâtre transférée sur toile
354,00 x 232,00 cm
Teheran Museum of Contemporary Art, Iran [ill. p. 133]

Leçon d'écriture automatique, 1923
Crayon et encre sur six feuilles de papier jointes
17,30 x 128,00 cm
Collection particulière [ill. p. 128]

Leçon d'écriture automatique (L'Aimant est proche sans doute), 1923
Crayon et encre sur huit feuilles de papier jointes
17,30 x 169,00 cm
Collection particulière [ill. p. 128]

Ubu Imperator, 1923
Huile sur toile
81,00 x 65,00 cm
Centre Pompidou, Paris
Musée national d'art moderne
AM 1984-281 ; don de la Fondation pour
la recherche médicale

Femme, vieillard et fleur, 1923-1924
Huile sur toile
96,50 x 130,20 cm
The Museum of Modern Art, New York
Achat ; inv. nº 264.37 ; [ill. p. 130]

André Breton, 1923-1925
Encre sur papier
40,00 x 32,00 cm
Collection particulière [ill. p. 128]

Deux enfants sont menacés par un rossignol, 1924
Huile sur bois et éléments de bois peint
69,80 x 57,10 x 11,40 cm
The Museum of Modern Art, New York
Achat ; inv. nº 256.37 [ill. p. 127]

La Femme visible, 1925
Agrandissement photographique et crayon
39,00 x 55,00 cm
Collection particulière, courtesy Blondeau & Associés, S.A.,
Paris [ill. p. 148]

Histoire naturelle, album, Paris, 1926
34 héliogravures sur papier impérial
50,00 x 32,50 cm
Collection particulière

Les Épouvantails, 1925
Histoire naturelle, planche 13
Frottage, crayon et aquarelle sur papier
26,00 x 43,00 cm
Collection particulière

Feuilles, 1925
Frottage, crayon et gouache sur papier
pour *Histoire naturelle*
26,50 x 42,00 cm
Collection particulière, Allemagne

Les Mœurs des feuilles, 1925
Histoire naturelle, planche 18
Frottage, crayon, aquarelle et gouache sur papier
42,70 x 26,00 cm
Collection particulière [ill. p. 140]

L'Inquisiteur : à 7h 07, justice sera faite, 1926
Huile sur toile
100,00 x 73,00 cm
Collection particulière, courtesy Blondeau & Associés, S.A.,
Paris [ill. p. 142]

Forêt, 1927
Huile sur toile
114,00 x 146,00 cm
Staatliche Kunsthalle Karlsruhe [ill. p. 163]

Une nuit d'amour, 1927
Huile sur toile
162,00 x 130,00 cm
Collection particulière [ill. p. 161]

Et les femmes volcaniques relèvent et agitent, d'un air menaçant, la partie postérieure de leur corps, 1929
Collage
20,50 x 20,50 cm
Collection particulière, Allemagne

Et les papillons se mettent à chanter, 1929
Collage
16,20 x 14,80 cm
Collection particulière

LA FEMME 100 TÊTES, Paris, 1929, collages originaux :

...et la troisième fois manquée, 1929
Gravures découpées et collées sur papier
collé sur carton
14,20 x 12,60 cm
Centre Pompidou, Paris
Musée national d'art moderne
AM 1999-3 (3) ; don de Carlo Perrone

Ce singe, serait-il catholique, par hasard ?, 1929
Gravures découpées et collées sur papier
collé sur carton
20,70 x 22,00 cm
Centre Pompidou, Paris
Musée national d'art moderne
AM 1999-3 (11) ; don de Carlo Perrone

Crime ou miracle : un homme complet, 1929
Gravures découpées et collées sur papier
collé sur carton
14,20 x 11,00 cm
Centre Pompidou, Paris
Musée national d'art moderne
AM 1999-3 ; don de Carlo Perrone

Culture physique ou : la mort qu'il vous plaira, 1929
Gravures découpées et collées sur papier
collé sur carton
11,20 x 8,20 cm
Centre Pompidou, Paris
Musée national d'art moderne
AM 1999-3 (15) ; don de Carlo Perrone

Dans le bassin de Paris, Loplop, le supérieur des oiseaux, apporte aux réverbères la nourriture nocturne, 1929
Gravures découpées et collées sur papier
collé sur carton
16,20 x 14,70 cm
Centre Pompidou, Paris
Musée national d'art moderne
AM 1999-3 (7) ; don de Carlo Perrone [ill. p. 175]

Deux corps sans corps se placent parallèlement à leur corps en tombant du lit et des rideaux, tels des fantômes sans fantôme, 1929
Gravures découpées et collées sur papier
collé sur carton
11,70 x 16,60 cm
Centre Pompidou, Paris
Musée national d'art moderne
AM 1999-3 (30) ; don de Carlo Perrone

Et ils ramassent au hasard quelques gâteaux secs dans les creux de la chaussée des Géants. Celle-ci est un amas de berceaux, 1929
Gravures découpées et collées sur papier
collé sur carton
14,60 x 20,40 cm
Centre Pompidou, Paris
Musée national d'art moderne
AM 1999-3 (32) ; don de Carlo Perrone

Et les images s'abaisseront jusqu'au sol, 1929
Gravures découpées et collées sur papier
collé sur carton
12,40 x 19,20 cm
Centre Pompidou, Paris
Musée national d'art moderne
AM 1999-3 (26) ; don de Carlo Perrone

L'Exorbitante récompense, 1929
Gravures découpées et collées sur papier
collé sur carton
27,60 x 18,20 cm
Centre Pompidou, Paris
Musée national d'art moderne
AM 1999-3 (12) ; don de Carlo Perrone

L'Immaculée conception manquée, 1929
Gravures découpées et collées sur papier
collé sur carton
10,20 x 14,80 cm
Centre Pompidou, Paris
Musée national d'art moderne
AM 1999-3 (2) ; don de Carlo Perrone

L'œil sans yeux, la femme 100 têtes garde son secret (a), 1929
Gravures découpées et collées sur papier
collé sur carton
16,00 x 17,30 cm
Centre Pompidou, Paris
Musée national d'art moderne
AM 1999-3 (37) ; don de Carlo Perrone

L'œil sans yeux, la femme 100 têtes garde son secret (b), 1929
Gravures découpées et collées sur papier
collé sur carton
14,40 x 12,70 cm
Centre Pompidou, Paris
Musée national d'art moderne
AM 1999-3 (38) ; don de Carlo Perrone

L'œil sans yeux, la femme 100 têtes garde son secret (c), 1929
Gravures découpées et collées sur papier
collé sur carton
15,00 x 19,00 cm
Centre Pompidou, Paris
Musée national d'art moderne
AM 1999-3 (39) ; don de Carlo Perrone [ill. p. 174]

La lune est belle, 1929
Gravures découpées et collées sur papier
collé sur carton
31,30 x 18,30 cm
Centre Pompidou, Paris
Musée national d'art moderne
AM 1999-3 (22) ; don de Carlo Perrone

La Mer de la jubilation, 1929
Gravures découpées et collées sur papier
collé sur carton
14,80 x 9,00 cm
Centre Pompidou, Paris
Musée national d'art moderne
AM 1999-3 (29) ; don de Carlo Perrone

La sève monte, 1929
Gravures découpées et collées sur papier
collé sur carton
10,30 x 14,80 cm
Centre Pompidou, Paris
Musée national d'art moderne
AM 1999-3 (18) ; don de Carlo Perrone

La troisième souris assise, on voit voler le corps d'une adulte légendaire, 1929
Gravures découpées et collées sur papier
collé sur carton
14,30 x 17,00 cm
Centre Pompidou, Paris
Musée national d'art moderne
AM 1999-3 (14) ; don de Carlo Perrone

Le ciel se découvre deux fois (I), 1929
Gravures découpées et collées sur papier
collé sur carton
14,20 x 12,20 cm
Centre Pompidou, Paris
Musée national d'art moderne
AM 1999-3 (6) ; don de Carlo Perrone [ill. p. 174]

Le Geste élégant du noyé, 1929
Gravures découpées et collées sur papier
collé sur carton
16,20 x 14,70 cm
Centre Pompidou, Paris
Musée national d'art moderne
AM 1999-3 (27) ; don de Carlo Perrone

Le paysage change trois fois (I), 1929
Gravures découpées et collées sur papier
collé sur carton
10,20 x 14,80 cm
Centre Pompidou, Paris
Musée national d'art moderne
AM 1999-3 (4) ; don de Carlo Perrone

Le paysage change trois fois (II), 1929
Gravures découpées et collées sur papier
collé sur carton
10,00 x 14,60 cm
Centre Pompidou, Paris
Musée national d'art moderne
AM 1999-3 (5) ; don de Carlo Perrone

Le Père éternel cherche en vain à séparer la lumière des ténèbres, 1929
Gravures découpées et collées sur papier
collé sur carton
21,50 x 19,60 cm
Centre Pompidou, Paris
Musée national d'art moderne
AM 1999-3 (40) ; don de Carlo Perrone

Le Train engourdi, 1929
Gravures découpées et collées sur papier
collé sur carton
10,00 x 14,50 cm
Centre Pompidou, Paris
Musée national d'art moderne
AM 1999-3 (17) ; don de Carlo Perrone

Les Hivernants de la Grande Jatte, 1929
Gravures découpées et collées sur papier
collé sur carton
8,30 x 14,70 cm
Centre Pompidou, Paris
Musée national d'art moderne
AM 1999-3 (16) ; don de Carlo Perrone

Loplop et la Belle Jardinière, 1929
Gravures découpées et collées sur papier
collé sur carton
14,60 x 13,70 cm
Centre Pompidou, Paris
Musée national d'art moderne
AM 1999-3 (21) ; don de Carlo Perrone

Loplop, l'hirondelle, passe, 1929
Gravures découpées et collées sur papier
collé sur carton
20,50 x 20,50 cm
Centre Pompidou, Paris
Musée national d'art moderne
AM 1999-3 (19) ; don de Carlo Perrone

Odeur de fleurs sèches, ou : Je veux être reine de Saba, 1929
Gravures découpées et collées sur papier
collé sur carton
19,80 x 20,00 cm
Centre Pompidou, Paris
Musée national d'art moderne
AM 1999-3 (9) ; don de Carlo Perrone

On augmentera par des lessives bouillantes le charme des transports et blessures en silence, 1929
Gravures découpées et collées sur papier
collé sur carton
7,00 x 7,00 cm
Centre Pompidou, Paris
Musée national d'art moderne
AM 1999-3 (8) ; don de Carlo Perrone

On voit filer plus d'un notaire laissant tomber sa voix en cadence, 1929
Gravures découpées et collées sur papier
collé sur carton
12,00 x 14,50 cm
Centre Pompidou, Paris
Musée national d'art moderne
AM 1999-3 (13) ; don de Carlo Perrone

Pendant le jour, les caresses angéliques se retirent dans les régions secrètes, voisines des pôles, 1929
Gravures découpées et collées sur papier
collé sur carton
18,00 x 15,40 cm
Centre Pompidou, Paris
Musée national d'art moderne
AM 1999-3 (10) ; don de Carlo Perrone

Plus légère que l'atmosphère, puissante et isolée : perturbation, ma sœur, la femme 100 têtes, 1929
Gravures découpées et collées sur papier
collé sur carton
28,40 x 23,30 cm
Centre Pompidou, Paris
Musée national d'art moderne
AM 1999-3 (25) ; don de Carlo Perrone

Quiétude, 1929
Gravures découpées et collées sur papier
collé sur carton
15,00 x 12,00 cm
Centre Pompidou, Paris
Musée national d'art moderne
AM 1999-3 (28) ; don de Carlo Perrone

Se nourrissant souvent de rêves liquides et tout à fait semblables à des feuilles endormies, voici mes sept sœurs ensemble, 1929
Gravures découpées et collées sur papier
collé sur carton
20,30 x 20,30 cm
Centre Pompidou, Paris
Musée national d'art moderne
AM 1999-3 (20) ; don de Carlo Perrone [ill. p. 174]

Son sourire, le feu, tombera sous forme de gelée noire et de rouille blanche sur les flancs de la montagne, 1929
Gravures découpées et collées sur papier
collé sur carton
19,50 x 14,70 cm
Centre Pompidou, Paris
Musée national d'art moderne
AM 1999-3 (24) ; don de Carlo Perrone [ill. p. 174]

Suite (a), 1929
Gravures découpées et collées sur papier
collé sur carton
14,20 x 19,80 cm
Centre Pompidou, Paris
Musée national d'art moderne
AM 1999-3 (35) ; don de Carlo Perrone

Suite (b), 1929
Gravures découpées et collées sur papier
collé sur carton
19,60 x 15,20 cm
Centre Pompidou, Paris
Musée national d'art moderne
AM 1999-3 (36) ; don de Carlo Perrone

Tantôt nus, tantôt vêtus de minces jets de feu, ils font gicler les geysers avec la probabilité d'une pluie de sang et avec la vanité des morts, 1929
Gravures découpées et collées sur papier
collé sur carton
12,00 x 14,50 cm
Centre Pompidou, Paris
Musée national d'art moderne
AM 1999-3 (31) ; don de Carlo Perrone

Reste donc celui qui spécule sur la vanité des morts, le fantôme de la repopulation, 1929
Gravures découpées et collées sur papier
collé sur carton
20,00 x 16,80 cm
Centre Pompidou, Paris
Musée national d'art moderne
AM 1999-3 (33) ; don de Carlo Perrone

Toutes les portes se ressemblent (b), 1929
Techniques mixtes sur papier collé sur carton
14,00 x 15,00 cm
Centre Pompidou, Paris
Musée national d'art moderne
AM 1999-3 (34) ; don de Carlo Perrone

Vivant seule sur son globe-fantôme, belle et parée de ses rêves : perturbation, ma sœur, la femme 100 têtes, 1929
Gravures découpées et collées sur papier
collé sur carton
14,60 x 21,20 cm
Centre Pompidou, Paris
Musée national d'art moderne
AM 1999-3 (23) ; don de Carlo Perrone

Rêve d'une petite fille qui voulut entrer au Carmel, 1929-1930
3 collages originaux
19,70 x 19,30 cm
22,20 x 18,40 cm
24,00 x 19,00 cm
Collection particulière, courtesy Blondeau & Associés S.A., Paris

Loplop présente, 1931
Collage, crayon et gouache sur carton
64,50 x 50,00 cm
Collection particulière, courtesy Blondeau & Associés S.A., Paris [ill. p. 195]

Du verre, 1932
Collage et frottage, crayon sur papier
49,00 x 64,00 cm
Collection particulière, courtesy Blondeau & Associés S.A., Paris [ill. p. 195]

Loplop présente, 1932
Crayon, collage, frottage sur papier
54,80 x 49,80 cm
Collection particulière

Loplop présente, 1932
Collage et crayon sur papier
63,00 x 49,00 cm
Collection particulière, courtesy Blondeau & Associés S.A., Paris [ill. p. 195]

Couple zoomorphe en gestation, 1933
Huile sur toile
91,90 x 73,30 cm
Peggy Guggenheim Collection, Venise
(The Solomon R. Guggenheim Foundation, New York) [ill. p. 259]

L'Europe après la pluie I, 1933
Huile et plâtre sur contre-plaqué
101,00 x 149,00 cm
Collection particulière [ill. p. 258]

Habakuk, 1934
Plâtre
59,00 x 19,00 x 19,00 cm
Wilhelm Hack Museum, Ludwigshafen

Les Asperges de la lune, 1935
Bronze
161,00 x 38,00 x 23,70 cm
Collection particulière, Paris [ill. p. 274]

Jardin gobe-avions, 1935
Huile sur toile
54,00 x 74,00 cm
Centre Pompidou, Paris
Musée national d'art moderne
AM 1982-188 ; dation

Frontispice pour *Je ne veux pas qu'on tue cette femme*, 1936
Collage
14,90 x 10,00 cm
Collection particulière, courtesy Blondeau & Associés S.A., Paris [ill. p. 251]

L'Ange du foyer ou *Le Triomphe du surréalisme*, 1937
Huile sur toile
114,00 x 146,00 cm
Collection particulière [ill. p. 309]

Arbre solitaire et arbres conjugaux, 1940
Huile sur toile
81,50 x 100,50 cm
Fundación Colleción Thyssen-Bornemisza, Madrid [ill. p. 287]

Jour et nuit, 1941-1942
Huile sur toile
112,00 x 146,00 cm
The Menil Collection, Houston
Purchased with funds provided by Adelaide de Menil Carpenter [ill. p. 319]

La Planète affolée, 1942
Huile sur toile
110,00 x 140,00 cm
Tel Aviv Museum of Art, Israël
Don de l'artiste, 1955 [ill. p. 318]

Vox Angelica, 1943
Huile sur toile
152,40 x 203,00 cm
Collection particulière [ill. p. 334-335]

Collage original pour l'article d'André Breton, « Situation du surréalisme entre les deux guerres », publié dans *VVV*, nº 2-3, mars 1943
59,50 x 46,00 cm
Collection particulière

Le Roi jouant avec la Reine, 1944
Bronze d'après le plâtre de 1944
97,80 x 46,40 x 52,30 cm
Stiftung Max Ernst, Brühl
Acquisition de la Kulturstiftung der Länder, Berlin et de la Stiftung Kunst und Kultur der Landes Nordrhein-Westfalen pour le futur musée Max Ernst, Brühl [ill. p. 333]

LÉONOR FINI
Couverture d'un livre ayant séjourné dans la mer, 1936-1936
Objet trouvé
33,00 x 23,50 x 5,00 cm
Collection particulière [ill. p. 276]

WILHEM FREDDIE
Les Tentations de saint Antoine, 1939
Huile sur toile
87,50 x 88,00 cm
Collection particulière [ill. p. 293]

ALBERTO GIACOMETTI
Homme et femme, 1928-1929
Bronze
40,00 x 40,00 x 16,50 cm
Centre Pompidou, Paris
Musée national d'art moderne
AM 1984-355 ; dation [ill. p. 179]

Boule suspendue, 1930-1931
Bois, fer et corde
60,40 x 36,50 x 34,00 cm
Centre Pompidou, Paris
Musée national d'art moderne
AM 1996-205 ; achat [ill. p. 219]

Circuit, 1931
Plâtre
4,50 x 47,50 x 48,00 cm
Centre Pompidou, Paris
Musée national d'art moderne
AM 1987-1166 ; don de B. Giacometti et S. Berthoud [ill. p. 216]

Objet désagréable, 1931
Plâtre original
10,40 x 49,30 x 15,00 cm
Centre Pompidou, Paris
Musée national d'art moderne
AM 1987-1171 ; don de B. Giacometti et S. Berthoud [ill. p. 216]

Objet désagréable à jeter, 1931
Bronze patiné
22,00 x 28,00 x 29,00 cm
Centre Pompidou, Paris
Musée national d'art moderne
AM 1987-1153 ; dation

Projet pour une sculpture, 1931
Crayon sur papier
12,00 x 10,30 cm
Centre Pompidou, Paris
Musée national d'art moderne
AM 1975-90 ; achat

Circuit, 1931-1932
Hêtre et bois fruitier
4,50 x 48,50 x 47,00 cm
Centre Pompidou, Paris
Musée national d'art moderne
AM 1987-557 ; achat

Pointe à l'œil, 1931-1932
Relations désagrégeantes
Bois, fer peint en noir
12,70 x 58,50 x 29,50 cm
Centre Pompidou, Paris
Musée national d'art moderne
AM 1981-251 ; achat [ill. p. 219]

Main prise, 1932
Bois et métal
20,00 x 59,50 x 27,00 cm
Kunsthaus Zürich,
Alberto Giacometti Stiftung [ill. p. 219]

Paysage-tête couchée, 1932
Plâtre original
25,50 x 68,00 x 37,50 cm
Centre Pompidou, Paris
Musée national d'art moderne
AM 1987-1154 ; dation

Femme égorgée, 1932-1940
Bronze, patine dorée
21,50 x 82,50 x 55,00 cm
Centre Pompidou, Paris
Musée national d'art moderne
AM 1992-359 ; achat [ill. p. 216]

Table, 1933
Plâtre original
148,50 x 103,00 x 43,00 cm
Centre Pompidou, Paris
Musée national d'art moderne
AM 960 S ; don [ill. p. 217]

Table surréaliste, 1933
Encre de Chine sur papier
23,30 x 20,80 cm
Centre Pompidou, Paris
Musée national d'art moderne
AM 1975-94 ; achat

L'Objet invisible (mains tenant le vide), 1934-1935
Bronze
153,00 x 32,00 x 29,00 cm
Fondation Marguerite et Aimé Maeght, Saint-Paul
Don Marguerite et Aimé Maeght, 1964 [ill. p. 218]

MAURICE HENRY
Hommage à Paganini, 1936-1968
Assemblage : bois et tissu
50,00 x 22,00 cm
Collection particulière, Milan [ill. p. 275]

JACQUES HÉROLD, VICTOR BRAUNER, JOAN MIRÓ
Composition, tête de personnage et étoile, 1936
4 objets peints : galets, pierre et os
ø 2,50 cm ; 5,00 x 2,50 cm ; 5,00 x 2,80 cm ;
11,00 x 3,00 cm ; 11,00 x 3,00 cm
Collection particulière [ill. p. 277]

GEORGES HUGNET
Fantaisie, 1927
Décalcomanie à l'encre, collage et crayon noir sur papier
25,20 x 38,70 cm
Stiftung Sammlung Dieter Scharf
zur Erinnerung an Otto Gerstenberg,
Kupferstichkabinett, Berlin

La Profanation de l'hostie, 1935
Éléments divers sous boîte
21,70 x 25,50 x 7,00 cm
Centre Pompidou, Paris
Musée national d'art moderne
AM 1976-1050 ; achat

Décalcomanie, 1936
Décalcomanie reproduite dans la revue *Minotaure*,
n° 8, juin 1936, p. 24
Encre sur papier
32,50 x 25,00 cm
Collection particulière [ill. p. 286]

MARCEL JEAN
Le Spectre du gardénia, 1936-1971
Fermetures-éclair, film photographique,
plâtre, flocage noir
35,00 x 12,50 x 25,00 cm
Collection particulière [ill. p. 277]

La Fille de l'horoscope, 1970
Carton peint, bois et montre
38,50 x 22,00 x 15,50 cm
Centre Pompidou, Paris
Musée national d'art moderne
AM 1981-503 ; achat [ill. p. 292]

ANDRÉ KERTESZ
Distorsion n° 6, 1933
Épreuve aux sels d'argent
24,7 x 16,5 cm
Centre Pompidou, Paris
Musée national d'art moderne
AM 1978-143 (2) ; don [ill. p. 254]

Distorsion n° 60, 1933
Épreuve aux sels d'argent
25,2 x 20,3 cm
Centre Pompidou, Paris
Musée national d'art moderne
AM 1978-145 (1) ; don [ill. p. 254]

WIFREDO LAM
Lumière dans la forêt, 1942
Gouache sur papier marouflé sur toile
192,00 x 123,50 cm
Centre Pompidou, Paris
Musée national d'art moderne
AM 1974-23 ; achat

La Réunion, 1945
Huile et craie blanche sur papier marouflé sur toile
152,50 x 212,50 cm
Centre Pompidou, Paris
Musée national d'art moderne
AM 1983-1 ; achat avec la participation de la
Pierre Matisse Gallery, New York [ill. p. 328]

Sans titre, 1947
Huile sur toile
178,00 x 122,00 cm
Collection particulière [ill. p. 329]

JACQUELINE LAMBA
Pour la poche, 1935
Aiguilles, fils de couleur, voile noir et bille montés sur
carton
33,00 x 33,00 x 4,00 cm
Collection particulière [ill. p. 270]

Sans titre, 1943
Pastel sur papier
49,00 x 38,00 cm
Collection particulière [ill. p. 320]

ELI LOTAR
Aux abattoirs de la Villette, 1929
Négatif argentique sur plaque de verre
3,00 x 5,00 cm
Centre Pompidou, Paris
Musée national d'art moderne
AM 1995-99 (1) ; don de
M. et Mme Jean-Pierre Marchand [ill. p. 196]

Aux abattoirs de la Villette, 1929
Négatif argentique sur plaque de verre
3,00 x 5,00 cm
Centre Pompidou, Paris
Musée national d'art moderne
AM 1995-99 (3) ; don de
M. et Mme Jean-Pierre Marchand

Aux abattoirs de la Villette, 1929
Négatif argentique sur plaque de verre
3,00 x 5,00 cm
Centre Pompidou, Paris
Musée national d'art moderne
AM 1995-99 (4) ; don de
M. et Mme Jean-Pierre Marchand

Aux abattoirs de la Villette, 1929
Négatif argentique sur plaque de verre
3,00 x 5,00 cm
Centre Pompidou, Paris
Musée national d'art moderne
AM 1995-99 (5) ; don de
M. et Mme Jean-Pierre Marchand

Aux abattoirs de la Villette, 1929
Négatif argentique sur plaque de verre
3,00 x 5,00 cm
Centre Pompidou, Paris
Musée national d'art moderne
AM 1995-99 (6) ; don de
M. et Mme Jean-Pierre Marchand

DORA MAAR
Étoile cosmique, 1923
Objet trouvé : biscuit en forme d'étoile serti dans une
boîte en argent et verre par Raymond Roussel
4,50 x 1,50 cm
Collection Pierre Leroy, Paris

29 rue d'Astorg, 1936
Épreuve aux sels d'argent rehaussée de couleurs
29,40 x 24,40 cm
Centre Pompidou, Paris
Musée national d'art moderne
AM 1990-218 ; achat avec la participation de
la Galerie 1900-2000 [ill. p. 255]

Portrait d'Ubu, 1936
Épreuve aux sels d'argent
24,00 x 18,00 cm
Centre Pompidou, Paris
Musée national d'art moderne
AM 1998-246 ; achat [ill. p. 255]

Le Simulateur, 1936
Épreuve aux sels d'argent collée sur carton,
photomontage
48,70 x 35,10 cm
Centre Pompidou, Paris
Musée national d'art moderne
AM 1973-24 ; don de Marguerite Arp-Hagenbach
[ill. p. 255]

RENÉ MAGRITTE
L'Assassin menacé, 1926
Huile sur toile
150,40 x 195,20 cm
The Museum of Modern Art, New York
Kay Sage Tanguy Fund ; inv. n° 247.66 [ill. p. 159]

Panorama populaire, 1926
Huile sur toile
120,00 x 80,00 cm
Kunstsammlung Nordrhein-Westfalen,
Düsseldorf [ill. p. 157]

Les Rêveries du promeneur solitaire, 1926
Gouache, encre, papier journal, papier à musique et
crayon gras sur papier
54,80 x 39,50 cm
Museum of Contemporary Art, Chicago
Don de Joseph et Jory Shapiro, 1998

Sans titre, 1926
Crayon, crayon de couleur, aquarelle et collage
44,00 x 61,00 cm
Collection particulière, Belgique [ill. p. 156]

Sans titre, 1926
Collage sur papier
55,00 x 40,00 cm
Collection particulière, Belgique [ill. p. 156]

Le Ciel meurtrier, 1927
Huile sur toile
73,00 x 100,00 cm
Centre Pompidou, Paris
Musée national d'art moderne
AM 1979-105 ; achat

Le Double Secret, 1927
Huile sur toile
114,00 x 162,00 cm
Centre Pompidou, Paris
Musée national d'art moderne
AM 1980-2 ; achat [ill. p. 158]

Jeune fille mangeant un oiseau (Le Plaisir), 1927
Huile sur toile
74,00 x 97,00 cm
Kunstsammlung Nordrhein-Westfalen,
Düsseldorf [ill. p. 189]

Le Sens de la nuit, 1927
Huile sur toile
139,00 x 105,00 cm
The Menil Collection, Houston [ill. p. 158]

Les Chasseurs au bord de la nuit, 1928
Huile sur toile
81,00 x 116,00 cm
Collection particulière [ill. p. 186]

L'Idée fixe, 1928
Huile sur toile
81,00 x 115,00 cm
Staatliche Museen Preussischer Kulturbesitz,
Nationalgalerie, Berlin [ill. p. 188]

L'Homme au journal, 1928
Huile sur toile
115,60 x 81,30 cm
Tate, Londres
Presented by the Friends of the Tate Gallery, 1964

L'Invention de la vie, 1928
Huile sur toile
81,00 x 116,00 cm
Zwirner & Wirth, New York [ill. p. 185]

Les Jours gigantesques, 1928
Huile sur toile
116,00 x 81,00 cm
Kunstsammlung Nordrhein-Westfalen,
Düsseldorf [ill. p. 187]

La Lectrice soumise, 1928
Huile sur toile
92,00 x 73,00 cm
Collection particulière, courtesy Ivor Braka Ltd.,
Londres [ill. p. 184]

Le Masque vide, 1928
Huile sur toile
73,00 x 92,50 cm
Kunstsammlung Nordrhein-Westfalen,
Düsseldorf [ill. p. 188]

Au seuil de la liberté, 1930
Huile sur toile
114,00 x 146,50 cm
Museum Boijmans Van Beuningen, Rotterdam

Les Menottes de cuivre, 1931
Huile sur une reproduction en plâtre de la *Vénus de Milo*
37,00 x 11,50 x 11,00 cm
Musées royaux des Beaux-Arts de Belgique, Bruxelles
[ill. p. 221]

L'Avenir des statues, 1932
Huile sur plâtre
33,50 x 16,50 x 19,00 cm
Wilhelm Lehmbruck Museum, Duisbourg [ill. p. 221]

La Condition humaine, 1933
Huile sur toile
100,00 x 81,00 cm
National Gallery of Art, Washington [ill. p. 223]

La Lumière des coïncidences, 1933
Huile sur toile
60,00 x 73,00 cm
Dallas Museum of Art, Dallas
Don de M. et Mme Jake L. Hamon, 1981 [ill. p. 220]

Le Modèle rouge, 1935
Huile sur toile marouflée sur carton
56,00 x 46,00 cm
Centre Pompidou, Paris
Musée national d'art moderne
AM 1975-216 ; achat [ill. p. 265]

La Clé des champs, 1936
Huile sur toile
81,00 x 60,00 cm
Fundación Colleción Thyssen-Bornemisza,
Madrid [ill. p. 222]

La Découverte du feu, 1936
Huile sur panneau
22,80 x 15,50 cm
Collection M. et Mme Gilbert Kaplan, New York [ill. p. 264]

La Méditation, 1936
Huile sur toile
50,00 x 65,00 cm
Collection M. et Mme Gilbert Kaplan, New York [ill. p. 264]

Ceci est un morceau de fromage, 1936-1937
Objet
Huile sur toile marouflée sur carton : 10,30x 16,20 cm ;
cadre de bois doré ; cloche et plateau à fromage
en verre : h. 31,00 cm ; ø 25,20 cm
The Menil Collection, Houston [ill. p. 276]

La Durée poignardée, 1938
Huile sur toile
146,00 x 97,00 cm
The Art Institute of Chicago, Chicago
Collection Joseph Winterbotham [ill. p. 267]

Les Marches de l'été, 1938
Huile sur toile
60,00 x 73,00 cm
Centre Pompidou, Paris
Musée national d'art moderne
AM 1991-138 ; achat

Le Thérapeute, 1941
Gouache sur papier
33,00 x 27,00 cm
Collection particulière [ill. p. 266]

LÉO MALET
Ce mouvement doit être répété dix fois, 1936
Bois, miroir, photographie de magazine
39,00 x 25,00 x 20,00 cm
Collection particulière [ill. p. 271]

GEORGES MALKINE
Sans titre, 1928
Huile sur toile
81,00 x 54,00 cm
Collection Patrice Trigano, Paris

MAN RAY
Cadeau, 1921-1970
Métal
17,50 x 10,00 x 14,00 cm
Centre Pompidou, Paris
Musée national d'art moderne
AM 1976-1009 ; achat

Champs délicieux, 1922
(Album de 12 rayogrammes, exemplaire 5/40)
10e rayogramme
Rayogramme, épreuve aux sels d'argent
22,10 x 17,30 cm
Centre Pompidou, Paris
Musée national d'art moderne
AM 1987-905 (10) ; achat [ill. p. 114]

Champs délicieux, 3e rayogramme, 1922
Rayogramme, épreuve aux sels d'argent
22,20 x 17,20cm
Centre Pompidou, Paris
Musée national d'art moderne
AM 1987-905 (3) ; achat

Champs délicieux, 5e rayogramme, 1922
Rayogramme, épreuve aux sels d'argent
22,20 x 17,50 cm
Centre Pompidou, Paris
Musée national d'art moderne
AM 1987-905 (5) ; achat

Champs délicieux, 9e rayogramme, 1922
Rayogramme, épreuve aux sels d'argent
22,30 x 17,10 cm
Centre Pompidou, Paris
Musée national d'art moderne
AM 1987-905 (9) ; achat

Marquise Casati, 1922
Positif argentique sur plaque de verre
24,00 x 18,00 cm
Centre Pompidou, Paris
Musée national d'art moderne
AM 1994-393 (1) ; dation [ill. p. 114]

Le Violon d'Ingres, 1924
Épreuve aux sels d'argent rehaussée à la mine
de plomb et à l'encre de Chine et contrecollée sur papier
31,00 x 24,70 cm
Centre Pompidou, Paris
Musée national d'art moderne
AM 1993-117 ; achat [ill. p. 149]

La lune se lève sur l'île de Nias, 1926
Épreuve aux sels d'argent
14,00 x 9,00 cm
Centre Pompidou, Paris
Musée national d'art moderne
AM 1987-887 ; achat [ill. p. 148]

Noire et blanche, 1926
Tirage argentique sur gélatine
17,10 x 22,40 cm
The Museum of Modern Art, New York
Don de James Thrall Soby ; inv. no 132.41

Noire et blanche, 1926
Épreuve négative aux sels d'argent sur papier non baryté
21,00 x 27,50 cm
Centre Pompidou, Paris
Musée national d'art moderne
AM 1982-160 ; achat [ill. p. 148]

Lanterne sourde et muette, 1932
Assemblage : boîte à lanterne sur un moteur
qui la fait tourner, dans une boîte en bois recouverte
de satin et illuminée
49,00 x 39,00 x 15,50 cm
Collection particulière [ill. p. 272]

Le Message automatique, 1933
Épreuve aux sels d'argent et encre de Chine
13,50 x 44,00 cm
Collection particulière

Ce qui nous manque à tous, 1935
Assemblage : pipe et boule de verre
12,00 x 18,00 cm
Collection particulière

Et il signa..., 1935
Portrait photographique d'André Breton extrait
du film de Man Ray, *Essai de simulation du délire cinématographique*
Photographie originale (contact)
8,20 x 5,80 cm
Collection particulière [ill. p. 254]

Vue de l'« Exposition surréaliste d'objets »,
chez Charles Ratton, Paris, 22-29 mai 1936
Épreuve au sel d'argent
29,00 x 22,50 cm
Collection Guy Ladrière [ill. p. 269]

Vue de l'« Exposition surréaliste d'objets »,
chez Charles Ratton, Paris, 22-29 mai 1936
Épreuve au sel d'argent
21,70 x 29,70 cm
Collection Guy Ladrière [ill. p. 268]

[Pipe avec bulle], 1938-1981
Reconstitution par Christian Debout à l'occasion
de l'exposition « Paris-Paris » au Musée national d'art
moderne à Paris en 1981 du mannequin surréaliste
de Man Ray pour l'Exposition internationale du
surréalisme, galerie des Beaux-Arts, Paris, 1938
Mannequin et assemblage d'objets divers
192,00 x 53,00 x 73,00 cm
Dépôt permanent du Musée national d'art moderne,
Centre Pompidou, Paris
Union centrale des arts décoratifs, Paris

MARCEL MARIEN
L'Introuvable, 1937
Objet
Collection Sylvio Perlstein, Anvers [ill. p. 292]

ANDRÉ MASSON
Dessin automatique, 1924
Encre et crayon sur papier
23,60 x 20,60 cm
The Museum of Modern Art, New York
Don anonyme ; inv. no 973.78

L'Homme, 1924
Huile sur toile
100,20 x 65,40 cm
Museum of Contemporary Art, Chicago
Don de Joseph et Jory Shapiro 1922

Sans titre, 1924
Encre de Chine sur papier vergé filigrane
43,30 x 31,50 cm
Centre Pompidou, Paris
Musée national d'art moderne
AM 1984-608 ; donation de Louise et Michel Leiris

Dessin automatique, 1924-1925
Encre de Chine sur papier
46,70 x 63,50 cm
Stiftung Sammlung Dieter Scharf
zur Erinnerung an Otto Gerstenberg,
Kupferstichkabinett, Berlin [ill. p.125]

Dessin automatique, Hommage à Paul Eluard, 1925
Encre de Chine sur papier
31,50 x 23,50 cm
Galerie Cazeau-Béraudière, Paris [ill. p. 123]

Fête, 1925
Huile sur toile
36,00 x 24,00 cm
Collection particulière

Soleils furieux, 1925
Plume et encre sur papier
42,20 x 31,70 cm
The Museum of Modern Art, New York
Achat ; inv. no 257.35 [ill. p. 122]

Dessin automatique, 1925-1926
Encre de Chine sur papier
30,35 x 24,10 cm
Musée national d'art moderne
Centre Pompidou, Paris
AM 1981-596 ; achat
[ill. p. 123]

Bataille de poissons, 1926
Sable, enduit de plâtre, huile, crayon et fusain sur toile
37,00 x 73,00 cm
The Museum of Modern Art, New York
Achat ; inv. no 260.37 [ill. p. 150]

Le Chasseur, 1926-1927
Sable et huile sur toile
41,00 x 16,50 cm
Collection Ulla et Heiner Pietzsch, Berlin [ill. p. 150]

Les Chevaux morts, 1927
Huile et sable sur toile
46,00 x 55,00 cm
Centre Georges Pompidou, Paris
Musée national d'art moderne
AM 1983-326 ; don de Michel et Hélène Maurice
Bokanovski

Coqs, 1927
Huile, sable et tempera sur toile
73,00 x 54,00 cm
Galerie Cazeau-Béraudière, Paris [ill. p. 154]

Lancelot, 1927
Huile et sable sur toile
46,00 x 21,50 cm
Centre Pompidou, Paris
Musée national d'art moderne
AM 1984-603 ; donation de Louise et Michel Leiris

Métamorphose I, 1927
Bronze
20,80 x 15,90 x 7,40 cm
Hirshhorn Museum and Sculpture Garden,
Smithsonian Institution, Washington
Don de Joseph H. Hirshhorn, 1966

Les Promeneurs, 1927
Huile et sable sur toile
73,30 x 37,50 cm
Hirshhorn Museum and Sculpture Garden,
Smithsonian Institution, Washington
Don de Joseph H. Hirshhorn, 1966

Les Villageois, 1927
Huile et sable sur toile
80,50 x 64,50 cm
Centre Pompidou, Paris
Musée national d'art moderne
AM 1981-592 ; don de Louise et Michel Leiris
[ill. p. 154]

Massacre, 1932-1934
Encre de Chine sur papier
38,30 x 48,20 cm
Centre Pompidou, Paris
Musée national d'art moderne
AM 1662 D ; don de Paul Rosenberg

Étude pour « Femmes étranglant des oiseaux », 1933
Deux figures, poisson et (monstre-) mouche
Encre sur papier beige
39,00 x 30,80 cm
Centre Pompidou, Paris
Musée national d'art moderne
AM 1781 D ; don de Paul Rosenberg

Recto : Dionysos, 1936
Encre de Chine sur papier
48 x 35,5 cm
Centre Pompidou, Paris
Musée national d'art moderne
AM 1981-602 [ill. p. 280]

Le Fond de la mer, 1937
Sable, coquillages et algues sur panneau
27,00 x 35,00 cm
Galerie Cazeau-Béraudière, Paris

L'Univers dionysiaque, 1937
Encre sur papier
49,50 x 64,00 cm
Centre Pompidou, Paris
Musée national d'art moderne
AM 1984-610 ; donation de Louise et Michel Leiris

Le Labyrinthe, 1938
Huile sur toile
120,00 x 61,00 cm
Centre Pompidou, Paris
Musée national d'art moderne
AM 1982-46 ; don de Basil et Elena Goulandris
[ill. p. 278]

Métamorphose des amants, 1938
Huile sur toile
100,00 x 89,50 cm
Collection particulière [ill. p. 279]

Naissance de l'automate ou *Anatomie de mon univers, naissance*, 1938
Dessin à l'encre de Chine
62,70 x 47,90 cm
Stiftung Sammlung Dieter Scharf
zur Erinnerung an Otto Gerstenberg,
Kupferstichkabinett, Berlin [ill. p. 280]

Portrait-charge de Franco, 1938
Plume et encre de Chine sur papier d'écolier
48,00 x 37,00 cm
Collection particulière

[Tête dans une cage], 1938-1981
Reconstitution par Christian Debout à l'occasion
de l'exposition « Paris-Paris » au Musée national d'art
moderne à Paris en 1981, du mannequin surréaliste
d'André Masson pour l'Exposition internationale du
surréalisme, galerie des Beaux-Arts, Paris, 1938.
Mannequin et assemblage d'objets divers
183,00 x 55,00 x 68,00 cm
Dépôt permanent du Musée national d'art moderne,
Centre Pompidou, Paris
Union centrale des arts décoratifs, Paris

Le Génie de l'espèce III, 1939
Encre de Chine et gouache sur papier vélin
64,50 x 49,30 cm
Centre Pompidou, Paris
Musée national d'art moderne
AM 1992-91 ; achat

Prisonnier du miroir : transfigurant votre mort, 1939
Encre et crayon sur papier
47,90 x 62,90 cm
The Museum of Modern Art, New York
Achat ; inv. no 159.42

Enchevêtrement, 1941
Détrempe et gouache sur carton
41,00 x 33,00 cm
Centre Pompidou, Paris
Musée national d'art moderne
AM 1982-194 ; donation sous réserve d'usufruit
de Rose Masson

Paysage des Caraïbes, 1941
Crayon et encre sur papier
52,10 x 66,20 cm
The Museum of Modern Art, New York
Don de Kay Sage Tanguy ; inv. no 147.62

Portrait d'André Breton, 1941
Encre de Chine sur papier
46,10 x 61,80 cm
Centre Pompidou, Paris
Musée national d'art moderne
AM 1981-605 ; achat [ill. p. 281]

Méditation sur une feuille de chêne, 1942
Tempera, pastel et sable sur toile
100,00 x 82,50 cm
The Museum of Modern Art, New York
Don anonyme ; inv. no 84.50 [ill. p. 324]

Paysage iroquois, 1942
Tempéra sur toile
75,50 x 101,50 cm
Collection particulière [ill. p. 325]

Méditation du peintre, 1942-1943
Huile et tempera sur toile
132,08 x 101,60 cm
Richard S. Zeisler Collection, New York [ill. p. 325]

Antille, 1943
Huile, sable et tempera sur toile
128,00 x 84,00 cm
Musée Cantini, Marseille [ill. p. 326]

Pasiphaë, 1943
Huile et détrempe sur toile
100,00 x 132,00 cm
Collection particulière, Winnetka, Illinois,
[ill. p. 327]

La Pythie, 1943
Huile et tempera sur toile
130,50 x 106,50 cm
Centre Pompidou, Paris
Musée national d'art moderne
AM 1981-21 ; achat [ill. p. 324]

ROBERTO MATTA
[Sans titre], s. d.
Crayon noir et couleur
31,00 x 48,50 cm
Collection particulière [ill. p. 320]

Sans titre, 1937
Cire et mine de plomb sur papier
50,00 x 65,00 cm
Collection particulière [ill. p. 307]

Sans titre, 1938
Crayons de couleur sur papier
50,00 x 65,00 cm
Collection particulière, courtesy galerie Daniel Malingue [ill. p. 306]

Composition, 1939
Crayons de couleur sur papier
24,80 x 32,50 cm
Collection particulière, courtesy galerie Daniel Malingue [ill. p. 307]

Sans titre, 1939
Crayons de couleur et mine de plomb sur papier
25,00 x 32,50 cm
Collection particulière, courtesy galerie Daniel Malingue [ill. p. 306]

Les Délits, 1941-1942
Crayon et pastels à la cire sur papier
57,20 x 72,70 cm
Centre Pompidou, Paris
Musée national d'art moderne
AM 1985-44 ; achat [ill. p. 321]

L'Année 44, 1942
Huile sur toile
97,00 x 127,00 cm
Staatliche Museen Preussischer Kulturbesitz, Nationalgalerie, Berlin [ill. p. 323]

La Pierre philosophale, 1942
Crayon et pastels à la cire sur papier
58,30 x 73,60 cm
Centre Pompidou, Paris
Musée national d'art moderne
AM 1985-45 ; achat [ill. p. 321]

Sans titre, 1942
Crayon et crayons de couleur
48,60 x 61,20 cm
The Museum of Modern Art, New York
Legs James Thrall Soby ; inv. nº 914.79

Sans titre, 1942
Crayon et crayons de couleur sur papier
48,40 x 61,00 cm
The Museum of Modern Art, New York
Legs James Thrall Soby ; inv. nº 197.82

The Apples We Know, 1943
Huile sur toile
95,00 x 128,00 cm
Virginie et Herbert Lust [ill. p. 322]

E.L.T. MESENS
Les Caves du Vatican, 1936
Construction avec tronc d'arbre et drapeau de soie
18,62 x 13,54 cm
Collection particulière

JOAN MIRÓ
Bouquet de fleurs (Sourire de ma blonde), 1924
Tempera sur toile
88,00 x 115,00 cm
Collection particulière [ill. p. 138]

La Bouteille de vin, 1924
Huile sur toile
73,30 x 65,50 cm
Collection Lola Fernandez-Jimenez [ill. p. 136]

L'Ermitage, 1924
Huile sur toile
114,30 x 147,00 cm
Philadelphia Museum of Art, Philadelphie
The Louise and Walter Arensberg Collection [ill. p. 138]

Carnaval d'Arlequin, 1924-1925
Huile sur toile
66,00 x 93,00 cm
Albright-Knox Art Gallery, Buffalo, New York
Room of Contemporary Art Fund, 1940 [ill. p. 137]

L'Addition, 1925
Huile sur toile encollée
195,00 x 129,20 cm
Centre Pompidou, Paris
Musée national d'art moderne
AM 1983-92 ; achat [ill. p. 146]

Étoiles en des sexes d'escargot, 1925
Huile sur toile
129,50 x 97,00 cm
Kunstsammlung Nordrhein-Westfalen, Düsseldorf [ill. p. 145]

Peinture, 1925
Huile sur toile
98,00 x 72,00 cm
Collection particulière

Le Repas des fermiers, 1925
Huile sur toile
33,50 x 46,50 cm
Collection particulière [ill. p. 146]

Sans titre, 1925
Huile sur toile
130,00 x 97,00 cm
Collection Ulla et Heiner Pietzsch, Berlin [ill. p. 144]

La Sieste, 1925
Huile sur toile
113,00 x 146,00 cm
Centre Pompidou, Paris
Musée national d'art moderne
AM 1977-20 ; achat [ill. p. 139]

Personnage lançant une pierre à un oiseau, 1926
Huile sur toile
73,70 x 92,10 cm
The Museum of Modern Art, New York
Achat ; inv. nº 271.37 [ill. p. 147]

Paysage (Paysage au coq), 1927
Huile sur toile
131,00 x 196,50 cm
Fondation Beyeler, Riehen/Bâle, Suisse [ill. p. 146]

Peinture, 1927
Huile sur toile
129,00 x 97,00 cm
Centre Pompidou, Paris
Musée national d'art moderne
AM 1994-422 ; ancienne donation Geneviève et Jean Masurel, 1979 ; dation, 1994 [ill. p. 155]

Danseuse espagnole, 1928
Papier, ficelle, cheveux, équerre et peinture sur papier de verre
109,50 x 71,10 cm
Collection particulière

Danseuse espagnole, 1928
Collage d'objet sur toile
100,00 x 80,00 cm
Collection particulière

Intérieur hollandais, 1928
Huile sur toile
129,90 x 96,80 cm
The Metropolitan Museum of Art, New York
Legs Florence M. Schoenborn, 1995 [ill. p. 173]

Collage, 1929
Collage, encre et crayon sur papier
63,50 x 98,10 cm
Collection Richard et Mary L. Gray [ill. p. 194]

Collage, 1929
Collage, pastel, encre, aquarelle, crayon et papier collé
72,70 x 108,40 cm
The Museum of Modern Art, New York
James Thrall Soby Fund ; inv. nº 1307.68

Objet, 1931
Assemblage : bois peint, métal, corde, os et perle
40,00 x 29,70 x 22,00 cm
The Museum of Modern Art, New York
Don de M. et Mme Harold X. Weinstein, 1961 ; inv. nº 7.61

Peinture-objet, 1931
Peinture blanche, peinture à l'huile et sable sur planche de bois agrafée sur grillage de fer
36,00 x 26,00 x 3,00 cm
Centre Pompidou, Paris
Musée national d'art moderne
AM 1985-17 ; achat

Dessin-collage (avec chapeau), 1933
Dessin et collage
106,70 x 69,90 cm
Morton G. Neumann Family Collection [ill. p. 232]

Peinture, 1933
Huile sur toile
130,50 x 163,00 cm
Kunstmuseum Bern, Schenkung Arlette Seligmann, Sugar Loaf [ill. p. 228]

Personnages avec étoiles, 1933
Huile sur toile
198,80 x 247,70 cm
The Art Institute of Chicago, Chicago
Don de M. et Mme Maurice E. Culberg [ill. p. 229]

Sans titre, 1933
Crayon de Conte et collage
63,00 x 47,00 cm
Collection particulière

Personnage, 1934
Pastel sur papier velours
106,30 x 70,50 cm
Centre Pompidou, Paris
Musée national d'art moderne
AM 1984-260 ; achat [ill. p. 233]

Sans titre (L'Homme au papier de soie), 1934
Dessin-collage : crayon et papier de soie
63,00 x 46,00 cm
Collection particulière [ill. p. 194]

Corde et personnages II, 1935
Huile et corde sur carton
74,60 x 106,10 cm
Collection particulière [ill. p. 230]

Homme et femme devant un tas d'excréments, 1935
Huile sur cuivre
23,20 x 32,00 cm
Fundació Joan Miró, Barcelone
Donation Pilar Juncosa de Miró [ill. p. 231]

Tête d'homme, 1935
Huile et vernis sur carton contrecollé sur panneau de bois
104,50 x 74,20 cm
Centre Pompidou, Paris
Musée national d'art moderne
AM 1991-303 ; dation [ill. p. 233]

Métamorphose, 1936
Crayon et aquarelle, collage
64,00 x 47,80 cm
Collection particulière, Allemagne [ill. p. 232]

Objet (Perroquet perché), 1936
Perroquet sur une perche en bois, chapeau et mappemonde gravée
81,00 x 30,10 x 26,00 cm
The Museum of Modern Art, New York
Inv. nº 940.65 a-c [ill. p. 277]

Personnages devant une métamorphose, 1936
Tempera à l'œuf sur masonite
49,50 x 57,50 cm
New Orleans Museum of Art, New Orleans
Legs Victor K. Kiam [ill. p. 231]

Personnages assis, 1936
Huile sur cuivre
44,00 x 35,00 cm
Collection particulière [ill. p. 231]

Femme nue montant l'escalier, 1937
Fusain sur papier
77,90 x 55,80 cm
Fundació Joan Miró, Barcelone [ill. p. 232]

Femme en révolte, 1938
Aquarelle, crayon et fusain sur papier Ingres
57,40 x 74,30 cm
Centre Pompidou, Paris
Musée national d'art moderne
AM 1984-311 ; achat

[Moustache], 1938-1981
Reconstitution par Christian Debout à l'occasion de l'exposition « Paris-Paris », au Musée national d'art moderne à Paris en 1981, du mannequin surréaliste de Joan Miró pour l'Exposition internationale du surréalisme, galerie des Beaux-Arts, Paris, 1938.
Mannequin et assemblage d'objets divers
183,00 x 55,00 x 60,00 cm
Dépôt permanent du Musée national d'art moderne, Centre Pompidou, Paris
Union centrale des arts décoratifs, Paris [ill. p. 304]

NADJA
« L'Argent, l'Amour, l'Espoir, l'Esprit », 3-7 octobre 1926
Feuille annotée à l'encre par Nadja
8,00 x 14,00 cm
Bibliothèque Paul Destribats, Paris [ill. p. 177]

Autoportrait, s. d. [1926 ?]
Dessin au crayon et à l'encre violette sur feuille de cahier lignée
22,00 x 16,00 cm
Bibliothèque Paul Destribats, Paris [ill. p. 176]

Autoportrait, s. d. [1926 ?]
Dessin au crayon sur feuille de cahier
22,00 x 14,50 cm
Bibliothèque Paul Destribats, Paris [ill. p. 176]

Dessin sur feuille recto-verso, signé Nadja au recto, s. d. [1926 ?]
Crayon sur papier
29,00 x 42,00 cm
Collection Paul Destribats, Paris [ill. p. 176]

L'Enchantement, s. d. [1926 ?]
Aquarelle sur papier signée Nadja
27,00 x 25,00 cm
Collection Paul Destribats, Paris [ill. p. 177]

Facture de l'hôtel du Théâtre, datée du 28 novembre 1926
Facture annotée à l'encre par Nadja
16,50 x 20,50 cm
Bibliothèque Paul Destribats, Paris [ill. p. 177]

[La Fleur des amants], s. d. [1926 ?]
Dessin au crayon sur papier, signé Nadja
22,00 x 16.50 cm
Bibliothèque Paul Destribats, Paris [ill. p. 176]

« Il y avait une fois la fée Mélusine… », 1926
Dessin au crayon sur feuille de cahier lignée, datée par Nadja
22,00 x 16,00 cm
Bibliothèque Paul Destribats, Paris [ill. p. 176]

Portrait d'André Breton, s. d. [1926 ?]
Dessin au crayon sur papier calque
30,00 x 22 cm
Collection Paul Destribats, Paris [ill. p. 177]

La Symbolique TRACE [Autoportrait à la fleur des amants], s. d. [1926 ?]
Dessin au crayon sur papier
29,50 x 42,50 cm
Collection Paul Destribats, Paris [ill. p. 177]

OBJETS AMÉRICAINS
Masque articulé Uaïda
Collection particulière

Masque d'initiation Koh-ko (Zuni)
Collection particulière

Masque esquimau à plumes
Collection particulière

Masque esquimau rectangulaire
Collection particulière

Masque-cagoule Navajo (Arizona)
Collection particulière

Petit masque noir Hopi
Collection particulière

Poisson-Homme (Alaska)
Collection particulière

Poupées Hopi
Collection particulière

OBJETS MATHÉMATIQUES
Anonyme
Objet mathématique : Allure de la fonction elliptique
Plâtre
16,00 x 20,00 x 45,00 cm
Bibliothèque Institut Poincaré, Paris

Anonyme
Objet mathématique : Perspective d'un cube, d'une sphère, d'un cône et d'un cylindre
Plâtre
45,00 x 7,00 x 18,00 cm
Bibliothèque Institut Poincaré, Paris, Paris

Anonyme
Objet mathématique: Polyèdre métallique
10,00 x 12,00 cm
Bibliothèque Institut Poincaré, Paris

Anonyme
Objet mathématique : Surface à courbure constante
Bois
h 24,00 ; Ø 14,00 cm
Bibliothèque Institut Poincaré, Paris

Anonyme
Objet mathématique : Surface à courbures opposées
Pliage en papier
23,00 x 13,00 cm
Bibliothèque Institut Poincaré, Paris

Anonyme
Objet mathématique : Surface de Kummer
Plâtre
30,00 x 20,00 x 20,00 cm
Bibliothèque Institut Poincaré, Paris

Anonyme
Objet mathématique : Surface réglée
Carton vernissé vert
25,00 x 20,00 x 20,00 cm
Bibliothèque Institut Poincaré, Paris

OBJETS NATURELS
Concrétion d'agate encroûtée de quartz
Brésil
7,00 x 4,00 x 9,00 cm
Muséum national d'histoire naturelle, Paris

Groupe de cristaux de quartz hyalin sur gangue
Isère, France
15,00 x 10,00 x 13,00 cm
Muséum national d'histoire naturelle, Paris

Monocristal de quartz enfumé
Madagascar
9,00 x 4,00 x 4,00 cm
Muséum national d'histoire naturelle, Paris

Œuf d'épiornis
Moulage
Muséum national d'histoire naturelle, Paris
[ill. p. 271]

Tamanoir
Muséum national d'histoire naturelle, Paris
[ill. p. 277]

Verre trouvé à Saint-Pierre après l'éruption de la montagne Pelée, 1902
Verre à pied
16,00 x 8,00 x 8,00 cm
Muséum national d'histoire naturelle, Paris

OBJETS TROUVÉS
Boule de voyante
Collection particulière

Cuillère-soulier
Bois
5,50 x 37,00 x 8,50 cm
Collection particulière [ill. p. 276]

Deux objets d'aliénés
Collection particulière

Enée portant son père (racine)
Collection particulière

Le Gant de Nadja
Collection particulière

Objet cylindrique (courbe de population)
Plâtre avec inscription
34,50 x 17,00 x 9,00 cm
Collection particulière [ill. p. 271]

Racine éclatée
Collection particulière

Roue ovale, 1878
28,00 x 22,00 x 9,00 cm
Collection particulière

Série des bouteilles (dont *La Bouteille divinatoire*)
10 éléments
Collection particulière

MERET OPPENHEIM
Rêve à Barcelone, 1935
Collage et aquarelle sur papier
37,00 x 55,00 cm
Collection particulière

Déjeuner en fourrure, 1936
Tasse, sous-tasse et cuillère recouverts de fourrure
Tasse : Ø 10,90 cm ; sous-tasse : Ø 23,70 cm ; cuillère : L 20,20 cm ; ensemble : h 7,30 cm
The Museum of Modern Art, New York
Achat ; inv nº 130.46 a-c 003 [ill. p. 270]

Ma Gouvernante, 1936
Métal, chaussures, fil, papier
14,00 x 21,00 x 33,00 cm
Moderna Museet, Stockholm [ill. 271]

WOLFGANG PAALEN
Sans titre, 1937
Fumage
60,70 x 52,70 cm
Collection particulière, Allemagne [ill. p. 289]

Vol de moustiques, 1937
Fumage
41,00 x 33,50 cm
Collection particulière

Orages magnétiques, 1938
Huile sur toile
72,50 x 99,50 cm
Collection particulière [ill. p. 288]

Plumages, 1938
Fumage et huile sur toile
73,00 x 92,00 cm
Collection Ulla et Heiner Pietzsch, Berlin [ill. p. 288]

Sans titre [Encrage], 1938
Encres sur papier
55,10 x 72,20 cm
The Museum of Modern Art, New York
Don de Mme Milton Weill ; inv. nº 80.62

ROLAND PENROSE
Le Paradis des alouettes, 1936
Bois, métal et miroir
25,00 x 25,00 x 17,00 cm
Collection particulière [ill. p. 272]

JEAN PEYRISSAC
Indicible cosmos, 1931
Bois peint, acier, ficelle, éclairage électrique
55,70 x 52,00 x 25,90cm
Centre Pompidou, Paris
Musée national d'art moderne
AM 1976-1004 ; achat

FRANCIS PICABIA
Après la pluie (Les Amoureux), 1925
Ripolin sur toile
116,00 x 115,00 cm
Collection particulière [ill. p. 142]

Judith, 1929-1930
Huile sur toile
195,00 x 130,00 cm
Collection particulière [ill. p.193]

PABLO PICASSO
Le Verre d'absinthe, 1914
Bronze peint et sablé, cuillère à absinthe
21,50 x 16,50 x 6,50 cm
Centre Pompidou, Paris
Musée national d'art moderne
AM 1984-629 ; donation de Louise et Michel Leiris [ill. p. 270]

Violon, 1915
Construction : tôle découpée, pliée et peinte, fil de fer
100,00 x 63,70 x 18,00 cm
Musée Picasso, Paris
M.P. 255 [ill ; p. 273]

Le Baiser, 1925
Huile sur toile
130,00 x 95,00 cm
Musée Picasso, Paris
M.P. 85 [ill. p. 143]

Guitare, 1926
Toile, bois, corde, clous, pitons sur panneau peint
130,00 x 96,50 cm
Musée Picasso, Paris
M.P. 86 [ill. p. 151]

Le Peintre et son modèle, 1926
Huile sur toile
137,50 x 257,00 cm
Musée Picasso, Paris
M.P. 96

Carnet (49 dessins), 1926-1927
Plume et encre de Chine, fusain, crayon graphite sur papier
17,50 x 26,00 cm
Musée Picasso, Paris
M.P. 1873

Figure, 1927
Huile sur toile
100,00 x 82,00 cm
Centre Pompidou, Paris
Musée national d'art moderne
AM 2727 P ; don

Carnet (54 dessins), 1927-1928
Encre de Chine et crayon graphite sur papier Ingres
31,00 x 23,50 cm
Musée Picasso, Paris
M.P. 1874 [ill. p. 180]

Baigneuses au ballon, 1928
Huile sur toile
15,90 x 21,90 cm
Collection particulière [ill. p. 172]

Baigneuse ouvrant une cabine, 1928
Huile sur toile
32,80 x 22,00 cm
Musée Picasso, Paris
M.P. 107 [ill. p. 172]

Figure, 1928
Fil de fer et tôle
50,50 x 18,50 x 40,80 cm
Musée Picasso, Paris
M.P. 264 [ill. p. 179]

Figure, 1928
Fil de fer et tôle
37,50 x 10,00 x 19,60 cm
Musée Picasso, Paris
M.P. 266

Figure, 1928
Fil de fer et tôle
37,50 x 10,00 x 19,60 cm
Centre Pompidou, Paris
Musée national d'art moderne
AM 1984-DEP 20 ; dation

Métamorphose I, 1928
Bronze
22,60 x 18,00 x 11,50 cm
Musée Picasso, Paris
M.P. 261

L'Atelier, 1928-1929
Huile sur toile
162,00 x 130,00 cm
Musée Picasso, Paris
M.P. 111 [ill. p. 179]

L'Acrobate bleu, 1929
Fusain et huile sur toile
162,00 x 130,00 cm
Centre Pompidou, Paris
Musée national d'art moderne
AM 1991-DEP 3 ; dépôt du Musée Picasso au Centre Pompidou [ill. p. 178]

Tête de femme, 1929-1930
Fer, tôle, ressort et passoire peints
100,00 x 37,00 x 59,00 cm
Musée Picasso, Paris
M.P. 270 [ill. p. 181]

Baigneuse au ballon, 1930
Sable sur revers de toile et châssis, objets, carton, végétaux collés et cousus sur la toile
33,00 x 24,50 x 2,00 cm
Musée Picasso, Paris
M.P. 118

Baigneuse debout, 1930
Sable sur revers de toile et châssis, objets, carton, végétaux collés et cousus sur la toile
33,00 x 24,50 x 2,00 cm
Musée Picasso, Paris
M.P. 124

Baigneuse et profil, 1930
Sable sur revers de toile et châssis, carton et végétaux collés et cousus sur la toile
27,00 x 37,00 x 3,00 cm
Musée Picasso, Paris
M.P. 125 [ill. p. 235]

Composition, 1930
Sable sur toile, bois et végétaux collés et cousus sur la toile
35,00 x 27,50 x 3,50 cm
Musée Picasso, Paris
M.P. 128

Baigneuse couchée, 1930
Sable teinté par endroits sur revers de toile et châssis, objets, ficelle, carton collés et cousus sur la toile
24,00 x 35,00 x 2,00 cm
Musée Picasso, Paris
M.P. 127

Composition au gant, 1930
Sable teinté par endroits sur revers de toile et châssis, gant, carton, végétaux collés et cousus sur la toile
27,50 x 35,50 x 8,00 cm
Musée Picasso, Paris
M.P. 123 [ill. p. 234]

Objet à la feuille de palmier, 1930
Sable teinté par endroits sur revers de toile et châssis, végétaux, carton, clous, objets collés et cousus sur la toile
25,00 x 33,00 x 4,50 cm
Musée Picasso, Paris
M.P. 129

Paysage aux bateaux, 1930
Sable teinté par endroits sur revers de toile et châssis, végétaux, carton, petits
bateaux collés et cousus sur la toile
26,50 x 36,00 x 7,00 cm
Musée Picasso, Paris
M.P. 130 [ill. p. 235]

Femme lançant une pierre, 1931
Huile sur toile
130,50 x 195,50 cm
Musée Picasso, Paris
M.P. 133 [ill. p. 241]

Figure, 1931
Fer et fil de fer
26,00 x 12,50 x 11,10 cm
Musée Picasso, Paris
M.P. 271

Femme au fauteuil rouge, 1932
Huile sur toile
130,20 x 97,00 cm
Musée Picasso, Paris
M.P. 138 [ill. p. 241]

Composition au papillon, 1932
Tissu, bois, végétaux, ficelle, punaise, papillon, huile sur toile
16,00 x 22,00 x 2,50 cm
Musée Picasso, Paris
M.P. 1982-169 [ill. p. 236]

La Crucifixion, 1932
Plume et encre de Chine
34,00 x 51,00 cm
Musée Picasso, Paris
M.P. 1080 [ill. p. 240]

La Crucifixion, 1932
Plume et encre de Chine
34,50 x 51,20 cm
Musée Picasso, Paris
M.P. 1082 [ill. p. 240]

Sur la plage, 1933
Aquarelle et encre de Chine sur papier
40,00 x 50,80 cm
Collection particulière

Une anatomie : trois femmes, 1933
Mine de plomb
20,00 x 27,20 cm
Musée Picasso, Paris
M.P. 1091

Une anatomie : trois femmes, 1933
Mine de plomb
19,80 x 27,20 cm
Musée Picasso, Paris
M.P. 1092

Une anatomie : trois femmes, 1933
Mine de plomb
20,00 x 27,00 cm
Musée Picasso, Paris
M.P. 1093 [ill. p. 240]

Une anatomie : trois femmes, 1933
Mine de plomb
19,80 x 27,40 cm
Musée Picasso, Paris
M.P. 1095

Une anatomie : trois femmes, 1933
Mine de plomb
19,70 x 27,00 cm
Musée Picasso, Paris
M.P. 1096 [ill. p. 240]

Femme au feuillage, 1934
Plâtre
39,50 x 21,50 x 26,50 cm
Collection particulière [ill. p. 237]

Figure, 1935
Assemblage : louche, griffes, bois, ficelle et clous
112,00 x 61,50 x 29,80 cm
Musée Picasso, Paris
M.P. 316 [ill. p. 272]

Personnage serrure, 1935
Mécanisme de serrure peint dans le cadre
24,00 x 19,00 cm
Collection particulière [ill. p. 292]

Composition au Minotaure, 1936
Encre de Chine et gouache sur papier
50,00 x 65,00 cm
Collection particulière, courtesy galerie Jan Krugier, Ditesheim & Cie, Genève [ill. p. 239]

Minotaure blessé, cheval et personnages, 1936
Gouache, plume et encre de Chine
50,00 x 65,00 cm
Musée Picasso, Paris
M.P. 1165 [ill. p. 238]

Minotaure et jument morte devant une grotte face à une jeune fille voilée, 1936
Gouache et encre de Chine
50,00 x 65,00 cm
Musée Picasso, Paris
M.P. 1163 [ill. p. 238]

ROGI ANDRÉ (Rosa Klein, dite)
L'Ondine (Jacqueline Lamba), 1934
Photographie
Collection particulière

KURT SELIGMANN
Deux têtes, 1931
Construction en bois peint
h 52,70 cm
Collection particulière [ill. p. 314]

Hommage à Urs Graf, 1934
Huile sur bois
160,20 x 129,40 cm
Kunstmuseum Bern, Schenkung Arlette Seligmann, Sugar Loaf, Berne

Combat, 1935
Huile sur panneau de bois
180,00 x 115,50 cm
Collection particulière

La Flore immaculée, 1938
Encre de Chine gouachée sur papier bistre
38,00 x 51,00 cm
Collection Patrice Trigano, Paris

Le Surveillant, c. 1938
Encre sur papier
57,20 x 72,60 cm
Collection particulière [ill. p. 282]

Sans titre, 1938
Encre sur papier
57,20 x 72,60 cm
Collection particulière [ill. p. 282]

Le Gladiateur au parapluie, 1940
Encre de Chine sur papier
53,00 x 40,00 cm
Galerie Patrice Trigano, Paris

La Table ardente, 1942
Encre de Chine sur papier
65,00 x 71,00 cm
Collection Patrice Trigano, Paris

JOSEPH SIMA
Double paysage, tempête électrique, 1928
Huile sur toile
67,00 x 13,00 cm
Centre Pompidou, Paris
Musée national d'art moderne
AM 1978-320 ; achat

JINDRICH STYRSKY
Racines, 1934
Huile sur toile
46,00 x 81,00 cm
Collection particulière [ill. p. 224]

Le Cardinal américain, 1941
Collage
40,50 x 29,00 cm
Collection particulière

MAURICE TABARD
[Visage et mains], 1930
Surimpression, épreuve aux sels d'argent
22,20 x 10,30 cm
Centre Pompidou, Paris
Musée national d'art moderne
AM 1995-31 ; achat [ill. p. 197]

[Visage et mains], 1935
Épreuve aux sels d'argent, surimpression solarisée
13,00 x 10,50 cm
Centre Pompidou, Paris
Musée national d'art moderne
AM 1995-35 ; achat [ill. p. 256]

YVES TANGUY
Je suis venu comme j'avais promis, adieu, 1926
100,00 x 73,00 cm
Stiftung Sammlung Dieter Scharf zur Erinnerung van Otto Gerstenberg, Kupferstichkabinett, Berlin [ill. p. 166]

L'Orage (Paysage noir), 1926
Huile sur toile
80,30 x 65,40 cm
Philadelphia Museum of Art, Philadelphie
The Louise and Walter Arensberg Collection [ill. p. 164]

Sans titre, 1926
Crayon, pinceau et encre sur papier
33,10 x 25,70 cm
The Museum of Modern Art, New York
Legs Kay Sage Tanguy (par échange) ; inv. n° 60.66

Sans titre, 1926
Dessin aquarellé
31,50 x 24,30 cm
Galerie Cazeau-Béraudière, Paris [ill. p. 153]

Composition (Mort guettant sa famille), 1927
Huile sur toile
100,00 x 73,00 cm
Fundación Colección Thyssen-Bornemisza, Madrid [ill. p. 169]

Extinction des lumières inutiles, 1927
Huile sur toile
92,10 x 65,40 cm
The Museum of Modern Art, New York
Achat ; inv. n° 220.36 [ill. p. 168]

La Main dans les nuages, 1927
Huile sur toile
65,00 x 54,00 cm
Staatsgalerie Stuttgart [ill. p. 166]

Maman, papa est blessé !, 1927
Huile sur toile
92,10 x 73,00 cm
The Museum of Modern Art, New York
Achat ; inv. n° 78.36 [ill. p. 167]

Sans titre (Paysage surréaliste), 1927
Huile sur toile
100,00 x 81,00 cm
Staatliche Kunsthalle Karlsruhe, Karlsruhe [ill. p. 170]

Terre d'ombre, 1927
Huile sur toile
99,10 x 80,30 cm
The Detroit Institute of Arts, Gift of Lydia Winston Malbin [ill. p. 170]

L'Humeur des temps, 1928
Huile sur toile
100,10 x 73,30 cm
The Museum of Modern Art, New York
Legs James Thrall Soby ; inv. n° 1252.79

Le Jardin sombre, 1928
Huile sur toile
91,40 x 71,10 cm
Kunstsammlung Nordrhein-Westfalen, Düsseldorf [ill. p. 171]

Sans titre (Il vient), 1928
Huile sur toile
92,00 x 73,00 cm
Collection particulière [ill. p. 165]

Le Tabernacle, 1928
Objet trouvé
Bois, tête momifiée, applications de fourrures naturelles et synthétiques, yeux en verre et chandeliers
65,00 x 30,00 x 31,00 cm
Collection particulière [ill. p. 273]

Janvier 1930, 1930
Huile sur toile
81,00 x 65,00 cm
Collection particulière,
Courtesy Galerie 1900-2000, Paris [ill. p. 170]

Sans titre, 1931
Huile sur bois
14,22 x 10,80 cm
Richard L. Feigen, New York

Lettre à Paul Eluard, 1933
Crayon et encre sur papier
26,40 x 19,00 cm
The Museum of Modern Art, New York
Eluard and Dausse Collection,
The Museum of Modern Art Library
Inv. n° 503.66

Sans titre, 1933
Huile sur bois
2,79 x 4,39 cm
Richard L. Feigen, New York

De l'autre côté du pont, 1936
Bois peint et tissu rembourré de sable
12,00 x 21,00 x 47,00 cm
Morton G. Neumann Family Collection [ill. p. 277]

Petit personnage familier, 1938
Crayon et crayons de couleur sur papier découpé
23,40 x 14,50 cm
Centre Pompidou, Paris
Musée national d'art moderne
AM 1975-202 [ill. p. 314]

Sans titre, 1939
Gouache et cadre en ronce sur papier
16,00 x 13,20 cm
Collection particulière [ill. p. 314]

Carnet, 1941
Texte d'André Breton
Gouache, craie, encre, collage et crayon sur papier blanc et papier couleur
27,70 x 22,90 cm
The Museum of Modern Art, New York
Don de Kay Sage Tanguy ; inv. n° 346.55.1a-23b

Composition, 1941
Gouache sur papier
39,50 x 29,50 cm
Collection M. et Mme Gilbert Kaplan, New York

Sans titre (Carnet), 1941
27,60 x 21,20 cm
The Museum of Modern Art, New York
Don de Kay Sage Tanguy ; inv. n° 346.55.2a-b

Sans titre (Carnet), 1941
27,60 x 21,30 cm
The Museum of Modern Art, New York
Don de Kay Sage Tanguy ; inv. n° 346.55.16a-b

Sans titre (Carnet), 1941
27,60 x 21,30 cm
The Museum of Modern Art, New York
Don de Kay Sage Tanguy ; inv. n° 346.55.2a-b

Le Palais aux rochers de fenêtres, 1942
Huile sur toile
163,00 x 132,00 cm
Centre Pompidou, Paris
Musée national d'art moderne
AM 3398 P ; don de Pierre Matisse

TRISTAN TZARA
Sans titre, 1933
Dessin à l'encre sur chemise cartonnée
32,50 x 22,50 cm
Collection particulière

Sans titre, 1933
Dessin à l'encre sur chemise cartonnée
32,50 x 22,50 cm
Collection particulière

RAOUL UBAC
Penthesilée, 1937
Photomontage, épreuve aux sels d'argent
40,00 x 24,50 cm
Collection particulière

Photomontage, 1937
Photomontage, épreuve aux sels d'argent rehaussée à l'encre
39,30 x 27,00 cm
Centre Pompidou, Paris
Musée national d'art moderne
AM 1996-335 ; achat [ill. p. 256]

Le Conciliabule, 1938
Épreuve aux sels d'argent, photomontage solarisé
39,00 x 28,90 cm
Centre Pompidou, Paris
Musée national d'art moderne
AM 1989-534 ; dation

REMEDIOS VARO
Le Désir, 1935
Boîte-objet
Bougie, peinture à l'huile et miroir sur bois
22,70 x 28,70 x 9,00 cm
Collection particulière

VITRINES ET STÈLES ORIGINALES DE L'« EXPOSITION SURRÉALISTE D'OBJETS », GALERIE CHARLES RATTON, PARIS, 1936
Stèle
Chêne naturel
100,00 x 40,00 x 40,00 cm
Collection Guy Ladrière

Stèle
Placage palissandre
120,00 x 130,00 x 30,00 cm
Collection Guy Ladrière

Vitrine acier
Acier base en bois
219,00 x 215,00 cm
Collection Guy Ladrière

Vitrine étagères bois
150,00 x 200,00 cm
Collection Guy Ladrière

MANUSCRITS ORIGINAUX, BIBLIOTHÈQUE PAUL DESTRIBATS, PARIS

C'est à François Chapon, ancien directeur de la Bibliothèque littéraire Jacques Doucet que nous devons d'avoir pu inscrire dans notre exposition un « parcours littéraire ». Grâce à son amicale complicité, nous avons été généreusement accueillis par Paul Destribats, dont la bibliothèque et les archives constituent l'un des ensembles les plus importants consacrés aux avant-gardes du XXe siècle (1909-1980). Nous tenons tout particulièrement à remercier Paul Destribats pour son constant dévouement à la réussite de ce projet. La liste suivante des ouvrages provenant de sa collection en témoigne avec éloquence.

ARAGON
Le Con d'Irène, Paris, René Bonnel, 1928
245 x 195 mm, 88 p., relié
Édition originale parue « sous le manteau », sans nom d'auteur, d'illustrateur ou d'éditeur. Illustré de 5 eaux-fortes d'André Masson.
125 exemplaires numérotés 11 à 135 sur vergé d'Arches : nº 31.
[ill. p. 182]

ANTONIN ARTAUD
Le Pèse-nerfs, Paris, s. n., 1er août 1925
280 x 220 mm, 44 p., broché, couverture illustrée
Édition originale. Collection « Pour vos beaux yeux », nº 1.
Couverture spécialement dessinée par André Masson.
15 exemplaires numérotés I à XV sur papier japon dont un exemplaire d'auteur portant le numéro I : nº V.
[ill. p. 134]

GEORGES BATAILLE
(sous le pseudonyme de Lord Auch)
Histoire de l'œil, avec 8 lithographies originales, Paris, s. n. [René Bonnel], 1928
240 x 190 mm, 106 p., relié
Édition originale. Premier ouvrage de Bataille, publié sous pseudonyme. Illustré de 8 lithographies érotiques hors texte d'André Masson, le nom de l'illustrateur n'apparaissant pas.
125 exemplaires numérotés 10 à 134 sur vergé d'Arches à la forme : nº 133.
[ill. p. 183]

GEORGES BATAILLE
L'Anus solaire, illustré de pointes-sèches par André Masson, Paris, Éditions de la galerie Simon, 1931
248 x 190 mm, 18 p., relié
Édition originale du premier livre de l'auteur sous son véritable nom. Illustré de 3 pointes-sèches d'André Masson.
10 exemplaires numérotés 1 à 10 sur japon ancien : nº 8 signé au crayon de couleur par l'auteur.
[ill. p. 192]

GEORGES BATAILLE
Sacrifices, avec 5 eaux-fortes d'André Masson, Paris, G. L. M., 1936
460 x 350 mm, 11 pages recto, en feuilles, couverture rouge à lien de soie rouge, chemise cartonnée rouge muette à rabats et à liens de la même couleur
Édition originale du texte sur trois feuillets. Illustré de 5 eaux-fortes hors texte en sépia par André Masson.
140 exemplaires numérotés 11 à 150 sur Arches : nº 45.
[ill. p. 250]

HANS BELLMER
Die Puppe, Karlsruhe, Th. Eckstein, 1934
118 x 87 mm, 38 p., relié
Édition originale. Illustré de deux dessins et d'une empreinte hors texte ainsi que de 10 photographies originales par Hans Bellmer.
Tirage non précisé, certainement à très petit nombre.
Envoi autogr. s. à Nush Eluard sur le faux-titre non daté : *à madame / Nusch Eluard /comme petit signe / des hommages et /de la considération /de Hans Bellmer*
[ill. p. 248]

HANS BELLMER
La Poupée, Seconde partie. 1935, s. l.
119 x 80 mm, 15 feuillets de carton rose, relié
Exemplaire original, inédit et unique, signé par l'auteur.
12 photographies originales hors texte de Hans Bellmer.
Après les premières *Poupées* réalisées à partir d'éléments hétéroclites, Bellmer s'attache à de nouvelles compositions articulées qu'il photographie pour les réunir ici en un document unique offert à Paul Eluard.
À la suite d'une page de titre autogr. *La Poupée / Seconde Partie* et la mention : *exemplaire destiné à Paul Eluard. H. B. 31-XII-35*, 12 photographies originales des compositions (env. 55 x 53 mm) sont collées sur papier carton jaune. Les 5e, 7e, 9e et 10e deviendront respectivement les 1er, 6e, 10e et 5e des *Jeux de la poupée* publiés, avec des textes de Paul Eluard et une préface de Hans Bellmer, par les éditions Premières en 1949.
[ill. p. 248]

HANS BELLMER
La Poupée, traduit par Robert Valençay. Paris, G. L. M., 1936
160 x 120 mm, 44 p., relié
Édition originale de la traduction française. Illustré de 10 photographies originales hors texte de Hans Bellmer.
5 exemplaires numérotés 1 à 5 sur japon : nº 3.
Une photographie originale (158 x 114 mm) agrandissant un détail de la cinquième *poupée* est montée sur onglet en frontispice.
[ill. p. 249]

HANS BELLMER
La Poupée, traduit par Robert Valençay. Paris, G. L. M., 1936
160 x 120 mm, 44 p., relié
80 exemplaires numérotés 26 à 100 sur papier rose : exemplaire non numéroté.
Texte et illustrations sur papier rose. Photographies collées sur papier-carton jaune.
Augmenté de :
• lettre autogr. à Paul Eluard sur papier pelure rose (290 x 210 mm) et son enveloppe adressée à *Paul Eluard-Grindel, 54 rue Legendre, Paris 17e*.
• 2 dessins originaux, à la gouache blanche, au recto et au verso d'un carton noir (157 x 117 mm, monté sur onglets).
• photographie originale par Hans Bellmer, contrecollée sur une surface rehaussée à la gouache blanche (138 x 99 mm) et correspondant à l'agrandissement de la seconde photographie originale de *La Poupée, seconde partie* publiée dans *Minotaure*, nº 8, 1935, p. 9.
Envoi autogr. s. sur le faux-titre à Paul Eluard : *avec l'estime / et l'amitié / la plus / chaleureuse / de / Hans Bellmer / 28-XII-(19)36*
Exemplaire personnel de Paul Eluard dont l'ex-libris, *après moi le sommeil* créé pour lui par Max Ernst, est collé sur le contre-plat.
Reliure bradel, papier à la cuve moucheté peint d'un treillis rouge évidé en cœur. Lettre blanche au dos. Doublures et gardes de papier vieux rose. Chemise, étui.

ANDRÉ BRETON, PHILIPPE SOUPAULT
Les Champs magnétiques, Paris, Au Sans Pareil, 1920
192 x 144 mm, 120 p., broché
Édition originale. Illustré en hors texte de deux portraits par Francis Picabia, le premier d'André Breton, le second de Philippe Soupault.
5 exemplaires numérotés 1 à 5 sur papier de Chine : nº 4.
Envois autogr. s. des deux auteurs :
Je signe ce mystère / pour M. / Philippe Soupault
A Monsieur [nom effacé] */ dans ce petit miroir / rectangulaire / de l'inconnu(e) ? / André Breton*
Ces envois font référence à l'identité (mystérieuse et néanmoins identifiée comme Valentine Hugo) du premier destinataire.

ANDRÉ BRETON, PHILIPPE SOUPAULT
Les Champs magnétiques, Paris, Au Sans Pareil, 1920
192 x 144 mm, 120 p., broché
Deuxième édition, exemplaire sur vergé d'Arches.
En page de garde, daté du 8 juillet 1920, curieux envoi autogr. des auteurs à Clément Pansaers, chacun ayant apposé son empreinte digitale à l'encre verte au-dessus de sa signature.

ANDRÉ BRETON
Clair de terre, avec un portrait par Picasso, Paris, s. n., 1923
285 x 195 mm, 80 p., relié
Édition originale. Frontispice illustré d'un portrait d'André Breton par Pablo Picasso.
3 exemplaires numérotés I à III sur chine, tous signés par l'auteur et avec une eau-forte par Picasso, non signée : nº III, justifié et signé au crayon violet par l'auteur, eau-forte signée au crayon par l'illustrateur.
En plus de l'eau-forte annoncée à la justification et qui est ici signée au crayon (rarissime), l'exemplaire est augmenté d'un tirage original, également sur chine, du cuivre rayé.
Joint : lettre autogr. s. d'André Breton à Paul Eluard à l'encre bleue sur papier bleu, s. l. n. d. (septembre 1923), 2 p., 270 x 210 mm. Adressée à *Mon cher Paul* et commençant par *Marcel Noll; toi et moi*, cette lettre continue par le texte exact du dernier des *Cinq rêves* publiés dans *Clair de terre* (p. 19-21).
Ex-libris de Paul Eluard dessiné par Max Ernst.
[ill. p. 129]

ANDRÉ BRETON
Nadja, premières épreuves corrigées, s. l., 1928
193 x 117 mm, 1 p., + 20 placards (de 4 p. pliées), jaquette avec nom et titre manuscrits au dos
Premières épreuves de *Nadja* avec nombreuses corrections typographiques et d'auteur ainsi qu'un feuillet autographe (175 x 143 mm) avec le texte de la longue note imprimée pages 200-201. En note marginale, l'auteur en demande la composition et le placement.
[ill. p. 176]

ANDRÉ BRETON
Second manifeste du surréalisme, frontispice de Salvador Dalí, Paris, Éditions Kra, 1930
278 x 210 mm, 108 p., relié
Édition originale. Collection « Club des Soixante ». Illustré par un frontispice de Salvador Dalí colorié au pochoir.
60 exemplaires numérotés 1 à 60 sur vélin annam des papeteries de Rives avec un frontispice en couleur de Dalí : nº 34.
EXEMPLAIRE PERSONNEL du relieur Paul Bonet, qui a relié à la suite la prépublication du texte dans *La Révolution surréaliste*, 5e année, nº 12, 15 décembre 1929 (p. 1 à 18 + couvertures) et a ajouté en tête une lettre autogr. signée d'André Breton, adressée à lui-même, accompagnée de son enveloppe (Paris, 30 avril 1931, 2 p., 209 x 134 mm).
Envoi autogr. s. à l'encre sur le faux-titre :
A Paul Bonet / qui fait lever dans le cuir toutes les étoiles de la voix / qui fait battre l'aile du sens dans le métal, / son ami / André Breton
[ill. p. 190]

ANDRÉ BRETON, PAUL ELUARD
L'Immaculée conception, Paris, Éditions surréalistes, Chez José Corti, 1930
257 x 208 mm, relié
Édition originale. Frontispice illustré d'une gravure de Salvador Dalí, qui a également réalisé la vignette ornant la couverture et la page de titre.
Exemplaire d'auteur, non indiqué à la justification, sur papier jaune jonquille, numéroté H. C. / 1, signé à l'encre par les deux auteurs, avec la gravure de Dalí.
Exemplaire personnel de René Char, donné comme tel de la main d'André Breton, sur le faux-titre, au-dessus du long envoi autogr., signé par lui-même et Paul Eluard, consistant en une définition supplémentaire de *L'Amour* (qui en comporte 32) :
33. Lorsque la femme, debout sur la balançoire installée près d'un perron que pour la lancer toujours plus haut
l'homme à reculons escalade, se joint à lui de toute la force
des arbres qui croissent cent fois plus vite dans le jardin, c'est
le pardon de l'aigle…

ANDRÉ BRETON
Le Revolver à cheveux blancs, Paris, Éditions des Cahiers libres, 1932
190 x 143 mm, 178 p., relié
Édition en partie originale, composée de trois parties, dont les deux premières (1915-1919 ; 1919-1924) sont anthologiques, reprenant des poèmes antérieurement publiés dans *Mont de Piété*, *Les Champs magnétiques* ou *Clair de terre* et la dernière (1924-1932), des textes encore jamais réunis en volume. Gravure de Salvador Dalí en frontispice.
10 exemplaires numérotés 1 à 10 sur japon nacré, contenant une eau-forte par Salvador Dalí : nº 5, signé à l'encre par l'auteur à la justification, gravure signée au crayon par l'artiste.
Enrichi de 13 pièces montées sur onglets :
• 8 feuillets comportant 7 poèmes autogr. publiés dans le volume.
• 3 photographies de poèmes-objets par André Breton, dont l'une est parue dans le *Dictionnaire abrégé du surréalisme*, p. 28.

- 2 dessins originaux de Salvador Dalí, au crayon, études pour l'eau-forte illustrant le frontispice.

Augmenté de 3 états de l'eau-forte, sur chine, non signés.
Exemplaire personnel de Paul Eluard (auquel d'ailleurs l'ouvrage est dédié) portant, sur le faux-titre, un envoi autogr. s. à l'encre noire :
A Paul Eluard / à l'ami UNIQUE / et à l'admirable construction de rêve / de liberté, de poésie, d'amour / et de jeunesse éternelle / à laquelle est attaché son nom / André Breton.

ANDRÉ BRETON
Le Revolver à cheveux blancs, Paris, Éditions des Cahiers libres, 1932
190 x 143 mm, broché
Augmenté d'un état de l'eau-forte tirée à partir du cuivre d'essai gravé par Dalí.
12 exemplaires d'auteur, non annoncés à la justification : n° VIII/XII sur montgolfier bleu
Envoi autogr. s. à Gala, à l'encre noire sur le faux-titre :
A Gala / de la première à la dernière / page de mes livres / avec toute l'émotion que peuvent me donner / l'idée de son existence / le sentiment de sa présence toute proche / ma grande affection.

ANDRÉ BRETON
L'Air de l'eau, Paris, Éditions Cahiers d'art, 1934
255 x 185 mm, (44 p.), relié
Édition originale. Illustré en hors texte de 4 burins de Alberto Giacometti.
5 exemplaires numérotés 1 à 5 sur japon nacré : n° 2, signé au crayon par l'auteur, gravures de Giacometti tirées sur chine et contrecollées sur japon.
Avant le faux-titre, copie autogr., pleine page (19 lignes), à l'encre noire, de l'intégralité de *ils vont tes membres déployant autour de toi des draps verts*, daté Paris, septembre 1934 (l'achevé d'imprimer est du 5 décembre 1934), qui correspond à la page 21 de l'ouvrage.
Joint : copie autogr. s. (30 lignes), à l'encre verte sur un feuillet saumon, de *à ta place, je me méfierais des chevaliers de paille*, poème publié p. 26. (1 p., 269 x 210 mm).
[ill. p. 213]

ANDRÉ BRETON
Le Château étoilé, Paris, Albert Skira, 1937
327 x 250 mm, 24 p., relié
Édition originale. Tirage à part du *Minotaure*, n° 8, juin 1936.
50 exemplaires numérotés 1 à 50, signés par les auteurs et comprenant un frottage original de Max Ernst : n° 8, sur vélin d'Arches, signé à l'encre verte par l'auteur, frottage justifié et signé à l'encre par l'artiste.
Augmenté, monté sur onglet en tête, d'un dessin original signé Max Ernst, à l'encre de Chine sur papier gris, de plus grandes dimensions et inversé par rapport à celui du frottage (1 p., 270 x 210 mm).
[ill. p. 252]

ANDRÉ BRETON
Anthologie de l'humour noir, manuscrit. s. l. n. d., [1937]
270 x 210 mm, 43 feuillets montés sur onglets, relié
Manuscrit complet du premier jet des notices bibliographiques pour *L'Humour noir*. La préface, intitulée *Paratonnerre*, était auparavant titrée *Introduction*.
Collage original, réalisé et composé par André Breton, dont la reproduction ornera en frontispice le texte de *L'Humour noir* publié chez G. L. M. en 1937 : sur un support de carton gris (294 x 225 mm), s'entrechoquent les visages ou les portraits de maîtres de l'humour noir, des éléments symboliques rattachés à la lecture du texte et une seule trace écrite, la reproduction de la signature de Sade, citations graphiques dont émergent les deux grandes initiales du titre, un H au coin supérieur gauche et un N blanc en partie bordé de noir au coin inférieur droit.
Correspondance :

- Lettre autogr. s. d'André Breton à Edmond Bomsel, 11 février 1935, 2 p., 268 x 209 mm.
- Lettre autogr. s. d'André Breton à Edmond Bomsel, 28 septembre 1936, 2p., 270 x 210 mm.

Ex-libris d'Edmond Bomsel par Alberto Giacometti.
[ill. p. 330]

ANDRÉ BRETON
Anthologie de l'humour noir, Paris, Éditions du Sagittaire, 1940
228 x 156 mm, 263 p., relié
Édition originale. Frontispice illustré d'une eau-forte de Pablo Picasso, texte illustré de 20 portraits en reproduction. Couverture d'origine illustrée par Oscar Dominguez et non Marcel Duchamp comme indiqué à la justification ; est d'ailleurs joint en tête, monté sur onglet, le papillon rectificatif annonçant la substitution en raison de l'absence de Marcel Duchamp, *actuellement en Amérique*.
3 exemplaires numérotés de 1 à 3 sur japon impérial : n° 2

ANDRÉ BRETON
Dictionnaire abrégé du surréalisme, Paris, galerie des Beaux-Arts, 1938
242 x 160 mm, 76 p., broché, couverture illustrée en couleurs
Édition originale. Catalogue de L'Exposition internationale du surréalisme organisée par Breton et Eluard à la galerie des Beaux-Arts, inaugurée le 17 janvier 1938 et, en raison de son succès, prolongée sous une forme allégée à la galerie Robert à Amsterdam jusqu'à la fin février. Couverture illustrée en noir et rouge par Yves Tanguy. Nombreuses reproductions, lettrines, et photographies illustrant ce dictionnaire composé d'une partie principale et d'un supplément, le tout sur papier couché. Tirage non précisé. [ill. p. 298]

ANDRÉ BRETON
Martinique charmeuse de serpents avec textes et illustrations d'André Masson, Paris, Sagittaire, 1948
190 x 143 mm, 116 p., broché
Édition originale. Illustré de 2 vignettes et 7 hors-texte, dont 4 en bleu à pleine page, la première étant reprise en rouge sur la couverture, par André Masson.
12 exemplaires numérotés 1 à 12 : n° 10,
3 exemplaires hors commerce numérotés A à C, (ces exemplaires sur hollande pannekoek).
95 exemplaires numérotés 13 à 107 : n° 64,
15 exemplaires hors commerce numérotés D à R, (ces exemplaires sur marais crève-cœur).
Tous ces exemplaires avec une lithographie d'André Masson en frontispice.
[ill. p. 332]

RENÉ CHAR
Artine, Paris, Éditions surréalistes, 1930
238 x 185 mm, (40 p.), broché
Édition originale. Frontispice illustré d'une gravure en noir de Salvador Dalí.
10 exemplaires numérotés 6 à 15 sur japon ancien : n° 11, signé à l'encre par l'auteur.
Joint, PRIÈRE D'INSÉRER imprimé sur papier fuschia (215 x 165 mm), collé sur un feuillet de papier japon et encarté en tête). *POÈTE CHERCHE modèle pour poèmes... QUI A VU, demandent André Breton et Paul Eluard, qui a vu NOTRE AMI René Char depuis qu'il a trouvé femme mod. pour poème... ?)*
[ill. p. 190]

RENÉ CREVEL
Dalí ou l'Antiobscurantisme, Paris, Éditions surréalistes, 1931
225 x 168 mm, 32 p. + 10 pl., relié
Édition originale. Illustré de 10 reproductions noir et blanc pleine page d'œuvres de Salvador Dalí.
10 exemplaires numérotés 6 à 15 sur japon nacré blanc avec un dessin en marge de Salvador Dalí : n° 8 avec dessin original à la plume, en marge de la page 13, signé en pied par l'artiste.
Envoi autogr. s. à l'encre bleue sur le faux-titre, destinataire non identifié :
Mon cher Jean / je ne te demande / pas ton avis sur / ce livre, / puisque... / mais / puisqu'on est tous 2 / des vrais amis, / des vrais mauvais / caractères, / avec toute mon affection / René.
[ill. p. 192]

RENÉ CREVEL
Mr. Knife. Miss Fork, translated by Kate Boyle, illustrated by Max Ernst, Paris, The Black Sun Press, 1931
183 x 125 mm, 42 p. + 19 pl. avec serpentines légendées en rouge, cartonnage de l'éditeur
Édition originale en anglais du premier chapitre de *Babylone*. 19 photogrammes de frottages de Max Ernst en hors texte, dont un en frontispice.
20 exemplaires numérotés 1 à 50 sur hollande, signés par les auteurs : n° 23, signé à l'encre par l'auteur sur le faux-titre et à l'encre de Chine par l'illustrateur sur le photogramme en frontispice.
Cartonnage muet de Gonon conçu par Man Ray : toile noire avec décor d'inspiration faussement romantique à filets, volutes et feuillages dorés encadrant sur le premier plat rehaussé de bleu, dans une pastille rouge, un petit buste féminin aux seins parés d'oiseaux. Décor identique au second plat, sans les rehauts de couleur. Dos orné de fers dorés et d'un couteau et d'une fourchette embrassés. Doublure et garde de papier noir. Chemise et étui ultérieurs. (s. n. s. d.)

RENÉ CREVEL
Les Pieds dans le plat, Paris, Éditions du Sagittaire, 1933
185 x 124 mm, 362 p., relié
Édition originale. Frontispice illustré d'une eau-forte originale par Alberto Giacometti.
15 exemplaires numérotés 1 à 15 sur japon avec une eau-forte originale par Alberto Giacometti : n° 3, eau-forte signée et justifiée *épreuve d'essai* au crayon par l'artiste.
Envoi autogr. s. à l'encre, sur le faux-titre :
Cher André Dürst, /parce que vous savez /voir des figures /émouvantes, voici quelques /gueules, voici / les pieds dans le plat/ */voici surtout ma plus amicale pensée*
[ill. p. 215]

SALVADOR DALÍ
La Femme visible, Paris, Éditions surréalistes, 1930
285 x 225 mm, 78 p., relié
Édition originale. Illustré en hors texte de 7 reproductions pleine page dont un portrait photographique d'Elena Dianoroff, dite Gala et, en frontispice, d'une eau-forte de Salvador Dalí avec un texte autogr. reproduit dans la partie inférieure gauche de la plaque.
10 exemplaires numérotés 1 à 10 sur japon nacré (avec un dessin original de Salvador Dalí en marge) : n° 2, dessin original, signé, aux encres de couleur, p. 49.
Annoncé à la justification :
dessin original aux encres bleue et sépia en marge extérieure de la p. 49 : silhouette nue en bord de mer, de dos et debout sur une rocaille pamprée.
Augmenté, encartés en tête, de :

- PROSPECTUS illustré de la reproduction photographique des yeux de Gala (210 x 150 mm, 1 f. impr. recto verso) ;
- PRIÈRE D'INSÉRER au texte rédigé par André Breton et Paul Eluard (265 x 205 mm, 1 f. impr. recto) ;
- BULLETIN DE SOUSCRIPTION (270 x 210 mm, 1 f. multigr. verso).

[ill. p. 191]

SALVADOR DALÍ
L'Amour et la Mémoire, Paris, Éditions surréalistes, 1931
198 x 152 mm, 28 p., relié
Édition originale. En frontispice, sur couché, reproduction d'un photomontage de Dalí à partir d'un portrait photographique datant de 1929 (pris en compagnie de Buñuel pendant le tournage de *L'Âge d'or*) et d'une photo de Gala prise par lui-même en 1931.
10 exemplaires numérotés 1 à 10 sur japon nacré blanc (avec un dessin original en marge).
Ex. sur japon nacré, non numéroté, avec deux dessins originaux de Salvador Dalí, le premier sur la garde, le second p. 8.
Dessins originaux :

- en page de garde, profil de Gala à la mine de plomb.
- page 8, en marge intérieure et à la mine de plomb, montre molle sur architecture cyclopéenne avec deux fourmis et deux visiteurs, avec envoi autogr. à Paul Eluard :

orloge, montre molle signalant la pluie de fourmis aïles. Pour Paul Eluard avec la curiosité de plus en plus grande pour sa poesie unique Son ami Salvador Dalí
Envoi autogr. s. à Paul Eluard, sur le faux-titre, à l'encre bleue et noire :
A Paul Eluard / En atendan vos prochains obgets / promis / avec toute l'afection / Salvador Dalí
[ill. p. 192]

LISE DEHARME (LISE HIRTZ)
Il était une petite pie, 7 chansons et 3 chansons pour Hyacinthe avec 8 dessins en couleurs par Joan Miró, Paris, Jeanne Bucher, 1928
340 x 260 mm, (38 p.) avec double perforation, en feuilles, album de toile grise, quatrième pochoir reproduit en illustration du premier plat
Édition originale. Calligraphie de Lise Deharme en fac-similé. Illustré en hors texte de 8 pochoirs en couleurs d'après des gouaches de Joan Miró dont il s'agit ici du premier livre illustré.
20 exemplaires numérotés 1 à 20 sur japon : n° 7, signé à l'encre par l'auteur et l'illustrateur.
Augmenté de :

- suite complète des planches en noir sur japon ;
- exemplaire incomplet sur Arches (manquent les pages de titre et de justification, première chanson reproduite à deux reprises, au recto d'un feuillet vierge et au recto d'un feuillet illustré du premier pochoir). Il s'agit certainement là d'une réunion de planches d'essais, comme peuvent le laisser penser : les planches 1, 2, 3, 5, 6, 7 et 8 avant la lettre ; l'illustration de la dernière planche présentant des différences de couleur et de forme par rapport à la planche définitive ; le pochoir au recto et le texte au verso du premier feuillet, alors qu'ils seront sur feuillets séparés dans la version définitive.

Joint : BULLETIN DE SOUSCRIPTION (245 x 158 mm, 1 f. impr. recto) avec une des illustrations en reproduction noir et blanc.
[ill. p. 182]

ROBERT DESNOS
C'est les bottes de 7 lieues. Cette Phrase « Je me vois », illustré d'eaux-fortes par André Masson, Paris, Éditions de la galerie Simon, 1926
330 x 240 mm, 28 p., relié
Édition originale. Illustré de 4 eaux-fortes hors texte d'André Masson, dont une en frontispice.
90 exemplaires numérotés 11 à 100 sur papier vergé des manufactures d'Arches : n° 60, signé à l'encre par l'auteur et l'illustrateur. Tous ces exemplaires signés par l'auteur et l'illustrateur.
Long poème autogr. s. à l'encre sur la garde (17 lignes).
Envoi autogr. sur la garde, effacé mais lisible : *à Georges Malkine / son ami / Paris, le 10 avril 1928*. Il est à noter que le tout premier poème du recueil, *Destinée arbitraire*, est justement introduit par une dédicace imprimée à Georges Malkine.
[ill. p. 152]

MARCEL DUCHAMP
La Mariée mise à nu par ses célibataires, même, (La Boîte verte), Paris, Éditions Rrose Sélavy, 1934
330 x 280 mm, 94 documents dans un emboîtage accompagné de son étui
Édition originale. Recueil, également connu sous le titre de *La Boîte verte*, des notes manuscrites, dessins et peintures des années 1911 à 1915 ayant servi à la composition de *La Mariée* et reproduits en fac-similé ou en phototypie couleurs, ainsi que d'une planche en couleurs montée sous verre. Une partie des notes avaient été précédemment publiées dans *Le Surréalisme au service de la révolution*, n° 5, mai 1933, avec une présentation d'André Breton.
20 exemplaires numérotés I à XX, dont 10 hors commerce, signés et numérotés, avec une reproduction en couleurs sous verre et une page de manuscrit (ou un dessin original), ainsi que le dessin *Témoins oculistes* reproduit sur papier argenté : exemplaire non numéroté, portant en pointillés perforés le nom de Mary Renolds.
Ensemble augmenté d'un second exemplaire de la planche en couleurs, ici *Neuf moules mâlic, collection H. P. Roché*.
Exemplaire personnel de Mary Renolds, dont le nom a été tracé en perforations dans la bande inférieure de l'encadrement du sous-verre. L'exemplaire a ensuite été envoyé à Adrien Dax à la demande de Marcel Duchamp lui-même.
Emboîtage au dos de suédine verte et couvert de papier kraft encadrant les plats de papier vert. Deux capitales en minces feuilles de cuivre sont collées sur les plats (*M* sur le premier, *D* sur le second), le premier recevant le titre, inversé en miroir et tracé en perforations. Intérieur gainé de papier velours vert encadrant sous verre sur le plat inférieur la planche annoncée à la justification. Étui gainé de papier kraft.
[ill. p. 214]

PAUL ELUARD
Répétitions, dessins de Max Ernst, Paris, Au Sans Pareil, 1922
216 x 135 mm, 54 p., relié
Édition originale. 49 poèmes d'Eluard illustrés de 11 collages de Max Ernst, dont le frontispice en couleurs et l'illustration de couverture. Première collaboration Eluard-Ernst.
350 exemplaires numérotés 1 à 350 : n° 1, sur papier couché.
Envoi autogr. s. de Paul Eluard à André Breton, à l'encre bleue sur la garde, daté *le 20 décembre 1921* :
A André Breton, / si nous n'étions pas ensemble / ce soir, ce livre serait quand / même à vous, mais moins que / mon affection de toujours. / croyez-moi
Ex-libris d'André Breton par Salvador Dalí, *André Breton le tamanoir*, au dos de la première de couverture.
[ill. p. 129]

PAUL ELUARD
Au défaut du silence, 18 poèmes autogr. de Paul Eluard, s. l. s. d. [1925]
200 x 125 mm, 21 feuillets recto, relié
18 poèmes autogr., à l'encre turquoise sur papier d'écolier à marge rouge, représentant l'intégralité du recueil *Au défaut du silence* écrit pour Gala. Certaines variantes peuvent laisser penser que cet état des poèmes est antérieur à celui de leur parution. Rehaussé de 2 dessins originaux.
Ce manuscrit, ainsi que l'exemplaire édité marqué *G* décrit ci-après, proviennent tous deux des archives personnelles d'Helena Dmitrievna Diakonova, dite Gala.

PAUL ELUARD, MAX ERNST
Au défaut du silence, s. l. n. d. [Paris, 1925]
285 x 225 mm (44 p.), relié
Édition originale. Ouvrage publié sans nom d'auteur ou d'illustrateur. 18 poèmes de Paul Eluard illustrés par Max Ernst de 20 portraits à la plume de Gala.
1 exemplaire sur papier japon marqué G (exemplaire personnel de Gala)
50 exemplaires numérotés 1 à 50 sur papier de hollande
Augmenté, dans l'ordre de leur montage sur onglet en tête du volume, de :
• Paul Eluard, poème autogr. s. *à Gala*. s. l., s. d.. Texte inédit.
• Paul Eluard, poèmes autogr. à l'encre noire (un vers au crayon) sur papier quadrillé (209 x 133 mm), verso.
• Max Ernst, lettre autogr., à l'encre noire, signée *M.* (Max Ernst) à Gala Eluard, s. l. s. d. (contemporaine de l'ouvrage ?). Un feuillet recto (268 x 205 mm) : *Gala, ma petite Gala / Je vous demande pardon. Je vous / aime plus que tout et toujours. / Je ne comprends pas ce qui m'arrive. / at. at. at.*
[ill. p. 152]

PAUL ELUARD
La Vie immédiate, Paris, Éditions des Cahiers libres, 1932
198 x 149 mm, 172 p., relié
Édition originale. Eau-forte d' Yves Tanguy en frontispice.
10 exemplaires numérotés 1 à 10 sur japon nacré, avec une eau-forte d'Yves Tanguy : nº 4, signé par l'auteur, eau-forte sur chine appliqué en frontispice.
Joint : Le Temps d'un éclair, poème autogr. s., rédigé à l'encre violette sur papier grège et comportant un envoi à Lise Deharme. 1 f. recto, 280 x 225 mm. Publié p. 95-96 de l'édition.
Le poème est plié dans une enveloppe portant des annotations autogr. de Lise Deharme.
Augmenté de 3 états de l'eau-forte :
• reliée à la suite du frontispice, tirage sur chine du cuivre rayé (avec monogramme et remarques dans le cuivre) ;
• encarté en tête, tirage appliqué, avec monogramme et remarques ;
• encarté en tête, tirage sur chine appliqué sur japon, sans monogramme et remarques.
Envoi autogr. s. à André Breton sur le faux-titre, rédigé à l'encre framboise :
Je n'ai jamais eu d'autre orgueil / que de proclamer le courage absolu, / le génie d'André Breton / l'honneur personnifié / Paul Eluard / La Vie immédiate */ Exemplaire de mon meilleur ami*

PAUL ELUARD
La Barre d'appui, poèmes illustrés de trois eaux-fortes par Pablo Picasso, Paris, Éditions Cahiers d'Art, 1936
210 x 150 mm, 32 p., relié
Édition originale. Illustré de trois eaux-fortes de Pablo Picasso, dont le portrait de Nusch Eluard en frontispice. Premier ouvrage issu de la collaboration Eluard/Picasso.
40 exemplaires numérotés 1 à 40 sur japon ancien : nº 1, signé au crayon par l'auteur et l'illustrateur, avec une triple suite (rouge, vert et bleu) soit 9 planches numérotées I/VI au crayon par Joncuières et, en frontispice, empreinte à l'aquatinte de la main droite de Pablo Picasso, non justifiée ni signée.
Augmenté, à la suite, de : La Barre d'appui, poèmes autogr., le dernier signé. 13 feuillets recto (185 x 134 mm) montés en réserve sur japon.
Il s'agit là de l'intégralité des poèmes du recueil, rédigés à l'encre noire sur 12 feuillets de japon nacré dont certains de couleur (bleu, ocre, sépia) et introduits par une page de titre autogr.
On note une différence entre la version manuscrite du poème *Le Sable vide* et la version impr. : au dernier vers, *comme des cendriers vides* au lieu de *comme des cendriers propres.*
[ill. p. 252]

PAUL ELUARD
Les Yeux fertiles, avec un portrait et quatre illustrations par Pablo Picasso, Paris, G. L. M., 1936
185 x 116 mm, 94 p., relié
Édition collective en partie originale. Portrait de Paul Eluard reproduit en frontispice et 4 hors-texte en reproduction par Pablo Picasso.
Exemplaire marqué H. C. sur alfa teinté (vert d'eau), exceptionnellement accompagné de la gravure à grandes marges de Pablo Picasso normalement réservée aux 10 premiers sur japon, signée et datée dans le cuivre par le peintre, l'illustration entourant le texte du poème *Grand Air* signé et daté par l'auteur (420 x 322 mm). Imprimé par Guy Lévis-Mano, Paris.
Augmenté de :
pliés et montés sur onglets en regard des poèmes imprimés respectifs :
• Le Front couvert, poème autogr. à l'encre noire
• Un soir courbe, poème autogr. signé, au crayon monté en tête : portrait photographique par Man Ray d'Eluard les yeux fermés, photo noir et blanc (136 x 76 mm).
Envoi autogr. s. à André Breton sur le faux-titre : *Hommage admirateur et fraternel / à André Breton / qui a créé un univers magique. / Nous mourons d'en être exilés.*
[ill. p. 253]

PAUL ELUARD
Cours naturel, Paris, Éditions du Sagittaire, 1938
200 x 174 mm, 124 p., broché
Édition originale. Frontispice illustré d'une eau-forte en noir par Salvador Dalí
exemplaire sur hollande, marqué H. C.
Envoi autogr. s. à l'encre, sur la garde, de Paul Eluard à Marie-Hélène Neumann *qui fit ce livre avec gentillesse.*
[ill. p. 298]

PAUL ELUARD
Divers poèmes du *Livre ouvert* (2e série), Paris, 20 avril 1941
230 x 160 mm, 24 feuillets, relié
Manuscrit de Paul Eluard composé de 7 poèmes, une page de titre et une justification autogr., 36 pages du recueil étant enluminées de gouaches originales par Pablo Picasso.
15 exemplaires. Les enluminures, particulières à chaque exemplaire, sont de la main de Pablo Picasso et signées par lui. Ces poèmes ont été copiés quinze fois par l'auteur : nº 4, signé à l'encre par l'auteur (au dernier poème) et l'illustrateur (à la justification).
Rédigés à l'encre noire au recto seul des feuillets, les sept poèmes autogr. sont titrés (dans l'ordre) :
Sur les pentes inférieures (formé de onze poèmes chiffrés I à XI),
Mes heures,
Le Droit le devoir de vivre,
Les excellents moments,
Se confondraient,
Bientôt,
Force faiblesse
Envoi autogr. s. sur la garde de Pablo Picasso au docteur Louis Gaussen, daté *17. 3. 60*, et accompagné d'un dessin original pleine page en couleurs (une fleur polychrome).
[ill. p. 331]

MAX ERNST
La Femme 100 têtes, avis au lecteur par André Breton, Paris, Éditions du Carrefour, 1929
255 x 200 mm (328 p.), relié
Édition originale. Recueil de 149 reproductions de collages de Max Ernst accompagnés de légendes de l'artiste dont un collage est également reproduit en couverture. La préface de Breton sera reprise dans *Point du jour* (1934).
12 exemplaires numérotés 1 à 12 sur japon impérial.
3 exemplaires hors commerce (lettrés A à C sur japon impérial) dont un nominatif : ex. B, imprimé pour Marie-Berthe Aurenche (nom gratté et recouvert à l'encre).
La sœur du scénariste Jean Aurenche, Marie-Berthe, avait épousé Max Ernst en 1927, ce qui explique la destination de cet exemplaire nominatif comportant, collé sous la justification, l'ex-libris de Max Ernst.

MAX ERNST
Rêve d'une petite fille qui voulut entrer au Carmel, Paris, Éditions du Carrefour, 1930
234 x 184 mm, 176 p., relié
Édition originale. Roman visuel sous forme de 80 collages de Max Ernst en reproduction accompagnés de leurs légendes. Couverture originelle illustrée de la reproduction d'un collage.
17 exemplaires numérotés I à XVII sur japon impérial : nº 9.
[ill. p. 192]

MAX ERNST
Une semaine de bonté ou Les Sept Éléments capitaux, roman, Paris, Éditions Jeanne Bucher, 1934
280 x 210 mm, cinq volumes reliés séparément
Édition originale. Pour chaque cahier :
800 exemplaires numérotés 13 à 812 sur papier navarre : premier et deuxième cahiers : nº 110, cahiers suivants : non numérotés.
Chaque cahier est augmenté de l'eau-forte originale correspondante, justifiée *épreuve d'artiste 2/5*, signée au crayon par l'artiste et reliée en frontispice.
• *Premier cahier. Dimanche. Élément : la boue. Exemple : Le Lion de Belfort.* 35 collages (48 p.) ; couverture originelle violette. Envoi autogr. s. à l'encre sur le faux-titre :
À mon grand ami Paul Eluard, poète. / son grand ami Max Ernst, oiseaux.
• *Deuxième cahier. Lundi. Élément : l'eau. Exemple : L'Eau.* 27 collages (40 p.) ; couverture originelle verte.
• *Troisième cahier. Mardi. Élément : le feu. Exemple : La Cour du dragon.* 44 collages (52 p.) ; couverture originelle rouge.
• *Quatrième cahier. Mercredi. Élément : le sang. Exemple : Œdipe.* 28 collages (26 p.) ; couverture originelle bleue.
• *Dernier cahier. Jeudi. Élément : le noir. Exemples : Le Rire du coq. 16 collages ; L'Île de Pâques.* 10 collages. *Vendredi. Chants.* 10 collages (70 pages) ; couverture originelle jaune d'œuf.
Une correction manuscrite à la justification (imprimée troisième cahier, corrigé en cinquième).
[ill. p. 214]

GEORGES HUGNET
La Septième face du dé, poèmes-découpages, couverture de Marcel Duchamp, Paris, Éditions Jeanne Bucher, 1936
293 x 214 mm (88 p.), broché, couverture illustrée
Édition originale. Poèmes et 20 collages pleine page de Georges Hugnet reproduits en fac-similé couleurs. *Couverture-cigarette*, photographie illustrant la couverture, réalisée sur une idée de Marcel Duchamp.
20 exemplaires numérotés 1 à 20 sur japon blanc avec un poème-découpage original inédit et une couverture spéciale intitulée *couverture-cigarette*, signés par Georges Hugnet et Marcel Duchamp : nº 8, collage original daté et monogrammé à l'encre violette (relié en tête), signatures à l'encre sur un morceau de papier peigne bleu collé sous la justification.
[ill. p. 296]

GEORGES HUGNET
Œillades ciselées en branche, Paris, Éditions Jeanne Bucher, 1939
130 x 93 mm, 48 p., broché, couverture illustrée, chemise, étui
Édition originale reproduite en héliogravure d'après le manuscrit de Georges Hugnet et les dessins de Hans Bellmer (25 dont 7 hors-texte) et comportant un dessin original du même collé en frontispice.
10 exemplaires numérotés 1 à 10 sur papier azuré ancien parfumé comportant un dessin original et signés par les auteurs : nº 8
Joint : annonce de publication (129 x 93 mm, 4 p.) dans laquelle sont reproduites les pages 28 et 29 de l'ouvrage et qui indique une justification différant de celle du tirage définitif (10 chine numérotés 1 à 10, 20 azurés 11 à 30).
Envoi autogr. s. sur le faux-titre, non daté, de Georges Hugnet, lequel a également enrichi les pages de garde de 2 *œillades* autogr. inédites, chacune composée de deux quatrains, datées de 1945 et signées *G.H.*
[ill. p. 249]

FRANZ KAFKA
La Tour de Babel, avec un dessin de Max Ernst, Paris, Éditions G. L. M., 1937
250 x 195 mm, 16 p., en feuilles, sous couverture rouge impr. rempliée
Édition originale. Collection « Repères ». Épreuve photographique d'un frottage de Max Ernst collée en hors texte.
70 exemplaires numérotés 1 à 70 sur normandy vellum : nº 4, signé à l'encre par l'éditeur.

LAUTRÉAMONT (ISIDORE DUCASSE, DIT COMTE DE)
Les Chants de Maldoror, eaux-fortes originales de Salvador Dalí, Paris, Albert Skira, 1934
335 x 265 mm, 212 p. + 30 pl. h. t., relié
Édition originale. Illustré de 42 eaux-fortes de Salvador Dalí, soit 30 hors-texte et 12 vignettes.
40 exemplaires numérotés 1 à 40 contenant une suite avec remarques : nº 26, signé au crayon par l'artiste, suite augmentée de deux épreuves non retenues.
Tous ces exemplaires sur vélin d'Arches, numérotés à la presse et signés par l'artiste.
Joint : prière d'insérer, même format. 1 feuillet double recto/verso.
[ill. p. 213]

MICHEL LEIRIS, ANDRÉ MASSON
Simulacre, poèmes et lithographies, Paris, Éditions de la galerie Simon, 1925
250 x 190 mm, 30 p., relié
Édition originale. Premier livre de Michel Leiris. Illustré de 7 lithographies à pleine page, dont la couverture, par André Masson.
10 exemplaires numérotés 1 à 10 sur japon ancien des manufactures impériales : nº 4, signé à l'encre par l'auteur et l'illustrateur.
[ill. p. 135]

MICHEL LEIRIS
Glossaire j'y serre mes gloses, illustré de lithographies par André Masson, Paris, Éditions de la galerie Simon, 1939
171 x 119 mm, 62 p., relié
Édition originale. Lexique de Michel Leiris, dont 10 entrées sous forme de calligrammes. Illustré de 16 lithographies en noir par André Masson, soit 1 double-page (*femme*), 2 hors-texte (*assassinat* et *lune*), 8 in texte (*Héraclite, métamorphose, pensée, ruine, signe, taureau, veto, Waterloo*), 4 vignettes (*caillou, girasol, lèvres, méridienne*) et l'illustration de couverture.
Exemplaire non numéroté sur japon, justifié H. C. au crayon, signé au crayon par l'auteur et l'illustrateur.
[ill. p. 299]

GILBERT LÉLY
Je ne veux pas qu'on tue cette femme, frontispice de Max Ernst, Paris, Éditions surréalistes, 1936
248 x 188 mm, 36 p., relié
Édition originale. Illustration de Max Ernst reproduite en frontispice.
20 exemplaires lettrés A à T sur papier orangé, avec une double épreuve du frontispice : ex. O.
[ill. p. 251]

GEORGES LIMBOUR
Soleils bas. Poèmes illustrés d'eaux-fortes par André Masson, Paris, Éditions de la galerie Simon, 1924
243 x 190 mm, 18 p., relié
Édition originale. Premier livre de Georges Limbour et premier ouvrage illustré par André Masson. 4 eaux-fortes et pointes-sèches soit 3 hors-texte et la vignette de couverture.
10 exemplaires numérotés 1 à 10 sur japon des manufactures impériales : nº 8, signé à l'encre bleue par l'auteur et l'illustrateur.
[ill. p. 124]

PIERRE MABILLE
Le Miroir du merveilleux, avec sept dessins originaux d'André Masson, couverture ornée d'un frontispice d'Yves Tanguy, Paris, Sagittaire, 1940
190 x 140 mm, 360 p., relié
Édition originale. Chaque tête de chapitre illustrée d'un dessin d'André Masson en reproduction, soit 7 hors-texte. Vignette de couverture par Yves Tanguy.
12 exemplaires numérotés 3 à 14 sur lafuma avec une eau-forte de Pablo Picasso et une photographie originale : ex. nº 3, gravure exceptionnellement signée à l'encre par l'artiste.
Augmenté d'une lettre autogr. s. de Paul Eluard à Pierre Mabille à l'encre noire sur papier quadrillé, s. l., 21 mars 1940 (153 x 190 mm, 1 feuillet recto) relative à la réception enthousiaste de l'ouvrage par Eluard.
Envoi autogr. s. de l'auteur à Monsieur et Madame Edmond Bomsel sur le faux-titre, datée 8. 3. 40 (Edmond Bomsel étant le directeur des éditions du Sagittaire).
[ill. p. 332]

ALICE PAALEN
À même la terre, Paris, Éditions surréalistes, 1936
185 x 215 mm, 102 p., relié
Édition originale. Frontispice illustré d'une eau-forte en noir d'Yves Tanguy.
10 exemplaires numérotés 1 à 10 sur japon impérial : nº 3
Augmenté de 2 épreuves de l'eau-forte, en brun et en sépia, reliées à la suite du frontispice.
[ill. p. 250]

ALICE PAALEN
Sablier couché, frontispice par Joan Miró, Paris, Éditions Sagesse, 1938
210 x 160 mm, 12 p., relié
Édition originale. Frontispice illustré d'une eau-forte de Joan Miró tirée en rouge sur papier découpé jaune appliqué sur vergé d'Arches.
75 exemplaires numérotés 1 à 75 sur vergé des manufactures d'Arches signés par l'auteur et l'illustrateur : nº 23, signé par l'auteur, eau-forte signée et justifiée au crayon par l'illustrateur.
Envoi autogr. s. à Marcel Duchamp, à l'encre sur la garde, suivi d'un aphorisme de l'auteur :
Coupe les pieds du cheval pour qu'il se ressemble
Coupe les ponts pour mieux sauter.

BENJAMIN PÉRET
Le Passager du transatlantique, quatre dessins par Arp, Paris, Au Sans Pareil, 1921
325 x 248 mm, relié
Édition originale. Collection « Dada ». Premier livre publié par Benjamin Péret, illustré par 4 bois de Jean Arp, dont un repris en couverture.
42 exemplaires numérotés 9 à 50 sur hollande van gelder : nº 49. Tous les exemplaires étant signés par l'auteur.
Envoi autogr. s. sur la garde.
[ill. p. 152]

BENJAMIN PÉRET
Dormir, dormir dans les pierres, dessins d'Yves Tanguy, Paris, Éditions surréalistes, 1927
223 x 170 mm, 32 p., relié
Édition originale. En reproduction, 10 in texte, 3 hors-texte et l'illustration de la page de titre reprise en couverture, soit 14 dessins d'Yves Tanguy.
10 exemplaires numérotés 1 à 10 sur japon impérial : nº 5, signé à l'encre bleue par l'auteur, à l'encre noire par l'illustrateur.
Les 3 hors-texte, la page de titre et la couverture ont été rehaussées à la gouache blanche et de couleurs par Yves Tanguy.
[ill. p. 152]

BENJAMIN PÉRET
...Et les seins mouraient..., édition ornée d'un frontispice par Miró, Marseille, Les Cahiers du Sud, 1918 (sic pour 1929)
190 x 142 mm, 110 p., broché
Édition originale. Collection « Nouvelles ». Frontispice de Joan Miró, incluant le titre autogr., en reproduction.
10 exemplaires lettrés A à J sur Madagascar : ex. D.
[ill. p. 183]

BENJAMIN PÉRET
De derrière les fagots, Paris, Éditions surréalistes, Chez José Corti, 1934
220 x 140 mm, 136 p., non rogné, relié
Édition originale. Dédicace imprimée à Paul Eluard. Frontispice illustré d'une eau-forte de Pablo Picasso.
24 exemplaires numérotés 1 à 24 sur japon nacré avec une eau-forte de Picasso, *La Mort de Marat* : nº 12, signé au crayon par l'auteur et l'illustrateur.
Pablo Picasso a rehaussé l'eau-forte, par maculages à la poupée, aux encres vert pâle, vert foncé, bleu, rouge et brun sur l'illustration même et à l'encre noire sur l'ensemble de l'épreuve.
Joint, relié avec l'ouvrage : PRIÈRE D'INSÉRER, texte de Paul Eluard, impr. sur papier bleu (198 x 136 mm).
[ill. p. 213]

BENJAMIN PÉRET
Je sublime, Paris, Éditions surréalistes, 1936
190 x 220 mm, 52 p., exemplaire non rogné, relié
Édition originale. Illustré de 4 frottages polychromes hors texte de Max Ernst.
1 exemplaire numéroté 1 sur japon nacré avec le manuscrit.
Exemplaire non numéroté, sur japon nacré, sans le manuscrit.
Joints, encartés en tête, 3 BULLETINS DE SOUSCRIPTION.
Envoi autogr. s., à l'encre bleue sur le faux-titre, à Edmond Bomsel :
A Edmond Bomsel / portant une fleur d'agave au port d'un puits de / mine gardé par les mineurs en grève, daté *9 mai 1953*.
[ill. p. 251]

BENJAMIN PÉRET
Je ne mange pas de ce pain-là, Paris, Éditions surréalistes, 1936
135 x 95 mm, 104 p., non rogné, relié
Édition originale. Pointe-sèche de Max Ernst en frontispice.
25 exemplaires d'auteur numérotés 17 à 41 sur le roy louis teinté bourgogne : nº 21, gravure signée au crayon par l'artiste.
Augmenté, relié en tête, de la quintuple suite (sépia, mauve, vert, gris, bleu) réservée aux exemplaires sur japon, chaque pointe-sèche étant ici signée au crayon par l'artiste, ce qui est tout à fait exceptionnel.
Joint, relié en fin : BULLETIN DE SOUSCRIPTION sur papier le roy louis teinté bourgogne, précisant qu'*on souscrit chez l'auteur, 26 rue des Plantes, Paris (14e)*.
105 x 100 mm, impr. recto.
[ill. p. 251]

BENJAMIN PÉRET
Au paradis des fantômes, Paris, collection « Un divertissement », Henri Parisot, 1938
171 x 126 mm, 18 p., relié
Édition originale. Collection « Un divertissement ». Frontispice illustré d'une pointe-sèche en couleurs par Joan Miró.
10 exemplaires sur montval bleu avec une pointe-sèche de Joan Miró : gravure justifiée *10/15* et signée au crayon par l'illustrateur.
[ill. p. 297]

TRISTAN TZARA
L'Arbre des voyageurs, orné de quatre lithographies de Joan Miró, Paris, Éditions de la Montagne, 1930
250 x 157 mm, 102 p., relié
Édition originale. Illustré de 4 lithographies hors texte en noir de Joan Miró, la 4e étant signée et datée dans la pierre.
1 exemplaire lettré A sur vieux japon avec 5 pages manuscrites et des états en noir et en brun des lithographies.
10 exemplaires numérotés 1 à 10 sur japon impérial avec une page manuscrite : nº 8, signé à l'encre par l'auteur et l'illustrateur.
Annoncé à la justification : poème autogr. s. titré *VII*, correspondant à la septième section de *Le Feu défendu* imprimée p. 84 de l'ouvrage (160 x 12 5mm, recto, 12 lignes).
Joint, monté sur onglet en fin : BULLETIN DE SOUSCRIPTION (272 x 214 mm, 1 feuillet recto).
[ill. p. 190]

TRISTAN TZARA
L'Arbre des voyageurs (le même). Suite des quatre lithographies tirées en sépia, en feuilles.
Suite des quatre lithographies de Joan Miró tirées en sépia et normalement réservées au seul exemplaire de tête.

TRISTAN TZARA
Où boivent les loups, Paris, Éditions des Cahiers Libres, 1932
190 x 135 mm, 176 p., relié
Édition originale. Eau-forte en noir de Max Ernst, sur chine, montée en frontispice.
10 exemplaires numérotés 1 à 10 sur japon nacré avec une eau-forte de Max Ernst : nº 4, signé à l'encre par l'auteur, eau-forte signée par l'artiste.
Augmenté de :
- 2 épreuves de l'eau-forte, dont celle du cuivre rayé, reliées en tête.
- copie autogr., titrée *VII*, par Tristan Tzara de la 7e partie du poème *La Fonte des ans* (p. 55-56 de l'édition). 2 ff. recto à l'encre bleue (190 x 133 mm), reliés à la suite du titre.

Envoi autogr. s. de Tristan Tzara à André Breton sur le faux-titre, à l'encre bleue, daté *oct.34*, nom du dédicataire à l'encre noire, signature agrémentée d'une fleur :
à André Breton, / tout au long d'une vie et d'une mort corrigées / sans égards pour les écuries des sommeils / sans la solitude dans l'instable souffle des insectes / dans la raréfaction des contrastes / OÙ BOIVENT LES LOUPS / *en signe de complicité linéaire / et d'amitié*.
[ill. p. 215]

TRISTAN TZARA
Grains et Issues, Paris, Denoël et Steele, 1935
196 x 150 mm, 320 p., relié
15 exemplaires numérotés 1 à 15 sur vieux japon avec une eau-forte de Salvador Dalí : nº 2, signé à l'encre par l'auteur.
Joints : relié en fin, BULLETIN DE SOUSCRIPTION et PRIÈRE D'INSÉRER rédigé par Tristan Tzara (env. 188 x 133 mm).

« VIOLETTE NOZIÈRES »
Éléments divers relatifs à l'« affaire » Violette Nozières.
Lieux et dates divers (1933-1934)
285 x 225 mm, relié : 10 lettres autogr., 1 texte autogr., 1 édition originale, 3 documents administratifs, 1 bulletin de souscription, 2 extraits de presse, 12 photographies, dont certaines montées sur onglets.
Manuscrit
Benjamin Péret
Violette Nozières. Texte autogr. s. à l'encre bleue sur papier à lignes, s. l. n. d., 4 ff. verso.
260 x 194 mm
Manuscrit de travail comportant une trentaine de ratures et de corrections autographes adoucissant largement l'éclatante virulence du premier jet.
Photographie
Man Ray
Photographie originale noir et blanc destinée à l'illustration de la couverture de l'ouvrage (lettre N brisée en morceaux sur fond d'un bouquet de violettes écrasées). Épreuve originale d'époque. Cachet du photographe au dos.
19,00 x 17,60 cm
[ill. p. 215]
Correspondances
Paul Eluard
6 lettres autogr.s. à E. L. T. Mesens, reliées ou montées sur onglets, accompagnées de leurs enveloppes montées sur onglets.
Paul Eluard
Lettre autogr.s. à Marcel Vriamont, s. l. n. d. (Nice, février 1934).
André Breton
Lettre autogr.s. à E. L. T. Mesens, Paris, 26 mars 1934. 2 p., 210 x 133 mm, env.
Benjamin Péret
Lettre autogr. s. à E. L. T. Mesen, s. l. n. d. (Paris, 17 février (?) 1934). 1 p., 365 x 205 mm, env. à l'en-tête de la librairie José Corti.
Marcel Jean
Lettre autogr.s. à E. L. T. Mesens, s. l. n. d. (Paris, 24 mars 1934).
Édition originale
Violette Nozières, par André Breton, René Char, Paul Eluard, Maurice Henri, E. L. T. Mesens, César Moro, Benjamin Péret, Gui Rosey. Illustré par Salvador Dalí, Yves Tanguy, Max Ernst, Victor Brauner, René Magritte, Marcel Jean, Hans Arp, Alberto Giacometti. Bruxelles, Éditions Nicolas Flamel, 1933.
Édition originale. Illustré de 8 dessins par Salvador Dalí, Yves Tanguy, Max Ernst, Victor Brauner, René Magritte, Marcel Jean, Hans Arp, Alberto Giacometti. Couverture illustrée d'une photographie de Man Ray non signée.
10 exemplaires numérotés I à X avec une suite des planches numérotées et signées par les dessinateurs : nº IX, suite complète des dessins, signés et numérotés à l'encre par Magritte et au crayon par les autres artistes, montée ici sur onglets.
Documents douaniers
NOTIFICATION adressée à Marcel Vriamont, par l'Agence en douane de la gare « Paris La Chapelle », en date du 25 janvier 1934, l'avisant de majorations de taxes dues pour *stationnement prolongé* (alors que les colis avaient été saisis par les autorités françaises !).
Avis administratif adressé à Marcel Vriamont, en date du 26 février, avec message autographe signé du chef de station de Bruxelles-Duquesnoy informant celui-ci de l'impossibilité d'exécuter son ordre du renvoi du 7 février en raison de l'opposition de l'administration française *aussi bien à la livraison au destinataire* (Corti) *qu'au retour à l'expéditeur, car, après examen des livres en cause, le Parquet a été saisi de l'affaire*.
Avis administratif du même chef de station à Marcel Vriamont, daté du 13 mars, signalant qu'aucune solution n'avait encore pu être trouvée à cette date.
Documents divers
BULLETIN DE SOUSCRIPTION. 4 p., 202 x 138 mm.
EXTRAITS du magazine grand public *Vu*, nº 281, 6 septembre 1933.
11 PHOTOGRAPHIES relatives à l'affaire criminelle *Violette Nozières*.

La Révolution surréaliste

Centre Pompidou, Galerie 1
6 mars - 24 juin 2002

EXPOSITION

Commissaire général
Werner Spies

Commissaire adjoint
Isabelle Merly

Réalisation et coordination
Marie-Odile Peynet
assistée d'Orida Djada

Scénographe
Michel Antonpietri

Designer associé
Johan Brunel

Graphiste
Camille Sauvage

Régisseur d'œuvres
Pascale Samuel
assistée de Cédric Aurelle

Régisseur d'espace
Francis Boisnard

Ateliers et moyens techniques
Alain Boton, James Caritey, Philippe Chagnon, Philippe Delapierre, Dominique Gentilhomme, Alain Guyard, Jacques Le Thery, Jean-Marc Mertz, Michel Nait, Jacques Rodrigues, Tony Riga

Photographes
Philippe Migeat,
Jean-Claude Planchet

Laboratoire photographique
Guy Carrard et son équipe

Installation et maintenance audiovisuelle
Vahid Hamidi et son équipe

Présentation des livres
Robert Groborne

Stagiaires
Justine Côté, Marie Ganas,
Audrey Gay-Mazuel, Michel Helmann

Musée national d'art moderne–Centre de création industrielle

Directeur
Alfred Pacquement

Administrateur
Jean-Paul Ollivier

Direction de la production

Directeur
François Belfort

Chef du service des manifestations
Martine Silie

Chef du service de la régie des œuvres
Annie Boucher

Chef du service architecture et réalisations muséographiques
Katia Lafitte
Colette Oger, *chargée de production*

Responsable du service des ateliers et moyens techniques
Noël Viard

Chef du service audiovisuel
Anne Baylac-Martres

Responsable technique et artistique du service audiovisuel
Gérard Chiron

Chef du service administratif et financier
Cléa Richon

Service de la documentation du Musée

Directrice
Laurence Camous

Documentalistes
Agnès de Bretagne, Jean Pierre Piton

Direction de la communication

Directeur
Jean-Pierre Biron

Adjoint au directeur
Laurent Claquin

Responsable du pôle presse
Carol Rio

Attachée de presse
Anne-Marie Pereira

Responsable du pôle graphique
Christian Beneyton

Mécénat
Association pour le développement
du Centre Pompidou
Stéphanie Hussonnois, *chargée de mission*

CATALOGUE

Directeur d'ouvrage
Werner Spies
assisté d'Isabelle Merly

Conception et réalisation graphique
Compagnie Bernard Baissait :
Brigitte Monnier,
Panni Demeter

Chargées d'édition
Caroline Edde, Marie-Claire Llopès

avec la collaboration de
Amarante Djuric, Anne Lemonnier, Marina Lewisch,
Marie-Thérèse Mazel-Roca, Valérie Séguéla

Assistante d'édition
Odile Perret

Iconographie
Marie-Odile Peynet,
Orida Djada

Traductions de l'allemand
Jean Torrent

Presse
Laurence Lévy

Fabrication
Patrice Henry

Direction des Éditions

Directeur
Emmanuel Fessy

Directeur adjoint
Philippe Bidaine

Responsable du service éditorial
Françoise Marquet

Responsable commercial
Benoît Collier

Gestion des droits et des contrats
Mathias Battestini, Claudine Guillon

Administration des Éditions
Nicole Parmentier

Assistante de gestion
Isabelle Charles-Planchet

Crédits photographiques

CORPUS ŒUVRES

© Maurice Aeschimann, Genève, p. 309
© Albright-Knox Art Gallery Buffalo, p. 137
© Archives Catalogue raisonné Max Ernst, p. 110 h., 112, 113 h., 117, 120 b., 121 g., 128 b., 130 h., 142 dr., 148 h. g., 195, 258 b., 333
© Archives Comité André Masson, p. 124
© Archives de la Fondation Erik Satie, Paris, p. 277 b. g.
© Stiftung Hans Arp und Sophie Taeuber-Arp e. v., Rolandseck, [Wolfgang Morell, Bonn] p. 115 h.
© 2001, The Art Institute of Chicago, p. 229, 260, 267
© Bayerische Staatsgemäldesammlungen Munich, p. 202
© Fondation Beyeler, Reihen/Bâle, Suisse, p. 146 h.
© Bridgeman Giraudon, p. 326
© Galerie Brusberg, Berlin, p. 157
© Galerie Cazeau-Béraudière, Paris, p. 123 h., 153, 154 dr.
© Centre Georges Pompidou, [Ph. Philippe Migeat] p. 106, 116, 120 h. et mil., 128 h., 129, 134, 135, 138 b., 152, 176, 177, 182, 183, 192, 193, 206, 209, 213, 214 h., 215, 224 b., 227 h., 247, 249, 250, 251, 252, 253, 254 b., 261 h. g., 268, 269, 271 b. g. et h. g., 246 b. g., 273 b. g., 275 h. g., 277 h. g., 277 mil., 279, 284 g., h. et b., 286, 288 b., 290, 291, 292 h. g., 293 dr., 294, 295, p. 297, 298, 299, 304, 305, 307 b., 310, 311, 314 h., 320, 332; [Ph. Béatrice Hatala] p. 108 b. g., 258 h., 270 h. g. et dr., 325 dr.; [Ph. K. Ignatiadis] p. 142 g., 207; [Ph. Jean-Claude Planchet] p. 190, 191, 214 b., 248; p. 226; 271 h. g., 296, 330, 331
© Christie's, Londres, p. 109
© The Cleveland Museum of Art, 2001, p. 205
© Photo CNAC / MNAM Dist. RMN, p. 105 dr., 108 b. dr., 113 b., 123 b., 126 h., 146 b. dr., 149, 154 g., 155 h., 158 g., 179 b., 194 b. g., 196 b. dr., 204 h., 212 h., 216, 217, 219 h. et b., 224 h. dr., 233, 244, 254 h. g. et dr., 255; 270 b. dr., 271 b. dr., 280 h. g., 281, 284 dr., 292 h. dr., 312, 314 b. dr., 315 g., 321, 328; [Ph. Adam Rezpka] p. 114 g., 256 g., 278, 324 g.; [Ph. Bertrand Prévost] p. 114 dr., 148 h. dr., 197 mil., 198 h. g.; [Ph. Philippe Migeat] p. 121 b. dr., 160 g., 178, 224 h. g., 225 b., 227 b., 273 h. dr.; 285 b., 315 h. dr.; [Ph. Jean-François Tomasian] p. 139; [Ph. Georges Meguerditchian] p. 148 b.; [Ph. Jacques Faujour] p. 160 dr., 174, 175, 196 g., 196 h. dr., 197 h. dr., 198 b. et dr., 199, 257 g.; [Ph. Jean-Claude Planchet] p. 256 dr., 257 dr., 285 g.; [Ph. Christian Bahier et Ph. Migeat] p. 336
©Prudence Cuming Associates Limited, Londres, p. 184
© Fundació Gala-Salvador Dalí, Figueras, p. 302
© 1995, Dallas Museum of Art, p. 220
© Galerie Patrick Derom, [Ph. Vincent Everarts] p. 262
© 2000, The Detroit Institute of Arts, p. 170 b. dr.
© Spelt Doorn, Bruxelles, p. 292 b. g.
© Ali Elai,Camerart Studio, New York, p. 303
© Jacques Faujour, p. 274 b. dr.
© Richard L. Feigen & Co, p. 313
© Courtesy Galerie 1900-2000, [Ph. Marcel Lannoy] p. 170 h.
© Patrick W. Goetelen, Genève, p. 119, 162
© Richard Gray Gallery, Chicago, p. 194 h.
© The Solomon R. Guggenheim Foundation, Venise, p. 259
© Hamburger Kunsthalle, Hambourg, [Ph. Elke Walford, Hambourg] p. 289
© Hirshhorn Museum and Sculpture Garden, Smithsonian Institution, p. 155 b.
© Gehrard Howald, Berne, p. 266
© Wilhelm Hack Museum, Ludwigshafen, p. 274 b. g.
© Images Modernes, [Ph. Eric Beaudoin] p. 237; [Ph. Marc Domage] p. 292 mil
© Courtesy galerie Jan Krugier, Ditesheim & Cie, Genève, p. 239
© Kunsthaus Zurich, 219 mil.
© Kunstsammlung Nordrhein-Westfalen, Düsseldorf, [Ph. Walter Klein], p. 104, 131, 132, 145, 171, 187, 188 h., 189; 263 b.
© Kunstmuseum Bern, [Ph. Peter lauri, Berne 1992] p. 208, 228
© Kupferstichkabinett. Staatliche Museen zu Berlin-Preussischer Kulturbesitz, [Ph. Jörg. P. Anders] p. 123 b., , 125, 156 h., 188 b., 212 dr., 232 h., 242, 261 b., 323; p. 280 h. dr. et b.
© Wilhelm Lehmbruck Museum, Duisbourg [Ph. Bernd Kirtz BFF, Duisbourg] p. 221 g.
© Jochen Littkemann, p. 144, 150 b., 212 b., 225 h., 288 h.
© R. Lorenzson, p. 230
© Museum Ludwig, Cologne (Rheinisches Bildarchiv), p. 101
© Fondation Maeght, Saint-Paul [Ph. Claude Germain] p. 218
© Courtesy galerie Daniel Malingue, Paris, p. 293 g., 306, 307 h
© The Menil Collection, Houston, [Ph. J. Woodard, Houston] p. 158 dr.; [Ph. Hickey-Robertson, Houston] p. 276 g., 319
© 1996, The Metropolitan Museum of Art, New York, 173
© Fundació Joan Miró, Barcelone, p. 136, 231 h., 232 b.
© Museu Perrot Moore d'Art Graffic Europeu, Cadaquès, p. 272 h. dr.
© Moderna Museet, 1993 [Ph. P. AL. Allsten] p. 271 mil.
© Musée d'art moderne et contemporain de Strasbourg, p. 270 mil.
© Musée des beaux-arts du Canada, Ontario, p. 210
© Musées royaux des Beaux-Arts de Belgique, Bruxelles, p. 221 dr.
© Museo National Centro de Arte Reina Sofia, Madrid, p. 200, 203, 274 h. dr., 275 b. g., 301 b., 308
© Museum für Kommunikation, Francfort am Main, [Ph. Ursula Seitz-Gray] p. 276 b.
© Museum of Contemporary Art, Chicago [Ph. Zoe Ziolkowsi] p. 246
© 2001, The Museum of Modern Art, New York, p. 103, 105 g., 111, 115 b., 122, 127, 130 b., 147, 150 h., 159, 167, 168, 243, 270 b. g., 277 dr., 324 dr.
© National Gallery of Art, Washington, p. 223
© New Orleans Museum of Art, New Orleans, Louisiana, p. 231 b. dr.
© Galeria Guillermo de Osma, Madrid, p. 292 b. dr.
© Philadelphia Museum of Art, Philadelphie, p. 138 h., 164, 316-317
© Photo RMN, 238; [Ph. J. G. Berizzi] p. 143, 151, 240 b. dr., [Ph. Philippe Migeat] p. 160 mil.; [Ph. R. G. Ojeda] p. 172 b.; p. 179 h. g., 241; [Ph. Béatrice Hatala] p. 179 h. dr., 180, 181, 234, 235, 236, 240 h. dr. et b. g., 272 h.g., 273 b. dr.; [Ph. Hervé Lewandowski] p. 241 h. g.; [Ph. Adam Rezpka] p. 265; [Ph. Michèle Bellot] p. 273 h. g.
© The Saint Louis Art Museum, Saint Louis, p. 107
© Saporetti, Milan, p. 275 dr.
© Peter Schälchi, Zurich, p. 329
© Courtesy galerie Nathalie Seroussi, Paris, p. 274 g.
© Staatgalerie Stuttgart, p. 110 b., 166 g., 301 h.
© Staatliche Kunsthalle Karlsruhe, p. 163, 170 b. g.
© Stedelijk Museum, Amsterdam, p. 108 h.
© Tate, London 2001, p. 118
© Teheran Museum of Contemporary Art, Téhéran, p. 133
© Tel Aviv Museum of Art, p. 318
© Fundación coleccion Thyssen-Bornemisza, p. 169, 222, 287
© Michael Tropea, p. 232 g.
© Ville de Nantes, Musée des beaux-arts A. G., p. 196 h., 197 g., 197 b. dr.
© Wadsworth Atheneum Museum of Art, Hartford, C.T., p. 300
© Elke Walford, Hambourg, p. 166 dr.
© D. R., p. 121 h., 126 b., 140, 141, 146 b. g., 156 b., 161, 165, 172 h., 185, 186, 194 b. dr., 201, 211, 231 b. g., 245, 261 h. dr., 263 h., 264, 272 b. dr., 276 h. et mil. dr., 277 h. mil., 282, 283, 285 h. dr., 314 g., 315 b., 322, 325 g., 327, 334-335

CHRONOLOGIE

© Centre Georges Pompidou, [Ph. Jean-Claude Planchet] p. 42 (ill. 1, 2, 3), 64 (ill. 2, 3); p. 61 (ill. 3), 62 (ill. 1,2) et [Ph. Philippe Migeat] pour l'ensemble des documents excepté :
© Archives de la Fondation Erik Satie, Paris, p. 48 (ill.2); [Ph. Waléry, 1924] p. 50 (ill. 2, 3)
© Elisa Breton, p. 97 (ill. 2), 98 (ill. 1)
© Photo CNAC/MNAM Dist. RMN, [Bertrand Prévost], p. 44 (ill. 1)
© Courtesy galerie Isy Brachot, Bruxelles, p. 55 (ill. 4), 59 (ill. 3)
© Charles Marville, p. 53 (ill. 6)
© Philadelphia Museum of Art (Marcel Duchamp Archive), p. 91 (ill. 4)
© Collection Viollet, p. 72 (ill. 2)
© John Schiff, p. 91 (ill. 3)

ESSAIS

© Archives Catalogue raisonné Max Ernst, p. 14
© Centre Georges Pompidou, [Ph. Ph. Migeat] p. 338, 348, 376, 380, 394, 402
© Staatsgalerie Stuttgart, p. 386
© Sabine Weiss/Rapho, p. 360
© D. R., p. 366, 412

Achevé d'imprimer en mars 2002
sur les presses de l'imprimerie Artegrafica,
Vérone, Italie
Photogravure : Arciel Graphic, Paris